HEIDRUN BROCKMANN/DIRK KRUSE-ETZBACH

KAPSTADT
UND GARDEN ROUTE

REISE-HANDBUCH

Iwanowski's **i** REISEBUCHVERLAG

Im Internet:

www.iwanowski.de

Hier finden Sie aktuelle Infos
zu allen Titeln, interessante Links –
und vieles mehr!

Einfach anklicken!

© Iwanowski 2000, 2001, 2002
4., komplett bearbeitete Auflage **2003**

© Vertrieb und Service, Reisebuchverlag, Reisevermittlung,
Im- und Export Iwanowski GmbH
Salm-Reifferscheidt-Allee 37 · 41540 Dormagen
Telefon 0 21 33/2 60 30 · Fax 0 21 33/26 03 33
E-Mail: info@iwanowski.de
Internet: http://www.iwanowski.de

USA-Büro: POB 542, Inverness, FL 34450, Telefon/Fax 352 637 4852

Titelbild: South African Tourism
Alle anderen Farb- und Schwarzweißabbildungen:
Heidrun Brockmann, Dirk Kruse-Etzbach, Ulrich Quack,
außer Umschlagklappe vorn: Nr. 2, Nr. 3 South African Tourism;
Nr. 4, Nr. 5, Nr. 7 Ingrid Eschle
Redaktionelles Copyright, Konzeption und dessen ständige Überarbeitung: Michael Iwanows
Karten: Palsa-Graphik, Lohmar
Reisekarte: Map-Studio, Herent, Belgien
Titelgestaltung sowie Layout-Konzeption: Studio Schübel, München
Layout: Ulrike Jans, Krummhörn

Gesamtherstellung: B.o.s.s Druck und Medien, Kleve
Printed in Germany

ISBN 3-933041-09-0

Inhaltsverzeichnis

ÜBERBLICK

Die grünen Seiten: Das kostet Sie das Reisen in der Kapprovinz

ÜBERBLICK

REISEROUTEN

REISEROUTEN

REISEROUTEN

REISEROUTEN

Außerdem weiterführende Informationen zu folgenden Themen:

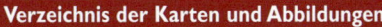

Verzeichnis der Karten und Abbildungen:

INTERESSANTES

Hinweis: Eine Legende zu den Karten finden Sie am Ende des Buches auf S. 690.

Einleitung

Kapstadt – Perle an der Südspitze von Afrika

Die Stadt an der Südspitze Afrikas wird oft in einem Atemzug genannt mit Rio de Janeiro, Sydney oder San Francisco. Und das mit Recht! Die Symbiose aus Großstadtflair, der bezaubernden Lage am Ozean, der interessanten Geschichte und dem schönen sowie abwechslungsreichen Hinterland gefällt hier vielleicht sogar mehr als in den anderen Metropolen. Zugegeben, Kapstadt ist kleiner, und noch immer hängen ihm die Apartheid sowie die Folgen daraus an. Doch mit der politischen Wende Ende der 1980er/Anfang der 1990er Jahre hat sich vieles geändert. Noch immer stimmt politisch nicht alles, aber das darf man auch nicht wirklich erwarten. Der Annäherungsprozess wird noch Jahrzehnte brauchen. Doch der Weg dorthin ist unzweifelhaft zu erkennen. Bleibt nur zu hoffen, dass die Kriminalität hier nicht Johannesburger Ausmaße annimmt. Das zu verhindern ist aber eines der Hauptanliegen der Stadtverwaltung, und erste Früchte haben die Bemühungen bereits getragen.

Kapstadts Wahrzeichen, der Tafelberg

Was macht nun eine Reise in die Kapprovinzen, den südlichen Teil Südafrikas, so attraktiv, und warum kommen von Jahr zu Jahr immer mehr Reisende aus aller Welt hierher? Die Gründe alle aufzuzählen, würde bereits zig Seiten füllen, doch die wesentlichen Argumente dafür sind:

• Zuallererst steht da bestimmt die **geographische Lage**, von zwei Weltmeeren eingeschlossen, am Fuße des Tafelberges sich ausbreitend und mit einem bergigen und von Weinhängen verzierten Hinterland beschenkt.

• Für nicht minder interessant halten wir die **multikulturelle Gesellschaft**, die während der vergangenen 3 Jahrhunderte so viel erlitten, erlebt und geschaffen hat. Sie trug und trägt dazu bei, dass die Architektur so facettenhaft ist, die Küche so vielseitige Gerichte hervorbringt und besonders, dass so Reisende sowohl mit der Problematik als auch den Vorzügen eines solchen Kulturgemisches auseinandersetzen (müssen).

• Die **landschaftliche Vielfalt** weiter entfernt von der Metropole setzt der Faszination Kapstadts dann das „i-Tüpfelchen" auf: Neben den relativ nahen, historischen **Weinanbaugebieten** ist besonders die **Garden Route** entlang dem Indischen Ozean nahezu jedem ein Begriff. Weniger die Pflanzenwelt, als vielmehr die Sandstrände und Naturschönheiten beeindrucken hier. Anders, aber auch nicht ohne Reiz, ist die **raue Atlantikküste** nördlich von Kapstadt mit ihren kleinen Fischerorten. Doch auch das Inland, welches Wüsten, Halbwüsten, kleine Oasen, Nationalparks, atemberaubende Passstraßen, Geschichte der Buschmänner, Pioniergeschichte und vieles mehr zu bieten hat, lohnt eine mehrwöchige Reise in die Kapprovinzen.

• Die **Tierwelt** mag auf den ersten Blick nicht so imposant sein wie weiter nördlich in Südafrika. Es gibt keine Nashörner und Giraffen, Elefanten nur im Addo Elephants National Park, und auch Löwen gehören nicht in diese Region. Trotzdem haben sich bereits zwei bis drei private Reservate etabliert bzw. sind im Aufbau, die diese Tiere in der Region beheimaten wollen. Das kostet aber sein Geld! Doch die vorhandene und heimische Tierwelt hat auch einiges zu bieten. Ein Highlight sind bestimmt die Wale im Indischen Ozean, die sich hier während des Südwinters und -frühlings vor der Küste tummeln. Die Pinguinkolonie bei Simon's Town ist ebenfalls ein beliebtes Ziel. Und auch die vielen anderen Tiere, wie zahlreiche Seevögel, die Strauße, verschiedene Gazellenarten und Kleintiere der halbariden Gebiete sowie die Paviane, mögen beeindrucken.

• **Botaniker** schließlich werden ins Schwärmen kommen, wenn sie sich näher mit dem Artenreichtum der Capensis befassen. Alleine auf der Kaphalbinsel gibt es mehr Pflanzenarten als in ganz Europa!

Südafrikakenner werden zustimmen, dass die Kapprovinzen zusammen mit den Nationalparks im Norden des Landes die absoluten Highlights des Landes darstellen. Dazwischen liegen der etwas eintönige Free State, die ehemalige Transkei, die z.Zt. eher durch kriminelle Aktivitäten als durch ihre wunderschöne Küstenlandschaft von sich reden macht, sowie der nur teilweise erschlossene Bergstaat Lesotho. Viele Reisende nach Südafrika planen heute eine Reise, die zuerst den Norden berücksichtigt und fliegen dann von Durban oder Johannesburg nach Kapstadt oder Port Elizabeth.

Letzteres ist zu bevorzugen, und daher beginnt die Beschreibung der Garden Route in diesem Buch auch dort. Nachdem viele Wiederkehrer Südafrikas Norden bereits erlebt haben, geht die Tendenz immer weiter dahin, sich nur auf die Kapprovinzen zu beschränken, denn diese Region hat summarisch betrachtet mehr zu bieten als der Norden und gilt vor allem auch als sicherer. Daher haben wir uns entschlossen, über diese Region einen eigenen Reiseführer zu schreiben.

Und gleich vorweg noch ein wichtiger Tipp: Lassen Sie sich Zeit! Wenn es sich hier auch nur um einen Teil Südafrikas handelt, bietet er so viel Unterschiedliches in Landschaft und Kultur, dass man ihn selbst auf einer 3-wöchigen Reise nur anschneiden kann. Bedenken Sie alleine die Entfernungen: Von Port Elizabeth nach Kapstadt sind es auf schnellster Strecke 770 km und zurück von Kapstadt über Beaufort West und Graaff-Reinet nach Port Elizabeth sogar knappe 1.000 km – Umwege über kleine und wunderschöne Bergstrecken noch nicht eingerechnet. Und eine Rundtour entlang der Atlantikküste und durch die Berge nördlich von Kapstadt ist auch kaum unter 4 Tagen zu bewältigen.

Das zeigt schon deutlich, dass für eine Erkundung der Kapprovinzen mindestens 2, besser doch 3 Wochen zu veranschlagen sind. Dabei hätten Sie 6 Tage für die Strecke entlang dem Indischen Ozean zwischen Port Elizabeth und Kapstadt, 4 Tage für Kapstadt, das Kap der Guten Hoffnung und einen Ausflug nach Stellenbosch, 4 Tage für die Region nördlich von Kapstadt sowie 4 Tage für die Rückfahrt nach Port Elizabeth. Die verbleibenden 3 Tage bei einem dreiwöchigen Aufenthalt sollten Sie als „Reserve" aufsparen.

Dagmar und ihr Team

Abschließend möchten wir all denen unseren Dank aussprechen, die uns bei unserer Arbeit für dieses Buch unterstützt haben.

Frau Dagmar Schulz hat das Kapitel der Region nördlich von Kapstadt zusammengestellt und an der Recherche im Innenstadtgebiet teilgenommen. Herr Matthias Rasch trug maßgeblich zur Grundlage des Kapitels Geographie bei. Der Presseabteilung von Kapstadt sowie dem angeschlossenen Touristenamt möchten wir danken für die freundliche Unterstützung vor Ort und die Zusendung von Informationsmaterial. Die Mitarbeiter von Ilanga Travel waren stets mit Rat und Tat zur Stelle und haben uns besonders bei der Hotelrecherche geholfen. Herrn Michael Iwanowski möchten wir dafür danken, dass er uns erlaubt hat, Passagen aus seinem „Südafrika-Handbuch" zu übernehmen.

Kiel, im Juni 2003

Die * in diesem Buch bedeuten: besondere Sehenswürdigkeit/ besonders zu empfehlen/ Redaktionstipps

I. SÜDAFRIKA, KAPSTADT UND DIE KAPPROVINZEN AUF EINEN BLICK

SÜDAFRIKA

Flagge (Südafrika)	seitlich liegendes Ypsilon in 6 verschiedenen Farben; einige der 6 Farben sind auch in den Symbolen aller südafrikanischen Parteien wiederzufinden. Siehe auch S. 52
Hauptstadt	Pretoria/Tshwane (530.000 E., Aggl.: 1.1 Mio. E.); Kapstadt ist zeitweise Parlamentssitz
Fläche	1.219.580 qkm
Einwohner	43 Mio. (Schätzungen reichen von 37,9 bis zu 45 Mio.).
Bevölkerungsstruktur	76,4 % Schwarzafrikaner, 12,5 % Weiße, 8,5 % Farbige, 2,6 % Asiaten
Einwohnerdichte	34,5 E/qkm
Bevölkerungs-zunahme (pro Jahr seit 1994)	ca. 1,7 %
Städte	51 % aller Südafrikaner lebt in städtischen Gebieten (Tendenz zunehmend), Kapstadt (Großraum) 3 Mio. (inkl, Paarl u. Stellenbosch), Johannesburg (Großraum) ca. 6 Mio. (geschätzt), Durban (Großraum),1,2 Mio., Pretoria/Tshwane (Großraum) 1,1 Mio., Port Elizabeth (Großraum) 870.000
Analphabetenquote	ca. 18 %
Arbeitslosenquote	32 % (Schätzung der UN)
Sprachen	Amtssprachen sind Afrikaans und Englisch, daneben gibt es z.B. unter den Schwarzen 10 Hauptsprachen (zumeist Xhosa und Zulu)
Religion	78 % Christen (u.a. Niederländisch-Reformierte Kirche 4,3 Mio., Römisch-Katholische Kirche 2,9 Mio., Methodisten 2,7 Mio., Anglikaner 2 Mio., Lutheraner 1,1 Mio.), traditionelle Religionsgemeinschaften 4 Mio., 650.000 Hindu, 434.000 Muslime, 150.000 Juden
Staats- und Regierungsform	parlamentarische Republik (im Commonwealth) seit 1961, Verfassung von 1997. Die Nationalversammlung besteht aus mindestens 360 Mitgliedern (400 Mitgliedern maximal), die direkt gewählt werden. Der Nationalrat der Provinzen setzt sich aus 90 Mitgliedern zusammen. Die Wahlen finden alle 5 Jahre statt. Das Staatsoberhaupt wird alle 5 Jahre von der Nationalversammlung gewählt. Wahlrecht haben alle Bürger ab 18 Jahren.
Staatsoberhaupt u. Regierungschef	Thabo Mvuyelwa Mbeki (seit 1999)
Ausfuhrprodukte	Gold, Diamanten, Uran, Kupfer, Mangan, Chrom, Asbest, Vanadium, Kohle, Wolle, Mais, Früchte, Fruchtprodukte, Zucker, Maschinen, Fahrzeuge, Textilien
Außenhandel	Export: 33 Mrd. $, davon 58 % mineral. Rohstoffe; Import: 26 Mrd. $, davon 33 % Maschinen u. elektr. Erzeugnisse

Hauptexportländer	Italien (8 %), Japan (7,3 %), USA (6 %), Deutschland (5,5 %), GB (5 %)
Hauptimportländer	Deutschland (16 %), GB (11,5 %), USA (11 %), Japan (10 %), Italien (4,5 %)
Bodenschätze	Weltgrößte Vorkommen an Aluminium-Silikaten, Chrom, Gold, Magnesium, Platin, Vanadium
Inflation	14 % (Schätzungen gehen auch von 20 % aus)
Klima	Südafrika gehört zu den warm-gemäßigten Trockengebieten der Subtropen mit Sommerregen von Oktober bis April mit Ausnahme der Küstenregion von Natal, dem immer feuchten, warm-gemäßigten Küstenstrich von Mossel Bay bis Port Elizabeth und dem Winterregengebiet des Kaplandes (Regen Mai bis Oktober).
Landwirtschaft	Sie ist sehr leistungsfähig und sichert zum größten Teil die Eigenversorgung; Anbau besonders von Weizen, Zuckerrohr, Obst, Wein, Zitrusfrüchten, Tabak, Mais, Baumwolle

Brücken: ein wirtschaftlicher Faktor entlang der Garden Route

WESTERN CAPE PROVINCE

Größe der Western Cape Province	129.370 qkm (= 11 % der Fläche Südafrikas)
Größe der Agglomeration von Kapstadt (ohne Cape Peninsula, Paarl u. Stellenbosch)	ca. 900 qkm (z. Vergl. Berlin: 883 qkm)
Einwohnerzahl der Western Cape Province	3,65 Mio. E., davon 2,1 Mio. Farbige, 870.000 Weiße, 645.000 Schwarzafrikaner, 34.000 Asiaten
Einwohnerdichte der Western Cape Province	28,2 E/qkm
Einwohnerzahl von Kapstadt (offiz. Grenzen)	855.000 E.
Einwohnerzahl der Agglomeration Kapstadt (inkl. Stellenbosch u. Paarl)	über 3 Mio. E., ohne Stellenbosch u. Paarl: 2,4 Mio. E.
Hafenumschlag von Kapstadt	ca. 6 Mio. t

Hafenumschlag von Saldanha Bay	ca. 19 Mio. t
Wirtschaft	Industrie u. Handel: Konzentriert sich auf den Großraum Kapstadt (wenig Großindustrie, Hafen). Landwirtschaft: Sonderkulturen (inkl. Bewässerungsanbau), wie z.B. Wein, Tafelobst, ferner Gemüse. In den trockeneren Lagen vornehmlich extensive Weidewirtschaft (Rinder, Schafe)

EASTERN CAPE PROVINCE

Größe der Eastern Cape Province	170.100 qkm
Einwohnerzahl der Eastern Cape Province	6,5 Mio. E., davon 5,62 Mio. Schwarzafrikaner, 435.000 Farbige, 372.000 Weiße, 16.000 Asiaten
Einwohnerdichte der Eastern Cape Province	37,9 E/qkm
Einwohnerzahl von Port Elizabeth (offiz. Grenzen)	305.000
Einwohnerzahl der Agglomeration Port Elizabeth	870.000
Hafenumschlag von Port Elizabeth	1 Mio. t (Tendenz steigend)
Wirtschaft	Industrie: Konzentriert sich auf die Ballungsräume Port Elizabeth u. East London (Maschinen- und Fahrzeugbau, chem. Industrie, Schwerindustrie, Hafen). Landwirtschaft: Weideland u. Ackerbau, relativ wenig Sonderkulturen.

2.   GESCHICHTE SÜDAFRIKAS

Geschichte im Überblick

Vor 1–3 Mio. Jahren	Funde des Australopithecus africanus ("Afrikanischer Südmenschenaffe")
Vor 500.000 Jahren	Erste Funde von Steinwerkzeugen in Nord- und Osttransvaal
26000 v.Chr.	Älteste Felszeichnungen von Buschmännern
300 n.Chr.	Schwarze besiedeln das östliche Südafrika
1488	Bartolomeu Diaz segelt um das Kap der Guten Hoffnung
1497/99	Vasco da Gama umsegelt die Südspitze Afrikas auf dem Wege nach Indien
1605	Erste Schiffe der East India Company ankern am Kap
1652	Jan van Riebeeck landet in der Tafelbucht – Bau der ersten europäischen Siedlung
1666	Baubeginn des Kapstädter Kastells in Form eines fünfzackigen Sterns
1679	Simon van der Stel wird neuer Kommandant (ab 1691 Gouverneur) der Kapkolonie; das Kastell ist vollständig ausgebaut, Kapstadt ist ein Ort mit vier Straßen und 290 weißen Einwohnern
1679	Van der Stel gründet den nach ihm benannten Ort Stellenbosch sowie den Regierungsbezirk Swellendam.
1688	Khoikhoi siedeln sich am Kap an
1779/91	Erste Kriege zwischen Xhosa und den nach Nordosten vordringenden weißen Siedlern
1798	Der Ausbruch eines Feuers zerstört weite Teile Kapstadts
1814	Das Land am Kap wird britische Kronkolonie
1820	In Algoa Bay (Port Elizabeth) treffen 5.000 englische Siedler ein
1835	Beginn des Großen Buren-Treks nach Nordosten (Transvaal)
1838	Schlacht am Bloedriver, Sieg der Voortrekker über die Zulus
1844	Auch Natal wird britische Kronkolonie
1848	Annektion des Gebietes zwischen Vaal und Oranje durch die Briten
1852/1854	Anerkennung der Burenrepubliken Transvaal und Oranje-Freistaat durch die Briten
1860	Bau eines sturmfesten Hafens in Kapstadt; die ersten Inder kommen als Zuckerrohr-Arbeiter nach Natal
1867	Erste Diamantenfunde im Norden der Kapprovinz
1869	Die Eröffnung des Suez-Kanals wirkt sich negativ auf die Zahl der in Kapstadt anlegenden Schiffe aus
1877	Die Briten annektieren die burische Transvaalrepublik, verlieren jedoch 1880 das Gebiet im Krieg mit den Buren
1882	Kapstadt bekommt elektrisches Licht
1883/1900	Ohm Kruger regiert als Präsident die Burenrepublik Transvaal

1886	Die Goldvorkommen am Witwatersrand werden entdeckt
1899/1902	Burenkrieg, bei dem die Briten siegen
1901	Zwischen Großbritannien und Kapstadt wird eine Telegrafen-verbindung eingerichtet
1910	Gründung der Südafrikanischen Union
1913	Das "Eingeborenen-Gesetz" untersagt den Schwarzen, Land außerhalb der Reservate zu erwerben
1915	"Deutsch-Südwestafrika" (heute Namibia) wird von den Südafrikanern besetzt
1918	Verheerende Grippe-Welle in Kapstadt: Tausende von Menschen finden den Tod
1925	Afrikaans wird neben Englisch die zweite Amtssprache in Südafrika
1939	Südafrika erklärt dem Deutschen Reich den Krieg
1946	Kapstadt wird von der britischen Königsfamilie besucht
1948	Aus den Parlamentswahlen geht die Nationale Partei als Siegerin hervor und baut die Apartheid auf ("Politik der getrennten Entwicklung")
1950	Verbot der kommunistischen Partei; *Group Area Act* (Gesetz über die Gebietseinteilung für die Bevölkerungsgruppen)
1960	Eskalation des nicht-weißen Widerstandes im Aufstand von Sharpeville. Die Regierung erklärt den Ausnahmezustand und verbietet die Befreiungsbewegungen ANC und PAC.
1961	(Weißer) Volksentscheid für die Unabhängigkeit von Großbri-tannien und Etablierung der "Republik von Südafrika"
1962	ANC-Führer Nelson Mandela wird verhaftet
1967	Erste Herztransplantation im Kapstädter Krankenhaus Groote-Schuur durch Prof. Barnard
1976	Blutige Unruhen wegen der Einführung eines nach Rassen streng getrennten Schulsystems
1976–81	Gründung von "selbstständigen" Homelands mit Selbstverwal-tung (international nicht anerkannt): Transkei (1976), Bophuthatswana (1977), Venda (1979) und Ciskei (1981)
1977	Ermordung des Studentenführers Steve Biko durch die Polizei
1983	Eine neue Verfassung gestattet den Indern und Farbigen ein stark eingeschränktes Mitspracherecht, wobei Schwarze aber weiter voll ausgeschlossen bleiben
1984	Bischof Desmond Tutu erhält Friedensnobelpreis
1985	Arbeitsboykott der Schwarzen im November (24 Tote, Jahr der "Halskrausenmorde"); davon sind Schwarze betroffen, die als "weißenfreundliche" Verräter gelten
1986	Eskalation der Gewalt – Präsident Pieter Willem Botha verhängt den Ausnahmezustand. Einige Apartheidgesetze werden aufgehoben (Passgesetze, Zuzugskontrollen, Rassen-trennung in Restaurants und Hotels). Die USA, in der Folge die meisten anderen westlichen Staaten, beginnen mit umfangreichen Wirtschaftsboykotts.
1988	1 Milliarde Fernsehzuschauer beim Londoner Pop-Konzert zum 70. Geburtstag Mandelas

1989	Frederik de Klerk tritt als Staatspräsident Bothas Nachfolge an und deklariert als Ziel seiner Politik das Ende der Apartheid
1990	Nelson Mandela wird aus der Haft entlassen, Oliver Tambo (ANC) kehrt aus dem Exil zurück. De Klerk kündigt Verhandlungen über eine neue Verfassung an. Zahlreiche Reisen de Klerks und Mandelas nach Europa, Amerika und Afrika
1991	Die EG-Staaten sowie die USA heben nahezu alle Wirtschaftssanktionen gegen Südafrika auf. Innerhalb der "CODESA" (= Konferenz für ein demokratisches Südafrika) finden Verhandlungen über die neue Verfassung statt. Kämpfe zwischen Zulu (Inkatha-Bewegung unter Buthelezi) und Xhosa (ANC) nehmen zu.
1992	Im Referendum sprechen sich 2/3 der weißen Bevölkerung für den Reformkurs de Klerks aus. Im Juni kommt es zum Massaker von Boipatong, wo Inkatha-Anhänger im Zusammenspiel mit der Polizei ANC-Mitglieder töten. Daraufhin stellt der ANC die CODESA-Verhandlungen ein, nimmt sie aber Ende 1992 wieder auf.
1993	Frederik de Klerk und Nelson Mandela bekommen für ihr Bemühen um ein "neues", demokratisches Südafrika gemeinsam den Friedensnobelpreis zugesprochen.
1994	Der ANC geht bei den ersten freien Wahlen als eindeutiger Sieger hervor
1995	Mandela verkündet am 17.02. ein Programm zur Eindämmung von Gewalttaten und Korruption.
1996	Am 1. Juli beendet die nationale Partei unter der Führung von Frederik W. de Klerk ihre Mitarbeit in der Regierung der nationalen Einheit.
1997	In seiner Regierungserklärung gibt Mandela dem Wohnungsbau, der Ausbildung und der Bekämpfung der Kriminalität höchste Priorität; „endgültige" Verfassung tritt in Kraft
1998	Mandela gibt seinen Parteivorsitz an seinen Stellvertreter Thabo Mbeki ab. Im Oktober beendet die Wahrheitskommission ihre Arbeit und legt den Abschlussbericht vor.
1999	Bei den zweiten demokratischen Wahlen im Juni erhält der ANC fast die Zweidrittel-Mehrheit. Thabo Mbeki wird Ministerpräsident.
2002–2003	Südafrika hält sich bedeckt und wird dafür kritisiert, sich nicht stark genug gegen die diktatorischen Machenschaften des Präsidenten von Zimbabwe, Robert Mugabe, und für Demokratie einzusetzen.
2002/03	Der ANC gewinnt immer mehr Einfluss auch in den bisher nicht von ihm geführten Provincen KwaZulu-Natal und Western Cape. Angst geht um, dass sich auch in Südafrika immer mehr eine Ein-Parteien-Politik durchsetzt.
2003	Im Mai 2003 stirbt Walter Sisulu.

Geschichte

Frühe Besiedlung – San und Khoikhoi

Die Frühgeschichtsforschung weist bei der Suche nach der Wiege der Menschheit nicht nur Afrika im Allgemeinen, woher die ältesten und vollständigsten Dokumente stammen, sondern auch trotz weniger sicher datierter Funde speziell Südafrika einen hohen Stellenwert zu. Schon in archäologischen Zeiten vor mindestens 3 Millionen Jahren wurden hier Vor- und Frühformen des Menschen (**Australopithecus africanus** = afrikanischer Südmenschenaffe) nachgewiesen. Während Wissenschaftler der Universität Pretoria das Auftreten des Homo sapiens in Südafrika vor 70.000 Jahren glaubten belegen zu können, wird heute allgemein als gesicherte Erkenntnis anerkannt, dass sich in Südafrika vor über 100.000 Jahren Gruppen der Familie Hominidae befanden. Knochen- und Steinwerkzeugfunde weisen auch im südlichen Kapland (Smitswinkel Bay bei Roikrans und am Bonteberg) Spuren von menschenähnlichen Wesen (Homo erectus) nach. Sie werden der Stellenbosch-Kultur (vor ca. 200.000 Jahren) zugerechnet. Jüngst wurde ein 117.000 Jahre alter menschlicher Fußabdruck nördlich von Kapstadt in der Langebaan-Lagune gefunden.

Menschen lebten in Südafrika schon vor 3 Mio. Jahren

Als direkte Nachfahren der negroiden Rasse im südlichen Afrika bildete sich vor ca. 35.000 Jahren das Sammler- und Jägervolk der **San** heraus. Mit deutlich hellerer, braungelber Haut, kleinem Wuchs (ca. 1,60 m) und sogenanntem Pfefferkornhaar unterscheiden sich die San erheblich von den Bantu-Völkern. Von den holländischen Siedlern wurden sie als *bosjesmans,* d.h. Leute, die hinter den *bosjes/* zusammengeflochtenen Zweigen wohnen, bezeichnet (engl. Bushmen; dt. Buschleute). Von den nach Süden vorrückenden Bantu und von den sich aus dem Süden ausbreitenden Weißen aus ihren Jagdgebieten verdrängt, leben heute nur noch etwa 50.000 San, vor allem noch in der Kalahari (Namibia) und deren Randgebieten, wenige in Angola, Botswana und in der Republik Südafrika.

Verdrängte San

Die traditionellen Lebensweisen, die schon vor 3.000 Jahren praktiziert wurden, finden sich heute noch bei etwa 10 Prozent der San. Zur Urbevölkerung Südafrikas werden sie jedoch nicht gerechnet, da sie aus den ostafrikanischen Savannen stammen, wo sie anderen Hirten- und Bauernvölkern weichen mussten und in die feuchteren Regionen Südafrikas wanderten. Während ihre materielle Kultur sehr einfach ist, sind die San durch ihre Kunst berühmt geworden: Sie schufen Felsreliefs und vor allem Felszeichnungen und -malereien.

Um ca. 200 v. Chr. bildete sich eine weitere Bevölkerungsgruppe heraus, wahrscheinlich aus einer Verbindung von San und hamitischen Hirtenvölkern in Ostafrika. Sie betrieben Viehzucht (Schafe, Rinder) und nannten sich **Khoikhoi** (Mensch-Menschen = die eigentlichen Menschen). Die Holländer bezeichneten im 17. Jahrhundert die Khoikhoi jedoch als *hottentotten*, was auf ein immer wieder gesungenes Wort bei deren Begrüßungstänzen zurückzuführen ist. Der Ausdruck **Khoisan** bezieht sich auf beide Gruppen. Die Khoikhoi besiedelten große Teile der Westhälfte Südafrikas und damit auch die Gegend ums Kap, die dank ihres Wasserreichtums für Viehzucht hervorragend geeignet war.

„Hottentotten" sagten nur die ersten Holländer

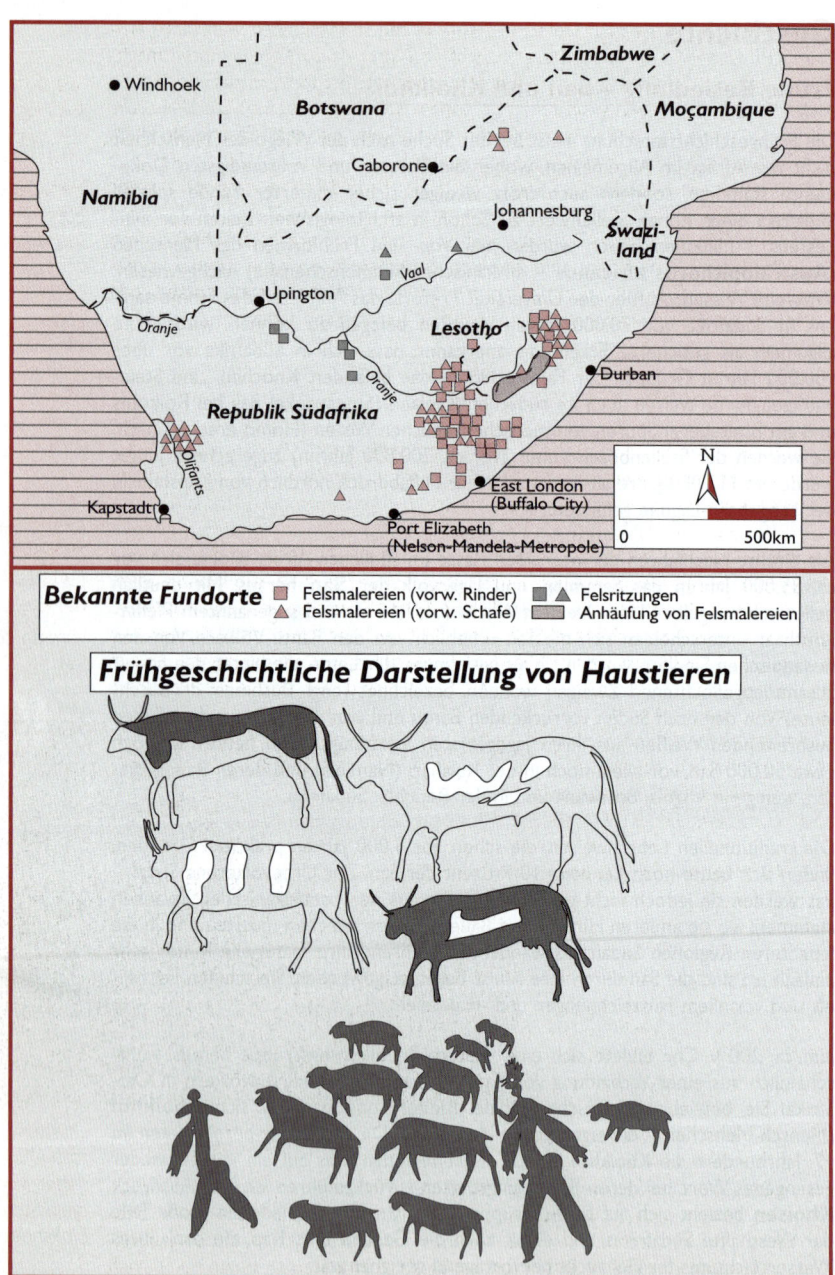

Bekannte Fundorte   ■ Felsmalereien (vorw. Rinder)   ■ ▲ Felsritzungen
▲ Felsmalereien (vorw. Schafe)   ▨ Anhäufung von Felsmalereien

Frühgeschichtliche Darstellung von Haustieren

Beide Bevölkerungsgruppen lebten mit- und nebeneinander, auch wenn ihre entgegengesetzten Betätigungsfelder, Viehzucht und Jagd, sie zu Konkurrenten machten. Durch die Zuordnung zu Wildbeutern oder Viehzüchtern in der westlichen Hälfte Südafrikas wurde gleichzeitig die soziale Stellung festgelegt: Die Viehzucht galt als höherwertig, und demnach konnte es vorkommen, dass ein San für einen Viehzüchter arbeitete, jedoch nicht umgekehrt. Der soziale Aufstieg war nur durch Vieherwerb oder Heirat möglich. Skelettfunde und Felszeichnungen aus der Zeit um etwa 30000 v. Chr. beweisen, dass die Trockengebiete der heutigen Kapprovinz, die kurz nach Überwindung der ersten Gebirgskette nördlich von Kapstadt beginnen, von San- und Khoikhoi-Stämmen bewohnt wurden. Pockenepidemien im 18. Jahrhundert, gegen die sie keine Abwehrkräfte hatten, und Kriege trugen entscheidend zum Verschwinden der Khoikhoi bei.

Sozialer Aufstieg nur durch Vieherwerb oder Heirat

Das Kap am Seeweg nach Indien

Dank ihrer gut ausgebildeten Schiffahrtstechnik segelten die **Portugiesen** im 15. Jahrhunderts immer weiter an der Westküste Afrikas entlang Richtung Süden auf der Suche nach einem Seeweg nach Indien, wo das Gold des Mittelalters, die Gewürze, geladen werden sollten. Im Zuge dessen landete der Portugiese **Bartolomeu Diaz** am **3. Februar 1488** in der Mossel Bay, nachdem er zuvor in der heutigen Lüderitz-Bucht angelegt hatte. Anschließend war er dann, ohne es zu wissen, um die Kapspitze und die südlichste Spitze Südafrikas, Kap Agulhas, gesegelt, da Stürme und schlechte Sicht den Blick auf das Land nicht freigegeben hatten. Er fuhr zunächst bis zur Mündung des Großen Fischflusses, kehrte jedoch um und ging erst in der heutigen Mossel Bay an Land, der er den Namen *Angra dos Vaqueiros* gab – weil dort riesige Herden von Kühen mit Hirten gesichtet wurden. Diaz und seine Crew waren damit die ersten Europäer, die südafrikanischen Boden betraten und mit den dort ansässigen Khoikhoi Handel trieben.

Diaz umsegelte als erster Europäer das Kap

Erst bei seiner Rückfahrt nach Europa – am 6. Juni 1488 – konnte Diaz das Kap sichten, ging an Land, errichtete in der Nähe der Kapspitze ein **padrao** (Kreuz) und nannte die Kapspitze aufgrund seiner Erfahrungen „Kap der Stürme". Die Umbenennung durch den portugiesischen Kö-

*Die Portugiesen beim Aufstellen eines „padraos".
Gemälde von Charles Davidson Bell (19. Jh.)*

nig in **Cabo da Boa Esperanca** (Kap der Guten Hoffnung) änderte daran nichts. Die von den portugiesischen Seefahrern aufgestellten Kreuze dienten als Landmarke für vorbei fahrende Seefahrer, dokumentierten das Recht auf Besitzergreifung und waren gleichzeitig Symbolträger für das Christentum. Neun Jahre nach

„Kap der Stürme"

Mossel Bay als Zwischenstation nach Indien

Diaz segelte **Vasco da Gama** um das Kap bis zum Keiskamma-Fluss. Die Kreuze, die er bei seinen Reisen in den Jahren 1497–99 an der Küste aufstellte, sind zum Teil heute noch zu sehen. Ab 1500 reisten ständig portugiesische Schiffe in die indischen Kolonien, wobei Mossel Bay als eine der wichtigsten Zwischenstationen zur Proviant- und Frischwasseraufnahme galt.

Die **Tafelbucht** wurde 1503 von Europäern erstmals durch den Seefahrer **Antonio da Saldanha** entdeckt, der auch als erster Europäer den Tafelberg bestieg. Trotz der strategisch außergewöhnlichen Lage des Kaps hatten die Portugiesen nie ernsthaft erwogen, an der südafrikanischen Küste Siedlungen anzulegen. Von strategisch geringem Interesse war das Kap für die Portugiesen deshalb, weil sie bis zum Ende des 16. Jahrhunderts auf dem Weg nach Indien keine ernsthafte Konkurrenz hatten und das Kap wirtschaftlich nicht viel zu bieten hatte – man legte lieber in Häfen an, wo alles zu haben war, wie z.B. in Moçambique, bevor man nach Indien übersetzte. Auch auf den Viehhandel mit den Khoikhoi zur Versorgung der Schiffsmannschaften mit Frischfleisch war nicht immer Verlass, weswegen es teilweise zu gewaltsamen Auseinandersetzungen kam. Ein Streit im Jahre 1510 zwischen dem portugiesischen Vizekönig **Francesco d'Almeida** und den Einheimischen führte zu schweren Kämpfen und forderte den Tod des Vizekönigs sowie von ca. 50 seiner Gefährten. Dieses blutige und verlustreichste Gefecht zwischen Europäern und den Khoisan vereitelte jeglichen Gedanken an eine Ansiedlung.

Erste Kämpfe zwischen Europäern und Khoisan

Damit war der schlechte Ruf des Kaps begründet, der noch im Jahre 1620 die englische Regierung davon abhielt, die Besitznahme des Landes am Kap, von einem Kapitän für sein Land vorgenommen, indem er die englische Flagge auf dem *Lion's Head* gehisst hatte, zu bestätigen. Mit dem Aufkommen ernst zu nehmender **Konkurrenz durch die Holländer und Engländer** im ausgehenden 16. Jahrhundert hatte sich das Blatt jedoch grundsätzlich gewendet, und das Kap bekam strategische Bedeutung. Und als 1611 ein holländischer Kapitän erstmals direkt vom Kap nach Indonesien segelte, anstatt wie bisher entlang der ostafrikanischen Küste, lag das **Kap** nicht mehr nur geografisch im **Mittelpunkt des Handels zwischen Europa und Asien**.

Die Kolonie der Kompanie (1652–1795) – die ersten Siedler

Zum ersten längeren Kontakt zwischen Khoikhoi und Europäern kam es am Kap der Guten Hoffnung, als das holländische Schiff „Nieeuw Haerlem" der **Vereinigten Ostindischen Handelsgesellschaft (VOC = Holländisch Ostindische Kompanie/Dutch-East-India-Company)**, das sich auf der Rückreise von Indien befand, am 25. März 1647 mit 60 Mann Besatzung strandete. Fast ein Jahr musste die Besatzung unter der Leitung des Unterkaufmanns Leendert Janszen in der Tafelbucht verbringen, ehe alle Überlebenden mit einer Flotte von fünf holländischen Schiffen im März 1648 nach Holland zurückkehren konnten. Durch den langen Zwangsaufenthalt entdeckten die Holländer jedoch die klimatisch sehr guten Bedingungen der Region. Zudem machte die Mannschaft beim Tauschhandel

Der Anfang: Holländer stranden am Kap

gute Erfahrungen mit den Khoikhoi, so dass der Bericht von Janszen an die VOC nach seiner Rückkehr über **Siedlungseigenschaften** äußerst positiv ausfiel und für den Entschluss der VOC, eine kostengünstige Proviantstation am Kap auf dem Weg in den Fernen Osten einzurichten, sicherlich entscheidend war:

"Der Boden in besagtem Tal ist sehr gut und fruchtbar, und während der Trockenzeit könnte man ohne Schwierigkeiten so viel Wasser, wie man nur braucht, den Gärten zuführen ... Aus täglicher Erfahrung wissen wir, was man am Kap tun kann, nicht nur für die Kranken, sondern auch für die Gesunden der Schiffsbesatzungen auf dem Wege nach Indien, vielleicht nur mit etwas Sauerampfer oder zwei oder drei Rindern, da es dort genug von allem gibt, auch Fisch; Kuhantilopen und Steinböcke sind zahlreich vorhanden ... Wenn die geplante Festung einen guten Kommandanten bekommt, der den Eingeborenen freundlich gesonnen ist und dankbar für alle erworbenen Waren bezahlt, dann ist überhaupt nichts zu befürchten."

Eine Festung wird errichtet

aus: W. Grütter/D.J. van Zyl: Die Geschichte Südafrikas, S. 8 ff.

Da es wirtschaftlich gesehen in Asien wesentlich interessantere Gebiete gab, wollte die holländische Kompanie keine Kolonie gründen, sondern für ihre Handelsschiffe eine Versorgungsstation auf halbem Wege nach Indien einrichten, um die während der sechs- bis achtmonatigen Fahrten zwischen Europa und Asien auftretenden häufigen Erkrankungen und Todesfälle zu senken.

An Bord des Schiffes, das die „Nieeuw Haerlem" rettete, hatte sich auch der aus den Kolonien zurückkehrende Kaufmann **Jan Anthniszoon van Riebeein** befunden, der in Verdacht stand, in korrupte Geschäfte verwickelt zu sein. Als der VOC für den Aufbau der Station am Kap jemanden suchte, war van Riebeck stark interessiert, da er hoffte, sich so rehabilitieren zu können, um später in den Fernen Osten versetzt zu werden. Am 6. April 1652 erreichten van Riebeeck, seine Frau und sein vierjähriger Sohn mit einer Crew von 90 Leuten, darunter 8 Frauen, die Tafelbucht. Gleich am nächsten Tag sollte die Arbeit beginnen.

van Riebeecks Rehabilitation

Van Riebeeck wurde beauftragt, ein **Fort** zu bauen, das ca. 80 Mann Platz bieten und den Namen *Fort de goede Hoop* tragen sollte. Es war vorgesehen, kleine Äcker anzulegen, Gemüse und Obst anzubauen und mit den Einheimischen – so die ausdrückliche Instruktion – Viehhandel zu betreiben, wobei insbesondere angeregt wurde, auf ein einträchtiges Auskommen mit ihnen Wert zu legen. Van Riebeeck errichtete mit seinen Leuten ein viereckiges Fort, das erst mit einem Erdwall, dann mit einem Zaun umgeben wurde. Wenige Monate später – bereits am 3. August – lebten alle Menschen innerhalb des Forts, doch ein harter Winter mit viel Regen und Hagel strapazierte die Gesundheit so sehr, dass 20 Menschen verstarben. Van Riebeeck hatte um diese erste Niederlassung einen Zaun errichtet, um den Kontakt mit den Khoikhoi möglichst unter Kontrolle zu halten. Ein Inspekteur aus Holland forderte sogar, die Kaphalbinsel durch einen Kanal abzutrennen, mit dessen Ausführung auch begonnen wurde. Ende 1652 war der Ausbau des Forts abgeschlossen. Es bestand aus einem zwölf Fuß hohen Viereck aus Erdwällen und hatte eine Seitenlänge von 50 Metern.

Ein schwerer Start

Die anfängliche Entwicklung des Stützpunktes stellte die Erwartungen der VOC jedoch nicht zufrieden. Van Riebeeck wurde immer wieder ermahnt, die Kosten möglichst gering zu halten und sich selbst zu versorgen. Er legte daher Felder an, doch war die Landwirtschaft sehr kostspielig, und für die weitere Aufbauarbeit mangelte es ihm an Arbeitskräften. Hinzu kam, dass die Soldaten und Beamten vor allem für Handel und Sicherung des Forts ausgebildet waren und mit der Landwirtschaft wenig anzufangen wussten. Anderes als Vieh ließ sich aber von den Khoikhoi nicht eintauschen und musste selbst erzeugt werden. Im März 1653 wurde die Versorgungsstation auf ihre **erste Bewährungsprobe** gestellt: Eine Flotte unter der Kommandantur von Admiral Gerard Demmer legte auf dem Wege nach Holland an der Tafelbucht an. Die Mannschaften wurden mit Gemüse, Fleisch und Milch versorgt, und die Leistungen bei der Heimkehr vom Admiral lobend hervorgehoben. Im Laufe der Zeit vergrößerte man die landwirtschaftlichen Flächen, und 1659 wurden bereits die ersten Weintrauben am Kap geerntet. Dennoch: Die Arbeitsmoral war schlecht; mancher desertierte gar zu den Khoikhoi. Auch die waren zu handwerklichen Tätigkeiten kaum zu motivieren, so dass Sklaven herangeschafft wurden.

Arbeitskräftemangel am Kap

Die Table Bay um 1675. Rechts oben das erste Castle aus Stein

Eine Lösung des Problems sah van Riebeeck darin, Bedienstete der Station als Siedler auszusenden, die, um die Arbeitsmoral zu erhöhen, auf eigene Rechnung landwirtschaftlich arbeiten konnten. 1657 erhielt er immerhin von der Kompanie die Erlaubnis, dafür neun seiner Angestellten aus den Diensten der VOC freizustellen und zu **Freibürgern** zu ernennen. Als Bedingung galt jedoch, dass die künftigen freien Bauern von niederländischer oder deutscher Abstammung sein mussten. Van Riebeeck stellte daraufhin den Siedlern ein Stück Land zur Verfügung und gab ihnen Saatgut und Arbeitsgeräte auf Kredit. Der erste Kompanieangestellte, dem ein Freibrief ausgestellt wurde, war ein Deutscher aus Köln. Tatsächlich dienten damals viele Deutsche, vor allem aus Nordwestdeutschland, in den Reihen der VOC; sie hatten ihre Heimat während oder nach den Wirren des Dreißigjährigen Krieges verlassen.

Die ersten Siedler

Damit war der erste Schritt auf dem Weg **von der Selbstversorgungsstation zur Siedlungskolonie** für freie Bürger vollzogen, die das Gebiet in der Folge als ihre Heimat empfanden. Das Experiment bewährte sich, da die Produktion zunahm. Daraufhin warb die Kolonie, allerdings nur halbherzig und mit geringem Erfolg, u.a. auch in den Niederlanden Siedler an, woraufhin im Jahre 1687/88 nach der Aufhebung des Edikts von Nantes ca. 225 **Hugenotten** von 80.000, die Frankreich verlassen hatten, am Kap eintrafen.

In Europa kaum Interesse fürs Kap

Mit der Ausweitung der Kolonie kam es jedoch zu **Konfrontationen mit den Khoikhoi:** 1659, weil die Siedler ihnen Weideland genommen hatten, und 1671, weil der Fleischbedarf der zunehmenden Bevölkerung sich erhöhte, die Khoikhoi sich jedoch nicht von mehr Vieh trennen wollten. Die Kämpfe endeten mit einer vernichtenden Niederlage der Khoikhoi. Ihr Widerstandswille war danach gebrochen, und die Mehrheit zog sich ins Landesinnere zurück. Diejenigen aber, die zurückblieben, integrierten sich in die Gemeinschaft der weißen Siedler, was allmählich zur Vermischung und damit Entstehung einer neuen Bevölkerungsgruppe, der **Coloureds** (Farbige), führte. Hinzu kamen Verbindungen zwischen Weißen bzw. Khoikhoi mit **Sklaven**, die von 1658 an als Arbeitskräfte aus Ostafrika, Madagaskar, Indien, Ceylon, Malaysia und Indonesien importiert wurden.

Die Khoikhoi werden gespalten

INFO Die Verteilung des Landes

Die **Sklaven,** seit Anfang des 18. Jahrhunderts den Freien zahlenmäßig immer überlegen, sollten das Schicksal Südafrikas entscheidend beeinträchtigen: Handwerkliche Tätigkeiten jeder Art wurden in der Regel von Sklaven ausgeführt, die als billige Arbeitskraft geschätzt wurden, während ein freier Arbeiter sich nur in äußerster Notlage dazu herabgelassen hätte. Als Weißer hatte man sein eigener Herr zu sein, wenn auch als Geschäftemacher oder Spekulant.

Diese **Arbeitsmoral** hatte eine hohe Beschäftigungslosigkeit unter Weißen trotz vorhandener Arbeitsplätze zur Folge. Die Kompanie verpachtete daraufhin den besitz- und erwerbslosen Freien zu sehr günstigen Konditionen eine insgesamt riesige Fläche Land, auf der sie mit geringem Startkapital Viehzucht betreiben konnten. Im Jahre 1793 gab es 1959 Siedler auf einer 400 mal 800 Kilometer großen Fläche nord-östlich vom Kap aus gesehen. War das Weideland abgegrast, zogen die Bauern, die man nun als **Trekburen** (von *trekken* = ziehen; *bure* = Bauer) bezeichnete, weiter und pachteten neues Land. Folge war eine dünne Besiedlung einer gewaltigen Fläche; gestoppt wurde die Expansion nur durch natürliche Grenzen bzw. ab 1770 durch Grenzkriege mit den Xhosa.

Eine der entscheidenden Auswirkungen des Zusammentreffens von billiger Sklavenarbeit und verfügbarem Weideland an der Grenze der Kolonie war, dass dadurch keine weiße Unterschicht entstand. Soziale Spannungen zwischen Ober- und Unterschicht innerhalb der weißen Bevölkerungsgruppe wie in Europa entsprachen hier denen zwischen Freien und Unfreien (= Nichtweißen). Damit war zu Beginn des 18. Jahrhunderts die Anlage der Gleichbedeutung von Klassen- mit Rassenunterscheidung gegeben und ist bis in die Gegenwart hinein spürbar.

Unter der Herrschaft der Holländisch-Ostindischen Kompanie (Dutch-East-India-Company)

Als **Simon van der Stel** 1679 neuer Kommandant (ab 1691 Gouverneur) der Kapkolonie wurde, war das Kastell vollständig ausgebaut, Kapstadt immerhin schon ein Ort mit vier Straßen und 290 weißen Einwohnern (87 Freibürger; 117 Kinder). Die Verwaltung lag in den Händen eines politischen Rates, der legislative, exekutive und judikative Befugnisse besaß und der dem Generalgouverneur Niederländisch-Ostindiens in Batavia (heutiges Java) unterstellt war. 1666 war der Bau des Kapstädter Kastells in Form eines fünfzackigen Sterns begonnen worden. Es ist heute das älteste erhaltene Bauwerk Südafrikas. Nachdem es 1674 bezogen worden war, brach man die alte Festung ab. Van der Stel gründete im gleichen Jahr den nach ihm benannten Ort und gleichnamigen Regierungsbezirk Stellenbosch sowie Swellendam.

Politisch Verbannte werden am Kap angesiedelt

Ab 1681 wurden politisch Verbannte aus Indonesien nach Südafrika deportiert. Sie bildeten später die Gruppe der sogenannten **Kapmalaien**, von denen viele als geschickte Handwerker tätig wurden. Neben Kompagnie-Angestellten im Ruhestand, die in Asien gearbeitet hatten, waren auch zahlreiche Deutsche im 17./18. Jahrhundert unter den Einwanderern und wuchsen zu einer etwa gleich großen Gruppe wie die Holländer an. Im Gegensatz zu Nordamerika, wo in den 90er Jahren des 17. Jahrhunderts schon 3 Millionen Einwanderer gezählt wurden, wurde am Kap **keine aktive Einwanderungspolitik** betrieben, wodurch der Anstieg der relativ kleinen Bevölkerungsgruppe gering blieb. Die Bevölkerungszahl kletterte von 130 Personen (1660) auf über 1.265 im Jahre 1701 und auf 13.830 fürs Jahr 1793; hinzu kamen 2.093 Angestellte, die im Jahre 1794 im Dienste der Kompanie waren.

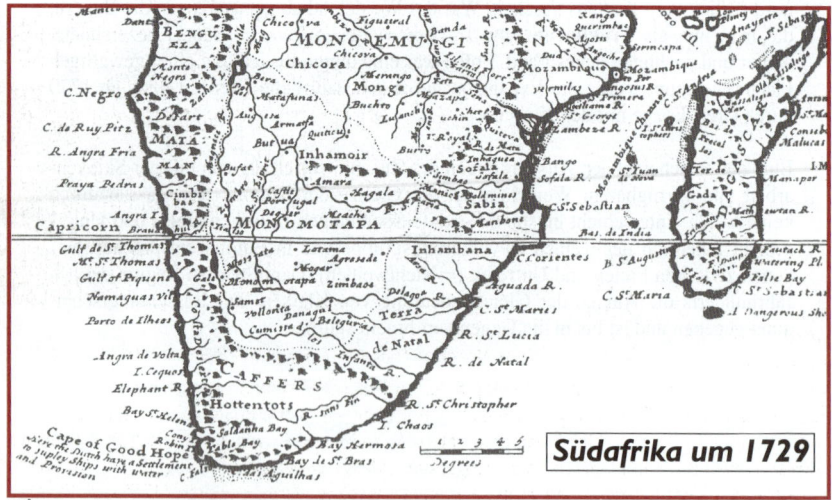

Südafrika um 1729

© *i*graphic

Die eingewanderten Hugenotten und Deutschen lernten sehr bald Holländisch, gaben rasch schließlich ihre eigene Sprache auf und assimilierten sich fast vollständig. Resultat war eine relativ **homogene Bevölkerung** – heute erinnern an die Einwanderung der Franzosen nur noch französische Familiennamen sowie der Ort Franschhoek mit seinem Hugenotten-Denkmal. Seit etwa 1700 waren die meisten der am Kap lebenden Weißen dort geboren worden, bezeichneten das Land als ihre Heimat und hatten, wenn überhaupt, nur noch lockere Verbindungen zu ihren europäischen Ursprungsländern. Dadurch entwickelte sich unter den Kap-Bewohnern ein eigenes Selbstbewusstsein, das sich im Jahre 1706, in dem erstmals die Eigenbezeichnung **„Afrika(a)ner"** nachweislich benutzt wurde, zum Nationalbewusstsein entwickelte.

Eine Dependance entwickelt sich zu einer Nation

In Kapstadt und in den anderen Orten der Region entwickelte sich im Laufe des 18. Jahrhunderts ein immer selbstständiger und selbstbewusster werdendes (weißes) **Bürgertum**. Daneben war seit etwa 1700 eine vermehrte Abwanderung von weißen Farmern ins Landesinnere zu beobachten, die für ihre Schafe und Rinder neue, größere Weiden benötigten.

Hier entstand jetzt ein gänzlich unabhängiger „Menschentyp", der **Trekboer** (*trekking farmer* = Viehbauer, seinen weidenden Herden folgend), der sich vom Zugriff der Kapstädter Zentralverwaltung löste und in dauerndem Existenzkampf mit den Khoisan und seit Ende des Jahrhunderts mit dem langsam nach Süden wandernden Xhosa-Volk stand. Die holländische Kolonialverwaltung versuchte zwar, diese *Buren* (Bauern) sesshaft zu machen, doch zogen die meisten von ihnen ein ungebundenes Leben in Zelt und Ochsenwagen vor. Die streng gläubigen Calvinisten entwickelten ihre eigene Kultur, ihre eigene Sprache und hatten oftmals als einzige Informationsquelle die Bibel. Zudem waren viele des Lesens und Schreibens unkundig und nahmen so an den großen sozialen, politischen und philosophischen Entwicklungen des 18. Jahrhunderts nicht teil.

Die Buren zieht es nach Norden

Vergelegen (um 1711):
Van der Stels Anwesen wurde mit korrupten Mitteln angelegt

Als **Ostgrenze der Kolonie** war der Große Fischfluss vorgesehen. Dieser wurde 1779 erstmalig von Angehörigen des Xhosa-Volkes auf deren Suche nach neuen Weideplätzen in Richtung Westen überschritten. Es kam zum ersten Grenzkrieg (1779–1781) zwischen Weißen und Schwarzen auf südafrikanischem Boden. Die Kompanie sah sich außerstande, die holländischen Siedler gegen die immer weiter vordringenden Xhosa zu schützen. 1789 überschritten die Xhosa erneut den Fluss, was einen zweiten Krieg auslöste (1789–1793).

Erste Konflikte mit den Xhosa

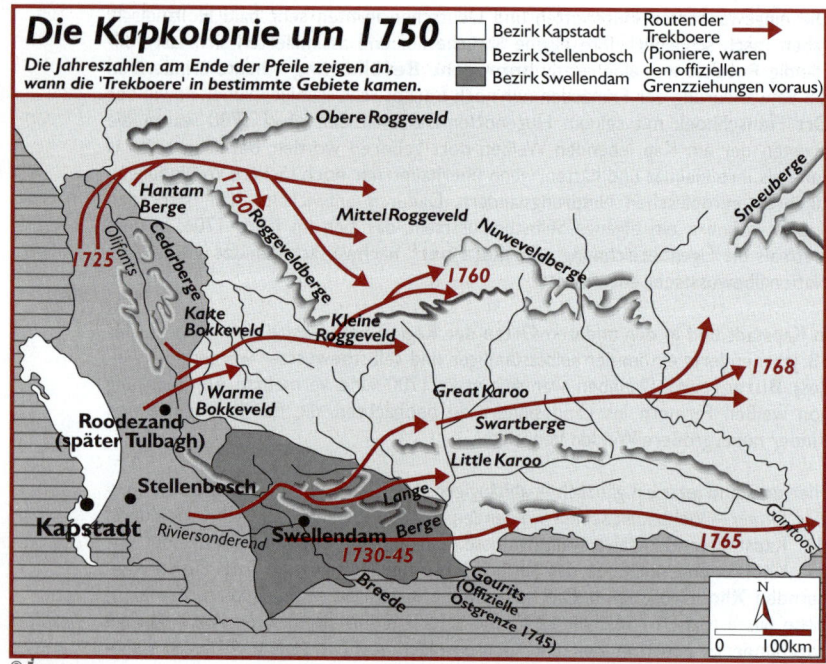

Die Kapkolonie um 1750

Die Jahreszahlen am Ende der Pfeile zeigen an,
wann die 'Trekboere' in bestimmte Gebiete kamen.

☐ Bezirk Kapstadt
▨ Bezirk Stellenbosch
■ Bezirk Swellendam

Routen der Trekboere
(Pioniere, waren den offiziellen Grenzziehungen voraus)

© graphic

Korruption,
Bankrott
und
Freiheits-
ideale

Teilweise bedingt durch die **Korruption der Beamten,** hatte die VOC am Ende des 18. Jahrhunderts einen wirtschaftlichen Niedergang zu verzeichnen. Die Niederlassung am Kap bildete ihren größten Verlustposten, Reformen kamen zu spät, und die VOC musste 1794 ihren Bankrott erklären. Die schwache Kolonialverwaltung am Kap sowie die neuen Freiheitsideale Frankreichs und der USA zeigten bald auch in Südafrika Folgen: 1795 riefen die Bürger der Ortschaften Swellendam und Graaff-Reinet die ersten Burenrepubliken aus, die allerdings noch im gleichen Jahr mit der britischen Besitzergreifung des Landes ihr Ende fanden.

Vom Einzug der Briten bis zum Auszug der Buren (1795–1836)

Die Besetzung der Niederlande durch Frankreich nach Ausbruch der französischen Revolution führte in Den Haag zur Ausrufung der Batavischen Republik, die mit Frankreich verbündet war. Diese Situation nutzten die Briten aus und entsandten eine Flotte nach Südafrika, um den Franzosen zuvorzukommen. Außerdem stand die Aktion im Einklang mit dem in England im Exil lebenden holländischen Statthalter, der den letzten Generalkommissar der VOC in Kapstadt anwies, die britische Flotte freundlich zu empfangen, die am 11. Juni 1795 Kapstadt erreichte. Nach nur geringem Widerstand erfolgte die Kapitulation am 15. Sep-

tember vor den britischen Truppen. Die VOC selbst bestand noch bis 1798
weiter. Die Regierung übernahm zunächst der britische Generalmajor Craig als
„Kommandant von Stadt und Niederlassung am Kap der Guten Hoffnung"; 1797
wurde das Gebiet zur **Kronkolonie** erklärt und einem Zivilgouverneur unterstellt. Die Bevölkerung bestand zu dieser Zeit aus rund 18.000 Weißen, 15.000
Khoikhoi und 22.000 Sklaven. Von den Kolonisten lebten etwa 5.000 in Kapstadt,
weitere 1.000 in Stellenbosch, der Rest auf dem Lande und als umherziehende
Viehbauern.

*Erster
Macht-
wechsel*

Nach dem **Friedensschluss von Amiens (1802)** musste die Kapkolonie an die
Batavische Republik (Niederlande) zurückgegeben werden. Wenngleich die erneute holländische Herrschaft nur drei Jahre dauerte, so wurden unter dem Einfluss
der Ideen der Französischen Revolution, die die neuen Machthaber aus Europa
mitbrachten, zahlreiche Reformen durchgeführt, die die wirtschaftliche und kulturelle Entwicklung der Kolonie förderten.

Zur **endgültigen Übernahme der Kapkolonie durch die Briten** kam es
1806, nachdem die französische Flotte bei Trafalgar durch die Briten vernichtet
worden war und Großbritannien wieder allein die internationalen Gewässer kontrollierte. Die Regierung in London hatte den strategischen Wert des Landes an
der Südspitze Afrikas für ihre Flotte erkannt. Die Briten waren in Bloubergstrand,
25 Kilometer nördlich von Kapstadt, mit zahlenmäßig weit überlegenen Truppen
gelandet. Am 13. August 1814 wurde das Land am Kap dauerhaft zur britischen
Kronkolonie, da der **Londoner Vertrag**, nach Beendigung der napoleonischen
Herrschaft geschlossen, die Niederlande verpflichtete, die Kapkolonie auch de
jure endgültig an Großbritannien abzutreten. Kapstadts Wirtschaft profitierte von
der britischen Inbesitznahme, weil die Briten nun den freien Handel erlaubten,
der unter der VOC verboten war.

*Endlich:
freier
Handel*

Gleichzeitig mit der Übernahme der Verwaltung durch die Briten erfuhr auch das
Verhältnis der Rassen untereinander neue Ordnungen. In Großbritannien verstärkte sich die **philantropische Bewegung**, die sich für die Gleichheit der
Menschen und die Unverletzbarkeit der Menschenwürde einsetzte. 1807 erzielte
sie mit dem Verbot des Sklavenhandels im Britischen Reich ihren ersten großen
Erfolg. 1816 wurde die Registrierung aller Sklaven angeordnet, um dem illegalen
Menschenhandel entgegenzuwirken, und 1820 wurde den am Kap ankommenden
ersten britischen Siedlern die Inanspruchnahme von Sklavenarbeit verboten. Am
1. Dezember 1834 schließlich wurde die Sklaverei im Britischen Reich abgeschafft.
Die Sklaven hatten damit eine Rechtsstellung, die der der Khoikhoi und der
Coloureds entsprach. An ihrer sozialen Stellung änderte sich jedoch wenig, sie
blieben ungelernte, billige Arbeitskräfte in der Landwirtschaft bzw. im städtischen
Handwerk.

*Die
Sklaverei
wird
abgeschafft*

Schon ab 1808 war das Kap vom Verbot des Sklavenhandels betroffen. Der
deutliche Rückgang des Anteils der Sklaven an der Gesamtbevölkerung führte
zum **Mangel an billigen Arbeitskräften**. Höhere Löhne bedeuteten indessen
eine Belastung der Wirtschaft der Kolonie, die Gefährdung der Konkurrenzfähig-
keit von Exportprodukten und den möglichen Ruin vieler Siedler, da sie ihre

Freiheits-
rechte für
Nicht-
Weiße

riesigen Farmen nur durch Ausbeutung der Sklaven bewirtschaften konnten. Hier deckten sich jeweils die Interessen von Regierung und Siedlern an ausreichender Versorgung mit billigen Arbeitskräften. Deshalb wurde zunehmend deren **Immo-bilisierung und staatliche Überwachung** angestrebt: durch Verpflichtung zu einem festen Wohnsitz, Passzwang (seit 1787) sowie amtliche Beurkundung ihrer Dienstverträge mit Weißen. Dennoch: Der Druck philantropischer Missionare

mündete 1828 im **Erlass Nr. 50**, der den Khoikhoi und Coloureds Freiheitsrechte garantierte, die nahezu denen der Weißen entsprachen.

Trekburen auf dem Weg durch die Halbwüste Karoo (um 1830)

Diese Maßnahmen führten zu einer **Frontenbildung**

Konflikt
zwischen
Briten und
Buren

zwischen **Briten und Buren**, da die Buren aufgrund ihres streng calvinistisch ausgerichteten Glaubens in der Gleichstellung von geborenen Herren und Dienern einen eklatanten Verstoß gegen die ihrer Ansicht nach biblische Sozialordnung sahen. Hinzu kam eine zunehmende **Anglisierung am Kap** aufgrund forcierter Einwanderung, Erhebung des Englischen zur einzigen Amtssprache (1825) und Gerichtssprache (1828). Zudem führten unentschlossenes Eingreifen der britischen Verwaltung an der **Ostgrenze der Kolonie** (wo es 1834 zum sechsten Grenzkrieg mit den Xhosa kam) und eine mangelnde Selbstverwaltung der Weißen zugunsten einer starken Zentralregierung in Kapstadt dazu, dass die Farmer im Grenzgebiet das Vertrauen in die britische Verwaltung verloren. Dies leitete 1835 schließlich den „**Großen Trek**" ein, die Massenauswanderung von mehr als 10.000 Buren, den so genannten „Voortrekkern", aus der Kapkolonie ins Landesinnere nach Norden und Nordosten, wo sie wieder „frei" sein wollten.

Politische Entwicklung der Kapprovinz in der zweiten Hälfte des 19. Jahrhunderts

Das Hauptproblem der Kapkolonie war in der 2. Hälfte des 19. Jahrhunderts nach wie vor die **Ostgrenze**, wo 1846 erneut Krieg mit den Xhosa mit hohen Verlusten und Kosten ausbrach und unter dessen Eindruck die britische Grenz- und Eingeborenenpolitik langsam eine Änderung erfuhr. Er führte 1846/47 zur endgültigen Annexion der **Ciskei**, das nun Britisch-Kaffraria genannt wurde. Ebenso war

Die
Kolonie
wächst

das 1869 annektierte **Basutoland** (das heutige Lesotho) 1871 der Verwaltung in Kapstadt unterstellt worden. Seit 1884 verstand es dann allerdings als britisches Protektorat wieder direkt dem Kolonialamt in London. 1871 integrierte man das Gebiet um Kimberley, in dem vier Jahre zuvor die ersten Diamanten entdeckt worden waren, als Griqualand-West in die Kapkolonie.

Kurz nach Beendigung des achten Krieges mit den Xhosa (1850–53), erhielt die Kapkolonie am 1. Juli 1853 durch königliche Verordnung eine **Verfassung** und damit eine Art **begrenzter Selbstverwaltung**. Das *representative government* sah ein Zweikammerparlament mit gesetzgebendem Rat (Oberhaus) und Volksrat (Unterhaus) vor. Wahlberechtigt war, wer Immobilienbesitz im Werte von mindestens 25 Pfund oder ein jährliches Einkommen von mindestens 50 Pfund hatte. Damit blieb formelle Gleichheit bei gleichzeitiger unangefochtener weißer Herrschaft Londons Devise für die Kapkolonie.

Nur wer Geld hat, darf wählen

Die Regierung wurde weiterhin von London eingesetzt. Erst 1872 erfolgte der Schritt zum *responsible gouvernment,* in dem nun nach britischem Vorbild die Regierung dem Parlament verantwortlich war. London war von da an nur noch mit einem für ganz Südafrika und hauptsächlich für die Außenbeziehungen zuständigen Hochkommissar in Kapstadt vertreten. Verwaltung und Armee fielen nun ganz zu Lasten des Kaps. 1841 war der **Masters and Servant Act** an die Stelle des Erlasses Nr. 50 getreten, der die Verletzung eines Arbeitsvertrages zu einem strafrechtlichen Delikt machte und in erster Linie die Nichtweißen betraf.

Beginn der Selbstständigkeit

1877 kam es zum neunten Grenzkrieg mit den Xhosa, der mit der Annexion Ost-Griqualands und eines Großteils der Transkei endete. Um deutschen Kolonialambitionen zuvorzukommen, erklärte Großbritannien 1885 vorsorglich die gesamte Küste zum Protektorat. Unter **Cecil John Rhodes** (*siehe auch Info-Kasten S. 404*), Premierminister der Kapkolonie von 1890–1896, erfolgte dann 1894 der endgültige Anschluss des gesamten Landes zwischen dem Kei-Fluss und Natal an die Kapkolonie; 1895 wurde Betschuanaland der Kapkolonie eingegliedert und im gleichen Land zum „Protektorat Betschuanaland" ausgerufen (heutiges Botswana). Natal wurde 1856 durch königliche Verordnung zu einer eigenständigen, vom Kapland getrennten Kolonie erklärt (eigenverantwortliche Regierung 1893).

Wirtschaftlich blieb Südafrika aus europäischer Sicht ein unterentwickeltes Gebiet. Dennoch erfuhr besonders der Außenhandel eine gewaltige Steigerung, die im wesentlichen einem einzigen Produkt zu verdanken war: der **Wolle** von Merinoschafen. Der Wollboom (1866–70) brachte vor allem der östlichen Kapkolonie und Kapstadt einen beträchtlichen Wohlstand und trug zur Entwicklung des Landes bei. Die Entdeckung und Ausbeutung von **Diamanten** und **Gold** im Landesinneren Südafrikas in den 1870er und 1880er Jahren bedeuteten, dass Kapstadt nicht die dominante Stadt des Landes blieb, doch durch den Haupthafen weiterhin vom Mineralreichtum, der den Grundstein zu einer Industriegesellschaft legte, profitierte.

Kapstadt verliert an Bedeutung

Burenkriege

So bedeutend der „Große Trek" für die Zukunft Südafrikas war, die Kapkolonie selbst wurde davon zunächst nur in geringem Maße beeinflusst. Die Buren hingegen bildeten eigene unabhängige Republiken, von denen die größten der 1854 gegründete **Oranje-Freistaat** und die 1853 ausgerufene **Südafrikanische Republik** waren. Die 1886 entdeckten **Goldfelder am Witwatersrand** zogen in der Südafrikanischen Republik ein ungeahntes Wirtschaftswachstum nach sich und damit auch den Zuzug einer sehr hohen Zahl an Ausländern und Gastarbeitern.

*Abspal-
tungsten-
denzen der
Buren*
In den Problemen, die aus der **Überfremdung des Landes** entstanden und der verstärkten **antibritisch ausgerichteten Politik** des Präsidenten der Südafrikanischen Republik, **Paul „Ohm" Kruger**, erblickte der damalige Premierminister der Kapkolonie **Cecil John Rhodes** eine günstige Gelegenheit, alte Pläne für ein vereintes britisches Südafrika wieder aufleben zu lassen, die Burenrepublik Transvaal zu annektieren sowie die 1867 entdeckten **Diamantenvorkommen** selbst abzubauen. Dabei setzte er voll und ganz auf die Unzufriedenheit der in Transvaal lebenden (zumeist weißen) Ausländer, die sich von den Buren als Menschen zweiter Klasse behandelt fühlten. Die Folge war 1880 der **Erste Englisch-Burische Krieg**, den die Buren aufgrund ihrer Guerillataktik gewinnen konnten.

*Krieg mit
unfairen
Mitteln*
Ein gescheiterter Putschversuch der Regierung in Pretoria durch Cecil Rhodes förderte zusätzlich das Zusammengehörigkeitsgefühl und den Widerstand aller Buren. Verbale Angriffe zwischen dem 1897 zum Gouverneur der Kapprovinz ernannten Sir Alfred Milner und Paul Kruger sowie wechselseitige Forderungen und Ultimaten eskalierten zum **Zweiten Englisch-Burischen Krieg (1899–1902)**. Den Engländern gelang es jedoch nicht, die zahlenmäßig unterlegenen Buren, die immer wieder in kleinen Guerillakommandos angriffen, rasch zu besiegen. Der Befehlshaber der Briten ließ daraufhin die burischen Farmen niederbrennen **(Taktik der „verbrannten Erde")**, wodurch er dem Feind allmählich die Lebensgrundlagen entzog. Außerdem errichtete er kilometerlange Blockhausketten, die, durch Stacheldraht miteinander verbunden, ständig vorgeschoben wurden.

Die heimatlos gewordenen Frauen und Kinder fasste man in riesigen **Konzentrationslagern** zusammen. Schlechte Ernährung, mangelnde Hygiene und unzureichende ärztliche Betreuung führten zu Krankheiten und Epidemien, die bis zum Ende des Krieges rund 25.000 Frauen und Kinder das Leben kostete. Kapstadt war nicht direkt in den Konflikt involviert, doch die Spannungen zwischen Briten und Afrikaanern wuchsen. Bis heute spielt dieser vermeintliche Sieg der Engländer eine Rolle im Umgang zwischen Briten und Buren.

*Die Briten
beherr-
schen den
Süden
Afrikas*
Durch die Niederlage wurden die beiden ehemaligen Burenrepubliken zu britischen Kronkolonien, was zugleich bedeutete, dass das gesamte südliche Afrika unter britischer Oberherrschaft stand. Der Sieg der Liberalen Partei in Großbritannien Ende 1905 führte zu einer Politik der Versöhnung und Verständigung zwischen Buren und Briten. Verhandlungen führten schließlich dazu, dass 1906 Transvaal und 1907 die Oranje-Kolonie die innere Selbstverwaltung erhielten. Neben den vier Kolonien (Kapkolonie, Natal, Transvaal, Oranje-Freistaat) gab es zu Beginn des 20. Jahrhunderts die Hochkommissariate Basutoland, Betschuanaland und Swaziland, außerdem Südrhodesien (das heutige Zimbabwe).

Die Südafrikanische Union

Als nächsten Schritt strebten die Briten die **Vereinigung aller vier südafrikanischen Kolonien zu einer Union** an. Am 12. Oktober 1908 trat zum erstenmal eine **Nationalversammlung** in Durban zusammen, um sich über diesen

Zusammenschluss zu verständigen. Nach dreivierteljährigen Beratungen in Durban, Kapstadt und Bloemfontein wurde der Entwurf des **Südafrikagesetzes**, der vorgesehenen Verfassung der Südafrikanischen Union, von allen Abgeordneten unterzeichnet. Es trat am 31. Mai 1910, dem Jahrestag des Friedens des Zweiten Britisch-Burischen Krieges, in Kraft. Die Buren setzten in einer Zusatzklausel die volle Gleichberechtigung des Niederländischen als Landessprache, das auch als Unterrichtssprache verwendet werden konnte, mit dem Englischen durch. Auch wenn sich das Englische in den Städten immer mehr durchsetzte, war die Umgangssprache seit langem das Afrikaans, das sich bis ca. 1775 unter geringem Einfluss anderer Sprachen hauptsächlich aus dem Niederländischen herausgebildet hatte. *Südafrika wird eine Union*

Bei der besonders umstrittenen **Wahlrechtsregelung** setzten sich die Delegierten des Kaps für die Ausweitung des Zensuswahlrechts auf die ganze Union ein. Transvaal und Oranje lehnten dies jedoch ab, und Natal fürchtete eine Regelung, die den Schwarzen irgendeine Teilhabe an der Macht gewährt hätte. Das Ergebnis war, dass jede Provinz ihr bisheriges Wahlrecht beibehielt, wodurch Nicht-Weißen das generelle Wahlrecht vorenthalten blieb und nur im Kapland weiterhin einige Nicht-Weiße wählen durften. *Kein Wahlrecht für Nicht-Weiße*

Diese Wahlrechtsregelung führte zu Protestkundgebungen unter Farbigen und Schwarzen und letztlich auch zur Entstehung nicht-weißer politischer Organisationen, deren wichtigste und bedeutendste bald der 1912 in Bloemfontein gegründete South African Native National Congress (seit 1923 **African National Congress/ ANC**) wurde.

South African Native National Congress Delegation (Juni 1914)

Erster Vorsitzender des Kongresses war der in den USA ausgebildete Theologe **John Langibale Dube**, der 1937 zum Ehrendoktor der Universität von Südafrika ernannt wurde. Zu diesem Zeitpunkt beschränkte sich die politische Aktivität Schwarzer noch weitgehend auf ältere Akademiker und Intellektuelle, die jegliche Form des Widerstands ablehnten. *Eine schwarze Opposition bildet sich*

In der Frage nach der künftigen Hauptstadt einigte man sich auf **Kapstadt** (Kapprovinz) als Sitz des Parlaments, **Pretoria** (Transvaal) als Sitz der Regierung und **Bloemfontein** (Oranje-Freistaat) als Sitz des Obersten Gerichtshofes. Vor den Wahlen zum südafrikanischen Parlament wurde die aus sieben Buren und vier Briten zusammengesetzte **Unionsregierung** benannt – vier der Minister kamen aus der Kapprovinz –, die am 15. September 1910 durch die Parlamentswahlen bestätigt wurden. Aus der Einsicht heraus, dass die Briten die Buren im neuen Staat nicht in untergeordneter Stellung halten konnten, wurde **Louis Botha**, der Führer Transvaals (stärkste Provinz) zum Premierminister der Union ernannt. Er gewann die absolute Mehrheit und stützte sich auf die *South African Party* (SAP), eine im November 1911 entstandene Parteien-Vereinigung, die die Integration von Buren und Briten anstrebte (*one-stream-policy*). *Die Buren behaupten sich politisch*

Wirtschaftlich und sozial waren die Afrikaner im Vergleich zur Englisch spre-chenden Minderheit, die den größten Anteil des Kapitals und der Industrie besa-ßen, benachteiligt. Dieses, die zurückgebliebene Bitterkeit über die Kriegsnieder-lage und der Widerwille gegen das Konkurrieren mit Nichtweißen um Billig-Jobs führten zu scharfem Nationalismus innerhalb der SAP und zum Bruch zwischen Botha und **General J. B. M. Hertzog.** Hertzog gründete daraufhin die *National Party* (1914). Bei den Parlamentswahlen 1915 erlangte sie bereits 26 Sitze. Die Partei verfolgte die *two-stream-policy*: Das kulturelle Erbe der zwei weißen Grup-pen sollte getrennt, jedoch völlig gleichwertig nebeneinander bestehen.

Der Erste Weltkrieg ließ die Differenzen zwischen den verschiedenen Ethnien zunächst in den Hintergrund treten: Rund 100.000 Nicht-Weiße meldeten sich freiwillig als Soldaten oder Frontarbeiter. Als Dominion des Britischen Weltreichs war die Südafrikanische Union automatisch an die **britische Kriegserklärung gegenüber dem Deutschen Reich** vom 4. August 1914 gebunden und kämpfte auf Seiten der Alliierten.

Beginn der Rassengesetzgebung

Verarmte Weiße als Grund für Apart-heids-bestre-bungen

Mit dem *Native Land Act* (Prinzip der Gebietstrennung) aus dem Jahre 1913 war die **Politik der getrennten Entwicklung von Schwarzen und Weißen = Apartheid** offizielle Regierungspolitik geworden, die sich in den 20er Jahren unter Premierminister **General Smuts** weiter fortsetzte. 1910 war der Begriff „Rassentrennung" erstmals durch die Labour Party in ihrem Wahlprogramm ver-wandt worden. Der Landerwerb finanzkräftiger Nicht-Weißer hatte zu sozialen Spannungen mit verarmten Weißen geführt. Das neue Gesetz, das im Ansatz bereits die Grenzen der späteren schwarzen „Heimatländer" (**Homelands**) fest-schrieb, sollte dem Abhilfe schaffen. Fast 9 Millionen Hektar Land – nur etwa 7,3 Prozent der Fläche der Union – wurden so zur Reservationen ausschließlich für Schwarze erklärt; außerhalb ihrer Reservationen, also im sogenannten weißen Gebiet, wurde ihnen Landerwerb untersagt.

Getrennte Wohn-gebiete in den Städten

1920 erfolgte der *Natives Affairs Act*, ein Gesetz, durch das lokale „Eingebo-renenräte" geschaffen wurden; mit der „Kommission für Eingeborenenangelegen-heiten" errichtete man einen ständigen Parlamentsausschuss, der die Aufgabe hatte, den „Minister für Eingeborenenangelegenheiten" zu beraten. Dieser wie-derum sollte einmal im Jahr eine „Eingeborenenkonferenz" einberufen, der aller-dings nur eine beratende Funktion zukam. 1922 wurden durch den *Appren-ticeship Act* die Einstellung und Ausbildung nicht-weißer Lehrlinge geregelt. Die wichtigste gesetzgeberische Maßnahme jedoch schuf Smuts 1923 mit dem *Urban Areas Act*, mit dem auch in Städten getrennte Wohngebiete eingerichtete wurden. Zudem wurde für Schwarze, mit Ausnahme der Kapprovinz, ein einheitliches Passsystem eingeführt.

Während die Regierung auf Forderungen bei Streiks weißer Arbeiter zumindest teilweise einging, wurden sie bei schwarzen Arbeitern zumeist mit brutaler Poli-zeigewalt beendet – der *Native Labour Regulation Act* (1914) hatte bei Strafandrohung schon Streiks jeder Art verboten. Dies führte zu einer immer größeren Entfremdung und feindlichen Einstellung gegenüber dem Staat und 1917 zur Gründung der ersten **Gewerkschaft** für Schwarze und Mischlinge. Ein weiterer Schritt im Rahmen dieser Schwarze und Weiße trennenden Gesetzgebung bildete das 1924 verabschiedete **Industrie-Schlichtungsgesetz**, durch das Schwarze nicht mehr Mitglieder solcher Gewerkschaften sein durften, die als Tarifpartner anerkannt waren. 1927 trat der *Immorality Act* in Kraft, der den außerehelichen Geschlechtsverkehr zwischen Südafrikanern unterschiedlicher Hautfarbe unter Strafe stellte.

Die Apartheid wird legitimiert

Innenpolitische Auseinandersetzungen wie der 1922 von radikalen weißen Gewerkschaften ausgerufene Generalstreik, der von der Regierung mit der Verhängung des Kriegsrechts beantwortet und mit Hilfe des Militärs bekämpft wurde, sowie außenpolitische Misserfolge ließen Smuts in der Wählergunst so weit sinken, dass er am 19. Juni 1924 Neuwahlen ansetzte. Die Nationale Partei Hertzogs ging als stärkste Partei aus diesen Wahlen hervor und verfügte zusammen mit der Arbeiterpartei über die parlamentarische Mehrheit.

Die Zeit bis zum Ausbruch des Zweiten Weltkrieges stand nun ganz im Zeichen eines **wiedererstarkenden burischen Selbstvertrauens**: So wurde 1922 das Niederländische durch Afrikaans ersetzt, nun aber mit dem Zusatz der Verpflichtung zu gleichzeitigem Gebrauch von Afrikaans und Englisch, und auch die gesamte Amtssprache wurde zweisprachig; 1925 wurde Afrikaans zur einzigen Amtssprache, 1928 zur Gerichtssprache, und die **Bezeichnung „Buren" wurde offiziell ersetzt durch „Afrikaaner"** (mit „aa"). Auch in der bis dahin liberalen Kapprovinz verloren Schwarze das Wahlrecht. 1927 erhielt die Union eine eigene Flagge, mit den horizontal verlaufenden Farben orange-weiß-blau (Flagge der ersten holländischen Siedler am Kap), und man erklärte die „Stem van Suid Afrika" neben dem britischen „God save the King" zur südafrikanischen Nationalhymne. Zusätzlich zur britischen wurde jetzt auch eine südafrikanische Staatsangehörigkeit eingeführt, und schließlich erhielt das Land sein eigenes Münzsystem.

Afrikaans wird gleichberechtigte Amtssprache

Wiedervereinigung im weißen Lager

Die Entwicklung der Union hin zu einem wirklich **souveränen Staat im Rahmen des Britischen Commonwealth** (Westminsterstatut von 1931) war in den Augen der meisten Afrikaaner das Verdienst des Premierministers Hertzog. Da das Land seit Mitte der 20er Jahre auch beachtliche wirtschaftliche Erfolge aufweisen konnte, errang die Nationale Partei bei den Parlamentswahlen 1929 mühelos die absolute Mehrheit. Nun konnte Hertzog die lang gehegte **Reform der Eingeborenengesetzgebung** verwirklichen und setzte 1936 das **Gesetz zur Vertretung der Eingeborenen** durch, das den schwarzen Stimmberechtigten in der Kapprovinz prak-

General J.B.M. Hertzog

tisch das Wahlrecht nahm, das dort seit 1853 bestanden hatte. Statt dessen durften sie in einem gesonderten Wahlgang lediglich drei zusätzliche weiße Parlamentsmitglieder in das Abgeordnetenhaus der Union und zwei Weiße in den Provinzrat der Kapprovinz wählen.

Die Weltwirtschaftskrise der nächsten Jahre, die auch in Südafrika ihre Auswirkungen hatte, veränderte dann die politische Situation. Um die Schwierigkeiten, die sich überdies durch eine langwierige Dürre verschlimmerten, in den Griff zu bekommen, entschloss sich Hertzog zur Bildung einer großen Koalition seiner Nationalen Partei mit der Südafrikanischen Partei von Smuts, die sich 1934 zur **United Party (UP)** vereinigten. Vor der Vereinigung hatte sich von der Nationalen Partei jedoch eine Gruppe von 19 Abgeordneten unter dem Führer **Daniel François Malan** abgespalten und die Gereinigte Nationale Partei (*Gesuiwerde Nasionale Party*, GNP) gebildet, die praktisch die Keimzelle der bis 1994 regierenden Nationalen Partei bildete.

Keine Immobilien mehr für Schwarze

1937 wurde das **Ergänzungsgesetz zur Eingeborenengesetzgebung** verabschiedet, das den Schwarzen auch den Kauf von Grundstücken sowohl in den Städten als auch außerhalb der Lokationen verbot.

Politische Organisationen der Schwarzen in den 1930er Jahren

Präsident des African National Congress (ANC) wurde 1930 der gemäßigte und gegenüber der Regierung kooperationsbereite **Pixley Ka Isaka Seme**. Er hatte an der Yale Universität in den USA sowie in Oxford Jura studiert und ließ sich danach als Anwalt in Johannesburg nieder. Doch Seme gelang es in den folgenden Jahren nicht, den ANC als wirksames politisches Instrument einzusetzen, da ihm dafür das Organisationstalent fehlte. Der ANC erlangte zunehmende Bedeutungslosigkeit und erwachte erst wieder zu neuer Aktivität, als 1940 **Dr. Alfred B. Xuma** zu seinem Präsidenten gewählt wurde.

Der ANC schwächelt noch

Die Eingeborenengesetzgebung von 1936 führte zu einer weiteren **Politisierung der Schwarzen**. Bereits im Jahr zuvor, als Einzelheiten der vorgesehenen Gesetze an die Öffentlichkeit gedrungen waren, trafen sich in Bloemfontein rund 400 Vertreter aller nicht-weißen Bevölkerungsgruppen zu einer **All-Afrikanischen Versammlung (AAC)**. Eingeladen hatte dazu Professor **Davidson Don Tengo Jabavu**, ein bedeutender schwarzer Philologe, der in London studiert hatte und als Dozent für Bantu-Sprachen an der südafrikanischen Universität für Schwarze in Fort Hare tätig war. Eine Abordnung unter seiner Führung erhielt den Auftrag, mit Präsident Hertzog über Abänderungen der Gesetzesvorlagen zu verhandeln. Tatsächlich kam es zu einigen kleineren Modifikationen, doch vom Wesen und Inhalt her blieb die Gesetzgebung unangetastet.

Geringer Erfolg

Auf der AAC hatten sich generationsbedingte unterschiedliche Auffassungen zu Reaktionen auf die Gesetzgebung gebildet. Während die Jüngeren auf einen bedingungslosen Ablehnungskurs gingen und nun damit begannen, den ANC zu

einem politischen Machtinstrument der Schwarzen auszubauen, erklärten sich die
Älteren, durchweg qualifizierte Führungskräfte, bereit, wenigstens die geringen
Möglichkeiten einer Mitwirkung, die den Schwarzen noch geblieben waren, zu
nutzen und damit einen – wenn auch nur minimalen – Einfluss geltend zu machen.
So waren etwa die gemäßigten ANC-Präsidenten Dr. J. A. Dube, Dr. Alfred B.
Xuma, Dr. J. S. Moroka und Albert Luthuli zeitweilig Mitglieder des „Rates der
Eingeborenenvertretung".

Gemäßigte ANC-Präsidenten

Der Zweite Weltkrieg und seine Folgen

Im Gegensatz zum Ersten Weltkrieg lag 1939 die Entscheidung für oder gegen
Kriegseintritt bei Südafrika selbst. Dadurch wurden alte Gegensätze zwischen
Briten und Buren wieder deutlich. Während die Briten und einige gemäßigte
Buren dem Mutterland beistehen wollten, lehnte die Mehrheit der Buren einen
Eingriff ins Kriegsgeschehen ab. Die Befürworter des Kriegseintritts siegten am 4.
September bei einer Parlamentsabstimmung mit 80 zu 67 Stimmen. Die nationa-
listischen Buren fühlten sich geprellt, Hertzog und 38 Abgeordnete verließen die
Regierung und vereinigten sich mit der GNP **Malans** zur wieder hergestellten
Nationalen Partei = *Herenigde Nasionale Party* (HNP). Doch Hertzog gingen die
Ansichten Malans, der die englischsprachigen Südafrikaner ganz aus dem politi-
schen Leben verdrängen wollte, zu weit und zog sich 1940 verbittert aus der
Politik zurück. Sein früherer Finanzminister und langjähriger Weggefährte N. C.
Havenga gründete die *Afrikaaner Partei*.

Die Kriegserfolge der Alliierten schienen den Kurs von Premierminister Smuts,
der 1941 zum Feldmarschall der britischen Armee ernannt wurde, zu bestätigen.
So bescherten die Wahlen von 1943 der Vereinigten Partei noch einmal eine
überwältigende Mehrheit. Doch das Blatt wendete sich bald. Die Regierung Smuts
hatte anfänglich die Rassengesetze geringfügig entschärft, stand jedoch mit der
Zeit dem wachsenden Selbstbewusstsein der urbanisierten Schwarzen konzept-
los gegenüber. Die zunehmende Politisierung der Schwarzen und einhergehende
wilde Streiks schwarzer Arbeiter riefen Existenzängste eines großen Teils der
Weißen hervor. Darüber hinaus entstand außenpolitischer Druck, da nach 1945 –
als Folge der Ereignisse im nationalsozialistischen Deutschland – **jegliche Form
der Rassendiskriminierung** bei der internationalen Staatengemeinschaft auf
wesentlich **größere Ablehnung** stieß als bisher. Die Regierung Smuts hatte zur
Lösung der Rassenfrage kein konkretes Programm anzubieten. Abgesehen davon
betrachteten viele national gesinnte Afrikaaner den Premierminister selbst, dem
britische Interessen offenbar wichtiger erschienen als die Probleme seines eigenen Landes, inzwischen als untragbar: Die meisten der Nachwahlen nach 1945
verlor die Vereinigte Partei.

Existenz-ängste bei den Weißen

Die parlamentarische Opposition der Nationalisten hingegen baute ihr Programm
auf der **totalen gesellschaftlichen Trennung von Schwarz und Weiß, der
Apartheid**, auf und bot damit manchem durch die Politik der Kriegs- und der
ersten Nachkriegsjahre verunsicherten Afrikaanern eine glaubhafte Alternative
mit einer hoffnungsvollen Zukunftsperspektive. Bei den Parlamentswahlen 1948

erzielten Malans Nationale Partei und Havengas Afrikaaner Partei, die zuvor ein Wahlabkommen geschlossen hatten und sich 1951 zur **Nationalen Partei** vereinigten, die Mehrheit. Dies bedeutete für Südafrika einen völligen Umbruch: Innenpolitisch verhärteten sich die Fronten zusehends, außenpolitisch wurde das Land mehr und mehr ins Abseits gedrängt und geriet in die Isolation.

Die Apartheid-Gesetzgebung

Die 1948 angetretene Regierung des Premierministers **D. F. Malan** begann nunmehr sofort, die schon bestehende Rassengesetzgebung zu verschärfen bzw. neue rassentrennende Gesetze zu schaffen. War mit dem Gesetz gegen die Unmoral (1927) bereits der nichteheliche Geschlechtsverkehr zwischen Schwarzen und Weißen unter Strafe gestellt worden, so verbot das **Gesetz gegen Gemischtehen** von 1949 nun auch Eheschließungen zwischen Weißen und Nicht-Weißen. In einem 1950 verabschiedeten **Gesetz zur Registrierung der Bevölkerung** (*Population Registration Act*) wurden dann die Einwohner der Südafrikanischen Union in drei Gruppen unterteilt: Weiße, Farbige und „Eingeborene". Letztere bezeichnete man später als Bantu, während die Farbigen (Coloureds) 1959 nochmals untergliedert wurden in Kap-Mischlinge, Kap-Malaien, Griqua (Mischlings-Hottentotten), Inder, Chinesen, andere Asiaten sowie andere Coloureds.

Registriert nach Hautfarbe

Ebenfalls in das Jahr 1950 fällt der Erlass des **Gesetzes über die Gebietseinteilung für die Bevölkerungsgruppen** (*Group Area Act*), das nun eine Einteilung des gesamten Landes in für die einzelnen Rassen bestimmte Regionen verfügte. Das **Gesetz über getrennte Einrichtungen** schaffte separate öffentliche Einrichtungen – separate Strände, Busse, Toiletten, Schulen, Aufzüge, Restaurants, Parkbänke, Blutkonserven, Rettungswagen usw. Ursprüngliche Siedlungen wurden dem Erdboden gleichgemacht, die Bewohner zwangsumgesiedelt. Wer sich widersetzte, kam ins Gefängnis oder starb im Kugelhagel der Polizei. Der *Population Registration Act* legte, wie oben erläutert, die obligatorische Einteilung aller Südafrikaner in drei Rassengruppen fest: Weiße, Farbige und Schwarze. Die Farbigen wurden weiter unterteilt, wobei für alle praktischen Zwecke die Unterscheidung zwischen Mischlingen und Asiaten (Inder) die wichtigste war. Hauptleidtragende waren die vor allem in der Kapprovinz lebenden Mischlinge, die bisher als Weiße behandelt worden waren. Damit trat neben dem Ausbau der –

Weiße hier, Farbige dort und Schwarze dahinten

bisher teilweise schon gesetzlich verankerten und praktizierten – gesellschaftlichen Trennung, der sogenannten „kleinen Apartheid", zusätzlich die räumliche Trennung von Schwarzen, Weißen und Farbigen, die „große Apartheid".

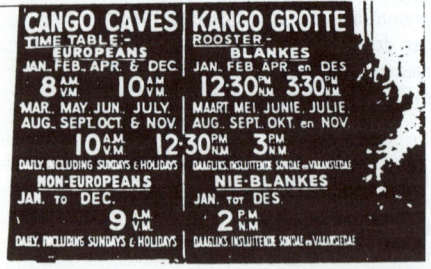

Zeichen der Apartheids-Politik

Die Parlamentswahlen von 1953 und 1958, die der Nationalen Partei eine glänzende Mehrheit verschafften, drückten die Zustimmung der Weißen zur Rassentrennungspolitik aus. 1958 errang die Nationale Partei sogar fast doppelt so viele Mandate wie die oppositionelle Vereinigte Partei. Unter **J. G. Strijdom**, dem Nachfolger Malans, hatte die Apartheid-Gesetzgebung 1954 eine weitere Verschärfung erfahren. Nachdem 1936 schon den schwarzen Stimmberechtigten in der Kapprovinz das Wahlrecht entzogen worden war, wurde es nun auch den etwa 47.000 stimmberechtigten Farbigen genommen. Zu diesem Zweck verabschiedeten Abgeordnetenhaus und Senat gemeinsam mit der dafür erforderlichen Zweidrittelmehrheit 1956 das **Gesetz zur getrennten Vertretung von Wählern**. Danach durften künftig auch die Farbigen/Coloreds in einem gesonderten Wahlakt nur noch vier weiße Vertreter ins Abgeordnetenhaus der Union und zwei Weiße in den Provinzrat der Kapprovinz wählen. Die gebildeten Farbigen, die ja hauptsächlich von dem Gesetz betroffen waren, reagierten mit völligem Unverständnis, entfremdeten sich von "ihrem" Staat oder schlossen sich der schwarzen Opposition an.

Eingeschränktes Wahlrecht für die Farbigen

Hingegen drückte sich die große **Zufriedenheit der Weißen** mit der Regierungspolitik bei den Parlamentswahlen 1961 durch Stimmenzuwachs für die Nationale Partei aus. Damit wurde auch die Politik des entscheidenden Ideologen

INFO District Six

Östlich der Innenstadt Kapstadts, wo sich heute eine große, größtenteils brachliegende Fläche befindet und Anfang der 1960er Jahre noch 60.000 zumeist Farbige in einem gewachsenen und lebhaften Stadtteil mit alten Häusern lebten, wurde die Absurdität der Apartheid für alle sichtbar: Da das Viertel nach Meinung der Regierung zu nah an dem von Weißen bewohnten Innenstadtbereich von Kapstadt lag – der „offiziellen" Erklärung nach war die Kriminalitätsrate zu hoch –, wurde der District Six nach dem *Group Area Act* von 1966 zum Wohngebiet für Weiße erklärt. Die Farbigen wurden zwangsumgesiedelt,

Abriss des District Six

überwiegend in die armen Townships der Cape Flats (= sandige Ebenen im Hinterland von Kapstadt), wie z.B. Mitchell's Plain. Das Viertel wurde mit Bulldozern dem Erdboden gleich gemacht – nur die Kirchen und eine Moschee wagte die Regierung nicht abzureißen.

und Architekten der Apartheid, **Hendrik Verwoerd** (ehemaliger „Minister für Eingeborenenangelegenheiten"; Premierminister 1958–1966), bestätigt, der durch Volksentscheid im Oktober 1960 über eine Republik abstimmen ließ. 52,3 Prozent votierten für die Republik, die am 31. Mai 1961, dem Nationalfeiertag (Gründung der Südafrikanischen Union 1910) ausgerufen wurde. Erster Staatspräsident war der ehemalige Gouverneur C. R. Swart geworden. Zuvor war Südafrika aus dem Britischen Commonwealth ausgeschieden, da Verwoerd auf der im März 1961 tagenden Konferenz der Premierminister des Commonwealth wegen der Apartheid-Politik schweren Angriffen vor allem afroasiatischer Mitglieder des Staatenbundes ausgesetzt war.

Nicht-weißer Widerstand nach dem Zweiten Weltkrieg

Dadurch, dass die Nationale Partei seit 1948 ihre Diskriminierungspolitik auf Inder, Mischlinge und Asiaten ausgedehnt hatte, kam es fast zwangsläufig zu einem Zusammengehörigkeitsgefühl aller Nicht-Weißen und anlässlich der 300-Jahr-Feier des weißen Südafrika Ende 1952 erstmals **zum gemeinsamen Widerstand**. ANC und SAIC (*South African Indian Congress*) organisierten zahlreiche friedliche Protestaktionen gegen das Apartheidregime; innerhalb kurzer Zeit wuchs die Mitgliederzahl des ANC von 7.000 auf 100.000. Um von Anfang an jede Opposition gegen die Politik der Nationalen Partei zu ersticken, rief die Regierung im Januar 1953 den Ausnahmezustand im Lande aus.

Im Jahre 1955 wurde auf dem sogenannten Volkskongress ein **„Freiheitsmanifest"** verabschiedet, in dem eine Gesellschaftsordnung mit gleichen Rechten und Chancen bei gleicher Leistung für alle – unabhängig von Rasse und Hautfarbe – gefordert wurde. Folge waren Polizeirazzien und Verhaftungen. ANC-Präsident **Mvumbi Luthuli** stand bis zu seinem Tode 1967 unter „Hausarrest". Dennoch trat er stets für einen gewaltfreien Widerstand ein. In der Friedenscharta des *Congress of the People* vom 25. Juni 1956 forderten die Vertreter aller Rassen ein demokratisches Südafrika, woraufhin 156 Personen wegen Hochverrats festgenommen wurden.

Die jüngere Generation innerhalb des ANC drängte nach spektakulären Taten. 1959 spaltete sich ein radikaler Flügel unter **Robert Sobukwe** ab und gründete den **Pan-African Congress** (PAC). Dieser organisierte am 21. März 1960 die ersten Massendemonstrationen im ganzen Lande, wobei es an etlichen Orten zu blutigen Auseinandersetzungen mit der Polizei kam. Der blutigste und zugleich als Wendepunkt angesehene Zwischenfall ereignete sich in **Sharpeville** bei Johannesburg, als in Panik geratene Polizisten 69 schwarze Anti-Apartheid-Demonstranten töteten, 180 wurden schwer verletzt, zumeist durch Schüsse in den Rücken. Das Massaker rief weltweite Empörung hervor, im ganzen Land fanden Streiks und Demonstrationen statt, Polizeieinsätze bei Kapstadt hatten weitere Todesopfer zur Folge. Daraufhin verfolgte die Regierung eine Vorwärtsstrategie und verhängte den Ausnahmezustand, verabschiedete im Eilverfahren das Gesetz gegen gesetzwidrige Organisationen, was am 8. April zum Verbot von ANC und PAC führte, die im Untergrund oder im Exil verschwanden.

Hervor kam die PAC-nahe Organisationen *Poqo* (Xhosa-Sprache: „rein", „allein"), die sich durch blutige Attentate einen baldigen Umsturz erhoffte und die ANC-nahe *Umkhonto we Sizwe* („Speer der Nation"), die einen langen Kampf erwartete und vor allem staatliche Einrichtungen durch gezielte Anschläge treffen wollte. Durch die Kriminalisierung der Widerständler konnte sie nun wegen Planung und Durchführung bewaffneter Aktionen zu massiven Freiheitsstrafen verurteilt werden. Die organisierte schwarze Opposition wurde dadurch 1960–1964 fast vollständig zerschlagen, doch unternahm die Regierung nichts, um Ursachen und Nährboden des Widerstandes zu beseitigen.

Widerstand und Repressionen

Ein Dialog zwischen den Vertretern der beiden größten Bevölkerungsgruppen, den schwarzen und weißen Südafrikanern, hatte sich bereits 1958 unter Premier Verwoerd angebahnt, der die **begrenzte innere Selbstverwaltung** in den Reservaten eingeführt hatte. 1963 hatte die Transkei als erstes „Homeland" die innere Autonomie erhalten, weitere folgten. Die internationale Anerkennung blieb jedoch aus. Die indische (1964) und die farbige (1968) Bevölkerung, die kein „Homeland" besaßen, erhielten einen eigenen Repräsentativrat, der allerdings nur eine beratende Funktion hatte. *Erste Dialoge zwischen Schwarz und Weiß*

Verwoerds Nachfolger, **B. J. Vorster**, ehemaliger Justiz- und Polizeiminister, führte die begonnene Homeland-Politik fort, bemühte sich um einen schwarz-weißen Dialog und stieß dabei auf Kooperationsbereitschaft der gemäßigten schwarzen Führer. Auch in der Außenpolitik schlug er einen Verständigungskurs gegenüber gesprächsbereiten schwarzafrikanischen Staaten ein. Schon 1968 nahm die Republik Südafrika mit Malawi als erstem Staat des schwarzen Kontinents volle diplomatische Beziehungen auf. Beziehungen wurden auch zu den übrigen umliegenden Staaten geknüpft.

Der Handel wurde der auffälligste Indikator der einzelnen Verflechtungen, trotz der zahlreichen **Boykottaufrufe** und der Ablehnung der südafrikanischen Politik durch die UNO und die Organisation für Afrikanische Einheit (OAU). Selbst die „Frontstaaten", die die Apartheidpolitik am schärfsten ablehnten, gehörten zu den wichtigsten Handelspartnern Südafrikas. Auch im Forschungs- und Wissenschaftsbereich verfügte Südafrika über international anerkannte Einrichtungen und Organisationen, u.a. in der Landwirtschaft, in der Bergbautechnik sowie der Veterinär- und Humanmedizin – 1963 fand im Kapstädter Groote-Schuur-Krankenhaus die erste Herztransplantation statt. *wirtschaftliche Großmacht der Region*

Die innenpolitische Situation spitzte sich in den 80er Jahren zu. Der ideologische Gegensatz zwischen der Zentralregierung in Pretoria und der schwarzen politischen Opposition (vorwiegend im Ausland) wurde größer. Die Forderung der schwarzen Führer, **„One Man, One Vote"**, wollten die weißen Politiker keinesfalls akzeptieren. Sie fürchteten, die Vorherrschaft zu verlieren. Man beabsichtigte vielmehr an Stelle des "Westminster Modells" ein Dreikammersystem mit einem starken Präsidenten einzuführen. Die indischen und auch die farbigen Vertreter, die seit 1981 einem Präsidialrat angehörten, erhielten erweiterte Machtbefugnisse (1984). Das "Westminster Modell", das auch der schwarzen Bevölkerung das allgemeine Wahlrecht zugestanden hätte, wurde weiterhin strikt abgelehnt.

In der Folgezeit mehrten sich Anschläge, Unruhen und Protestmärsche, u.a. bei Umsiedlungsaktionen von Schwarzen aus den Elendsvierteln. Der Wohnungsbau für Schwarze in den Städten war gestoppt worden, die bestehenden Siedlungen wurden vernachlässigt, obwohl die städtische Bevölkerung wuchs. Mehrmals wurde der Ausnahmezustand über verschiedene Viertel verhängt. Die blutigen Auseinandersetzungen zwischen ANC-Anhängern und Mitgliedern der Inkatha-Partei des Zuluführers Buthelezi begannen sich auszuweiten. Massiven Protest löste die Hinrichtung des Dichters und ANC-Anhängers Benjamin Moloise aus.

Unruhen zeigen Wirkung

Die Folge der anhaltenden innenpolitischen Unruhen war ein starker Verfall der Landeswährung bei nachlassender Konjunktur; ein erheblicher **Kapitalabfluss ins Ausland** setzte ein. Das "Lager" der Weißen spaltete sich in "Verligte" (Liberale) und "Verkrampte" (Nationalkonservative) noch weiter auf. Gesprächsbereitschaft auf der einen Seite, Forderung nach radikalem Einsatz der Polizeikräfte auf der anderen Seite standen sich gegenüber. **Nelson Mandela** (siehe Info-Kasten S. 44), die Hauptperson des schwarzen Widerstands, erhielt Hafterleichterung auf der (ehemaligen) Gefangeneninsel Robben Island bei Kapstadt, wo noch weitere schwarze Politiker einsaßen.

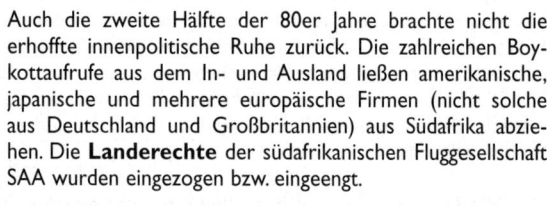

Nelson Mandela in jungen Jahren

Auch die zweite Hälfte der 80er Jahre brachte nicht die erhoffte innenpolitische Ruhe zurück. Die zahlreichen Boykottaufrufe aus dem In- und Ausland ließen amerikanische, japanische und mehrere europäische Firmen (nicht solche aus Deutschland und Großbritannien) aus Südafrika abziehen. Die **Landerechte** der südafrikanischen Fluggesellschaft SAA wurden eingezogen bzw. eingeengt.

Die Erosion der Apartheid begann in den späten 80er Jahren damit, dass mittels Kommissionen die Situation der Mischlinge (Theron-Kommission) und die Arbeitsangelegenheiten (Wiehahn-Kommission) untersucht wurden. Ein entscheidender Grund war aber wahrscheinlich die Erfahrung der Unruhen von 1976 aufgrund des **Schüler- und Studentenaufstands von Soweto** (575 Tote, größtenteils von der Polizei erschossene Schwarze, 2.389 Verletzte). Ab 1978 setzte die NP im Inneren wie nach außen auf eine aggressive „Totale Nationale Strategie", um einen vermeintlichen „kommunistischen Anschlag" gegen das Minderheitenregime abzuwehren. Das politische Entscheidungszentrum wurde zu einem von Militärs und Geheimdienst dominierten Nationalen Sicherheitsrat. Ergänzt wurde die zunehmende Repression 1983 durch eine politische Strategie der Einbindung nicht-weißer Minderheiten (Kooption). Diese fand ihren Ausdruck im – von den betroffenen Indern und Farbigen aber weitgehend boykottierten – Dreikammerparlament, verankert in der **neuen Verfassung von 1983**. Weiße, Mischlinge und Inder erhielten je eine eigene Parlamentskammer

„Totale Nationale Strategie"

und einen eigenen Ministerrat. Formal vermittelte die Verfassung eine relative Gleichheit, bei jedoch im Kern unangetasteter Vorherrschaft in weißen Händen. Die Schwarzen wurden völlig ausgegrenzt, da sie aufgrund ihrer zahlenmäßigen Überlegenheit in allen Gremien eine überwältigende Mehrheit gehabt hätten.

Die Aufspaltung der sozialen Klassen wirkte sich in den neuen **Unruhen von 1984 bis 1986** aus. Seit Soweto war der organisierte Widerstand zwar erneut größtenteils zerschlagen worden, das Potential war jedoch stets größer geworden. Die Ausgrenzung der Schwarzen von jeglicher Einflussnahme im politischen Entscheidungsprozess wurde zum Ausgangspunkt der Unruhen, die das ganze Land erfassten. Sie erreichten bis dahin nie dagewesene Ausmaße. Die Bilanz von September 1984 bis Ende 1987 waren fast 3.000 Tote. Im Juli 1985 wurde über fast das ganze Land, 1986 über das ganze Land der **Ausnahmezustand** verhängt. Willkürlich wurden Tausende festgenommen, darunter auch viele Kinder und Jugendliche. An Stelle der Township-Verwaltungen, die nicht mehr funktionierten, wurden lokale Selbstverwaltungskomitees gegründet, die das Gemeinschaftslebens organisieren sollten. Mietboykotte waren sehr verbreitet.

Lokale Selbstverwaltungskomitees

Die wichtigsten Dachorganisationen der Opposition waren die im August 1983 gegründete *United Democratic Front* (UDF), basierend auf der Freiheitscharta von 1955 (2,5 Millionen Mitglieder), die 1978 gegründete *Azanian People's Organisation* (AZAOP, ca. 110.000 Mitglieder) und die 1983 gebildete Dachorganisation *National Forum* (ca. 600.000 Mitglieder).

Reformdruck und Ende der Apartheid

In den Achtzigern verstärkte sich von allen Seiten der Druck auf die weiße Minderheitsregierung: Die politischen und ökonomischen Kosten zur Aufrechterhaltung der Apartheid wurden zu hoch. Intern gab es ab 1983 Reformdruck durch politische Protestkampagnen der *United Democratic Front* (UDF) und der Gewerkschaften. 1985 gründete sich der ebenfalls dem ANC nahe stehende Gewerkschaftsdachverband COSATU (*Congress of South African Trade Unions*). Die Townships waren unregierbar geworden. Die Großwirtschaft beklagte den Zerfall der Ökonomie. Von außen wurde Südafrika von der internationalen Staatengemeinschaft durch unterschiedlich starke Sanktionen unter Druck gesetzt – Das Ende des Kalten Krieges, die dramatischen Änderungen in Osteuropa – die Unterstützung des Widerstandes aus Moskau entfiel – und die Dekolonisierung des bis 1989 von Südafrika besetzten Namibias waren weitere äußere Faktoren zur Einleitung von Reformen.

Viele Gründe für Reformen

Mit dem Amtsantritt von Staatspräsident **Frederik W. de Klerk** (Nachfolger von Botha seit 15.8.1989) im September 1989 wurde der Prozess zur Abschaffung des Apartheidsystems und die Errichtung einer demokratischen Ordnung in Gang gesetzt. Begonnen wurde mit der Aufhebung des Verbots des ANC und der Freilassung seiner seit 1962 inhaftierten Symbolfigur Nelson Mandela am 11.2.1990. 100.000 enthusiastische Menschen hatten sich auf dem Platz vor dem Kapstädter Rathaus versammelt, um Mandela zu begrüßen. Im Frühjahr 1990 einigten sich

INFO   Nelson Mandela

Nelson Rolihlahla Mandela wurde am 18. Juli 1918 bei Umtata in der heutigen Provinz Ost-Kap/Südafrika geboren. Als Sohn eines Thembu-Häuptlings wurde er von klein an auf eine spätere Rolle eines Häuptlings vorbereitet und interessierte sich von Jugend an für Geschichte und Kultur seines Volkes. Er besuchte Missionsschulen, studierte Jura an der Universität Fort Hare, von der er wegen aufrührerischen Verhaltens verwiesen wurde und sein Studium in Johannesburg fortsetzte. 1944 wurde er ANC-Mitglied und 1951 zum Präsidenten der Jugendliga gewählt. Zusammen mit Oliver Tambo gründete er 1952 das erste schwarze Anwaltsbüro Südafrikas und stand 1953 erstmals vor Gericht. Reisen und öffentliche Auftritte wurden ihm lange Zeit verboten, und er kam 1960 mehrere Monate ins Gefängnis. Später im Untergrund organisierte er Streiks und Protestaktionen, war Mitgründer von *Umkhonto we sizwe (Speer der Nation),* der Guerillaeinheit des ANC.

1962 wurde er zu fünf Jahren Haft, im Juni 1964 dann im sogenannten Rivonia-Prozess – aufgrund des ein Jahr zuvor im Hauptquartier der Umkhonte im Johannesburger Stadtteil Rivonia gefundenen Materials – wegen Spionage mit anderen ANC-Führern zu lebenslanger Zuchthausstrafe auf der Kapstadt vorgelagerten Insel Robben Island verurteilt. Aus der Haft begann er Verhandlungen mit der weißen Regierung, am 11. Februar 1990 wurde er nach 27 Jahren Gefangenschaft entlassen. Zusammen mit Frederik Willem de Klerk erhielt er 1993 den Friedensnobelpreis. Von 1994 bis 1999 stand Mandela mit dem ANC an der Spitze einer Regierung der Nationalen Einheit.

1990, das Jahr der Wende junge Mitglieder des ANC und der regierenden Nationalen Partei bei einem Treffen in Lusaka (Sambia) auf einen **grundlegenden Wechsel der Politik in Südafrika**. Nelson Mandela wurde zum Präsidenten des ANC gewählt.

Bereits am 2. Februar 1990 hatte de Klerk in einer historischen Rede zur Eröffnung des Parlaments in Kapstadt die politischen Leitlinien grundlegend verändert. Aus der Erkenntnis, dass man die Apartheid-Gesetzgebung nicht reformieren, sondern nur abschaffen könne, hob er mit einer Erklärung das Dogma der seit 1948 regierenden Nationalen Partei auf und setzte sich gleichzeitig für die offizielle Zulassung aller schwarzen Oppositionsparteien ein. Beide Präsidenten setzten sich für einen multiethnischen Einheitsstaat ein, der einen politischen, sozialen und kulturellen Schutz für alle Minderheiten in Südafrika gewähren soll. Das Parlament hob bis Juni 1991 alle wesentlichen Apartheidgesetze auf. Der Dialog zwischen ANC und der Regierung in Pretoria war möglich, weil Moskau diese Verhandlungen unterstützte und keine militärische Unterstützung mehr gab. Doch die **Kriminalität**, die immer mehr ausuferte, belastete das Leben in den Großstädten.

Im Dezember 1991 berief man im Welthandelszentrum bei Johannesburg die *Convention for a Democratic South Africa* (**CODESA**) ein, an der 18 Parteien teilnahmen: u.a. der ANC, die Nationale Partei (NP), die Democratic Party (DP), die Südafrikanische Kommunistische Partei, die Labour Party (LP sowie Vertreter der „unabhängigen" und der autonomen „Homelands" einschließlich Buthelezis Inkatha Freedom Party (IFP). In einem **Referendum** am 17. März 1992 sprachen sich 68,7 % der weißen Stimmberechtigten für eine Beteiligung der schwarzen Bevölkerung an der politischen Macht aus. Nach dem Massaker in der Schwarzen-Siedlung Boipatong (Machtkampf zwischen den Anhängern des ANC und der Inkatha-Freiheitspartei) am 17. Juni 1992 wurden die CODESA-Gespräche unterbrochen. Man warf sich gegenseitig vor, mit den ausgegebenen Friedensbedingungen nicht ehrlich umzugehen. Streiks, Boykottmaßnahmen und Demonstrationen folgten, um die regierende Nationale Partei zum Umdenken zu zwingen. Man bestritt ihre Alleinherrschaft und forderte auch für die Zeit einer Übergangsphase – bis eine neue Verfassung in Kraft trete – eine Mitbeteiligung an der Regierung, u.a. auch Ministerämter für schwarze Politiker.

Schwierige Übergangsphase

Mandela und de Klerk nach der Regierungseinführung am 10. Mai 1994

Im September 1992 kündigte der Staatspräsident de Klerk ein weiteres Reformpaket an, das die Bildung einer Übergangsregierung ermöglichte und die nach Rassen getrennten Regierungsverwaltungen zusammenlegte. Die Entscheidung des ANC, einem von der Regierung vorgeschlagenen Gipfeltreffen zuzustimmen, wurde begrüßt und von vielen Südafrikanern mit Erleichterung aufgenommen. Im **Februar 1993 einigten sich Regierung und ANC** über erste allgemeine und demokratische Wahlen für eine verfassunggebende Versammlung im April 1994.

INFO ## Stationen zu den ersten demokratischen Wahlen

In seiner als historisch bezeichneten ersten Regierungserklärung am 2. Februar 1990 hatte Präsident Frederik de Klerk angekündigt, dass er die Apartheid und die weiße Vorherrschaft beenden werde. Er hob damals das Verbot schwarzer Befreiungsbewegungen – darunter auch der Afrikanische Nationalkongress (ANC) – auf. Die nächsten Stationen der Reformpolitik:

11. Februar 1990: ANC-Führer Nelson Mandela wird aus lebenslanger Haft entlassen.

2.–4. Mai: Erste Verhandlungen zwischen **Regierung und ANC**.

7. Juni: Die Regierung hebt das landesweite **Ausnahmerecht** nach vier Jahren auf.

6. August: Der **ANC "suspendiert"** den **Guerilla-Kampf**, den er seit 1960 gegen Südafrika führt. Die Regierung verspricht die Freilassung aller politischen Häftlinge und eine Amnestie für Exil-Aktivisten.

15. Oktober: Die Apartheid in öffentlichen Einrichtungen wie Parkanlagen und Schwimmbädern wird abgeschafft.

20. Mai 1991: Wegen andauernder Gewalt in den Schwarzensiedlungen bricht der ANC formell die Gespräche mit der Regierung in Pretoria ab.

27. Juni: De Klerk setzt mit der Zustimmung des Parlaments **46 Apartheidgesetze außer Kraft.**

14. September: Die Regierung, der ANC und die mit dem ANC verfeindete Zulu-Bewegung Inkatha unterzeichnen ein **Friedensabkommen** zur Beendigung der Gewalt.

20. Dezember: Die Regierung und 18 Parteien beginnen Verhandlungen im "Kongress für ein demokratisches Südafrika" (**Codesa**), der die Richtlinien für den Übergang zur Demokratie ausarbeiten soll.

19. Febr. 1992: Nach ihrem Sieg bei einer Nachwahl zum Parlament erklärt die oppositionelle Konservative Partei, de Klerk habe kein Mandat mehr, im Namen der Weißen zu verhandeln. Der Präsident kündigt daraufhin ein **Referendum** an.

17. März: De Klerk erhält 68,7 % Ja-Stimmen aus dem Referendum zur **Fortführung seiner Reformen.**

Juni: Die Gipfelgespräche werden abgebrochen. Unruhen in den "Townships" (Boipatong bei Johannesburg). Streiks und Demonstrationen folgen.

26. September: Die Gipfelgespräche werden wieder aufgenommen. Der Präsident der Inkatha-Partei Buthelezi lehnt eine Teilnahme ab.

10. April 1993: Chris Hani, der Führer der Kommunisten und des radikalen Flügels des ANC, kommt bei einem Attentat eines rechtsradikalen Weißen ums Leben. Chris Hani war ein Idol der schwarzen Jugend, die er in den Friedensprozess eines neuen Südafrika einbinden wollte. Mandela und de Klerk appellieren gemeinsam an die Vernunft aller Südafrikaner, um ein großes Blutvergießen zu verhindern, was auch gelingt.

10. Dezember: Mandela und de Klerk erhalten in Oslo gemeinsam den **Friedensnobelpreis**

22. Dezember: Das Parlament verabschiedet die **neue Verfassung, die erstmals allen Südafrikanern Wahlrecht gibt.**

28. Februar 1994: Die Inkatha entscheidet sich „in letzter Minute" zu einer Wahlteilnahme und beendet damit Sorgen vor einem Bürgerkrieg

26. bis 29. April: Die **ersten freien Wahlen Südafrikas** verlaufen friedlich und mit hoher Beteiligung

27. April: Südafrikas **neue Verfassung tritt in Kraft.** Die weiße Vorherrschaft endet nach 342 Jahren

6. Mai: Der ANC gewinnt mit 62,6 % die Wahlen

10. Mai: Mandela wird in Pretoria als Präsident vereidigt; Übergangsregierung der „Nationalen Einheit" tritt in Kraft. Sie setzt sich zusammen aus 18 Mitgliedern des ANC, 6 Mitgliedern der NP und 3 Mitgliedern der IFP. Vizepräsidenten sind Thabo Mbeki/ANC sowie der bisherige Staatschef Frederik de Klerk.

Das neue Südafrika

Die ersten allgemeinen und freien Wahlen im April 1994 – kilometerlange Warteschlangen hatten sich vor den Wahllokalen gebildet – waren für Südafrika der
"Startschuss" in ein neues Zeitalter: Mit dem Amtsantritt des neuen Staats-
präsidenten Nelson Mandela, dessen Partei ANC 62,6 Prozent der Stimmen
erhalten hatte, endeten 342 Jahre weißer Vorherrschaft in Südafrika. Die Natio-
nalpartei hatte 20,4 Prozent und die Inkatha-Freiheitspartei 10,5 Prozent der
Stimmen erhalten. Thabo Mbeki und Frederik W. de Klerk wurden Vizepräsidenten und Mangosuthu Gatsha Buthelezi (Inkatha Freedom Party) Innenminister.
Der ANC erzielte in der Nationalversammlung 252 der 400 Sitze. 7 Millionen in
den Homelands lebende Schwarze hatten vor den Wahlen ihre südafrikanische
Staatsbürgerschaft zurückerhalten. Unter den 23 Millionen wahlberechtigten Südafrikanern waren 18 Millionen Schwarze, von denen 10 Millionen in Elendsquar-
tieren leben.

Ende der weißen Vorherrschaft

Am 27. April 1994 trat die Übergangsverfassung in Kraft. In ihr wurde die Gleichberechtigung aller Rassen festgelegt. Weiterhin wurde Südafrika in neun Provinzen unterteilt; durch die Übertragung von Erziehungs-, Verkehrs-, Gesundheits-
und Wohnungswesen auf Provinzebene sollten **föderale Strukturen** entstehen.
Den „Homelands" wurde ihre „Selbstständigkeit" aberkannt, und sie wurden
wieder in die Republik Südafrika integriert.

Der **Präsident** hat nach der Verfassung eine dominierende Stellung wie in Frankreich oder Amerika. Er wird von der Nationalversammlung gewählt. Er ernennt
den Vizepräsidenten, die Minister und Botschafter, erklärt den Verteidigungszu-
stand oder Krieg und ist Oberbefehlshaber der Streitkräfte. Er wird vertreten
von einem „exekutiven Vizepräsidenten". Die **Volksvertretung**, deren Sitz vorerst Kapstadt bleibt, umfasst eine Nationalversammlung und einen Nationalen
Provinzrat. Die 350 bis 400 Abgeordneten werden durch ein Verhältniswahlrecht
gewählt. Ein **Rat traditioneller Führer** (Häuptlinge, Könige) soll die Regierung
über Stammesgewohnheiten beraten. Im Mai 1994 wurde Südafrika in die Organisation für Afrikanische Einheit (OAU) und im Juni in das Commonwealth of
Nations aufgenommen, und der Sicherheitsrat der Vereinten Nationen (UN) erklärte alle noch gegen Südafrika bestehenden Sanktionen für aufgehoben. In Johannesburg wurde im Februar 1995 von Mandela das Verfassungsgericht eröffnet,
das im Juni die Todesstrafe für verfassungswidrig erklärte. Die letzte Hinrichtung
fand 1989 statt.

Aufhebung aller Sanktionen

Zur Aufarbeitung der Vergangenheit setzte Mandela im Juli 1995 eine „**Wahr-
heits- und Versöhnungskommission**" (*Truth and Reconciliation Commission*, TRC)
ein, die die Menschenrechtsverletzungen untersuchen sollte, die zwischen dem 1.
März 1960 (Massaker an Demonstranten in Sharpeville) und dem 5. Dezember
1993 sowohl von der weißen Minderheitsregierung als auch von ihren Gegnern
begangen wurden.

Mit der Verabschiedung der endgültigen Verfassung Südafrikas im Mai 1996 sah
die NP auch ein Ende ihrer Mitarbeit in der Regierung der nationalen Einheit für

INFO   Die Wahrheits- und Versöhnungskommission

Als die damalige weiße Regierung von 1990 bis 1994 mit dem ANC verhandelte, wurde die Bildung einer Wahrheits- und Versöhnungskommission" (*Truth and Reconciliation Commission*, TRC) für Südafrika beschlossen. Aufklärungswilligen wurde im Rahmen des Gesetzes eine Amnestie zugesichert; den Opfern sollte Wiedergutmachung geleistet werden. Das 1995 von der Übergangsregierung verabschiedete **Gesetz zur Förderung der Nationalen Einheit und Versöhnung** sieht vor, die vor dem 12. Dezember 1996 politisch motivierten Verbrechen straffrei zu lassen, wenn die Taten öffentlich bekannt wurden.

Die Wahrheitskommission bestand aus einem Menschenrechts-, einem Amnestie- und einem Wiedergutmachungskomitee und hatte über 7.000 Amnestie-Anträge und 20.000 Stellungnahmen zu Menschenrechtsverletzungen zu bearbeiten. Die öffentlichen Anhörungen der Kommission wurden von dem anglikanischen Erzbischof und Friedensnobelpreisträger **Desmond Tutu** geleitet. Nach Beendigung der Anhörungen im März 1998 wurde bis Juni 1998 über die Amnestie-Anträge entschieden. Am 29. Oktober 1998 übergab die südafrikanische Wahrheitskommission dem damaligen Präsidenten Mandela ihren Bericht über Menschenrechtsverletzungen in den Jahren der Apartheid. Der 3.500 Seiten umfassende Bericht, beruhend auf fast drei Jahre dauernden Anhörungen von Opfern und Tätern, macht hauptsächlich Polizisten, Militärs und Politiker der früheren Regierung Vorwürfe. Aber auch Straftaten des ANC und anderer Gruppen des Widerstands werden behandelt. Der Amnestieausschuss des Wahrheitsausschusses weist im März 1999 einen Antrag von 27 ANC-Führern auf Straffreiheit ab mit der Begründung, dass sie ihren Antrag ohne die gesetzlich vorgeschriebene Auflistung der einzelnen Straftaten gestellt hatten und er durch das Gesetz nicht gedeckt sei. Es war der Versuch, sich nachträglich den „legitimen" Widerstandskampf bescheinigen zu lassen.

Liberalste Verfassung der Welt

gekommen. Vizeminister und NP-Führer Frederik W. de Klerk zog am 30. Juni 1996 seine Minister aus dem Kabinett zurück und wurde selbst Oppositionsführer. Am 4. Februar 1997 trat die neue Verfassung in Kraft, die weltweit als die liberalste Verfassung gilt.

Am 6. Februar 1997 wurde der dem deutschen Bundestag nachgebildete Nationalrat der Provinzen in Kapstadt eröffnet. In seiner Regierungserklärung am 7. Februar 1997 räumte Ministerpräsident Mandela dem Wohnungsbau, der Verbesserung der Infrastruktur und der Ausbildung sowie der Bekämpfung der zunehmenden Kriminalität, die dringend benötigte Auslandsinvestitionen gefährdet, höchste Priorität ein.

de Klerk tritt ab

Am 26. August 1997 trat Frederik W. de Klerk als Vorsitzender der nationalen Partei zurück. Er gab Altersgründe für seinen Rücktritt an, wies aber auch auf seine Funktionen während der Zeit der Apartheid hin, die ihn für immer mit ihr in Verbindung brächten. Mandela würdigte seine historische Rolle. Im Dezember gab Nelson Mandela auf dem Parteitag des ANC den **Parteivorsitz des ANC an seinen Stellvertreter Thabo Mbeki** ab. Bei der Parlamentseröffnung am 6. Februar 1998 in Kapstadt fordert Mandela eine moralische Erneuerung und einen neuen Patriotismus für Südafrika. Er wies auf außenpolitische Erfolge hin, die sich darin zeigten, dass Südafrika im August 1997 die Gipfelkonferenz der Blockfreienbewegung ausgerichtet hatte.

INFO **Thabo Mbeki**

Als Sohn des Widerstandskämpfers und ANC-Vorsitzenden Govan Mbeki, der zusammen mit Mandela zu lebenslanger Haft auf Robben Island verbannt worden war, wurde Thabo Mbeki am 18. Juni 1942 in Idutywa (Transkei) geboren, wo er eine einsame und entbehrungsreiche Kindheit verlebte. Leben und Gewohnheiten Mbekis liegen weitgehend im Dunkeln, da er 1962 im Auftrag des ANC ins 30 Jahre dauernde Exil ging. In Großbritannien studierte er Volkswirtschaft, dann folgte wie bei vielen anderen Exilanten eine militärische Ausbildung in der Sowjetunion. Mbekis Mentor und Ziehvater war der langjährige ANC-Präsident Oliver Tambo. Mbeki wird als Teamarbeiter bezeichnet, dem die Bewegung als Familienersatz galt. 1978 wurde Mbeki ANC-Vertreter in Swaziland und Nigeria, politischer Sprecher und Chefdiplomat der Widerstandsbewegung.

Thabo Mbeki, Südafrikas zweiter schwarzer Präsident

Als Informationsdirektor und außenpolitischer Sprecher des ANC seit 1989 nahm er wie kein anderer als Gesprächsleiter seit 1985 bei geheimen Treffen des ANC mit weißen Oppositionellen und Regierungsvertretern den weißen Gesprächspartnern die Angst vor dem Wandel. 1993 wurde er zum ANC-Vorsitzenden, dann zum Vizepräsidenten des ANC gewählt und galt als „Kronprinz" Mandelas in Partei und Regierung. Ab Mai 1994 übernahm er als Vizepräsident Südafrikas zunehmend die Regierungsgeschäfte von Mandela, besonders in der Wirtschaftspolitik.

Im Juni 1999 wurde Thabo Mbeki zum Präsidenten von Südafrika gewählt.

Die **Außenpolitik** orientiert sich weiterhin in Richtung London und Washington, stellt aber Afrika, besonders das südliche Afrika, stärker in den Mittelpunkt. Schon bald nach seinem Amtsantritt übernahm Mandela regionale Vermittlungsaufgaben, etwa im Angolakonflikt. Seine ersten Staatsbesuche führten ihn bewusst in Nachbarstaaten, die dem ANC in den Jahren seines bewaffneten Widerstandskampfes Aufenthalt geboten hatten.

„Nachbarschaftspflege"

Nach der Unabhängigkeit des von Südafrika seit 1915 verwalteten Namibia (ehemals Südwestafrika) am 21. März 1990 übergab Pretoria Ende Februar 1994 die Enklave Walfischbucht (Walfish Bay) an Namibia.

Seit dem Amtsantritt Mandelas bis heute wurden rund 600.000 Häuser gebaut, die der Staat mit jeweils 15.000 Rand bezuschusste. Das Versprechen allerdings von über 1 Million neuer Häuser wurde nicht verwirklicht. Doch bei durchschnittlich sechs Menschen pro Haus spürten die Südafrikaner den Fortschritt tagtäglich in den eigenen vier Wänden. Weitere Erfolge waren die Versorgung von bis dato 1,8 Millionen Menschen mit Strom und 3,5 Millionen mit Trinkwasser. Das Erziehungsministerium hatte verfügt, dass jedes Kind täglich eine Scheibe Brot mit Erdnussbutter bekomme, die für viele als "Mandela-Sandwich" die Hauptmahlzeit wurde. Schwangeren Frauen und Kindern unter sechs steht erstmals kostenlose medizinische Behandlung zu.

Bei fünf Rohrbombenanschlägen am 27. und 28. April 1998 wurden zwei Personen in Kapstadt getötet. Verübt wurden die Anschläge kurz nach der Festnahme von acht Mitgliedern der muslimischen Bürgerwehr **Pagad**, die gegen einen mutmaßlichen Rauschgifthändler angehen wollten. Im August 1999 übernahm **Tito Mboweni** die Amtsgeschäfte seines Vorgängers Chris Stals, der zehn Jahre lang an der Spitze der Nationalbank gestanden hatte. Damit wird erstmals **Südafrikas Zentralbank** von einem Schwarzen geführt. Mboweni, der Mitglied des ANC ist, war zuvor Arbeitsminister und genoss bereits seit Jahren Ansehen in der Bankwelt. Seine Wahl wurde auch in ausländischen Bankkreisen begrüßt.

Bei den **zweiten demokratischen Wahlen** am 2. Juni 1999 verfehlte der ANC knapp die Zweidrittelmehrheit und errang 66,35 Prozent. Die IFP fiel mit 8,2 Prozent wieder auf Platz drei zurück, hinter der Demokratischen Partei (DP) mit 10,3 Prozent. Eine Profilierung der NP als Neue Nationale Partei (NNP) unter de Klerks Nachfolger Marthinus van Schalkwyk gelang mit nur 7,6 Prozent der Stimmen nicht. Sie verkümmerte zu einer vor allem in der Provinz Western Cape von der Coloured-Bevölkerung unterstützten Regionalpartei, wo sie 54 Sitze verlor. Wie groß der Vorsprung des ANC insgesamt war, zeigte sich auch an den Ergebnissen in den neun Provinzen, in denen die Partei ihre Machtposition weiter ausbauen konnte. In sieben Provinzen konnte der ANC wie bisher allein regieren. Und auch in der Western Cape Province sowie in Kwazulu/Natal nahm er der Neuen Nationalen Partei (NNP) bzw. der Inkatha-Freiheitspartei der Zulus (IFP) so viele Stimmen ab, dass diese Koalitionen eingehen mussten. 2002/03 zerbrachen dann sogar diese Koalitionen, Parteienwechsel (in Richtung ANC) folgten, und schließlich gewann der ANC auch in diesen beiden Provinzen die Oberhand.

Die Regierung des neu gewählten Präsidenten **Thabo Mbeki** stand im August 1999 mit dem Gewerkschaftsbund Cosatu und der kommunistischen Partei, die in einer politischen Allianz mit dem regierenden ANC verbunden sind, vor ihrer ersten Kraftprobe wegen der einzuschlagenden Wirtschaftspolitik. Während der ANC für Marktwirtschaft eintrat, plädierte der Gewerkschaftsbund mit seinen 1,7 Millionen Mitgliedern für einen mehr dirigistischen Kurs, um die dringend benötigten Arbeitsplätze zu schaffen.

Die Regierung Mbekis fand schnell Zuspruch bei der Bevölkerung, auch der meisten Weißen. Stand die Regierungszeit Mandelas mit Recht noch vornehmlich unter dem Motto Versöhnung und Konsolidierung in der Weltgemeinschaft, be-

INFO **Pagad und Gangsterbanden**

Erstmals kam die fundamentalistische Muslimgruppe Pagad (*People against gangsterism and drugs* = Menschen gegen Gangstertum und Drogen) in die Schlagzeilen und in den Mittelpunkt der Politik des Westkaps, als deren Mitglieder 1996 an einem der Drogenbosse einen grausamen Lynchmord verübten. Rashaad Staggie war nach einem Aufmarsch der Pagad im Beisein der Polizei durch Schüsse verletzt und anschließend bei laufenden Kameras verbrannt worden, während die Polizei hilflos zuschaute. Seitdem wurden immer wieder Anschläge meist mit Rohrbomben verübt. Beunruhigt von der zunehmenden Kriminalität und empört über den fast ungestörten Drogenhandel, formierten sich die rund 400.000 Muslime 1996 in und um Kapstadt zu einer Art Bürgerwehr. Sie genossen auch die Sympathien vieler weißer Südamerikaner, da der Staat aufgrund Korruption und Machtlosigkeit als Ordnungshüter abgedankt zu haben schien. Bürgerwehren auf allen Seiten des politischen Spektrums haben eine alte Tradition in Südafrika: von weißen Farmern auf der Suche nach Viehdieben über die vom Militär gesteuerten Gruppen bis hin zu „Volksgerichten" in den Townships gegen „Polizeispitzel", deren Strafe es war, auf dem Scheiterhaufen angezündeter Autoreifen verbrannt zu werden.

Schwierigkeiten mit Banden gibt es in Kapstadt seit mehr als 60 Jahren. Zwangsumsiedlungen in der Zeit der Apartheid, soziale Entwurzelung sowie Straßenschlachten in den Jahren des politischen Widerstandskampfs und chaotische Schulbedingungen haben das Problem verschärft. Muslime, aus denen hauptsächlich die Pagad besteht, leben in Kapstadt fast seit deren Gründung Mitte des 17. Jahrhunderts. Sie sind Nachfahren von Malaien, die von den Holländern einst als Arbeitskräfte in ihre südafrikanische Kolonie geholt wurden. Konflikte der Muslime mit anderen ethnischen Gruppen gab es in Kapstadt früher kaum. Eine Bandenkultur entwickelte sich in den Townships der Farbigen, wie z.B. Mitchell's Plain, um sich gegen Übergriffe aus benachbarten Townships der Schwarzen zu verteidigen. Der Zwillingsbruder Staggies übernahm inzwischen die Führung der Gangsterbande „Hart lebende Jungs". Er genießt wie zuvor sein Bruder unter arbeitslosen Jugendlichen in den Cape Flats besonderes Ansehen, weil er ihnen durch Rauschgifthandel und Diebstahl zu Einkommen und Ansehen verhilft.

Bis Ende 1999 belief sich die Anzahl der Anschläge, für die entweder Kapstadts Banden oder Pagad verantwortlich gemacht wurden, auf über 680. Mehr als 170 Menschen wurden festgenommen, verurteilt wurde bis dato niemand. Nachdem Thabo Mbeki im Januar 1999 davor warnte, dass die Angriffe außer Kontrolle gerieten, wurde eine Sondereinheit der Polizei gebildet, die den städtischen Terrorismus im Westkap, vor allem in Kapstadt, bekämpfen sollte.

---

grüßte man Mbekis gezieltes und strenges Durchgreifen, was sich u.a. in den Innenstädten zeigt, wo die Kriminalitätsraten sinken, besonders in Johannesburg. Kritisiert wurden aber seine stille Haltung gegenüber dem diktatorisch regierenden Präsidenten von Zimbabwe (Robert Mugabe), seine Auffassungen zum Thema

Hoffnungsträger Mbeki

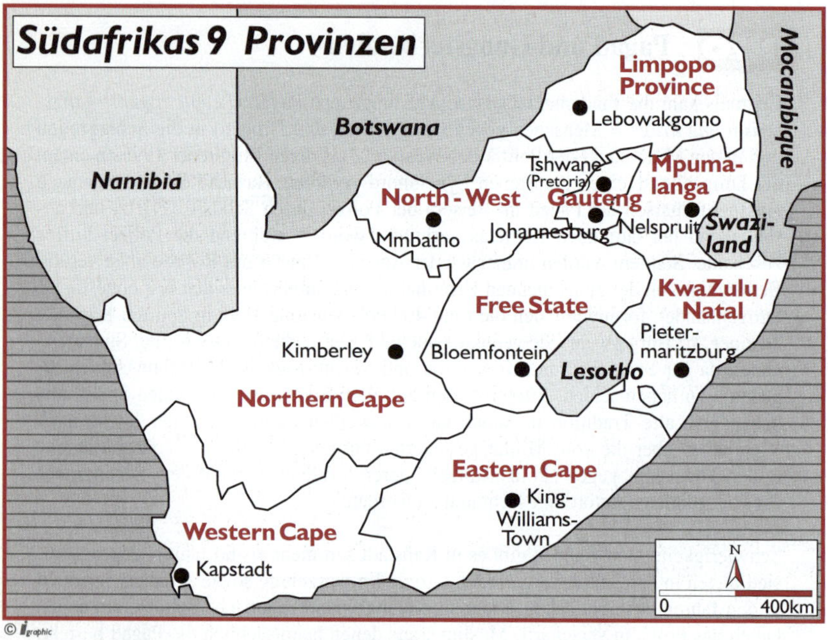

Südafrikas 9 Provinzen

Mocambique

Limpopo Province
• Lebowakgomo

Botswana

Namibia

Tshwane
(Pretoria) •
North - West **Gauteng**
• Johannesburg
Mmbatho

Mpuma-langa
• Nelspruit
Swazi-land

KwaZulu / Natal
Pieter-
maritzburg •

Free State

Kimberley • • Bloemfontein
Lesotho

Northern Cape

Eastern Cape
• King-
Williams-
Town

Western Cape
• Kapstadt

N
0   400km

© **i** graphic

AIDS und seinen eisernen Willen, dem ANC noch mehr Macht zukommen zu lassen, so dass erste Ängste aufkommen, Südafrikas Demokratie könnte ebenfalls in einer "Ein-Parteien-Landschaft" enden.

INFO   ## Bedeutung der Farben der neuen südafrikanischen Flagge

Rot = Blut, das während des Befreiungs-
kampfes vergossen wurde
Grün = Das Land
Gold = Reichtum an Bodenschätzen
Schwarz = Die nicht-weiße Bevölkerung
Weiß = Die weiße Bevölkerung
Blau = Farbe der Ozeane

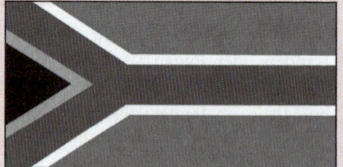

3. WIRTSCHAFT

Überblick: Südafrika allgemein

Südafrika besitzt heute mit einem dreimal höheren Bruttoinlandsprodukt (BIP) als Ägypten oder Nigeria die stärkste und **fortschrittlichste Wirtschaft auf dem afrikanischen Kontinent**. Südafrika erwirtschaftet 1/5 des gesamtafrikanischen BIPs – bei einem Anteil von 4 % der Gesamtfläche und 6 % der Gesamtbevölkerung. Weltweit gesehen, ist Südafrika ein mittleres Einkommensland mit einem BIP von ca. 620 Mrd. Rand und einem Pro-Kopf-Einkommen von rund 3.200 US-$ (Mozambique ca. 100 $). Das Pro-Kopf-Einkommen spiegelt jedoch weder das verfügbare Einkommen der Mehrheit wider noch die großen Unterschiede in der Einkommensverteilung: 40 % der schwarzen Bevölkerung leben unterhalb der Armutsgrenze (= weniger als 5.000 Rand/Jahr). *Nummer 1 in Afrika*

Den größten Sektor der südafrikanischen Wirtschaft nimmt die verarbeitende Industrie mit 25 % des BIP ein, gefolgt von Bank- und Versicherungswesen, Handel und Gewerbe sowie Staatsausgaben (alle ca. 15 %), dann kommt der Bergbau mit 9 %, der immer noch die größte Exportquelle ist, und schließlich die Landwirtschaft mit 4,5 %. Liest man diese Auflistung der heutigen Wirtschaftsanteile von hinten nach vorne, zeigt sich die wirtschaftliche Entwicklung Südafrikas von einem **Agrarland** (bis etwa 1870) über ein Agrar-Bergbauland (bis zum Zweiten Weltkrieg) zu einem Schwellenland auf dem Weg zu einem modernen Industrie- und Dienstleistungsstaat. *Vom Agrar- zum Dienstleistungsstaat*

Der moderne Hafen von Kapstadt: Wirtschaftsmotor der Kapprovinz

Der Reichtum an Bodenschätzen, ein großes Potential von einheimischen Arbeitskräften und fachliches Know-how sowie moderne Technologien durch Einwanderer aus Übersee bildeten nach dem Zweiten Weltkrieg gute Voraussetzungen für eine florierende Wirtschaft, die in eine lange, bis 1974 reichende Phase der Hochkonjunktur mündete. Hinzu kamen der hohe Entwicklungsstandard der Bergbauwirtschaft und ein expandierender Markt, was zusätzlich die ausländische Investitionsbereitschaft förderte. In der ersten Hälfte der 70er Jahre konnte Südafrika nahezu paradiesische Gewinne durch Rohstoffexporte erzielen, der Bergbau sicherte vielen billigen Arbeitskräften einen Arbeitsplatz, und eine aufgeblähte Bürokratie schaffte Arbeit für Weiße.

Die erste Ölkrise verursachte 1974 eine lang anhaltende **Rezession**, die erst 1979 einigermaßen überwunden war. Der große Aufschwung war jedoch vorbei. Und schon 1982, nach der zweiten Ölkrise, kam es zu einem noch viel tieferen Einbruch. Die Preissituation auf dem Weltrohstoffmarkt führte zu immer größeren Einkommensverlusten und dadurch zu Devisenmangel. Durch den Kursverfall *Wirtschaftliche Probleme in den 1970er Jahren* des US-Dollars (Gold, Diamanten, Chrom usw. werden auf Dollarbasis abgerechnet) wurde zusätzlich Südafrikas Export geschwächt. Besonders die geringe Nachfrage nach Steinkohle, da Erdöl permanent billiger wurde, traf den Bergbau hart. Erstmals seit der Weltwirtschaftskrise der 70er Jahre schrumpfte das Sozialprodukt, das Pro-Kopf-Einkommen ging 1981–1987 im Schnitt pro Jahr sogar um 1,7 % zurück, die Inflationsrate stieg rasch. In diesen Zahlen ist jedoch die **Schattenwirtschaft** nicht erfasst, also etwa Straßenhandel und kleinere Dienstleistungen – ein Sektor, der in den letzten Jahren einen beträchtlichen Aufschwung erlebt hat und vom Staat mittlerweile wohlwollender behandelt, teilweise sogar gefördert wird.

Stagnation und Niedergang der südafrikanischen Wirtschaft gehen jedoch auch auf **innenpolitische Faktoren** und strukturelle Gegebenheiten während des Apartheid-Systems zurück, deren Auswirkungen auch heute noch zu spüren sind:

Apartheid-system schadet der Wirtschaft

• Zur Einführung und Durchsetzung des Apartheid-Systems waren extrem hohe Staatsausgaben nötig.

• Der Binnenwirtschaft mangelte es an ausreichend ausgebildeten Facharbeitern, um das Wachstum zu unterstützen, und an einer breiten Mittelschicht, um eine starke Nachfrage anzukurbeln.

• Aufgrund des Apartheid-Regimes wurden internationale Sanktionen verhängt und Investitionen abgezogen. Dadurch war das Land zu einer teuren Autarkie gezwungen, d.h. vieles musste im eigenen Land hergestellt werden, was auf dem Weltmarkt günstiger angeboten wird.

• Internationaler Kapitalverkehr lag bracht. Unterschiedliche Kurse (Finanzrand, Devisenrand) sowie die Schwierigkeiten, bereits in Südafrika investiertes Geld wieder zurückfließen zu lassen, sind sicherlich nicht gerade motivierende Standortbedingungen.

• Die einheimische Energie, die auf Basis der Verwertung minderwertiger Kohle erzeugt wird (Vergasung und Verflüssigung) war (und ist heute immer noch) überteuert.

Das Erbe dieser Zeit war eine **Staatsverschuldung von über 350 Milliarden Rand**, wobei deren Zinslast z.Zt. die zweitgrößte Ausgabe im Staatsbudget hinter denen fürs Bildungswesen ist. Angesichts der Tatsache, dass ein Großteil der Schulden auf das Wirtschaftssystem der Apartheid zurückgeht, wurde vorgeschlagen, einen Teil der Rückzahlungen fallen zu lassen. Die einzig positive Folge dieser Zeit, in der Südafrika von internationalen Geldzuflüssen abgeschnitten war und fast keine Auslandskredite in Anspruch nehmen konnte ist, dass Südafrika international als „unterverschuldet" gilt.

Zu den größten Problemen Südafrikas zählt heute jedoch nach wie vor die **gewaltige Diskrepanz zwischen Arm und Reich**. Gleich hinter Brasilien gehören die Einkommensunterschiede am Kap zu den höchsten der Welt. Die nicht-weiße Bevölkerung erwartet nun von der Regierung eine Umverteilung der Besitztümer und eine rasche Verbesserung ihrer Lebenssituation, die jedoch aufgrund knapper finanzieller Mittel nicht ad hoc zu bewerkstelligen ist. Hinzu kommt, dass fast 85 % der direkten Steuern von Weißen erbracht werden, die auch den größten Teil der qualifizierten Fachkräfte stellen. Die neue Regierung muss daher

Soziale Schere weit offen

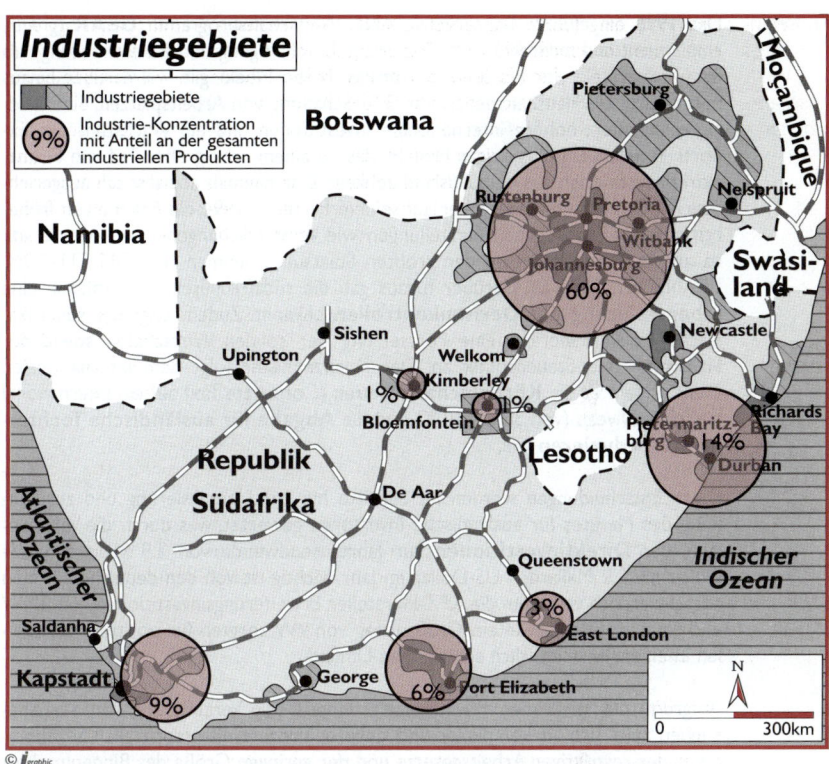

Industriegebiete

- Industriegebiete
- 9% Industrie-Konzentration mit Anteil an der gesamten industriellen Produkten

Botswana

Namibia

Moçambique

Pietersburg

Rustenburg   Pretoria   Nelspruit

Witbank

Johannesburg

60%

Swasiland

Sishen

Upington

Welkom

Newcastle

Kimberley

1%   **1%**

Bloemfontein

Richards Bay

Pietermaritzburg   **14%**

Durban

Lesotho

Republik Südafrika

De Aar

Atlantischer Ozean

Queenstown

Indischer Ozean

3%

Saldanha

East London

Kapstadt

George   **6%**   Port Elizabeth

9%

N

0   300km

© *I graphic*

auch auf die Interessen der Weißen Rücksicht nehmen, um deren Finanz- und Arbeitskraft nicht ins Ausland zu vertreiben.

Auch nach den zweiten freien Wahlen wird das Land von Nullwachstum, niedrigen Auslandsinvestitionen und 6 Millionen Arbeitslosen geplagt. Bei Jugendlichen unter 20 Jahren beträgt die Arbeitslosenquote mehr als 70 %. Im Vergleich dazu: Die Arbeitslosenquote bei Weißen liegt bei 2 %, bei der schwarzen Bevölkerung im Durchschnitt bei 45 %. Obwohl das Wirtschaftswachstum Ende der 90er Jahre im positiven Bereich lag, nimmt die Arbeitslosigkeit unter den Schwarzen aufgrund des hohen Bevölkerungswachstums weiterhin zu.

Hohe Arbeitslosigkeit

Auch die zweite Post-Apartheid-Regierung (ab 1999) musste erkennen, dass die Abschaffung der Apartheid der leichtere Teil des Umbruches war – schwieriger ist es, ein festes wirtschaftliches Fundament zur Abstützung politischer Reformen zu legen. Gleichwohl sind nicht alle Probleme hausgemacht: Turbulenzen in den Schwellenländermärkten, die im letzten Jahr auch Südafrika erfassten, der Verfall des Goldpreises (Gold macht noch immer 20 % aller Exporte vom Kap aus) und niedrige Ausfuhrerlöse schwächen die einheimische Währung.

Konserva-
tives
Wirt-
schafts-
programm

Das 1996 eingeführte konservative ANC-Wirtschaftsprogramm **GEAR** (*grouth, employment and redistribution* = Wachstum, Beschäftigung und Rückverteilung), als dessen Architekt der Präsident Südafrikas, Thabo Mbeki, gilt, will darüber hinaus mittelfristig ein Haushaltsdefizit von 3 %, Schaffung von Arbeitsplätzen, eine niedrigere Inflation, höhere internationale Investitionen und ein Wachstum des Exports erzielen. Ein ehrgeiziges Projekt, das zu einem sehr großen Teil von Finanzmarktinvestitionen aus dem Ausland abhängt. Der ehemals sozialistisch ausgerichtete ANC verabschiedete daher auf seinem Parteitag 1994 die Abkehr von früheren wirtschaftspolitischen Vorstellungen wie Verstaatlichungen und steuerte von da an die **Privatisierung** der größten Staatsunternehmen (ESCOM, TELCOM, TRANSNET, SAA) an. Darüber hinaus gab die südafrikanische Zentralbank eine **Liberalisierung der Devisenkontrollen** bekannt. Zudem zeigt der südafrikanische Haushaltsbericht eine Fortsetzung der soliden Wirtschafts- sowie der Haushalts- und Steuerpolitik an. Der Finanzminister folgt dem internationalen Trend, indem er die **Körperschaftssteuer** (Corporate Tax) auf ein international niedriges Niveau (von 35 auf 30 %) und die **Abgabe für ausländische Tochterfirmen reduzieren** will.

Daimler,
BMW und
VW

Diese Entscheidungen werden als Schritte hin zur Liberalisierung und zur Öffnung des Marktes für ausländische Investoren gewertet, was durch die Verringerung der **Direktinvestitionen** zur Jahrtausendwende von 2,8 Milliarden US-Dollar auf 2,2 Milliarden US-Dollar im Jahr wichtig ist. Von den deutschen Firmen engagieren sich vor allem die KFZ-Hersteller. Erweiterungsinvestitionen von BMW und Daimler-Benz sowie ein Großauftrag von VW sorgten für positive Schlagzeilen in einem wirtschaftlich schwierigen Umfeld.

Aufgrund des langsamen Privatisierungstempos (die Veräußerung von Staatsbetrieben zeigt sich als komplexer und längerer Prozess, als ursprünglich angenommen), der restriktiven Arbeitsgesetze und der geringen Größe des Binnenmarktes

Gesamtwirtschaftliche Daten für Südafrika			
BIP		**Inflation (Offizielle Angaben)**	
Veränderungen in % zum Vorjahr		*Veränderungen in % zum Vorjahr*	
1998	0,1	1998	6,9
1999	0,6	1999	6,2
2000	2,5	2000	8,4
2001	2,3	2001	9,0

Zahlungsbilanz		Außenhandel			
in Mrd. US-Dollar		*in Mrd. US-Dollar*			
1998	-2,2	1998	Export	29	Import	27
1999	-1,6	1999	Export	29,5	Import	27
2000	-2,4	2000	Export	33	Import	31,4
2001	-3,7	2001	Export	35	Import	35,4

nahmen die **Investitionen in Neuanlagen** (von 3,8 auf 1,4 Mrd. Dollar) sowie die Ankündigungen von Neuinvestitionen ab (von 415 auf kärgliche 30 Mio. Rand). 1999 verkündete die MAN Nutzfahrzeug AG die Übernahme des Bus-Geschäftes der lokalen Firmengruppe TFM.

Investitions-müdigkeit

Ein großes Problem, das viele Investoren abschreckte, war die ansteigende Kriminalität Ende der 1990er Jahre. Ein deutscher Automobilkonzern machte eine Investition von 400 Millionen Mark in den Ausbau seines Werkes von der erfolgreichen Bekämpfung der Kriminalität abhängig. Die Ausgaben im Bereich der öffentlichen Sicherheit beliefen sich 1999 auf 23,5 Milliarden Rand (10,8 % des Budgets). Angesichts des nach wie vor **drängenden Kriminalitätsproblems** ist die Erhöhung der Ausgaben für Polizei, Justiz und Strafvollzugswesen um 4,7 % nach Ansicht von Landeskennern nicht ausreichend. Die notwendige gründliche Umstrukturierung und bessere Bezahlung insbesondere der Polizei sei damit nicht zu erreichen. Inflationsbereinigt steht sogar noch weniger Geld zur Verfügung als im vorherigen Etat. Nach 2002 wurden die Ausgaben für die Sicherheit dann nochmals erhöht bzw. effizienter eingesetzt.

Den größten Teil an den steuerlichen Staatseinnahmen hat mit 43 % die individuelle Einkommensteuer, knapp 25 % entfallen auf die Mehrwert- und 13 % auf die Verbrauchssteuer sowie rund 4 % auf Zölle, Abgaben und Gebühren. Mit einem Anteil von 15 % tragen die Unternehmen zum Steueraufkommen bei. Da den Südafrikanern aufgrund einer ungesunden Wirtschaftsstruktur schon eine hohe Steuerlast auferlegt wurde, lässt sich für den Staat in diesem Bereich nichts mehr holen.

Hohe Steuerlast

Problematiken und Tendenzen

Die gegenwärtige Wirtschaftskrise zeigt, dass der Südafrika bislang entgegengebrachte Sympathiebonus aufgezehrt ist und das Land nun einer entschlossenen Führung bedarf. Unabhängig davon, ob der ANC an seiner starken Fiskalpolitik festhält oder nicht, ist absehbar, dass es für Südafrika schwierig wird, das langfristig angestrebte Wachstumsziel von 6 % zu erreichen. Den Schlüssel für wirtschaftlichen Erfolg sehen Experten in der Weiterverarbeitung der Rohstoffe, in einer zunehmenden Exportorientierung der Nahrungs- und Genussmittel und in einem weiteren Ausbau des Tourismus. Insgesamt dürfte Südafrika langfristig sehr attraktiv für Investoren werden: Der Kapitalrückfluss über die Grenzen wird liberalisiert, die Schutzzölle für die einheimische Industrie werden langsam abgebaut, und zukünftig wird der Binnenmarkt durch wirtschaftliche Aufstiegsmöglichkeiten der Schwarzen größer werden.

Kapstadt und die Western Cape Province

Die Western Cape Province mit ihren über 4 Millionen Einwohnern – von denen allein rund 3 Millionen im Großraum der Provinzhauptstadt Kapstadt wohnen – und einer Fläche von rund 130.000 Quadratkilometern verzeichnet die höchste Wachstumsrate und das höchste Pro-Kopf-Einkommen aller Provinzen Südafrikas.

Reiches Kap

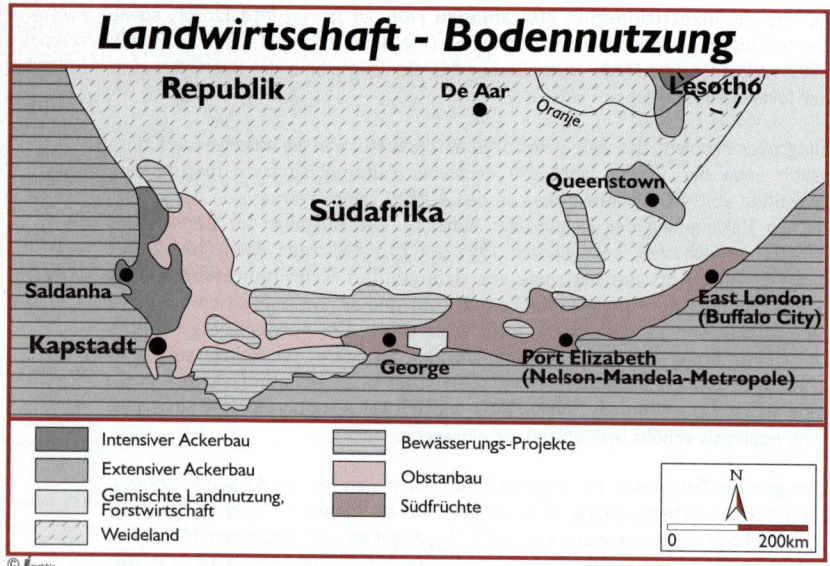

Landwirtschaft - Bodennutzung

Republik   De Aar   Lesotho

Oranje

Queenstown

Südafrika

Saldanha

East London
(Buffalo City)

Kapstadt

George   Port Elizabeth
(Nelson-Mandela-Metropole)

- ■ Intensiver Ackerbau
- ■ Extensiver Ackerbau
- ■ Gemischte Landnutzung, Forstwirtschaft
- ■ Weideland
- ■ Bewässerungs-Projekte
- ■ Obstanbau
- ■ Südfrüchte

N

0   200km

© graphic

Die Schere zwischen Arm und Reich wird jedoch auch hier deutlich: Über 73 % verdienen weniger als 400 €/Monat. Die „offizielle" Arbeitslosenrate liegt bei 30 % Prozent, wobei allerdings täglich eine nicht zu bestimmende Anzahl von Menschen auf der Suche nach Arbeit in die Townships und von dort weiter in die Industrie- und Innenstadtgebiete strömen. Die wirtschaftliche Gesamtlage ist jedoch trotz mangelnder Groß- und Schwerindustrie im Verhältnis zu anderen Provinzen noch weitgehend gut. Eine Ursache dafür sind sicherlich die breit gefächerten Wirtschaftsbereiche – Landwirtschaft, verarbeitende Industrie, Dienstleistungssektor (inkl. Tourismus), Handel, Banken- und Versicherungswesen –, die auf ein gut ausgebautes Telekommunikations- und Verkehrssystem zurückgreifen können.

Starker Dienstleistungssektor

Die **Landwirtschaft**, die im Obst-, Gemüse-, Blumen- und Getreideanbau und in der Viehwirtschaft (Strauße, Schafe) allein 10 % aller Arbeitskräfte beschäftigt, ist der führende Wirtschaftssektor in der Western Cape Province. Den lebhaftesten Aufschwung seit dem Ende von Handelsboykotten während der Apartheidzeit erlebt vor allem der **Weinbau** als achtgrößter Produzent in der Welt. Wegen der starken internationalen Nachfrage nach Rotwein entstehen teilweise sogar Engpässe bei der Lieferung, da die Südafrikaner als ehemalige Hauptkonsumenten wegen des warmen Klimas vor allem Weißwein bevorzugten und dementsprechend davon mehr angebaut worden war. Mit ein Grund, weshalb man heute nicht nur im „Weinkeller" Südafrikas (die nordöstlich von Kapstadt gelegenen Regionen Stellenbosch, Franschhoek, Paarl) viele neu angelegte Weinstöcke sieht.

Rotwein schlägt Weißwein

Die Präsenz südafrikanischer Firmen auf dem internationalen Markt führt aber auch zu Konflikten mit anderen Wirtschaftsgemeinschaften. So standen über Jahre besonders Produktnamen der Weinproduzenten **Handelsab-kommen mit Europa** im Wege. Erst nach vier Jahren konnte ein Abkommen mit der Europäischen Union (*Corporation Agreement*) für den 1. Januar 2000 beschlossen werden, nachdem Südafrika sich bereit gezeigt hatte, einige Weinkennungen und -namen von Etiketten zu bannen, wie z.B. Grand Cru, Cabernet, Medium Creme, Eau de Vie. Schmerzlicher Nebeneffekt der

Südafrika ist der achtgrößte Weinproduzent der Welt

Weinanbaugebiete am Kap

Vanrhynsdorp
Vredendal
A Clanwilliam
Citrusdal
B
Piketberg
Vredenburg
Saldanha
Moorreesburg
C **D** Tulbagh
Ceres
Malmesbury
Wolseley De Doorns
Wellington **3** Worcester
E **2** Paarl **3**
Durbanville **H** **I** Robertson Montagu
1 Stellenbosch **K** Bonnievale
Kapstadt **F** **G** Villiersdorp **3** Swellendam
Grabouw
Caledon Riviersonderend **L** **J**
Bredasdorp

Cedarberg
Roggeveld Mountains
Doring River
Olifants
Berg River
Dwyka River
Laingsburg
Swartberg
Calitzdorp De Rust
Ladismith
Groot River Oudtshoorn
M Langeberg Outenqua Mountains
Gouritz River
Breede River
Riviersdale Mossel Bay
Overberg

Atlantischer Ozean *Indischer Ozean*

N
0 100km

Weinanbaugebiete

A Olifantsrivier	F Constantia	K Robertson	**1** Die Stellenbosch Weinstraße
B Piketberg	G Stellenbosch	L Swellendam	**2** Die Paarl Weinstraße
C Swartland	H Paarl	M Kleine Karoo	**3** Breede River Valley Route
D Tulbagh	I Worcester		
E Durbanville	J Overberg		

© graphic

*Gute
Tropfen
gehen nach
Übersee* Orientierung nach Europa für südafrikanische Weinkenner: Ein besonders guter und edler Tropfen ist für Einheimische und selbst für Restaurantbesitzer nur schwer zu ergattern. Bevor bestimmte Weinmarken auf den südafrikanischen Markt kommen können, werden alle verfügbaren Kontingente nach Übersee verkauft.

Die **South African Breweries** (SAB) hält einen mehr als nur dominierenden Marktanteil von 97 Prozent. Kein Wunder also, dass ihr Castle Lager, das bekannteste von zwölf Bieren, in jeder Kneipe angeboten wird. Nachdem SAB von der deutschen Brau + Brunnen AG, Dortmund, Beteiligungen in Rumänien erworben hatte, gehört nun auch das tschechische Bier Pilsner Urquell sowie seit 2002 der amerikanische Konzern Miller Brewery zur South African Breweries, womit diese zur drittgrößten Brauerei weltweit avancierte. Auch in Ostasien engagiert sich die SAB mittlerweile.

Fischfang in Südafrika

Zwischen 500.000 und 1 Million Tonnen Fische werden in Südafrika jährlich gefischt, die größtenteils exportiert werden. Zu den wichtigsten Fängen der Küstenfischerei gehören Sardellen, Sardinen, Stöcker und Makrelen, aus der Hochseefischerei Seehecht, Seeteufel und Snoek. Die meisten von diesen Fischen werden in einem relativ eng begrenzten Gebiet gefangen und gelten auf dem Weltmarkt als „Niedrigpreis"-Fische. Die wichtigsten Fischereihäfen am Atlantik, von Süden nach Norden, sind außer Hout Bay Kapstadt, Saldanha Bay, St. Helena Bay und Lambert's Bay.
Der vorhandene Fischreichtum hatte Anfang der 50er Jahre zu einer rigorosen Ausbeutung der marinen Ressourcen bei der Küstenfischerei geführt. Insbesondere Sardinen und Langusten erzielten hohe Preise auf dem Weltmarkt. Die Überfischung geschah teils durch eigene Boote, teils durch ausländische Fangflotten. Zum Schutz für die restlichen Fischbestände wurden lizensierte Fangquoten für einzelne Fischarten ausgegeben.

Der Schwerpunkt der Hochseefischerei liegt bei der Gewinnung und Vermarktung von Frischfisch, während die Küstenfischerei sich vorwiegend auf die Herstellung von Fischkonserven, Fischmehl und -öl konzentriert. Als es 1990 zu einer drastischen Begrenzung der Sardellen-Fischerei auf 294.000 Tonnen kam, um eine weitere Ausdünnung zu vermeiden, hatte dieses negative Auswirkungen auf die Futtermittelerzeugung. Außer Thunfischen mussten auch Sardinen in größeren Mengen importiert werden (aus Namibia), um den südafrikanischen Mark ausreichend mit Fischprodukten zu versorgen.

*Kapstadt
setzt auf
den
Dienst-
leistungs-
sektor* Den dritten großen Wirtschaftsbereich machen **Handel, Finanzwesen** und **Dienstleistungen** aus. Obwohl die Wirtschaftsmetropolen Südafrikas im Nordosten des Landes liegen (*siehe auch Karte S. 55*), verlegen immer mehr Banken und Handelsfirmen ihren Sitz ans Kap der „Guten Hoffnung". Im Vergleich zu Johannesburg und Durban hat Kapstadt eine immer noch deutlich niedrigere Kriminalitätsrate, was McDonald's und Woolworth genauso zu schätzen wissen

Fischerei und Fischerei - Methoden

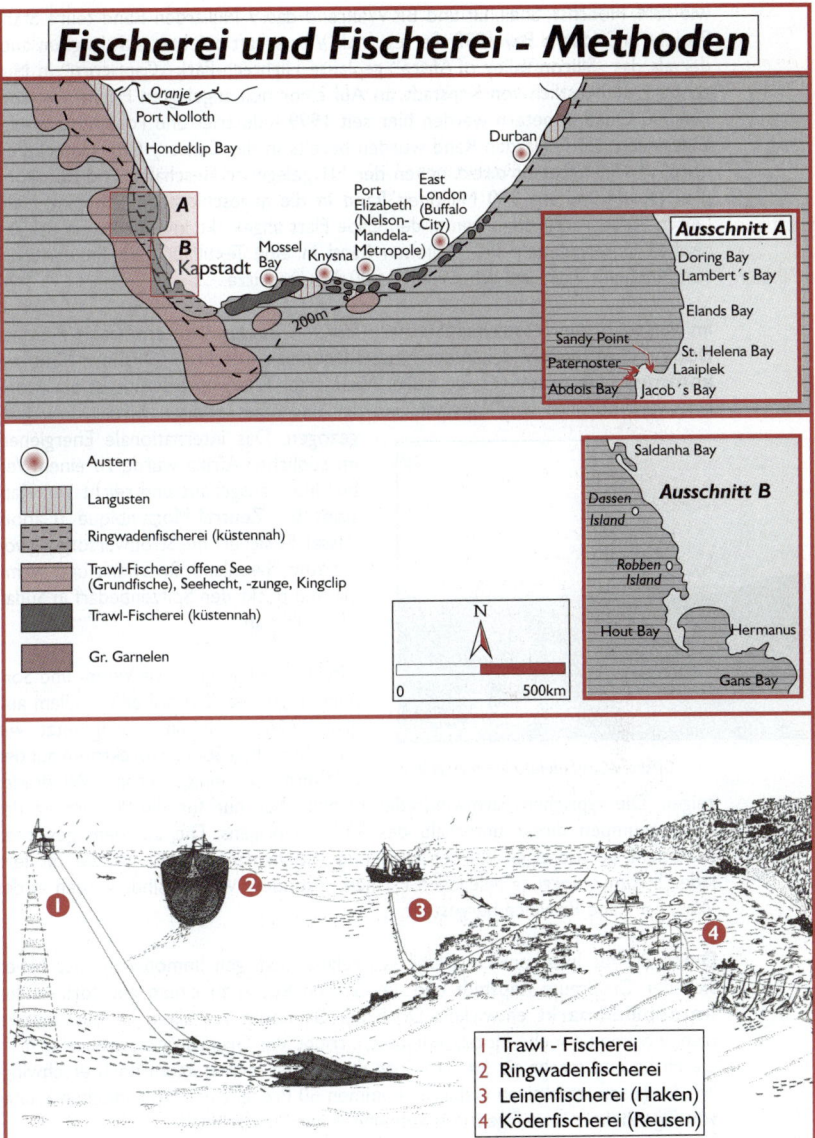

Oranje
Port Nolloth
Hondeklip Bay
Durban
A
Port Elizabeth (Nelson-Mandela-Metropole)
East London (Buffalo City)
B
Kapstadt
Mossel Bay
Knysna
200m

Ausschnitt A

Doring Bay
Lambert´s Bay
Elands Bay
Sandy Point
St. Helena Bay
Paternoster
Laaiplek
Abdois Bay
Jacob´s Bay

Ausschnitt B

Saldanha Bay
Dassen Island
Robben Island
Hout Bay
Hermanus
Gans Bay

- Austern
- Langusten
- Ringwadenfischerei (küstennah)
- Trawl-Fischerei offene See (Grundfische), Seehecht, -zunge, Kingclip
- Trawl-Fischerei (küstennah)
- Gr. Garnelen

N

0   500km

1 Trawl - Fischerei
2 Ringwadenfischerei
3 Leinenfischerei (Haken)
4 Köderfischerei (Reusen)

© *i graphic*

wie IBM, Hoechst, Shell, Elf und BP. Während das 9 Milliarden Rand teure Stahl-Projekt in Saldanha Bay 1998 die regionale Wirtschaft belebte, läuft langsam auch der als das „Silicon Valley of Africa" geplante Hightech-Park „Capricorn" in Muizenberg, südwestlich von Kapstadt, an. Auf einer neu angelegten Fläche von über 700.000 Quadratmetern werden hier seit 1999 Industrie- und Forschungszweige angesiedelt. 1,3 Milliarden Rand wurden bereits in die Century City gesteckt, ein nördlich von Kapstadt direkt neben der N1 gelegener Geschäfts- und Bürokomplex (sowie weitere 900 Millionen Rand in die angeschlossene Shopping Mall).

Investition aus Pakistan Durch Steuervergünstigungen in den Cape Flats angelockt, investierte ein pakistanisches Unternehmen 390 Millionen Rand in eine Textilfabrik im Industriepark von Mitchell's Plain und schuf rund 5.000 Arbeitsplätze.

Im Vergleich zum restlichen Südafrika spielen in der Western Cape Province **Bodenschätze** trotz der in der Mossel Bay neu entdeckten (Offshore-)**Gasvorkommen** eine relativ geringe Rolle. Wichtigster Energieproduzent ist ein Atomkraftwerk nördlich von Kapstadt, und der Bau eines zweiten wird in Erwägung gezogen. Das internationale Energienetz im südlichen Afrika wurde zu einem Verbundnetz ausgebaut und reicht von Kapstadt bis Zentral-Moçambique (Cabora Bassa). Es sichert die Stromversorgung von Lesotho, Swasiland, Botswana und Namibia und deckt den Spitzenbedarf in Südafrika selbst ab.

Offshore-Gasförderung vor Mossel Bay

Alternative Energien, wie Wind- und Sonnenenergie, werden bisher vor allem aufgrund privater Initiative eingesetzt, wie die zahlreichen Sonnenkollektoren auf den Dächern und einige wenige Windräder

Alternative Energien zeigen. Die typischen Farmwindräder dienen aber nur für die Versorgung der Wasserpumpen direkt unterhalb des Rades. Übrigens: Die auf dem gesamten Kontinent vertriebenen Kurbelradios und -taschenlampen, die für die oft fern jeder Stromversorgung gelegenen Farmen besonders wichtig sind, werden in der Western Cape Province hergestellt.

Durch die für Investoren aus Übersee relativ niedrigen Immobilienpreise haben sich der Großraum Kapstadt und die Garden Route zu einem gut florierenden **Immobilienmarkt** entwickelt. Doch der Bauboom vor allem in Touristenzentren, wo immer mehr Hotels entstehen, treibt die Grundstückspreise enorm in die Höhe und macht sie für das Gros der Einheimischen kaum noch erschwinglich. In diesen attraktiven Gebieten kommen 60 Prozent der ausländischen Käufer von Eigenheimen und Eigentumswohnungen aus Deutschland.

Mit durchschnittlich 7,3 Millionen Touristen im Jahr, die rund 1,5 Milliarden Dollar in der Western Cape Province ausgeben, ist der **Tourismus** zu einem wichtigen Wirtschaftssektor geworden – mit steigenden Tendenzen. In Kapstadt hat das z.B. zu einer Verlagerung vieler Restaurants und Geschäfte an die V&A Waterfront nach sich gezogen, die mit jährlich rund 25 Millionen Besuchern auch auf in- und ausländische Touristen große Anziehungskraft ausübt. Damit nun aber auch die Innenstadt wieder für Geschäftsleute und Touristen interessanter wird, wurde die Baugenehmigung eines 1,8 Millionen Rand teuren Kasinos an den Bau des Kanals gekoppelt, der die Waterfront mit dem Stadtzentrum verbindet und Bootsfahrten vom Hafen direkt in den nördlichen Stadtteil bis zum Nico-Malan-Theater ermöglicht.

Auch der **Flughafen**, von der Größe vergleichbar mit dem von Hannover (ca. 4,5 Millionen Fluggäste, Tendenz steigend) und von 65 % aller großen internationalen Fluglinien bedient, wird durch Tourismus- und allgemein zunehmende Tätigkeit der Geschäftsleute positiv beeinflusst. Pläne zum Ausbau aufgrund geschätzter jährlicher Zuwachsraten von 15 % des Fluggastaufkommens liegen bereit. Unter den kleineren Flughäfen ist der in George der größte und bedeutendste – besonders für Touristen, die von Johannesburg direkt an die Garden Route fliegen wollen.

Von den insgesamt vier großen **Häfen** in der Western Cape Province – Saldanha Bay (größter Naturhafen des Landes), Kapstadt, Simon's Town und Mossel Bay – ist Kapstadt mit ca. 8 Millionen Tonnen der mit Abstand bedeutendste Umschlaghafen. Die Tafelbucht von Kapstadt besitzt Container und ro/ro-Einrichtungen. Das Sturrock-Trockendock ist das größte der südlichen Halbkugel (360 x 47,5 x 13,7 Meter). Saldanha Bay ist der führende Hafen für den Erzexport. Der Haupthafen für die Fischer an der Südküste, die die Fanggebiete um die Agulhas Bank abgrasen, ist Mossel Bay. Er ist ebenso der nächstgelegene Hafen für die in Küstennähe gelegenen Bohrinseln.

Fischfang und Bohrinseln

Problematiken und Tendenzen

Die Zukunft Kapstadts liegt sicherlich im Tourismussektor, der in den letzten Jahren 10–15 prozentige Zuwachsraten pro Jahr hatte, eine Zahl, die sich aber in Zukunft abschwächen wird, da die Marktpotentiale langsam ausgeschöpft sind. Auch der Boom auf dem Immobilienmarkt wird zeitlich begrenzt bleiben, denn mittlerweile ist ein Preisniveau erreicht, das sich nur noch sehr begüterte Südafrikaner und Investoren aus der Ersten Welt leisten können. Ein sicheres Standbein und zukunftsträchtig ist allein der Weinbau, da die Weinqualität international anerkannt ist und die Anbauflächen immer mehr erweitert werden. Der oft gepriesene Fischfangsektor macht zwar 85 % des landesweiten Fischfanges und der Fischproduktion aus, wird aber in Zukunft nur unbedeutend zur wirtschaftlichen Gesamtlage der Provinz beitragen. Ähnliches gilt für die Forstwirtschaft.

Weinanbau hat Zukunft

Da Kapstadt das Hinterland fehlt und bisher nicht in große Industrieprojekte investiert wurde, ist auch nicht zu erwarten, dass sich dieses in absehbarer Zeit ändern wird. Hinzu kommt, dass die Wirtschaftsbeziehungen der Western Cape Province mit den SADC (Entwicklungsgemeinschaft des südlichen Afrika) und anderen afrikanischen Ländern durch Krieg in Angola, schwierige Friedensverhandlungen im Kongo/DRC und politisch instabile Lage in Zimbabwe wie auch in zahlreichen anderen Ländern überschattet werden und kurzfristigen Optimismus dämpfen.

Wirtschaftliches Wachstum am Kap wird demnach zukünftig weder einfach noch sicher sein. Es wird abhängen von der Fähigkeit lokaler Firmen und Anteilseigner, die Möglichkeiten zu ergreifen, die in den unterschiedlichen Sektoren entstehen. Und auch das Erkennen von der Synergie zwischen Sektor, Mega-Projekt und Stadtentwicklungsinitiativen ist gefragt. Ob Kapstadt der Sprung zur angestrebten Dienstleistungsmetropole gelingen wird, ist fraglich, denn hier ist die Konkurrenz von Johannesburg und Durban erdrückend.

Starke Konkurrenz

4. LANDSCHAFTLICHER ÜBERBLICK

Geographie

Lage: Einordnung in Kontinent und Land

Das Western Cape ist so groß wie Griechenland

Die südafrikanische Provinz Western Cape mit der Hauptstadt Kapstadt bildet die **Südwestspitze des afrikanischen Kontinents**. Die Ausdehnung entspricht mit 129.370 qkm etwa der Größe Griechenlands. Damit nimmt Western Cape 11 % der Landesfläche Südafrikas ein. Innerhalb der Verwaltungsgrenzen von Kapstadt leben ca. 855.000, in der Agglomeration Kapstadt (inkl. Paarl und Stellenbosch) aber über 3 Mio. Menschen, davon sind weit über die Hälfte Mischlinge („coloured"). Genau lässt sich die Einwohnerzahl wohl nicht fassen, da in den „Townships" um Kapstadt viele Menschen leben, die nirgendwo statistisch erfasst sind.

Die exakte **geographische Position** von Kapstadt ist mit 33 Grad 54 Minuten südlicher Breite und 18 Grad 32 Minuten östlicher Länge vermessen. Würde man Kapstadts Koordinaten am Äquator spiegeln, ergäbe sich ein Punkt im südlichen Mittelmeer, etwa 200 km entfernt von der Küste Lybiens. Und schwimmen Sie nicht zu weit hinaus, denn zwischen Kapstadt und dem Eisrand der Antarktis liegen über 4.000 km offenes Wasser, zum Südpol sind es dann nochmals rund 2.000 km.

Beschreibung Kapstadt und Kaphalbinsel

Der ältere Teil Kapstadts mit dem Stadtzentrum erstreckt sich rund um die Table Bay (Tafelbucht), eine Bucht, die sich nach Nordwesten gegenüber dem Atlantischen Ozean öffnet. Ihr natürlicher Küstenverlauf wurde durch Aufschüttungen („foreshore") im Zuge des Hafenausbaus begradigt und erhielt erst mit dem Bau der Duncan Docks (1937–45) seine heutige Form. Nach Südosten reichen Kapstadts neuere Wohnviertel bis an die False Bay heran, im Südwesten setzten die Bergzüge des Tafelbergmassivs der Ausdehnung der Stadt eine natürliche Grenze.

Tafelberg: weithin sichtbar

Kapstadts Wahrzeichen ist der eindrucksvolle, 1.086 m hohe Table Mountain (Tafelberg) mit dem breiten, meist wolkenverhangenen Hochplateau. Sein Steilabfall wirkt wie eine Mauer gegenüber der Stadt. Schon vor Jahrhunderten war der Table Mountain ein unentbehrliches Erkennungszeichen für die Kapitäne auf dem Weg von Europa nach Süd- und Ostasien und später in die Table Bay selbst. Bei guter Sicht ist der Berg aus über 100 km Entfernung vom Meer aus zu erkennen. Tauchte der Table Mountain am Horizont auf, hatten die Segler endlich die Südspitze Afrikas erreicht und konnten nun einen östlichen Kurs Richtung Asien

Nahe dem Kap: Chapman's Peak Drive

einschlagen. In Kapstadt selbst und an seinem südlichen Rand ragen noch drei weitere Erhebungen empor, die zum Tafelbergmassiv gehören: der Signal Hill (350 m), der Lion's Head (669 m) und der Devil's Peak (1.001 m).

Die **einzigartige Lage zwischen Meer und Bergzügen** macht Kapstadt zu einer der attraktivsten Städte der Welt, kein Bild kann das persönliche Erlebnis dieser Kulisse ersetzen. *Einzigartige Kulisse*

Halbinsel Peninsula

Südöstlich von Kapstadt ragt die Halbinsel „(Cape) Peninsula" 50 km in den Atlantischen Ozean. Sie ist durch die Cape Flats, ausgedehnte, sandige Dünenfelder, mit dem Festland verbunden. An ihrer Südspitze liegt das berühmte Kap der Guten Hoffnung, dessen Passierung wegen starker Stürme und Unterwasserfelsen lange von Seefahrern gefürchtet war. Erstmals wurde das Kap 1488 von **Bartolomeu Diaz** umsegelt. 1680 soll hier der Segler „the flying dutchman" („Der fliegende Holländer") untergegangen sein. Jedoch ist nicht das Kap der Guten Hoffnung der südlichste Punkt des afrikanischen Kontinents, sondern das weiter östlich liegende Kap Agulhas (Nadelkap). Es liegt genau auf dem 20. Grad östlicher Länge. Ob erst hier die Grenze zwischen dem Atlantischen und dem Indischen Ozean verläuft, darüber streiten sich nicht nur die Experten. Die beiden Hauptströmungen dieser Meere laufen tatsächlich erst weiter südöstlich der Peninsula zusammen. *der südlichste Punkt Afrikas*

Weitere Umgebung

Östlich von Kapstadt, bei Mossel Bay (andere Quellen sagen George od. Swellendam), beginnt die berühmte Garden Route, die an der Südküste entlang bis Hermansdorp führt. An dieser schmalen, fruchtbaren Küstenterrasse, die den **Bergzügen der Kapiden** vorgelagert ist, wechseln sich Sandstrände mit steilen Kliffküsten ab. Mit dem an manchen Stellen urwaldähnlichen Tsitsikamma National Park und der Knysna-Lagune finden sich zwei besondere Naturattraktion am Verlauf der fast 500 km langen Garden Route. Von George aus führen Straße und Eisenbahn nach Oudtshoorn in das Zentrum der **Kleinen Karoo**, einer trockenen *Urwälder*

Einsame Farm in der Kleinen Karoo

Hochebene, die durch die Straußenzucht weltweit bekannt wurde.

Nordöstlich Kapstadts beginnt das ausgedehnte **Weinbaugebiet** mit den Hauptorten Paarl, Franschhoek und Stellenbosch. Über Passstraßen und entlang von Tälern fährt man auf den Weinstraßen durch die hügeligen, grünen Anbaugebiete. Die **Westküste nördlich von Kapstadt** ist dagegen touristisch weniger erschlossen, was sicherlich auch an den eingeschränkten Bademöglichkeiten im kühlen Atlantikwasser und an der Fischindustrie liegt. Südlich von Langebaan liegt in der gleichnamigen Lagune der West Coast National Park, ein bedeutendes Feuchtgebiet, in dem auch Vögel der Nordhalbkugel ihr Sommerquartier finden.

Kühler Atlantik

Klima

Übersicht

Subtropischer Hochdruckgürtel

Kapstadt und die Provinz Western Cape haben ein sehr angenehmes **mediterranes Klima**, wie man es auch aus dem Mittelmeerraum kennt. Klimabestimmend für das südliche Afrika sind neben der geographischen Breite die Ausdehnung und die Breitenlage des subtropischen Hochdruckgürtels über dem Südatlantik (St. Helena-Hoch), Südafrika (Kalaharihoch) und dem südlichen Indik (Mauritiushoch). Außerdem haben die beiden Meeresströmungen des kühlen Südatlantiks und des wärmeren Indischen Ozeans erheblichen Einfluss auf das Wetter in Kapstadt und der Kapprovinz. Das mediterrane Klima kennt kaum Wetterextreme, obendrein wirkt sich das nahe Meer mäßigend auf mögliche Temperaturschwankungen aus. Im Sommer liegt eine stabile Hochdruckzone südlich der Kaphalbinsel und bringt warmes, trockenes Wetter, durch die Lage am kühlen Atlantik wird es indessen nie unangenehm heiß. Das Rossbreitenhoch des Südatlantiks sorgt durch Absinken der Luft für blauen Himmel im Westen Südafrikas. Etwas unangenehmer ist die winterliche Zeit, denn die Gegend um Kapstadt ist Winterregengebiet. Besonders am Tafelbergmassiv regnen sich die durchziehenden Tiefdruckgebiete ab, hier können örtlich Niederschlagsmengen

Bewässerte Kulturflächen am tiefsten Punkt des Tales

von mehreren Tausend Millimeter pro Jahr fallen.

Das milde mediterrane Klima mit viel Sonnenschein ermöglicht den Weinbau in der Gegend um Stellenbosch, Paarl, Franschhoek, Worcester und Wellington. Ein Problem stellt allerdings die notwendige **künstliche Bewässerung** in den Sommermonaten dar, wenn kaum Niederschlag fällt. Je weiter man von Kapstadt aus an der Südküste nach Osten kommt, desto gleichmäßiger verteilen sich die Regenmengen auf das ganze Jahr. Entlang der Garden Route ist daher immer mit Schauern zu rechnen. Nur etwa 500 km weiter nördlich, in der Großen Karoo, fällt der Niederschlag sogar fast ausschließlich im Sommer.

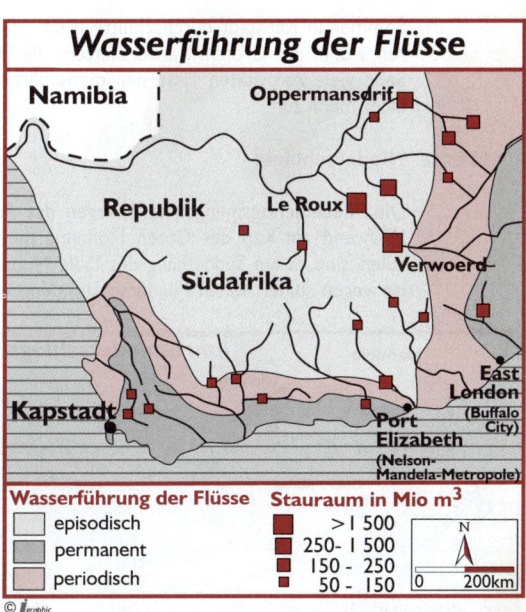

Wasserführung der Flüsse

Namibia Oppermansdrif

Republik Le Roux

Südafrika Verwoerd

Kapstadt East London (Buffalo City)

Port Elizabeth (Nelson-Mandela-Metropole)

Wasserführung der Flüsse	Stauraum in Mio m³
episodisch	> 1 500
permanent	250 - 1 500
periodisch	150 - 250
	50 - 150

N

0   200km

© graphic

Meeresströmungen

Durch die aus der Antarktis kommende Benguela-Meeresströmung (Geschwindigkeit von 16–40 km pro Tag; Temperatur von 5 °C) ist der **Südatlantik vor Kapstadt recht kühl**, dafür aber nährstoff- und planktonreich. An den Stränden der Westküste von Kapstadt hat das Wasser eine Temperatur von 13–15 °C. Das kalte Wasser verdunstet aus dem Meer nur sehr langsam, daher ist die südafrikanische Westküste so regenarm.

Atlantik – Indischer Ozean: 7 °C Unterschied

Der **Indische Ozean östlich von Kap Agulhas ist wesentlich wärmer** als der Südatlantik. Der Mocambique-Agulhas-Strom (90–230 km pro Tag; 20 °C) ermöglicht hier das ganzjährige Baden an einem der vielen Strände. Die Meeresfauna ist dafür artenärmer als im Südatlantik.

Die beiden Meeresströme treffen auf der Höhe des Kaps der Guten Hoffnung zusammen und vermischen sich dort nach ihrem langen Weg miteinander.

Temperaturen

Die Temperaturen um Kapstadt fallen auch in den Wintermonaten von Juli bis August kaum jemals unter 6 °C, meistens ist es eher kühl als wirklich kalt. Frost gibt es wegen der Nähe des Meeres so gut wie nicht, dafür kann sich aber zumindest der Table Mountain im Winter auch mal schneebedeckt präsentieren. Heiß wird es in den Monaten von Dezember bis März, tagsüber werden im

40 °C in der Karoo

Sommer in Kapstadt durchschnittlich um 25 °C erreicht. Weiter im Landesinneren, z.B. in der Großen Karoo, klettern die Thermometer dann auf bis zu 40 °C. Sehr viele Aktivitäten lässt der menschliche Körper bei diesen Temperaturen nicht mehr zu.

Niederschläge

Die Niederschlagsmengen sind **wegen des Reliefs regional sehr unterschiedlich.** Während am Kap der Guten Hoffnung durchschnittlich nur 300 mm pro Jahr fallen, sind es am Südosthang des Table Mountain 1.300 mm. Der Table Mountain ist wegen seiner hohen Niederschlagsmengen sehr wichtig für die Wasserversorgung Kapstadts. In Kapstadt fallen die meisten Niederschläge von Mai bis September, wenn sich das Kalaharihoch nach Nordosten verlagert, so dass das Kapland unter den Einfluss der südhemisphärischen Westwindzone gerät. Mit den wandernden Tiefdruckzellen verbundene Kaltluftmassen bringen den Winterregen. Juni und Juli sind dann am niederschlagsreichsten. Auch im Herbst und Frühling regnet es immer wieder, wenn auch nicht für längere Zeit. Je weiter man nach Osten und ins Landesinnere kommt, desto gleichmäßiger verteilt fallen die Niederschläge durchs Jahr und um so geringer sind die täglichen und monatlichen Temperaturunterschiede.

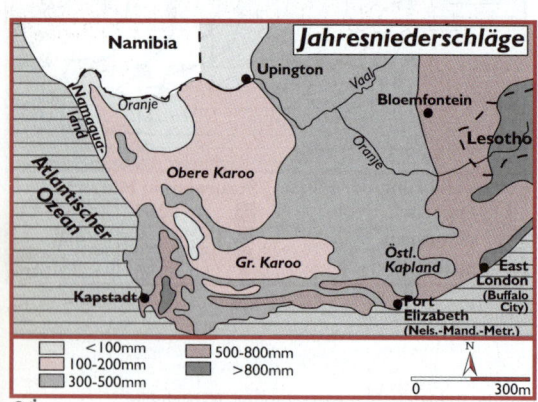

Die Niederschläge am Table Mountain reichen schon lange nicht mehr für die Trinkwasserversorgung am Kap aus. Weiter entfernte, künstlich angelegte Wasserreservoirs übernehmen diese Aufgabe heute. Im August 1998 ist das offizielle **„Water Leak Repair Project"** angelaufen, das zum Wassersparen aufrufen und erziehen soll. Durch Workshops, Aufklärung an Schulen und Mittel für die Reparatur von Wasseranschlüssen in den Townships soll der private Wasserverbrauch gesenkt werden. So soll vermieden werden, weitere Vorkommen oder Flüsse anzapfen zu müssen. Der Projektumfang beträgt 30 Millionen Rand.

Wassersparen

Wind: Southeaster

Durch das Passieren von Tiefdruckgebieten in den Sommermonaten kommt es in Kapstadt und Umgebung zu starken Winden aus südöstlicher Richtung, die South-Easter genannt werden. Sie blasen jeweils mehrere Tage recht stark, reinigen dabei aber die Stadtluft und bringen angenehme Abkühlung (deshalb hat der Southeaster auch den Spitznamen *„Cape Doctor"*). Am Table Mountain bildet sich durch die Kondensation der aufsteigenden, warm-feuchten Luft die markante

Saubere Luft

Wolkendecke (*„Table Cloth"* = Tischdecke). Allerdings kann der SouthEaster auch als heftiger Sturm mit Geschwindigkeiten über 100 km/Stunde auftreten. Dann bleibt man besser im Haus, es sind in Kapstadt schon Doppeldeckerbusse durch den SouthEaster umgekippt worden. Weiter im Inland verliert der Southeaster seine Kraft, im Weinland und in der Kleinen Karoo ist es generell wesentlich weniger windig.

Reisezeit

Wird nahezu jeden Nachmittag aufgelegt: das „Table Cloth"

Klimatisch sind Reisen in die Kapprovinzen in jeder Jahreszeit möglich. **Kapstadt und die Kapprovinzen** weisen als Winterregengebiete mit mediterranem Klima keine extremen Temperaturschwankungen auf. Durch die Lage auf der Südhalbkugel sind in Südafrika die **Jahreszeiten mit denen in Europa vertauscht**. Der Hochsommer Südafrikas fällt in unseren Winter und umgekehrt. Im Winter (Mai–September) ist es natürlich am kühlsten (8–18 °C, kalt in den Bergen), und dann fällt auch noch der meiste Niederschlag (kurze, starke Schauer, oft tagelang tro-

Vertauschte Jahreszeiten

Übersicht Reisegebiete				
	Frühling	**Sommer**	**Herbst**	**Winter**
	September, Oktober, November	*Dezember, Januar, Februar*	*März, April, Mai*	*Juni, Juli, August*
Kapstadt, Kapland	+	+	o	regnerisch, kühl
Gardenroute	+	+	o	o
Kalahari Gemsbok Park	+	heiß	+	+
				+ = gut, o = unsicher

cken), im Gegensatz zur Gegend um Durban, wo man noch im Indischen Ozean baden kann. Deshalb erscheinen die Monate von Juli bis Anfang September eher ungeeignet für einen Urlaub in Kapstadt, denn zudem ist von der Blütenpracht der Kapvegetation im Winter weniger zu sehen. Besser ist die Zeit zwischen Mitte September und April, da dann weniger Regen und Stürme nur im Oktober/November auftreten, es aber wegen der Lage am Meer nie so heiß wie im südafrikanischen Landesinneren wird.

Soll der Kapstadtaufenthalt in eine Südafrikarundreise eingebaut werden, sind also besonders das **Frühjahr und der Herbst zu empfehlen**, da es im Sommer wiederum im Binnenland unangenehm heiß werden kann. Außerdem ist im Hochsommer natürlich auch in Südafrika Hochsaison (Weihnachtsferien inkl. Neujahr/generell 15.12.–15.1.!), und viele Ausflugsziele und Strände sind hoffnungslos überlaufen.

Hochsommer = Hochsaison

Strand bei Wilderness

In jedem Fall muss die extreme Umstellung für den Körper beachtet werden, etwa wenn man aus unserem Nordwinter in den südafrikanischen Sommer reist. Temperaturunterschiede von bis zu 40 °C sind zu verkraften! Der Körper braucht dann unbedingt einige ruhige Tage zum Akklimatisieren.

Die besten Reisezeiten

1. Die Zeit **zwischen Mitte September und Anfang Dezember**. Im September/Oktober blühen die Pflanzen, und in der gesamten Zeit herrschen erträgliche Temperaturen, auch landeinwärts. Und der Regen hält sich auch zurück. Im Oktober/November muss nur mit starken Winden gerechnet werden, die vereinzelte kühlere Tage mit sich bringen.
2. Die Zeit **zwischen Mitte Januar und Mitte März**. Sie ist warm und wenig regnerisch. Heiß wird es aber, wenn Sie in Landesinnere fahren.
3. Die Wintermonate (**Mitte Mai bis Anfang September**). Es ist natürlich kühl und dabei regnet es auch am meisten. Der Regen fällt aber i.d.R. in kurzen, heftigen Schauern. Dazwischen können sonnige Tage auftreten. Der besondere Vorteil liegt in dieser Zeit aber darin, dass die Nebensaison für günstigere Preise sorgt und

Wetter im Internet

KLIMADATEN
Station Kapstadt (33°56' S - 18°29' E; 12 m über NN)

Als Anhaltspunkt geben wir die wichtigsten Klimadaten für Kapstadt an. Da aber z.B. Regenmengen regional sehr unterschiedlich ausfallen, gelten diese nur für den engeren Raum um Kapstadt. Wollen Sie schon vor Ihrer Abreise nach Kapstadt wissen, wie dort gerade das Wetter ist, können Sie im Internet unter www.ctc.gov.za die aktuelle Lage abfragen.

Monat	Temperaturen: min/max täglich	Niederschlag in mm	Tage mit Niederschlag
JAN	16,7-26,4	17	4
FEB	16,5-26,6	13	3
MAR	15,6-25,8	24	5
APR	13,3-22,6	60	8
MAI	11,0-19,7	97	11
JUN	9,1-18,0	105	12
JUL	8,4-17,2	98	13
AUG	9,3-17,9	83	13
SEP	10,6-19,3	49	9
OKT	12,4-21,0	40	7
NOV	14,3-23,5	19	5
DEZ	15,7-25,2	15	5

Sie ohne große Vorbuchung individuell und spontan herumreisen können. Für „Sonnenanbeter" ist diese Zeit natürlich nichts.

Meiden Sie auf alle Fälle die Zeit zwischen Mitte Dezember und Mitte Januar. Dann herrscht absolute Hochsaison. Die Preise sind hoch, die Straßen zu den touristischen Zielen voll und die Zimmer oft wochenlang im Voraus ausgebucht. Auch die beiden Wochen um Ostern sind diesbezüglich nicht zu empfehlen. Die Jahreszeiten sind zu den europäischen entgegengesetzt: Wenn wir Winter haben, herrscht in Südafrika Sommer.

Großlandschaften und geologische Entwicklung

Geologische Entwicklung der Kapprovinz

Das Alter der oberen geologischen Schichten der Kapprovinz reicht von 440 (Silur) bis 160 Mio. Jahren (Jura) und deckt damit weite Teile des Erd-Mittelalters (Mesozoikums) und des Erdaltertums (Paläozoikums) ab. Vielfach wurde das Alter der Schichten durch Fossilienfunde belegt, die weltweit erdgeschichtlich zugeordnet werden können. Der südliche Gürtel der Kapiden (Kapkette, Cape Rocks) ist das Ergebnis von Faltungen, die nordwärts gerichtet sind und über 700 km parallel zur Küste verlaufen. Breite Längstäler teilen die Kapiden in mehrere einzelne Gruppen. Die Kapiden gehören zum Gebirgsgürtel des ehemaligen Urkontinents *Gondwana*, weitere Teile findet man in Südamerika, der Antarktis und Ostaustralien. Vor etwa 125 Mio. Jahren begann Gondwana sich aufzuspalten, und die heutigen Kontinente bildeten sich langsam heraus. Die Entstehung der Bergketten ist auf Plattenbewegungen im Zuge dieser Kontinentalverschiebung zurückzuführen, bei der sich die südamerikanische unter die afrikanische Platte schob (Subduktion). Die Kapregion war eine passive Kontinentalgrenze. Die Auffaltung der Kapketten fand im Ausgang der Kreidezeit (vor 100–70 Mio. Jahren) statt.

Kapiden Ergebnis von Faltungen

Die drei Hauptzüge des Kapgebirges, die auch als Kap-Supergruppe bezeichnet werden, sind die **Table Mountain Serie** (= T.M.S, nördlich der Peninsula), die **Bokkeveld Serie** (nördlich von Ceres) und die **Witteberg Serie** (südlich von Matjiesfontein). Während die Sedimente der Kapketten zwischen späten Ordovizium bzw. frühem Silur (vor ca. 450 Mio. Jahren) und dem frühen Karbon (vor ca. 350 Millionen Jahren) geformt wurden, weisen die im Bokkeveld gefundenen Meeresfossilien auf ein Alter dieser Gesteine von etwa 400 Mio. Jahren (Devon) hin. Südafrika war zu dieser Zeit nie weit entfernt vom Südpol. Weite Teile der heutigen Kapprovinz lagen in einem flachen Meeresbecken, das sich im Norden bis zu den Bokkeveldbergen, östlich entlang der Roggerveld- und Nuweveldberge bis weit über das heutige Port Elizabeth hinaus erstreckte.

Kap-Supergruppe

Die Gebirgsketten am Kap erreichen Höhen von 1.000–1.500 Metern und bestehen zumeist aus grau-grünlichem Table Mountain sandstone (T.M.S), Witteberg quartzite oder dem harten Cape granite (Hügel im Westen des Kaplandes), der

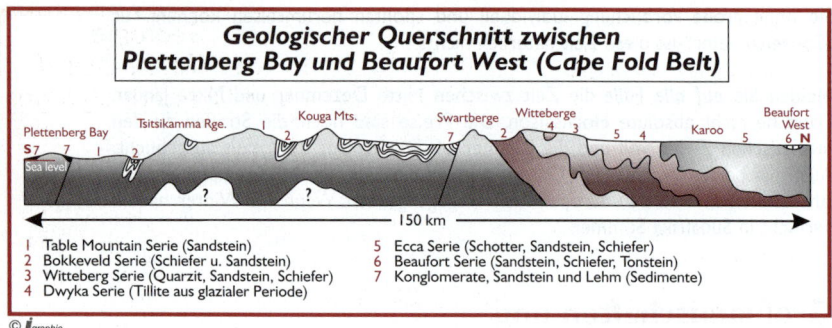

Geologischer Querschnitt zwischen
Plettenberg Bay und Beaufort West (Cape Fold Belt)

1 Table Mountain Serie (Sandstein)
2 Bokkeveld Serie (Schiefer u. Sandstein)
3 Witteberg Serie (Quarzit, Sandstein, Schiefer)
4 Dwyka Serie (Tillite aus glazialer Periode)

5 Ecca Serie (Schotter, Sandstein, Schiefer)
6 Beaufort Serie (Sandstein, Schiefer, Tonstein)
7 Konglomerate, Sandstein und Lehm (Sedimente)

© i graphic

Überwie-
gend
Sandstein

das Ergebnis *früher vulkanischer Aktivität* ist. Der Table Mountain sandstone findet sich am häufigsten und ist eine Mischung aus Sandstein und Quarzit, die relativ langsam verwittert und deshalb so bizarre Formen und Farbvarianten schafft. Bis vor etwa 300 Mio. Jahren ist der T.M.S. durch Sandablagerungen unter dem Meeresspiegel aufgeschichtet, durch die Faltung dann angehoben worden. Der nicht geschichtete Granit besteht aus Quarz, Feldspat und schwarzem Muskovit und bildet den Untergrund unter der Peninsula-Halbinsel, liegt also unter dem T.M.S., wenn auch die Grenze in unterschiedlicher Höhe verläuft. Im nördlichen Teil der Peninsula ist er häufig an der Oberfläche zu sehen.

Große Teile der Kapketten waren im späten Pleistozän (vor 30.000–10.000 Jahren) mit Gletschern überzogen, eine ganze Reihe glazialer Formen deutet darauf hin. Hauptursache der Vergletscherung war die Nordverschiebung der Westwindzone, die kühle Temperaturen und mehr Niederschläge brachte. Zu einer Vereisung der Landmassen, wie zur gleichen Zeit in Nord-

Bizarre Felsformationen nahe der Cedarberge

europa, kam es am Kap jedoch nicht. Die Küste mit ihren vielen felsigen Buchten und breiten Stränden erhielt ihre Form erst in jüngerer Zeit und besteht aus Sanden, Konglomerat und Kalkstein. Viele der Sande, z.B. in der False Bay oder den Cape Flats, sind von Wasser und Wind abgetragenes Material aus den Bergen des Kaps.

Strandsand
aus den
Bergen

Großlandschaften/Geologie

Table Mountain

Der Table Mountain erreicht eine Höhe von 1.086 m und besteht aus Sandstein- und Schieferschichten des T.M.S.. Er hat keinen einzelnen Gipfel, sondern ist der

Form nach eher ein Amboß mit Hochplateau. Nach der Erhebung und Faltung der Kapiden muss die ursprüngliche Höhe des Table Mountains den gegenwärtigen Zustand weit überschritten haben, denn die Schichten des Table Mountain sandstone erreichten hier ursprünglich eine Dicke von über 2.000 Metern. Das uns heute bekannte Erscheinungsbild des Tafelbergmassivs mit dem Table Mountain und seinen Nachbarerhebungen ist das Ergebnis der Verwitterung seit Jahrmillionen.

(Cape) Peninsula

Die Halbinsel (Cape) Peninsula ragt südlich von Kapstadt etwa 50 km weit in den Atlantischen Ozean. Ihr felsiges Plateau ist durch die sandigen Dünenfelder der Cape Flats vom Festland getrennt. Die Peninsula ist etwa 53 Kilometer lang, durchschnittlich 8 Kilometer breit und hat eine Ausdehnung von 440 Quadratkilometern (etwa so groß wie

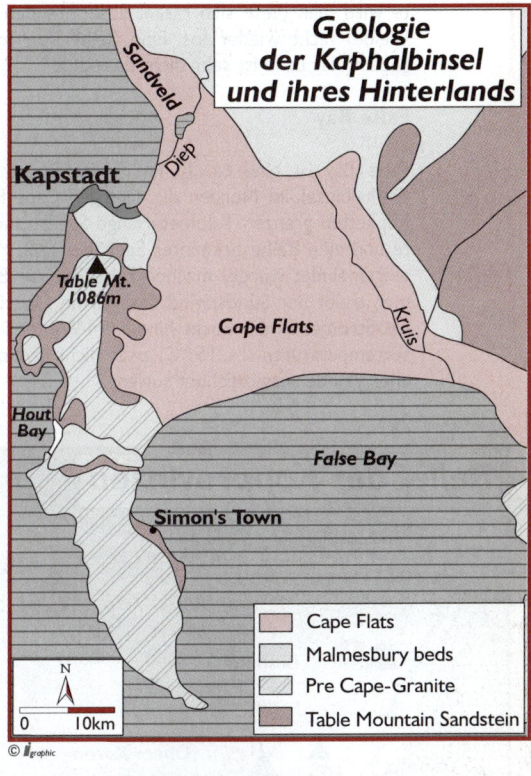

Geologie der Kaphalbinsel und ihres Hinterlands

Kapstadt · Sandveld · Diep · Table Mt. 1086m · Hout Bay · Cape Flats · Kruis · False Bay · Simon's Town

N
0   10km
© Igraphic

- Cape Flats
- Malmesbury beds
- Pre Cape-Granite
- Table Mountain Sandstein

der europäische Zwergstaat Andorra). Mehr als die Hälfte der Fläche der Peninsula liegt über der 300 Meter-Marke (= 1.000 Feet). Das Fish Hoek Valley teilt die Halbinsel in einen nördlichen und einen etwa gleichgroßen südlichen Teil. Die Gesteinsschichten des Table Mountain Sandstone liegen auf der Peninsula fast horizontal. Besonders an der Westküste dominieren schroffe Steilküsten, die durch das Meer herauserodiert wurden. Zwischen dem Cape Point und Cape Maclear finden sich tiefe Brandungshöhlen, die das Meer in das Gestein geschnitten hat. Der Südwesten der Peninsula ist als Cape of Good Hope Nature Reserve auf ca. 8.000 ha unter Naturschutz gestellt.

Cape Flats

Die Cape Flats bildeten vor ihrer Besiedlung ausgedehnte Dünenfelder nordöstlich und östlich der Stadt und trennten Kapstadt von der False Bay und der Peninsula. Mit ihren aktiven Wanderdünen stellten sie für die ersten holländischen Siedler ein echtes Hindernis dar. Sie nannten diese Gegend, die viel früher einmal unter dem Meeresspiegel gelegen hatte, „Die Groote Woeste Vlake". Man versuchte, den sandigen Untergrund mit eingeführten Pflanzen zu befestigen, heu-

Wanderdünen

te wird man diese sich rasant ausbreitenden Neophyten (z.B. die Port Jackson-Weide) nicht wieder los. Eine Reihe von Townships wurde in die Cape Flats gebaut, das Land ist sehr dicht besiedelt.

False Bay

False Bay, die Bade-wanne Kapstadts

False Bay ist eine ca. 30 km breite Bucht, an deren Westseite die gebirgige Kaphalbinsel, im Norden die sandigen Cape Flats, im Osten und Nordosten die Kapketten grenzen. Kilometerlange Sandstrände, schroffe, felsige Küstenabschnitte und eine Reihe bekannter Seebäder (z.B. Muizenberg, das 1913 nach Kapstadt eingemeindet wurde) machen False Bay zur Badewanne des Kaplandes. Im Sommer treibt der Südostwind das warme Oberflächenwasser (ca. 22 °C) des Agulhas-Stromes in die Bucht hinein. Im Winter kann man bei den niedrigeren Wassertemperaturen (ca. 15 °C) zwar nicht baden, dafür aber wegen der nordwestlichen Winde ausgezeichnet surfen.

Relief der Kapprovinzen

1 Kamiesberg	8 Winterberg-Amatola	15 Sonderend
2 Roggeveld	9 Zuurberg-Kette	16 Hex-River-Berge
3 Nuweveld	10 Baviaanskloof	17 Drakenstein
4 Sneeuberg	11 Kouga	18 Cedarberg-Kette
5 Suurberg	12 Langkloof	19 Bokkeveld-Randstufe
6 Stromberg	13 Swartberg	20 Asbesberg
7 Maluti	14 Langeberg-Kette	21 Langberg

Küstenebenen
Randgebiete
Plateau
Kalahari

© graphic

In den Cape Flats nahe Muizenberg finden sich einige Seen, die durch Flüsse gespeist werden und viele Vogelarten beherbergen. Seal Island in der False Bay ist reich an Vögeln und das Aufzuchtgebiet für Seehunde und Robben. Diese Insel ist nur für Wissenschaftler zugänglich.

Kleine Karoo

Die Kleine Karoo ist eine große Ebene, die auf einer Höhe von 300 m über dem Meeresspiegel liegt. Von Norden nach Süden dehnt sie sich über 100 km, von Osten nach Westen über 300 km aus. Sie bildet ein Becken zwischen den Höhenzügen der Swartberge (Trenngebirge zur Großen Karoo; Berge bis 2.300 m mit bizarren Formen aus Sandstein), der Langeberg-Kette und den Outeniqua-Mountains, die gegen die Küstenebene des Indischen Ozeans abgrenzen. Das Klima der Kleinen Karoo ist frisch und sonnig im Winter und heiß mit geringer Luftfeuchtigkeit im Sommer. Je weiter man in die Kleine Karoo hineinfährt, desto geringer werden die Niederschläge.

Angenehmes Wüstenklima

Wegen der Trockenheit und der kargen Gras- und Strauchvegetation wird in der Kleinen Karoo fast ausschließlich Viehzucht betrieben (siehe auch Straßenzucht). Einige Flüsse (z.B. der Olifants River) führen aber das ganze Jahr über Wasser.

Große (Central) Karoo

Nördlich der Kleinen Karoo, jenseits der Swart(e) Berge, liegt die wesentlich ausgedehntere Große Karoo, eine abwechslungsreiche Landschaft, deren innere Teile vor 240 Millionen Jahren einen großen Binnensee bildeten. Heute zeugen Fossilien von Dinosauriern und

Zeugenberg in der Großen Karoo

Reptilien von dieser Zeit, sie lebten in den sumpfigen Rändern des Gewässers. Auch die Große Karoo ist relativ trocken, und die Vegetation besteht vorrangig aus Büschen und Sträuchern. Doch sind hier an die 7.000 Pflanzenarten bestimmt worden, dazu eine reiche Tierwelt, die durch Wiederansiedlungen (z.B. Schwarzes Nashorn) im Karoo National Park in den 1990er Jahren erhalten wird. Hauptort der Großen Karoo ist Beaufort West, der direkt an der Eisenbahnstrecke von Kapstadt nach Johannesburg liegt. Nördlich von Beaufort West erstreckt sich mit den Nuweveldbergen ein weiterer bedeutender Bergzug der Kapiden.

Namaqualand

Etwa 500 km nördlich von Kapstadt, zwischen Olifants und Oranje River, liegt das Namaqualand, ein trockenes, sandiges Flachland. Vor langer Zeit einmal grenzte es an den Atlantischen Ozean und bildete seine Strände. Das Volk der Nama (ehemals als „Hottentotten" bezeichnet) besiedelte die Gegend erstmals vor etwa

Blütenmeer im Ödland

2.000 Jahren. Das Namaqualand ist der Ort eines einmaligen Naturschauspiels. Einmal jährlich verwandeln sich Abschnitte der öden, lebensfeindlichen Region in ein wahres Blütenmeer. Der geringe Winterregen (örtlich <50 mm/Jahr) bringt zum Frühjahr die vielen einjährigen Pflanzen fast gleichzeitig zum Blühen. 4.000 Pflanzenarten sind im Namaqualand bekannt, darunter viele Sukkulenten und der dickstämmige Quiver Tree („kokerboom" – Köcherbaum: Aloe dichotoma), aus dessen faserigen Ästen die San (Buschmänner) Köcher (quiver) für ihre Pfeile herstellten. Seit der Mitte des letzten Jahrhunderts wird im Namaqualand nahe der Hauptstadt Springbok Kupfer abgebaut.

Flora und Fauna

Pflanzenwelt

Überblick

Überwältigender Artenreichtum der Flora

Einer der besten Gründe, die Kapprovinz für einen längeren Aufenthalt zu bereisen, ist zweifelsohne der überwältigende Artenreichtum der Flora. Das südwestliche Kapland bildet als **Capensis** eines der sechs Florenreiche der Welt, obwohl es nur 0,04 % der Erdoberfläche einnimmt. Es ist das einzige Florenreich, das in nur einem einzigen Land zu finden ist.

Die Vielfalt an Pflanzenarten ist kaum vorstellbar, für das südwestliche Kapland sind auf einer Fläche von nur 93.000 qkm an die 7.000 Pflanzenarten nachgewiesen worden. Auf der Halbinsel Peninsula wurden mehr als 2.600 Pflanzenarten gezählt. Zum Vergleich: In ganz Deutschland kommen etwa 3.200 Gefäßpflanzenarten vor. Die Vegetationsvielfalt ist bedingt durch die vielen verschiedenen Strategien der Pflanzen, auf den nährstoff- und meist auch wasserarmen Böden zu überleben. Auch die Artenvielfalt des tropischen Regenwaldes resultiert aus Nährstoffarmut, nicht wie häufig angenommen aus Nährstoffüberfluss.

Fynbos

6 endemische Pflanzenfamilien

Die Vegetation am Kap besteht hauptsächlich aus immergrünen Hartlaubgebüschen und ist der Maccie des Mittelmeerraumes sehr ähnlich. In Südafrika werden diese Pflanzengesellschaften des Kaps Fynbos (manchmal auch Kap-Maccie) genannt. Fynbos ist eine Ableitung des Afrikaans vom holländischen *fijn bosch* und bedeutet feiner Busch. Das Fynbosgebiet bedeckt eine Fläche von ca. 70.000 qkm zwischen dem 18. und dem 27. östlichen Längengrad (bei Port Alfred). Allein 6 Pflanzenfamilien sind in diesem Florenreich endemisch, d.h. sie kommen ausschließlich hier vor: Achariaceae, Bruniaceae, Geissolomataceae, Grubbiaceae, Penaeaceae, Roridulaceae und zu 90 % die Arten der Familie Restionaceae.

An vielen Stellen erinnert die Vegetation der Kapprovinz an die der mitteleuropäischen Heidelandschaft. Und tatsächlich herrschen Arten der Gattung Erica vor, die weite Teile der Ebenen und Hänge bedecken (mehr als 600 Arten). Höher als die meist niedrigen Heidesträucher werden die Protea-Gehölze (1–4 m), mehrstämmige, buschartige Gewächse, die häufig prachtvolle, große Blüten besitzen. Weit über die Hälfte der weltweit 130 Arten der Gattung **Protea** kommen im Kapland vor. Der Name Proteen bezieht sich auf Proteus, einen verwandlungsfähigen Meerdämon der griechischen Mythologie. Karl von Linné (1707–1778) selbst hat ihn vergeben. Die Proteen besitzen große, harte Blätter, ihre Zellsaftkonzentration ist durch das Jahr ausgeglichen, da in den tieferen Schichten des Bodens

Fynbos-Vegetation in den Küstenbergen

meist noch Wasser vorhanden ist. Die Königsprotea (King Sugarbush – *Protea cynaroides*) mit ihrer großen (–30 cm), meist rosafarbenen Blüte ist **Südafrikas Nationalblume**. Ebenso schön aber viel seltener ist die nur in den Cedarbergen vorkommende Snow Protea (*Protea cryophila*). Sie wächst auf den höchsten Gipfeln und blüht nur in den heißen Monaten von Januar bis März.

Nationalblume

Eine Vielzahl von Blütenpflanzen, die wir als Gartenpflanzen kennen, findet sich in der Fynbos-Vegetation, z.B. die Geranie. Die meisten von ihnen sind Geophyten, das heißt, sie besitzen ein unterirdisches Speicherorgan (Knolle, Zwiebel), mit dem sie ungünstige Jahreszeiten überbrücken können. Häufig zeigen sie prächtig gefärbte oder eigenartig geformte Blüten und verwandeln Teile des Kaplandes zur Blütezeit in einen farbigen Teppich. Dabei kommen auch Orchideenliebhaber auf ihre Kosten.

Fast alle Arten sind allerdings geschützt und dürfen keinesfalls einfach ausgegraben werden. Am besten die Pflanzen bei Blumenhändlern (mit Lizenz!) oder im Geschäft der Botanical Gardens in Kirstenbosch einkaufen.

Buschbrände schaden der Fynbos-Flora nur kurzfristig, sie regeneriert sich schnell, und viele Arten werden erst durch die häufigen Feuer im Wachstum stimuliert. Das Feuer gehört damit zum natürlichen Ökosystem, nicht aber vorsätzliches Abbrennen durch den Menschen, in Südafrika veld burning genannt. Noch schädlicher ist die Überweidung mit Schafen und Rindern, da nach mehreren Jahren nur ungenießbare oder giftige Pflanzen überleben. Irgendwann ist eine solche Fläche dann auch als Weide wertlos.

Feuer

Auch die städtische Expansion Kapstadts hat Naturflächen zerstört, so ist eine Reihe neuer Wohnviertel in den dünenartigen Cape Flats entstanden. Das Township Mitchell's Plain im Südosten Kapstadts ist ein Beispiel für den Siedlungsbau auf Sanddünen. Mitchell's Plain wurde zu Beginn der 70er Jahre für die farbige Bevölkerung errichtet. Dritte Ursache für das Zurückdrängen der einheimischen Flora ist die Einwanderung von Pflanzen aus anderen Kontinenten (vorwiegend aus Australien). Häufig verdrängen diese Neophyten die empfindlicheren südafrikanischen Arten.

Wälder

Immergrüne Wälder sind im Kapland durch Holzeinschlag fast gänzlich vernichtet worden und nur noch in Restbeständen oder in Schutzgebieten vorhanden.

Eine botanische Attraktion des Kaplandes sind die lichtdurchfluteten Wälder des **Silberbaumes** *(Leucadendron argenteum).* Sie wachsen auf gut mit Wasser versorgten Standorten, werden aber nur selten höher als 10 Meter. Ihren Namen verdanken sie den silbrigen Blättern. Zu finden sind die „Silver Trees" an den Osthängen des Table Mountain im Table Mountain Nature Reserve (ca. 2.700 ha), z.B. rund um den Lion's Head. Nahezu ausgerottet ist dagegen der **Kap-Lorbeerbaum** *(Oreodaphne bullata),* der wegen seines wertvollen, harten Holzes besonders im Möbelbau geschätzt war und früher auch nach Europa exportiert wurde. Seine künstliche Verjüngung ist außerordentlich schwierig.

Harte Hölzer nahezu ausgerottet

Ein weiterer Kap-typischer Baum wächst vielfach auf den meeresnahen, älteren Dünen, der **Milchbusch** *(Calvaria inermis).* Er wird ebenfalls nicht sehr hoch (meist bis 5 Meter) und produziert einen weißen Milchsaft. Der Baum erreicht ein hohes Alter, die meisten Bestände der Peninsula-Halbinsel sind aber schon im vorigen Jahrhundert für den Schiffbau, für Eisenbahnschwellen, für Telegrafenmasten und Grubenholz gefällt worden. Die Aufforstungen aus Eukalyptus und Pinienarten versuchen zwar, die natürlichen Standortfaktoren zu nutzen, können die ursprünglichen Wälder ökologisch aber nicht ersetzen.

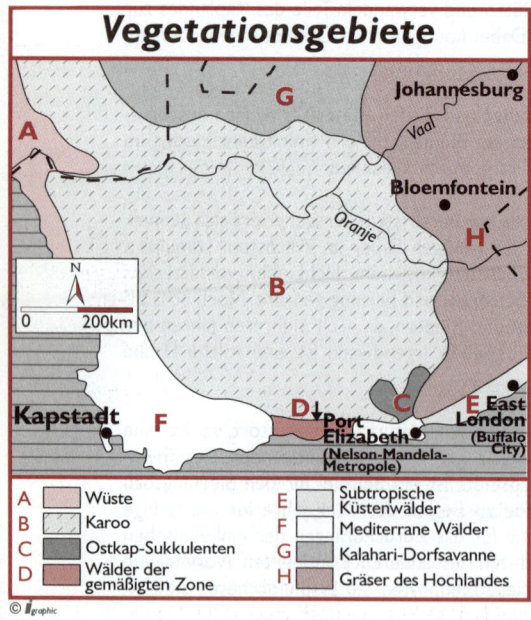

Vegetationsgebiete

A	Wüste	E	Subtropische Küstenwälder
B	Karoo	F	Mediterrane Wälder
C	Ostkap-Sukkulenten	G	Kalahari-Dorfsavanne
D	Wälder der gemäßigten Zone	H	Gräser des Hochlandes

© **i**graphic

Die Kapvegetation hat nur wenige größere Bäume, die in Tälern und Schluchten dem Abholzen getrotzt haben, wie der immergrüne **Real Yellowwood** (Podocarpus latifolius) oder der **Red Alder** *(Cunonia capensis).* Einige jahrhundertealte Bäume (bis zu 800 Jahre), Exemplare des **Stinkwood** *(Ocotea bullata),* Yellowwood und **Ironwood** (Olea capensis), finden sich an der Garden Route im Naturschutzgebiet Tsitsikamma Forest (Hochwald von 20–30 m Höhe). Im westlich davon gelegenen Knysna Forest steht der mit 39 Metern Höhe und einem Alter von 600 Jahren imposanteste Yellowwood, der „King Edward Tree" (S. 554).

In den Cedarbergen nördlich von Kapstadt wachsen die seltene **Clanwilliam-Zeder** *(Wid-*

dringtonia cedarbergensis) und die **Kapzeder** *(Viteringtonia juniperoides).* Daneben gibt es nichteinheimische Bäume, die von den weißen Siedlern mitgebracht und gepflanzt wurden, z.B. die Stieleiche, die man an vielen Stellen im Straßenbild Kapstadts findet.

INFO ## Botanischer Garten Kirstenbosch

Den besten Überblick über die südafrikanische Flora bieten botanische Gärten. Das National Botanical Institute (NBI) hat seinen Sitz im Kirstenbosch National Botanical Gardens in Kapstadt (S. 443ff) und betreut von hier 8 botanische Gärten in Südafrika. Der Garten von Kirstenbosch zeigt die Kapflora in ihrem ganzen Artenreichtum. 1913 wurde er von Prof. Pearson (gest. 1916) am Osthang des Table Mountain auf über 500 ha gegründet, nachdem schon 1895 der Premier der Kapkolonie Cecil Rhodes das ehemalige Farmland erworben und 7 Jahre später dem Land geschenkt hatte. Über 4.000 südafrikanische Arten sind in Kirstenbosch in unterschiedlichen Biotopen, so z.B. den Heidegärten oder den Proteafeldern, zu bewundern. Nur ein Teil von Kirstenbosch ist als kultivierter Garten angelegt.

Zwei weitere Naturschutzgebiete mit Kap-Fynbos: Helderberg Nature Reserve am Südosthang des Helderbergs (1.138 m) und Hottentots Holland Mountain Reserve (auf fast 25.000 ha die reichhaltigste Flora).

Tierwelt

Landbewohner

Säugetiere

Im Gegensatz zur reichen Pflanzenwelt ist die Fauna des Fynbos relativ artenarm. Säugetiere kommen nur mit wenigen Arten vor. Allerdings finden sich darunter wiederum einige endemische Vertreter, so z.B. das **Greisböckchen** (Grysbok) und der **Buntbock** (Bontebok). In den Bergzügen leben der **Leopard, Paviane** (Chacma Babbon), das **Stachel-**

Elefanten: Einst in den Küstenwäldern heimisch, findet man sie heute nur noch im Addo Elephants Nat. Park und im Shamu Game Reserve

schwein (Porcupine), **Dachse** (Honey-Badger), der **Luchs** (Caracal) und **Rehböcke** (Rhebuck). Sehr zahlreich sind auf dem Table Mountain die **Klippschliefer** (Rock Dassie) zu finden, murmeltierähnliche Säugetiere mit scharfen Zähnen.   *Artenarme Fauna*

Früher kamen auf der Peninsula auch mehrere Großsäugetiere vor, Elefanten und schwarze Nashörner, diese sind hier aber seit mehreren Jahrhunderten ausgerottet. Heute ist das Cape of Good Hope Nature Reserve noch Heimat für **Spring-**

böcke, Schwarze Gnus, Bergzebras, Paviane und andere weniger auffällige Tiere. Bis gegen 1800 lebten noch Löwen an den Hängen des Table Mountain, und im Grasland des Renosterveld äste das heute auf der ganzen Welt ausgestorbene Quagga.

Buntbock

Zu wenig Platz für bunte Böcke

Der Buntbock (Bontebok) gehört zu den seltensten Antilopen Afrikas, sein Lebensraum war auch ursprünglich auf ein kleines Areal am Kap (ca. 270 x 60 km) begrenzt. Nachdem er durch Jagd nachhaltig reduziert war, wurde 1931 bei Bredasdorp der Bontebok National Park eingerichtet. Sehr erfolgreich war diese Schutzmaßnahme jedoch anfangs nicht, und man musste 1960 den Nationalpark an seinen heutigen Ort bei Swellendam „verlegen". Die Population bleibt weiterhin gefährdet, da die Anzahl der Tiere in dem kleinen Park für eine eigene Weiterentwicklung zu klein ist. Zudem fehlen dem Bontebok seine natürlichen Feinde, er ist im Park quasi zum Zootier degradiert.

Vögel

Größter Vogelpark Afrikas

In den Berghängen des Table Mountain und der benachbarten Bergzüge finden sich die endemischen Arten **Cape Sugar Bird** (Kap Honigfresser) und **Protea Seed-Eater**, der **Cape Siskin** und der **Grassbird**. Der **Schwarze Adler** (Black Eagle) erbeutet am Table Mountain Kleinsäuger wie die Rock Dassies. An der Meeresküste können **Möwen, Töpel, Albatrosse** (Flügelspannweite bis 2,4 m!), **Pelikane, Kormorane, Sturmvögel, Seeschwalben** und mit Glück **Afrikanische Seeadler** (African Sea Eagle) gesehen werden. In den felsigen Buchten lebt der **Schwarze Austernfischer**, der mit seinem speziellen Schnabel zweischalige Muscheln knackt.

Seevögel lassen sich am besten vom Boot aus beobachten, die geeignetste Jahreszeit ist – leider – der Winter. Aber auch alle anderen Vogelliebhaber können auf ihre Kosten kommen. An der Hout Bay liegt mit dem **World of Birds Wildlife Sanctuary** der größte Vogelpark Afrikas mit mehr als 3.000 Vögeln in 450 Arten.

Strauß

Strauße: Einst beliebt wegen ihrer Federn, heute eher wegen ihres cholesterinarmen Fleisches

Die Region der Kleinen Karoo um Oudtshoorn ist das Zentrum der südafrikanischen Straußenzucht (S. 493ff). Schon 1822 wurde der Strauß in Südafrika unter Schutz gestellt, da seine Ausrottung zu befürchten war. Seine Federn waren als Schmuck seit vielen Jahrhunderten heiß begehrt (auch von Europas Modeindustrie). 1867 wurde dann in der Kleinen Karoo die erste Straußenfarm der Welt mit ca. 80 Tieren gegründet. 1895 gab es in diesem Gebiet schon 250.000 Tiere. Strauße werden bis zu 2,70 m groß und können ausgewachsen rund 125 Kilogramm wiegen. Durch die starke Beinmuskulatur laufen sie bis 70 km/h schnell und tragen dabei auch das Gewicht eines Menschen. Von Oudtshoorn aus werden Lederwaren, cholesterinarmes Straußenfleisch, Straußenfedern (vor einigen Jahren noch eines der wichtigsten Exportprodukte Südafrikas) und andere Produkte in alle Welt exportiert. Zu Beginn des 20. Jh. erlebte Oudtshoorn dadurch seine wirtschaftliche Glanzzeit. Seit mehreren Jahren werden auch in anderen Ländern (z.B. USA, Namibia und sogar Deutschland) Strauße gezüchtet, so dass Südafrika neue Konkurrenz auf diesem Gebiet bekommen hat.

Schnell und cholesterinarm

Reptilien

Vier Schildkrötenarten (davon endemisch die Geometric Tortoise), jeweils mehr als zwanzig Schlangen- und Eidechsenarten und eine Chamäleonart sind in der Gegend um Kapstadt heimisch. Einige wenige der vorkommenden Schlangen, wie die **Cape Cobra** und die **Puff Adder** (Puffotter), sind giftig. Allerdings sind Reptilien meistens an sehr naturnahe, ungestörte Biotope gebunden und scheu. Sollten Sie doch einmal einer Schlange begegnen, bieten sie ihr die Möglichkeit zur Flucht, indem sie ruhig stehenbleiben. Mit etwas Glück erblicken sie dagegen vielleicht auch ein **Cape Dwarf Chameleon**, das in den Gebüschen des Fynbos auf Insektenjagd ist. Die bis 15 cm langen Chamäleons können ihre kegelförmigen Augen unabhängig voneinander bewegen und benutzen ihren Schwanz beim Klettern als fünftes Glied. Durch ihre Fähigkeit, die Hautfarbe der Umgebung anzupassen, sind sie meist gut getarnt und schwer zu entdecken.

Auch giftige Schlangen!

Weitere Großtiere, die Sie bei einem Besuch der Kapprovinzen evtl. zu sehen bekommen

Elefant / Olifant / Elephant

Er ist das größte Landtier. Es gibt zwei Arten: den Afrikanischen und den Indischen Elefanten. Beim Afrikanischen Elefanten sind Ohren und Rüssel größer und die Stirn niedriger als beim Indischen Elefanten. Der Afrikanische Elefant wird bis zu 4 m hoch und 6.000 kg schwer. Allein seine Haut wiegt 10 Zentner, das Hirn 5 bis 6 kg, das Herz 25 kg. Pro Tag säuft er ca. 350 l Wasser und frisst 500 kg "Grünzeug". Mit dem Rüssel führt der Elefant Nahrung und Wasser ins Maul, beim Baden verspritzt er Wasser über den Körper oder beim Staubbad auch Staub. Er besitzt nur zwei Zähne, auf jeder Seite einen.

Der Afrikanische Elefant kommt in den meisten Gebieten südlich der Sahara vor. Er lebt in Herden aus Kühen und Jungtieren. Die Bullen leben einzeln, nur zur Paarung kommen sie mit den Kühen zusammen.

Elefanten treiben intensive Hautpflege. Sie tauchen beim Bad fast völlig unter und bespritzen sich mit Hilfe des Rüssels mit Wasser. Sie lieben auch Staubbäder, und bei Wassermangel suhlen sie sich im Schlamm. Auch in

Trockenzeiten beherrscht der Elefant die Kunst, Wasser zu finden: Er bohrt Löcher, indem er seinen Rüssel als Ahle benutzt. In der Mittagszeit sucht der Afrikanische Elefant Schatten auf. Er sorgt für Abkühlung, indem er mit seinen Ohren fächert. Aufgrund der riesigen Oberfläche seiner Ohren verliert er so viel an Körperwärme.

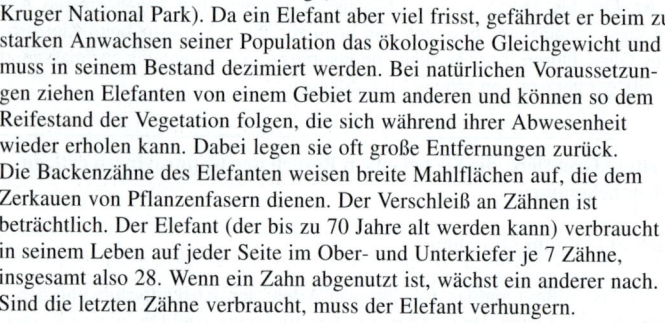

Auch Elefanten brauchen natürlich Schlaf. Sie können sowohl im Stehen als auch im Liegen schlafen. Beim stehenden Schlaf atmet er in der normalen Atemfrequenz, beim Liegen nur halb so oft. Gewöhnlich schläft ein Elefant fünf Stunden, die meiste Zeit im Liegen.

Dort, wo Elefanten geschützt aufwachsen, kommt es oft zur Überbevölkerung (z.B. im Kruger National Park). Da ein Elefant aber viel frisst, gefährdet er beim zu starken Anwachsen seiner Population das ökologische Gleichgewicht und muss in seinem Bestand dezimiert werden. Bei natürlichen Voraussetzungen ziehen Elefanten von einem Gebiet zum anderen und können so dem Reifestand der Vegetation folgen, die sich während ihrer Abwesenheit wieder erholen kann. Dabei legen sie oft große Entfernungen zurück.
Die Backenzähne des Elefanten weisen breite Mahlflächen auf, die dem Zerkauen von Pflanzenfasern dienen. Der Verschleiß an Zähnen ist beträchtlich. Der Elefant (der bis zu 70 Jahre alt werden kann) verbraucht in seinem Leben auf jeder Seite im Ober- und Unterkiefer je 7 Zähne, insgesamt also 28. Wenn ein Zahn abgenutzt ist, wächst ein anderer nach. Sind die letzten Zähne verbraucht, muss der Elefant verhungern.

Die Tragzeit beträgt bei Elefanten ca. 22 Monate. Das Junge ist etwa 90 cm hoch und wiegt 90 kg. Es kann bald nach der Geburt (nach zwei Tagen) in der Herde mitlaufen.

In ihrem Gesamtverhalten sind Elefanten furchtlos: Sie kennen keine Feinde und brauchen beim Anzug auf ein Wasserloch keine Vorsichtsmaßnahmen zu treffen. Bei Gefahr für die Herde "trompeten" Elefanten. Das Sozialverhalten in der Herde ist stark ausgeprägt. Gefährlich werden Elefantenkühe, wenn ihr Junges bedroht wird.

Fleckenhyäne / Gevlekte Hiena / Spotted Hyena

Hyänen leben meist in Halbwüsten bis Trockensavannen, nicht in dichten Wäldern. Sie sind im Allgemeinen ortstreu und leben in einem mehrere qkm großen Territorium. Dieses wird markiert, und zwar durch Harnen,

Koten, Absetzen von Afterdrüsensekreten an Grashalmen und durch Bodenkratzen mit den Vorderpfoten. Diese Gebiete sind festgelegt, werden regelmäßig patrouilliert, und Rudelfremde werden verjagt.

Rudelangehörige erkennen sich am Geruch. Hyänen jagen vorwiegend in der Dämmerung und bei Nacht; ihr Seh-, Hör- und Riechvermögen ist sehr gut ausgeprägt. Tagsüber ruhen sie in Erdhöhlen, in hohem Gras oder dichtem Busch.

Löwen und Hyänenhunde gefährden Jung- und Einzeltiere. Jungwelpen werden durch rudelfremde Artgenossen gefährdet, daher rührt ein starker Schutztrieb des Weibchens. Selten sind Flecken-hyänen einzeln anzutreffen, häufiger paarweise oder in Trupps. Im Rudel haben die Weibchen die Vormachtstellung.

Die Hauptnahrung der Hyänen ist Aas, oft in Form von Löwenbeuteresten. Kadaver werden mit Haut und Haaren, ja selbst mit großen Röhrenknochen, die zerbissen werden, gefressen. Auch im Kampf getötete Artgenossen werden nicht verschmäht. Manchmal werden im Rudel Gazellen, Zebras und Antilopen gejagt. Die Opfer werden bei lebendigem Leibe zerrissen. Es werden auch durch das Opfer motivierte andere Tiere wie Löwe, Leopard, Gepard und Hyänenhund vom Rudel vertrieben. Auch einzelne Menschen sind durch Rudel nachts gefährdet.

Die Tragzeit beträgt bei Hyänen 99 bis 130 Tage, meistens werden ein bis zwei Welpen geworfen. Schon eine Woche nach der Geburt können die Welpen gut laufen; ihre Säugezeit beträgt ein bis eineinhalb Jahre. Die Geschlechtsreife ist bei Weibchen mit zwei, bei Männchen mit drei Jahren erreicht. In Gefangenschaft können Hyänen bis zu 40 Jahre alt werden.

Gepard / Jagdluiperd / Cheetah

Er lebt hauptsächlich in offenen Landschaften von der Wüste bis zur Trockensavanne, kommt aber auch im offenen Buschland, bis zum Rande der Feuchtsavanne und bis zu Höhen von 2.000 m vor. Sein Revier markiert das Männchen mit Harnspritzern, diese Markierung hält 24 Stunden an. Andere Tiere erkennen dann daraus die Wanderrichtung und meiden die Gegend. Auch bei Sichtbegegnung mit anderen Geparden kommt es nicht zum Kampf, sondern lediglich zum Ausweichen. Der Gepard ist Sichtjäger; d.h., dass er besonders morgens und am späten Nachmittag jagt, manchmal aber auch in mondhellen Nächten. Er ernährt sich von Hasen, Schakalen, Stachelschweinen, verschiedenen Antilopenar-ten, Warzenschweinen, Trappen, Frankolinen und jungen Straußen. Zuerst schleicht sich der Gepard an die Beute heran. Erst die letzten 100 m werden in Höchstgeschwindigkeit gerannt. Bei der Verfolgung seiner Opfer kann er bis zu 500 m mit einer Geschwindigkeit von 80 km pro Stunde rennen und macht dabei 7 m lange Sprünge! Manche Geparde rennen bis zu 110 km pro Stunde! Mehrere erwachsene Geparde greifen auch manchmal Großantilopen und Zebras an. Vor der Jagd bezieht der Gepard oft als Aussichtspunkt einen Termitenhügel oder einen Baum. Er kehrt zum Riss nicht zurück, da er kein Aasfresser ist. Sein Wasserbedarf ist gering; oft trinkt er den Harn der Beutetiere oder frisst Wüstenmelonen.

Seine Hauptfeinde sind Löwen, Leoparden und Fleckenhyänen; aber meistens werden Geparde in jungem Alter von ihren Feinden erlegt. Der Gepard ist von Natur aus friedlich, kein Kämpfertyp und daher leicht zähmbar.

Die Tragzeit bei Geparden beträgt 91 bis 95 Tage. Die Geschlechtsreife tritt bei Männchen nach 9 bis 10 Monaten ein, bei Weibchen erst nach 14 Monaten. Die Jungen werden lange Zeit geführt, um die Jagdweise zu erlernen; so wird die Mutter nach ca. eineinhalb Jahren verlassen.

Das Gewicht eines ausgewachsenen Gepards beträgt 40 bis 60 kg. In Gefangenschaft können sie bis zu 16 Jahre alt werden.

Impala / Rooibok / Impala

Die Impalas gehören zu den anmutigsten Antilopen. Sie haben 75 bis 100 cm Rückenhöhe, wiegen 65 bis 75 kg und sind kastanienbraun. Der Bock hat 50 bis 75 cm lange Hörner, das Weibchen ist nicht gehörnt.

Die Impalas bewohnen große Gebiete Ost- und Südafrikas. Sie lieben die Nähe des Wassers und meiden offene Landschaften. Sie sind vor allem in Busch- und Dornbuschsteppen anzutreffen, weniger in Gebieten mit geschlossener Vegetationsdecke. Je nach den Verhältnissen kann die Bevölkerungsdichte einige wenige bis 80 Exemplare pro qkm betragen. In der Trockenzeit leben sie zumeist in der Nähe der Wasserstellen, in feuchteren Jahreszeiten mehr verstreut – bis zu 25 km vom Wasserloch entfernt.

Impalaböcke werden in der Brunft recht aggressiv, besonders, wenn sie ihre Territorien abstecken. Sie liefern sich dann Kämpfe und jagen sich. Wenn sie ihre Territorien begründet haben, begeben sie sich an die Wasserlöcher, die als Niemandsland gelten. Das Auffälligste an den

Impalas ist ihr Verhalten bei Gefahr. Die ganze Gruppe vollführt dann so etwas wie ein Schauspringen: Sie springen geradeaus oder plötzlich zur Seite, bis zu 3 m hoch, rund herum und in alle Richtungen. Sinn dieses Verhaltens ist es, den Angreifer, z.B. eine Großkatze, zu verwirren, der versucht, aus der Herde ein bestimmtes Tier zu reißen. Die durcheinander springenden Impalas haben damit anscheinend Erfolg, der Angreifer hat Schwierigkeiten, ein bestimmtes Tier zu fixieren. Auch eine Anzahl anderer Tiere verhält sich ähnlich: Anstatt den Abstand zum Angreifer zu vergrößern, schlagen sie Haken, um ihn irre zu machen. Hauptfeind der Impalas ist der Leopard.

Paarungszeit ist der Beginn der Trockenheit. Nach 180 bis 210 Tagen wird das Junge geboren, und zwar zum Zeitpunkt der Regenzeit, wenn es am meisten zu fressen gibt. Die Jungen wachsen schnell auf, so dass sie vor der nächsten Brunftzeit entwöhnt sind. In der Brunft sind rund 97 % der Weibchen trächtig. Die Weibchen leben das ganze Jahr in Herden zusammen; gegen Ende der Geburtszeit der Jungen haben die Herden eine Größe von 100 Tieren. Die Herden sind meist gemischt, nur während der Geburtszeit setzen sich die Weibchen ab.

Kudu / Koedoe / Kudu

Die Hörner sind beim Männchen locker geschraubt (zweieinhalb Windungen um die Längsachse). Das Fell ist kurz und glatt, die Fellfarbe braungrau. Jungtiere sind mehr rötlich grau bis hellbraun. Das Kudu bevorzugt steiniges, locker mit Buschwald bedecktes Hügel- und Bergland, doch auch Flachland mit gleichem Bewuchs, dort vor allem Akazienbäume (z.B. Kameldornbäume). Wasserstellen sind nicht lebenswichtig, dagegen aber größere Dickichte für den ruhigen Tageseinstand. Das Kudu äst am späten Nachmittag. Es ist in hohem Maße standorttreu, solange die Lebensbedingungen günstig sind. Zu über 80 % ernährt sich das Kudu von Baum- und Strauchlaub, nebenher auch von Gräsern und Kräutern. Hauptfutterpflanze ist vor allem die Akazie (Kameldornbaum). Sein Geruch und Gehör sind sehr gut ausgebildet, dagegen ist die Sehstärke eher schwach.

Tagsüber steht das Kudu bevorzugt im dichten Gebüsch, spätnachmittags zieht es aus zum Äsen. Es äst manchmal auch vor- und nachmittags, außer in der heißen Mittagszeit. Bei Bejagung entwickelt es sich zum heimlichen Nachttier.

Man findet das Kudu vor allem in kleinen Trupps aus mehreren Weibchen mit ihren Jungen, denen sich zeitweise ältere Bullen zugesellen. Meistens sind 6 bis 12 Tiere zusammen, seltener bis zu 30. Nur während der Trockenzeit kann die Truppstärke durch Ansammlung an günstigen

Futterplätzen steigen (bis zu 100 Tiere).
Männchen bilden z.T. eigene Trupps. Im
Erwachsenenalter beträgt das Verhältnis
Männchen zu Weibchen 1 : 5.

Hauptfeinde sind vor allem der Leopard, die
Hyäne, der Gepard und der Löwe. Die
Rettung vor Feinden geschieht durch Flucht.
Auch Altmännchen verteidigen sich nur
selten, selbst wenn sie in die Enge getrieben
wurden. Bis 2,50 m hohe Zäune können
übersprungen werden.

Die Tragzeit beträgt beim Kudu ca. 7
Monate, die Geburtszeit liegt zwischen
Februar und März. Das Neugeborene wiegt
ca. 15 kg (ein ausgewachsenes Kudu wiegt 200 bis 250 kg). Die Säugezeit
erstreckt sich über ein halbes Jahr, die erste feste Nahrung erhält das Junge
nach einem Monat. Bei Männchen tritt die Geschlechtsreife nach eindrei-
viertel bis zwei Jahren ein, bei Weibchen mit eineinviertel bis eindreivier-
tel Jahren. Die erste Hornwindung sieht man bei Männchen im Alter von
zwei Jahren, die volle Ausbildung bis zweieinhalb Windungen nach etwas
mehr als sechs Jahren. In Freiheit wird das Kudu etwa sieben bis acht Jahre
alt.

Leopard / Liuperd / Leopard

Der Leopard lebt in allen Landschaften von der Wüste bis zum Urwald.
Wo er ungestört ist, ist er tags und nachts unterwegs. Wo er verfolgt wird,
entwickelt er sich zum heimlichen Nachttier. Er sonnt sich gerne auf
Bäumen oder Felsen. Seine Kletter- und Schwimmfähigkeiten sind gut.
Meistens schlafen Leoparden auf Bäumen, in einem Erdbau, in Felsspalten,

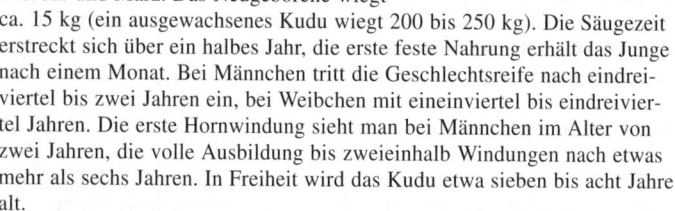

im Gebüschhorst etc.; sein Hörvermögen ist
außerordentlich gut (15.000 bis 45.000 Hertz);
er verfügt aber auch über ein sehr gutes Seh-
und ein gutes Riechvermögen Seine Feinde
sind gelegentlich Löwe, Hyänenhund und
Fleckenhyäne. Löwe und Fleckenhyäne
vertreiben den Leoparden manchmal von
seiner Beute.

Als Nahrung dienen dem Leoparden alle
Säugetiere (auch Raubtiere), manchmal sogar Großantilopen, Löwenjunge
und Menschenaffen, Schlangen etc., auch Haustiere. Aas wird auch
gefressen. Gelegentlich wird eine größere Beute nach und nach verzehrt
und dabei gern zum Schutz vor Mitfressern auf Bäume geschleppt.
Manchmal können Leoparden monatelang ohne Wasser auskommen, aber

wenn sie die Möglichkeit haben, trinken sie regelmäßig. Leoparden sind
Einzelgänger.

Die Tragzeit beträgt 90 bis 112 Tage; es werden ein bis sechs Jungtiere
geworfen. Nach einer Woche können die Jungen die Augen öffnen. Die
Säugezeit beläuft sich auf drei Monate; mit eineinhalb bis zwei Jahren wird
die Mutter verlassen. Die Geschlechtsreife wird mit zweieinhalb bis drei
Jahren erreicht. In Gefangenschaft ist ein Alter bis 21 Jahre nachgewiesen.

Nashorn / Renoster / Rhinoceros

Es gibt zwei Arten von Nashörnern: das **Spitzmaulnashorn** (Swart-
renoster / Black rhinoceros) und das **Breitmaulnashorn** (Witrenoster /
White rhinoceros).

Das Spitzmaulnashorn bevorzugt meist
trockenes, mit Büschen bestandenes Grasland,
ebenso trifft man es aber auch auf offenen
Savannenflächen mit wenig Deckung an. Es
ist hauptsächlich morgens und abends
unterwegs und gönnt sich sechs bis sieben
Stunden täglich Ruhe. Während der Tageshitze ruht oder schläft es im Schatten. Eine
Lieblingstätigkeit ist das oft stundenlange
Schlammsuhlen. In Trockenzeiten wälzt es
sich im Sand. Ein Nashorn riecht über viele
Kilometer hinweg, auch das Hörvermögen ist
sehr gut ausgeprägt, während dagegen das
Sehen schlecht ist. Kaum ein anderes Tier
kann dem Spitzmaulnashorn gefährlich
werden. Löwen und Fleckenhyänen machen
sich schon manchmal an ein Kalb heran, doch
die Nashorn-Mütter haben keine Angst vor Löwen, Hyänen, ja gar
Elefanten. Im Galopp bringen sie es auf 50 km in der Stunde. Vor dem
Angriff senken sie den Kopf, schnauben und bremsen oft vor dem Ziel
plötzlich ab, wobei es vorkommt, dass sie dann umdrehen und flüchten.

Spitzmaulnashörner fressen vorwiegend Blätter und Zweigenden von
Büschen und Bäumen. Sie verdauen auch schadlos Pflanzen, die für
Menschen hochgiftig sind. Gerne fressen sie salzhaltige Erde und trinken
täglich. Spitzmaulnashörner sind typische Einzelgänger, nur durch Mutter-
Kind-Beziehungen bilden sie kleine Gruppen. Diese "Urtiere" können bis
zu 40 Jahre alt werden.

Breitmaulnashörner bevorzugen Buschland mit Dickichten zur Deckung,
Bäume als Schattenspender, Grasflächen zum Äsen und Wasserstellen zum
Saufen. Sie äsen und ruhen im Abstand von wenigen Stunden nachts,

morgens, spätnachmittags und abends. Der Tageshitze weichen sie unter schattenspendenden Bäumen aus. Außer den Menschen haben sie keine Feinde. Sie fressen nur Gras und trinken täglich (in Trockenzeiten alle zwei bis drei Tage). Sie leben z.T. in kleinen Trupps zusammen.

Pavian / Bavian / Baboon

Paviane schlafen nachts auf Bäumen oder Felsen. Morgens ziehen sie mit der Horde auf Nahrungssuche. Mittags ruhen sie im Schatten, um nachmittags wieder zum Fressen aufzubrechen. Paviane sind sehr laut, können bellen, grunzen, schmatzen und laut schreien. Ihr Seh- und Hörvermögen sind sehr gut. Die Hauptfeinde sind (vor allem für Jungtiere) Leoparden, manchmal auch Löwen und Hyänen. Paviane sind Allesfresser, wobei Gras den Hauptteil der pflanzlichen Nahrung bildet.

Gelegentlich wird auch von Kannibalismus berichtet: Alte Paviane sollen schon Jungtiere der eigenen Horde gefressen haben. In Transvaal gab es bereits mehrere Fälle, wo kleine Menschenkinder geraubt und getötet wurden. Doch zur "Normalnahrung" gehören diese Exzesse nicht. Paviane fressen gerne Bienenwaben, Würmer, Skorpione und Eidechsen. Sie leben in Horden von 10 bis 150 Tieren. In Gefangenschaft werden sie 30 Jahre und mehr alt.

Springbock / Springbok / Springbuck

Sie leben in Gebieten mit offenen, trockenen und steinigen Böden mit leichtem Bewuchs (spärliche Sträucher). Hohes Gras und reine Wüste werden gleichermaßen gemieden. Hauptsächlich frühmorgens und spätnachmittags bis abends wird geäst, bei Mondschein auch nachts. Seh-, Hör- und Riechvermögen sind sehr hoch entwickelt. Springböcke fressen

Gräser und Kräuter oder Strauchlaub, Wurzeln und Knollen. Sie trinken regelmäßig Wasser, können es aber auch längere Zeit entbehren; sie trinken auch Salzwasser und fressen mineralhaltige Erde.

Diese Tiere leben in Großherden, oft zusammen mit Antilopen, Spießböcken und Straußen. Die Feinde der Springböcke sind Löwe, Leopard und Gepard. Bei ihrer Flucht können sie bis zu 90 km in der Stunde laufen und bis zu 15 m weite Sprünge machen! Die Tragzeit dauert 167 bis 171 Tage. Meist wird ein Laufjunges geboren, zwei Geburten pro Jahr sind möglich. Weibchen sind mit sechs bis sieben Monaten geschlechtsreif, die Männchen mit einem Jahr.

Steppenzebra / Bontkwagga oder Zebra / Burchell's Zebra

Von Pferden und Eseln unterscheiden sich Zebras durch ihre Streifenzeichnung, den Schädelbau und die Zähne. Es gibt drei Zebraarten. Das verbreitetste ist das Steppenzebra. Es kommt vom Zulu-Land im Südosten und der Etoscha-Pfanne in Südwestafrika/ Namibia bis zum südlichen Somali-Land und südlichen Sudan vor. Die Steppenzebras sind sehr gesellig, sie leben in Herden. Gruppen von ein bis sechs Stuten mit ihren Fohlen bilden eine Gemeinschaft unter der Führerschaft eines Hengstes, der sie beschützt und andere Hengste abwehrt. Manchmal verschwindet das männliche Tier einfach, und ein anderes nimmt seine Stelle ein. Die überzähligen Hengste leben in größeren Junggesellenrudeln. Steppenzebras sind ziemlich zahm. Sie leben oft in Gemeinschaft mit Gnus. Gemeinsam mit ihnen sind sie auch bevorzugtes Beutetier der Löwen. Da das Zebra gefährlich werden kann, muss das Löwenrudel die Beute schlagartig töten. Es kann durchaus vorkommen, dass ein Zebrahengst einen Löwen im Kampf tötet.

Die Tragzeit beträgt ca. 370 Tage. Das Neugeborene wiegt 30 bis 34 kg und ist etwa 90 cm hoch. Normalerweise bekommt eine Stute alle drei Jahre ein Junges.

Junge männliche Tiere verlassen die Gruppe nach ein bis drei Jahren und schließen sich dem Junggesellenrudel an. Mit fünf bis sechs Jahren versuchen sie, junge weibliche Tiere zu treiben. Wenn es ihnen gelingt, dann bilden sie eine neue Gruppe.

Wasserbock / Waterbok / Waterbuck

Wasserböcke lieben Grasland und Gebüsch und benötigen die Nähe zu einem Gewässer, da sie täglich trinken. Sie äsen morgens und nachmittags bis abends, während sie tagsüber ruhen. Als Hauptfeinde gelten Löwen, Leoparden und Hyänenhunde, wobei Leoparden und Hyänen Kälber reißen. Doch die Feinde mögen Wasserböcke nur, wenn kein anderes Wild vorhanden ist, denn ihr Fleisch schmeckt ab dem Alter von drei Monaten zäh und ranzig. Bis zu 90 % besteht die Nahrung der Wasserböcke aus Gräsern, der Rest aus Laub. Wasserböcke leben in kleinen Trupps und können in Gefangenschaft bis zu 17 Jahre alt werden.

Meeresbewohner

Pinguine im Stadtrandbezirk

Als würde die Vielfalt von Flora und Fauna an Land noch nicht ausreichen, leben in den Gewässern um Kapstadt die verschiedensten Meerestiere. So sind neben Walen, Haien und Seehunden sogar Pinguine nicht weit entfernt von der Stadt zu finden. Grundlage für die marine Vielfalt ist der Nährstoffreichtum des kalten Benguela-Stromes, Plankton, Seegras und Tang stehen am Anfang einer langen Nahrungskette. Die Charakteristik der beiden Meeresströme spiegelt sich am auffälligsten im Aussehen der Fische wieder. Sind die Arten des warmen Indischen Ozeans meist auffallend bunt, so erscheinen die des kühlen Atlantischen Ozeans grau gefärbt und eher langweilig.

Da sich die Tiere des Meeres bis auf Ausnahmen nur schwer beobachten lassen, ist ein Ausflug in das Two-Oceans-Aquarium an der Kapstädter Victoria and Alfred Waterfront unbedingt zu empfehlen.

Pinguine

Südlich von Simon's Town am Strand Boulders Beach lebt eine Kolonie von **Brillenpinguinen** (african penguins, jackass penguins – Sphensicus demersus). Diese an Land eher tollpatschig wirkenden, kleinen (60 cm), schwarz-weißen Pinguine sind im Wasser sehr gute Schwimmer und Taucher. Die Pinguine brüten meist zwei Eier in flachen Löchern und sind schon von weitem an ihren Lauten zu erkennen, die dem Gebrüll von Eseln am ähnlichsten kommen. Nur zwei weitere Kolonien gibt es in Südafrika, 28 in der ganzen Welt, deshalb gehören die Pinguine zu den gefährdetsten Tierarten des Landes. 1994 wurde die Kolonie nach Strandung des Erzfrachters „Apollo Sea" durch auslaufenden Treibstoff zwar dezimiert, aber zum Glück nicht ausgerottet. Trotzdem sind Ölteppiche weiterhin die größte Gefahr für die kleine Pinguinkolonie.

Wale

Zur Paarung ans Kap

Der häufigste Wal vor Südafrika ist der **Southern Right Whale** (Balaena glacialis). Diese bis zu 16 m langen und 60 Tonnen schweren Wale kommen von Frühling bis Winter in die False Bay und ihre Nachbarbuchten (gut zu beobachten vor Witsand, dem de Hoop NR und Hermanus), um sich zu paaren. Den Großteil des Jahres verbringen sie in den planktonreichen, kalten Wassern der Antarktis, Tausende von Kilometern weiter südlich. Die Walweibchen kalben nur etwa alle drei Jahre, allein die Tragzeit nimmt schon ein Jahr in Anspruch. Die meisten Geburten finden im August und September statt. Neben dem Southern Right Whale kommt in den Gewässern und Buchten um Kapstadt noch der ähnlich große **Humpback Whale** vor, allerdings ist er schon seltener zu beobachten. Im Gegensatz zum Southern Right Whale besitzt er Furchen an seinem weißen „Hals" und eine kleine Rückenflosse. Andere Walarten, wie z.B. der **Orca** (Killerwal), kommen nur ab und zu an die afrikanische Südküste.

In Kapstadt wurde ab 1806 von der Kalkbay aus Walfang betrieben. Die Tiere kommen zum Kalben zwischen Mai und November relativ nah an den Strand. Der

	Southern Right	Humpback	Bryde's	Killer
Rückenflosse	*keine Rückenflosse*			
Schwanzflosse			*i.d.R. nicht sichtbar*	*i.d.R. nicht sichtbar*
Schwimmflosse			*i.d.R. nicht sichtbar*	*i.d.R. nicht sichtbar*
Fontäne				*i.d.R. nicht sichtbar*

Southern Right
(Glattwal)

Humpback

Bryde's

Killer

Großer Delphin   **Delphin mit schmaler Schnauze**   **"Gemeiner Delphin"**

Schauen statt Töten

Southern Right Whale war die begehrteste Beute der Walfänger, da er aufschwimmt, wenn er getötet wird und so auch mit kleinen Booten leicht eingeholt werden konnte. 1935 wurde ein nationales Jagdverbot für Glattwale und 1966 für Buckelwale erlassen, seitdem haben sich die Bestände gut erholt (ca. 5.000 Tiere) und nehmen jährlich zu. Viele Südafrikaner leben heute vom Organisieren von Walbeobachtungstouren und nicht mehr vom Töten der riesigen Meeressäuger. Das Whale watching-Zentrum am Kap ist Hermanus an der Walker Bay, ca. 130 km von Kapstadt entfernt.

Weitere Meeresbewohner

Giftige Meeresbewohner

In der False Bay leben größere **Seehundkolonien** (Cap Fur Seal). Dadurch werden auch **Weiße Haie** angelockt, die Jagd auf die Seehunde und **Robben** machen. Angriffe auf Menschen sind aber äußerst selten, viele Küstenabschnitte sind trotzdem besonders geschützt. Auf dem Boden sandiger, flacher Buchten verstecken sich gut getarnt Rochen, die **Blue Stingray**. Der Rücken dieses bis 75 cm langen Rochens ist sandfarben und mit blauen Sprenkeln durchsetzt. Am Schwanz besitzt er einen Giftstachel. Giftig sind auch die Tentakeln der **Bluebottle**, einem durchsichtigen blauen, quallenähnlichen Geschöpf, das aus vielen Einzelindividuen besteht. Verendete Bluebottles werden häufig an den Strand gespült. Dort finden sich auch die **Venus Ear-Muscheln**, die innen wunderschön perlmuttfarben sind. Eine Reihe von Löchern nahe dem Rand ist charakteristisch für diese Muscheln. Zwischen der Mossel und der Plettenberg Bay lebt ein seltener **Seeigel**, dessen Skelett die eigenartige Zeichnung eines Stiefmütterchens (Pansy) zeigt, daher wird er Pansy Shell genannt. Wer Muscheln nicht nur sammeln, sondern auch verzehren möchte, sollte die Knysna-Lagune an der Garden Route besuchen. Dort werden in Unterwasserfarmen Austern (Oysters) gezüchtet.

Fischereiwirtschaft

Fischfang hat auch heute noch Bedeutung

Der Benguelastrom, der von Süden her an Kapstadt vorbei die afrikanische Küste hinaufzieht, führt kühles Wasser in den Südatlantik, das **reich an Sauerstoff und Nährstoffen** ist. Die grüne Farbe des Wassers (der Indische Ozean ist blau) rührt vom Plankton her, das als erstes Glied einer Nahrungskette die Grundlage für die vielgestaltige Meeresfauna ist. Viele Fische ernähren sich ausschließlich von Plankton, und so liegen ausgesprochen reiche Fischgründe vor der Südwestküste Afrikas. Das Zentrum der südafrikanischen Fischerei bilden die Standorte Hout Bay, Saldanha Bay, St. Helena Bay und einige weiter nördlich gelegene Buchten. Von hier aus wird die lokale Bevölkerung mit Fisch und Seafood versorgt. Während die Hochseeflotte vorwiegend Frischfisch liefert, ist die Küstenfischerei auf die Herstellung von Fischkonserven (z.B. Langusten), Fischmehl und Öl ausgerichtet. Kapstadt war zu Beginn des 20. Jh. der erste südafrikanische Hafen für die Hochseefischerei und ist wegen der Bevölkerungskonzentration und der guten Verkehrsanbindung heute noch wichtigster Verteilerhafen für das Hinterland bis Zimbabwe. Ein strenges Quotensystem gegen Überfischung und eine 200-km-Verbotszone für ausländische Fischtrawler sorgen dafür, dass die Fanggründe auch in Zukunft genügend Nahrung für Südafrika bieten.

5. GESELLSCHAFTLICHER ÜBERBLICK

Südafrika, die Regenbogennation

Bevölkerungsstruktur und Sprachen – allgemeiner Überblick

Ethnien

Als „the rainbow people of God" (Gottes Regenbogenmenschen) beschrieb der Kapstädter Erzbischof Desmond Tutu die südafrikanische Bevölkerung aufgrund ihrer ethnischen, sprachlichen und kulturellen Vielfalt. Südafrika unterscheidet sich hinsichtlich seiner Bevölkerungsstruktur und -entwicklung grundlegend von den meisten anderen afrikanischen Staaten.

Ethnische, sprachliche und kulturelle Vielfalt

Wichtigstes demographisches Merkmal ist die **Zusammensetzung der Bevölkerung aus vier ethnischen Gruppierungen** (Schwarze, Weiße, Farbige, Asiaten/Inder), wobei diese Unterteilung per Gesetz von der Apartheidregierung vorgenommen worden war und die von Geburt an nicht Privilegierten von vornherein diskriminierte. Diese Unterscheidung ist im „Neuen Südafrika" politisch und moralisch nicht korrekt. Dennoch, faktisch existiert sie noch weiter, da heute immer noch weitgehend die sozialen Klassen- mit den Rassengegensätzen übereinstimmen.

BEVÖLKERUNGSGRUPPEN

1. Schwarze Bevölkerung

Im 3. Jahrhundert n. Chr. siedelten Angehörige der negroiden, schwarzen Rasse in Natal und Transvaal, wo sie vermutlich als Ackerbauern lebten. Da vorher vermutlich nur Khoisan in dieser Gegend gelebt hatten, wird eine Einwanderung aus dem Norden angenommen. Über die Wanderroute besteht allerdings noch Unklarheit. Man hält die die Ostküste herunter gewanderten Ackerbauern für Vorfahren der heute Bantu-sprechenden Völker Südafrikas. Um 1600 war die Osthälfte Südafrikas zum größten Teil von Ackerbau betreibenden Schwarzen bewohnt. Die Wanderung der Bantu hörte bei einer imaginären Linie, die sich vom Großen Fischfluss im Osten bis zum Oranje im Westen erstreckte, auf, d.h. das Winter-Regengebiet der Western Cape Province und des südöstlichen Kaps sparten sie aus. Im Laufe des zweiten Jahrtausends bildete sich eine grobe Zweiteilung der schwarzen Südafrikaner nach Sprachgruppen heraus. Die Schwarzen Südafrikas stellen demnach keine homogene Bevölkerungsgruppe dar, sondern unterscheiden sich voneinander stark. Insgesamt gliedern sie sich in acht große Hauptgruppen – Zulu, Nord-Sotho, Xhosa, Süd-Sotho,

Tswana, Shangaan-Tsonga, Swasi, Süd-Ndebele, Venda –, die sich wiederum stark unterscheiden (bei den Zulu gibt es allein ca. 200 Stämme).

In Kapstadt bilden die **Xhosa** heute die größte Gruppe der Schwarzen. Während des Wirtschaftsaufschwungs nach dem Ersten Weltkrieg hatten sich viele Xhosa, die der schweren Minen-Arbeit körperlich nicht gewachsen

Lange Anfahrtswege zur Arbeit gehören für die Schwarzen aus den Townships zum Alltag

waren, als billige Arbeitskraft in der Stadt angeboten. Die Passgesetze als Zuzugskontrolle minderte ihre Anzahl zwar offiziell, inoffiziell lebten jedoch Tausende am Kap in der Illegalität. Bis zur Aufhebung der Passgesetze im Jahre 1986 waren in Südafrika 18 Millionen Menschen wegen Verstoß dagegen verhaftet worden. Seit Abschaffung des Gesetzes explodieren die illegalen *squatter camps* am Stadtrand Kapstadts aufgrund massiven Zustroms von überwiegend aus den Homelands kommenden Schwarzen: Oftmals nur die Hoffnung auf eine bessere Zukunft für ihre Kinder besitzend, ziehen die Schwarzen das Leben in einfachen Blechhütten dem in verarmten Landgebieten vor.

2. Weiße Bevölkerung

Die weiße Bevölkerung bildet sich aus den Nachfahren der holländischen (40 %), deutschen (40 %), französischen (7,5 %) und britischen (7,5 %) Siedler, die im Zuge der Kolonisation durch die Holländisch-Ostindische Kompagnie (Dutch-East-India-Company) seit 1652 und seit Ende des 18.Jahrhunderts durch die der Briten nach Südafrika einwanderten.

Auf der Suche nach fruchtbarem Weideland, um ihre Viehherden zu ernähren, bildeten die immer weiter landeinwärts ziehenden Bauern (*Boers; Buren*) ihre eigene nationale Identität als **Afrikaaner** heraus. Die meisten Buren lebten ursprünglich auf dem Lande, und sie und ihre Vorfahren haben die südafrikanische Landwirtschaft aufgebaut. Doch heute wohnen sie zu 70 % in städtischen Regionen. Ihre kulturelle Identität ist eng an ihre Sprache Afrikaans gekoppelt. Heute kehren viele Afrikaaner zum Kap zurück, um ein leichteres Leben zu führen. Die Afrikaaner, die im Süden leben, gelten im Allgemeinen als liberaler und aufgeschlossener als die reservierten und republikanischen Buren im Norden.

Die **Englisch sprechenden Weißen** kamen in mehren Etappen nach Südafrika wohnten überwiegend in den Städten und prägten daher entscheidend das architektonische und soziale Leben der Städte. Ihr

Tätigkeitsfeld war die Wirtschaft, und hier insbesondere der Handel und die Industrie. Es waren vor allem Englisch sprechende Geschäftsleute, die sich im südafrikanischen Bergbau engagierten und damit die großen Eckpfeiler des Wohlstands setzten.

3. Coloureds (Farbige)

Jede Person dunklerer Hautfarbe wurde bis ins späte 18. Jahrhundert in Abgrenzung zu den Weißen als *coloured* bezeichnet. Zur besseren Klassifizierung bezeichnete die Apartheid-Regierung im 20. Jahrhundert alle, die nicht afrikanisch, asiatisch oder weiß aussahen, als Coloured (Farbige).

Der Ursprung der Coloureds reicht in die Zeit des Beginns der holländischen Siedlung zurück. Sie sind eine kulturelle Mischung aus Weißen, Khoisan und Sklaven. Traditionell waren sie hauptsächlich Fischer, und ihre erste Sprache ist Afrikaans. Die meisten leben heute in der Western Cape Province und machen mehr als die Hälfte der Bevölkerung aus. Die Muslime unter ihnen bilden eine eigene Gemeinschaft, die sich auch im Kapstädter Viertel Bo-Kaap zeigt, wo sie hauptsächlich leben. Im Allgemeinen werden sie als *Kap-Malayen* bezeichnet, was jedoch irreführend ist, da nicht alle aus Malaysia, sondern aus ganz Asien kommen.

Die Coloureds (Farbige) machen 57 % der Bevölkerung in der Kapprovinz aus

Über die **Khoisan** und ihre Lebensweise gibt es heute viele Informationen, da seit dem 15. Jahrhundert europäische Seefahrer auf sie trafen und mit ihnen intensive Beziehungen gepflegt wurden. Sie gliedern sich in Khoikhoi und San auf, wie sie sich jeweils selbst nannten. Ihre äußeren Merkmale sind ihre relative Kleinwüchsigkeit von bis zu 1,60 Metern, ihre braungelbe Haut und so genanntes Pfefferkornhaar. Von den Europäern wurden die San als Buschmänner und die Khoikhoi als „Hottentotten" bezeichnet. Die Herkunft dieses Namens erfährt man aus den Reiseberichten des 17. Jahrhunderts, in denen ihre Begrüßung als ein vom Tanz begleitetes Lied bezeichnet wird, das am Anfang, in der Mitte und am Ende aus den Worten *Hautitou* bzw. *Hottentot* bestanden habe. Sie selbst nannten sich jedoch Khoi oder Khoikhoi, was in ihrer Sprache „Mensch" bzw. „Mensch der Menschen" bedeutet.

Die Khoikhoi lebten als Wildbeuter und Hirten. Sie hielten Großvieh und Fettschwanzschafe, übernahmen später von den Schwarzen auch die

Ziegenhaltung und lebten in halbrunden Kuppelhütten. Im Gegensatz zu den San, die Jäger und Sammler waren, hatten sie eine Stammesorganisation und ein Klassen bestimmendes Verwandschaftssystem. Mit der Ausdehnung der europäischen Siedler begann im 17. Jahrhundert die Versklavung und Vertreibung der Khoisan. In der Folgezeit wurde ihre Zahl durch Kriege und Pocken-Krankheiten stark verringert. Viele haben sich mit Schwarzen oder Weißen vermischt.

4. Asiaten

In Südafrika leben über 1 Million Asiaten (Inder/Chinesen), wobei es sich bei den Indern um die größte Gruppe handelt, die außerhalb Indiens und Pakistans lebt. Sie kamen in zwei Wellen ins Land: Die einen wurden ab Mitte des 19. Jahrhunderts überwiegend aus Süd- und Ostindien als Vertragsarbeiter für die Zuckerrohrfelder in Natal angeworben. Da ihnen die Option offen stand, nach Beendigung des Fünf-Jahres-Vertrags im Werte der Rückfahrtspassage Land zu erwerben, entschieden sich viele, in Natal zu bleiben, weil ihnen die Lebensumstände dort mehr zusagten als in ihrer indischen Heimat.

Die andere Gruppe von Indern kam als sogenannte „Passage-Inder". Sie bezahlten ihre Überfahrt selbst. Als britische Staatsangehörige konnten sie frei reisen. Die meisten von diesen Indern waren Moslems und arbeiteten auf Plantagen oder ließen sich in Natal als Geschäftsleute nieder. Viele von ihnen zogen weiter nach Transvaal und in die Kapprovinz. Im Zuge des „Goldrausches" am Witwatersrand eröffneten viele ihre Geschäfte dort. 20 Prozent der heutigen südafrikanischen Inder sind Nachfahren jener „Passage-Inder".

Die Chinesen waren nach dem Anglo-Burenkrieg als Arbeiter für die Bergwerke am Witwatersrand angeworben worden. 1906 waren 50.000 Chinesen im Goldbergbau beschäftigt. In der Mehrzahl handelte es sich hier um Analphabeten, die aus der Provinz Schantung kamen. Da jedoch in der Folgezeit eher Schwarze für diese Arbeiten angeworben wurden, waren bis 1910 die meisten Chinesen wieder heimgekehrt.

Die nächste chinesische Einwanderungswelle begann um 1920, als wohlhabendere Chinesen in Südafrika gute Geschäftsmöglichkeiten sahen. Die heute vorwiegend am Witwatersrand lebenden Chinesen sind deren Nachkommen. Sie sind, obwohl sie alle Englisch und Afrikaans sprechen, sehr traditionsbewusst und pflegen darüber hinaus ihre Heimatsprachen Hukla und Kantonesisch.

Bevölkerungszahl

Nach Angaben der Vereinten Nationen wuchs die Bevölkerung Südafrikas seit 1970 von insgesamt 22,5 auf **43 Millionen Einwohner.** Schätzungen sagen für das Jahr 2025 eine Zunahme der Bevölkerung auf über 73 Millionen voraus. Zwischen den einzelnen ethnischen Gruppierungen existieren Unterschiede bezüglich des Niveaus und der Entwicklung von Geburtenhäufigkeit und Sterblichkeit, hinsichtlich der Altersgliederung sowie der räumlichen Bevölkerungsverteilung. Insbesondere zwischen der schwarzen Bevölkerungsmehrheit und der weißen Minderheit gibt es beträchtliche Disparitäten.

Hohes Bevölkerungswachstum

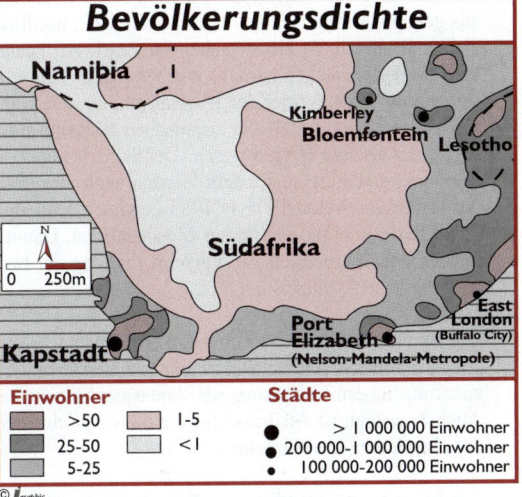

Die wichtigsten **schwarzen Volksgruppen** bzw. Ethnien in Südafrika sind Zulus, Sothos, Xhosas, Tswanas, Shangaan/Tsongas, Swasis und Ndebeles. Die **weiße Bevölkerungsstruktur** setzt sich hauptsächlich aus den Nachkommen von Niederländern, Briten, Franzosen und Deutschen zusammen, die sich ab der zweiten Hälfte des 17. Jahrhunderts in der Kapregion niederließen. Die **Farbigen** (Coloureds) umfassen zwei Hauptgruppen, die Griquas und die Kapmalaien. Die Griquas sind Nachfahren von Verbindungen zwischen Khoikhoi und Europäern; die Kapmalaien stammen von den früheren Sklaven ab, aus dem süd- und südostasiatischen Raum (Singalesen, Chinesen, Inder, Indonesier und Malaysier). Als Synonym für Farbige wird häufig auch der Begriff Mischlinge verwendet, gilt heute jedoch als politisch unkorrekt. Am homogensten ist die ethnische Struktur der **asiatischen Bevölkerung**, bei denen es sich fast ausschließlich um die Nachkommen von Indern und nur in geringem Umfang (1 %) um Chinesen handelt.

Viele Sklaven auch aus Asien

Sprachen

Um nach Jahrzehnten der Rassendiskriminierung keine Bevölkerungsgruppe zu benachteiligen, existieren seit der Verfassung von 1994 elf offizielle Landessprachen: Afrikaans, Englisch, Ndebele, Nordsotho, Südsotho, Swasi, Tsonga, Twana, Venda, Xhosa und Zulu. Sie lösten die beiden bisherigen offiziellen Landessprachen, Englisch und Afrikaans, ab. Würde man diese Regelung jedoch z.B. im bürokratischen Alltag umsetzen, so liefe das auf unzählige Formulare hinaus. Als überregionale Sprache wird sich daher aller Voraussicht nach Englisch durchsetzen. Schon heute wird im Radio, in Fernsehinterviews, bei Massenveranstaltungen

Englisch wird sich durchsetzen

Afrikaans wird verdrängt

oder im Parlament vorwiegend Englisch gesprochen – im Gegensatz zum burischen Apartheidregime, wo Afrikaans dominierte.

INFO **Afrikaans**

Die Grundlage der kulturellen Identität der Afrikaaner ist eng an die Sprache Afrikaans gekoppelt. Ein Zeichen dafür ist das 1975 nördlich von Kapstadt erbaute riesige Denkmal auf einem Hügel nahe von Paarl. Afrikaans bildete sich vorwiegend aus dem Niederländischen heraus, daneben gab es deutsche und französische Spracheinflüsse und auch Wörter der Khoisan finden sich in ihr wieder. Nicht zu unterschätzen ist auch der Anteil der asiatischen Sklaven auf die Sprache, die nicht selten gebildeter als ihre Herren waren. Durch Afrikaans konnten sie sich nicht nur untereinander verständigen, sondern feierten auch ihre Religionen in dieser Sprache, wie der Historiker Achmat Davis 1985 bewies, nachdem er in Afrikaans verfasste religiöse Texte in einer Kapstädter Moschee fand. Damit trugen sie Mitte des 19. Jahrhunderts auch erheblich zur Verschriftlichung der bis dahin nur gesprochenen Umgangssprache Afrikaans bei.

Die Buren hingegen hatten mit aufkommendem Nationalbewusstsein zu Beginn des 20. Jahrhunderts Afrikaans zu einer „weißen" Sprache verkehrt und 1925 ihre Verankerung in der Verfassung als Amtssprache neben dem Englischen durchgesetzt. Auch deswegen ist Afrikaans für die meisten Schwarzen ein Symbol für die Sprache der ehemaligen Unterdrücker.

Der blutige Schüleraufstand in Soweto brach 1976 auch wegen Afrikaans aus, das die Regierung als Unterrichtssprache in den Townships einführen wollte. Während die Regierung in den Townships scheiterte, brachte sie in Südafrika ansässige Firmen wie die South Afrikan Brewerie und ausländische Autofirmen dazu, Gebrauchsanweisungen auf Afrikaans zu verfassen.

Afrikaans wird aber noch mindestens für die Zeit einer Generation die wichtigste Sprache bleiben, denn viele Schwarze sprechen, neben ihrer Bantu-Sprache, nur Afrikaans, aber kein Englisch. Dieses trifft vor allem auf ländliche Regionen zu.

Das Problem mit der Benennung

Komplizierte Übersetzungen

Die verschiedenen Bevölkerungsgruppen Südafrikas stellen einen schnell vor das Problem der Gruppenbezeichnungen, die zudem während der Apartheid ein Politikum waren. Die jeweilige Selbstbezeichnung wäre die einfachste Lösung, würden Übersetzung und Schreibweise in anderen Sprachen dieses nicht erneut komplizieren. Am Beispiel der Farbigen lässt sich dieses verdeutlichen: Die englische Bezeichnung ist *coloureds*, die offizielle afrikaanische *Kleurlinge*. Übersetzt ins Deutsche hieße das „Farbige", wobei dieses im Deutschen jedoch die generelle Bezeichnung für Angehörige anderer Ethnien ist. „Mischlinge" hingegen erweckt durch die Betonung der Mischung verschiedener Ethnien den Anschein einer negativen Bedeutung und hatte in der Vergangenheit einen eher abschätzigen Beigeschmack.

Bevölkerungsstruktur in der Western Cape Province

Überwiegend farbige Bewohner

Die Western Cape Province zählt über 3,65 Millionen Einwohner auf einer Gesamtfläche von 129.370 Quadratkilometern (durchschnittliche 28,2 Einwohner pro Quadratkilometer/11 Prozent der Fläche Südafrikas), die aber zum größten Teil im Großraum Kapstadt leben. Die Bevölkerungsstruktur gliedert sich in 2,1 Millionen Farbige, 870.000 Weiße, 645.000 Schwarzafrikaner und 34.000 Asiaten. Das jährliche Bevölkerungswachstum wird auf 2,3 Prozent geschätzt. Die schwarze Bevölkerung gliedert sich wiederum in eine Vielzahl von Volksstämmen. Nach der Provinz Gauteng (Johannesburg/Pretoria) mit 99,6 Prozent ist die Verstädterung in der Western Cape Province mit 95,1 Prozent am größten.

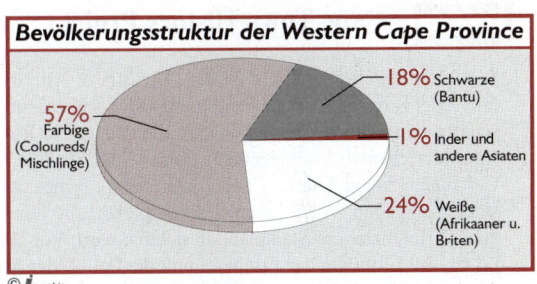

Bevölkerungsstruktur der Western Cape Province

57% Farbige (Coloureds/Mischlinge)

18% Schwarze (Bantu)

1% Inder und andere Asiaten

24% Weiße (Afrikaaner u. Briten)

© graphic

Verstädtert!

Siedlungsstruktur im Großraum Kapstadt

Die Wirtschaft als Triebfeder

Kapstadt wird seit der Gründung 1652 durch die günstige geographische Lage geprägt, die sie bis heute primär zur **Hafenstadt** macht (Hafenumschlag: ca. 8 Millionen Tonnen). Mittlerweile hat sich Kapstadt zum drittgrößten Industriestandort Südafrikas entwickelt (vorwiegend Nahrungs- und Genussmittelverarbeitung, Textil- und Möbelfabriken, (petro-)chemische Industrie) und musste nicht nur neue Hafenbecken und -anlagen bauen, sondern auch aus Mangel an Baugrund für neue Bürohäuser in der City im Innenbereich der Tafelbucht (Foreshore-Ground) insgesamt 114 ha Land aufschütten.

Der Aufschwung des Goldbergbaus am Witwatersrand (Johannesburg) hatte den Handel über Kapstadt in hohem Maße gefördert, so dass die Hafenanlagen bereits 1895 ausgebaut werden mussten. Das **Victoria-Basin** (27 ha Wasserfläche) reichte bis kurz vor Beginn des Zweiten Weltkrieges aus. Ende 1939 war das noch größere **Duncan Dock** (117 ha Wasserfläche) fertig gestellt. Da die Schiffe mit wachsender Tonnage noch größer wurden und die Container-Transporte zunahmen, entstanden weitere modern ausgestattete Hafenbecken und -anlagen (u.a. das Ben-Schoeman-Dock mit 112,7 ha Wasserfläche). In jüngster Zeit haben die älteren Hafenanlagen wie das Victoria-Basin eine Umwandlung erfahren. Dort entstand ein großzügig ausgebautes Freizeit-, Büro-, Wohn- und Vergnügungsvier-

Aufschwung durch Goldfunde im Norden

Hafen als Touristen- attraktion tel (Victoria-&-Alfred-Waterfront) mit einem vielfältigen touristischen Angebot, das den nationalen und internationalen Fremdenverkehr in Kapstadt selbst fördern soll. Das neueste Stadtplanungsprojekt ist ein Kanalbau, der hauptsächlich Touristenboote von der Waterfront entlang dem West-Quay-Dock in Richtung Nico-Malan-Theatre nördlich der Innenstadt führen soll.

INFO   Cape Town History Projekt

Seit Mitte der 1980er Jahre ist die „Victoria & Alfred Waterfront" im ältesten Hafenviertel Kapstadts Gegenstand meist entgegengesetzter Interessen geworden. Wirtschaftsunternehmen, die viel Geld in die Anlage zur Rekonstruktion des historischen Erbes der ehemals vorwiegend „weißen" Stadt stecken, wollen durch den Tourismus Gewinne erzielen. Die im Cape Town History Projekt zusammengeschlossenen Kapstädter hingegen wollen, dass das komplexe Erbe der vergangenen Jahrhunderte in einer differenziertere Stadtplanung sichtbar wird. Vor allem der multiethnischen Charakter, die Einflüsse der Fischerei und die Politik der getrennten Entwicklung sollen den nationalen und internationalen Besuchern verdeutlicht werden. Heute kann man die Ergebnisse der Projektarbeit in Form von Schrifttafeln sehen und vergegenwärtigt die während der Apartheidzeit verdrängte Stadtgeschichte.

Demographische Verteilung der Bevölkerung in Kapstadt

Wie alle südafrikanischen Großstädte hat auch Kapstadt eine *multiracial City*, ein innerstädtisches Zentrum, das von allen Bevölkerungsgruppen wahrgenommen wird. Moderne Zweckbauten, durchsetzt mit historisch interessanten Gebäuden und Grünanlagen nahe der **Achse Heerengracht- Adderley Street** oder vor dem einzigartigen Panorama des Tafelberges gelegen, verleihen der ältesten Stadt Südafrikas, der Mother City, ein charakteristisches kosmopolitisches Gesicht. In der **Fußregion des Tafelberges** (Norden und Osten) sind die mittelständischen Wohngebiete und Villen erhalten geblieben, in der Luftlinie z.T. nur

Spontansiedlungen in den Cape Flats

wenige Kilometer von den dicht bevölkerten Cape Flats entfernt. Es sind die Wohngebiete hoher Beamter, Wissenschaftler oder Künstler.

Kosmo- politisches und buntes Gesicht

Die verschiedenen **Wohnviertel zwischen Sea Point bis Camps Bay** werden immer stärker mit Apartmenthäusern durchsetzt. In Sea Point selbst findet

Spontansiedlungen im Raum Kapstadt

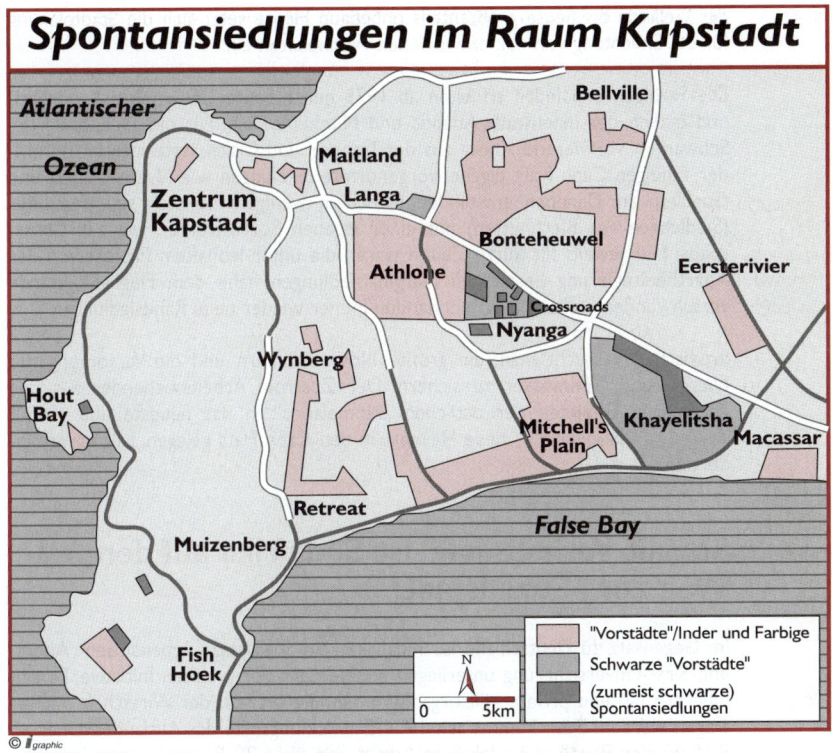

Legende:
- "Vorstädte"/Inder und Farbige
- Schwarze "Vorstädte"
- (zumeist schwarze) Spontansiedlungen

N 0 5km

© *graphic*

man viele Hotelbauten, ein Zeichen dafür, dass Kapstadt auch ein bekanntes und beliebtes Seebad ist und vielen Ruheständlern als Alterssitz dient.

Die Industrien haben sich in die **Cape Flats** (sandigen Ebenen) am Rande Kapstadts ausgedehnt, wie z.B. entlang dem kleinen Salt River und weiter Richtung Norden, wo Raffinerieanlagen stehen. Für die Einwohner Kapstadt bedeutet dies Arbeitsplätze, aber auch lange Anfahrtswege. Es entstand ein dichtes Netz von elektrischen Schnellbahnen und Autobahnen mit hohem täglichen Verkehrsaufkommen.

Immer weitere Wege zur Arbeit

Auswirkungen des *Group Area Act*

Doch bei aller Liberalität, die den Kapstädtern nachgesagt wird, auch Kapstadt bietet ein Beispiel für die Umsetzung des *Group Area Act*. Die ursprünglich zwischen dem frühen Industriegebiet und der City gelegenen Wohnbereiche der Farbigen, Inder und wenigen Weißen, der **District Six**, wurden in den 1960er Jahren gewaltsam geräumt und bis auf Kirchen und Moscheen dem Erdboden gleichgemacht. Sie sollten ursprünglich einer Cityerweiterung dienen, doch blieb

Gewaltsame Räumung

das Gelände bis heute größtenteils unbebaut. Heute setzt sich die Stadtplanung für die Errichtung von neu entworfenen Wohnbauten ein.

Die Farbigen und Inder erhielten ab 1973 neu erbaute **„Townships"** nördlich und östlich der Innenstadt, Atlantis und Mitchell's Plain. Für die zugewanderten Schwarzen, vorwiegend Xhosa aus der Transkei und Ciskei, legte man im Bereich der sandigen Cape Flats eigene, vorgenormte Siedlungen wie Nyanga, Langa und Guguletu an. Daneben entstanden jedoch in wenigen Monaten *squattercamps* (Siedlungen aus Blechhütten) mit einer eigenen Sozialstruktur, wie z.B. Cross-

Sie kamen
immer
wieder

roads. Nur jeweils für kurze Zeiten waren die unter lebhaftem Protest von der Apartheidregierung beseitigten Marginalsiedlungen nahe dem Flughafengelände verschwunden – über Nacht entstanden immer wieder neue Randsiedlungen.

Inzwischen versucht man, die größte Not zu lindern und die Versorgung mit Energie und Trinkwasser zu sichern. Der Zustrom Arbeitssuchender aus den ehemaligen Gebieten der östlichen „Homelands" in das neueste und größte Township Khayelitsha (= neue Heimat), in den Cape Flats gelegen, hält unvermindert an.

Soziale Verhältnisse: Ist Südafrika auf dem Weg zum Sozialstaat?

Im Gegensatz zu Deutschland ist Südafrika kein Sozialstaat: Arbeitslosen-, Alters- und Krankenversicherung unterliegen größtenteils der privaten Initiative. Es gibt

20 % ohne
Ein-
kommen

mehrere tausend private Hilfsorganisationen, die oft von der Wirtschaft mit getragen werden. Dazu kommt seit 1994 Entwicklungshilfe des Auslandes. Über 45 Prozent der Bevölkerung leben in Armut und über 20 Prozent haben kein Einkommen. Die Regierung strebt den Ausgleich der ungleichen Lebensverhältnisse für Schwarz und Weiß an – etwa 40 Prozent der Schwarzen heizen hauptsächlich mit Holz und haben nur Kerzen als Lichtquelle.

Das vom ANC entwickelte und in den Mittelpunkt ihrer Politik gestellte Wiederaufbau- und Entwicklungsprogramm soll den Wohnungsbau, den Ausbau des Erziehungswesens, die Strom- und Trinkwasserversorgung (vor allem in ländlichen Gebieten) und die Schaffung von Arbeitsplätzen beschleunigen. Da das Gesundheitswesen in den Städten bereits entwickelt ist, legt die Regierung ihren Schwerpunkt auf die Gesundheitsvorsorge in ländlichen Gebieten. Die Kindersterblichkeit unter Schwarzen fiel innerhalb von zehn Jahren um 19 Prozent. Sicherlich eine Folge des von Mandela eingeführten Projektes, schwangere Frauen und Kinder unter sechs Jahren in den staatlichen Krankenhäusern und Polikliniken kostenlos zu behandeln.

Die schwarzen Kinder erhoffen sich heute eine bessere Perspektive

Rechtssystem

In den Siebzigern, während der Jahre des Widerstands in den Townships, verloren die „weißen" Gerichte ihre Legitimität in den Augen der schwarzen Südafrikaner, da sich viele Richter an Apartheidgesetzen orientierten. Daraufhin sprachen junge Schwarze in der Mitte der Achtziger das Recht durch Straßenkomitees und „Volksgerichte" selbst. Schwarze, die als „weißenfreundliche" Verräter galten, wurden mit dem Verbrennungstod durch einen um den Hals gehängten brennenden Autoreifen, dem *necklacing* (Halskrausenmorde; 24 Tote 1985) bestraft. Es hatte sich eine Kultur der Rechtlosigkeit entwickelt, deren Auswirkungen noch heute zu sehen sind.

Das südafrikanische Recht basiert hauptsächlich auf römisch-holländischem Recht mit britischen Einflüssen. Das „Stammesrecht", basierend auf Tradtitionen und mündlicher Überlieferung, gilt in ländlichen Gebieten etwa als Familienrecht neben den (offiziellen) Gesetzen. Der oberste Gerichtshof, mit Sitz in Bloemfontein, besteht immer noch zu einem überwiegenden Teil aus Weißen. Zum obersten Richter wurde 1996 der indische Südafrikaner Ismail Mahomed ernannt.

Auch das „Stammesrecht" hat noch Geltung

Das Justizsystem wurde seit 1995 stark umgebildet, und das mit der Verfassung von 1994 eingerichtete, dem deutschen Bundesgerichtshof nachempfundene Verfassungsgericht hat u.a. mit seinen Gutachten – einige Artikel der am 8. Mai 1996 verabschiedeten Verfassung verstießen gegen unabänderliche Verfassungsgrundsätze – Respekt erhalten. Während es bis 1994 britischem Rechtsdenken der „Souveränität des Parlaments" entsprach, kann es Gesetze am neuen Grundrechtskatalog messen und für nichtig erklären.

Bildungswesen

Allgemein

In kaum einem anderen Bereich manifestieren sich die Auswirkungen der Apartheidpolitik so deutlich wie im Bildungswesen. Ministerpräsident Verwoerds (1958–1966) System hatte durch Kürzung der Mittel einen nachhaltigen Qualitätsverlust zur Folge. Mit Ausnahme einiger Zweige der universitären Bildung *(siehe S. 105f)*, herrschte bis Anfang der 1990er Jahre in allen Bildungszweigen eine strikte ethnische Trennung vor. Diese fand ihren Niederschlag in ausgeprägten Unterschieden der Unterrichtsqualität und der Ausstattung mit schulischen Einrichtungen, der Einschulungsquoten sowie des Bildungsniveaus. Besonders gravierend sind die Bildungsunterschiede im Vergleich der schwarzen und der weißen Bevölkerung.

Unterschiede in der Unterrichtsqualität

Die rücksichtslose Durchsetzung der Apartheidpolitik im Bildungswesen und eine ungerechte Mittelzuweisung zwischen schwarzen und weißen Schulen waren in der Vergangenheit Anlass für eine wachsende Unzufriedenheit unter der schwarzen Bevölkerung. Der Beschluss der Regierung, dass ein Teil der Unterrichtsfächer an schwarzen Schulen in Afrikaans (für Schwarze die Sprache der Unter-

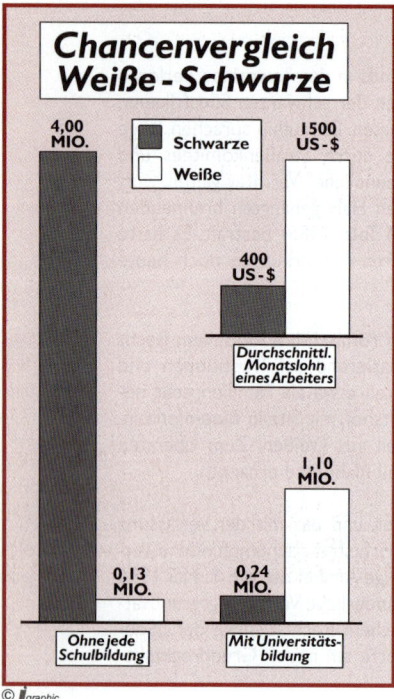

Chancenvergleich Weiße - Schwarze

■ Schwarze
□ Weiße

4,00 MIO.

1500 US-$

400 US-$
Durchschnittl. Monatslohn eines Arbeiters

1,10 MIO.

0,13 MIO.

0,24 MIO.

Ohne jede Schulbildung

Mit Universitätsbildung

© Igraphic

drücker) abgehalten werden sollte, löste massive ethnische Spannungen aus, die im **Soweto-Aufstand** von 1976 gipfelten. Wirtschaftskrise, Einflüsse der *Black-Consciousness*-Bewegung, düstere Zukunftsaussichten und trostlose, sich verschlechternde Lebensbedingungen in den Städten hatten zu einer explosiven Lage geführt.

Um gegen die Missstände an afrikanischen Schulen zu demonstrieren, wurde im Rahmen der vom ANC initiierten **„Liberation before Education"-Kampagne** der Besuch schwarzer Schulen zum größten Teil boykottiert. Damit wurden allerdings die schon bestehenden Bildungsunterschiede weiter ausgebaut, und die Gefahr einer ausbildungslosen Generation entstand. Daraufhin fasste 1986 das schwarze National Education Crisis Committee den Entschluss, alle Schüler wieder an die Schulen zurückzurufen. Als Folge des ANC-Boykotts verfügt heute ein Großteil junger Schwarzer, auch *Lost Generation* genannt, über nur geringe oder gar keine schulischen Qualifikationen. Sie finden kaum Arbeit und fallen für den nationalen Entwicklungsprozess des neuen Post-Apartheid-Südafrikas weitgehend aus.

Schulwesen

Eine allgemeine Schulpflicht existiert vom 7. bis zum 16. Lebensjahr bei kostenlosem Unterricht. Im Alter von sieben Jahren beginnt die sechs Jahre dauernde Primary Education, anschließend folgen weitere sechs Jahre Secondary Education. Ende der 90er Jahre gingen etwa 80 Prozent der schwarzen Kinder zur Schule, Tendenz steigend. Heute gibt Südafrika im internationalen Vergleich, relativ betrachtet, viel fürs Bildungswesen aus, doch sind immer noch **mehr als die Hälfte der Bevölkerung des Lesens und Schreibens unkundig** (in der Western Cape Province ist die Analphabetenrate mit 24 Prozent die niedrigste in Südafrika). Nach den ersten demokratischen Wahlen 1994 rief der ANC die Schwarzen dazu auf, die in den Jahren des Widerstandes zerrüttete „Kultur des Lernens und Lehrens" an den schwarzen Schulen wieder herzustellen.

Hohe Analphabetenquote

Eine der ersten Maßnahmen der Regierung Mandela war 1994 die Zusammenlegung der 16 nach Rassen getrennten Erziehungsministerien zu einem einheitlichen. Neue Lehrpläne vor allem für den **Geschichtsunterricht** wurden erstellt, die von der bisherigen Sicht einer rein „weißen" Geschichtsschreibung abweichen. Während die Privatschulen seit den frühen Achtzigern für alle Rassen zu-

Neue Lehrpläne

gänglich waren, begann die Öffnung der Staatsschulen 1991. Es dauerte noch bis Ende 1996, bis die Schüler aller Rassen das gleiche Schulabschlussexamen (Matrik) ablegen konnten.

In der Praxis herrschen heute noch überwiegend chaotische Zustände: Wegen Lehrermangels, überfüllter Klassen und schlechten Images schicken die Schwarzen ihre Kinder, wenn es irgendwie geht, trotz der sehr langen Anfahrtswege in die ehemaligen Schulen der Weißen. Die Folgen sind übermüdete Kinder, Kontaktlosigkeit zwischen Lehrern und den weit entfernt in den Townships lebenden Eltern und deren Kultur sowie eine Überforderung der weißen Lehrer, die zum *Über-*
müdete
Kinder

großen Teil die Sprachen der Schüler nicht verstehen. Befürchtungen der Lehrer, der Rassendiskriminierung bezichtigt zu werden, führt zu der Tendenz, es mit Leistungsnachweisen nicht so genau zu nehmen und generell alle Schüler „durchzuschleusen".

Vorschule in einem Township

Aus **Sorge ums Bildungsniveau** schicken daher diejenigen, die es sich finanziell leisten können, d.h. vor allem die Weißen, ihre Kinder auf teure Privatschulen. Viele weiße Familien wandern sogar aus – vorwiegend nach Australien, Neuseeland und Großbritannien –, weil sie glauben, dass ihre Kinder dort eine bessere Bildung erhalten.

Die Gefahr einer „Ausblutung" droht, denn nun folgen andererseits Lehrer ihren ehemaligen Schülern. In vielen Bereichen fehlen mittlerweile erfahrene, gut ausgebildete Lehrer. Die Furcht vor einem Teufelskreislauf mit der Folge der Niveausenkung ist sicherlich nicht unbegründet. Dass Lehrer nun auch noch relativ niedrige Gehälter erhalten, deren Anhebungen in den letzten Jahren nicht mit denen der Inflationsrate Schritt gehalten haben, trägt sicherlich nicht zur Entschärfung der Situation bei.
Niveau-
senkung
droht

Universitäten

Auch die in der Apartheidzeit nach Rassen getrennten Universitäten sind heute für alle geöffnet. Zuvor gab es zehn Universitäten für Weiße, von denen die bedeutendsten in Kapstadt, in Witwatersrand/Johannesburg und Stellenbosch waren, sowie je eine für Inder (Durban) und für Farbige (Kapstadt). Den Schwarzen standen lange Zeit nur drei (jetzt sechs) Universitäten in „Homelands" zur Verfügung sowie einige „schwarze" Zweige „weißer" Universitäten in städtischen Ballungsgebieten. Die 1951 gegründete *UNISA* (Universität von Südafrika) in Pretoria, die heute allen ethnischen Gruppen offen steht, ist mit 130.000 Studenten aller Bevölkerungsgruppen die größte Fern-Universität der Welt.
Größte
Fern-
Universität
der Welt

Heute studieren etwa 400.000 Studenten an Universitäten und 190.000 an Technischen Hochschulen (TU), wobei der Anteil schwarzer Studenten in den vergangenen Jahren stark zunahm: an TUs von 17,6 auf 45 Prozent zwischen 1990 und 1995. Der Bildungsplan der Regierung sieht vor, in Zukunft technische und berufliche Schulung schwerpunktmäßig vor akademischer Ausbildung zur fördern.

Religionen

80 % Christen

Rund 80 Prozent der Bevölkerung Südafrikas gehören bei geltender Religionsfreiheit und starker konfessioneller Zersplitterung einer christlichen Religion an. Neben zahlreichen Kirchengemeinden und Sekten haben die **Afrikaans-sprachigen reformierten Kirchen** (z.B. Nedeerduitse Gereformeerde Kerk) mit 3,2 Millionen die meisten Mitglieder (die vier damals „unabhängigen" Homelands Transkei, Bophuthatsuana, Venda und Ciskei wurden bei der letzten Volkszählung noch nicht mitgezählt), denen mit 2,3 Millionen die röm.-kath. Kirche als größte „etablierte" Kirche der Schwarzen folgt, dann kommen die Methodisten mit 1,8, die Anglikaner mit 1,2 und die Lutheraner mit 0,8 Millionen Mitgliedern.

Darüber hinaus gibt es rund 4.000 **„Schwarze Unabhängige Kirchen"**, denen 7 Millionen Schwarze angehören, wie etwa die Zion Christian Church (ZCC), die zu Ostern in Moria, im Nordosten Südafrikas, mit 3 Millionen Gläubigen das größte jährliche Kirchentreffen der Welt veranstalten.

Viele Juden wandern aus

Die Zahl der vor allem in der Kapregion ansässigen **Muslime** (340.000, überwiegend Farbige) steigt wie ihr Einfluss stark, die der Hindu leicht (390.000, überwiegend Inder), die Gemeinde der jüdischen Südafrikaner, die Anfang der Neunziger noch 67.000 Mitglieder umfasste, schrumpft aufgrund von Auswanderung.

6. KUNST UND KULTUR

Allgemein

Das kulturelle Leben Südafrikas fand während der Apartheidzeit bis Ende der Achtziger eher auf einem unbedeutenden Nebenschauplatz statt, da zahlreiche Kulturen (Zensur, Kulturboykott, unzureichendes Bildungssystem) unterdrückt worden waren. Zwar überlebten einzelne in den „Homelands", konnten sich jedoch nicht weiter entwickeln. Nun haben die Bewohner des „Neuen Südafrika" ein wieder belebtes Bewusstsein ihrer eigenen Kultur und müssen/dürfen sich auch mit den Kulturen der anderen Bevölkerungsgruppen auseinandersetzen.

Bewusstsein der eigenen Kultur

Neu inspiriert wird die kulturelle Szene am Kap und in Südafrika insgesamt auch durch zahlreiche während der Apartheid ins Exil gegangene Künstler, die nun zurückkehren oder vom Ausland heraus neue Impulse geben. Mittlerweile hat Kapstadt Johannesburg als Kunstzentrum überholt und bietet zahlreiche Konzerte, Galerien und traditionelle sowie zeitgenössische Kunst. Aus europäischer Sicht steckt das kulturelle Angebot der Western Cape Province allerdings noch in den Anfängen.

Kunst und Handwerk

Ist der Bevölkerungsanteil der Schwarzen in der Western Cape Province auch relativ gering und werden die meisten Erzeugnisse des **traditionellen afrikanischen Handwerks** im Norden und Osten Südafrikas hergestellt, so gibt es jedoch auch im Süden des Landes die gesamte Produktpalette schwarzafrikanischer Kunst zu erwerben. Wer allerdings sicher gehen will, dass es sich bei den überwiegend auf Flohmärkten und an Straßenrändern angebotenen Waren nicht um so genannte „Airport-Art" handelt, d.h. um in Hongkong und China massenhaft produzierte Ware, sollte sich in den permanenten **Craft Markets** an der Waterfront umschauen. Dort findet man authentische und hochwertige, in Afrika gefertigte Masken, Skulpturen oder Schmuck aus Holz und Stein. Auch zahlreiche Künstler Naiver Kunst, angezogen durch die reizvolle Landschaft rund ums Kap, stellen dort ihre Werke aus.

Vorsicht vor Billigimporten

Die Kunstströmung der Neunziger in Südafrika ist die **Township-Art**, deren Künstler teilweise schon über die Grenzen Kapstadts und Südafrikas hinaus bekannt sind. Diese von den Schwarzen produzierte Kunst besteht z.B. aus aus Metall- und Plastikabfällen hergestellten Figuren, Spielautos, -motorrädern und -flugzeugen sowie auch aus Alltagsgegenständen. Als Ausdruck des tristen und armen Lebens in den Townships präsentiert sie sich dennoch oft geradezu in überraschender Farbenpracht. Wer sich für die ganze Palette der Township-Art interessiert, muss unbedingt in den **Pan-African-Market** in der Long Street gehen, wo es neben traditionellem afrikanischen Handwerk z.B. auch Lampenschirme aus Coca-Cola-Dosen, Radios aus Kronkorken und dreidimensionale,

Hoch im Kurs: Township-Art im Pan-African-Market

zum Teil wunderschöne bunte Collagen gibt, die ganze Geschichten vom Leben in den Townships erzählen.

Dem 1993 in Frankreich im Exil im Alter von 80 Jahren verstorbenen Begründer der Township-Kunst und bekanntesten schwarzen Künstler Südafrikas, **Gerard Sekoto**, wurde Anfang 2000 eine Dauerausstellung in Muizenberg (im Natale Labia Museum) gewidmet, nachdem die Gerard-Sekoto-Stiftung die aus seinem Nachlass entstandene Sammlung der Nationalgalerie in Kapstadt als Dauerleihgabe übergeben hatte. Zu sehen sind neben den Bildern des zuletzt verarmt in einem Altenheim nahe Paris lebenden Malers auch zahlreiche Fotos und Briefe sowie ein Großteil seiner Arbeitsutensilien. Die nach ihm benannte Stiftung hat sich auf die Fahne geschrieben, mit den Erträgen, die durch die Sammlung erzielt werden, das Interesse südafrikanischer Kinder an Kunst zu wecken und zu fördern.

Karte besorgen!

Hervorragende Auskunft über die gesamte Palette der in Kapstadt zu sehenden Kunst gibt die im Touristenamt erhältliche **„Arts and Crafts Map"**. Übersichtlich gestaltet und jährlich neu aufgelegt, enthält sie mit Lageplan, Öffnungszeiten, Bildern und kurzer Beschreibung der jeweiligen Kunst- bzw. Handwerksrichtung die nötigen Informationen, um die wichtigsten Galerien und Kunstgeschäfte auf der Kaphalbinsel und Umgebung zu finden.

Musik

Wie die Literatur- wurde auch die Musikszene bis Ende der 1980er Jahre von kulturüberschreitenden Einflüssen ferngehalten. Heute ist ein neues Bewusstsein für authentische afrikanische Musik entstanden. Zudem sind viele zuvor im Exil lebende Musiker zurückgekehrt, wie u.a. der nun in Kapstadt wohnende weltbekannte **Jazz**-Musiker Abdullah Ibrahim. Heute gibt es in Kapstadt eine lebhafte Jazzszene, die aufgrund asiatischer Einflüsse ihren eigenen Charakter herausgebildet hat, und zahlreiche Jazzlokale, wo so manche heute gefeierte Jazzgröße ihre Karriere startete. Ibrahim versteht die afrikanische Musik nicht nur als Entertainment, sondern darüber hinaus auch als Geschichtenerzählerin, heilende Kraft, die Identität stiftet, Selbstvertrauen schafft und Wunden heilen kann. Um dieses Gefühl der jungen Generation zu vermitteln, hat sich Ibrahim den Traum verwirklicht, eine Musikakademie in Kapstadt und Johannesburg zu gründen, um südafrikanische Talente zu fördern.

Lebhafte Jazzszene

Hauptsächlich durch afrikaanische, englische und afrikanisch-amerikanische Balladen beeinflusst wurden die lebhaften Folksongs der Kapstädter Gruppe **Kaapse Klopse**. Ihre Feiern zum Neuen Jahr im Rahmen des **Coon Carnival** werden von Einheimischen und Touristen gleichermaßen genossen. Zu dieser Jahreszeit ziehen die Kaapse Klopse in bunten Kostümen durch die Innenstadt bis zum Green Point und bieten eine farbenprächtige Parade.

Das älteste professionelle Orchester in Südafrika, das **Cape Town Symphony Orchestra**, 1914 als Cape Town Municipal Orchestra gegründet, tritt in der Old Town Hall bzw. im Nico-Malan-Zentrum regelmäßig auf. Während der 20er und 30er Jahre des 20. Jahrhunderts entstand die lebendige und rhythmische **Marabi-Musik** als ein unverwechselbarer Performance-Stil der städtischen afrikanischen Arbeiterklasse. Es war eine Mischung aus Elementen des afrikanischen und Western-Musicals. Musiker der Coloured-Gemeinde am Kap beeinflussten durch afrikaanische Klänge die Marabi-Musik.

Rhythmen der städtischen Arbeiterklasse

Das **Out Libertas Centre** in Stellenbosch bietet in den windstillen Sommermonaten jazzige, klassische und traditionelle Sommerkonzerte – das Amphitheater und die unter Südafrikanern so beliebte Möglichkeit zum Picknicken bilden den besonderen Rahmen. Unbedingt zu beachten sind auch die Ankündigungen zu den meist am Wochenende stattfindenden Open-Air-Konzerten in den **Kirstenbosch National Botanical Gardens**.

Hinweis
Lesen Sie zu den modernen Musikrichtungen auch auf S. 231 f.

Theater/Oper/Ballett

Das größte Theater Kapstadts ist das **Nico-Malan-Theater**, wo in mehreren Sälen klassische, überwiegend englischsprachige Theaterstücke, Opern und Ballette geboten werden. Erwähnenswert sind zudem das unkonventionellere Baxter Theater in der Nähe der Universität in Rondebosch, das Theatre on the Bay in Camps Bay und das Kapstädter Open-Air-Theater in Maynardville, das hauptsächlich Stücke von Shakespeare zeigt. Darüber hinaus entstehen z.Zt. zahlreiche kleinere unabhängige Zimmer- und Lokaltheater, die die Tradition des englischen Komödientheaters wieder beleben. Das 1.200 Plätze bietende **Opera House** überrascht mit italienischen Kristalleuchtern im großen Foyer und bietet regelmäßige Touren hinter die Kulissen an.

Theatervielfalt – doch vorwiegend Komödien

Architektur

Da die halbrunden **Khoikhoi-Hütten** aus vergänglichen jungen Bäumen und Grasmatten bestanden, beginnt die Geschichte der erhaltenen charakteristischen **Architektur** der Western Cape Province zumeist mit der Ankunft der ersten europäischen Siedler. Viele historische Häuser sind heute Denkmäler und Museen, wie das Koopmans de Wet House in der Kapstädter Strand Street – ein typisches kapholländisches (*Cape Dutch*) Stadthaus aus der Anfangszeit der Kolonie. Die kapholländische Architektur begann Ende des 17. Jahrhunderts ihren einzigartigen

Vergängliche Hütten-Architektur

Charakter herauszubilden – dicke, weiß angestrichene Mauern, grüne Türen und Fensterläden, Reetdach und elegante Linien-Symmetrie – und ist heute mit vielen Variationen vertreten (*siehe auch Kasten Seite 378f*).

Kapstyle House   Khoikhoi Hütte

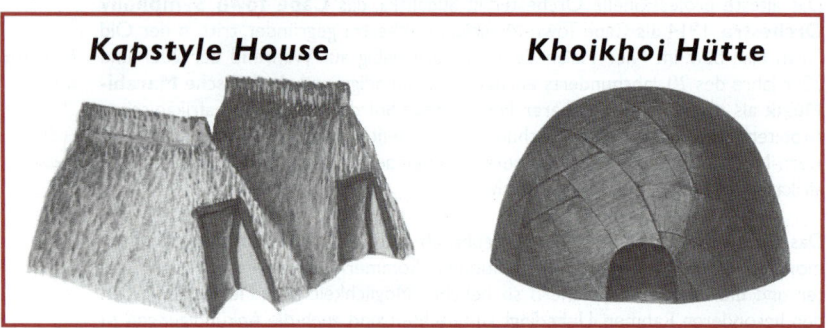

70 relativ schnell zu errichtende Häuser, wie sie von den Trekboers genutzt wurden, die sogenannten *Kapstyle houses,* wurden vor über 60 Jahren von F. J. de Jager rekonstruiert. Dicht gedrängt stehen sie auf einem Felsvorsprung über dem Meer in dem in der Nähe von Riversdale gelegenen Ort Puntjie. Kapstyle-Häuser bestehen aus wenig mehr als einer Dachkonstruktion (A-Rahmen), der direkt auf den Untergrund platziert wird.

Cape-Georgian

Als die Briten zu Beginn des 19. Jahrhunderts in das Kapland einzogen, herrschte König Georg III., und englische Architektur wurde als **georgianische** bekannt. Die Siedler am Kap übernahmen das dafür typische Doppelgeschoss und kreierten den Cape-Georgian-Stil. Ein Beispiel später georgianischer Architektur ist das heute ein Museum beherbergende Bertram-House aus gelb-braunem Klinker, dessen schlichte Hausfront nur durch einen Erker für die Eingangstür unterbrochen wird. Architektur zur Zeit der englischen **Regentschaft** (1811–1820) ist der georgianischen ähnlich, jedoch kunstvoller gestaltet. Sie beinhaltet schmiede- und gusseiserne Balkone, Geländer und Oberlichter mit geschnitzten Holzrahmen. Schmiedeeisen war auch während der Herrschaft der Königin Victoria (1837–1901) populär, als viele Dächer aus Wellblech gebaut wurden. Kapstadt bietet vor allem in der Long Street viele Beispiele **victorianischen Baustils**. Die teilweise wunderschön renovierten und bunten Häuser mit ihren verzierten und auf Säulen stehenden Balkonen erinnern an den Charme der amerikanischen Südstaaten und laden nicht nur zu einem architektonisch ausgerichteten Stadtbummel ein.

Auch in Kapstadt oft zu sehen: Art déco-Häuser

Die dichteste Bebauung mit **Art déco-Gebäuden** befindet sich im Greenmarket Square, einem der schönsten

Plätze der Stadt. Beispiele sind das **Alte Postamt** (*General Post Office*) in der
Darling Street, das zwischen 1938 und 1940 aus Transval- und Kap-Granit erbaut
wurde und das direkt gegenüber erbaute **Old Mutual Building**, mit Skulpturen,
die Geschichte, Flora, Fauna und Menschen Südafrikas darstellen. Hier ist das
Erdgeschoss für die Öffentlichkeit zu besichtigen.

Literatur

Aus der Western Cape Province stammende Schriftsteller, die auch in Übersee
ein Begriff sind, sind dünn gesät. Kein Wunder, hört doch meistens auch die
Aufzählung südafrikanischer Literaten insgesamt schon bei der in Johannesburg
lebenden Nobelpreisträgerin Nadine Gordimer auf.

*Nicht nur
Nadine
Gordimer*

Bei näherem Hinsehen gibt es sie dennoch, die Literaten aus der Western Cape
Province mit internationaler Anerkennung, wie den in Kapstadt geborenen und in
Worcester aufgewachsenen zweifachen Brooker-Preisträger **J. M. Coetzee**. Besonders für Reisende ins Kapland lesen sich die Kindheitserinnerungen Coetzees,
1998 unter dem Titel *„Der Junge. Eine afrikanische Kindheit"* erschienen, wie in
einem Atemzug. Romanhaft schildert der Autor die Geschichte eines Jungen, der
in Worcester, einem öden Provinznest ca. 160 Kilometer nördlich von Kapstadt,
aufwächst. Unsentimental werden zum einen die multikulturelle Situation der
40er und 50er Jahre des 20. Jahrhunderts in Südafrika, das belastende Nebeneinander von Afrikaanern, Engländern und Schwarzen und zum anderen die individuellen Eigenarten des Jungen beschrieben. Ein Buch, das nicht nur literarisch ein
Genuss ist, sondern Reisenden des Gebietes zwischen Port Elizabeth und Kapstadt ein Stück Geschichte lebendig werden lässt.

Literatur schwarzer Autoren äußerte sich während der Apartheid vor allem in
Form von Lyrik. Im Gegensatz zum Roman, der eine lange Entstehungsphase und
komplexe Handlungsstrukturen fordert, stellt das Gedicht eine schnelle Möglichkeit dar, Gefühlen wie Wut und Ohnmacht ein Forum zu geben. Der schwarze
Poet **Lesego Rampolokeng** entlehnt darüber hinaus den Rhythmus seiner Lyrik dem Klang jamaikanischer Klänge und sucht damit nach der Wende nicht nur
nach neuen Inhalten, sondern auch nach neuen Gewändern für seine Verse. **Nja-
bulo Ndebele** wählte Kurzgeschichten als sein Ausdrucksmittel, um bildhaft das
Leben unter der Apartheidgesetzgebung zu schilden. Mit *„Fools and other Stories"*
erlangte der Literaturprofessor und Vorsitzende des Congress of South African
Writers (Cosaw) literarische Anerkennung. Das 1997 in deutscher Übersetzung
erschienene Buch *„In Kapstadt kannst du nicht verloren gehen"* der schwarzen
Autorin **Zoë Wicomb** versucht in zehn Erzählungen den Spagat zwischen Politik
und Literatur. Die 300 Kilometer nördlich von Kapstadt in der Western Cape
Province geborene Autorin war 1970 für zwölf Jahre nach England gegangen und
kehrte 1991 das erste Mal wieder in ihr Heimatland zurück.

*Lyrik
während
der
Apartheid*

*Spagat
zwischen
Politik und
Literatur*

Der bekannteste Afrikaans-sprachige Prosa-Autor ist der Literaturprofessor **André Brink,** der seit 1991 an der Universität Kapstadt lehrt. Brink wurde in ein
burisches Elternhaus geboren. 1960 wird sein Gewissen wach gerüttelt, als die

südafrikanische Polizei 1960 in Sharpeville ein Massaker unter schwarzen Demonstranten anrichtet. Der junge Schriftsteller ging ins Pariser Exil. Als Brink 1987 an einer Reise prominenter weißer Südafrikaner in den Senegal teilnahm, die dort erstmals Kontakt mit dem Afrikanischen Nationalkongress (ANC) hatten, löste er unter den konservativen Buren Empörung aus – vom Autor wurde sie als eigentlicher Beginn des Reformprozesses gewertet. Brink lehrte in dem kleinen Universitätsstädtchen Grahamstown Afrikaans, bevor er 1991 den Kapstädter Lehrstuhl für englische Literatur erhielt. Brink wurde mehrfach für den Literaturnobelpreis nominiert und zählt neben Breyten Breytenbach und J. M. Coetzee zu den bedeutendsten Afrikaans-sprachigen Schriftstellern Südafrikas. Sechs seiner Romane wurden bereits in Deutsche übersetzt. Sein 1995 erschienenes Buch „Im Gegenteil" handelt von einem aus der Reihe tanzenden Buren, der sich – im geschundenen Schoß der Sklavin Rosette – in den schwarzen Kontinent verliebt.

Beginn des Reform- prozesses

Der 1939 in Bonnievale/Kapprovinz geborene Lyriker, Maler, Romancier und Essayist **Breyten Breytenbach** läutete durch die Veröffentlichung seiner auf Afrikaans erschienenen Gedichtbände in den 1970er und -80er Jahren einen neuen Abschnitt in der südafrikanischen Literaturgeschichte ein. International bekannt wurde er durch die Verurteilung zu neun Jahren Gefängnis wegen terroristischer Konspiration. Breytenbach gehörte zu der liberalen Gruppe in Afrikaans schreibender Literaten „Sestigers". Verheiratet mit einer Farbigen, fiel seine Ehe unter das Verbot von „Mischehen"; 1967 emigrierte er und ging ins Exil nach Paris. In den „Wahren Bekenntnisse eines Albino-Terroristen" (1984) verarbeitete der Autor seine Erlebnisse während der Gefangenschaft.

„Die wahren Erkennt- nisse eines Albino- Terroris- ten"

Der bekannteste und beliebteste Satiriker und Kabarettist Südafrikas ist der Kapstädter **Pieter-Dirk Uys**, dessen Mutter aus Berlin stammt. Als in den Siebzigern seine Karriere als Stückeschreiber begann, war die Themensuche leicht, diese auch auf die Bühne zu bringen, jedoch weniger – kein Wunder bei über tausend von der Zensur betroffenen Publikationen um 1980 herum. Daher erfand er die Kunstfigur Evita Bezuidenhout, eine exzentrisch-naive Burengattin, die aufgrund ihrer eigenen Hochmütigkeit die derzeitigen Machthaber widerspiegelte. Sein Stück „Karnaval", das 20 Jahre der Zensur zum Opfer gefallen war, ließ er in der Long Street auf einem Balkon eines victorianischen Hauses spielen. Die Sprache des Stückes besteht aus einer Mischung zwischen Englisch und Afrikaans, dem Slang der Farbigen Kapstadts.

Slang der Farbigen Kapstadts

Zwar bilden das **Kap der Guten Hoffnung** *sowie der benachbarte* **Cape Point** *nicht die südlichste Spitze Afrikas, doch gelten sie auch heute noch als der* **Scheidepunkt zwischen Indischem und Atlantischem Ozean.** *Diese Tatsache sowie die faszinierende Landschaft machen einen Tagesausflug zur Spitze zu einem absoluten Muß.*

Lange wurden die **Hafenanlagen von Kapstadt** vernachlässigt, doch in den 1980er Jahren entschied man, sie wieder zum Leben zu erwecken. Ziel war und ist es, Wohnbereiche mit Büros, Museen, touristischen Einrichtungen und dem Fischereihafen sinnvoll zu verbinden. Heute ist die **Victoria & Alfred Waterfront** ein absoluter **Publikumsmagnet**.

Auch heute noch hat der **Fischfang** eine Bedeutung in der Kapregion. Frühmorgens legen die kleinen Boote aus den Häfen um die Metropole herum ab, um mittags ihre fangfrische Ware dann, wie hier in **Kalk Bay**, an die Zwischenhändler zu verkaufen. Der Handel geht so schnell vonstatten, daß die Boote meist nur für wenige Minuten anlegen.

Auch **Kapstadt** hat mit der zunehmenden Landflucht zu kämpfen. Die **Townships** wachsen schneller, als sie infrastrukturell erschlossen werden können. Um dem Ansturm und der damit drohenden hohen Arbeitslosigkeit entgegenzuwirken, bemüht sich die Regierung um eine bessere Bildungspolitik und richtet immer mehr Schulen ein.

Jede Großstadt hat ihre bevorzugten Wohngebiete. **Kapstadts Nobelvorort** ist **Clifton**, dem drei weiße Strandbuchten vorgelagert sind. Hier sonnen sich die „Rich and Beautiful", und an den Wochenenden, wenn auch andere Städter hierher kommen, findet man an der schmalen Straße kaum einen Parkplatz.

Kommt man von der Gardenroute aus nach Kapstadt, lohnt sich der kleine Umweg von Hermanus entlang der Küstenstraße R44. Auf dem letzten Abschnitt breitet sich vor einem die schöne **False Bay** aus. Sie erhielt ihren Namen von den ersten Seefahrern, die sie bei schlechter Sicht oft fälschlich als die Tafelbucht (Table Bay) ansahen und so im Nebel vergeblich die Anlegeplätze von Kapstadt suchten.

Heiß begehrt sind die bunten, edwardianisch-viktorianischen **Strandhäuser** an der False Bay. Die meisten stehen am Strand von **Muizenberg**, und kaum einer kommt darum herum, hier ein paar Fotos zu machen. Wer ein anderes Hintergrundmotiv sucht, der sollte besser die nur wenige Kilometer entfernten Strandhäuser in **St. James/Kalk Bay** aufnehmen.

1983 fand man
unter den windge-
schützten Büschen
am **Boulders
Beach** südlich von
Simon's Town ein
einsames Pinguin-
pärchen. Mittler-
weile haben diese
sich vermehrt und
andere Familien an-
gezogen, so daß
sich jetzt über
2.500 **Afrikani-
sche Pinguine**
an diesem Strand-
abschnitt tummeln.

Um 1660 kamen die ersten Holländer auf die Idee, am Kap Wein anzubauen. Das erste Weingut wurde die **Steenberg Estate** in **Constantia**, das damals einer Einwanderin aus der Hansestadt Lübeck gehörte. Das älteste noch erhaltene Gebäude auf der Estate stammt von 1682. Heute wird hier aber nicht nur Wein angebaut, sondern auf dem Anwesen befinden sich auch ein erstklassiges Hotel und eine Golfanlage.

Bereits hundert Jahre nach der Ankunft der ersten holländischen Siedler reichte das Land um Kapstadt nicht mehr aus, und es wurden zwei neue Distrikte im Hinterland gegründet. Einer davon war **Swellendam**. Er wurde 1747 gegründet, und im gleichen Jahr wurde das **Drostdy** erbaut. Es war zugleich Wohnhaus des Landvogts, Magistratsresidenz und Gerichtssitz. Heute befindet sich hier ein interessantes Museum.

Nirgendwo sonst auf der Welt scheint es so viele historische **Luxushotels** zu einem relativ annehmbaren Preis zu geben wie am Kap. Die meisten von ihnen sind mittlerweile zu einem National Monument erklärt worden. Das **Alphen Hotel** in **Constantia** war ehemals das Herrenhaus eines großen Weingutes.

Historische und **luxuriöse Zugfahrten** finden im südlichen Afrika immer mehr Liebhaber. Entsprechend steigt nicht nur das Angebot, sondern auch die Preise. Wer es sich leisten mag, der wird im „**Blue Train**" bzw. bei der „**Rovos Rail**" von allen Seiten verwöhnt. Letztere ist wirklich historisch. Ein Platz im Lounge-Waggon am Ende des Zuges bietet einen besonders schönen Ausblick.

Die **Garden Route** gehört ohne Zweifel zu den Höhepunkten des Reisegebietes. Die Bezeichnung hat aber weniger etwas mit bunten Blumen zu tun, sondern ist historisch zu verstehen: Die ersten Europäer empfanden die fruchtbare Region mit ihren deftigen (vor allem grünen) Farben als **Garten**.

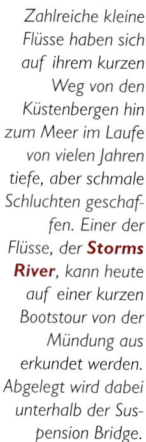

Zahlreiche kleine Flüsse haben sich auf ihrem kurzen Weg von den Küstenbergen hin zum Meer im Laufe von vielen Jahren tiefe, aber schmale Schluchten geschaffen. Einer der Flüsse, der **Storms River**, kann heute auf einer kurzen Bootstour von der Mündung aus erkundet werden. Abgelegt wird dabei unterhalb der Suspension Bridge.

Die Küste des Atlantischen Ozeans zieht aufgrund des kalten Wassers und der rauhen Natur nur wenige Reisende an. Doch hat gerade das auch seine positiven Seiten: Kaum jemand besucht z.B. den **West Coast National Park**. Besonders wenn die Blumen im Frühling blühen, fasziniert die Farbenpracht, und abends locken dann die leckeren Hummer-Gerichte in den umliegenden Restaurants.

Seit geraumer Zeit versuchen auch die Regionen westlich von **Mossel Bay** sich der Gardenroute anzuschließen. Grund ist natürlich die Hoffnung auf Einnahmen aus dem Tourismusgeschäft. Die viel lichtere Küsten-Fynbos-Vegetation, bedingt durch geringere Niederschläge, hat ihren ganz eigenen Reiz, besonders wenn die Blumen und Sträucher im Frühling gelb und rot blühen.

Das **Hinterland der Kapprovin-zen** ist teilweise sehr trocken und einsam. Und wo nur wenige Menschen leben, ist auch kein Geld für teure Asphaltstraßen vorhanden. Somit gibt es hier vorwiegend **Schotterstraßen**, die nicht nur das Fahrzeug strapazieren, sondern auch die Nerven der Fahrer.

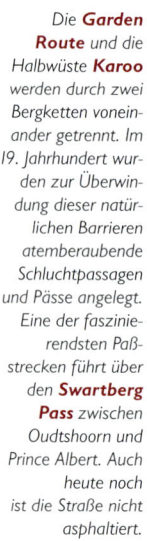

Die **Garden Route** und die Halbwüste **Karoo** werden durch zwei Bergketten voneinander getrennt. Im 19. Jahrhundert wurden zur Überwindung dieser natürlichen Barrieren atemberaubende Schluchtpassagen und Pässe angelegt. Eine der faszinierendsten Paß-strecken führt über den **Swartberg Pass** zwischen Oudtshoorn und Prince Albert. Auch heute noch ist die Straße nicht asphaltiert.

„Quelle der jungen Mädchen" taufte man das kleine Örtchen **Matjiesfontein** in der **Central Karoo** um 1850. 1884 kaufte der schottische Pionier James Douglas Logan den Flecken und wandelte ihn um in einen Kurort für die High Society. In der Folgezeit schrieben sich VIPs aus aller Welt in das Gästebuch des **„Lord Milner Hotels"** ein.

Zwischen zwei parallel zur Küste verlaufenden Bergketten „versteckt" sich die **Kleine Karoo**. Sie erhält nur einen Bruchteil des Niederschlages, der sich nur 50 km weiter südlich an der Küste entlädt. Trotzdem haben es die Farmer geschafft, auch diese Landschaft mit kleinen **Oasen** zu versehen. Obst- und Weinanbau sowie eine extensive Weidewirtschaft sorgen hier für ein leidliches Auskommen.

Zwischen 1880 und 1920 waren Straußenfedern eine beliebte Zierde für die Bekleidung der Damen. Zu dieser Zeit galt die Straußenmetropole **Oudtshoorn** in der **Kleinen Karoo** als eine der reichsten Städte Südafrikas. Der große Straußenboom ist lange vorbei; heute wird vor allem das cholesterienarme Fleisch der Vögel in alle Welt exportiert.

Oudtshoorn *lebt aber nicht nur direkt von der Straußenzucht, sondern hat bereits vor Jahren seinen Marktwert als touristisches Highlight erkannt. Drei der* **Straußenfarmen** *haben sich ganz auf Besucher eingestellt, erläutern die Produktion von Straußenfedern und verköstigen hungrige Mäuler mit Straußensteaks. Am Abschluß einer jeden Führung wird ein Straußenrennen abgehalten.*

Inmitten einer Landschaft aus Wüstenflächen, Tafelbergen und schroffen Tälern wurde 1786 die kleine Stadt **Graaff-Reinet** *in der Flußschleife des Sunday River gegründet. Sie ist damit die* **viert-älteste Stadt der Kapprovinzen**, *fungierte 1796 für kurze Zeit als Hauptstadt der „Ersten Burenrepublik" und besticht heute durch ihre zahlreichen historischen Bauten.*

Die **Khoi-San** waren bekanntlich die ersten Menschen im Kapland. Ihre als **Buschmann-Zeichnungen** bekannten Gravuren und Malereien verbergen sich oft in wettergeschützten Höhlen und unter Felsüberhängen. Gezeichnet haben die Medizinmänner, die sich zu diesem Zweck vorher mit Marihuana und Tanz in Trance versetzten.

Immer weiter zieht es die Menschen in Richtung Wüste, wie hier dem **Hex River Valley** nordöstlich von Worcester, auf der Suche nach mehr nutzbarem Land. Da der Niederschlag hier aber nicht mehr ausreicht, wird künstlich bewässert. So entstehen immer mehr Oasen inmitten einer auf den ersten Blick kargen Landschaft.

Die ersten Bewohner der Kapregion waren die **Khoi-San**, die im Sprachgebrauch eher unter dem Namen „Buschmänner" bekannt sind. In **Kagga-Kamma**, einem privaten Reservat am Rande der Karoo, führen die Khoi-San heute alte Traditionen und Handwerke vor. Von den Erlösen bauen sie sich eine neue Existenz im Norden des Landes auf.

Die **Kapflora** (Capensis) stellt eines von nur sechs Florenreichen der Welt dar. Sie bedeckt nur 0,04% der Erdoberfläche und zählt 7.000 Pflanzenarten (davon alleine 2.600 auf der Kaphalbinsel). Die bekannteste Pflanze ist die **Protea**, die auch die Staatspflanze Südafrikas ist.

7. KAPSTADT UND DIE KAPPROVINZEN ALS REISEZIEL

Allgemeine Reisetipps zu Südafrika A–Z

Die gelben Seiten werden regelmäßig aktualisiert, so dass sie auf dem neuesten Stand sind. In den **Allgemeinen Reisetipps (ab S. 130)** *finden Sie – alphabetisch geordnet – reisepraktische Hinweise für die Vorbereitung Ihrer Reise und Ihren Aufenthalt in Kapstadt. Die* **Regionalen Reisetipps (ab S. 194)** *geben Auskunft über Unterbringungsmöglichkeiten etc. in den ebenfalls alphabetisch geordneten Städten/Regionen.*

Hinweis
Bis auf unabsehbare Zeit können sich die Rufnummern in Südafrika durch die Umstellung des Telefonsystems noch ändern. Wir haben uns bemüht, die aktuellsten Nummern für Sie herauszufinden. Bei Nummern, die sich mit Sicherheit in den nächsten Jahren noch ändern werden, haben wir das Kürzel „yy" dahinter gesetzt.

A

⇨   **Abseiling**

Abseiling wird immer beliebter bei jungen Leuten, und in der weiteren Umgebung von Kapstadt gibt es zahlreiche Gelegenheiten dazu. Es versteht sich aber von selbst, dass man sich dazu einer organisierten Tour anschließen sollte.
Siehe auch S. 250.

⇨   **Adressen**

• **South African Tourism (ehem. SATOUR):**
Beim südafrikanischen Fremdenverkehrsbüro *South African Tourism Board* erhalten Sie ausführliche Informationen über Südafrika.
- *Deutschland:* South African Tourism (ehem. SATOUR), An der Hauptwache 11, 60313 Frankfurt 1, Tel.: 069/929129-0, Fax: 069/280950
- *Österreich:* South African Tourism (ehem. SATOUR), Stefan-Zweig-Platz 11, 1170 Wien, Tel.: 01/47045110, Fax: 01/47045114
- *Schweiz:* Touristikbüro Südliches Afrika. Seestraße 42, 8802 Kilchberg/Zürich, Tel.: 01/7151815-17, Fax: 01/7151889

• *Deutsch-Südafrikanische Gesellschaft e.V. Bonn*: Größte bilaterale Gesellschaft in Deutschland. Godesberger Allee 127, 53175 Bonn, Tel.: 0228/371-055, Fax: 0228/374-766
• *Deutscher Club und Goethe Institut*
Einen privat organisierten **Deutschen Club** gibt es im Stadtteil Gardens (105b Hope Street, Tel.: (021) 465-5753, Internet: *www.kapstadt.de/treffpunkt*). Hier finden unregelmäßig Veranstaltungen statt, gibt es eine täglich geöffnete Bar (bis ca. 21h), und im angeschlossenen Restaurant „ **Treffpunkt** " werden u.a. deutsche und internationale Gerichte serviert. Besonders beliebt sind die günstigen Publunches.
- Das **Goethe Institut** hat ebenfalls eine Niederlassung in Kapstadt. Lesen Sie dazu auf S. 200.

• *Diplomatische Vertretungen Südafrikas in Deutschland (Auswahl):*
- *Südafrikanische Botschaft:* Friedrichstr. 60, 10004 Berlin, Tel.: 030/22073-0, Fax: 030/22073-190, Internet: *www.suedafrika.org*
- *Südafrikanisches Generalkonsulat:* Sendlinger Tor Platz 5, 80336 München, Tel.: 089/2311630, Fax: 089/23116363
- *Südafrikanisches Generalkonsulat:* Ulmenstr. 37–39, 60325 Frankfurt, Tel.: 069/719-1130, Fax: 069/724-1099
• *Diplomatische Vertretungen Südafrikas in der Schweiz (Auswahl):*
- *Südafrikanische Botschaft:* Alpenstraße 29, CH-3006 Bern, Tel.: 031/3501313
- *Südafrikanisches Generalkonsulat:* 114 Rue de Rhône, CH-12041 Genf, Tel.: 022/8495454, Fax: 022/8495432
• *Diplomatische Vertretungen Südafrikas in Österreich (Auswahl):*
- *Südafrikanische Botschaft:* Sandgasse 33, A-1190 Wien, Tel.: 01/32064930, bzw. 3206493-96, Fax: 01/3206493-51 bzw. 3206493-18
- *Südafrikanisches Konsulat:* Villefortgasse 13/II, A-8010 Graz, Tel.: 0316/322548.

- **Deutsche Botschaften und Konsulate in Südafrika:**
- **Botschaft von Deutschland**: 180 Blackwood Street, Arcadia 0083, Tshwane (ehem. Pretoria) 0001, P.O.Box 2023, Tel.: 012/3443854-59, Fax: 012/3439401
- **Generalkonsulat von Deutschland (Jan.–Juli) (auch Botschaftsangelegenheiten):** 825 St. Martini Gardens, Queen Victoria Street, Cape Town 8000, P.O.Box 4273, Tel.: 021/4242-410 bzw. 4114-213, Fax: 021/424-9403
- **Generalkonsulat von Deutschland:** Community Center of the German, Lutheran Church, 5th floor 16 Kapteijn Street, Hillbrow Johannesburg 2000, P.O.Box 4551, Tel.: 011/725 1519, Fax: 011/7254475
- **Generalkonsulat von Deutschland:** Maritime House, Uitenhage Rd, P.O.Box 2159, Port Elizabeth 6000, Tel.: 041/587-2840, Fax: 041/587-3146
- **Konsulat von Deutschland**, No. 1552 15th floor, 320 West Street, Durban 4000, P.O.Box 80, Tel.: 031/305-5677

- **Vertretungen der Schweiz und Österreichs in Südafrika:**
- **Schweizerische Botschaft**: 818 George Avenue, Arcadia 0083, P.O. Box 2289, Tshwane (ehem. Pretoria) 0001, Tel.: 012/436-707, Fax: 012/436-771. Von Januar bis Juli befindet sich die Botschaft in Kapstadt (s.u.).
- **Schweizerisches Konsulat:** NBS Waldorf, 9th Floor, 80 St. George's Mall, P. O. Box 563, Kapstadt 8000, Tel.: 021/261040, Fax: 021/426-1040, Fax: 021/424-9344. Von Januar bis Juli befindet sich hier die Botschaft der Schweiz: P.O.Box 1546, Kapstadt 8000, Tel.: 021/426-1201.
- **Österreichische Botschaft:** 1109 Duncan St., Momentum Office Park, 0011 Brooklyn, Tshwane (ehem. Pretoria), Tel.: 012/46-3361, 46-3364, 46-2588, Fax: 021/461151. Von Januar bis Juli befindet sich die Botschaft in Kapstadt (s.u.).
- **Österreichisches Konsulat:** Standard Bank Center, Main Tower 1001, Hertzog Boulevard, Kapstadt 8001, Tel.: 021/4211-440, 4216-215, 4211-441, Fax: 021/4253-489. Von Januar bis Juli befindet sich hier die Botschaft.

⇨ **Alkohol**

- An *Sonn- und Feiertagen* durfte bis vor wenigen Jahren in den öffentlichen Bars kein Alkohol ausgeschenkt werden. Mit der politischen Umstrukturierung wurde dieses Gesetz staatsweit abgeschafft, kann aber noch von regionalen Behörden eingesetzt werden, was in einigen der wenigen Gebiete mit Mehrheiten der National Party z.T. der Fall ist.
- In *nicht-lizensierten Lokalen* darf zwar kein Alkohol ausgeschenkt, dafür aber mitgebracht und getrunken werden („bring your own").
- Man kann alkoholische Getränke nur in besonderen Geschäften, den *„Bottle Stores"*, kaufen. Sonntags ist der Verkauf hier aber verboten.

Trotz des guten Weines:
Bier ist das beliebteste alkoholische Getränk

- *Der Alkoholausschank in den Hotels ist wie folgt zu erkennen:*
Y bedeutet: Wein und Bier dürfen nur mit den Mahlzeiten angeboten werden.
YY bedeutet: Es dürfen nur Wein und Bier auch ohne Mahlzeiten verkauft werden.
YYY bedeutet: Es dürfen Wein, Bier und Spirituosen verkauft werden, auch ohne Mahlzeiten.

⇨   **Apotheken**

In Südafrika sind Apotheken gleichzeitig Drogerien. Sie heißen „Apteek" (Afrikaans) oder „Chemist" (Englisch). Wie in Europa gibt es auch einen Notdienst.

24-Stunden-Apotheken in Kapstadt siehe S. 194.

⇨   **Ausdrücke in Afrikaans**

Hier eine Übersicht über einige nützliche Ausdrücke in Afrikaans:

Guten Morgen!	Goeie more!	ja/nein	ja/nee
Guten Tag!	Goeie midday!	Verzeihung	ekskuus
Gute Nacht!	Goeie nag!	Ich möchte	ek will
bitte	assebelief	Tageszeitung	dagblad
danke	dankie	groß/klein	groot/klein
Auf Wiedersehen!	tot siens!	gut/schlecht	goed/sleg
Rundhaus	rondavel	wieviel	hoeveel
Tag/Woche	dag/week	Monat/Jahr	maand/jaar
Wann	wannee	wo	waar
wie	hoe	wie lange	hoe lank
Wie spät ist es?	Hoe laat is dit ?	Wann fährt...?	Wanneer vertrek?
Verstehen Sie ?	Verstaan u?	Wieviel kostet dies?	Hoeveel is dit?
Montag	Maandag	Freitag	Vrytdag
Dienstag	Dinsdag	Samstag	Saterdag
Mittwoch	Woensdag	Sonntag	Sondag
Donnerstag	Donderdag		
Weitere typische Ausdrücke			
Braai	Grillen	Garage	Tankstelle,
Robot	Ampel		Autowerkstatt
Lift	Mitfahrgelegen-heit/Fahrstuhl	Tip	Trinkgeld
Zahlen			
eins	een	achtzehn	agtien
zwei	twee	neunzehn	negentien
drei	drie	zwanzig	twintig
vier	vier	einundzwanzig	een-en-twintig
fünf	vyf	zweiundzwanzig	twee-en-twintig
sechs	ses	dreißig	dertig

sieben	sewe	vierzig	veertig
acht	ag	fünfzig	vyftig
neun	nege	sechzig	sestig
zehn	tien	siebzig	sewentig
elf	elf	achtzig	tagtig
zwölf	twaalf	neunzig	negentig
dreizehn	dertien	hundert	honderd
vierzehn	veertien	hunderteins	eenhonderd-en-een
fünfzehn	vyftien	fünfhundert	vyfhonderd
sechzehn	sestien	tausend	'n Duisend
siebzehn	sexentien		

Lesen Sie auch im **Glossar** *auf S. 661f.*

⇨ **Auto fahren**

In Südafrika herrscht *Linksverkehr.*
Folgende *Geschwindigkeitsbegrenzungen* gelten:
- innerhalb geschlossener Ortschaften 60 km/h,
- auf Landstraßen 100 km/h,
- auf bestimmten Fernstraßen (Freeways) 120 km/h.

• Das südafrikanische *Straßennetz* ist von guter Qualität und relativ dicht, die wichtigsten Verbindungen sind asphaltiert. Es besteht Anschnallpflicht sowie eine Promillegrenze von 0,8 für Fahrer. Bei Übertretungen muss mit strengen Strafen gerechnet werden. In abgelegenen ländlichen Gebieten Südafrikas sowie den ehemaligen Homelands müssen Sie damit rechnen, dass öfter Vieh die Straße überquert. Meiden Sie auf jeden Fall die Schwarzen-Ghettos der Großstädte.
• Auch im Linksverkehr hat *rechts Vorfahrt,* auch im Kreisverkehr.
• Von *Nachtfahrten in ländlichen Gebieten* ist abzuraten. Oft fahren unzureichend beleuchtete Fahrzeuge, und nicht selten kreuzen Tiere auf Südafrikas Straßen.

• *„Four-Way-Stop":* Viele Kreuzungen weisen an jeder Straße ein Stopschild (unter dem „4-Way" steht) auf. Das bedeutet, dass derjenige zuerst fahren darf, der als erster an der Haltelinie zum Stehen gekommen ist.
• Es gilt der *Führerschein* des Heimatlandes des Besuchers, sofern er Foto und die Unterschrift des Inhabers trägt. Wenn auch noch oft veröffentlicht, ist es nicht mehr notwendig, einen internationalen Führerschein beim Anmieten eines Fahrzeugs vorzulegen, der nationale genügt und ist allemal erforderlich. Die neuen Karten-Führerscheine (gilt für Deutschland) sind sowieso „international".
• Wenn ein Fahrzeug Ihnen *Platz macht zum Überholen,* bedanken Sie sich nach abgeschlossenem Überholmanöver mit dem Warnblinker.

Unbedingt respektieren und mit einem kleinen Trinkgeld belohnen: die „Car Watchers"

• *Parkwächter* an offiziellen Parkflächen werden mittlerweile von den Städten und Gemeinden „autorisiert". Sie bekommen zwar kein Geld von Staatsseite, dafür aber bürgt der Staat dafür, diese Parkwächter vorher auf Ehrlichkeit „geprüft" zu haben. Das System klappt gut und gibt vielen Menschen eine Chance auf Arbeit. Zu erkennen sind die offiziellen Parkwächter an auffälligen, meist gelben oder orangefarbenen Gummijacken.
Für das Bewachen Ihres Fahrzeuges sollten Sie nach Ihrer Rückkehr 2 R geben.

⇨ **Automobilclubs**

Die „Automobile Association of South Africa" (= **AA**) bietet hervorragende Dienste für den Autoreisenden an. Wenn man Mitglied z.B. im ADAC oder AvD ist, wird gegen Vorlage des Mitgliedsausweises kostenlos Hilfe gewährt. Man erhält u.a. Karten und Tourenratschläge, auch schon in den Touristikabteilungen der europäischen Clubs.

Regionale Adressen in den Kapprovinzen:
• *Johannesburg:* AA House, 66 De Korte Street, Braamfontein 2001, Tel. 011/407-1000. Zentrale des südafrikanischen Automobilclubs.
• *Kapstadt:* Martin Hammerschlag Rd (Oswald Pirow St., Stadtteil Foreshore), POB 70, Kapstadt 8000, Tel. 021/421-1550.
• *Kimberley:* 13 New Main Street, Kimberley 8301, Tel. 0531/82-5207
• *Port Elizabeth:* POB 27468, Greenacres 6001, 2 Granville Road, Tel. 041/534-1313

• *AA Pannenhilfe:* Über die gebührenfreie Nummer 0800-010101 erhalten Sie landesweit Pannenhilfe und über die kostenlose Nummer 0800-11-1995 sofortige medizinische Hilfe.

⇨ **Autoverleih**

• *Höchstmaß an Individualität:* Die <u>Kombination Mietwagen + Hotel + Inlandsflüge</u>, um weite Strecken zu überbrücken, erweist sich gerade für Südafrika als optimal. Auf diese Weise kann man einen wirklich individuellen Urlaub gestalten. Am entsprechenden Zielflughafen steht der Mietwagen abfahrbereit.

• *Straßennetz/Benzin:* Das gesamte <u>Straßennetz ist ausgezeichnet</u> (alleine 84.000 km sind in Südafrika geteert). Auch nicht-geteerte Straßen, sog. „Gravel Roads", sind gepflegt. Deshalb kommt man innerhalb Südafrikas mit einem Pkw praktisch überall hin – ein Geländewagen ist ein Luxus, der sich in diesem Reisegebiet u.U. nur für die abgelegene Regionen im Namaqualand und die Great Karoo empfiehlt. Gravel Roads, die nicht für normale PKWs zu befahren sind, sind auf Karten so gezeichnet, und andere, „nur" raue Pisten, bedürfen eben einer entsprechend vorsichtigeren Fahrweise. Benzin ist überall erhältlich, das Tankstellen-Netz ist dicht geknüpft.

• *Mietwagenfirmen:* Die großen Mietwagenfirmen in Südafrika – wie bes. <u>AVIS, BUDGET</u> und <u>Europcar/Interrent</u> – verfügen über große Fahrzeugflotten mit unterschiedlichen Fahrzeugtypen. Die Fahrzeuge sind zugelassen für Namibia, Botswana, Lesotho und Swaziland, für andere Länder, wie z.B. Zimbabwe, bedarf es einer speziellen Anmeldung. Die Einwegmiete zwischen Südafrika und Namibia wird derzeit mit ca. R 1.000–1.200 berechnet. Die Einwegmiete zwischen Port Elizabeth und Kapstadt in Ost-West-Richtung kostet z.Zt. etwa so viel wie eine Tagesmiete.

Bei Fahrzeugannahme kontrollieren: den Reservereifen

- **Preisbeispiele für eine Anmietung in Südafrika.** Vom VW Golf über einen VW-Bus bis zum klimatisierten Mercedes 230 E mit Automatik kann alles angemietet werden. Vergleichen Sie auf keinen Fall die Fahrzeugpreise mit denen in den USA – sonst vergeht Ihnen der Spaß an Südafrika. Die Vermietpreise sind in den vergangenen Jahren jährlich um etwa 20 % nach oben geklettert – und steigen weiter. Preisbeipiele (pro Tag) bei einer Mindestmiete von insgesamt 15 Tagen, einschl. 250 km/Steuern/Vollkaskoversicherung/Diebstahlversicherung:
- *VW Chico (altes „Golf"-Modell = „City Golf")* ohne Klimaanlage ab ca. R 300
- *VW Polo/Toyota Corolla* mit Klimaanlage/Schaltgetriebe ab ca. R 400
- *Toyota Corolla* mit Klimaanlage/Automatik ab ca. R 500
- *Mercedes 200 C* mit Klimaanlage/Automatik und Servolenkung ab ca. R 800
- *VW Microbus* (bis 9 Personen) ab ca. R 900

Hinweis
Hierbei handelt es sich um Richtwerte und die Preise, die die Mietwagenfirmen vor Ort angeben. Es gibt aber komplette, in Europa gebuchte Reisepakete (z.B. „Fly & Drive"), bei denen der Wagen dann um mehr als 30 % billiger werden kann und auch noch unbegrenzte Kilometer hat. So kostet der o.g. Toyota Corolla mit Klimaanlage dann plötzlich nur noch ca. € 45.

Lesen Sie zu Mietpreisen von Europa aus in den grünen Seiten.

- **Fahrzeugempfehlungen**: Für die heißen Sommermonate sollte man auf jeden Fall ein Auto mit <u>Klimaanlage</u> wählen. Ein Wagen mit Automatik erleichtert die Gewöhnung auf den Linksverkehr und fördert dadurch die Fahrkonzentration.

- **Lokaler oder überregionaler Vermieter?** Zweifelsohne sind die lokal operierenden Vermieter <u>bis zu 35 % billiger</u> als die überregional arbeitenden Unternehmen. Einige kleinere Firmen versuchen sich derzeit auf dem überregionalen Markt ...
Aber: Ein lokaler Vermieter ist nur anzuraten, wenn man sich im engeren Umkreis des Vermieters bewegt. Sobald man weite Fahrten vorhat oder „oneways" fährt, empfiehlt sich die Anmietung bei einem der „großen Drei". Im Pannenfalle oder sonstigen Notfall wird man den schnellen, professionellen Service zu schätzen wissen. Außerdem vermieten die großen Firmen stets eine neuwertige Fahrzeugflotte, während die billigeren Anbieter zumeist gebrauchte Fahrzeuge zur Verfügung stellen. Als bester Autovermieter unter den „Mittleren" gilt Imperial. Am günstigsten sind die Fahrzeuge ganz kleiner Firmen, meist mit nur einer oder zwei Filialen. Oft nenen sie sich sogar „Rent-a-Wreck", um die niedrigen Preise noch deutlicher hervorzuheben. Die Fahrzeuge sind i.d.R. über

4 Jahre alt, kosten aber auch nur noch 50 % des Preises bei den Großen. Sie bieten für junge Leute mit schmalem Geldbeutel eine Alternative, besonders dann, wenn nur in der Umgegend von Kapstadt herumgefahren wird. Pannenhilfen dürfen Sie aber nicht erwarten. Mit einer Mitgliedskarte eines Automobilclubs werden Sie aber zumindest abgeschleppt. Wann und wie der Ersatzwagen dann kommt... Entsprechende Anbieter finden sich in den gelben Seiten („Yellow Pages") der Telefonbücher.

• *Fazit:* Sie sollten Ihr Fahrzeug möglichst *bei einem Veranstalter in Deutschland vorausbuchen.* Die hier gewährten Preise sind meist niedriger als bei den „Großen Drei" in Südafrika selbst und sichern Ihnen Ihr Fahrzeug zu „Ihrer Zeit". Vor Ort sind Sie zudem frei von Organisationsstress und evtl. Pannenproblemen.

Überregionale Rufnummern der Autovermieter in Südafrika:
- *AVIS Rent-A-Car:* 0800-021-111 (gebührenfrei)
- *BUDGET Rent-A-Car:* 0800-016-622 (gebührenfrei)
- *Hertz:* 0800-600-136 (gebührenfrei) od. (021) 386-1560

Campmobile
• *Explore Africa:* Gert Schlorf, Gillian Street 90, Rosendal, Bellville 7530, Kapstadt, Tel. + Fax: (021) 997-355, Internet: *www.kapstadt.de/explore/index.htm.* Hier erhalten Sie Geländewagen mit Campingaufsatz für ca. 120 € (Toyota) bis 150 € (Landrover) pro Tag. Diese sind somit etwas teurer als die bei den großen Firmen oben, dafür aber um einiges besser ausgestattet, was den Campingbedarf angeht. Die Rückführungskosten eines Campmobiles/Geländewagens bei einer One-Way-Miete von Port Elizabeth liegen bei ca. R 1.000, die von Jo'burg, Durban und Windhoek bei ca. R 1.500. Sollten Sie noch 1–2 Nächte in Kapstadt bleiben wollen, bietet die Firma auch eine Unterkunft in einem Gästehaus für ca. R 150/Person/Nacht inkl. Frühstück.
• *Maui Rentals:* Magriet Jacobs, Ferndale Street, Brackenfell, Kapstadt, Tel. (021) 9825107, Fax (021) 9825105, Internet: *www.maui-rentals.com.* Eine der führenden Campervermietungen im südlichen Afrika.
Weitere regionale Adressen finden Sie im regionalen Teil auf den Seiten 194ff und 258ff (zu Kapstadt speziell auf S. 202f).

Was bedeuten die Versicherungsabkürzungen beim Automieten?
- *CDW (Collison Damage Waiver):* Vollkasko mit Haftungsbefreiung für Schäden am Mietwagen.
- *TP (Theft Protection):* Diebstahlversicherung, bei der Sie aber unbedingt die Bedingungen lesen sollten. Z.B. ist i.d.R. nicht der Diebstahl von Einzelteilen (Reifen, Felgen, Spiegel etc.) abgedeckt!
- *PAI (Personal Accident Insurance):* Deckt bei Unfall oder Todesfall Fahrer und Mitfahrer ab, wobei die maximal auszuzahlende Versicherungssumme nach europäischen Maßstäben sehr niedrig ausfällt.

Hinweis
Bei allen o.g. Versicherungen ist das Gepäck, also das persönliche Hab und Gut, im Fahrzeug nicht mitversichert. Dazu benötigen Sie eine Reisegepäckversicherung, die Sie am besten schon in Europa abschließen sollten.

B

⇨ **Badestrände**

Der Strand von Camps Bay: am besten geeignet zum Sonnenbaden

Südafrika rühmt sich einer Länge von mehr als 3.000 km schöner Badestrände, von denen sich viele in den Kapprovinzen befinden, besonders entlang der Garden Route und um Kapstadt herum.

Doch muss man beim Baden an Südafrikas Küsten Folgendes bedenken:
• Der **kalte Benguela-Strom** sorgt an der Westküste (Atlantik) selbst im Sommer dafür, dass die Wassertemperaturen Nordsee-Niveau kaum übersteigen.
• Entlang der **Garden Route** ist aufgrund der Wassertemperaturen das Baden zwischen den Monaten November bis April angenehm. Der warme **Agulhas-Strom** zweigt aber leider bereits am Cape Agulhas nach Süden ab, und die Strände zwischen hier und der False Bay sind bereits kühler, wenn auch immer etwas wärmer als die am Atlantik.

Kurzüberblick der besten Strände in den Kapprovinzen	
Westküste	Beliebte Strände gibt es bei Strandfontein (nördlich von Lambert's Bay).
Südwestliches Kapland	Westlich von Mossel Bay liegen schöne Strandabschnitte bei Still Bay, Witsand und Infata-on-River (jeweils gut auf Stichstraßen von der N2 erreichbar). Schöne Strände ebenfalls bei Muizenberg (False Bay) sowie Sea Point bei Kapstadt.
Garden Route	**Herolds Bay** (südwestlich von George): Sandstrände und Tidalpool (Gezeitenschwimmbad)
	Mossel Bay: geschützte Lagunen in Hartebos, Groot Braakrivier
	Sedgefield (westlich Knysna): lange Sandstrände
	Buffels Bay (bei Knysna): ebenfalls schöne Sandstrände
	Plettenberg Bay: langgestreckte Sandstrände
	Nature's Valley (östlich Plettenberg Bay): ruhige, schöne Badestrände
	Tsitsikamma Coastal National Park: weniger zum Baden geeignet, dafür aber eindrucksvolle Steilküste mit Flussmündung (Storm's River)
	Oyster Bay: lange, z.T. wenig besuchte Sandstrände
	St. Francis Bay: weite Sandstrände, „bewegtes" Meer
	Bushmans-Fluss-Mündung und Kariega (südlich Grahamstown): Sandstrände, Lagunen
	Morgan's Bay: weniger zum Baden geeignet, dafür aber tolle Kliff-Küste mit hoher Gischt

Hinweis
Zu den Stränden im Gebiet um Kapstadt lesen Sie bitte im Einzelnen auf S. 253f.

⇨ **Banken**

Die **Öffnungszeiten** der Banken:
- **in der Stadt**: 9–15h30 (an Werktagen), einige auch 08h30–11h (samstags)
- **auf dem Land**: 9–12h45 und 14–15h30 (nur an Werktagen)

Eine Bank ist auch zu den normalen Schalterstunden auf den drei **internationalen Flughäfen** in Johannesburg, Kapstadt und Durban geöffnet. Auf jedem dieser Flughäfen ist eine Wechselstube zwei Stunden vor jedem internationalen Abflug geöffnet und schließt zwei Stunden nach jeder internationalen Ankunft.

Bankautomaten („ATM" = Automatic Teller Machines) gibt es in Südafrika genauso häufig wie bei uns. An ihnen können Sie mit den gängigen Kreditkarten Geld abheben. Merken Sie sich also die Geheimnummer Ihrer Karte. Auch die Euroscheckkarte wird von den meisten Bankautomaten akzeptiert. Wichtig ist, dass der Automat mit dem Maestro-System kooperiert.

Hinweise
Tankstellen akzeptieren grundsätzlich keine Kreditkarten, und sollten Ihre Reiseschecks nicht in Rand ausgestellt sein, müssen Sie beim Einlösen unbedingt Ihren Pass vorlegen.

⇨ **Bed and Breakfast**

Diese typisch englische Einrichtung hat sich mittlerweile auch in Südafrika durchgesetzt, allerdings auf einem im Allgemeinen **höheren Niveau**. Die Preise betragen pro Person/ Nacht mindestens € 20 (oft auch bis zu € 40). Fordern Sie das stets aktualisierte Bed'n Breakfast-Verzeichnis an bei: South African Tourism (ehem. SATOUR), An der Hauptwache 11, 60313 Frankfurt 1, Tel.: 069/929129-0, Fax: 069/280950.

⇨ **Behinderte**

Südafrika versucht seit Jahren, sich auf die Bedürfnisse behinderter Reisender einzustellen. Und wie bei uns auch, ist behinderungsadäquates Leben und Reisen nur mit Einschränkungen möglich. Folgende Organisationen haben sich der Behinderten-Arbeit in besonderem Maße verschrieben:
- **National Parks Board**: POB 787, Tshwane (ehem. Pretoria) 0001, Tel. (012) 343-2007 bzw. 343-1991, Fax (012) 343-2006. Die Nationalpark-Behörde Südafrikas hat dafür Sorge getragen, dass es in allen Camps behindertengerechte Unterbringungsmöglichkeiten gibt.
- **The Disabled People of South Africa:** Norlene House, Buitekant St., Kapstadt, Tel.: (021) 465-0090. Die südafrikanische Organisation für behinderte Menschen in Südafrika verfügt auch in anderen größeren Städten über Informationszentren.

SAA (South African Airways) stellt allen Passagieren Hilfsgeräte an allen größeren Flughäfen zur Verfügung.

⇨ **Bungee-Jumping**

Die Kapprovinzen sind ein klassisches Ziel fürs Bungee-Jumping. Die beiden bekanntesten Brücken zum Bungee-Jumping liegen aber
a) gut 350 km östlich von Kapstadt am Gourits River, ca. 30 km vor Mossel Bay und
b) nahe dem Tsitsikamma Nat. Park (östl. von Plettenberg Bay) am Bloukrans River. Hier wartet der welthöchste Absprungplatz: 216 m!!
c) Seit 2000 kann man auch aus der Gondel zum Tafelberg hinaushüpfen (etwa auf ¾ Höhe). Fallhöhe: ca. 70 m. Zeiten: I.d.R. zw. 6–8h morgens.

⇨ **Busreisen/Busverbindungen**

Noch preiswerter als mit der Bahn – und vor allem flotter – fährt man mit dem gut ausgebauten Überland-Bussystem. Die regelmäßigen, pünktlichen Verbindungen sind ein Vorteil, allerdings werden nur die größeren Städte verbunden. Schwierig wird es dann, die meist abseits gelegenen touristisch interessanten Stellen (z.B. Nationalparks) zu erreichen.

Die überall zu sehenden kleinen Minibusse – meist nur von Schwarzen genutzt und hoffnungslos überfüllt – kann man nicht reservieren. Ebenso sind diese Minibusse wegen Überladung und z.T. nicht verkehrssicherem Zustand oft in Unfälle verwickelt.

• **Überregionale Verbindungen**

Hinweis
Die großen Busunternehmen bedienen die Strecken zwischen den großen Städten mehrmals täglich.

GREYHOUND Cityliner / Reservierungen/Infos in:
- *Kapstadt:* 021/418-4310
- *Port Elizabeth:* 041/533-0555 bzw. 586-4879
Anschrift Zentralreservierung/Infos: Greyhound Cityliner, POB 11 229, Johannesburg 2000
TRANSLUX Intercity / Reservierungen/Infos in:
- *Kapstadt:* 021/449-3333
- *Port Elizabeth:* 041/507-1333
Anschrift Zentralreservierung/Infos: Translux, P.O. Box 1907, Tshwane (ehem. Pretoria) 0001, Tel. 012/315 3492, Fax 012/315 3508
MAINLINER Intercape / Reservierungen/Infos in:
- *Kapstadt:* 021/386-4400
- *Port Elizabeth:* 041/586-0055

Hinweis
Tickets für die überregionalen Busse können Sie auch über alle **Computicket***-Schalter buchen.*

Preisbeispiel: Eine Fahrt von Kapstadt nach Port Elizabeth kostet mit einem Greyhound-Bus ab R 170, wobei es in der Nebensaison reduzierte Preise gibt und Studenten sowie Rentner 10 % bzw. 20 % Discount erhalten (mit Ausweis).

• **Alternative Busunternehmen**
In den 1990er Jahren tauchten immer wieder neue, kleine Busunternehmen auf, die sich vor allem an die preisbewussten Rucksacktouristen richteten. Viele haben es nicht geschafft und sind dabei in Konkurs gegangen. Durchgesetzt hat sich aber der **BazBus**, der mit Kleinbussen (i.d.R. 15-Sitzer) auf mehreren Routen zwischen Kapstadt und Durban sowie auch nach Johannesburg (sowohl über Swaziland als auch entlang der Drakensberge) verkehrt. Die Busse sind in einwandfreiem, sicherem Zustand. Die Routen werden 3mal wöchentlich (Kapstadt - PE täglich!) bedient, und der ganz große Vorteil für Backpacker ist zudem, dass der BazBus die Mitreisenden an nahezu jeder Backpacker-Lodge einsammelt bzw. absetzt (Hotels auf Anfrage).
Die Preise liegen unter denen der großen Busunternehmen, und bucht man ein Ticket bis zum Endziel, darf man zwischenzeitlich nach dem Prinzip „Hop-on, Hop-off" beliebig ein- und aussteigen. Infos und Reservierungen: *BazBus*, 8 Rosedene Rd, Sea Point, Tel.: (021) 439-2323, Internet: *www.bazbus.co.za*.

C

 Camperverleih

Südafrika ist durch sein gutes Straßennetz, durch seine ausgezeichneten Campingplätze sowie durch das Klima ein ideales Land für Camperferien. Camper sind allerdings nicht gerade billig, man muss mit Kosten von 100 (Ranger, Klasse C, bis 3 Erw. + 2 Kinder) bis 130 € (Ranger Klasse A, 5 Erwachsene) pro Tag rechnen. Die Camper sind zumeist auf der Basis des Mitsubishi-Kleinbusses aufgebaut; sie sind handlich und gut ausgestattet: Küche (inkl. Mikrowelle u. Kühlschrank), Campingtoilette, Bettzeug etc.

Folgende **Verleihfirmen** in Kapstadt sind zu empfehlen:
- *Explore Africa:* Gert Schlorf, Gillian Street, Bellville 7530, Kapstadt, Tel. + Fax: (021) 997-355, Internet: *www.kapstadt.de/explore/index.htm*. Hier erhalten Sie auch Geländewagen mit Campingaufsatz für 110 € (Toyota) bis 130 € (Landrover) pro Tag. Abholung am Flughafen möglich.
- *Maui Rentals:* Magriet Jacobs, Ferndale Street, Brackenfell, Kapstadt, Tel. (021) 9825107, Fax (021) 9825105, Internet: *www.maui-rentals.com*. Eine der führenden Campervermietungen im Südlichen Afrika.

 Camping

Die Kappprovinzen, wie auch ganz Südafrika, verfügen über erstklassig eingerichtete Caravanparks, wo man zelten kann oder mit seinem Wohnmobil stehen darf. Die meisten Anlagen verfügen über Schwimmbad, Kinderspielplatz und preiswerte Restaurants. Einzig im nahen Umfeld der Großstädte, wie auch in Kapstadt, dienen die Campingplätze oft auch als Wohnstätte für Saisonarbeiter, was zur Folge hat, dass die Plätze häufig voll belegt sind bzw. es sehr laut werden kann. *Aktuelle Informationen* dazu enthält die

Broschüre „*Camping in Südafrika*" (South African Tourism (ehem. SATOUR), An der Hauptwache 11, 60313 Frankfurt 1, Tel.: 069/929129-0, Fax: 069/280950).

⇨ **Cape Nature Conservation**

Die Naturschutzbehörde unterhält zahlreiche Naturreservate im Western Cape. Eine Auswahl: Cedarberge (bei Clanwilliam), Jonkershoek (Stellenbosch), Limietberge (Bain's Kloof Pass bei Paarl), Hottentots Holland (Stellenbosch/Somerset-West), De Hoop (Bredarsdorp), Aynsberg (südl. Matjiesfontein), Swartberg/die Hell (Oudtshoorn), Goukamma (Sedgefield), Keurbooms River (Kanutouren bei Plettenberg Bay). Unterkünfte (zumeist einfache Hütten) und Campinggelegenheiten müssen Sie vorbuchen, und oft wird auch empfohlen, das Permit für das Naturreservat vorher zu ordern: Tel.: 021/426-0723, Fax: 021/426-4266, Internet: *www.capenature.org.za*.

D

⇨ **Drachen fliegen**

Drachenflieger aus Übersee dürfen nur fliegen, wenn sie (aus Versicherungsgründen) Mitglied des **South African Aero Clubs** (Info: P.O.Box 898, Kempton Park 1620, Tel.: (011) 394-4974 bzw. (011) 805-0366) sind. Eine vorübergehende Mitgliedschaft ist möglich.

Falls man nicht sein eigenes Fluggerät mitbringt (und wer kann es schon!), ist allerdings auf Clubhilfen angewiesen, da es in Südafrika keinen offiziellen Drachenverleih gibt (soll aber kommen).

Informationen gibt es auch bei der **South African Hang Gliding and Paragliding Ass.** (Tel. + Fax: (011) 609-1678).

Man sollte wissen, wie es geht: Drachen fliegen

Wer nur mal „schnuppern" möchte, dem stehen „Tandem Paraglider" zur Verfügung. Dabei segelt man zusammen mit einem erfahrenen Paraglider zusammen an einem Schirm. Beliebteste Drachenflieger-Region ist die Garden Route, wo die Flieger sich an den Aufwinden der Klippen und Steilküsten erfreuen. Viele Flieger kommen so z.B. an den Wochenenden nach Wilderness.

Siehe auch S. 250f

E

⇨ **Einreise**

Besucher aus EU-Ländern sowie der Schweiz brauchen bei einem Aufenthalt von maximal 3 Monaten kein Visum, benötigen aber einen Reisepass, der bei Ankunft noch mindestens ½ Jahr Gültigkeit hat. Bei Weiterreisen nach Namibia, Botswana, Zimbabwe, Lesotho und Swaziland werden Visa an der Grenze ausgegeben.

Wer länger im Land bleiben möchte, muss ausreichende finanzielle Mittel nachweisen sowie ein Rückflugticket.

Es dürfen z.Zt. nur R 500 eingeführt werden (soll bald erhöht werden), wobei der Umtauschkurs in Südafrika i.d.R. sowieso günstiger ist und es an den großen Flughäfen Wechselschalter gibt, die auch nach Ankunft später Maschinen geöffnet sind. Reiseschecks und Devisen dürfen unbegrenzt eingeführt werden.
Siehe auch Stichworte Zoll *sowie* Jagd

⇨   **Eintrittskarten**

Bei **COMPUTICKET**, einem zentralen Reservierungssystem für Kino, Theater, Oper, Sportveranstaltungen, Popkonzerte usw., können Sie Eintrittskarten vorbestellen. Die Reservierungsbüros befinden sich in allen südafrikanischen Großstädten (Shopping Centres). Eine Liste der Computicket-Schalter zu Kapstadt finden Sie auf S. 205f und eine zu Port Elizabeth auf S. 309.
Zentrale Buchungsnummern:
- *in Kapstadt:* 021/918-8950,
- *in Port Elizabeth:* 041/534-4550
- *zentral Informationen für ganz Südafrika:* 011/445-8445
- *im Internet: computicket.com.*

⇨   **Essen**

Grundsätzlich ist die südafrikanische Küche europäisch geprägt. Sie zeigt Einflüsse der eingewanderten Hugenotten, Engländer, Südeuropäer, aber auch der *Malayen* und *Inder*. Besonders beliebt ist bei den Südafrikanern das „*Braaivleis*", d.h. das Grillen unterschiedlicher Fleischwaren: Schweine- oder Rindfleisch, Hammel- oder Lammstücke oder die allseits beliebte „*Boerewors*". Nicht nur in der freien Natur, auf den Campingplätzen oder im privaten Kreise daheim frönt der Südafrikaner seiner Grill-Leidenschaft; auch Hotels bieten oft in ihrem Garten Braaivleis an. Tropische und subtropische Gemüsearten und Früchte sorgen für weitere kulinarische Höhepunkte. Daneben werden – insbesondere in den Küstenregionen um Kapstadt und entlang der Garden Route – verschiedene Fischgerichte angeboten. Crayfisch (Languste) wird sicherlich vielen Liebhabern von Meeresfrüchten besonders munden. **Steaks** sind auch sehr gut in Südafrika, auch die von Wild, und wer sich nun so richtig verwöhnen lassen möchte, bei Kerzenlicht und gutem Wein, der wird dabei in Südafrika um einiges billiger wegkommen als in Europa.

Natürlich gibt es einige regionale Spezialitäten. Lesen Sie dazu im Infokasten auf S. 218.

Tipp
Biltong finden Sie in jedem Geschäft und auch an allen Tankstellen-Kiosken. Meist ist es in kleinen Plastiktüten abgepackt, es gibt aber auch „frisches" Biltong an einigen Ständen und in Fleischereien. Es handelt sich um gewürztes, luftgedörrtes, leicht salzig schmeckendes Fleisch, zumeist vom Wild (z.B. Kudu oder Strauß). Es ist ausgespro-

chen lecker und eignet sich hervorragend als Snack zwischendurch. Bedenken Sie vor allem, dass Sie an heißen Tagen bzw. in heißen Regionen einen hohen Salzbedarf haben.

Picknicken ist ein Volkssport am Kap

• **Salate** können überall bedenkenlos verzehrt werden, denn die Lebensmittelhygiene ist beispielhaft. Ebenso können Sie überall das Wasser aus der öffentlichen Wasserversorgung trinken. Zum Essen trinkt man das (gute) einheimische Bier oder die ausgezeichneten südafrikanischen Weine (s.a. Kapitel über Weinanbau).

• Konkrete **„Schlemmerecken"** in Südafrika verrät Ihnen die Broschüre *„Gut essen und trinken in Südafrika"*, zu beziehen über: South African Tourism (ehem. SA-TOUR), An der Hauptwache 11, 60313 Frankfurt 1, Tel.: 069/929129-0, Fax: 069/280950

• **Restaurants**, besonders die besseren, sollten Sie im Voraus buchen. Es ist nicht üblich, sich selbst einen Platz zu suchen, sondern man wartet am Eingang, bis man einen Tisch zugewiesen bekommt. Trinkgeld: i.d.R. 10 %.

Oft stellen sich die Reisenden die Frage, was **„Corkage"** heißt: In Südafrika darf man ungeniert seinen eigenen Wein mit ins Restaurant bringen, zahlt dafür aber dem Restaurantbesitzer das Öffnen der Flasche sowie das Gedeck. Der Preis dafür liegt zwischen R 7 und R 20.

• **Bücher** über gute Restaurants überschwemmen den Markt in Südafrika. Ein Tipp und schon seit Jahren in immer wieder aktualisierter Auflage auf dem Markt ist der *„Guide to Restaurants"* aus der Reihe Africa-Info. Hier finden Sie die Adressen aller nennenswerten Restaurants, und die besonders empfehlenswerten werden zudem noch gut beschrieben. Der Preis von gut R 50 ist für das auf den ersten Blick langweilig gestaltete Buch gerechtfertigt.

F

⇨ **Fahrrad fahren**

Einschränkend muss gesagt werden, dass viele Regionen Südafrika wenig geeignet sind fürs Radfahren. Grund: Es gibt fast keine Fahrradwege. Allerdings kann man abseits der großen Autostraßen durchaus die herrlichen Landschaften genießen.

Die Kaphalbinsel eignet sich dagegen für Unternehmungen in den regenarmen Zeiten sowie zum **Mountainbiking**. Beachten Sie aber die Distanzen. Ein paar kleine Unternehmen bieten hier auch Fahrradverleih mit Rückholservice. Adressen finden Sie auf S. 251.

In den letzten Jahren haben einige Hotels und Hostels Fahrräder für ihre Gäste angeschafft, die gegen eine Gebühr ausgeliehen werden können.

Grundsätzliche Informationen erhalten Sie durch:
- *Exploration Society of Southern Africa:* Tel.: (011) 614-8883, Fax: (011) 482-5050
- *Mountain Bike Association:* Tel.: (011) 964-2301

Organisierte Fahrradtouren werden angeboten von:
- *The Western Province Pedal Power Association:* P.O.Box 665, Rondebosch, Tel.: (021) 689-8420, Fax: (021) 689-8490.
- *African Bikers (in Deutschland):* Tel.: (07542) 22121, Fax: (07542) 22175. Organisiert komplette Biker-Touren in Südafrika (u.a. Garden Route). Auch Rennradtouren.

⇨   **Fallschirm springen**

Südafrika hat nicht nur die rechten Landschaften, sondern auch das rechte Wetter für Fallschirmspringer. Fallschirm springen ist mittlerweile so populär geworden, dass sich in Südafrika einige Veranstalter und Clubs darauf spezialisiert haben.

Kontaktadressen:
- *Cape Parachute Club:* P.O.Box 68, 9 Pegnanto Close, Edgemead, Tel.: (021) 58-8514. Training an Wochenenden.
- *Parachute Center Western Province:* 12 Hope St., Claremont, P.O.Box 7017 Roggebaai, Tel.: (021) 61-4392. Das Übungsgelände befindet sich bei Citrusdal.

⇨   **Feiertage**

01. 01.	Neujahr *(New Year's Day)*
21. 03.	Menschenrechts-Tag *(Human Right's Day)* – bezieht sich sowohl auf die Abschaffung zahlreicher Verfassungsgesetze am 21.3.1961 durch die PAC als auch auf das Inkrafttreten der neuen, demokratischen Verfassung Südafrikas am 21.3.1996
vor Ostern	Karfreitag *(Good Friday)*
Ostern	Ostermontag *(Family Day)*
27. 04.	Verfassungstag *(Freedom Day)*. Tag der ersten demokratischen Wahlen in Südafrika 1994
01. 05.	Tag der Arbeit *(Workers' Day)*
16. 06.	Jugendtag *(Youth Day)*. Schüleraufstand in Soweto am 16.6.1976, der sich gegen das apartheidliche Schulsystem gerichtet hat.
09. 08.	Nationaler Frauentag *(National Women's Day)*. Erinnert an den 9.8.1956, als Tausende von Frauen mit einem nationalen Protestmarsch gegen das apartheidliche Passgesetz demonstrierten.
24. 09.	Tag des Erbes *(Heritage Day)*. In Gedenken an die kulturelle, naturwissenschaftliche und historische Vielfalt Südafrikas. Der Tag steht jedes Jahr unter einem anderen Motto.
16. 12.	Tag der Versöhnung *(Day of Reconciliation)*. Zum Gedenken an die Schlacht vom Blood River am 16.12.1838, in der über 3.000 Zulu-Krieger durch ein Voortrekker-Kommando von 470 Leuten getötet wurden

25. 12.	1. Weihnachtsfeiertag *(Christmas Day)*
26. 12.	2. Weihnachtsfeiertag *(Day of Good Will)*

Fällt einer der Feiertage auf einen Sonntag, so ist der darauf folgende Montag frei. Außerdem gibt es noch besondere Feiertage in den asiatischen und jüdischen Gemeinden.

 Hinweis
Die beweglichen Feiertage können Sie im Internet nachschauen unter **www.gov.za/sa_overview/holidays.htm.**

⇨ **Fernsehen**

Südafrikas Fernsehwelt ist beherrscht von der übermächtigen *„South African Broadcasting Corporation" (SABC)*, die mehrere Programme ausstrahlt und auch für das Gros der Radiosender verantwortlich zeichnet. Früher galt die SABC als sehr linientreu und konservativ. Das Bild wandelt sich aber allmählich. Trotzdem hinkt das Programm noch ein wenig hinter den europäischen und amerikanischen hinterher (was ja nicht unbedingt schlecht sein muss).

Obwohl Südafrika eine eigene Filmproduktion hat, wird die Filmwelt doch bestimmt durch importierte *Soaps* u.ä., die oft schon ein paar Jahre alt sind. Ausgestrahlt wird in allen 11 Landessprachen, wobei auf den 2 Hauptprogrammen hauptsächlich in Englisch oder Afrikaans gesendet wird. Die regionalen Sender basieren dann eher auf den afrikanischen Sprachen. Untertitel gibt es selten, dafür fehlt das Geld. Bleibt Ihnen i.d.R. also nichts anderes übrig, als darauf zu achten, wann in Englisch ausgestrahlt wird. Leider ist auch das oft frustrierend. So werden die 20-Uhr-Nachrichten abwechselnd in Afrikaans oder Englisch ausgestrahlt.

Fazit:
Auf einer Reise ans Kap steht der Fernseher sowieso nicht „auf dem Programm". Regnet es mal oder wollen Sie sich im Hotelzimmer kurz über die Tagesgeschehnisse informieren, reicht die Auswahl zumeist aus. Anschließend gibt es dann vielleicht mal einen alten Filmklassiker.

⇨ **Feste/Festivals/Sportereignisse**

So bunt die Völkervielfalt am Kap ist, so vielfältig sind auch die besonderen Ereignisse in den verschiedenen Regionen der Kapprovinzen. Zweimal jährlich erscheint deshalb ein *„Calendar of Events"* (kostenlos zu beziehen bei South African Tourism (ehem. SATOUR), An der Hauptwache 11, 60313 Frankfurt 1, Tel.: 069/929129-0, Fax: 069/280950).

Eine Kurzfassung über die interessantesten (aber nicht immer größten) Ereignisse mag Ihnen eine Übersicht geben:

Januar
- In Kapstadt veranstalten Malaiien und Mischlinge das bunte Treiben des „*Cape Minstrels Carnival*". Infos: (021) 400-2509. Die Karnevalsumzüge durch die Innenstadt dauern während der ersten 2 Wochen im Januar an und enden mit dem „Grand Finale" am zweiten Sonntag im Januar im Green Point Stadium.

Februar bzw. März
- In Kapstadt findet eine beachtenswerte Kunst- und Antiquitätenmesse („*Antique & Decorator's Fair*") statt. Info: (021) 794-5489.

März
- In Jeffreys Bay nahe Port Elizabeth wird das *Muschelfest* begangen.
- *Radrennen* um die Kaphalbinsel mit über 20.000 internationalen Teilnehmern. Info: (021) 686-1674.
- *Weinfest* in Stellenbosch. Info: (021) 855-1422.

April
- Großes *Weinfest* in Paarl. Meist am ersten Aprilwochenende.

Ostern
- „*Two Ocean Marathon*" in Kapstadt. Info: (021) 61-9407.

Juli
- „*Oyster Festival*" in Knysna. Feier rund um die Austern. Info: (044) 382-1610 bzw. 382-5510.

August
- „*Calamari Festival*" in Plettenberg Bay. Rund um den Tintenfisch.

August/September
- Verschiedene Blumenfestivals („*Flowerfestivals*") in Clanwilliam, Darling, Bredasdorp, Citrusdal (+ andere Orte) sowie im Namaqualand. In Clanwilliam oft in Verbindung mit Festivitäten rund um den Rooibos-Tee. Die *Flower-Hotline* informiert über aktuelle Daten und den Stand der Blüte: 083-910-1028 o. (021) 418-3705.

September
- In Port Elizabeth geht für sportlich Begeisterte ein amüsanter Wettlauf mit dem „Apple-Express" (Dampfeisenbahn) vonstatten.
- In Stellenbosch findet alljährlich ein Kulturfestival statt.
- In Hermanus lockt das „*Whale of a Festival*" (Musik, Theater, kunsthandwerkliche Darbietungen etc.) Tausende an.

Oktober
- Im Oktober lädt das „*Stellenbosch Food & Wine-Festival*" ein. Für Weinfreunde eine ausgezeichnete Möglichkeit, den köstlichen Tropfen vom Kap ausgiebig zu genießen.
- In Kapstadt findet die ruhigere „*Cape Craft Exhibition*" statt, eine Kunsthandwerksmesse besonderen Charakters.
- „*Ostrich Festival*" in Oudtshoorn. Festival rund um die Strauße.

⇨ **Fischen/Angeln**

Angeln, besonders das Hochseeangeln, erfreut sich großer Beliebtheit in den Kapprovinzen. In fast jedem Hafen können Sie Boote mit fachkundigen Fischern chartern. Die kleinen Flüsse in den Bergen nördlich der Garden Route eignen sich hervorragend fürs Fliegenfischen und die Bergketten der Western Cape Province zum Forellenfischen. Infos erteilen:
- *South African Deep Sea Angling Ass.:* Tel.: (021) 96-4454.
- *Federation of South African Flyfishers:* (021) 434-0285.

⇨ **Flüge**

• **Langstreckenflüge**
Von Deutschland aus können Sie täglich ab Frankfurt direkt nach Johannesburg und weiter nach Kapstadt mit SAA (South African Airways) und Lufthansa fliegen. Es gibt auch Direktflüge nach Kapstadt. Die Fluggesellschaften sorgen auch für weitere gute Anschlüsse zu südafrikanischen Metropolen, Lufthansa und SAA aber auch nach

Sonntags ist Angeltag für viele Kapstädter

Namibia (Windhoek). Die Preise schwanken je nach Saison zwischen ca. 700 und 1.000 €. SAA bietet günstige Flugpässe in Südafrika an, was von Bedeutung wäre, wenn Sie z.B. nach Port Elizabeth, George bzw. Plettenberg Bay (SAAirlink) fliegen möchten. Etwas günstiger sind z.B. Flüge mit der British Airways, die dann aber über London gehen. Auch die LTU fliegt nach Kapstadt, z.Zt.: hin Donnerstag, zurück Freitag.

Ausgeruht nach Südafrika – Tipps für den Langstreckenflug
• *Nehmen Sie sich* **dicke Socken** *mit, damit Sie die Schuhe ausziehen können.*
• *Empfehlenswert ist eine* **legere Kleidung für die Nacht***. Ideal sind eine Gymnastikhose und ein Baumwolloberteil.*
• *Oropax (fragen Sie das Bordpersonal) schützt vor dem unvermeidlichen Fluglärm. Ein weiterer Tipp dazu: Lassen Sie sich bereits im Reisebüro oder bei einem frühen Einchecken einen Platz weit vorne im Flugzeug geben. Über den Flügeln bzw. vor den Düsen ist es um einiges leiser.*
• *Eine* **Nasencreme** *verhindert das Austrocknen der Nase aufgrund der trockenen Luft.*
• *Eine* **Augenklappe** *(fragen Sie das Bordpersonal) erleichtert das Einschlafen.*
• *Trinken Sie nur* **mäßig Alkohol***. Ein Bier, ein Glas Wein oder ein Schnaps genügen als „Einschlafhilfe".*

• **Flugzeiten**
Der direkte Flug von London, Paris und Frankfurt dauert ca. 11 Stunden. Der Flug weiter nach Kapstadt o. Port Elizabeth weitere ca. 2 Stunden.

• **Weitere Verbindungen**
(über ausländische Flughäfen mit entsprechenden Anschlüssen ab Deutschland) bieten British Airways (über London), Air France (über Paris), KLM (über Amsterdam), Austrian

Redaktions-Tipps Flüge

Generell ist eine kompetente Flugablauf-Analyse wichtig, um tatsächlich unter'm Strich das günstigste Angebot zu sondieren. Es gibt billige Angebote mit verschiedenen Fluglinien nach Südafrika – doch Vorsicht:

• Jeder Umweg über einen ausländischen Flughafen (mit z.T. ungünstigen Abflugzeiten ab Deutschland), des weiteren mögliche Zwischenlandungen auf dem Weg nach Südafrika, verlängern den ohnehin langen Flug ungebührlich.

• In Südafrika endet dann das vermeintlich billige Angebot, denn hier muss nun zu Normaltarifen jeder Inlandsflug bzw. Anschlussflug nach Windhoek gebucht werden – und das wird teuer! Statt eine Strecke für ab ca. 60 € auf dem Streckennetz der SAA fliegen zu können, muss der offizielle „one-way"-Tarif bezahlt werden!

• Bei Länderverbindungen wie Zimbabwe–Südafrika oder Windhoek–Südafrika sind meist die Angebote von SAA und LH konkurrenzlos gut. Im Detail:

• **SAA.** Die SAA fliegt täglich ab Frankfurt nach Südafrika. Es gibt Sondertarife, wobei ein Inlandsflug im Preis inbegriffen ist – weitere Inlandsflüge kosten ab ca. 60 €.

• **Lufthansa.** Nicht mehr so teuer wie einst – prüfen Sie aktuelle Angebote. Vorteil: hohe Abflugfrequenzen ab Deutschland (7 x pro Woche), im Preis inbegriffen Anschlussflüge ab jedem deutschen Flughafen und Weiterflüge in Südafrika (über Johannesburg) nach Windhoek, Kapstadt, Harare, u.a.

• **LTU** bietet neuerdings die höherwertigen Klassen "First / Comfort" gegen Mehrpreis an.

• Weitere empfehlenswerte Airlines, die regelmäßig Kapstadt anfliegen, sind **KLM** (Direktflug mit Zwischenstopp in Jo'burg) sowie **British Airways** (u.a. Direktflug). **British Airways** bietet Urlaubern attraktive und kostengünstige Umsteigeverbindungen via London ab allen großen Flughäfen (Frankfurt, Düsseldorf, Köln, Hamburg, Berlin, Stuttgart und München). Siehe auch: www.ba.com.

Airlines (über Wien), Alitalia (über Rom) und TAP (über Lissabon) an.

Air Zambia sowie Air Zimbabwe bieten von Frankfurt aus Flüge mit Umsteigemöglichkeiten in Lusaka sowie Harare an. Flugscheine dieser Gesellschaften werden preiswert auf dem Ticketmarkt angeboten, allerdings sind auch diese Verbindungen zeitlich länger als Direktflüge und insgesamt u.U. gar nicht mal billiger, da die Anschlüsse in Südafrika zu normalen Tarifen gebucht werden müssen.

⇨ **Fotografieren**

Bringen Sie Ihre *Filme aus Europa* mit, besonders Diafilme. Sie sind zu Hause zumeist billiger. Achten Sie während Ihrer Reise auf eine *kühle Filmlagerung* (in parkenden Autos können leicht Saunatemperaturen entstehen!). Vergessen Sie auch nicht, *Ersatzbatterien* für die Kamera mitzunehmen. Welche

Filmmarke Sie benutzen, ist Ihre eigene Erfahrungssache. 100 ASA-Filme bieten bei der Lichtempfindlichkeit gute Allround-Bedingungen.

Für Tieraufnahmen benötigen Sie evtl. lichtempfindlichere Filme (200 od. 400 ASA), was vor allem bei der Benutzung von Teleobjektiven wichtig ist.

Nicht immer ist das Licht optimal

Bedenken Sie aber auch, dass Sie die meisten Tiere morgens bzw. abends sehen, wenn das Licht schwächer ist.

Altes „Traveller-Übel": die Flughafen-Kontrollen. Die Röntgenapparate an den großen Airports sind mittlerweile aber „filmsicher". Im Zweifelsfalle lassen Sie Ihre Filmutensilien per Hand kontrollieren.

Berücksichtigen Sie Stolz und Menschenwürde! Fragen Sie bitte denjenigen, von dem Sie ein Foto haben möchten, um Erlaubnis, denn schließlich befindet man sich nicht in einem Zoo. Außerdem ergibt sich dabei die Möglichkeit des persönlichen Kontakts zu den Menschen anderer Hautfarbe und Mentalität.

⇨   **Fremdenverkehrsbüros**

South African Tourism-Büros (ehem. SATOUR):
- *Deutschland:* D-60313 Frankfurt/M., Alemannia-Haus, An der Hauptwache 11, Postanschrift: Postfach 101940, 60019 Frankfurt/M., Tel.: 069/929129-0, Fax: 069/280950, Internet: *www.southafricantourism.de.*
- *Österreich:* South African Tourism (ehem. SATOUR), Stefan-Zweig-Platz 11, 1170 Wien, Tel.: 01/47045110, Fax: 01/47045114
- *Schweiz:* Touristikbüro Südliches Afrika, Seestraße 42, 8802 Kilchberg/Zürich, Tel.: 01/7151815-17, Fax: 01/7151889

Hinweis
Die Regionalbüros von South African Tourism (ehem. SATOUR) wurden alle – bis auf das Büro im Johannesburg International Airport – geschlossen: **South African Tourism (ehem. SATOUR) Johannesburg International Airport:** *Internationale Ankunftshalle, Johannesburg International Airport 1627, Tel.: 011/9701669, Fax: 011/3941508*

Die einzelnen lokalen *Tourist Information Offices* sind sehr gut ausgeschildert in jedem Ort mit dem typischen „I". Auf den S. 258ff finden Sie die Adressen der jeweiligen *Tourist Information Offices*, von denen Sie aktuelles Informationsmaterial erhalten.

G

⇨   **Geschäfte**

Bereits 1986 wurden neue Geschäftszeiten in Südafrika eingeführt, die es den Geschäftsinhabern gestatten, ihre Läden länger und vom Rhythmus her variabler offen zu halten. Wichtig für Touristen ist die Tatsache, dass die meisten Einzelhandelsgeschäfte Montag vormittags geschlossen sind; lediglich Kaufhäuser und Shoppingcenters haben geöffnet. Normale Öffnungszeiten sind: 8h/8h30–17h und samstags 8h/8h30–12h45/13h. Gemüseläden, Apotheken, Buchhandlungen und diverse Supermärkte haben längere Öffnungszeiten. Einige kleinere Läden haben z.T. bis 22h und länger geöffnet. Eine im ganzen Land verbreitete Supermarktkette ist **„Seven-11".** Der Name verrät bereits, dass die Geschäfte von 7h bis 23h geöffnet sind.

⇨ **Gesundheit**

Südafrika verfügt über eine ausgezeichnete medizinische Versorgung, die sich absolut mit europäischen Verhältnissen messen kann (die erste Herz-Transplantation fand bekannterweise in Kapstadt statt!). Entlang der touristischen Routen, aber auch abseits der Wege, kann mit kompetenter Hilfe gerechnet werden. Außerhalb der normalen Öffnungszeiten stehen in den größeren Städten stets Notapotheken zur Verfügung. Die Rufnummern der lokalen Krankenhäuser finden Sie am Beginn der Telefonbücher.

Landesweiter Polizei-Notruf: 10 111
Landesweiter Notruf für Rettungswagen: 10 177

Wichtig für Übersee-Besucher: Europäische Krankenscheine werden in Südafrika nicht akzeptiert. Besucher müssen für die Kosten selbst aufkommen. Schließen Sie deshalb unbedingt eine Auslands-Krankenversicherung ab. Manche private Kassen decken das Auslandsrisiko ab – erkundigen Sie sich bitte vor Reiseantritt.

Eine **Malaria-Prophylaxe ist für den Besuch der Kapprovinzen nicht notwendig.** Südafrikas Malariagebiete beschränken sich ausschließlich auf den Norden (Krüger NP) und Natal. **Wasser** kann man in ganz Südafrika aus der Leitung trinken, ebenso brauchen Sie vor Salaten und anderen Nahrungsmitteln keine Angst zu haben, alles ist sauber und hygienisch.

Beim **Schwimmen im Ozean** muss auf Strömungen und auf evtl. Gefährdung durch Haie geachtet werden (beliebte Strände sind z.T. durch Stahlnetze gesichert; ebenso gibt es an einigen Badeorten „Haiwachen"). Doch die Gefahr, einem Hai zum Opfer zu fallen, ist sehr, sehr gering. Verderben Sie sich deshalb nicht Ihre Badefreuden, und vergewissern Sie sich bei Einheimischen. Gefährlich kann auch das Schwimmen in **stehenden Gewässern** und Flüssen sein, die Bilharziose-Erreger haben können, wobei dies in den Kapprovinzen sehr selten vorkommt. Auch hier: Fragen schafft Gewissheit.

⇨ **Golf**

Aufgrund des hervorragenden Klimas sowie des britischen Einflusses verfügt Südafrika über mehr als 300 registrierte Golfplätze in allen Landesteilen. Viele bekannte davon befinden sich in den Kapprovinzen, so in George, in Stellenbosch und im Constantia Valley. Die Golfanlagen „*Mowbray*" und „*Milnerton*" mit dem Blick auf den Tafelberg sind landschaftliche Juwelen.

Für den golfenden Reisenden empfiehlt sich das Studium der Broschüre „*Where to stay*". Hier sind alle Hotels sowie andere Unterkünfte aufgelistet und Golfmöglichkeiten vermerkt. Ebenso hilfreich ist die Broschüre „*Golf in Südafrika*" – beide zu beziehen über South African Tourism (ehem. SATOUR), An der Hauptwache 11, 60313 Frankfurt 1, Tel.: 069/929129-0, Fax: 069/280950. Weitere Informationen bieten zahlreiche Bücher zum Thema, die Sie in den großen Buchhandlungen erhalten, sowie ein deutschsprachiges Magazin „*Golf am Kap*". Letzteres können Sie bestellen über Euromedia Pty. Ltd., Box 2388 Dennessig, Stellenbosch 7601, South Africa, Tel.: (021) 880-0351, Fax: (021) 880-1302.

Weitere Kontaktadresse:
- **South Africa Golf Union:** P.O.Box 1537, Cape Town 8000, Tel.: (021) 461 7585.

Spezialanbieter für Golfreisen
- **Classic Golf Tours-Pinder Reisen:** Möricke Str. 24, 70178 Stuttgart, Tel.: (0711) 600-437, Fax: (0711) 649-3012
- **Ascot Tours C.C.:** 6 Eksteen Ave., Bergvliet, Cape Town 7945, Tel.: (021) 75-9708, Fax: (021) 75-1509.

Zu einigen **ausgewählten Golfanlagen** im Raum Kapstadt lesen Sie bitte auf S. 251f und in dem angeschlossenen Teil mit den regionalen Adressen (S. 258ff).

H

⇨   **Heißluftballon-Touren**

Etwas billiger als bei uns, bietet z.B. ein Champagner-Flug mit einem Heißluftballon sicherlich ein unvergessliches Erlebnis. Ein Eldorado für diese Ballons ist die klimatisch ungünstige Kapgegend aber nicht. Einzige Ausnahme bieten die Flüge über die Weinanbaugebiete von Paarl und Stellenbosch. Infos dazu gibt es beim Kapstädter Touristenamt.

⇨   **Hotels**

South African Tourism (ehem. SATOUR) gibt alljährlich detaillierte Hotel- und Unterkunftsverzeichnisse sowie eine Übersicht über Campingplätze in Südafrika heraus. Hier finden Sie entsprechende Details wie Adressen, Preise, Ausstattung etc. Alle Übernachtungsmöglichkeiten in Südafrika sind klassifiziert. Generell kann man feststellen, dass Südafrikas Hotels und Campingplätze beispielhaft sauber sind. Die Top-Hotels des Landes halten jedem internationalen Vergleich stand, sind aber wesentlich preiswerter als sonstwo.

Southern Sun, die größte Hotelgruppe des Landes, der auch die südafrikanischen Holiday Inn Hotels angeschlossen sind, bietet eine Palette von Deluxe-, First- und Touristenklasse-Häusern mit individuellem Charakter. Viele ehemalige teure Sun Hotels wurden zwischenzeitlich in preiswerte **Holiday Inn Garden Courts** umgewandelt, wobei die Serviceleistungen reduziert wurden.

Auf dem Lande und in niedriger klassifizierten Hotels findet man durchaus empfehlenswerte Unterkünfte. Obwohl insgesamt 5 Sterne die besten Hotels auszeichnen können, genügen bereits 2-Sterne-Hotels durchschnittlichen Ansprüchen. Die Übernachtungen in den staatlichen Nationalparks – oft in sog. „Rondavels" (= Rundhütten) – sind äußerst preiswert.

Die Kapprovinzen sowie ganz Südafrika sind ein **ideales Reiseland für Campingfreunde**. Da auch die Südafrikaner dem „Outdoor Life" den Vorzug geben, gibt es allerorten Camping- und Caravanplätze, die sehr großzügig ausgebaut sind und über ordentliche sanitäre Einrichtungen verfügen. Oft gibt es spezielle Räume mit Waschmaschinen und

Bügelmöglichkeiten sowie fest installierte Spülen mit Warmwasser. Und vor jedem Stellplatz gibt es darüber hinaus eine Grillstelle. Lediglich die Campingplätze in und um die großen Städte herum sind nicht immer zu empfehlen, da sie oft genutzt werden als Wohnstätte von Gelegenheitsarbeitern und Zeitarbeitern. Daher sind diese oft überbelegt, und es herrscht eine unangenehme Unruhe.

Spezielle Unterkunftsverzeichnisse

Informationen über:
- **Hotels, Campingplätze, Game Lodges und Bed & Breakfast-Unterkünfte**
- *The National Caravan Club of SA:* P.O.Box 50580, Randburg 2125, South Africa
- *Game Lodge Reservation:* P.O.Box 782597, Sandton 2146, South Africa
- *Sun International Resorts:* Feldbergstraße 8b, 61440 Oberursel Tel.: (06171) 57071, Fax: (06171) 54149
- *Protea Hotels:* Maritim Supranational Hotels, Külp Str. 2, 64293 Darmstadt, Tel.: (06151) 905760, Fax: (06151) 905750
- *Southern Sun Hotels:* ITP Travel partners, Gericht Str. 22, 45468 Mühlheim/Ruhr, Tel.: (0208) 444-5424, Fax: (0208) 444-5407. ITP vertritt auch den *„Blue Train"*, das *„Shamwari Game Reserve"* und das *„Steenberg Country Hotel"*
- **Privatunterkünfte**
- *Bed'n Breakfast Ltd. (Kapstadt):* P.O.Box 2739, Clareinch, Tel.: (021) 683-3505, Fax: (021) 683-5159
- *SA Farm Holiday Association (Kapstadt-Büro):* 8 Erin St., Rondebosch, Tel.: (021) 689-8400
- *International Home Exchange:* P.O.Box 23188, Claremont 7735, Tel.: (021) 794-3433
- South African Tourism (ehem. SATOUR) verschickt zudem Broschüren und Infoblätter. Adresse siehe S. 149.

Informationen über besonders schöne ländliche Unterkünfte erhalten Sie bei South African Tourism (ehem. SATOUR) in der Übersicht *„Portfolio of Country Places"*. Überall, auch in sehr ländlichen Gegenden, gibt es eine wachsende Zahl von B&B-Unterkünften.

I

⇨   Impfungen

- *Cholera:* Eine Impfung ist nicht mehr nötig.
- *Gelbfieber:* Alle Personen, die in Südafrika aus einer Gelbfieberzone in Afrika oder Südamerika eintreffen oder dort Orte oder Häfen passiert haben, müssen im Besitz einer internationalen Bescheinigung über eine Impfung gegen Gelbfieber sein. Eine Bescheinigung über Gelbfieberimpfungen ist 10 Jahre gültig.
- *Hepatitis A* (meist in Kombination mit B): ist ratsam, aber kein Muss, wenn man in touristischen Gegenden bleibt.
- *Malaria:* Allen Besuchern des Lowvelds (Limpopo Province, Mpumalanga), des Kruger NP und des Zululandes in Natal wird ausdrücklich empfohlen, sich einer Malaria-Prophylaxe zu unterziehen. Für die Kapprovinzen ist eine Prophylaxe aber nicht nötig.
- *Pocken:* Eine Schutzimpfung wird nicht mehr verlangt.

⇨   **Internet**

Auch in Südafrika ist das Internet zu einem wichtigen Info-Medium geworden. Ausgesuchte Internetadressen finden Sie weiter unten sowie Internet-Cafés in Kapstadt.

INTERNET-EMPFEHLUNGEN – Kapstadt und die Kapprovinzen im Internet
Gleich vorweg: Wer glaubt, Südafrika sei in puncto Internet noch weit hinter Europa, der täuscht sich. Es gibt zu nahezu jedem Thema bereits eine Internetseite, und alleine die, die sich nur mit touristischen Informationen beschäftigen, sprengen jegliche Vorstellungskraft. Wir haben Ihnen hier nun ein paar sehr nützliche Adressen herausgefiltert, in denen Sie mit Sicherheit noch viele weitere Links für Ihre Online-Recherche finden werden.

• **Unsere persönlichen Favoriten gleich vorweg**
- *www.Kapstadt.de*: Deutschsprachige Internetseite mit vielen Tipps und Adressen zum Thema Urlaub in und um Kapstadt. U.a. auch Tipps für den Immobilienkauf. Die wohl beste Webseite für Sie, um übers Internet in die Materie einzusteigen. **Warum ein Favorit?** Auf deutschsprachige Reisende spezialisiert. Gut aufgebaut.
- *www.capeconnected.co.za:* Interessante Webseite nicht nur mit den „üblichen" touristischen Hinweisen, sondern auch zu Firmen, nichtstaatlichen Organisationen (NGO's), Backpackern, Erlebnistouren, Immobilienmaklern uvm. **Warum ein Favorit?** Hier macht einfach das Stöbern Spaß.
- *www.wine.co.za:* Webseite, die sich um den südafrikanischen Wein dreht. So finden Sie hier Kurzinfos zu den einzelnen Weinrouten, die Auflistung der Internetseiten der wichtigsten Weingüter, aber auch Hinweise zu den einzelnen Weinen und der Geschichte des Weinanbaus in Südafrika. **Warum ein Favorit?** Wer hier reinschaut, wird die beliebte Weinregion erst so richtig verstehen.
- *www.wcapetourism.co.za:* Hier können Sie die einzelnen Regionen der Western Cape Province anklicken und finden dort Infos zu Orten und Gebieten, die hier in der Auflistung der Webseiten nicht auftauchen. Es gibt auch einen Button für „Events", über den Sie Infos über aktuelle Veranstaltungen und die „Flower-Hotline" erhalten. **Warum ein Favorit?** Diese Webadresse deckt nahezu alles ab, was in diesem Reisegebiet von Interesse ist.
- *www.afrika.de:* Webseite des Reiseveranstalters Iwanowski's Individuelles Reisen. Gute Buchungsmöglichkeiten für wirklich jede Reiseart (individuell, Gruppen etc.). Hier können Sie Ihre Reise in Ruhe am Computer zusammenstellen. Unter dem Button *www.suedafrika.net* finden Sie zudem ausführliche Informationen zum Thema Südliches Afrika. So z.B. über Reisezeit, Klima, Geschichte, Wirtschaft, Geologie und, und, und. Hier können Sie auch selbst Unterkünfte online buchen. Warum ein Favorit? Die am besten gestaltete Webseite, um Ihre Reise vorzubereiten und zu buchen.
- *www.southafrica.net/tourism/fastfacts.html:* Hier können Sie schnell das touristische Thema anklicken, welches für Ihre Südafrikareise von Bedeutung ist. Viele Buttons führen zu Webseiten der Regierung: Unter *www.southafrica.net/government/default.html* gute Seiten zu den Themen Geschichte und Regierungssystem. **Warum ein Favorit?** Ganz einfach: Südafrika im Rundumschlag.
- *www.kapstadt-tour.com/aktivurlaub/index.htm:* eine weitere Kapstadt-Seite, die sich u.a. besonders spezialisiert hat auf sportliche und abenteuerliche Unternehmungen (Kloofing, Abseiling, Bungee Jumping etc.).

- **Kapstadt**
- *www.cape-town.org.za:* Offizielle Webseite des Kapstädter Touristenamtes. Recht übersichtlich gestaltet und mit guten Links.
- *www.cct.org.za:* Offizielle Webseite der Stadtverwaltung. Hier finden Sie weitere Links bis hin zu den Webseiten einzelner Attraktionen. Aufschlussreich sind auch die lokalen Berichte, die ein gutes Bild über die Probleme und Tagesgeschehnisse von Kapstadt vermitteln. Auch mit aktueller Wettervorhersage.
- *www.dsk.co.za:* Webseite der Deutschen Schule in Kapstadt.
- *www.waterfront.co.za:* Webseite von Kapstadts Victoria & Alfred Waterfront. Links zu allen interessanten Punkten (Restaurants, Hotels, Attraktionen, Veranstaltungskalender etc.).
- *www.uct.co.za:* Webseite der „University of Cape Town"
- *www.southafrica.net/tourism/botanical.html, www.nbi.ac.za/gardens_kirsten bosch.htm* und *www.kirstenbosch.co.za:* Webseiten des „Botanischen Gartens Kirstenbosch".
- *www.aztec.co.za/biz/birds:* Vogelpark „World of Birds" auf der Kaphalbinsel nahe Houts Bay.
- *www.aquacape.co.za:* „Two Oceans Aquarium" an Kapstadts V & A Waterfront.
- *www.ratanga.co.za:* Webseite des Themenparks „Ratanga Junction".
- *www.modelsforthemountain.co.za/home.htm* und *www.mindspring.co.za/savetablemountain/:* Private Webseiten ökologischer Gruppen, die sich um den Naturschutz der Tafelberg-Kette bemühen. Gute Hintergrundinfos.
- *www.saep.org/za/province/westcape/cpnp_tablemtn/pwcnatp.html:* Webseite einer Naturschutzorganisation mit Bezug auf den Table Mountain und die Kaphalbinsel.
- *millenia.co.za/abseilafrica/table.htm:* Kommerzielle Webseite, über die man sich über Outdooraktivitäten in und um Kapstadt informieren kann. U.a. Abseiling, Canyoning, Kayaking, Bungee Jumping, Tauchen, Segeln.
- *www.cia.co.za/tourism/cape.htm:* Webseite einer Sprachenschule in Kapstadt. Englischkurse der unterschiedlichsten Level (Anfänger bis TOEFL) werden angeboten, aber auch Kurse für afrikanische Sprachen (Zulu, Xhosa etc.)
- *computicket.com:* Hier können Sie bereits von Europa aus online (mit Kreditkarte) Karten für alle möglichen Veranstaltungen (Sport, Theater, Livekonzerte etc.) in ganz Südafrika buchen. Hier können Sie übrigens auch Plätze in Überlandbussen (Greyhound, Translux, Intercape) reservieren.
- *www.ticketweb.co.za:* Wie bei „Computicket" können Sie hier Veranstaltungen buchen. Die Auswahl ist aber kleiner.

- **Regionale Ziele und Adressen zum beschriebenen Reisegebiet (außer Kapstadt)**
- *africa.com/wcape, www.wcapetourism.co.za* und *www. nelsonsguides. co.za:* Offizielle Webseiten des Western Cape Tourism Board (inkl. Kapstadt!). Sehr informativ, und die dritte Webadresse ist auch mit Buchungslinks und einer zusammengefassten Geschichte versehen. Eine der besten Webseiten für die Vorabinformation!

Ganz ohne Internet geht es nicht mehr

- **www.sa-eastcape.co.za:** Kommerzielle Webseite der Eastern Cape Province, die noch zu wünschen übrig lässt. Es gibt aber den einen oder anderen interessanten Link.
- **www.capenature.org.za:** Webseite der Naturschutzbehörde „Cape Nature Conservation", die verschiedene kleine Parks und Naturschutzgebiete in der Kapprovinz unterhält (z.B. Die Hel, Kanutouren auf dem Keurbooms River bei Plettenberg

Auch die Natur ist im Internet vertreten

Bay, Aynsberg Nat. Reserve, Baviaanskloof N.R., De Hoop N.R.)
- **www.east-cape.co.za/Statistics/statisti.htm:** Recht interessante Statistiken über die Eastern Cape Province. Zielgruppe: Wirtschaft, keine touristischen Links.
- **www.destinationearth.com/afr/za/ec/tourism.htm:** Hier können Sie Links anklicken, die sich rund um den Tourismus in der Eastern Cape Province drehen (Unterkünfte, Safari-Touren, Mietwagen etc.).
- **www.linx.co.za/rural/provinces/ncapeinfo.html:** Kommerzielle Webseite zur Northern Cape Province, über die sich gut Unterkünfte anklicken und buchen lassen. Unter „Trails" sind auch Wanderwege und 4x4-Touren durchs Namaqualand kurz beschrieben und bieten sich Führer für diese an.
- **www.destinationearth.com/afr/za/nc/tourism.htm:** Hier können Sie Links anklicken, die sich rund um den Tourismus in der Northern Cape Province drehen (Unterkünfte, Safari-Touren, Mietwagen etc.).
- **www.gardenroute.org.za** bzw. **www.gardenroute.co.za:** Kommerzielle, erst auf den zweiten Blick hilfreiche Seite zum Thema Garden Route. Viele Links. Die deutsche Seite **www.gardenroute.de** ist noch sehr lückenhaft, dafür aber mit ausgesuchten Adressen versehen.
- **www.plettenbergbay.co.za/:** Offizielle Webseite der Stadt Plettenberg Bay (Garden Route).
- **www.pecc.gov.za/indexg.html:** Offizielle, deutschsprachige Webseite der Stadt Port Elizabeth.
- **hermanus.nis.za:** Webseite der Kleinstadt Hermanus (Küste östl. von Kapstadt). Interessant wegen der aktuellen Berichte über das Auftauchen von Walen vor der Küste der Stadt.
- **www.stellenbosch.co.za:** Etwas umständlich finden Sie hier Infos zu den Attraktionen der Stadt Stellenbosch. Weitere Infos erhalten Sie über angegebene e-mail-Adressen.
- **www.beaufortwest.co.za:** Hier können Sie nur via e-mail Anfragen zu Beaufort West (Gr. Karoo) stellen.
- **www.swellendam.co.za:** Hier können Sie nur via e-mail Anfragen zu Swellendam (Garden Route) stellen.
- **www.george.co.za:** Webseite der Stadt George (Garden Route). Mit vielen Links zu Ausflugszielen.
- **www.knysna.co.za:** Webseite der Stadt Knysna (Garden Route).
- **www.oudtshoorn.co.za:** Webseite der Stadt Oudtshoorn (Kl. Karoo)

- *www.mosselbay.co.za:* Webseite der Stadt Mossel Bay (Garden Route)
- *www.graaffreinet.co.za:* Webseite der Stadt Graaff-Reinet (Gr. Karoo)
- *www.vw.co.za:* Die Webseite des Volkswagen-Werkes in Uitenhage (bei Port Elizabeth).

- **Internetseiten zu Südafrika im Allgemeinen**
- *www.suedafrika.org:* Webseite der südafrikanischen Botschaft in Deutschland.
- *www.southafricantourism.de:* Deutschsprachige Webseite des südafrikanischen Touristenamtes. Sehr informativ für die Vorbereitung.
- *www.polity.org.za:* Hier finden Sie alles, was die südafrikanische Regierung betrifft: Aktuelle Reden, Infos zu den einzelnen Ministerien, Botschaftsadressen, Fragen zur „Constitution of South Africa", ja selbst die Nationalhymne.
- *www.tii.de/tipps/laender/land.html:* Hier können Sie Südafrika im Länderinfo anklikken und finden zahlreiche Tipps und allgemeine Informationen für eine Reise dorthin.
- *www.southafrica.co.za:* „Illustrierte" zum Thema Südafrika. Wenn man sich entsprechend durchgesurft und angeklickt hat, kann man hier sehr interessante Links entdecken. Für Sie als Reisenden ist der Button „Tourist" natürlich am aufschlussreichsten.
- *www.suedafrika.net:* Ausführliches Reisenachschlagewerk für Südafrika und Namibia in Deutsch und Englisch. Kurzerläuterungen zu allen interessanten Einführungsthemen (wesentl. Attraktionen, Geographie, Tiere, Reiserouten, Geschichte etc.). Nicht sehr tiefgreifend, aber okay für den Start.
- *www.parks-sa.co.za:* Offizielle Webseite der südafrikanischen Nationalparks. Übersichtlich. Hier können Sie nicht nur Infos einholen, sondern auch die Unterkünfte in den Parks bis zu einem Jahr im Voraus buchen.
- *www.auswaertiges-amt.de/index.htm:* Internetseite des deutschen Auswärtigen Amtes. Unter dem Thema „Länderinfo" können Sie Südafrika anklicken und erhalten Infos über Einreisebestimmungen, medizinische Prophylaxe, wirtschaftliche und politische Beziehungen u.v.m. Hier wird auch die neue Botschaftsadresse in Berlin veröffentlicht.
- *www.aatravel.co.za:* Reisewebseite des südafrikanischen Automobilclubs. Vor allem eine gute Adresse für das Raussuchen und Buchen aus Tausenden von Unterkünften. Keine Tipps für Autofahrer!
- *www.museums.org.za/info.htm:* Webseite der großen Museen des Landes. Hier werden auch aktuelle Wanderausstellungen aufgeführt.
- *www.sa-travel.com:* Übersichtliche Seite mit Kurzinfos zu allen Belangen einer Reise nach Südafrika. U.a. Adressen der South African Tourism-Büros (ehem. SATOUR), von Mietwagenfirmen, Touranbietern etc.
- *www.tin.co.za:* Größte Webseite des Landes, um online zu buchen (Hotels, Mietwagen etc.)
- *www.weather.iafrica.com:* Wettervorhersage für Südafrika. Kurz und übersichtlich.
- *www.excite.wtg-online.com/data/za/za.html:* Deutschsprachige Webseite, die Touristen und Geschäftsleuten Infos liefert. Gut für den Beginn der Vorbereitungen einer Südafrikareise.
- *www.ecoafrica.com:* Gewerbliche Webseite. U.a. Südafrikas Nationalparks und Safaritouren. Hier können Sie auch die Unterkünfte in den Nationalparks buchen!
- *www.golfsa.co.za:* Webseite der südafrikanischen Golfer. Unter dem Link „SA Courses" werden zahlreiche Golfplätze in Südafrika vorgestellt, z.Zt. aber nur wenige in den Kappprovinzen.

- **Unterkünfte (Kapstadt und Südafrika)**

 Hinweis
Infos zu Unterkünften finden Sie auch unter den allgemeinen Internetseiten.

- *www.orient-expresshotels.com/:* Infos und Buchungslinks für das „Mount Nelson Hotel" (in Kapstadt).
- *www.hotellogue.co.za:* Webseite mit einer Reihe gut ausgesuchter Hotels und Guesthouses der Mittel- bis Oberklasse.
- *www.hostels.com/za.html:* Liste nahezu aller Hostels und Backpackerunterkünfte in Südafrika.
- *www.portfoliocollection.co.za:* Webseite des seit Jahren bekannten Büchleins über ausgewählte und z.T. sehr luxuriöse Guesthouses, Country-Places, Game Reserves, gepflegte B&Bs etc. Für dieses Thema die beste Webseite.

- **Auto- und Campervermieter in Südafrika**
- *www.avis.com, www.budgetrentacar.com, www.hertz.com* und *www.europcar.com:* Internetseiten der jeweiligen internationalen Autovermieter. Preise, Buchungsmöglichkeiten etc.
- *www.britz.co.za:* Campervermieter, der auch einen Stützpunkt in Kapstadt hat.
- *www.campers.co.za:* Vermietungen von Campmobilen, Geländewagen und Minibussen. Relativ günstig, dafür aber nur „lokaler" Charakter. D.h. Sie müssen hohe Rückführungsgebühren zahlen oder aber das Fahrzeug am Ausgabeort (hier: nur Kapstadt) wieder abgeben.
- *www.maui-rentals.com:* Ebenfalls ein zuverlässiger Campervermieter mit Stützpunkt in Kapstadt.

- **Airlines, Busunternehmen, Eisenbahnen u.ä.**
- *www.quickaid.com/airports:* Hier können Sie sich über weltweite Flughäfen bzw. An- und Abflugzeiten erkundigen. Ein Haken dabei: Südafrikanische Airports sind nicht vertreten, dafür aber alle großen europäischen.
- *www.lufthansa.com* und *www.saa.co.za/saa:* Webseiten von „Lufthansa" und „South African Airlines"
- *www.spoornet.co.za:* Webseite der staatlichen, südafrikanischen Eisenbahn. Wenn nicht überladen, finden Sie hier Fahrpläne, Routen u.a.
- *www.bluetrain.co.za:* Fahrpläne, Preise und andere Infos zum legendären „Blue Train" (Kapstadt – Tshwane (Pretoria), Kapstadt - Port Elizabeth u.a.)
- *www.rovos.co.za:* Webseite der luxuriösen „Rovos Rail", einer historischen Eisenbahn, die auch die Strecken Pretoria - Kapstadt und Kapstadt - Knysna bedient.
- *www.spier.co.za.:* Infos zum „Spier Train": Historische Eisenbahnfahrten mit alten, rhodesischen Zügen im Raum Kapstadt und Weinland. Termine variieren.
- *www.greyhound.co.za:* Fahrpläne, Preise u.a. über die Greyhound-Busse, deren Netz nahezu ganz Südafrika verbindet.
- *www.translux.co.za:* Überregionales Busunternehmen, das die wichtigsten Städte Südafrikas mit komfortablen Bussen verbindet.
- *www.bazbus.com:* Webseite eines Low-Budget-Busunternehmens, das auf Hop-on-hop-off-Basis die Garden Route (und Gebiete in Natal, Limpopo Province sowie Zimbabwe) nahezu täglich abfährt.

- **Reisen im Allgemeinen und Anderes**
- *www.focus.de/D/DR/dr.htm:* Umfassende und z.Zt. wohl beste Webseite zum Thema Reisen. Hier können Sie Flugpreise prüfen, den aktuellen Umtauschkurs abfragen, Flüge buchen, auf Schnäppchenjagd gehen, Aktuelles zum Reiseziel raussuchen, das Reisewetter aufrufen, Telefonpreise im Ausland vergleichen (unbedingt tun, wenn Sie Ihr Handy mitnehmen!) und, und, und. Ein Rundum-Infopaket für den Urlaub also.
- *www.fit-for-travel.de:* Sehr gute Webpage mit Gesundheitsinformationen zu einzelnen Ländern. Impfempfehlungen, Vorstellung von Gesundheitsrisiken, Klimatabelle, lokale Warnungen.
- *www.reisemed.com*: Aktuelle Informationen zum Thema Impfprophylaxe, Reisekrankheiten, Reiseapotheke etc. Leider aber keine spezifische Länderinfo. Die kann man hier nur gegen Gebühr erhalten.
- *www.dr-nexus.com/reisemed/suedafr.html:* Auf dieser Webseite können Sie sich informieren über deutsche bzw. deutschsprechende Ärzte in Südafrika.
- *www.gw.flug.de:* Hier können Sie Flüge online buchen.
- *www.oanda.com/cgi-bin/ncc:* Sehr umfangreicher Währungskonverter. Hier können Sie auch Interbankraten erfragen (inkl. verschiedener Bearbeitungsgebühren).
- *www.europe-france.com/France/Paris/tables.shtml:* Umrechner für int. Kleidungsgrößen, Maße, Temperatur, Geschwindigkeiten etc. In Englisch, und die Werte für Frankreich können Sie auch für Deutschland nehmen.
- *www.cybercafe.katchup.co.nz:* Zwar sind längst nicht alle Internetcafés aufgeführt, doch können Sie sich hier über Internetcafés und ihre Webadressen weltweit erkundigen.
- *www.travlang.com/languages:* Sprachen lernen und Sprachlexikon. Hier finden Sie auch Afrikaans, Zulu, Xhosa und Sesotho.

J

⇨　**Jagd**

Viele Reisende möchten gerne auf Trophäenjagd gehen. Die finanziellen Erlöse daraus fließen im übrigen in den Naturschutz. Die Jagd unterliegt in Südafrika strengen Auflagen. Ausführliche Informationen zum Thema „Jagd" sind kostenlos im über South African Tourism (ehem. SATOUR) zu beziehenden Heft *„Jagd und Hege in Südafrika"* enthalten (An der Hauptwache 11, 60313 Frankfurt 1, Tel.: 069/929129-0, Fax: 069/280950). Die klassischen Jagdgebiete Südafrikas finden sich aber eher im Norden von Südafrika.

⇨　**Jugendherbergen**

Es gibt in Südafrika zwar nur wenige offizielle Jugendherbergen (Youth Hostels), dafür aber doch eine Reihe von gleichwertigen *YMCAs* (für Männer), *YWCAs* (für Frauen) sowie preiswerte Guesthouses. Besonders in und um Kapstadt eröffnen immer mehr Guesthouses/„*Backpackers*". Diese Möglichkeiten sind im jeweiligen regionalen Reiseteil stets aufgeführt. Mittlerweile gibt es in fast allen größeren Orten neue Youth Hostels auf privater Ebene.

K

⇨   **Kaffee**

Er schmeckt in Südafrika in der Regel nicht so gut wie in europäischen Ländern, da er anders gebrannt und mit Zichorie vermischt ist. In der letzten Zeit wird allerdings auch *„Filter Coffee"* angeboten, der etwas besser schmeckt. Verwöhnte Kaffeetrinker sollten auf Tee umsatteln – oder selbst (löslichen) Kaffee mitnehmen.

Für die europäischen Reisenden wurde die Kaffeequalität am Kap angehoben

⇨   **Kanufahrten/ Seakayaking**

Südafrikas Flüsse eignen sich zum Teil hervorragend für Kanufahrten oder Schlauchbootabenteuer (Rafting). Verschiedene Firmen haben sich in den letzten Jahren auf Trips von 4–6 Tagen Länge spezialisiert. Besonderes Eldorado ist dabei der Oranje in Höhe des einsamen, spektakulären Richtervelds im Nordwesten Südafrikas. Dabei sind die Kanufahrten keineswegs wild, sogar Kinder dürfen daran teilnehmen. Geschlafen wird in Zelten, gekocht über dem offenen Lagerfeuer unter einem unvergesslichen Sternenhimmel.

U.a. folgendes Unternehmen bieten solche Touren an:
- *Felix Unite River Adventures (ehm. River Runners):* P.O.Box 2807, Clarenich, Tel.: (021) 683-6433, Fax: (021) 683-6486/88, Internet: über *www.ecoafrica.com* und dann den Button „adventures" anklicken. Ein- und vor allem mehrtägige Kanu- und Schlauchboottouren auf Oranje, Breede und vielen anderen Flüssen im Südlichen Afrika. Hier wird alles organisiert.

Hobbykanuten können 1- bis 2-Tage-Touren auf dem **Breede River** bei Swellendam sowie auf dem **Keurbooms River** bei Plettenberg Bay unternehmen. Nahe bei Kapstadt gibt es aber keine nennenswerten Kanurouten, dafür steht hier das **Seakayaking** im Vordergrund. Ein Unternehmen, das sich u.a. auf die Organisation davon spezialisiert hat, ist *Adventure Village* (229 Long St., Tel.: (021) 424-1580).
Weitere Infos gibt es bei der *South African River Rafters Ass.:* Tel.: (021) 762-2350.

⇨   **Kartenmaterial**

- Eine Reisekarte im Maßstab 1:3.500.000 ist diesem Buch beigefügt.
- South African Tourism (ehem. SATOUR) verschickt eine gute Grundkarte für Südafrika, und auch die Touristenkarte, die das *Tourist Office von Kapstadt* verteilt, ist ausreichend für den groben Überblick.
- In *europäischen Buchhandlungen* erhalten Sie, wenn auch für erheblich mehr Geld, ausreichende Karten für die Planung Ihrer Reise.

Um sich aber mit detailgetreuen Karten einzudecken, raten wir zum **Kauf in Südafrika.** Die Preise liegen bei einem Drittel von denen in Europa – soweit man die Karten überhaupt bekommt. Erhältlich sind sie dort in jeder Buchhandlung, und Straßenatlanten gibt es auch an den Tankstellen. Als Straßenatlanten sind der **Shell Road Atlas** sowie der **Globetrotter Road Atlas of South Africa** die Standardwerke.

Stadtpläne von Kapstadt und anderen Großstädten sind am besten von der Reihe „*Map Studio*" (Struik Holding Publishers). Es gibt schließlich noch **Detailkarten der touristisch interessanten Regionen** Südafrikas, von denen die zwei Karten „Western Cape" sowie „Garden Route" Ihr Reisegebiet betreffen.

Wer sich vor Ort mit detaillierten, physischen Landkarten aller Maßstäbe (1:25.000 bis zu 1:1.000.000) eindecken möchte, der sollte unbedingt zum staatlichen Vermessungs-amt fahren, hier werden diese Karten an jeden verkauft: **Survey & Mapping, Min. of Land Affairs:** Rhodes Ave., Mowbray, Tel.: (021) 685-4070. Anfahrt über M3, und dort die erste Ausfahrt südlich des N2-Abzweiges nehmen (bei der Mühle, das Kartenamt ist ausgeschildert).

⇨   **Kinder**

Nicht alle Uferabschnitte sind für Kinder geeignet

Südafrika ist ein ausgesprochen kin-derfreundliches Land, und entspre-chend viele Unterhaltungsprogram-me und Spielplätze für die Jünge-ren gibt es. Auch zahlreiche Restau-rants sind auf Kinder eingestellt und haben spezielle Gerichte auf der Karte bzw. auch Hochsitze für die ganz Kleinen. Mit Kleinkindern zu verreisen, ist so „normal" in Südaf-rika, dass größere Hotels über ei-nen eigenen Babysitter verfügen bzw. seriöse Adressen von Babysit-tern vermitteln. Sogar in den gel-ben Seiten finden sich Babysitter-Organisationen (Stichwort „Babysitters & Child Care"). Für Kapstadt erfreut sich da die Organisation **„Super Sitters"** (Tel.: (021) 439-4985) eines sehr guten Rufs.

Es gibt auch Bücher, die sich speziell damit beschäftigen, was Kindern in Kapstadt Spaß machen könnte.

Achten sollten Sie aber bei der Buchung von Privatunterkünften, Guesthouses und auch Camps, ob diese Kinder aufnehmen. Falls nicht, ist das kein böser Wille, sondern zielt eher darauf, älteren Reisenden einen geruhsamen Aufenthalt zu versprechen, bzw. ist die Folge davon, dass nicht für die Sicherheit der Kinder gewährleistet werden kann.

Wichtig ist auch, dass Sie sich an Badestränden vorher über die **Strömungsverhältnisse** informieren. **Tidenpools** bieten an vielen Stränden mehr Sicherheit.

⇨ **Kleidung**

Grundsätzlich: Bevorzugt sollten Sie Kleidung mitnehmen, die Sie im warmen Klima tragen. In den Urlaubsgebieten ist die Kleidung freizeitbetont, in Hotels und Restaurants (besonders abends) formell. Vergessen Sie nicht, für kühlere Abende oder Tage eine Wolljacke oder einen Anorak mitzunehmen. In Kapstadt sind vor allem die starken Abendwinde gefürchtet!

- *Im Sommer* sollten Sie zudem Sommerkleider, Shorts und leichte Anzüge einpacken.
- Warme Kleidung benötigen Sie *im Winter* im südwestlichen Kapland. Nicht nur der Wind ist stark, auch die Temperaturen haben es dann in sich.

Sonnenhut, bequeme Schuhe und Badesachen gehören ebenfalls ins Reisegepäck. Empfehlenswert sind auch eine Sonnenbrille, Fernglas und Taschenlampe (für die Camps in den Nationalparks und auf Campingplätzen). Keine Sorge, wenn Sie etwas vergessen haben: In Südafrika können Sie (fast) alles kaufen und zumeist günstiger als bei uns. Letzteres gilt vor allem für Outdoor-Kleidung, die in Südafrika oder Australien hergestellt ist. Diese ist im Lande billiger und gut.

⇨ **Kloofing (Canyoning)**

Das Abseilen und Springen in sowie Durchklettern von Schluchten erfreut sich auch in Südafrika immer größerer Beliebtheit. Organisierte Touren führen in das Gebiet um den Tafelberg, manchmal auch in andere Regionen Südafrikas. Ein Anbieter dafür ist: *Adventure Village* (229 Long St., Tel.: (021) 424-1580).

⇨ **Krankenversicherung**

Prüfen Sie bitte nach, ob Ihre Krankenversicherung im Krankheitsfalle für die Kosten im außereuropäischen Raum aufkommt. I.d.R. ist dieses allerhöchstens nach Einreichen der Rechnung der Fall! Die medizinische Versorgung im Lande ist gut, aber es besteht kein Sozialabkommen zwischen Deutschland und Südafrika. In der Regel wird daher eine Reisekrankenversicherung für das Ausland unvermeidlich. Achten Sie darauf, dass diese auch eine Rücktransportversicherung einschließt.

⇨ **Kriminalität**

Die Kriminalität in den Kapprovinzen ist bei weitem nicht so hoch wie in Johannesburg oder KwaZulu-Natal. Trotzdem ist Vorsicht geboten. Die Innenstadt von Kapstadt gilt mittlerweile als sicher (die von Port Elizabeth nicht unbedingt!). Achten Sie aber an den Stränden auf Ihre Sachen. Tragen Sie niemals viel Bargeld und Schmuck bei sich. Meiden Sie auch die Randgebiete der Townships und die Townships selbst bei Nacht. Mit der nötigen Vorsicht wird Ihnen aber nichts passieren. Kapstadt und die Kapprovinzen sind schon ziemlich sicher. Vorsicht ist aber geboten bei telefonischen Reservierungen und der **Nennung Ihrer Kreditkartennummer** für die feste Reservierung. Bei kleinen Guesthouses und seriösen Hotels ist das kein Problem, aber bei Veranstaltungsorten, großen Touren (z.B. Robben Island) sowie Mietwagenfirmen ist es mittlerweile oft zu Missbrauch gekommen.

M

⇨ **Marathon**

Marathon ist in Südafrika sehr populär. Bei dieser „billigen" Sportart herrscht längst keine Rassentrennung mehr. Das bekannteste Rennen am Kap ist der **Two Oceans-Marathon** (50 km!) auf der Kaphalbinsel jeweils am Ostersonntag. Tausende von internationalen Teilnehmern kommen hierfür jedes Jahr nach Kapstadt.

Informationen: The South African Road Running Association: P.O.Box 11131, Dorpspruit 3206, Tel.: (0331) 945413.

⇨ **Maße und Gewichte**

In Südafrika gilt, wie in Deutschland, Österreich und der Schweiz auch, das metrische System.

⇨ **Mehrwertsteuer**

Die Mehrwertsteuer (Value Added Tax, VAT) beträgt z. Zt. 14 % und ist in den Preisen inbegriffen.

Mehrwertsteuerrückerstattung
1. Mehrwertsteuerfrei ist der Kauf von Kleidungsstücken, Souvenirs, Schmuck, Teppichen etc., sofern der Versand an die Heimatadresse direkt durch den Laden erfolgt oder aber, und das ist heute die gängigere Methode,
2. Sie kaufen in als „Tax free"-gekennzeichneten Geschäften ein (davon gibt es sehr viele). Dabei müssen Sie beim Bezahlen Bescheid geben, dass Sie einen Tax-free-Rechnungsbeleg wünschen, der mit dem Formular „VAT 255" einhergeht. Das ist durchaus üblich. Sie bezahlen zwar zunächst im Geschäft die Mehrwertsteuer mit, erhalten den entsprechenden Betrag aber am Schalter im internationalen Flughafen (Kapstadt, Jo'burg etc.) zurück. Folgendes gilt es aber zu berücksichtigen:

> Bedenken Sie, dass Sie bei geringen Beträgen trotzdem eine relativ hohe (Mindest-)Scheckgebühr für die rückzuerstattende Summe zahlen müssen. Das schmälert Ihren „Gewinn".

- Der gesamte **Warenwert** muss R 250 überschreiten,
- keine **Einzelware** darf billiger als R 50 sein,
- Sie müssen **alle betreffenden Waren, die Rechnungsbelege, Ihren Flugschein sowie Ihren Pass** am Tax-Refund-Schalter vor dem Einchecken vorzeigen. Sie dürfen die betreffenden Waren also nicht per Post verschicken oder in Südafrika lassen. Erst dann wird Ihnen die Mehrwertsteuer zurückerstattet. Bedenken Sie auch, dass die Schlangen hier lang sind. Rechnen Sie mit mind. 30, besser 60 Minuten Extrazeit fürs Anstehen.

⇨ **Motorrad fahren bzw. -vermietung**

Die Kapprovinzen und besonders die Tour um die Kaphalbinsel gehören zu den schönsten Motorradregionen der Welt. Kurven, Hügel, bestes Klima und ein riesiges Angebot an Miet-Motorrädern werden das Herz jedes Bikers höher schlagen lassen. Es gibt

Maschinen zwischen 50 ccm bis hin zu Gold Wings und klassischen Harleys. Das Führerscheinsystem ist wie bei uns, wobei i.d.R. ein Mindestalter von 23 Jahren und 2 Jahre Fahrpraxis vorausgesetzt werden.

In Kapstadt werden neuwertige Suzuki- und Yamaha-Motorräder vermietet sowie auch Touren arrangiert durch:
- *Le Cap Motor Cycle Hire*: 3 Carisbrook St, Cape Town, Südafrika, Tel.: (021) 423-0823, Fax: (021) 423-5566.
- *Harley-Davidson Cape Town Tours & Rentals*: 45 Buitengracht, Cape Town, Tel.: (021) 424-3990, Internet: www.harley-davidson-capetown.com. Der Name verrät schon alles.

Weitere Adressen siehe S. 203.

N

⇨ **Nationalparks**

Besonders schöne Landschaften weisen Schutzgebiete in Form von Nationalparks auf. Diese Parks werden kontrolliert und verwaltet durch das
- *National Parks Board (landesweit):* P.O.Box 787, Tshwane (ehem. Pretoria) 0001, Tel.: (012) 343-2007 bzw. 343-1991, Fax (012) 343-2006 bzw. 343-0905.
- *National Parks Board:* Ein Büro befindet sich im Visitor Center am Clock Tower (V&A Waterfront), das andere im Visitor Center in der Innenstadt. In beiden können Sie Unterkünfte in allen Nationalparks buchen bzw. Infos einholen.
- Südafrikas Nationalparks im Internet: *www.parks-sa.co.za*

⇨ **Naturreservate**

Im Western Cape gibt es eine Reihe von Naturreservaten, die vom **Cape Nature Conservation** (siehe unter selbigem Stichwort auf S. 141) betreut werden. Oft benötigen Sie Permits für diese Gebiete.

In vielen Naturreservaten, bes. den privaten, erläutern Ihnen ausgebildete Ranger die Umwelt

- **Cape Nature Conservation Booking Office:** Private Bag X1, Uniedal 7612, Tel.: (021) 886-5858 od. 886-6543, Fax: (021) 886-6575.
Größere Orte, wie z.B. Stellenbosch und Oudtshoorn, haben eigene Büros.

⇨ **Notrufnummern**

Bei Verlust von Reiseschecks, Kreditkarten, etc.
- *American Express Reiseschecks:* 0800-99 10 21
- *American Express Kreditkarte:* 0949-69-9797 1000 bzw. 2000 oder in Südafrika (011) 358-0400

- **Visa Reiseschecks:** 141 05 81 38 36 oder 441 71 93 81 31
- **Visacard:** 0949-69-7920-1333 oder 141 05 81 38 36 oder 441 71 93 81 31. In Südafrika: (011) 489-4699
- **Mastercard/Eurocard:** 0949-69-7933-1910 oder 001-314-275 6690. In Südafrika: (011) 498-4699. Kostenlose Notrufnummer im Land: 080099-0418
- **Diners Club:** (011) 337-3244

O

⇨   **Öffnungszeiten**

Öffnungszeiten wichtiger Sehenswürdigkeiten in und um Kapstadt s. S. 166/167.

s.a. Stichwörter Bank, Geschäfte, Post

P

⇨   **Post**

• **Schalterstunden:**
- montags–freitags 8h/8h30–16h30, samstags 8h–12h
- Mittagszeit 13h–14h (außer in Hauptpostämtern einiger Großstädte).

• **Gebühren:**
Bei der relativ hohen Inflationsrate ändern sich die Briefmarkengebühren so schnell, dass die Post dazu übergegangen ist, keine Werte mehr auf die Marken zu schreiben, sondern nur noch den Grund für die Nutzung (z.B. „Letter overseas").

• **Briefkästen:**
Sie sind rot und meist in Form einer Säule angelegt. Die Luftpost von Südafrika nach Deutschland dauert ca. fünf Tage.

R

⇨   **Rauchen**

Seit April 2001 gelten strengere Gesetze bzgl. des Rauchens in öffentlichen Gebäuden und Gaststätten aller Art. Restaurants, Bars, und selbst Shebeens müssen nun separate Nichtrauchersektionen aufweisen, was bei kleineren Lokalitäten dazu geführt hat, dass sie ganz rauchfrei sind. Öffentliche Gebäude, wie Staatsgebäude, Shopping Malls und Flughäfen, sind nun auch rauchfreie Zonen. Das Wegwerfen von Zigarettenkippen wird mit Strafgeldern geahndet.

⇨ **Reiseleiter**

Deutschsprachige Reiseleiter sind in Südafrika verfügbar. Anschriften sind zu erhalten über: South African Tourism (ehem. SATOUR), An der Hauptwache 11, 60313 Frankfurt 1, Tel.: 069/929129-0, Fax: 069/280950. Zudem tummeln sich in und um Kapstadt herum geradezu die Anbieter von deutschsprachig geführten Touren. Meist handelt es sich dabei um Tagestouren in 8-sitzigen VW-Bussen. Es werden aber auch mehrtägige Touren arrangiert. Prospekte und Infos zu diesen Touren gibt es im Kapstädter Visitor Center.

⇨ **Reiseveranstalter**

Ein ausführliches Verzeichnis ist über South African Tourism (ehem. SATOUR) zu erhalten.

Einen besonderen, seit vielen Jahren bewährten Reise-Service bietet Iwanowski's Individuelles Reisen an. Nach dem Prinzip *„Buch und Buchen"* werden Sie von Autoren persönlich oder von qualifizierten Landeskennern optimal beraten:
- *Iwanowski's Individuelles Reisen GmbH*: Salm-Reifferscheidt-Allee 37, D 41540 Dormagen, Telefon 02133/26030, Telefax 02133/260333, www.afrika.de.

S

⇨ **South African Tourism (ehem. SATOUR)**

Das südafrikanische Fremdenverkehrsamt erteilt sämtliche touristischen Auskünfte über das Land und hält hervorragendes Informationsmaterial bereit: South African Tourism (ehem. SATOUR), An der Hauptwache 11, 60313 Frankfurt 1, Tel.: 069/929129-0, Fax: 069/280950

⇨ **Schiffsverbindungen**

Früher war es üblich, mit dem Schiff nach Südafrika zu reisen. Doch die Zeiten, in denen zwischen Europa und dem Kap wöchentlich Postschiffe verkehrten, sind dahin. Längst ist der schnelle Flug billiger als die mindestens 16 Tage dauernde Schiffsreise. Doch im Zuge der „Freizeitgesellschaft" sowie der wachsenden Anzahl der aktiven Frühpensionäre und rüstigen älteren Herrschaften nehmen die Angebote wieder zu.

Hier einige Adressen, wo Sie Details abfragen können:
- *Medite Shipping Co. bzw Medite Travel:* Antwerpen, Belgien, Tel.: 032-3-2340360, oder in Durban erreichbar unter (031) 3016061. Auf den italienischen Frachtschiffen wird Platz für 4–12 Passagiere angeboten. Die Kabinen sind sehr geräumig, verfügen über ein eigenes Bad. Es gibt eine Lounge, das Essen wird gemeinsam mit Kapitän und Offizieren eingenommen.
Reiseroute: Kapstadt - Livorno (Italien), Antwerpen oder Felixtowe (Großbritannien); Reisedauer: ca. 17–18 Tage
- *Safmarine:* Safmarine London, Tel.: 044-171-2833088, bzw. Safmarine Kapstadt Tel.: (021) 408-6911.

Öffnungszeiten wichtiger Sehenswürdigkeiten in und um Kapstadt

Grundsätzlich können Sie davon ausgehen, dass die meisten Museen in Kapstadt am Sonntag geschlossen sind. Kapstadt = Innenstadt (City Bowl) bzw. innenstadtnah

Sehenswürdigkeit	Wo?	Öffnungszeiten	Tel.-Nr. (nur, wo eine Rückfrage sinnvoll ist)	Buchseite
Bertram Museum	Kapstadt	Di–Sa 9h30–16h30	(021) 424 9381	S. 370
Bo-Kaap Museum	Kapstadt	Mo–Sa 9h30–16h30	(021) 24 3846	S. 370
Cable Car (Seilbahn)	Kapstadt (Tafelberg)	Mitte April–Mitte September: 8h30 (erste Auffahrt) – 18h (letzte Abfahrt); Mitte September–Ende November: 8h (erste Auffahrt) – 19h30 (letzte Abfahrt); Dezember–Mitte April: 7h30 (erste Auffahrt) – 22h (letzte Abfahrt). Generell: Letzte Auffahrt 1 Std. vor letzter Abfahrt		S. 393ff
Cape Peninsula NP	Cape Point	Mo–So 7h–17h	(021) 424-8181	S. 421
Cape Point Ostrich Farm	Cape Point	Mo–So 9h30–17h30	(021) 780 1100	S. 421f
Castle of Good Hope	Kapstadt	Mo–So 9h–16h	(021) 780 9294	S. 375
City Hall	Kapstadt	Mo–Fr, Zeiten variieren	(021) 469 1111	S. 375
District Six Museum	Kapstadt	Mo–Sa 10h–16h	(021) 461 7084	S. 376
Groot Constantia Museum	Constantia Valley	Mo–So 10h–17h	(021) 461 8745	S. 441f
Groote Kerk	Kapstadt	Mo–Fr 10h–14h	(021) 794 5067	S. 377
Houses of Parliament	Kapstadt	nach Anmeldung. Touren Mo–Fr i.d.R. 11h u. 14h	(021) 461 7044	S. 377
Hout Bay Museum	Hout Bay	Di–Sa 10h–12h30, 14h–16h30	(021) 403 2537	S. 377
Irma Stern Museum	Rosebank	Di–Sa 10h–17h	(021) 790 3270	S. 419
Jewish Museum	Kapstadt	Di+Do 14h–17h, So 10h–12h30	(021) 685-5686	S. 402
			(021) 45 1546	S. 379

Josephine Mill Museum	Newlands	Mo–Fr, Zeiten variieren	(021) 686-4939	S. 402
Kirstenbosch National Botanical Gardens	Kirstenbosch	Mo–So 8h–18h (Apr–Aug), 8h–19h (Sep–Mar), Führungen Di + Sa 11h	(021) 762 9120 bzw. 761-4916 an Wochenenden	S. 443ff
Koopmans de Wet House	Kapstadt	Di–Sa 9h30–16h30	(021) 424 2473	S. 379
Lutheran Church	Kapstadt	Mo–Fr 8h30–12h30	-	S. 381
Old Town House Museum	Kapstadt	Mo–Sa 10h–17h, So 10h–13h	(021) 24 6367	S. 381
Rugby Museum	Newlands	Mo–So 10h–16h	(021) 685-3038	S. 403
Ratanga Junction (Themenpark)	Century City	Kernzeit: Mi–So11h–19h (im Sommerhalbjahr oft früher; April bis Ende Okt.: Mo + Di generell geschl.; Ratanga Island: 17h – „open end"	(021) 861-2003 od. 550-7000; aktuelle Öffnungszeiten: 0861-200-300	
Robben Island Ferry	Kapstadt	Mo–So 8h–14h stündlich	(021) 413 4200	S. 455f
SA Cultural and Historical Museum	Kapstadt	Mo–Sa 9h30–16h30	(021) 461 8280	S. 446ff
SA Library	Kapstadt	Mo–Fr 9h–17h	(021) 24 6320	S. 381f
SA Maritime Museum	Kapstadt	Mo–So 9h–17h	(021) 419 2506	S. 382
SA Museum	Kapstadt	Mo–So 10h–17h	(021) 424 3330	S. 391
SA National Gallery	Kapstadt	Di–So 10h–17h	(021) 45 1628	S. 382f
SA Naval Museum	Simon's Town	Mo–Fr 9h–16h, Sa 10h–13h	(021) 786 4635)	S. 383
Seilbahn auf den Tafelberg siehe „Cable Car"				S. 432
Sendinggestig Museum	Kapstadt	Mo–Sa 9h–16h	(021) 23 6755	S. 381
Simon's Town Museum	Simon's Town	Di–Fr 9h–16h, Sa 10h–13h	(021) 786 3046	S. 432
Transplant Musuem	Observatory	Mo–Fr 9h–14h	(021) 404-5232	S. 399ff
Topstones Ltd.	Simon's Town	Mo–Fr 8h45–16h45, Sa 9h–17h30	(021) 786 2020	S. 433
Two Oceans Aquarium	Kapstadt	Mo–So 9h30–18h, Dez+Jan –19h	(021) 418 3823	S. 391
World Of Birds	Hout Bay	Mo–So 9h–17h	(021) 790 2730	S. 418

Auf 5 großen Containerschiffen werden jeweils 5 Doppelkabinen angeboten. Sehr komfortabel: Es gibt eine Lounge, Schwimmbad, Cocktailbar und ein Sonnendeck.
Reiseroute: Kapstadt - Southampton; Reisedauer: ca. 16 Tage
- *St. Helena Shipping Co.* bietet auf der „*RM St. Helena*" im 2-monatigen Rhythmus einige wenige Plätze für Passagiere an. Buchungsadresse: Curnow Shipping Ltd., Halston (GB), Tel. 044-3265-63434, oder in Kapstadt bei RM St. Helena Line, Tel. (021) 425-1165, Fax: (021) 421-7485.
Reiseroute: Cardiff (Wales) - Kanarische Inseln - Ascension - St. Helena - Kapstadt; Reisedauer: ca. 3½ Wochen
- *TFC Cruises:* Blue Diamond Cruises, London, Tel.: 044-171-813505, oder in Johannesburg TFC Cruises, Tel.: (011) 315-1254. Auf verschiedenen Schiffen werden verschiedene Routen von Europa nach Südafrika (z.T. über die Seychellen und andere Inseln im Indischen Ozean) angeboten. Davon hängt dann auch die Reisedauer ab.

⇨   **Schlangen**

Es gibt zwar viele und z.T. giftige Schlangen, doch lauern diese nicht gerade auf Touristen. Übermäßige Angst ist deshalb nicht angebracht; trotzdem sollten Sie auf Ihren Weg achten. In der Regel flüchten die Tiere schon lange, bevor Sie sie sehen könnten. Sollte es dennoch passieren, und die Schlange hat Sie gebissen: keine Panik! Merken Sie sich vor allem Farbe und Kopfform der Schlange, damit ein behandelnder Arzt oder anderer sachkundiger Helfer weiß, welches Gegenserum angebracht ist.

In den Kapprovinzen kommen Schlangen eigentlich nur in den Halbwüsten vor.

⇨   **Schulferien**

Im März/April, Juli und Dezember/Januar überlagern sich die Ferienzeiten Europas mit denen Südafrikas. In dieser Zeit ist eine Vorausbuchung der Unterkünfte in Südafrika dringend anzuraten! Das gilt besonders in der Zeit vom 15. Dezember bis zum 15. Januar sowie in den Wochen direkt um Ostern.

Die aktuellen Ferien in Südafrika für Ihr Reisejahr können Sie auf der Internetseite von Western cape Tourism abfragen: *www.wcapetourism.co.za/index1.htm*

⇨   **Schusswaffen**

Schusswaffen dürfen nur mit Genehmigung eingeführt werden. Diese Genehmigung erteilen bei der Einreise die Zollbeamten, sofern der Besitzer den legalen Besitz dieser Waffen nachweisen kann und die Waffen über Seriennummern verfügen, die eingestanzt sind. Die erteilten Genehmigungen sind 180 Tage gültig. Unerlaubter Waffenbesitz ist in Südafrika strafbar. Eine Waffenbesitz-Karte muss deshalb vorgelegt werden.

⇨   **Segeln**

Eine Stadt, die von zwei Weltmeeren umgeben ist, gilt natürlich als Topadresse bei Seglern. Viele Weltumsegler und Profiteams laufen Kapstadt jedes Jahr an und legen zumeist in den Becken der Victoria & Alfred Waterfront an oder beim vornehmen *Royal*

Cape Yacht Club (Duncan Rd, Table Bay Harbor – nahe der Innenstadt – Tel.: (021) 421-1354, Fax: (021) 421-6028, Internet: *www.rcyc.co.za*). Andere Häfen bieten natürlich auch Liegeplätze, zumeist günstigere.

Die Gewässer um Kapstadt sind ein Eldorado, doch wird immer wieder vor den Strömungen und vor allem den schnellen Wetterumschwüngen gewarnt.

Boote aller Größen können Sie in Kapstadt anmieten, mit und ohne Skipper/Crew. Viele machen auch ihren Segelschein in Kapstadt. Anfängerkurse dauern 2 Wochenenden bzw. 4 Tage, und oft kann man dabei auch an Bord übernachten. Der „kleine" Hochseeschein dauert 5 Tage.

Infos über Segelscheine erteilt das Kapstädter Touristenamt, der o.g. Royal Cape Yacht Club oder auch *Adventure Village* (229 Long St., Tel.: (021) 424-1580), die ebenfalls behilflich sind beim Bootmieten.

Eine Webseite, *www.sailing.org/rsa/home.htm*, informiert über Segelveranstaltungen in Südafrika, zielt aber vornehmlich auf die Profis.

Tipp
Oft günstiger kommen Sie beim Anmieten weg, wenn Sie direkt in den kleineren Häfen um Kapstadt herumschauen. Die dortigen Touristenämter, Hafenmeister oder auch Jachtbesitzer selber helfen dabei weiter. Dafür müssen Sie aber auch ein wenig auf Erkundungstour gehen und die Preise vergleichen.

⇨   **Sonntag**

Das ist in Südafrika schon ein merkwürdiger Tag. Aufgrund des starken kirchlichen Einflusses ist es sehr still: Kino- und Theatervorstellungen sowie Tanz und anderes Vergnügen sind untersagt. Am Samstagabend um 24 Uhr enden alle Vergnügungen. Sonntags sind die meisten Bars geschlossen. Viele Restaurants sind sonntags überfüllt und Platzreservierungen deshalb anzuraten.

⇨   **Sport**

Südafrika ist ein Land der Sportbegeisterten. Dies gilt vor allem für die Kapregion und seine Menschen. Landschaftlich und klimatisch bedingt sind praktisch alle Sportarten möglich. Und da immer mehr Menschen sich auch im Urlaub aktiv betätigen möchten, finden Sie eine Darstellung der entsprechenden Sportmöglichkeiten unter den entsprechenden Stichwörtern (Drachen fliegen, Fahrrad fahren, Fallschirm springen, Golf usw.) bzw. auf den Seiten 255ff.

Wenn Sie eine Komplettübersicht über alle sportlichen Möglichkeiten in Südafrika erhalten möchten, wenden Sie sich an:
- *COSAS*: 814 Park Street, Arcadia 0083, Tel.: (012) 343 2470.
Auch South African Tourism (ehem. SATOUR) hat für verschiedene Sportarten hervorragende Übersichten ausgearbeitet, so z.B. für Golf, Surfen, Jagd.

Wer gerne bei Sportveranstaltungen zusieht, lese bitte auf S. 256f oder schaue nach aktuellen Veranstaltungen im Internet bei Computicket (*computicket.com*) oder im Easy-Info Sports Calender (*www.easyinfo.co.za/htm/custom/sport/index.htm*).

⇨   **Sprache**

Es gibt 11 Amtssprachen, darunter Afrikaans, Englisch, Zulu und Xhosa. Mit der englischen Sprache kann man sich praktisch überall verständigen. Deutsch und Französisch werden in zahlreichen Hotels gesprochen. Es gibt zudem viele Deutsche, die jetzt in Kapstadt leben.

⇨   **Sprachschulen**

Was könnte es Schöneres geben, als Englisch am Kap zu lernen. So verbinden Sie Urlaub mit dem Erlernen bzw. Intensivieren einer Sprache.
Sprachschulen gibt es zur Genüge am Kap. Die Kurse dauern i.d.R. zwischen 10 Tagen und 5 Wochen (ca. 20 Wochenstunden). Eine renommierte Sprachschule ist:
- **One World Language School:** 4th Floor, The Strand, 37 Strand St., Cape Town, South Africa 8000, Tel. + Fax: (021) 423-1833, Postanschrift: P.O.Box 7888, Roggebaai, Cape Town 8012, Internet: *www.owls.co.za/index.htm*. Diese Schule arrangiert auch Unterkünfte in Gastfamilien und Freizeitaktivitäten. Angeboten wird alles, vom Anfängerkurs bis hin zu TOEFL und Fachkursen.

⇨   **Strom**

Die Stromspannung in der Stadt und auf dem Land beträgt 220/230 V Wechselstrom, 50 Hz. Da die Stecker ein anderes Format als bei uns haben, ist ein *Adapter nötig*, den man in Elektrogeschäften und Kaufhäusern in Südafrika kaufen kann. Größere Hotels dagegen haben im Bad passende Steckdosen.

⇨   **Surfen**

Südafrika ist das Surfer-Paradies schlechthin. Weltberühmte Surfer zieht es immer wieder an Südafrikas Küsten, um ihre Künste im Wellenreiten in Top-Form zu erhalten oder zu verbessern. Die generellen Wetterbedingungen sehen so aus:
• Von *September–Mai* liegt der südafrikanische Küstenbereich im Einzugsbereich ausgedehnter Hochs, die nur selten von Tiefausläufern gestört werden. Wenn dann über dem Kapstädter Tafelberg das „*Tischtuch*" liegt, sonst aber ringsherum der Himmel stahlblau ist, kündigt sich der „*Cape Doctor*" an, der berühmte Südostwind, der den Surfern 6–10 Beaufort sideshore beschert und für extrem gute Bedingungen sorgt.

Oft versteht man am Kap unter „Surfen" Wellenreiten

Übersicht über die besten Surfer-Reviere

Region	beste Windmonate	beste Windrichtung	bester Tidestand/ Wasserhöhe
Kap-Halbinsel			
Milnerton	Nov–Febr	Südost	mittl. Hochwasser bis Flut/bis 2 m
The Gate	Nov–Febr	Südost	wie oben
Rietvlei	ganzjährig	alle Richtungen	Flachwasser
Table View	Nov- Febr	Südost	mittl. Hochwasser bis 2 m
Bloubergstrand	Nov–Febr	Südost	wie oben
Hagkat	Nov–Febr	Südost	mittl. Hochwasser
Van Riebeeck Strand	Nov–Febr	Südost	2 m und höher
Misty Ciffs	Mai–Aug	Nordost	mittl. Hochwasser
Crayfish Factory	Mai–Aug	Nordost	2 m und höher
Scarborough	Mai–Aug	Nordost	mittl. Hochwasser
Whitsands/Outer Kommetjie	Mai–Aug	Nordost	2 m und höher
Langebaan/ Chruchhaven	Okt–März	Südost	gezeitenabhängig/ Flachwasser
Muizenberg/ Fishhoek	Mai–Sept	Südwest	gezeitenunabhängig
Clencairn	Nov–Febr	Südost	bis 2 m
Garden Route			
Plettenberg Bay	Nov–Febr	Südwest/ Nordwest	gezeitenunabhängig, Flachwasser
Victoria Bay (südl. von George)	Nov.–März	Süd-Südwest	mittl. Hochwasser bis Flut/bis 2 m
Jeffrey's Bay	Okt–Jan	Süd-Südwest	mittl. Hochwasser bis Flut/bis 2 m
Port Elizabeth/ Algoa Bay	Nov–Febr	Südost	mittl. Hochwasser bis Flut/bis 2 m

• Im südafrikanischen Winter von *Juni bis August* zieht der Hochdruckgürtel äquatorwärts, und die Tiefdruckrinne gelangt ans Kap. Wellen unter 2 m sind dann eher eine Seltenheit.

Nicht nur Surfer, die auf extreme Wellen und Sprünge aus sind, werden zufriedengestellt. In Langebaan (nördlich von Kapstadt an der Westküste) greift eine fjordartige Meeresbucht ins Land. Hier gibt es ideale Voraussetzungen für Geschwindigkeitsfanatiker, die dann auf das schnellste Brett umsteigen.

Weltberühmtheit haben folgende „Spots" erlangt: *Cape St. Francis, Jeffrey's Bay*, das *Mündungsgebiet des Swartkops River* (nördl. Port Elizabeth) oder *Noordhoek* (bei Kapstadt an der Westküste der Kaphalbinsel).

Anfänger dagegen begnügen sich lieber mit den Gebieten um die Algoa Bay (bei Port Elizabeth, Flachwasser und Brandung).

Und: *Hobie Beach* (Port Elizabeth) ist berühmt geworden als Austragungsstätte der Weltmeisterschaften im Windsurfen.

Weitere Tipps für Surfer:
• Nehmen Sie am besten Ihr eigenes Gerät mit, wenn Sie außerhalb der Surf-Zentren surfen wollen, denn der Surftourismus in Südafrika ist noch etwas unterentwickelt, und es mangelt an Verleihern (erkundigen Sie sich bei der entsprechenden Airline nach dem Frachttarif). Um Kapstadt, Port Elizabeth, Jeffrey's Bay etc. können Sie aber Ausrüstung leihen.
• Sie sollten zwecks Mobilität einen Mietwagen haben, einen Dachgepäckträger aber sollten Sie sich in Südafrika kaufen (die meisten Vermieter sind nicht Surfer-freundlich eingestellt, da sie um ihren Wagen bangen).
• Besorgen Sie sich die Surfbroschüre von South African Tourism (ehem. SATOUR), An der Hauptwache 11, 60313 Frankfurt/Main.

Windsurfer finden auf den großen Inlandseen oder Lagunen entsprechende Reviere, so z.B. in George (Swartvlei), Plettenberg Bay und Struisbay.

Weitere Kontaktadressen:
- *South African Surfing Association*: P.O.Box 617, Umtentweni 4235, South Africa
- *South African Windsurfing Class Association*: Private Bag X16, Auckland Park 2006, Tel.: (011) 726 7076.
- *Surf Centre:* 70 Loop St., Cape Town, Tel.: (021) 423-7853, Fax: (021) 423-2939. Hier können Sie sich mit Ausrüstung eindecken und erhalten auch Infos. Weitere Adresse (Verwaltung): 38 Mariner Drive, Woodbridge Island, Tel.: 8021) 52-3978.

T

⇨   **Tankstellen**

Das Tankstellennetz in Südafrika ist dicht. Die Benzinpreise liegen bei ca. R 2,70–3 je Liter. Öffnungszeiten: 7–18h. Große Tankstellen der Ketten Shell, BP usw. haben oft 24 Stunden geöffnet.

Es gibt in Südafrika verbleites (97 Oktan) und unverbleites (95 Oktan) Benzin. Die meisten Mietwagen, besonders die der kleineren und mittleren Klasse, fahren mit beiden Kraftstoffen, doch sollten Sie sich bei der Anmiete sicherheitshalber danach erkundigen. Aber keine Angst: Wie bei uns haben die Fahrzeuge mit Katalysator einen kleineren Einfüllstutzen, und dort passt nur die unverbleite Pistole hinein.

Achtung: Man sollte darauf achten, dass Benzin auch tatsächlich eingefüllt wird. Einem Leser passierte es in Wilderness, dass der Tankwart zwar so tat und auch Geld kassierte, aber kein Benzin eingefüllt hatte. Der Leser hörte dann später, dass es wirklich sinnvoll ist, den Tankvorgang genau zu beobachten.

 Achtung!
Benzin kann nicht per Kreditkarte, sondern nur bar bezahlt werden!

⇨ **Tauchen/Wrack tauchen/Schnorcheln**

• *Tauchen (Scuba Diving):* Aufgrund des kalten Benguela-Meeresstroms an der Westküste und des warmen Algulhas-Meeresstroms an der Ostküste verfügt Südafrika über eine sehr differenzierte Meeresflora und -fauna. Besonders im Mischbereich zwischen dem warmen und kalten Meeresstrom gibt es ein vielfältiges Meeresleben. Bekannt ist bei Kapstadt das Gebiet um Cape Hangklip. Beste Zeit zum Tauchen: Juni–November.

Immer beliebter wird das *Hai-Tauchen (White Shark Diving*, auch *Cage Diving)*, wobei Sie in einem Käfig heruntergelassen werden und zuschauen können, wie die Haie gefüttert werden. U.E. und auch nach Meinung von Wissenschaftlern ist zum Hai-Tauchen aber nicht zu raten, da die Haie dadurch in ihrer Lebensweise zu sehr beeinflusst werden, die Angst vorm Menschen verlieren und zudem den Instinkt, selber nach Nahrung zu suchen.

Wracks finden sich überall um das Kap und auch entlang der Garden Route. Viele Anbieter haben sich mittlerweile auf das *Wreck-Diving* spezialisiert.

Grundsätzlich: Sie benötigen entweder einen gültigen Tauchschein oder aber für einen Lehrgang (der für ab R 1.000/Woche angeboten wird) ein Attest von einem Arzt (Tauchmedizinische Untersuchung und Bescheinigung).

• *Schnorcheln:* Im Tsitsikamma Coastal National Park gibt es einen Schnorchel- und Taucherlehrpfad.

Kontaktadressen:
- *South African Underwater Union:* P.O.Box 557, Parow 7500, Tel.: (021) 930 6549)
- *Adventure Village* (229 Long St., Tel.: (021) 424-1580) organisiert alle Arten von Tauchtouren. Wracktauchen ab R 200/Tag, Hai-Tauchen ab R 650/Tag.
- *Ocean Divers:* Ritz Protea Hotel, Main Rd, Sea Point, Tel.: (021) 439-1803 od. 439-8458, Fax auch (021) 439-1803. Preise ähnlich wie bei Adventure Village.
- Im *Kapstädter Touristenamt* liegen zudem unzählige von Prospekten aus von Tauchveranstaltern.

⇨   **Taxi**

Die Tarife sind regional unterschiedlich. Die Grundgebühr beträgt in der Regel R 4–5 plus R 3 pro Kilometer. Wartezeiten kosten R 15 die Stunde. Die Taxis müssen von Taxiständen abgerufen werden. Ein Trinkgeld von ca. 10–15 % ist üblich. Taxistände und Rufnummern für Kapstadt finden Sie auf S. 205.

Zu den „normalen" Taxis gibt es noch zwei weitere Taxivarianten in Kapstadt:
1. Die *Minibus-Taxis*, die eher als privater Kleinbus-Betrieb anzusehen sind und die einzelnen Stadtteile miteinander verbinden. Sie verkehren auf mehr oder weniger festen Routen und werden vornehmlich von den Bewohnern der (ehem.) Townships genutzt. Für eine Fahrt in der Innenstadt sind sie also nicht geeignet. Abenteuerlustige, die Geld sparen möchten und Kontakt zu den Einheimischen suchen, können diese Taxis aber nutzen, um z.B. nach Muizenberg zu gelangen.
2. Ein preiswertes Unternehmen und bereits ein Begriff in Kapstadt sind die *Rikki-Taxis*, die kreuz und quer durch die Stadt fahren und dabei Fahrgäste „aufsammeln". Sie kosten weniger als die Hälfte der normalen Taxis, sind dafür aber oft voll und durch das Kreuzen durch die Stadt langsam. Rikkis verkehren nur tagsüber und i.d.R. nur im Innenstadtbereich sowie in angrenzenden Stadtteilen. Sie können auch telefonisch bestellt werden: (021) 423-4888.

⇨   **Telefonieren/Telekommunikation**

Preisbeispiele
Ein Drei-Minuten-Ortsgespräch kostet vom Automaten 30 cents. Wenn Sie von besonderen Münzfernsprechern ein Übersee-Gespräch führen wollen, müssen Sie einen Haufen 50 cents- bzw. 1-Rand-Münzen haben, denn 1 Minute kostet nach Europa R 6 und mehr. Bequemer ist die Vermittlung in einem Postamt. Dann allerdings muss man mindestens 3 Minuten telefonieren und zahlt dafür knapp 19 Rand. Vorsicht in Hotels: Hier wird der 2- bis 3-fache Tarif berechnet, also 3 Minuten können 90 Rand kosten! Seien Sie bitte nicht irritiert: Das Besetzt-Zeichen ähnelt dem Klingelzeichen in Deutschland.

Handys
Mitbringen: Die meisten aus Europa mitgebrachten Handys (sie werden in Südafrika „Cellulars" bzw. kurz „Cells" genannt) können via „Roaming" in Südafrika genutzt werden, wobei bestimmte Gesellschaften, wie z.B. E-Plus, noch nicht an dieses System angeschlossen sind (E-Plus nur mit „Dual-Band-Handy"). Erkundigen Sie sich also vorher und melden Sie Ihre Reise an bei Ihrer Telefongesellschaft, nicht alle Geräte sind automatisch freigeschaltet.
Achten Sie in Südafrika dann darauf, welche südafrikanische Gesellschaft für Sie am günstigsten ist. Denken Sie aber daran, dass die Nutzung Ihres Handys in Südafrika für Sie teuer werden kann. Ruft Sie jemand aus Deutschland an, zahlen Sie den Auslandtarif dafür, der Anrufer nur den Deutschlandtarif. Zudem sind die Preise für die Einheiten über Ihr Handy teurer als die über ein gemietetes Handy (ca. doppelter Preis). Sollten Sie also viel telefonieren wollen, lohnt sich die Miete eines Handys. Möchten Sie aber nur für Notfälle erreichbar sein bzw. wissen Sie, dass Sie Ihr mitgebrachtes Handy wenig benutzen werden, dann lohnt die Miete nicht.

TIPP: Wer sein Handy aus Europa mitbringt, kann sich in Südafrika auch eine „Prepaid-Sim-Karte" zulegen und diese für die Zeit des Aufenthalts mit der eigenen austauschen. Diese Sim-Karten erhalten Sie in unzähligen Geschäften, Supermärkten und natürlich auch Telefonläden und können bei Bedarf immer wieder aufgeladen werden.

Infos zum Roaming im Internet bzw. über Telefon:
- **D1 - Mobile:** *www.T-D1.de,* Tel.: (01805) 330170 bzw. (0180) 330-2202 od. über Handy: 2202
- **D2 - Vodafone:** *www.d2privat.de,* Tel.: 1212 (kostenlos übers D2-Handy)
- **E-Plus:** *www.eplus.de,* Tel.: (0177) 1111

Mieten bzw. Kaufen: In zahlreichen Geschäften in den Städten sowie an Ständen in den großen Flughäfen verkaufen bzw. vermieten die südafrikanischen Hauptbetreiber **VODACOM** und **MTN** Handys bzw. „Sim-Cards". Letztere sind Chips, die Sie für die Zeit der Miete zu einem Kunden der entsprechenden südafrikanischen Gesellschaft machen. Die Kosten variieren sehr, sind oft auch abhängig von der Länge der Miete. Rechnen Sie grob mit R 6–8 für die Tagesgrundmiete der Sim-Card und R 15–18 für die Tagesgrundmiete eines Handys. Hinzu kommen dann die Gesprächseinheiten (zw. R 2 und 3 pro Minute). Abgerechnet wird über die Kreditkarte.

Eine weitere Möglichkeit ist der Kauf einer „Prepaid Card", mit der Sie für eine bestimmte Zeit eine bestimmte Anzahl an Telefoneinheiten erhalten. Der Vorteil daran ist, dass Sie etwas günstiger telefonieren, der Nachteil aber, dass Sie evtl. die Einheiten gar nicht alle benötigen bzw. diese nicht ausreichen. Mittlerweile bieten einige große Mietwagenfirmen auch die kostenlose Miete eines Handys an (beim Buchen des Wagens angeben!). Hierbei müssen Sie nur ca. 0,80 € pro Tag für die Versicherung des Handys zurechnen.

Der Empfang über Handy ist in Südafrika i.d.R. sehr gut entlang der Hauptverkehrsachsen sowie in den Orten und Ballungsräumen. In der Karoo und in den Bergen gibt es natürlich einige „Löcher". Die Infolines der beiden großen Mobilfunk-Betreiber lauten:
- **VODACOM:** 082-111 bzw. 0800-111-234
- **MTN:** (011) 3015499 bzw. 0800-111-0070
(0800er-Nummern nur aus Südafrika)

Vorwahlen
- Die **Vorwahl für Deutschland** von Südafrika aus ist 0949 + die Ortsnetzzahl ohne die Null + die Teilnehmernummer.
- Die **Vorwahl für Österreich** ist 0943, **für die Schweiz** 0941.
- **Vorwahlen anderer Länder:** Botswana (09267), Lesotho (09266), Mozambik (09258), Namibia (09264), Zambia (09260), Zimbabwe (09263)
- Seit Mitte der 90er Jahre ändern sich aufgrund der **Modernisierung des Kommunikationssystems** viele örtliche Vorwahlen in Südafrika, ebenso lokale Nummern. Die meisten Nummern in diesem Reiseführer entsprechen bereits den neuen Kriterien. Es kann aber trotzdem einmal vorkommen, dass eine Nummer sich nach Drucklegung geändert hat. Dann hilft leider nur die Auskunft...

Öffentliche Fernsprecher

Es gibt öffentliche Fernsprecher in ausreichender Zahl. Oft befinden diese sich auch *in* Hotels, Tankstellen und Restaurants. Wie bei uns überwiegen hier mittlerweile auch die Kartentelefone. Mit Telefonkarten telefonieren Sie am günstigsten, und es gibt sie in den Werten R 20, 50 und 100 in vielen Supermärkten, Backpackern und manchmal auch in Telefonläden.

Telefonläden

Da vor allem nicht alle Bewohner der (ehem.) Townships Telefonanschlüsse haben, hat sich ein lukrativer Markt für Telefonläden entwickelt. Dieses sind Geschäfte, in denen Sie ohne Kleingeld oder Telefonkarte telefonieren können und die Warteschlangen kürzer sind als in den Postämtern. Dafür zahlen Sie aber auch mehr als an einem öffentlichen Fernsprecher (aber weniger als von den Hotels aus). Vergleichen Sie also zuerst die Preise! Von den Telefonläden aus können Sie auch Faxe schicken.

Internet-Cafés

In den großen Städten gibt es mittlerweile mehrere Internet-Cafés. Hier können Sie e-mails schicken bzw. empfangen. Abgerechnet wird nach Zeit (Minimum 30 Min.). Doch leider öffnen diese so schnell, wie sie wieder schließen. Daher nennen wir im Reisepraktischen Teil keine Adressen. Schauen Sie in den gelben Seiten des Telefonbuches unter dem Stichwort „Internet-Café".

Wichtige und nützliche Telefonnummern für Südafrika
Hinweis: Evtl. Aktualisierungen dieser Nummern im Internet: www.southafrica.ch/pages/TeleDir.htm
- *Landesweiter Polizei-Notruf:* 10 111
- *Landesweiter Notruf für Rettungswagen:* 10 177
- *Lokale Telefonauskunft:* 1023
- *Nationale Telefonauskunft:* 1025
- *Internationale Telefonauskunft:* 0903
- *Gebuchte Gespräche/Collect Calls/Reverse Charge Calls (R-Gespräche) etc.:* 0900
- *Zeitansage:* 1026
- *Computicket:* (011) 485-2327. Telefonische Buchung von Veranstaltungen (landesweit) aller Art (Theater, Konzerte, Sport etc.). Kreditkarte bereithalten!
- *National Parks Board (landesweit):* (012) 343-1991
- *Flughäfen (Auswahl):*
- *Johannesburg International:* (011) 975-9963
- *Kapstadt:* (021) 934-0407
- *George:* (044) 876-9301
- *Port Elizabeth:* (041) 507-7301 bzw. 581-2984
- *Kreditkartenverlust (in Südafrika):*
- *American Express:* (011) 358-0400
- *Diners Club:* (011) 337-3244
- *Master Card/Eurocard:* (011) 498-4699
- *Visa Card:* (011) 489-4699
- *South African Tourism* (ehem. SATOUR)-*Hauptbüro in Tshwane (ehem. Pretoria):* 012/347-0600
- *Western Cape Tourism Board:* (021) 418-3705
- *Eastern Cape Tourism Board:* (040) 639-2115yy
- *Northern Cape Tourism Board:* (0531) 82-2643yy

⇨   **Tennis**

In Südafrika gibt es sehr viele Tennisplätze. Sie sind u.a. in der Broschüre „Where to stay" verzeichnet (South African Tourism (ehem. SATOUR), An der Hauptwache 11, 60313 Frankfurt 1, Tel.: 069/929129-0, Fax: 069/280950). Auch in den Klubs kümmert man sich gerne um Gäste. In sog. „*Country Clubs*" der kleinen Orte, die ein wenig unseren Sportvereinen gleichzusetzen sind, können Sie i.d.R. gegen eine geringe Gebühr die Anlagen nutzen.

Kontaktadresse
- **South African Tennis Union:** P.O.Box 2211, Johannesburg 2000, Tel.: (011) 402-3580.

⇨   **Trinkgelder**

Sie sollten nach Umfang und Qualität einer Leistung gegeben werden (z.B. bei Gepäckträgern oder Zimmermädchen ca. R 2). Als Leitlinie gilt, dass das Trinkgeld 10 % des Preises entsprechen sollte. Schwarze zeigen die Gewohnheit, eine Hand unter die andere oder unter den Unterarm zu legen, was als Zeichen der Dankbarkeit gilt. In den Restaurants ist oft ein Trinkgeld von 10 % einberechnet (in der Speisekarte bzw. auf der Rechnung vermerkt). Trotzdem sollte man bei besonders aufmerksamer Bedienung ein Trinkgeld nach eigenem Ermessen geben. Auch Taxifahrer erwarten etwa 10 % Trinkgeld.

V

⇨   **Visa**

Besucher Südafrikas müssen bei der Einreise einen mindestens noch 6 Monate gültigen Reisepass vorweisen. Besucher aus Deutschland, Österreichs und der Schweiz benötigen bei der Einreise nach Südafrika kein Visum.

W

⇨   **Währung/Devisen**

Die Währung in Südafrika ist der *Rand* (kurz: R od. ZAR). Ein Rand entspricht 100 c. Pro Person dürfen lediglich 1.000 Rand ein- und ausgeführt werden (diese Zahl erhöht sich aber ständig und die Summe wird niemals kontrolliert). Andere Währungen und Reiseschecks dürfen uneingeschränkt mitgebracht werden, sind aber bei der Einreise zu deklarieren.

Empfehlenswert ist die Mitnahme von *Reiseschecks* (sicher, da bei Diebstahl versichert). Die alten Euroschecks werden auch hier nicht mehr akzeptiert. *Kreditkarten* können in größeren Geschäften, Hotels, Restaurants, bei den Airlines, Mietwagenunternehmen und anderen Zweigen der Touristikbranche benutzt werden. Gebräuchlich sind besonders VISA und MasterCard (= EuroCard). Mit der *Bankcard*, dem Nachfolger der Eurocheque-Karte, können Sie an nahezu allen Geldautomaten (*ATMs*) Geld abheben, oft ist diese Summe aber auf R 2.000 pro Tag begrenzt. Bei Problemen mit der Kreditkarte bzw. Bankcard (ehem. EC-Karte) oder bei deren Verlust stehen Ihnen folgende Rufnummern zur Verfügung:

- *American Express Reiseschecks:* 0800-99 10 21
- *American Express Kreditkarte:* 0949-69-9797 1000 bzw. -2000 oder in Südafrika (011) 358-0400
- *Visa Reiseschecks:* 141 05 81 38 36 oder 441 71 93 81 31
- *Visacard:* 0949-69-7920-1333 oder 141 05 81 38 36 oder 441 71 93 81 31. In Südafrika: (011) 489-4699
- *Mastercard/Eurocard:* 0949-69-7933-1910 oder 001-314-275 6690. In Südafrika: (011) 498-4699. Kostenlose Notrufnummer im Land: 080099-0418
- *Diners Club:* (011) 337-3244

> Unbedingt bei der Hausbank in Deutschland nach den Konditionen für das Abheben von Bargeld in Südafrika erkundigen, sonst kann es teuer werden. **Tipp:** Wenige Male und dann relativ viel Geld mit der Bankcard (ehem. Eurocheque-Karte) abheben, Kreditkarte als Option dabei haben.

Hinweise

Tankstellen akzeptieren grundsätzlich keine Kreditkarten, und sollten Ihre Reiseschecks nicht in Rand ausgestellt sein, müssen Sie beim Einlösen unbedingt Ihren Pass vorlegen. Reiseschecks sind aber auch nicht so gerne gesehen in kleinen Geschäften bzw. Tankstellen.

⇨ ## Wale beobachten

An Walbeobachtungspunkten informieren Schautafeln über die Riesensäuger

Sehr beliebt und eine der Attraktionen am Kap ist das Beobachten von Walen. Sie sind am besten zu sehen zwischen der Saldanha Bay nördlich von Kapstadt bis hin nach Plettenberg Bay an der Garden Route. Doch die Wale kommen nur zwischen Juni und November, wobei September und Oktober als die Top-Monate bezeichnet werden. Die besten Chancen und Aussichtsmöglichkeiten haben Sie an folgenden Punkten: Zwischen Simon's Town und Muizenberg (Kaphalbinsel) sowie entlang der Ostküste in Hermanus, im De Hoop Nature Reserve, in Witsbank und in der Plettenberg Bay. Wo sich aktuell die Wale befinden, erfahren Sie über die Whale Hotline: 083-910-1028.

⇨ ## Wandern/Bergwandern/Klettern

Eine Übersicht über Wandermöglichkeiten in Südafrika bieten:
• die kostenlose Broschüre „*Immer den Fußspuren nach*" – Wanderwege in Südafrika (South African Tourism (ehem. SATOUR));

• der englischsprachige Wanderführer von Jaynee Levy „*Trailing and Mountaineering in Southern Africa*", Struik Publishers, Cape Town; (dieser Wanderführer ist sehr ausführlich!).

• „*Exploring the Natural Wonders of South Africa*" von Willie und Sandra Olivier, ein englischsprachiges Buch, das vor allem die Autorouten zu Wanderwegen („Trailheads") aufzeigt.

• In den größeren Buchläden gibt es zudem eine große Auswahl an speziellen Wanderführern.

Spezielle Wandergebiete in den Kapprovinzen sind im Reiseteil aufgeführt. Grundsätzlich möchten wir hier aber schon mal ein paar beliebte Wandergebiete nennen:

• Die *Kaphalbinsel, Lion's Head* und der *Tafelberg*
• Das *Hottentots' Holland Nature Reserve* südlich des Weinlandes
• Das *Limietberg Nature Reserve* um den Bain's Kloof Pass (östl. von Paarl)
• Die *Cedarberg Wilderness Area* südöstlich von Clanwilliam
• Das *De Hoop Nature Reserve* südlich von Swellendam
• Die Gebiete um und nördlich der *Garden Route* (u.a. Wilderness Area, Knysna Forest, Tsitsikamma NP etc.)
• Das Gebiet um *Montagu*
• Das Gebiet des ehem. *Zuurberg National Park* (heute Teil des Addo Elephants NP)
• Die *Baviaanskloof Wilderness Area* (nördl. von Humansdorp)

Mitbringen bzw. in Südafrika kaufen sollten Sie vor allem festes Schuhwerk (Wanderschuhe), Regenkleidung, warme Kleidung (für einige Gebiete), Sonnenschutz (Hut, Creme), pro Person einen Tagesrucksack, Proviant + ausreichend zu trinken (3 Liter/Tag/Person), bei längeren Routen eine Karte und einen Kompass.

Kontakadressen:
- Im Kapstädter Touristenamt bieten sich zahlreiche *Veranstalter für geführte Wandertouren* bis hin zu adrenalinfördernden Extremklettereien an.
- **The Hiking Federation (landesweit):** Tshwane (ehem. Pretoria) Tel. (012) 299-3382.
- **Mountain Club of South Africa:** 97 Hatfield St., Kapstadt, Tel.: (021) 465-3412. Gleicht unserem Alpenverein.
- Das **National Parks Board**: Im Visitor Center am Clock Tower (V&A Waterfront) können Sie Unterkünfte in den Nationalparks buchen bzw. Infos einholen.

⇨   **Wein**

Südafrikanische Weine erfreuen sich besonderer Beliebtheit. Gerne nimmt man die eine oder andere Flasche von einer Kapreise zurück. Wer nun aber seinen Weinkeller bestücken möchte, der sollte auf einen der Weinimporteure zurückgreifen. Bezugsadressen südafrikanischer Weine in Deutschland sind:

• **Carlean Wine Import:** Ermruther Str. 31, 90411 Nürnberg, Tel.: (0911) 523958, Fax: (0911) 523966, Internet: *www.carlean.de*. Verkauft Weine ausgewählter Weingüter. Die Seite ist zudem recht informativ in puncto Weine aus Südafrika (interessante Links!).

• **Weinwelt Mack & Schühle GmbH**: Neue Straße 45, Postfach 1147, 73277 Owen/Teck, Tel.: (07021) 570118, Fax: (07021) 51692. Besonders gute Auswahl an Nederburg-Weinen.

- **Manfred Jungbluth Weinimport:** Postanschrift: An der Nonnenwiese 184, 55122 Mainz, Tel.: (06131) 41483, Fax: (06131) 41489, Internet: *home.t-online.de/home/manfred. jungbluth.* Vertritt einige weniger bekannte Weingüter der Kapprovinz und verschickt Weine.
- **Lutz W. Zetzer:** Zum Klausental 24, 67434 Neustadt/Weinstraße, Tel.: (06321) 39560, Fax: (06321) 395656. Kein Händler, nur eine Agentur, die einige südafrikanische Weingüter vertritt. Gern sendet man Ihnen aber eine Liste von Weingeschäften in Ihrer Nähe, die entsprechende Weine verkaufen.
- Übers Internet *www.kap-wein.de* (= Cape-Wine-online), *members.aol.com/OWSOechsle/start.htm* (= O.W.S. Oechsle's Weinhandel) sowie *www.das-weinhaus.de* (= Das Weinhaus) können Sie erlesene (aber auch nicht ganz billige) südafrikanische Weine bestellen (ab 5 €/Flasche). Spezialisiert auf Weine aus dem Constantia Valley (*Steenberg, Groot Constantia* etc.) ist die Internetseite *www.tafelberg.de/wein/index.htm* (= Le Bouchon Weinhandels GmbH).

Hinweis
Beim Kauf im Internet lohnt aber ein Preisvergleich!

Lesen Sie ausführlich zum südafrikanischen Wein auf den Seiten 462ff.

⇨ **Weinanbaugebiete**

In dem hier beschriebenen Reisegebiet befinden sich die meisten und bekanntesten Weinanbaugebiete Südafrikas, die grob unterteilt sind in Olifants River Valley (um Vredendal u. Clanwilliam), West Coast (Atlantikküste nördl. von Kapstadt), Swartland (um Malmesbury), Peninsula (um Kapstadt mit dem Constantia Valley), Winelands (Stellenbosch, Paarl, Franschhoek), Overberg (zw. N2 und Cape l'Agulhas), Breede River Valley (Tulbagh, Worcester, Robertson, Montagu), Garden Route und Kleine Karoo (schließt auch die Great Karoo ein). Diese werden dann wiederum unterteilt in die Regionen der einzelnen Weinorte und deren Besichtigungsrouten, so z.B. Stellenbosch Vineries/Stellenbosch Wine Route. Es gibt verschiedene Broschüren im Kapstädter Touristenamt, die Wege zu und durch die Weinanbaugebiete erklären bzw. alle Anbaugebiete skizzieren. Sehen Sie auch die Karten auf S. 59, 440, 460, 464.

Der Besuch einer der Weinregionen gehört zum Pflichtprogramm eines Besuches der Kapprovinzen, genauso, wie zumindest eine Weinkellerei zu besichtigen. Die klassischen und historisch interessantesten Weingüter befinden sich im **Constantia Valley** südlich des Tafelbergs (*Steenberg Vine Estate* hier ist das älteste Weingut des Landes) und im **Wineland** um die Orte Paarl, Stellenbosch, Franschhoek und Somerset West. In **Worcester** mag zudem noch die größte Brandy-Fabrik Südafrikas von Interesse sein.

Erläuterte **1-Tagestouren** in die Weinanbaugebiete in 9-sitzigen Minibussen werden von zahlreichen Veranstaltern angeboten, die ihre Prospekte im Kapstädter Touristenamt, aber auch in den meisten Hotels ausliegen haben. Angefahren werden dabei i.d.R. Paarl und Stellenbosch und oft auch Franschhoek. Ein bis drei Besichtigungen von Weingütern gehören natürlich auch dazu. Bei so einer Tour erfahren Sie schnell und gut das Wesentliche und können zudem auch von den Weinen kosten, ohne um Ihre Fahrtauglichkeit zu bangen. Wer mehr Pioniergeist hat, sollte aber besser auf eigene Faust losfahren und die

Weinkellereien am Kap

🍷	Weinverkauf
🍷	Weinprobe
👥	Kellereibesichtigung
🍴	Kleine Mahlzeiten
🍽	Restaurant
✖	nur nach Absprache
◆	Saisonal
①	Sonntag Abend geschlossen
②	auch Sonntag geöffnet
③	Mittwochs 14.30 Uhr

Angaben ohne Gewähr. Bitte rufen Sie sicherheitshalber vorher an, ob Führungen stattfinden.

Vignerons de Franschhoek

Name	Geöffnet	Verkauf	Probe	Besichtigung	Mahlzeiten	Restaurant
Bellingham Code (021)Tel. 874 1011 Fax 874 1712	Mo-Fr Sa◆ (Während der Ferien geschlossen)	●	●		✖	
Boschendal Estate Code (021)Tel. 870 4000 Fax 874 1864	Mo-Sa So◆	●	●	✖	●	●
Cabriére Estate Code (021)Tel. 876 2630 Fax 876 3390	Mo-Sa	●	●	●		
Chamonix Code (021)Tel. 876 2498/3241 Fax 876 3237	Mo-So	●	●	●		●
De Lucque & Dieu Donné Code (021)Tel. 876 2494 Fax 876 2102	Mo-Fr Sa◆	●	●			
Franschhoek Vineyards Co-Op Code (021)Tel. 876 2086 Fax 876 3440	Mo-Sa So◆	●	●			
Haute Provence Code (021)Tel. 876 3195/2416 Fax 876 3118	Mo-So	●	●			
La Bourgogne Code (021)Tel. 876 2115 Fax 876 2689	✖ (Weinprobe und Verkauf bei Franschhoek Vineyards Co-Op)	✖	✖			
La Bri Vineyards Code (021)Tel. 876 2593 Fax 876 3197	✖ (Weinprobe und Verkauf bei Franschhoek Vineyards Co-Op)	✖	✖			
La Motte Estate Code (021)Tel. 876 3119 Fax 876 3446	Mo-Sa (Während der Ferien geschlossen)	✖	✖			
Landau du Val Code (021)Tel. 874 1026 Fax 876 3369	(Weinprobe und Verkauf bei Haute Provence Vineyards)	✖	✖			
L'Ormarins Estate Code (021)Tel. 874 1026 Fax 874 1361	Mo-Sa	✖	✖			
La Provence Code (021)Tel. 876 2163 Fax 876 2616	Mo-So (Weinprobe und Verkauf bei Haute Provence Vineyards)					
Mont Rochelle Code (021)Tel. 876 3000 Fax 876 2362	Mo-Sa So◆	●	●			
Möreson Code (021)Tel. 876 3112 Fax 876 2348	Di-So Mi-So	●	●	✖	●	●
Oude Kelder Code (021)Tel. 876 3666 Fax 876 2219	✖	✖	✖		(Unterkunft erfragen unter 876 2446)	
Plaisir de Merle Code (021)Tel. 874 1071 Fax 874 1689	Mo-Sa	●	●	✖		
R & de R Vignerons Fredericksburg Code (021)Tel. 874 1648/9 Fax 874 1802	Mo-Fr (Sa bis 12.30)	●	●			
Rickty Bridge Code (021)Tel. 876 2129 Fax 876 3486	Mo-So	●	●	✖		
Stony Brook Code (021)Tel./ Fax 876 2182	✖	✖	✖			

Stellenbosch Wine Route

Name	Geöffnet	Verkauf	Probe	Besichtigung	Mahlzeiten	Restaurant
Blaauwklippen Code (021)Tel. 880 0133 Fax 880 0136	Mo-Sa	●	●	●		
Bottelary Winery Code (021)Tel. 882 2204 Fax 882 2205	Mo-Sa	●	●			
De Heidelberg Winery Code (021)Tel. 842 2371 Fax 842 2373	Mo-Sa	●	●	●		
Delaire Code (021)Tel. 885 1756 Fax 885 1270	Mo-So	●	●	✖	●	●
Delheim Code (021)Tel. 882 2033 Fax 882 2036	Mo-Sa So◆	●	●	●	●	
Eersterivier Winery Code (021)Tel. 881 3870 Fax 881 3102	Mo-Sa	●	●			
Eikendal Code (021)Tel. 855 1422 Fax 855 1027	Mo-So	●	●	◆	●	
Hartenberg Code (021)Tel. 882 2541 Fax 882 2153	Mo-Sa	●	●			
Hazendal Code (021)Tel. 903 5035 Fax 903 0057	Mo-So	●	●			
Jordan Winery Code (021)Tel. 881 3441 Fax 881 3426	Mo-Sa	●	●	✖		
L'Avenier Code (021)Tel. 889 5001 Fax 889 5258	Mo-Sa	●	●	✖		
Lievland Wine Estate Code (021)Tel. 875 5226 Fax 875 5213	Mo-Sa	●	●	✖		
Louisenhof Code (021)Tel./Fax 889 7309	Mo-Sa	●	●		◆	
Louisvale Code (021)Tel. 882 2422 Fax 882 2633	Mo-Sa	●	●	✖		
Middelvlei Code (021)Tel. 883 2565 Fax 883 9546	Mo-Sa	●	●	✖◆	✖	
Morgenhof Code (021)Tel. 889 5510 Fax 889 5266	Mo-Sa So◆	●	●	✖	●	
Muratie Code (021)Tel. 882 2330 Fax 882 2790	Mo-Sa	●	●	●		
Neethlingshof Code (021)Tel. 883 8988 Fax 883 8941	Mo-Sa	●	●	●	●	
Overgaauw Code (021)Tel. 881 3815 Fax 881 3436	Mo-Sa	●	●	③		
Rust-en-Vrede Estate Code (021)Tel. 881 3881 Fax 881 3000	Mo-Sa	●	●			
Saxenburg Code (021)Tel. 903 6113 Fax 903 3129	Mo-Sa So◆	●	●			
Simonsig Code (021)Tel. 882 2204 Fax 882 2545	Mo-Sa	●	●	●		
Spier Cellars Code (021)Tel. 881 3321 Fax 881 3351(ext.203)	Mo-So	●	●	●	●	●
Uiterwyk Code (021)Tel. 881 3711 Fax 881 3776	Mo-Sa	●	●	●		
Verdun Code (021)Tel. 886 5884 Fax 887 7392	Mo-Sa	●	●	●		
Vlottenburg CO-OP Code (021)Tel. 881 3828/9 Fax 881 3357	Mo-Sa	●	●			
Vredenheim Estate Code (021)Tel. 881 3878 Fax 881 3296	Mo-Sa	●	●	●	◆	●
Welmoed Code (021)Tel. 881 3800 Fax 881 3434	Mo-Sa	●	●	●		
Zevenwacht Code (021)Tel. 903 5123 Fax 903 3373	Mo-So	●	●	●		

Tulbagh Wine Trust

Name	Geöffnet	Verkauf	Probe	Besichtigung	Mahlzeiten	Restaurant
Drostdy Wine Cellar Code (023)Tel. 230-1086 Fax 230-0510	Mo-Sa	●	●	●		
Kloofzicht Code (023)Tel. 230-0658 Fax 230-0658	Mo-Fr Sa/So✖	●	●			
Lemberg Code (023)Tel. 230-0655 Fax 230-1540	Mo-So	✖	✖	✖		
Paddagang Winehouse Code (023)Tel. 230-0242 Fax 230-0433	Mo-So	●	●		●	●
Theuniskraal Code (023)Tel. 230-0690/89 Fax 230-1504	Mo-Sa	✖	✖	✖		
Tulbagh Winery Code (023)Tel. 230-1001 Fax 230-1368	Mo-Sa	●	●	✖		
Twee Jonge Gezellen Code (023)Tel. 230-0680 Fax 230-0686	Mo-Sa	●	●	●	✖	

Robertson Valley

Name	Geöffnet						
Agterkliphoogte Winery Code (023)Tel.62 6-1103 Fax 626-3329	Mo-Fr	●	●	✗			
Ashton Winery Code (023)Tel. 615-1135 Fax 615-1284	Mo-Sa	●	●	✗			
Bon Courage Estate Code (023)Tel. 626-4178 Fax 626-3581	Mo-Sa	●	●	✗			
Bonnievale Winery Code (023)Tel.616- 2795 Fax 616-2332	Mo-Fr	●	●	✗			
Clairvaux Wines Code (023)Tel.626- 3842 Fax626-1925	Mo-Sa	●	●				
De Wetshof Estate Code (023)Tel. 615-1853 Fax 615-1915	Mo-Sa	●	●	✗			
Goedverwacht Estate Code (023)Tel.616- 2845 Fax 616-3430	✗	●	●	✗			
Graham Beck Wines Code (023)Tel. 626-1214 Fax 626-5164	Mo-Fr (Sa bis 15.00)	●	●	✗			
Langeberg Winery Code (023)Tel.626- 2212 Fax 626-2669	Mo-Sa	●	●				
Langverwacht Winery Code (023)Tel.616- 2815 Fax 616-3059	Mo-Fr	●	●				
Le Grand Chasseur Code (023)Tel. 626-1048 Fax 626-1047	Mo-Fr	●	●				
Merwespont Winery Code (023)Tel. 616-2800 Fax 616-2734	Mo-Fr	●	●	✗			
MC Gregor Winery Code (023)Tel. 625-1741 Fax 625-1829	Mo-Sa	●	●				
Mooiuitsig Wynkelders Code (023)Tel. 616-2143 Fax 616-2675	Mo-Fr	●	●				
Nordale Winery Code (023)Tel. 616-2050 Fax 616-2192	Mo-Fr	●	●				
Robertson Winery Code (023)Tel. 626-3059 Fax 626-2926	Mo-Sa	●	●				
Roodezandt Winery Code (023)Tel. 626-1160 Fax 626-5074	Mo-Sa	●	●				
Rooiberg Winery Code (023)Tel. 626-1663/4 Fax 626-3295	Mo-Sa	●	●				
Springfield Estate Code (023)Tel. 626-3661 Fax 626-3664	Mo-Sa (Sa bis 17.00)	●	●				
Van Loveren Code (023)Tel. 615-1505 Fax 615-1336	Mo-Sa	●	●				
Van Zylshof Estate Code (023)Tel. 616-2940 Fax 616-3503	✗	●	●				
Weltevrede Estate Code (023)Tel. 616-2141 Fax 616-2460	Mo-Sa (Sa bis 15.30)	●	●	✗			
Zandvliet Estate Code (023)Tel. 615-1146 Fax 615-1327	Mo-Sa	●	●	✗			

Worcester Winelands

Name	Geöffnet						
Aan-de-Doorns Code (023)Tel. 347-2301 Fax 347-4629	Mo-Sa	●	●	✗			
Badsberg Co-Op Code (023)Tel. 349-3021 Fax 349-3023	Mo-Fr	●	●	✗			
Bergsig Estate Code (023)Tel. 355-1603 Fax 355-1658	Mo-Sa	●	●	✗			
Brandvlei Co-Op Code (023)Tel. 349-4215 Fax 349-4215	Mo-Fr	●	●	✗			
Breëvallei-Wyne Code (023)Tel. 342-2335 Fax 342-8764	Mo-Fr	●	●	✗			
De Doorns Co-Op Code (023)Tel. 342-2835 Fax 342-2100	Mo-Sa	●	●				
De Wet Co-Op Code (023)Tel. 349-2710 Fax 349-2762	Mo-Sa	●	●	✗			
Du Toitskloof Co-Op Code (023)Tel.349-1601 Fax 349-1581	Mo-Sa	●	●	◆			
Goudini Code (023)Tel. 91090 Fax 91095	Mo-Fr	●	●	✗			
Groot-Eiland-Co-Op Code (023)Tel. 349-1140 Fax 349-1801	Mo-Fr	●	●	✗		●	✗
KWV Brandy Cellar Code (023)Tel. 342-0255 Fax 347-3084	Mo-Sa	●	●	✗			
Kleinplasie Wine Cellar Code (023)Tel. 342-8720 Fax 342-2294	Mo-Sa	●	●	✗			
Louwshoek-Voorsorg Co-Op Code (023)Tel. 349-1110 Fax 349-1980	Mo-Sa	●	●	✗			
Merwida Co-Op Code (023)Tel. 349-1144 Fax 349-1953	Mo-Fr	●	●	✗			
Nuy Co-Op Code (023)Tel. 347-0272 Fax 347-4994	Mo-Fr	●	●	✗			
Opstal Estate Code (023)Tel. 349-1066 Fax 349-1081	Mo-Sa	●	●	✗			
Overhex Co-Op Code (023)Tel./Fax 347-1057	Mo-Sa	●	●	✗		●	
Slanghoek Co-Op Code (023)Tel. 349-1130 Fax 349-1891	Mo-Sa	●	●	✗			
Villiersdorp Co-Op Code (028)Tel. 840-1151 Fax 840-1833	Mo-Sa	●	●				
Waboomsrivier Co-Op Code (023)Tel. 355-1730 Fax 355-1731	Mo-Sa	●	●	✗			

Klein Karoo Wine Trust

Name	Geöffnet						
Barrydale Co-Op Code (028)Tel.572 1012 Fax 572 1541	Mo-Fr	●	●	✗			
Boplaas Estate Code (044)Tel. 213 3326 Fax 213 3750	Mo-Fr	●	●				
Calitzdorp Co-Op Code (044)Tel. 213 3301 Fax 213 3328	Mo-Sa	●	●				
Uitvlught Co-Op Winery Code (023)Tel. 414 1340 Fax 414 2113	Mo-Sa	●	●	✗			
Die Krans Code (044)Tel. 213 3314 Fax 213 3562	Mo-Sa	●	●				◆
Domein Doornkraal Code (044)Tel. 241 2556/251 6715 Fax 241 2548	Mo-Fr	●	●			✗	✗
Die Poort Code (028)Tel. 735-2406 Fax 735-2347	Mo-Sa	●	●	✗		✗	✗
Grundheim Wine Cellar Code (044)Tel. 272 6927 Fax 272 6927	Mo-Sa	●	●				
Kango Co-Op Code (044)Tel. 272 6065 Fax 279 1038	Mo-Fr	●	●				
Ladismith Co-Op Code (023)Tel. 551 1042 Fax 551 1930	Mo-Fr	●	●	✗			
Montagu Co-Op Code (023)Tel. 614-1124 Fax 614-1793	Mo-Fr	●	●				
Mons Ruber Code (044)Tel./Fax 251 6550	Mo-Fr	●	●	✗			
Rietrivier Co-Op Code (023)Tel./Fax 614-1705	Mo-Fr	●	●	✗			

Wellington Wine Route

Name	Geöffnet						
Bovlei Winery Code (021) Tel. 1567/864 1283 Fax 846 1483	Mo-Sa	●	●	✗			
Cape Wine Cellars Code (021) Tel. 873 1110(Sad Shop) Fax 873 3112	Mo-Sa	●	✗				
Jacaranda Code (021)Tel. 864 1235	Mo-Sa	●					
Wamakersvallei Winery Code (021) Tel. 873 1567/864 1283 Fax 846 1483	Mo-Sa	●	●	✗			
Wellington Winery Code (021) Tel. 873 1163/873 1257 Fax 873 2423	Mo-Fr	●	●				
Welvanpas Code (021)Tel. 864 1238 Fax 864 1239	Mo-Sa	●	●				

Olifants River Wine Route

Name	Geöffnet						
Cederberg Wines Code (027)Tel. 482 2825/7 Fax 482 2825	Mo-Sa	●	●	●			
Goude Vallei Code (022)Tel. 921 2233 Fax 921 3937	Mo-Sa	●	●	✗			
Klawer Co-Op Code (027)Tel. 216-1530 Fax 216-1561	Mo-Sa	●	●	✗			
Lutzville Vineyards Code (027)Tel. 217-1516 Fax 217-1435	Mo-Sa	●	●	✗			
Spruitdrift Co-Op Code (027)Tel. 213-3086 Fax 213-2937	Mo-Sa	●	●	✗			
Trawal Co-Op Code (027)Tel. 216-1616 Fax216-1425	Mo-Sa	●	●				
Vredendal Co-Op Code (027)Tel.21 3-1080 Fax 213-3476	Mo-Sa	●	●				

Paarl Vintners

Name	Geöffnet						
Ashanti Code (021)Tel./Fax 862 0789	Mo-So (Im Aug. geöffnet) (Von Mai bis Sept. Sonntag geschlossen)	●	●	●	✖	●	
Backsberg Code (021)Tel. 875 5141/2 Fax 875 5144	Mo-Sa						
Berg & Brook Code (021)Tel. 874 1659 Fax 874 1402	Mo-Sa (Von Mai bis Sept. Samstag geschlossen)						
Bernheim Code (021)Tel. 872 5618 Fax 872 5618	Mo-Sa	●	●		✖	●	
Boland Wine Cellars Code (021)Tel. 862 6190 Fax 862 5379	Mo-Sa	●	●		✖	◆	
De Leuwen Jagt Code (021)Tel. 863 3495/6 Fax 863 3797	Mo-Sa	●	●		✖	●	
De Zoete Inval Code (021)Tel. 863 2375 Fax 863 2817	Mo-Sa	●	●				
Fairview Code (021)Tel. 863 2450 Fax 863 2591	Mo-Sa	●	●		✖		
Glen Carlou Code (021)Tel. 875 5528 Fax 875 5314	Mo-Sa	●	●		✖		
KWV Code (021)Tel. 807 3007/8 Fax 863 1942	Mo-So	●	●	●	◆	●	
Laborie Code (021)Tel. 807 3390 Fax 863 1955	Mo-Sa	●	●	●	Ab Okt.	●	
Landskroon Code (021)Tel. 863 1039/58 Fax 863 2810	Mo-Sa	●	●			◆	◆
Nederburg Code (021)Tel. 862 3104 Fax 862 0878	Mo-Sa	●	●		✖	✖	
Nelson's Creek Code (021)Tel. 863 8453 Fax 863 8424	Mo-So	●	●		✖	● ✖	✖
Paarl Rock Brandy Cellar Code (021)Tel. 862 6159 Fax 862 6024	Mo-Fr	●	●		●		
Perdeberg Co-Operative Code (021)Tel. 863 8112 Fax 863 8245	Mo-Fr	●	●				
Rhebokskloof Code (021)Tel. 863 8386 Fax 863 8504	Mo-So	●	●		●	●	●
Ruitersvlei Estate Code (021)Tel. 863 1517 Fax 863 1443	Mo-Sa	●	●		●		
Simonsvlei International Code (021)Tel. 863 3040 Fax 863 1240	Mo-Sa	●	●		✖◆		
Villeria Code (021)Tel. 882 2002/3 Fax 882 2314	Mo-Sa	●	●		✖		
Windmeul Co-Operative Code (021)Tel. 863 8043 Fax 863 8614	Mo-Fr	●	●			✖	
Zanddrift Vineyards Code (021)Tel. 863 2076 Fax 863 2081	Mo-Fr	●	●		●		
Zandwijk Code (021)Tel. 863 2368/70 Fax 863 1884	Mo-Fr	●	●				

Durbanville Wine Cellars

Name	Geöffnet						
Altydgedacht Code (021)Tel. 96 1295 Fax 96 8521	Mo-Sa	●	●		✖		●
Bloemendal Code (021)Tel. 96 2682 Fax 96 2682	Mo-Sa	●	●		✖		●
Diemersdahl Code (021)Tel. 96 3361 Fax 96 1910	Mo-Sa	●	●		✖		
Meerendal Code (021)Tel. 975 1655 Fax 975 1655	Mo-Sa	●	●		✖		
Nitida Code (021)Tel. 96 1467 Fax 96 1487	Mo-Sa	●	●		✖		

Swartland Wine Route

Name	Geöffnet						
Allesverloren Code (022)Tel. 461-2320 Fax 461-2444	Mo-Sa	●	●		✖		
Darling Cellars Code (022)Tel. 492-2276 Fax 491-2647	Mo-Sa	●	●		✖		
Porterville Wine Cellar Code (022)Tel. 931-2170 Fax 931-2171	Mo-Sa	●	●		✖		
Riebeek Wine Cellar Code (022)Tel. 448-1213 Fax 448-1281	Mo-Sa	●	●		◆		
Swartland Wine Cellar Code (022)Tel. 482-1134 Fax 482-1750	Mo-Sa	●	●		✖		

Helderberg Wine Route

Name	Geöffnet						
Avontuur Code (021)Tel. 855 3450 Fax 855 4600	Mo-Sa	●	●		✖		
Cordoba Code (021)Tel. 855 3744 Fax 855 1690	✖	●	●				
Grangehurst Code (021)Tel. 855 3625 Fax 855 2143	✖	●	●				
J.P. Bredell Code (021)Tel. 842 2478 Fax 842 3124	Mo-Fr	●	●				
Ken Forrester Vineyards Code (021)Tel. 855 2374 Fax 855 2373	✖	●	●			●	●[1]
Longridge Code (021)Tel. 855 2004 Fax 855 4083	Mo-Sa	●	●		✖	✖	
Somerbosch Code (021)Tel. 855 3615 Fax 855 4457	Mo-Sa	●	●				
Vergelegen Code (021)Tel. 847 1334 Fax 847 1608	Mo-Sa	●	●		●	●	●[2]
Vergenoegd Code (021)Tel. 843 3248 Fax 843 3118	Mi-nachm. Sa-vorm.	●	●				
Yonder Hill Code (021)Tel./Fax 855 1008	✖	●	●				

Nacht in einem Hotel in einem Weinort oder gleich auf einem Weingut mit Unterkunft verbringen.

⇨ **Weingüter**

Hinweis
Wer sich zu Hause aktuell über die Weingüter und ihre Öffnungszeiten informieren möchte, dem sei die folgende Internetseite ans Herz gelegt, über die Sie bequem jedes Weingut anwählen können: **www.wine.co.za/wineries.asp**

⇨ **Wohnungs-/Haustausch**

Eine interessante, preiswerte Alternative ist der Wohnungs- bzw. Haustausch. Die Firma „International Home Exchange" vermittelt Mitgliedern den Tausch untereinander.

Vorteile:
• Man bekommt als Tauschwert normalerweise Objekte, die sonst sehr teuer wären und die man sich deshalb nicht leisten könnte.
• Sein eigenes Haus/seine Wohnung kann man getrost überlassen, da man weiß, dass der Tauschpartner sein Haus/seine Wohnung ebenso gut behandelt wissen möchte.
• Eintauchen in die Rolle eines „Einheimischen": Durch Kontakte zu den Nachbarn, tägliches Einkaufen usw. gewinnt man einen guten Eindruck vom Leben abseits der touristischen Infrastruktur. Manche Tauschpartner vertrauen ihren Gästen sogar Auto und Haustiere an.

Kontaktadressen:
- *Homelink International:* Seehofstraße 50, 96117 Memmelsdorf, Tel.: (0951) 43055, Fax: (0951) 43057, Internet: *www.homelink.de*
- *International Home Exchange*: P.O.Box 23 188, Claremont 7735, Cape Town, Tel.+ Fax: (021) 794-3433.

Im Internet unter dem Suchbegriff „*International Home Exchange*" (Websites) in der Suchmaschine „Yahoo" finden Sie weitere Anbieter zum Thema Haustausch.

Z

⇨   **Zeit**

Die südafrikanische Zeit ist identisch mit der europäischen Sommerzeit. Im europäischen Winter muss die Uhr um eine Stunde vorgestellt werden (wenn es in Frankfurt 12 Uhr ist, ist es in Kapstadt 13 Uhr). Aufgrund der größeren Nähe zum Äquator ist der Übergang vom Tag zur Nacht viel schneller: Innerhalb von 30 Minuten wird es stockfinster. Die Tage im südafrikanischen Sommer sind kürzer als die europäischen Sommertage, dafür sind die südafrikanischen Wintertage länger als die europäischen Wintertage. Im Sommer wird es gegen 19h30 h dunkel, im Winter gegen 16h45.

⇨   **Zeitungen**

Regionale Zeitungen
Die zwei großen Zeitungen Kapstadts sind die etwas konservativere „*Cape Times*", die morgens erscheint, sowie der „*Cape Argus*", der nachmittags herauskommt. Beiden liegen in der Freitagsausgabe die Veranstaltungshinweise für die kommende Woche bei. Mittlerweile gehören beide auch demselben Verlagshaus.
• Eine überregionale Wochenzeitung ist die „*The Weekly Mail & Guardian*", die donnerstags erscheint und auch einige Berichte aus anderen internationalen Zeitungen (z.B. „*Washington Post*", „*Guardian*") beinhaltet.
• „*The Sowetan*" ist die auflagenstärkste Tageszeitung des Landes, spricht vornehmlich die Schwarzen an und konzentriert sich auf Probleme und Geschehnisse in und um Johannesburg. Trotzdem ist diese Zeitung auch in Kapstadt beliebt, denn Tendenzen und überregionale Dinge gehen auch die Menschen hier etwas an. Die Zeitung ist für viele ein „Sprachrohr".

Internationale Zeitungen
- Deutschsprachige Zeitungen gibt es in *Ulrich Naumanns Buchladen* (17 Burg Street).
- Internationale Zeitungen (teilweise aber schon ein paar Tage alt) gibt es in den größeren *CNA-Buchläden*, so z.B. in dem im Golden Acre Shopping Center (Ecke Adderley und Strand Sts.) und an der V & A Waterfront (Victoria Wharf Mall). Im Telefonbuch sind die CNA-Läden aufgeführt unter dem Stichwort „Central News Agency" – alleine im Stadtbereich von Kapstadt gibt es ca. 30 Filialen.

⇨ **Zoll**

a) Einfuhr in Südafrika
Erlaubt sind alle Dinge des persönlichen Gebrauchs. Neue oder gebrauchte Waren dürfen bis zu einem Gegenwert von R 500 eingeführt werden, außerdem bis zu einem Liter Alkohol, einschließlich Likör und Magenbitter, zwei Liter Wein, 50 ml Parfüm, 250 ml Toilettenwasser. Zudem 400 Zigaretten oder 50 Zigarren oder 250 g Tabak.

b) Einfuhr in EU-Länder
Zollfrei sind:
- 200 Zigaretten oder 250 g Tabak
- 1 l Spirituosen über 22 % oder 2 l Wein
- 50 g Parfum
- sonstige Waren im Gegenwert von 180 €

c) Folgendes dürfen Sie <u>nicht</u> nach Europa mitbringen:
- Raubtierfelle
- Elfenbein
- lebende/ausgestopfte Tiere
- Produkte aus Schildpatt
- Krokodil- und Schlangenhautprodukte
- Korallen und Muscheln
- aufgespießte Schmetterlinge
- Kakteen und Orchideen

Beachten Sie: Der Zoll beschlagnahmt alle Souvenirs aus Tier- und Pflanzenprodukten ohne amtliche Begleitpapiere

⇨ **Züge/Eisenbahn**

1. Überregionale Züge

Es gibt nur wenige Fernzüge in Südafrika, und diese verbinden vor allem die Großstädte miteinander. Z.T. gibt es aber auch auf Nebenstrecken gute Verbindungen. Da viele Strecken so lang sind, dass eine Nachtfahrt unabdingbar ist, ist der Schlafwagenpreis bereits im regulären Fahrpreis eingeschlossen, allerdings muss zusätzlich noch eine Platzkarte gekauft werden (bei der Reservierung oder dem Schaffner).

Die Wagen der 1. Klasse verfügen über 2- bis 4er-Abteile, die der 2. Klasse über 3- bis 6er-Abteile. Auf den Langstrecken führen die Züge gewöhnlich einen Speisewagen mit.

Die überregionalen Züge haben alle einen Namen und starten am Hauptbahnhof von Kapstadt an der Adderley Street:

- *Blue Train:* Kapstadt - Tshwane (ehem. Pretoria) (Luxuszug, s.u.): Mo, Mi + Fr
- *Blue Train – The Garden Route:* Kapstadt - Port Elizabeth (Luxuszug/Blue Train, s.u.), nur einmal im Monat
- *Trans Karoo:* Kapstadt - Kimberley - Jo'burg - Tshwane (ehem. Pretoria). Ab Kapstadt täglich 9h20, an Pretoria 11h50 am Folgetag. Ab Pretoria täglich 10h10, an Kapstadt am Folgetag um 14h15.
- *Trans Oranje:* Kapstadt - Kimberley - Bloemfontein - Durban. Ab Kapstadt montags um 18h50, an Durban am übernächsten Tag um 7h15. Ab Durban mittwochs um 17h30, an Kapstadt am übernächsten Tag um 6h05.
- *Port Elizabeth/Algoa:* Port Elizabeth - Bloemfontein - Johannesburg. Ab Port Elizabeth täglich 14h30, an Jo'burg am Folgetag um 9h. Ab Jo'burg um 14h30, an Port Elizabeth am Folgetag um 9h25.
- *Southern Cross:* Kapstadt - Port Elizabeth. Ab Kapstadt freitags 18h15, an Port Elizabeth am Folgetag um 17h50. Ab Port Elizabeth sonntags 8h45, an Kapstadt am Folgetag um 8h40. Der Zug fährt vornehmlich durchs Landesinnere, nicht entlang der Garden Route. Evtl. soll diese Verbindung bald eingestellt bzw. mit dem o.g. „Algoa" zusammengelegt werden.

 Hinweis
Alle o.g. Fahrtzeiten nochmals bestätigen lassen!

Preisermäßigungen (unbedingt vor Ort bestätigen lassen):
Kinder unter 6 Jahren: kostenlose Beförderung.
Kinder unter 12 Jahren: 50 % Ermäßigung.
Studenten: 50 % Ermäßigung.
Senioren über 60 Jahre: 40 % Ermäßigung.
Überseetouristen: 25 % Ermäßigung in der ersten Klasse bei einem maximalen Südafrika-Aufenthalt von 3 Monaten.

Auskünfte über Routen und Preise:
Spoornet ist die Betreiberfirma des südafrikanischen Eisenbahnnetzes und ist somit auch zuständig für den „Blue Train".

Die Eisenbahnlinien im Internet
- *transport.co.za/infoframes/spoorver.htm:* Kurzübersicht über die Bahnen im südlichen Afrika (weniger informativ, aber im Aufbau)
- *www.spoornet.co.za:* Webseite der staatlichen, südafrikanischen Eisenbahn. Wenn nicht überladen, finden Sie hier Fahrpläne, Routen u.a.
- *www.bluetrain.co.za:* Fahrpläne, Preise und andere Infos zum legendären „Blue Train" (Kapstadt - Tshwane (ehem. Pretoria), Kapstadt - Port Elizabeth u.a.)
- *www.rovos.co.za:* Webseite der luxuriösen „Rovos Rail", einer historischen Eisenbahn, die auch die Strecken Tshwane (ehem. Pretoria) - Kapstadt und Kapstadt - Knysna bedient.
- *www.spier.co.za:* Infos zum „Spier Train": Historische Eisenbahnfahrten mit alten, rhodesischen Zügen im Raum Kapstadt und Weinland. Termine variieren.
- *www.steamsa.co.za:* Restaurierte Züge aus den 1940er und -50er Jahren. Safari-Fahrten, Fahrten ins Weinland u.a.

Wichtige Telefonnummern:
- *Spoornet – Allg. Informationen:* (021) 449-2200 od.0800-222844
- *Spoornet – Reservierungen u. spez. Anfragen:* (021) 449-3871
- *„Blue Train" – Infos:* (021) 405-2672
- *„Blue Train" – Reservierungen:* (021) 449-2672 od. 0800-117715, wobei Sie diesen Luxuszug bereits von Europa aus buchen sollten, da er lange im Voraus ausgebucht ist.
- *Connex Travel:* 4 Church Square/Parliament St., Tel.: (021) 462-4103. Ein Reisebüro, das sich auf das Buchen von Zugfahrten versteht.

2. Regionale Züge

Hierbei handelt es sich bei Kapstadt um die sog. *„Metro Trains"* (= „Cape Metrorail"), die die Innenstadt von Kapstadt mit seinen Vororten verbinden. Von touristischem Interesse bei diesen Zügen im Raum Kapstadt sind eigentlich nur der Zug nach Simon's Town, der auch in den Orten Muizenberg, St. James und Kalk Bay an der False Bay hält, sowie der Zug nach Paarl/Stellenbosch.

Die „Metro Trains": beliebt bei Pendlern, weniger den Ausflüglern

Während der Pendlerzeiten (morgens bis 9h30 und nachm. ab 15h30) und nach Einbruch der Dunkelheit sollten Sie die 3. Klasse meiden.

Die Metro Trains fahren ab dem Kapstädter Hauptbahnhof an der Adderley Street. Informationen: Tel.: (021) 403-9080.

3. Historische und luxuriöse Eisenbahnen

• **Blue Train**

Hinweis
Lesen Sie auch auf den Seiten 652ff.

Der Wunschtraum vieler Südafrika-Reisenden scheitert oft daran, dass dieser berühmte Zug zu spät gebucht wird. Unser Rat: Buchung mindestens ½ Jahr vorher in Ihrem Reisebüro, *mindestens ...*

Der Blue Train ist mittlerweile sehr teuer geworden. Diese „Legende auf Schienen" hat sich einen Ruf geschaffen, der viele Reisende dazu verführt, immer mehr Geld für 24-26 Stunden Zugfahrt auszugeben. Rechnen Sie für eine einfache Fahrt zwischen Kapstadt und Tshwane (ehem. Pretoria) mit über R 13.000–16.000 für eine 2-Personen-Suite (eigene Dusche bzw. Bad/WC), bei der aber auch Essen vom Feinsten und alle Getränke inbegriffen sind. Einzelpersonen müssen pro Suite mit ab R 9.000–12.000 rechnen. In der Nebensaison (1. Mai–31. August liegen die Fahrpreise ca. 30 % unter den Hochsaisonpreisen). Die Preise ändern sich schnell. Hier genannte gelten nur als Richtlinien!

Der **„*Blue Train – Garden Route*"** verkehrt nur einmal pro Monat (und auch das nicht regelmäßig), benötigt einen Tag und zwei Nächte und kostet zw. R 1.000 und 1.500 mehr als der o.g. Zug zwischen Kapstadt und Tshwane (Pretoria), da er über 40 Stunden unterwegs ist.

Ob der Blue Train das Richtige für Sie ist, müssen Sie selbst entscheiden:
- ***Vorteile:*** Das Essen und die Weinkarte sind exzellent und besser als in allen anderen Zügen. Der Zug fährt sehr gemächlich (aber schneller als die „Rovos Rail"), so dass man

gut die Landschaft beobachten kann. Beim Service zeigt sich Südafrika von der allerbesten Seite, und der Perfektionismus übertrifft alles Vergleichbare.
- ***Nachteile:*** Der Blue Train (Tshwane (ehem. Pretoria) - Kapstadt) fährt mittags in Pretoria los und kommt mittags in Kapstadt an. Schöne Gegenden (Central Karoo) durchfährt man dann im Dunkeln. In Kapstadt beginnend, setzt die Dunkelheit erst in der Great (Central) Karoo ein, was viel schöner ist. Im Gegensatz zur „Rovos Rail" ist der „Blue Train" luxuriöser, bequemer und

„Blue Train": In Matjiesfontein wird eine Stunde Pause gemacht

eben auch perfekter, dafür aber sind die Waggons nicht historisch und der entsprechende Charme ist nicht vorhanden.

Der „Blue Train - Garden Route" weist noch einen ganz besonderen Nachteil auf: Er fährt kaum entlang des Indischen Ozeans. Nur zwischen Mossel Bay und George und bei Port Elizabeth sehen Sie den Ozean. Von George folgt er nämlich der (ebenfalls beeindruckenden) Inlandsstrecke, denn die Küstenstrecke ist nicht durchgehend.

Hinweis
Zwischenzeitlich wird die Kapstadt-Knysna-Route vom „Blue Train auch nicht bedient, da die Gesellschaft grundlegende Umstrukturierungen plant. Erkundigen Sie sich also noch mal genau.

Infos: (021) 405-2672, Web: www.bluetrain.co.za
Reservierungen: (021) 449-2672

- **Rovos Rail (teilweise Dampflok)**

„Reisen wie in der guten alten Zeit" lautet die Devise. Gezogen werden die luxuriösen 1920er- und 30er-Jahre-Waggons (einige auch älter) um Tshwane (ehem. Pretoria) von einer restaurierten Dampflok. 22 Waggons (davon 2 Lounge-Waggons, 1 Service -Wag-

gon und 2 Dining Cars) stehen max. 72 Gästen zur Verfügung. Die älteste Dampflok, „*Tiffany*", wurde 1883 gebaut und ist eine der ältesten noch fahrenden Loks der Welt. Verschiedene Routen im Land sowie zu den Victoria-Falls in Zimbabwe, nach Daressalam in Tansania (16 Tage) sowie in Namibia werden angeboten. Und seit 2001 gibt es sogar die Möglichkeit, von Victoria Falls bzw. Daressalam dann mit einer historischen Corvette aus den 1950er Jahren zurückzufliegen. Auch für diesen Zug gilt: **Mindestens ½ Jahr im Voraus buchen!** Hier die Strecken aus diesem Reisegebiet:

- **Die Kapstadt-Route (1.600 km, 48 Stunden):** Programm: 1. Tag (meist freitags): Abfahrt nachmittags ab Tshwane (Pretoria) bzw. am frühen Abend ab Johannesburg. 2. Tag: Gegen 10h Ankunft in Kimberley, Besuch des Big Hole. Gegen 13h30 Weiterfahrt. 3. Tag: Morgens: Frühstück im Zug oder im Hotel Lord Millner in Matjiesfontein (+ Besichtigung des Ortes). Weiter-

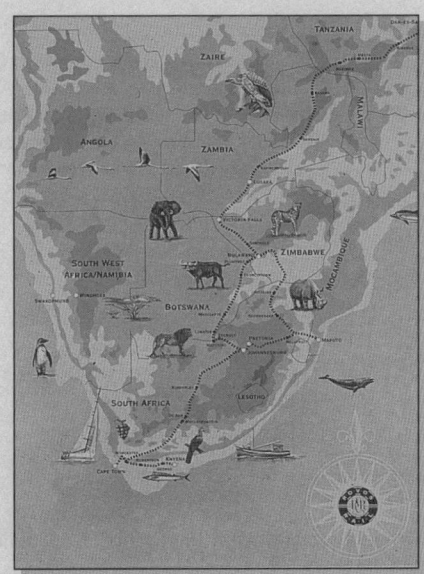

Das gesamte Streckennetz der „Rovos Rail" im Südlichen Afrika"

fahrt gegen 10h30 nach Kapstadt, Ankunft gegen 18h in Kapstadt.
Umgekehrte Strecke: 1. Tag: Abfahrt in Kapstadt (meist montags) gegen 11h. 18h–20h Zwischenstopp in Matjiesfontein. 2. Tag: Mittags Ankunft in Kimberley und 4 Stunden Stadtbesichtigung. 3. Tag: Vormittags Ankunft in Jo'burg bzw. gegen 12h in Tshwane/Pretoria.
Kosten:
- in der Royal Suite: ab R 13.000 p.P. inkl. VP und Ausflügen
- in der Deluxe-Suite: ab R 10.000 p.P. inkl. VP und Ausflügen

- **Die George-Route/„The Pride of Africa" (550-600 km, 24 Stunden):** 1. Tag (meist freitags). Durch die Berge über Worcester nach Ashton, wo am Nachmittag ein Weingut besichtigt wird. 2. Tag: Morgens Ankunft in George. Hier wird umgestiegen in andere

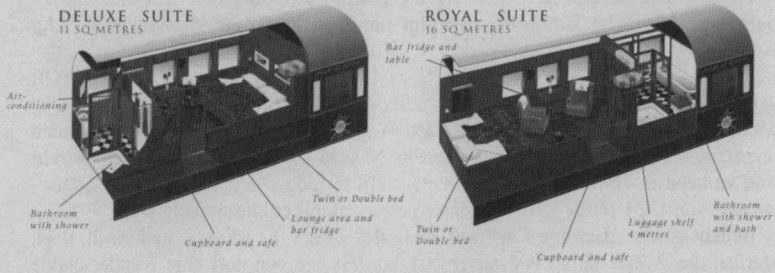

INFO   Ein paar Infos zur „Rovos Rail"

Geschichte der „Rovos Rail: Der Name stammt von dem Besitzer, **Rohan Vos**. Er war eigentlich Großhändler in der Autoersatzteilbranche. Alles begann als spleenige Idee: Als Hobby wollte Vos 1986 für seine Familie zwei bis drei eigene, historische

Waggons in Form eines „Familiy-Caravans on Rail" für Touren durchs Land herrichten lassen. Diese sollten dann an Züge der staatlichen Bahnen angehängt werden. Die Idee erwies sich aber als zu kompliziert und vor allem zu teuer.

Von seinem Vorhaben besessen, entschied sich Rohan Vos schließlich, es durchzuziehen, nur dass er eben auch Tickets verkaufen musste. Drei Jahre benötigten er und seine Helfer von da an, um alte Waggons und Loks aufzutun,

diese zu restaurieren und natürlich auch die geschäftliche Seite zu regeln. Ersteres war Spaß, wie Vos sagt, letzteres eher eine Herausforderung, denn vom Eisenbahngeschäft und dem Marketing verstand er natürlich nichts. **1989 fuhr schließlich der erste Zug.**

Die Maßstäbe wurden hoch angesetzt: **Erheblich größere Apartments** als in vergleichbaren anderen Luxus-Zügen, maximal 46 Gäste pro Zug („Blue Train" ca. 80, „Orient Express" sogar 190) und ein Super-Service, der bereits im gesellschaftseigenen „Victoria Hotel" in Pretoria anfängt.

• Der vollkommen in privatem Besitz befindliche Zug benutzt die Schienenstränge der südafrikanischen Staatsbahn „Spoornet", muss dafür aber an diese eine **Kilometerpauschale** bezahlen, und auch der **Lokomotivführer** wird von Spoornet gestellt.
• Natürlich muss sich die „Rovos Rail" an einen Fahrplan halten. Mit den langsamen Zügen bedeutet dieses aber trotzdem **logistische Extraarbeit**. Von jedem Bahnhof aus muss die folgende Strecke nochmals telefonisch abgesprochen werden, denn die „Rovos Rail" wird in den vorgegebenen Fahrplan „eingeschoben". Zudem müssen Wassertanks und Kohledepots für die Dampfloks vorhanden sein bzw. aufgerichtet werden: Eine **Dampflok benötigt nämlich 300 Liter Wasser und 75 kg Kohlen pro Kilometer!**
• Die Restaurierungsarbeiten an den Loks und Waggons erfordern viel Zeit. Oft wurden die alten Waggons nämlich abseits eines Schienenstranges „im Gebüsch" wiederentdeckt. Dann hieß es zuerst, den Waggon auf eine Schiene zu bekommen und schließlich alles an ihm umzukrempeln. Nahezu alle **Ersatzteile müssen einzeln und zumeist in Handarbeit** wieder hergestellt werden. An dem „Shanghai Speisewagen" von 1924 wurde z.B. 18 Monate gewerkelt, bis er einsatzfähig war.
• Beliebt ist der **„Lounge Car" am Ende des Zuges**. Er ist zwar historisch, doch wurden die Wände durch Fenster ersetzt, so dass Sie von dort eine wunderschöne

Aussicht nach hinten und zu den Seiten heraus haben. Einzigartig für einen Zug.
- Die **Größe der Badezimmer** ist ebenfalls einzigartig. Das liegt daran, dass Rohan Vos selbst so groß ist und aus „Fehlern anderer Bahnen" gelernt hat.
- Die **„Royal Suite"** nimmt einen halben Waggon ein und ist 16 m² groß!
- Immer noch ist Rohan Vos auf der Suche nach historischen

Einzigartig: der Lounge Car am Zugende der „Rovos Rail"

Loks und Waggons, denn er möchte sein Streckennetz gerne noch erweitern. Eines der nächsten Ziele ist ein **Dinner-Train zwischen Kapstadts Waterfront und Simon's Town"**.

Waggons, da die Küstentrasse nicht mehr zum allgemeinen Schienennetz gehört. Die Rovos-Waggons werden dem (wirtschaftlich eigenständigen) *„Outeniqua Choo-Tjoe"* (s.u.) angehängt. Mittags mit diesem Ankunft in Knysna. Umgekehrte Strecke: Abfahrt in Knysna (meist samstags) nach 14h. Gegen 17h Ankunft in George (Zugwechsel, s.o.). 2. Tag: Morgens Ankunft in Worcester und Besichtigung der Brandy-Fabrik. Abfahrt gegen 11h. Ankunft in Kapstadt gegen 15h30.
Kosten:
- in der Royal Suite: ca: R 7.000 p/P inkl. VP und Ausflügen
- in der Deluxe-Suite: ca. R 4.200 p/P inkl. VP und Ausflügen

Weitere Routen:
Kapstadt - Victoria Falls: 51 Stunden
Durban - Tshwane (ehem. Pretoria): 55 Stunden
Kapstadt - Victoria Falls - Zambia - Daressalam (Tansania): 6.100 km, 13 Tage, nur einmal im Jahr
Fahrt nach Swakopmund (Namibia): 3.400 km, 7 Tage, nur einmal im Jahr
Weitere Fahrten beinhalten Safari-Touren.

Infos, Reservierungen: im *Touristenamt am Clock Tower* an der V & A Waterfront, Tel.: (021) 421-4020, Fax: (021) 421-4022, oder über die Zentrale in Tshwane (ehem. Pretoria): Rovos Rail, P.O.Box 2837, Tshwane 0001, Gauteng, Tel.: (012) 315-8242 od. 323-6052, Fax: (012) 323-0843, Web: www.rovos.co.za bzw. www.rovos.com

---

Abwägung: Rovos Rail oder Blue Train?
Eine objektive Bewertung ist unmöglich, denn man vergleicht ja auch keinen Rolls Royce mit einem Bentley. Wir können hier nur anmerken, was welcher Zug bietet und wo die Unterschiede liegen. Entscheiden müssen Sie dann, was Ihnen mehr zusagt.

**Die markanten Pluspunkte der „Rovos Rail" gegenüber dem „Blue Train"
sind**: attraktivere Route entlang der Garden Route, historischer Charme, größere
Abteile (mind. 11 m² – damit die größten in einem Luxuszug) und vor allem
authentischer. Dafür aber ist der Fahrplan nicht so eng geknüpft, und das bedeutet
für Sie dann, dass die Tour nicht in Ihren Reiseplan passen könnte.
Die markanten Pluspunkte des „Blue Train" gegenüber der „Rovos Rail" sind:
besser ausgestattete Waggons (kein so starkes Schaukeln!), professionellerer
Service und besseres Essen. Südafrikanische Weine und Spirituosen, die Sie oft
nicht einmal in den besten Geschäften des Landes erhalten, da sie i.d.R. nur für
den Export sind.

Was die Preise angeht, würden wir sagen, dass das hinten anstehen sollte. Teuer
sind beide, und wenn Sie sich dafür entscheiden, dann sind 2.000 Rand mehr oder
weniger auch schon egal. Auf der Kapstadt - Tshwane-Route ist z. B. der „Blue
Train" etwas billiger, dafür fährt er aber auch nur 27 Stunden gegenüber den 46–
51 Stunden der „Rovos Rail"!

· **Union Limited**

Ein historischer Luxuszug (1940er- und 50er-Jahre-Züge), der auf verschiedenen Strek-
ken in den Kappprovinzen eingesetzt wird. Die bekannteste ist dabei die des *„Golden
Thread Train"*, die sowohl das Weinland, als auch die Kapberge, die Kleine Karoo, die
Garden Route und Oudtshoorn umfasst. Diese Fahrten dauern i.d.R. 5 Tage. Die Preise
für diese 5-tägige Tour liegen bei ca. R 4.500 (4-Bett-Kabine) bis R 9.000 (2-Bett-Kabine)
pro Person, wobei alle Mahlzeiten und Ausflüge inbegriffen sind. Achten Sie auf Ankündigungen.
Infos: (021) 405-4391, Fax: (021) 405-4391

· **Weitere Dampflok-Fahrten (Kurztrips)**

Südafrika ist ein Eldorado für Fans von alten Dampfzügen. Nostalgisches Reisen durch
„juvenile" Landschaften lässt das Herz eines jeden Freundes der schmauchenden „Eisen-
rösser" höher schlagen. Bereits oben wurden einige Züge erwähnt.

Hier noch einige andere Leckerbissen:
- *Spier (Vintage) Train:* Die Spier-Train-Gesellschaft unternimmt verschiedene histori-
sche Zugfahrten mit alten rhodesischen Eisenbahnwagen in der Kapprovinz. Die Fahrten
dauern i.d.R. einen Tag und gehen z.B. nach/ab Darling, Franschhoek, Paarl und Simon's
Town. Oft wird auch ein Programm während der Fahrt geboten. Die Termine variieren
von Jahr zu Jahr, so dass Sie sich dazu aktuell informieren müssen. Meistens wird der
Zug auch komplett verchartert. Sollte es aber klappen, lohnt sich die Fahrt.
Infos: Monumenta Station, Old Marine Drive, Tel.: (021) 419-5222, Fax: (021) 419-5225

- *Apple Express:* Die Schmalspurbahn, die früher die Cape-Äpfel vom Anbaugebiet zum
Hafen transportierte, verkehrt i.d.R. jeden ersten Samstag des Monats zwischen Port

Elizabeth (Humewood Road Station) und Thornhill Village (53 km). Abfahrtstermine aber unbedingt nochmal nachfragen! Die einfache Fahrt dauert ca. 2 Stunden. Im Thornhill Village ist dann 2 Stunden Aufenthalt. Unterwegs wird noch an der höchsten Schmalspurbahn-Brücke der Welt gehalten. Preis: ca. R 60.
Info/Reservierung: Am Port Elizabeth Station (Strand St.), Tel.: (041) 507-2400 bzw. 507-2333, Fax: (041) 507-3233.

- *Outeniqua Choo-Tjoe:* Die Fahrt geht von George entlang der berühmten Garden Route durch eine atemberaubende Landschaft (Lagunen, Strände, Bergwälder) nach Knysna. Abfahrten (außer Sonntag und an manchen Feiertagen) zweimal täglich: Abfahrt von George 9h30 und 13h mit der entsprechenden Ankunft in Knysna um 12h bzw. 15h30. In umgekehrter Richtung geht es von Knysna um 09h45 bzw. 14h15 nach George mit Ankunft dort um 12h30 bzw. 17h. Preis: ab R 60 für ein Rückfahrtticket. Unbedingt vorher reservieren!
Info/Reservierung: (044) 801-8288 (George) od. 382-1361 (Knysna), Fax: (044) 801-8286.
Buchungen werden auch von den örtlichen Informationsbüros (Knysna, Wilderness und George) entgegengenommen.
Die Eisenbahngesellschaft in George bietet neuerdings auch Fahrten mit dem sog. *Outeniqua Power Van* an. Dabei handelt es sich um eine historische, kleine Reparatur- bzw. Berglok (Diesel), die vom Railway Museum (Mission Rd/Industrial Rd) aus abfährt. Die am häufigste angebotene Strecke führt hinauf zum Montagu Pass. Auf der Rückfahrt wird noch ein Picknick eingeschoben über George. Der Knüller sind die angebotenen Mountain-Bikes, die mit hinauf fahren und mit denen Sie dann wieder den Berg hinunter fahren können. Es werden aber auch andere Routen angeboten. Infos: Tel.: (044) 801-8223.

Regionale Reisetipps zu Kapstadt und Umgebung

Wichtige Telefonnummern (Vorwahlbereich: 021)
Notruf allgemein: 1-0177
Feuerwehr: 535-1100
Polizei: 1-0111
Automobilclub: 0800-010-101 (Notruf)
Touristen-Polizei und Fundbüro: 418-2853
Notarzt/Krankenwagen: 1-10177
Wettervorhersage: 082-231-1640 od. 934-0450/8, für Surfer: 788-8226
Wildflower-Hotline (Wo blüht gerade was?): 083-910-1028
Wal-Hotline (Wo befinden sich die Wale gerade?): 083-910-1028
Taxi: 434-4444
Nationale Telefonauskunft: 1023
Int. Telefonauskunft: 0903
Zeitansage: 1026
Touristeninformation: (021) 426-4260

Spezielle Adressen und Informationen zu Kapstadt und seiner näheren Umgebung

Ärzte/Krankenhäuser/Apotheken

• **Groote Schuur Hospital:** Zw. M3 und Main Rd, **Observatory**, Tel.: (021) 404-9111
• **City Park Hospital:** 181 Longmarket St., Innenstadt, Tel.: (021) 480-6111.
• **Medi-Travel International:** 1ˢᵗ Floor, Clock Tower Centre, V&A Waterfront, Tel.: (021) 419-1888. Speziell für Impfungen, Tropenkrankheiten und Prophylaxen (u.a. Malaria) zuständig. Hier erhalten Sie versierte Auskünfte und auch die entsprechenden Medikamente.
• Die **Lite-Kem Pharmacy** (Scotts Bldg., 24 Darling St., **Innenstadt**) hat täglich von 7h bis 23h geöffnet. Tel.: (021) 461-8040.

Deutsch sprechende Ärzte und Zahnärzte:

• **Dr. Tertius Hansmann:** 320 Fountain/Heerengracht, Med. Center, **Innenstadt**, (021) 421-7981 bzw. 5 Glen Avenue, Oranjezicht/Higgovale, Tel.: (021) 423-8590. Praktischer Arzt. Unbedingt vorher anmelden.
• **Dr. Erwin Gärtner:** City Park Medical Chambers, Room 203, 87 Loop St., **Innenstadt**, Tel.: (021) 426-2655/6. Gynäkologe.
• **Dr. J.U. Pieper:** 22 Kloof Nek Rd, **Tamboerskloof**, (021) 424-4257. Praktischer Arzt.
• **Dr. Wolfgang Waschnig:** 1 Milner Rd, **Tamboerskloof**, (021) 424-2590. Praktischer Arzt.
• **Dr. C.H.J. Hoffmann:** Denta House, 53 Castle Street, **Innenstadt**, Tel.: (021) 423-4147. Zahnarzt.
• **Dr. D. Klein:** 1 Milner Rd, **Tamboerskloof**, (021) 424-1992 bzw. 424-1567. Zahnarzt.
Deutsche Ärzte in Südafrika im Internet: **www.dr-nexus.com/reisemed/suedafr.html!**

Anwalt

Eine deutschsprachige Anwaltskanzlei ist:
• Pohl und Stuhlinger: 16th Floor, Cartwrights Corner House, 19 Adderley St.,
8001 Cape Town, Tel.: (021) 461-3401, Fax: (021) 461-3887.

Banken/Geld tauschen

*Das **Bankenviertel** von Kapstadt befindet sich in der Innenstadt, wobei die meis-*
ten Banken ihre Filialen zwischen Adderley Street und Long Street haben. Öff-
nungszeiten sind i.d.R.: Mo–Fr 9–15h30, Sa 8h30–11h
Geld tauschen *können Sie aber auch an der V&A Waterfront, wo u.a. American Express*
(V&A-Buildg.) und Thomas Cook (Victoria Wharf) eine Filiale unterhalten.
*Nahezu alle Banken haben an der V&A Waterfront bzw. in der Innenstadt **Bankautomaten***
***(ATM = Automatic Teller Machine)** aufgestellt, und auch in Filialen der Vororte finden Sie*
diese. Hier können Sie mit Ihrer Kreditkarte und zumeist auch Ihrer Euroscheckkarte
(jeweils PIN-Nummer merken!) Geld abheben.

Hinweis

Tankstellen akzeptieren grundsätzlich keine Kreditkarten, und sollten Ihre Reise-
schecks nicht in Rand ausgestellt sein, müssen Sie beim Einlösen unbedingt Ihren
Pass vorlegen.

Bahnhof/Eisenbahnverbindungen

*Der **Hauptbahnhof** von Kapstadt befindet sich an der Adderley Street, gegen-*
über der Strand Street.
Es gibt nur wenige Personenzugverbindungen in Südafrika, und diese verbinden vor allem
die Großstädte miteinander sowie die Innenstadt von Kapstadt mit seinen Vororten. Von
touristischem Interesse
bei den lokalen Zügen
ist eigentlich nur der
Metro-Zug nach
Simon´s Town und evtl.
der nach Paarl und
Stellenbosch.

Die überregionalen
Züge haben alle einen
Namen:

Auch die Luxuszüge, wie z.B. der „Union Limited",
fahren meist vom Hauptbahnhof ab.

*• **Blue Train:** Kapstadt*
– Tshwane/Pretoria
(Luxuszug)
*• **Trans Karoo:** Kapstadt - Johannesburg*
*• **Trans Oranje:** Kapstadt - Free State - Durban*
*• **Port Elizabeth/Algoa:** Kapstadt - Port Elizabeth - Free State - Johannesburg*

Informationen: *(021) 449-3871 (Mainline) und (021) 403-9080 (Lokalzüge)*
Allgemeine Reservierungen: *(021) 405-3871*
Reservierungen für den „Blue Train": *(021) 405-2672*
Reservierungen für die „Rovos Rail: *(021) 323-6062/3/4*

Weitere Infos, Internetseiten und Telefonnummern finden Sie auf den Seiten 185ff (A–Z) und 157 (Internetseiten).

Aktuelle Fahrpläne *für die Vorortzüge (z.B. Simon's Town) bekommen Sie im Bahnhof und auch im Touristenamt.*

Busse
Städtisches Bussystem

Das Bussystem von Kapstadt ist relativ flächendeckend ausgebaut, wobei die Busse während der Rushhour ziemlich voll sind.

• **Hauptbusbahnhof** ist am Grand Parade (Castle Street am Eisenbahnhof), wo sich auch ein Info-Schalter befindet.

• Grundsätzlich kann man sagen, fährt man **entlang der Atlantikküste und in der Innenstadt mit dem Bus**, zu den Vororten weiter südöstlich und am Indischen Ozean aber mit der Eisenbahn (s.o.)

• Es gibt eigens für die Touristen eingesetzte Busse, von denen der „Beachcomber" (Bahnhof - Talstation der Tafelbergbahn - Camps Bay - Waterfront - Bahnhof) sowie die privaten Busse zwischen Innenstadt (Bahnhof bzw. Touristenamt) und V&A Waterfront die bekanntesten sind.

• **Mehrfachtickets** sind z.Zt. nur für gleiche Routen erhältlich, was sich aber evtl. bald ändern soll.

• **Mini-Busse** („überbelegte" 9-Sitzer....) gehören zum Stadtbild und bedienen ein engmaschiges Routennetz, das sich über ganz Kapstadt und sein Umland verzweigt. Die Mini-Busse fahren vom Obergeschoss am Eisenbahnhof (Strand Street) ab und sind dort gut organisiert, so dass Sie schnell die Haltestelle für Ihr Ziel finden. Anders dagegen **in** der Stadt. Dort sind die Haltestellen auch vorgegeben, aber nicht sonderlich gekennzeichnet. Wenn Sie nicht genau nachfragen, sich am besten bei zwei Einheimischen noch nachversichern, dann landen Sie schnell mal im falschen Bus. Abenteuergeist und wenig Platzanspruch gehören also schon dazu. Zudem gibt es ein paar Grundregeln: Vorne sitzen die Fahrgäste mit viel Gepäck; bezahlt wird mit Münzen, nicht mit Scheinen; wer auf dem Klappsitz sitzt, hat die Schiebetür an den Haltestellen zu öffnen, und gezahlt wird an eine Person in der vorderen Reihe, nicht aber an den Fahrer.

• Eine Alternative zu den o.g. Bussen und bereits ein Begriff in Kapstadt sind die **Rikki-Taxis**, die kreuz und quer durch die Stadt fahren und dabei Fahrgäste „aufsammeln". Sie kosten weniger als die Hälfte der normalen Taxis, sind dafür aber oft voll und durch das Kreuzen durch die Stadt langsam. Rikki's verkehren nur tagsüber und i.d.R. nur im Innenstadtbereich sowie angrenzenden Stadtteilen. Sie können auch telefonisch bestellt werden: (021) 423-4888. Mittlerweile gibt es aber wohl eine „Rikki-Linie" nach Simon's Town, wobei für diese Strecke der Zug eigentlich schöner ist.

Überregionales Bussystem
Der Busbahnhof für die überregionalen Strecken befindet sich auch am Hauptbahnhof von Kapstadt. Von hier verkehren die großen, unten aufgeführten Busunternehmen zu allen mittleren und größeren Städten Südafrikas. Letztere werden mehrmals täglich bedient.
• *GREYHOUND Cityliner: Reservierungen/Infos in* **Kapstadt:** *021/418-4310*
• *TRANSLUX Intercity: Reservierungen/Infos in* **Kapstadt:** *021/449-3333*
• *MAINLINER Intercape: Reservierungen/Infos in* **Kapstadt:** *021/386-4400*

Hinweis: Tickets für die überregionalen Busse können Sie auch über alle **Computicket**-Schalter buchen (siehe Liste S. 205f).

Preisbeispiel: Eine Fahrt von Kapstadt nach Port Elizabeth kostet mit einem Greyhound-Bus ab R 200, wobei es in der Nebensaison reduzierte Preise gibt und Studenten sowie Rentner 10 % bzw. 20 % Discount erhalten (mit Ausweis).

Hinweis: Lesen Sie auch auf den Seiten 139f (A–Z) und 157 (Internetseiten).

 Cable Car auf den Table Mountain
Oft wird der Seilbahnbetrieb auf den Tafelberg eingestellt wegen zu starken Windes. Telefonisch können Sie sich erkundigen über (021) 4248181.
Die Seilbahn verkehrt:
• **Mitte April–Mitte September:** 8h30 (erste Auffahrt) - 18h (letzte Abfahrt)
• **Mitte September–Ende November:** 8h (erste Auffahrt) - 19h30 (letzte Abfahrt)
• **Dezember–Mitte April:** 7h30 (erste Auffahrt) - 22h (letzte Abfahrt).
Generell gilt: Letzte Auffahrt 1 Std. vor letzter Abfahrt
Information: (021) 424-8181

 Fliegen/Flughafen
<u>Die wichtigsten Fluggesellschaften</u>
• **Air France:** 1209 Golden Acre Center, Adderley Street, **Innenstadt,** Tel.: (021) 418-8180 od. 934-8818
• **Air Mauritius:** 1101 Strand Towers, 66 Strand St., **Innenstadt,** Tel.: (021) 421-6294
• **Air Namibia:** Standard Bank Center, Hertzog Blvd., **Innenstadt,** Tel.: (021) 421-6685 od. 934-0757

Von Schweizern entwickelt: die neue, sich auf einer Fahrt um 360° drehende Seilbahn auf den Tafelberg

• **Austrian Airlines:** Am Int. Airport, Tel.: (021) 934-4444
• **British Airways:** 12th Floor, BP Centre, Thibault Square (Hans Strydom St., Tel.: (021) 441-8600 od. 936-9000. Für Flüge über/ab Johannesburg auch: (011) 921-6391 od. 975-3931.
• **KLM:** 1002 Main Tower, Standard Bank Center, Heerengracht, **Innenstadt,** Tel.: (021) 216-702500, 421-1870 od. 934-3495
• **LTU:** (021) 936-1190
• **Lufthansa:** Southern Life Center, 8 Riebeeck St., Tel.: (021) 425-1490 od. 934-8534
• **Quantas:** BP Center, Thibault Square, **Innenstadt,** Tel.: (021) 425-2978. Hinweis: Das Büro wird evtl. bald geschlossen.
• **South African Airlines:** Southern Life Center, 8 Ribeeck St., **Innenstadt,** Tel.: (021) 403-1111, 936-1111 od. 934-0407
• **Telefonnummern lokaler Fluggesellschaften:** Air Link ((021) 936-1111), Comair ((021) 934-3907), National Airlines ((021) 934-0350, Sun Air ((021) 936-2111, SA Express ((021) 934-1620), Sebena/Nationawide ((021) 936-2050

Hinweis: *Denken Sie daran, dass Sie Ihren Rückflug 72 Stunden vor Abflug rückbestätigen (= reconfirm) müssen.*

Flugverbindungen nach Kapstadt
Kapstadt wird nur selten direkt von Deutschland aus angeflogen. Meist haben Sie einen Flug von Deutschland gebucht, der in einer europäischen Stadt den Umstieg nötig macht (Paris, London, Amsterdam etc.) und/oder aber Sie müssen noch in Johannesburg umsteigen. Manche Airlines haben sich aber bereits in Direktflügen bzw. Flügen mit nur einer Zwischenlandung (ohne Umstieg) versucht. Das Angebot hat sich aber noch nicht in allen Punkten durchgesetzt, so dass wir hier nur darauf verweisen wollen, dass Sie sich beim Buchen nach direkten Flügen erkundigen und auch darauf achten sollten, dass Ihre Anschlüsse günstig liegen. Da nun gerade die Verbindung Johannesburg - Kapstadt oft schnell ausgebucht ist, ist es für einen reibungslosen Umstieg nötig, dass Sie rechtzeitig buchen.

Cape Town International Airport
Mit ca. 4,3 Mio. Fluggästen pro Jahr rangiert Kapstadts Flughafen an Größe deutlich hinter dem von Johannesburg (ca. 11 Mio. Passagiere) und wäre in Deutschland eher in der mittleren Kategorie (z.B. Hannover) anzufinden. In Südafrika aber ist er noch vor Durban (2,1 Mio. Passagiere) der zweitgrößte, und seine Kapazitäten werden weiter ausgebaut.
Fluginformationen: *(021) 934-0407 –* **Flughafen (allg.):** *(021) 934-0444*

Kapstadts Flughafen im Internet: *www.airports.co.za („Airports" und dann „Cape Town" anklicken)*

• *Kapstadts Flughafen liegt* **etwa 23 km von der Innenstadt entfernt** *und ist über die Autobahn N2 an diese angebunden. Mit dem Auto benötigen Sie ca. 30 Minuten für die Distanz, was sich aber bis auf 1 Stunde während der Rushhour ausdehnen kann.*
• *Im Flughafengebäude gibt es ein* **Informationsbüro** *der Western Cape Province, welches aber bereits um 16h schließt.*
• *Alle größeren* **Mietwagenfirmen** *haben nahe dem Airport eine Niederlassung.*
• *Die größeren Hotels und auch viele Herbergen bieten einen* **Shuttleservice** *zum/vom Flughafen. Reservieren Sie diesen aber vorher. Für den Aufwand wird Ihnen ein Entgelt berechnet (i.d.R. ab R 100).*
• *Unabhängige* **Shuttlebusunternehmen** *bieten diesen Service ebenfalls für eine ähnlich hohe Gebühr an. Grundsätzlich lässt sich sagen, dass man zu normalen Tageszeiten gut vom Airport wegkommt. Eine von vielen Reservierungsnummern ist: (021) 934-5455/6, Fax: (021) 934-5448*

Kapstadt - International Airport

1 Rückgabe der Mietwagen
2 Internationale Ankünfte
3 Internationale Abflüge
4 Verwaltungsgebäude
5 Inlands - Abflüge
6 Inlands - Ankünfte
7 Autovermietungen : Abholung
8 Parkplatz der Autovermieter
9 Luftfracht

Exit 18
M22 Airport/Industria
Nyanga/Crossroads
nach
Somerset West

M22

Borcherds Quarry

- *Eine **Taxifahrt** in die Innenstadt kostet ab R 130 + 10 % Trinkgeld.*
- *Es gibt auch einen **24-Stunden-Busservice** zwischen Airport und Busbahnhof (Grand Parade, nahe dem Hauptbahnhof). Dieses ist natürlich die günstige Variante, hat aber den Nachteil, dass Sie dann mit Ihrem gepäck auf dem (etwas ungemütlichen) Busbahnhof stehen und immer noch mit einem Taxi weiter müssen zu Ihrem Hotel.*
- *Die bisher verlangte **Airport-Steuer** bei der Ausreise wurde abgeschafft (versteckt sich nun im Ticketpreis).*
- *Die **Orientierung** auf dem Flughafen ist relativ einfach, da er eben doch nicht die Ausmaße des Airports von Johannesburg bzw. Frankfurts hat. Grundsätzlich gibt es zwei Terminals, das internationale und das nationale, die beide nur wenige Gehminuten voneinander entfernt liegen.*

Goethe Institute

*1999 wurde in Kapstadt ein Goethe Institute eröffnet, das sich um den Kulturaustausch zwischen Deutschland und dem Kap bemüht und zudem deutsche Sprachkurse anbietet. Lesungen, Filmvorführungen u.a. werden hier abgehalten. Adresse: Wyecroft Rd, **Mowbray** 7700, Building 20, Suite 203, Mo–Do 9–17h, Fr 9–14h, Tel. + Fax: (021) 447-0418.*

Immobilien kaufen/Investieren

Immobilien sind dank des relativ niedrigen Rands und der hohen Zinsen in Südafrika z.Zt. ausgesprochen günstig, vergleicht man die Preise mit Europa. Das hat mittlerweile schon dazu geführt, dass sich vor allem in der City Bowl, in Camps Bay,

Günstige Preise, Meer und Sonne.
Da möchte manch einer investieren am Kap

um Wildernes und Plettenberg Bay sowie im Weinland um Stellenbosch viele Ausländer und reiche Johannesburger eingekauft haben. Sehr zum Leidwesen der Einheimischen übrigens, die im Gegenzug über die dadurch steigenden Preise klagen. Was für uns billig erscheinen mag, ist für Südafrikaner oft unerschwinglich.

Sollten Sie ebenfalls Interesse am Kauf einer Immobilie im Kapland haben, schauen Sie zuerst einmal in die Kapstädter Zeitungen, um sich zu orientieren. Der „Cape Times"

liegt am Mittwoch das Blatt „Property Times" bei, und an den Wochenenden sind die Zeitungen ebenfalls voll mit Anzeigen.

*Im Internet können Sie auch unter **www.afrika-immobilien.de** schauen. Hier werden neben Apartments und Villen auch Farmen angeboten.*

Maklerfirmen:
* **Seeff:** *Hauptbüro: 42 Hans Strijdom Ave., P.O.Box 7098, **Roggebaai**, Tel.: (021) 419-0920, Fax: (021) 419-9644, Internet: www.seeff.co.za*
* **Pam Golding:** *Hauptbüro: Tel.: (021) 797-5300, Fax: (021) 797-5310, Internet: www.pamgolding.co.za. Pam Goldings arbeitet eng zusammen mit dem Hamburger Maklerbüro **Engel und Völkers** (Mittelweg 120, 20148 Hamburg, Tel.: (040) 414-060 o. 8227-700).*
* **Re/Max (Remax):** *Filiale 76 Kloof St., **Gardens**, Tel.: (021) 423-4488, Fax: (021) 423-0500, Internet: www.remax.co.za. Fragen Sie nach Frau Gerlinde Möser.*
Beide Unternehmen unterhalten zahlreiche Zweigstellen in und um Kapstadt. Erkundigen Sie sich darüber unter o.g. Telefonnummern. Auch die beiden erstgenannten behaupten von sich, immer einen deutschsprechenden Ansprechpartner zu haben.
* **Lords International Property Brokers**: *P.O.Box 1013, **Sea Point** 8060, Cape Town, Tel. + Fax: (021) 461-0480 od. (083) 752-8613. Diese kleine Maklerfirma unter Leitung von Desmond McAuliffe ist ein Geheimtipp. Viel wird nicht angeboten, doch wenn etwas für Sie dabei sein sollte, dann werden Sie von Desmond rundum und zuverlässig beraten, und Ihre Immobilie wird nach dem Kauf erstklassig verwaltet.*

Bankservice/ Investmentberatung

*Geldanlagen, Immobilienkäufe, Hausfinanzierungen, Kreditgeschäfte u.ä. sind immer ein heikles Thema, besonders in einem Land, in dem man sich damit nicht auskennt. Daher raten wir Ihnen, vor jeder Transaktion mit einem Ansprechpartner einer renommierten Bank in Kontakt zu treten. Auf deutschsprachige Kunden in Kapstadt hat sich **Frau Christiane Gläser** bei der **NEDBANK** spezialisiert: Tel.: (021) 469-9589, Fax: (021) 424-5046, Postanschrift: P.O.Box 688, Cape Town 8000, RSA. Frau Gläser lebt seit 1984 am Kap, spricht deutsch und steht zudem mit der deutschen Handelskammer in Verbindung. Und wer sich erst einmal grundsätzlich informieren möchte über die Wirtschaftslage, geplante Investmentprogramme u.ä. in der Western Cape Province, der kann dieses bei **Wesgro** (Western Cape Investment and Trade Promotion Agency, P.O.Box 1678, Cape Town 8000, Tel.: (021) 418-6464, Fax: (021) 418-2323) tun, wo es Statistiken und wirtschaftliche Veröffentlichungen aller Art einzusehen gibt. Physische Adresse: 22nd Floor, N° 2 Long Street, **Innenstadt**, Kapstadt.*

ℹ Information/Tourist-Information/Fremdenverkehrsamt

• **Cape Town Tourism:** *The Pinnacle, Ecke Burg/Castle Sts., Innenstadt, Tel.: (021) 426-4260, Fax: (021) 426-4266, www.cape-town.org.za, geöffnet Mo–Fr 8–19h, Sa+ So 9–17h. Dieses neue Informationszentrum bietet nahezu alles: Informationen, Hotel- und Veranstaltungsreservierungen, geführte Touren (z.B. Township- od. Weinlandtouren) usw. Es gibt zudem ein kleines Internet-Café und einen Souvenirshop im Gebäude. Das Büro ist wirklich erstklassig organisiert, und der Weg hierhin ist allemal ein Muss.*

• *An der **Victoria & Alfred Waterfront** wurde 2002 ein neues Informationsbüro im Clock Tower- Einkaufskomplex mit einer Fläche von 1.200 qm eröffnet. Es ist täglich von 9h bis 21h geöffnet. Auskünfte über Kapstadt, Südafrika und Buchungsmöglichkeiten aller Art. Das alte Informationsbüro an der V & A Waterfront wurde geschlossen.*

Kirchenbesuch/Gottesdienst

Natürlich gibt es in Kapstadt zahlreiche Kirchen, die i.d.R. sonntags gegen 10h einen Gottesdienst abhalten. Fragen Sie aber unbedingt nach den genauen Zeiten (im Telefonbuch unter „Church").

• *Der Besuch der katholischen **St. George Church** (Ecke Adderley/Wale Sts., **Innenstadt**, Tel.: (021) 424-7360), dem Sitz der Diozöse (Bishop Tutu) verspricht einen klassischen Gottesdienst und gute Akustik.*

• ***Wer einmal einen „Happy-Clapping-Gottesdienst"** miterleben möchte, der sollte sich sonntags rechtzeitig um 8h bzw. 10h (Beginn: 8h30 bzw. 10h30) einen Platz im (meist vollen) **Nico Malan Center** (D.F. Malan St., **Foreshore**) sichern. Hier praktiziert die ökumenische Glaubensgemeinschaft „His People" einen Gottesdienst nach amerikanischem Muster. Nahezu eine Stunde lang wird gesungen und geklatscht, frei nach dem Motto: „Praise The Lord". Die anschließende Predigt sprengt auch alle konventionellen Vorstellungen, besonders wenn der Gründer von „His People", Pastor Paul Daniel, sie hält. Lassen Sie sich überraschen und mitreißen. Einige mögen dieser Art von Gottesdienst vielleicht mit*

Unverständnis gegenüberstehen, es nur als Show oder Komödie bezeichnen, aber in Kapstadt hat er Erfolg. Menschen aller Einkommensschichten und Hautfarben finden sich hier ein, und fast immer sind die Veranstaltungsorte bis auf den letzten Platz besetzt. Es heißt, es sei die größte „multikulturelle Veranstaltung Kapstadts". Um eine Sekte handelt es sich nicht! **Erkundigen Sie sich aber vorher nach der Veranstaltung**, denn evtl. soll sie woandershin verlagert werden. Auch im noch volleren **Baxter Theatre Center** (Main Rd, Rondebosch) finden sonntags um 10h30, 16h und 19h Gottesdienste von „His People" statt. Infos: Tel.: (021) 686-9015, Internet: www.hispeople.org. Am Ende des Gottesdienstes können Sie Gospel-Kassetten und -CDs erstehen sowie sogar die Aufnahme des soeben erlebten Gottesdienstes.

Mietwagen/Mietmotorräder
Internationale Firmen
Alle diese Firmen haben Niederlassungen am Flughafen (934-Nummern)
• **Avis:** 123 Strand St., **Innenstadt**, Tel.: (021) 424-1177 od. 934-0330. Avis unterhält noch weitere Niederlassungen in der Stadt.
• **Budget-Rent-a-Car:** 120 Strand St., **Innenstadt**, Tel.: (021) 418-5232 od. 934-0216. Budget unterhält noch weitere Niederlassungen in der Stadt.
• **Europcar/Interrent:** First Nat. Bldg., Heerengracht, **Innenstadt**, Tel.: (021) 418-0670 od. 934-2263. Europcar unterhält noch weitere Niederlassungen in der Stadt.
• **Hertz:** Lower Loop St., **Innenstadt**, Tel.: (021) 422-1515 od. 934-3913. Hertz unterhält noch weitere Niederlassungen in der Stadt.

Lokale Mietwagenfirmen
Diese Firmen bieten sich an durch günstigere Tarife und für Kurzentschlossene. Sollten Sie aber vorhaben, weite Strecken durchs Land zu fahren, sollten Sie sich darüber im Klaren sein, dass es keine Vertretungen außerhalb von Kapstadt gibt. Bleiben Sie also liegen, dauert es eine ganze Weile, bevor Sie Hilfe bzw. Fahrzeugersatz erhalten. Daher empfehlen wir im Grunde, sich an die nur ca. 10–20 % teureren großen Anbieter zu halten.
Lokale Mietwagenanbieter finden Sie in den gelben Seiten unter „Car & Camper Hire". Hier nennen wir Ihnen nun fünf Anbieter in Kapstadt:
• ***Value Car Hire:** (021) 61-5797
• ***Kaefer Hire:** 87 Carlisle Rd., 7405 Cape Town, Tel.: (021) 51 00 957, Fax: (021) 51 00 95 7. Hier können Sie alte, kultige Käfer günstig mieten. Für lange Fahrstrecken sind die alten Fahrzeuge i.d.R. aber nicht mehr ausgelegt.
• **Discount Drive Car Hire:** Tel.: (021) 511-6802
• **Cape Car Hire:** Tel.: (021) 683-2441
HINWEIS: Einige der lokalen Anbieter haben ihre Broschüren im Touristenbüro ausliegen. Dort können Sie sich preislich orientieren.

Beim Automieten immer daran denken:
Es gibt viele abgelegene Ecken und Schotterpisten

Campmobile/Mietwagen
• **Explore Africa:** Gert Schlorf, Gillian Street 90, Rosendal, Bellville 7530, Kapstadt, Tel. + Fax: (021) 997-355, Inter-

net: www.kapstadt.de/explore/index.htm. Hier erhalten Sie Geländewagen mit Campingaufsatz für ca. 120 (Toyota) bis 140 € (Landrover) pro Tag. Diese sind somit etwas teurer als die bei den großen Firmen oben, dafür aber um einiges besser ausgestattet, was den Campingbedarf angeht. Unter dem Strich kommt man hier sogar besser weg. Die Rückführungskosten eines Campmobiles/Geländewagens bei einer One-Way-Miete von Port Elizabeth liegen bei ca. R 1.000, die von Jo'burg, Durban und Windhoek bei ca. R 1.500. Explore vermittelt auch Personenwagen. Sollten Sie nun noch 1–2 Nächte in Kapstadt bleiben wollen, bietet die Firma auch eine Unterkunft in einem Gästehaus für ca. R 150/Person/Nacht inkl. Frühstück (ca. 20 Minuten in die Innenstadt).
• **Maui Rentals**: Magriet Jacobs, Ferndale Street, Brackenfell, Kapstadt, Tel. (021) 9825107, Fax (021) 9825105, Internet: www.maui-rentals.com. Eine der führenden Campervermietungen im südlichen Afrika.

Motorradverleih
Mit dem Motorrad ums Kap hat schon etwas. Und wer es etwas kleiner mag, der kann sich ja auch einen „Scooter" (Größe einer Vespa) mieten. Weitere Infos entnehmen Sie bitte S. 162 (A–Z).
• **Karoo-Biking**: BMW-Motorradreisen und -Vermietung in Südafrika, Tel.: (0)82 533 6655, web: www.karoo-biking.de, E-Mail: info@karoo-biking.de.
• **Le Cap Motor Cycle Hire**: 3 Carisbrook St, Cape Town, Südafrika, Tel.: (021) 423-0823, Fax: (021) 423-5566.
• **Fly Hire**: Tel.: (021) 421-1333. Neben Scootern können Sie hier auch Jeeps, Rollerskates und Jetskis mieten.
• **Sunshine Bikes**: 28 Roeland St., Cape Town 8001, Tel.: (021) 462-1955, Fax: (021) 462-1949. Motorradverleih.

Bedingungen zum Ausleihen eines Motorrades sind i.d.R. eine 2- bis 3-jährige Fahrpraxis sowie ein Mindestalter von 25 Jahren.
In der 202 Long Street gibt es zudem noch **African Buzz** (Tel.: (021) 423-0052), ein kleines Unternehmen, das sich auf das Ausleihen von Mopeds und Rollern spezialisiert hat.
• Und nun noch vier Anbieter für das Mieten einer echten **Harley-Davidson** ...
- **Cape Harley Tours**: Tel.: (021) 882-2558, Fax: (021) 887-9678. Hier werden auch Touren organisiert.
- **Harley-Davidson Cape Town Tours SA**: 45 Buitengracht, Innenstadt, Ttel.: (021) 424-3990, Internet: www.harley-davidson-capetown.com.
- **SA Classic Motorcacle Tours**: 2a Glengariff Rd, **Three Anchor Bay**, Tel.: (021) 434-2603
- **Easy Ride**: P.O.Box 483, Simon's Town 7995. Büro an der Simon's Town Waterfront, Tel. + Fax: (021) 786-3463. Hier können Sie eine Harley-Davidson ausleihen bzw. einen Fahrer mieten, der sie mit einem solchen Motorrad chauffiert.
Hinweis: Die Harleys sollten Sie rechtzeitig buchen, besonders während der Saison.
Weitere Vermieter finden Sie in den gelben Seiten unter „Motor Cycle & Scooter Hire".

Mobiltelefon-Verleih
Mobil telefonieren gehört in Südafrika zum Alltag, und es scheint, als wenn in den Städten mehr Leute Handys (hier „Cellulars" bzw. kurz „Cells" genannt) benutzen als bei uns. Die beiden großen Anbieter sind VodaCom und MTN, über deren kostenlose Infonummern Sie Auskunft erhalten über die neuesten Tarife, die nächsten Vermietstationen und was sonst so von Interesse ist. Grundsätzlich kann man sagen, dass die Preise

sich nur wenig unterscheiden und jede Gesellschaft, wie bei uns, immer noch einen weiteren Sondertarif vorweist.
- **VODACOM:** 0800-111-234
- **MTN:** 0800-111-0070

Mietstationen bzw. Geschäfte, die verkaufen und vermieten, gibt es genügend, so z.B. am Flughafen, nahe dem Bahnhof und an der Waterfront. Die Station am Flughafen bietet sich natürlich für Sie an. Sie können hier auch ein Handy mieten und es an einer anderen, vorher vereinbarten Stelle wieder abgeben. Bezahlt wird mit Kreditkarte.
Lesen Sie auch im Allgemeinen A–Z auf S. 174f.

Konsulate/Diplomatische Vertretungen in Kapstadt
- **Generalkonsulat von Deutschland (Jan.–Juli) (auch Botschaftsangelegenheiten):** 825 St. Martini Gardens, Queen Victoria Street, Cape Town 8000, P.O.Box 4273, Tel.: 021/4242-410 bzw. 4114-213, Fax: 021/424-9403
- **Schweizerisches Konsulat:** NBS Waldorf, 9th Floor, 80 St. George's Mall, P. O. Box 563, Kapstadt 8000, Tel.: 021/261040, Fax: 021/426-1040, Fax: 021/424-9344. Von Januar bis Juli befindet sich hier auch die Botschaft der Schweiz: P.O.Box 1546, Kapstadt 8000, Tel.: 021/426-1201.
- **Österreichisches Konsulat:** Standard Bank Center, Main Tower 1001, Hertzog Boulevard, Kapstadt 8001, Tel.: 021/4211-440, 4216-215, 4211-441, Fax: 021/4253-489. Von Januar bis Juli befindet sich hier auch die Botschaft.

Nationalparkbehörde/National Parks Board
Die Nationalparkbehörde unterhält zwei Infostände in Kapstadt, in denen Sie Infos zu den einzelnen Parks erhalten bzw. – und das ist wichtig – Ihre Unterkünfte buchen können. Die Vorausbuchung ist essentiell, da die Parkunterkünfte oft ausgebucht sind.

Haben Sie schon Ihre Unterkunft im Addo Elephants Nat. Park reserviert?

- **Regional Office – National Parks Board:** Innenstadt, Postanschrift: National Park Board, P.O.Box 7400, Roggebaai, Kapstadt, Tel.: (021) 422-2810, Fax: (021) 424-6211. Die Stände unterhält die Nationalparkbehörde in beiden **Touristenämtern** (Innenstadt sowie Clock Tower/V&A Waterfront). Hier können Sie sich auch informieren bzw. buchen.
Von Europa aus reservieren Sie aber besser übers Hauptquartier in Tshwane (ehem. Pretoria): National Parks Board, P.O.Box 787, Tshwane 0001, Tel.: (012) 428-9111, Fax: (012) 343-0905, oder übers Internet: www.parks-sa.co.za.

Polizei
- **Notrufnummer:** 10177
- Kapstadt verfügt über eine **Touristenpolizei** (Tourist Assistance Police): Custom House, 6th Floor, Heerengracht (Tulbagh Square), Foreshore/Innenstadt, Tel.: (021) 418-2852/3.

• Die **Polizeistation der Innenstadt** befindet sich an der Ecke Buitenkant/Barrack St. Es gibt aber auch eine Reihe kleiner Polizeistände im Innenstadtbereich, und sonst sind auch viele Polizisten überall auf Streife.

Hinweis: Sollten Sie die Nummer des nächsten Polizeiamtes im Telefonbuch suchen, müssen Sie unter „Police Service" in den „Government Departments" schauen, die auf den letzten Seiten stehen.

Postamt
Das **Main Post Office** befindet sich an der Ecke Darling/Parliament Sts. Hier gibt es auch einen Schalter für postlagernde Sendungen („Poste Restante").
Zudem gibt es noch eine Reihe kleinerer Postämter, davon alleine 5 im Innenstadtgebiet.

Sprachschulen
Es gibt zahlreiche Sprachschulen in Kapstadt. Hier nennen wir nur die bekannteste. Weitere Schulen finden Sie im Internet unter: www.kapstadt.de/sprach.htm
• **One World Language School:** 4th Floor, The Strand, 37 Strand St., Cape Town, South Africa 8000, Tel. + Fax: (021) 423-1833, Postanschrift: P.O.Box 7888, Roggebaai, Cape Town 8012, Internet: **www.owls.co.za/index.htm**. Diese Schule arrangiert auch Unterkünfte in Gastfamilien und Freizeitaktivitäten. Angeboten wird alles, vom Anfängerkurs bis hin zu TOEFL-Examen und Fachkursen.

Taxis
Es wird nach drei Taxiarten unterschieden: „normale" **Taxis, Minibus-Taxis** und **Rikkis**. Lesen Sie dazu im „Allgemeinen A–Z" auf S. 174. Taxis können herbeigewinkt, telefonisch angefordert oder aber an einem der Taxistände belegt werden. Einen großen Taxistand in Kapstadts Innenstadt finden Sie an der Adderley Street (Grand Parade). Taxis warten auch vor den größeren Hotels (z.B. Cape Sun, am Greenmarket) sowie an der V&A Waterfront (nahe dem Busstopp).
Drei Rufnummern für Taxis sind z.B.:
• 434-4444 (Sea Point Taxis)   • 434-0434 (Marine Taxis)
• 448-9330/1/2 (Magicab)

Alternativ können Sie auch die Taxis an einem Taxistand anrufen. Die Nummer des o.g. Adderley Street Taxistands lautet: 419-1464.

Zum Flughafen gibt es Shuttlebusse. Ein Unternehmen, das Sie anfordern können, ist **Airport Shuttle-Service:** Tel.: (021) 934-5455

Tickets/Eintritte
Bei **Computicket** können Sie Tickets für alle Arten von Veranstaltungen (Theater, Sport, Musik etc.) in ganz Südafrika erwerben. Tel.: (021) 918-8950. Es gibt alleine in der Umgegend von Kapstadt 20 Computicket-Schalter, von denen wir Ihnen hier einige nennen möchten (alphabetisch):

Stadtteil/Areal/Stadt	Adresse/Shopping Mall
City Centre	Caldis House, Long Street
City Centre	Sun Gallery, St. Georges St.
City Centre	Foreshore, Nico Theatre Centre

Camps Bay	Theatre on the Bay, Link Street
Gardens	Gardens Center Mall, Ecke Mill St./Buitenkant
Paarl	Paarl Publicity Ass., Lady Gray/Main St.
Sea Point	Adelphi Centre, Main Rd.
Stellenbosch	Eikestad Mall, Adringa Rd.
Tableview	Tableview Mall
Vict. & Alfred Waterfront	V & A Waterfront Shopping Mall, in der Victoria Wharf

Die komplette Liste aller Schalter finden Sie im Internet unter: **www.computicket.com/info_content.htm**.

Zeitungen
Regionale Zeitungen

Die zwei großen Zeitungen sind die etwas konservativere „Cape Times", die morgens erscheint, sowie der „Cape Argus", der nachmittags herauskommt. Beiden liegen in der Freitagsausgabe die Veranstaltungshinweise für die kommende Woche bei.

Die monatlich erscheinende „Cape Review" als hervorragende Veranstaltungs-Zeitschrift wurde leider eingestellt. Gerüchte behaupten aber, sie würde wieder zum Leben erweckt. Achten Sie darauf.

Internationale Zeitungen

• Deutschsprachige Zeitungen gibt es in **Ulrich Naumanns Buchladen** (17 Burg Street).

• Internationale Zeitungen (teilweise aber schon alt) gibt in den größeren **CNA-Geschäften**, so z.B. in dem im Golden Acre Shopping Center (Ecke Adderley und Strand Sts.)

Unterkünfte und Campingplätze im Raum Kapstadt: Von der Suite im Mount Nelson bis zur Jugendherberge

Preisrichtlinien für die Unterkünfte:

Bitte beachten Sie, dass während der Hochsaison die Preise um bis zu 40 % ansteigen können. Alle Preisrichtlinien gelten für Doppelzimmer. Einzelzimmer liegen bei ca. 65–70 % des Doppelzimmerpreises. Hochsaison ist von Dezember bis April. Besonders dann können die Preise höher liegen.

$	= unter 250 R – einfache Hotels, Gästehäuser, Herbergen
$$	= 250–420 R – Hotels der unteren Mittelklasse, Bed & Breakfast-Unterkünfte
$$$	= 420–600 R – Hotels und Gästehäuser der Mittelklasse, bessere Bed & Breakfast-Unterkünfte
$$$$	= 600–900 R – Hotels der Oberklasse, vornehme Gästehäuser, Privatlodgen, historische Weingüter (günstig)
$$$$$	= über 900 R – Luxusklasse

Bei Hotels, Gästehäusern und B&Bs ist im Zimmerpreis das Frühstück i.d.R. inbegriffen. Nicht aber bei Backpackern.

Unsere ganz persönlichen Favoriten für den Raum Kapstadt gleich vorweg:

- **Mount Nelson Hotel $$$$$:** 76 Orange Street, *Gardens*, P.O.Box 2608, Cape Town 8000, Tel.: (021) 423-1000, Fax: 424-7472. Victorianisch gestaltetes Luxushotel von 1899. Liegt direkt unterhalb des Tafelberges und besticht durch seine koloniale Plüschromantik. Ein Klassiker unter den Top-Hotels Afrikas. Dieses

genossen schon Lady Churchill, Agatha Christie und Edward, Prince of Wales. Wem dieses Hotel zu teuer ist, der kann sich auch nur zum „High Tea" am Nachmittag herbegeben bzw. im Edwardian Grill speisen. Und: Bereits an den Säulen der Hoteleinfahrt werden Sie begrüßt von dem vielfotografier-

Victorianischer Empire-Stil: Mt. Nelson Hotel

ten Wachmann mit Tropenhelm. *Warum ein Favorit?* Gediegen – viktorianisch. Eines der besten Hotels des Kontinents. Für das Geld finden Sie so etwas nicht so schnell wieder. Nach dem Motto: Wenn schon, denn schon!
- **Steenberg Country Hotel $$$$$:** Steenberg Rd (M42), *Constantia*, P.O.Box 10802, Steenberg Estate, Constantia Valley 7945, Tel.: (021) 713-2222, Fax: (021) 713-2221. Luxuriöse und geschmackvoll eingerichtete Zimmer auf dem ältesten Weingut Südafrikas. Die Cape-Dutch-Gebäude gehen zurück bis aufs Jahr 1682. Die erste Besitzerin kam übrigens 1662 hierher und stammte aus der Hansestadt Lübeck. Angeschlossen ist ein erstklassiges Restaurant und eine wunderschöne 18-Loch-Golfanlage (siehe auch S. 252), die sich nur die Hotelgäste, eingetragene Gäste und 200 Clubmitglieder teilen. Führungen über das Weingut und kurze Wanderwege gibt es auch. Die Preise haben es natürlich in sich, aber dafür genießen Sie absolute Exklusivität. Nur 23 Zimmer. Der Tipp ist die, wenn auch teuerste, „Manor Suite" in der ehemaligen und wunderschön restaurierten Scheune (= Barn)

Auf historischem Weingut: Steenberg Country Hotel

von 1682. Auch die „Junior Suites" übetreffen die normalen „Luxury Suites" um einiges. *Warum ein Favorit?* Eleganz, Geschichte, Wein, gutes Restaurant, Golfanlage und, und, und – alles unter einem „Dach".
- **Bergzicht $$$$:** 5 Devenport Rd, *Tamberskloof* 8001, Tel.: (021) 423-8513, Fax: (021) 424-5244. An den Hängen des Signal Hill.Die Pension wird von Runa und Reiner Gültzow geführt (sie ist Südafrikanerin, er stammt aus Norddeutschland). Das Haus (spätes 19. Jh.) ist geschmackvoll eingerichtet, und ein kleiner Pool ist vorhanden.Besonders schön ist die Aussicht auf Stadt und Tafelberg, vor allem

abends: Lichtermeer! Keine Kinder unter 10 Jahren. *Warum ein Favorit?* Gästehäuser haben einen persönlichen Charakter, und dieses ist ohne Zweifel eines der besten der Stadt. Zudem wird Deutsch gesprochen.

- **Sonnekus Guest House $$$:** 88 Main Rd, *St. James* 7946, Tel. + Fax: (021) 788-4789. Sehr zu empfehlendes Gästehaus. Erbaut um 1926 und schön renoviert. Abends kann man auf der Veranda verweilen. Die Zimmer sind sehr groß und gemütlich eingerichtet (3 haben einen eigenen Kamin). Die Executive Suite ($$$$) hat sogar ein eigenes Wohnzimmer. *Warum ein Favorit?* Abseits des Rummels in Kapstadt. Gut geeignet für die letzten zwei Nächte am Kap.
- **Ambleside Guesthouse $$:** 11 Forest Rd, *Oranjezicht*, Cape Town 8001, Tel.: (021) 465-2503, Fax: (021) 465-3814. 8 preiswerte Zimmer (auch EZ). Am Tafelberghang. Gästeküche. Also etwas für diejenigen, die sparen wollen. *Warum ein Favorit?* Wegen des günstigen Preis-Leistungs-Verhältnisses.
- **Lords International $$:** Postanschrift: P.O.Box 1013, Sea Point 8060, Cape Town, Tel. + Fax: (021) 461-0480 od. (083) 752-8613. Die Unterkünfte befinden sich in den drei runden Hochhäusern unterhalb des Tafelberges in der Clifford St.

Lords International: Wohnungen mit Aussicht

im Stadtteil *Vredehoek (City Bowl)*. Von außen mögen sie vielleicht nicht so einladend wirken, doch die angebotenen Wohnungen sind top und die Aussicht ist schier unbeschreiblich – Kapstadt liegt Ihnen zu Füßen! Die Apartments sind komplett eingerichtet und werden bei Auszug gereinigt. Für ein 3-Zimmer-Apartment (2 SZ, 1 WZ, Studio-Küche, Bad mit Badewanne und Dusche) zahlen Sie ca. R 3.000/Monat, je nach Ausstattung. Bewachter Parkplatz, Swimmingpool, Münzwaschmaschinen, Tennisplätze, Squash-Courts. Mindestaufenthalt i.d.R. ab 2 Monate. *Warum ein Favorit?* Günstig und hervorragend geeignet, um einige Monate in Kapstadt zu verweilen. Beliebt auch bei Studenten, die 2 Semester an der Uni eingeschrieben sind.

- **Kopanong Bed & Breakfast $$:** C329 Velani Crescent, Khayelitsha 7784 (Postanschrift: Box 22, Khayelitsha 7783), Tel. + Fax: (021) 361-2084, E-mail: kopanong@xsinet.co.za. Hier wohnen Sie mitten in einem Township. Thope Lekau, die Besitzerin des B&B, kennt sich zudem hervorragend aus in Kapstadts Townships, organisiert Townshiptouren und weiß auch, wo hier Livemusik gespielt sowie selbstgebrautes Bier verkauft werden. Zudem ist Thope eine exzellente Köchin. „Real South Africa!" Anfahrt über N2-Exit M44/Mewway. Besser aber, Sie lassen sich von Thope lotsen.

* = Redaktionstipps

Hotels, Gästehäuser und Bed & Breakfast-Unterkünfte

Bereich Innenstadt, Waterfront, Green Point und Gardens (City Bowl)

• **Cape Grace $$$$$:** *V & A Waterfront, West Quay, P.O.Box 51387, Waterfront 8002, Tel.: (021) 410-7100, Fax: (021) 419-7622. Neben dem „Mount Nelson" gilt dieses 102-Zimmer-Luxushotel z.Zt. als die vornehmste Adresse in Kapstadt. Hier wohnte schon Bill Clinton. Atmosphäre,*

Service und Einrichtung erinnern eher an Vorbilder amerikanischer Großstadt-Herbergen der Oberklasse (Bademäntel, Zeitung, Schokolade auf dem Kopfkissen etc.). Von drei Seiten vom Wasser umgeben, ist immer für eine gute Aussicht gesorgt, wobei der Tipp heißt: Fragen Sie nach einem Zimmer

Luxusherberge inmitten des Geschehens: Cape Grace Hotel

mit Ausblick auf das Treiben an der Waterfront und den Tafelberg dahinter. Auszeichnungen, wie z.B. „Best individual Hotel of South Africa" u.ä., hat das 1996 eröffnete Cape Grace auch schon eingeheimst. Fazit: An Luxus fehlt es nicht, hier wird an (nahezu) alles gedacht, doch dafür ... zahlt man einen Preis, den sich wohl nur ganz wenige leisten möchten.

• **Table Bay on the Waterfront $$$$:** *V & A Waterfront, Quay 6, Cape Town/Waterfront 8002, Tel.: (021) 406-5050, Fax: (021) 439-2506. Ebenfalls ein Hotel der Luxusklasse, doch gibt sich das Table Bay noch weniger distinguiert als das Cape Grace und wurde somit von Stars wie Michael Jackson bevorzugt. Das Ambiente wirkt eklektisch und zielt mehr auf die Yuppie-Generation ab. Um so großzügiger sind die Gemeinschaftsanlagen angelegt: großer Kamin in der Lounge, großzügige Fitnesscenter, beheizter Meerwasser-Pool (der einzige Südafrikas), internationale Zeitungen etc. Die Zimmer enttäuschen dagegen ein wenig.*

• ***Victoria & Alfred Hotel $$$$:** V & A Waterfront, Pierhead, P.O.Box 50050, Cape Town/Waterfront 8002, Tel.: (021) 419-6677, Fax: 419-8955. Victorianisch gestaltetes Hotel der gehobenen Mittelklasse direkt im Waterfront-Gebiet. Günstiger Ausgangspunkt für alle Unternehmungen in Kapstadt.*

• **Mijlof Manor House $$$$:** *5 Military Rd, Tamboerskloof, Cape Town 8001, Tel.: (021) 426-1476, Fax: 422-2046. Kleines Privathotel in renoviertem Farmhaus. Nahe der Innenstadt. Versuchen Sie, ein Zimmer im alten Trakt des Gebäudes zu bekommen.*

• **De Waterkant Lodge & Cottages $$$–$$$$:** *20 Loader St.,* **De Waterkant,** *Tel. + Fax: (021) 419-1097. In einem historischen Distrikt nahe der Waterfont gelegen. Das gut 150 Jahre Gebäude mit seinen ausgesuchten Antiquitäten strahlt ein schönes Ambiente aus. Vom Dachgarten aus haben Sie einen schönen Ausblick auf Waterfront, Tafelberg und Innenstadt. Swimmingpool, Sauna, Dampfbad. Es gibt 8 Zimmer und zwei Selbstversorger-Cottages.*

- **Villa Lutzi $$$–$$$$:** 6 Rosemead Ave., Oranjezicht (City Bowl), Cape Town 8001, Tel.: (021) 426-1468, Fax: 426-1472. Komfortable, fast luxuriöse Unterkunft. Schöner Garten und Jacuzzi. Einst der Gästehaus-Tipp für Kapstadt. Eine kleine Aufpolierung des Hauses könnte aber nicht schaden. 15 Minuten zu Fuß in die Innenstadt.
- **Eagles Nest Guest House $$$:** 34 Clifford Ave., **Highlands (Vredehoek)**, Cape Town 8001, Tel.: (021) 462-1091, Fax: (021) 465-1540. Relativ günstig. Schöner Blick auf den Tafelberg, den Hafen und die Stadt.
- ***Cape Victoria Guest House $$$:** 13 Torbay Rd, Ecke Wigtown Rd, **Green Point** 8050, Tel.+ Fax: (021) 439-7721. Bezaubernd restauriertes Haus mit 10 Zimmern, die alle nach unterschiedlichsten Themen dekoriert sind (z.B. victorianisch, afrikanisch, gelb, Art déco, Blick auf Bucht). Am besten hat uns der „Roof Room" unter dem Dach gefallen, denn durch die Dachfenster sieht man in den Sternenhimmel. Beliebt bei Filmleuten und Designern. Swimmingpool, aber wenig Parkmöglichkeiten.
- **Cape Heritage Hotel $$$:** 90 Bree St./Heritage Square, Innenstadt, Cape Town 8001, Tel.: (021) 424-4646, Fax: 424-4949. Kleines Hotel in historischem Stadthaus. Eine wirkliche Oase.
- ***Breakwater Lodge $$–$$$:** Portswood Road oberhalb der V&A Waterfront, P.O.Box 41465, Cape Town/Sea Point 8060, Tel.: (021) 406-1911, Fax: 419-9633. Kleine, aber modern eingerichtete Zimmer. 5 Minuten zu Fuß zur Waterfront. Ausgezeichnetes Preis-Leistungs-Verhältnis. Übrigens befand sich in diesem Gebäude früher ein Gefängnis, in dem besonders Buschmänner festgehalten worden sind.

Breakwater Lodge: preisgünstig an der Waterfront

- **City Lodge Victoria & Alfred Waterfront $$–$$$:** Ecke Dock/Alfred Rd, Roggebaai 8012 (zw. **Waterfront** und **Innenstadt**), Tel.: (021) 419-9450, Fax: (021) 419-0460. Low-Budget-Hotel der bekannten „City-Lodge"-Kette. Hier zahlen Sie für nichts „Überflüssiges". Das Frühstück ist minimal, die Räume klein, der Service nahezu nicht vorhanden. Doch wer nicht viel Schnickschnack braucht, ist hier absolut richtig. Sauber und adrett.

Sea Point und Bantry Bay

Sea Point bietet vor allem unzählige Selbstversorger-Apartments, die besonders in der mittleren Preiskategorie zu finden sind. Lesen Sie dazu auf S. 216f bzw. erkundigen Sie sich beim Touristenamt nach Adressen.
- **Ellermann House $$$$$:** 180 Kloof Rd, **Bantry Bay**, Tel.: (021) 439-9182, Fax: (021) 434-7257. Sehr exklusives (Villen-) Haus. Am Hang des Lion's Head. Atemberaubende Ausblicke auf Meer und Berge. Geräumige Zimmer mit viel Komfort. 9 Zimmer und 2 Suiten sowie die Tatsache, dass das Guesthouse zur anerkannten Relais & Chateau Hotel-Gruppe gehört, machen deutlich: First-Class-Unterkunft, die sich mit den Luxushotels der Innenstadt messen kann und dabei individuell bleibt.
- **Olaf's Guest House $$$–$$$$,** Wisbeach Road, **Sea Point**, Cape Town 8001, Tel.: (021) 439-8943, Fax: (021) 439-5057. Mehrfach prämiertes, sehr gemütliches Gästehaus unweit der City, sehr persönlich und liebevoll ausgestattet, tolles Frühstück.

• *Winchester Mansion $$$$– $$$$$:* 221 Beach Rd, **Sea Point** 8001, Tel.: (021) 434-2351, Fax: (021) 434-0215. Typisches Kolonialhotel, das bei weitem nicht so snobistisch erscheint wie das große „Mount Nelson". Direkt vor der Atlantikküste gelegen, war das Winchester einst **das** Hotel für Kapstadtreisende. Die 35 Zimmer sind schön eingerichtet, und die geräumigen Suiten bestechen zudem durch eine eigene Küche und einen eigenen Wohnraum. Der Knül-

Winchester Mansion im britischen Kolonialstil

ler aber ist der Courtyard (Innenhof), der den ganzen Tag über gerne genutzt wird, vom Frühstück, über den Mittagssnack bis hin zum Sundowner. Das **Fountain Restaurant** sowie die Bar im Hause sind ebenfalls beliebt, auch bei „Non-Residents". Achten Sie bei der Buchung darauf, dass Sie ein Zimmer mit Blick aufs Meer bekommen und fragen Sie nach Sondertarifen.

• **The Palm Garden $$$:** 75 Regen St., **Sea Point** 8001, Tel.: (021) 439-1171, Fax: (021) 434-1662. Mittelklasse-Hotel nahe dem Wasser. Swimmingpool. Kein Tipp, aber für Sea Point das beste Preis-Leistungs-Verhältnis.

• **Cape Town Ritz Hotel $$$:** Main Rd, **Sea Point** 8001, Tel: (021) 439-6010, Fax: (021) 434-0809. Hochhaus-Hotel mit 222 Zimmern. Das Restaurant im 21. Stockwerk bietet einen schönen Ausblick. Ansonsten aber ist der „Lack ein wenig ab". Swimmingpool, Sonnenterrasse. Versuchen Sie, ein Zimmer in den oberen Etagen zu bekommen.

• *St. John's Waterfront Lodge $–$$:* 4 u. 6 Braemar Road, **Green Point**, Tel.: (021) 439-1404, Fax: (021) 439-1424. Nettes Gästehaus nahe der Waterfront. Von Schlafsälen bis zu einfachen, sehr sauberen Zweitbett-Zimmern gibt es alles. Sehr beliebt bei jüngeren Leuten.

Camps Bay

In diesem Stadtteil leben die „Reichen und die Schönen". Moderne, weiße Villen säumen die Hänge unterhalb der 12 Apostel. Diese feinen Adressen wechseln nur für Millionen den Besitzer. Doch hier und dort mischt sich ein vornehmes Gästehaus dazwischen, das es auch Ihnen ermöglicht, hier einmal zu residieren. Natürlich liegen auch diese Gästehäuser in der $$$$-Preisregion, doch dafür werden Ausblicke, Ruhe, Pools und schön eingerichtete Apart-

Wohnen mit und im „Ambiente"

ments geboten, zu denen mindestens eine Gemeinschaftsküche des gehobenen Standards gehört. Jedes Gästehaus hat natürlich einen etwas eigenen Charakter, dafür aber selten auch „Einheitszimmer". Deshalb nennen wir Ihnen hier nur 2 Adressen, bei denen Sie sich dann am besten rechtzeitig erkundigen, ob die Apartments Ihren Wünschen entsprechen. Grundsätzlich gilt aber auch: Je länger Sie bleiben, um so günstiger die Nacht.

• **Ocean View House $$$$:** 33 Victoria Rd, **Bakoven/Camps Bay** 8005, Tel.:

(021) 438-1982, Fax: (021) 438-2287, e-mail: ocean@mweb.co.za, Internet: www.oceanview.co.za.
- **Bay Reflections $$$$$:** 19a Francolin Rd, **Camps Bay** 8001, Tel. + Fax: (021) 438-0083, e-mail: capcoast @iafrica.com, Internet: www.bayreflections.com.
- *Etwas günstiger ist das **(Villa) Ambiente Guesthouse $$$$:** 8 Hely Hutchinson Ave., **Camps Bay** 8005, Tel. + Fax: (021) 438-4060, E-Mail: ambiente@mweb.co.za, Internet: www.ambiente-guesthouse.com. 4 individuell und zugleich eingerichtete Suiten mit außergewöhnlichen Bädern, aus denen man über den Garten aufs Meer schauen kann. Der Frühstücksraum im Erdgeschoss grenzt an den romantischen „Felsenkeller", den man zufällig bei den Umbauten entdeckt hat. Swimmingpool. Hier stimmen Preis und Leistung.

Constantia
- *Alphen Hotel $$$$–$$$$$:* Alphen Drive, P.O.Box 35, Constantia, Cape Town 7848, Tel.: (021) 794-5011, Fax: 794-5710. Hotel in kapholländischem Haus (National Monument) auf ehemaligem Weingut. Antikes Mobiliar und gemütlich-plüschige Atmosphäre.

Hier wohnten bereits Cecil Rhodes, George Bernhard Shaw und Mark Twain. Freitagnachmittag sind Pub und Lounge ein beliebtes Ziel für Kapstädter zum „Einläuten des Wochenendes". Sehr gepflegtes Ambiente. Das Restaurant mit der erlesenen Weinkarte ist ebenfalls zu empfehlen.
- *Constantia Uitsig $$$$–$$$$$:* P.O.Box 32, Constantia 7848, Tel.:

Immer eine Empfehlung wert: The Alphen Hotel in Constantia

(021) 794-6500, Fax: 794-7605. In der ruhigen Umgebung eines historischen Weingutes am Hang des Constantia-Berges stehen mehrere, komfortabel eingerichtete Country Cottages. Schwimmbad und Restaurant vorhanden. Frühzeitig reservieren!
- *Cellars-Hohenort Country House $$$$$:* 93 Brommersvlei Rd, P.O.Box 270, **Constantia** 7800, Tel.: (021) 794-2137, Fax: (021) 794-2149. 5-Star Country-Hotel am Fuße des Tafelbergmassives. Bei dem Haupthaus des Hotels handelt es sich um das Herrenhaus der ehemalige Klaasenbosch Wine Estate, einem Weingut aus dem 18. Jahrhundert. Heute schmücken englische Antiquitäten das Innenleben (große Zimmer!). Das Sternchen verdient sich dieses Hotel aber mit seinem gepflegten, bunt blühenden Garten, von dem aus Sie eine schöne Aussicht auf die False Bay haben. Die ruhige Lage und der

Cellars-Hohenort Country House

„geringe Bekanntheitsgrad" im Vergleich zu anderen Top-End-Unterkünften im Constantia Valley setzen dem Ganzen schließlich noch die Krone auf. Im Restaurant werden u.a. schmackhafte Cape-Dutch und kapmalaiische Gerichte serviert. Keine Kinder unter 14 J.

Am Indischen Ozean (von Muizenberg bis Simon's Town)

• **Colona Castle $$$ und $$$$$:** 1 Verwood St. (abgehend vom Old Boyes Dr.), Muizenberg 7950, Tel.: (021) 788-8235, Fax: (021) 788-6577. Luxuriös eingerichtetes Gästehaus in imposanter, renovierter Villa von ca. 1930. Oberhalb von Muizenberg. Viele Antiquitäten. Panoramaaussicht von den Constantia-Bergen bis auf die False Bay. Die Zimmer haben alle Namen, die in Beziehung stehen zu der Einrichtung (marrokanisch, englisch, chinesisch, mogul, grün) Außerdem gibt es eine große Penthouse Suite. Einige Zimmer haben einen eigenen Balkon. Sollten Sie bereit sein, mehr auszugeben, dann ist dieses Haus die Empfehlung für diesen Küstenabschnitt.

• **Sonstraal $$$:** 6 Axminster Rd, Muizenberg 7945, Tel. + Fax: (021) 788-1611. 8 Zimmer, sowie 1 Selbstversorger-Apartment (2 Schlafzimmer) und 2 Selbstversorger-Cottages (je 2 Schlafzimmer). Wer also gerne etwas Platz hat und nicht zu tief in die Tasche greifen möchte, ist hier richtig.

• **Boulders Beach Guesthouse $$$:** 4 Boulders Place, Boulders Beach 7975, Simon's Town, Tel.: (021) 786-1758, Fax: (021) 786-1825. Schönes Gästehaus nahe dem Pinguin-Strand. 14 Zimmer. Versuchen Sie, ein Zimmer mit Blick aufs Meer zu bekommen. Angeschlossen ist das kleine Pinguin Point Restaurant.

• **Quayside Lodge $$$:** Jubilee Square (an der St. George's St.), Simon's Town, Tel.: (021) 786-3838, Fax: (021) 786-2241. Modernes Hotel direkt am Hafen und über der neuen „Waterfront". Gemütliche Zimmer und zentrale Lage in Simon's Town sprechen für dieses Hotel, die Lage über der recht belebten Waterfront eher nicht. Entscheiden Sie.

• **Whale Bay Guest House $$$:** 402 Main Rd, Murdock Valley, Simon's Town 7975, Tel.: (021) 786-3291, Fax: (021) 786-2455. Schönes Gästehaus am Südende des Ortes. Auch hier: Versuchen Sie, ein Zimmer mit Meeresblick zu bekommen.

• **Sunny Cove Manor $$$:** 72 Simon's Town Rd, Fish Hoek 7975, Tel.: (021) 782-2274, Fax: (021) 782-6043. B&B-Gästehaus in einer renovierten Villa (englischer Tudor-Stil). „Old World Charme".

• **Lala Phantsi Inn $$:** 6 Outspan Rd, Fish Hoek 7975, Tel. + Fax: (021) 782-3345. Günstiges B&B mit Blick über Fish Hoek. Pool und Jacuzzi sowie kleine Bar mit Veranda.

• **Rosenest $$:** 1 Towers Rd, Muizenberg 7945, Tel.: (021) 788-5137, Fax: (021) 788-9254. Günstiges und sauberes B&B.

Am Atlantischen Ozean (zw. Camps Bay und Kommetjie)

• **Lichtenstein Castle $$$$–$$$$$:** Harbour Rd, **Hout Bay** 7800, Tel.: (021) 790-2213, Fax: (021) 790-2593. Anfahrt über Schotterstraße vom Hafen aus (vorbei an Mariners Wharf und rechts hinter „The Big Blue" hinauf). Der Nachbau des gleichnamigen süddeutschen Schlosses oberhalb von Hout Bay ist wohl kaum zu übersehen und bietet mit seinen 8 Doppel- und 4 Einzelzimmern mit Sicherheit eine ausgefallene Übernachtungsstätte. Auch innen hat man sich bemüht, Burgcharakter zu gestalten. Die Aussicht, die großen Kamine, ein Swimmingpool, Billardtische und, und, und ... alles spricht für den tiefen Griff in die Tasche (sollte man ihn wollen).

• **Logie Lodge $$$:** 4 Yathagan Lane, Crofters Valley, **Noordhoek** 7985, Tel.: (021) 785-3983. Die Lodge liegt am Chapman's Peak Drive (M6, in Noordhoek, vor der Abbiegung der M64/Ou Kaapsweg). Das Haus ist sehr gepflegt und hat einen Swimmingpool.

• **Bay Lodge Guest House $$$:** *Victoria Lane,* **Hout Bay** *7872, Tel.: (021) 790-2224, Fax: (021) 790-7065. Gästehaus, direkt am Hafen von Hout Bay gelegen. Ein wenig auf Historisch getrimmt, ist dieses Haus mit Sicherheit eine schöne und vor allem ruhigere Alternative zu den Hotels in Kapstadt. Abendliche Spaziergänge zum Fischereihafen und leckeres Seafood frisch vom Kutter sprechen ebenfalls für diese Unterkunft.*
• **Afton Grove $$–$$$:** *P.O.Box 15, Main Rd, Noordhoek 7985, Tel.: (021) 785-2992, Fax: (021) 785-3456. 6 Zimmer ($$–$$$) und ein Selbstversorger-Cottage ($$$). Das kleine Gästehaus strahlt absolute Gemütlichkeit aus. Die Spenglers sind Naturliebhaber und können Ihnen viele Tipps für Wanderungen, zur Beobachtung von Vögeln und anderen Dingen geben, arrangieren auf Wunsch auch gerne Ausritte und Picknicks. Der schöne Strand von Noordhoek ist auch nicht weit.*

Hotels/Gästehäuser woanders im Raum Kapstadt
• ***The Vineyard Hotel $$$:** *Colinton Rd,* **Newlands**, *Tel.: (021) 683-3044, Fax: (021) 683-3365. 4-Sterne-Hotel mit historischem Touch zu günstigem Preis. Newlands ist ein vornehmer, üppig-grüner Villen-Stadtteil von Kapstadt. 2 Restaurants im Hause und von dort ein schöner Blick auf den Tafelberg. Stilvoll eingerichtet, u.a. mit südafrikanischen Kunstwerken. 160 Zimmer, Swimmingpool. Ein kleiner Geheimtipp.*
• **Auberge Penrose $$:** *9 Rhodes Avenue,* **Mowbray**, *Tel.: (021) 685-7740 bzw. 7700, Fax: (021) 685-7141. Zwei Häuser für anspruchsvolle Individualisten: Das „Auberge Penrose" ist viktorianisch gehalten (mit Swimmingpool u. Garten), während das „Charlton House" als modern, elegant und leger bezeichnet werden kann. Einige Zimmer mit Blick auf den Tafelberg von der Terrasse. 27 Zimmer.*

Bed & Breakfast in Kapstadts Townships
Nun gibt es auch die Unterkünfte in den Townships. Dabei wohnen Sie „Bed & Breakfast", können in einigen Fällen aber auch ein Abendbrot bekommen, was Sie aber vorher anmelden müssen. Entgegen einigen Vorurteilen sind die Unterkünfte sauber und vor allem auch sicher. Und wie könnten Sie auch sonst diese Seite von Südafrika besser kennen lernen, als hier zu wohnen? Das Kapstädter Touristenamt vermittelt die Unterkünfte, Sie können aber auch selbst dort buchen. Hier eine Empfehlung:
• ***Kopanong Bed & Breakfast $$:** *C329 Velani Crescent, Khayelitsha 7784 (Postanschrift: Box 22, Khayelitsha 7783), Tel. + Fax: (021) 361-2084, E-mail: kopanong@xsinet.co.za). Hier wohnen Sie mitten in einem Township. Thope Lekau, die Besitzerin des B&B, kennt sich zudem hervorragend aus in Kapstadts Townships, organisiert Townshiptouren und weiß auch, wo hier Livemusik gespielt sowie selbstgebrautes Bier verkauft werden. Zudem ist Thope eine exzellente Köchin. „Real South Africa!" Anfahrt über N2-Exit M44/Mewway. Besser aber, Sie lassen sich von Thope lotsen.*
• *Weitere B&Bs in den Townships sind u.a.* **Ma Neo's B&B** *(Zone 7, Nr. 30, Langa 7455, Tel.: (021) 694-2504, das nächste zum Stadtzentrum),* **Vicky's B&B** *(C-685A Kinyani St., Site C, Khayelitsha 7784, Tel.: (021) 387-7104, einfach, aber sehr persönlich geführt. Echtes Townshiperlebnis) sowie* **Majoro's** *(Tel.: (021) 361-3412).*

Jugendherbergen/Backpackerlodgen im Raum Kapstadt

Seit dem Ende der Apartheid haben sich in Kapstadt unzählige Backpacker-Lodgen etabliert, die fast alle gut und billig ($) sind. Hier nun einige Adressen:
• *Die meisten Backpacker-Lodgen befinden sich in der* **Long Street** *zwischen Wale Street und Buitensingel/Orange Street (City Bowl/Innenstadt). Sie reihen sich hier nahezu anein-*

ander, so z.B.: **Long Street Back-packers** *(209 Long Street, Tel.: (021) 423-0615),* **Bob's Backpack** *(187 Long St., Tel.: (021) 424-3584),* **Cat and Mouse** *(305 Long St., Tel.: (021) 423-5456) und das* **Travellers Inn** *(208 Long St., Tel.: (021) 424-9272, in einem hist. Haus mit schmiedeei-sernem Balkon)*
Andere Lodgen und Jugendherber-gen sind z.B.:
• **Cloudbreak Backpackers:** *219 Buitenkant St., Gardens, Tel.: (021) 461-6892. 20 Minuten zu Fuß zur Stadt.*

„Backpacker" finden sich vor allem entlang der Long Street

• **Albergo for Backpackers:** *5 Beckham Street, Gardens, Tel.: (021) 422-1849. 10 Minuten zu Fuß zur Innenstadt.*
• **Backpackers Lodge:** *15 Faure Street, Gardens, Tel.: (021) 423-5485. 10 Minuten zu Fuß zur Innenstadt.*
• **YWCA:** *20 Bellevue St., Gardens, Tel.: (021) 423-3711. 25 Minuten zu Fuß zur Innen-stadt.*
• **The Backpack:** *74 New Church Street (nicht verwechseln mit der Church Street), Tamboerskloof, Tel.: (021) 423-4530. Große Herberge. Sehr professionell und gut aufgezo-gen. Hier gibt es auch ein Reisebüro (Buchungen von Touren ins Outback u.a.), ein kleines Restaurant und eine Bar.*
• **Zebra Crossing:** *82 New Church Street (nicht verwechseln mit der Church Street), Tamboerskloof, Tel.: (021) 422-1265. 20 Minuten zu Fuß zur (eigentlichen) Innenstadt. Hier geht es etwas ruhiger zu, und es werden auch sehr preiswerte Einzel- und Doppelzimmer angeboten.*
• **Sunflower Stop:** *179 Main Rd, Green Point, Tel.: 434-6535. Nahe der Waterfront gele-gen und ca. 15 Minuten zu Fuß entfernt von den Restaurants und Kneipen in Sea Point.*
• **The Globetrotter:** *17 Queens Rd, Sea Point, Tel.: (021) 434-1539. Im Südende (stadt-entfernt) von Sea Point gelegen. Günstig für Strandbesuche in Clifton und Camps Bay. Gut als zweite Schlafstätte in Kapstadt geeignet, nachdem man die ersten Nächte in einer Lodge in der Innenstadt verbracht hat.*
• **Green Elephant:** *57 Milton Rd, Observatory, Tel.: (021) 448-6359. Im Uni-Gebiet gele-gen, dafür aber weit entfernt von den Attraktionen der Innenstadt. Der Vorteil ist, dass man der beinahe schon zu ausgeprägten Backpacker-Atmosphäre in der Innenstadt entfliehen kann.*
• **Stans Halt:** *Hoch über Camps Bay gelegen in einem historischen Gebäude. U.E. das schönste Hostel im Kapstädter Raum, aber für Reisen-de ohne eigenes Fahrzeug sehr schwer zu erreichen. HINWEIS: Wegen Renovierung bis auf weiteres ge-schlossen!!*
• **The Abe Bailey Youth Hostel:** *2 Maynard Rd.,* **Mui-zenberg** *7951, Tel.: 021/788 2301*
• **Waterfront Lodge:** *6 Braemar Road,* **Green Point***, Tel.: 021/439 1404*

Unschöner Trend: Immer mehr Backpackers verweigern die Bezahlung mit Kreditkarte oder nur gegen unverschämten Aufschlag (aufgrund der Bankge-bühren).

Holiday Apartments und Cottages im Raum Kapstadt

Ferienwohnungen und Selbstversorger-Apartments bieten für längere Aufenthalte sicherlich eine gute und günstigere Übernachtungsalternative, besonders für Familien mit Kindern. Die Apartments sind sinnvoll möbliert, haben eine kleine Küche. Meist gibt es auch einen Fernseher, oft auch einen Telefonanschluss. In der Nebensaison können Sie die Apartments auch für kurze Aufenthalte mieten, während der Hochsaison aber ist eine Mindestaufenthaltsdauer von 1 Woche üblich. I.d.R. werden die Apartments täglich gesäubert.

Die meisten Ferienapartments befinden sich zwischen Waterfront und Bantry Bay (Stadtteile: Three Anchor Bay, Sea Point), oft etwas versteckt in den Seitenstraßen gelegen.

- *Serengeti Executive Suites $$$$: Breda Street, Gardens 8001, Tel.: (021) 461-4345, Fax: (021) 461-2485. Großzügig, geräumig und komfortabel eingerichtet, dazu relativ nahe zu allen Innenstadtsehenswürdigkeiten gelegen. Dafür zahlen Sie aber auch Preise wie in einem besseren Mittelklassehotel.*
- *De Waterkant Lodge & Cottages $$$–$$$$: De Waterkant, siehe S. 209.*
- **Lords International $$: Postanschrift: P.O.Box 1013, Sea Point 8060, Cape Town, Tel. + Fax: (021) 461-0480 od. (083) 752-8613. Die Unterkünfte befinden sich in den drei runden Hochhäusern unterhalb des Tafelberges in der Clifford St. im Stadtteil Vredehoek (City Bowl). Von außen mögen sie vielleicht nicht so einladend wirken, doch die angebotenen Wohnungen sind top und die Aussicht schier unbeschreiblich – Kapstadt liegt Ihnen zu Füßen! Die Apartments sind komplett eingerichtet und werden bei Auszug gereinigt. Für ein 3-Zimmer-Apartment (2 SZ, 1 WZ, Studio-Küche, Bad mit Badewanne und Dusche) zahlen Sie ca. R 3.000/Monat, je nach Ausstattung. Bewachter Parkplatz, Swimmingpool, Münzwaschmaschinen, Tennisplätze, Squash-Courts. Mindestaufenthalt i.d.R. ab 2 Monate. Günstig und hervorragend geeignet, um einige Monate in Kapstadt zu verweilen. Beliebt auch bei Studenten, die 2 Semester an der Uni eingeschrieben sind.*
- **Cascades Holiday Apartments $$: 8 Vesperende Rd., P.O.Box 92, Green Point 8001, Tel.: (021) 434-3385, Fax: 434-0462. Nahe zur Innenstadt und besonders zur Waterfront gelegene Ferienapartments in ruhiger Seitenstraße. Komfortabel eingerichtet und sauber.*
- *Amalfi $$: 125 Beach Rd, Green Point 8001, Tel.: (021) 439-4920, Fax: (021) 439-9346. Diese Apartments liegen sehr nahe der Waterfront. Eingerichtet im Standard wie die o.g. Cascades Apartments, zahlen Sie hier ca. 25 R extra für den kurzen Weg zur Waterfront.*
- *Zentrale Reservierungsadressen für Apartments sind: Diplomat Holiday Apartments ($–$$$): Tulbagh Square (Innenstadt), Cape Town 8000, Tel.: (021) 419-5150; Cape Holiday Homes ($$): 31 Heerengracht (Innenstadt), P.O.Box 2044, Cape Town 8000, Tel.: (021) 419-0430, Fax: 421-7370; Sea Point Holiday Apartments ($–$$$): El Rio Bldg., Ecke Main und Firmount Rds, Sea Point, Tel.: (021) 434-4995, Fax: 439-5444.*

Campingplätze im Raum Kapstadt

Natürlich gibt es unzählige Campingplätze im Großraum von Kapstadt. Aber nicht alle sind zu empfehlen, da einige von ihnen auch von Leuten genutzt werden, die in Kapstadt arbeiten und hier günstig mit Zelt bzw. Wohnwagen unterkommen. Diese Plätze sind i.d.R. laut und auch nicht so sauber. 4 Plätze kann man aber guten Gewissens empfehlen:

• **Parow Caravan Park:** *Hendrik Verwoerd Drive in Parow. Tel.: (021) 921-913. Günstig zur Innenstadt (gut 20 km) gelegener Platz, da diese über die N1 zügig zu erreichen ist. Ausblick auf die Flats und den Tafelberg. Jeder Stellplatz hat ein eigenes Bad und einen Kochplatz. Zelte und Caravans.*

• ***Imhoff Park - Kommetjie:** In Kommetjie (Wireless Rd), an der Atlantikseite der Kaphalbinsel. Tel.: (021) 783-1634. Gut für diejenigen, die abseits des großen Trubels sein möchten und Spaziergänge am Wasser lieben (500 m zum Strand). 40 km bis zur Innenstadt von Kapstadt. Es gibt auch kleine Chalets, Zelte und Caravans. Motorräder nicht erlaubt. Gepflegt.*

• ***Oatlands Holiday Village:** 2 km südl. des Zentrums von Simon's Town, Froggy Pond, Tel.: (021) 786-1410. Hier gibt es auch Hütten, Zelte und Caravans. Blick auf die False Bay. Einer der schönsten Plätze am Indischen Ozean. 40 km bis zur Innenstadt von Kapstadt.*

• **Allandale Holiday Resort & Cottages:** *72 Zwaanswyk Rd, Tokai, nahe der Constantia-Weingüter, gleich neben dem Tokai Forest. Tel.: (021) 753-320. Zelte und Caravans. Gut 20 km bis zur Innenstadt von Kapstadt. Evtl. muss der Platz Apartmenthäusern weichen.*

Restaurants im Raum Kapstadt: Vom Gourmettempel bis zum Hinterhof-Restaurant

Kapstadts Restaurants gehören zu den besten der Welt. Nahezu alle Gerichte dieser Welt werden angeboten, dank der ethnischen Vielfalt, die sich in der Stadt unter dem Tafelberg angesiedelt hat. Ob Sie nun Fine Dining mit Kerzenlicht in einem Gourmettempel wählen oder einfach einen Snack in einer Take-Away-Bude um die Ecke einnehmen, selten werden Sie enttäuscht. Besonders die asiatischen Restaurants und die mit typischen Gerichten der Region (Cape-Dutch und Cape-Malayan) sollten Sie nicht versäumen. Und seit dem Ende der Apartheid gibt es zunehmend auch mehr afrikanische Restaurants mit Leckereien aus allen Ländern des schwarzen Kontinents.

> ** = Redaktionstipps*

Cape-Malayan

Ein Cape-Malayan-Essen ist ein Muss in Kapstadt. Bedenken Sie aber, dass es sich hierbei um Restaurants handelt, die von Moslems geführt werden. Es gibt keinen Alkohol (und selbiger darf auch nicht mitgebracht werden), und i.d.R. können Sie nur bis 21h bestellen und sollten so höflich sein, bis spätestens 22h das Restaurant zu verlassen.
Die beiden besten und bekanntesten Restaurants sind:

• ***Noon-Gun Tea Room & Restaurant:** 273 Longmarket St. (Anfahrt über Wale Street/ Yusuf Drive – Schildern folgen), Signal Hill, oberhalb des Malay Quarter (Bo-Kaap), Tel.: (021) 424-0529. Im höchstgelegenen Gebäude von Bo-Kaap speisen Sie ausgezeichnet und haben dazu auch noch eine schöne Aussicht auf Kapstadt. Reservieren Sie also gleich einen Platz am Fenster. Auch für einen Nachmittagssnack, z.B. Malay-Cake und Kardamom-Tee, ist dieses Haus einer der Restauranttipps von Kapstadt.*

• **Biesmiellah:** *2 Upper Wale Street, Malay Quarter (Bo-Kaap), Tel.: (021) 423-0850. Kleineres Restaurant, und ein Take-Away ist ebenfalls angeschlossen. Die Atmosphäre ist etwas authentischer als im Noon-Gun, dafür sitzt man aber auch nicht so schön. Das Essen ist ebenfalls erstklassig.*

INFO   ## Küche und Gerichte in den Kapprovinzen

Die kulinarischen Genüsse Kapstadts werden Sie ohne Zweifel in den Bann ziehen. Nicht nur uns bekannte, internationale Küchen, wie die aus den Mittelmeerländern, Nordamerika und China, haben hier Einzug gefunden, sondern auch landestypische, die es bei uns nicht gibt. So gibt es z.B. kapholländische und kapmalaiische sowie „echte" asiatische Gerichte, die alle sehr wohlschmeckend sind. Einfluss auf die Speisen hat auch die Seefahrt genommen, durch die vielen Gerichte, aber auch deren Zutaten ans Kap gelangten. Um Ihnen nun die Auswahl etwas zu erleichtern, haben wir hier die wichtigsten Gerichte und Eigenarten der Kapstädter Speisekarten einmal zusammengestellt:

• *Kapmalaiische Gerichte: „Sosaties"* (Fleischspieße mit Hammel- oder Rindfleischstückchen, eingelegt in eine Currysauce), *„Bobotie"* (scharf gewürzter Hackfleischauflauf, meist Lammfleisch) oder unterschiedliche Arten des *„Bredie"* (Fleisch- und Gemüseeintöpfe) sind hier besonders beliebt. *„Buriyani"* wird i.d.R. nur bei großen Feiern serviert. Hierbei handelt es sich ebenfalls um ein gut gewürztes Eintopfgericht (Fleisch, Reis, Gemüse), das sehr lange kocht und dabei niemals umgerührt werden darf. *„Sosaties"* (Spieße mit Fleisch und seltener Gemüse) dagegen werden in kleinen Portionen serviert, oft auch als Vorspeise oder Snack. *„Denning Meat"* zählt auch eher zu den Festtagsgerichten, das dem Lamm-Eintopf ähnelt, sich aber durch seine kapmalaiischen Gewürze von diesem unterscheidet. *„Pickled Fish"* schließlich rundet das Bild noch ab (man bedenke, dass viele Kapmalaien Fischer sind bzw. waren). Hierzu benutzt man getrockneten Fisch, den man dann über Nacht in Wasser einlegt und später aufkocht. Dazu fügt man angebratene Zwiebeln, Gemüse, scharfe Gewürze und Bratkartoffeln und serviert den Eintopf dann mit Reis, Tomaten und Sambal.

Beliebte Beilagen/Saucen der kapmalaiischen Küche sind:
- *„Chutney"*: Zu „Brei" gekochte Früchte od. Gemüse, gewürzt und zumeist süßsauer,
- *„Atjars"*: Pickles aus Früchten oder Gemüse, bedeckt mit einer Mischung aus Öl, Chilis, Knoblauch und Curry. Meist Mango-, Pfirsich- od. Blumenkohl-Atjars.
- *„Sambal"*: Kleingehacktes Gemüse oder Obst, das sehr stark gewürzt wird mit Salz, Essig und Chili. Nur in Messerspitzen-Portionen verwenden!

Alkohol wird in moslemischen Restaurants nicht serviert, dafür aber leckerer Tee, so z.B. Grüner Tee und Kardamom-Tee (s. S. 241). Die kapmalaiische Küche setzt sich aus Stilelementen malaiischer, indischer und kapholländischer Küche zusammen. Die indische Seite hat vor allem den Curry beigetragen, der aber nicht unbedingt scharf sein muss. Im Gegensatz zu unserem scharfen Curry ist der aus Asien vornehmlich als eine Mischung aus verschiedenen Gewürzen anzusehen, bei dem die Schärfe ganz von der Hand des Küchenchefs abhängt.

- **Indische Gerichte:** Diese Küche ist am Kap natürlich nicht so verbreitet wie in Durban. Doch in den letzten Jahren sind immer mehr Küchenchefs aus Natal abgewandert ans Kap, so dass Sie hier erstklassige Speisen erhalten. Die Fleisch-, Geflügel-, Fisch- oder Eiergerichte (*„Curry"* genannt) sind z.T. sehr „hot" (= scharf) angerichtet. Abhilfe bei zu scharfen Gerichten bringen die dazu servierten Kokosraspeln oder ein rechtzeitiges Aufmerksammachen beim Bestellen, denn die Schärfe der Currygerichte hängt oft vom Koch ab (s.o.). Auch hierbei handelt es sich oft um moslemische Restaurants, wo Alkohol nicht erlaubt ist.

- **Kapholländische („Cape-Dutch") Gerichte:** Die Grundzüge dieser Küche beruhen auf den ländlichen Gerichten der weißen Afrikaaner. Einflüsse aus England, Asien (z.B. Chutney) und auch zahlreiche Meeresfrüchte haben sich mittlerweile aber dazugesellt. Typisch ist der *„Potjiekos"*, ein Eintopf, der stundenlang in einem dreifüßigen, gusseisernen Topf über einem Feuer gekocht und auch in diesem serviert wird. Lammfleisch, Kürbis und süßer Mais gehören zu den Standardzutaten. Auch die *„Boerewors"*, eine fette, gut gewürzte Wurst, wird gerne von den Afrikaanern gegessen, zumeist aber im Freien, (ausschließlich) von den Männern auf einem Holzkohlegrill bis zur Perfektion geröstet. Der Nachtisch nimmt ebenfalls einen hohen Stellenwert ein. Beliebt sind da z.B. die Leckerlis *„Konfyt"*, deren Name bereits den Zuckergehalt verrät, oder der mächtige *„Koeksisters"*, ein Kuchen, der zumeist fritiert und/oder in Syrup eingetaucht wird. Etwas weniger mächtig ist der *„Melktert (Milk Tart)"*, ein mit Zimt bestrichener Pudding auf einem Mürbe- oder Biskuitteig, der Ähnlichkeiten aufweist mit einem Käsekuchen. Hier wird die Verwandtschaft mit dem englischen „Custard" besonders deutlich. Grundsätzlich wird aber eines bei der kapholländischen Küche klar: Diät halten kann man hier nicht.

- **Fischgerichte/Meeresfrüchte:** Kein Zweifel, die Kapprovinzen bieten sich förmlich an für gute Meeresfrüchte-Gerichte. Besonders auch deswegen, weil Köche aus aller Herren Länder sich in und um Kapstadt eingefunden haben, um ihre landestypischen Rezepte zuzubereiten. *Lobster* bzw *Crayfisch*, die Hummer, sollten Sie nicht versäumen. So gut und relativ preisgünstig wie am Kap bekommen Sie sie sonst nicht wieder. Der *Rock-Lobster* ist die ganz spezielle Delikatesse, die Sie aber nur selten und in größeren Restaurants, so z.B. „Panama Jack's" in Kapstadt, erhalten. Der *„Line Fish"*, oft auf den Speisekarten erwähnt, ist ein frischer Fisch, keine Fischart. Beliebte und gute Fischarten sind der *„Yellowtail"*, der *Kabeljau (*„Kob"*),* das *Seeohr (*„Abalone"*)* sowie der *Shellfish*. Der Fisch wird i.d.R. gebraten und mit

Kartoffeln bzw. Chips sowie Gemüse serviert. Dazu gibt es verschiedenen Saucen zur Auswahl, zumeist einen Zitronen-Buttersauce (Lemon-Butter).

• *Afrikanische Gerichte:* Die traditionelle afrikanische Küche wird nahezu gar nicht serviert. Und falls doch, handelt es sich eher um Wildgerichte bzw. ausgefallene Dinge, wie z.B. Krokodilfleisch u.ä. Dabei hat die afrikanische Küche auch etwas zu bieten, so z.B. den *„Pap"*, ein festes Puree aus Maismehl, das zumeist mit gekochtem Fleisch und Gemüse gereicht wird.

• *Wine & Dine:* Hierbei handelt es sich ganz einfach um die „Zusammenfassung" von gepflegtem Restaurant, gutem Essen und einer erlesenen Weinkarte. Die Gerichte variieren, wobei im Kapstädter Raum oft die mediterrane bzw. speziell französische Küche geboten wird. Schön ist es, wenn sich das Wine & Dine-Restaurant in einem historischen Gebäude bzw. auf einem Weingut befindet.

• *Wildgerichte:* Die Auswahl ist natürlich groß, wobei Kapstadt auf diesem Sektor (noch) weniger zu bieten hat als andere Regionen Südafrikas. Beliebt sind *„(Antelope) Venison"* (im Grunde Antilopen-Steak) und *„Ostrich-Steak"* (Straußen-Steak), doch auch *„Crocodile-Tail"*, *„Kudu-Steak"* und *„Springbok"* finden sich immer häufiger auf den Speisekarten.

• *Japanische Gerichte:* Interessanterweise hat sich in Kapstadt die japanische Küche früher durchgesetzt als in Mitteleuropa. *„Sushi"* ist das typische Fischgericht, in dem das Fischfilet kalt, oft in Reispapier und mit Reis vermengt serviert wird. Wer keinen Fisch mag, kann aber auch Fleischgerichte bestellen, die auf einer großen Herdplatte auf japanische Weise und vor den Augen der Gäste zubereitet werden. Das Zuschauen gehört zu den Highlights der japanischen Küche, doch sind die Plätze „nahe dem Koch" begehrt und sollten vorbestellt werden. Wichtig ist, dass in einem japanischen Restaurant das Auge mitisst, es geradezu verwöhnt wird mit Dekorationen aus Lotusblumen, Muschelschalen und zu Schwänen verzierten Windbeuteln. Hüten Sie sich aber vor der grünen Paste, die zu den Fischgerichten serviert wird. Es handelt sich hierbei um ausgesprochen scharfen Meerrettich.

• *Pubgerichte:* Die Tradition der Pubs kommt natürlich aus England. Gerne gehen die Kapstädter Geschäftsleute mittags oder direkt nach der Arbeit in einen Pub und essen dort etwas. Die Gerichte sind deftig, aber nicht schlecht. So gibt es z.B. *„Steak & Chips"* sowie *„Fish & Chips"*, aber auch mal *„Liver & Mashed Potatoes"* bzw. *„Kidneys & Mashed Potatoes"* (Leber bzw. Nieren mit Kartoffelpuree). In Pubs können Sie auch einfach *„Chips"* (Mittelding zwischen Pommes Frites und Bratkartoffeln) bestellen, die seltener mit Ketchup als vielmehr mit Essig serviert werden, an der Seite natürlich. *„Hamburger"* finden Sie zwar seltener in den Pubs, doch langsam setzen auch sie sich hier durch.

• *Biltong* ist ebenso wie in Namibia stark verbreitet. Es handelt sich um gewürztes, luftgedörrtes Fleisch vom Wild (z.B. Kudu, Springbok oder Strauß). Ein guter Snack für die Autofahrt.

Kap-Holländisch/Cape-Dutch

*Hier hat sich in den letzten Jahren eine Menge geändert und es scheint, als ändere sich die Szene in diesem Segment immer wieder. Außer der **Volkskombuis** in Stellenbosch haben fast alle Restaurants dieser Richtung geschlossen. Dafür aber sind natürlich einige Nachfolger an ihre Stelle gerückt, die oft die kapholländische Küche mit internationalen Einschlägen verfeinern. **De Goewerneur** (Castle of Good Hope, Tel.: (021) 461-4895) ist gut geeignet für den Lunch, da Sie hier (schattig) im historischen Castle speisen können. Leider nur bis 16 Uhr geöffnet. Alteingessen und aber auch etwas „altbacksch" ist **Kaapse Tafel** (Montreux Building, 90 Queen Victoria St.). Günstige kapholländische Küche wird dagegen im **Café Skokiaan** (12 Kloofnek Rd, Tamberskloof, Tel.: (021) 424-4058) serviert.*

*Etwas feiner geht es zu in ***Emily's Bistro** (Shop 202, Clock Tower Center, Waterfront, Tel.: (021) 421-1133). Hier kocht einer der besten Köche der Stadt moderne kapholländische („Boere nouvelle"), aber auch andere afrikanische Gerichte, so z.B. welche aus dem Zululand und traditionelle Speisen der Xhosa. Letztere Gerichte gibt es im benachbarten Restaurant.*

*Ein einfaches, aber durchaus gutes kapholländisches Restaurant ist **Bloemer's Kosteater** (85 Roodebloem Rd, Woodstock, Tel.: (021) 448-0256). In dem alten „Town-Cottage" wird traditionell burisch gekocht, und fast alles ist auf Afrikaans angeschrieben. Hier variieren die Öffnungszeiten sehr, daher unbedingt vorher anrufen.*

Seafood

*Sollten Sie keine Lust mehr auf Hummer (Crayfish) verspüren, bietet sich immer der Linefish an, besonders wenn es sich um Kabeljau/Dorsch (Cod) handelt. Linefish bedeutet übrigens: Frisch von der Leine, d.h. er ist am selben Tag gefangen. Beachten Sie bzgl. Seafood auch das **La Perla** (siehe S. 226).*

• **Panama Jacks:** *Eastern Mole Rd, Quay 500 (3. Straße östl./hinter dem Royal Cape Yacht Club nach links), im Frachthafen-Gebiet, Tel.: (021) 448-1080. Untergebracht in einer alten Baracke inmitten der Hafenanlagen. Während die Seeleute am Tresen ihren Durst löschen, feiern und schlemmen die Einheimischen in der düsteren, recht teuren „Spelunke". Immer noch – nach vielen Jahren – ist das Lokal ein Insider-Tipp bei Nicht-Kapstädtern, da es wenig Werbung macht. Die frischen Hummer (Nov.– April) sind der Renner und werden nach Gewicht berechnet. Hier sollten Sie unbedingt „ausgehungert" einkehren und sich die Fischplatte (Seafood-Platter) inkl. Hummer gönnen. Doch bedenken Sie: Wer hier nicht vorher reserviert, wird selten einen Platz ergattern.*

• **Fisherman's Choice:** *V&A Waterfont, am Market Plaza neben dem „Quay 4". Großer Take-Away für Liebhaber fritierter Fischgerichte. Fish n'Chips, Shrimps in a Basket und vieles mehr lassen die Schlangen zu Spitzenzeiten lang werden. Dafür aber sind die Gerichte deftig-lecker und triefen nur so vor Fett. Genau, wie es sein soll. Sitzen können Sie auf der Außenterrasse mit Blick auf den Hafen, und die Auswahl von 6 kalorienhaltigen und guten Saucen auf den Tischen sorgt fürs „I-Tüpfelchen".*

• *Wer bereit ist, etwas zu fahren oder sich sowieso am Tage in **Hout Bay** aufhält, der sollte hier nicht verpassen,* Seafood-Platter sind meist riesig

Oft werden Ihnen die frischen Meeresfrüchte gezeigt

Seafood zu essen. Zahlreiche Lokale und Restaurants bieten sich an entlang dem Hafen (durch den Ort durchfahren in Richtung Hafen). Der besondere Tipp ist der Imbiss *The Laughing Lobster (täglich, aber meist nur tagsüber geöffnet, aktuelle Öffnungszeiten erfragen: (021) 790-1867), der sich inmitten des Fischereihafens befindet und eine Art Fabriklokal darstellt. Frischer, echter und deftiger kann es nicht sein. Alle Gerichte werden in Papier gewickelt, das das Fett nur mühsam bewältigt. Am Ende der Straße bietet sich, sehr auffällig, noch das Lokal **Fish on the Rocks** an, ein Imbiss-Restaurant mit Aussicht auf die Ausfahrt des Fischereihafens.

• Südlich von Simon's Town (Main Rd, **Millers Point**, Tel.: (021) 786-1621) bietet das **Black Marlin** gute Fischgerichte mit Aussicht auf die False Bay. Nur mittags und nachmittags geöffnet.

• Und wer für die Kapumrundung ein wenig länger als geplant benötigt hat, sollte am Abend in **Kalk Bay** (Main Rd, am Bahnhof) parken. Hier gibt es ein paar nette kleine „In"-Restaurants (nicht nur Fisch) und direkt am Meer (unter dem Bahnhof durchgehen) das sehr empfehlenswerte **Brass Bell**, eine ehemalige Hafenpinte, wo heute asiatische Finesse mit kapholländischen Fischzutaten zu einer leckeren Kombination führen. Lockere Atmosphäre. Unbedingt vorher reservieren: Tel.: (021) 788-5456.

• Für frisches Seafood aber ist der kleine Hafen von **Kalk Bay** der beste Anlaufpunkt. Direkt vom Kutter können die Selbstversorger hier den Fisch kaufen. Gleich daneben gibt es leckere Fish & Chips in einem Imbiss, und das direkt über dem Hafen thronende **Harbour House Restaurant** erfreut sich auch besonderer Beliebtheit.

• Auch ein wenig entfernt liegt das *Ons Huisie in der Stadler Road in Bloubergstrand (Tel.: (021) 56-1553). Untergebracht in einem denkmalgeschützten, ehemaligen Fischerhaus, gibt es hier erstklassige Fischgerichte. Das Ons Huise ist nicht immer geöffnet, daher unbedingt vorher anrufen und reservieren.

Indisch

Viele indische Geschäftsleute sind von Durban nach Kapstadt gezogen und haben damit die indische Restaurantszene in Kapstadt in den letzten Jahren deutlich belebt, denn den Geschäftsleuten sind die Köche gefolgt, auch in der Hoffnung, am Tourismus mitzuverdienen. Die Gerichte sind meist authentisch, d.h. scharf. Achten Sie darauf bei der Bestellung bzw. wählen Sie ein abgemildertes Menü. Absolut „in": Curry-Kokosnuss-Saucen" bzw. „Kokusnuss-Orangen-Suppe mit einer Prise Curry".

• ***Bukhara:** 33 Church Street (Greenmarket Square), Innenstadt, Tel.: (021) 424-0000. Beliebtes indisches Restaurant in der Innenstadt, dafür aber auch von vielen Touristen besucht. Die Gerichte sind authentisch und gut. Nordindische und mongolische Küche. Die Currysauce gilt als Klassiker, und wegen ihr gab es sogar schon einen Kompetenz- und Rechtsstreit mit dem Saucenfabrikanten Coleman.

• **Jewel of India:** Shop N° 6, 10 Marine Drive, **Table View**, Tel.: (021) 556-0324. Erst 1999 eröffnet, hat sich dieses Restaurant schnell einen Namen in Kapstadt gemacht. Hier wird besonders Wert gelegt auf frische Zutaten.

• **Little Bombay:** 245 Main Road, Sea Point, Tel.: (021) 439-9041. Hier gibt es nur rein vegetarische Gerichte. Die schmackhafte Auswahl an 16 Vorspeisen (wählen Sie z.B. 4 davon für 2 Personen) und 5 Hauptgerichten macht deutlich, dass nicht immer Fleisch zum guten Essen gehört.

• ***Bibi's Indian:** Broad Road Medicentre, Broad Rd, **Wynberg**, Tel.: (021) 761-8365. Gilt als eines der besten und authentischsten indischen Restaurants der Stadt. Das kleine Restaurant befindet sich in einer einfachen, unscheinbaren Ladenzeile und macht von außen wenig her. Doch die Einrichtung (Ornamentik, indisches Dekor, Plüsch etc.) sowie eine umfangreiche Speisenauswahl beeindrucken den Gast dann um so mehr. Unbedingt vorher reservieren und mit einer gehörigen Portion Hunger anfahren, denn auch die Vorspeisen sind sehr lecker. Nebenan unterhält das Restaurant einen Take-Away. Kein Alkoholausschank.

Chinesisch und Thailändisch

• **Mr Chan:** 178A Main Rd, Sea Point, Tel.: (021) 439-2239. Leckere chinesische Gerichte und recht gepflegtes Ambiente.

• Als thailändische Restaurants empfehlen sich das **Wang Thai,** 105 Main Rd, Green Point, Tel.: (021) 439-6164, sowie **Yindee's**, 22 Camp Street, Gardens, Tel.: (021) 422-1012. Letzteres hat ein gemütlicheres Ambiente.

• ***Jewel Tavern im Chinese Seamen's Club (Chinesisches Seemannsheim):** Vanguard St. (1. Str. östl./hinter dem Royal Cape Yacht Club), im Frachthafen-Gebiet, Tel.: (021) 448-1977. Sehr gute chinesische (Seafood-) Gerichte in einfachem Lokal über einem See-mannsheim. Ehemals war die Jewel Tavern eine Seefahrerkneipe. Die Einrichtung ist aber weniger überzeugend und hat nichts mit einer modrigen Hafenkneipe zu tun. Die gute Küche hat mittlerweile andere Gäste angezogen. Die Preise liegen daher im Stadtniveau. Das macht aber nichts, denn wenn Sie Zeit mitbringen und vielleicht sogar zu viert oder mehr Leuten essen gehen wollen, können Sie sich hier um einen Drehteller-Tisch setzen. Noch ist das unscheinbare Restaurant bei Touristen ein Geheimtipp, für Fans der chinesi-schen Küche ist sie aber der Tipp in Kapstadt.

Japanisch

• ***Fujijama:** Im The Courtyard, 100 Main Street, Sea Point, Tel.: (021) 434-6885. Selbst für die ansässigen Japaner die „erste Wahl", wobei das Publikum, ganz passend zum Einrich-tungsstil, eher zur Aventgarde und den Yuppies zählt – eben „sehen und ge-sehen werden". Unbedingt reservie-ren!

• **Kotobuki:** Avalon, 3 Mill Street, Gar-dens, Tel.: (021) 462-3675. Sicherlich eine gute Alternative zu ersterem.

Wine & Dine

Wine & Dine ist ein beliebtes Dinner-vergnügen bei den Südafrikanern. In gepflegter Atmosphäre, meist mit Ker-zenlicht, werden erstklassiges Essen und erlesene Weine geboten. Etwas für Romantiker.

• ***Steenberg Country Hotel & Restaurant:** Steenberg Rd (M42), **Constantia**, P.O.Box 10802, Steenberg Estate, Constantia Valley 7945, Tel.: (021) 713-2222. Exquisite, traditionelle Cape-Dutch- und „neuere" südafrikanische Küche auf Südafrikas ältester Wine Estate (1682). Für Wine & Dine z.Zt. unser Tipp.

• **Rozenhof:** 18 Kloof Street (neben dem ind. Restaurant), Gardens, Tel.: (021) 424-1968. Kontinentale Küche der Superklasse in einem georgianischen Gebäude. Extravagant zubereitet und eine gute Auswahl bester Weine. Es gibt aber auch lokale Gerichte (Lamm, Fisch).

• ***The Highstead Grill:** Ecke St. Johns u. Highlevel Rd, Sea Point, Tel.: (021) 439-2866. Untergebracht in einer alten Kolonialvilla, ist dieses Restaurant die Topadresse für guten Wein in Verbindung mit exzellenten Steaks. Sie können wählen zwischen 200-, 300- u. 500-g-Steaks! Es gibt natürlich auch andere Gerichte (Continental).

• **Five Flies Restaurant & Bar:** 14-16 Keerom St., Innenstadt, Tel.: (021) 424-4442. Untergebracht in einem alten Cape-Dutch-Gebäude, bietet dieses Restaurant ausgezeichnete internationale Küche in traditionellem Ambiente. Im Erdgeschoss wird gespeist, und oben lockt eine „sophisticated" Cigar Bar. Formell, aber kein Dress Code.

• **Blue Plate:** 35 Lower Kloof Street, Gardens, Tel.: (021) 424-1515. In altem kapphölländischen Haus eingerichtetes Restaurant. Die Gerichte variieren zwischen Kapküche mit afrikanischem Einschlag und europäischer Continental Cuisine. Die Eigenwerbung verrät: Alles zwischen Western und Eastern Cuisine. Besonders schön ist es, an warmen Sommerabenden auf der Gartenterrasse zu sitzen. Gute Weinkarte.

• **La Villa:** Ecke Mill u. Hiddingh Ave. (hinter Gardens Center Shopping Center), Oranjezicht, Tel.: (021) 462-1999. Exklusives Restaurant in schön eingerichteter Sandsteinvilla. Innen herrscht victorianischer Stil vor, und im Winter wird der Kamin befeuert. Ein schönes Plätzchen für ein romantisches Dinnererlebnis.

• *** Madame Zingara:** 192 Loop Street, Innenstadt, Tel.: (021) 426-2458. Z.Zt. eines der beliebtesten Restaurants in der Stadt (also Tage im Voraus buchen!). Innovative, gemischte Küche – man nennt dieses „Gypsy-Menue" in Kapstadt. Ob Filetsteak mit Chili-Schoko-Sauce, Linefish mit Engelsnudeln oder auch Tomatenherzen auf Lotusblütensorbet, alles ist für eine positive Überraschung gut. Schön sind übrigens die Tische im hinteren Teil des Hauses.

Fine Dining im „Constantia Uitsig"

• ***Suikerbossie Restaurant:** Victoria Rd, Hout Bay, Tel.: (021) 790-1450. Allein schon wegen der spektakulären Aussicht auf die Hout Bay ist dieses Restaurant zu empfehlen. Bekannt besonders für sein „Calvery" am Sonntagmittag. Das ausladende Büffet mit verschiedenen Fleischgerichten zieht dann etliche Kapstädter an. Hierbei gilt es immer, rechtzeitig zu buchen. Oft wird das Lokal auch für feierliche Anlässe genutzt und ist dann für die Öffentlichkeit gesperrt. Also, nicht einfach so hinfahren!

• ***Constantia Uitsig:** Spaanschemat River Rd, Constantia, Tel.: (021) 794-4480. Exklusives Restaurant im Kap-Herrenhaus eines großen Weingutes (Aussicht auf das Constantia Valley). Die exzellente Küche (mediterran)

und die Weine von der Estate haben dem Restaurant einen Platz unter den besten Südafrikas eingebracht.
- **Buitenverwachting:** Buitenverwachting Estate, Klein Constantia Rd, Constantia,, Tel.: (021) 794-3522. Steht in der Qualität des Essens dem Constantia Uitsig in nichts nach. Leider sind die Räumlichkeiten aber nicht so stilvoll.
- ***Jonkerhuis Restaurant:** Groot Constantia Wine Estate, Constantia, Tel.: (021) 794-6255. Beliebtes Wine & Dine-Restaurant auf dem berühmten Weingut. So u. Mo kein Dinner!

Afrikanische Küche
- ***Africa Café:** 108 Shortmarket Street, Heritage Square, Innenstadt, Tel.: (021) 422-0221. Afrikanische Gerichte aus allen Ländern des Kontinents. Der Knüller ist das „Communal Feast". Hierbei bekommen Sie Kostproben („as much you can eat") nahezu aller Speisen aus verschiedensten afrikanischen Ländern. Oft wird afrikanische Musik gespielt. Nichtraucher-Restaurant!
- **Café Ganesh:** Trill St., nahe Ecke Lower Main St., Observatory, Tel.: (021) 448-3435. Kleines Hinterhof-Restaurant. Auch westafrikanische Küche. Unkonventionell, günstig und ein wenig „unorganisiert". Ist eigentlich der Tipp, nur ist das Restaurant so klein, dass ein Fortbestehen auf längere Zeit nicht gesichert ist. Also: Vorher anrufen!
- **Mama Africa:** 178 Long Street, Innenstadt, Tel.: (021) 426-1017 od. 424-8634. Afrikanische Küche bei entsprechender Musikuntermalung (geringe Cover Charge). Besonders die Auswahl an verschiedensten Wildgerichten (Eland, Kudu, Springbok, Krokodil etc.) mag beeindrucken. Schade ist nur, dass die Atmosphäre etwas überthematisiert-afrikanisch ist. Unbedingt reservieren!
- **Eziko Cooking & Catering Training Center:** Jungle Walk, Ecke Washington Road, Langa, Tel.: (021) 694-0434. Diese Kochschule befindet sich in Kapstadts ältestem Township. Hier erlernen die Frauen die afrikanische Küche und bieten im angeschlossenen Restaurant (Lunch und Dinner) die authentisch-afrikanischen Gerichte (Pap u.a.) an. Durchaus eine Erfahrung wert. Unbedingt aber vorher anrufen, wann und ob das Restaurant geöffnet ist. Anfahrt: über N2 zum Exit Bhunga Road/Langa. Dann Bhunga Rd entlang bis zur Washington Rd und in diese dann nach rechts abbiegen und bis zur Kreuzung Jungle Walk fahren. Die Kochschule liegt gegenüber der Polizeistation auf einem Kirchengeländе.
- **Mesande:** 5 Klipfontein Rd, Old Crossroads, Tel.: (021) 371-5104. Kleines Restaurant inmitten des Townships Crossroads. Xhosa-Gerichte in reetgedecktem Langhaus. Nur Mittagessen. Unbedingt vorher anrufen.

Andere Küchen
Grundsätzlich:
Wer sich am frühen Abend noch nicht so recht entscheiden kann, worauf er Appetit hat, kann zu gegebener Stunde folgende Straßenzüge/-gebiete entlangschlendern und dort zwischen den einzelnen Restaurants spontan auswählen:

1) **Long Street** (zw. Wale und Buitensingel) und weiter rauf die Kloof Street: Bars, Bistros und ekletische „In"-Restaurants. Für alle Altersgruppen geeignet, wenn auch sehr stark frequentiert von den Rucksacktouristen.

2) **Sea Point entlang der Main Rd**: Nahezu alle ethnischen Geschmacksrichtungen werden hier angeboten. Zudem reicht die Preisskala von Take-Away bis hin zu Fine-Dining. Unter der Woche wirken viele Bereiche dieser Straße aber mittlerweile trist, da es sich hier vor allem um Lokale handelt, die die Kapstädter sowie die südafrikanischen Saisontouristen anziehen.

Die Fishsnack-Restaurants an der Waterfront
sind auch nicht zu verachten

3) Victoria & Alfred Waterfront:
Auch hier bieten sich zahlreiche Restaurants und Pubs an, wobei nach der Besichtigung der Waterfront bereits am Tage der touristische Charakter etwas stören mag. Ansonsten für alle geeignet und am wenigsten aufwändig bei der „Suche". Eine Empfehlung hier ist **Hildebrands** mit guten, italienischen Gerichten. Besonders die Salate und kalten Anti-Pasti eignen sich gut für den Lunch.

4) In der Lower Main Rd (Ecke Trill St.) in Observatory, nahe dem Uni-Viertel. In den ehemaligen Geschäften der mittlerweile zu einer Nebenstraße umfunktionierten Main Road (nicht zu verwechseln mit der Main Street ein paar Blocks parallel davon) gibt es eine Reihe kleiner Restaurants und Kneipen aller Schattierungen: Afrikanisch, eklektisch angehaucht, Trendy-Bars, Cafés, alteingessene Barrestaurants, Musikkneipen etc. Hier treffen Sie auf keine Touristen. Einige der Lokale haben lange geöffnet, oft auch bis 3h. Namen zu nennen, ist aber kaum möglich, da die Besitzer oft wechseln bzw. die Restaurants schnell mal ihre Stilrichtung ändern.

• **Peasants:** Zwei Restaurants: a) 96 Kloof St., Tamboerskloof, Tel.: (424) 3445, und b) The Courtyard, 100 Main Rd, Sea Point, Tel.: (021) 434-0807. Beliebt bei den Einheimischen, die diese Restaurants als die besten italienischen im Innenstadtbereich bezeichnen. Also: Pizza, Pasta, Parmesan!

• ***Wild Fig:** Liesbeck Avenue (parallel zum Liesbeck Parkway), **Observatory**, Tel.: (021) 448-0507. Am River Park gelegen, gehört zum Courtyard Hotel. Das Restaurant befindet sich in einer alten, umgebauten Scheune. Gemischte, erstklassige Küche. Vietnamesische und thailändische Einflüsse mischen sich ausgezeichnet mit mediterranen und südafrikanischen Gaumenfreuden. Hier haben wir z.B. das beste Straußensteak in Südafrika gegessen.

• **Anatoli:** 24 Napier St, Innenstadt, Tel.: (021) 419-2501. Gute türkische Küche. Auch Seafood.

• **Khaya-Nyama:** 267 Long Street, **Innenstadt**, Tel.: (021) 424-2917. Kleines Restaurant mit ausgezeichneten Wildgerichten. Neben den Antilopensteaks gibt es manchmal Krokodil, manchmal Wildschwein und manchmal auch Schlange.

• ***Saigon Restaurant:** Ecke Kloof/Nicol Sts, **Gardens**, Tel.: (021) 424-7670. Erstklassiges vietnamesisches Restaurant. Hier ist es gelungen, vietnamesische Kochkünste mit südafrikanischen (und natürlich vietnamesischen) Zutaten zu ausgesprochen schmackhaften Gerichten zu machen. Einmal etwas ganz anderes.

• **La Perla:** Beach Rd, Sea Point, Tel.: (021) 439-9538. Authentisches italienisches Restaurant, das besonders wegen seiner guten Meeresfrüchte und seiner 70er-Jahre-Bar bekannt ist. Gut schmecken – in der Saison natürlich nur – die Muscheln. Hier können Sie auch draußen sitzen.

• ***OBZ Café:** 115 Lower Main Rd, Observatory, Tel.: (021) 448-5555. Treffpunkt von Leuten aus der Medien- und Werbebranche. Im New York-Stil aufgezogen. Kombination aus „Deluxe-Deli" (mit Barstühlen) und Restaurant (einfache Stühle/Tische) – alles in einem Raum. Es werden verschiedene Delikatessen angeboten, z.B. Tapas, Couscous und

Lammgerichte. Gerne wird hier auch ein süßer Kuchen als Latenight-Happen bestellt. Die lockere Atmosphäre sowie das Ambiente sind aber der wesentliche Punkt, um herzukommen.

• **Hotel & Restaurant School (Technicon):** Beach Rd, Mouille Point (zw. Waterfront und Sea Point), Tel.: (021) 419-2778. Hier werden Köche, Kellner und anderes Hotelpersonal ausgebildet. Das Restaurant mit kleiner Terrasse liegt direkt am Meer. Die Küche und der Service sind hervorragend, denn die Schüler/innen müssen ja nun an Ihnen ihr neu erworbenes Können „ausprobieren". Die Variationsbreite der Gerichte ist groß, aber i.d.R. gibt es immer einige leckere Seafood-Gerichte. Rufen Sie aber unbedingt vorher an, denn oft ist das Restaurant geschlossen, z.B. während der Examenszeiten.

• Ein weltbekanntes Themen-Restaurant, das **Hardrock Café** (Rock 'n Roll-Erinnerungsstücke) hat sich an der V&A Waterfront niedergelassen. Oft spielen hier auch Bands. Ansonsten schmecken die Burger und Steaks hier wie überall auf der Welt sonst auch. Die oft langen Schlangen vor dem Lokal erübrigen im Grunde einen Besuch.

• **Morton's On The Wharf:** Victoria Wharf, V&A Waterfront, Tel.: (021) 418-3633. Hervorragendes Steakrestaurant. Es gibt auch eine Reihe von Cajungerichten (amerik. Südstaatenküche).

• Versteckt gelegen und daher ein gutes „Hide-Away" vor Touristenströmen ist der **Dunkley Square** (Gardens). Hier und in den umliegenden Gässchen befindet sich eine Reihe kleiner Restaurants, die z.B. griechische und portugiesische Küche anbieten. Das kleine **Café Roxy** hier ist ein Late-Night-Spot für Jedermann/frau, denn in dem 1930er-Jahre-Ambiente gibt es bis weit nach Mitternacht etwas zu essen, und die Auswahl an Cocktails und Kaffees mit Schuss ist groß. Wer gute süddeutsche/österreichische Küche (mit südafrikan. Touch) bzw. sich mal wieder auf deutsch in der angeschlossen Bar unterhalten mag, der sollte ins **Maximillian's** (Tel.: (021) 465-2550) ebenfalls am Dunkley Square gehen.

• An der **False Bay** (Indischer Ozean) gibt es in jedem Ort Restaurants. Für frisches Seafood aber ist der kleine Hafen von **Kalk Bay** der beste Anlaufpunkt. Direkt vom Kutter können die Selbstversorger hier den Fisch kaufen. Gleich daneben gibt es leckere Fish & Chips in einem Imbiss, und das direkt über dem Hafen thronende **Harbour House Restaurant** erfreut sich auch besonderer Beliebtheit. Beachten Sie auch das **Brass Bell** (siehe S. 222). In **Simon's Town** dagegen gibt es mehr „Mainstream-Restaurants", so z.B. **Bertha's** direkt an der Waterfront-Mall. **Muizenberg** besticht leider nicht so sehr durch seine Restaurants.

Cafés/Internet-Cafés/Coffeehouses/Teatime

• Kapstadt ist bekannt für seine **Coffeehouses**, besonders in der Innenstadt. Sie wurden gegründet für die vielen Büroangestellten und die Shopper, die es leid waren, während der Pausen immer die wässrigen Kaffees der Schnellimbisse zu trinken. Genaue Adressenangaben möchten wir hier nicht machen, da die Coffeehouses oft den Standort wechseln. Doch werden Sie mit ziemlicher Sicherheit entlang der George Mall, seinen Seitenstraßen, am Greenmarket Square und entlang der Long Street (hier z.B. **Mr. Pickwick's**, 158 Long St., lange geöffnet, auch supergute Burger und Sandwiches!!!) fündig. Der Kaffee ist wirklich gut und stark. Das wesentliche Pro-

blem ist, sich für eine Kaffeesorte zu entscheiden, denn meist werden 10 verschiedene Geschmacksrichtungen geboten.

• Auch die **Internetcafés** erfreuen sich immer größerer Beliebtheit und sprießen an vielen Ecken der Stadt aus dem Boden. Auch hier sind wir vorsichtig mit Adressenangaben, denn auch diese Cafés wechseln oft ihren Standort. Grundsätzlich gibt es sie aber an drei Stellen: entlang der Long Street (Innenstadt), nahe den Backpacker-Lodgen, in der Main Rd in Observatory (Uni-Viertel) und entlang der Main Rd in Sea Point. Zudem verfügen das **Touristenbüro** von Kapstadt in der Burg St., Ecke Castle St., sowie das im Clock Tower an der Waterfront über ein Internetcafé. Schauen Sie ansonsten in die gelben Seiten unter dem Stichwort „Internet-Café" bzw. im Internet unter **www.caybercafe.katchup.co.nz/ search.asp:** Zwar sind hier bei weitem nicht alle Internetcafés aufgeführt, doch können Sie sich hier über Internetcafés und ihre Webadressen (weltweit) erkundigen.

• **Teatime** ist bekanntlich britischen Ursprungs. Obwohl nun die o.g. Coffeehouses auch Tee anbieten, sollte sich der wahre Teegenießer nicht den „High-Tea" um 17h im ***Mount Nelson Hotel** (Orange Rd, Gardens) entgehen lassen. Freitagnachmittag dagegen versammeln sich die Teetrinker der Metropole auch gerne im historischen **Alphen Hotel** in Constantia. Und in Stellenbosch wird High Tea im **Lanzerac** serviert.

Sonstiges

• **Caroline's Fine Wine Cellars**: 15 Long Street, **Innenstadt**, Tel.: (021) 419-8984. In diesem ausgesuchten Weingeschäft können Sie nicht nur einige Weine probieren, sondern auch zur Lunchtime leckere kleine Snacks einnehmen.

Kapstadt am Abend und bei Nacht: Kneipen, Livemusik und klassische Aufführungen

Ankündigungen zu Veranstaltungen
finden Sie vornehmlich in den Tageszeitungen **„Cape Times"** (freitags) und **„Argus"** (mittwochs) liegt ein Extrateil bei, welcher für die Veranstaltungen der folgenden Woche gilt.

Hinweis
Auch in Pubs und einfacheren Lokalen ist es üblich, Trinkgeld zu geben. Oft steht ein Glas mit einer obskuren, bunten Flüssigkeit auf dem Tisch. In die wirft man dann das „Tip".

= Redaktionstipps

Bars & Pubs

Beachten Sie, dass die Pubs in Kapstadt meist schon um 23h schließen, an Sonntagen oft auch früher.

• An der V&A Waterfront gibt es mehrere Bars und Pubs, von denen u.E. das **Quay 4** (Livemusik) und die alte **Ferryman's Tavern** (Barfood) die besten sind. Letztere wird auch gerne von alteingesessenen „Pubnasen" besucht. Zudem locken die Bars der Themen-Restaurants **Planet Hollywood** (neben dem Aquarium) und das **Sports Café** (Obergeschoss der Victoria Wharf) viele Touristen an.

• Entlang der oberen **Long Street** (und deren Verlängerung Kloof Street) – Innenstadt/ Gardens – finden Sie zahlreiche Lokale und Kneipen, besonders welche mit „In"-Charakter, wie z.B. Zigarrenbars, Cocktail-Bistros und Megaschuppen mit lauter Musik. Sehr beliebt ist da z.B. das Lokal in den ehemaligen Filmstudios (gegen-über Rheede St.). Durchaus abwechslungsreich, aber i.d.R. von sehr jungem Publikum besucht und häufig auch laut.

It's Partytime im „Fireman's Arms"

• ***Fireman's Arms:** 25 Mechau Street, Innenstadt. Trotz der vielen Feuerwehrhelme an den Wänden war dieser alte Pub (von 1906) ehemals das Wasserloch der Kohlen-stoker auf den Schiffen. Heute treffen sich hier mittags (gute Pubgerichte) und nach Dienstschluss (Happy Hour!) die Büroangestellten und Kaufleute. Einer der wenigen al-ten Pubs in Kapstadt. Wegen der wenig bewohnten Umge-gend macht der Fireman's Arms aber i.d.R. und bes. unter der Woche oft recht früh zu.

• **Perseverance Tavern:** 83 Buitenkant St., Innenstadt. Äl-teste Taverne der Stadt (ab 1808 Herberge und ab 1836 Taverne) und vielleicht auch die älteste, noch geöffnete in Südafrika. Der älteste Weinstock Afrikas, der hier im Gar-ten stand, ist leider abgestorben. Gemischtes Publikum, kleine Speisen und oft Livemusik.

• **McGinty's Irish Pub:** Im Holiday Inn Hotel am Greenmarket, Innenstadt. Irische Pubat-mosphäre und beliebt bei den Büroangestellten nach Dienstschluss. Unkompliziert, aber auch wenig Ambiente.

• ***Kennedy's Cigar Bar:** 220 Long Street, Innenstadt. Elegante Bar, die ihrem Namen gerecht wird: Gute Zigarren und eine ansprechende Auswahl guter Whiskeys und Cognacs. Z.Zt. hipp!

• **O'Hagans:** Am Green Point Leuchtturm in Mouille Point. Irischer Pub, angeschlossen an die gleichnamige Kette, die sich über das gesamte Kapgebiet verteilt. Gutes Pubfood, Sport per TV sowie eine lockere und angenehme Atmosphäre sprechen für diesen Pub. Rau und „echt" geht es hier aber nicht zu. Nach dem Besuch können Sie sich anschließend auf der Promenade noch den Seewind um die Nase wehen lassen.

• ***Café Bardelli:** In den ehemaligen Filmstudios, Seitenstraße zur Kloof St., gegenüber Rheede St., Gardens. Absolute „In"-Cocktail-Snack- und Café-Bar: Hier kommen gerne die Trendsetter, Filmstars und Möchte-Gern-Stars hin. Es gibt Tapas, Salate und andere Kleinig-keiten (...die nicht auf die Linie schlagen sollen bei den VIPs).

• **Cloves on Kloof:** Kloof St., Ecke King St., Gardens. Ehemaliger Neighborhoodpub engli-schen Stils, der jetzt ein wenig auf „in" macht.

• Das **Café Gainsborough** („sophisticated") sowie der benachbarte **Dharma Club** (indi-scher Touch), 64 bzw. 68 Kloof St., Gardens, sind z.Zt. sehr beliebt bei dem jüngeren Publikum.

• ***Alphen Hotel Pub:** Alphen Drive, Constantia. Schöner und gepflegter Pub in histori-schem Hotel (altes, kapholl. Weingut). Während die Damen Freitagnachmittag zum Tee in den Salon gehen, trinken die Männer zur selben Zeit hier im Pub ein paar Bierchen und vertilgen deftiges Pubfood. Oft kommen sie nur dafür die weite Strecke hierher.

• **Forester's Arms Pub:** Newlands Ave. (gegenüber Palmwood St.), Newlands, Tel.: (021) 689-5949. Großer, alteingesessener Pub in ruhiger Wohngegend. Beinahe möchte man sagen, hier passt er nicht hin. Aber das Gebäude war früher ein Ausflugslokal auf halbem Wege zwischen Innenstadt und den Stränden am Indischen Ozean, lange bevor hier Wohnhäuser gebaut wurden. Publikum: Studenten und mittleres Alter. Beliebt sind die Pubgerichte und besonders das „Carvery" am Sonntagmittag, ein ausladendes Buffet, das

Selten bleibt man allein beim Bier

keine Wünsche offen lässt. Mo–Fr bis 23h, Sa bis 20h u. So nur bis 16h geöffnet!

• *In der Lower Main Rd (Ecke Trill St.) in* Observatory, nahe dem Uni-Viertel. In den ehemaligen Geschäften der mittlerweile zu einer Nebenstraße umfunktionierten Main Road (nicht zu verwechseln mit der Main Street ein paar Blocks parallel davon) gibt es eine Reihe kleiner Restaurants und Kneipen aller Schattierungen: Afrikanisch, eklektisch angehaucht, Trendy-Bars, Cafés, alteingesessene Barrestaurants, Musikkneipen etc. Hier treffen Sie auf keine Touristen. Einige der Lokale sind lange geöffnet, oft auch bis 3h. Namen zu nennen ist aber kaum möglich, da die Besitzer oft wechseln bzw. die Restaurants schnell mal ihre Stilrichtung ändern.

• ***La Med:*** Victoria Rd, Glen Country Club, **Clifton**. Zwischen Clifton und Camps Bay. Besonders an den Wochenenden (abends Livemusik) mixen sich hier die jugendlichen Urlauber mit den „angereisten" Innenstädtern. Absolut „in" .... und am Strand.

• Weitere beliebte Bars sind an bekannte Restaurants angeschlossen, so z.B. dem **La Perla** (S. 226), **Maximillians** (S. 227) und dem **Five Flies**. Die ausgesprochen vornehme ***The Union Bar*** im Table Bay Hotel an der V&A Waterfront ist beliebt bei Zigarrenrauchern, die zum Rauchgenuss einen guten Whiskey oder Rotwein wünschen.

Livemusik

Grundsätzlich muss man sagen, die Veranstaltungsblätter versprechen mehr, als die Musikszene von Kapstadt i.d.R. zu bieten hat. Abgesehen von großen, internationalen Bands, die hier oft in den Stadien auftreten (Buchung über Computicket) und den Bands in den Townships (hier nur mit einem Führer hingehen!!), ist der Rest der Musikszene eher „mainstream". Viele Lokale kündigen ihre Jazz-Performances an, doch meist handelt es sich dabei um Bands, die allabendlich im gleichen Establishment auftreten und nur wenig Enthusiasmus zeigen. Trotzdem lohnt es sich natürlich, einmal in die Veranstaltungskalender („Cape Times" und „Argus" am Fr.) zu schauen. Zumeist wird Jazz angeboten, bei dem es sich i.d.R. um Modern Jazz und seltener African Jazz handelt.

• Siehe auch **Bars & Pubs** oben.

• Das **Quay 4** (Tel.: (021) 419-2008) an der V&A Waterfront bietet nahezu täglich stimmungsvolle Livemusik, wenn auch weniger guten Jazz (für den des öfteren hier geworben wird).

• ***Das* Green Dolphin** im Victoria & Alfred Hotel (Waterfront) gilt als das beste Jazzlokal der Stadt. Tel.: (021) 421-7471. Konkurrenz macht ihm das **Manenberg's Jazz Café** im Clock Tower Center (Waterfront, Tel.: (021) 421-5639), das aber nur ein moderner Abklatsch des legendären und leider geschlossenen Manenberg's in der Innenstadt ist. Die Atmosphäre ist einfach zu schick.

Touren zu Livekonzerten in den Townships werden immer häufiger angeboten. Am besten ist es, Sie erkundigen sich im Touristenamt nach einem aktuellen Anbieter oder schauen in diesem Buch auf S. 244.

Radiostation mit viel Township-Musik/Kwaito: Radio Zibonele, FM 98,2

INFO **Moderne Rhythmen vom Kap**

Vielen bekannt sind noch Namen wie *Miriam Makeba, Ladysmith Black Mombasa* und andere. Ihre sozialkritisch angehauchten Texte galten während der 1970er und 80er Jahre als Medium des Protestes gegen das Apartheidsregime. Viele Musiker, darunter vor allem Blues- und Soulsängerinnen, kehrten zu dieser Zeit dem Kapstaat den Rücken und lebten im westlichen Ausland, wo sie ein wesentliches Sprachrohr der unterdrückten schwarzen Mehrheit dartstellten. Doch mit dem Ende der Apart-

heid zerbrach das ideologische Feindbild, und damit schwanden die Zuhörer sowie auch die Kreativität der Künstler. Die ans Kap zurückgekehrten Musiker beklagten zudem, dass die Kids sie nicht kannten und auch wenig Interesse an Vergangenem hatten. Die Jugend hatte andere Probleme und suchte nach neuen Wegen. Parallelen mit den Jugendlichen aus amerikanischen „Ghettos“, wie z.B. der New Yorker Bronx, wurden immer deutlicher, denn der Rap zog als erstes ein in die Townships.

In nur wenigen Jahren entwickelte sich dann eine ganz neue Musikrichtung am Kap, der *Kwaito*, eine Mischung aus House, Rhythm & Blues, HipHop und afrikanischen Klängen. Entstanden ist der Kwaito, als die Kapstädter DJs die westlichen 45er-Platten langsamer laufen ließen. Die Interpreten dieser Musikrichtung sind ausschließlich Sänger, denn sie haben nie die Möglichkeit besessen, selbst das Spielen eines Instruments zu erlernen. Zudem haben die Computer ihnen vieles abgenommen. Hervorgekommen aus den Townships, bildete sich die wirtschaftliche Grundlage aber in den Musikkneipen, CD-Läden und Studios im Kapstädter Szeneviertel Observatory, von wo aus der Kwaito seinen Siegeszug bis hin nach Europa und Amerika begann. Er steht heute für den Wunschtraum schwarzer Südafrikaner, aus den Ghettos auszubrechen und eine musikalische Karriere zu machen. Damit ist er ohne Zweifel das neue Sprachrohr der südafrikanischen Jugend und drückt ihr Lebensgefühl aus. Bekannte Musiker sind *Sally Nyolo, Angelique Kidjo* und die Bands *Dantai* und *TKZee*.

Doch auch die „traditionelle“ afrikanische Musik ist wieder im Kommen. Sog. *Drum-Cafés* öffnen überall ihre Tore. Trommeln, oft in Trance, gilt als trendy, wird aber zumeist von der weißen Jugend praktiziert. Dabei vermischen sich südafrikanische Rhythmen mit denen aus Westafrika. Dabei sollte man noch hinzufügen, dass die westafrikanischen Rhythmen ihrerseits in vielen Punkten von lateinamerikanischen Klängen beeinflusst wurden.

An den Hochschulen wird nun auch versucht, wirkliche traditionelle, südafrikanische Musik wiederzubeleben. Doch ob diese Entwicklung sich auf dem Musikmarkt wirtschaftlich durchsetzen wird, mag wohl mit Recht bezweifelt werden. Somit ist es ausgesprochen schwierig, in CD-Geschäften heute „echte" südafrikanische Musik zu finden. Bei dem, was zu erwerben ist, handelt sich i.d.R. immer um Mischungen aus modernen, computergesteuerten Klängen und südafrikanischen Ansätzen.

Wer nun aber gerne ein paar CDs vom Kap mitbringen möchte, dem sei die Gruppe *Mango Groove* ans Herz gelegt. Seit Anfang der 1990er Jahre hält sie sich mit erfrischenden Klängen, zu denen es sich auch gut tanzen lässt, in den Charts. Entstanden ist diese gemischte Gruppe bereits 1987, und ihr Repertoire ist zudem begrenzt. Aber eine CD, z.B. „Dance sum more – all the hits so far", gehört mit Sicherheit in den Einkaufskorb. Eine oder zwei CDs aus den 1970er Jahren von *Miriam Makeba* sollten auch nicht fehlen. Und jüngere Leute können bestimmt auch keinen Bogen um den Kwaito machen, sollten sich aber im Geschäft nach der neuesten CD erkundigen.

Wer nun aber erwartet, diese Musikrichtungen in den Pubs und Musikkneipen Kapstadts live zu erleben, wird oft enttäuscht. Kwaito wird selten live gespielt, und auch Mango Groove tritt fast nie auf. Einzig die Drum-Cafés ausfindig zu machen lohnt sich. Lesen Sie dazu die Szeneblätter und fragen sie nach. Bestimmte Adressen an dieser Stelle zu nennen, ist kaum möglich, da diese Szene zu schnell wechselt.

• Auch sonst spielen hier und dort (oft in der **Arena** – Open Air – an Wochenenden oder im **Hardrock Café** bzw. dem **Bayfront Blue Restaurant**) an der Waterfront Bands verschiedenster Richtungen.
• Und wie bei den Pubs und Restaurants, gilt auch für dieses Kapitel die **Long Street** in der Innenstadt als der Tipp für die Unentschlossenen. Z.B. im * **Mama Africas Restaurant** (178 Long Street, Tel.: (021) 426-1017) sorgen afrikanische Rhythmen für den richtigen „Drive" beim Verzehr des Krokodil-Ragouts. Die Livemusik können Sie auch bei nur einem Drink in der angeschlossenen Bar genießen. **Kennedy's Cigar Bar** (251 Long St., Tel.: (021) 424-1212) bietet nahezu jeden Abend Jazz.
• ***La Med:** Victoria Rd, Glen Country Club, **Clifton**. Zwischen Clifton und Camps Bay, Tel.: (021) 438-5600. Livemusik an Wochenenden. Absoluter „In"-Club (am Strand) bei Leuten unter 30. Motto: sehen und gesehen werden.
• **The Crypt Jazz Bar**: St. George's Cathedral, 1 Wale St., **Innenstadt**, Tel.: (021) 424-9426. Urige Jazzbar in den Gewölben unter Tutu's Kathedrale. Hier gibt es auch Speisen. Musik wird unregelmäßig geboten, doch Akustik und Atmosphäre stimmen.
• Viele Hotels bieten an den Wochenenden (tagsüber) „leichte Kost", und wer sich einfach mal zurücklehnen möchte mit einem Cocktail in der Hand oder beim Lunch neueste Rhythmen hören will, der sollte sich genauer über Auftritte informieren. Beliebt ist z.B. der Samstagsnachmittags-Jazz im **Mijlof Manor Hotel** (Tel.: (021) 426-1476, Military

Rd, Tamboerskloof) oder der oft sonntags stattfindende Jazz-Lunch **Table Bay Hotel** an der Waterfront (Tel.: (021) 406-5000) bzw. im **Winchester Mansion Hotel** (221 Beach Rd, Tel.: (021) 434 2351).

• **Club Africa**: Lower Main Rd., **Observatory**, Tel.: (021) 447-8774. "Riesiger Schuppen" mit großem Außenbereich, Terrassen, verschiedenen Räumen und an Wochenenden zumeist in einem davon Livemusik. Hier treffen sich vor allem die Studenten.

• ***The Drum Café**: 32 Glynn St., **District Six**, Tel.: (021) 461-1305. Wie im Infokasten beschrieben, erfreut sich Trommelmusik immer größerer Beliebtheit. Freitags treten hier professionelle Bands auf,

Session im „Drum Café"

und an den anderen Tagen dürfen Freiwillige ihre Künste ausprobieren. Trommeln können ausgeliehen bzw. am Tag auch gekauft werden. Zudem werden Trommelkurse angeboten, meist montags und mittwochs nach 20h30. Das Motto: „Trommeln Sie sich die Seele aus dem Leibe".

Thembi Mtshali,
Schauspielerin und Sängerin

• In der **Lower Main Rd** (Ecke Trill St.) in Observatory, nahe dem Uni-Viertel. Hier treten in kleinen Bars und Clubs Bands auf, meist Rock oder moderne Rhythmen.

• Im **Baxter Theatre Center** (Main Rd, Rondebosch, Tel.: (021) 685-7880 od. 438-9007) spielen oft Bands, auch afrikanische. Tickets (mit Kreditkarte) Tel.: (021) 430-8000.

• Viele weitere Lokale und Institutionen bieten oft Livemusik und kündigen dieses in den Veranstaltungsblättern an. Beliebt sind z.B. die Konzerte in den **Kirstenbosch Botanical Gardens** (Tel.: (021) 761-4916), die täglichen Auftritte im **Hanover Street Jazz Club** im Grand West Casino (Hanover Street, Goodwood) sowie die Jazzsessions im **Dockside Cape Town Jazz Café** (Tel.: (021) 552-2030) zwischen Century City und Ratanga Junction (war bei Drucklegung geschlossen, soll aber wieder eröffnet werden).

Weitere bekannte Kneipen/Discotheken für Livemusik sind das große **The Galaxy** (Cine Building 400, College Rd, Rylands, Tel.: (021) 637-9132), das **Armchair Theatre** in Observatory (135 Lower Main Rd, Tel.: (021) 447-1514) sowie immer wieder Namen und Besitzer wechselnde Discos in der oberen Long Street.

Discos/Nachtclubs

Hinweis
Für alle hier aufgeführten Adressen gilt: Vorher erkundigen, ob die Disco wirklich noch existiert. Generell gilt, dass Kapstadts Disco-Szene, bes. die der Innenstadt,

sich schnell verändert. Manchmal haben kleinere Schuppen nur für eine Sommersaison geöffnet und kündigen dieses auch vorher an. Kapstädter lieben den Wechsel, bedauern aber auch die „gähnende Leere" während der Wintermonate.

Typisch für Kapstadt ist dagegen das **„Partying"**. Viele Veranstaltungsorte (Kneipen, Hotels etc.) bieten – nach Vorankündigung – eine Party unter unterschiedlichstem Motto. Achten Sie diesbezüglich auf Ankündigungen in den Zeitungen.

• Kapstadts **„Zappelmeile"** hat sich in den letzten Jahren vor allem in der Long Street selbst und am nahen Greenmarket Square etabliert (wobei immer wieder eine „Saison-Disco" irgendwo in einer alten Lagerhalle aufmacht.). Hier geht es besonders an Freitag- und Samstagabenden hoch her. Selbst die Bars und kleinen Kneipen versuchen dann, durch überlaute Musikanlagen die junge Kundschaft anzulocken. Ist man erst einmal in so einem Lokal, helfen nur noch Ohrpfropfen. Die Jüngeren werden es aber mögen und auch diejenigen, die einfach nur mal „auf die Piste" wollen.
• **More:** 74 Loop Street, **Innenstadt**. Nobel-Disco mit Schummer-Licht und exklusiver Einrichtung (Leder, Ebenholz etc.).
• *** Rhodes House:** 60 Queen Victoria St., **Gardens/ Innenstadt**, Tel.: (021) 424-8844. Wenn Cecil Rhodes das wüsste…! In seiner ehemaligen Residenz befindet sich heute **die**

Disco der Stadt. Das Treiben erstreckt sich über das ganze Haus und über zwei Etagen. Viele kleine Winkel sorgen für immer neue Überraschungen. Wer hier nicht mindestens einmal gewesen ist, kann nicht von sich behaupten, Kapstadts Szene erkundet zu haben.
• **The Bronx Action Bar:** Ecke Somerset Rd u. Napier Rd, **Green Point**. Täglich Programm (Karaoke, Disco, Livemusik). Beliebter Treff der Schwulen-Szene.
• **Club Vibe:** Castor Street, **Lansdowne**, Tel.: (021) 762-8962. Moderne Disco mit verschiedenen Tanzflächen. Meist Techno, Hipp-Hopp u.ä., aber es gibt auch Abende mit „klassischem" Rock n' Roll.
• **Jet-Lounge:** 74 Long Street, 1. Stock, **Innenstadt**. An Wochenenden brechend voll und absolut „in". Auffällig der weiße Tanzboden und schön der Balkon zum Abkühlen. Das Ganze in einem dieser schmiedeeisernen Kolonialgebäude. Und wenn es hier zu voll sein sollte, ist es nicht weit zum **Plum Crazi** (94 Long Street), wo auch Chance auf Oldies aus den 70er und 80ern besteht. Techno wird aber nicht ausgespart!
• Zwar kann der Block 79-81 Main Road, **Green Point**, nicht unbedingt als Disco bezeichnet werden, doch versprechen das **News Café**, die belgische Bar-Disco **Zero932** (im Restaurant unten gibt es echte Fritten!!!) sowie der kubanische **Buena Vista Social Club** an Wochenenden Musik, die selbst die Massen vor dem Gebäude in Schwung halten. Hier geht man gerne hin, bevor es einen dann tief in die Nacht in die eigentlichen Disco-Höhlen treibt.
• **Ratanga Junction:** Exit 10 von N1, **Century City**. Im 1999 eröffneten Themenpark wird abends in verschiedenen Discos und Bars gehottet. Infos: Tel. 0800-200-300 od. (021) 918-8910/50. Oft kommen international bekannte DJs hierher, dann wird's aber teuer. Zentrales

Gebäude für Livemusik und Disco ist das **Dockside Cape Town** (Tel.: (021) 552-2030) direkt zwischen Ratanga Junction und dem Einkaufszentrum Canal Walk. **Hinweis:** Bei Drucklegung war das „Dockside" geschlossen. Soll aber wieder eröffnen.

Theater/Cabaret/Musical/Dance

Um ehrlich zu sein: Ein Theaterbesuch in Kapstadt würde z.Zt. noch nicht zu den Highlights eines Besuches zählen. Zu lange war die Schauspiel-Szene des Landes durch die Apartheid von der restlichen Welt abgeschnitten. Erst langsam entdecken auch ausländische Künstler die Stadt am Kap, und ausgewanderte bzw. im Ausland ausgebildete Darsteller kehren hierher zurück. Doch bis die so frohlockend angekündigten Musicals und Shows das Niveau europäischer und amerikanischer Großstädte erreichen werden, wird noch einige Zeit vergehen. Oft handelt es sich bei Comedys und Cabarets um Dinnershows, wie sie in englischsprachigen Ländern der 1950er Jahre modern waren.

Ballettabend im Nico Malan Center

Theatersaison *für die großen Stücke ist von April bis Oktober.*
*   *Das **Nico Theatre** im Nico Malan Center (D.F. Malan St., Foreshore, Tel.: (021) 421-7839) ist die große Bühne, auf der bekannte Theaterstücke und Opern aufgeführt werden. Meist handelt es sich um Gastspiele angereister Ensembles.*
*   *Das **Baxter Theatre Center** (Main Rd, Rondebosch, Tel.: (021) 685-7880) bietet dagegen modernes Theater und Tanz. Besonders letzterer ist von sehr hoher Qualität.*
*   ****Theatre on the Bay:*** *Links St. in Camps Bay, Tel.: (021) 438-3300. Unterhaltendes Theater (Komödien, Shows) das ganze Jahr über. Die Stücke wechseln alle 3–6 Wochen. Angeschlossen sind ein Restaurant und eine Cocktail-Bar. Tickets können auch über Computicket gebucht werden.*
*   *In der Innenstadt gibt es einige wenige kleine Cabaret-Bühnen und -Theater, so z.B. das **The Top Floor Theatre** (76 Church St., Tel.: (021) 424-6784; Komödien) und die **Brunswick Theatre Bar** (17 Bree St., Tel.: (021) 425-2739, Cabaret, Follies, Drag-Queens).*

Klassische Konzerte

Obwohl man es vielleicht nicht vermuten mag, hat sich in Kapstadt eine Szene mit klassischen Konzerten etabliert. Dazu hat

Sie können Tickets für größere Veranstaltungen (Theater, Musik, Sport u.a.) bequem per Telefon buchen. Computicket bietet diesen Service, u. übrigens auch für Veranstaltungen in anderen Landesteilen.
*   **Computicket:** Infos: (021) 430-8010, Buchung mit der Kreditkarte (bereithalten beim Anruf): (021) 430-8000.
Computicket unterhält auch zahlreiche Schalter, die sich zumeist in größeren Shoppingmalls befinden. Unter o.g. Infonummer können Sie sich informieren, wo sich der für Sie nächste Schalter befindet.
Zwei Adressen schon einmal hier:
1) Im Untergeschoss der Victoria Wharf an der *V&A Waterfront*
2) In der Shoppingmall unter dem Cape Sun Hotel in der Berg Street (zw. Waterkant u. Strand St.). *Innenstadt.*

mit Sicherheit auch das gute ***Cape Town Philharmonic (Symphony) Orchestra** beigetragen, das oft im „Nico Malan Theatre Center" (D.F. Malan St, Foreshore, zw. Civic Center und N1, Tel.: (021) 421-7839) oder in der „Old Town Hall" **(Innenstadt)** auftritt. Im Touristenamt liegt ein aktuelles Veranstaltungsblatt für jeden Monat aus. Schöner ist übrigens die Old Town Hall.

• Sehr beliebt ist auch die Besichtigung der Keller des vornehmen **Groot Constantia-Weingutes** (Groot Constantia Rd, Constantia, Tel.: (021) 794-5128), der Sie ein Dinner mit klassischer Musik anschließen können. Andere Weingüter, besonders in der Gegend um Stellenbosch (z.B. Hazendal Wine Estate), bieten ähnliche Arrangements.

• Im Baxter Theater Center (Main Rd, Rondebosch, Tel.: (021) 685-7880 od. 438-9007) finden Konzerte der sog. **„Cape Town Concert Series"** statt. Infos in den entsprechenden Veranstaltungsblättern.

• Sehr gut sind auch die unregelmäßig stattfindenden klassischen Darbietungen in der **St. George's Cathedral** an der Wale Street (Innenstadt).

• Achten Sie auch auf Ankündigungen bzgl. der Musikveranstaltungen in den **Kirstenbosch Botanical Gardens** (meist nur im Sommer).

Sonstiges

Grundsätzlich: Wer sich am frühen Abend noch nicht so recht entscheiden mag, wonach ihm der Sinn steht, kann zu gegebener Stunde folgende Straßenzüge/-gebiete entlangschlendern und dort zwischen einzelnen Restaurants, Pubs und Bistros spontan auswählen:

  1) **Long Street** (zw. Wale und Buitensingel) und weiter rauf die Kloof Street: Bars, Bistros und eklektische „In"-Restaurants. Für alle Altersgruppen ist hier etwas dabei.

  2) **Sea Point entlang der Main Rd:** Nahezu alle ethnischen Geschmacksrichtungen werden hier angeboten. Zudem reicht die Preisskala von Take-Away über In-Bars bis hin zu Fine-Dining. Das Gebiet hat aber in den letzten Jahren wegen der Waterfront an Attraktivität verloren. Unter der Woche ist es daher sehr ruhig. Die Stadt plant aber, Sea Point zu „pushen".

  3) **Victoria & Alfred Waterfront:** Auch hier bieten sich zig Restaurants an, wobei nach der Besichtigung der Waterfront am Tage der touristische Charakter etwas stören mag. Wer aber Stimmung, gutes Essen und ein paar Drinks möchte, ohne dabei lange zu suchen, ist hier gut aufgehoben.

  4) In **Observatory**, dem Uni-Viertel, treffen Sie fast auf keine Touristen, verschiedenste Restaurants bieten gute Speisen zu „Familienpreisen", und die (Szene-) Kneipen sind besonders am Wochenende sehr belebt. Hier ist man richtig, wenn man experimentierfreudig ist, das „Alltägliche" nicht sucht und auch den Weg nicht scheut.

Einkaufen in und um Kapstadt

Die Preise in Südafrika verlocken schnell zum Kaufrausch. Dank des schwachen Rand sind viele Dinge nur halb so teuer wie bei uns. Schauen Sie erst, vergleichen Sie Preise und achten Sie auch auf den Qualitätsstandard. Südafrikanische Produkte sind zwar i.d.R. von guter Qualität, aber erreichen doch nicht immer den europäischen Standard.

Mit * gekennzeichnete Adressen sind besonders zu empfehlen.

Aufpassen müssen Sie vor allem beim Kauf von Textilien und Outdoorartikeln. Die südafrikanischen Produkte sind hier günstig und sehr oft kaufenswert. Doch werden auch viele Produkte aus Europa und Amerika angeboten. Natürlich sind diese teurer. „Geblendet" durch die preiswerten anderen Artikel und im Glauben, diese Waren seien trotzdem noch günstiger als bei uns, greift man schnell zu. Waren aus der „Ersten Welt" sind aber nicht billiger als bei uns, eher teurer!

Wenn Sie auf den Flohmärkten und an den Straßen- Souvenirständen einkaufen, dürfen und müssen Sie handeln. Die zumeist afrikanischen Frauen kennen den Marktwert und nennen gerne einen doppelt so hohen Preis. Gefallen Ihnen z.B. Holzschnitzereien, sollten Sie zuerst einmal die Preise in ausgesuchten Geschäf-

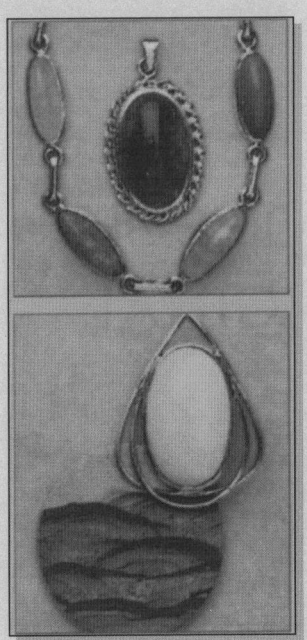

Schmuck von „Afro Gem"

Redaktions-Tipps Einkaufen

- Beachten Sie die *Zollbestimmungen* für Ihre Rückreise (S. 185).
- *Handeln* ist üblich auf den Flohmärkten, aber bedenken Sie, dass die Marktfrauen teilweise sehr weite Wege (bis aus Tansania) zurücklegen mussten, um die Waren hierher zu schaffen.
- In den Geschäften der Innenstadt von Kapstadt und an der Waterfront ist es *am teuersten*, dafür aber werden Sie hier am besten beraten.
- Kaufen Sie nicht voreilig ein. Schauen Sie erst und *vergleichen Sie die Preise.*
- Denken Sie immer daran, sich bei Warenwerten über R 50 eine *spezielle Quittung für den Zoll* geben zu lassen.
- Vorsicht beim Kauf von *Waren aus Europa, USA und Australien*! Sie sind i.d.R. teurer als bei uns.
- Vor dem *Kauf von Schmuck, Diamanten und Gold* sollten Sie sich informieren (z.B. beim Touristenamt), welche Händler als seriös gelten. I.d.R. sind es die größeren.

ten studieren. Auf der Straße bekommen Sie dieselben Waren i.d.R. zum halben Preis. Doch Achtung! Oft handelt es sich um „Ausschussware", die die Geschäfte nicht angenommen haben. Also auch auf den Märkten und an der Straße gilt: Erst in Ruhe schauen, Preise vergleichen und dann kaufen.

In diesem Kapitel finden Sie ausgesuchte Adressen bzw. Shoppinggebiete. Doch Kapstadt befindet sich immer noch im Wandel, und immer wieder tauchen neue, kleine Spezialläden in den Vororten (bes. an der False Bay, in Camps Bay oder Hout Bay) auf. Diese alle zu nennen, würde den Rahmen dieses Buches sprengen. Halten Sie bei einer Rundfahrt die Augen auf und wagen Sie den einen oder anderen Blick in ein solches Geschäft.

Wer nun in älteren Reiseführern mehr Adressen findet als hier, dem sei an dieser Stelle gesagt, dass in Kapstadt ein Konzentrationsprozess eingesetzt hat, der die meisten Geschäfte in die Gebiete Long

Street und vor allem die Victoria & Alfred Waterfront sowie die Shoppingmalls in den Vororten ziehen ließ und lässt. Zwar bemüht sich die Stadt mit der Entkriminalisierung der Innenstadt und fördert Projekte, damit die Händler wieder zurückkehren z.B. in die St. George Mall, aber bis dahin wird es noch eine ganze Weile dauern. Daher bieten sich gar nicht mehr so viele Spezialadressen für einen Reiseführer an.

Besonders gut und günstig sind folgende Dinge in Südafrika:
* Südafrikanische **Weine**,
* **Textilien** aller Art, besonders auch **Outdoor- und Lederbekleidung,** die im Land herge-stellt wird,
* **Schmuck**, bes. Goldschmuck und afrikanische Kunsthandwerke,
* **Holzschnitzereien**, obwohl diese zumeist aus anderen afrikanischen Ländern stam-men (Zimbabwe, Ostafrika)
* **Antikes** und Secondhand-Bücher.

Einkaufsviertel im Allgemeinen

* **Victoria und Alfred Waterfront:** *Hier gibt es Geschäfte aller Art, bes. in der Victoria Wharf Mall. Textilien, Souvenirs u.a. Besonders schön ist es, dass die Geschäfte oft sogar bis 21h geöffnet haben. Dafür zahlen Sie hier aber auch etwas mehr.*
* **St. George's Mall:** *Fußgängerzone in der Innenstadt. Z.Zt. aber befinden sich hier nur wenige interessante Geschäfte, da die Waterfront viele davon abgezogen hat. Das soll sich aber bald wieder ändern.*
* **In **Kalk Bay** an der Hauptstraße finden Sie einige interessante Antiquitätengeschäfte.*
* *Für die Dinge des **täglichen Bedarfs**, die eher etwas für die Camper sind, empfehlen sich die Shoppingmalls an den Stadträndern.*
* **Antiquitäten, Antikes, Kitsch und **Secondhand-Bücher** finden Sie besonders entlang der Upper Long Street, zwischen Wale Street und Buitensingel.* Innenstadt.

Malls

* ***Victoria Wharf:** *Große, moderne Mall an der Victoria & Alfred Waterfront (siehe oben). Zahlreiche Touristengeschäfte, CD-Läden, Buchläden, Schmuckgeschäfte, Textil-Wa-renhäuser und ausgesuchte Bekleidungsgeschäfte. Wenn Sie nicht lange kreuz und quer durch die Stadt fahren möchten, sind Sie hier richtig, zahlen dafür aber auch ein wenig mehr.*

Victoria & Alfred Hotel und Mall

* **Gardens Center Mall:** *Ecke Mill St., Buitenkant, Gardens. Renovierte Mall mit vielen „nützlichen" Geschäf-ten und auch ein paar Textil- und Souvenirshops. Hier kaufen eher die Bewohner der City Bowl ein als die Touristen.*
* **Cavendish Square Shopping Mall:** *Zw. Vineyard, Cavendish und Dreyer und Warwick Sts. (nahe Pro-tea St.), Claremont. Moderne Shop-*

pingmall in Vorortregion der gehobenen Mittelklasse. Entsprechend ist das Angebot. Für südafrikanische Produkte zahlen Sie hier bestimmt weniger als in der Innenstadt/Waterfront. Dafür ist das Sortiment aber auch nicht so sehr auf Europäer abgestimmt. Eine spezielle Anfahrt lohnt bestimmt nicht, doch wenn Sie sowieso auf der M3 unterwegs sind, dann sollten Sie hier einmal reinschauen.
• TygerValley Shopping Mall: In TygerValley, N1-Abfahrten 23 oder 25, dann den Schildern folgen. Eine große Shopping Mall mit nahezu amerikanischen Ausmaßen. Somit die größte im Kapstädter Raum. Sollten Sie weniger Souvenirs bzw. ausgesuchte Bekleidung suchen, sondern eher Dinge des täglichen Lebens bzw. Ihre Campingküche auffüllen wollen, sind Sie hier richtig, besonders da die Mall günstig liegt zur Autobahn nach Stellenbosch/Worcester.
• *Century City/Canal Walk: Die 2000 eröffnete Mall an der N1, ca 10 km östlich der Innenstadt, sucht ihresgleichen. Hier wird ohne Zweifel versucht, Amerika Konkurrenz zu machen, und z.Zt. ist der als „Canal Walk" bezeichnete Shopping-District mit Hunderten von Geschäften, riesigen Hallen und Arkaden sowie unzähligen Fastfood- und Entertainment-Läden die größte Mall in Afrika. Hier können Sie gut Ihre letzten Rand ausgeben, bevor es wieder zurückgeht nach Europa, und so richtig staunen, was es in Afrika auch gibt. Fragt sich nur, wie ein solcher Konsumtempel in dieses Land passt.

Märkte/Flohmärkte

• *Antiquitäten und Antikes aller Art werden auf dem Straßenmarkt entlang der **Church Street** (zw. Long St. u. Burg St., Innenstadt) angeboten. Während der Sommermonate findet der Markt tägl. statt, ansonsten nur Do–Sa.
• Victoria & Alfred Waterfront: Der **Waterfront Craft Market**, gleich neben dem Two Oceans Aquarium, und der **Red Shed Craft Workshop** an der Victoria Wharf bieten ständig Kunsthandwerkliches aus verschiedenen afrikanischen Ländern, besonders aber aus Südafrika. Hier finden Sie bestimmt ein nettes Mitbringsel.
• **The Grande Parade** nennt sich der bunte Blumen-, Gemüse- und Stoffmarkt vor der alten City Hall (Innenstadt). Er findet mittwochs und samstags am Vormittag statt. Eigentlich sind die „Zielgruppe" die Pendler, die vom nahen Busbahnhof abfahren. Doch mittlerweile wurde das touristische Potential erkannt, und seither mischen sich auch Secondhand-Buchhändler und Souvenirverkäufer unter die Stände. Im Grunde lohnt der Besuch dieses Marktes aber nur für die begehrte Fotoperspektive: Bunter Markt, alte City Hall und Tafelberg mit Seilbahn.
• *Greenmarket Square: Zwischen Shortmarket und Longmarket Sts. in der Innenstadt. Der wohl bekannteste Flohmarkt von Kapstadt, umgeben von alten Gebäuden, Cafés und Hotels. Hierher kommen die Händler mittlerweile aus den verschiedensten Ländern Afrikas. Im Vordergrund stehen Textilien und kunsthandwerkliche Produkte, es gibt aber auch Secondhand-Bücher und anderes zu kaufen. Die Preise sind natürlich etwas höher als auf anderen Flohmärkten, aber mit etwas Geschick im Feilschen lohnt es sich schon. Sie müssen ja nicht die T-Shirts aus Hongkong kaufen. Mo–Fr 8–17h, Sa 8–14h.
• An der **Adderley Street, im Bereich des Hauptbahnhofs** (Innenstadt), bieten zahlreiche Straßenhändler aus verschiedenen Ländern Süd- und Ostafrikas kunsthandwerkliche Produkte an, zumeist Holzschnitzereien aus Tansania und Steinskulpturen aus Zimbabwe. Hier lohnt das Handeln ganz besonders, aber auch das genaue Prüfen der Qualität. Oft landet die Ausschussware hier.
• *Am Stadion in **Green Point** findet jeden Sonntag (8–17h) ein „alltäglicher" Flohmarkt statt. Dieses ist (noch) ein richtiger Flohmarkt, auf dem das Stöbern lohnt.

- Der **Flower Market**, seit über 100 Jahren an der gleichen Stelle, an der Adderley Street, zwischen Strand St. und Darling St. Hier kaufen vor allem die Büroangestellten Blumen, bevor sie nach Arbeitsschluss nach Hause fahren. Schöne Fotos sind möglich.
- **Khayelitsha Crafts Market:** St. Michael's Church, Khayelitsha. Montags und donnerstags (10–14h) findet in diesem Township ein kleiner Kunsthandwerkermarkt gleich neben einer Vorschule statt. Es gibt nur ein Dutzend Stände, aber da es sich um ein sinnvolles Selbsthilfe-Projekt handelt, lohnt alleine die Anfahrt. Und für jeden ist bestimmt etwas dabei (Leder, Kleider, Musik etc.). Infos: (021) 54-2963 od. 361-5246. Geführte Touren dorthin: (083) 744-5353. Anfahrt: N2, vorbei am Airport, dann Exit „Mewway/Kayelitsha". Rechts am oberen Ende der Abfahrts-Rampe. Von hier nach ca. 5 km links in die Stephen Biko Rd (= 1 km hinter Good Hope College). Dann erste rechts und wieder rechts an T-Kreuzung. Von hier aus den Wegweisern zum Craft Market entlang der gebogenen Straße folgen (1–2 km). St. Michael's Church liegt rechter Hand. Donnerstags oft auch Musik!
- Wer bereit ist, etwas zu fahren, der sollte darauf achten, ob der nahezu für jeden Samstag und Sonntag angekündigte kleine **Antiquitätenmarkt** („**Antique Collectors Market**") **vor der Taverne am Weingut Groot Constantia** stattfindet. Ausgesuchter Trödel lohnt die Anfahrt für Schnäppchenjäger.
- Für das Auffinden von **Antiquitätengeschäften** gibt es im Kapstädter Touristenamt auch eine Karte: „Antiques Collectables Africana Map".

Spezielle Geschäfte

1) Bücher/Zeitungen

- *Deutsche und natürlich auch englischsprachige Bücher, zudem internationale Zeitungen bekommen Sie in **Ulrich Naumann's Buchhandlung**: 17 Burg Street, Innenstadt.
- Eine große Buchladenkette, in der es auch Zeitungen gibt, ist **CNA**. Es gibt alleine im Raum Kapstadt 30 CNA-Filialen, so z.B. in der Golden Acre Mall an der Adderley Street (Innenstadt) und an der V & A Waterfront (Victoria Wharf). Schauen Sie in den gelben Seiten unter „Central News Agency", um den nächstgelegenen CNA-Laden zu finden.

- Ebenfalls an der V & A Waterfront (Victoria Wharf) befinden sich zwei weitere große Buchläden, **Exclusive Books** und am Eingang zum „Red Shed Craft Workshop" **Woodworth**, dem ein ausgesuchter Reisebuchladen (inkl. internat. Presse) angeschlossen ist. Letztere beide „schlagen" den CNA-Laden an dieser Adresse.
- Zahlreiche **Secondhand-Buchläden** finden Sie entlang der Long Street in der Innenstadt (s.o.). Bekannt und beliebt sind hier vor al-

In der Long Street gibt es eine Menge Antiquariate

lem **Clarke's Antiquariat** (211 Long Street), wo man gut sitzen und stöbern kann, sowie der **Readers Den Comic Shop** (161 Long St.) mit der wohl größten Auswahl an Comics in Kapstadt.
- Auf Mineralien spezialisiert ist **The Scratch Patch Shop** an der V & A Waterkant, gegenüber Planet Hollywood und dem Craft Market.

2) Lebensmittel/Weine

• *Wer **kapmalaiisch** gespeist hat und sich gerne mit Zutaten dieser Gerichte versorgen möchte, der sollte die Geschäfte entlang der Wale Street (oberhalb Buitengragt) aufsuchen. Hier gibt es auch den ausgesprochen leckeren Kardamom-Tee. Diesen zuzubereiten, ist nicht schwierig (siehe Kasten). Geschäftsempfehlung: **Atlas Trading Co.**: 74 Wale Street, Malay Quarter. In diesem kleinen Geschäft erhalten Sie alle Arten von Gewürzen (auch Kardamom), aber auch verschiedene Tees sowie Zutaten für kapmalaiische Gerichte.*

• *Morris – **The Butcher**: 265 Long Street, Innenstadt. Diese Schlachterei ist eine Institution in Kapstadt und für die selbsthergestellte, legendäre „Boerwors" kommen die Käufer von weit her. Wer also vorhat zu grillen, der sollte sich hier die würzige, dicke Wurst besorgen.*

• **Weine** *sind ja sehr speziell vom Geschmack abhängig. Die „Liquor Stores" verkaufen diese und natürlich die Weingüter selbst (s. S. 247ff). Das Beste ist, Sie lassen sich von einem Einheimischen oder einem Weinhändler beraten. Probieren können Sie in den Liquor Stores aber selten, dafür müssen Sie dann entweder im Restaurant bereits „Ihren" Wein entdeckt haben oder an einem „Wine Tasting" bei der Besichtigung eines Weingutes teilnehmen. Zwei empfehlenswerte Adressen für den Kauf von Wein sind:*

***Vaughan Johnson's Wine Shop**: Die wohl bekannteste Weinhandlung in Kapstadts Innenstadt liegt an der Victoria & Alfred Waterfront (am Market Square). Und nicht alle Weine hier sind überteuert. Es gibt eine Reihe günstiger und guter Angebote. Zudem wird hier auch das Verschiffen der Weine organisiert. Ebenfalls ausgesucht ist die Weinhandlung **Caroline's Fine Wine Cellars** (15 Long Street), wo Sie mittags auch exquisite Snacks geboten bekommen.*

> **Die Zubereitung von Kardamom-Tee**
> Sollten Sie Interesse haben, sich diesen Tee, den es in den kapmalaiischen Restaurants zu trinken gibt, zu Hause zuzubereiten, müssen Sie den **Kardamom von Kapstadt mitbringen**, da er bei uns teuer und schwer zu bekommen ist:
> 2 Teelöffel Kardamom mit 1 Liter heißer Milch aufgießen und ziehen lassen. In einem Extratopf zwei Teebeutel (schwarzen Tee) mit nur etwas kochendem Wasser begießen und 3–4 Minuten ziehen lassen. Nun beides zusammengießen und mit Zucker und – nur bei Bedarf – etwas heißem Wasser vermengen.

3) Bekleidung/Outdoorartikel

• **Cape Union Mart**: 7 Mostert St., Innenstadt. Größtes Geschäft dieser Kette für Outdoorausrüstungen aller Art (Kleidung, Zelte, Kocher, Wasseraufbereiter etc.). Ein weiterer Laden befindet sich in der **Gardens Center Shoppingmall** (Ecke Mill St., Buitenkant) und an der V & A Waterfront (Victoria Wharf)

• Grundsätzlich gilt die **Victoria Wharf** an der V & A Waterfront auch als beste Adresse, um sich nach Bekleidung umzusehen und sie auch hier zu kaufen. Die Preisdifferenz zu günstigeren Läden in den Vororten lohnt die Fahrerei nicht. Hier gibt es Boutiquen und die Textilwarenhäuser.

• Jüngere Leute sollten sich auch auf dem **Greenmarket Square Market** in der Innenstadt (s.o.) umschauen. Hier gibt es viele neue Textilien, auch aus anderen afrikanischen Ländern.

4) Schmuck/Antikes

• ***Afro Gem – Shop und Factory:** *64 New Church Street,* **Innenstadt**. *Großes Geschäft mit ausgesuchtem Schmuck aus afrikanischen Edelsteinen. Hier können Sie auch bei der Herstellung des Schmucks zusehen. In der Gardens Center Mall (Ecke Mill St., Buitenkant, Gardens) gibt es ein weiteres Geschäft.*

• ***Uwe Koetter:** *Shop 14 in der Victoria & Alfred Arcade* **(Waterfront)** *und 4ᵗʰ Floor, Amway House, Dock Road,* **Foreshore**, *Tel.: (021) 425-7770, Internet: www.uwekoetter.co.za. Ein weiteres, kleines Geschäft gibt es in Kleinmond (R44 in Richtung Hermanus) im Arabella Golf Estate. Designer-Schmuck und Juwelen. Es werden auch Schmuckstücke auf Wunsch hergestellt.*

• *Ausgesuchte* **Antiquitätengeschäfte** *finden Sie um die Church Street* **(Innenstadt)** *zwischen Burg und Long Sts.*

• *Im Bereich* **Long Street/Church Street** *und der Blocks in dieser Gegend gibt es zahlreiche* **Secondhand- und Antiquitätengeschäfte**, *die sowohl Stilvolles als auch „Junk" verkaufen. Hier lohnt das Stöbern allemal. Besonders an den Vormittagen, wenn in der Church Street auch noch Flohmarkt ist.*

• *Sowohl in Simon's Town als vor allem in Kalk Bay gibt es entlang der Hauptstraße (Main Rd/M4) zahlreiche* **Schmuck- und vor allem Antikläden**. *Eine besondere Empfehlung ist* **Aladdin's Cave** *(76 Main Rd, Kalk Bay).*

• *Die* **Mariner's Wharf** *im Hafen von Hout Bay ist eine Miniaturausgabe der V&A Waterfront in Kapstadt. Auch hier gibt es Fischrestaurants und kleine Souvenirgeschäfte, aber auch Fischgeschäfte und Läden, in denen Sie nautische Antiquitäten erstehen können.*

• *Für das Auffinden von* **afrikanischen Kunstmärkten** *sowie* **Antiquitätengeschäften** *gibt es im Kapstädter Touristenamt kostenlose Karten: „Arts & Craft Map" sowie „Antiques Collectables Africana Map".*

• *In Kalk Bay (Main Rd und Nebenstraßen) hat sich zudem die Kunstszene mit einer Reihe von* **Galerien** *etabliert.*

5) Afrikanisches und anderes lokales Kunsthandwerk

• **Kunsthandwerkliche Geschäfte** *und vor allem* **Kunstgalerien** *finden Sie sowohl in der Victoria Wharf an der V & A Waterfront als auch in der Innenstadt im Bereich Church Street, Long Street und um den Greenmarket Square. Bekannt sind hier vor allem* **African Image** *(52 Burg St.) und* **The Collector** *(59 Church St.).*

• **Pan African Market:** *76 Long Street. Mit über 50 Anbietern, die sich über die beiden Oberetagen verteilen, gilt dieser Kunsthandwerksmarkt als der größte Südafrikas. Hier finden Sie Township-Art, massenweise Holzschnitzereien sowie auch Stoffe und Textilien. Der kleine Eingang täuscht!*

Auch „Gebrauchsgegenstände" gibt es im „Pan African Market"

• ***Afrikanisches Kunsthandwerk**, *auch „Township Art" gibt es zudem in zahlreichen Galerien und Workshops, die sich über die ganze Stadt verteilen. Einen sehr informativen Stadtplan zu diesem Thema erhalten Sie im Visitor Center in Kapstadts Innenstadt, die sog.* **„Arts & Crafts Map".**

- *Im* **Company's Garden**, *nahe der National Gallery, stellen zudem afrikanische Künstler ihre Werke im Freien aus.*
- **Khayelitsha Crafts Market:** *St. Michael's Church, Khayelitsha (Tel.: (021) 54-1963 od. 361-5246). Montags und donnerstags (10–14h) findet in diesem Township ein Kunsthandwerkermarkt statt. Touren bzw. Infos zur Anfahrt unter: (083) 744-5353. Siehe Seite 240.*
- **Philani – Flagship:** *Tel.: (021) 34-9160. In Khayelitsha befindet sich dieser kleine Craftmarket, der sich vornehmlich auf handgemalte bzw. -gedruckte Textilien (u.a. Tisch- u. Bettdecken) und gewebte Matten und Überhänge spezialisiert hat. Der Markt gehört zu*

einer Kooperative von Müttern aus den Townships. Sie können auch nebenan in die Weberei schauen. Anfahrt: N2-Exit 25 (Blue Downs/Khayelitsha). Nach rechts (Süden) bis zu den Ampeln fahren. Dann wieder rechts in die Landsdowne Rd. Vor der Caltex Tankstelle rechts in die Walter Sisulu Rd und dann noch dreimal jeweils die erste nach rechts (Fazit: Insgesamt 6 mal nach rechts ab dem N2-Exit).

- ***Bear Basics:** *Direkt im Bahnhofsgebäude von Simon's Town (an der Hauptstraße M4). Hier werden Stoffbären in*

Unbedingt anhalten in Simon's Town bei „Bear Basics"

allen Größen und Variationen verkauft. Auch in unterschiedlichste Kleidung „gehüllt" (z.B. als Sherlock Holmes, als Koch, als feine Dame). Die Bären werden in einer kleinen Fabrik in Tshwane (ehem. Pretoria) hergestellt. Dieses Geschäft ist ein Muss für alle Teddy-Fans!! Geöffnet: Mo–Fr 9h30–17h, Sa 9h30–14h, So 14–18h.

Touren/Sightseeing in und von Kapstadt ausgehend

Hinweis

Bei der Fülle des Angebots und dem häufigen Wechsel der Unternehmen können wir hier natürlich nur eine begrenzte Anzahl von Touranbietern aufführen. Der sicherste Weg führt allemal über eines der beiden Touristenämter oder über Hotel/Guesthouse, das i.d.R. über gute Kontakte zu Touranbietern verfügt. Über diese können Sie nahezu jede Tour buchen und erhalten hier auch topaktuelle Infos.

Vorab möchten wir Ihnen schon einmal auflisten, wonach Sie sich erkundigen sollten, um Ihren Kapstadt-Aufenthalt rundum auszufüllen. Natürlich können Sie nicht alles davon wirklich unternehmen: ***Stadtrundfahrt - Fahrt nach Robben Island - Township-Tour - Geführte Wanderung auf dem Tafelberg - Besichtigung von Weingütern, evtl. in Verbindung mit einer erläuterten Führung durch Stellenbosch - Rundflug über Kapstadt und die Kaphalbinsel - Wale beobachten bei Hermanus***

Bustouren

- *Cape Rainbow Tours: Tel.: (021) 551-5465, Fax: (021) 551-5216. Dieses Unternehmen führt alle Arten von Sightseeingtouren durch. Besonders zu empfehlen sind die Township-*

Touren in die Townships

Das **Western Cape Action Tour Project** (WECAT) bietet Touren der ganz besonderen Art durch Kapstadts Townships an: Menschen, die früher aktiv im Widerstand gegen das Apartheidsystem gekämpft haben, führen nun Touristen und Einheimische in kleinen Gruppen zu historisch bedeutsamen Plätzen des Befreiungskampfes. Sie vermitteln ihnen an Ort und Stelle ein authentisches Bild, was das System der Apartheid damals für viele Menschen bedeutet hat und welche Auswirkungen dieser Zeit auch heute noch sicht- und spürbar sind. Sie teilen mit den Teilnehmern der Tour ein Stück ihrer Vergangenheit und die Erinnerung an einige ihrer Kameraden, die im Freiheitskampf ihr Leben ließen. Durch persönliche Kontakte zu den Menschen, die in den Townships leben, bieten diese Touren außerdem die Möglichkeit, einmal soziale und stadtplanerische Grenzen zu überwinden und miteinander ins Gespräch zu kommen. Die durch ihre Vergangenheit persönlich betroffenen Veranstalter sind überzeugt, dass gerade die Begegnung, Toleranz, die Erinnerung an die Vergangenheit sowie Wertschätzung und gegenseitiger Respekt ganz wesentlich zum Heilungsprozess in Südafrika und zu einem friedvollen Zusammenleben beitragen. Gleichzeitig bieten die Western Cape Action Tours für die ehemaligen Aktivisten, aber z.B. auch für die Mütter, die Kinder im Freiheitskampf verloren haben, eine Beschäftigungsmöglichkeit, die ihnen neben einem geregelten Einkommen auch das Gefühl gibt, etwas Sinnvolles zu tun, und dadurch dazu beizutragen, dass sich die Wunden der Vergangenheit vielleicht langsam schließen können.
Die WECAT bieten Halbtagestouren sowie Ganztagestouren inklusive Mittagessen an. Tel.: (021) 461-1371, E-mail: wcat@iafrica.com."

*Touren, die City-Tour und die zu den Weinanbaugebieten um Paarl, Stellenbosch und Franschhoek. Der Vorteil gegenüber vielen anderen Unternehmen ist, dass die Touren mit kleinen Gruppen (max. 8 Personen) in VW-Bussen unternommen werden. Dabei kann man sich bei den gut ausgebildeten Führern viel besser zusätzliche Informationen einholen als in den großen Bussen mit bis zu 50 Gästen. Viele Touren können auch in deutscher Sprache angeboten werden (vorher anmelden). Auch das Unternehmen **Day Trippers** führt solche Touren durch, aber mit einem etwas anderen Programm (Tel./Fax: (021) 531-3274). Bei Townshiptouren gilt grundsätzlich: Überlegen Sie sich vorher, was Sie sehen möchten (Shebeens, Kochschulen, Kunsthandwerkermärkte o.ä.) und suchen Sie sich danach Ihren Anbieter aus.*

*• **Legend Tours:** Tel.: (021) 697-4056, Fax: (021) 697-4090. Ebenfalls Townshiptouren wie bei Rainbow Tours (s.o.). Mittlerweile ist es nicht mehr ratsam, Shebeen-Besuche (halblegale u. illegale Kneipen) in den Townships alleine zu unternehmen. Legends Tours hat daher ein Programm zusammengestellt und führt Sie in Begleitung eines sachkundigen Führers dorthin.*

*• Anbieter von **Touren zu den Musikclubs in den Townships** gibt es einige und oft wechseln diese natürlich. Erkundigen Sie sich am besten im Touristenamt danach oder versuchen Sie es einmal bei den folgenden Tourguides: **Ethnic Things (Leonore),** Tel.: (021) 919 9168; **TMT - Township Music Tours,** Tel.: (021) 448-0203 sowie **Debbie Bird,** Tel (021) 790-2627. Bei diesen Besuchen kommt oft Superstimmung auf.*

• *Als sehr versierter Touranbieter für Townshiptouren hat sich mittlerweile **Western Cape Action Tours** (WECAT, Tel.: (021) 461-1371, E-Mail: wcat@iafrica.com) herausgestellt, denn hier leiten ehemalige Widerstandskämpfer aus der Apartheidzeit die Touren. Und zudem sind deren Touren auch für Südafrikaner gedacht.*

• ***Topless Tours:*** *Dieses Unternehmen verkehrt mit den offenen Doppeldecker-Bussen zwischen allen wesentlichen Sehenswürdigkeiten der Innenstadt und der Waterfront. Sie zahlen einmal und können dann den ganzen Tag auf- und abspringen (Hopp on - hopp off). Hierfür müssen Sie nicht reservieren. Es werden aber auch spezielle Touren, z.B. ins Weinland, Kirstenbosch + Constantia oder „Kapstadt bei Nacht“, angeboten. Infos: Tel.: (021) 418-5888.*

Erläuterte Spaziergänge, Wanderungen und naturkundliche Führungen

• ***Tana Baru:*** *Erläuterte Touren durchs Malayen-Viertel. Tel.: (021) 426-5870.*

• ***Peninsula Ramblers*** *ist eine Gemeinschaft von begeisterten Wanderern, die an Wochenenden Wanderungen in Kapstadts Umgebung unternehmen. Jeder kann teilnehmen, doch können Sie sich über das Programm nur in der Zeitung (z.B. im „Argus“ am Samstag, Beilagen-Rubrik „Action Planner“) erkundigen.*

• *Wer eine ernst zu nehmende **Wanderung auf den Tafelberg** machen möchte, sollte sich bei Richard Ledger, einem ausgebildeten Wanderführer, melden. Tel.: (021) 61-4558. Auch John McDonell (Tel.: (021) 465-3814) unternimmt solche Wanderungen und wurde bereits an mehreren Stellen empfohlen.*

• ***Bird Watchers:*** *P.O.Box 2589, Cape Town 8000, Tel./Fax: (021) 762-5059. Gut erläuterte Touren zu den verschiedensten Vogelgebieten in und um Kapstadt sowie in die Karoo.*

• ***Greenscape Tours:*** *P.O.Box 304, Plumstead 7800, Cape Town, Tel./Fax: (021) 797-0166. In kleinen Gruppen (max. 7 Pers.) werden naturkundliche Touren angeboten. Zum festen Programm ge-*

Erläuterte Wanderungen auf der Kaphalbinsel lohnen!

hören u.a.: Wale beobachten, Tafelberg und Kaphalbinsel, Westküste und 4 Tage Garden Route. Die Fahrer und Führer sind Kenner des ökologischen Terrains. Eine Tour mit Greenscape ist ein Muss für alle Naturliebhaber und diejenigen, die tiefer in die Materie einblicken möchte.

Bootstouren

• *Nach **Robben Island** verkehrt nur noch ein Unternehmen, da die Insel von Staatsseite vermarktet wird und der Staat nur einem Unternehmen die Lizenz erteilt hat. Die Preise für die Überfahrt sowie eine 2 ½-stündige Führung auf der Insel liegen bei über SAR 100 pro Person! Das Boot legt ab von der V&A Waterfront (am Clocktower). Fahrten sind tägl. um 10h, 12h, 14h und an Wochenenden um 16h. Reservierung: Tel.: (021) 419-2875. Die gesamte Tourlänge beträgt 3 ½ Stunden.*

• *Bootstouren aller Art gehen von der* **Victoria & Alfred Waterfront** *aus. Überall bieten sie sich an. Interessant und für eine Abwechslung gut sind besonders die Hafenrundfahrten.*
• **Daily Bay Sails** *unternimmt von der Waterfront aus Segeltörns auf einer klassischen Segeljacht. Auch Abend- und Sonnenuntergangsfahrten (Champagnertouren etc.). Tel.: (021) 425-4292. Zudem finden Sie an den Piers der Waterfront zahlreiche weitere Unternehmen, die ähnliche Törns anbieten. Halten Sie einfach die Augen auf und Sie können spontan entscheiden.*
• *Vom Hafen in Hout Bay (Mariner's Wharf) fahren verschiedene Boote ab zu* **Seehundgebieten** *und manchmal auch ums Kap. Die Abfahrten und Anbieter variieren sehr, so dass Namensnennungen hier nicht möglich sind. Erkundigen Sie sich vor Ort bzw. beim Kapstädter Touristenamt. Rufen Sie dann an, um zu erkunden, wann die Boote fahren. I.d.R. fahren die Boote aber mehrmals am Tag, an schönen Tagen, Wochenenden und während der Hochsaison verkehren sie nahezu stündlich.*
• *Ähnliche Touren, nur in diesem Fall zur* **Seal Island** *(ebenfalls Seehund-Kolonien), gehen ab der Waterfront in Simon's Town.*

Besichtigung von Weingütern

Natürlich ist es kein Problem, die Weingüter selbstständig anzufahren und zu besichtigen. Dafür haben wir Ihnen empfehlenswerte, z.T. historische Weingüter auf den nächsten

Gerne führt die Weintour zum historischen „Boschendal"

Seiten zusammengestellt. Eine andere Methode, Weingüter zu besichtigen und dabei auch die zu finden, die abseits der Touristenpfade liegen, bietet ein Tour mit einem Spezialanbieter. Bekannt und oft empfohlen ist hierfür die Firma **Vineyard Ventures** *von Rita Will und Gillian Stoltzmann (5 Hanover Rd, Sea Point, Tel.: (021) 434-8888). Für Weinliebhaber ein Muss. Beide, Rita und Gillian, sind absolut ortskundig, kennen die Winzer und gehen zu Verkostungen abseits der Touristenpfade. Krönender Abschluss des Ausflugstages kann nach Vereinbarung ein Sonnenuntergangs-Picknick am Tafelberg sein. Die Touren führen vorwiegend in die Gegend von Stellenbosch und Paarl.*

Hinweis
• *Bei der Angabe von „Wein testen" werden keine Keller- bzw. Weinguttouren angeboten.*
• *Adressen und Öffnungszeiten einzelner Weingüter entnehmen Sie bitte der nebenstehenden Liste.*

TIPP: *Wer nun wenig Lust verspürt, zum Wein testen einzelne Weingüter abzuklappern, der kann im Geschäft der Stellenbosch Framer's Winery Weine aus der gesamten Region um Stellenbosch ausprobieren. Weine können von hier auch nach Europa versandt werden, was aber sehr teuer ist. Daher empfiehlt sich ein Besuch hier am Anfang der Reise, so dass Sie die Weine auf Ihrer Rundreise z.B. während eines Picknicks genießen und am Ende der Reise noch 2–3 Flaschen von Ihrem Lieblingswein erstehen und mit nach Hause nehmen können.*

* = Besonderer Tipp

Die von uns empfohlenen Weingüter im Kapland

Weingut	Adresse	Telefon/Fax	Zeiten der Touren/Weintesten	Kurzbeschreibung/Besonderes	Lesen Sie auch auf Seite
Südlich des Tafelberges/Constantia Valley					
*Groot Constantia	Groot Constatia Rd, Constantia	(021) 794-5128/ (021) 794-1999	tägl. 10h00-17h00	Historisch (seit 1683), Kapholländischer Baustil, kleines Weinmuseum, Taverne, Restaurant, Unterkunft	ab S. 439
Klein Constantia	Klein Constantia Rd. (Schildern folgen), Constantia	(021) 794-5188/ (021) 794-2464	Mo-Fr 9h00-17h00, Sa 9h00-13h00	Historisch und schön, aber überschaubarer als Groot Constantia	
Constantia Uitsig	Spaanschemat River Rd, Constantia	(021) 794-4480/ (021) 794-3105	Weintesten: Mo-Fr 9h30-17h00, Sa 9h00-15h00	Erstklassige Unterkunft und Restaurant	
Buitenverwachting	Klein Constantia Rd, Constantia	(021) 794-5190/ (021) 794-1351	Weintesten: Mo-Fr 9h00-17h00, Sa 9h00-13h00, Kellertouren nur nach Vereinbarung	teilw. ökolog. Anbau, erstklassiges Restaurant	
*Steenberg	Steenberg Rd, Constantia/Steenberg	(021) 713-2211/ (021) 713-2201	Weintesten: Mo-Fr 9h00-16h00, Sa 9h00-12h00	Ältestes Weingut Südafrikas, historische Cape-Dutch-Gebäude, erstklassiges Hotel und Restaurant, Golfanlage	
Paarl					
Fairview	Suider-Paarl (nahe N1)	(021) 863-2450/ (021) 863-2591	Weintesten: Mo-Fr 8h30-17h00, Sa 8h30-13h00	kleines Weingut, auch Käseproduktion	ab S. 487
*KWV	Suider-Paarl (Main Rd sowie Kohler St.)	(021) 807-3911/ (021) 807-3000	Weintesten: Mo-Fr 8h00-16h30, Sa 8h00-16h00, So 10h00-14h30/Touren z.Zt. nur nach Vereinbarung (auch in Deutsch)	Größte südafrikanische Winzergenossenschaft, riesige Kellereien, vornehmlich für den Export, auch Sherry und Portwein	

Name	Lage	Telefon	Öffnungszeiten	Beschreibung	Seite
*Laborie	Suider-Paarl (Taillefer St., nahe Main Rd)	(021) 807-3390/ (021) 863-1955	Weintesten: Mo-Fr 9h00-17h00, Sa 9h00-13h00/Touren vorerst nur in den Schulferien (soll geändert werden)	Historisch und schön, gehört zur KWV, Restaurant in Cape-Dutch-Haus	ab S. 487
Nederburg	7 km nordöstl. von Paarl (Straße nach Wellington)	(021) 862-3104/ (021) 862-4887	Weintesten: Mo-Fr 8h30-17h00, Sa 9h00-13h00/Touren nur nach Vereinbarung (auch in Deutsch)	Sehr groß, historische Gebäude (1791), preisgekrönte Weine	
Stellenbosch					
*Blaauwklippen	4 km südl. von Stellenbosch an R44	(021) 880-0133/ (021) 880-0136	Weintesten: Mo-Fr 9h00-17h00, Sa 9h00-13h00/Touren nach Vereinbarung	300 Jahre altes Weingut mit historischen Cape-Dutch-Gebäuden, Museum, Farmshop. Mittagsrestaurant von Okt.-April	
*Boschendal	An der R310, kurz vor der R45	(021) 870-4000/ (021) 874-1864	Weintesten: Mo-Fr 8h30-16h30, Sa 8h30-12h30/Weinkeller bzw. -bergtouren nach Vereinbarung	Histor. Cape-Dutch-Gebäude (18. Jh.), schöne Anlage. Picknick, gutes Restaurant in ehem. Weinkeller (nur Mittagessen), der Tip für eine Weingutbesichtigung	
Morgenhof	5 km nördl. von Stellenbosch an der R44	(021) 889-5510/ (021) 889-5266	Weintesten: Mo-Fr 9h00-16h30, Sa 10h00-15h00, So 10h00-15h00/Touren nach Vereinbarung	300 Jahre altes Weingut mit hist. Architektur, im Sommer kl. Mittagessen	ab S. 477
*Rust-en-Vrede Estate	5 km südl. von Stellenbosch abfahren von R44. Dann noch ca. 2 km in die Weinberge hineinfahren	(021) 881-3881/ (021) 881-3000		Historisches Weingut, das vor gut 20 Jahren auf wenige, sehr ausgesuchte Rotweine umgestellt wurde. Prämierte Weine. Mandela hat für das Galadinner bei der Verleihung des Nobelpreises einen Cabernet Sauvignon von diesem Gut als Tischwein aus Südafrika ausgesucht.	

Franschhoek

	Beschreibung	Öffnungszeiten	Telefon	Lage	
*Boschendal	siehe Stellenbosch				
Bellingham	1693 gegründet, schön gelegen	Weintesten: Mo-Fr 9h00-17h00, Sa 10h00-13h00	(021) 874-1011/ (021) 874-1690	R45, ca. 7 km nordwestl. von Franschhoek	ab S. 481
*La Motte	300 Jahre altes Weingut, histor. Cape-Dutch-Gebäude	Weintesten: Mo-Fr 9h00-16h30, Sa 9h00-12h00	(021) 876-3119/ (021) 876-3446	An der R45 (nordwestl. Ortseingang)	
*Cabrière Estate	Bekannt für die Schaumweine (prämiert) und den Pinot Noir	Weintesten: Mo-Fr 11h00-13h00, 14h00-16h30, Sa 11h00-13h00. Deutschsprachige Touren nach Vereinbarung	(021) 876-2630	Straße auf den Franschhoek Pass hinauf	
La Provence/ Haute Provence	Histor. Cape-Dutch-Herrenhaus, oft prämierte Weine, Unterkunft in hist. „Jonkershuis"	Weintesten: Mo-So 9h00-16h00/Touren in der Saison nach Vereinbarung	(021) 876-3195/ (021) 876-3118	R45/Main Rd (nordwestl. Ortseingang)	

Worcester

*KWV Brandy Cellar	Größter Brandykeller der Welt (120 Kupferkessel)	Brandytesten: 8h00-17h00, Sa 9h00-16h00/Touren: Mo-Sa 10h00-14h00 (auch in Deutsch)	(0231) 20255yy/-	Church St.	ab S. 490

Somerset West

*Vergelegen	Histor. Cape-Dutch-Weingut, alte Bäume, Mittags-Restaurant und Tee-Garten	Weintesten: Mo-Sa 9h30-16h00, So in Saison/ Touren unregelmäßig in dieser Zeit	(021) 847-1334/ (021) 847-1608	4 km nordöstl. von Somerset West gelegen (entlang Lourensford St. in Richtung Helderberg Nature Reserve)	ab S. 482

Sonstiges

• **Hover Dynamics:** Tel.: (021) 934-3290. Hubschrauberflüge. Sie können die Route auch selbst wählen. Bei klarem Wetter ein einmaliges Erlebnis.
• **Arts & Crafts Touren,** besonders die mit einem Augenmerk auf afrikanische „Township-Art", sind z.Zt. der große Renner. Infos dazu im Touristenamt.
• Jegliche Art von Outdoor-Unternehmungen sowie Safaris können Sie buchen bzw. organisieren über **Adventure Village** (229 Long St., **Innenstadt**, Tel.: (021) 424-1580).

Sport treiben und ansehen in und um Kapstadt

Unter **www.kapstadt-tour.com/aktivurlaub/index.htm** finden Sie weitere, aktuelle Infos zu verschiedenen Abenteuer-Sportarten (Bungee Jumping, Abseiling, Drachenfliegen etc.)

 Hinweis
Viele Tour-Unternehmer und Adventure-Anbieter unterhalten im Büro von Cape-tour (Touristeninformation) einen eigenen Stand. Hier können Sie sich vorerst informieren und dann auch bequem buchen. Lesen Sie auch unter den entsprechenden Stichworten im „Allgemeinen A–Z" (S. 129ff).
Ein Unternehmen, das sich spezialisiert hat auf die Buchung und Organisation nahezu aller Arten von Outdoor-Aktivitäten, ist **Adventure Village:** 229 Long Street, **Innenstadt**, Tel.: (021) 424-1580. U.a.: Safaris, Fallschirmspringen, Paragliding, Helikopterflüge, Heißluftballon-Flüge, Ausritte, Bergsteigen, Kloofing, Sea Kayaking, Tauchen, Angeln etc.

Sport treiben

Abseilen/Bungee-Jumping
„Abseiling", das Wort wurde aus dem Deutschen übernommen, ist eine beliebte Sportart in und um Kapstadt, besonders dort, wo es kleine Canyons gibt. Dabei werden Sie an einem Seil z.B. in einen Canyon und/oder an einer steilen Wand abgeseilt, und wenn Sie es etwas aufregender lieben, können Sie sich auch ins Leere fallen lassen, ähnlich dem Bungee-Jumping. Beliebteste Abseiling-Regionen um Kapstadt sind der Chapman's Peak, das Tafel-berg-Gebiet und der Kamikaze Kanyon. Letzterer beinhaltet zuerst eine Wanderung durch eine Schlucht, das Raufkraxeln auf die Kante und schließlich ein Abseil-Sprung 60 m in die Tiefe.
Bungee-Jumping ist natürlich ebenfalls populär, und seit 2000 gibt es direkt in Kapstadt einen „Adrenalin produzierenden" Sprung: Aus der Gondel der Tafelbergseilbahn (Tiefe: ca. 70 m, Zeit: morgens 6–8h). Sollten Sie an Sprüngen von Brücken Interesse haben, raten wir Ihnen, westlich von Mossel Bay, direkt an der N2, einen Probesprung von der Gourits River Bridge (62 m hoch) zu machen, um dann von der Bloukrans Bridge (N2, beim Tsitsikamma NP, östl. von Plettenberg Bay) den welthöchsten Sprung (216 m) zu unternehmen.
Erkundigen Sie sich im Touristenamt nach Anbietern für beide Sportarten. Zu oft wechseln diese ihre Kontaktadresse, als dass es sinnvoll erscheint, an dieser Stelle welche zu nennen.

Drachen fliegen
Drachenflieger aus Übersee dürfen nur fliegen, wenn sie (aus Versicherungsgründen) Mit-glied des **South African Aero Clubs** (Info: P.O.Box 898, Kempton Park 1620, Tel.: (011)

394-4974) sind. Eine vorübergehende Mitgliedschaft ist möglich. Falls man nicht sein eigenes Fluggerät mitbringt (und wer kann es schon!), ist allerdings auf Clubhilfen angewiesen, da es in Südafrika keinen offiziellen Drachenverleih gibt. Informationen gibt es auch bei der **South African Hang Gliding and Paragliding Ass.** (Tel./Fax: (011) 609-1678).
Und wer nur mal „schnuppern" möchte, kann mit einem erfahrenen Paraglider in Form von „Tandem Paragliding" einen Sprung wagen.
Hervorragend eignen sich die Tafelberglandschaften am Kap (allerdings nur in den Sommermonaten).
Eine lokale Kontaktadresse ist:
• **Cape Albatros Club**: P.O.BOX 342, Sea Point 8060, Tel.: 021/462 2660

Fahrrad fahren/Fahrradverleih

Fahrrad fahren im Innenstadtgebiet ist wenig sinnvoll. Es gibt keine Fahrradwege, und die Autofahrer sind Fahrradfahrer im Verkehr auch nicht gewohnt. Beliebt ist aber das Fahrrad fahren auf der Kaphalbinsel. Dabei werden Sie samt einem gemieteten Fahrrad in einem Kleinbus an den gewünschten Ausgangspunkt gebracht und stadtnäher dann wieder abgeholt.
Zudem gibt es auf der Kaphalbinsel und im Umland zahlreiche **Mountainbike-Strecken**, über die Sie Ihr Fahrradverleiher genauer informiert.
• **Aktuelle Anbieter** wechseln zu oft Adresse und Firmennamen. Daher schlagen wir vor, dass Sie sich vor Ort im Touristenbüro erkundigen. Dort liegen zudem zahlreiche Broschüren von Fahrradverleihern aus. Eine bisher recht konstante Adresse in Kapstadt ist: **Mike Hopkins Cycles:** 133a Bree St., **Innenstadt**, Tel.: (021) 423-2527. Nebenan auch Verleih von Mopeds und kleinen Motorrädern.
• Wer in einem **Hostel/Backpacker** nächtigt, wird dort an den schwarzen Brettern weitere Anbieter finden. Manche Hostels/Backpacker verleihen auch selbst Fahrräder.
• In der **Long Street**, nahe den Hostels/Backpacker, taucht von Zeit zu Zeit immer wieder ein neuer Fahrradverleih auf.

Golf/Golfplätze

• Möchten Sie eine Tour zu verschiedenen Golfplätzen der Kapprovinz (inkl. Sightseeing-Programm) im „Paket" buchen, empfiehlt sich hierfür ein Spezialanbieter, wie z.B. **Ascot Tours C.C.**: 6 Eksteen Ave., Bergvliet, Cape Town 7945, Tel.: (021) 75-9708, Fax: (021) 75-1509. Auch die Unterkünfte können über Ascot arrangiert werden.
Es gibt z.Zt. ca. ein Dutzend Golfanlagen im Raum Kapstadt und gut 20 weitere im hier beschriebenen Reisegebiet. Die schönsten und bekanntesten davon im **Raum Kapstadt** sind:
• **Erinvale:** Lourensford Rd, P.O.Box 3500, **Somerset West** 7129, Tel.: (021) 847-1906, Fax: (021) 847-1901. 18 Löcher, 5.892 m,

Milnerton Golf Club: Golfen mit Ausblick

tägl., Bar, Restaurant, Hotel. Auf diesem berühmten Golfplatz zwischen den Weinbergen von Somerset West wurde 1997 der „World Cup of Golf" ausgetragen. Die 18 Bahnen verteilen sich über ein hügeliges Gelände, das selbst Könner herausfordert. Angeschlossen ist ein Hotel, wobei die Empfehlung hier den Apartments gilt.

• **Royal Cape:** 174 Ottery St., **Wynberg** 7800, Tel.: (021) 761-6551/2, Fax: (021) 797-5246. 18 Löcher; 5.787 m, Gastspieler: Mi, Sa + So, Bar, Restaurant. Der älteste Golfclub Südafrikas. Gegründet 1885. Austragungsort vieler Meisterschaften. Parklandschaft mit vielen Bäumen.

• **Milnerton:** Bridge Rd, **Milnerton** 7441, Tel.: (021) 52-1047, Fax: (021) 5511-5897. 18 Löcher; 5.788 m, tägl., Bar, Restaurant. Der Platz liegt in den Dünen (Lagunengelände) direkt vor der Table Bay. Schöner Blick auf Kapstadt und das Tafelbergmassiv. Eine Herausforderung sind die relativ starken an- und ablandigen Winde, die nicht nur die Bälle beeinflussen, sondern auch den Sand, der gerne in die Augen weht... Telefonische Reservierung für Gastspieler auch über: (021) 52-3108.

• **Rondebosch:** Klipfontein Rd, P.O.Box 495, **Rondebosch** 7700, Tel.: (021) 689-4176, Fax: (021) 685-1447. 18 Löcher; 5.710 m, tägl., Bar, Restaurant. Panoramaaussichten von einigen Löchern. Hügelig, durchkreuzt von vielen Kanälen und Wasserläufen. Nach dem weit weniger attraktiven Metropolitan Club (Mouille Point, nahe V&A Waterfront) zusammen mit Mowbray (s.u.) der innenstadtnächste Platz. Telefonische Anmeldung für Gastspieler oft auch: (021) 685-6220.

• **Mowbray:** Alexander Rd, P.O.Box 3, **Pinelands** 7430, Tel.: (021) 685-3018, Fax: (021) 686-6008. 18 Löcher; 5.904 m, tägl., Bar, Restaurant. Einer der schönsten Golfplätze Südafrikas, dafür aber auch sehr frequentiert. Sehr viele Bäume und „Bunker" erfordern ein präzises Spiel, und auch die plötzlich einfallenden Bergwinde haben es in sich. Der sehr britische Club belohnt dafür mit wunderschönen Ausblicken aufs Tafelbergmassiv. Auch sehr innenstadtnah (s. Rondebosch).

• **Stellenbosch:** Strand Rd (R44), P.O.Box 277, **Stellenbosch** 7599, Tel: (021) 880-0103/4, Fax: (021) 880-0260. 18 Löcher; 5.581 m, Bar, Restaurant. Meisterschaftskurs inmitten hügeliger Weinfelder gelegen. Der wunderschöne Platz besticht auch dadurch, dass er geschützt liegt vor den gefürchteten South-Easter-Winden. Viele Bäume.

• **Steenberg:** P.O.Box 224, Constantia Valley, **Steenberg** 7947, Tel.: (021) 713-2233, Fax: (021) 713-2231. 18 Löcher; 5.000 m, nach Vereinbarung. Neuer Golfplatz auf dem Gelände der ältesten Weinfarm Südafrikas (siehe auch S. 207). In kürzester Zeit zu einem „Klassiker" geworden, da neue und nahezu vergessene Spielelemente in die Gestaltung einbezogen wurden. Heiß begehrt!

Weitere Golfplätze in anderen Gebieten des beschriebenen Reisegebietes finden Sie unter den einzelnen Orten auf den Seiten 262ff.

„Kloofing"

Das Abseilen in sowie Springen und Durchklettern von Schluchten erfreut sich immer größerer Beliebtheit in Südafrika. Im Kapstädter Raum sind die Canyons und Steilwände des Tafelbergmassivs (u.a. Chapman's Peak, Sentinel bei Hout Bay) das beliebteste Ziel. **Adventure Village** (s.o.) und einige Anbieter haben Broschüren im Touristenamt ausliegen.

Schwimmbäder/Massagen

• Ein Knüller ist der **Long Street Baths & Swimmingpool** an der Ecke Long Street/ Buitensingel, Innenstadt, Tel.: (021) 400-3302. Neben dem öffentlichen Hallenbad beein-

druckt viel mehr das türkische Dampfbad, wo man auch eine günstige Massage erhalten kann. Mo, Do und Sa sind Frauentage, den Rest der Woche dürfen die Männer ran. Gemischttage gibt es nicht.

Sea-Kayaking
Diese Sportart erfreut sich immer größerer Beliebtheit, auch in und um Kapstadt. Dabei fahren Sie mit einem Ein-Personen-Kajak vor die Küste. Besondere Vorkenntnisse sind nicht erforderlich, doch sollten Sie körperlich trotzdem einigermaßen fit sein. Überschätzen Sie sich auch nicht. Besser ist, Sie nehmen zu Beginn an einem kurzen Lehrgang teil. Dieser dauert aber nur ca. 2 Stunden, und anschließend können Sie sich auf einem Kurztrip testen.
Bekanntestes Unternehmen ist **Coastal Kayak Trails** *(P.O.Box 50238, Waterfront, 80002, Cape Town, Tel./Fax: (021) 439-1134, Internet: www.twisted.co.za/ctrail/index.html), das Lehrgänge und Touren aller Art (auch mehrtägige) anbietet.*
Erkundigen Sie sich im Touristenamt nach weiteren Anbietern. Zu oft wechseln die kleineren ihre Kontaktadresse, als dass es sinnvoll erscheint, an dieser Stelle weitere zu nennen.

Seakayaking wird immer beliebter am Kap

Segeln
Lesen Sie dazu bitte im „Allgemeinen A–Z" auf S. 168f

Strände
Die Strände von Kapstadt und entlang der Kaphalbinsel laden nahezu alle ein wegen des schönen Sandes und des unvergleichlichen „Ozean-Ambiente". Leider übersteigen die Temperaturen am Atlantik selten das Nordsee-Niveau, wogegen die Strände an der False Bay weiter entfernt zur Innenstadt liegen. Hier ist das Wasser aber etwas wärmer, und die Wellen sind höher.

Die beliebtesten Strände Kapstadts und der Kaphalbinsel sind:
ATLANTISCHER OZEAN:
• **Milnerton - Bloubergstrand:** *Weite Sandstrände, oft aber unterbrochen durch Felsen und windig. Herrliche Aussichten auf Kapstadt.*
• **Sea Point:** *Oft überlaufen, zu stadtnah.*
• **Clifton:** *Weißer Strand, viele „private" Ecken. Der „In"-Strand für die „rich and beautiful". Schwierig mit dem Parken.*
• **Camps Bay:** *Beliebter Strand, da noch innenstadtnah. Voll am Wochenende und während der Ferien, dafür aber immer gut für Strandparties und diejenigen, die zwischendurch mal shoppen bzw. einen Cappuccino trinken wollen. Kurzum: „trendy" und schick.*
• **Zwischen Camps Bay und Hout Bay** *gibt es einige kurze Strände, wobei der von* **Oudekraal** *hervorsticht durch die natürlichen „pools", in denen keine Wellen sind und deren Wasser durch die Sonne mehr aufgewärmt ist.* **Sandy Bay-Beach** *bei Llandudno ist der (inoffizielle) FKK-Strand Kapstadts. Obwohl verboten, wird die Freikörperkultur hier geduldet.*
• **Hout Bay:** *Schöner Strand, und hinterher lockt ein Seafood-Mahl in der kleinen Stadt.*

- **Hout Bay - Cape of Good Hope:** *Hier wird das Wasser noch etwas kühler, daher sind die Strände eher beliebt zum Spaziergehen bzw. Surfen. Der* **Noordhoek Beach** *ist mit über 7 km der längste Strandabschnitt am Atlantik südlich der Innenstadt. Achten Sie an allen Stränden in diesem Abschnitt auch auf die starken Strömungen.*
- **Cape of Good Hope Nature Reserve:** *Hier gibt es keine nennenswerten Strände. Das Wasser ist zu kalt und die Strömung zu stark. Außerdem sind die Küstenabschnitte umständlich zu erreichen. Daher empfehlen wir in diesem Naturgebiet das Baden auf dem an der False Bay gelegenen* **Bordjiesrif an der Buffels Bay.**

FALSE BAY:
- **Gordon's Bay:** *Windgeschützt durch die Hottentots Holland Mountains. Beliebt bei Familien.*
- **Strand:** *5 km langer Sandstrand, der sehr flach ins Wasser verläuft und am u.g. „Strandpavilion" endet.*
- **Zwischen Strand und Muizenberg:** *Der lange, weiße Sandstrand lädt zwar wegen seiner natürlichen Beschaffenheit ein, doch werden die Strände hier nicht kontrolliert.*

Strände am Kap: Auch „nur" für einen Spaziergang gut

Zudem ist gerade dieser Küstenabschnitt oft sehr neblig und wird gerne frequentiert als „Partyzone" von Bewohnern aus den Townships (bes. nahe dem Pavilion „Strandfontein") sowie von Strandanglern.
- **Muizenberg:** *Ein wunderschöner, weißer und feiner Sandstrand und die größte Ansammlung der bekannten, bunten Holzstrandhäuser machen diesen Strand immer noch zu einem Favoriten. Leider befindet sich der Ort Muizenberg z.Zt. im Umbruch und ist wenig attraktiv. Brin-*

gen Sie sich also einen gefüllten Picknickkorb mit. Übrigens war Muizenberg früher die Nobeladresse der kapländischen Badekultur.
- **St. James** *und* **Kalk Bay** *haben kleine Strände, deren natürliche Pools zudem noch einladen. Der Strand von* **Fish Hoek** *mag etwas größer sein, aber hier herrscht in der Saison und an Wochenenden reger Betrieb, da der Ort selbst zahlreiche Hotels hat.*
- *Neben Muizenberg empfehlen wir* **Seaforth** *(bei Simon's Town) als den besten Strand an der False Bay. Statistisch betrachtet, ist es hier am windärmsten (was wir leider nicht erleben durften...).*
- *Oft wird auch* **Boulders** *ein Stück weiter empfohlen – besonders wegen der Pinguin-Kolonie und der Beschaffenheit (abgerundete Felsen, weißer Strand). Doch am Pinguin-Strand können Sie nicht richtig baden und ob man sich mit den befrackten Tierchen nun das Wasser streitig machen sollte...?*
- *Im Cape of Good Hope Nature Reserve lockt schließlich noch der* **Bordjiesrif an der Buffels Bay.** *Besonders unter der Woche ist dieser Strand wenig besucht, da er nun ja auch von der Stadt weit entfernt liegt. Eine Anfahrt mag nicht lohnen, aber bei einer Kapumrundung spricht er allemal für das Einpacken der Badehosen. Der Gezeitenpool sorgt zudem für sichere Verhältnisse für Kinder.*

Hinweis: *Geographisch betrachtet, streiten sich die Gemüter darüber, ob die False Bay bereits zum Indischen Ozean gehört oder erst der Küstenabschnitt östlich vom Cape L'Agulhas. Die Kartographen favorisieren die zweite Deutung, die Wassertemperaturen und natürlichen Gegebenheiten sprechen aber eher für erstere.....*

Sicherheit: *Die Strände um Kapstadt gelten als sicher, zumindest was die Haie angeht. An den belebtesten Stränden gibt es „Life Guards", und z.T. werden auch Polizeipatrouillen eingesetzt. Achten Sie aber auf Ihre Wertsachen, die Sie niemals unbeaufsichtigt lassen sollten. Lassen Sie auch keine Wertsachen im Fahrzeug.*

Windsurfen/Wellensurfen/Surfverleih
Kapstadt und die Kaphalbinsel gelten als Surferparadies. In den Monaten September bis Mai sorgt die Hochdrucklage für starke Südostwinde („Cape Doctor") am Atlantik, während die Tiefdruckwinde während der Wintermonate eher für abenteuerliche Wellen an der False Bay verantwortlich sind. Dann sind auch die Wellensurfer gefordert.
Die besten Windsurfgebiete um Kapstadt liegen südlich von Hout Bay, allen voran **Noordhoek**. *Beliebt ist aber auch der* **Bloubergstrand**. *Die Wellensurfer zieht es vor allem an die Küste* **zwischen Muizenberg und Fish Hoek**.

Wer sich über die aktuellen Surfbedingungen (Wetter, Wellen etc.) erkundigen möchte, sollte die Hotline anrufen: (021) 788-8226 (schnelle Ansage!)

Der bekannteste Surfladen, wo Sie Infos erhalten und Boards ausleihen können, ist das **Surf Centre** *(70 Loop St., Ecke Hout St., Tel.: (021) 423-7853)*

Tauchen
Das Revier ums Kap ist sehr beliebt fürs Tauchen. Lesen Sie dazu bitte auf der Seite 173 im „Allgemeinen A–Z".
• **Ocean Divers** *(im Ritz Protea Hotel, Main Rd,* **Sea Point**, *Tel.: (021) 439-1803 od. 439-8458) ist der wohl bekannteste Veranstalter in Kapstadt. Weitere Anbieter haben ihre Broschüren im Touristenamt ausliegen.*
• *Ein Unternehmen, das von sich behauptet, dem ökologischen Aspekt beim sehr umstrittenen „White Shark Diving" (Haitauchen im Käfig) gerecht zu werden, ist:* **South Coast Seafari's**, *P.O.Box 638, Gansbaai 7220, Tel.: (02834) 41380, Fax: (02834) 41381. Gansbaai liegt 2 Stunden von Kapstadt entfernt, zwischen Hermanus und dem Cape L'Agulhas.*

Wandern/Wanderführer
• **Peninsula Ramblers** *ist eine Gemeinschaft von begeisterten Wanderern, die an Wochenenden Wanderungen in Kapstadts Umgebung unternehmen. Jeder kann teilnehmen, doch können Sie sich über das Programm nur in der Zeitung (z.B. im „Argus" am Samstag, Beilagen-Rubrik „Action Planner") erkundigen.*
• *Wer eine ernstzunehmende* **Wanderung auf den Tafelberg** *machen möchte, sollte sich bei Richard Ledger, einem ausgebildeten Wanderführer, melden. Tel.: (021) 61-4558.*
• **Mountain Club of South Africa**: *97 Hatfield St.,* **Innenstadt**, *Tel.: (021) 465-3412 Wanderungen und Bergsteigen mit ausgebildeten Bergführern. I.d.R. nur etwas für geübte Bergwanderer.*
• *Ansonsten fragen Sie im* **Touristenamt** *nach bzw. wählen Sie aus den dort ausliegenden Broschüren einen Wanderführer aus.*

Übrigens: *Wer früh startet, kann auch schöne Wanderungen im* **Cape of Good Hope Nature Reserve** *unternehmen.*

Lesen Sie auch im „Allgemeinen A–Z" auf S. 178f und beachten Sie den Infokasten zu den drei Bergen um die City Bowl auf S. 363ff sowie die Beschreibung des Tafelbergs auf S. 393ff.

Sport ansehen

Allgemeine Sportveranstaltungen

Südafrika kann ohne Zweifel als sportbegeisterte Nation angesehen werden. Wie bei uns und vor allem in den angelsächsischen Ländern, werden Sportveranstaltungen jeder Art live und im Fernsehen mit Begeisterung verfolgt. Selbst in vielen Kneipen werden die Bildschirme voller Erwartungen eingeschaltet, wenn z.B. die „Bokkies" (Springboks), das nationale Rugby-Team, gegen die neuseeländischen „All Blacks" antretetn. Dann geht es hoch her, wobei der „britische" Sportsgeist nie zu kurz kommt.

Cricket: Relikt aus britischen Zeiten

Doch die bekanntesten Sportarten haben sich noch nicht recht lösen können von den ehemaligen „Ausspaltungen" während der Apartheid. Natürlich kann heute in jeder Sportart jeder schauen bzw. mitmischen, doch bleibt Cricket wohl für alle Zeiten das versnobte und zu komplizierte Spiel der britischen Aristokratie, dem neben wenigen Weißen nur die „Coloureds" etwas abgewinnen können, während dem Rugby der burische Charakter noch lange anhaften wird. Dabei ist Südafrikas (mittlerweile gemischte) Rugbymannschaft eine der besten der Welt, der z.Zt. nur die Neuseeländer und Australier Paroli bieten können, während die englischen und französischen Teams in einem Vergleich immer nur als zweiter Sieger hervorgehen. Für die Bewohner der Townships bleibt es aber die raue Sportart der Buren. Das

Sie können Tickets für größere Veranstaltungen (Theater, Musik, Sport u.a.) bequem per Telefon buchen. Computicket bietet diesen Service an, übrigens auch für Veranstaltungen in anderen Landesteilen:
• **Computicket:** Infos: (021) 430-8010, Buchung mit der Kreditkarte (bereithalten beim Anruf): (021) 430-8000. Computicket unterhält auch zahlreiche Schalter, die sich zumeist in größeren Shoppingmalls befinden. Unter og. Infonummer können Sie sich informieren, wo sich der für Sie nächste Schalter befindet.
Zwei Adressen schon einmal hier:
1) Im Untergeschoss der Victoria Wharf an der *V&A Waterfront*
2) In der Shoppingmall unter dem Cape Sun Hotel in der Berg Street (zw. Waterkant u. Strand St.). *Innenstadt.*
Ein paar weitere Computicketadressen finden Sie auf S. 205f.

zeigt auch der vergebliche Versuch, den Afrikaans-Namen des Teams („Springboks") auszu-
tauschen. Zwar gilt „Springboks" nicht mehr als offizieller Name, doch selbst die Tageszeitungen halten sich nicht daran. Übrigens wird in Südafrika nach den Regeln der Rugby
Union gespielt, die härter sind als die der sog. „League".

In den Townships dagegen wächst das Interesse an Fußball (= Soccer) – einst der Sport
der „Coloureds" –, und die Nationalmannschaft konnte mittlerweile schon einige Erfolge
verbuchen. Kapstadt plant sogar, sich für eine der kommenden Fußball-WMs zu bewerben
– ein wenig aus Frust, da seine Bewerbung um die Olympischen Spiele 2004 nur mit dem
dritten Platz belohnt wurde. Doch was wäre Südafrika ohne seinen Sportsgeist: Man denkt
bereits über eine erneute Olympia-Bewerbung für 2008 nach ... Sonstige Sportarten ran-
gieren in der Zuschauergunst eher unter „ferner liefen". Leichtathletik zieht nur in den
großen Sportanlagen in Johannesburg, Golf gehört eher zum Establishment, d.h. man spielt
es, redet aber nur unter seinesgleichen darüber, und die südafrikanischen Tennisprofis –
ebenfalls erfolgreich – zeigen ihr Können gegen internationale Gegner nur selten zu Hause.

Wo wird gespielt (große Veranstaltungen):
- *Cricket:* Gespielt wird in Newlands, wobei dieser Sport nur bei internationalen
Begegnungen gut besucht ist.
- *Fußball:* Die Kapstädter Mannschaft, die „Cape Town Spurs", spielen im
Athlone Stadium, während die ganz großen Veranstaltungen auch im Green Point
Stadium stattfinden.
- *Rugby:* Newlands Stadium, in dessen Umfeld sich ja auch das Rugby Museum
befindet (s. S. 403). Die lokale Mannschaft heißt ganz einfach „Western Pro-
vince".

Casinos

2000 mit viel Tamtam eröffnet, gilt das **Grand West Casino** in Goodwood (Vanguard
Drive, Tel.: (021) 505-7777, Internet: www.suninternational.com) z.Zt. als das größte seiner
Art im Südlichen Afrika. Die Gebäude sind dem Baustil des Kapstadt um 1900 (viele
Gebäudereplika aus dem District Six) nachempfunden. Neben Spielautomaten und Rou-
lettetischen gibt es hier natürlich auch verschiedenste Unterhaltungslokale, so z.B. den
Hanover Street Nightclub, in dem neben Discjockeys auch Livebands (oft flotter, moder-
ner Jazz) für Stimmung sorgen. Die Restaurants decken alle Sparten ab (Steak, Japanisch,
Chinesisch, Mexikanisch etc.). Das gesamte Casino-Projekt ist Teil einer groß angelegten
Restaurierung des Gebietes zwischen N1 und N2, welche in den nächsten Jahren ange-
gangen wird.

Mit dem Bau des Casinos nahe der Waterfront wurde 2001 begonnen.

Regionale Reisetipps für das übrige Reisegebiet von A–Z

Preisrichtlinien für die Unterkünfte:

Bitte beachten Sie, dass während der Hochsaison die Preise um bis zu 40 % ansteigen können. Alle Preisrichtlinien gelten für Doppelzimmer. Einzelzimmer liegen bei ca. 65–70 % des Doppelzimmerpreises. Hochsaison ist von Dezember bis April. Besonders dann können die Preise höher liegen.

$ = *unter 220 SAR – einfache Hotels, Gästehäuser, Herbergen*
$$ = *220–350 SAR – Hotels der unteren Mittelklasse, Bed & Breakfast-Unterkünfte*
$$$ = *350–500 SAR – Hotels und Gästehäuser der Mittelklasse, bessere Bed & Breakfast-Unterkünfte*
$$$$ = *500–700 SAR – Hotels der Oberklasse, vornehme Gästehäuser, Privatlodgen, historische Weingüter (günstig)*
$$$$$ = *über 700 SAR – Luxusklasse*

Das Frühstück ist, bis auf die „Backpacker" und die meisten Selbstversorgerhütten, i.d.R. im Zimmerpreis inbegriffen.

Reservierung: Beachten Sie, dass die meisten Touristeninformationen (Info-Center) der einzelnen Orte **kostenlos** Unterkünfte für Sie heraussuchen und reservieren. Sollten Sie also Probleme haben, die Hotels und Lodgen zu erreichen bzw. sollte es Sprachprobleme geben, können die Touristenämter oft in Deutsch weiterhelfen. Die meisten von ihnen sind auch übers Internet zu erreichen: I.d.R. unter dem Ortsnamen und dann „co.za", so ist Knysna z.B. unter ***www.knysna.co.za*** zu erreichen.

Unsere Top-Favoriten bei den Hotels außerhalb von Kapstadt gleich vorweg:

• **Wilderness Manor Guest House $$$–$$$$:** 397 Waterside Road, am Ufer der Wilderness Lagune, P.O.Box 484, Wilderness 6560 *(Garden Route, S. 541ff)*, Tel.: (044) 877-0264, Fax: (044) 877-0163. Sehr elegantes, recht modernes Gästehaus. Im Kolonialstil eingerichtet, und somit gibt es ausgesprochen gemütliche Aufenthaltsräume, eine kleine Bibliothek und einen Billard-Raum. Von den Balkonen haben Sie einen schönen Ausblick auf die

Wilderness Manor

Lagune. Die Betten haben fast alle Baldachine. Mountain Bikes, Kanus und Strandutensilien können ausgeliehen werden. **Warum ein Favorit?** Für den Preis können Sie kaum schöner an der Garten Route wohnen und diese erkunden. Das Frühstück ist übrigens auch eine Wucht!

• **Zuurberg Mountain Inn $$$:** P.O.Box 12, Addo 6105 (Nahe *Port Elizabeth, S. 527ff),* Tel.: (042) 233-0583, Fax: (042) 233-0070. Keine Reservierung über die Parkverwaltung! Anfahrt: Folgen Sie den Schildern zum Addo Elephants NP auf der R335. 1,4 km südlich des Abzweigers zum Addo Park führt eine Piste zum Hotel. Auf dieser müssen Sie dann 13 km fahren. Das Zuurberg Inn ist ein historisches Hotel, welches an der ehemaligen Hauptstraße über die Zuurberge liegt und damals viele Durchreisende verköstigte und ihnen ein Nachtlager bot. Heute bestechen die gemütliche Atmosphäre im alten Hauptgebäude (Kaminzimmer, Bar, rustikales und gutes Restaurant), die 5 „alten" Zimmer des Hotels sowie die schön und farbenfroh restaurierten Rondavels. Vom Hotel aus lassen sich schöne Wanderungen in das Gebiet der Zuurberge unternehmen. Wichtig: Da das

Hotel im Park liegt, müssen Sie unbedingt bei der Reservierung erfragen, ab wann die Parktore geschlossen sind! **Warum ein Favorit?** Kolonial-englisches Ambiente in wohltuender Abgeschiedenheit. Kein Luxus, aber schön. Und es stimmt der Preis.

Le Quartier Francais: Auch die Küche ist Spitze

• **Le Quartier Francais $$$$– $$$$$:** 16 Hugenot Rd, Franschhoek 7690 *(Weinanbaugebiet, S.468ff),* Tel.: (021) 876-2151, Fax: (021) 876-3105. Die wohl schönste Unterkunft im Ort selbst, untergebracht in einem viktorianischen Haus (mit Garten, Pool und Bibliothek). Jedes der 14 Zimmer hat einen eigenen Kamin. Angeschlossen ist ein erstklassiges Restaurant. **Warum ein Favorit?** Luxus gepaart mit exquisiter Küche inmitten des Weinlandes. Und in Franschhoek ist weit weniger Trubel als in Stellenbosch.

• **Fynbos Ridge Cottages $$$$:** 5 km entlang der N2 in Richtung Knysna (Schild an N2), P.O.Box 1283, Plettenberg Bay 6600 *(Garden Route, S. 541ff),* Tel./Fax: (044) 532-7862. Paul und Sally Falla haben hier eine Oase der Ruhe, Beschaulichkeit und der Großzügigkeit geschaffen. Die „Cottages" sind in Wirklichkeit wunderschön herausgeputzte Häuser mit jeweils 2 Schlaf- und Badezimmern, einer Küche und einem großen Wohnzimmer mit Kamin. Auf der wettergeschützten Terrasse gibt es einen Außenkamin und Grill. Von hier fasziniert der Ausblick auf die Bergkette, den man am schönsten beim Frühstück bzw. Sundowner genießen kann. Und für alles wird gesorgt: Frühstück (vorher anmelden), Kaminholz, Informationen zur Umgegend, Reiseliteratur in den Häusern und, und, und. Das Gästebuch unterstreicht den Eindruck: Viele Gäste haben sich spontan entschlossen, länger zu bleiben. Einen Swimmingpool gibt es auch, und wer gerne mal selber kochen möchte: Die Küche ist komplett eingerichtet. Keine Kinder unter 12 Jahren. **Warum ein Favorit?** Weil Sie für das Geld kaum großzügiger wohnen können und das Ambiente auch für einen längeren Aufenthalt stimmt.

• **Hotel Swartberg $$$:** 77 Church St., Prince Albert 6930 *(PE - Graaff-Reinet - Kapstadt, S. 602ff)*, Tel.: (023) 541-1332, Fax: (023) 541-1383. Altes, hervorragend restauriertes Hotel (National Monument!) mit Landrestaurant (südafr. Küche) und einer hübschen, historischen

Fynbos Cottages: wunderschöne Häuser ... und jedes ganz für einen alleine

Bar. Viele Antiquitäten und alte Gästebücher in der Lounge, die bis zu 60 Jahre zurückgehen. Es gibt Zimmer im historischen Gebäude und etwas komfortablere in angeschlossenen Cottages. Swimmingpool. **Warum ein Favorit?** Mit Stil und abschweifend in die Geschichte nächtigen in einem absoluten „Karoo-Nest mit Flair" – einzigartig!

Ein echter Geheimtipp: Hotel Swartberg

• **Foster's Folly $$–$$$:** Vortrekker Rd, Oudtshoorn 6620 *(Kleine Karoo, S. 498ff)*, Tel.: (044) 279-2677, Fax: (044) 279-2678. Wunderschöne B&B-Unterkunft in einem ehemaligen Palast eines Straußenfarm-Barons. Die Zimmer sind riesig und antik eingerichtet. Das Frühstück ist zudem ausreichend für den ganzen Tag. Der Tipp in Oudtshoorn! **Warum ein Favorit?** Passender kann man die Traditionen Oudtshoorns wohl nicht erleben. Und auch noch bezahlbar!

• **Storms River Mouth Restcamp $$–$$$:** Im *Tsitsikamma Coastal Nat. Park (S. 541ff)*, südl. von Storms River, zu buchen über das National Parks Board: P.O.Box 787, Pretoria 0001, Tel.: (012) 343-2007 bzw. 343-1991, Fax: (012) 343-2006 bzw. 343-0905, Internet: *www.parks-sa.co.za*, in Kapstadt:

Storms River Camp: Ozean zum Sonderpreis

National Parks Board, Long St., Ecke Hout St., Innenstadt, Postanschrift: P.O.Box 7400, Roggebaai, Tel.: (021) 422-2810, Fax: (021) 424-6211. Bezaubernd gelegene Selbstversorger-Hütten für 2–8 Personen. Wenn auch einfach ausgestattet, gelten sie als mit die schönsten in einem südafrikanischen Park und sind daher oft lange im Voraus ausgebucht. Eine rechtzeitige Reservierung werden Sie aber mit Sicherheit nicht bereuen. Es gibt auch ein einfaches Restaurant. **Warum ein Favorit?** Das Rauschen des Indischen Ozeans, die Wandermöglichkeiten, der Duft des Holzes – schöner kann man sich nicht zurückziehen in die Natur der Garden Route und dabei noch den Platz eines eigenen Häuschens genießen.

- Die ruhig gelegenen ***Fishermen's Cottages** ($$$$, Tipp: Haus Nr. 21) in **Rein's Nature Reserve** *(westl. von Mossel Bay, S. 541ff)*. Nicht verwechseln mit den anderen Unterkünften im Reserve! Die Cottages haben eine voll ausgestattete Küche für Selbstversorger und waren früher Fischer- bzw. Farmhäuser (zwei sind noch reetgedeckt). Alle Cottages haben eine Veranda mit Grillplatz (Grillfleisch gibt es im Laden). Sie liegen aber sehr unterschiedlich: Nr. 21 steht z.B. direkt an der Küste, andere dagegen am Hang (trotzdem schöner Blick aufs Wasser). Diese Cottages befinden sich zwischen 2,5 und 5 km entfernt von der Rezeption – die einen mögen das, die anderen finden es evtl. zu einsam. **Warum ein Favorit?**

Hier erleben Sie einmal die Weite und Einsamkeit der kapländischen Küste und das Ganze in einem Naturreservat.

- **Buchu Bushcamp $$:** P.O.Box 820, Bredasdorp 7280, Tel.: (028) 542-1602, Fax: (028) 542-1741, Internet: *www.dorea.co.za/bushcamp*. Einfahrt direkt vor dem Main Gate des *De Hoop Nat. Reserve (S. 588ff)*. 6 wunderschöne, reetgedeckte Chalets mit jeweils 4 Betten warten hier auf Sie inmitten der Natur. Der

Günstig, individuell und nahe dem De Hoop Nat. Reserve: Buchu Bushcamp

Besitzer war bis 1998 der leitende Ranger von De Hoop und kann Ihnen jede Frage zur Umgegend beantworten. Es wird Wert gelegt auf umweltschonenden Energieverbrauch, und man vermittelt Ihnen hier zudem einen erstklassigen Bezug zur Natur. Frühstück ist inklusive, aber sollten Sie hier speisen wollen, müssen Sie das vorher anmelden (gute Küche!), denn die Hütten sind auch geeignet für Selbstversorger. **Warum ein Favorit?** Inmitten der Natur, bestens informiert, schöne Unterkünfte und das Ganze zu einem sehr günstigen Preis.

Buchungen für Unterkünfte in den Nationalparks erfolgen bis zu 72 Stunden vor Ankunft über das National Parks Board:
- *National Parks Board: P.O.Box 787, Pretoria 0001, Tel.: (012) 343-2007 bzw. 343-1991, Fax: (012) 343-2006 bzw. 343-0905, Internet: www.parks-sa.co.za, in Kapstadt: National Parks Board, Long St., Ecke Hout St., Innenstadt, Postanschrift: P.O.Box 7400, Roggebaai, Tel.: (021) 422-2810, Fax: (021) 424-6211. Buchungsnummer in Durban: Durban: (031) 304-4934*
- *Computicket übernimmt für viele Parks ebenfalls Reservierungen: (021) 422-2810 od. (012) 343-1991*

Und noch ein Tipp zu den Nationalparks: Die Kapazität der Restaurants ist arg begrenzt. Buchen Sie also gleich beim Reservieren der Unterkunft auch einen Tisch fürs Abendessen mit.

Addo Elephants National Park – inkl. ehem. Zuurberg National Park (S. 534ff)

Strecke
Port Elizabeth - Kapstadt (Garden Route)

* *(Folgeseiten) = Weitere Redaktionstipps*

Information
Hinweis: Der Zuurberg Nat. Park wurde verwaltungstechnisch an den Addo Elephants Nat. Park angeschlossen.

- Für beide Parks befindet sich das **Visitor Center** nun im Addo Elephants Nat. Park.
Telefonische Information: Addo Elephants NP: (042) 233-0556/7, Zuurberg NP: (042) 233-0581, Buchung und Infos im Internet über: www.parks-sa.co.za, zentrale Buchungstelefonnummer: (012) 428-9111.
Der Addo Elephants NP ist von 7h bis 19h geöffnet, der Abschnitt Zuurberg Park von 7h30 bis 16h30 (das gilt nicht fürs Zuurberg Mountain Inn – vorher nach Öffnungszeiten des Tores fragen!)

Unterkünfte
Hinweis:
Zentrale Buchungstelefonnummer für Nat. Parks siehe oben auf. Buchungen innerhalb von 72

Redaktions-Tipps Unterkünfte

- **Reservieren** Sie Unterkünfte in touristisch frequentierten Gebieten (Kapstadt Innenstadt, Nationalparks, Garden Route, Oudtshoorn, Weinland) rechtzeitig, besonders in den Wochen um Weihnachten und Ostern.
- Geben Sie bei der Buchung an, wenn Sie **nach 17h ankommen** werden.
- Sollten Sie mit **Kindern** reisen, fragen Sie bei der Buchung gleich nach, ob es ein Mindestalter gibt.
- Bei **Selbstversorgerunterkünften**: Anfragen, ob Bettwäsche, Geschirr und Besteck vorhanden sind. Und erkundigen Sie sich, ob es im Ort oder nahebei einen Laden gibt und wann der geöffnet ist. Falls nicht, ob Sie im Ort ein Restaurant vorfinden.
- Erkundigen Sie sich vorher, ob **Kreditkarten** bzw. **Reiseschecks** akzeptiert werden.

Stunden können auch direkt über den Addo Elephants Park selbst erfolgen: (042) 233-0556/7.

Unterkünfte im Addo Elephants NP:
• Es gibt mehrere, schöne **Selbstversorgerhäuser ($$–$$$)**, in denen 2–6 Personen unterkommen können. Abends können Sie hier auf der eigenen Veranda sitzen, und manchmal laufen sogar Tiere daran vorbei.
Die Küche ist komplett ausgestattet (Geschirr, Töpfe, Gläser, Tassen, Besteck etc.).

Unterkünfte im Abschnitt des (ehem.) Zuurberg NP:
• **Kabouga Guest House $$–$$$:** Einsam gelegenes Haus weitab vom Elefantenpark und nur mit einem Geländewagen zu erreichen. Etwas für Naturliebhaber, aber nicht als herkömmliche Unterkunft geeignet.
• ***Zuurberg Mountain Inn $$$:**

Tipp: Die Unterkunft einen Tag vorher telefonisch reservieren

P.O.Box 12, Addo 6105, Tel.: (042) 233-0583, Fax: (042) 233-0070. Keine Reservierung über die Parkverwaltung, da in privater Hand! Anfahrt: Folgen Sie den Schildern zum Addo Elephants NP auf der R335. 1,4 km südlich des Abzweigers zum Addo Park führt eine Piste zum Hotel. Auf dieser müssen Sie dann 13 km fahren. Das Zuurberg Inn ist ein historisches Hotel, welches an der ehemaligen Hauptstraße über die Zuurberge liegt, damals viele Durchreisende verköstigte und ihnen ein Nachtlager bot. Heute bestechen die gemütliche Atmosphäre im alten Hauptgebäude (Kaminzimmer, Bar, rustikales und gutes Restaurant), die 5 „alten" Zimmer des Hotels sowie die schön und farbenfroh restaurierten Rondavels. Vom Hotel aus lassen sich schöne Wanderungen in das Gebiet der Zuurberge unternehmen. Wichtig: Da das Hotel im Park liegt, müssen Sie unbedingt bei der Reservierung erfragen, ab wann die Parktore geschlossen sind!

Weitere Unterkünfte (auch Farmen und B&Bs) gibt es in und um den kleinen Ort Addo, von denen wir hier einmal das **Cosmos Cuisine** ($$$-$$$$, P.O.Box 4, Sunland 6115, Tel./Fax: (042) 234-0323, Internet: www.netversity.co.za/cosmos) nicht nur wegen der guten Küche, sondern auch für den sehr persönlich geführten Gästehausbetrieb hervorheben möchten. 10 Autominuten vom Addo Elephants NP. „Cosmos Cuisine" organisiert auch Foto-Safaris, Touren zu privaten Game Reserves, Buschwanderungen und Ausritte.

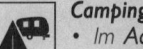

Camping
• Im **Addo Elephants NP** gibt es einen Campingplatz, das Campen im Zuurberg-Abschnitt ist dagegen rudimentär. Dafür können Sie aber bei rechtzeitiger Buchung hier im **Bush Camp** nächtigen.

Restaurants
• Es gibt am Hauptgebäude im **Addo Elephants NP** ein Restaurant, das aber nur zu begrenzten Stunden geöffnet hat und bei dem sich eine rechtzeitige Reservierung unbedingt empfiehlt, da Bustouren das Restaurant häufig komplett ausbuchen.

• Das **Zuurberg Mountain Inn** hat ein gemütliches Restaurant mit typischen südafrikanischen Gerichten. Vom Addo Elephants NP aus können Sie hier aber nicht hinfahren, da die Parktore i.d.R. um 19h schließen (vorher bestätigen lassen!), d.h., Sie kämen nicht wieder zurück zu Ihrer Unterkunft im Park. Dagegen können Sie natürlich alternativ im Zuurberg Mountain Inn nächtigen.

Albertinia (S. 580)

Strecke
Port Elizabeth - Kapstadt (Garden Route)

Information
• **Tourist Office:** Station Rd, Albertinia 6695, P.O.Box 59, Tel./Fax: (028) 735-1000

Unterkunft und Restaurant
• **Albertinia Hotel $$:** Main St., Albertinia 6695, Tel.: (028) 735-1030, Fax: (028) 735-1495. Hundert Jahre altes Landhotel mit 16 Zimmern. Urig und für den Preis absolut zu empfehlen. Besonders beliebt ist das Restaurant im Hause, das reichhaltige, südafrikanische Landküche serviert.

> * **(Folgeseiten) =**
> **Weitere**
> **Redaktionstipps**

Arniston (Waenhuiskrans) (S. 591f)

Strecke
Port Elizabeth - Kapstadt (Garden Route)

Information
• Über das **Suidpunt Tourism Bureau** in Bredasdorp (Dr. Jansen Str., Bredasdorp 7280, Tel.: (028) 424-2584, Fax: (028) 425-2731).

Unterkünfte

• ***Arniston Hotel $$$:** Beach Rd. Direkt am Meer; Buchung über: P.O.Box 126, Bredasdorp 7280, Tel.: (028) 445-9000, Fax: (028) 445-9633. Gepflegtes Landhotel in auf historisch getrimmtem Bau mit 24 Zimmern, davon 9 mit Blick aufs Meer. Großer Swimmingpool, gutes **Restaurant** (Fisch, Cape und franz. Küche) mit Terrasse am Meer. Strandnah. Als „One of the best Hideaways" prämiert. Keine Kinder unter 12 Jahren.
• **Seaside Cottages $–$$:** Huxham Street. Am Meer, Buchung über: Arniston Seaside Cottages, P.O.Box 403, Bredasdorp 7280, Tel.: (028) 445-9772. Rietgedeckte Häuschen für Selbstversorger.

Arniston Hotel

Bain's Kloof-Pass (S. 643)

Strecke
Nördlich von Kapstadt sowie Weinanbaugebiete des Kaplandes

Unterkunft
• Hoch über Wellington, auf dem Kamm des Bain's Kloof-Passes, liegt die **Bains-kloof Lodge ($$–$$$)**, ein Mittelklassehotel, von dem aus Sie schöne Wanderungen in die umliegenden Berge unternehmen können. Anschrift: P.O.Box 831, Wellington, Tel.: (021) 864-1159.

Camping
• Ein wunderschöner Campingplatz liegt zwischen Bain's Kloof-Pass und dem Abzweig zur R43, inmitten des **Limietberg Nature Reserve**. Von hier beginnen Wanderwege, und im nahen Flussbett kann man schön baden. Der Platz muss aber vorher reserviert werden: Tel.: (021) 889-1566/68 bzw. (023) 355-1607. Wer hier nicht nächtigen möchte, der kann zumindest die Picknick-Gelegenheit wahrnehmen (Tische usw.)

Barrydale (S. 501)

Strecke
Kapstadt - Montagu - Oudtshoorn - Port Elizabeth

Information
• **Barrydale Tourism Bureau:** Van Riebeeck St., P.O.Box 147, Barrydale 6750, Tel.: (028) 572-1572, Fax: (028) 572-1358.

Unterkünfte
• Im Ort gibt es mehrere, qualitativ und preislich ähnliche ($$) Gästehäuser, so z.B.: **Tradouw Guesthouse** (Tel./Fax: (028) 572-1434), **Die Lang Huis** (Tel.: (028) 572-1954) und **Jacaranda Lodge** (Tel. (028) 572-1102, Fax: (028) 572-1685)
• Empfehlenswert ist auch eine **Übernachtung auf einer nahen Farm**, die über das o.g. Touristenamt vermittelt wird.
• ***The Barrydale $$:** 30 van Riebeeck St., Barrydale 6750, Tel.: (028) 572-1226, Fax: (028) 572-1185. Bestimmt die beste Adresse im Ort. Das kleine Hotel bezeichnet sich mit Recht als „the Karoo's finest boutique hotel". Für wenig Geld wohnen Sie in dem historischen Gebäude elegant und plüschig. Die unwesentlich teureren Suiten lohnen den Mehrpreis. Einige Zimmer teilen sich aber das Badezimmer.

Camping
• Es gibt einen kleinen **Campingplatz** am Ortsausgang in Richtung Montagu/Tradouw Pass, direkt am Huis River.

Pub
• **Ronnies Sex Shop:** Tel.: (028) 572-1153 od. 572-1800, E-Mail: ronnie@ronniessexshop.co.za. Auf Anfrage dürfen auch Zelte aufgebaut werden.

Quellen des Warmwaterbergs
Buchungsadresse: Warmwater Spa, P.O.Box 67, Barrydale 6750, Tel.: 028/ 572-1609, Fax: 028/ 572-1769, Internet: www.warmwaterbergspa.co.za

Baviaanskloof Wilderness Area (S. 517)

Strecke
Kapstadt - Montagu - Oudtshoorn - Port Elizabeth

Information
• **Cape Nature Conservation:** *P.O.Box 218, Patensie 6335, Tel.: (042) 283-0270 (Reserve Manager), 283-0787 (Cambria-Station) u. 283-0915 (Fax).*

Unterkünfte/Camping
• *Es gibt* **Selbstversorgerhütten** *($$), einfache Bushcamps und einfache Campingplätze, die alle über das o.g. Cape Nature Conservation Office vorgebucht werden müssen.*
• *Zudem gibt es die Möglichkeit, an der Forststation in* **Cambria** *Informationen einzuholen bzw. sich nach Campingplätzen zu erkundigen. Nur ist das Büro nicht immer besetzt und somit eine „spontane" Anreise dorthin absolut nicht zu empfehlen.*

Beaufort West (S. 612)

Strecke
Port Elizabeth - Graaff-Reinet - Beaufort West - Kapstadt

Information
• *Das* **Beaufort West Tourism Bureau** *befindet sich im Museumsgebäude (Seiteneingang) an der Ecke Donkin und Church Streets. Tel.: (023) 415-1488. Hier erhalten Sie auch Auskünfte über Farmunterkünfte in der Karoo.*

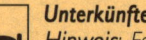

Unterkünfte
Hinweis: *Es gibt zahlreiche Unterkunftsmöglichkeiten aller Preisklassen entlang der Hauptstraße, der Donkin Street. Diese ist aber zugleich auch die N1, und nachts kann der LKW-Verkehr sehr störend wirken. Versuchen Sie bei der Reservierung, ein Zimmer nach hinten hinaus zu bekommen.*
• ***Matoppo Inn $$$–$$$$:*** *7 Bird Street, Beaufort West 6970, Tel.: (023) 415-1055, Fax: (023) 415-1080. Wunderschöne Bed & Breakfast-Unterkunft in historischem Drostdy-Haus (1834). Die 9 Zimmer sind luxuriös eingerichtet, und auf Vorbestellung wird ein typisches Karoo-Dinner serviert.*
• *Im 5 km entfernten* **Karoo Nat. Park** *gibt es schöne Lodgeunterkünfte (insg. 12 km vom Zentrum). Lesen Sie dazu unter „Karoo National Park".*
• **Clyde House $$$:** *25 Donkin Street, Beaufort West 6970, Tel./Fax: (023) 414-4083. Ansprechende Bed & Breakfast-Unterkunft in victorianischem Haus. 4 Zimmer.*
• **Ye Olde Thatch $$–$$$:** *155 Donkin Street, Beaufort West 6970, Tel.: (023) 414-2209. B&B-Unterkünfte, angeschlossen an das u.g. Restaurant. Z.T. kapholländischer Karoo-Stil.*

• **Oasis Hotel $$:** 66 Donkin Street, Beaufort West 6970, Tel.: (023) 414-3221, Fax: (023) 414-3221 ext. 258. Schlichtes, aber sauberes Hotel. Zentral gelegen.
• **Karoo Lodge $–$$:** 94 Donkin Street, Beaufort West 6970, Tel./Fax: (023) 414-3877. Altes Stadthotel mit z.Zt. sehr günstigen und sauberen Zimmern. Der Charme des beginnenden 20. Jahrhunderts durchzieht auch heute noch das Gebäude (viel Holz, Plüsch, Kandelaber, große Badezimmer sowie schiefe Wände und Böden) und sorgt für Ambiente. Ein

Karoo Lodge in Beaufort West

wirklicher Preisknüller. Der Besitzer plant aber, das Hotel Stück für Stück zu renovieren, womit die Preise bei $$–$$$ landen werden. Zentral gelegen.

Camping
• Am Südwestende der Stadt gibt es den schönen und schattigen **Beaufort West Caravan Park**. Tel.: (023) 414-2800.
• Ebenfalls schön, aber 12 km von der Stadt entfernt, liegt der Karavanpark des **Karoo National Parks** (siehe dort).

Restaurants
• **Ye Olde Thatch**: 155 Donkin Street, Tel.: (023) 414-2209. Weithin bekanntes Restaurant in kapholländischem Reetdachhaus mit Karoo-Gerichten (bes. Lamm). Während der Nebensaison ist die Karte aber stark eingeschränkt, und der Standard hat in den letzten Jahren etwas nachgelassen.
• **Entlang der Donkin Street**, bes. in Richtung Kapstadt, befinden sich eine Reihe von Familienrestaurants und Steakhouse-Ketten.

Hinweis
Zum **Karoo Nat. Park** lesen Sie bitte auf S. 288.

Bitterfontein (S. 647f)

Strecke
Nördlich von Kapstadt - Namaqualand

Information
• **Tourism Bureau:** Main Rd, P.O.Box 25, Bitterfontein 8200, Tel./Fax: (027) 642-7144 od. 642-7017. Hier erhalten Sie auch Infos zu Gästehäusern, Privatunterkünften und ausgefallenen Attraktionen (z.B. Marmor- und Granit-Steinbrüche)

Unterkünfte
• **Bitterfontein Hotel $$:** P.O.Box 1, Bitterfontein 8200, Tel.: (027) 642-7042. Einfaches Hotel mit 12 Zimmern. Recht sauber, lassen Sie sich nicht vom äußeren Eindruck täuschen.

Camping
• Es gibt auch einen einfachen **Campingplatz** (Tel.: (027) 642-7152 od. 642-7060).

Bloubergstrand (S. 623)

Gebiet
Kapstadt - Umland

Information
• **Blaauwberg Tourism Bureau:** P.O.Box 35, Milnerton 7435, Tel.: (021) 550-1120, Fax: (021) 550-1200.

Unterkunft
• **Rockhaven Guest Lodge $$$–$$$$:** 3 Sir David Baird Drive, Bloubergstrand 7441, Tel.: (021) 554-2414, Fax: (021) 554-1501. Gehobener Standard. Direkt am Strand gelegen und damit natürlich eine erstklassige Aussicht auf den Tafelberg. Geräumige Zimmer.
• **Blue Peter Hotel $$:** Popham Rd, Bloubergstrand 7441, Tel.: (021) 554-1956, Fax: (021) 554-1364. 27-Zimmer-Hotel mit Blick auf den Tafelberg. Angeschlossen sind auch 2 Mehrzimmer-Häuser.

Restaurants
• **On the Rocks Restaurant:** 45 Stadler Rd, Tel.: (021) 554-1988. Bekanntes Seafood-Restaurant (es gibt aber auch Wildgerichte) mit Blick auf Kapstadt und den Tafelberg. Reservierung (Platz mit Ausblick bestellen!) empfehlenswert.
• ***Ons Huisie Restaurant:** Stadler Rd, Tel.: (021) 554-1553. Erstklassiges (Gourmet-)Seafood-Restaurant, ebenfalls mit Blick auf Kapstadt und den Tafelberg. Reservierung (Platz mit Ausblick bestellen!) essentiell. Der Knüller hier ist aber das Gebäude selbst, ein altes, reetgedecktes Fischerhaus von 1816.

Bontebok National Park (S. 586f)

Strecke
Port Elizabeth - Kapstadt (Garden Route)

Information
• Das **Visitor Office** befindet sich am Parkeingang. Postanschrift: P.O.Box 149, Swellendam 6740, Tel.: (028) 514-2735, Fax: (028) 514-2646. Im Park gibt es ein Geschäft mit allen notwendigen Lebensmitteln.

Unterkünfte

Hinweis: Zentrale Buchungsadresse für Nat. Parks siehe S. 262.
• *Es gibt* „**Chalavans**" *(Wohnwagen) für bis zu 6 Personen ($). Sie sind mit einer einfachen Küche ausgestattet. Die sanitären Einrichtungen allerdings müssen geteilt werden.*

Camping

• *Der* **Campingplatz** *(Strom bis 21h30) befindet sich am Breede River.*

Bredasdorp (S. 591)

Strecke

Port Elizabeth - Kapstadt (Garden Route)

Information

• **Suidpoint Tourism Bureau:** *Dr. Jansen Str., Bredasdorp 7280, Tel.: (028) 424-2584, Fax: (028) 425-2731.*

Unterkünfte

• **Firlane Guest House $$$:** *5 Fir Lane, Bredasdorp 7280, Tel./Fax: (028) 425-2808. Schönes Guesthouse mit romantischem Touch. In ruhiger Seitenstraße und trotzdem zentral im Ort gelegen.*
• **Earl of Clarendon $$:** *Clarendon St., neben bzw. hinter dem Touristenbüro, Bredasdorp 7280, Tel./Fax: (028) 425-1025. Schönes und preiswertes Gästehaus im Zentrum. Historisches Ambiente.*
• *Zudem gibt es noch zwei (langweilige) Kleinstadthotels:* **Victoria Hotel** *($$, 10 Church St., Tel.: (028) 424-1159) und* **Standard Hotel** *($$, 31 Long St., Tel.: (028) 424-1140).*
• *Der* **Campingplatz** *in Bredasdorp ist nicht zu empfehlen.*
• *Zu* **Struisbaai/Cape Agulhas** *siehe unten.*

Calitzdorp (S. 503)

Strecke

Kapstadt - Montagu - Oudtshoorn - Port Elizabeth

Information

• **Tourism Bureau (der Stadtverwaltung):** *Voortrekker St., Private Bag X/02, Calitzdorp 6600, Tel./Fax: (044) 213-3312.*

Unterkünfte

• **Die Dorphuis $$:** *Van Riebeeck St., Calitzdorp 6660, Tel./Fax: (044) 213-3453. Kleine B&B-Unterkunft. Schöner Garten mit Pool! Im Hause gibt es zudem ein* **Restaurant** *mit traditionellen Karoo-Gerichten.*
• **Welgevonden Guest House $$:** *St. Helena Rd, Calitzdorp 6660, Tel./Fax: (044) 213-3642. 4 Zimmer auf kleiner Weinfarm. Sehr beschaulich.*

• *Retreat of Groenfontein $$$:* P.O.Box 30, Calitzdorp 6660, Tel./Fax: (044) 213-3880. *20 km nordöstl. von Calitzdorp an der Strecke nach Kruisrivier/Matjiesrivier (ausgeschildert als Groenfontein). Andere Anfahrten telefonisch erklären lassen. Wunderschön im Strau-ßenfarmgebiet gelegenes, spät-victorianisches Gästehaus mit 5 Zimmern, die alle eine Veranda haben. Es wird deutsch gesprochen. Im Preis inbegriffen ist auch das Abendessen. Hervorragend geeignet für Ausflüge zu den Sehenswürdigkeiten des Umlandes.*

Cape Agulhas/Struisbaai (S. 592f)

Strecke
Port Elizabeth - Kapstadt (Garden Route)

Information
• *Suidpoint Tourism Bureau:* Dr. Jansen Str., Bredasdorp 7280, Tel.: (028) 424-2584, Fax: (028) 425-2731.
• *In beiden Orten gibt es zudem* **kleine Informationsbüros** *in den Gemeindehäusern (ausgeschildert).*

Unterkünfte
• *Cape Agulhas Guest House $$$:* Main Rd, L'Agulhas, Tel.: (028) 435-7650, Fax: (028) 435-7633. 8 Zimmer mit Balkon: Z.T. Meeresblick, aber nicht aufs Kap. Gute Küche (Sea-food, franz. angehaucht). Die Besitzer des Gäste-hauses sind sehr hilfreich beim Organisieren von Unternehmungen (Mountain-Biking, Wanderungen, Tauchen, Vögel beobachten etc.).
• *Harbor Lights $$:* 5 Kusweg, Struisbaai 7285, Tel./Fax: (028) 435-6053. 4 Zimmer-Gästehaus mit Blick auf den Fischereihafen von Struisbaai.
• *Struisbaai Hotel $$:* 4 Minnetoka Street, Struis-baai 7285, Tel.: (028) 435-6625, Fax: (028) 435-6356. Hotel mit 19 Zimmern, vornehmlich in ein-fachen, reetgedeckten Rondavels. Nahe dem Ha-fen. Im Hause gibt es ein italienisches Restaurant.

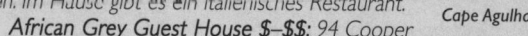
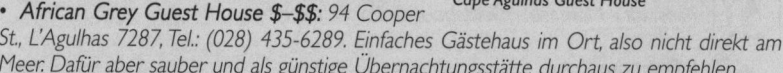
Cape Agulhas Guest House

• *African Grey Guest House $–$$:* 94 Cooper St., L'Agulhas 7287, Tel.: (028) 435-6289. Einfaches Gästehaus im Ort, also nicht direkt am Meer. Dafür aber sauber und als günstige Übernachtungsstätte durchaus zu empfehlen.
• *Southermost Backpacker $:* Van Breda Street, L'Agulhas 7287, Tel.: (028) 435-6565. Einfacher Backpacker, dafür aber der südlichste Afrikas.

Camping
• *Es gibt den* **L'Agulhas Caravan Park** *in L'Agulhas (Tel.: (028) 435-6015) und den* **Struisbaai Caravan Park** *(Tel.: (028) 435-6820). Starke Winde und nur ein geringer Sonnenschutz (kaum Bäume) machen die Plätze in dieser Region aber nicht besonders attraktiv.*

Cedarberge Wilderness Area (S. 634ff)

Strecke
Nördlich von Kapstadt

Information
• *Algeria Foreststation:* Direkt ca. 18 km von der N7. Private Bag XI, Citrusdal 7340, Tel.: (027) 482-2812, Fax: (027) 482-2406. Geöffnet: Mo–Fr 8–16h30. Angeschlossen ist ein **Campingplatz**, und einfache **Hütten** („Algeria Wilderness Cottages") können hier auch gebucht werden.

Unterkünfte
• *Im Park gibt es an der Forststation einen* **Campingplatz** *(Tel.: (027) 482-2812) und* **Farmen** *wie* **Kromrivier** *(Tel.: (027) 482-2807, Mahlzeiten anmelden! Auch Camping) sowie* **Dwarsrivier** *(Tel.: (027) 482-2825) empfehlen sich durch einfache Selbstversorger-Häuschen und das Ausstellen von Permits für die Erkundung der Wanderwege und des Malteser Kreuzes. Weitere Farmen in der weiteren Umgegend bieten auch Unterkunftsmöglichkeiten. Infos dazu in Algeria bzw. den Touristenämtern von Clanwilliam und Citrusdal.*
• *Unterkünfte siehe auch unter* **Citrusdal** *(S. 272) bzw.* **Clanwilliam** *(S. 272).*

Ceres (S. 641f)

Strecke
Nördlich von Kapstadt

Information
• *Tourism Bureau:* Ecke Voortrekker/Owen Sts., Ceres 6835, Tel.: (023) 316-1287.

Unterkünfte/Camping
Grundsätzlich muss gesagt werden, dass eine Übernachtung in den relativ nahen Orten Tulbagh und Paarl einer in Ceres vorzuziehen ist.
• **Belmonte Hotel $$–$$$:** Porter St., Ceres 6835, Tel./Fax: (023) 312-1150. 43-Zimmer-Hotel, das einst wohl das Juwel des Ortes gewesen ist, heute aber renovierungsbedürftig erscheint. Trotzdem belohnen der schöne Garten sowie die zentrale und trotzdem ruhige Lage. Es gibt auch kleine Rondavels ($$) zu mieten. Nicht alle Zimmer haben ein eigenes Bad. Fragen Sie vorher an.
• **Pine Forest Resort $$:** 1 km vom Zentrum Krige St. folgen (ausgeschildert), Ceres 6835, Tel.: (023) 312-1170. Schönes und sehr sauberes Ferienresort. Selbstversorger-Chalets und **Campingplatz**. Großer Swimmingpool, Trampoline, Spielplatz, Ruderboote etc.

Citrusdal (S. 633)

Strecke
Nördlich von Kapstadt

Information
• **Tourism Bureau:** *Church St., P.O.Box 140, Citrusdal 7340, Tel.: (022) 921-3131, Fax: (022) 921-2839. Hier können Sie sich auch erkundigen über die zahlreichen* **Farmunterkünfte** *in der Umgegend.*
• **Flowerhotline (Blüten-Info):** *082-231-1648, 0800-001704 od. (021) 418-3705*

Unterkünfte
• **Cedarberg Lodge/Hotel $$–$$$:** *66 Voortrekker St., Citrusdal 7340, Tel.: (022) 921-2221/2, Fax: (022) 921-2704. Sauberes und zentral gelegenes Klein-stadthotel. Das* **„Uitspan"-Restaurant** *im Hause bietet gute Landküche.*
• **The Baths $$–$$$:** *P.O.Box 133, Citrusdal 7340, Tel.: (022) 921-3609. Resort an heißen Mineralquellen, ca. 16 km von Citrusdal entfernt. Selbstversorgerhütten und -apartments sowie ein schöner* **Campingplatz**. *Es gibt drei Pools, einen mit heißem und einen mit kaltem Wasser sowie einen Mineralwasser-Pool. Nahebei befinden sich auch einige Wanderwege.*
• *Oberhalb des Ortes am Piekenierskloof Pass (N7) liegt die relativ neue* **Van Meerhoff Lodge** *($$$–$$$$, Tel.: (022) 921-2231). Besonders schön sind die teureren Chalets und der Blick auf Citrusdal. Ansonsten herrscht ein Charakter von Konferenzhotel vor, und oft wirkt das große Hotel etwas verlassen, wenn wenige Gäste gebucht haben.* **2 Restaurants und 2 Swimmingpools (Indoor/Outdoor).**

Camping
• *Siehe* **The Bath** *oben.*
• *Der* **Campingplatz im Ort** *(Tel.: (022) 921-3145) bietet auch kleine Chalets.*
• *In einer* **Kloof** *südlich von Citrusdal gibt es einen schönen Campingplatz (Spa!) und ein paar einfache Hütten zu mieten. Infos über das Touristenamt.*
• *Weitere schöne Campingplätze befinden sich in den nordöstlich gelegenen Cedarbergen, so z.B. der an der Forststation* **Algeria** *am Eingang zur Cedarberg Wilderness Area. Biegen Sie dazu auf halber Strecke nach Clanwilliam nach Osten ab und folgen Sie den Schildern.*
An der Forststation erhalten Sie auch weitere Infos zu Camping und einfachen Übernachtungsmöglichkeiten in der Cedarberg Wilderness Area.

Clanwilliam (S. 631f)

Strecke
Nördlich von Kapstadt

Information
• **Olifants River Valley Tourism:** *Old Goal Museum, Main St., P.O.Box 5, Clanwilliam 8135, Tel.: (027) 482-2024, Fax: (027) 482-2361.*
• **Flowerhotline (Blüten-Info):** *082-231-1648, 0800-001704 od. (021) 418-3705*

Rooibos Tee-Fabrik
• **Rooibos Tea Natural Products:** OU Kaapse Weg, Touren Mo–Do 10h, 12h, 14h, 16h, Fr 10h, 12h, 14h. Sa + So geschl. Telefonische Rückbestätigung: (027) 482-2155.

Unterkünfte
Hinweis: Clanwilliam verfügt über viele Unterkünfte, ist aber an Wochenenden zur Blumenblüte (Aug.-Okt.) auch schnell ausgebucht.

• ***Bushman's Kloof Resort $$$$–$$$$$:*** Postanschrift: P.O.Box 53405, Kenilworth 7945, Cape Town, Tel. (Lodge): (027) 482- 2627, Fax: (027) 482-1011. Am Fuße der Cedarberge (Eingang des Biedouw Valley) gelegene Wildfarm (7.200 ha). Hier übernachten Sie in sehr schönen Chalets bzw. im renovierten Herrenhaus der Farm. Auf dem Gelände gibt es viele Pflanzen (750 Arten) zu entdecken, können Vögel (140 Arten) beobachtet werden, und das seltene Cape Mountain Zebra gehört ebenfalls zur Tierwelt. Der Knüller aber sind die über 125 Buschmann-

Wildfarm mit einer Prise Eleganz: Bushman's Kloof

zeichnungen, die älter als 10.000 Jahre alt sein sollen. All dieses können Sie auf erläuterten Touren durchs Gelände erleben. Außerdem: Exquisite Küche der Spitzenklasse. Und wem das alles noch nicht genügt, der sollte sich nach den verschiedenen Outdoor-Programmen (z.B. Flyfishing, Abseiling) erkundigen. Anfahrt: Fahren Sie 36 km auf der R364 und biegen Sie dann ab beim Schild. Von hier sind es noch 8 km. Es ist die Strecke nach Wuppertal.

• **Strassberger Clanwilliam Hotel $$–$$$:** Main St., P.O.Box 4, Clanwilliam 8135, Tel.: (027) 482-1101, Fax: (027) 482-2678. Nettes Kleinstadthotel, seit Jahrzehnten im Besitz der Familie Strassberger. Von außen wirkt es etwas langweilig, aber das Strassberger ist eine „kleine Institution" in Südafrika. 17 Zimmer im „alten" Hotel ($$–$$$) sowie angeschlossen: 3 Selbstversorger Cottages und 6 Suiten (beide $$). Eine schöne Mischung aus relativ preisgünstigem Kleinstadthotel und ländlichem Charme. Die Hotelzimmer sind recht geräumig, und die Gerichte im „Reinhold's Restaurant" (andere Straßenseite) sind durchaus schmackhaft und bezahlbar. Bestimmt das beste Restaurant im Ort.

• **The Rectory $$:** Main Rd, Clanwilliam 8135, Tel.: (027) 482-1629. Kleines, historisches Gästehaus im Cape-Dutch-Stil. Mitten im Ort und sehr individuell. Unbedingt vorher buchen.

• In und um Clanwilliam gibt es eine Reihe von **Selbstversorger- sowie Farmunterkünften ($$).** Infos darüber erhalten Sie im Touristenamt.

• Zwei Backpacker, **Perdekloof** (027) 482-1233) sowie **Wooden House** (027) 482-1749, beide $), haben sich ebenfalls etabliert.

Camping
• **Clanwilliam Dam Resort:** Ou Kaapse Weg, am Olifants River Stausee, Private Bax X2, Clanwilliam 8135, Tel.: (027) 482-2133. Am einzig öffentlichen Zugang zum Stausee. Chalets und Caravanpark.

• **Bulshoek Dam Holiday Resort:** *Langkloof, 15 km außerhalb an der R363, Tel.: (027) 482-2635. Ebenfalls Cottages und Camping.*
• *Zudem gibt es im weiteren Umkreis noch zahlreiche Campingmöglichkeiten (Farmen, Cedarberg W.A. usw.). Das Touristenamt hilft Ihnen dabei weiter.*

Cradock (S. 602f)

Strecke
Port Elizabeth - Graaff-Reinet - Beaufort West - Kapstadt

Information
• **Tourist Office:** *In der Town Hall, Stockenstroem St., Cradock 5880, Tel.: (048) 881-1515, Fax: (048) 881-1421.*

Unterkünfte
• ***Die Tuishuise $$–$$$:** *36 Market St., Cradock 5880, Tel.: (048) 881-1322, Fax: (048) 881-5388. Historisches, victorianisches Guesthouse. Angeschlossen sind weitere, zumeist historische Stadthäuser. Sie können so auch ein victorianisches Haus ganz für sich alleine mieten!*
• **New Mansonic ($$):** *Stockenstroem St., Cradock 5880, Tel.: (048) 881-3115, Fax: (048) 881-4402. Das Stadthotel. 25 Zimmer. „Langweilig", aber sauber und günstiger als das Tuishuise.*
• *Es machen immer mehr kleine,* **historische Guesthouses/Hotels** *in Cradock auf, über die Sie das Touristenamt informieren wird.*

Camping
• **Cradock Spa** *(Marlowe Agricultural Rd, Tel.: (048) 881-2709) liegt 4,5 km außerhalb und bietet neben Campingplätzen auch kleine Chalets. Zentraler und am Fluss gelegen ist der* **Municipal Caravan Park** *(Tel.: (048) 881-3443.*

Restaurants
• *Seit Jahren schon gilt das* **1814 gegründete Restaurant** *als das beste Haus am Platze. Ausladendes Frühstück, leckere südafrikanische Gerichte zum Lunch und bestechende Kuchen und Waffeln am Nachmittag. Nur leider immer noch kein Dinner. Aber eben gut geeignet für diejenigen, die durchreisen.*

Darling (S. 623f)

Strecke
Nördlich von Kapstadt

Information
• **Tourism Bureau:** *Pastorie St., P.O.Box 5, Darling 7345, Tel.: (022) 492-3361, Fax: (022) 492-2935.*
• **Flowerhotline (Blüten-Info):** *082-231-1648, 0800-001704 od. (021) 418-3705*

Unterkünfte
Sollten Sie nicht unbedingt in Darling bleiben wollen, empfehlen wir, eher in Kapstadt, Bloubergstrand oder noch besser in Yzerfontein (s. S. 335) oder Langebaan (s. S. 294) zu nächtigen.
- **Nemesia Hotel ($$):** Main Rd, Darling 7345, Tel.: (022) 492-2263. Einfaches, aber sauberes Hotel.
- **The Old Buffers ($$–$$$):** 9 Station Rd, Darling 7345, Tel./Fax: (022) 492-3008. Nettes, 3-Zimmer B&B (auf Wunsch auch Selbstversorger) in altem Stadthaus.

Camping
Es gibt keinen Campingplatz

Restaurants
- Warum nicht mal wieder deutsch?: **Zum Schatzi** (Tel.: (022) 492-3095) in der Long Street.

De Hoop Nat. Reserve (S. 588ff)

Strecke
Port Elizabeth - Kapstadt (Garden Route)

Information
- **De Hoop Nature Reserve:** Private Bag X16, Bredasdorp 7280, Tel.: (028) 542-1126/7, Fax: (028) 542-1247. Das Visitor Center im Park ist gut ausgeschildert.
- Naturschutzbehörde **„Cape Nature Conservation":** www.capenature.org.za, Tel.: 021/ 426-0723, Fax: 021/ 426-4266.

Unterkünfte/Essen
- *Es gibt 10 schöne, z.T. historisch gehaltene **Selbstversorger-Cottages ($–$$)** für 2–4 Personen. Besonders zu empfehlen sind die etwas besser ausgestatteten Cottages ($$). Beachten Sie aber, dass nicht alle Cottages über eigenes Bettzeug verfügen. Merken Sie bei der Anmeldung an, wenn Sie kein eigenes dabeihaben. Wichtig ist auch, dass Sie sich alle Nahrungsmittel mitbringen, denn es gibt **weder ein Geschäft noch ein Restaurant im Park**, und nach 18h können Sie den Park auch nicht mehr verlassen. Wichtig ist auch, dass Sie die Cottages bis 16h belegen, denn dann macht das Parkbüro zu. Anfahrt von der N2 bzw. Bredasdorp: ca. 50 Minuten.
- *Buchu Bushcamp $$:* P.O.Box 820, Bredasdorp 7280, Tel.: (028) 542-1602, Fax: (028) 542-1741, Internet: www.dorea.co.za/bushcamp. Einfahrt direkt vor dem Main Gate des De Hoop Nat. Reserve. 6 wunderschöne, reetgedeckte Chalets mit

De Hoop N.R.: Dünen, Felsen, Tidenpools

jeweils 4 Betten warten hier auf Sie inmitten der Natur. Der Besitzer war bis 1998 der leitende Ranger von De Hoop und kann Ihnen jede Frage zur Umgegend beantworten. Es wird Wert gelegt auf umweltschonenden Energieverbrauch, und man vermittelt Ihnen hier zudem einen erstklassigen Bezug zur Natur. Frühstück ist inklusive, aber sollten Sie hier speisen wollen, müssen Sie das vorher anmelden (gute Küche!), denn die Hütten sind auch geeignet für Selbstversorger. Outdoor-Aktivitäten (Angeln, Mountain-Biking etc.) im Nature Reserve werden organisiert, und mittelfristig ist auch geplant, einen Reittrail einzurichten.

Camping
• Es gibt einen Campingplatz mit 7 Plätzen im Park. Keine „Powerpoints" für Caravane!

Elands Bay/Elandsbaai (S. 629f)

Strecke
Nördlich von Kapstadt

Information
• *Tourist Information:* P.O.Box 63, Elands Bay 8110, Tel./Fax: (022) 972-1745 bzw. fragen Sie im u.g. Hotel nach.

Unterkunft
• *Elands Bay Hotel (Hotel Eland)* $$: P.O.Box 29, Elands Bay 8110, Tel./Fax: (022) 972-1640. Kleines, aber sehr uriges Strandhotel mit 16 Zimmern. Es gibt auch wenige Backpacker-Unterkünfte im Hotel. Natürlich befindet sich hier auch das einzig wirkliche **Restaurant** im Ort.

Camping
• Direkt **unterhalb der o.g. Hotels** gibt es einen kleinen, sehr sauberen Campingplatz, der direkt am Strand liegt.

Restaurants
• ***Muisbosskerm:*** Tel.: (027) 432-1017. 6 km südlich von Lamberts Bay (an der Küstenstraße!). Siehe dazu S. 293/630.

Franschhoek (S. 479ff)

Gebiet
Weinanbaugebiete des Kaplandes

Information
• *Franschhoek Vallée Tourism:* Main Rd, nahe Ecke Kruger St., P.O.Box 178, Franschhoek 7690, Tel.: (021) 876-3603, Fax: (021) 876-2768.

Unterkünfte

• Wer gerne auf einer Farm übernachten möchte, der sollte sich im o.g. Touristenbüro nach dem „Farm-Holiday"-Prospekt erkundigen. In ihm sind zahlreiche **Cottages und Zimmer auf Weinfarmen ($$–$$$)** in und um Franschhoek aufgeführt.

• ***Le Quartier Francais $$$$–$$$$$:*** 16 Hugenot Rd, Franschhoek 7690, Tel.: (021) 876-2151, Fax: (021) 876-3105. Die wohl schönste Unterkunft im Ort selbst, untergebracht in einem victorianischen Haus (mit Garten, Pool und Bibliothek). Jedes der 14 Zimmer hat einen eigenen Kamin. Angeschlossen ist ein erstklassiges Restaurant (s.u.)

• ***Rusthof Guesthouse $$$$–$$$$$:*** 12 Hugenot Rd, Franschhoek 7690, Tel.: (021) 876-3762. Vornehme Unterkunft in altem Cape-Dutch-Haus. Wer etwas tiefer in die Tasche greifen möchte, der sollte die große Suite buchen, denn sie verfügt zudem noch über ein eigenes Wohnzimmer und einen Patio.

• **La Provence Guest House $$$$:** P.O.Box 393, Franschhoek 7690, Tel.: (021) 876-2163, Fax: (021) 876-2616. Luxuriöse B&B-Unterkunft auf historischem Weingut von 1864.

Le Quartier Francais: Und erst das Restaurant ...

• ***La Provence Vineyard Cottages $$:*** Knapp 3 km westl. von Franschhoek an der R45, P.O.Box 38, Franschhoek 7690, Tel.: (021) 876-3194, Fax: (021) 876-2503. 2 Cottages und ein Doppelzimmer (auch für Selbstversorger, Küche etc.) auf kleiner Weinfarm. Die Cottages haben zudem einen Kamin. Gutes Preis-Leistungs-Verhältnis.

Restaurants

Franschhoek ist bekannt für seine exquisiten Restaurants, die natürlich eine ziemliche „Prise" französischer Ideen zu bieten haben. Das kostet aber auch ein wenig extra.

• **Le Ballon Rouge:** 12 Reservoir St., Tel.: (021) 876-2651. Weithin beliebtes Restaurant in dem gleichnamigen, historischen Guesthouse. Die kap-französischen Speisen mögen ein wenig zu trendy erscheinen auf der Speisekarte, sind aber durchaus lecker, und es zeigt sich, dass mit etwas Geschick die französischen Raffinessen sowie die kapländischen Zutaten zu einem guten und bezahlbaren Mahl zu verbinden sind.

• ***Le Quartier Francais:*** s.o. Erstklassiges Restaurant mit einer Küche, die ebenfalls eine leckere Mischung aus Kapgerichten und südfranzösischen Rezepten anbietet. Bekannt auch für die ausgezeichneten Desserts.

• **Haute Cabriere:** Ein Stück hinauf am Franschhoek Pass, Tel.: (021) 876-3688. Die Lage oberhalb des Weingutes und des Ortes ist bereits ein Vorteil. Fragen Sie also bei der Reservierung gleich nach einem Tisch mit Ausblick. Die Küche ist natürlich auch gut, wenn auch nicht ganz so hervorragend wie die im „Le Quartier Francais". Dafür aber bestechen die selbstgemachten Schokoladen hinterher bzw. die vorzügliche Käseauswahl, die abgestimmt ist auf die guten Tropfen des Hauses.

• Entlang der **Huguenot Street**, der Hauptstraße, gibt es zudem eine Reihe von **Country Pubs**, Tea Gardens, trendy Bistros etc. mit günstigeren und guten Speisen sowie Bier und Wein.

Gansbaai/Gans Bay (S. 594)

Strecke
Port Elizabeth - Kapstadt (Garden Route)

Information
• **Tourism Bureau:** *Ecke Main/Berg Sts., Tel.: (028) 384-1439, Fax: (028) 384-0955.*

Unterkunft
• **Grootbos Nature Reserve $$$$$:** *P.O.Box 148, Gansbaai 7220, Tel.: (028) 344-0381, Fax: (028) 344-0552. Das 1.000 ha große Naturreservat liegt oberhalb der Walker Bay und bietet spektakuläre Ausblicke auf die Bay sowie eine interessante Fynbos-Vegetation. Untergebracht werden Sie in exklusiven Cottages, und im Gesamtpreis inbegriffen sind Führungen durch die Vegetation, Ausritte und alle Mahlzeiten. Gut geeignet für einen erholsamen Tag, nachdem Sie Kapstadt besucht haben bzw. bevor Sie dorthin fahren.*

Garies (S. 648)

Strecke
Nördlich von Kapstadt - Namaqualand

Information
• **Tourist Office:** *22 Main St., Garies 8220, Tel.: (027) 652-1014, Fax: (027) 652-1148.*
• *Garies im Internet: www.diamondcoast.co.za. Das Namaqualand im Internet (private Webseite): www.melkboschkuil.co.za/menu.htm*

Unterkünfte
• **Garies Hotel $–$$:** *Main St., Garies 8220, Tel.: (027) 652-1042, Fax: (027) 652-1141. Kleines Hotel mit 12 Zimmern (nicht alle mit eigenem Bad!). Verschlafen wie der Ort selbst. Im Hause gibt es das kleine „Braai Restaurant".*
• *Es gibt noch einige kleine und/bzw. private Unterkunftsmöglichkeiten, die oft aber nur während der Blumensaison öffnen. Erkundigen Sie sich diesbezüglich im Touristenbüro.*

Camping
• *Es gibt einen Municipal Caravan Park in Garies. Tel.: (027) 6521-014, Fax: (027) 6521-148*

George (S. 570ff)

Strecke
Port Elizabeth - Kapstadt (Garden Route)

Information
• *Tourist Information:* York St., zw. Courtenay und Cathedral Sts., Tel.: (044) 801-9295/6

Outeniqua Choo-Tjoe Train
Hist. Bahn zwischen George und Knysna. Infos/Buchungen über das o.g. Informationsbüro, am Bahnhof oder unter: (044) 801-8288, Fax: (044) 801-8286. Fahrten täglich außer sonntags und an bestimmten Feiertagen. Stopps in Wilderness, Sedgefield und Goukamma.
Der Zug verlässt George um 9h30 bzw. 13h und erreicht Knysna um 12h bzw. 15h30.

Outeniqua Power Van
Fahrten mit einer historischen, kleinen Reparatur- bzw. Berglok (Diesel), die vom Railway Museum (Mission Rd/Industrial Rd) aus abfährt. Max. 10 Personen. Die am häufigste angebotene Strecke führt hinauf zum Montagu Pass (ca. 3–5 Std.). Es werden aber auch andere Routen angeboten. Infos: Tel.: (044) 801-8239 od. 801-8223.

Unterkünfte
• ***Hoogekraal Country House $$$$–$$$$$:*** P.O.Box 34, George 6530, Tel.: (044) 879-1277/78, Fax: 879-1300, Internet: www.hoogekraal.co.za. Anfahrt: Von George auf der N2 in Richtung Mossel Bay und dann abfahren an der Ausfahrt Glentana. Dort noch 1 km in südlicher Richtung. Die Farm war die erste in der Gegend und erstreckte sich einst von Mossel Bay bis George. Das historische Haupthaus (von 1760), auf einem Hügel gelegen (Aussicht bis zum Meer), beherbergt neben einem vornehmen Salon und einem Kaminzimmer das wunderschöne Esszimmer mit langer Tafel. Vieles wurde im Stil des 17. Jahrhunderts eingerichtet bzw. erhalten (wenn auch einige Patzer wie der Kunststoffboden in der Suite und die z.T. tapezierten Badezimmer stören), so dass das Ambiente im Wesentlichen stimmt. Die kleineren Zimmer sind verteilt auf einen Seitenflügel dieses Gebäudes sowie ein Nebenhaus (1820). Offiziell empfangen werden Sie vom Hausherrn mit einem Sherry oder Wein im Salon und dabei den anderen Gästen vorgestellt, um anschließend zum Dinner (Aperitif, 4 Gänge, Kaffee, Brandy) geführt zu werden. Letzteres ist eine abendfüllende und sehr anregende Angelegenheit, da der Hausherr einiges aus dem Nähkästchen zu plaudern hat. Lassen Sie sich auch etwas zur Geschichte der Farm erzählen, die mit dem politischen Clan der Bothas zu tun hat, u.a. einem der jetzigen Besitzer, Tonie Botha, einem „abtrünnigen" Botha, der auf Seiten des ANC stand und steht. Beachten Sie, dass Sie sich bereits bei der Reservierung auch fürs Dinner anmelden müssen. Dieses wird natürlich extra berechnet. Es lohnt sich aber. Da mit Tafelsilber und auf ausgesuchtem Porzellan gespeist wird, ist es aber wenig ratsam, hier mit Kindern zu dinieren.
I.d.R. erfährt das Hoogekraal Country House sehr gute Kritiken. Manch einem mag es hier aber auch zu persönlich sein, andere Leser haben sich über die zu plüschige und auch etwas zu verstaubt-muffige Atmosphäre beschwert. Bedenken Sie, dass es teuer ist und ob Sie für so etwas Geld ausgeben möchten. Hoogekraal hat etwas gemein mit den skurril-

schrulligen Landhäusern in Großbritannien – mit allen seinen Vor-, aber auch Nachteilen. Entweder man hat Spaß an so etwas, oder man sucht sich halt besser etwas anderes. Wer daran Spaß hat, kann hier auch gut 2–3 Tage verweilen und die Umgebung mit Hilfe der vielen Tipps und Infos der Hausherren erkunden. Sie können sich ja auch einmal die Internetseite anschauen: www.hoogekraal.co.za.

• **Fancourt Hotel & Country Estate $$$$–$$$$:** 5 km Kilometer westlich der Innenstadt gelegen an der Montagu Street, Tel.: (044) 804-0000, Fax: (044) 804-0700, Internet: www.fancourt.co.za. Das Hotel gehört zur absoluten Luxusklasse. Sie können wählen zwischen den wunderschön restaurierten Zimmern in der alten Farmvilla und den Garden Suites, die sich in neueren Gebäuden befinden und ebenfalls sehr geschmackvoll eingerichtet sind. Der Tipp ist natürlich das Farmhaus (= Manor House). An einem alten Cottage „Oaklands" gibt es auch ein Selbstverpflegungsapartment. Es befindet

Fancourt Estate: Golfhotel der Extraklasse

sich in der alten Schmiede. Das Haupthaus dient als allgemeines Aufenthaltsgebäude. Dieses Cottage inkl. des Apartments ist für 8 Personen ausgelegt und kann nicht in kleineren Gruppen gemietet werden. Dafür eignet es sich aber hervorragend für eine Gruppe von Golfspielern, die gerne unter sich bleiben möchten. Für diese Exklusivität müssen die 8 Personen aber schon SAR 15.000–20.000 bezahlen. Wer es nun romantisch und abgelegen am einige Kilometer entfernten Indischen Ozean bevorzugt, der sollte über das Anmieten des mind. SAR 1.700 teuren Blockhauses „Glentana" nachdenken. Es ist besonders beliebt bei Flitterwöchlern. Die an Fancourt angeschlossenen vier Restaurants bieten für jeden etwas (italienisch, Fine Dining, leichte Kost und Steaks). Am besten zum Gesamtambiente passt aber mit Sicherheit das elegante „Montagu Restaurant" im alten Farmhaus.

• **Oakhurst Hotel $$$:** Ecke Meade/Cathedral Sts., George 6530, Tel.: (044) 874-7130, Fax: (044) 874-7131. Reetgedecktes Country Inn des gehobenen Standards. Zentral gelegen in der Innenstadt. Im Hause befindet sich ein gutes Restaurant (s.u.), eine gemütliche Bar (mit Kamin). Das Gebäude ist zwar neu, doch die innenarchitektonische Mischung aus Cape-Dutch-Stil und Safarilodge ist durchaus gelungen. Die Zimmer sind klein, aber geschmackvoll eingerichtet. Für ca. 70 € pro DZ können Sie kaum besser wohnen in George.

• **Forester Protea Lodge $$–$$$:** 123 York St., George 6530, Tel.: (044) 874-4488, Fax: (044) 874-4428. Modernes, leidlich ansprechend gestaltetes Innenstadthotel mit 50 (kleinen) Zimmern. Oft günstige Sonderraten! Angeschlossen ist ein irischer Pub der „Keg"-Kette.

• **George Tourist Resort $–$$:** Ecke R102/York Street, etwas außerhalb der Stadt, George 6530, Tel.: (044) 874-5205, Fax: (044) 874-4255. Große Resortanlage mit Swimmingpool (inkl. Rutsche), Minigolf, Kinderspielplatz etc. Es gibt sehr einfache Rondavels ($, stehen sehr eng beieinander) und etwas bessere Chalets ($$).

- **George Backpackers Hostel $:** *29 York Street, George 6530, Tel.: (044) 874 7807*
- *Unterkünfte an der südlich gelegenen* **Victoria Bay** *finden Sie unter „Victoria Bay" auf S. 329.*

Camping
- **George Tourist Resort $–$$:** *siehe oben. Schattige Plätze.*
- *Der Tipp für George ist aber der Campingplatz an der* **Victoria Bay**.

Restaurants
- *Fine Dining im o.g.* **Fancourt Hotel** *verspricht Gaumenfreuden aller Art. Es gibt hier ein italienisches („La Cantina"), ein südafrikanisches („The Montagu"), ein Steak-/Seafood- („The Grill Room") und ein „Health"-Restaurant („Morning Glory"). Reservierung essentiell!*
- **The Copper Pot:** *12 Montagu St., Multi Center, ca. 300 m nördl. des Fancourt Hotel gelegen. Gute französische Küche verbunden mit Ambiente und Atmosphäre.*
- **Geronimo Spur** *(Ecke Cathedral Sq./York St., Tel.: (044) 873-4279) und* **Saddles Steak Ranch** *(Lamprecht Center, York St., Tel.: (044) 874-3776) gehören beide renommierten Steakhaus-Ketten an, deren Qualität zu vernünftigen Preisen im ganzen Land geschätzt werden.*
- ***The Old Townhouse:** 20 Market St., Tel.: (044) 874-3663. Restaurant in historischem Gebäude. Eleganz, Ambiente, Qualität und Preis sind ausgewogen, und somit ist dieses unser Tipp für George.*
- **With Thyme Restaurant:** *Im Oakhurst Hotel, Meade St., Tel.: (044) 874-7130. Candlelight Dinner. Südafrikanische Gerichte, gelungen „aufgepeppt".*

Golf
- *Der* **Fancourt Country Club**, *Südafrikas z.Zt. wohl berühmteste Golfanlage, befindet sich 5 km westlich der Innenstadt von George. Die beiden 18-Loch-Meisterschaftsplätze wurden von der Golflegende Gary Player entworfen. Übernachten können Sie im angeschlossenen Luxushotel (s.o.). Dieser Platz ist ein Muss für Golffreunde.*
- **George Golf Club:** *C.J. Langenhoven St., George 6530, Tel.: (044) 873-6116, Fax: (044) 874-6191. 18 Löcher, 5.800 m, Bar. Ebenfalls ein Topplatz, auf dem auch Meisterschaften ausgetragen werden. Er gilt als der „grünste und satteste" Platz im Kapland und liegt wunderschön.*

Einkaufen
- *Der* **Lederhändler** *verrät sich schon durch seinen Namen. In der 3 King Rd (Industriegebiet im Südosten der Innenstadt, Tel.: (044) 874-6935) gibt es Lederwaren aller Art zu Fabrikpreisen.*

Goegap Nat. Reserve (S. 649)

Strecke
Nördlich von Kapstadt - Namaqualand

Information
• *Goegap Nature Reserve: Postanschrift: Private Bag X1, Springbok 8240. Es gibt ein Visitor Center im Park.*

Unterkünfte/Camping
*Schauen Sie hierzu unter **Springbok** auf S. 319f. Im Park selbst gibt es nichts dazu.*

Gouritsmond/Gourits River Mouth (S. 580f)

Strecke
Port Elizabeth - Kapstadt (Garden Route)

Unterkunft
• *Gouritsmond Holiday Units $: Ortsmitte, P.O.Box 65, Gouritsmond 6696, Tel.: (028) 735-3030. Einfache Selbstversorger-Apartments. Gut geeignet, wenn Sie die Beschaulichkeit dieses kleinen Ortes am Meer genießen möchten, sich aber nicht zu lange in den Wohnungen aufhalten. Zudem sehr günstig!*
• *Der Tipp für Gouritsmond ist aber zu versuchen, ein **kleines Haus am Meer** zu buchen. Dafür gibt es aber keine offizielle Buchungsadresse, sondern müssen Sie selbst Ihre „Spürnase" aktivieren. Am besten, Sie fangen an, im Supermarkt bzw. dem Pubrestaurant am Ortseingang zu fragen. Irgendwie wird es klappen, und zur Belohnung mag Sie ein einfaches, aber schön gelegenes Haus für ca. € 25 erwarten. Außerdem ist geplant, kleine Chalets zu errichten.*

Camping
*Es gibt auch einen einfachen **Caravanpark** am Ort.*

Graaff-Reinet (S. 605ff)

Strecke
Port Elizabeth - Graaff-Reinet - Beaufort West - Kapstadt

Information
• *Publicity Association: Im Old Library Museum in der Church Street, P.O.Box 153, Graaff-Reinet 6280, Tel./Fax: (049) 892-4248*

Unterkünfte
Es gibt in und um Graaff-Reinet schöne Bed & Breakfast- sowie eine Reihe von Farmunterkünften. Nähere Infos erteilt das Touristenamt.

- ***Andreis Stockenström Guest House $$$–$$$$:** *100 Cradock St., P.O.Box 55, Graaff-Reinet 6280, Tel./Fax: (049) 892-4575. Mehrfach prämiertes, zentral in der Stadt gelegenes Gästehaus mit 5 Zimmern. Das Gebäude, ein „Old Manor House", wurde 1819 errichtet und ist heute ein National Monument. Auch die authentische Karoo-Küche ist empfehlenswert (4-Gänge-Dinner).*
- ***Drostdy $$$:** *30 Church St., Graaff-Reinet 6280, Tel.: (049) 892-2161, Fax: (049) 892-4582. Ein Klassiker unter Südafrikas Cape-Dutch-/Country Hotels. Die ehemalige Landvogtei („Drostdy") wurde mit viel Liebe restauriert und sieht wieder aus wie einst zu Beginn des 19. Jh. Dafür wurden Möbel aus hochrangigen Antiquitätensammlungen zusammengetragen. Es gibt auch Familien-Suiten (kl. Häuschen) in ehemaligen Sklavenhäusern im Stretch Court. Das angeschlossene „Court Restaurant" besticht gleichermaßen durch das historische Ambiente sowie die traditionelle Cape-Dutch- und Karoo-Gerichte.*

Historisch, schön und relativ günstig: das „Drostdy"

- ***Cambedoo Cottages $$–$$$:** *16 Parliament St., Graaff-Reinet 6280, Tel.: (049) 892-3180. Historische Selbstversorger-Cottages (19. Jh.), die alle unter Denkmalschutz stehen. Reetgedeckt und mit alten Yellowwood-Böden. Hier kann man von „urigen Kleinodien" sprechen. Es gibt einen Swimmingpool.*
- **Kingfisher Lodge $$$:** *33 Cypress Grove, Graaff-Reinet 6280, Tel./Fax: (049)892-2657. Ruhig am Ufer des Sunday River gelegen. Ca. 5 Min. zur Innenstadt. 5 Zimmer, alle mit Antiquitäten und Decken-Vents ausgestattet. Am schönsten ist die Roman-Suite mit einem Baldachin über dem Bett. Keine Kinder unter 12 Jahren.*
- **Karoo Park Guest House $$–$$$:** *81 Caledon St., Graaff-Reinet 6280, Tel.: (049) 892-2557, Fax: (049) 892-5730. Geräumige Zimmer in Guesthouse der oberen Mittelklasse sowie in dem großen Garten verschiedene Selbstversorger-Cottages (1–3 Zimmer).*
- *Es gibt natürlich auch eine Reihe kleinerer Privatunterkünfte sowie günstige* **Farmunterkünfte ($$)** *– Empfehlung:* **Groenvlei Farm** *(Tel.: (049) 845-0305, Fax: (049) 845-0302), die Sie über das Touristenamt buchen können.*

Camping

- *Der Gemeinde-Campingplatz* **(Urquart Park**, *Tel.: (049) 892-2136) befindet sich an der Nordwestausfahrt der Stadt (Strecke zum Valley of Desolation). Die Einrichtungen sind sehr einfach, dafür gibt es aber gute Grillmöglichkeiten, und die Bäume am Fluss spenden viel Schatten. Hier können Sie auch einfache Chalets und Hütten mieten.*

Restaurants

- ***Im** Restaurant des **Drostdy Hotel** *(s.o.) können Sie im historischen Cape-Dutch-Stil bei Kerzenlicht dinieren. Ein schönes und immer noch erschwingliches Erlebnis.*
- **Andries Stockenstrom Dining Room:** *100 Cradock St., Tel.: (049) 892-4575. Karoo-Gerichte mit französischem Touch. Weithin bekannt und oft ausgebucht. Nicht ganz billig, steht aber dem Restaurant im „Drostdy" in nichts nach. Gut sind auch die Wildgerichte.*

• In der 30A Parsonage Street (Nahe Ecke Church Street) gibt es ein kleines **Steakhouse** in einem historischen Haus, in dem Sie gut und preiswert essen können. Nachmittags lädt die Veranda auch zu Tee und Kuchen ein.

Heidelberg (S. 583)

Strecke
Port Elizabeth - Kapstadt (Garden Route)

Information
• **Tourism Bureau:** Private Bag X2, Heidelberg W.C. 6665, Tel.: (028) 722-1917, Fax: (028) 722-1157.

Boosmansbos Wilderness Area
• **Information:** Grootvadersbosch Nat. Reserve, P.O.Box 109, Heidelberg 6665, Tel.: (028) 722-2412. Es gibt keine Unterkünfte, nur Schutzhütten entlang der Trails.

Unterkünfte
• ***Skeiding Guest Farm $$:** Nahe der N2 (ausgeschildert), 12 km in Richtung Swellendam, P.O.Box 76, Heidelberg W.C. 6665, Tel.: (028) 722-1891, Fax: (028) 722-2223. Hier wohnen Sie auf einer Straußenfarm. Es gibt 2 Zimmer und zwei schöne Selbstversorger-Cottages im Cape-Dutch-Stil. Das Essen ist gut und reichhaltig (vorher anmelden). Eine hervorragende Gelegenheit, auszuspannen und die Arbeit auf einer Straußenfarm kennen zu lernen.
• **Hotel Heidelberg $$:** 48 van Riebeeck St., Heidelberg W.C. 6665, Tel./Fax: (028) 722-1934. Ein für Südafrika typisches Kleinstadthotel. Service, Küche und Zimmer sind für den Preis okay.

Hermanus (S. 594f)

Strecke
Port Elizabeth - Kapstadt (Garden Route)

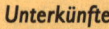

Information
• **Tourism Bureau:** Old Station Building in der Mitchell Street. Tel.: (028) 312-2629, Fax: (028) 313-0305
• **Wal-Hotline:** (028) 312-1475

Unterkünfte
Sollten Sie wirklich erwägen, so nahe bei Kapstadt und in einem touristisch so überlaufenen Ort zu nächtigen, dann empfehlen wir nur eine Nacht und die nahe dem Old Harbour. Denn so können Sie die Wale, das Museum und die besten Restaurants zu Fuß erleben. Weiter entfernte Gästehäuser mögen zwar etwas billiger sein, liegen aber einfach ungünstig.

• **Auberge Burgundy $$$$:** Harbour Street, Hermanus 7200, Tel.: (028) 312-1201/2, Fax: (028) 313-1204. Elegantes Gästehaus, das einem mediterranen Stadthaus nachempfunden ist. Schlichtes, aber exquisites Design. Ein wenig Yuppie-angehaucht. Nahe Old Harbour.
• ***Windsor Lodge Hotel $$$:** 49 Marine Drive, Hermanus 7200, Tel.: (028) 312-3727, Fax: (028) 312-2181. Schönes, historisches Hotel direkt an der Bay und nicht weit vom Old Harbour. Fragen Sie nach einem Zimmer im 2. Stock mit Seeblick. Dann können Sie von dort die Wale beobachten (Aug.- Nov.). Unter der Telefonnummer (028) 312-3610 vermietet die Windsor Lodge auch **Selbstversorger-Apartments** gleich neben dem Hotel.
• ***Marine Hotel $$$:** Marine Drive, Hermanus 7200, Tel.: (028) 313-1000, Fax: (028) 313-0160. Elegantes und sehr schön gestaltetes Hotel direkt an der Klippe nahe dem Old Harbour. Die Aussicht und der Service sind prima. Es fehlt aber etwas der „Old-Time-Charme" des o.g. „Windsor", trotz des Renovierungsaufwandes im Jahre 1999 und der Tatsache, dass auch das Marine bereits 1890 erbaut wurde.
• **Hermanus Hotel $$:** 9 Mitchell St., Hermanus 7200, Tel.: (028) 313-1140. Einfaches, aber sehr sauberes und günstiges Gästehaus. Zentral gelegen, 5 Minuten zum Old Harbour.
• **Whale Cottage Guest House $$:** 20 Main Rd, Hermanus 7200, Tel./Fax: (028) 313-0929. Schnuckeliges 5-Zimmer-Gästehaus, das zwar relativ zentral, dafür aber trotzdem abseits des großen Rummels liegt. Persönlich geführt.

Camping
• Das **Onrus River Resort** (Tel.: (028) 316-1210) westlich von Hermanus liegt direkt an der Bay, nur durch Milkwood-Bäume von diesem getrennt. Es gibt einen Tiden-Pool!

Rundflüge
• **Hermanus Air Charter** unternimmt Rundflüge über die Walker Bay. Eine schöne Alternative, die Wale zu beobachten. Tel.: (028) 312-2701.

Restaurants
• **The Burgundy:** Market Square, Hermanus, Tel.: (028) 312-2800. Gutes Fischrestaurant (mit französischem Einschlag) in ehemaligem Fischerhaus. Falls das Wetter mitspielt, reservieren Sie sich einen Tisch im Garten bzw. auf der (sog.) Veranda. Gleich gegeüber befindet sich noch ein weiteres gutes Fischrestaurant, das ***Bientang Se Grot** (auch „Bientangs Cave", Tel.: (028) 312-3454), welches sich direkt am Meer befindet. Von August bis Ende November stehen die Chancen also gut, von hier aus Wale zu sehen.
• Um den **Market Square** über dem Old Harbour gibt es zudem zahlreiche andere Restaurants aller Preisklassen und Geschmacksrichtungen. Auch die Hotels, wie z.B. das o.g. „Windsor", haben zumeist ein Restaurant (der Mittelklasse).

Herolds Bay (S. 575)

Strecke
Port Elizabeth - Kapstadt (Garden Route)

Unterkunft
• **Dolphin View** und **Palm Tree B&B $–$$:** Postanschrift: P.O.Box 1106, George 6530, Tel./Fax: (044) 851-0110. Das „Dolphin View" ist ein Selbstversorger-Chalet

am Hang (2–8 Personen, Aussicht!), während das „Palm Tree" in einem historischen Strand-
haus untergebracht ist. Im Frühstück „inbegriffen" ist der Blick direkt auf den weißen
Sandstrand.

Jeffrey's Bay/Humansdorp/Cape St. Francis Bay (S. 541f)

Strecke
Port Elizabeth - Kapstadt (Garden Route)

Information
• **Humansdorp:** *du Plessis St., Tel.: (042) 295-1361*
• **Jeffrey's Bay:** *Ecke da Gama/Beverland Sts., Tel.: (042) 293-2588 (od. 293-1111:*
Municipality, durchstellen lassen).
• **Port St. Francis:** *Im Village Center, Tel.: (042) 294-0076.*

Unterkünfte
• **Stratos Guesthouse $$$:** *11 Uys St., Jeffrey's Bay 6330, Tel.: (042) 293-1116,*
Fax: (042) 293-3072. Das Haus ist schön eingerichtet, liegt in der Nähe eines
guten Strandes und verfügt über ein solarbeheiztes Schwimmbad. Von mehreren Lesern
empfohlen.
• **Cape St. Francis Resort $$–$$$:** *Im Ort, gut ausgeschildert, P.O.Box 139, St. Francis*
Bay 6312, Tel.: (042) 294-0420, Fax: (042) 294-0409. Wunderschön gelegenes Resort,
direkt hinter dem Strand. Es gibt voll ausgestattete Selbstversorger-Cottages. Die kleineren
beherbergen bis zu 4 Personen, die größeren bis zu 8. Zudem können Sie hier campen,
und es gibt auch B&B-Unterkünfte.
• **Wavecrest Guest House $$:** *34 Pride of India Crescent, Jeffrey's Bay 6330, Tel.: (042)*
296-2667. Guest House mit 6 Doppelzimmern. Es wird von einem jungen Deutschen
geführt. Zum Frühstück gibt es selbstgebackene Brötchen und Brot.

Camping
• **Cape St. Francis Resort:** *s.o.*

Restaurants
• *Es gibt in allen Orten eine Reihe von „Ferien-Restaurants", die in Ordnung*
sind, aber durch nichts hervorstechen. Einzig das **Restaurant im Port St. Francis**
(Marine Martinique) sei hier erwähnt, da Sie von oben einen schönen Blick auf Hafen und
Bucht haben.

Joubertina (S. 518)

Strecke
Kapstadt - Montagu - Oudtshoorn - Port Elizabeth

Information
Das kleine **Informationsbüro** *befindet sich im Old Schuur House an der Main*
Road, nahe dem Bahnhof. Tel.: (042) 273-1337 od. 273-2424.

Unterkünfte
Zu einer Übernachtung in dieser Region ist eigentlich nicht zu raten. Abends können Sie hier rein gar nichts unternehmen, und keine Autostunde entfernt locken bereits die Lodgen und B&Bs der Garden Route. Sollte es Sie aber trotzdem hierher verschlagen:
• Das eigentliche Ortshotel ist das **Kloof Hotel** (*$$*, Tel.: (042) 273-1310), das 1970er-Jahre-Charme aufweist und zudem ein kleines Restaurant hat.
• In Louterswater (20 km westl. von Joubertina) gibt es das **Kliphuis B&B** (*$$–$$$*, Tel.: (042) 272-1727), das etwas mehr Individualität verspricht und gerühmt wird für seine gesunde Farmküche sowie den Bezug zur Natur.

Kagga Kamma (S. 636ff)

Strecke
Nördlich von Kapstadt

Information/Buchung
• **Kagga Kamma Private Game Reserve:** Postanschrift: P.O.Box 7143, North-Paarl 7623, Tel.: (021) 863-8334, Fax: (021) 863-8383.
Die direkte Telefonnummer zum Camp lautet: (023) 317-0888.

Hinweis
Fragen Sie bei der Buchung nach den Öffnungszeiten der Parktore. I.d.R. sind sie unter der Woche ab 18h30 geschlossen.

Unterkünfte/Restaurant
• Alle **$$$$$**, wobei alle Aktivitäten und Mahlzeiten inbegriffen sind. Es gibt reetgedeckte runde bzw. ovale **Chalets**, die bis zu 8 Personen beherbergen können, und die urigeren (und ca. ZAR 260 teureren) Felshäuser, die sich ***Bushmen Lodge** nennen. Hierbei sind 2-Bettunterkünfte in die Felsen eingelassen.
• **Campingmöglichkeiten** gibt es hier nicht.
• Das **Restaurant** bietet, außer So, à la carte-Gerichte, und oft wird bei gutem

Die Bushmen Lodge-Felshäuser in Kagga Kamma

Wetter draußen im „Boma", nach afrikanischer Tradition, gegrillt. Dabei sitzen alle in einem kraalförmigen „Verschlag" an einem Felsvorsprung im Garten und können sich beim Koch am Feuer die Teller auffüllen lassen.

Kamieskroon (S. 648)

Strecke
Nördlich von Kapstadt - Namaqualand

Information
• *Sandveld Tourism Forum:* P.O.Box 42, Kamieskroon 8241, Tel.: (027) 672-1627, Fax: (027) 672-1922.

Unterkünfte
• **Kamieskroon Hotel $$–$$$:** P.O.Box 19, Kamieskroon 8241, Tel.: (027) 672-1614, Fax: (027) 672-1675. Unscheinbares Landhotel mit **Campingmöglichkeit** (telef. anfragen!). Der Knüller in diesem Hotel sind die zur Blumensaison stattfindenden **Fotokurse**, die lange im Voraus ausgebucht sind. Also, wer fototechnisch interessiert ist, der sollte sich Monate im Voraus anmelden. Es lohnt sich aber! Es gibt auch Kurse außerhalb der „Blumenzeit".
• **Farm Pedros Kloof $$:** P.O.Box 12, Kamieskroon 8241, Tel.: (027) 672-1666. Bietet 5 Gästezimmer mit Frühstück. Auf Wunsch auch Dinner.

Karoo National Park (S. 612f)

Strecke
Port Elizabeth - Graaff-Reinet - Beaufort West - Kapstadt

Information
• **Karoo National Park:** P.O.Box 316, Beaufort West 6970, Tel.: (023) 415-2828 od. zentral über die Nationalparkbehörde: (021) 422-2810.

Unterkünfte
HINWEIS: Zentrale Buchungsadresse für Nat. Parks siehe S. 262
• Im Park gibt es schöne **Selbstversorger-Unterkünfte ($$$)** in 1- und 2-Parteien-Häusern. Die Ausstattung ist schlicht, lässt keine Wünsche offen. Reservierung auch über o.g. Adresse.

Camping
• Nahe dem Restcamp gibt es einen guten, schönen **Campingplatz**. Die schattigen Plätze sind aber oft schnell vergeben. Reservierungen über o.g. Adresse.

Restaurants
• Im Restcamp gibt es ein **kleines Restaurant**, das aber Mo–So abends nur bis 21h30 Bestellungen aufnimmt (So nur bis 19h!). Kein Mittagessen. Tisch reservieren!

Kleinmond (S. 596)

Strecke
Port Elizabeth - Kapstadt (Garden Route)

Information
- **Tourism Bureau:** Main St., Tel.: (028) 271-4010, Fax: (028) 271-4100

Unterkunft
- ***The Beach House $$$:** Beach Rd, Kleinmond 7195, Tel.: (028) 271-3130, Fax: (028) 271-4022. Nicht nur die schönen Zimmer, sondern auch die Aussicht und* der liebenswerte Service machen diese 23-Zimmer-Lodge zu einer attraktiven Adresse. Im Hause befindet sich auch ein gutes **Seafood-Restaurant.**

Camping
- **Palmiet Caravan Park:** Am Palmiet River, Private Bag X3, Kleinmond 7195, Tel.: (028) 271-4010, Fax: (028) 271-4100. Schöne Lage an Lagune und Strand. Viele* Plätze bieten Schatten.

Knysna (S. 555ff)

Strecke
Port Elizabeth - Kapstadt (Garden Route)

Information
- **Tourism Bureau:** 40 Main St., Knysna 6570, Tel.: (044) 382-5510, Fax: (044) 382-5510

Outeniqua Choo-Tjoe Train
Hist. Bahn zwischen George und Knysna. Infos/Buchungen über das o.g. Informationsbüro, am Bahnhof oder unter: (044) 801-8288 bzw. 382-1361, Fax: (044) 801-8286. Fahrten täglich außer sonntags und an bestimmten Feiertagen. Stopps in Wilderness, Sedgefield und Goukamma.
Der Zug verlässt Knysna um 9h45 bzw. 14h15 und erreicht George um 12h30 bzw. 17h.

Unterkünfte
- ***Hunter's Country House $$$$$:** siehe unter „Plettenberg Bay" (S. 303)*
- **Belvidere Manor $$$$$:** Ca 10 km (süd-) westlich von Knysna an der Straße* nach Brenton-on-Sea, P.O.Box 1195, Knysna 6570, Tel.: (044) 387-1055, Fax: (044) 387-1059. Diese First-Class-Unterkunft bietet 30 historische Cottages (1–3 Schlafzimmer). Das Haupthaus wurde bereits vor über 150 Jahren eingerichtet und von einer schottischen Familie bewohnt. Es ist heute ein National Monument. Die Aussicht vom Belvidere Estate auf die Knysna Lagoon ist einmalig, das Restaurant ist gut, und das (sonnige) Frühstück auf der Veranda des Manor Houses wird unvergesslich bleiben. Leider ist der Preis ein wenig zu hoch für den Standard der Cottages, und schon vor Sonnenuntergang liegt diese Hügelseite leider im Schatten.

• **Portland Manor $$$$:** 13 km entlang der Old Cape Rd in Richtung Rheenendal (= 17 nordwestl. von Knysna), P.O.Box 9, Rheenendal 6576, Tel.: (044) 388-4804, Fax: (044) 388-4863. Das altehrwürdige Herrenhaus (1864) liegt hoch über Knysna mit einem weiten Blick über die Landschaft. Mehrfach prämiert. 8 Zimmer. Kinder ab 12 Jahren.

• **Knysna Hollow Country Estate $$$:** 5 Welbedacht Ave., Knysna 6570, Tel.: (044) 382-5401, Fax: (044) 382-5265. 13 schöne Doppelzimmer sowie 15 sehr zu empfehlende, reetgedeckte Cottages mit Lounge und eigenem Kamin. Auf schattiger Anlage nahe der Lagune. Im Hause gibt es ein hervorragendes Restaurant.

Die größte Blockhütte südlich des Äquators: Knysna Log-Inn

• **Knysna Log-Inn $$$:** 16 Gray St., Knysna 6570, Tel.: (044) 382-5835, Fax: (044) 382-5830. Das Hotel rühmt sich damit, die größte „Blockhütte" der südlichen Hemisphäre aufzuweisen, und alles ist nur mit natürlichen Materialien konstruiert worden. 57 Doppelzimmer, Swimmingpool, Jacuzzi und Sauna. Das Motto hier: „Stay in Tune with Nature".

• ***Brenton-on-Sea Hotel $$$:** 15 km (süd-) westlich von Knysna (von Westen kommend: Abzweigung vor der Knysna Lagune nach rechts), P.O.Box 36, Knysna 6570, Tel.: (044) 381-0081, Fax: (044) 381-0026. Nette (Selbstversorger-) Chalets, ein paar Hotelzimmer sowie ein größeres Haus, das auch separat gemietet werden kann. Das Hotel liegt oberhalb des schönen, naturbelassenen Strandes an der Buffalo Bay. Der Blick ist fantastisch. Übrigens das einzige Hotel in Knysna direkt am Strand. Gut für Spaziergänge.

• **Yellowwood Lodge $$$:** 18 Handel St., Knysna 6570, Tel.: (044) 382-5906, Fax: (044) 382-4230. Hübsche, gemütliche Country-Lodge mit 11 Zimmern. Mit Antiquitäten eingerichtet. Kinder ab 13 Jahren.

• **Fish Eagle Lodge $$–$$$:** Welbedacht Lane (von hier 300 m einem Stichweg folgen), P.O.Box 2064, Knysna 6570., Tel. : (044) 382-5431, Fax: (044) 382-7435. Sehr schön gelegenes Haus mit Blick auf Lagune und Berge. Ruhig, mit Swimmingpool. 2 Doppelzimmer und 3 Selbstversorger-Apartments. Die Gastgeber sind ein aus Deutschland eingewandertes Ehepaar. Keine Kinder unter 10 Jahren.

• **Ocean View Guest House $$:** Von Westen kommend: Abzweigung vor der Knysna Lagune nach rechts, dann noch ca. 7 km. P.O.Box 971, Brenton-on-Sea 6570, Tel./Fax: (044) 381-0063. Die gepflegte Lodge liegt nicht nur schön, sondern ist auch preiswert. 2-Zimmer-Mini-Apartments, Swimmingpool.

• ***Caboose $$:** Ecke Gray/Trotter Sts., P.O.Box 2044, Knysna 7650, Tel.: (044) 382-5850, Fax: (044) 382-5224. Die Zimmer sind Eisenbahnwaggons nachempfunden. Sauber, originell und sehr preiswert. Es gibt auch 3 Familienzimmer. Es gibt einen Swimmingpool, ein Restaurant und eine Gästeküche.

• **Harry's B $$:** 40 Main St, Tel.: (044) 382-5065. Es handelt sich um ein von zwei Brüdern betriebenes Haus, das 1863 erbaut wurde und heute unter Denkmalschutz steht. Im unteren Geschoss befindet sich ein Pub, dreimal in der Woche gibt es Livemusik. Das kleine Restaurant bietet eine gute, wenn auch kurze Speisekarte. Die Besitzer sind sehr zuvorkommend und gastfreundlich.

• *Es gibt eine Reihe* **„Backpacker"-Unterkünfte ($)** *in und um Knysna. Zentral gelegen sind u.a.:* **The Backpack** *(17 Tide St, Tel./Fax: (044) 382-4362),* **Knysna Backpackers** *(42 Queen St., Tel./Fax: (044)382-2554 und* **Peregrin Backpackers** *(16 High St., Tel./Fax: (044) 382-3747).*

Camping

• *Es gibt mehrere Campingplätze im Umkreis von Knysna, wobei der am* **Buffalo Bay** *(Tel.: (044) 383-0045, nur Caravane, 21 km von Knysna) am ruhigsten und schönsten liegt (Blick auf Meer). Angeschlossen ist der Zeltplatz* **Buffelskop** *(Tel.: (044) 383-0040, 21 km von Knysna). Das* **Woodbourne Holiday Resort** *(George Rex Drive, Tel.: (044) 382-3223) hat dafür die beste Ausstattung, liegt nahe der „Heads" und bietet auch günstige Unterkünfte in kleinen Chalets. Nahe der Stadt liegt schließlich der* **Waterways Caravan Park** *(Holiday Park Drive, Tel.: (044) 382-2241), der aber nur begrenzte Plätze für Zelte hat.*

Restaurants

• **JJ's Restaurant:** *Im Brenton-on-Sea Hotel, Tel.: (044) 381-0166. Hervorzuheben ist die sehr freundliche Bedienung durch Justin (JJ). Das Restaurant ist groß, trotzdem aber gemütlich. Besonders schön ist es, wenn Sie einen Tisch mit Blick aufs Meer erwischen sollten. Es wird ein sehr reichhaltiges Buffet serviert, man kann aber auch à la carte bestellen.*

Austern an der Lagune: Oyster Tavern

• ***Oyster Tavern:** *Auf Thesen Island, am Ende der Straße. Das kleine Snack-Restaurant ist angeschlossen an die Austernfabrik und bietet Austern und andere Meeresfrüchte zu sündhaft günstigen Preisen. Dazu wird auf Wunsch südafrikanischer Champagner gereicht. Bei gutem Wetter können Sie auf dem Steg sitzen und über die Lagune schauen. Nur bis zum frühen Abend geöffnet.*

• **O'Pescador:** *Brenton-Belvidere Rd (ca. 6 km westl. von Knysna), Tel.: (044) 386-0036. Leger, aber gutes Essen. Portugiesische Meeresfrüchte-Küche, z.B. Sardinen, Scampi und Peri-Peri.*

• **The Pink Umbrella:** *Ecke Links Drive/Kingsway, Leisure Island, Tel.: (044) 384-0135. Gut geeignet für einen Lunch. Hübsches, einfaches Restaurant mit kleinen Spezialitäten, wie z.B. Spinat mit Feta-Käse, Crepes und Salate. Nur Fr + Sa-Abend geöffnet.*

• ***Hunter's Country House:** *Neben der N2 in Richtung Plettenberg Bay (nach Süden auf Stichstraße abbiegen), Tel.: (044) 532-7818. Ruhig gelegenes Refugium mit Superessen. Mehrfach prämierte Küche! Gepflegt, dafür aber auch entsprechend teuer.*

Golf

• **Knysna Golf Club:** *Howard Street, P.O.Box 110, Knysna 6570, Tel.: (044) 384-1150. 18 Löcher, 5.831 m, Bar. Sehr grüner Platz mit viel Wasser und altem Baumbestand (Eukalyptus, Kiefern, Zedern). Herrliche Ausblicke auf die Lagune und die*

Berge. Der Platz gilt als recht schwierig. Der Club hat den Ruf, noch sehr auf Etikette zu achten (lange Hose od. Strümpfe bis zum Knie).
• **Simola Golf & Country Estate:** P.O.Box 702, Knysna 6570, Tel.: (044) 382-5855. 18 Löcher, 6.294 m, Bar, Restaurant, Squash, Reiten, Tennis. Neuer Platz, designed von Jack Nicklaus und wunderschön in Hügellandschaft eingepasst.

Ladismith (S. 501f)

Strecke
Kapstadt - Montagu - Oudtshoorn - Port Elizabeth

Information
• **Tourism Bureau:** P.O.Box 30, Ladismith 6655, Tel.: (028) 551-1023, Fax: (028) 551-1766.

Unterkünfte
• ***Albert Manor $$–$$$:** 26 Albert St., Ladismith 6655, Tel./Fax: (028) 551-1127. Victorianisches Haus in ruhiger Lage, von zwei aus Deutschland eingewanderten Männern beispielhaft geführt. Viel Ambiente. Panoramablick auf die Swartberge. Nur 3 Zimmer! Auf Vorbestellung wird auch ein Abendessen serviert.
• **Edlyn Guest Farm $$:** 7,5 km von Ladismith im Knuysswagendrift Valley (Hoeko Rd), Tel.: (028) 551-1050 od. 551-2020. Schöne Unterkunft auf historischer Farm. Die Familie besitzt auch eine **Selbstversorgungshütte** (6–10 Betten) im Seweeksport.

Camping
• **Saar Garisch Caravan Park:** Hospital Ave., Tel.: (028) 551-1000. 4 km südl. des Ortes. Einige Plätze mit Schatten.

Restaurant
• **Royal Country Lodge:** Van Riebeeck St., Tel.: (028) 551-1044. Ländliche Küche, preiswert, rustikale Einrichtung.

Laingsburg (S. 614f)

Strecke
Port Elizabeth - Graaff-Reinet - Beaufort West - Kapstadt

Information
• Das **Tourism Bureau** befindet sich an der Van Ribeeck Street in der Library, Tel./Fax: (023) 551-1019.

Unterkünfte
• In Laingsburg gibt es u.a. zwei Hotels, das kleine **Grand Hotel ($$,** Tel.: (023) 551-1038) und das etwas besser ausgestattete **Laingsburg Country Hotel ($$$),** Tel.: (023) 551-1009). Der Tipp lautet aber, weiterzufahren bis zum 27 km entfernten Matjiesfontein.

Lambert's Bay/Lambertsbaai (S. 630f)

Strecke
Nördlich von Kapstadt

Information
• **Tourism Bureau:** *P.O.Box 245, Lambert's Bay 8130, Tel./Fax: (027) 432-2355. Das Touristenamt vermittelt auch Unterkünfte in privaten Gästehäusern und Selbstversorger-Apartments.*
• **Flowerhotline (Blüten-Info):** *082-231-1648, 0800-001704 od. (021) 418-3705*

Unterkunft
• **Marine Protea $$–$$$:** *Voortrekker St., Lambert's Bay 8130, Tel.: (027) 432-1126, Fax: (027) 432-1036. Relativ modernes, aber „einfallsloses" Hotel. Geräumige Zimmer und ein gutes Preis-Leistungs-Verhältnis werden aber geboten. Vom Hotel aus werden Bootsfahrten und „Fishing Trips" organisiert.*

Camping
• *Es gibt ein paar „unspektakuläre" Campingplätze im Umkreis, wobei der* **Municipality Caravan Park** *(nördlich, nahe Korporasie St., Tel.: (027) 432-2238) noch am saubersten erschien.*

Restaurants
• ***Muisbosskerm:*** *Tel.: (027) 432-1017. 6 km südlich von Lamberts Bay (an der Küstenstraße!) befindet sich dieses Open-Air-Fisch-Restaurant in einer kraalähnlichen Umfriedung, die aus Mausbeeren-Gestrüpp besteht. Die Fischgerichte sind noch leckerer als im „Strandloper" bei Langebaan. In der Saison gibt es auch Lobster. Gekocht wird alles natürlich auch unter freiem Himmel. Besonders an Wochenenden kommen die Kapstädter eigens hierher angereist, um sich an Fisch (gegrillt, gebacken und geräuchert) satt zu essen. Das „Restaurant" ist aber nur abends (ab 18h30) geöffnet und das auch nicht immer. Erscheinen Sie früh, am besten um 18h30, denn das Ganze dauert „nur" 3 Stunden, und da Sie so viel essen können, wie Sie mögen, empfehlen sich eher kleine Pausen. Sollten Sie unter o.g. Telefonnummer keine Informationen erhalten, rufen Sie statt dessen das Informationsbüro in Lamberts Bay an.*
• **Bosduifklip:** *6 km östlich der Stadt an der Straße nach Clanwilliam, Tel.: (027) 432-2735. Open-Air, aber diesmal unter einem Felsen. Gleichermaßen ausgefallen wie das Muisbosskerm, dafür aber liegt der Schwerpunkt auf gegrillten Mahlzeiten des Landesinneren (Rind, Lamm etc.) sowie gelegentlich auch echter afrikanischer Küche (Papp etc.). Leider ist das „Restaurant" nicht immer geöffnet, da dieses von den Anmeldungen abhängt. Also vorher anrufen.*

Langebaan/Langebaanweg/Hopefield (S. 626f)

Strecke
Nördlich von Kapstadt

Information
• **Tourist Office (Langebaan):** Ecke Oostewal/Bree Sts., Langebaan 7375, Tel.: (022) 772-1515, Fax: (022) 772-1531.
• *Information zum Fossil Park:* Tel.: (022) 7730500

Unterkünfte
• **The Farmhouse $$$–$$$$:** 5 Egret St., Langebaan 7357, Tel.: (022) 772-2062, Fax: (022) 772-1980. Schönes, restauriertes Cape-Dutch-Country-Haus von 1860, über dem Ort gelegen und mit schöner Aussicht über die Lagune. Die Zimmer sind großzügig eingerichtet und haben alle einen eigenen Ofen. Im Hause gibt es auch ein Cape-Dutch-Restaurant.
• **Langebaan Guesthouse $$$:** 22 Oostewal St., Langebaan 7357, Tel.: (022) 772-1610, Fax: (022) 772-1436. Ansprechendes und gepflegtes Gästehaus. Zentral gelegen zu den meisten Restaurants.
• ***Kersefontein Farm & Guest Cottages $$$:*** P.O.Box 15, Hopefield 7355, Tel.: + Fax: (022) 783-0850. Unterkünfte auf einer historischen, kapholländischen Farm, die bereits seit 1770 in Familienbesitz ist. Es gibt Selbstversorgerunterkünfte und Zimmer im Farmhaus. Alle Räume sind mit Antiquitäten eingerichtet, die großenteils seit Generationen der Familie gehören. Das Dinner wird an einer langen Mahagoni-Tafel serviert und mit den Gastgebern eingenommen. Und wer eine Abkühlung benötigt, der kann in den Berg River direkt vor dem Haus springen. Mountainbikes sowie Boote können ausgeliehen werden, und wer einen Rundflug machen möchte, sollte den Hausherren, einen begeisterten Flieger, danach fragen.

Camping
• **Langebaan Caravan Park** (Oostewal St., Tel.: (022) 772-2115) und **Oostewal Caravan Park** (Bree St., Tel. ebenfalls: (022) 772-2115) sind die größten und bestausgestatteten Plätze im Ort.

Restaurants
• **Die Strandloper:** Am Strand nördlich von Langebaan (Richtung Club Mykonos), Tel.: (022) 772-2490. Open-Air-Restaurant mit gutem Seafood. Mittagessen ab 12h, Dinner ab 18h. Es gibt einen relativ hohen Einheitspreis, für den Sie dann so viel essen können, wie Sie möchten. Keine Alkohollizenz, aber Sie können selbst Wein oder Bier mitbringen. Je nach Wetter und Saison ist das Strandloper oft geschlossen. Rufen Sie vorher an.
• **The Farmhouse:** Siehe oben.

Malgas (Malagas) (S. 588)

Strecke
Port Elizabeth - Kapstadt (Garden Route)

Information
• *Es gibt kein Informationsbüro im Ort. Zuständig ist das* **Breede River Valley Tourism Office:** *P.O.Box 91, Worcester 6849, Tel.: (023) 347-6411, Fax: (023) 347-1115.*

Unterkunft
• **Malagas Guest House $$–$$$:* Main Rd., Postanschrift: P.O.Box 498, Swellendam 6740, Tel.: (028) 542-1049, Fax: (042) 542-1718. Komfortables Hotel im Cape-Dutch-Stil (1996 erbaut). 18 schöne, individuell eingerichtete Zimmer, ein gutes Restaurant (südafrik. Gerichte) und eine Veranda, von der Sie auf den Breede River schauen können. Outdoor-Aktivitäten (Kanu fahren, Angeln, Sunset-Bootsfahrten) werden arrangiert. Im Hause befindet sich auch ein Pub (Publunches). Insgesamt ein netter Ort, wo man gut zwei Tage entspannen kann.

Matjiesfontein (S. 615ff)

Strecke
Port Elizabeth - Graaff-Reinet - Beaufort West - Kapstadt

Information
• **Matjiesfontein Tourism Bureau:** *Im Lord Milner Hotel (s.u.)*

Unterkünfte
• **Lord Milner Hotel $$–$$$:* P.O. Matjiesfontein 6901, Tel.: (023) 551-3011, Fax: (023) 551-3020. Stilvolles Hotel in victorianischem Gebäude. Viele Antiquitäten und historische Räume mit alten Holzfußböden. Und besonders originell: Es gibt auch Unterkünfte in der ehemaligen, nahen Polizeistation sowie einem ebenfalls sehr nahen Cottage.
Das Hotel „versprüht" geradezu victorianischen Charme und koloniales Ambiente. Abends, zum Dinner, wird

Einstmals Wochenendziel der Kapstädter Bourgeoisie: The Lord Milner

das Horn geblasen, und der Absacker in der Bar aus dickem Holz („Laird's Arms") sollte schon einen besten Brandy wert sein. Zimmer 29 hat einen Kamin, und Zimmer 32 besticht durch **zwei** parallel gesetzte Badewannen. Wenn Sie für $$ nächtigen möchten, fragen Sie nach den Zimmern im Guesthouse „Losieshuis"

Restaurants
- Im o.g. **Lord Milner Hotel** gibt es ein gepflegtes Restaurant mit Karoogerichten.

Montagu (S. 499f)

Strecke
Kapstadt - Montagu - Oudtshoorn - Port Elizabeth

Information
- **Tourism Bureau:** Bath St., Montagu 6720, Tel.: (023) 614-2471.

Unterkünfte
Zu den u.g. Adressen fügen sich in Montagu noch zahlreiche Bed & Breakfast-sowie Farmunterkünfte
- ***Kingna Lodge $$$$:** 11 Bath St., Montagu 6720, Tel.: (023) 614-1066, Fax: (023) 614-2405. Sehr stilvolles victorianisches Haus voller Antiquitäten – mit tollem Speisezimmer/exquisitem Essen (5-Gänge-Candlelight!).
- ***Mimosa Lodge $$$–$$$$:** 15 Church St., Montagu 6720, Tel.: (023) 614-2351, Fax: (023) 614-2418. Ruhige, historische Lodge, die mehrfach prämiert worden ist. 10 individuell dekorierte Zimmer. Wunderschöner Garten. Es gibt im Hause auch ein gutes Restaurant (Karoo- und Cape-Dutch-Gerichte).

Mimosa Lodge

- **Gästefarm Merwenstein $$$:** P.O.Box 305, Bonnievale 6730 (9 km entfernt auf der Straße nach Swellendam), Tel./Fax: (023) 614-2806. 3 Zimmer auf einem Obst- und Weingut. Farmtouren und Teilnahme am Farmleben. Abendessen und Frühstück im Preis inbegriffen. Es wird deutsch gesprochen. Eine gute Gelegenheit, mehr über das Farmleben zu erfahren.
- **Avalon Springs Hotel $$$:** Uitvlucht St. (3 km vom Ortskern entfernt), Montagu 6720, Tel.: (023) 614-1150, Fax: (023) 614-1906. Modernes Resorthotel an den Mineralquellen in einer Kloof außerhalb des Ortes. Wunderschön gelegen, aber auch sehr belebt. Besonders schön ist es, dass Sie sich auch abends, nach dem Dinner, noch in die warmen Mineralquellen-Pools legen und dabei die Sterne beobachten können. Zimmer und Selbstversorgerapartments.
- ***Montagu Rose Gästehaus $$:** 19 Kohler Street, Montagu 6720, Tel.: (023) 614-2681, Fax: (023) 614-2780. Gästehaus unter deutscher Leitung. Blick auf Montagu und die umliegenden Berge. Geräumige Zimmer und reichhaltiges Frühstücksbuffet.
- **Aasvoelkrans B&B $$–$$$:** 1 Van Riebeck Street, Montagu 6720, Tel./Fax: (023) 614-1228. Vermietung von 3 wunderschönen Cottages.
- ***De-Bos Guest Farm $–$$:** Am Ende der Bath Street (Flussbett durchqueren), Montagu 6720, Tel./Fax: (023) 614-2532. Zimmer, Schlafsaal und schöner Campingplatz auf einer kleinen Farm (Pferde und Wein). Nahe dem Ortskern. Schattiger Garten. Hier können Sie auch selbst kochen. Ein echter Tipp zum Sparen. Schöner Swimmingpool im Garten.

Camping
- Es gibt einen einfachen Gemeinde-Campingplatz am Rande des Ortes, doch die Campingmöglichkeiten auf der **De-Bos Guest Farm** (s.o.) sind um einiges schöner (Schatten, Kochmöglichkeiten, schönere Grill- und Lagerfeuerstelle).

Restaurants
- ***Kingna Lodge***: s.o.
- **Mimosa Lodge:** s.o.
- **Montagu Country Inn:** Bath St., Tel.: (023) 614-1115. Gute Landküche (Karoo-Gerichte) in historischem Hotel mit victorianischem Charakter. Das Ambiente des Hauses ist bereits „die halbe Mahlzeit".
- **The Thomas Bain Pub:** Bath St. Restaurant mit extra Barraum. Gutes Essen, u.a. Lamm- und andere Karoo-Gerichte. Die vegetarische Platte besticht durch den Kürbis-Pie.

Mossel Bay (S. 577ff)

Strecke
Port Elizabeth - Kapstadt (Garden Route)

Information
- **Tourist Office:** Lower Church St., Market Square, Tel.: (044) 691-2202.

Khoi Village
The Point, Mossel Bay 6500, Tel.: (082) 572-9161.
Ein original nachempfundenes Khoi-Dorf mit den typischen, kleinen und runden Strohhütten. Der Knüller ist das ***Buffet-Dinner**, bei dem ausschließlich authentische Gerichte serviert werden (vorher reservieren). Und wer einmal in einer **Khoi-Hütte nächtigen** möchte, kann dies nach Voranmeldung ebenfalls tun.

Unterkünfte
- **Eight Bells Mountain Inn $$$:** am Fuße des Robinson Pass, 35 km nördlich von Mossel Bay in Richtung Oudtshoorn, Postanschrift: P.O.Box 436, Mossel Bay 6500, Tel.: (044) 631-0000, Fax: (044) 631-0004. Inmitten der Berge gelegenes Inn. Neben schönen Zimmern gibt es auch Rondavel und Logcabins zu mieten. Bezaubernder Garten. Restaurant und kleiner Pub. Gut geeignet, um sich vom Trubel der Garden Route zu erholen bzw. Karoo und Küste von hier aus zu erkunden.
- ***The Old Post Office Tree Manor $$$:*** Market St. (am Museum Komplex), P.O.Box 349, Mossel Bay 6500, Tel.: (044) 691-3738, Fax: (044) 691-3104. Schönes, historisches Hotel inmitten des interessanten Museumskomplexes. Der „karibische" Charakter der Zimmer stimmt zwar nicht mit dem eigentlichen Ambiente überein, aber ansprechend sind die Zimmer allemal. Leider ist der Blick auf die Bay großenteils verbaut. Im Hause gibt es ein gutes Seafood-Restaurant und eine Cocktail-Bar mit Aussicht (s.u.).
- **Santos Beach Protea $$$:** Santos Rd, Mossel Bay 6500, Tel.: (044) 690-7103, Fax: (044) 691-1945. Mittelklassehotel, das durch seine Lage nahe dem Strand besticht. Die Zimmer sind eher „langweilig". Nahe dem Museumskomplex. Swimmingpool.
- **Boland Park Hotel & Lodge $$-$$$:** Louis Fourie Rd, Mossel Bay 6500, Tel.: (044) 691-1325. Neues Resorthotel an der Straße nach George. Die Anlage und die Zimmer

sind absolut okay. Leider aber liegt das Hotel direkt an der Hauptstraße und nahe den ersten Industrieanlagen. 15 Minuten zu Fuß zur Innenstadt.
• **Santos Express $$:** Unterhalb des Museumskomplexes, Mossel Bay 6500, Tel.: (044) 691-1995. Hier schlafen Sie in einem historischen Zug. Die „Zimmer" (2- bis 4-Bett-Abteile) sind natürlich entsprechend klein. 30 m vom Strand.
• **De Bakke Chalets $$:** Beachfront Rd (George Rd), Mossel Bay 6500, Tel.: (044) 691-2915 od. 691-2202. Direkt an der Bay gelegene (Aussicht!), reetgedeckte Selbstversorger-Cottages. Zu Fuß-Entfernung zur Innenstadt. Der Tipp für Familien mit Kindern.
• **Allemans Dorpshuis $$:** 94 Montagu St., Mossel Bay 6500, Tel.: (044) 690-3621. Kleine Bed & Breakfast-Unterkunft in victorianischem Haus in der Innenstadt. Teilweise schöne Sicht auf den Hafen und die Bay.
• **Dolphin House Backpackers $:** 15 Marsh Street (neben O'Hagan's Pub), Mossel Bay 6500, Tel.: (044) 691-2467. 6 Vierbettzimmer und 2 Doppelzimmer. Nahe der Innenstadt. Küche steht zur Verfügung.

Camping
• **De Bakke Park:** An der Beachfront Rd (George Rd), Tel.: (044) 691-2215 od. 691-2915. Schön an der Bay und relativ zentral zur Innenstadt gelegener Platz. Es wird aber erwogen, den Platz nur für Tagesbesucher umzugestalten (vorher erkundigen).
• Der (Municipal-) **Point Caravanpark** der Stadt befindet sich, schön gelegen, an der Südostspitze der Stadt (Marsh Street). Leider ist er oft recht voll. Tel.: (044) 690-3501.

Restaurants
• **The Gannet:** An das The Old Post Office Tree Manor (s.o.) angeschlossen. Vorzügliche Fischgerichte in historischem Dekor. Bei gutem Wetter empfehlen sich die Tische im Garten (reservieren!). Angeschlossen ist die **Blue Oyster Cocktail Bar,** die nicht nur Cocktails bietet, sondern auch leichte Snacks (Austern, Salate) zum Lunch.
• **O'Hagan's:** 17 Marsh Rd, Tel.: (044) 691-2552. Irischer Pub mit günstigem und gutem Pubfood. Oft stimmungsvoll!
• **Santos Express:** Am Strand unterhalb (nordw. des Museumkomplexes), Tel.: (044) 691-1995. Hier speisen Sie in einem historischen Eisenbahnwaggon. Durschnittliche, aber faire Küche (Steaks, Meeresfrüchte). Auch Publunch.
• **Julies on De Bakke:** An der Beachfront neben den De Bakke Chalets (George Rd), Tel.: (044) 691-2321. Fisch- und Fleischgerichte zu günstigen Preisen. Meeresblick.

Golf
• **Mossel Bay Golf Club:** 17th Ave., Mossel Bay 6500, Tel.: (044) 691-2379. 18 Löcher; 5.763 m, Bar. Der Platz besticht durch seine Lage hoch oberhalb des Indischen Ozeans. Es wird gewarnt: Hügelige Etappen erfordern auch Beinarbeit!

Mountain Zebra National Park (S. 603f)

Strecke
Port Elizabeth - Graaff-Reinet - Beaufort West - Kapstadt

Information
• **Mountain Zebra National Park:** *Private Bag X66, Cradock 5880, Tel.: (048) 881-2427, Fax: (048) 881-3943.*

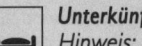

Unterkünfte
Hinweis: Zentrale Buchungsadresse für Nat. Parks siehe S. 262
• *Es gibt 22 Selbstversorger-***4-Betten Cottages ($$)** *und Zimmer in dem histo-rischen* **Farmhaus Doornhoek ($$$),** *das von 1836 stammt. Die Cottages bieten atembe-raubende Blicke auf die umliegenden Berge, während das Farmhaus sich in einem abge-schiedenen Tal „versteckt".*

Camping
• *Es gibt einen ansprechenden* **Campingplatz.**

Restaurants
• *Das Restaurant des Parks ist nur zum Frühstück und Dinner geöffnet. Da es keine Alternativen im Umkreis gibt, ist eine Tischreservierung ein paar Tage im Voraus dringend anzuraten bzw. die Mitnahme von Lebensmitteln für die Cottages.*

Oudtshoorn (S. 504ff)

Strecke
Kapstadt - Montagu - Oudtshoorn - Port Elizabeth

Information
• **Tourim Bureau:** *Baron van Reede St., neben dem Museum, Tel.: (044) 279-2532, Fax: (044) 272-8226.*

Cape Nature Conservation
• *In einem Gebäude direkt hinter dem o.g. Tourism Bureau untergebracht. Zu-ständig für die Reservierung von einfachen Hütten, Campingplätzen und Permits im Swartberg Nature Reserve und natürlich auch Infos zu diesem Gebiet. Postanschrift: Private Bag X658, Oudtshoorn 6620, Tel.: (044) 729-1739 bzw. 729-1829*

Unterkünfte
• ***Foster's Manor $$$–$$$$:** *Vortrekker Rd, Oudtshoorn 6620, Tel.: (044) 279-2677, Fax: (044) 279-2678. Wunderschöne B&B-Unterkunft in einem ehemaligen Palast eines Straußenfarm-Barons. Die Zimmer sind riesig und antik eingerichtet. Das Frühstück ist zudem ausreichend für den ganzen Tag. Der Tipp in Oudtshoorn!*
• ***Oulap Country House $$$–$$$$:** *P.O.Box 77, De Rust 6650, Tel.: (044) 241-2250, Fax: (044) 241-2298. Das individuelle Guesthouse liegt nordöstlich von De Rust, also 53 km von Oudtshoorn entfernt! Anfahrt: Von De Rust auf der R 341 15 km in Richtung*

Uniondale fahren, dann hinter der Eisenbahnkreuzung nach links abbiegen (Vlakteplaas) und dann noch 3 km nach Norden. Die 3 Gästezimmer befinden sich auf einer Farm an den Swartbergen: Panoramaaussichten auf die Wein- und Obstplantagen. Gute Landküche. Familie Rautenbach bemüht sich sehr persönlich um ihre Gäste. Diese Unterkunft eignet sich gut für diejenigen, die dem Trubel in Oudtshoorn entgehen möchten und von hier aus auch andere Sehenswürdigkeiten in der Little und Great Karoo auf Tagestouren erkunden möchten. Selbst eine Rundfahrt über George und Knysna ist von hier gut machbar.

• **De Opstal Country Lodge $$$:** Schoemanshoek Valley (nördl. an der Straße zu den Cango Caves), Oudtshoorn 6620, Tel.: (044) 279-2954, Fax: (044) 272-0736. 11 komfortable Räume auf einem zu einer Lodge ausgebauten, alten Bauernhof. Auf Wunsch wird auch deftige Landküche serviert. Außerhalb der Stadt!

• ***Queens Hotel $$$:** Baron van Reede Street, P.O.Box 370, Oudtshoorn 6620, Tel.: (044) 279-1791, Fax: (044) 279-1793. Wunderschön restauriertes, historisches Stadthotel. Mitten im Zentrum gelegen. 40 Zimmer, Swimmingpool, gutes Restaurant und Bar. Leider oft mit Reisebusgesellschaften ausgebucht.

• ***Adley House $$–$$$:** 209 van Riebeeck St., Oudtshoorn 6620, Tel./Fax: (044) 272-4533. Wunderschönes B&B in einem victorianischen Haus von 1905. Jedes der 8 Zimmer im historischen Trakt ist individuell eingerichtet, und der Garten – inkl. Swimmingpool – lädt auch zum Verweilen ein. Ruhig gelegen und persönlich geführt. Hilda und Piet Retief, Ihre Gastgeber, können Ihnen viele Tipps zur Umgegend geben. Ein Haus mit Ambiente.

Historischer Charme auf echter Straußenfarm: Altes Landhaus

Ausladendes und leckeres Frühstück. Nur achten Sie darauf, dass Sie nicht in den zwei Zimmern des neuen „Annex" untergebracht werden. Das lohnt nicht! Auf Wunsch und Voranmeldung wird Ihnen ein Dinner gereicht.

• **Altes Landhaus/Country House $$– $$$:** 10 km Richtung Cango Caves, P.O.Box 1491, Oudtshoorn 6620, Tel.: (044) 272-6112, Fax: (044) 279-2652. Luxuriös für einen relativ günstigen Preis. Ruhig gelegen, schöne Außenanlage, feinstes Essen, 5 gediegen und geschmackvoll mit Antiquitäten eingerichtete Zimmer. Historisches Cape-Dutch-Haus auf („working") Straußenfarm. Abendessen muss vorher reserviert werden. Es lohnt ...! Swimmingpool mit Salzwasser. Unter deutscher Leitung.

• **Hlangana Lodge $$:** 51 North Street, Oudtshoorn 6620, Tel.: (044) 272-2299, Fax: (044) 279-1271. Victorianisches Haus in gepflegter Anlage. Leger mit großen, freundlichen Zimmern.

• **Bisibee $–$$:** 171 Church St., Oudtshoorn 6620, Tel.: (044) 272-4784, Fax: (044) 279-2373. B&B in ruhiger Lage, mit viel Grün umgeben. Auf Wunsch kann Straußen-Steak-Dinner im Garten serviert werden (vorher anmelden).

• Und wem der touristische Trubel in Oudtshoorn zuviel ist, der sollte darüber nachdenken, einmal abseits der Touristenpfade in **Prince Albert** (1 ½ Std. über den Swartberg Pass bzw. durch den Meiringspoort) zu nächtigen. Siehe S. 312.

Camping
• **Kleinplaas Holiday Resort**: 171 Baron Van Reede St., Oudtshoorn 6620, Tel.: (044) 272-5811, Fax: (044) 272-5582. Großer Campingplatz. Innenstadtnah. Günstig und gut ausgestattet sind auch die Selbstversorger-Chalets (*$$*).
• **NA Smit Holiday Resort**: Park Rd, Oudtshoorn 6620, Tel.: (044) 272-2224. Westlich der Stadt. Ebenfalls Selbstversorgerhütten (*$–$$*).

Restaurants
• ***Bernard's Taphuis:*** Baron van Reede Street (Weg zu Cango Caves, gegenüber CP Nel-Museum), Tel.: (044) 272-3208. Der Inhaber ist Österreicher und bietet u.a. originelle Gerichte an wie Springbok- oder Straußen-Carpaccio. Straußenfleisch gibt es in jeder Art, u.a. als Steak, „Stroganoff" oder Tartar. Bestechend ist auch der Apfelstrudel mit Vanilleeis. Gepflegte, aber lockere Atmosphäre.
• Ebenso an der Baron van Reede Street gelegen ist das **Headlines** (Tel.: (044) 272-3434. Gutes, legeres Restaurant mit breitem Angebot, bei dem das Straußenfleisch natürlich auch nicht fehlt.
• **The Godfather:** 61 Voortreker Rd, Tel.: (044) 272-5404. Straußenfleisch, afrikanisches Wild, Pizza- sowie Pastagerichte. Sehr beliebt.
• **Weitere Restaurants** befinden sich an der Baron van Reede Street im Umkreis des Museums/Touristenbüros, so auch das **C.J. Langenhoven Restaurant** im ersten Stock des **Queens Hotel** (Tel.: (044) 279-1791), das etwas vornehmer erscheint, alleine schon wegen der ausgesuchten Weinkarte.
• Einige **Gästehäuser** servieren übrigens auf Vorbestellung auch ein leckeres Dinner.

Golf
• **Oudtshoorn Golf Club**: P.O.Box 331, Oudtshoorn 6620, Tel.: (044) 272-4201, 18 Löcher, 6.212 m, Bar, kl. Restaurant. Dank großzügiger Bewässerungen ein angenehm schattiger Platz. Er gilt als leicht zu spielen und erfreut somit jedermann/-frau, die einmal kurz den Schläger schwingen möchten.

Paarl/Wellington (S. 483ff)

Gebiet
Weinanbaugebiete des Kaplandes

Information
• **Tourism Bureau:** 216 Main St. Ecke Auret St., P.O.Box 47, Paarl 7620, Tel.: (021) 872-3829 od. 872-4842, Fax: (021) 872-9376.

Unterkünfte
• ***Grande Roche $$$$$:*** Plantasie Street, Paarl 7620, Tel.: (021) 863-2727, Fax: (021) 863-2220. Erstklassige 5-Sterne-Herberge auf einem historischen Weingut. Ruhig und idyllisch gelegen. Versuchen Sie, eine der 17 „alten" Suiten zu bekommen, die sich u.a. in den Weinkellern, im ehemaligen Stall sowie im ehemaligen Sklavenquartier befinden. Das Bosman Restaurant im Haus ist ebenfalls erstklassig, und hier werden preisgekrönte Weine serviert.

Zomerlust Guest House

• *Zomerlust Guest House $$$$–$$$$$: 193 Main St., Paarl 7620, Tel.: (021) 872-2117, Fax: (021) 872-8312. 14-Zimmer-Gästehaus (8 Zimmer im Haupthaus, 4 im alten Stall) in schön restaurierter 19.-Jh.-Villa. Das Haus hat illustre Zeiten erlebt, als sein erster Besitzer, ein Cognac-Produzent, bunte Feste gab. Der Cognac floss damals unter der Straße durch eine „Pipeline" in die heutige Kellerbar. Es gibt einen schönen Garten, ein Restaurant und einen Pool. Der Tipp sind die Unterkünfte im alten Stall („Die Stal"). Romantisches Ambiente.

• **Roggeland Country House $$$$**: P.O.Box 7210, Northern-Paarl 7623, Tel.: (021) 868-2501, Fax: (021) 868-2113. N1-Exit 62 nach Norden fahren, vorbei an Tankstelle und Eden Rose Nursery und dann auf Ausschilderung nach rechts achten. Wunderschönes Gästehaus auf einer Cape-Dutch-Estate aus dem 18. Jahrhundert. 11 individuell eingerichtete Zimmer, ein umwerfend gutes 4-Gänge-Dinner und ein Garten mit Pool versprechen einen erholsamen Aufenthalt.

• **Oak Tree Lodge $$$**: 32 Main Street, Paarl 7620, Tel.: (021) 863-2631, Fax: (021) 863-2607. Gemütliche und hell eingerichtete Lodge direkt gegenüber der KWV-Winery. Schwimmbad und großer Garten. Gutes Preis-Leistungs-Verhältnis.

• **Lemoenkloof Guest House $$**: 396A Main Str., Paarl 7646, Tel: (021) 872-3782, Fax: (021) 872-3782. Einfaches, aber empfehlenswertes Gästehaus (B&B). 9 DZ und 2 größere Familienräume. Historisches Gebäude mit schönem Garten.

Camping

• **Berg River Resort**: 5 km entlang der R303, Tel.: (021) 863-1650. Familienresort. Es gibt auch einfache Chalets, Kanus zu mieten und Trampoline. 1999 etwas heruntergekommen, soll aber renoviert werden.

• **Boschenmeer Resort**: Wemershoek Rd, South-Paarl, Tel.: (021) 863-1250. Dieses Familien-Resort ist besser in Schuss und vermietet ebenfalls (voll ausgestattete) Chalets.

Restaurants

In und um Paarl bestechen vor allem die Restaurants auf den Weingütern. Wir empfehlen hier nur zwei davon. Erkundigen Sie sich im Touristenamt, welches andere Lokal an Ihrem Ankunftstag geöffnet hat, da die Weingut-Restaurants nicht täglich geöffnet sind.

• **Bosman Restaurant**: Siehe „Grand Rôche Hotel" oben. Vornehmes Restaurant mit Cape-Dutch-Gerichten, typischen südafrikanischen Speisen sowie preisgekrönten Weinen. Bilderbuch-Aussicht vom Restaurant auf die Berge und das Weinanbaugebiet. Fine Dining!

• **Laborie Restaurant & Wine House:** *Taillefert St., Tel.: (021) 808-7429. Traditionelle, exquisite Landküche und einige Cape-Dutch-Gerichte. Der Knüller aber sind die Weine des Gutes hier.*

Golf
• **Paarl Golf Club:** *Wemmershoek Rd, Paarl, Tel.: (021) 863-1140, Fax: (021) 863-3660. 18 Löcher, 6.260 m, Bar. Vorher telefonisch reservieren. Sattgrüner Kurs unter hohen Kiefern. Nebenher plätschert der Bergrivier, und der malerische Kurs besticht auch durch andere, exotische Bäume. Der Kurs gilt als „fair" und ist somit gut geeignet für Anfänger.*

Paternoster (S. 628f)

Strecke
Nördlich von Kapstadt

Information
• *Es gibt kein Touristenamt im Ort. Zuständig ist das in Vredenburg (s. S. 315/St. Helena Bay). Im u.g. Hotel werden Sie aber mit Sicherheit auch gut beraten.*

Unterkunft und Restaurant
• ***Paternoster Hotel \$\$:*** *P.O.Box, Paternoster 7381, Tel.: (022) 752-2703, Fax: (022) 752-2750. Dieses kleine Dorfhotel ist schon lange kein Geheimtipp mehr für die Kapstädter Wochenendler. Das mag zum einen an den günstigen Preisen und dem schnuckeligen Fischerort selbst liegen, doch der wahre Grund ist in der Speisekarte des* **Restaurants** *zu finden. Hier soll es in der Saison den besten und frischesten Hummer geben. Einmal pro Woche gibt es dann auch noch das mittlerweile legendäre „Crayfish-Barbecue" im Garten (Do od. Fr, aber vorher anfragen!), und samstags wird oft ein „Dinner Dance" veranstaltet. Da das Hotel aber nur 16 Zimmer hat, ist eine rechtzeitige Buchung dringend anzuraten.*

Camping
• *Ein schöner, wenn auch einfach ausgestatteter Campingplatz befindet sich an der* **Tietiesbaai** *(Tel.: (022) 752-2718), nur wenige Kilometer südlich von Paternoster (durch Paternoster durchfahren).*

Plettenberg Bay (S. 550ff)

Strecke
Port Elizabeth - Kapstadt (Garden Route)

Information
• *Eine kleine* **Informationsbude** *befindet sich in der Main Street, nahe dem Kreisverkehr. Das eigentliche* **Tourism Bureau** *befindet sich um die Ecke in der Kloof St., Tel.: (044) 533-4065, Fax: (044) 533-4066. Das Büro ist hervorragend organisiert, ist behilflich bei der Buchung von Zimmern, aber auch beim Kauf von Immobilien.*

• Die Hotline für die **Walbeobachtung** lautet: 0800-228-222, und die beste Möglichkeit, Wale und Delphine von ganz nahe zu erleben, bietet sich über das Walbeobachtungsboot „Baleia" des „Centre for Dolphin Studies". Nur dieses Boot darf bis auf 50 m an die Wale heranfahren. Daher ist es oft lange im Voraus ausgebucht, und eine rechtzeitige Reservierung lohnt sich: Tel.: (044) 533-6185 od. (083) 655-6903.

Unterkünfte

• ***Hunter's Country House $$$$$:** P.O.Box 454, Plettenberg Bay 6600, Tel.: (044) 532-7818 od. 532-7858, Fax: (044) 532-7878. Die Lodge liegt ca. 10 km westlich von Plettenberg Bay. N2 und dann nach Süden abbiegen auf 1,5 km lange Seitenstraße. Exklusive Lodge der Spitzenklasse und mit vielen Preisen ausgezeichnet. Sie gilt als eine der Topadressen des Landes. Es gibt mehrere Suiten in rietgedeckten Häuschen, alle mit eigenem Patio, Kamin und geschmackvoll eingerichtet mit Antiquitäten. Die Anlage ist

umgeben von Wäldern und Rasen- sowie Blumenflächen. Das Haus hat einen eigenen Weinkeller, es gibt eine Bar, ein Restaurant und 2 Schwimmbäder. Spaziergänge durch den Garten und im Umland runden das Bild genauso ab wie der Tee im englischen Country-Garten, die gemütliche Lounge mit großem Kamin und einer gut sortierten Bibliothek. Für all das zahlt man, aber wer etwas zu feiern hat oder auf Honeymoon-Tour ist, der wird die Geldausgabe nicht bereuen. Es gibt sogar einen Campingplatz hier.

• **The Plettenberg $$$$:** Church St., Plettenberg Bay 6600, Tel.: (044) 533-2030, Fax: (044) 533-2074. Im Ort gelegen. Sehr schöner Blick von Restaurant und Terrasse auf die Meeresbucht. Die Zimmer sind

Hunter's Country House: mit Recht mehrfach ausgezeichnet

normal, also eher klein. Das Ambiente ist beinahe „floridianisch" geprägt und neigt beinahe zum Hoteleinheitsstil. Im Gegensatz zu Hunter's also ziemlich unpersönlich und mit schlechterem Preis-Leistungs-Verhältnis. Die Vorteile liegen nur in der zentralen Lage und dem Blick vom Restaurant aus.

• **The Crescent Country House $$$$:** Am Ortseingang an einem Flusslauf gelegen. Piesant Valley Rd), P.O.Box 191, Plettenberg Bay 6600, Tel.: (044) 533-3033, Fax: (044) 533-2016. Die 16 Zimmer sind geräumig, freundlich und haben alle eine eigene Veranda. Die Außenanlagen mit Swimmingpool sind sehr gepflegt. Ein Restaurant steht zur Verfügung (Landküche, mittelpreisig). Vom Hotelgelände (alles ebenerdig) kann man mit dem Kanu bis zur Meeresbucht hinaus fahren. Zudem Fahrradverleih und gute Wandermöglichkeiten.

• ***Fynbos Ridge Cottages $$$$:** 5 km entlang der N2 in Richtung Knysna (Schild an N2), P.O.Box 1283, Plettenberg Bay 6600, Tel./Fax: (044) 532-7862. Paul und Sally Falla haben hier eine Oase der Ruhe, Beschaulichkeit und der Großzügigkeit geschaffen. Die „Cottages" sind in Wirklichkeit wunderschön herausgeputzte Häuser mit jeweils 2 Schlaf- und Badezimmern, einer Küche und einem großen Wohnzimmer mit Kamin. Auf der wettergeschützten Terrasse gibt es einen Außenkamin und Grill. Von hier fasziniert der Ausblick auf die Bergkette, den man am schönsten beim Frühstück bzw. Sundowner genießen kann. Und für alles wird gesorgt: Frühstück (vorher anmelden), Kaminholz, Informationen zur Umgebung, Reiseliteratur in den Häusern und, und, und. Das Gästebuch unterstreicht den Eindruck: Viele Gäste haben sich spontan entschlossen, länger zu bleiben. Einen Swimmingpool gibt es auch, und wer gerne mal selber kochen möchte: Die Küche ist komplett eingerichtet. Keine Kinder unter 12 Jahren.

• *Hog Hollow Country Lodge $$$–$$$$: 16 km östl. von Plettenberg Bay (Ausschilderung an N2). Dann 1,3 km auf Piste nach Süden, P.O.Box 503, Plettenberg Bay 6600, Tel./Fax: (044) 534-8879. 12 „Cottage-Stil"-Zimmer mit wunderschönen Ausblicken auf das Tal des Matjies River und die Tsitsikamma-Berge dahinter. Jedes Zimmer hat einen eigenen Kamin und ist individuell eingerichtet (afrik. Dekor). Die unvergesslich leckeren Mahlzeiten werden entweder am Pooldeck oder drinnen im gemütlichen Speiseraum bei Kerzenlicht serviert. Gegessen wird gemeinsam, und die Gastfamilie kümmert sich rührend um Sie und hilft bei der Organisation Ihrer Erkundungen. In dem kleinen, privaten Nature Reserve gibt es kurze Wanderwege. Besonders hervorzuheben ist zudem das gute Preis-Leistungs-Verhältnis.

• Aventura Eco Plettenberg $$–$$$: Im Keurbooms Nature Reserve, an den Ufern des Keurbooms River. Auf N2 6 km nach Osten, Abzweig nach links. Private Bag X1000, Plettenberg Bay 6600, Tel.: (044) 535-9309. Sehr geräumige und saubere Chalets, alles inmitten einer wunderschönen Natur (Flussufer). Swimmingpool, Kanuverleih, Wanderwege – toll für Outdoor-Orientierte. Es gibt auch einen Caravan- und Campingplatz.

• High Crescent Lodge $$: Ecke Crescent/High Sts., Plettenberg Bay, P.O.Box 191, Tel.: (044) 533-1140, Fax: (044) 533-1682. Zentral im Ort gelegen. Zimmer z.T. mit Meeresblick. Günstig und sauber, dafür liegt der Schwerpunkt aber auch auf Zweckmäßigkeit.

• Albergo For Backpackers $: 8 Church St., Plettenberg Bay 6600, Tel.: (044) 533-4434. Zentral in Plett gelegene Unterkunft mit Schlafsälen und Doppelzimmern. Organistaion von Touren und Outdoor-Aktivitäten aller Art.

• Woodgate Farm $: The Crags, 20 km nordöstl. von Plettenberg Bay, Postanschrift: P.O.Box 146, The Crags 6602, Tel./Fax: (044) 534-8690. Backpacker-Lodge mit Schlafsälen und Doppelzimmern.

Camping

• Aventura Eco Plettenberg: Der beste Campingplatz am Orte. Siehe oben. Nahebei liegt dann auch der große Keurbooms Lagoon Caravan Park (P.O.Box 74, Plettenberg Bay 6600, Tel.: (044) 533-2567), der zwar nicht ganz so schön ist wie Aventura Eco, aber okay.

Restaurants

• *Hunter's Country House: Neben der N2 in Richtung Knysna. 10 km westl. von Plettenberg Bay nach Süden auf Stichstraße abbiegen. Tel.: (044) 532-7818. Ruhig gelegenes Refugium mit Superessen in Form von Fine Dining. Mehrfach prämiert, dafür aber auch nicht billig. Reservierung essentiell!

• The Med Seafood Bistro: Lower Main Street (am unteren Ende des Innenstadt-Shopping-Districts), Tel.: (044) 533-3102. Unkonventionelles, aber sehr gutes und relativ preiswertes Seafood-Restaurant. Probieren Sie einmal die Seafood-Platter. Da ist alles drauf, was das Meer zu bieten hat. Und alles nur gebraten bzw. gegrillt, nicht fritiert.

• The Islander: Harkerville, 8 km von Plettenberg Bay in Richtung Knysna. Tel.: (044) 532-7776. Sehr gutes Fischrestaurant. Während der Saison ist das „Little Islander" direkt nebenan geöffnet (exklusiverer Rahmen). Abendessen außerhalb der Saison auf Anfrage.

• **Moby Dick Seafood:** *Direkt am Central Beach gelegen. Tel.: (044) 533-3682. Blick aufs Meer – fangfrischer Fisch – leger und preiswert.*

Golf
• **Plettenberg Bay Country Club:** *Piesang Valley Rd, P.O.Box 92, Plettenberg Bay 6600, Tel.: (044) 533-2132, Fax: (044) 533-0035. 18 Löcher, 5.954 m, Bar, Restaurant. Gilt als einer der landschaftlich reizvollsten Plätze der Garden Route: U.a. große alte Bäume, wie uralte Yellowwoods und Eichen. Viel „bergauf-bergab".*

Kanutouren
*Auf dem nahen **Keurbooms River** können Sie kurze und bis zu 2 Tage dauernde Kanutouren unternehmen. Beiderseits des Flussufers (u.a. im Aventura Eco Resort) werden Boote verliehen. Wer 2 Tage unterwegs sein möchte, kann über die Cape Nature Conservation-Behörde im Whiskey Creek Nature Reserve eine Selbstversorgerhütte mieten.*

Port Elizabeth/Nelson Mandela-Metropole (S. 526ff)

Strecke
Port Elizabeth - Kapstadt (Garden Route)

Information
• *Das **Visitor Center/Tourism Port Elizabeth** befindet sich in der Innenstadt mitten auf dem Donkin Reserve im Donkin Lighthouse Building. Postanschrift: P.O.Box 357, Port Elizabeth 6000. Tägl. geöffnet. Tel.: (041) 582-1315 od. 585-8884, Fax: (041) 585-2564.*
• *Am **Flughafen** sowie in **Humewood** (Humewood Beach Rd neben dem Aquarium) gibt es jeweils noch ein kleineres Informationsbüro.*

Wichtige Telefonnummern und Adressen
Hinweis: Telefonnummern, die mit einem yy markiert sind, können sich in absehbarer Zeit ändern.
• **Polizei:** *10111*
• **Notruf/Ambulanz:** *10177*
• **Krankenhäuser:**
• **St. Georges Hospital:** *40 Park Drive, **Settler's Park**, (041) 392-6111*
• **Greenacres Hospital (Polyklinik):** *Rochelle Rd, **Greenacres**, (041) 373-7000*
• **24-Std.-Apotheke:** *Mount Road Medicine Deposit, 13 Lower Mount Rd: (041) 584-3838*

Konsulat
Deutsches Konsulat: *11 Uitenhage Rd, North End, Tel.: (041) 587-2840*

Unterkünfte
*Entlang der **Beach Road** in Humewood und Summerstrand, westlich der Innenstadt, finden Sie zahlreiche weitere Unterkünfte jeder Art (B&Bs, Hotels, Selbst-*

versorger-Apartments etc.). Wer mit Kindern reist, sollte dieses allemal bei der Buchung angeben. Sehr oft schlafen Kinder unter 19 Jahren kostenfrei in Port Elizabeth!
• **The Beach Hotel $$$–$$$$:** Marine Drive in **Summerstrand**, P.O.Box 319, Port Elizabeth 6000, Tel.: (041) 583-2161, Fax: (021) 583-6220, Internet: www.pehotels.co.za. Mehrfach prämiertes Hotel der oberen Mittelklasse nahe dem Hobie Beach. 59 geschmackvoll eingerichtete Zimmer, davon einige mit Blick auf den Ozean. Im Hause gibt es drei Restaurants.
• **Palms Guest House $$$:** 4 Scarborough St., **Humewood** 6013, Tel./Fax: (041) 583-3997. Gut eingerichtetes Gästehaus nahe dem Strand und dem Aquarium. Individueller als Hotels und trotzdem guter Service. B&B und Selbstversorger mölich.
• **The Edward Hotel (Protea Hotel) $$$:** Belmont Terrace (Donkin Reserve, **Innenstadt**), Port Elizabeth 6000, Tel.: (041) 586-2056, Fax: (041) 586-4925, Internet: www.pehotels.co.za. Großes Edwardian-Style-Hotel (von 1903) in der Innenstadt. Teatime,

Pub und Service vermitteln einen Hauch von britischer Kolonialzeit. Einige Zimmer mit Aussicht über den Hafen. Lange Zeit sehr heruntergekommen, doch hat sich dieses mit der Übernahme durch die Protea-Gruppe bereits etwas geändert. Vielleicht wird das „Edward" ja wieder eine Perle.
• In **Humewood** und **Summerstrand**, entlang der Beach Road, öffnen immer mehr Mittelklasse-Franchisehotels ihre Tore. Sie sind alle modern, liegen günstig zum Strand, bieten ein vernünftiges Preis-Leistungsverhältnis, sind aber an-

Ein wenig verschlissen, aber mit Charakter: The Edward Hotel

sonsten wenig aufregend. Zu nennen wären da das Suiten-Hotel **$$$–$$$$ The Court-yard** (Tel.: (041) 583-4655, Fax: 583-4664), die **$$–$$$ City Lodge** (Tel.: (041) 586-3322, Fax: 586-3374) sowie die **$$ Road Lodge** (Tel.: (041) 583-4404, Fax: 583-4849). Alle finden Sie im Internet unter www.citylodge.co.za. Etwas biederer und im Schick der 1960er Jahre "erhalten" ist hier das *** $$–$$$ Humewood Hotel** (33 Beach Rd, Tel.: (041) 585-8961, Fax: 585-1740, Internet: www.sunsetcoast.co.za/humewood). Bedenken Sie aber bei allen Hotels an der Beach Rd, dass sie sich mitten im "Getümmel" befinden und einige Zimmer zur recht lauten Straße hin liegen.
• ***Oak Tree Cottage Bed & Breakfast $$:** 112 Church Rd, **Walmer** (Stadtteil von PE) 6070, Tel.: (041) 581-6392, Fax: (041) 581-3611, Internet: www.time2travel.co.za. B&B in einem vornehmen Wohngebiet. 4 gemütlich eingerichtete Zimmer, z.T. mit eigenem kleinen Garten. 10 Minuten mit dem Auto zur Innenstadt bzw. zu den Stränden. Den Gästen steht eine Kitchenette sowie eine kleine Bar zur Verfügung. Leckeres Frühstück! Hier können Sie abends vom Großstadttrummel abschalten.
• **Pine Lodge Holiday Resort & Cape Recife Backpackers $-$$:** Alpine Drive (Zufahrt zum Recife Lighthouse) in **Summerstrand**, P.O.Box 13033, Humewood, Port Elizabeth 6013, Tel.: (041) 583-4004; Fax: (041) 583-3839, Internet: www.pinelodge.co.za. Resort mit gut ausgestatteten Kiefernholzhütten (Selbstversorger). Nahe dem Strand! Auch Backpacker und Camping. Es gibt auch ein Restaurant und eine Bar. 10 Autominuten zur Innenstadt.
• ***The Elizabeth Caboose Train Suites $–$$$:** Brookes Hill Drive, **Humewood** 6013, Tel.: (041) 586-0088, Fax: (041) 586-0087, Internet: www.caboose.co.za. Das Thema dieses

Hotels lautet Eisenbahn. Sie schlafen in „Schlafwagen-Abteilen". Lustig und günstig. Die Ausstattung ist einfach, aber genügt allemal. Kleine Duschen.
• **Jikeleza Lodge $:** 44 Cuyler Street, Port Elizabeth, **Innenstadt**, Tel.: (041) 586-3721, Fax: (041) 585-6686, E-Mail: winteam@hinet.co.za. Beliebte Backpacker Lodge. Schlafräume, Doppelzimmer und Familienzimmer.
• **Kings Beach Backpackers $:** 41 Windermere Road, **Humewood**, Tel.: (041) 585-8113, Internet: www.backpack.co.za. Backpacker Lodge nahe dem Strand. Schlafräume und Doppelzimmer. Zelten möglich.
• **Port Elizabeth Backpackers' Hostel:** 7 Prospect Hill Road, Port Elizabeth, **Innenstadt**, Tel.: (041) 586-0697, Internet: www.welcome.to/pebakpak. Backpacker Lodge in Innenstadt. Schlafräume und Doppelzimmer.

Camping

Entlang dem **Marine Drive** zwischen Summerstrand und Schoenmarkerskop gibt es mehrere Campingplätze direkt am Wasser. Das o.g. **Pine Lodge Holiday Resort** ist hier der Tipp, da es am nächsten an der Stadt liegt und direkten Zugang zu einem Strand hat. Letzteres ist bei den folgenden Plätzen meist nicht gewährleistet, da die Küste nördlich z.T. sehr felsig ist.

Restaurants

• ***Blackbeard's Seafood Tavern:** Shop Nr. G4, Brooke's Hill, **Humewood**, Tel.: (041) 585-5567. In der Nähe des HIGC Kings Beach gelegen, mit Blick auf die Stadtlichter und die Bucht. Erstklassige Meeresfrüchte. Es gibt aber auch Fleischgerichte, so z.B. Straußensteak. Die Portionen sind groß. Gute Weinkarte.
• Das o.g. **Edward Hotel (Innenstadt)** ist bekannt für sein leckeres Frühstück sowie den Kuchen zum Afternoon-Tea. Das Dinner-Restaurant besticht durch seine Einrichtung (historischer Touch).
• **Aviamore:** 67 Parliament St., zw. Whitlock u. Lawrence Sts. **(Innenstadt)**, Tel.: (041) 585-1125. Eines der vornehmeren und exquisiten Restaurants in der Stadt. Bekannt für seine Wildgerichte und die frischen Zutaten.
• **De Kelder:** Marine Drive, **Summerstrand**, Tel.: (041) 583-2750. Gute Fleisch- und Fischgerichte, bekannt für seine ausgesuchte Weinkarte.
• Da die Restaurant-Szene in PE nicht besonders aufregend ist, können Sie getrost auch auf die Hotel-Restaurants oder aber auf die günstigen Fischgerichte in den Strandlokalen, allen voran **Barney's Tavern** (s.u.), zurückgreifen.

Pubs/Livemusik/Nightlife

• Der Pub im **Edwards Hotel** (s.o.) ist der Tipp in der Innenstadt.
• Am beliebtesten und direkt am Wasser gelegen ist **The Boardwalk** (Shark Rock Pier/Humewood Strand) am Marine Drive in Humewood. Hier gibt es eine Disco und die sehr beliebte **Barney's Tavern** (Pubfood, Seafood) mit Außendeck. An Wochenenden gibt es oft auch Livemusik.
• Wer es etwas ruhiger mag, der sollte die **Heritage Bar** im Beach Hotel in **Summerstrand** (s.o.) aufsuchen.
• **The Blinking Owl** ist ein typisch englischer Pub: 306 Cape Road in **Newton Park** (15 Autominuten nördlich der Innenstadt).
• **Razzmatazz:** 4th Floor, Central House, Grace St., **Innenstadt**, Tel.: (041) 585-9012. Größtes Jazzlokal der Stadt.

• *Satchmo's:* 12 Bird St., **Innenstadt**, Tel.: 585-1910. *Zwar nicht täglich Live-Jazz, dafür treten hier die Top-Jazzer auf. Bei Drucklegung ging aber leider das Gerücht über eine Schließung um.*

Tickets/Eintritte

Bei **Computicket** *können Sie Tickets für alle Arten von Veranstaltungen (Theater, Sport, Musik etc.) in ganz Südafrika erwerben. Tel.: (041) 584-4550 bzw. 583-4550. Computicketschalter in Port Elizabeth gibt es im City Centre (Opera House, Whites Rd) sowie im Greenacres Shopping Center (Cape Rd in Greenacres).*

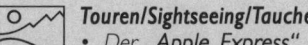

Touren/Sightseeing/Tauchen

• *Der* **„Apple Express"** *ist eine historische Eisenbahn, die zwischen Port Elizabeth und Thornhill Village verkehrt. Höhepunkt ist die Fahrt über die Brücke über die Van Standens Gorge, die höchste Schmalspurbahn-Brücke der Welt. Infos: Tel.: (041) 507-2333.*
• *Auch in Port Elizabeth werden* **Township-Touren** *angeboten. Die Anbieter wechseln, da der „Andrang" nicht sehr groß ist. Daher möchten wir hier keine bereits inaktuellen Adressen nennen. Andererseits dauern die Touren nicht so lange wie in Kapstadt oder Jo'burg, denn das Township nahe Walmer liegt dicht an der Stadt. Erkundigen Sie sich evtl. im Touristenamt.*
• *Tauchen in der Algoa Bay ist sehr beliebt. Entsprechend bieten einige Unternehmen Tauchkurse an, so z.B.* **Pro Dive Scuba Instruction** *(Red Watermill, Beach Rd, Summerstrand, Tel.: (041) 583-5316)*

Autovermietungen

Alle großen Autovermieter haben Niederlassungen am Flughafen.

Überlandbusse

Der Busbahnhof befindet sich am bzw. nahe dem Bahnhof (Fleming St.) und 107 Govan Mbeki Ave. (Intercape). Alle großen Unternehmen bedienen täglich die Garden Route bis Kapstadt. Nach Johannesburg verkehrt der Bus meist über Nacht. Buchungen über **Computicket** *(s.o.) möglich.*
Telefonnummern: Translux: *(041) 392-1333,* **Greyhound:** *(041) 363-4555,* **Intercape Mainliner:** *(041) 586-0055,* **BazBus**: *(021) 439-2323*

Regionale Busse

Einige regionale Kleinbusunternehmen halten am Bahnhof bzw. unter der M4 nahe dem Bell Tower. Die lokalen Minibusse haben ihren großen „Stand" an der Strand Street (unter der M4), nahe der Abzweigung Russell Street.
Die innerstädtischen, öffentlichen Busse werden von der **Algoa Bus Company** *bedient. Tel.: (041) 541-4241 od. 080-142-1444 (kostenlos)*

Eisenbahn

Der Bahnhof befindet sich östlich der Innenstadt, hinter dem M4-Highway. Personenzüge verkehren nach Johannesburg und Kapstadt mehrmals die Woche. Infos: (041) 507-1400 sowie 507-2400.

Flughafen
Der **International Airport** befindet sich in Walmer, ca. 4 km vom Zentrum und 2 km von Humewood entfernt. Fluginformationen: (041) 581-2984.
Öffentliche Busse verkehren nicht zum Flughafen, aber Taxis und Minibusse stehen bereit, und die Mietwagenfirmen haben alle ihre Niederlassungen hier.

Taxi
• **Amies:** 587-3798
• **Hurter's:** 585-5500
• **Minibustaxis** verkehren entlang Humewood Rd/Beach Rd/Marine Drive und halten an den vorgegebenen Busstationen.

Einkaufen
• In Humewood wurde an der Beach Road (am Casino) das Shopping Center **The Boardwalk** eröffnet mit allen bekannten Geschäften zudem einigen Souvenir- und "Strand"-Läden.
• Das **Walmer Shopping Center** (Ecke Heugh Rd/10th Ave.) ist relativ neu und bietet Geschäfte aller Art. Aber wenig Souvenirartikel.
• Weitere Shoppingcenter befinden sich in den mittelständischen Vororten, so z.B. in Newton Park und Greenacres, die mit den beiden riesigen Malls **Greenacres** (Cape Rd)

PE: Des Strandes wegen in Summerstrand bzw. Humewood übernachten

und **The Bridge** (Pickering St.) aufwarten. Hierhin sind die meisten Innenstadtgeschäfte abgewandert.
• Die **Innenstadt** eignet sich z.Zt. kaum für ein Shoppingerlebnis.

Strände
Die Strandgebiete beginnen etwa 2–3 km südlich der Innenstadt mit dem **King's Beach**. Anschließend folgt der **Humewood Beach**. Beide Strände werden überwacht, haben Einrichtungen für Kinder (Pools etc.), sind an Sommer-Wochenenden dafür aber auch oft voll. Ruhiger sind die noch weiter südlich gelegenen **Hobie Strand** und **Summerstrand**, die sich beide auch gut für einen Strandspaziergang eignen. Um das kleine Kap herum wird es dann felsiger, wobei kleine Strandabschnitte trotzdem noch locken. **Sardinia Bay** beeindruckt schließlich mit Dünen und wenig Menschen.

Port Nolloth/Alexander Bay/Richtersveld National Park
(S. 649ff)

Strecke
Nördlich von Kapstadt - Namaqualand

Information
• **Municipality Tourism Bureau:** *Main Rd, Private Bag X113, Port Nolloth 8280, Tel.: (027) 851-8229, Fax: (027) 851-8366*
• **Richtersveld Nat. Park:** *Infos erteilt die Nationalparkbehörde (s. S. 163) in Tshwane (ehem. Pretoria) bzw. Kapstadt. Hier müssen Sie sich auch anmelden für den Besuch des Parks, denn nur eine begrenzte Anzahl Besucher wird zugelassen. Das **Headoffice im Park** selbst ist nur bedingt besetzt: Tel.: (027) 831-1506.*

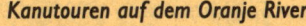

Kanutouren auf dem Oranje River
*Die Kanutouren, die zwischen einem und sechs Tagen dauern können, werden im Voraus geplant. Noch gibt es keine „spontanen" Kurztrips vor Ort. Erkundigen Sie sich also rechtzeitig und vorher in Kapstadt, z.B. im Touristenamt oder aber bei einem Outdoorausrüster dort, so z.B. bei **Adventure Village** (229 Long St., **Innenstadt**, Tel.: (021) 424-1580).*

Unterkünfte
• **Scotia Inn $$:** *Main Rd, P.O.Box 9, Port Nolloth 8280, Tel.: (027) 851-8353, Fax: (027) 851-8847. 25-Zimmer-Kleinstadthotel. Nichts Spektakuläres, aber durchaus okay.*
• **Bedrock $$:** *Beach Rd, P.O.Box 187, Port Nolloth 8280, Tel.: (027) 851-8865. Unterkunft in kleinen, hölzernen Häusern. Es gibt wohl kaum jemanden, der Ihnen mehr über den Ort erzählen kann als Garcia de Beer („Mama"), die Besitzerin der Lodge. Sie organisiert auch Touren in die Umgebung und zum Richtersveld.*
• *Da **Alexander Bay** z.Zt. für Besucher gesperrt ist, gibt es hier keine Unterkünfte.*
• **Richtersveld Nat. Park:** *Es gibt drei **Chalets** in Sendelingsdrift (95 km von Alexander Bay). **Zentrale Buchungsadresse für Nat. Parks** siehe S. 262 Buchung übers Internet: www.parks-sa.co.za.*

Camping
• **Port Nolloth: McDouglas Bay Caravan Park** *(Tel.: (027) 851-8657, auch einfache Hütten) und **JWH Du Plessis Park** (Tel.: (027) 851-8706) liegen beide südlich von Port Nolloth an der McDouglas Bay. Beide sind nicht außerordentlich attraktiv, erfüllen aber ihren Zweck.*
• *Knapp 30 km entfernt von Alexander Bay liegt die Farm **Brandkaros** am Oranje River. Kleine Chalets und ein Campingplatz stehen hier zur Verfügung. Tel.: (027) 831-1856.*
• **Richtersveld NP:** *Es gibt einfache, ausgewiesene **Campingplätze** im Park, aber keine besonderen Einrichtungen! Unbedingt über die Nationalparkbehörde vorher buchen.*

Restaurants
• *In **Port Nolloth** gibt es eine Reihe kleiner, einfacher Restaurants, die für die Diamantentaucher und Angestellten der Minenfirmen als „Freizeitprogramm" fungieren. Meeresfrüchte beherrschen natürlich die Speisekarten.*

• Im **Richtersveld Nat. Park** gibt es z.Zt. noch kein Restaurant. Alle Lebensmittel müssen mitgebracht werden.

Prince Albert (S. 613f)

Strecke
Port Elizabeth - Graaff-Reinet - Beaufort West - Kapstadt

Information
• **Tourism Bureau:** P.O.Box 109, Prince Albert 6930, Tel./Fax: (023) 541-1366. Infos erhalten Sie auch im u.g. **Hotel Swartberg**.

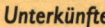

Unterkünfte
• ***Hotel Swartberg \$\$\$:** 77 Church St., Prince Albert 6930, Tel.: (023) 541-1332, Fax: (023) 541-1383. Altes, hervorragend restauriertes Hotel (National Monument!) mit **Landrestaurant** (südafr. Küche) und einer hübschen, historischen Bar. Viele Antiquitäten und alte Gästebücher in der Lounge, die bis zu 60 Jahre zurückgehen. Es gibt Zimmer im historischen Gebäude und etwas komfortablere in angeschlossenen Cottages. Swimmingpool.
• **Onse Rus \$\$**: Kerkstraat 47, Prince Albert 6930, Tel.: (023) 541-1380. Kleine, von Gary und Lisa Smith mit Engagement geführte Herberge.

Prince Alfred Hamlet (S. 641)

Strecke
Nördlich von Kapstadt

Unterkunft
• **Hamlet Hotel \$\$:** Voortrekker St., Prince Alfred Hamlet 6840, Tel.: (023) 313-3070, Fax: (023) 313-3682. Kleines, historisches Hotel mit 5 Zimmern. Im Hause gibt es ein Restaurant mit Pub. Alles in allem: einfach, aber günstig.

Rein's Nature Reserve (S. 581f)

Strecke
Port Elizabeth - Kapstadt (Garden Route)

Postadresse
P.O.Box 298 Albertinia 6695, Tel.: (028) 735-3322, Fax: (028) 735-3324.

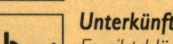

Unterkünfte
Es gibt Häuser (Executive Lodges) direkt am Meer (\$\$\$\$–\$\$\$\$\$), gut ausgestattete Apartments (1 km vom Meer entfernt, \$\$\$\$, Tipp: Apartment Nr. 47 mit Whirlpool und Kamin) und die ruhig gelegenen ***Fishermen's Cottages** (\$\$\$\$, Tipp: Haus Nr. 21). Letztere sind die Empfehlung. Sie haben eine voll ausgestattete Küche für Selbstver-

sorger und waren früher Fischer-
bzw. Farmhäuser (zwei sind noch
reetgedeckt). Dafür aber liegen sie
sehr unterschiedlich: Nr. 21 steht z.B.
direkt an der Küste, andere aber am
Hang (trotzdem Blick aufs Wasser).
Diese Cottages liegen zwischen 2,5
und 5 km entfernt von der Rezeption – die einen mögen das, die anderen finden es evtl. zu einsam.

Restaurant
• Es gibt ein **Restaurant**
und eine **Bar** nahe dem In-

Idyllisch: Fishermen's Cottage im Rein's Nature Reserve

formationsbüro. Und wer selbst kochen möchte, kann Grundnahrungsmittel im Souvenirshop erstehen. Frische Ware finden Sie dort aber kaum!

Riversdale (S. 582f)

Strecke
Port Elizabeth - Kapstadt (Garden Route)

Information
• **Tourism Bureau:** Im Civic Center, Mitchell St., Tel.: (028) 713-2418, Fax: (028)
713-3146.

Unterkünfte
• **Riversdale Travel Lodge $$–$$$:** 10 Main St., Riversdale 6770, Tel.: (028)
713-2473, Fax: (028) 713-2475. Von außen zwar „langweilig-modern", dafür aber
25 renovierte Zimmer zu einem sehr günstigen Preis. Für Backpacker gibt es eine „Special
Rate". Das Restaurant ist auch okay. Organisiert werden von hier aus auch verschiedene
Outdooraktivitäten in der Umgegend (Abseiling, Reiten, Mountainbiking etc.). Organisator
ist die **Mont Blanc Adventure Farm** (Tel.: (028) 713-3214)
• **Sleeping Beauty Guest House $$:** 3 Long St., P.O.Box 413, Riversdale 6770, Tel./Fax:
(028) 713-1651. Das ehemalige Pastorenhaus (1856) ist liebevoll restauriert. 6 Doppelzim-
mer und ein geräumigeres Familienzimmer.
• **Takkieskloof Tourist Camp $$:** P.O.Box 29, Riversdale 6670, Tel.: (028) 713-2418, Fax:
(028) 713-3146. Selbstversorger-Chalets und auch einige Zimmer. Anbei befindet sich auch
ein gut ausgestatteter und sauberer Caravan- und Campingpark.

Camping
• **Takkieskloof Tourist Camp:** siehe oben.

Robertson/McGregor (S. 498)

Strecke
Kapstadt - Montagu - Oudtshoorn - Port Elizabeth

Information
• **Tourism Bureau:** Ecke Swellendam/Piet Retief Sts., Robertson 6705, Tel.: (023) 626-4437, Fax: (023) 626-4290. Hier erhalten Sie auch Auskünfte über **Farm**-unterkünfte.

Unterkünfte
• ***Old Mill Lodge $$$:** Voortrekker St., McGregor 6708, Tel.: (023) 625-1841, Fax: (023) 625-1941. Bezauberndes Guesthouse in einer alten Mühle mit modernen, geschmackvoll eingerichteten Cottages im Garten. Es gibt einen Swimmingpool und das Essen (Frühstück, Lunch und Dinner) ist ebenfalls empfehlenswert und besticht obendrein durch den Ausblick auf die umliegenden Weinfelder.
• **The Grand Hotel $$–$$$:** 68 Barry St., Ecke White St., Robertson 6705, Tel.: (023) 626-3272, Fax: (023) 626-1158. Kleines, schön restauriertes Hotel mit britischem Touch. Einige Zimmer haben einen Balkon. Eine englische Bar und das gute Restaurant runden das Bild noch ab. 8 Zimmer.

Camping
• **Silverstand Resort:** 52 Church St., Robertson, Tel.: (023) 626-3321. 3 km außerhalb der Stadt am Breede River gelegen. Golfplatz und Squash-Courts anbei, Swimmingpool. Es gibt auch **Selbstversorger-Chalets ($$)** und **Rondavels ($–$$)**.

Saldanha (S. 627f)

Strecke
Nördlich von Kapstadt

Information
• **West Coast Tourism Bureau:** van Riebeeck St., P.O.Box 395, Saldanha 7395, Tel.: (022) 714-2088, Fax. (022) 714-4240.

Unterkünfte
• **Saldanha Bay Protea Hotel $$$:** 51B Main St., Saldanha 7395, Tel.: (022) 714-1264, Fax: (022) 714-4093. Sauberes, aber langweiliges 58-Zimmer-Hotel im Zentrum.
• **Avondrust Guest House $$–$$$:** 16 Salamander St., Saldanha 7395, Tel.: (022) 714-2369, Fax: (022) 714-2360. Das moderne Gästehaus bietet einen Blick über die Saldanha Bay. Die 5 Zimmer sind individuell und z.T. mit Antiquitäten eingerichtet. Swimmingpool.
• **Oranjevlei Guestfarm $$–$$$:** P.O.Box 11, Saldanha 7395, Tel./Fax: (022) 714-2261. Schöne Unterkunft auf alter Farm. Die 10 Zimmer befinden sich z.T. in den umgebauten Stallungen. Es gibt ein Restaurant.

Restaurant
• *Meeresteijn:* Auf dem Hügel über der Stadt, Tel.: (022) 714-3345. Oben befindet sich eine rustikale Bar (Burger, Snacks), unten ein sehr beliebtes Seafood-Restaurant (Muscheln, Lobster etc.). Die Meeresfrüchte sind i.d.R. frisch gefangen. Reservieren Sie sich einen Platz am Fenster mit Aussicht auf den Hafen.
• Im Hafen von Saldanha gibt es zudem ein paar **Seafood-Take-Aways** mit frischen Fischgerichten, und am oberen Ende der Main Road lädt **The Laughing Mussel** ebenfalls zu Fischsnacks (mit und ohne Chips) ein. Gut für den Lunch.

Camping
• **Saldanha Holiday Resort (Tabkabaai):** Am Wasser in Richtung Vredenburg, Tel.: (022) 714-2247/8. Viele schattige Camping- und Caravanplätze. Hier gibt es auch Chalets ($$).

St. Helena Bay (S. 629)

Strecke
Nördlich von Kapstadt

Information
• Über **West Coast Tourism Bureau:** Ecke Main St./Velddrif Rd, P.O.Box 184 Vredenburg 7380, Tel./Fax: (022) 715-1142.

Unterkunft
• **Steenberg's Cove Hotel $$–$$$:** P.O.Box, St. Helena Bay, Tel.: (022) 736-1560, Fax: (022) 736-1160. Nahe der Küste gelegenes Mittelklasse-Hotel mit 20 Zimmern. Das Hotel ist okay, aber der Ort verdient eigentlich keinen Aufenthalt.

Shamwari Game Reserve und Amakahla Game Reserve (S. 537ff)

Strecke
Port Elizabeth - Kapstadt (Garden Route). Das Game Reserve liegt aber 75 km östlich von Port Elizabeth!

Buchung
Shamwari Game Lodge $$$$$: Tel.: (042) 203-1111 od. 851-1196, Fax: (042) 235-1224 o. 851-1224. Internet: www.shamwari.com

Unterkünfte
Es gibt 4 Unterkunftstypen im Shamwari Game Reserve:
1. In der historischen, restaurierten, großzügigen Farmvilla (Herrenhaus-Stil), dem **Long Lee Manor**, wo sich auch das zentrale Büro befindet. Hier befinden sich die meisten Zimmer des Tierreservates sowie ein Restaurant, eine Bar und ein wunderschöner Garten mit Swimmingpool, von dem aus Sie auf die Ebene des Bushmans River schauen.

2. In der **Shamwari Lodge**, dem „African Adventure" im Norden des Reservats. Hierbei handelt es sich um ausgesprochene Luxusunterkünfte in einer ehemaligen, aber immer noch neuen Safarilodge. Die Zimmer sind wunderschön eingerichtet mit Möbeln, die zumeist in der Umgegend gefertigt worden sind. Beeindruckend sind hier auch die unterschiedlichen Badezimmer – eines schöner als das andere. Und die Aufenthaltsräume haben ebenfalls Klasse. Hier werden keine Wünsche offen gelassen, und Top-Ex-

Long Lee Manor

klusivität ist gewährleistet. Dafür aber auch die teuerste Unterkunft im Reservat.

3. Inmitten des Reservates (und der Tierwelt!) in den restaurierten Farmhäusern aus den 1860er Jahren: **Carn Ingly** (3 DZ), **Highfield** (4 DZ) und **Bushman's River Lodge** (4 DZ). Das Besondere hier sind die historischen Gebäude und die Tatsache, dass es nur wenige Zimmer gibt und dass in jedem dieser Gebäude ein eigener Ranger, Koch und Hauspersonal zur Verfügung stehen. Hier wohnen Sie am beschaulichsten, und die Chance, dass ein Rhino Sie während des Sundowners auf der Veranda besucht, ist ziemlich hoch. Der Tipp ist die victorianische Bushman's River Lodge. Wer übrigens in einer kleinen Gruppe reist (z.B. 2 o. 3 Pärchen), kann eine dieser drei Lodgen exklusiv mieten. Alle Lodgen haben einen Pool.

4. Die **Riverdene Country Lodge** ist ebenfalls ein luxuriöses, historisches und nun renoviertes Farmhaus. Es liegt 10 Autominuten entfernt vom Hauptgebäude, dem Long Lee Manor. Im Gegensatz zu den unter 3. genannten Farmhäusern ist Riverdene größer (9 kleine Suiten für jeweils zwei Personen). Auch hier gibt es einen eigenen Speisesaal (mit Barbecue-Area), eine Lounge, ein Sonnendeck und einen Pool mit angeschlossener Bar. Dieses Haus ist für diejenigen geeignet, die es zwar ruhiger mögen, aber mit eben 9 Zimmern doch noch ein paar Gäste um sich haben möchten.

Zugfahrt

Für die eindrucksvolle und luxuriöse (wenn auch sehr teure) Zugfahrt mit dem Shamwari Express von Johannesburg zum Shamwari Reserve buchen Sie entweder über das Reserve selbst (s.o.) oder direkt bei der Eisenbahngesellschaft Spoortnet: Tel.: (011) 773-6978, Fax: (011) 773-7643.

Amakahla Game Reserve,

südlich von Shamwari gelegen, bietet günstigere Übernachtungen und Rundfahrten. Die Führungen beginnen um 15 Uhr mit der kleinen Krokodilfarm und danach geht es auf einen zweistündigen Game Drive durch eine schöne Landschaft (viel schöner als Addo N.P.). Zu sehen gibt es eine Vielfalt an Antilopen, Giraffen, Fischadlern, Kleingetier, Königsfischern, Zebras. In sehr naher Zukunft wird es Elefanten aus dem Addo Park geben, und die Big Five sollen angesiedelt werden. Nach dem Game Drive begibt man sich auf eine Flusssafari (1 Std.), wo Käse und Wein serviert werden und man die Fischadler beobachten kann. Anschließend eine halbe Stunde Fahrt und ein 3-gängiges Menü am

Lagerfeuer (lecker). Danach wieder einen einstündigen Game Drive zum Ausgangspunkt. Bei dem Preis (ab 400 Rand) ein absoluter Geheimtipp."

Es gibt mehrere Unterkünfte im Game Reserve, so z.B. die **Safari Lodge $$-$$$$** (Tel.: 042/ 235-1608, Fax: 042/ 235-1041) mit z.T. sehr schönen Chalets oder das **Leeuwenbosch Country House $$-$$$$** (Tel.: 042/ 235-1252, Fax: 042/ 235-1252 – nach Fax fragen), das sich in einem viktorianischen Haus von 1908 befindet. Alle Lodgen organisieren Game Drives.

Übers Internet gibt es weitere Infos zum Game Reserve und zu den Unterkünften: www.amakhala.com.

Somerset East (S. 604f)

Strecke
Port Elizabeth - Graaff-Reinet - Beaufort West - Kapstadt

Information
• **Tourism Somerset East:** 56 Charles St., Somerset East 5850, Tel.: (042) 243-1448, Fax: (042) 243-1333.

Unterkünfte
Es gibt zwar zwei kleine Hotels (**Somerset Hotel**, $$, Tel.: (042) 243-2047, und **Royal Hotel**, $$, Tel.: (042) 243-2045) im Ort, die sind aber z.Zt. nicht sehr zu empfehlen. Erkundigen Sie sich daher im Touristenamt nach Bed & Breakfast-Unterkünften bzw. als Tipp: Fahren Sie noch die eine Stunde weiter nach Graaff-Reinet. Akzeptabel wären noch folgende zwei Adressen:
• **Jaques Luxury Accommodation $$-$$$:** 84–86 Charles St., Somerset East 5850, Tel.: (042) 243-3552 od. 243-2657. 6 saubere und halbwegs schön eingerichtete Zimmer. Im Hause befindet sich das z.Zt. wohl beste Restaurant im Ort.
• **Middleton Manor $$-$$$:** P.O.Box 6, Middleton 5810, Tel./Fax: (042) 247-2538. Der kleine Ort Middleton südlich an der N10 befindet sich in Privatbesitz. Er wurde 1879 gegründet. Die Unterkünfte im historischen Herrenhaus und die Anlage selbst sind ansprechend. Trotzdem zeigt sich deutlich, dass alles auf Konferenzbesucher ausgelegt ist. Schöner Garten, Tennisplätze, Pub, Swimmingpool.

Somerset West/Strand/Gordon's Bay (S. 482f)

Gebiet
Weinanbaugebiete der Kapprovinz/Port Elizabeth - Kapstadt (Garden Route)

Information
• **Helderberg Tourism Bureau:** Southey's Vines, 186 Main St., Somerset West 7129, Tel.: (021) 851-4022, Fax: (021) 851-1497.

Unterkünfte
• **Zandberg Farm $$$-$$$$:** P.O.Box 5337, Somerset West 7135, Tel./Fax: (021) 842-2945. Dieses kleine Weingut liegt an der Stellenbosch-Weinroute (R44)

und kann auch als Unterkunft für Stellenbosch (10 Min.) gelten. Das historische Farmhaus sowie das Restaurant und die Cottages liegen in einem parkähnlichen Garten mit viel Schatten. Jedes Cottage hat eine eigene Küche und eine kleine Terrasse. Für Reiter und Golfer werden hier spezielle Arrangements angeboten.

• ***Die Ou Pastorie $$$$:** 41 Lourens Street, Somerset West 7130, Tel.: (021) 852-2120, Fax: (021) 851-3710. Untergebracht im ehemaligen Pastorat (1819) und im victorianischen Stil eingerichtet. Pool, Garten und ein vorzügliches Restaurant (s.u.)

• **Stellendal Guest House $$–$$$:** 169 Main Rd (gegenüber Touristeninformation), Somerset West 7129, Tel./Fax: (021) 851-2599. Kleines Gästehaus in historischem Reetdachhaus. Es gibt 4 Doppelzimmer und 2 Selbstversorger-Studios.

• ***Papyrus Holiday Cottages $$–$$$:** Firgrove Winery Rd., Somerset West, Tel.: 021) 842-3606. Auch für Selbstversorger ideale Holzhäuser. Sehr gepflegt und unter schweizer Leitung. Die Häuser liegen an einem See und sind auf Stelzen gebaut. Man kann den Sonnenuntergang über dem Tafelberg beobachten – einfach herrlich. Frühstück wird serviert, Restaurants gibt es in nächster Umgebung.

Camping

Wer nahe Kapstadt, aber trotzdem abseits der Großstadt campen möchte, ist im Umkreis von Somerset West gut aufgehoben. Bis in die Innenstadt von Kapstadt sind es ca. 50 km.

• **Sea Breeze Holiday Resort:** Dennehof St., Gordon's Bay 7151, Tel.: (021) 856-1400. Ca. 1 km von der False Bay entfernt. Windgeschützte Plätze. Swimmingpool und Tennisplätze. Es gibt auch **Selbstversorger-Chalets ($–$$)**.

• **Mountain Breeze Caravan Park:** Oberhalb von Somerset West, P.O.Box 367, Stellenbosch 7599, Tel.: (021) 880-0200. In den Stellenbosch Mountains gelegen. Schattige Kiefernbäume. 16 km vom Strand entfernt. Auch hier gibt es **Selbstversorger-Chalets ($–$$)**.

Restaurants

• ***Die Ou Pastorie:** s.o. Beste Cape-Dutch-Gerichte sowie leckeres Seafood, frisch zubereitet und lecker abgeschmeckt. Alles in historischem Ambiente. Es gibt auch eine Veranda! Die Weinliste wurde mehrfach prämiert. Reservierungen essentiell.

• **Harbour Lights:** Old Harbour, Gordon's Bay, Tel.: (021) 856-1830. Romantische Lage mit Blick auf den malerischen Hafen. Empfehlenswert für Meeresfrüchte (frischer Fisch!). Unbedingt vorher anrufen und nach den Öffnungszeiten fragen.

Golf

• **Erinvale Golf & Country Club:** Lourensford Rd, P.O.Box 3500, Somerset West 7129, Tel.: (021) 847-1906, Fax: (021) 847-1901. 18 Löcher, 5.892 m, tägl., Bar, Restaurant, Hotel. Auf diesem berühmten Golfplatz zwischen den Weinbergen von Somerset West wurde 1997 der „World Cup of Golf" austragen. Die 18 Bahnen verteilen sich über ein hügeliges Gelände, das selbst Könner herausfordert. Angeschlossen ist ein Hotel, wobei die Empfehlung hier den Apartments gilt.

• **Somerset West Country Club:** Rue de Jacqueline, Somerset West, Tel.: (021) 852-3625, Fax: (021) 852-2925. 18 Löcher, 5.930 m, Bar, Restaurant, Squash, Tennis. Gepflegte Anlage mit hohem Baumbestand. Eine gute („Ausweich"-) Alternative zu dem bekannteren, aber oft vollen Erinvale Club.

Springbok/Okiep (S. 648f)

Strecke
Nördlich von Kapstadt - Namaqualand

Information
• **Namaqualand Info Office:** Namaqua St. (in der Anglican Church beim Post Office), P.O.Box 5, Springbok 8240, Tel.: (027) 712-2071/2, Fax: 712-1421
• Infos zur Diamantenküste bzw. dem **Richtersveld** können Sie im Internet unter www.diamondcoast.co.za abrufen.

Unterkünfte
• Die Hütten im **Goegap NR** können Sie unter der Tel. (027) 742-1880 buchen.
• **Okiep Country Hotel $$$:** P.O.Box 17, Okiep 8270, Tel.: (027) 744-1000, Fax: (027) 744-1170. Landhotel in Südafrikas ältester Minenstadt. Gut ausgestattete Zimmer. Pub im Hause. Der Besuch der Attraktionen sowie Flower-Touren (während der Saison: Aug./Sept.) können arrangiert werden.
• **Masonic Hotel $$–$$$:** Van Riebeeck St., Springbok 8240, Tel.: (027) 712-1505, Fax: 712-1730. 28-Zimmer-Hotel mit einem Touch von Art déco. Nicht alle Zimmer haben ein eigenes Bad.
• **Springbok Hotel $$–$$$:** Van Riebeeck St., Springbok 8240, Tel.: (027) 712-1161, Fax: 712-1932. Kleinstadthotel. 28 Zimmer.

Springbok Hotel

• **Springbok Lodge & Restaurant $–$$$:** 37 Voortreker St., Springbok 8240, Tel.: (027) 712-1321, Fax: (027) 712-2718. Relativ günstiges Hotel mit annehmbarem Restaurant. Es verteilt sich auf mehrere Häuser. Es gibt von Schlafsälen über Selbstversorger-Apartments bis hin zu gut ausgestatteten Doppelzimmern mit eigenem Wohnzimmer alles. Der Besitzer, Jopie Kotze, gilt als „Unikum" und Kenner der Region und kann somit gute Informationen zum Namaqualand geben.
• **Namastat $–$$:** 2 km südl. von Springbok (geht von N7 ab), P.O.Box 999, Springbok 8240, Tel.: (027) 712-2435, Fax: 712-1926. Schön gelegen am Hang eines kleinen Berges. Die Unterkünfte befinden sich in nachgebauten, traditionellen Nama-Hütten aus Lehm (kein Strom). Jeweils 2–4 Betten. Die sanitären Anlagen müssen geteilt werden. Zudem gibt es auch Holzhütten mit eigenem Bad. Es wird traditionelle Küche des Namaqualandes geboten (vorher anmelden!). Alles ist einfach, aber originell und gut. Es gibt auch **Plätze für Camper und Caravans.**

Camping
• **Springbok Caravan Park:** Gamoep Rd (R355), ca. 2 km außerhalb von Springbok, Tel.: (027) 718-1584. Nahe der Hauptstraße und auch sonst nicht besonders attraktiv. Versuchen Sie besser, im **Goegap Nature Reserve** zu campieren oder auf dem kleinen, privaten Campingplatz in Springbok (ausgeschildert)".

Restaurants

• **BJs Steak House:** 1 Hospital St., Tel.: (027) 712-2701. Bis nach Port Nolloth hin bekanntes Steak-Restaurant.
• **Springbok Restaurant/Café:** Siehe „Springbok Lodge & Restaurant". Gemütlich und gutes Essen.
• Das **Springbok Hotel** (s.o.) bietet deftige Landküche, hat aber ziemlich nachgelassen. Erkundigen Sie sich vor Ort, ob es wieder besser geworden ist.

Stellenbosch (S. 468f)

Gebiet
Weinanbaugebiete des Kaplandes

Information

• **Stellenbosch Tourism Bureau:** 36 Market St., P.O.Box 368, Stellenbosch 7599, Tel.: (021) 883-3584, Fax: (021) 883-8017. Ein sehr gut organisiertes Touristenbüro. Hier können Sie Unterkünfte buchen und erhalten nützliche Karten, wie z.B. „Discover Stellenbosch on Foot". Reiter sollten sich hier auch nach den Möglichkeiten für **Ausritte in die Weinberge** erkundigen.
• **Nature Conservation Office:** Tel.: (021) 889-1560/1, Fax: (021) 889-1567. Hier können Sie Hütten und Campingplätze in den umliegenden Naturgebieten (z.B. Bain's Kloof Pass u. Hottentots-Holland Nat. Reserve) buchen bzw. Infos dazu einholen.

Unterkünfte
Grundsätzlich gibt es in Stellenbosch viele schöne Bed & Breakfast-Unterkünfte für $$–$$$. Das hervorragend organisierte Touristenamt (s.o.) vermittelt auch kurzfristig bzw. „bei Erscheinen direkt am Schalter" Übernachtungen in diesen.

• ***Lanzerac Manor $$$$–$$$$$:** Lanzerac Rd, P.O.Box 4, Stellenbosch 7599, Tel.: (021) 887-1132, Fax: (021) 887-2310. Historisches Weingut von 1692 und fürwahr ein „Kleinod" in Stellenbosch. Individuell dekorierte, geräumige Zimmer, die alle über einen eigenen Patio verfügen. Fragen Sie nach einem Zimmer mit Ausblick auf die Berge und Weingärten. Den Weinkeller können Sie natürlich auch besichtigen und die hauseigenen Weine testen. Das Bild wird schließlich noch abgerundet durch 2 Top-Restaurants, den High Tea am Nachmittag und eine alte Bar. Wenn Sie so tief in die Tasche greifen möchten, ist dieses der Tipp für Stellenbosch.
• ***Stellenbosch Hotel $$$$:** Ecke Dorp u. Andringa Sts., Stellenbosch 7599, Tel.: (021) 887-3644, Fax: (021) 887-3673. Das älteste Hotel am Platz (1743). Wunderschön restauriert. Zentral gelegen. Im Hause gibt es auch ein gutes Restaurant. Wer den historischen Charme von Stellenbosch erleben möchte, ist hier richtig.

Lanzerac Manor

- **L'Auberge Rozendal $$$$:** Jonkershoek Valley, Omega Rd, Stellenbosch, Postanschrift: P.O.Box 160, Stellenbosch 7599, Te.: (021) 883-8737, Fax: (021) 883-8738. 16-Zimmer-Gästehaus auf Weinfarm im wunderschönen Jonkershoek-Tal. Das Herrenhaus stammt aus der Mitte des 19. Jahrhunderts und sorgt somit für ein historisches Ambiente. Auch die Küche ist empfehlenswert, denn es wird sehr auf gesunde Ernährung geachtet. Durchaus ein Platz, an dem man es ein paar Tage aushalten kann. Ausritte von der Farm aus möglich. Beliebt auch bei Golfspielern, da die Besitzer Golfarrangements vermitteln.

- **Yellow Lodge $$$$:** 32 Herold Street, Stellenbosch 7600, Tel.: (021) 887-9660, Fax: (021) 887-5686. Gästehaus mit schön eingerichteten Zimmern. Komfortable, moderne Unterkunft. Neben 8 Doppelzimmern gibt es auch 2 Apartments (2 Schlafzimmer + Wohnzimmer) mit eigener Küche. Tolles Frühstück. Nichtraucher-Haus!

De Goue Druif Guesthouse

- ***The Guesthouse (De Goue Druif) $$$:** 110 Dorp St., Stellenbosch 7600, Tel.: (021) 883-3555, Fax: (021) 883-3588. In der historischen Dorp Street, nahe dem Zentrum, befindet sich dieses historische Guesthouse. Einiges mag vielleicht etwas „kitschig" wirken, aber Dampfbad, Sauna, Pool und kleiner Garten mitten in der Stadt sorgen für das richtige Ambiente. Rundum gut!

- **Avenues Guest Lodge $$$:** 32 The Avenue, Stellenbosch 7600, Tel.: (021) 887-1843, Fax: (021) 887-2733. Kleines, persönlich geführtes B&B in historischem Gebäude (Hist. Landmark). Stilvoll eingerichtet. 6 Doppelzimmer, davon 3 mit Zugang zum Patio. Zudem ein Selbstversorger-Cottage im Garten. In der Nähe von Restaurants und der Uni.

- **D' Ouwe Werf $$$:** 30 Church Street, Stellenbosch 7600, Tel.: (021) 887-1608, Fax: (021) 887-4626. 1802 als Herberge eingerichtete, ist es wohl das älteste Hotel des Landes. Sie betreten das Gebäude durch das ehemalige Wohnzimmer, dessen Holzboden, Deckenkonstruktion und Antiquitäten bereits beeindrucken. Schön sind die mit weiteren Antiquitäten eingerichteten „Luxury Rooms" ($$$–$$$$) im alten Gebäude, während die im neuen Trakt eher Standard aufweisen und mit Imitationen eingerichtet sind.

- **Brandwacht Country Lodge $$–$$$:** Strand St., 3 km südlich von Stellenbosch an der R44, P.O.Box 1225, Stellenbosch 7599, Tel./Fax: (021) 886-6739. 3 gemütliche Zimmer. Gutes Preis-Leistungs-Verhältnis, aber auch nicht in Zu-Fuß-Entfernung zu den Sehenswürdigkeiten.

- **Wedge Farm $$–$$$:** P.O.Box 3219, Matieland 7602, Tel./Fax: (021) 883-2826. Nahe der R310 nach Franschhoek (links in Latie Street). Kleinod an der Weinroute mit hübschen Zimmern, Schwimmbad und einer persönlichen Atmosphäre.

- **Weidenhof Lodge $–$$:** 24 Weidenhof St., Stellenbosch 7599, Tel.: (021) 883-2883, Fax: (021) 887-2397. Günstige Unterkunftsempfehlung für Stellenbosch. Vornehmlich für Backpacker.

- **Stumble Inn $:** 14 Market Street, Stellenbosch 7600, Tel./Fax: 887-4049. Zentral gelegenes Inn nahe dem Stadtzentrum von Stellenbosch. Es gibt 40 Betten (6-, 4- und 2-Bett-Zimmer) sowie eine gut ausgestattete Küche für Selbstversorger. Insbesondere für Rucksack-Reisende zu empfehlen. Sehr sauber. Es werden auch Fahrräder vermietet.

Camping

• **Mountain Breeze Caravan Park:** *Oberhalb von Somerset West, P.O.Box 367, Stellenbosch 7599, Tel.: (021) 880-0200. In den Stellenbosch Mountains gelegen. Schattige Kiefernbäume. 16 km zum Strand. Es gibt* **Selbstversorger-Chalets ($–$$)**.
• **Bergplaas Holiday Ranch:** *Old Helshoogte Road, Dennesig, Stellenbosch, Tel.: (021) 887-5119. An der Stellenbosch Wine Route.* **Selbstversorger-Hütten**, *Camping und Caravan.*

Restaurants

• ***Boschendal Restaurant:** *Boschendal Wine Estate in Gr. Drakenstein an der R310 nordöstl. von Stellenbosch, Tel.: (021) 874-1252. Gepflegtes Restaurant in altem Cape-Dutch-Haus auf dem gleichnamigen, historischen Weingut. Die Küche bietet Kapgerichte mit französischem Touch. Die hervorragenden Boschendal-Weine runden das Gourmetvergnügen ab. Picknick unter den Bäumen ist auch möglich. I.d.R. nur Mittagstisch! Reservierung essentiell.*
• **Ralphs Restaurant:** *13 Andriga St., Tel.: (021) 883-3532. Gilt als eines der Top-Restaurants am Ort. Der Koch trägt mehrere Auszeichnungen. Die Küche ist italienisch angehaucht. Es gibt hier aber auch ein ausgesprochen lecker zubereitetes Straußensteak.*
• ***De Volkskombuis:** *Old Strand Rd, Tel.: (021) 887-2121. Traditionelle südafrikanische Küche sowie eine Reihe von Cape-Dutch-Gerichten, die Sie auch als „Sampler" (von allem etwas probieren) bestellen können. In dem alten Gebäude befanden sich früher Arbeiterunterkünfte und deren Küche, die Volksküche halt.*
• ***Lanzerac Manor $$$$–$$$$$:** *Lanzerac Rd, P.O.Box 4, Stellenbosch 7599, Tel.: (021) 887-1132. Im o.e. erwähnten Hotel befinden sich 2 Restaurants, eine Bar (mit Mahlzeiten) und ein Terrassen-Café. Der Tipp ist aber das klassisch-historische „Grosvenors Restaurant" im Hause, welches in gepflegter Atmosphäre (weiße Tischdecken, Kerzen, Ölgemälde) beste Kap-Küche bietet. Berühmt ist es auch für die ausladenden Frühstücks- und Lunch-Buffets. Selbst, wenn Sie nicht im Hotel wohnen, sollten Sie hier ein Dinner ganz im Stile des alten Stellenbosch nicht verpassen.*
• *Als Universitätsstadt besitzt Stellenbosch zudem viele* **Pubs und Kneipen**, *in denen es günstige Speisen sowie Bier und Wein gibt. Die meisten befinden sich entlang der Dorp Street und am unteren Ende der Bird Street, gegenüber der St. Mary's on the Break Kirche. Viele davon bieten auch Sitzplätze auf einer Veranda an, und an Wochenenden findet öfter Livemusik statt. Der Pub* **Dros** *direkt an der St. Mary's on the Break Church ist alleine wegen seiner Holztäfelungen sehenswert. Drinnen ist es dunkel, dafür an heißen Tagen aber immer schön kühl.*

Golf

• **Stellenbosch Golf Club:** *Strand Rd (R44), P.O.Box 277,* **Stellenbosch** *7599, Tel.: (021) 880-0103/4, Fax: (021) 880-0260. 18 Löcher; 5.581 m, Bar, Restaurant. Meisterschaftskurs, inmitten hügeliger Weinfelder gelegen. Der wunderschöne Platz besticht auch dadurch, dass er geschützt liegt vor den gefürchteten South-Easter-Winden. Viele Bäume.*

Still Bay/Stilbaai (S. 582)

Strecke
Port Elizabeth - Kapstadt (Garden Route)

Information
• **Tourism Bureau:** *Langkoven St., Tel.: (028) 754-2602, Fax: (028) 754-2549. Untergebracht in einem historischen Cape-Dutch-Residenz-Gebäude.*

Unterkünfte
• **Still Bay River Lodge $$–$$$:** *An der Hauptstraße in Still Bay-East, P.O.Box 153, Still Bay 6674, Tel./Fax: (028) 754-1317. Oberhalb des Flusses gelegenes Cape-Dutch-Haus mit 9 Zimmern. Mehrfach prämiert. 2 km zum Strand.*
• **Bellevue Inn $$:** *P.O.Box 30, Still Bay 6674, Tel.: (028) 754-1505, Fax: (028) 754-2903. Nahe Strand und Fluss gelegenes Hotel mit 9 Zimmern, davon einer Suite. Versuchen Sie, ein Zimmer mit Meerblick zu bekommen. Im Hause gibt es ein Restaurant (nur Abendessen).*

Camping
• **Ellensrust Caravan Park:** *Nahe dem Strand von Still Bay-East, P.O.Box 2, Still Bay 6785, Tel.: (028) 754-1034. Caravan Park und einfache Rondavels.*

Restaurants
• **Die Lappsiesbaai:** *Beliebtes Fischrestaurant direkt am Strand von Still Bay-East. Probieren Sie die Fischplatte. Tel.: (028) 754-2748.*
• *Wer es etwas einfacher mag, kann im* **Green Door Pub** *im Geschäftszentrum von Still Bay-East speisen.*

Sutherland (S. 616f)

Information
• **Municipality:** *Piet Retief St., Sutherland 6920, Tel.: (023) 571-1020, Fax: (023) 571-1089.*

Besichtigung der Sternwarte
• *Nur an wenigen Tagen kann die Sternwarte besichtigt werden. Diese variieren, können aber unter Tel.: (023) 571-1205 erfragt werden.*

Unterkunft
• **Sutherland Hotel $$:** *P.O.Box 119, Sutherland 6920, Tel./Fax: (023) 571-1096. Landhotel mit 17 Zimmern.*

Swellendam (S. 584ff)

Strecke
Port Elizabeth - Kapstadt (Garden Route)

Information
- *Tourist Bureau:* Oefinghuis, Vortrek St., Tel./Fax: (028) 514-2770

Marloth Nature Reserve
- *Information/Buchungen:* Marloth Nature Reserve, P.O.Box 28, Swellendam 6740, Tel.: (028) 514-1410, Fax: (028) 514-1488.

Es gibt einfache Hütten, für die Sie aber eigenes Bettzeug und auch alle Kochutensilien mitbringen müssen.

Unterkünfte
- **Swellengrebel Hotel $$$–$$$$:** 91 Voortreker St., Swellendam 6740, Tel.: (028) 514-1144/5/6, Fax: (028) 514-2453. Modernes 50-Zimmer-Hotel mit schönem Garten, Swimmingpool, Jacuzzi und Sauna. Zimmer am Pool sowie mit Bergansicht. Im Zentrum gelegen (1,5 km zum Museums-Komplex). Im Hause befindet sich auch ein Restaurant.
- ***Adin and Sharon's Hideaway $$$:** 10 Hermanus Steyn St., Swellendam 6740, Tel./Fax: (028) 514-3316. Mehrfach prämierte Bed & Breakfast-Unterkunft im historischen Ortskern, nahe dem Museumskomplex. Luxuriös eingerichtet und ein überaus leckeres Frühstück.
- Entlang der Voortrek Street gibt es zahlreiche, empfehlenswerte B&B-Unterkünfte ($$, selten $$$) in (zumeist historischen) Cape-Dutch-Häusern, von denen wir hier vier davon nennen möchten: **Moolmanshof** (217 Voortrek St., Tel.: (028) 514-3258, Fax: (028) 514-2384), **La Sosta** (145 Voortrek St., Tel./Fax: (028) 514-1470), **Cypress Cottage** (3 Voortrek St., nahe Museums-Komplex, Tel.: (028) 514-1910 od. 514-3296) und **Old Mill Guest Cottage** (243 Voortrek St., Tel./Fax: (028) 514-2790. Letzteres bietet, auf Anfrage, auch ein traditionelles Dinner. Alle Swellendam 6740.
- **Swellendam Backpackers $:** 5 Liechtenstein St., Tel.: (028) 514-2648, Fax: (028) 514-1853. Schlafsaal, Doppelzimmer und auch Camping. Schöner Garten, in dem abends oft ein Lagerfeuer angezündet wird. Im Hause befindet sich auch ein Outdoor-Anbieter (Wandern, Reiten, Mountain-Biking).
- Im **Bontebok Nat. Park** gibt es noch Selbstversorger-„Chalavans", $–$$ und im **Municipal Caravan Park** kleine, reetgedeckte Selbstversorger-Cottages, $$ (s.u.)

Camping
- **Municipal Caravan Park:** Glen Barry Rd, Tel.: (028) 514-2705. Voll ausgestattete Caravan-Sites, zumeist schattig und schöne Selbstversorger-Cottages.
- Weitere Campingmöglichkeiten bieten sich am **Swellendam Backpacker** (s.o.) und im **Bontebok Nat. Park.**

Restaurants
- **Zanddrift:** 32 Swellengrebel Street (gegenüber dem „Drostdy"), Tel.: (028) 514-1789. Kapholländische und andere südafrikanische Gerichte in historischem Ambiente. Schön ist es auch, nach dem Museumsbesuch hier eine Kaffeepause im Rosen-

garten einzulegen. Das alte Farmhausgebäude wurde übrigens 1975 wiederaufgebaut fürs Museum. Es stand einstmals nahe Bonnievale. Der Tipp für Swellendam.
• **Mattsen's Restaurant:** 44 Voortrek St. (neben Info-Büro), Tel.: (028) 514-2715. Kleines Restaurant, ein wenig auf historisch getrimmt. Gute und günstige Küche mit einigen Cape-Dutch-Gerichten.
• **Jorge's Restaurant:** Im Swellengrebel Hotel, 91 Voortrek St., Tel.: (028) 514-1144. Gute südafrikanische Küche und auch Pizza. Es gibt auch einen Biergarten.
• **Bramble Bush:** Ecke Voortrek/Andrew White Sts. Im schattigen Garten können Sie hier gut einen Lunch- bzw. Kaffeesnack einnehmen (z.B. Youngberry-Cheesecake). Im Hause befindet sich auch ein Internet-Café.

Tsitsikamma Coastal Nat. Park und Umgebung (S. 542ff)

Strecke
Port Elizabeth - Kapstadt (Garden Route)

Information
• **Informationszentren** gibt es an der **Storms River Bridge** (ehem. Paul Sauer Bridge), am **Storms River Mouth** (das beste), am Eingang zum **Nature's Valley** Abschnitt, in einigen (privaten) Geschäften, Unterkünften und Outdoor-Unternehmen im **Storms River Village** und auch im Visitor Center in **Plettenberg Bay**. Das an der Straße angekündigte Informationsbüro in **Woodlands** im Osten war bei unserem Besuch nur sehr dürftig ausgestattet.

Unterkünfte
Hinweis:
Zentrale Buchungsadresse für Nat. Parks siehe S. 262
Grundsätzlich: Im **Storms River Village**, das einige Kilometer westlich der Storms River (Paul Sauer) Bridge nahe der N2 liegt, bieten sich ein paar kleine Bed & Breakfast-Unterkünfte, sowie ein Hotel (s.u.) und zwei Herbergen („Backpacker") an. Zudem gibt es nahe der u.g. Tsitsikamma Lodge noch ein paar B&Bs und an der **Bloukrans Bridge** (N2) einen „Back-packer" und einen Campingplatz.
• ***Forest Hall $$$$$:** P.O.Box 38, The Crags 6-602, Tel.: (044) 534-8869, Fax: (044) 534-8883. N2, ca. 25 km öst-

Forest Hall

lich von Plettenberg Bay (am „Monkeyland" nach Süden abbiegen) – westlich außerhalb des Parkes. Historisches Countryhouse von 1864 in einem 220 ha großen, privaten Natur-park. 6 geschmackvoll eingerichtete Zimmer und eine gute Landküche sprechen für sich. Bezaubernde Wanderwege, bes. zwischen Forest Hall und Nature Valley, lohnen einen mehrtägigen Aufenthalt. Keine Kinder unter 12 Jahren.

• **Tsitsikamma Lodge $$$–$$$$:** P.O.Box 10, Storms River 6308, Tel.: (042) 750-3802, Fax: (042) 750-3702. N2, 8 km östlich von der Storms River Bridge. Sehr schöne Holz-lodge mit 18 Doppelzimmern, 8 Familienräumen sowie separaten Holzhäusern („Log Cabins" mit Blick auf Berge). Swimmingpool, Restaurant, schöne Gartenanlage und Feuer-stellen. Nahe einiger Waldwanderwege. Ein idealer Platz für Honeymooner und Familien mit Kindern. Früh reservieren.

• **Old Village Inn (ehem. Tsitsikamma Forest Inn) $$$:** Mitten im Storms River Village, P.O.Box, Storms River, Tel.: (042) 541-1711, Fax: (042) 541-1669. Frisch renovierte, histori-sche Lodge unter großen, alten Bäumen. Diese und die zentrale Lage im Park sprechen für sich. Es gibt natürlich auch ein Restaurant.

• ***Storms River Mouth Restcamp $$–$$$:** Im Tsitsikamma Nat. Park, südl. von Storms River, zu buchen über das National Parks Board: P.O.Box 787, Pretoria 0001, Tel.: (012) 343-2007, bzw. 343-1991, Fax: (012) 343-2006 bzw. 343-0905, Internet: www.parks-sa.co.za, in Kapstadt: National Parks Board, Long St., Ecke Hout St., Innenstadt, Postanschrift: P.O.Box 7400, Roggebaai, Tel.: (021) 422-2810, Fax: (021) 424-6211. Kurzfristige Buchung: (042) 541-1607. Selbstversorger-Hütten für 2–8 Personen. Sie gelten als eine der am schönsten gelegenen in einem südafrikanischen Park und sind daher oft lange im Voraus ausgebucht. Beeindruckend ist die Lage direkt am Meer, wobei die Einrichtung eher etwas spärlich ist. Lassen Sie sich auch nicht täuschen von dem Besucherandrang während des Tages. Sind die „Durchreisenden" erst einmal weg, gehören Ihnen und den wenigen anderen Gästen das Meer und die Flussmündung ganz allein. Achten Sie darauf, dass Sie ein Haus direkt am Meer erhalten! Wer es einfacher (kein Strom, keine Küche, Gemeinschaftsbäder) haben möchte, kann auch eine solche Hütte buchen ($). Diese liegen unter Bäumen am Camping-platz. Eine rechtzeitige Reservierung werden Sie mit Sicherheit nicht bereuen. Es gibt auch ein Restaurant am Storms River Mouth.

• **De Vasselot Restcamp $–$$:** Im Tsitsikamma Nat. Park, 40 km westlich des Storms River (Nature's Valley), zu buchen über das National Parks Board (s.o.). Einfache 2-Bett-Hütten (kein Strom, Waschräume und sanitäre Einrichtungen in eigenem Block unterge-bracht). Jeder Hütte steht ein Kanu zur Verfügung.

• **Guestfarm Tannenhof $$:** P.O.Box 303, Kareedouw 6400, Tel.: (042) 750-3685. Zufahrt über eine Schotterstraße, die gegenüber der Tsitsikamma Lodge (s.o.) von der N2 ab-zweigt. Die Farm wird von einem deutschen Ehepaar betrieben. Es gibt kleine Blockhütten. Mittag- und Abendessen werden ebenfalls angeboten.

• **Storms River Village B&B and Backpacker $–$$:** Darnell St., Storms River 6308, Tel.: (042) 541-1711, Fax: (042) 541-1669. Wie der Name bereits verrät: B&B und Unterkunft für Rucksackreisende. 3 DZ, 3 Familienräume, 3 Suiten und 2 Rondavels mit jeweils 3 Dop-pelbett-Liegen. Ein idealer Platz also, um Geld zu sparen. Aber oft ausgebucht.

Camping

• Der **De Vasselot-Restcamp**-Campingplatz im **Nature's Valley** gehört zur Na-tionalparkbehörde und ist schöner als der am **Storms River Mouth**. Letzterer ist relativ klein, kann dafür aber von sich behaupten, nahezu direkt am Meer zu liegen. Infos/ Buchung: (042) 541-1607.

Outdoor-Aktivitäten und anderes
• *Storms River Adventures* hat die Konzession für Outdoor-Aktivitäten und Touren im Park. So wird u.a. angeboten: Bootsfahrt in die Storms River-Schlucht (geht von der Mündung ab, Buchung auch im Restcamp), Holzfäller-Fahrt (am Old Storms River Pass), Abseiling, Tubing (Traktorreifen) u.v.m.
Storms River Adventures hat zwei Büros: eines am Storms River Restcamp (neben der Nationalpark-Behörde) und eines im Storms River Village. Tel.: (042) 541-1836 od. 541-1609.
• Das *Bungee-Jumping von der Bloukrans Bridge* (mit 216 m der höchste Sprung der Welt) kann telefonisch reserviert werden über (042) 281-1458. Reservierungen sind aber nicht nötig außerhalb der Saison.

Tulbagh (S. 642)

Strecke
Nördlich von Kapstadt

Information
• *Tourism Bureau:* 4 Church St., Tulbagh 6820, Tel./Fax: (023) 230-1348.

Unterkünfte
Im Informationsbüro können Sie weitere B&B-Unterkünfte in historischen Häusern des Ortes sowie auf umliegenden Weingütern buchen.
• *Hunter's Retreat Guest Farm $$$:* 1,5 km vom Ortskern, P.O.Box 318, Tulbagh 6820, Tel.: (023) 230-0582, Fax: (023) 230-0057. 5 Zimmer, 2 schön eingerichtete Cottages (auch Selbstversorger-Cottage) auf historischer Cape-Dutch-Farm. Für den Preis bekommen Sie so etwas nicht wieder im Weinland.
• *Lemberg Wine Estate $$–$$$:* Unterkunft westl. von Tulbagh (R 46, Kloofzicht) auf Weingut, das Sie natürlich besichtigen und dessen Wein Sie jeden Tag kosten können. P.O.Box 317, Tulbagh 6820, Tel.: (023) 230-0659, Fax: (023) 230-0661. Sowohl für Selbstversorger als auch B&B. Es wird deutsch gesprochen, denn Familie Schindler stammt ursprünglich aus Freiburg. Übernachtung in einem reetgedeckten 2–4 Personen-Rondavel an einem kleinen See. Und wer rechtzeitig Bescheid gibt, kann sich mit exotischen Gerichten verwöhnen lassen.
• **De Oude Herberge $$:* 6 Church St., Tulbagh 6820, Tel./Fax: (023) 230-0260. In einem historischen Cape-Dutch-Haus von 1850 untergebracht. 4 Zimmer und eine 2-Zimmer-Suite. Im Hause befindet sich auch ein Restaurant mit guten lokalen Gerichten. Diese Unterkunft ist sicherlich der Tipp für Tulbagh. Besonders, da Sie hier „historisch" nächtigen und das um einiges billiger als z.B. in Stellenbosch.
• *Wild Olive Farm Cottages $$:* Fahren Sie von Tulbagh 6 km nach Süden in Richtung Woseley und biegen Sie dann nach links ein. Dann sind es noch 2,5 km. P.O.Box 222, Tulbagh 6820, Tel.: (023) 330-1160. 5 Selbstversorger-Cottages auf echter Farm. Aber nur 2 Cottages haben Strom! Also: rustikal und preiswert.

Camping
• *Kliprivier Park Resort:* Vd Stel St. Ext., Tulbagh, Tel.: (023) 230-0506. Familienresort und Konferenzcenter. Es gibt auch einfache *Selbstversorgerhütten ($$).*

Fragen Sie nach einer Hütte mit Blick auf die Berge. Swimmingpool. Angeschlossen ist ein Sportclub mit Tennis- und Squashplätzen.

Restaurants
• *De Oude Herberge: Siehe oben. Cape-Dutch-Gerichte in traditionell-historischer Atmosphäre.*
• ***Paddagang:*** *Church Street, Tel.: (023) 230-0242. Traditionelle Cape-Dutch und Weinland-Küche. Der Tipp für hier, nur abends geöffnet, und das auch nicht immer!*

Uniondale (S. 517)

Strecke
Kapstadt - Montagu - Oudtshoorn - Port Elizabeth

Information
• **Tourism Bureau:** *39 Voortrekker St., Uniondale 6460, Tel.: (044) 752-1266, Fax: (044) 752-1588.*

Unterkunft
• **The Cottages Guest House $$:** *Voortrekker St., Uniondale 6460, Tel./Fax: (044) 752-1354. Zentral im Ort gelegene Cottages im Cape-Dutch-Stil. Sehr persönlich geführt. Auf Wunsch (Voranmeldung) werden auch traditionelle Karoo-Gerichte bereitet. Der schöne Garten lädt zudem zu einer gemütlichen Tee-Pause ein.*

Vanrhynsdorp (S. 646f)

Strecke
Nördlich von Kapstadt - Namaqualand

Information
• **Im Vanrhijn Museum,** *Van Riebeeck Str., Vanrhynsdorp 8170, Tel./Fax: (027) 219-1552.*

Unterkünfte
*Die schönsten Unterkünfte finden Sie auf den **Farmen im Umland**. Erkundigen Sie sich im Touristenamt danach.*
• **Namaqualand Country Lodge $$–$$$:** *Voortrekker St., Vanrhynsdorp 8170, Tel.: (027) 219-1633. Typisches, aber wenig spektakuläres Kleinstadthotel.*
• **Van Rhyn Gastehuis $$–$$$:** *Van Riebeeck St., Vanrhynsdorp 8170, Tel.: (027) 219-1429. Ansprechendes Guesthouse mit 8 Zimmern, die in den umgebauten Stallungen untergebracht sind.*
• **Atties Farm Guesthouse $$:** *P.O.Box 7, Vanrhynsdorp 8170, Te.: (027) 219-1534. 7 km südlich des Ortes zweigen Sie auf eine Schotterpiste ab und fahren dann weitere 7 km zur Farm. Von hier aus können Sie schön die Blumenpracht des Namaqualandes erkunden.*
• **Gifberg Farm $$–$$$:** *29 km außerhalb des Ortes an einem Hang gelegen, Tel.: (027) 219-1555. Guesthouse und auch Zimmer in alten Cottages. Um die Farm herum gibt es einige Wanderwege. Der richtige Platz, um einen Tag abzuschalten.*

Camping
• Vanrhynsdorp Caravan Park, Tel.: (027) 219-1287. Ein etwas öder Camping-platz. Auch hier gibt es einfache **Selbstversorgerhütten**.

Restaurants
• Herausragende Restaurants gibt es in Vanrhynsdorp nicht, aber in der o.g. **Namaqualand Country Lodge** gibt es einen Country Pub und ein à la carte-Restaurant.

Velddrif/Laaiplek (S. 622)

Strecke
Nördlich von Kapstadt - Namaqualand

Information
• **Tourism Bureau:** Voortrekker Rd, P.O.Box 29, Velddrif 7365, Tel.: (022) 783-1821 od. 783-1112, Fax: (022) 783-1422

Unterkünfte
• Der Ortsteil Laaiplek liegt an der Küste. Neben dem einfachen **Laaiplek Hotel** ($-$$, Tel.: (022) 783-1116), dem etwas besseren **Riviera Hotel** ($$, Tel.: (022) 783-1137) sowie der am Wasser gelegenen **Driftwater Guest Lodge** ($$$, 18 Riviera St., Tel.: (022) 783-1756, Fax: (022) 783-1771, keine Kinder) gibt es hier auch noch **Camping-möglichkeiten: Pelican Holiday Flats** (Oos St., an der Flussmündung, auch Hütten, Tel.: (022) 783-0383) und **Stywelyne Caravan Park** (nahe Laaipek Beach, Tel. (022) 783-0408). Der grundsätzliche Tipp lautet aber, weiter nach Norden zu fahren bis Elands Bay.
• ***Kersefontein $$$:** siehe unter Hopefield.

Victoria Bay (S. 567)

Strecke
Port Elizabeth - Kapstadt (Garden Route)

Information
• Es gibt ein kleines, aber nur unregelmäßig geöffnetes **Info-Center** am Ende der Straße nach Victoria Bay. Ansonsten erhalten Sie Auskünfte im Touristenamt von **George**.

Unterkünfte
• **Seabreeze Holiday Cabanas $$-$$$:** 300 m oberhalb des Strandes von Victoria Bay, Postanschrift: P.O.Box 110,

Schnuckelig: kleine B&Bs an der Victoria Bay

George 6530, Tel.: (044) 889-0098, Fax: (044) 889-0104. Voll ausgestattete Selbstversorger-(Halb-) Häuser mit 2–4 Schlafzimmern. Gut geeignet für Familien mit Kindern. Ca. 200 m zum Wasser.

Unschlagbar schön an der Küste liegen:

- ***The Waves B&B $$:** Victoria Bay (6 km westl. von **Wilderness** abbiegen), P.O.Box 1244, George 6530, Tel./Fax: (044) 889-0166. 2-Zimmer B&B, das direkt an der wunderschönen Victoria Bay liegt. An der Bay gibt es weitere B&Bs und günstige Cottages, so z.B.
- ***Lands End Guest House $$:** Victoria Bay (6 km westl. von **Wilderness** abbiegen), P.O.Box, George, Tel.: (044) 889-0123, Fax: (044) 889-0141. 6 Selbstversorger-Zimmer, die bereits prämiert wurden. Und sollten The Waves od. Lands End ausgebucht sein, werden Ihnen die Besitzer sicher weiterhelfen bei der Suche nach einer Unterkunft an der Victoria Bay.

Camping
- Der **Victoria Bay Caravan Park** (Tel.: (044) 889-0081) liegt wunderschön oberhalb der Bay (Aussicht!) und ist in der Nebensaison der Tipp, wird in der Saison aber schnell voll werden. Strandnah!

Waenhuiskrans/Arniston (S. 591f)

Strecke
Port Elizabeth - Kapstadt (Garden Route)

Siehe unter **Arniston** auf S. 264

West Coast Nat. Park (S. 625f)

Strecke
Nördlich von Kapstadt

Information
- **Geelbek Information Center:** Am südlichen Ende der Lagune, geöffnet tägl. 10–15h45. Infos, Beginn von geführten Wanderungen, kleines Café. Tel.: (022) 772-2798 od. 772-2144.

Unterkünfte
Hinweis:
Zentrale Buchungsadresse für Nat. Parks siehe S. 262, Buchung übers Internet: www.parks-sa.co.za

Am o.g. **Geelbek Information Center** werden einfache Cottages/Zimmer vermietet, die aber vornehmlich für Wanderer auf dem 2-Tage-Trail bzw. für Vogelbeobachter vorgesehen sind. Da der **Tea Room** auch nur tagsüber bis ca. 16h geöffnet ist, empfiehlt es sich eher, in **Yzerfontein** oder **Langebaan** zu übernachten.

Camping
• Es gibt keinen Campingplatz im Park. Auch hierfür müssen Sie nach **Yzerfontein** oder **Langebaan** ausweichen.

Wilderness/Wilderness Nat. Lake Area/ Sedgefield (S. 562ff)

Strecke
Port Elizabeth - Kapstadt (Garden Route)

Information
• **Sedgefield**: Am kleinen Bahnhof, links in den Kingfisher Drive hinein. Tel./Fax: (044) 343-2658
• **Wilderness**: Direkt im Ortskern, P.O.Box 188, Wilderness 6560, Tel./Fax: (044) 877-0045.
• **Wilderness National Park:** Das **Ebb & Flow Parkheadquarter** befindet sich 4 km östlich von Wilderness (Ausschilderung an N2). Tel.: (044) 877-1197, Buchung übers Internet: www.parks-sa.co.za

Outeniqua Choo-Tjoe Train
Hist. Bahn zwischen George und Knysna. Infos/Buchungen über die o.g. Informationsbüro in Sedgefield und Wilderness, am Bahnhof oder unter: (044) 801-8288, Fax: (044) 801-8286.

Unterkünfte
• **Mövenpick (Karos) Wilderness Hotel** $$$$: Im Ortskern von **Wilderness**, P.O.Box 6, Wilderness 6560, Tel.: (044) 877-1110, Fax: (044) 877-0600. Mehrfach prämiertes Resorthotel mit 160 Zimmern. Von außen wirkt das Hotel, gegenüber der Lagune (1 km zum Strand) gelegen, etwas langweilig. Die Einrichtung und der Service sind aber gut. Zudem zwei Pools, Whirlpools und „Garten-Aktivitäten" (Minigolf, Outdoor-Schach etc.).
• ***Wilderness Manor Guest House** $$$–$$$$: 397 Waterside Road, am Ufer der Wilderness Lagune, P.O.Box 484, **Wilderness** 6560, Tel.: (044) 877-0264, Fax: (044) 877-0163. Sehr elegantes Gästehaus. Im Kolonialstil eingerichtet, und somit gibt es ausgesprochen gemütliche Aufenthaltsräume, eine kleine Bibliothek und einen Billard-Raum. Von den Balkonen haben Sie einen schönen Ausblick auf die Lagune. Die Betten haben fast alle Baldachine. Mountain Bikes, Kanus und Strandutensilien können ausgeliehen werden. Für den Preis können Sie kaum schöner an der Garden Route wohnen und diese erkunden. Das Frühstück ist übrigens auch eine Wucht!
• **Holiday Inn Garden Court** $$$: 5 km östlich von **Wilderness**, Wilderness 6560, Tel.: (044) 877-1104, Fax: (044) 877-1134. Sauber geführtes 150-Betten-Hotel mit durchschnittlichen Motelzimmern. Dafür hat es aber ein gutes Preis-Leistungs-Verhältnis und ist strandnah gelegen. Und wen abends der Durst packt, der kann gleich nebenan in den irischen Pub gehen.
• **Fairy Knowe Hotel** $$$: Dumbleton Rd, 3 km östl. von **Wilderness** (Ausschilderung von der N2), P.O.Box 28, Wilderness 6560, Tel.: (044) 877-1100, Fax: (044) 877-0364. Direkt am Touw River gelegen mit Zimmern zum Fluss (+) und zu den Gartenanlagen. Es

gibt auch Rondavels. Nahe dem Nationalpark (Kanuverleih und andere Outdoor-Aktivitäten werden arrangiert), dafür aber nicht günstig zu den Stränden gelegen.
- ***Bruni's Bed & Breakfast $$–$$$:** 937 8th Ave., **Wilderness East** (5 km östl. Wilderness), P.O.Box 388, Wilderness 6560. Tel./Fax: (044) 877-0551. Gemütliches, rietgedecktes Haus mit eigenem Strandzugang. 4 Zimmer. Keine Kinder unter 14 Jahren. Es wird deutsch gesprochen.
- **Palms Wilderness Guest House $$–$$$:** P.O.Box 372, **Wilderness** 6560, Tel.: (044) 877-1420, Fax: (044) 877-1422. Sehr gepflegt, mit Swimmingpool. 2 Minuten von Strand und Lagune entfernt. 10 Zimmer.
- **Myoli-In $$$:** Myoli Beach, **Sedgefield**, P.O.Box 884, Tel.: (044) 343-2108, Fax: (044) 343-2937. B&B-Gästehaus nahe dem Strand. Jedes Zimmer mit Meerblick. Es gibt auch 4-Personen-Cottages ($$$$). Angeschlossen ist „African Outdoor Adventures", die Unterkünfte, Safaris und Touren des gehobenen Standards anbieten. Die Besitzer von Myoli-In vermieten auch ein **Farmgebäude nahe Wilderness (Rondevlei Guest Farm, $$$)**!

Naturverbunden: das „Lake Pleasant Hotel"

- ***Lake Pleasant Hotel $$$:** 4 km östl. von **Sedgefield** (am Groenvlei, ausgeschildert an N2), P.O.Box 2, Sedgefield 6573. Ruhig am Groenvlei-See und nahe dem Goukamma Nature Reserve gelegenes, historisches Hotel (britischer Charakter). Mehrfach prämierte Küche. Schöne Zimmer und auch Selbstversorger-Chalets (mit Kamin). Achten Sie auf die breiten Yellowwood-Dielen. Angeschlossen sind auch ein schattiges Picknick-Areal und ein Campingplatz. 3 km zum Strand.
- **Wilderness National Park $–$$$:** 4 km östlich von **Wilderness** führt eine kleine Stichstraße von der N2 zum **Ebb & Flow Parkheadquarter.** Infos: (044) 877-1197. Hier gibt es Selbstversorgerhütten für 2 bis 6 Personen sowie einen Campingplatz. Die Hütten sind schlicht, aber ausreichend eingerichtet und bieten ein gutes Preis-Leistungs-Verhältnis. Lage: Am Nordende der Wilderness Lagoon, ca. 1,5 km zum Strand. **Hinweis: Zentrale Buchungsadresse für Nat. Parks siehe S. 262.**
- **Fairy Knowe Backpackers $:** Dumbleton Road, P.O.Box 275, **Wilderness** 6560, Tel./Fax: (044) 877-1285. Auf einer Farm gelegen, aber nicht weit entfernt von Wilderness. DZ und Schlafsaal.
- Unterkünfte an der südlich gelegenen **Victoria Bay** finden Sie unter „Victoria Bay" auf S. 329f.

Camping
- Nahe dem Strand (hinter Düne) liegt der Campingplatz am **Swartvlei Beach** (2 km westl. von Sedgefield von N2 abbiegen). Leider wenig Schatten.
- Am Ebb & Flow Headquarter des **Wilderness National Park.** Siehe oben.
- Der **Victoria Bay Caravan Park** (Tel.: (044) 871-2161 od. 874-4040) liegt wunderschön oberhalb der Bay (Aussicht!) und ist in der Nebensaison der Tipp, wird in der Saison aber schnell voll werden. Strandnah!
- Am **Lake Pleasant Hotel.** Schattig, gut gepflegt. Siehe oben.

Restaurants

• In **Sedgefield** gibt es zwar eine Reihe kleiner Restaurants, doch eigentlich keines, das sich besonders hervorhebt. Die Restaurant-Infrastruktur ist (noch) nicht auf durchreisende Gäste eingerichtet. Eine Ausnahme macht da nur das Restaurant im o.g. **Lake Pleasant Hotel**, das oft aber nur Hausgäste bewirtet. Rufen Sie einfach vorher an.

• **Wilderness:** Die Restaurants in Wilderness befinden sich fast alle in den großen Hotels/Resorts, so z.B. **Faire Knowe Hotel** ($$, à la carte), **Holiday Inn Garden Court** ($$$ für Büffet, $ für Pub-Snacks in angeschl. Taverne), **Möwenpick** (Loerie Restaurant, $$$, à la carte, auch Austern). Das Essen in den Hotels ist in Ordnung, aber auch keiner weiteren Erwähnung wert. Im Ortskern von Wilderness, an der George Road, möchten wir aber ein Restaurant hervorheben: **La Clapotis** (Tel.: (044) 877-0353), dessen Variationsbreite von Holzofen-Pizza über alle Fleischgerichte (auch Straußenfleisch) bis hin zu einem ausgesprochen leckeren Muscheltopf reicht. Umfangreiche Weinkarte. Reservieren empfiehlt sich. Direkt ans Restaurant angeschlossen ist **Toms Tavern**, wo eher die jungen Leute hingehen. Auf der gegenüberliegenden Straßenseite gibt es dann noch zwei weitere Restaurants.

Willowmore (S. 515)

Strecke
Kapstadt - Montagu - Oudtshoorn - Port Elizabeth

Information
• **Municipality Tourism Bureau:** 42 Wehmeyer St., Willowmore 6680, Tel.: (044) 923-1604, Fax: (044) 923-1122.

Unterkunft
• ***Die Moeen Reisigers Herberg (The Meary Travellers Inn) $$:** 31 Knysna St., Willowmore 6445, Tel.: (044) 923-1225, Fax: (044) 923-1604. Kleinstadthotel mit Charakter. Geschmackvoll bunt dekorierte Zimmer, in denen viele historische Dinge erhalten wurden (z.B. große Badewannen, alte Haartrockner). Restaurant, Bar, Pool. Auf einer Wiese hinter dem Haus darf man auch zelten.

Witsand (S. 583f)

Strecke
Port Elizabeth - Kapstadt (Garden Route)

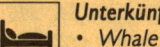

Information
Es gibt kein **Tourist Bureau** in Witsand.

Unterkünfte
• **Whale Watchers Inn $$:** Protea Rd, nahe Strand, P.O.Box 118, Witsand 6666, Tel.: (028) 537-1825, Fax: (028) 537-1676. Sauberes B&B mit 8 Zimmern. Die Gastgeber sind sehr hilfsbereit beim Organisieren von Touren in die Umgebung.

- **Big Cob Chalets $$:** Main Rd, Witsand, Postanschrift: P.O.Box 269, Heidelberg 6665, Tel./ Fax: (028) 537-1942. Geräumige (3 Schlafzimmer), reetgedeckte Selbstversorger-Chalets. Jedes Chalet hat zudem seinen eigenen Grillplatz. Gut geeignet für Familien mit Kindern. Bettzeug vorhanden.

Worcester (S. 490ff)

Gebiet
Weinanbaugebiete des Kaplandes

Information
- **Tourism Bureau:** 75 Church Street, Worcester 6850. Tel.: (023) 347-1408, Fax: (023) 347-4678. Hier erhalten Sie zudem Informationen zu Unterkünften auf Farmen und Weingütern im Umland.

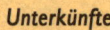

Unterkünfte
- **Cumberland Protea Hotel $$$$:** 2 Stockenstroom Street, Worcester 6849, Tel.: (023) 347-2641, Fax: (023) 347-3613. Mit 55 Zimmern das größte Hotel am Platz. Obere Mittelklasse. Achtung! Die günstiger angebotenen Zimmer sind i.d.R. kleiner und recht dunkel. Swimmingpool, Gym und Squashplatz.
- ***Merwida Country Lodge $$$–$$$$:** P.O.Box 625, Worcester 6850, Tel.: (023) 349-1435. Diese schöne Unterkunft befindet sich auf einem Weingut nahe Rawsonville (13 km westl. von Worcester). Die Einrichtung ist luxuriös, wenn auch z.T. etwas plüschig. Die Großzügigkeit der Räumlichkeiten, das Weingut und die Landschaft machen diese Unterkunft zu einem Tipp. 12 Zimmer.
- **Osdrift Bed & Breakfast $$$:** P.O.Box 2, Worcester 6849, Tel.: (023) 342-1334, Fax: (023) 342-3687. Das B&B befindet sich in einem reetgedeckten Cape-Dutch-Haus nahe dem Breede River, südlich von Worcester (an der R43). Die Wein- und Milchfarm ist seit 6 Generationen im Besitz der Hugo-Familie. 3 Zimmer.
- ***Nuy Valley Restaurant & Guesthouse $$$:** P.O.Box 5298, Worcester 6851, Tel.: (023) 342-1258, Fax: (023) 347-1356. Das Guesthouse liegt ca. 19 km entfernt von Worcester an der Straße nach Robertson. Sehr empfehlenswerte Bed & Breakfast-Unterkunft auf 1871 gegründetem Weingut. Es gibt u.a. Zimmer in den alten Weinkellern! Im Hause befindet sich zudem ein Restaurant (vorher anmelden!).
- **Hotel Brandwacht $$–$$$:** Ecke High und Napier Streets, Worcester 6849, Tel.: (023) 342-0150, Fax: (023) 342-0170. Eines der ansprechendsten Hotels in der Stadt. 30 Zimmer.

Camping
- **Rustig Holiday Resort:** Brandwacht, nördl. der N1 (folgen Sie der Roux Street), P.O.Box 958, Worcester 6849, Tel.: (023) 342-7245, Fax: (023) 342-4681. Campingplätze und günstige **Selbstversorger-Chalets**.
- **Burger Caravan Park:** De La Bat Rd. (Roux Street), Worcester, Tel.: (023) 342-3461. Relativ zentral gelegener Gemeinde-Caravanpark. Nicht besonders attraktiv, aber akzeptabel.

Restaurants
- **Das o.g. Nuy Valley Restaurant** bietet eine gute Küche. Die Anfahrt dafür lohnt von Worcester und die Weinprobe ebenfalls. Doch müssen Sie sich hier mindestens einen Tag vorher zum Essen anmelden.

• **On Meule Restaurant:** *De La Bat Rd, Tel.: (023) 342-0757. Das beste Restaurant in der Stadt mit verschiedenen Spezialitäten der Kapküche. Reservierung essentiell.*

Golf
• **Worcester Golf Club:** *K. Nelson Ave., Panorama, Tel.: (023) 347-2542, Fax: (023) 347-5832. 18 Löcher, 5.711 m, Bar, Restaurant. Windstille und steter Sonnenschein hier in Worcester haben so manches Spiel am Kap gerettet, wenn es auf der anderen Seite der Berge geregnet hat bzw. die Plätze voll waren. „Trockene" Halbwüstenvegetation (Kakteen/Aloen) und ein Bergpanorama bestimmen das Bild.*

Yzerfontein (S. 624)

Strecke
Nördlich von Kapstadt

Information
• **Tourism Bureau:** *46 Main Rd, P.O.Box 1, Yzerfontein 7351, Tel.: (022) 451-2366, Fax: (022) 451-2453.*

Unterkunft
• ***Cashel Guest House $$–$$$:*** *26 Lutie Katz Rd, P.O.Box 47, Yzerfontein 7351, Tel.: (022) 451-2475. Das kleine Gästehaus liegt hoch über dem Ort und bietet somit eine atemberaubende Aussicht. B&B, auf Wunsch auch Vollpension oder Selbstversorger. Achten Sie darauf, ein Zimmer mit Meeresblick zu bekommen. Dieses Gästehaus beeindruckt schon seit Jahren.*

Restaurant
• ***Ein beliebtes „Open-Air-Seafood-Restaurant"** ist die **Strandkombuis.** Sollte Ihre Fahrt nicht weitergehen bis Langebaan oder Lamberts Bay (siehe dort), ist ein Essen unter freiem Himmel hier Pflicht. Tel.: (022) 451-2206.*

Zimmer mit Aussicht im „Cashel Guest House"

Zuurberg National Park (S. 536f)

Strecke
Port Elizabeth - Graaff-Reinet - Beaufort West - Kapstadt

*Siehe unter **Addo Elephants National Park** (S. 262f)*

Das kostet Sie die Kapprovinz

- Stand: Juni 2003 -

Auf den grünen Seiten geben wir Ihnen Preisbeispiele für Ihren Südafrika-Urlaub, damit Sie sich ein realistisches Bild über die Kosten einer Reise und eines Aufenthaltes machen können. Natürlich sollten Sie die Preise als Richtschnur auffassen, bei einigen Produkten/Leistungen geben wir Ihnen eine Preis-Spannbreite an.

Südafrikanischer Rand = ZAR
Kurs im Juni 2003: 1 € = ZAR 7,90 (Ankauf), 11,35 (Verkauf)

News im Web:
www.iwanowski.de

BEFÖRDERUNG

Internationale Flüge

Hier sollten Sie Angebote renommierter Airlines einholen (Lufthansa, SAA, British Airways, Air France etc.). Es gibt bei den etwas teureren Airlines nämlich oft günstige Angebote für Inlandsflüge in Südafrika, so dass Sie unter dem Strich dabei billiger reisen, obwohl der Interkontinentalflug etwas teurer ist.
Die Preise für einen Flug von Mitteleuropa nach Kapstadt bewegen sich bei renommierten Airlines z.Zt. zwischen 700 (NS) und 1.000 € (HS). Lassen Sie sich aber unbedingt in einem Reisebüro beraten, besser noch bei einem Spezialanbieter/Reiseveranstalter. Nur so können Sie sich eine **komplette Reise** zu einem **vernünftigen Preis** zusammenstellen lassen.
Fragen Sie bei den Flugbuchungen auch danach, wie die Bedingungen sind bei einer evtl. Umbuchung bzw. Stornierung. Die Unterschiede sind hier besonders groß.

Inlandsflüge

Mittlerweile „füllt" sich auch Südafrikas Flughimmel immer mehr, und immer mehr kleine Airlines bzw. „Ableger" großer Airlines tauchen auf dem Markt auf. Grundsätzlich aber gilt, wie oben bereits angedeutet, dass ein „Gesamt-Ticket" für internationalen Flug plus Inlandsflüge immer günstiger kommt als spätere Nachbuchungen, besonders die vor Ort. Überlegen Sie sich also schon zu Hause, was Sie sehen und von wo nach wo Sie fliegen möchten. Ein Gabelflug (z.B. hin nach Kapstadt und zurück von Port Elizabeth) rentiert sich allemal, auch wenn eine Rückführungsgebühr für Ihr Fahrzeug anfällt. Diese Gebühr beträgt zwischen Port Elizabeth und Kapstadt selten mehr als 50 €, oft fällt sie sogar weg. Dafür aber sparen Sie Ihre kostbare Urlaubszeit. Alternativ gibt es für Südafrika-Reisende, die mit der SAA geflogen sind, Pässe, die als „Explorer-Tarif" bezeichnet werden. Die lohnen sich aber nur, wenn Sie viel herumfliegen, also z.B. auch den Norden Südafrikas bereisen. Dieser Tarif ist gebunden an den Langstreckenflug mit der SAA und beinhaltet mindestens 4 Inlands- bzw. Flüge in die Nachbarländer. Sie können das Kontingent bis auf 8 Flüge aufstocken.

Mietwagen

Hinweis
Viele Reisende beginnen die Erkundung der Kapprovinzen in Port Elizabeth und geben ihren Wagen am Ende der Reise in Kapstadt ab. In so einem Fall fällt eine Rückführungsgebühr für den Mietwagen an. Reisen Sie aber andersherum, gibt es diese Gebühr i.d.R. nicht. Die Gebühr schwankt, liegt aber bei ca. einer Tagesmiete.

Europcar, Hertz, Avis und Budget-Rent-a-Car sind die bedeutendsten Vermieter in Südafrika. Hinzu kommen noch viele lokale Anbieter, auch welche, die in mehreren Städten Südafrikas eine Niederlassung haben. Letztere erscheinen auf den ersten Blick um 10–30 % günstiger, doch der Schein trügt oft, denn es fallen nicht selten einige Zusatzkosten an (Versicherungen etc.). Entscheidender ist aber die Tatsache, dass die kleineren Anbieter nicht über ein so weitgefächertes Filialnetz verfügen. Haben Sie also z.B. Probleme mit Ihrem Fahrzeug, wird es dann schwierig mit der Beschaffung eines Ersatzfahrzeugs. Ein typischer Fall ist ein technischer Defekt in einer Kleinstadt. Bei einem großen Anbieter wird sofort der Ersatzwagen geschickt bzw. befindet sich eine Filiale vielleicht sogar im Ort. Kleinere Unternehmen werden Sie hin diesem Fall bitten, den Fehler in einer Werkstatt beheben zu lassen und versprechen, Ihnen das Geld zurückzuerstatten. Das Geld bekommen Sie zwar, doch die Wartezeit geht zu Ihren Lasten.
Nicht selten liegen die Preise für einen Mietwagen bei einer großen Firma auch niedriger, wenn es ein Kombi-Paket mit Ihrer Airline gibt. Fragen Sie einfach danach.
Wichtig ist auch, dass Sie sich bei der Buchung erkundigen, ob der genannte Mietwagenpreis auch die nötigen Versicherungen mit einschließt und wie viele Kilometer frei sind. Kleinere Anbieter begrenzen die Tageskilometerleistung oft auf 300 km und berechnen die darüber liegenden Kilometerleistungen (Kleinwagen: ab ZAR 1,50/km, Mittelklassewagen: ab ZAR 2,50/km, gehobene

Mittelklasse: ab ZAR 4/km). 300 km sind bei einem so großen Land schnell zusammengefahren! Es rechnet sich auch nicht, den Wagen erst vor Ort bei einer der großen Mietwagenfirmen zu buchen. Das ist immer teurer, und in Südafrika selbst ist es nahezu unmöglich, ein Fahrzeug mit unbegrenzten Kilometern zu erhalten.

Preisbeispiele für die Miete über einen Reiseveranstalter:
Bei einer Miete von mind. 15 Tagen, ohne Kilometerbegrenzung und inkl. der Versicherungen, kostet ein kleiner Wagen (Polo, Toyota Corolla o.ä.) 23–30 €/ Tag, ein etwas komfortableres Fahrzeug (Toyota Camry, Honda 1,6 o.ä.), das z.B. mit Servolenkung, Automatik und Aircondition ausgestattet ist, kostet um 40 €/Tag. Ein Kleinbus (VW Microbus, Klimaanlage) liegt schließlich bei mind. 70 €/Tag und mehr. Die Preise schwanken aber sehr je nach Jahreszeit und vor allem Versicherungsart und Länge der Anmiete.

Campmobile

 Wichtig!
Camper sollten Sie unbedingt vorausbuchen – und zwar rechtzeitig. Diese sind ganz schnell ausgebucht.

Prüfen Sie anhand Ihrer Strecke, ob für Sie eine Miete mit unbegrenzten oder begrenzten km in Frage kommt. Oft reichen 200 Frei-km/Tag aus, da man mit einem Camper ja gerne auch zwei bis drei Tage auf einem Platz verweilt.
• Kleine Camper/2 Personen: Spirit 3, Mindestmietzeit ab 7–20 Tage, ab 75– 80 € inkl. 200 Frei-km/Tag, Versicherung, Steuern. Mit unbegrenzten km: ab 85 €/Tag
• Großer Camper/4 Personen: Spirit 5, Mindestmietzeit ab 7–20 Tage, pro Tag ab 85 € inkl. 200 Frei-km/Tag, Versicherung, Steuern. Mit unbegrenzten km: pro Tag ab 90 €

Die Preise variieren je nach Saison, liegen somit zwischen November und Januar etwas höher und im Mai/Juni niedriger.

Pauschalreisen/Individualreisen (Preisbeispiele)

• Das Unternehmen „Lernidee" bietet eine 14-tägige, geführte Busreise **zum Shamwari Game Reserve, entlang der Garden Route, nach Kapstadt und zum West Coast Nat. Park** ab 1.750 € (großer Bus, Nebensaison) an. Dieselbe Tour in kleinerer Gruppe liegt bei 2.200 €, und in einem Kleinbus mit Chauffeur (2–4 Personen) kostet sie um 2.800 €. Alles inkl. Anreise von Deutschland.

- Eine 12-tägige sogenannte Standortstudienreise „**Kapstadt und die nähere Kapprovinz**" kostet ab 2.000 € und als Kleingruppenreise (2–4 Personen) zwischen 2.300 und 2.700 €. Reiseleitung und Flüge von Deutschland inklusive. Dieselbe Reise etwas ausgedehnt und 20 Tage lang liegt bei 2.900 bzw. 3.800–4.500 € für Kleingruppen. Dabei werden dann auch die Highlights in den Drakensbergen bzw. im Krüger NP im Norden Südafrikas eingeschlossen.

- „**Iwanowski's Individuelles Reisen**" ist einer der Anbieter für Individualreisen ins Südliche Afrika. In Form von Baukasten-Touren können Sie hier Ihre Reise ganz individuell zusammenstellen. Ob Camper, normaler Mietwagen, Busreisen, Flüge, Allradfahrzeuge oder oder oder. Alles ist möglich, und Sie werden gut beraten. Natürlich gibt es auch bereits optimierte Routenvorschläge, die Sie komplett buchen können. Preisbeispiele: **11 Übernachtungen an der Garden Route Kapstadt - Port Elizabeth**: ab 479 € (Budgetversion, NS) bzw. 1.900 € (Luxusversion) oder **"Kapstadt - Küste - Karoo"** (17-tägige Selbstfahrertour) zwischen 1.230 € (Budgetversion, NS) und 2.400 € (Luxusversion, HS). Reiseplan in deutsch und Versicherungen inkl., hinzu kommen Mietwagen und Anflug. Hier sollten Sie auch immer nach Sonderangeboten fragen.

Rundreisen/Touren (Preisbeispiele)

- **Busreise (Kleinbus, 4–8 Personen), 4 Tage Garden Route (inkl. Transport, Unterkünfte, Mahlzeiten, Reiseleitung), Start/Ziel: Kapstadt:** 600–750 € pro Person, je nach Saison
- **Geführte Tagestouren (Weinanbaugebiet, Kaphalbinsel etc.) von Kapstadt ausgehend, mit Kleinbus:** ab 30 € pro Person

Eisenbahn (Luxuszüge)

- „**Blue Train**" (**Kapstadt - Pretoria**): 11.000–14.000 ZAR für 2-Personen-Suite
- „**Rovos Rail**" (**Kapstadt-Route**): 14.000 ZAR (inkl. VP und Ausflüge) in der Royal Suite sowie 11.500 in der Deluxe-Suite

Taxi

Die Taxi-Fahrt vom International Airport in Kapstadt in die Innenstadt kostet ab 150 ZAR. Der Shuttlebus dagegen kostet ab 50 ZAR pro Person. Ein bestellter Microbus, z.B. der von Ihrem Guesthouse, kostet 150–200 ZAR. Als Richtlinie für ein bestelltes Taxi gilt: 9–12 ZAR pro Kilometer, je nach Größe und Uhrzeit.

AUFENTHALTSKOSTEN

Hotels/Guesthouses/Lodges

Generell sollte man als unterste Grenze ca. 25 €/Person ansetzen, wobei Traveller-Lodgen natürlich günstiger liegen. Im Durchschnitt wird man in einem Mittelklassehotel für ca. 25–60 € nächtigen, in Luxushotels muss man dagegen mit über 100 € pro Person (bis zu 200 €) rechnen. In den Nationalparks sollte man pro Person 40–60 € veranschlagen.

Die Preise variieren aber sehr in Südafrika. Zum einen je nach Saison, aber auch nach geographischer Lage. Liegt Kapstadt im teuren Segment, finden sich die kleinen Orte in der Karoo dagegen im unteren Preisniveau wieder. Und die Unterschiede sind z.T. gewaltig, allemal größer als bei uns.

Wenn Sie sparen wollen, empfehlen sich in Kapstadt ein Guesthouse (DZ zw. 350 und 400 ZAR), einfache Mittelklasse-Hotels und -Lodgen entlang der Garden Route (DZ zw. 300 und 500 ZAR) sowie kleine Landhotels in touristisch weniger frequentierten Regionen (DZ zw. 200 und 400 ZAR).

Diese und die folgenden Angaben sollten Sie aber nur als Richtlinie nutzen, die Preise wechseln ständig, da der südafrikanische Markt noch dabei ist, sich auszuloten.

Unsere Erfahrung hat gezeigt, dass sich zwar das Buchen von Unterkünften in großen Städten und Touristenzentren von Europa aus lohnt, aber dass die preisgünstigeren Unterkünfte in anderen Gebieten nur vor Ort bzw. selbst zu buchen sind. Dabei sparen Sie einiges an Geld. Die kleinen Hotels sind halt nicht in der Lage, sich in Europa entsprechend zu vermarkten und zielen daher auf die einkommensschwächeren Einheimischen.

Das Frühstück ist, bis auf „Backpacker" und die meisten Selbstversorgerhütten, i.d.R. im Zimmerpreis mit eingeschlossen.

Einige Preisbeispiele ausgewählter Unterkünfte:

- **„Steenberg Country Hotel", Kapstadt - Constantia (DZ):** ab 2.500 ZAR (inkl. Frühstück)
- **„Victoria & Alfred Hotel", Kapstadt - Waterfront:** DZ ab 1.60 ZAR
- **„Mount Nelson", Kapstadt:** DZ ab 2.000 ZAR
- **„Winchester Mansion", Kapstadt (Classic Room):** EZ = 650–750 ZAR, DZ = 800–1.000 ZAR
- **„Holiday Inn Waterfront", Kapstadt:** DZ 900 ZAR
- **„Tsitsikamma Coastal Nat. Park":** Chalet ab 300 ZAR
- **„Mimosa Lodge", Montagu:** DZ + 5-Gänge-Gourmet-Dinner + Frühstück ab 700 ZAR
- **„Addo Elephant's Nat. Park":** Chalet für 2 Personen ab 300 ZAR
- **„Villa Lutzi", Kapstadt:** DZ 650 ZAR
- **„Dorpshuis Stellenbosch Country House", Stellenbosch:** DZ ab 650 ZAR

- **„Boulders Beach Guesthouse"**, **Simon's Town:** DZ ab 350 ZAR (inkl. Frühstück)
- **„Travellers Inn"**, **Kapstadt:** DZ ab 250 ZAR (inkl. Frühstück)
- **„Pine Lodge Resort"**, **Port Elizabeth:** Chalet: 110–160 ZAR pro Person, B&B: 130–160 ZAR pro Person

Ein gut gepflegter **Campingplatz** kostet pro Person und Platz zwischen 60 und 120 ZAR. Der Preis variiert stark je nach Saison und Ausstattung (Swimmingpool, Lage, Geschäfte, Stromanschluss etc.).

Restaurants

Essen gehen ist in Südafrika ausgesprochen günstig – und das bei einer hervorragenden Qualität. Beim Essen sollte man nicht sehr auf die Preise achten, denn nirgendwo sonst bekommen Sie eine so vielseitige und gute Küche für so wenig Geld. Ein „normales" Dinner (nur Hauptgericht) kostet ca. 50 ZAR, die Flasche Wein dazu kostet in einem südafrikanischen Restaurant so viel wie bei uns im Geschäft (40–70 ZAR – Topweine 80–150 ZAR, in Spitzenrestaurants auch mal über 200 ZAR). Ein Glas Bier kostet ab 8 ZAR.
Ein Candlelight-Dinner vom Feinsten schlägt natürlich mehr zu Buche. Rechnen Sie da etwa mit mindestens 120 ZAR für 3 Gänge und ab 90 ZAR für den Wein. In Pubs bekommen Sie eine Mahlzeit bereits für unter 35 ZAR.

Lebensmittelpreise

Die Lebensmittelpreise liegen etwa auf europäischem Niveau, wobei Sie bei frischen Waren (Obst/Gemüse) an den Straßenständen sparen können. Fleisch ist in Südafrika etwas billiger als bei uns, während Zitrusfrüchte und Gemüse auch teurer sein können, da diese Lebensmittel nicht subventioniert werden.

Benzin

Benzin kostet etwa ZAR 4,30, je nach Gegend und Oktanzahl, ist also um einiges billiger als bei uns.

Telefonate

- Ortsgespräch (= 1 Einheit): ca. 0,25 ZAR
- 3-Minuten-Gespräch Kapstadt - Johannesburg: ca. 3,15 ZAR
- 3-Minuten von einem First-Class-Hotel nach Deutschland: ca. 95 ZAR

Eintrittspreise
(gerundete Richtwerte, Preisangaben in Rand)

Cable Car (Seilbahn) auf den Tafelberg:
Einfach

Mitte April–Mitte Sept.	*Mitte Sept.–Ende Okt.*	*Nov.–Mitte April*
ca. 35 (17)	ca. 45 (35)	ca. 50 (40)

Hin und zurück

Mitte April–Mitte Sept.	*Mitte Sept.–Ende Okt.*	*Nov.–Mitte April*
ca. 60 (30)	ca. 80 (45)	ca. 85 (50)

Preise in Klammern gelten für Kinder. Kinder unter 4 Jahren sind frei. Studenten (mit Karte) zahlen den Kinderpreis. Senioren, die nicht aus Südafrika stammen, erhalten keine Ermäßigung.

Ratanga Junction (Themenpark)
Preise variieren, je nach Saison

- **Erwachsene:** inkl. aller „Rides" und Eintritte wie z.B. zu Ratanga Island: 100–130 ZAR.
- **Kinder unter 1,30 m:** inkl. 24 „Rides" und ausgewählter Eintritte: 60–90 ZAR.
- **Erwachsene:** nur der Eintritt in den Park und die Fahrt mit dem Zug: 50–65 ZAR.
- **Erwachsene:** Eintritt zur Ratanga Island und zu allen Shows (Abendprogramm): 60–80 ZAR (Karten ab 17h, Beginn auf Ratanga Island ab 19h)

Museen
kosten i.d.R. nicht viel und vor allem weniger als bei uns. Rechnen Sie mit etwa so viel Rand, wie Sie bei uns in €/SFR bezahlen würden.

GESAMTKOSTENPLANUNG

Südafrika bietet viele Möglichkeiten, günstig zu reisen. Es bieten sich aber auch zahlreiche Gelegenheiten, seinen Geldbeutel zu strapazieren, denn das Angebot ist nicht nur vielseitig, sondern auch verlockend.

Sparen können Sie bei den Unterkünften, denn die Mittelklassehotels und selbst die kleinen Landhotels sind sauber und adrett und genügen den meisten Ansprüchen. Ebenfalls können Sie beim Mietwagen sparen. Ein kleiner Wagen, wie z.B. ein Polo, genügt durchaus für 2 Personen.
Beim Essen dagegen sind die Preisunterschiede nicht ganz so groß, und an diesem Punkt bei einer Reise durch die Kapprovinzen zu sehr zu sparen wäre eine Schande.

Wir haben Ihnen nun eine grobe Richtlinie zusammengestellt, wieviel Ihre Individual-Reise ins Kapland etwa kosten würde. Dabei gehen wir davon aus, dass Sie die ganze Zeit einen Mietwagen zur Verfügung haben und nicht in den billigsten, aber auch nicht in den ganz teuren Hotels übernachten wollen. Einkäufe, und die werden Sie mit Sicherheit tätigen, haben wir natürlich nicht eingerechnet.

Grundsätzlich bedeutet die Auflistung aber auch, dass Sie zwar die Unterkünfte in Kapstadt über einen Veranstalter hier buchen, die kleineren unterwegs aber oft selbst ausfindig machen. Denn die sind in Europa nur sehr selten vertreten.

Kostenplanung für 2 Personen (Angaben in €, Unterkunft in Mittelklassehotels, mittags kleines Mahl, abends Dinner, alles auf- bzw. abgerundet)

Aufenthalt	1 Woche	2 Wochen	3 Wochen
An- und Abfahrt zum europ. Flughafen	100	100	100
2 Flugtickets nach Kapstadt (inkl. Flughafensteuer)	1.900	1.900	1.900
Gepäck- und Krankenversicherung	30	50	70
Mietwagen (mittl. Klasse)	330	600	850
Benzin (1.500, 2.500 bzw. 3.500 km)	65	105	145
Übernachtungen (à Rand 700/Nacht)	630	1.260	1.840
Frühstück (à Rand 60/Person)	120	240	360
Kl. Mittagessen (günst. Restaurant, à Rand 70/Person)	140	280	420
Abendessen (Mittelklasse, à Rand 90/Person)	195	390	585
Getränke zwischendurch (à Rand 15/Person/Tag)	30	60	90
Eintritte	50	90	130
Telefonate, Briefmarken etc.	15	20	25
Sonstiges (Besichtigungstouren etc.)	80	140	200
Gesamt:	3.685	5.245	6.785

Hinweis
Einen „Sparfaktor" stellt hier oft das Frühstück dar, da es meist im Zimmerpreis inbegriffen ist.

8. PROGRAMM- UND REISEROUTENVORSCHLÄGE

Die Kapprovinzen sind ein vielseitiges und interessantes Reisegebiet. Abgesehen vom Kruger Nat. Park, den Drakensbergen sowie den Stränden von Natal im Norden Südafrikas, finden sich hier am südlichsten Zipfel des schwarzen Kontinents die meisten Sehenswürdigkeiten und Highlights des Landes.

Da die Großstädte Johannesburg, Pretoria und Durban in keiner Weise mithalten können mit Kapstadt und auch die Strände zwischen Kapstadt und Port Elizabeth einzigartig sind, hat der Norden im Grunde „nur" in puncto Tierwelt mehr zu bieten. Viele Urlauber reisen daher ein Drittel ihrer Ferienzeit durch den Norden Südafrikas, um dann anschließend für die Kapprovinzen zwei Drittel der Zeit übrig zu haben. Beliebt ist dabei vor allem der Flug von Durban oder Johannesburg nach Port Elizabeth, um von dort dann entlang der Garden Route nach Kapstadt zu fahren.

Aber auch für eine Reise nur in die Kapprovinzen lohnt sich, wie Sie nach Lektüre dieses und des Reiseteils schnell feststellen werden. Hier ganz im Süden begann die Kolonisation Südafrikas, hier lebten vor dem Eintreffen der Weißen die Buschmänner, und hier gibt es Landschaften, die von tropischen bis hin zu wüstenähnlichen Klimaten beeinflusst sind.

Die hier vorgestellten Reiserouten sollen Ihnen nun eine Orientierungshilfe geben, was Sie in den Kapprovinzen unternehmen können und wie lange Sie dafür benötigen. Bedenken Sie aber, dass es sich dabei nur um subjektive Ideen handelt und dass die Vorschläge darauf beruhen, dass Sie nahezu jeden Tag im Fahrzeug sitzen und die wesentlichen Sehenswürdigkeiten erkunden. Jeder aber hat eigene Ideen,

Oft verkannt: weiße Strände und bunte Strandhütten bei Muizenberg

möchte sich auch einmal treiben lassen oder möchte an Aktivitäten, wie langen Wanderungen, Bungee-Jumping oder naturkundlichen Exkursionen teilnehmen. Dafür lassen diese Vorschläge wenig Raum. Sollten Sie also vorhaben, auch einiges auf eigene Faust zu unternehmen, müssen Sie das vor Ihrer Reise zeitlich mit einplanen. Unser Vorschlag geht daher dahin, dass Sie für jede u.g. Woche mindestens einen Reservetag hinzurechnen. Diesen auszufüllen, wird Ihnen unterwegs nicht schwer fallen.

Buchen Sie auch nicht alle Unterkünfte im Voraus. Zu oft wird es Ihnen dann passieren, dass Sie zum „Sklaven Ihres Reiseplanes" werden. Buchen Sie evtl. nur die Unterkünfte am An- und Abreiseort, die in Ihnen sehr ans Herz gewachsenen Hotels und die, wo darauf hingewiesen wird, dass eine rechtzeitige Buchung nötig ist. Das genügt. Selbst in der Hochsaison reicht es i.d.R. aus, wenn Sie ein oder zwei Tage im Voraus bei einem Hotel nachfragen. Erkundigen Sie sich notfalls bei der Buchung in Ihrem Reisebüro danach, ob Sie in eine Hochsaisonphase geraten.

Drei Grundgedanken sollten Ihre Reise begleiten: Sich treiben lassen, der Weg ist das Ziel und Mut zur Lücke.

3 Tage Kapstadt und Umgebung

Highlights
Tafelberg - Victoria & Alfred Waterfront - Kap der Guten Hoffnung

Ihr Ziel der Reise
Teil eines „Attraktionen-Hoppings" durch das südliche Afrika
Sie haben sich touristische Ziele in anderen Teilen des südlichen Afrikas angesehen und beschließen, noch nach Kapstadt zu fliegen, um für einige Tage die schönste Stadt des südlichen Afrikas zu erkunden. Rückflug nach Europa von Kapstadt

Kapitel
9 und 10

Übernachtung
Ein Hotel oder Guesthouse in der „City Bowl"

Zeitplan
* *1. Tag:* Stadtrundgang inkl. Long Street, Malay Quarter, SA Museum und Company's Garden. Am Nachmittag/Abend dann mit der Seilbahn auf den Tafelberg fahren. Abendessen: Kapholländisch.
* *2. Tag:* Castle of Good Hope und anschließend zur Victoria and Alfred Waterfront. Hier Mittagessen (Seafood!). Am Nachmittag dann mit dem Auto nach Camps Bay fahren, dort Kaffee trinken und baden. Abendessen: Kapmalayisch (die entsprechenden Restaurants schließen früh!). Am späteren Abend, je nach Lust und Alter: Jüngere Leute V & A Waterfront oder Long Street, ältere Leute: V & A Waterfront.
* *3. Tag:* Früh starten. Fahrt um die Kaphalbinsel. Erster Stopp in Hout Bay. Von dort langsam – mit Fotostopps bis zum Cape of Good Hope Nature Reserve. Hier 2 Stunden aufhalten. Am frühen Nachmittag entweder Straußenfarm am Kap oder Pinguin-Kolonie bei Simon's Town. Noch bei Tageslicht entlang der Weinbaugebiete südlich des Tafelberges zurückfahren in die Innenstadt. Abendessen: Seafood. Anschließend einen Pub aufsuchen oder nochmal ein anderes Lokal an der V & A Waterfront.

5 Tage Kapstadt und Umgebung

Highlights
Tafelberg - Victoria & Alfred Waterfront - Kap der Guten Hoffnung - Weinanbaugebiete um Stellenbosch - Robben Island - Wale bei Hermanus

Ihr Ziel der Reise
Teil eines „Attraktionen-Hoppings" durch das Südliche Afrika
Sie haben sich touristische Ziele in anderen Teilen des südlichen Afrikas angesehen und beschließen, noch nach Kapstadt zu fliegen, um für einige Tage die schönste Stadt des südlichen Afrikas zu erkunden. Rückflug nach Europa von Kapstadt

Kapitel
9–12 und 14, evtl. 16

Übernachtung
Ein Hotel oder Guesthouse in der „City Bowl"

Zeitplan
* *1.–3. Tag: wie oben*
* *4. Tag: Früh starten und zuerst nach Stellenbosch. Dort 3 Stunden aufhalten und auch Mittagessen. Anschließend 4-Pässe-Fahrt über Boschendal Wine Estate und Franschhoek und weiter bis Hermanus. Dort Wale beobachten (sollte die Jahreszeit stimmen). Hier evtl. frühes Abendessen. Alternativ: Bei untergehender Sonne um die südliche False Bay fahren bis Somerset West und dann auf schnellstem Wege nach Kapstadt. Abendessen: In einem Lokal Ihrer Wahl, evtl. afrikanische Küche.*
* *5. Tag: Am interessantesten ist ohne Zweifel ein Ausflug zur ehemaligen Sträflingsinsel Robben Island. Danach bleibt noch Zeit für den Besuch einer Attraktion Ihrer Wahl im Stadtgebiet von Kapstadt. Ein Tipp bei entsprechendem Wetter ist z.B. ein Picknick auf dem Signal Hill. Abends können Sie dann eine Cocktailbar aufsuchen oder ein gutes Weinlokal. Sollte Ihre Wahl nicht auf Robben Island fallen, sind eine Tour in die Townships oder eine (lange Tagestour) zum West Coast Nat. Park denkbar.*

7 Tage Kapstadt und die weitere Umgebung

Highlights
Tafelberg - Victoria & Alfred Waterfront - Kap der Guten Hoffnung - Weinanbaugebiete um Stellenbosch - Robben Island - Wale bei Hermanus - Hummer in Paternoster - West Coast National Park

Ihr Ziel der Reise
Entweder Teil eines „Attraktionen-Hoppings" durch Südafrika oder ein Kurzurlaub von Europa aus
Sie haben den Norden gesehen und möchten noch ein paar Tage am Kap verbringen oder aber Sie haben noch einen Resturlaub von einer Woche und möchten diesen mit Ihrem Fernweh verbinden.

Kapitel
9–14 und 16

Zeitplan
- **1.–5. Tag:** wie oben, außer der Alternative West Coast NP am 5. Tag
- **6. Tag:** Fahren Sie von Kapstadt aus entlang der Atlantikküste bis nach Paternoster, wo Sie dann Hummer essen und übernachten. Auf dem Weg dorthin schauen Sie sich das Panorama Kapstadts von Bloubergstrand aus an, nehmen sich mind. 3 Stunden Zeit für den West Coast Nat. Park und machen evtl. einen Schlenker zum Fossil Park. Letzteres ist aber nur dann möglich, wenn Sie früh starten. Alternativ und in der richtigen Jahreszeit (Aug./Sept.), können Sie auch noch die Blumen in Darling bewundern.
- **7. Tag:** Von Paternoster aus fahren Sie schnell über Piketberg und Porterville nach Tulbagh. Dort nehmen Sie sich 2–3 Stunden Zeit für die Church Street und die Besichtigung der Old Drostdy. Lässt es die Zeit noch zu, fahren Sie von Tulbagh über den Bain's Kloof Pass nach Wellington. Die Strecke dauert ca. 1 ½ Stunden länger als die östliche, direkte Route (R44).
Haben Sie nochmal Lust auf Stellenbosch? Falls ja, sollten Sie dort in einem urigen Restaurant und bei gutem Wein zu Abend essen. Alternativ können Sie von Tulbagh aber auch nach Malmesbury fahren und von dort über die N7 nach Bloubergstrand, um den berühmten Sonnenuntergang zu bestaunen. In Bloubergstrand können Sie dann auch gut Seafood essen.

5 Tage Küstenstrecke/Garden Route sowie 2 Tage Kapstadt und Umgebung

Highlights
Tsitsikamma NP - Strand bei Plettenberg Bay - Knysna Bay - Wilderness Area - Hoogekraal Country House - De Hoop Nat. Reserve - Cap l'Agulhas - Wale vor Hermanus - Pinguine bei Simon's Town - Cape of Good Hope - Straße am Atlantik zwischen Kap und Kapstadt - Tafelberg - Victoria & Alfred Waterfront

Ihr Ziel der Reise
Entweder Teil eines „Attraktionen-Hoppings" durch Südafrika oder ein Kurzurlaub von Europa aus
Sie haben den Norden gesehen und möchten noch ein paar Tage am Kap verbringen oder aber Sie haben noch einen Resturlaub von einer Woche und möchten diesen mit Ihrem Fernweh verbinden.

Kapitel
14, 9–12

Zeitplan
- **1. Tag:** Ankunft in Port Elizabeth. Sollte noch etwas Zeit sein, können Sie sich 2 Stunden nehmen für die Besichtigung einer Attraktion in Port Elizabeth. Ansonsten bietet die Stadt bei nur 7 Tagen nicht genug, um hier lange zu

bleiben. Fahren Sie dann bis Jeffrey's Bay oder St. Francis Bay, wo Sie die erste Nacht verbringen.

• **2. Tag:** Fahren Sie bis Knysna, Ihrem nächsten Übernachtungsziel. Unterwegs bieten der Tsitsikamma NP, Storms River, Plettenberg Bay und andere Punkte genügend Möglichkeiten, um zu wandern, zu baden oder auch mal kleine Abstecher auf die alte Küstenstraße zu unternehmen. Der Tag wird mit Sicherheit gut ausgefüllt sein.

Unbedingt mitmachen: Walbeobachtungsfahrt in Plettenberg Bay

• **3. und 4. Tag:** Entweder fahren Sie an diesem Tag nur bis zum Hoogekraal Country House, wo Sie übernachten und nehmen sich Zeit für die Wilderness Area mit ihren Wandermöglichkeiten bzw. der wunderschönen Inlandsstraße (Old Passes Rd) sowie Oudtshoorn mit den Straußenfarmen oder aber, Sie fahren etwas zügiger durch dieses Gebiet, halten nur gelegentlich und entscheiden sich für Swellendam bzw. das De Hoop N.R. als Übernachtungsziel. Letzteres sollten Sie aber unbedingt vorbuchen. Am 4. Tag ist dann Ihr Ziel Hermanus, und je nachdem, wo Sie starten, Hoogekraal oder Swellendam/De Hoop, müssen Sie entsprechend zeitig starten. Der Bontebok Nat. Park ist kein Muss, aber doch eine 1- bis 2-stündige Rundtour wert. Allemal sollten Sie am späten Mittag am Cap l'Agulhas sein und am Nachmittag in Hermanus, um dort die Wale zu beobachten (Jahreszeit beachten).

• **5. Tag:** Fahren Sie nun über Kleinmond und rund um die False Bay zum Kap der Guten Hoffnung, das Sie mittags erreichen sollten. Mögliche Stopps in Muizenberg, Kalk Bay, Simon's Town und der Pinguin Kolonie erfordern dafür einen relativ frühen Fahrtbeginn. Nach 2 Stunden am Kap fahren Sie nachmittags entlang der Atlantikküste bis nach Kapstadt. Übernachten Sie die letzten Nächte in einem Hotel in der „City Bowl".

• **6. Tag:** Ein Tag sollte den Sehenswürdigkeiten in der Innenstadt gehören, inkl. der Victoria & Alfred Waterfront. Evtl. möchten Sie ja auch noch shoppen.

• **7. Tag:** Das Ziel ist, Zeit genug zu haben für den Tafelberg. Um diese halbtägige „Exkursion" herum sollten Sie den restlichen Tag planen. Fahren Sie z.B. morgens auf den Berg, können Sie nachmittags noch alternativ zur Robben Island, den Kirstenbosch Botanical Gardens oder sogar nach Stellenbosch ins Weinland fahren.

6 Tage Küstenstrecke/Garden Route sowie 3 Tage Kapstadt und Umgebung (inkl. Weinanbaugebiete)

Highlights

Tsitsikamma NP - Strand bei Plettenberg Bay - Knysna Bay - Wilderness Area - Straußenfarmen in Oudtshoorn - Hoogekraal Country House - De Hoop Nat. Reserve - Cap l'Agulhas - Wale vor Hermanus - Pinguine bei Simon's Town - Cape of Good Hope - Straße am Atlantik zwischen Kap und Kapstadt - Tafelberg - Victoria & Alfred Waterfront - Stellenbosch - Weinland - Weingut Boschendal - 4-Pässe-Fahrt.

Ihr Ziel der Reise

Teil einer „zweigeteilten" Reise zu Südafrikas Highlights. Teil eins wäre der Norden (Krüger NP, Drakensberge, Natal-Küste)
Sie haben den Norden gesehen und möchten noch ein paar Tage am Kap verbringen oder aber Sie haben noch einen Resturlaub von einer Woche und möchten diesen mit Ihrem Fernweh verbinden.

Kapitel

14, 9–12 und 16

Zeitplan

• *1. Tag:* Ankunft in Port Elizabeth (Flug/Auto). Den Tag in oder um Port Elizabeth verbringen und hier übernachten.

• *2. Tag:* Fahren Sie bis Plettenberg Bay oder Knysna, wo Sie übernachten. Unterwegs bieten der Tsitsikamma NP, Storms River, Plettenberg Bay und andere Punkte genügend Möglichkeiten, um zu wandern, zu baden oder auch mal kleine Abstecher auf die alte Küstenstraße zu unternehmen. Der Tag wird mit Sicherheit gut ausgefüllt sein.

• *3. Tag:* Durch die Wilderness Area (Baden, Wandern etc.) und vielleicht auch einmal ein Stück über die Old Passes-Road geht es nun bis Oudtshoorn. Kommen Sie hier so an, dass Sie noch genügend Zeit haben für die Besichtigung einer Straußenfarm. Übernachten Sie in Oudtshoorn oder noch schöner, im Hoogekraal Country House südlich von George. Um letztere zu erreichen, sollten Sie diesen Tag aber früh beginnen.

• *4. Tag:* Über Mossel Bay und Riversdale geht es nach Swellendam, wo Sie den Bontebok NP noch an diesem Tag besuchen sollten. Unterwegs gibt es nicht viel zu sehen. Alternativ können Sie entweder in Swellendam oder aber noch schöner im De Hoop Nat. Reserve übernachten. Für letzteres sollten Sie aber frühzeitig gebucht haben.

• *5. Tag:* Dieser Tag wird etwas geruhsamer. Falls Sie am Vortag nichts mehr vom Bontebok NP bzw. dem De Hoop Nat. Reserve gesehen haben, können Sie den Vormittag dafür nutzen. Anschließend geht es zum Cap l'Agulhas, dem südlichsten Punkt Afrikas, und dann nach Hermanus, wo – zur richtigen Jahreszeit – sich die Wale in der Bucht tummeln. Übernachten Sie in Hermanus.

• *6. Tag:* Fahren Sie nun über Kleinmond und rund um die False Bay zum Kap der Guten Hoffnung, das Sie mittags erreichen sollten. Mögliche Stopps in Muizenberg, Kalk Bay, Simon's Town und der Pinguin Kolonie erfordern dafür einen relativ frühen

Fahrtbeginn. Nach 2 Stunden am Kap fahren Sie nachmittags entlang der Atlantik-küste bis nach Kapstadt. Übernachten Sie die letzten Nächte in einem Hotel in der „City Bowl".

- *7. **Tag:** Ein Tag sollte den Sehenswürdigkeiten in der Innenstadt gehören, inkl. der Victoria & Alfred Waterfront. Evtl. möchten Sie ja auch noch shoppen.*
- *8. **Tag:** Dieser Tag ist dem Weinland um Stellenbosch und Franschhoek gewidmet. Sollten Sie früh aufbrechen, können Sie zuerst noch das Language Monument in Paarl besichtigen und haben noch Zeit genug, um 2–3 Sehenswürdigkeiten von Stellenbosch, das Weingut Boschdal und die 4-Pässe-Fahrt zu „bewältigen".*
- *9. **Tag:** Das Ziel ist, Zeit genug zu haben für den Tafelberg. Um diese halbtägige „Exkursion" herum sollten Sie den restlichen Tag planen. Fahren Sie z.B. morgens auf den Berg, können Sie nachmittags noch alternativ zur Robben Island, den Kirsten-bosch Botanical Gardens oder zum Sonnenuntergang nach Bloubergstrand. Sollten Sie an diesem Tag bereits abreisen, bleibt halt nur der Tafelberg.*

3 Tage Kapstadt, 1 Tag die Weinanbaugebiete, 3 Tage durchs Landesinnere zum Addo Elephants Nat. Park und 5 Tage zurück nach Kapstadt entlang der Garden Route (zus. 12 Tage)

Highlights
Tafelberg - Victoria & Alfred Waterfront - Stellenbosch - Weinland - Wein-gut Boschendal - 4-Pässe-Fahrt - Montagu - Kleine Karoo - Straußenfarm in Oudtshoorn - Addo Elephants NP - Tsitsikamma NP - Strand bei Plettenberg Bay - Knysna Bay - Wilderness Area - Hoogekraal Country House - De Hoop Nat. Reserve - Cap l'Agulhas - Wale vor Hermanus - Pinguine bei Simon's Town - Cape of Good Hope - Straße am Atlantik zwischen Kap und Kapstadt

Ihr Ziel der Reise
Teil einer „zweigeteilten" Reise durch Südafrika mit Schwerpunkt auf den Kapprovinzen. Teil eins wäre der Norden (Krüger NP, Drakensberge, Natal-Küste)
Sie erkunden die Highlights Südafrikas, möchten aber den wohl schönsten Teil des Landes genauer erkunden.

Kapitel
9–14

Zeitplan
- *1. **Tag:** Kapstadt. Ein Tag sollte den Sehenswürdig-keiten in der Innenstadt gehören, inkl. der Victoria & Alfred Waterfront. Evtl. möchten Sie ja auch noch shoppen (z.B. weiterführende Literatur für Ihre Tour). Übernachtung in Kapstadt („City Bowl")*

Weinanbau im Kapland

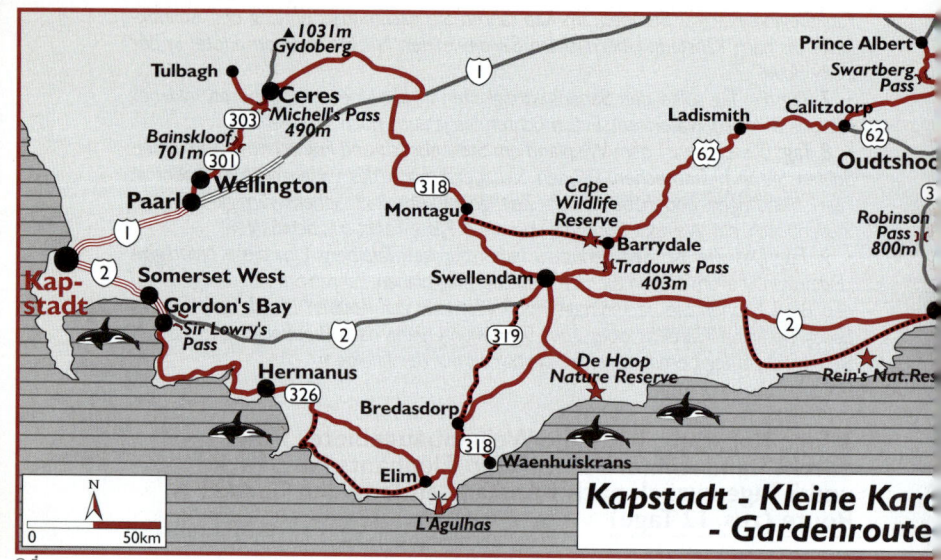

Kapstadt - Kleine Karc
- Gardenroute

• **2. Tag:** *Das Ziel ist, Zeit genug zu haben für den Tafelberg. Um diese halbtägige „Exkursion" herum sollten Sie den restlichen Tag planen. Fahren Sie z.B. morgens auf den Berg, können Sie nachmittags noch alternativ zur Robben Island, den Kirstenbosch Botanical Gardens, zum Sonnenuntergang nach Bloubergstrand oder eine Township-Tour unternehmen. Übernachten Sie bereits in Stellenbosch. Bedenken Sie, dass Sie bei der Rückkehr noch einen Tag in Kapstadt sein werden.*

• **3. Tag:** *Verbringen Sie den Vormittag in Stellenbosch (hier auch Lunch), fahren dann zum Weingut* Boschendal *(Besichtigung) und schließlich nach Franschhoek, wo Sie übernachten. Dieser Tag ist wenig hektisch.*

• **4. Tag:** *Von Franschhoek fahren Sie einen Teil der 4-Pässe-Fahrt ab und nehmen dann die R43 sowie die N15, um bei Ashton schließlich nach Montagu zu gelangen, wo Sie übernachten. Abends können Sie dort noch ein Thermalbad nehmen und evtl. etwas in der Umgegend wandern.*

• **5. Tag:** *Sie fahren von Montagu über Barrydale, Ladismith zum Seweweekspoort, wo Sie picknicken und spazieren können. Übernachten Sie schließlich in Oudtshoorn.*

• **6. Tag:** *Besuchen Sie früh eine Straußenfarm und nur evtl. die Cango Caves (Zeit – Elefanten, s.u.). Anschließend geht es über Uniondale, Joubertina und an Port Elizabeth vorbei zum Addo Elephants NP, wo Sie so früh ankommen sollten, um vor Sonnenuntergang die Elefanten zu beobachten. Klappt das nicht, können Sie abends die Elefanten am beleuchteten Lodge-Pool sehen und am nächsten Morgen dann in freier Wildbahn.*

Alternative: *Sollten Sie schon Elefanten im Norden Südafrikas gesehen haben, können Sie, wie auf der Karte skizziert, bereits vorher nach Süden an die Küste abzweigen und dabei einen Tag gewinnen.*

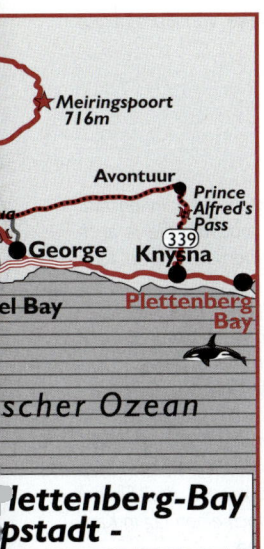

• **7. Tag:** Nehmen Sie sich 2 Stunden Zeit für die Besichtigung einer Attraktion in Port Elizabeth. Ansonsten bietet die Stadt nicht genug, um hier lange zu bleiben. Fahren Sie dann bis Jeffrey's Bay oder St. Francis Bay, wo Sie die Nacht verbringen.

• **8. Tag:** Fahren Sie bis Knysna, Ihrem nächsten Übernachtungsziel. Unterwegs bieten der Tsitsikamma NP, Storms River, Plettenberg Bay und andere Punkte genügend Möglichkeiten, um zu wandern, zu baden oder auch mal kleine Abstecher auf die alte Küstenstraße zu unternehmen. Der Tag wird mit Sicherheit gut ausgefüllt sein.

• **9. und 10. Tag:** Entweder fahren Sie an diesem Tag nur bis zum Hoogekraal Country House, wo Sie übernachten und nehmen sich Zeit für die Wilderness Area mit ihren Wandermöglichkeiten bzw. der wunderschönen Inlandsstraße (Old Passes Rd) oder aber, Sie fahren etwas zügiger durch dieses Gebiet, halten nur gelegentlich und entscheiden sich für Swellendam bzw. das De Hoop N.R. als Übernachtungsziel. Letzteres sollten Sie aber unbedingt vorbuchen. Am 10. Tag ist dann Ihr Ziel Hermanus, und je nachdem, wo Sie starten, Hoogekraal oder Swellendam/De Hoop, müssen Sie entsprechend zeitig starten. Der Bontebok Nat. Park ist kein Muss, aber doch eine 1- bis 2-stündige Rundtour wert. Allemal sollten Sie am späten Mittag am Cap l'Agulhas sein und am Nachmittag in Hermanus, um dort die Wale zu beobachten (Jahreszeit beachten).

• **11. Tag:** Fahren Sie nun über Kleinmond und rund um die False Bay zum Kap der Guten Hoffnung, das Sie mittags erreichen sollten. Mögliche Stopps in Muizenberg, Kalk Bay, Simon's Town und der Pinguin Kolonie erfordern dafür einen relativ frühen Fahrtbeginn. Nach 2 Stunden am Kap fahren Sie nachmittags entlang der Atlantikküste bis nach Kapstadt. Übernachten Sie in einem Hotel in der „City Bowl".

• **12. Tag:** Dieser Tag steht zu Ihrer freien Verfügung in Kapstadt.

14 Tage Kapprovinzen

Highlights
Tafelberg - Victoria & Alfred Waterfront - Stellenbosch - Weinland - Weingut Boschendal - 4-Pässe-Fahrt - Montagu - Kleine Karoo - Straußenfarm in Oudtshoorn - Addo Elephants NP - Tsitsikamma NP - Strand bei Plettenberg Bay - Knysna Bay - Wilderness Area - Hoogekraal Country House - De Hoop Nat. Reserve - Cap l'Agulhas - Wale vor Hermanus - Pinguine bei Simon's Town - Cape of Good Hope - Straße am Atlantik zwischen Kap und Kapstadt - West Coast NP - Hummer essen in Paternoster

Ihr Ziel der Reise
Entweder Teil einer „zweigeteilten" Reise durch Südafrika oder auch alleinige Anreise von Europa aus wert.

Wie bei der o.g. 12-tägigen Tour, wobei die 14 Tage eine Reise von Europa aus rechtfertigen.

Kapitel
9–14, 16

Zeitplan
• *1. Tag:* Kapstadt. *Ein Tag sollte den Sehenswürdigkeiten in der Innenstadt gehören, inkl. der Victoria & Alfred Waterfront. Evtl. möchten Sie ja auch noch shoppen (z.B. weiterführende Literatur für Ihre Tour). Übernachtung in Kapstadt („City Bowl")*
• *2. Tag:* Das Ziel ist, Zeit genug zu haben für den Tafelberg. Um diese halbtägige „Exkursion" herum sollten Sie den restlichen Tag planen. Fahren Sie z.B. morgens auf

den Berg, können Sie nachmittags noch alternativ zur Robben Island, den Kirstenbosch Botanical Gardens, zum Sonnenuntergang nach Bloubergstrand oder eine Township-Tour unternehmen. Übernachten Sie bereits in Stellenbosch. Bedenken Sie, dass Sie bei der Rückkehr noch einen Tag in Kapstadt sein werden.
• *3. Tag:* Verbringen Sie den Vormittag in Stellenbosch (hier auch den Lunch einnehmen), fahren dann zum Weingut Boschendal (Besichtigung) und schließlich nach Franschhoek, wo

Faszinierend: unbewohnte Karoo

Sie übernachten. Dieser Tag ist wenig hektisch.
• *4. Tag:* Von Franschhoek fahren Sie einen Teil der 4-Pässe-Fahrt ab und nehmen dann die R43 sowie die N15, um über Ashton schließlich nach Montagu zu gelangen, wo Sie übernachten. Abends können Sie dort noch ein Thermalbad nehmen und evtl. etwas in der Umgegend wandern.
• *5. Tag:* Sie fahren von Montagu über Barrydale, Ladismith zum Seweweekspoort, wo Sie picknicken und spazieren können. Übernachten Sie schließlich in Oudtshoorn.
• *6. Tag:* Besuchen Sie früh eine Straußenfarm und nur evtl. die Cango Caves (Zeit – Elefanten, s.u.). Anschließend geht es über Uniondale, Joubertina und an Port Elizabeth vorbei zum Addo Elephants NP, wo Sie so früh ankommen sollten, um vor Sonnenuntergang die Elefanten zu beobachten. Klappt das nicht, können Sie abends die Elefanten am beleuchteten Lodge-Pool sehen und am nächsten Morgen dann in freier Wildbahn.
Alternative: Sollten Sie schon Elefanten im Norden Südafrikas gesehen haben, können Sie, wie auf der Karte auf S. 352 skizziert, bereits vorher nach Süden an die Küste abzweigen und dabei einen Tag gewinnen.
• *7. Tag:* Nehmen Sie sich 2 Stunden Zeit für die Besichtigung einer Attraktion in Port Elizabeth. Ansonsten bietet die Stadt nicht genug, um hier lange zu bleiben. Fahren Sie dann bis Jeffrey's Bay oder St. Francis Bay, wo Sie die Nacht verbringen.
• *8. Tag:* Fahren Sie bis Knysna, Ihrem nächsten Übernachtungsziel. Unterwegs bieten der Tsitsikamma NP, Storms River, Plettenberg Bay und andere Punkte genü-

gend Möglichkeiten, um zu wandern, zu baden oder auch mal kleine Abstecher auf die alte Küstenstraße zu unternehmen. Der Tag wird mit Sicherheit gut ausgefüllt sein.

• **9. und 10. Tag:** Entweder fahren Sie an diesem Tag nur bis zum Hoogekraal Country House, wo Sie übernachten und nehmen sich Zeit für die Wilderness Area mit ihren Wandermöglichkeiten bzw. der wunderschönen Inlandsstraße (Old Passes Rd) oder aber, Sie fahren etwas zügiger durch dieses Gebiet, halten nur gelegentlich und entscheiden sich für Swellendam bzw. das De Hoop N.R. als Übernachtungsziel. Letzteres sollten Sie aber unbedingt vorbuchen. Am 10. Tag ist dann Ihr Ziel Hermanus, und je nachdem, wo Sie starten, Hoogekraal oder Swellendam/De Hoop, müssen Sie entsprechend zeitlich starten. Der Bontebok Nat. Park ist kein Muss, aber doch eine 1- bis 2-stündige Rundtour wert. Allemal sollten Sie am späten Mittag am Cap l'Agulhas sein und am Nachmittag in Hermanus, um dort die Wale zu beobachten (Jahreszeit beachten).

• **11. Tag:** Fahren Sie nun über Kleinmond und rund um die False Bay zum Kap der Guten Hoffnung, das Sie mittags erreichen sollten. Mögliche Stopps in Muizenberg, Kalk Bay, Simon's Town und der Pinguin-Kolonie erfordern dafür einen relativ frühen Fahrtbeginn. Nach 2 Stunden am Kap fahren Sie nachmittags entlang der Atlantikküste bis nach Kapstadt und weiter gen Norden, um in Yzerfontein oder Langebaan zu übernachten.

• **12. Tag:** Nehmen Sie sich den Morgen Zeit für den West Coast Nat. Park. Vogelliebhaber sollten dafür früh aufstehen. Anschließend besuchen Sie den Fossil Park bei Hopefield und fahren dann nach Paternoster (Hotel vorbuchen). Wahrscheinlich erreichen Sie den kleinen Ort früh genug, um noch einen Abendspaziergang am Strand machen zu können. Das Abendessen im Hotel bedeutet dann Hummer satt!

• **13. Tag:** Über Velddrif, Piketberg und Porterville fahren Sie nach Tulbagh. Für den kleinen Ort benötigen Sie ungefähr 3 Stunden. Sollten Sie noch genügend Zeit haben, um die 3 ½-Stunden-Strecke über den Bain's Kloof Pass zurück nach Kapstadt zu schaffen, wäre das schön. Wenn die Zeit nicht reicht, fahren Sie über die R44 direkt zurück. Verbringen Sie die letzten Nächte in einem Hotel in der „City Bowl" oder „stilgerecht" auf einer Wineestate südlich des Tafelberges, z.B. der Steenberg Estate.

• **14. Tag:** Dieser Tag steht zu Ihrer freien Verfügung in Kapstadt.

20 Tage Kapprovinzen

Highlights
Tafelberg - Victoria & Alfred Waterfront - Stellenbosch - Weinland - Weingut Boschendal - 4-Pässe-Fahrt - Montagu - Kleine Karoo - Straußenfarm in Oudtshoorn - Addo Elephants NP - Tsitsikamma NP - Strand bei Plettenberg Bay - Knysna Bay - Wilderness Area - Hoogekraal Country House - De Hoop Nat. Reserve - Cap l'Agulhas - Wale vor Hermanus - Pinguine bei Simon's Town - Cape of Good Hope - Straße am Atlantik zwischen Kap und Kapstadt - West Coast NP - Hummer essen in Paternoster - Meeresfrüchte essen in einem Open-Air-Restaurant - Cedarberg Wilderness Area - Kagga-Kamma

Ihr Ziel der Reise
Die Kapprovinzen intensiv. Alleinige Anreise von Europa wert.
In dieser Zeit lässt sich nahezu alles Interessante der Kapprovinzen erkunden, zumindest anreißen.

Kapitel
9–14, 16

Zeitplan
• *1. Tag:* Kapstadt. Ein Tag sollte den Sehenswürdigkeiten in der Innenstadt gehören, inkl. der Victoria & Alfred Waterfront. Evtl. möchten Sie ja auch noch shoppen (z.B. weiterführende Literatur für Ihre Tour). Übernachtung in Kapstadt („City Bowl").
• *2. Tag:* Unternehmen Sie eine Township-Tour, organisieren Sie dann einige Dinge, die Sie noch nicht von Europa aus geplant haben (Hotels/Parks buchen), und schauen Sie sich dann noch das Castle an oder ein Museum Ihrer Wahl.
• *3. Tag:* Das Ziel ist, Zeit genug zu haben für den Tafelberg. Um diese halbtägige „Exkursion" herum sollten Sie den restlichen Tag planen. Fahren Sie z.B. morgens auf den Berg, können Sie nachmittags noch alternativ zur Robben Island, den Kirstenbosch Botanical Gardens, zum Sonnenuntergang nach Bloubergstrand oder eine Township-Tour unternehmen. Übernachten Sie bereits in Stellenbosch. Bedenken Sie, dass Sie bei der Rückkehr noch einen Tag in Kapstadt sein werden.
• *4. Tag:* Verbringen Sie den Vormittag in Stellenbosch (hier auch Lunch), fahren dann zum Weingut Boschendal (Besichtigung) und schließlich nach Franschhoek, wo Sie übernachten. Dieser Tag ist wenig hektisch.
• *5. Tag:* Von Franschhoek fahren Sie einen Teil der 4-Pässe-Fahrt ab und nehmen dann die R43 sowie die N15, um über Ashton schließlich nach Montagu zu gelangen, wo Sie übernachten. Abends können Sie dort noch ein Thermalbad nehmen und evtl. etwas in der Umgegend wandern.
• *6. Tag:* Sie fahren von Montagu über Barrydale, Ladismith zum Seweweekspoort, wo Sie picknicken und spazieren können. Übernachten Sie schließlich in Oudtshoorn.
• *7. Tag:* Besuchen Sie früh eine Straußenfarm und nur evtl. die Cango Caves (Zeit – Elefanten, s.u.). Anschließend geht es über Uniondale, Joubertina und an Port Elizabeth vorbei zum Addo Elephants NP, wo Sie so früh ankommen sollten, um vor Sonnenuntergang die Elefanten zu beobachten. Klappt das nicht, können Sie abends die Elefanten am beleuchteten Lodge-Pool sehen und am nächsten Morgen dann in freier Wildbahn.
• *8. Tag:* Nehmen Sie sich 2 Stunden Zeit für die Besichtigung einer Attraktion in Port Elizabeth. Ansonsten bietet die Stadt nicht genug, um hier lange zu bleiben. Fahren Sie dann bis Jeffrey's Bay oder St. Francis Bay, wo Sie die Nacht verbringen.

Oudtshoorn ist das Zentrum der
Straußenzucht

- **9. Tag:** *Fahren Sie bis Knysna, Ihrem nächsten Übernachtungsziel. Unterwegs bieten der Tsitsikamma NP, Storms River, Plettenberg Bay und andere Punkte genügend Möglichkeiten, um zu wandern, zu baden oder auch mal kleine Abstecher auf die alte Küstenstraße zu unternehmen. Der Tag wird mit Sicherheit gut ausgefüllt sein.*
- **10. und 11. Tag:** *Entweder fahren Sie an diesem Tag nur bis zum Hoogekraal Country House, wo Sie übernachten und nehmen sich Zeit für die Wilderness Area mit ihren Wandermöglichkeiten bzw. der wunderschönen Inlandsstraße (Old Passes Rd) oder aber, Sie fahren etwas zügiger durch dieses Gebiet, halten nur gelegentlich und entscheiden sich für Swellendam bzw. das De Hoop N.R. als Übernachtungsziel. Letzteres sollten Sie aber unbedingt vorbuchen. Am 11. Tag ist dann Ihr Ziel Hermanus, und je nachdem, wo Sie starten, Hoogekraal oder Swellendam/De Hoop, müssen Sie entsprechend zeitig starten. Der Bontebok Nat. Park ist kein Muss, aber doch eine 1- bis 2-stündige Rundtour wert. Allemal sollten Sie am späten Mittag am Cap l'Agulhas sein und am Nachmittag in Hermanus, um dort die Wale zu beobachten (Jahreszeit beachten).*
- **12. Tag:** *Fahren Sie nun über Kleinmond und rund um die False Bay zum Kap der Guten Hoffnung, das Sie mittags erreichen sollten. Mögliche Stopps in Muizenberg, Kalk Bay, Simon's Town und der Pinguin Kolonie erfordern dafür einen relativ frühen Fahrtbeginn. Nach 2 Stunden am Kap fahren Sie nachmittags entlang der Atlantikküste bis nach Kapstadt und weiter gen Norden, um in Yzerfontein oder Langebaan zu übernachten.*
- **13. Tag:** *Nehmen Sie sich den Morgen Zeit für den West Coast Nat. Park. Vogelliebhaber sollten dafür früh aufstehen. Anschließend besuchen Sie den Fossil Park bei Hopefield und fahren dann nach Paternoster (Hotel vorbuchen). Wahrscheinlich erreichen Sie den kleinen Ort früh genug, um noch einen Abendspaziergang am Strand machen zu können. Das Abendessen im Hotel bedeutet dann Hummer satt!*

- **14. Tag:** *Fahren Sie die Küste ab bis Lambert's Bay, speisen Sie dabei in einem Open-Air-Restaurant (wenn es geöffnet hat) und übernachten Sie dann in Clanwilliam.*
- **15. Tag:** *Unternehmen Sie einen Ausflug zur Missionsstation von Wuppertal. Sollte es spät sein, über-* Jeeptour in Kagga Kamma *nachten Sie erneut in Clanwilliam. Wer aber gerne zeltet und die Natur genießen möchte, der sollte besser in der Cedarberg Wilderness Area auf dem Campingplatz nächtigen.*
- **16. Tag:** *Verbringen Sie den ersten Teil des Tages in der Cedarberg Wilderness Area und fahren Sie dann nach Kagga-Kamma, wo Sie am Nachmittag noch die erste Pirschfahrt miterleben können. Hier nächtigen Sie.*
- **17. Tag:** *Am Vormittag besuchen Sie die Buschmänner von Kagga-Kamma und fahren zu den Buschmannzeichnungen. Anschließend geht es nach Tulbagh, wo Sie*

den Nachmittag Zeit haben für die Churchstreet, die Drostdy und evtl. die Besichtigung eines Weingutes. Übernachten Sie auch in Tulbagh.

• **18. Tag:** Fahren Sie nach Worcester und schauen Sie sich dort die Brandy-Factory an. Danach geht es dieselbe Strecke ein Stück zurück und über den Bain's Kloof Pass nach Wellington und Paarl. In Paarl können Sie sich u.a. das Language Monument anschauen und auch übernachten.

• **19. Tag:** Fahren Sie nun zurück nach Kapstadt. Dieser Tag steht zu Ihrer freien Verfügung in Kapstadt.

• **20. Tag:** Ein „Reservetag", den Sie – und das wird Ihnen nicht schwer fallen – irgendwo einbauen können.

22 Tage Kapprovinzen

Highlights

Tafelberg - Victoria & Alfred Waterfront - Stellenbosch - Weinland - Weingut Boschendal - 4-Pässe-Fahrt - Montagu - Kleine Karoo - Straußenfarm in Oudtshoorn - Addo Elephants NP - Tsitsikamma NP - Strand bei Plettenberg Bay - Knysna Bay - Wilderness Area - Hoogekraal Country House - De Hoop Nat. Reserve - Cap l'Agulhas - Wale vor Hermanus - Pinguine bei Simon's Town - Cape of Good Hope - Straße am Atlantik zwischen Kap und Kapstadt - West Coast NP - Hummer essen in Paternoster - Meeresfrüchte essen in einem Open-Air-Restaurant - Namaqualand - Kagga-Kamma

Ihr Ziel der Reise

Die Kapprovinzen intensiv. Alleinige Anreise von Europa wert. In dieser Zeit lässt sich nahezu alles Interessante der Kapprovinzen erkunden, zumindest anreißen.

Kapitel

9–14, 16

Zeitplan

• **1. Tag:** Kapstadt. Ein Tag sollte den Sehenswürdigkeiten in der Innenstadt gehören, inkl. der Victoria & Alfred Waterfront. Evtl. möchten Sie ja auch noch shoppen (z.B. weiterführende Literatur für Ihre Tour). Übernachtung in Kapstadt („City Bowl").

• **2. Tag:** Unternehmen Sie eine Township-Tour, organisieren Sie dann einige Dinge, die Sie noch nicht von Europa aus geplant haben (Hotels/Parks buchen), und schauen Sie sich dann noch das Castle an oder ein Museum Ihrer Wahl.

• **3. Tag:** Das Ziel ist, Zeit genug zu haben für den Tafelberg. Um diese halbtägige „Exkursion" herum sollten Sie den restlichen Tag planen. Fahren Sie z.B. morgens auf den Berg, können Sie nachmittags noch alternativ zur Robben Island, den Kirstenbosch Botanical Gardens, zum Sonnenuntergang nach Bloubergstrand fahren oder eine Township-Tour unternehmen. Übernachten Sie bereits in Stellenbosch. Bedenken Sie, dass Sie bei der Rückkehr noch einen Tag in Kapstadt sein werden.

- **4. Tag:** *Verbringen Sie den Vormittag in Stellenbosch (hier auch Lunch), fahren dann zum Weingut Boschendal (Besichtigung) und schließlich nach Franschhoek, wo Sie übernachten. Dieser Tag ist wenig hektisch.*
- **5. Tag:** *Von Franschhoek fahren Sie einen Teil der 4-Pässe-Fahrt ab und nehmen dann die R43 sowie die N15, um über Ashton schließlich nach Montagu zu gelangen, wo Sie übernachten. Abends können Sie dort noch ein Thermalbad nehmen und evtl. etwas in der Umgebung wandern.*
- **6. Tag:** *Sie fahren von Montagu über Barrydale, Ladismith zum Seweweekspoort, wo Sie picknicken und spazieren können. Übernachten Sie schließlich in Oudtshoorn.*
- **7. Tag:** *Besuchen Sie früh eine Straußenfarm und nur evtl. die Cango Caves (Zeit – Elefanten, s.u.). Anschließend geht es über Uniondale, Joubertina und an Port Elizabeth vorbei zum Addo Elephants NP, wo Sie so früh ankommen sollten, um vor Sonnenuntergang die Elefanten zu beobachten. Klappt das nicht, können Sie abends die Elefanten am beleuchteten Lodge-Pool sehen und am nächsten Morgen dann in freier Wildbahn.*
- **8. Tag:** *Nehmen Sie sich 2 Stunden Zeit für die Besichtigung einer Attraktion in Port Elizabeth. Ansonsten bietet die Stadt nicht genug, um hier lange zu bleiben. Fahren Sie dann bis Jeffrey's Bay oder St. Francis Bay, wo Sie die Nacht verweilen.*
- **9. Tag:** *Fahren Sie bis Knysna, Ihrem nächsten Übernachtungsziel. Unterwegs bieten der Tsitsikamma NP, Storms River, Plettenberg Bay und andere Punkte genügend Möglichkeiten, um zu wandern, zu baden oder auch mal kleine Abstecher auf die alte Küstenstraße zu unternehmen. Der Tag wird mit Sicherheit gut ausgefüllt sein.*

Einmalige Strände gibt es entlang der Garden Route

- **10. und 11. Tag:** *Entweder fahren Sie an diesem Tag nur bis zum Hoogekraal Country House, wo Sie übernachten, und nehmen sich Zeit für die Wilderness Area mit ihren Wandermöglichkeiten bzw. der wunderschönen Inlandsstraße (Old Passes Rd) oder aber, Sie fahren etwas zügiger durch dieses Gebiet, halten nur gelegentlich und entscheiden sich für Swellendam bzw. das De Hoop N.R. als Übernachtungsziel. Letzteres sollten Sie aber unbedingt vorbuchen. Am 11. Tag ist dann Ihr Ziel Hermanus, und je nachdem, wo Sie starten, Hoogekraal oder Swellendam/De Hoop, müssen Sie entsprechend zeitig starten. Der Bontebok Nat. Park ist kein Muss, aber doch eine 1- bis 2-stündige Rundtour wert. Allemal sollten Sie am späten Mittag am Cap l'Agulhas sein und am Nachmittag in Hermanus, um dort die Wale zu beobachten (Jahreszeit beachten).*
- **12. Tag:** *Fahren Sie nun über Kleinmond und rund um die False Bay zum Kap der Guten Hoffnung, das Sie mittags erreichen sollten. Mögliche Stopps in Muizenberg, Kalk Bay, Simon's Town und der Pinguin Kolonie erfordern dafür einen relativ frühen Fahrtbeginn. Nach 2 Stunden am Kap fahren Sie nachmittags entlang der Atlantik-*

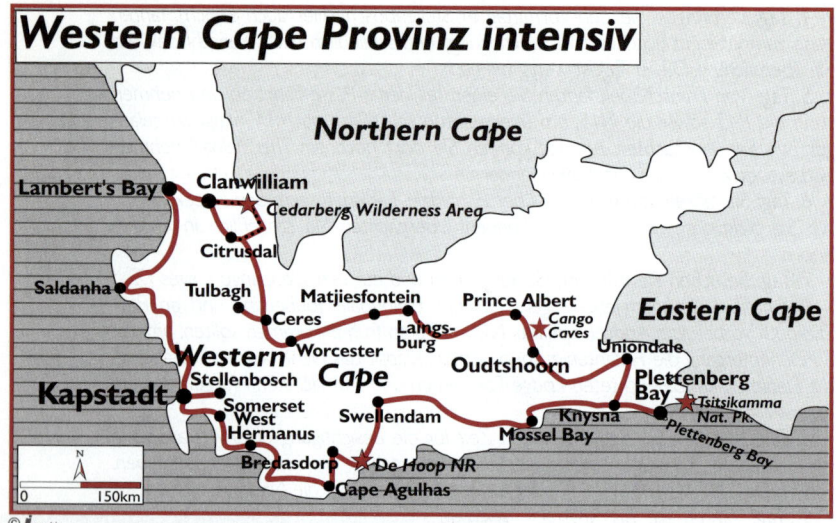

Western Cape Provinz intensiv

küste bis nach Kapstadt und weiter gen Norden, um in Yzerfontein oder Langebaan zu übernachten.

• **13. Tag:** Nehmen Sie sich den Morgen Zeit für den West Coast Nat. Park. Vogelliebhaber sollten dafür früh aufstehen. Anschließend besuchen Sie den Fossil Park bei Hopefield und fahren dann nach Paternoster (Hotel vorbuchen). Wahrscheinlich erreichen Sie den kleinen Ort früh genug, um noch einen Abendspaziergang am Strand machen zu können. Das Abendessen im Hotel bedeutet dann Hummer satt!

• **14. Tag:** Fahren Sie die Küste ab bis Lambert's Bay, speisen Sie dabei in einem Open-Air-Restaurant (wenn es geöffnet hat) und übernachten Sie dann in Clanwilliam.

• **15. Tag:** Unternehmen Sie einen Ausflug zur Missionsstation von Wuppertal und fahren Sie dann ins Namaqualand. Übernachten Sie, je nach Tageszeit, zwischen Bitterfontein und Springbok.

• **16. Tag:** Gehört ganz dem Namaqualand, wobei Sie Ihr Augenmerk auf Springbok und seine Attraktionen richten sollten.

• **17. Tag:** Fahren Sie nun wieder nach Süden. Sollte es spät werden, übernachten Sie erneut in Clanwilliam. Wer aber gerne zeltet und die Natur genießen möchte, der sollte besser in der Cedarberg Wilderness Area auf dem Campingplatz nächtigen.

• **18. Tag:** Verbringen Sie den ersten Teil des Tages in der Cedarberg Wilderness Area und fahren Sie dann nach Kagga-Kamma, wo Sie am Nachmittag noch die erste Pirschfahrt miterleben können. Hier nächtigen Sie.

• **19. Tag:** Am Vormittag besuchen Sie die Buschmänner von Kagga-Kamma und fahren zu den Buschmannzeichnungen. Anschließend geht es nach Tulbagh, wo Sie den Nachmittag Zeit haben für die Churchstreet, die Drostdy und evtl. die Besichtigung eines Weingutes. Übernachten Sie auch in Tulbagh.

• **20. Tag:** *Fahren Sie nach Worcester und schauen Sie sich dort die Brandy-Factory an. Danach geht es dieselbe Strecke ein Stück zurück und über den Bain's Kloof Pass nach Wellington und Paarl. In Paarl können Sie sich u.a. das Language Monument anschauen und auch übernachten.*

• **21. Tag:** *Fahren Sie nun zurück nach Kapstadt. Dieser Tag steht zu Ihrer freien Verfügung in Kapstadt.*

• **22. Tag:** *Ein „Reservetag", den Sie – und das wird Ihnen nicht schwerfallen – irgendwo einbauen können.*

Hinweis
Sollten Sie beabsichtigen, auch den Richtersveld Nat. Park anzufahren, müssen Sie mind. 2, besser 3 zusätzliche Tage rechnen.

ALTERNATIVE: *Eine alternative Route, die aber nicht alle Punkte abdeckt, wird auf der nebenstehenden Karte deutlich. Hierbei fahren Sie im Uhrzeigersinn durch die Western Cape Province. Auslassen würden Sie aber den Addo Elephants Nat. Park und evtl. Stellenbosch.*

Touren für speziell Interessierte

Hinweis
Die hier aufgeführten Vorschläge beinhalten nicht alle Sehenswürdigkeiten, sondern haben einzig das Ziel, einer Route zu folgen, die dem Thema gerecht wird.

Auf den Spuren der ersten Europäer (12–13 Tage)

Highlights
Kapstadt: Museen, hist. Gebäude - Hist. Weingüter - Drostdys - Graaff-Reinet - Hoogekraal Country House

Ihr Ziel der Reise
Streifzug durch die Anfänge der europäisch geprägten Geschichte Südafrikas

Kapitel
9, 10, 12, 14, 15 und 16

Zeitplan
• *1. und 2. Tag: Die ersten zwei Tage sollten Sie sich auf Kapstadt konzentrieren und dort die historischen Gebäude, beginnend mit dem Castle, sowie die historisch geprägten Museen besichtigen, zu denen neben dem Cultural History Museum auch das Koopmans de Wet Museum, das Bertram House Museum und das South African Museum gehören. Ein Blick vom Tafelberg herunter sowie von Bloubergstrand auf die Stadtkulisse runden dabei das Bild noch ab, denn so erhalten Sie einen Eindruck, wie die Stadt auf die ersten Seefahrer und Siedler*

gewirkt haben muss. Für die Besichtigung der ersten südafrikanischen Weingüter (südlich des Tafelberges, u.a. Groot Constantia und Steenberg) sollte der Nachmittag des zweiten Tages reserviert sein. Möchten Sie Ihre geschichtlichen Erkundungen ausweiten auf das 19. und beginnende 20. Jahrhundert, müssen Sie noch einen Extratag einplanen für das Rhodes Memorial, Simon's Town und das Malay Quarter, welches eng verbunden ist mit der „europäischen Entwicklung" der Stadt.

*   **3. Tag:** *Fahren Sie zuerst nach Paarl und besichtigen Sie dort das Language Monument, das Afrikaans Language Museum und evtl. die KWV Winery. Anschließend geht es nach Tulbagh, wo die historische Church Street mit zahlreichen kapholländischen Häusern und einigen kleinen Museen auf Sie wartet. Die Besichtigung der Old Drostdy, einer der ältesten Südafrikas, ist ebenfalls zu empfehlen. Übernachten Sie auch in Tulbagh, am besten in einem der historischen B&Bs bzw. Herbergen entlang der Church Street.*
*   **4. Tag:** *Fahren Sie über den Bain's Kloof Pass, das Werk eines der ersten großen Straßenbaumeister des Landes, und über Wellington und Paarl nach Stellenbosch. Hier sollten Sie mittags ankommen, um den Nachmittag für die Besichtigung des Dorpmuseums und eines weiteren Museums zu haben. Übernachten Sie in Stellenbosch.*
*   **5. Tag:** *Morgens evtl. noch Besichtigung eines weiteren Museums in Stellenbosch und dann Fahrt zur historischen Boschendal Winery. Diese besichtigen und am Nachmittag dann nach Franschhoek fahren, wo u.a. das Hugenotten Denkmal von Interesse ist. Bummeln Sie noch etwas durch Franschhoek und übernachten Sie auch hier.*
*   **6. Tag:** *Brechen Sie früh auf und fahren Sie zur N1, der Sie anschließend bis Beaufort West folgen. Unterwegs gibt es die Möglichkeit, in Worcester noch ein paar kapholländische Gebäude anzuschauen, was aber kein Muss ist. Eigentliches Ziel dieses Tages ist es, Ihnen eine Idee davon zu vermitteln, wie die ersten Siedler und Farmer mit der Weite der Great Karoo, einer Halbwüste, zu kämpfen hatten. Großflächige Farmen, karger Bewuchs und tagsüber eine sengende Hitze werden Ihnen auch heute noch einen bleibenden Eindruck von den Unwegsamkeiten und Gegebenheiten der Karoo vermitteln. Matjiesfontein, um 1900 ein beliebter Kurort und heute wieder schön herausgeputzt, bietet eine Mittagspause. In Beaufort West gibt es einige Gebäude aus dem 19. Jahrhundert zu sehen sowie ein kleines historisches Museum. Mehr aber auch nicht. Sollte es die Zeit noch zulassen, empfehlen wir die Weiterfahrt nach Graaff-Reinet (2 Stunden von Beaufort West). Übernachtung: Entweder Beaufort West oder in einer historischen Herberge in Graaff-Reinet.*
*   **7. Tag:** *Für historisch interessierte Reisende bietet diese kleine Stadt inmitten der Great Karoo genug, um hier einen Tag durch die Museen zu schlendern und sich etwas auszuruhen.*
*   **8. Tag:** *Fahren Sie entlang der N9, R341 und R29 nach Oudtshoorn, einer kleinen Stadt, die in der Zeit vor dem 1. Weltkrieg von der Straußen-Zucht und der Vermarktung von Straußenfedern profitiert hat. Ältere Spuren gibt es aber nicht. Mit einem kurzen Stopp in George, einer Stadt, die sich im 19. Jahrhundert entwickelt hat, geht es dann zum Hoogekraal Country House. Diese Herberge war einst das erste Farmhaus in der Gegend von George. Die heutigen Betreiber dieser noblen Unterkunft können Ihnen beim Dinner viel erzählen über die geschichtliche Entwicklung entlang der Garden Route. Das sollte Ihnen der Übernachtungspreis wert sein.*

- **9. Tag:** *Reservieren Sie sich diesen Tag für eine eintägige „Exkursion" zu interessanten Punkten in der Umgebung und auch, um sich am Indischen Ozean bzw. in der Wilderness Area ein wenig zu erholen.* Erneute Übernachtung im Hoogekraal Country House.
- **10. Tag:** *Fahren Sie nun entlang der N2 zurück in Richtung Kapstadt. In Mossel Bay gibt es das Bartolomeu Diaz Museum zu besichtigen, das sich mit der Geschichte der ersten portugiesischen Seefahrer beschäftigt. Nächster wesentlicher Stopp wäre dann Swellendam, die drittälteste Stadt Südafrikas, wo die alte Drostdy (Museum) und andere historische Gebäude zu besichtigen sind. Sollten Sie Lust auf etwas Abenteuer haben, bietet sich zwischen Mossel Bay und Swellendam auch an, über die Passstraßen nördlich der N2 zu fahren (z.B. Ou Plessis Pass-Ladismith-Barrydale-Tradouws Pass). Dazu benötigen Sie aber mind. 3 Stunden mehr an Fahrzeit, bekommen aber einen Eindruck davon, wie die ersten Siedler sich durch die Berge gen Norden bemühen mussten. Übernachten in Swellendam.*
- **11. Tag:** *Fahren Sie zum südlichsten Punkt Afrikas, dem Cap l'Agulhas und dann entlang der Küste gen Kapstadt. Viel Historisches gibt es nicht mehr zu sehen, aber dafür eine schöne Landschaft. Sollte Ihnen schließlich noch nach einem weiteren historischen Weingut zumute sein, sollten Sie sich in Somerset West noch die Winery Vergelegen anschauen. Haben Sie, wie oben angedeutet, nicht den dritten Tag in Kapstadt verbracht, bietet sich an diesem letzten Tag noch die Gelegenheit, auf dem ältesten Weingut Südafrikas, der* Steenberg Estate, *südlich des Tafelberges zu nächtigen.*
- **12. Tag:** *Da die Flüge i.d.R. erst nachmittags abgehen, können Sie nun von Steenberg aus noch das Weingut* Groot Constantia *besichtigen und einen Lunch im viktorianisch geprägten Alphen Hotel einnehmen. Dieses Hotel ist ebenfalls eine Alternative für die letzte Nacht.*

Auf den Spuren der nicht-weißen Bevölkerung Südafrikas (ca. 7 Tage)

Highlights
Malay Quarter - Robben Island - Buschmänner in Kagga-Kamma - VW-Werk in Uitenhage (bei Port Elizabeth)

Ihr Ziel der Reise
Buschmänner, Bantus, Kapmalayen – Südafrika ist kein weißes Land

Kapitel
9, 11, 14 und 16

Hinweis
Eine Fahrt zum VW-Werk in Uitenhage bei Port Elizabeth ist optional und lohnt nur dann, wenn Sie sowieso vorhaben, nach Port Elizabeth zu fahren.

Zeitplan
- **1. Tag:** *Kapstadt. Besuchen Sie zuerst das Cultural History Museum und das South African Museum, wobei Sie Ihr Hauptaugenmerk auf die zum Thema passenden Abteilungen legen sollten. Anschließend besuchen Sie das Malay*

Quarter, wo die Kapmalayen leben, die sich erfolgreich gegen die Umsiedlungspläne der weißen Regierungen gewehrt haben. Abendessen: Kapmalaiisch.
- *2. Tag: Unternehmen Sie eine Township-Tour, die auch einen Stopp im District Six Museum vorsieht. Evtl. besuchen Sie das Museum im Anschluss an die Tour noch ausführlicher. Abendessen: in einem afrikanischen Restaurant.*
- *3. Tag: Ein Besuch der Sträflingsinsel Robben Island darf nicht fehlen. Hier können Sie am besten nachvollziehen, wie das Apartheid-Regime mit den politischen Aktivisten umgegangen ist. Schlendern Sie anschließend noch durch die Innenstadt, gehen Sie auf den Markt vor der ehemaligen City Hall und beobachten Sie das spätnachmittägliche Treiben auf dem Busbahnhof zwischen City Hall und Bahnhof. Dabei wird deutlich, dass viele Strukturen aus der Apartheidzeit auch heute noch sichtbar sind und die City Bowl im Grunde weiß geblieben ist.*
- *4. Tag: Fahren Sie entlang der Atlantikküste nach Paternoster. Der kleine Fischerort ist bekannt durch seine pittoresken Häuschen und den guten Lobster im Paternoster Hotel. Interessant ist aber auch, wie die Nachkommen der San und die Farbigen hier leben. Sie stellen den weitaus höchsten Bevölkerungsanteil der Einwohner. Vermischt mit weißen Kulturen, ergibt sich dabei ein aufschlussreiches Bild. Übernachten in Paternoster.*
- *5. Tag: Optional ist nun ein großer Schlenker zur Rheinischen Missionsstation von Wuppertal, nordöstlich von Clanwilliam. Hier wird auf anschauliche Weise deutlich, wie die christliche Religion Einzug gefunden hat im südlichen Afrika. Übernachten in Clanwilliam.*
- *6. Tag: Fahren Sie nach Kagga-Kamma, einem privaten Areal, wo heute, am Rande der Karoo, Buschmänner leben und unterrichtet werden. Hier erfahren Sie mehr über die Lebensweise der Buschmänner, und auf einer kurzen Jeep-Exkursion werden Ihnen auch Buschmann-Zeichnungen gezeigt und erläutert. Übernachtung in Kagga-Kamma.*
- *7. Tag: Vormittags noch Kagga-Kamma, anschließend zurück nach Kapstadt.*
- *Das **VW-Werk in Uitenhage** bei Port Elizabeth liegt nun keinesfalls auf dieser Route und bietet leider auch nicht immer Werkstouren an. Daher lohnt eine Extra-Anfahrt nicht. Sollte Sie Ihre Reise aber in diese Gegend führen und eine Führung stattfinden, dann lohnt sich die Besichtigung allemal. Hier wird gezeigt, unter welchen – mittlerweile durchaus vertretbaren – Bedingungen vornehmlich schwarze Arbeiter beschäftigt sind, wie viel sie verdienen und wo Probleme stecken.*

5 Tage Wein testen

Highlights
Groot Constantia - Steenberg Estate - Boschendal - Franschhoek - Vergelegen

Ihr Ziel der Reise
Warum wird hier so guter Wein produziert, und welcher Tropfen eignet sich zum Mitnehmen?

Kapitel
10 und 12

Zeitplan

• *1. Tag:* Gleich am Ankunftstag sollten Sie zur Steenberg Estate *südlich des Tafelberges fahren und hier auch nächtigen. Steenberg ist das älteste Weingut Südafrikas. Hier können Sie auch gut essen und in Ruhe einige Weine des Hauses testen. Sollte die Zeit ausreichen, können Sie auch an diesem Tag noch das Weingut* Klein Contantia *besichtigen und dort Weine testen.*

• **2. Tag:** *Fahren Sie nun zuerst nach Paarl und besichtigen Sie die KWV Vinery. Hierbei handelt es sich um einen Zusammenschluss verschiedener Winzer. Zu Mittag essen Sie dann im exklusiven* Grand Roche Hotel und Restaurant, *einem der besten Gourmet-Adressen Südafrikas. Bei einem kleinen Mahl lassen Sie sich dann mit einem nur leichten Wein verwöhnen. Danach fahren Sie zum historischen Weingut* Boschendal, *das Sie auch besichtigen können. Abends sollten Sie dann in oder um Franschhoek übernachten, entweder auf einem Weingut oder in* Le Quartier Francais, *das sowohl für seine gute Küche als auch für seinen ausgesuchten Weinkeller bekannt ist.*

• **3. Tag:** *Fahren Sie entlang der 4-Pässe-Straße (im Uhrzeigersinn) nach Somerset West, wo das historische Weingut* Vergelegen *mit guten Weinen und einer Besichtigung auf Sie wartet. Sollte es Mittagszeit sein, bietet sich vor oder nach der Besichtigung ein leichtes*

Das Restaurant im „Grand Roche Hotel" in Paarl hat eine erstklassige Weinkarte

Mahl im Die Ou Pastorie-Restaurant *in Somerset West an. Abends fahren Sie nach Stellenbosch, wo Sie in einem historischen Hotel/Herberge nächtigen sollten. Die Restaurants der Stadt bieten ausreichende Gelegenheit, Weine der Region zu testen.*

• **4. Tag:** *Suchen Sie sich ein Weingut in der Umgegend von Stellenbosch aus (z.B. das hist.* Lanzerac), *das Sie besichtigen möchten. Das Touristenamt wird Ihnen gegebenenfalls bei der Auswahl behilflich sein. Fahren Sie anschließend entlang einer Landstraße mit Weingütern bis zum Stadtrand von Kapstadt und nehmen Sie von dort eine der Autobahnen. Ziel ist jetzt als letzte Übernachtungsstätte* Constantia Uitsig, *eine weitere Vinery südlich des Tafelberges. In den Cottages lässt es sich herrlich entspannen, und in den angeschlossenen Restaurants gibt es leckeres Essen und hervorragende Weine.*

• **5. Tag:** *Besichtigen Sie das Weingut* Groot Constantia *und evtl. auch* Klein Constantia *bzw.* Buitenverwachting. *Letzteres bietet Di–Fr auch einen guten Mittagstisch an. Nachmittags/abends Rückflug.*

Flora und Fauna der Kapprovinzen

Highlights

Kirstenbosch Botanical Gardens - Cape of Good Hope Nature Reserve - Pinguine bei Simon's Town - Tafelberg - West Coast Nat. Park - Bain's Kloof Pass - Karoo - Bontebok Nat. Park - De Hoop Nat. Reserve - Garden Route - Addo Elephants Nat. Park

Ihr Ziel der Reise

Die einmalige Blumenwelt der „Capensis" sowie die Tierwelt der Kapprovinzen

Kapitel

10, 13, 14, 15 und 16

Jahreszeit beachten!

Die besten Monate für die Pflanzen sind August bis Oktober.

Zeitplan

HINWEIS: Um vor allem die Pflanzenwelt zu erkunden und die Vögel zu beobachten, bedarf es einiger Zeit. Der Reiseverlauf hier berücksichtigt dieses nur teilweise und ist vornehmlich auf das Anfahren und kurze Besichtigen der einzelnen Punkte ausgelegt. Möchten Sie aber mehr sehen und Musse haben, sollten Sie einige Zusatztage einrechnen.

HINWEIS: Bedenken Sie, dass es in der Kapprovinz nicht alle „typischen" Tiere Afrikas gibt. Elefanten gibt es nur im Addo NP, und Giraffen, Nashörner, Flusspferde und andere Großtiere gibt es gar nicht.

• 1. Tag: Ihr erstes Ziel sollte der Kirstenbosch Botanical Garden in Kapstadt sein. Hier können Sie sich informieren über die Vegetation am Kap, und im Laden gibt es zudem gute weiterführende Literatur. Nachmittags sollten Sie dann auch noch in einem Buchladen in der Stadt nach Literatur zum Thema Tierwelt schauen. Übernachtung in der „City Bowl".

• 2. Tag: Fahren Sie zuerst auf den Tafelberg und schauen Sie – abseits der Seilbahnstation – nach der Vegetation. Anschließend fahren Sie mit dem Auto entlang der Atlantikseite langsam nach Simon's Town, wo Sie auch nächtigen. Am späten Nachmittag können Sie noch die Pinguin-Kolonie besuchen und etwas nördlich, bei Fish Hoek/Kalk Bay nach Walen Ausschau halten (entsprechend der Jahreszeit).

• 3. Tag: Nehmen Sie sich Zeit für Wanderungen im Cape of Good Hope Nature Reserve und fahren Sie dann noch nach Bloubergstrand, nördlich von Kapstadt, wo Sie den Sonnenuntergang über Kapstadt bewundern und nächtigen können.

• 4. Tag: Fahren Sie nach Norden und schauen Sie sich das Flower Reserve in Darling an. Anschließend fahren Sie zum West Coast National Park. Übernachtung in Langebaan.

• 3–4 Alternativtage: s.u.

• 5. Tag: Wer gerne die Vögel im West Coast NP anschauen möchte, muss sehr früh aufstehen. Fahren Sie anschließend über Citrusdal nach Kagga-Kamma, ein privates Areal, das nicht nur für die Ansiedlung der Buschmänner bekannt ist, sondern auch für seine Tiere. Pirschfahrten sind im Übernachtungspreis inbegriffen.

- **6. Tag:** *Ein langer Tag. Über Tulbagh, den Bain's Kloof Pass geht es nun nach Paarl, wo Sie dem Veldblum Nat. Reserve einen Besuch abstatten sollten. Abkürzend können Sie aber auch auf direktem Wege über Worcester und Robertson nach Montagu fahren. Dieser kleine Ort eignet sich für 2 Übernachtungen, so dass Sie am*
- **7. Tag** *hier Zeit für Wanderungen durch eine Schlucht bzw. in die Berge haben.*
- **8. Tag:** *Besuchen Sie den Bontebok Nat. Park bei Swellendam und evtl. auch das De Hoop Nat. Reserve, wo Sie – bei rechtzeitiger Vorausbuchung – wunderschön in einem Cottage übernachten können. Am Nachmittag ist Zeit für Wanderungen.*
- **9. Tag:** *Fahren Sie nun zügig durch bis zur Wilderness Area zwischen George und Knysna. Zeit für Wanderungen in diesem Gebiet bleibt noch. Hier oder in Knysna 2 Nächte verbringen.*
- **10. Tag:** *Erkunden Sie die Wilderness Area, die Old Passes Road und unternehmen Sie dort ausgiebigere Wanderungen.*
- **11. Tag:** *Fahren Sie zum Tsitsikamma Nat. Park, in dessen Umgegend Sie auch übernachten. Besonders zu empfehlen sind die Hütten in Storms River, die aber meist früh ausgebucht sind. Wer noch mehr Natur erwandern möchte, kann dieses auch an einem zusätzlichen Tag hier machen.*
- **12. Tag:** *Fahren Sie zum Addo Elephants Nat. Park, den Sie zeitlich so erreichen sollten, dass Sie noch die nachmittägliche Rundfahrt durch den Park unternehmen können.*
- **13. Tag:** *Tagsüber noch etwas im ehem. Zuurberg Nat. Park verbringen und dann nach Port Elizabeth (Rückflug).*

- **3–4 Alternativtage:** *Wer mehr Zeit hat, sollte 3–4 Tage ins Namaqualand fahren und in den Monaten August bis Oktober die Blütenmeere dieser ansonsten so kargen Landschaft erkunden. Ein Besuch des Goegap Nature Reserve bei Springbok ist dabei „Pflicht". Für einen Besuch des abgelegenen Richtersveld Nat. Park kommen nochmals 3 Tage hinzu. Auf der Rückfahrt vom Norden in Richtung Kagga-Kamma ist der Besuch der Cedarberg Wilderness Area zu empfehlen.*

- **Zusatztage:**
1) Abenteuerlustige und Liebhaber von einsamen Wanderrouten sollten über 2 zusätzliche Tage in den Bainskloof-Bergen nachdenken. Dazu würden Sie am 12. Tag abbiegen nach Patensie und zur Forststation Cambria hinauffahren, wo Sie zusätzliche Infos erhalten. Unterbringung nur im eigenen Zelt und auf einem sehr einfachen Zeltplatz!
2) Sie fahren am 13. Tag nach Norden zum Mt. Zebra Nat. Park, wo Sie auch nächtigen.

Unterschätzen Sie
die Entfernungen nicht!

Entfernungstabelle

	Beaufort West	Bloemfontein	Clanwilliam	East London	George	Graaff-Reinet	Johannesburg	Kapstadt	Kimberley	Mossel Bay	Oudtshoorn	Port Elizab.	Stellenbosch
Beaufort West	-	535	530	597	237	209	951	463	497	273	179	405	440
Bloemfontein	535	-	895/1007	584	773	422	398	1004	177	808	714	677	975
Clanwilliam	530	895/1007	-	1085	566	739	1369	224	904	541	498	872	217
East London	597	584	1085	-	645	395	982	1079	780	696	689	310	1070
George	237	773	566	645	-	342	1171	438	762	66	63	335	392
Graaff-Reinet	209	422	739	395	342	-	822	422	490	408	312	291	649
Johannesburg	951	398	1369	982	1171	822	-	1402	472	1234	1141	1075	1391
Kapstadt	463	1004	224	1099	438	422	1402	-	962	392	506	769	49
Kimberley	497	177	904	780	762	490	472	962	-	770	703	743	937
Mossel Bay	273	808	541	696	66	408	1234	392	770	-	94	396	363
Oudtshoorn	179	714	498	689	63	312	1141	506	703	94	-	394	399
Port Elizab.	405	677	872	310	335	291	1075	769	743	396	394	-	739
Stellenbosch	440	975	217	1070	392	649	1391	49	937	363	399	739	-

9. KAPSTADT – PERLE AM FUSSE DES TAFELBERGES

(ⓘ s. S. 194ff)

Allgemeiner Überblick

Das beschriebene Gebiet

Kapstadt, auch „Mother City" oder „Tavern of the Seas" genannt, gehört mit Recht zu den schönsten Städten der Welt. Die Innenstadt („City Bowl") selbst mag aber in vielen Bereichen weniger begeistern, denn hier wurden in den 1960er- und -70er-Jahren viele unschöne Hochhäuser gebaut, und die Atmosphäre „leidet" z.Zt. unter der wesentlich attraktiveren *Victoria & Alfred Waterfront*. Diese schön umgestalteten Hafenanlagen sind heute Shopping-, Entertainment- und Büroviertel zugleich, ohne den maritimen Charakter dabei außer Acht zu lassen. Viele Innenstadtgeschäfte sind in den 1990er-Jahren hierher abgezogen. Nun bemüht sich die Stadtverwaltung aber, den Wert der City wieder zu heben, u.a. mit dem Bau des *Canale Grande* zwischen Waterfront und Innenstadt, auf dem Boote als Taxis pendeln. Das 2003 eingeweihte *International Convention Center*, ebenfalls geschickt zwischen Waterfront und Innenstadt angesiedelt, hat auch wesentlich zu einer Wiederbelebung beigetragen und die komplette Umgestaltung der Region Foreshore wird Selbiges tun. Auch die Kleinkriminalität in der Innenstadt, Ende der 1990er Jahre ein großes Problem, wurde mittlerweile nahezu ausgemerzt, und die St. George's Mall ist wieder eine belebte Einkaufsstraße, wenn auch weit von ihrer Bedeutung vor gut 20 Jahren entfernt. Die meisten Guesthouses befinden sich übrigens in den Stadtteilen *Tamboerskloof* sowie *Gardens*, und viele Museen locken in das Gebiet um die *Company's Garden*.

„Tavern of the Seas"

Die Innenstadt wird wieder aufgewertet

Doch besteht Kapstadt natürlich keineswegs nur aus der Innenstadt, und eine Rundfahrt um das *Kap der Guten Hoffnung* gehört natürlich zum Pflichtprogramm. Für diesen Ausflug benötigen Sie alleine schon einen ganzen Tag. Folgen Sie dabei einfach der Küstenlinie. Fischerorte wie *Hout Bay*, *Simon's*

Eine der Hauptattraktionen Kapstadts: Victoria & Alfred Waterfront

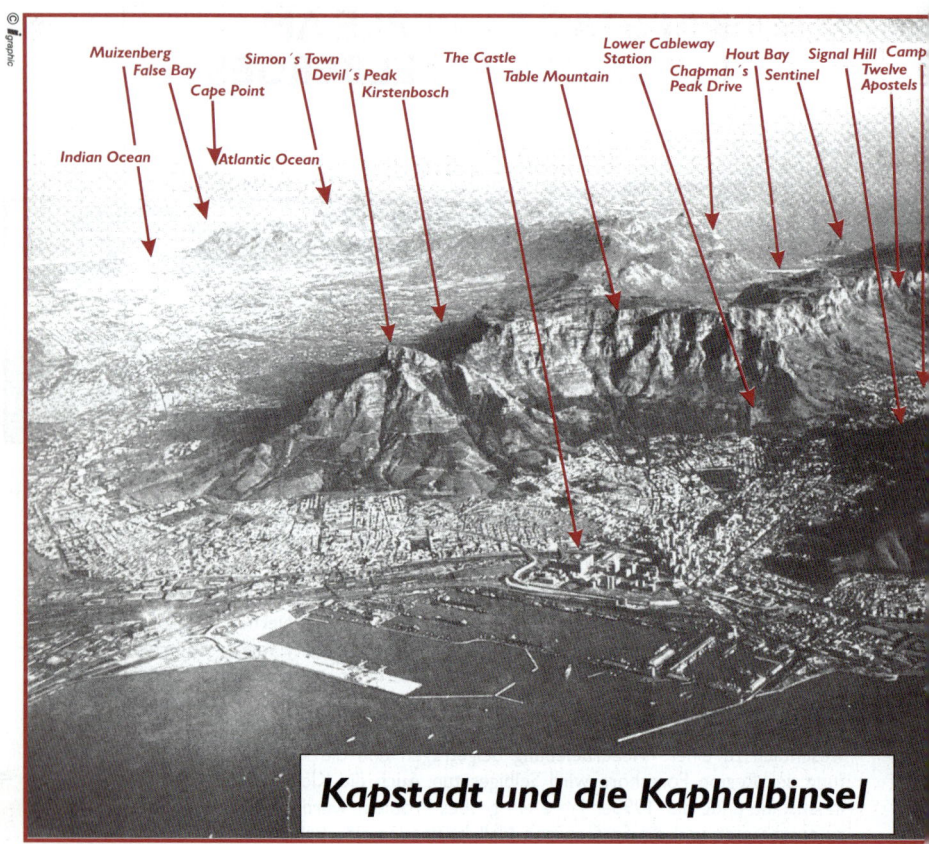

Muizenberg
False Bay
Cape Point
Simon´s Town
Devil´s Peak
Kirstenbosch
The Castle
Table Mountain
Lower Cableway
Station
Chapman´s
Peak Drive
Hout Bay
Sentinel
Signal Hill   Camp
Twelve
Apostels

Indian Ocean   Atlantic Ocean

Kapstadt und die Kaphalbinsel

Fischerorte   Town und *Kalk Bay* sowie die Touristenorte *Sea Point, Camps Bay, St. James* und *Muizenberg* liegen ebenfalls an dieser Strecke. In die *Townships* fahren Sie besser mit einer organisierten Tour, sowohl der Orientierung wegen als auch, um bessere Hintergrundinfos zu erhalten. Bei Dunkelheit kommt auch noch der Sicherheitsfaktor dazu.

Die *Stadtteile südlich der Innenstadt* bieten zwar keine „Muss"-Sehenswürdigkeiten, dafür aber alternative Einblicke in das Leben am Kap und zudem die Möglichkeit, zu den *Kirstenbosch National Botanical Gardens* sowie den *Weingütern im Constantia Valley* zu fahren. Auch dafür benötigen Sie einen ganzen Tag.

Basis für   Natürlich eignet sich Kapstadt auch als Ausgangsbasis für Tagesausflüge nach
Tages-   *Stellenbosch* und *Paarl* und auch zum *West Coast National Park* sowie zu den Walen,
ausflüge   die sich von Juli bis November in der Bucht vor *Hermanus* tummeln.

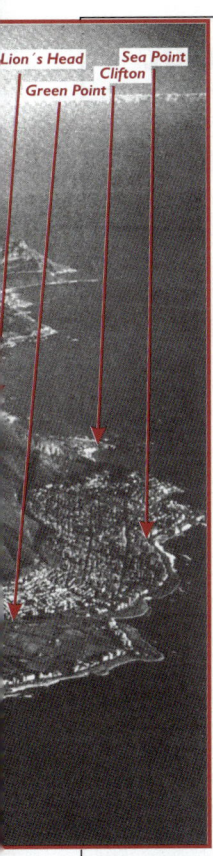

Lion´s Head   Sea Point
        Clifton
Green Point

**Es gibt nicht nur den Tafelberg –
Kapstadts „andere Spitzen"**

• **Signal Hill**

Anfahrt: *Kloof Nek Rd bis zum Kreisel auf dem Grad zwischen Lion's Head und Tafelberg (Kloof Nek) und dann nach rechts der Signal Hill Rd. bis zum Gipfel folgen.*

Wie der Name bereits verrät, wurde die 350 m hohe Erhebung früher als Signalposten genutzt. Doch nicht den Schiffen galten die Signale, sondern den Kaufleuten und Kneipiers in der Stadt. Sobald der Signalgast ihnen zu verstehen gab, dass sich ein Handelsschiff dem Hafen näherte, bereiteten sie ihre Waren und Bierhumpen vor. Täglich, außer sonntags, wird auch heute noch die Kanone um 12h mittags abgefeuert. Eine Tradition, die den Kapstädtern die Möglichkeit bietet, ihre Uhren korrekt einzustellen, denn die Kanone ist heute gekoppelt mit Kapstadts Atomuhr. Die Kanone, die unterhalb des Gipfels am Hang steht, können Sie am besten zu Fuß (oder mit dem Auto) vom Malayen-Viertel aus über die Longmarket Street erreichen. Die Kanone steht oberhalb des Noon Gun Cafés. Besonders schön ist die Fahrt auf den Signal Hill bei Sonnenuntergang bzw. bei Dunkelheit. Das Panorama über die Stadt, die untergehende Sonne und das faszinierende Lichtermeer belohnen für den kurzen Ausflug. Der Signal Hill eignet sich übrigens auch für ein gemütliches Picknick. Ehemals war der Signal Hill auch bekannt als *„Lion's Rump"*, denn er ist ja der hintere Ausläufer des „Lion's Head" und somit Teil des Löwenkörpers.

• **Lion's Head**

Anfahrt: *Kloof Nek Rd bis zum Kreisel auf dem Grad zwischen Lion's Head und Tafelberg (Kloof Nek) und dann nach rechts der Signal Hill Rd. bis zum ausgeschilderten Parkplatz folgen (ca. 700 m vom Kloof Nek).*

Vor einer Wanderung auf den Lion's Head:
auf den Wetterbericht achten

Der 669 m hohe „Löwenkopf" kann nur zu Fuß erreicht werden, und die Besteigung ist ziemlich anstrengend. 350 Höhenmeter müssen dabei

Stadtplan Großraum Kapstadt

Panorama

N1

Parow

R27

V & A
Waterfront

Paarden
Eiland

Goodwood

Green Point
Sea Point

R102

Epping

M12

Kapstadt

Maitland

Saunders Rock
Bantry Bay
Clifton

City &
City
Bowl

Woodstock

Pinelands

Belhar

Maiden's Cove
Camps Bay
Bakoven Bay

M4

Observatory

M16

Langa

M10

M3

Mowbray
Rosebank
Rondebosch
Newlands
Claremont

M62

Table
Mountain

N2

Bonteheuwel

N2

Kirstenbosch
Botanical
Gardens

M18

Athlone

Nyanga

Kenilworth

Lansdowne

M7

M10

M9

Llandudno

M63

M3

Wynberg

M5

M17

Philippi

M22

Sandy Bay

M6

M63

M41

M4

Ottery

**Hout
Bay**

Constantia

Diep River

Mitchell's
Plain

Mariner's Wharf

M3

M4

Grassy Park

The Sentinel
Duiker
Island

**Tokai Forest
Reserve**

Tokai

Retreat

Zeekoe
Vlei

Chaps Peak

M42

M17

R310

Chapman's Peak
Drive

**Silvermine
Nature
Reserve**

Sunrise Beach

Strandfontein

Noordhoek

M6

Muizenberg

Long Beach

St. James
Kalk Bay

Kommetjie

M65

M65

Clovelly

Ocean View
Da Gamma Park

M6

Fish Hoek

Glencairn

False Bay

M4

Simon's Bay

Simon's Town

Scarborough

M65

Seafort

M66

The Boulders

Pinguin Kolonie

Die Mond

M4

Fisherman's Beach
Miller's Point
Koeël Bay

Olifants Bay

M65

Partridge Point

Olifantsbos Point

Smitswinkel Bay

Mast Bay

**Cape of
Good Hope
Reserve
(Nat.Park)**

Bat Sata Cove
Venus Pool

Hoek van Bobbejaan

Black Rock
Buffels Bay

Muishond Bay

**Atlantischer
Ozean**

Platboom Bay
Maclear Beach

Rooikrans

Cape Point

Cape of Good Hope

Weingüter im
Constantia Valley,
u.a."Groot Constantia"

N

0   10km

© graphic

überwunden werden. Also: Feste Wanderschuhe und ein wenig Proviant dabeihaben – und auch nicht während der Mittagshitze aufsteigen! Schwierige Passagen führen über Metalleitern. Oben angekommen, belohnt ein einmaliges Panorama über Stadt und Atlantik für die Mühen. Ein hervorragendes Plätzchen für ein Picknick. Für den Auf- und Abstieg benötigen Sie ca. 2 ½ Stunden, doch nur, wer sich gesundheitlich fit fühlt, sollte hinaufklettern.

• **Devil's Peak**

Anfahrt: *Über Kloof Nek Rd und dann am Kloof Nek abbiegen auf die Tafelberg Rd. Dieser bis zum Ende folgen.*

Der 1.002 m hohe Berg flankiert die Ostseite des Tafelberges und wurde bereits von den britischen Invasionstruppen 1795 als „Rückhalt" genutzt. Ihr General Sir James Craig ließ damals drei Blockhäuser an den oberen Hängen errichten, von denen eines, das ***King's Blockhouse***, heute ein National Monument ist. Es steht am Ende der Straße. Der Aufstieg zur Bergspitze ist aber nur etwas für erfahrene Kletterer.

Überblick: Was gibt es zu erleben?

Wie im ersten Abschnitt bereits beschrieben, bietet Kapstadt eine Reihe von Sehenswürdigkeiten und Ausflugsmöglichkeiten, die alleine schon eine Reise wert sind. Zu den oben erwähnten Punkten möchten wir hier noch hinzufügen, dass individuelle Highlights, wie z.B. der Besuch der ehemaligen Sträflingsinsel *Robben Island*, natürlich die Seilbahnfahrt auf den *Tafelberg* und auch die Erkundung des kapmalayischen Viertels *Bo-Kaap*, das Programm durchaus abrunden würden.

Robben Island ist ein Highlight!

Wenn auch einige Bereiche der *Innenstadt* architektonisch etwas abfallen und wenig begeistern können, sollten Sie auf den Besuch einiger der Museen hier nicht verzichten. Und wer etwas sucht, findet auch in der Innenstadt interessante Häuser und Straßenzüge, so z.B. die *Long Street*, das *Koopmans De Wet House* bzw. die Grünanlagen des *Company's Garden*. Vergessen Sie auch nicht, dass Kapstadt während der Hälfte des Jahres die Hauptstadt Südafrikas ist und zahlreiche Regierungsgebäude das Bild abrunden. Der zentrale *Greenmarket Square* beeindruckt schließlich noch mit einem Kunsthandwerkermarkt, bei dem aber ordentlich gehandelt werden muss, denn Touristen werden sonst gerne einmal „übers Ohr gehauen". Trotzdem bleibt es dabei: Kapstadts Innenstadt ist nicht das eigentliche Highlight. Das ist auch mit einem Wort alleine nicht zu bezeichnen, sondern setzt sich zusammen aus der Lage der Stadt am Meer, seiner Geschichte, den vielfältigen Restaurants, der interessanten Kunstszene und der unkompliziert-freundlichen Art der Bewohner. Manch einer mag schließlich noch das angenehme Klima hinzufügen, doch das wird allzu oft unterbrochen von starken Winden und plötzlichen Regeneinfällen, um es als schlagendes Argument für einen Besuch zu bezeichnen.

Redaktions-Tipps Kapstadt

Grundsätzlich:

- Achten Sie besonders in der Innenstadt auf Ihre Wertsachen. Die **Kleinkriminalität** ist zwar deutlich zurückgegangen, aber manchmal versucht es eben doch noch einer.

Die schönsten Naturerlebnisse

- Zum Sonnenuntergang auf dem **Signal Hill** (S. 363)
- Wanderung auf dem **Tafelberg-Massiv** – abseits der Seilbahnstationen (S. 394ff)
- **Kirstenbosch National Botanical Gardens** – ein Muss (Kap. 10, S. 443ff)
- Rundtour um die **Kaphalbinsel**. Besonders schön ist der Abschnitt zwischen Hout Bay und der Kapspitze (Kap. 10, S. 417ff)
- Blick auf Kapstadt und den Tafelberg von **Bloubergstrand** aus (S. 449)
- Spaziergang durch den **Company's Garden** (S. 375)

Kulturelle Höhepunkte

- Bummel durch das **Malay Quarter (= Bo-Kaap)** (S. 368ff)
- Spaziergang entlang der **Long Street** der viktorianischen Architektur wegen (S. 380f)
- Besuch des **Two-Ocean Aquariums** an der V & A Waterfront (S. 391)
- Besuch der **Victoria and Alfred Waterfront** im Generellen (S. 388ff)
- Das historische **Castle of Good Hope** (S. 375)
- Eines der ältesten Häuser: das **Koopmans de Wet Museum** (S. 379)
- Geschichte der Apartheid erleben im **District Six Museum** (S. 376f)
- Ausflug ins **Weinanbaugebiet um Stellenbosch und Franschhoek** (S. 457ff)
- Mal etwas Anderes: Das **Rugby Museum** (S. 403)

Außergewöhnliche Höhepunkte

- Fahrt mit der **Seilbahn auf den Tafelberg** und am frühen Abend die Sonnen untergehen sehen (S. 394)
- Das wahre Afrika kennen lernen auf einer **Township-Tour** (S. 449ff)
- Bootsfahrt nach **Robben Island** mit Führung auf der ehemaligen Sträflingsinsel (S. 448ff)
- **Kapmalayische und kapholländische Küche** probieren
- **Stranderlebnis** in Camps Bay (S. 409)
- Besuch eines **historischen Weingutes**, z.B. Groot Constantia (S. 441ff)

Machen Sie sich auf den Weg, die **ganze** Stadt zu erkunden, einschließlich der historischen Weingüter im *Constantia Valley* und um *Stellenbosch*, der Orte an der *False Bay*, der *Pinguin Colony* bei Simon's Town, einer organisierten Tour in die *Townships* usw.

Lesen Sie die folgenden Kapitel zuerst in Ruhe und picken Sie sich dann auch weniger bekannte Ziele heraus. Oder haben Sie sich schon einmal mit Rugby, der einzigartigen Flora der Capensis, Walen oder der kompletten Vernichtung eines Stadtteiles beschäftigt? Das alles und noch viel mehr gehört zu einem wirklichen Besuch von Kapstadt! Tafelberg, Waterfront und Kap genügen da nicht.

Vorschläge für eine Zeiteinteilung
OPTIMALE ZEIT: 3–4 Tage
• *2 Tage (nur Innenstadt und Umgegend):*
1. Tag: Stadtrundgang inkl. Long Street, Malay Quarter, SA Museum und Company's Garden. Am Nachmittag/Abend dann mit der Seilbahn auf den Tafelberg fahren. Abendessen: Kapholländisch.
2. Tag: Castle of Good Hope und anschließend zur Victoria and Alfred Waterfront. Hier Mittagessen (Seafood!). Am Nachmittag dann mit dem Auto nach Camps Bay fahren, dort Kaffee trinken und baden. Abendessen: Kapmalayisch (die entsprechenden Restaurants schließen früh!). Am späteren Abend, je nach Lust und Alter: jüngere Leute V & A Waterfront oder Long Street, ältere Leute: V & A Waterfront.
• *4 Tage (Innenstadt, Umgebung und Kapumrundung):*
1. und 2. Tag: wie oben
3. Tag: Früh starten zu einer Fahrt um die Kaphalbinsel (gegen den Uhrzeigersinn). Frühstücken evtl. erst in Hout Bay. Den Mittag im Cape of Good Hope Nat. Reserve verbringen und anschließend die Straußenfarm dort besuchen. Anschließend zur Pinguin-Kolonie südl. von Simon's Town. Sollte dann noch Zeit sein, entweder in den Antiquitätenläden von Kalk Bay stöbern oder Tee einnehmen im Alphen Hotel. Abendessen: Entweder in kleinem Restaurant in Mowbray oder einem Fischrestaurant in der Stadt.
4. Tag: Wahlweise: Fahrt nach Robben Island, Township-Tour (vorher buchen), Besuch der Kirstenbosch Botanical Gardens oder Besuch eines historischen Weingutes. Sonnenuntergang vom Signal Hill aus bewundern bzw. von Bloubergstrand aus. Abendessen: Pubfood oder afrikanisches Wildgericht.

Reisepraktische Hinweise

Allgemein
1. Die Kriminalitätsrate von Kapstadt ist zwar nicht so hoch wie die von Johannesburg, doch sollten Sie auf folgende Punkte achten:
• *Parken Sie auf bewachten Parkplätzen.*
• *Lassen Sie keine Wertsachen im Fahrzeug.*
• *In der Innenstadt gibt es Taschendiebe. Halten Sie dort Ihre Taschen und die Kamera fest am Körper und nehmen Sie nicht zu viele Wertsachen mit.*
• *Fahren Sie nicht nachts in die Townships.*
2. Planen Sie Ihren Aufenthalt so, dass Sie sich hinterher nicht ärgern müssen über verpasste Dinge. Beachten Sie vor allem folgende Punkte:
• *Die Kapumrundung nimmt einen vollen Tag in Anspruch.*
• *Oft fährt die Seilbahn wegen zu viel Wind nicht auf den Tafelberg, oder dieser liegt in den Wolken. Ist das Wetter gut, verschieben Sie Ihren Plan und nutzen Sie es für die Auffahrt.*
• *Eine Bootstour (samt Besichtigung) nach Robben Island dauert einen halben Tag.*

Bei den Straßenhändlern heißt es handeln und die Qualität prüfen

- *Auch die Besichtigung der Kirstenbosch Nat. Botanical Gardens in Verbindung mit dem Besuch eines Weingutes im Constantia Valley kann einen ganzen Tag dauern.*

Das Fazit ist also, dass Sie für die Erkundung von Kapstadt schon mindestens 4 Tage einplanen sollten.

3. Wohnen Sie möglichst zentral, z.B. in einem Gästehaus oder Hotel in der City Bowl bzw. nahe der Waterfront. Von hier aus können Sie am besten zu Ihren Erkundungstouren aufbrechen bzw. werden Sie zu organisierten Touren abgeholt.

Entfernungen
- *Kapstadt - Johannesburg: 1.402 km*
- *Kapstadt - Port Elizabeth: 769 km*
- *Kapstadt - Beaufort-West: 463 km*
- *Kapstadt - Hermanus: 120 km*
- *Kapstadt - Stellenbosch: 49 km*
- *Kapstadt - Bloubergstrand: 25 km*
- *Kapstadt - West Coast National Park: 125 km*
- *Kapstadt - Clanwilliam: 225 km*

Die Innenstadt („City Bowl")

Überblick, Hinweise und Tipps

Wie in einer Schüssel
Kapstadt ist für afrikanischen Standard eine alte Stadt, was besonders in dem Nebeneinander von einige Jahrhunderte alten Gebäuden mit modernen Hochhäusern zu erkennen ist. Die hier beschriebene Innenstadt bezeichnen die Einheimischen auch als *„City Bowl"*, da sie zwischen Signal Hill, Lion's Head und Tafelberg wie in eine Schüssel eingebettet liegt.

Zur Orientierung dient Kapstadts heutige Hauptstraße, die **Heerengracht**, die direkt vom Hafen bis zum Fuße des Tafelbergs beim luxuriösen „Mount Nelson Hotel" führt. Sie ändert ihren Namen erst in **Adderley Street** und später in **Government Avenue**, welche durch den Company's Garden führt.

Adderley Street ist Kapstadts kommerzielles Zentrum mit vielen Geschäften, Verwaltungsgebäuden, Banken, der Hauptpost und einigen Sehenswürdigkeiten. Bis 1850 wurde diese Straße von einem Wasserlauf durchzogen, an dessen Seiten Eichenbäume standen. Schon damals hieß diese Allee Herrengracht. Die Adderley Street sollte 2001 in Nelson Mandela Avenue umbenannt werden. Proteste haben dieses aber bisher verhindert – nicht aus rassistischen Gründen, sondern weil die Kapstädter einfach altbewährte Namen beibehalten möchten.

Hervorragende Touristeninformation
An der Ecke Burg/Castle Streets befindet sich das hervorragend organisierte **Information Centre**, das als guter Ausgangspunkt für Erkundungstouren ins Stadtzentrum von Kapstadt dient und wo Sie auch organisierte Touren in alle Teile der Kapprovinz buchen können. Angeschlossen ist ein kleines Internetcafé.

In Nord-West-Richtung begrenzt die **Strand Street** das Stadtzentrum. **St. George's Mall**, parallel zur Adderley Street, ist die Haupteinkaufsstraße. In dieser Fußgängerzone finden Sie diverse Geschäfte, und von ihr zweigen Passagen mit allen Einkaufsmöglichkeiten ab.

Die nächste parallel gelegene Straße, die **Long Street**, ist eine enge Straße mit vielen viktorianischen Gebäuden, wo sich diverse „In"-Cafés, Bars, Backpacker-Unterkünfte,

Die Innenstadt wächst in die Höhe

Antiquitätengeschäfte und Secondhand-Buchläden befinden, vor allem zwischen **Wale Street** und **Buitensingel**.

Secondhand-Buchläden

Buitengracht, ebenfalls parallel zur Adderley Street verlaufend, teilt das Stadtzentrum von dem oberhalb gelegenen **Bo-Kaap**, auch **Cape-Muslim-** oder **Malayen-Viertel (Malay Quarter)**, genannt.

Die Verlängerung der Buitengracht, die **Kloof Nek Road**, führt zwischen Lion's Head und Tafelberg hin zur Camps Bay. Von dieser Straße biegen Sie auch ab zum Signal Hill.

Die Gebiete südöstlich der Adderley Street bieten touristisch nicht so viel. Hier wurde besonders in den 1960er Jahren niedergerissen und „kaputt"-saniert. Der ehemalige *„District Six"* fiel der Apartheid zum Opfer, was Sie heute im gleichnamigen Museum gut nachvollziehen können. Andere Areale hier verfallen, werden von modernen Verwaltungsgebäuden bzw. dem Bus- und Eisenbahn-Bahnhof eingenommen. Nur das o.g. Museum, das alte **Castle of Good Hope** und die **City Hall** mit ihrem lokalen Markt davor rechtfertigen einen Schlenker in diese Richtung.

INFO

Zeitgenössische Perlen-Kleider-Figuren (Bead-Work)

Während der 80er Jahre haben **Zulu-sprechende Frauen** aus dem Valley of Thousand Hills, nahe Durban, begonnen, Perlen-Kleider-Figuren von Personen, Tieren oder anderen Objekten aus ihrer eigenen Umgebung herzustellen. Diese Figuren, die auf allen Märkten und in zahlreichen Geschäften angeboten werden, sind eine innovative, kreative Antwort auf eine Marktlücke sowie eine raffinierte Form von Ausdruck der Erfahrungen im täglichen Leben dieser Frauen.

Sehens- und Erlebenswertes in Kapstadts Innenstadt
(alphabetisch geordnet)

Hinweis
Bei den meisten unten aufgeführten Sehenswürdigkeiten wird ein geringer Eintrittspreis von einigen Rand erhoben.

*Bertram House (I-1)

Company's Garden, am Ende der Goverment Avenue, geöffnet: Di–Sa 9h30–16h30
Das Bertram Haus ist das einzige erhaltene rote georgianische Backsteingebäude, stammt wahrscheinlich aus dem frühen 19. Jahrhundert und gehörte wohlhabenden englischstämmigen Südafrikanern. Es befindet sich im geschichtlichen Herzen Kapstadts im Company's Garden, nicht weit entfernt von den Houses of Parliament. Ausgestellt sind englische Möbel, Porzellan, Schmuck und Silber. Interessant ist es, die Architektur und Einrichtung dieses Hauses mit einem typischen kapholländischen Stadthaus, wie dem Koopmans de Wet-Haus (s.u.), zu vergleichen.

* = bes. sehenswert

*Bo-Kaap Museum (I-2)

71 Wale Street, geöffnet: Mo-Sa 9h30-16h30

Geschichte und Kultur der Moslems am Kap

Das Bo-Kaap Museum befindet sich in einem der ältesten Gebäude Kapstadts, welches noch in seiner ursprünglichen Form erhalten geblieben ist. Direkt im Bo-Kaap-Viertel gelegen, porträtiert das Museum die Cape-Muslim-Kultur, die Kultur der Kap-Malayen. Im Community Centre, im hinteren Teil des Museums, befindet sich eine Sammlung von Karten, Wagen und anderen Gerätschaften. Dort finden auch Feste und Konferenzen statt. Die Broschüre zum Bo-Kaap-Museum gibt umfangreiche Informationen zur Geschichte und Kultur der Moslems am Kap.

*Malay Quarter (Bo-Kaap)

Das Malay Quarter wird auch **Bo-Kaap**-, **Cape-Muslim-Quarter** bzw. **Tana-Baru** genannt. Der interessante, historische Teil wird durch Rose, Wale, Chiappini und Shortmarket Street begrenzt, wobei sich der gesamte von den Kapmalayen bewohnte Stadtteil mittlerweile von der Buitengracht bis hinauf zum Signal Hill zieht. Minarette und pastellfarbene Häuser prägen das Bild der im späten 18. Jahrhundert entstandenen Wohngegend. Die Kapmalayen sind Nachkommen jener Sklaven, die seit der zweiten Hälfte des 17. Jahrhunderts aus Asien kamen. Entgegen dem Namen kamen aber nur die wenigsten aus Malaysia, die meisten waren Inder und Ceylonesen, viele auch Indonesier. Malaiisch war zu dieser Zeit die Handelssprache in Südasien, so dass der Name darauf zurückzuführen ist. Viele waren geschickte Handwerker, die sich kleine Häuser bauten und dabei auf Bauelemente des kapholländischen und englischen Stils zurückgriffen. Gründer der moslemischen Gemeinde war übrigens Sheigh Yusuf, ein Ceylonese, der 1694 zusammen mit 50 weiteren Moslem-Gelehrten nach Kapstadt ins Exil geschickt wurde. Sie bekehrten vor allem viele Sklaven zum Islam, zuerst gegen den massiven Widerstand der Dutch Reformed Church, denn erst 1804 wurde die Religionsfreiheit eingeführt.
Die Kapmalayen verbindet der islamische Glaube, und sie konnten bis heute ihre kulturelle Identität bewahren.

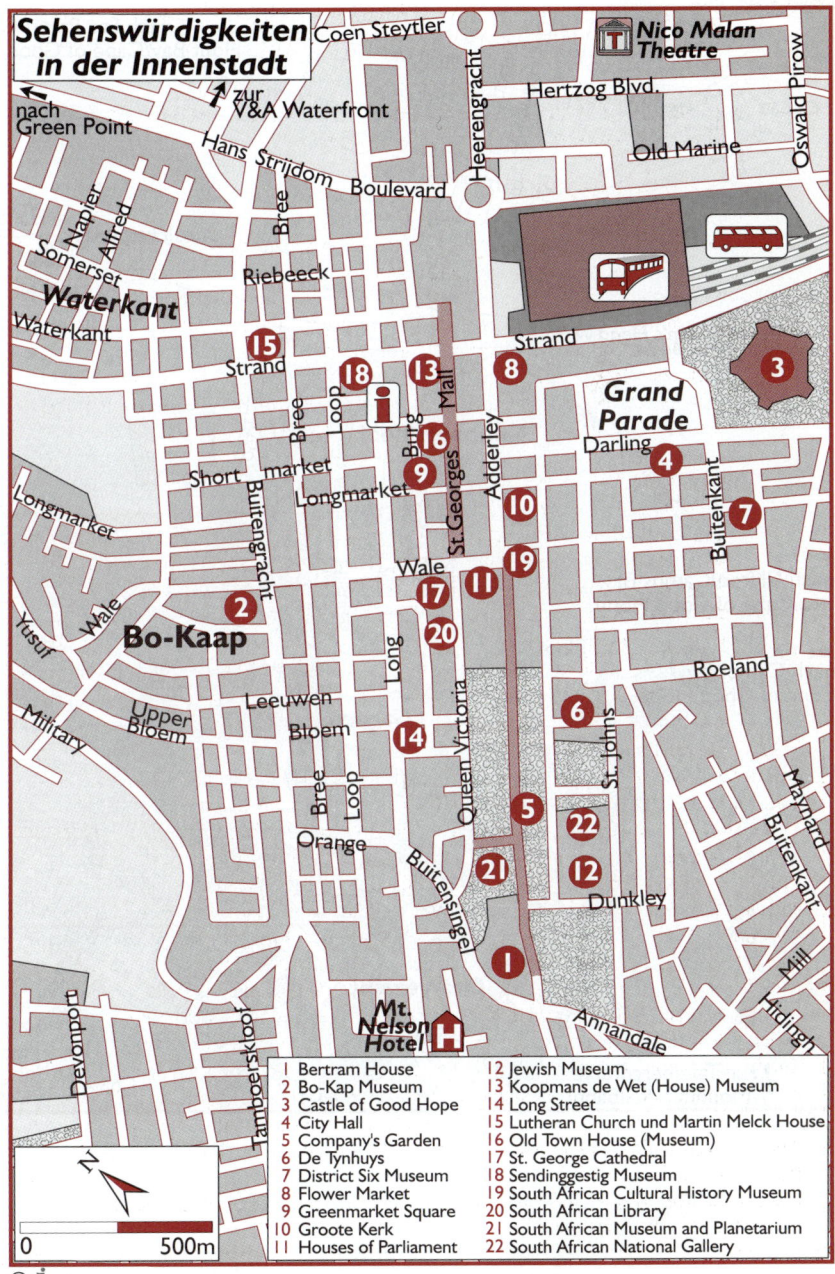

Sehenswürdigkeiten in der Innenstadt

1	Bertram House
2	Bo-Kap Museum
3	Castle of Good Hope
4	City Hall
5	Company's Garden
6	De Tynhuys
7	District Six Museum
8	Flower Market
9	Greenmarket Square
10	Groote Kerk
11	Houses of Parliament
12	Jewish Museum
13	Koopmans de Wet (House) Museum
14	Long Street
15	Lutheran Church und Martin Melck House
16	Old Town House (Museum)
17	St. George Cathedral
18	Sendinggestig Museum
19	South African Cultural History Museum
20	South African Library
21	South African Museum and Planetarium
22	South African National Gallery

0   500m

© **i** graphic

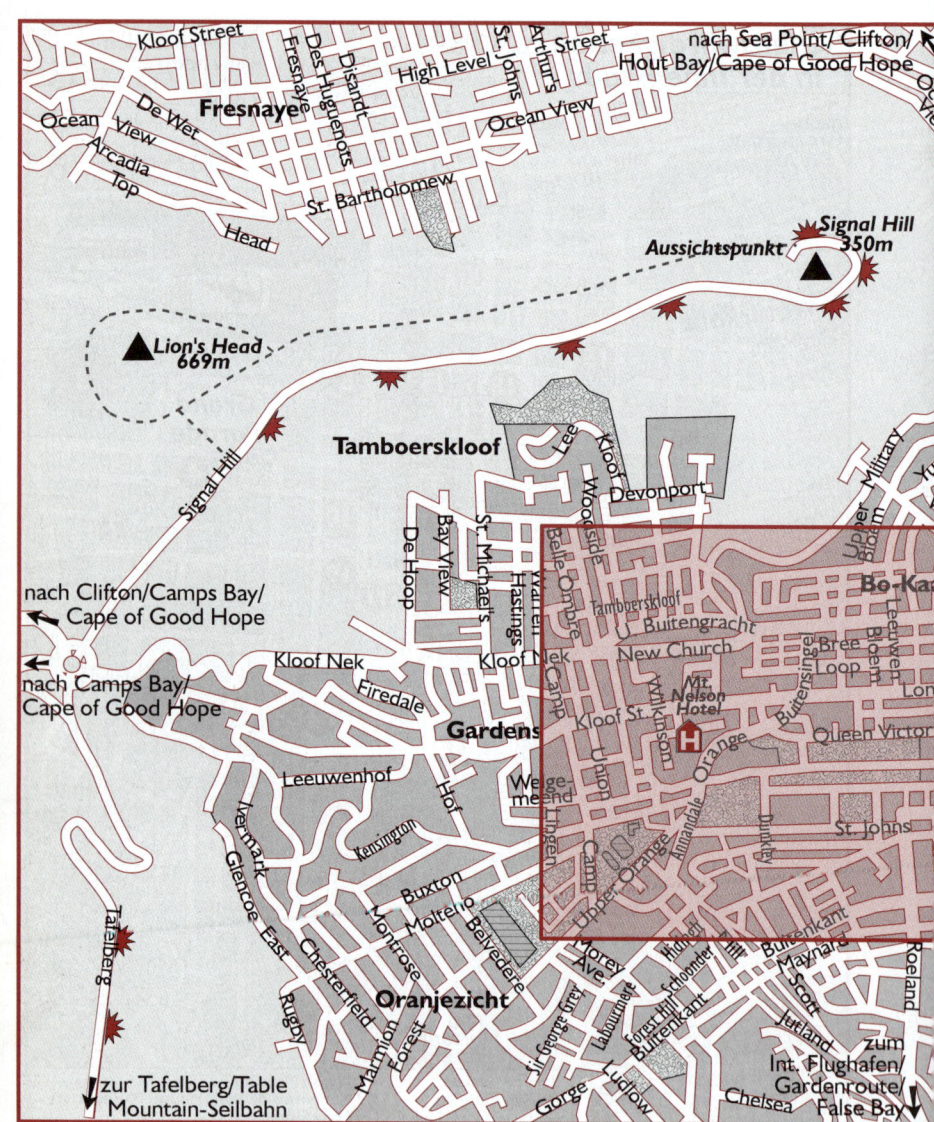

Kloof Street
Des Huguenots
DiSandt
Fresnaye
High Level
St. Johns
Arthur's Street
Fresnaye
Ocean View
nach Sea Point/ Clifton/
Hout Bay/Cape of Good Hope
Ocean View
De Wet
Arcadia
Top
Head
St. Bartholomew

Aussichtspunkt
Signal Hill
350m

▲ **Lion's Head**
669m

Signal Hill

Tamboerskloof
Lee
Kloof
Woodside
Devonport

Bay View
St. Michael's
De Hoop
Belle Ombre
Warren
Hastings
Camp
nach Clifton/Camps Bay/
Cape of Good Hope

Tamboerskloof
Buitengracht
New Church
Bo-Ka
Upper Military
Bloem
Teerwee
Bloem
Bree
Loop
Lon

nach Camps Bay/
Cape of Good Hope

Kloof Nek
Firedale
Kloof Nek
Kloof St.
Upper
Wilkinson
Mt.
Nelson
Hotel
H
Orange
Buitensingel
Qleen Victor

Gardens
Leeuwenhof
Hof
Welge-
meend
Annandale
Orange
Upper Orange
Camp
Dunkley
St. Johns

Ivermark
Kensington
Glencoe East
Buxton
Molteno
Belvedere

Chesterfield
Montrose
Buitenkant
Buitenkant
Maynard
Scott
Roeland
Jutland

Tafelberg
Rugby
Marmion
Forest
Oranjezicht
Morey Ave.
Forest Hill
Schoomer
Highdel
Buitenkant
Maynard
Scott
zum
Int. Flughafen/
Gardenroute/
False Bay

↓ **zur Tafelberg/Table**
Mountain-Seilbahn
Sir George Grey
Gorge
Ludlow
Ludlow
Forest Hill
Chelsea
Roeland

© **i**graphic

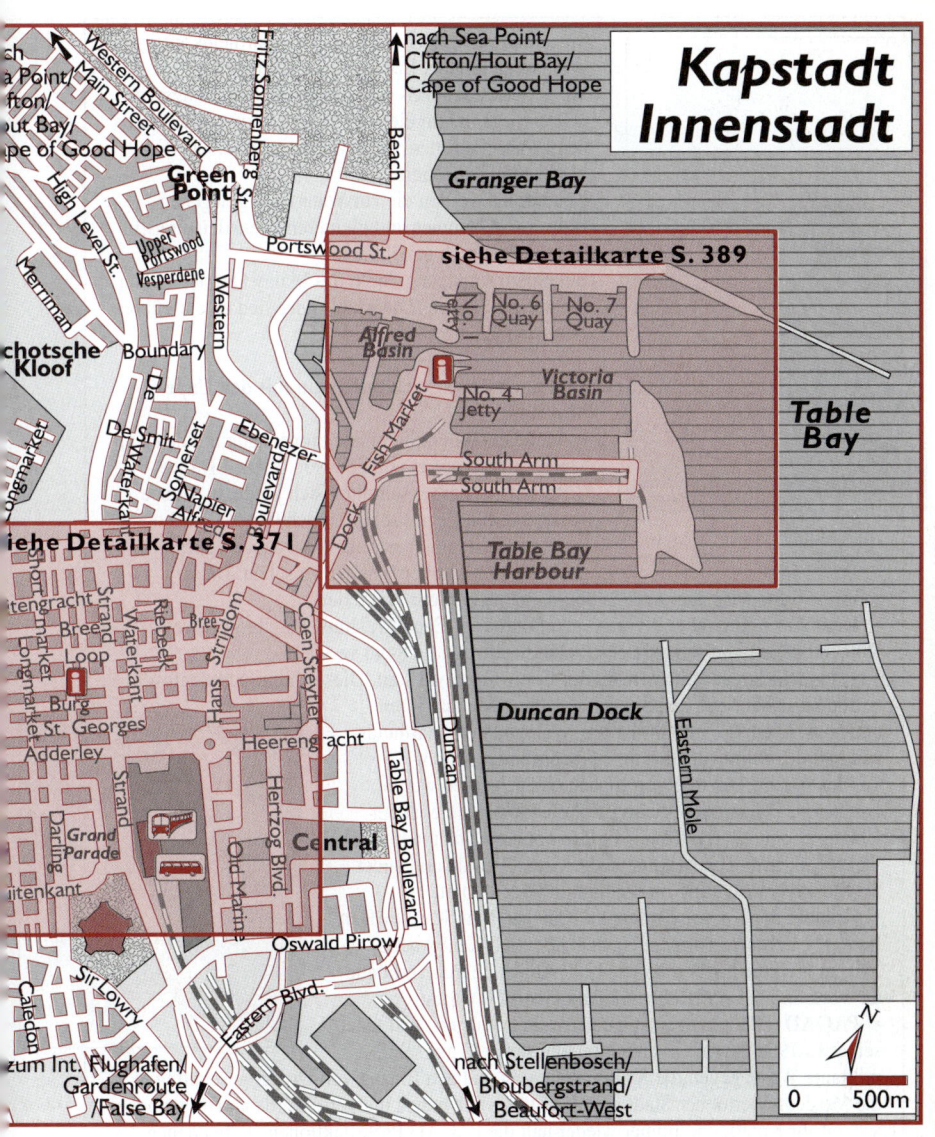

Kapstadt Innenstadt

nach Sea Point/
Clifton/Hout Bay/
Cape of Good Hope

nach Sea Point/
a Point/
fton/
ut Bay/
pe of Good Hope

Granger Bay

Green
Point

Western Boulevard
Main Street
High Level St.
Merriman

Fritz Sonnenberg St.

Portswood St.

siehe Detailkarte S. 389

Upper
Portswood
Vesperdene

Western

Alfred
Basin

No. 1
No. 6
Quay
No. 7
Quay

chotsche
Kloof
Boundary

Ebenezer

Somerset
De Smit
Waterkant
Napier
Alfr.

Dock
Fish Market

No. 4
Jetty

Victoria
Basin

Table
Bay

South Arm
South Arm

siehe Detailkarte S. 371

Table Bay
Harbour

Strand
Waterkant
Riebeek
Bree
Loop

Bree

Leopold

Strand
Hans
Strijdom

Coen Steytler

Burg
St. Georges
Adderley

Heerengracht

Hertzog Blvd.

Duncan

Duncan Dock

Eastern Mole

Strand
Darling

Grand
Parade

Old Marine

Central

Table Bay Boulevard

uitenkant

Sir Lowry
Caledon

Oswald Pirow

Eastern Blvd.

zum Int. Flughafen/
Gardenroute
/False Bay

nach Stellenbosch/
Bloubergstrand/
Beaufort-West

N

0   500m

Das Bo-Kaap besticht durch seine bunten Häuser

Sie kämpften bereits während der Apartheidszeit erfolgreich um den Erhalt ihres traditionellen Wohnviertels, so dass schließlich ein Sanierungsprogramm begann, um die zum Teil zu Slums verkommenen Häuser zu retten. Heute wohnen ca. 2.000 Malayen in dem Viertel.

Neuerdings werden die zur Waterfront gelegenen Häuser von Yuppies und kleineren Dienstleistungsfirmen in Anspruch genommen. Bei einem Rundgang durch das Malay Quarter sollten Sie vorsichtig sein (Diebstahl) oder sich einem Führer anvertrauen.

Und auch dieses verbindet man mit den Cape-Muslims:

• Vielleicht hören Sie in Zusammenhang mit den Kap-Malayen auch etwas von dem sog. **Sword Dance** (**„Ratiep"**). Hierbei schnitten sich junge, in Trance versetzte Männer mit scharfen Schwertern Symbole in die Haut. Erstaunlicherweise floss dabei weder Blut noch waren hinterher Wunden zu sehen. Dieser religiöse Tanz wird aber nahezu überhaupt nicht mehr praktiziert.

• **Kramats** sind Gräber der geistigen Führer der Cape-Muslims. Es gibt gut zwei Dutzend davon, die sich wie ein „Schutzwall" um die Stadt verteilen.

• Jedes Jahr am 2. Januar findet der **Coon-Carnival** statt. Dieses bunte Straßenfest wurde begründet von den Sklaven, die am 1. Januar ihren einzigen freien Tag im Jahr hatten. Während der Apartheidszeit galt der Karneval auch als Sprachrohr der „Nicht-Weißen", denn was hier gesprochen und gesungen wurde, konnte die Polizei nicht richtig wahrnehmen. Heute ist der Umzug eher ein farbenfrohes Fest mit bunten Kostümen und viel Musik. Der Zug beginnt an der Grand Parade und endet als Musikveranstaltung im Stadion in Green Point.

• Gründer der **Koranschulen** am Kap war Tuan Karu (= Herr Lehrer"), der mit richtigem Namen Abdullah Kadi Abdus Salaam hieß. Er hat bereits vor 1780 Allahs Lehren verkündete, wofür er auch auf Robben Island inhaftiert wurde.

• **PAGAD** („People against gangsterism and drugs") ist eine seit etwa 1994 aktive Organisation, die sich z.T. auf sehr militante Weise gegen die Kriminalisierung und den Einzug von Drogengeschäften in die Moslem-Viertel der Stadt wehrt. Mittlerweile gehen mehrere Morde an Drogenbossen auf ihr Konto, und immer wieder hält die PAGAD Protestaktionen ab, bei denen nicht selten Blut fließt. Das Verhältnis der Bürger zu der Organisation ist gespalten. Viele befürworten die Aktivitäten hinter vorgehaltener Hand, da sie in der PAGAD die einzig reale Chance sehen, die Drogengeschäfte wieder vom Kap zu verbannen. Die Polizei hält sich oft bedeckt und ist in den meisten Fällen sowieso machtlos.

*Castle of Good Hope (I-3)

Castle Street, geöffnet: Mo–So 9–16h
Dieses erste Steingebäude Südafrikas entstand 1666 und wurde von etwa 300 Matrosen in nur einem Jahr erbaut. Der Standort bot sicherlich keinen sehr guten Schutz, doch es fanden keine Angriffe auf das Castle statt, so dass dessen Wehrhaftigkeit nie wirklich getestet wurde. Jeder der hier verarbeiteten Steinblöcke stammt aus Holland.
Das Castle ist immer noch Hauptsitz des Western Cape Military Command (milit. Oberkommando der Provinz), ist aber für Besucher geöffnet.
In den Seitenflügeln des Castle befinden sich einige kleine Museen (Militärgeschichte, Sammlungen von Möbeln und Malereien, wechselnden Ausstellungen) sowie ein Souvenirshop. In einem Seitenflügel ist zudem ein kleines Theater untergebracht, in dem wechselnde Komödien aufgeführt werden.
Ein kleines, schattiges Bistro lädt zu einem Snack ein.

Das Castle wurde niemals angegriffen

(Old) City Hall (I-4)

Darling Street, geöffnet: Mo–Fr zu Bürostunden
Die City Hall liegt am Grand Parade, dem ehemaligen militärischen Paradeplatz, heute ein großer lebendiger Platz mit buntem Markttreiben *(Mi + Sa; Gemüse und Blumen, einige Souvenirs)* und Lärm von Autos und Kleinbussen.
Das imposante, vor der Kulisse des Tafelbergs liegende Gebäude wurde 1905 in einer Mischung aus britisch-kolonialem und italienischem Renaissance-Stil erbaut. Die City Hall wurde sorgfältig restauriert (beeindruckend ist die gewaltige Marmortreppe im Inneren) und beherbergt die Innenstadt-Bücherei.
Im Februar 1990, als Nelson Mandela aus dem Gefängnis entlassen wurde, warteten 100.000 Menschen bis zu sieben Stunden auf dem Grand Parade, um seine erste Rede vom Balkon zu hören. Er begann seine Rede mit „Amandla! Iafrka! Mayibuye!" (Macht dem Volk).

Mandela: „Macht dem Volk!"

*Company's Garden (I-5)

Government Avenue
Dort, wo die Adderley Road in die Government Avenue übergeht, beginnen die früheren Gärten der Holländisch-Ostindischen Handelskompanie. Hier baute van Riebeeck Gemüse und Obst an. Ein Teil des Geländes ist in einen botanischen Garten umgewandelt worden. Der Company's Garden lädt zu einem Spaziergang zwischen den exotischen Pflanzen ein, die leider nur selten beschildert sind. Hier können Sie gut einige Stunden verbringen, im Schatten unter großen Bäumen oder einer der vielen Bänke die flanierenden Menschen beobachten bzw. den kleinen grauen Eichhörnchen zusehen, wie sie auf den Ästen herumtoben und neugierig auf einen zukommen. In dem Garten gibt es ebenfalls ein Café.
Um die Grünanlage herum befinden sich diverse historische Gebäude und Museen, wie z.B. das Houses of Parliament, das Jewish Museum und die SA National Gallery, vor der afrikanische Künstler oft ihre Werke anpreisen.
Sie können also einen entspannten Tag einplanen mit dem Besuch des Gartens und der anliegenden Sehenswürdigkeiten bzw. Ihren Stadtrundgang hier in Ruhe ausklingen lassen. Beachten Sie auch den Blick auf die „Spitze" des Tafelberges. Übrigens plant die Kapstädter Stadtverwaltung in Zusammenarbeit mit privaten Investoren und dem Parlament, den Company's Garden so umzugestalten, dass

Die Company Gardens sollen lebendiger werden

Gut für eine Pause: Company's Garden

unter ihm ein riesiges Parkhaus eingerichtet wird, in umliegenden Gebäuden Wohnungen für die Parlamentarier geschaffen und mehrmals in der Woche Open-Air-Konzerte aufgeführt werden. Ziel ist es, auch diesen Teil der Innenstadt wieder lebendiger zu gestalten und zu seinem ehemaligen Renommee, Mittelpunkt der Stadt zu sein, zurückzuführen.

De Tuynhuys (I-6)
Government Avenue, geöffnet: variiert, im Touristenamt erfragen
De Tuynhuys wurde 1700 als Company Guest House gebaut, für Gäste, die das Castle nicht betreten durften. Mit den Jahren gealtert, wurde es jetzt renoviert und erhielt das Aussehen von 1795. Es dient heute als Residenz des südafrikanischen Präsidenten und ist i.d.R. nur von außen zu besichtigen.

*District Six Museum (I-7)
25A Buitenkant St., Ecke Caledon St. (ehem. Methodist Church), geöffnet: Mo–Sa 10–16h
„District Six" (7a), östlich des Stadtzentrums gelegen, war ein multikultureller Stadtteil, wo ca. 60.000 Menschen verschiedener Rassen in einer lebendigen, bunten Gemeinschaft lebten. 1966 wurde das Gebiet als „For Whites only" erklärt, und die teilweise schon seit Generationen hier lebenden Menschen wurden in die Townships umgesiedelt. Als Begründung wurde damals angeführt, dass die Kriminalität grassierte und auf die umliegenden (weißen) Wohngebiete übergriffe. Die Kriminalitätsrate war zwar relativ hoch, gefährdete aber die Gemeinschaft kaum. Der eigentliche Hintergedanke war, dass die Weißen in der sogenannten City Bowl unter sich bleiben wollten und politische Übergriffe vom District Six

Weiße wollten unter sich bleiben

befürchteten. Mit der Umsiedlung traf die Apartheids-Regierung den Lebensnerv der Menschen hier, „zersiedelte" sie und nahm ihnen damit ihre Identität. Der gesamte Stadtteil wurde dem Erdboden gleichgemacht. Auch heute noch befindet sich hier brach liegendes Land zur Erinnerung an die Apartheid. Und so soll es jetzt auch bleiben, trotz der in den 80er Jahren bereits gebauten Gebäude (Technicon u.a.). Im **District Six Museum** gibt es eine Fotoausstellung sowie eine Sammlung von Straßenschildern und anderen Überbleibseln zu sehen.
Ein Besuch des Museums ist in den meisten Township-Touren enthalten, jedoch ist der Aufenthalt im Museum während der Tour nur sehr kurz. Sie sollten daher einen Extrabesuch einplanen und sich viel Zeit nehmen, um die vielen Artikel im Museum in Ruhe zu lesen. Die unbegreiflichen Regeln der Apartheid werden nirgends so deutlich vor Augen geführt. Oder haben Sie schon eine Bank gesehen, die nur für Weiße zugelassen ist?

Flower Market (I-8)
Adderley Street, zw. Strand und Darling Sts.
In einer kleinen Seitengasse werden hier bereits seit über 100 Jahren frische Blumen verkauft. Wasserbecken sorgen für die Wasserversorgung. Besonders am

Nachmittag sieht man hier viele Büroangestellte, die vor dem Weg nach Hause noch einen Strauß besorgen, bevor sie in den Taxis, Parkdecks und Minibussen entschwinden.

„Bring Blumen mit": Flower Market

*Greenmarket Square (I-9)

Auf der Burg Street, zw. Longmarket u. Shortmarket Sts.
Dieser 1710 erbaute Platz ist der zweitälteste der Stadt. Hier findet täglich der lebendigste und bekannteste Flohmarkt statt *(i.d.R. bis 14h).* Hier steht auch das erste öffentliche Gebäude der Stadt, das Old Town House (s.u.), von dessen Balkon im ersten Stock Sie das Treiben auf dem Platz beobachten können.

Täglich Flohmarkt

Groote Kerk (I-10)

Adderley Street, Eingang vom Church Square, Parliament Street, geöffnet: Mo–Fr 10h–14h
Die Groote Kerk steht anstelle zweier älterer Kirchen, wovon die älteste bereits 1678 erbaut wurde und damit die erste Kirche Südafrikas überhaupt war. Das heutige Gotteshaus entstand 1841. Der Glockenturm stammt allerdings noch aus dem Jahre 1703. Die Groote Kerk ist das Mutterhaus der Holländisch-Reformierten Kirche, von den Afrikanern einst „die moeder van ons almal" („Die Mutter von uns allen") genannt.
Im Inneren ist besonders die Kanzel sehenswert, die Anton Anreith schuf.

*Houses of Parliament (I-11)

Parliament Street and Government Avenue, Touren: Mo–Fr i.d.R. 11h u. 14h
Die Houses of Parliament wurden 1885 eröffnet und später mehrmals erweitert. Hier tagt das Parlament in der Zeit von Januar bis Juni. Die Houses of Parliament kann man besichtigen bzw. auch den Sitzungen beiwohnen, jedoch muss man sich aufgrund der erhöhten Sicherheitsvorkehrungen unter Angabe aller Personalien anmelden und bei Betreten des Gebäudes den Pass vorzeigen.
Der Eingang zu den Houses of Parliament befindet sich in der Parliament Street.
Im Garten der Houses of Parliament befindet sich eine Statue von Queen Victoria (1837–1901).

Parlamentssitz von Januar bis Juni

Queen Victoria wacht vor den Houses of Parliament

 **Der Kapholländische Stil –
Architektur der ersten weißen Siedler**

Die landschaftliche Schönheit des Kaplandes mit seinen blau-violetten Bergkulissen, den anmutigen Weintälern sowie der Blütenpracht seiner Gärten scheint keine Steigerung zu kennen – wenn es nicht die anmutigen kapholländischen Häuser gäbe. Sie zeichnen sich durch ihre **praktische Einfachheit** aus, sind symmetrisch angelegt und einfach gemütlich. Obwohl dieser Baustil seine Wurzeln in Europa hat, konnte er sich hier in einer spürbaren Harmonie mit der Landschaft entwickeln. Die Bauten sind **dem Klima angepasst**: dicke, verputzte Wände – blütenweiß gestrichen – halten extreme Temperaturschwankungen fern.

Auch die Gastfreundschaft der hier siedelnden Weinbauern fand eine architektonische Antwort: Bedingt durch große Entfernungen und das Fehlen von Gasthäusern, wurden die Empfangsräume und die Küchen besonders groß angelegt. Ebenso spiegelt sich die wirtschaftliche Entwicklung des Kaplandes in diesen Bauwerken wider: Waren die ersten Häuser rechteckig und mit zwei einfachen Giebeln versehen und verlief an der Vorderseite eine erhöhte Plattform, so wurde mit wachsendem Wohlstand immer mehr Wert auf die Ausgestaltung der Mittelgiebel gelegt. Die Giebel der frühen Häuser waren dreieckig, und erst allmählich – im 18. Jahrhundert – gestaltete sich daraus die gewundene Form des Kapgiebels.

Oft waren die Fenster mit Sprossen versehen und hatten in der unteren Hälfte Klappläden, damit das starke Sonnenlicht nicht allzu sehr die Möbel und die Teppiche der "guten Stube" traf. An vielen Hauseingängen gab es sog. Stalltüren: Das sind zweigeteilte Türen, deren untere Hälfte man arretieren konnte, damit kein Vieh ins Wohnhaus gelangte. Später wurden diese Haus- und Hofformen immer raffinierter, doch blieben sie in der Gesamtkonzeption stets klar und einfach: T-, U- und H-Formen lösten den einfachen rechteckigen Grundriss ab.

In Stadthäusern befand sich oft ein gepflasterter Innenhof, in dem schattenspendende Bäume gepflanzt waren. Manchmal sogar schmückte ein Teich das Innengeviert. Vor den Häusern pflegte man Eichenbäume anzupflanzen, die im südafrikanischen Klima nicht nur schnell wuchsen, sondern auch für den in der Sommerhitze so nötigen Schatten sorgten. Und als in Europa die Zeit des Barocks anbrach, wurden – zumindest bei den Leuten, die es sich leisten konnten – die Giebel noch schwungvoller und mit Reliefszenen versehen. Besonders schöne Zeugnisse des kapholländischen Stils können Sie an folgenden Stellen bewundern:

Ort	*Name*	*Baujahr*
Kapstadt	**Koopmans de Wet House**, 35 Strand Street	1701
	Martin Melck House, 96 Strand Street	1782
	The Old Town House, Greenmarket Square	1762
	The Old Supreme Court,	
	am Ende der Adderley Street	1686
	Rust-en-Vreugd, 78 Buitenkant Street	18. Jh.

Ort	Name	Baujahr
Kaphalb-insel	**Groot Constantia**	1685
	Tokai (Tokai Forest), kann nur von der Straße aus gesehen werden	1796
	Alphen (Constantia), Weingut-Gebäude, heute als Hotel	1750
	Kronedal, Main Road, Hout Bay, heute als Restaurant	1800
Stellenbosch	Hier gibt es die längsten Reihen von alten Gebäuden. Zum Besuch offen sind:	
	Burgher House	1797
	Libertas Parva	1783
	Dorp Street (heute die Rembrandt van Rijn-Kunstgalerie)	
Umgeb. v. Stellenbosch	Hier gibt es eine **Vielzahl von Baudenkmälern,** oft als Sitz eines Weinguts oder Hotels	

Jewish Museum (I-12)

84 Hatfield Street, Company's Garden, geöffnet: Di+Do 14–17h, So 10–12h30

Durch die älteste Synagoge Südafrikas, 1863 erbaut und im Zuge des Umbaus 1999 wieder in ihr ursprüngliches Aussehen versetzt, gelangen Sie in das Jewish Museum. Neben ausgestellten Büchern und anderen Gegenständen der jüdischen Zeremonien werden Sie umfassend über das Leben und die Entwicklung der 60.000–85.000 in Südafrika lebenden Juden informiert. Kürzlich ist das Jewish Museum ist um eine interessante Ausstellung zum Thema Holocaust erweitert worden.

Direkt neben dem Museum steht die 1905 errichtete Great Synagogue, die aufgrund von finanziellen Schwierigkeiten beinahe zum Kino umfunktioniert worden wäre. Heute dient sie mit ihrer gewaltigen zentralen Kuppel als Gebetsplatz für Kapstadts jüdische Gemeinde.

Synagoge als Kino?

*Koopmans de Wet Museum (I-13)

35 Strand Street, geöffnet: Di–Sa 9h30–16h30

Das Koopmans de Wet Haus stammt aus dem frühen 18. Jahrhundert und war einst bekannt als der „kulturelle Salon Kapstadts". Es war das Haus von Marie Koopmans-de Wet, einer wohlhabenden Persönlichkeit des sozialen und politischen Lebens in Kapstadt im 19. Jahrhundert. Heute zeigt das Museum eine umfangreiche Sammlung von Kap-Möbeln, chinesischer und japanischer Keramik sowie holländischer Kupferware. Die großzügige Architektur beeindruckt ebenfalls, und um das gesamte Haus zu besichtigen, benötigen Sie mindestens 1 Stunde. Am Eingang erhalten Sie eine umfangreiche und interessante Broschüre mit geschichtlichem Hintergrund.

Einst „kultureller Salon" Kapstadts

*Long Street (I-14)

Trödel,
trendy,
Backpacker
und
Antiqua-
riate

In der über 300 Jahre alten Long Street, mit ihren teilweise wunderschön restaurierten viktorianischen Häusern mit schmiedeeisernen Balkongeländern, befinden sich viele Trödel- und Antiquitätenläden, Antiquariate sowie Restaurants, trendy Cafés und Pubs. In letzter Zeit siedelten sich zudem viele Hostels (Backpacker) rund um die Straße an, so dass man dort sehr viele Traveller aus der ganzen Welt antrifft. Dementsprechend passt sich auch die Gastronomie an. Der interessante Abschnitt dieser Straße liegt zwischen Wale Street und Buitensingel.

Long Street:
Wussten Sie, dass ...

- ... die Straße einst **3,8 km lang** war (heute ca. 3,2 km) und bis zum Wasser reichte, was ihr den Namen einbrachte. Dabei wurde die Straße aber zweimal verlängert, nachdem man am Hafen mehr Land aufgeschüttet hatte,
- ...Südafrikas erste **Universität**, älteste **Missionsschule** und zweitälteste **Moschee** hier gegründet wurden,
- ...1809 hier **Kapstadts erster Einzelhandelsladen** eröffnet wurde und sich die Straße bis 1900 zur Kleinhandwerker- und Händlerstraße der Stadt entwickelte,
- ...die Long Street die Keimzelle und später Zentrum für Südafrikas **Jazzszene** war. Bekanntester Jazzer war Abdullah Ibrahim,
- ...die **schmiedeeisernen Balkone und Brüstungen** als günstiger Ballast auf den Obstschiffen aus Großbritannien mitgebracht wurden, um hier dann das Ansehen der Besitzer zu steigern,

Könnte in New Orleans sein: Long Street

- ...das ehemalige „**Space Theatre**" nahe der Wale Street in den 1970er Jahren das bedeutendste nichtrassische Theater des Landes war und viele weltweit bekannte Schauspieler und Protestschreiber hervorbrachte, so z.B. Pieter-Dirk Uys und Althol Basson,
- ...sich neben der St. Martini Kirche (Ecke Buitensingel) zwischen 1883 und 1960 die **Deutsche Schule** befand und in diesem Viertel bis in die 1950er Jahre der überwiegende Teil der deutschen Bevölkerung von Kapstadt lebte,
- ...sich **zwei Moscheen** (Hana-fee Moschee und Palmen Mo-schee) in der Straße befinden,
- ...nur wenige Straßen in Südafrika **Wohn- und Geschäftsleben** so gut miteinander verbinden,

Und schließlich noch ein paar weitere **Schlagwörter**, die irgendwann und irgendwie einmal zu dieser Straße gepasst haben: Stadtrand, Bohème, Art

> Déco, Rotlichtviertel, Intellektuellentreff, Handwerkersiedlung, portugiesische Einwanderer, roh, New Orleans der Südhalbkugel, Rassengemisch ohne Probleme, künstlergeprägt, Kapmalayen, Islamische Selbstbehauptung, Bürohäuser.

Lutheran Church und Martin Melck House (I-15)

96 Strand Street/Ecke Buitengracht

Diese im Jahre 1774 von dem wohlhabenden Händler Martin Melck erbaute Kirche war das erste lutherische Gotteshaus in Südafrika.
In dem benachbarten Martin-Melck-Haus, einem der wenigen erhaltenen Häuser mit einer „dakkamer" – einer Dachkammer mit einem Fenster zur Seeseite –, befinden sich heute eine Kunstgalerie und ein kleines Restaurant.

Dachkammer mit Blick zum Meer

Old Town House (Museum) (I-16)

Greenmarket Square, geöffnet: Mo–Sa 10–17h, So 10–13h

Das Old Town House Museum diente von 1761 bis 1905 als Rathaus. Heute ist hier die Michaelis Collection untergebracht (alte holländische und flämische Gemälde aus dem 17. Jahrhundert).
Bei einem Cappuccino auf der Veranda des Old Town House kann man das bunte Treiben auf dem Greenmarket beobachten. Vom Balkon im Obergeschoss aus lassen sich prima Fotos schießen.

St. George Cathedral (I-17)

Wale Street

Die St. George Cathedral wurde 1834 von dem berühmten südafrikanischen Architekten Herbert Baker als anglikanisches Gotteshaus entworfen, das sich aber nicht groß von europäischen Kathedralen unterscheidet.
Erzbischof und Friedensnobelpreisträger **Desmond Tutu** hat hier immer wieder massiv gegen die Apartheidpolitik protestiert. Seine humorvolle Art unterstrich Tutu bei seinen öffentlichen Auftritten durch das Tragen eines T-Shirts mit der Aufschrift („Just call me Arch").
Heute finden in der Kathedrale häufig klassische Konzerte statt. Achten Sie auf Ankündigungen, denn die Akustik ist atemberaubend.

„Just call me Arch"

Sendinggestig Museum (I-18)

40 Long Street, geöffnet: Mo–Sa 9–16h

Das kleine Museum für Missionsarbeit ist in der hübschen apricot und weiß gestrichenen Missionskirche, die 1804 von der South African Missionary School erbaut wurde, untergebracht. Sie wurde früher als Ausbildungsstätte für Sklaven und Nicht-Christen genutzt.

*South African Cultural History Museum (I-19)

49 Adderley Street, geöffnet: Mo–Sa 9h30–16h30

Das nach dem Castle zweitälteste Gebäude diente ehemals als Sklavenquartier der Niederländisch-Ostindischen Kompanie (V.O.C.) und später als erstes Post-, anschließend Bibliotheks- und dann Gerichtsgebäude. Teile der Kapgeschichte werden anhand von Keramiksammlungen, Textilien, Silber und Spielzeug beschrie-

South African Cultural History Museum

ben. Hervorzuheben sind hier die frühen Poststeine, unter denen die ersten Seefahrer ihre Briefe in ölgetränktem Tuch für nachfolgende Schiffe hinterließen. Auf den Steinen waren meistens der Name des Schiffes, die geplante Route, das Ankunfts- und Abfahrtsdatum sowie der Name des Kapitäns eingraviert. Weiterhin finden Sie eine Ausstellung zur Geschichte des südafrikanischen Währungs- und Postsystems sowie eine umfangreiche Briefmarkensammlung. Nicht zu ver-

Briefe unterm Stein

gessen sind archäologische Funde der Ägypter, Griechen und Römer. Allein schon wegen des historischen Gebäudes lohnt sich ein Besuch. Fragen Sie am Eingang nach einer Beschreibung der Entwicklung des Hauses.

*South African Library (I-20)

Queen Victoria Street, geöffnet: Mo–Fr 9–17h
Die, 1818 von Lord Charles Somerset gegründete, South African Library ist das älteste kulturelle Institut in Südafrika und eine der ersten freien Bibliotheken in der Welt. Auch als Gast in der Stadt hat man Einblick in die Bücher, und ein Besuch in diesem alten Gebäude lohnt sich auf jeden Fall. Innen herrscht eine arbeitsame Atmosphäre, ganz im Stile einer alten Bibliothek. Hier können Sie nicht nur in der Geschichte der Stadt stöbern, sondern sich auch über aktuelle, z.B. politische, Entwicklungen des Landes informieren.
Bei schlechtem Wetter ist dies sicherlich eine gute Alternative zu einem Museumsbesuch.

*South African Museum and Planetarium (I-21)

25 Queen Victoria Street, geöffnet: Mo–So 10–17h
Dieses imposante Gebäude ist das älteste Museum Südafrikas (1825). In der anthropologischen Abteilung werden speziell Elemente aus den verschiedenen Kulturen der südafrikanischen Stämme gezeigt. Das Museum ist bekannt für die lebensgroßen „Modelle" von **Buschmännern**. Die Figuren in einer künstlichen

Humorvolle Buschmänner

Kalahari-Umgebung sehen ungewöhnlich lebensecht aus. Das liegt unter anderem daran, dass man 1911 Gipsabdrücke der lebenden Menschen anfertigen ließ. Angeblich sollen sich die als sehr humorvoll geltenden Buschmänner vor Lachen gebogen haben, als ihnen die Modelle vor einigen Jahren gezeigt wurden.
Weiterhin befindet sich in dem Museum neben südafrikanischen Möbeln, Silber und geologischen Funden eine sehr interessante Ausstellung zur *„World of Water"*. Es sind neben einer Nachbildung des Kelp-Forest, einer in den Gewässern vor Südafrika besonders groß und schnell wachsende Alge, sämtliche hier vorkommenden Meerestiere sowie, teilweise über mehrere Stockwerke ragende, Walskelette ausgestellt.
In einem *„Discovery Room"* haben Kinder die Möglichkeit, Flora und Fauna Südafrikas zu entdecken.

In dem im Nebengebäude untergebrachten **Planetarium** können Sie sich den Sternenhimmel der südlichen Hemisphäre erklären lassen. Es stehen unterschiedliche Vorführungen auf dem Programm. Informationen erhalten Sie über die Tel.-Nr. des Museums.

Sternenhimmel der südlichen Hemisphäre

*South African National Gallery (I-22)
Government Avenue, Company's Garden, geöffnet: Di–So 10–17h

Die Galerie enthält eine umfassende Sammlung zeitgenössischer südafrikanischer Kunst. Neben Ölgemälden und Skulpturen finden Sie ebenso Recycling-Kunst aus den Townships, farbenprächtige Malereien der Ndebele sowie Werke anderer afrikanischer Stämme, wie z.B. der Zulu und Xhosa.

Bemerkenswert sind die Ndebele-Designs von Isa Kabini in den Nischen links und rechts vom Museumseingang.

Regelmäßig finden Fotoausstellungen und ein- bzw. mehrtägige Workshops für jedes Alter statt. Informationen zu den aktuellen Aktivitäten entnehmen Sie bitte dem vierteljährlich erscheinenden Heft „Bonani", das Sie in der Galerie oder im Information Center erhalten.

van Riebeeck-Standbild (I-23)
Rondell: Herrengracht

Das Standbild von Jan van Riebeeck wurde von John Tweed aus London gestaltet, das seiner Frau Maria von Dirk Wolbers aus Den Haag. Etwa an dieser Stelle wurde nach Ribeecks Ankunft am 6. April 1652 das erste Lager aufgeschlagen. Dazu muss man sich bewusst machen, dass das davor liegende Gelände damals noch unter Wasser stand und erst später dem Meer abgerungen wurde. Heute befindet sich hier u.a. das monströse und wenig attraktive Civic Centre, in dem die Büros der Stadtverwaltung untergebracht sind.

Monströse Stadtverwaltung

Das hafenwärts anschließende Gebäude beherbergt die Nico Malan Oper und das Theater.

---

*Vorschlag für einen Spaziergang durch Kapstadts Innenstadt

Bevor Sie den Spaziergang durch die Innenstadt beginnen, bedenken Sie die Öffnungszeiten der Museen. Achten Sie aber vor allem auf Ihre Kamera und Wertsachen, da die Kriminalität in der Innenstadt in der letzten Zeit stark angestiegen ist.

Ausgangspunkt für einen Spaziergang ist das **South African Museum** in **Company's Garden**. In Company's Garden können Sie noch die **SA National Gallery** und das **Jewish Museum** besuchen, die rechts vom Ausgang des SA Museums liegen.

Verlassen Sie Company's Garden in Richtung **Long Street**. Die über 300 Jahre alte Straße ist eine Sehenswürdigkeit in sich (bes. im oberen Abschnitt). In die Wale Street biegen Sie nach links ab. Nachdem Sie die Buitengracht überquert haben, befinden Sie sich im **Bo-Kaap-** oder auch **Malayen-Viertel**. Spazieren Sie durch die kleinen Gassen rechts der Wale

Street und bewundern Sie die schöne Architektur. Im kleinen „*Bo-Kaap-Bazar-Café*" (46 Rose St.) können Sie die ersten Eindrücke bei einem typischen *Cardamom-Tea* und einem Snack sacken lassen.

Frisch gestärkt gehen Sie bis zur Strand Street und diese weiter in Richtung Stadtzentrum, bis Sie zwei Häuser hinter der Long Street auf der rechten Seite das *Koopmans de Wet House* erreichen. Weiter führt der Weg wieder durch die Long Street, diesmal in die andere Richtung. Am Anfang befindet sich auf der rechten Seite das *Sendiggestig Museum*.

Spazieren Sie die Long Street entlang bis zur Church Street, in die Sie links einbiegen. Hier befindet sich dreimal in der Woche (Do, Fr, Sa, im Sommer Mo–Sa) ein Antikmarkt. Noch einmal links, und Sie kommen direkt auf den berühmten *Greenmarket Square*, auf dem täglich afrikanische Kunsthandwerke verkauft werden. Schlendern Sie über den Markt oder beobachten Sie von der Veranda des *Old Town House* bei einem Cappuccino das bunte Treiben. Vom Balkon des Town House aus lassen sich prima Fotos des farbenfrohen Marktes schießen.

Ausgesprochen touristisiert: Flohmarkt auf dem Greenmarket Square

Weiter geht es durch die Longmarket Street rechts in die *St. George's Mall*. Hier treffen Sie am Ende (Wale St.) auf die *St. George Cathedral*. Sehen Sie nach links, schauen Sie direkt auf das wunderschöne Gebäude des *SA Cultural and Historical Museum*. Hier können Sie sich entscheiden, ob Sie eine weitere Schleife durch die Adderley Street, rechts in die Castle Street zum *Castle of Good Hope* und zurück durch die Darling Street an der City Hall vorbei ziehen möchten. Oder Sie gehen direkt durch die Government Lane zwischen *SA Library* auf der rechten Seite und der Rückseite der *Houses of Parliament* und *De Tynhus* auf der linken Seite entlang. Ruhen Sie sich in *Company's Garden* auf einer der vielen Bänke im Schatten aus und beobachten Sie die grauen Eichhörnchen und das bunte Treiben der Menschen oder gönnen Sie sich eine Erfrischung im Café des Gartens. Sollte es aber Zeit für den „High Tea" sein und ein kleiner Hunger keimt in Ihnen auf, können Sie auch über die Annandale Orange (Street) gehen und im *Mount Nelson Hotel* Tee und Kuchen genießen.

Am Ausgang der Government Lane in Richtung Tafelberg können Sie zum Abschluss auch noch das *Bertram Museum*, als Vergleich zum Koopman-de Wet House, besuchen.

Bevor Sie direkt zur Waterfront hinunter fahren, sollten Sie noch einen kleinen Schlenker machen durch den historischen Stadtteil **De Waterkant**, der oberhalb der Waterfront liegt (zw. High Level und Somerset Sts.). Hier wurden alte Townhouses renoviert. Eine elegante Yuppie-Szene sowie einige kleine Boutique-Hotels und B&Bs haben sich jetzt hier ausgebreitet.

Yuppie-Szene

Victoria & Alfred Waterfront (I-24)

Überblick, Hinweise und Tipps

Tipp
Es gibt einen **Shuttle-Service** *zwischen Waterfront und Information Center sowie zu bestimmten Zeiten auch zur Talstation der Tafelberg-Seilbahn und zum Airport. Achten sie auf die weiß-blauen Minibusse oder erfragen Sie den Fahrplan im Waterfront Visitor Center im Clock Tower. Zudem gibt es "Watertaxis", Boote, die auf dem neuen* Canale Grande *zwischen Alfred Basin und Herrengracht verkehren.*

Information
Das moderne **Visitor Center***, in dem es auch Infos über ganz Kapstadt, zu Destinationen im ganzen Land, über Nationalparks u.v.m. gibt, befindet sich im 2002 eingeweihten neuen* **Clock Tower-Gebäude** *am Alfred Basin. Sie ereichen es über die Zugbrücke. Gleich davor befindet sich übrigens das* **Nelson Mandela Gateway***, von wo die Boote abfahren zur Robben Island.*

Wie ein Magnet wirkte und wirkt die Waterfront auf die Innenstadt von Kapstadt. Zu Beginn der 1990er Jahre zog sie massiv Geschäftsleute und Touristen an, sorgte dafür, dass Kapstadt in der Gunst der Reisenden noch mehr an Ansehen gewann, und versprach – meist auch zu Recht – mehr Sicherheit. Selbst das Bombenattentat 1998 auf das *Planet Hollywood*-Restaurant konnte nicht an diesem Image kratzen. 270 Geschäfte, über 50 Restaurants und „Futterbuden", 10 Pubs, 7 Hotels, 11 Kinos, 6 Museen, Hunderte von Büroräumen, luxuriöse Wohnungen am Yachthafen nördlich der Victoria Wharf und am New Basin – sie kosten zwischen 900.000 und 10 Mio. Rand – und immer noch das Flair von einem Hafen machen dieses Areal nordwestlich der eigentlichen Innenstadt zu einer der Hauptattraktionen in Südafrika.

Eine der Hauptattraktionen des Landes

Kein Ort im Lande wird von mehr Menschen aufgesucht, pro Jahr sind es um die 30 Millionen! Sie kommen zum Schauen, Shoppen, Essen und auch abends, wenn in vielen Lokalen Livemusik geboten wird. Die Grundidee war und ist nicht schlecht: Tradition, Arbeit, Lernen und Spaß sollten hier miteinander verbunden werden, und das ist ohne Zweifel gelungen. Es ist so gut gelungen, dass sich schon bald in Kapstadts Innenstadt alles um die Waterfront drehte. Geschäfte sind abgewandert aus den traditionellen Shopping-Arkaden um die St. George's Mall, alt eingesessene Restaurants galten nur noch etwas, wenn sie hier an der Waterfront servieren, und auch die Kneipenszene in der City Bowl war Mitte der 1990er Jahre zugunsten der Waterfront regelrecht ausgeblutet. Die

30 Mio. Besucher

„Duft der Waterfront ist sicher, einfach zu erreichen, hier gibt es alles, und der maritime
weiten „Duft der weiten Welt" ist immer noch präsent: „Er liegt in der Luft und schip-
Welt" pert an den Menschen vorbei, wenn auch in Form kleiner Barkassen und Fischer-
bötchen", so ein Kapstädter.

Die Probleme, die daraus aber erwuchsen, konnte keiner vorher ahnen. Die
eigentliche Innenstadt verödete, ganze Straßenzüge in Sea Point wurden zu Pro-
stituiertenmeilen, die Main Road in Sea Point, 1990 noch ein Eldorado der
Feinschmecker und jungen Leute, starb fast völlig aus, und die Kriminalität begann sich zu polarisieren. Da die Waterfront zu gut bewacht wurde, blieb den
Taschendieben nur noch „der Rest der Stadt", wo sie sich geballt auf die wenigen Touristen stürzten. Zum Glück hat die Stadtverwaltung diese Dinge rechtzeitig erkannt und begonnen Lösungen zu finden. Erstes Ziel ist es, die Innenstadt
zwischen den Museen und der Waterfront wieder attraktiv zu machen – bewusst wurden auch ein Visitor Center in der Innenstadt belassen. Das neue
Convention Center sowie der „Canale Grande" wurden zwischen Innstadt und
Waterfront eingeweiht –, und auch Sea Point beginnt sich langsam wieder aufzu-
rappeln. Als nächstes wird die Region Foreshore, nördlich der Innenstadt komplett umgestaltet.

Wie dem auch sei und was die nahe Zukunft auch bringen wird, die Waterfront
ist ein Muss für jeden Kapstadt-Besucher. Doch unterliegen Sie nicht der Versuchung, hier täglich hinzugehen. Die Geschäfte sind ein wenig teurer, viele bieten
zudem nur das „Übliche", was man überall auf der Welt findet, der Livemusik fehlt
oft der rechte Kick, und die Restaurants sind gut, aber oft zu durchgestylt.
Vergessen Sie nicht, Kapstadt hat auch andere Seiten zu bieten.

Zur Geschichte des Hafens und der Waterfront: Bis zur Mitte des 19.
Jahrhunderts reichte die Wasserlinie bis zur Old Castle und zu dem Punkt, wo
heute Adderley und Darling Street aufeinandertreffen. Der Hafen war klein, Pro-
Schutz vor stitution und Verbrechen waren zu dieser Zeit an der Tagesordnung. Daher lagen
den die Schiffe oft auf Reede. Dort aber fielen viele von ihnen den berüchtigten
Stürmen Stürmen am Kap zum Opfer. Das geschah so häufig, dass selbst die für ihre
Risikobereitschaft so bekannte *Lloyds-Versicherung* 1860 keine Policen für die Schiffe
am Kap ausgab. Noch im selben Jahr vollzog Prince Alfred, der englische Thronfol-

ger und zweiter Sohn Queen Vic-
torias, den ersten Spatenstich für
die Anlage eines, durch einen
Schutzwall („Breakwater") gesicher-
ten, Hafens. 1869 waren dann das
Victoria- und das kleinere Alfred-
Becken fertig. Bis Mitte der 1930er-
Jahre wurden hier die meisten Güter Kapstadts umgeschlagen, dann
genügten die Becken den Anforde-
rungen nicht mehr, und östlich davon baute man die größeren Dun-
can- und Ben Schoeman-Docks. Mit

Hier landen auch noch Hochseefischer an

deren Fertigstellung verloren die alten Becken rapide an Bedeutung, und seit der Zeit der großen Tanker und Containerschiffe, ab den 1960er Jahren, verkamen sie regelrecht.

Erst Mitte der 1980er Jahre entschlossen sich Stadtverwaltung und private Investoren, die Victoria- und Alfred-Becken wieder zu neuem Leben zu erwecken. Die ersten Pläne sahen noch bescheiden aus: Man siedelte den Seenot-Rettungsdienst (NSRI) an (der heute zu besichtigen ist), verlegte die Fischereiflotte komplett hierher, ließ die Schlepper im Alfred-Becken auf ihre Aufträge warten und unterstützte zwei kleine Werften, die sich vornehmlich auf Reparaturaufträge sowie den Bau von Yachten spezialisiert hatten. Ein wenig später kamen dann die Museen, so das Maritime Museum und das Two Ocean Aquarium, hinzu. Wichtig war den Investoren, dass die alten Gebäude restauriert wurden und damit erhalten blieben. Somit hat auch heute vor allem der Kernbereich des gesamten Areals den meisten Charakter. Die Tatsache, dass dieser Bereich schon bald aus allen Nähten platzte, führte ab Mitte der 1990er Jahre dazu, immer weiter in die Peripherie zu bauen. Letzte große Projekte sind hierbei das 1,8 Milliarden Rand teure Casino, der Kanal hin zur Innenstadt, das New Basin und das Apartmenthaus-Projekt im Nordwesten. Jetzt folgt die Umgestaltung im Bereich Foreshore. Nun bleibt nur zu hoffen, dass die neuen Anlagen nicht dem historischen Kern die Show stehlen.

Casino als Geldquelle

Hinweise
• Die **Seehunde** („Cape Fur Seals") tummeln sich meistens an Berties Landing, gegenüber dem Pierhead (Old Captains Building).
• Es gibt von der Waterfront **Bootstouren** aller Art: Sunset-Cruise, Hafenrundfahrten, Champagner-Touren usw. Erkundigen Sie sich im Informationsbüro. **Tipp:** Die kleine, historische **Penny Ferry** (Ruderboot), die am Pierhead ablegt und meist auch an den o.g. Seehunden vorbeifährt, sollten Sie nicht versäumen und natürlich auf keinen Fall die erläuterte Bootsfahrt zur **Robben Island** (s. S. 390).

Kapstadt's „Canale Grande"
Lange wurde verhandelt, bis eine Investorengruppe unter der Leitung von *SunWest* endlich den Zuschlag erhielt für den Bau eines Casinos und des Kanals zwischen Waterfront (am Cape Grace Hotel), Hafen und Innenstadt (Goodwood Conference Center, Foreshore). 2003 wurde das 500 Mio. Rand teure **Cape Town International Convention Centre** (Kongresszentrum) fertiggestellt. Für Kapstadts Wirtschaft bedeutet es 5.000–6.000 Arbeitsplätze. Ziel ist natürlich auch, die Innenstadt wiederzubeleben. Der lange schon angekündigte Kanal zwischen Innenstadt und Waterfront wurde auch endlich fertiggestellt. Entlang dieses neuen Wasserweges, der z.T. auf alten Grachtenanlagen basiert, finden sich dann (teure) Apartments, Cafés sowie Shops, und ein ***Water-Taxi*** übernimmt den Shuttle-Service.

**Sehens- und Erlebenswertes an der Victoria &
Alfred Waterfront** (alphabetisch geordnet)

Hinweis
*Die Legendennummern zur Victoria & Alfred Wa-
terfront beziehen sich nur auf die nebenstehende
Karte.*

BMW Pavilion & IMAX-Kino (1)

*Filme werden gezeigt täglich zwischen 11h und 22h. Infos:
(021) 419-7365.*
Ein hervorragendes Beispiel für die Repräsentation eines
privaten Unternehmens. Erst, nachdem man die blitzblank
polierten Luxuskarossen passiert hat, sieht man an der
Seite den Zugang zum IMAX-Kino. Natürlich sind die Tickets nicht gesponsert. Die Filme wechseln ca. alle 6 Monate. Die Leinwand ist so hoch wie ein fünfstöckiges Gebäude, und der Dolby-Surround-Klang versetzt den Zu-
schauer in ein nahezu dreidimensionales Filmgefühl.

Cape Medical Museum (2)

Portswood Rd, geöffnet: Mo–Fr 10–15h

*Medizi-
nische
Heilkräuter*

Ausstellung zur Geschichte der Medizin. Besonders interessant sind die Erläuterungen zu den Praktiken frühester
Heilmethoden und die zum Thema medizinische Pflanzen
und Heilkräuter.

Clock Tower (3)

Der „Uhrenturm" steht an der Passage zwischen Victoria
und Alfred Basin. Er galt für die Schiffe als Richtwert für
die offiziellen Ein- und Auslaufzeiten. Der Hafenkapitän im
gegenüber liegenden Gebäude hatte ihn ebenfalls im Visier.
So konnte es keine Streitereien über Liegezeiten geben.
Heute tummeln sich die Seehunde im Wasser unterhalb des Turmes. 2002 wurde
das neue Gebäude um den Clock Tower eröffnet (es trägt auch denselben Namen). Eine Touristeninformation (die alte in der Stadt bleibt aber erhalten) mit
Infos und Buchungsmöglichkeiten für Kapstadt und Ziele im gesamten Land, aber
auch Manenberg's Jazzbar, eine ausgesuchte Weinhandlung mit "Probierprogram-
men", und eine bayerische Microbrewerie sind die Highlights hier.

Im Dezember 2001 wurde das **Nelson Mandela Gateway** neben dem Clock
Tower eingeweiht. Von hier fahren jetzt die Fähren zur ehemaligen Gefängnisinsel.
Wechselnde Ausstellungen und Multimedia-Präsentationen im Nelson Mandela Gate-
way informieren vor der Abfahrt über die Insel. Mittlerweile werden auch spezielle
Touren zur Insel angeboten, so z.B. Überfahrt mit einem historischen Dampfer,
BBQ auf der Insel u.ä. Neueste Infos finden Sie im Internet unter www.robben-
island.org.za. Geplant sind auch **Übernachtungsmöglichkeiten** auf der Insel
und selbst die Einrichtung eines **Universitätscampus** dort ist im Gespräch ...

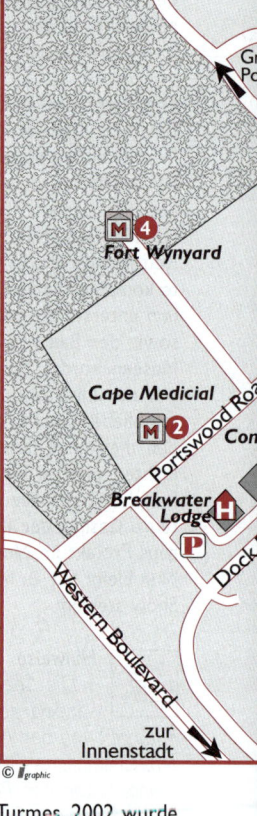

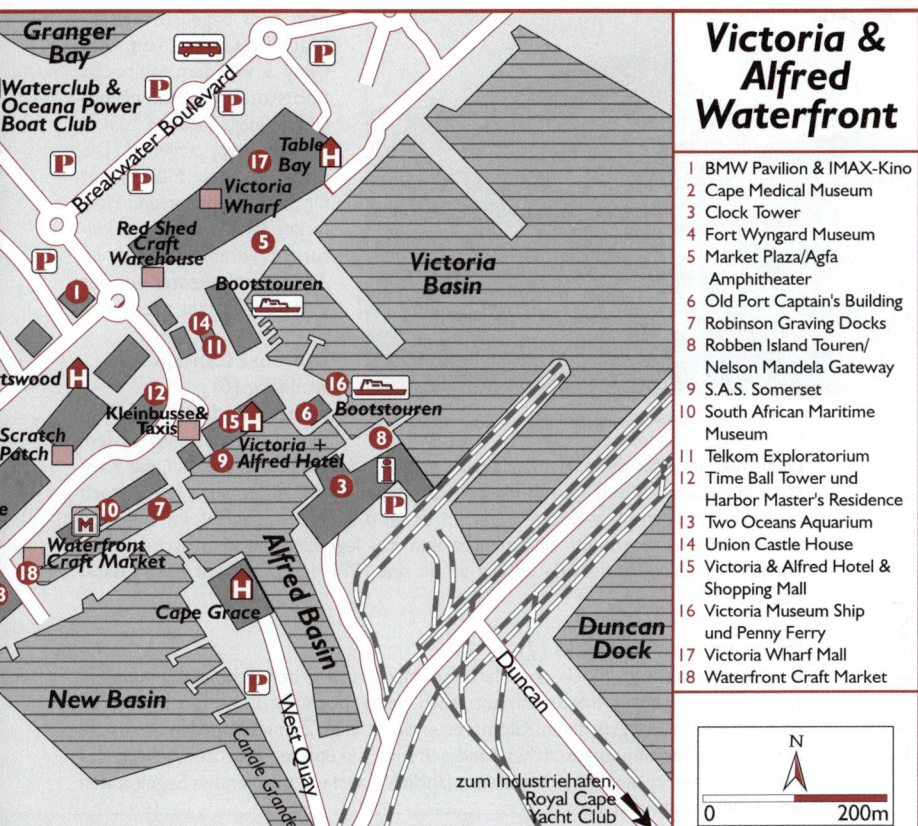

Victoria & Alfred Waterfront

1 BMW Pavilion & IMAX-Kino
2 Cape Medical Museum
3 Clock Tower
4 Fort Wyngard Museum
5 Market Plaza/Agfa
   Amphitheater
6 Old Port Captain's Building
7 Robinson Graving Docks
8 Robben Island Touren/
   Nelson Mandela Gateway
9 S.A.S. Somerset
10 South African Maritime
   Museum
11 Telkom Exploratorium
12 Time Ball Tower und
   Harbor Master's Residence
13 Two Oceans Aquarium
14 Union Castle House
15 Victoria & Alfred Hotel &
   Shopping Mall
16 Victoria Museum Ship
   und Penny Ferry
17 Victoria Wharf Mall
18 Waterfront Craft Market

N

0   200m

Fort Wyngard Museum (4)

Fort Wyngard Rd, geöffnet: z.Zt. geschlossen

Das Museum befindet sich in einer Seitenstraße zur Portswood Road, ist aber z.Zt. für Besucher nicht geöffnet. Sollte es wieder eröffnen, erwarten Sie hier vornehmlich militärische Geräte und Waffen aus der Zeit nach 1900, als das Fort ausgebaut wurde, um in den Weltkriegen drohende Feinde abzuhalten.

Market Plaza (5)

Die Plaza kann als Mittelpunkt der Waterfront bezeichnet werden. Umringt ist sie vom Union Castle House (s.u.), **Ferryman's Tavern**, einem alten Pub mit der angeschlossenen Privat-Bierbrauerei **Mitchell's Brewery**, in der Sie beim Bierbrauen zusehen können, den modernen, riesigen Shoppingmalls **King's Wharehouse** (Lebensmittel/Restaurants) und **Victoria Wharf** (Geschäfte/Restaurants usw.), ei-

Picknicken bei Straßenmusik

Lange Öffnungszeiten: Victoria Wharf Shopping

nem heiß begehrten Fisch-Snack-Restaurant und dem *Quay 5*, von dem zahlreiche Bootstouren (Hafenrund-fahrt, einige Robben Island-Touren usw.) abgehen. Die Plaza ist auch Mittelpunkt für Straßenmusiker und Pick-nicker. Und oft werden kul-turelle Veranstaltungen im *AGFA Amphitheater* auf der Mitte des Platzes geboten.

Old Port Captain's Building (6)

Früher war dieses das wich-tigste Gebäude im Hafen. Denn hier, im Amt des Hafenkapitäns, mussten sich alle Schiffe melden, die Kap-stadt angelaufen hatten. Durch die Fensterscheiben können Sie auch heute noch in den ehemaligen „Log-Room" schauen. Es wird außerdem geplant, im Gebäude ein kleines Hafenmuseum einzurichten. Am Kai legt hier die historische *Penny Ferry*, ein Ruderboot-Service, ab, die schon seit 1871 den „Cut" zur Alfred Basin überquert.

Robinson Graving Docks (7)

In diesem massiven Dock am Maritime Museum wurden schon vor hundert Jahren Schiffe gebaut bzw. repariert. Auch heute noch wird das Dock genutzt, obwohl die Hauptwerft einen Kilometer entfernt liegt. Zumeist werden asiatische Seelenverkäufer neu angestrichen, und seltener okkupieren Hochseeyachten das Halboval, zumeist die, die sich auf dem jährlich Kapstadt anlaufenden Segelrennen

Seelenver-käufer und Hochsee-yachten

um die Welt befinden. Das Dock besteht aus einem Zementbett, das mit Hilfe einer Schleusenanlage trockengelegt wird.

Robben Island Touren (8)

Lesen Sie zu Robben Island auf S. 446ff.

S.A.S Somerset (9)

Alfred Basin, vor dem Vic-toria & Alfred Hotel, geöff-net: Mo–So 9–17h

Die „Somerset" gehört

Robinson Graving Docks und SA Maritime Museum

zum Maritime Museum und wurde während des Zweiten Weltkriegs eingesetzt für das Auslegen und die Überwachung von Barrieren aus Ketten vor den Hafeneinfahrten. Diese sollten vornehmlich feindliche U-Boote abhalten. Die „Somerset" hatte ihre Haupteinsätze vor der Saldanha Bay. Heute kann das gesamte Schiff besichtigt werden.

*South African Maritime Museum (10)
Dock Road, V&A Waterfront, geöffnet: Mo–So 9–17h
Dieses an der Waterfront gelegene Museum porträtiert den Einfluss des Meeres auf die Menschen in Kapstadt, die Geschichte der Table Bay, der Schiffwracks, der Schiffahrtslinien und der Fischerei. Interessant ist auch das Modell des Hafens von Kapstadt, so wie er um 1886 aussah. Kinder jeglichen Alters werden besonders begeistert sein von der Entdeckungshöhle und den Schiffsmodell-Werkstätten.

Einfluss des Meeres auf die Kapstädter

Telkom Exploratorium (11)
Gegenüber dem Victoria & Alfred Hotel, täglich geöffnet: 9–18h
Mit Blitz und Donner erwartet Südafrikas Telekommunikations-Konzern seine Besucher. Besonders die jüngeren werden Gefallen finden an den z.T. sehr modernen Vorführeffekten und über 50 Stationen zum Selbstausprobieren. In den Ausstellungsräumen wird die Geschichte der Telekommunikation sehr schön erläutert, so z.B. anhand historischer Geräte, die zurückgehen bis aufs Jahr 1861. Zudem wird erklärt, wie sich taube Menschen über Telefon verständigen können, wie Faxe gesendet werden oder wie eine internationale Konferenzschaltung funktioniert.

Time Ball Tower und Harbor Master's Residence (12)
Oberhalb der Kurve in der Dock Rd., gegenüber V&A Hotel
1860 wurde die Residenz des Hafenkapitäns auf dieser Anhöhe gebaut, so dass er immer sehen konnte, was sich in seinem Hafen tat. Der Time Ball Tower, eine Turmuhr, wurde 1894 erbaut und galt als noch exakter als der Clock Tower am Hafen. Täglich um 12h fiel der Ball nach unten, ähnlich dem Ball, der zu Neujahr am New Yorker Times Square fällt.

*Two Oceans Aquarium (13)
Dock Road, V&A Waterfront, geöffnet: Mo–So 9h30–18h, Dez+Jan –19h
In diesem auf jeden Fall einen Besuch lohnenden Aquarium können die Bewohner der beiden Ozeane (Indischer und Atlantischer) als auch die der Süßwasserseen und Flüsse bewundert werden. Es existieren ca. 4.000 Fische von 300 verschiedenen Arten in unterschiedlichen Aquarien. So gibt es z.B. einen offenen Ozean-Pool, ein tropisches Becken sowie eines für Pinguine und Robben. In einer weiteren Anlage ist der ökologische Kreislauf, vom Bergstrom bis zur Flussmündung, dargestellt. Kinder können ihre Erfahrungen beim Berühren unterschiedlicher Lebewesen machen, wie z.B. Anemonen und Seesterne. Nicht zu vergessen ist der über mehrere Stockwerke reichende Tank, in dem Haie und die Fische, die die Haie noch neben sich dulden, zu beobachten sind. Für dieses Aquarium sollte man genügend Zeit einplanen, es gibt so viel zu lernen!
Jeden Nachmittag finden Fütterungen durch Taucher in dem Raubfischtank statt. Sie erhalten sehr gute Informationen, sowohl über das Aquarium als auch über die Fische. Wussten Sie, dass sich große Haie höchstens einmal pro Woche satt fressen müssen? Erkundigen Sie sich besser vorher, welche Tiere wann gefüttert werden.

Riesiger Haifisch-Tank

Union Castle House (14)

Nahe Dock Rd, gegenüber Quay 4 und V&A Hotel

In diesem großen, 1919 erbauten Kolonialgebäude residierte einst die *Union Castle Line*, die Reederei, die bis 1977 die meisten Postsäcke zwischen Kapstadt und England beförderte. Heute befinden sich Banken, Geschäfte und das Telkom Exploratorium in dem Haus. In einigen Räumen können Sie noch Relikte aus der Zeit der Postdampfer finden.

Victoria & Alfred Hotel & Shopping Mall (15)

Wohnen in historischem Ambiente

Das Hotel gehört u.E. zu den schönsten in Kapstadts Innenstadt/Waterfront, da der historische Charakter in vielen Räumen noch erhalten geblieben ist. Ganz billig ist die Unterkunft hier nicht, aber immerhin noch günstiger als im Cape Grace bzw. dem Table Bay Hotel. Die Geschäfte sind okay, lohnen aber nur bei speziellem Interesse.

„Victoria" Museum Ship (16)

Pierhead/Victoria Basin, geöffnet: tägl. 9–17h30

Nachbau einer britischen Marine-Fregatte aus dem 18. Jahrhundert. An Bord gibt es zahlreiche Relikte von untergegangenen Schiffen bzw. Schiffwracks zu besichtigen. Es wird geplant, das Schiff umzuverlegen vor das Maritime Museum bzw. aus Kapstadt raus.

Victoria Wharf Mall (17)

Delikatessen

Die mit Abstand größte Einkaufsmall der Waterfront. Zu ihr zählt man auch das **King's Warehouse** mit seinen ausgesuchten Lebensmittelgeschäften und kleinen Gourmet-Futterbuden und -restaurants sowie den **Red Shed Craft Market** *(tägl.*

geöffnet), in dem Sie kunsthandwerkliche Produkte aus dem südlichen Afrika erstehen können. In der Victoria Wharf selbst finden Sie Geschäfte, die alle Bereiche abdecken, so wie sich das heutzutage „gehört" für eine Mall. Der Standard ist hoch, die Preise nicht niedriger, doch wenn Sie etwas wirklich Ausgefallenes suchen, dann müssen Sie woanders schauen. *Geöffnet: täglich bis 21h.*

Waterfront Craft Market (18)

Dock Rd, am Maritime Museum, täglich geöffnet.

Wie im o.g. Red Shed Craft Market, finden Sie auch hier kunsthandwerkliche Produkte aus dem südlichen Afrika. Gegenüber an der Dock Road steht ein alter Eisenbahnwaggon, der **Rovos Rail Wagon**, in dem Sie sich über Touren mit den Historischen Rovos Rail informieren können. Und nebenan lädt der **Scratch Patch Shop** alle Mineralien-Sammler ein zum „Stöbern". Hier können Sie nahezu alle Steine kaufen, die Südafrika zu bieten hat. Das muss nicht teuer sein, denn dazu gehören auch sehr schöne und günstige

Fish & Chips direkt am Kai Steine.

Hinweis
Zu **Green** Point, **Mouille** Point *und* **Sea** Point *lesen Sie bitte auf den Seiten 405ff.*

Ausflug auf den Tafelberg

Überblick

Schon seit die ersten Seefahrer um das Kap der Guten Hoffnung gesegelt waren, galt der 1.086 m hohe Tafelberg als ein Wahrzeichen, welches bei gutem Wetter über 100 km auszumachen war. Er ist auch heute in aller Welt so berühmt wie Zuckerhut, Big Ben, Empire State Building oder Eiffelturm. Den Namen der Stadt zu seinen Füßen muss man gar nicht erst nennen.

Grandioser Ausblick vom Tafelberg ... aber nur, wenn das Wetter stimmt!!

Von den 1.086 m bildet eine über 500 m steile Sandsteinwand einen krassen und markanten südlichen Abschluss zur „City Bowl" von Kapstadt. Darunter läuft der Berg allmählich aus bis hin zum Hafen.

Heute nehmen alleine mehr als 500.000 Besucher die Seilbahn auf die Spitze, von wo aus sie einen grandiosen Ausblick vom Kap im Süden bis hin zu den Bergen der Bokkeveld Serie hinter Ceres genießen können. Und auch der Blick auf den Atlantischen Ozean und die kleine Robben Island beeindruckt. Berge, wie der Lion's Head und der Signal Hill, liegen dem Betrachter ebenfalls zu Füßen.

Und wem das alles nicht aufregend genug ist, der kann jetzt auch am frühen Morgen Bungee Jumping aus der Gondel betreiben.

Bungee-Jumping

Geologische Entwicklung des Tafelberges

Dabei begann alles vor mehr als 700 Millionen Jahren, als ein großes Meer die Oberfläche am heutigen Kap bedeckte und das *Gondwanaland* noch die heutigen Kontinente Amerika und Afrika zusammenhielt. Auf dieser Oberfläche lagerten Schlamm und Sand. 100–150 Millionen Jahre später dann begann sich der Boden zu heben und zu falten. Granit „floss" um und über die sandigen Schichten. Eine Bergformation bildete sich. Vor gut 480 Millionen Jahren waren die obersten Gesteinsschichten dann aber wieder aberodiert, und das Meer bedeckte erneut große Abschnitte der Oberfläche der heutigen Kaphalbinsel. Diesmal hinterließ es Spuren von Fossilien und Schlammschichten, die an einigen Punkten noch heute zu erkennen sind. Anschließend, vor etwa 440 Millionen Jahren, begann sich eine dicke Eisschicht über das Gebiet zu legen, die die Restberge abschliff und deren

Vom Eis bedeckt

Ablagerungen sich bis hin zu den heutigen Cedarbergen und auch im Meer nachweisen lassen. Vor knapp 280 Millionen Jahren setzte ein erneuter Hebungsprozess ein, der aber ein riesiges Gebiet einschloss, so dass das heutige Tafelbergmassiv nicht als Berg herausstach. Vor 150 Millionen brach dann der Gondwana-Kontinent auseinander. Der Berg begann durch Verwerfungen und entlang von Bruchkantenlinien aus der Hochebene herauszuwachsen und erreichte seine höchste Höhe vor 100 Millionen Jahren. Zu dieser Zeit stieg auch der Meeresspiegel

Cape Flats erneut an und überflutete die jetzigen Cape Flats. Die oberste Granitschicht des
unter Tafelbergs erodierte bereist seit langem weg. Der Höhepunkt der Erosionstätig
Wasser keiten fand vor 70 Millionen Jahren statt und endete vor knapp 30 Millionen Jahren. Dann waren die Konturen des heute sichtbaren Berges geschaffen, und seither sorgen Wind und Wetter für den Feinschliff: Kleine

„Of such portentous bulk Canyons, raue Schluchten und bizarre Felsformationen ha
was the Colossus" ben sich seither entwickelt.
Louis de Camoens
(1524-80)   Das heute sichtbare Tafelberg-Massiv zieht sich über den Höhenrücken der Kaphalbinsel, wird aber auf der Linie Noordhoek - Fish Hoek unterbrochen. „Satelliten" des Massivs sind u.a. der Lion's Head und der Sentinel (bei Hout Bay).

Hinweise und Tipps

• Die **Talstation** der Seilbahn (1-25) befindet sich an der Tafelberg Rd, die vom Kloof-Nek-Kreisel zwischen Tafelberg und Lion's Head abzweigt. Es gibt **Busse** („Kloof-Nek-Bus" vom Busbahnhof), die zum o.g. Kreisel fahren, und von dort pendelt regelmäßig der Seilbahnbus. Geplant ist ein Shuttle zwischen Innenstadt-Attraktionen und Talstation. Erkundigen Sie sich danach.
• Der **Seilbahnverkehr** wird wegen des oft starken Windes für ganze Tage eingestellt. Erkundigen Sie sich vorher: Tel. (021) 424-8181.
• **Fahrplan**: Mitte April–Mitte September: 8h30 (erste Auffahrt) bis 18h (letzte Abfahrt); Mitte September–Ende November: 8h (erste Auffahrt) bis 19h30 (letzte Abfahrt); Dezember–Mitte April: 7h30 (erste Auffahrt) bis 22h (letzte Abfahrt). Generell: Letzte Auffahrt 1 Std. vor letzter Abfahrt
• Sobald der Berg **wolkenfrei** ist und es nicht zu sehr windet, sollten Sie unverzüglich auf den Tafelberg hinauf fahren. Es wäre doch mehr als schade, wenn Sie Ihre Seilbahn-Fahrt auf den nächsten Tag verschieben und gerade dann der Berg – in Wolken gehüllt – seine „Tischdecke" trägt.
• Auf **über 300 Wanderwegen** kann man auf den Tafelberg hinaufgelangen, und der Schwierigkeitsgrad reicht von relativ leichten Aufstiegen bis hin zum Erklimmen mit Seil und Haken. Für eine normale Gipfelbesteigung müssen Sie ca. 3 Stunden ansetzen. Und: Es ist einfacher aufzusteigen, als hinunter zu laufen. Letzteres geht ziemlich auf die Ge-

Der Name trügt: Wirklich flach ist es auf dem Berg nicht

lenke. Beachten sollten Sie auch das Wetter. Erkundigen Sie sich vorher, denn in kürzester Zeit kann es umschwenken und ein ungemütlicher Gewittersturm Ihre Wanderung zu einem Albtraum machen. **Festes Schuhwerk, entsprechende Wetterkleidung** *(oben ist es kühl bis kalt!)*, **ausreichend Trinkwasser, etwas zu essen, einen Sonnenhut, Sonnencreme, Geld und eine Wanderkarte** *sollten Sie unbedingt dabeihaben. Außerdem: Gehen Sie den Aufstieg ruhig an und gehen Sie nicht alleine. Hinweise zu Wanderführern finden Sie in den Literaturtipps dieses Buches.*

Wanderwege rund um den Tafelberg

Informationen zu den Wanderwegen erhalten Sie bei den Parkrangern im National Parks Office in der Long Street und beim Parkranger an der Bergstation. Zu empfehlen sind auch die erläuterten Wandertouren von speziellen Anbietern.

Die drei bekanntesten Wanderwege auf den Berg sind:
- **Pipe Track:** Der 7 km lange Weg beginnt nahe dem Kloof-Nek-Kreisel und folgt den Wasserrohren („Pipes"). Dieser Weg gilt als der am wenigsten anstrengende.
- **Platteklip Gorge/Maclear's Beacon Trail:** Beginnt ca. 2 km östlich der Talstation an der Tafelberg Road. Er hat steile, aber zu bewältigende Abschnitte. Ihm folgte bereits der erste Europäer zur Spitze, der portugiesische Kapitän Antonio de Saldanha.
- **Skeleton Gorge Trail:** Dieser Aufstieg, der an den Kirstenbosch Nat. Botanical Gardens beginnt, ist der schnellste. Es müssen aber einige Holzplanken, -leitern und -stufen bewältigt werden und der Weg ist nicht an allen Stellen fest. Somit ist dieser Wanderweg nur bei trockenem Wetter zu empfehlen und auch nicht für den Abstieg, da es dann schwierig werden kann, auf den Holzleitern zu balancieren.

• Ebenfalls beliebt sind die **Rundflüge mit einem Helikopter** über den Tafelberg. Oft wird dabei sogar auf dem Plateau gelandet. Infos im Touristenamt bzw. auf S. 250.

Hinweis
Zu den Erhebungen und Erkundungsmöglichkeiten von **Signal Hill**, **Lion's Head** und **Devil's Peak** lesen Sie bitte auf den Seiten 363 und 365.

 Weiteres Erlebenswertes auf und am Tafelberg

Die meisten werden es sicherlich vorziehen, mit der teuren, aber doch um einiges bequemeren Seilbahn auf den Berg hinaufzufahren. Die 1.224 m lange Auffahrt dauert ca. 7 Minuten, und während dieser Zeit rotiert die Gondel um 360°. Somit müssen Sie nicht darauf achten, an welchem Fenster Sie stehen. Die neuen Gondeln wurden in der Schweiz hergestellt und fahren seit 1998 auf den Berg.

Nur ein paar Schritte entfernt

Oben angekommen, werden Sie zuerst enttäuscht sein über die vielen Menschen, die hier herumlaufen. Nahe der Bergstation der Seilbahn finden Sie an schönen Sommertagen kaum Gelegenheit, in Ruhe das Panorama auf sich wirken zu lassen. Laufen Sie daher ein paar hundert Meter, und schon werden Sie den Ausblick wirklich genießen können. Zur Stadtseite hin sehen Sie linker Hand Lion's Head und Signal Hill, vor sich die City Bowl und rechter Hand den 1.001 m hohen Devil's Peak. Und vergessen Sie auch nicht, nach Süden zu schauen, wo sich die Kaphalbinsel zu Ihren Füßen ausbreitet und rechter Hand die 12 Apostel auf den Atlantik „schauen". Botanisch Interessierte sollten auch an Ihr Bestimmungsbuch

---

Die „Tischdecke"
An einem Sommertag vor langer Zeit unternahmen der Teufel und der Pirat Jan van Hunks, der auf dem Devil's Peak lebte, einen Pfeifen-Rauchwettbewerb. Diesen verlor der Teufel, und seither erinnert ihn die „Tischdecke" über dem Tafelberg an nahezu jedem Sommertag an diese Schmach.

Alte Legende

Der südöstliche Sommerwind, bekannt als „Cape Doctor", weht in die City Bowl, wird dort „gefangen" und bildet in den kühleren Höhen die Wolken, die sich sanft über den Berg legen.

Tatsache

denken, denn auch hier oben gibt es zahlreiche Pflanzen der Capensis zu entdecken. 1.400 Spezies sollen es sein, darunter Disas und Proteas. Tiere, wie Baboons, Bergziegen, Rock Dassies (deren nächste Verwandte die Elefanten sind!), Stachelschweine, Kapmangusten und gelegentlich auch Steinböcke gibt es auf dem Tafelberg auch, wobei sie sich gerne vor den Touristen verstecken.

Helikopterflüge über den Tafelberg werden immer beliebter

Und wer sich in luftiger Höhe erfrischen möchte, findet südlich, unterhalb der Bergstation, eine Open-Air-Bar, die eher an einen Skihütten-Urlaub in den Alpen erinnert – nur dass der Schnee fehlt –, sowie ein paar Snackbuden. Es gibt außerdem ein Selbstbedienungs- sowie ein Bedienungsrestaurant. Letzteres ist bis zur Abfahrt der letzten Bahn geöffnet.

Unser Tipp lautet aber: Nehmen Sie sich ein kleines Picknick-Päckchen inkl. Kap-Wein mit, so wie es die Kapstädter auch gerne tun. Wer sich partout nicht nehmen lassen will, hat auch die Möglichkeit, von der Bergspitze Faxe zu schicken und Telefongespräche zu führen.

Picknick-Korb nicht vergessen

Es gibt 3 kürzere Wanderwege auf dem Plateau, die zwischen 5 und 30 Minuten dauern. Zu empfehlen sind auch die Wanderwege, die südlich der Spitze zu den 12 Aposteln und den Wasserreservoirs führen. Sie dauern ihre Zeit und sind z.T. anstrengend. Erkundigen Sie sich auch hierfür vorher beim Parkranger an der Bergstation.

Die Stadtteile südlich der Innenstadt (Woodstock, Observatory, Rondebosch und Newlands)

Überblick, Hinweise und Tipps

Ein Tagesausflug zu diesen Stadtteilen hat mit Sicherheit seine Reize, ist aber eher für diejenigen zu empfehlen, die entweder genügend Zeit für Kapstadt haben bzw. die Stadt schon ein bisschen kennen. Sollte Ihr Ausflug nämlich nicht die Kirstenbosch National Botanical Gardens bzw. die Weingüter im Constantia Valley mit einschließen, können die hier beschriebenen Sehenswürdigkeiten eher als „Nischen-Attraktionen" angesehen werden. Andererseits ... wo hätten Sie sonst die Gelegenheit, sich einmal mit der Geschichte des Rugby oder der der ersten Herztransplantation zu befassen, und wo sonst finden sich so urige Studentenpinten wie in Observatory? Wenn Sie auch nicht alle hier beschriebenen Punkte an einem Tag besichtigen können – dafür reicht die Zeit in keiner Weise –, böte sich alleine auf der Fahrt mit dem Auto ein Einblick in sehr unterschiedliche Strukturen der Stadt.

Redaktions-Tipps südlich der Innenstadt

• Achten Sie auf die **Öffnungszeiten** der Attraktionen. Danach sollten Sie Ihre Route abstecken.

• Bei einer Ganztagestour würden sich fürs **Abendessen** der Forester's Arms Pub oder die Main Street in Observatory hervorragend anbieten. S. 401/403.

Woodstock ist das ehemalige Industriegebiet, in dem heute viele Lagerhäuser leer stehen oder aber, wie im Falle der alten Brauerei, von artfremden, modernen Kleinunternehmen belegt sind. Observatory und Mowbray, ehemals die Wohngegend der Arbeiter, sind heute studentisch geprägt, was sich besonders in den Restaurants und Kneipen entlang der Main Street in Observatory widerspiegelt. Die kleinen Wohnhäuser, dicht aneinander gebaut wie in ähnlichen Stadtteilen in England, versprechen recht günstige Mieten, dafür aber auch eine schlechte Isolation. An der wurde damals natürlich gespart, und so sollte man sich nicht wundern, wenn direkt unter den Holzböden bereits der nackte Sandstein liegt.

Observatory war einst auch der „astronomische Nabel der südlichen Halbkugel". Hier steht auch heute noch eine große Sternwarte („S.A. Astronomical Observatory"), die dem Stadtteil ihren Namen verlieh. Seit der Errichtung der Sternwarte in Sutherland (s. S. 616f) in der Karoo hat diese hier aber an Bedeutung eingebüßt. Das Rhodes Memorial, einst Huldigungsstätte an den Kolonialisten, hat heute eher den Charakter eines Ausflugsortes mit Aussicht. Das Groote Schuur Hospital, ein immer größer werdender Häuserkomplex, erinnert an die *Beliebte* Pionierleistungen in der Herztransplantation, und der Stadtteil Newlands ist be- *Wohn-* liebte Wohngegend des „Old Money". Hinter hohen, grünen Hecken verstecken *gegend des* sich hier die Wohnhäuser der gehobenen Mittelschicht – ruhig gelegen, aber noch *„Old* relativ nahe zu Kapstadts Zentrum. Hier kosten die mittelgroßen Wohnhäuser *Money"* schon ein wenig mehr.

Claremont, die Einkaufszone dieser städtischen Region, weist alte und besonders moderne Konsumtempel auf, verliert dafür aber auch zunehmend an Flair.

Hinweis

Zu **Groot Constantia** und den **Constantia Winelands** *lesen Sie bitte auf den Seiten 439ff und zur* **Main Road** *zwischen Muizenberg und Innenstadt auch im Kasten auf S. 438.*

Vorschlag für eine Zeiteinteilung

• *6 Stunden (= optimal):* Folgen Sie einfach den unten aufgeführten Attraktionen der Reihe nach. Achten Sie aber auf die Öffnungszeiten und

entscheiden Sie sich für die Besichtigung von 2 der beschriebenen Sehenswürdigkeiten.
- *Sollten Sie die* **Kirstenbosch Nat. Botanical Gardens** *in die Besichtigungstour einschließen wollen, müssen Sie früh starten und sollten für diese auch mind. 3 Stunden extra einplanen.*

Sehens- und Erlebenswertes in Kapstadts Stadtteilen südlich der Innenstadt

Old Castle Brewery (S-1)

Old Castle Brewery, 6 Beach Rd, N1-Exit Woodstock und dann gleich die erste Straße nach rechts.

Das ehemalige und erste Gebäude der südafrikanischen Brauereigesellschaft in Kapstadt zeigt heute deutlich, wie sich das Bild einer Stadt verändern kann. Der Stadtteil Woodstock war einst die Region der Kleinindustrien, veränderte seinen Charakter dann in den 1970er und 80er-Jahren zu einem Lagerhaus- und Großhandelsdistrikt und wandelt sich nun allmählich zu einer Brutstätte von Trends setzenden Kleinunternehmen. Softwareentwickler, Filmproduzenten, Künstler, Marketingstrategen, Textil-Designer und viele andere verbergen sich heute hinter den schweren Türen zu ehemaligen Kühlräumen und alte Lagerhallen aufteilenden Glasfassaden. Dass viele von diesen Kleinunternehmen nach nur kurzer Zeit wieder aufgeben müssen ... oder aber aus diesen Räumen herauswachsen und in die modernen Industrieareale in den Vorstädten abwandern, ist ein bekanntes Phänomen. So hat es auch uns nicht verwundert, dass wir bei unserer Recherche anhand der neuesten „Arts & Crafts Map" die darin aufgeführte Kunstgalerie im Brauerei-Gebäude vergebens gesucht haben und sie auch niemand dort mehr kannte. *Im Wandel der Zeit*

Doch war es interessant und urig zugleich, durch die verwinkelten Gänge des Gebäudes zu laufen und dabei auf immer wieder neue, innovative Betriebe zu stoßen. Die einen bemalten T-Shirts, woanders wurden Filmrequisiten zusammengestellt, und hinter einem dunklen Korridor verbarg sich dann ein Softwareentwickler, der Programme für die Stadtverwaltung schrieb. Um die 40 Adressen finden sich an der Wand im sog. „Eingangsbereich", und mit Sicherheit werden Sie bei Ihrem Besuch wieder andere Namen vorfinden als wir. Der Parkplatzwächter, bei dem Sie sich eintragen müssen, kennt die Firmen auch nicht alle. *Urig!*

Natürlich ist dieses Gebäude nur für wenige ein Highlight, aber wer auch nur ein wenig Lust verspürt, einmal etwas anderes zu sehen, der sollte hier einmal reinschauen. Fragen Sie auch mal, ob Sie z.B. bei der Entwicklung eines T-Shirt-Designs zuschauen dürfen. Vielleicht haben Sie das Glück, dass der „Maler" Ihnen seine Arbeitsweise erklärt ...

Transplant Museum (S-2)

Am Groote Schuur Hospital, Zufahrt über den Haupteingang von der Main Rd in Observatory, geöffnet: Mo–Fr 9–14h

Bekanntermaßen hat Professor Dr. Christiaan Barnard im Groote Schuur Hospital am 3. Dezember 1967 die erste, erfolgreiche Herztransplantation durchgeführt. In dem kleinen Museum ist der Operationssaal rekonstruiert worden, und es wird diese bahnbrechende Operation interpretiert.

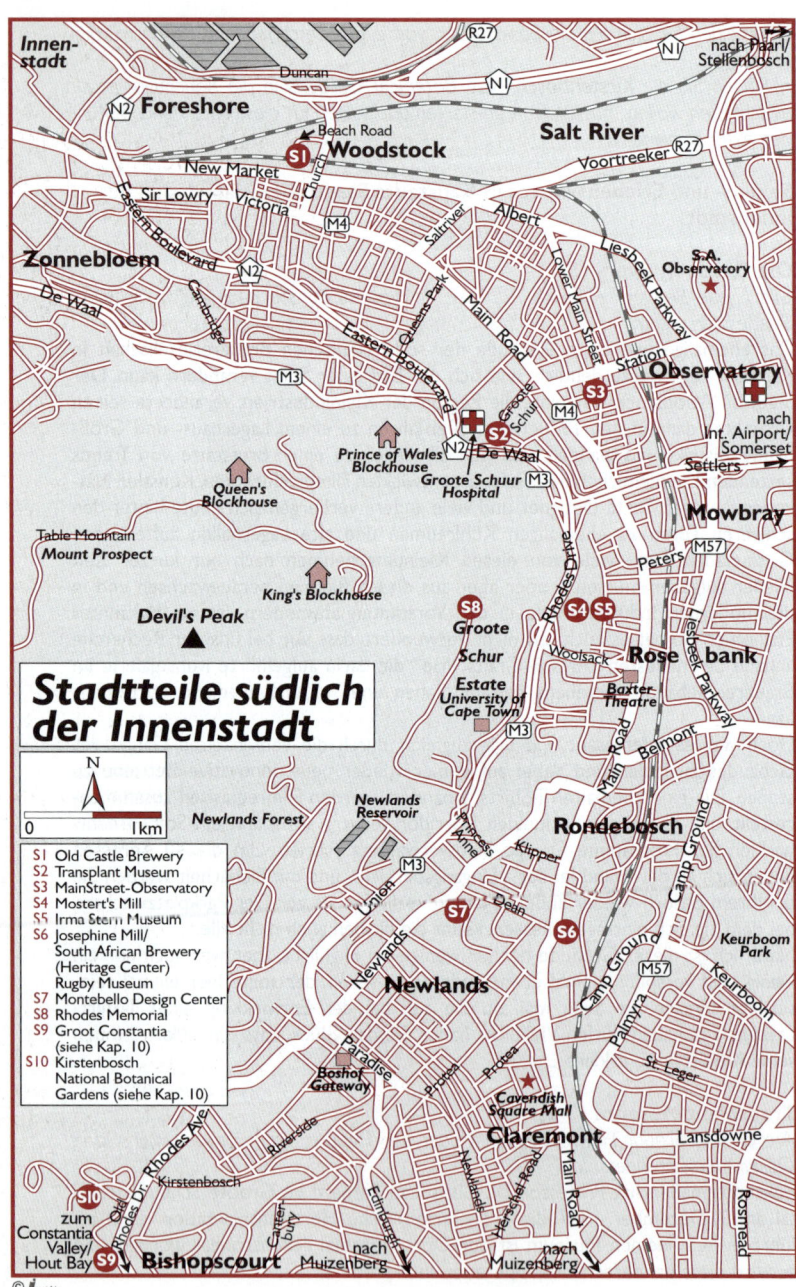

Innen-
stadt

Foreshore

N2

Duncan

R27

N1

N1

nach Paarl/
Stellenbosch

Beach Road

S1 Woodstock

Salt River

New Market

Sir Lowry

Eastern Boulevard

Victoria

Voortreeker R27

Zonnebloem

De Waal

Cambridge

N2

Albert

Salt river

Main Road

Lower Main Street

Liesbeek Parkway

S.A.
Observatory

M4

Eastern Boulevard

M3

Station

Observatory

Prince of Wales
Blockhouse

N2 S2 De Waal

Groote
Schuur

M4

S3

Groote Schuur
Hospital

M3

nach
Int. Airport/
Somerset

Settlers

Queen's
Blockhouse

Table Mountain
Mount Prospect

King's Blockhouse

Devil's Peak ▲

Stadtteile südlich der Innenstadt

N

0   1 km

Groote
Schur

Estate
University of
Cape Town

M3

Newlands Forest

Newlands
Reservoir

M3

Rhodes Drive

S8

Woolsack

S4 S5

Baxter
Theatre

Belmont

Mowbray

Peters M57

Rose bank

Main Road

Liesbeek Parkway

Camp Ground

Rondebosch

Keurboom
Park

Keurboom

M57

S1 Old Castle Brewery
S2 Transplant Museum
S3 MainStreet-Observatory
S4 Mostert's Mill
S5 Irma Stern Museum
S6 Josephine Mill/
    South African Brewery
    (Heritage Center)
    Rugby Museum
S7 Montebello Design Center
S8 Rhodes Memorial
S9 Groot Constantia
    (siehe Kap. 10)
S10 Kirstenbosch
    National Botanical
    Gardens (siehe Kap. 10)

S7

Dean

S6

Newlands

Palmyra

St. Leger

Lansdowne

Paradise

Boshof
Gateway

Cavendish
Square Mall

Claremont

Rosmead

S10

zum
Constantia
Valley/
Hout Bay

Kirstenbosch

S9 Bishopscourt

nach
Muizenberg

nach
Muizenberg

© graphic

Weltweite Berühmtheit hatte der Chirurg erlangt, als er im Groote-Schuur-Krankenhaus die erste Operation dieser Art vornahm. In einem fünfstündigen Eingriff setzte Barnard damals einem 55-jährigen Patienten das Herz einer verunglückten jungen Frau ein. Der Patient starb 18 Tage nach der Operation an einer Lungenentzündung. Nur einen Monat später verpflanzte Barnard zum zweiten Mal ein Herz. Dieser Patient lebte nach der Operation noch 19 Monate. Obwohl die Herztransplantation damals nicht unumstritten war, fand Barnard schnell Nachahmer auf der ganzen Welt. Eine junge Südafrikanerin, die 1969 ein neues Herz erhielt, überlebte damit zwölf Jahre. *Erste Herztransplantation*

Barnard wurde 1922 in der Kapprovinz (Beaufort-West) als Sohn eines protestantischen Missionars niederländischer Abstammung geboren. Er studierte ab 1940 an der Universität von Kapstadt Medizin und arbeitete zunächst als Assistenzarzt am Groote-Schuur-Hospital. Später absolvierte er mit einem Stippendium eine chirurgische Fachausbildung in den USA an der Universität von Minnesota. Wegen einer schweren Arthritis operierte Barnard seit 1983 nicht mehr. Er leitete eine Klinik auf der griechischen Insel Kos und arbeitete als Wissenschaftler in Oklahoma, wo er sich mit der Erforschung des Alterungsprozesses befasste. Am 2. September 2001 erlag Barnard im Alter von 78 Jahren in seinem Hotelzimmer in Paphos auf Zypern einem Herzanfall.

Main Street - Observatory (S-3)

Fahren Sie gleich gegenüber dem Groote Schuur Hospital über die Main Road. Die Main Street verläuft einige Querstraßen östlich parallel zur Main Road.

Die enge Main Street bildete einst das Geschäftszentrum dieses Viertels. In der Bauweise erinnert sie an kleine englische Städtchen. In den Nebenstraßen, wo heute in den winzigen, viktorianisch geprägten Einfamilienhäusern viele Studenten und junge Leute wohnen, lebten einst die Arbeiter, die ihr Brot in den Betrieben von Woodstock verdienten.

Lange sind diese Zeiten vorbei, und der Charakter der Straße hat sich deutlich gewandelt. In nur 10 Jahren wurde aus einem heruntergekommenen Stadtteil ein „Trendy Spot" mit zahlreichen In-Lokalen, einem experimentellen Theater und einigen ausgefallenen Geschäften. Ein Blick auf die Hauspreise in den Fenstern der Immobilienmakler unterstreicht diesen Eindruck. Aber man sei gewarnt: Als Arbeitersiedlung angelegt, wurde bei der Bausubstanz gespart. Die Häuser sind schlecht isoliert – i.d.R. trennt nur der einfache Holzfußboden den Wohnbereich von Mutter Natur, und die alten, oftmals ziemlich angerosteten Eisenrohre würden in Europa kaum einer Inspektion standhalten. *„Trendy Spot"*

Der Besuch der Main Street lohnt aber schon, zum einen wegen der paar Ramschläden, in denen Sie vielleicht noch ein Schnäppchen machen können, und vor allem für einen abendlichen Besuch. Ob Sie nun trendy speisen oder aber afrikanische Küche genießen möchten, hier ist das möglich und zudem noch einen Tick günstiger als in der Innenstadt.

Fine Dining werden Sie in Observatory aber vergeblich suchen. Angesagt ist Atmosphäre.

Mostert's Mill

Mostert's Mill (S-4)

Rhodes St, von Main Rd in Mowbray bzw. über M3 (Exit Mowbray) zu erreichen, täglich 9–17h

Diese kleine, holländische Mühle direkt an der M3 stammt aus dem Jahre 1796 und wird noch heute zum Mahlen von Getreide genutzt – natürlich nur noch zur Vorführung. Einst standen an diesem Abschnitt des Tafelberges mehrere solche Mühlen. Hier waren die Windverhältnisse optimal, um die segelbespannten Flügel zu bewegen. Die Besichtigung ist mit Sicherheit kein Muss, dauert aber auch nicht lange.

Irma Stern Museum (S-5)

Cecil Rd, Zufahrt über Chapel (Ryan) St. von Main Rd in Rosebank, geöffnet: Di–Sa 10–17h

Innovativ und umstritten

Irma Stern (1894–1966) war eine der innovativsten, aber auch umstrittensten Künstlerinnen in Südafrika. Sie studierte u.a. auch an der Kunstakademie in Weimar. Bereits in Europa, wie später dann auch in Südafrika, kämpfte sie gegen die konservative Haltung in der Kunstszene und machte sich so natürlich auch zahlreiche Feinde. Ihr Malstil reichte von naiver Kunst bis hin zu impressionistischen „Kopien" gauguinscher Gemälde. Doch nicht ihre Werke, sondern die Einführung avantgardistischer Kunstrichtungen und die aus anderen Ländern Afrikas machten Stern berühmt und zu einer der bedeutendsten Kunstsammlerinnen des Kontinents.

Neben einigen ihrer Werke können Sie heute in Sterns Wohnhaus (von 1928–66) ihre Sammlung von Kunstwerken aus Asien und Afrika bewundern. Zudem gibt es ständig Sonderausstellungen zu sehen, die in den Tageszeitungen angekündigt werden.

Wer nun aber klassische Kunst erwartet, der wird hier sicherlich enttäuscht. Zumeist bemüht sich die Universität, die jetzt das Museum betreut, in Irma Sterns Sinn zu handeln, und lässt Künstler ausstellen, die provozieren bzw. noch wenig bekannt sind.

Josephine Mill (S-6)

Boundary Rd, Zufahrt über Main Rd in Newlands, geöffnet: Mo–Fr 10–16h, Zeiten variieren aber: Tel.: (021) 686-4939.

Kulturveranstaltungen

Die älteste noch erhaltene Wassermühle Kapstadts (1840) ist sicherlich kaum beachtenswert, denn sie unterscheidet sich kaum von denen, die wir aus Europa kennen. In den Räumen des Gebäudes werden heute aber kleine Kulturveranstaltungen (Lesungen, Kammerkonzerte usw.) abgehalten sowie Kunstausstellungen geboten, die in den Tageszeitungen angekündigt werden.

South African Brewery (Heritage Center) (S-6)

Boundary Road, über Main Rd in Newlands, Führungen variieren, vorher anmelden: (021) 658-7511

Die „SAB" ist nicht nur Afrikas größte Brauerei, sondern zählt seit dem Kauf der berühmten „Pilsener Urquell-Brauerei" zu den 4 größten Brauereikonzernen der Welt. Marken wie „Castle", „Lion" und „Hunters", die Sie im gesamten südafrikanischen Raum finden, gehören zum Sortiment. Auch an der Börse macht sich dieses bemerkbar, und die Aktie des Unternehmens wurde bereits mehrmals von den Brokern in den „Top Ten" genannt.

Sollten Sie sich für einen Besuch hier interessieren, sollten Sie zwei Dinge berücksichtigen: Zum einen müssen Sie sich anmelden für eine Führung und zum zweiten sollten Sie dabei erfragen, ob die Ihnen zugewiesene Führung nur das kleine Museum beinhaltet oder aber auch eine Tour durch die Brauerei.

Vorher anmelden!

*Rugby Museum (S-6)
Boundary Road, über Main Rd in Newlands, geöffnet: Mo–Fr 10–16h
Das Rugby Museum, das sich im Anbau an das Newlands Stadium befindet, wird als das größte Rugby Museum der Welt bezeichnet. Kein Wunder bei solch einem Rugby-fanatischen Land. Die Sportart fegt bei jeglichen internationalen Begegnungen die Straßen so leer, wie es bei uns nur die Fußball-Weltmeisterschaft vermag. 1995 war Südafrika – bis 1990 wegen der Apartheid von der internationalen Sportszene verbannt – Weltmeister, und auch danach spielte es an der Spitze mit und findet nur in Australien und Neuseeland ebenbürtige Gegner. Die Exponate im Museum stammen teilweise sogar aus dem späten 18. Jahrhundert.

Straßenfeger Rugby

Montebello Design Center (S-7)
31 Newlans Ave., Zufahrt über Main Rd u. Klipper St. in Newlands. Das Design Center liegt dann zwischen Dean und Palmboom Sts., geöffnet: Mo–Fr 9–17h, Sa + So 8h30–16h.
Diese kleine Künstlerkolonie versteckt sich hinter einem recht unscheinbaren Wohnhaus in einem noch unscheinbareren Wohngebiet. In etwa 16 Künstlerwerkstätten werden Gemälde, Fotografien, Steinmetzarbeiten, Textilien und andere Dinge gezeigt und natürlich auch verkauft. Wenn auch die Künstler in den Jahren immer wieder wechseln, wird stets darauf geachtet, dass ein breites Spektrum an Arbeiten gezeigt wird. Hier finden Sie evtl. ein ansprechendes Souvenir, und ein kleines Café im ehemaligen Wohnhaus lädt zu einer Pause ein.

Künstlerkolonie

Forester's Arms
Newlands Ave. (s.o.), zw. Cypress u. Magnolia Sts.
Dieser große, historische Pub galt früher als „Waterhole" auf dem Weg von Kapstadts Innenstadt zum Badeort Muizenberg. Oft diente er auch nur als Ausflugsziel. Auch heute lädt er ein zu einem deftigen Publunch oder eine Erfrischung zwischendurch.

Deftiger Publunch gefällig?

Rhodes Memorial (S-8)
Rhodes Drive, Zufahrt von M3 aus ausgeschildert, durchgehend geöffnet
Der klassisch-griechische Säulenbau auf Rhode's ehemaligem Anwesen (Groote Schuur) am Hang des Devil's Peak spricht bereits Bände über dessen imperialistische Ziele. In der offenen Halle befindet

Rhodes Memorial

Der Blick
des
Imperia-
listen

sich eine Büste des wohl bekanntesten Imperialisten englischer Herkunft, und ein Reiter unterhalb der Treppen blickt energiegeladen nach Norden, in die Richtung, in die Rhodes das britische Empire vergrößern wollte.

Vom Rhodes Memorial aus hat man einen phantastischen ***Ausblick** über die Cape Flats. Es ist (unter der Woche) ein so ruhiger Ort, dass man dort in aller Ruhe sitzen und etwas lesen kann. Angeschlossen ist auch ein Café mit Snacks.

INFO

Cecil Rhodes – ein Imperialist prüfte das Südliche Afrika

Cecil Rhodes hat in besonderer Weise die Entwicklung Südafrikas mitgeprägt. Er wurde am 5. Juli 1853 in Bishop's Stortford geboren. 1870 kam er als 17jähriger nach Südafrika in der Hoffnung, dass seine Tuberkulose im milden Klima geheilt werde. Zunächst arbeitete er auf der Baumwollfarm seines Bruders Herbert in Natal, doch bereits im ersten Jahr seines Aufenthaltes brach der Diamantenrausch in Kimberley im nördlichen Kapland aus. Beide Brüder gaben die Farm auf und besorgten sich drei Claims, die ihnen bald viel Geld einbrachten. Cecils Bruder kam jedoch kurz darauf bei einem Brand um. In den nächsten Jahren vermehrte Rhodes in unvorstellbarer Weise sein Vermögen, bis er 1880 sogar seinen stärksten Gegenspieler, Barley Barnato, ausschalten konnte, indem er dessen Minenrechte im Big Hole von Kimberley aufkaufte. In der Zwischenzeit fand Rhodes auch für Studien an der Oxford-Universität Zeit. 1887 weitete er gar sein Imperium aus, indem er die **Gold Fields of South Africa Company** gründete und damit auch Herr am Witwatersrand (Johannesburg) wurde.

Auch politisch engagierte er sich immer stärker, wurde 1884 Finanzminister und im Jahre 1890 gar Premierminister der Kapkolonie. 1889/90 drang die South Africa Company unter Cecil Rhodes mit Siedlern und Truppen in das Gebiet zwischen Limpopo und Sambesi ein, das daraufhin auch nach ihm „Rhodesien" benannt wurde. Später wurde sogar die Gegend nördlich des Sambesi erobert. Er war es auch, der den Eisenbahnbau nach Rhodesien vorantrieb und die Brücke über den Sambesi an den Victoria-Fällen initiierte, um eine wirtschaftliche Erschließung dieser landwirtschaftlich so wertvollen Räume für Südafrika zu realisie-

Cecil John Rhodes

ren. Als britischer Imperialist verfolgte er hartnäckig das Ziel, die Burenrepubliken Transvaal und Oranje-Freistaat an das britische Südafrika anzugliedern und die legendäre **Cape-Kairo-Achse** in Form einer Eisenbahnlinie zu realisieren.

Am 26. März 1902 starb Rhodes in seinem Ferienhäuschen in St. James. Sein Leichnam wurde mit dem Zug nach Rhodesien, dem heutigen Zimbabwe, gebracht, und er wurde in einem Grab auf einem Granithügel der Matopos Hills bei Bulawayo bestattet.

• **Rhodes Cottage**
Man kann das Cottage in St. James (bei Muizenberg) besichtigen.

Von hier aus können Sie nun zurückfahren entlang der M3 in nördlicher Richtung nach Kapstadt.

Alternativroute

Sollte es Ihre Zeitplanung zulassen, können Sie auch der M3 und dann der M63S nach Süden folgen und zu den ****Kirstenbosch National Botanical Gardens*** *(S. 443ff) fahren. Für die Gärten müssen Sie aber mindestens 3 Stunden einplanen. Achten Sie hierbei auf die Öffnungszeiten (mind. bis 17h, meist bis 18h und im Sommer bis 19h). Von den Botanischen Gärten aus böte sich schließlich noch bei ausreichender Zeit eine Rundfahrt über den Constantia Kloof nach Houts Bay und dann an der Atlantikseite zurück nach Kapstadt.*

Zum ***Constantia Valley** und seinen Weingütern lesen Sie bitte auf S. 439ff.

Die Stadtteile am Atlantik: Green Point, Sea Point, Clifton und Camps Bay

Beliebte Wohngegend

Überblick, Hinweise und Tipps

Der Küstenabschnitt zwischen Innenstadt und Hout Bay macht ohne Zweifel deutlich, warum so viele Menschen sich in Kapstadt ansiedeln wollen, und vor allem, wo dort. Hier, stadtnah und wo zugleich die Sonne den ganzen Tag über scheint, haben sich Kapstädter, Johannesburger und natürlich viele Europäer ihre Ferienwohnungen und Alterssitze eingerichtet.

Sea Point wird beherrscht von mehrstöckigen Apartmentblocks und einer Reihe von Restaurants und Mittelklassehotels, während Clifton mit seinen vier schönen Strandbuchten und weiß getünchten Villen nur etwas für diejenigen ist, die mindestens 7-stellige Rand-Preise für die eigenen vier Wände hinlegen können. Camps Bay schließlich, mit seinem großen Sandstrand, ist Badeort, Partytreff und Trendsetter zugleich. Hier kommen vor allem jüngere Leute gerne am Wochenende hin, um in einem Terrassencafé Cappuccino zu schlürfen und vor allem natürlich zum „Sehen und Gesehen werden". Dies macht alleine klar:

Ausblick und Strand vor der Tür: Clifton

Fahren Sie möglichst nicht am Wochenende hier entlang, z.B. auf der Fahrt zum Kap, denn dann staut sich der Verkehr an Camps Bays Strandpromenade, und die Parkmöglichkeiten für die Strände sind auch vollkommen ausgereizt.

Unter der Woche aber, wenn nicht gerade Ferienzeit ist, ist die Straße gut zu befahren, und Sie haben dann auch Gelegenheit, hier und dort anzuhalten und auf die tosende See, die bezaubernden Sandstrände und auch die Bergkette der 12

Apostel zu schauen ... auch Sie werden nicht der Versuchung widerstehen können, die einzelnen Zipfel zu zählen.

Attraktionen und Museen gibt es in diesen Stadtteilen nicht, sieht man einmal ab vom Leuchtturm am Green Point.

Öffentliche Verkehrsmittel

Bis Camps Bay verkehrt regelmäßig ein Stadtbus, während Hout Bay unter der Woche nur von morgendlichen und abendlichen Pendlerbussen sowie Minibus-Taxis angefahren wird.

Und noch ein Hinweis zum Thema Badefreuden

Entlang der gesamten Küste sollte man mit dem Schwimmen im kalten Atlantikwasser vorsichtig sein. Und auch die Strömungen und die Felsen sind nicht zu unterschätzen. Erkundigen Sie sich nach den aktuellen Verhältnissen. Kleiner Tipp: An der False Bay ist es wärmer!

Sehens- und Erlebenswertes in Kapstadts Stadtteilen am Atlantik

Hinweis

Beginnen Sie Ihre Fahrt an der Waterfront und fahren Sie möglichst dicht an die Küste. Einzig in Sea Point mag ein kurzer Halt in der „binnenländischen" Main Rd lohnen.

Cape Technicon Hotel School-Restaurant (I-26)

Green Point Common, Beach Rd, Mouille Point, geöffnet: Nur wenige Monate im Jahr; Tel.: (021) 419-2833.

Erstklassiger Service zu günstigem Preis

An dieser Schule wird das Hotelpersonal Südafrikas ausgebildet, dazu gehören eben auch das spätere Küchenpersonal sowie die Bedienung. Nur in Johannesburg gibt es eine ähnliche Schule in Südafrika. Die Schule hier ist nicht zu besichtigen, aber in den „publikumsoffenen" Wochen werden die Schüler auf die Gäste „losgelassen", und dann können Sie zu fairen Preisen erstklassigen Service und beste Küche genießen. Die langweilige Architektur des 70er-Jahre-Baus mag etwas abschrecken, dafür aber ist die Lage direkt am Meer schon beeindruckend. Im Garten wird oft auch nachmittags serviert, Kaffee und Kuchen natürlich.

Redaktions-Tipps Stadtteile am Atlantik

- In Camps Bay bieten sich einige Terrassencafés und -restaurants für ein **Mittagessen** an (S. 409).
- **Strände** tauchen immer wieder auf, wobei die vor Clifton mit Sicherheit am schönsten sind und der vor Camps Bay (S. 409) am besten zu erreichen ist.
- Auf der Rückfahrt böte sich an, zum **Sonnenuntergang auf den Signal Hill** (über Camps Bay Drive/Kloof Nek) hinaufzufahren (S. 363).

Green Point

Der größte Teil dieses nördlichsten Stadtteiles der Innenstadt wird von den **Green Point Commons**, einer parkähnlichen Fläche, eingenommen. Hier befinden sich ein großes Stadion (Fußball, Mega-Livekonzerte), ein Golfplatz und ande-

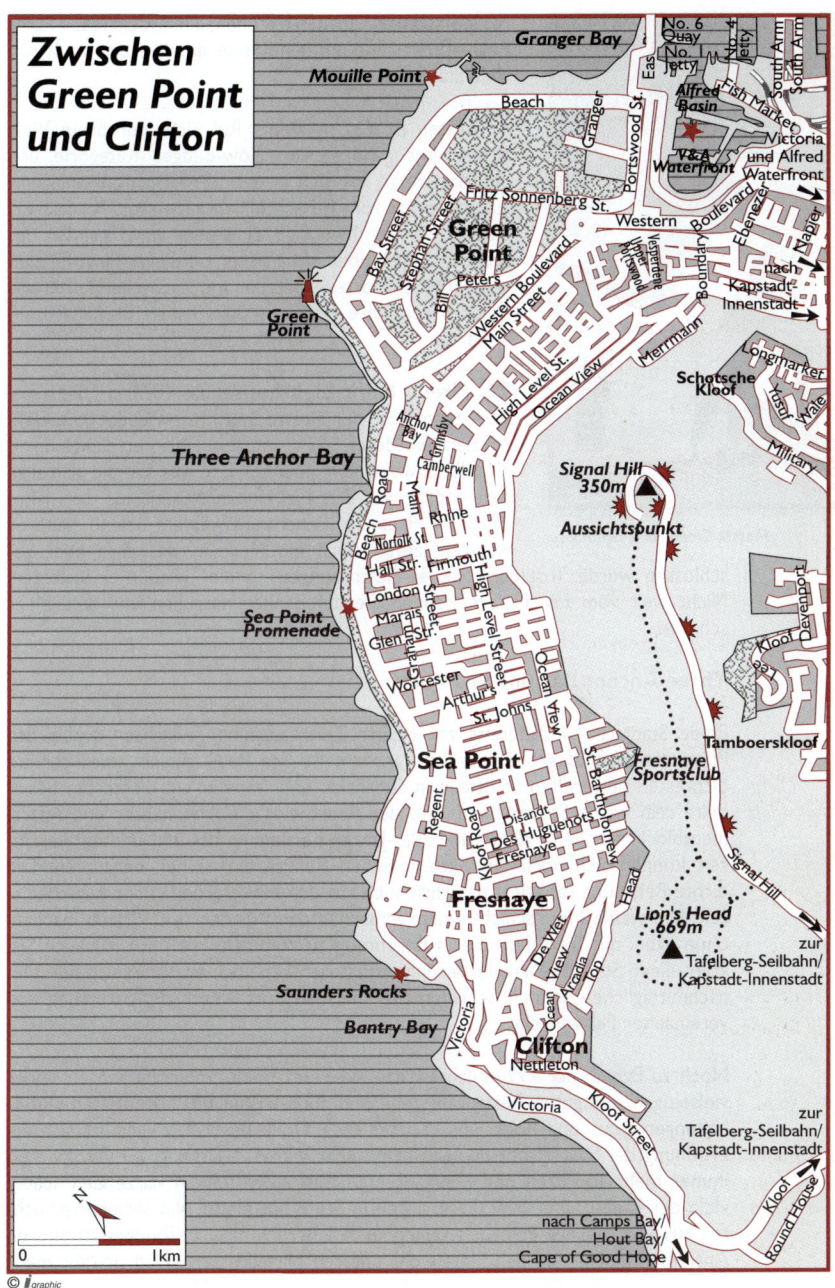

Zwischen Green Point und Clifton

Granger Bay

No. 6 Quay
No. Jetty

Mouille Point

Beach

East

Portswood St.

Granger

South Arm

South Arm

Fish Market

Alfred Basin

V&A Waterfront

Victoria und Alfred Waterfront

Fritz Sonnenberg St.

Green Point

Bay Street

Stephan Street

Western

Boundary

Vesperdene

Ebenezer

Western Boulevard

Napier

nach Kapstadt-Innenstadt

Peters

Bill

Green Point

Merrimann

Schotsche Kloof

Longmarket

Main Street

High Level St.

Ocean View

Military

Hatfield

Wale

Three Anchor Bay

Anchor Bay

Grimsby

Camberwell

Rhine

Beach Road

Main

Road

Signal Hill 350m

Aussichtspunkt

Davenport

Kloof

Norfolk St.

Hall Str.

Firmouth

London

High Level Street

Street

Marais

Sea Point Promenade

Glen Str.

Worcester

Arthur's

Ocean View

St. Bartholomew

Tamboerskloof

St Johns

Head

Sea Point

Fresnaye Sportsclub

Regent

Road

Kloof

Disandt

Des Huguenots

Fresnaye

Signal Hill

Fresnaye

De Wet

Lion's Head 669m

zur Tafelberg-Seilbahn/ Kapstadt-Innenstadt

Acadia

Top

Ocean View

Saunders Rocks

Victoria

Bantry Bay

Clifton

Nettleton

Kloof Street

zur Tafelberg-Seilbahn/ Kapstadt-Innenstadt

Victoria

Kloof

Round House

nach Camps Bay Hout Bay Cape of Good Hope

N

0   1 km

© i graphic

Massiv: Green Point Lighthouse

re Sportstätten. An den Wochenenden lockt der riesige **Flohmarkt** rund um den Kreisel am Western Boulevard viele Städter an.

Ansonsten ist Green Points Ruf nicht der beste. Viele Apartments gehören zur „Low-Budget"-Kategorie, und die Main Road hat sich in den 1990er-Jahren ein wenig zu ausgeprägt zum Rotlichtmilieu entwickelt, so dass die Stadtverwaltung hier bald eingreifen wird. Kenner der Szene sind sich aber nicht sicher, ob dieser Eingriff gelingen wird, denn osteuropäische und asiatische Mafiakreise sollen bereits ihre Finger im Spiel haben. Bleibt also abzuwarten.

Das **Green Point Lighthouse**, das 1824 in Dienst gestellt wurde, ist der älteste Leuchtturm Südafrikas. Elektrifiziert wurde er 1929, und sein Feuer erreichte damit eine Reichweite von über 23 km, was für die damalige Zeit enorm war. Das Nebelhorn stammt aus dem Jahre 1926. Im Haus des Leuchtturmwärters befand sich vor wenigen Jahren noch ein Museum, das dann aber geschlossen wurde. Trotzdem gibt es Bestrebungen, es hier wieder einzurichten. Nicht weit vom Leuchtturm können Sie auf Bänken ausruhen und aufs Meer schauen.

Three Anchor Bay und Sea Point

Dicht besiedelt

Beide Stadtteile sind bereits vor einiger Zeit zusammengewachsen, wobei Sea Point der weitaus größere und bekanntere ist. Sea Point gilt als einer der am dichtesten besiedelten Stadtteile in Südafrika, und war der am dichtesten besiedelte rein weiße Stadtteil während der Apartheidszeit. Hochhäuser und Apartmentblocks aus den 1960er- und 70er-Jahren bestimmen das Bild, und nur vereinzelt können sich noch die viktorianischen Relikte dazwischen behaupten. Die dichte Bebauung resultiert natürlich auch aus den Hintergründen der Apartheidszeit: Die weiße Mittelschicht wollte innenstadtnah wohnen bzw. Urlaub machen, ohne dabei mit Townships u.ä. in Berührung zu kommen. Natürlich hat auch Sea Point einen Strand (ebenfalls der innenstadtnächste), doch er eignet sich nur zum nachmittäglichen Sonnen, schwimmen kann man dort wegen der Strömung und vereinzelter Felsen nicht.

Der Ruhm ist verblasst

Noch zu Beginn der 1990er-Jahre hätte jeder Sea Point empfohlen wegen seiner vielseitigen und guten Restaurantszene und auch wegen der abendlichen Unterhaltungen (Jazz- und Rockclubs, Varietés etc.). Doch besonders hier hat sich die Eröffnung der Waterfront deutlich bemerkbar gemacht. Sie zog, wie ein Magnet, immer mehr Touristen und Kapstädter ab, und ihnen folgten kurze Zeit später viele der Restaurants, bzw. diese gingen in Sea Point pleite. Nur wenige versuchten auszuharren. Sea Point mit seinen auch äußerlich nicht besonders attraktiven Apartmentblocks und den Hotels der unteren Mittelklasse befand sich für mehr als 5 Jahre auf dem „absteigenden Ast", Kleinkriminalität machte sich breit, und man munkelte sogar, dass sowohl die Drogenmafia als auch dubiose Gangs aus Osteuropa sich hier einnisteten und für Unruhe sorgten. Die **Main Road** verkam, und ein Besuch hier ist heute nicht mehr das, was er um 1990 versprach.

Doch langsam scheint sich der Stadtteil wieder zu berappeln. Zwar fehlen noch die besseren Gourmetlokale, aber Internet-Cafés, bessere Restaurantketten und auch das trendy „New York Bagels", ein vornehmer Deli, verhelfen Sea Point zu einem sichtbaren Aufschwung. Es sieht beinahe so aus, als wenn viele Kapstädter der Waterfront als einziger Amüsiermeile müde werden und nach Alternativen suchen. Neben den o.g. Speiselokalen eröffnen mittlerweile kleine Geschäfte, Boutiquen mit junger Mode, und die Immobilienpreise der Apartments steigen wieder an.

Der bunte Pavillon-Bau, der sich nicht weit vom (Meerwasser-) Schwimmbad an der Beach Road (M6) ansiedelte, beherbergte früher eines der ersten *„Hard Rock Cafés"*. Kapstadt-Kenner erinnern sich vielleicht daran, dass das zweite Restaurant dieser Kette ehemals in Newlands zu finden war. *Meerwasser-Schwimmbad*

Bantry Bay und Clifton

Südlich von Sea Point windet sich die Straße an der Felsküste entlang, und bald erhält man einen ersten Ausblick auf die ***12 Apostel**.

Clifton, unterhalb des Lion's Head, zeichnet sich durch die einmalig gelegenen Villen und die wunderschönen, **durch Felsbuchten geschützten 4 Strände** aus. Nur Parkmöglichkeiten gibt es so gut wie keine, und wer hier nicht mit entsprechend gebräuntem Körper antritt, wird sich bald als Außenseiter fühlen. Möchte man sich unbedingt an einem dieser Strände oder dem von Camps Bay sonnen, sollte man zumindest in der Hochsaison und an sonnigen Wochenenden auf öffentliche Verkehrsmittel zurückgreifen. Lohnend ist ein Spaziergang entlang der Victoria Road von Clifton Richtung Süden mit immer wieder anderen Ausblicken auf die Strände und die im Hintergrund liegenden Berge. Die Immobilienpreise hier gelten als die höchsten in Afrika, und eine Million Rand genügen kaum für ein Junggesellen-Apartment. Soll- *Für die Schönen und die Reichen*
ten Sie nun doch das Glück haben, einen Parkplatz zu ergattern (beste Chancen bestehen am Vormittag unter der Woche), sollten Sie zumindest für einen Spaziergang hinuntergehen zu den Stränden.

Camps Bay

In Camps Bay, direkt unterhalb der 12 Apostel wunderschön gelegen, säumen Restaurants und Shops die Uferpromenade, und die große

Langsam wird es eng am Hang von Clifton

Ausgelas-
sene
Atmo-
sphäre

Strandbucht ist von den stadtnahen die größte. Entsprechend kommen hier die jungen Leute hin, um sich zu sonnen, Beachvolleyball zu spielen bzw. am Wasser zu joggen. Die Atmosphäre an der Camps Bay ist ausgelassen und bei weitem nicht so versnobt wie in Clifton. Surfer erfreuen sich an den relativ ruhigen Wassern am nördlichen **Glen Beach**-Abschnitt. Zwischen Strand und Straße gibt es noch einen breiten Grünstreifen mit schattenspendenden Bäumen (Picknicken?), und die Terrassenrestaurants in und um die kleinen Shopping-Arkade laden ebenfalls zum Verweilen ein. Camps Bay eignet sich somit auch für einen abendlichen Ausflug: Strandspaziergang in Verbindung mit einem mediterranen Dinner.

Südlich der Camps Bay liegt der **Whale Rocks** direkt vor der Landspitze. Der Name leitet sich natürlich aus der Form des Felsens ab.

Die **Bakoven Bay**, eine Bucht südlich von Camps Bay, erhielt ihren Namen aufgrund einer großen Höhle, die einem Bäckerofen ähnelt. Der kleine Strand ist beliebt bei Familien, da er als kindersicher gilt. Und Schnorchler kommen hier ebenfalls auf ihre Kosten.

Bestechung
im Spiel

Oudekraal, ein Stück weiter, hat mittlerweile keinen guten Ruf mehr. Der exponierte Hotelkomplex oberhalb der Straße soll nämlich erst mit Hilfe von Bestechungsgeldern hier errichtet worden sein. Kaum verwunderlich, denn warum musste unbedingt an diesem schönen Naturabschnitt ein solches Gebäude gebaut werden? Nun steht es, doch die Geschäfte wollen nicht so recht laufen, denn es gilt nicht gerade als „fein", sich hier einzuquartieren.

Folgen Sie der Rundtour um das Kap, lesen Sie nun bitte weiter im folgenden Kapitel.

Alternativroute: Zurück über den Kloof Nek in die Innenstadt

Zurück zur Waterfront biegen Sie nördlich von Camps Bay gegenüber dem Glen Country Club in die Lower Kloof Rd. ab. Dann müssen sie sich entscheiden, wie Sie um den Lion's Head herumfahren wollen:

❶ *Fahren Sie gegen den Uhrzeigersinn, sollten Sie nach 2 km einen kleinen Abstecher zum Round House machen. In der ehemaligen Schießanlage befindet sich heute ein sehr schönes Restaurant. Von hier aus hat man noch einmal einen wunderbaren Blick über Camps Bay. Anschließend erreichen Sie den Kloof Nek, wo Sie dann zum *Sonnenuntergang auf den Signal Hill hinauf fahren können. Anschließend fahren Sie die Kloofnek Road zurück in die Innenstadt.*

❷ *Folgt man der Kloof Road im Uhrzeigersinn, kann man zunächst wieder die Villen von Clifton bewundern, bevor dann Restaurants, Bars und Geschäfte die Straße säumen. In Sea Point können Sie entweder die belebte Main Road (Restaurants) benutzen oder aber auch über die höher gelegene High Level Street (bessere Restaurants, ältere Villen) in die Innenstadt zurück fahren.*

10. EINE RUNDTOUR UM DAS KAP DER GUTEN HOFFNUNG (CAPE OF GOOD HOPE)

Allgemeiner Überblick

Niemand besucht Kapstadt, ohne einen Ausflug zum Kap der Guten Hoffnung zu unternehmen. Wenn das Kap auch nicht das südlichste Afrikas ist, spinnen sich alle Gedanken und Legenden zu dem Thema um dieses natürliche Wahrzeichen. Irgendwo vor dem Kap sollen sich auch der warme Agulhas und der kalte Benguela-Strom treffen, und Betrachter behaupten sogar, die Vermischung der Wasser erkennen zu können. Wissenschaftler aber sagen, dass das Aufeinandertreffen weiter östlich stattfindet.

Legende

Doch nicht nur die geographische Lage, auch die Fahrt dorthin – besonders entlang des weltberühmten **Chapman's Peak Drive** – sowie vorbei an Ferien- und ehemaligen Fischerdörfern, der Besuch der **Pinguin-Kolonie** bei Simon's Town, die **bunten Strandhäuser** von St. James und Muizenberg und nicht zuletzt die **Weingüter des Constantia Valley** belohnen für die lange Tagesroute. Botaniker werden zudem die **Pflanzenwelt der Capensis** auf dieser Rundtour zu schätzen wissen.

Die Anzahl der o.g. Punkte, die Tatsache, dass die Kaphalbinsel sich wie ein angewinkelter Daumen über mehr als 60 km in die Länge zieht, und schließlich die kurvenreichen Küstenstraßen verdeutlichen, dass Sie zum einen früh starten müssen für eine Umrundung und dass Ihr Programm zeitlich nicht zu eng geknüpft sein darf.

Wichtig ist, dass Sie die für Sie wichtigen Sehenswürdigkeiten südlich von Hout Bay und auf der False Bay-Seite südlich in und südlich von Simon's Town an diesem Rundreisetag in Ruhe genießen können. Hout Bay, Muizenberg und das Constantia Valley können Sie notfalls auch an einem anderen Tag erkunden. Die Weingüter schließen ja oft auch schon am frühen Nachmittag.

Alles schaffen Sie nicht an einem Tag!

Eine Möglichkeit, die Kaphalbinsel in zwei Tagen zu erkunden, gibt es natürlich auch. Dann sollten Sie zunächst alles im Stadtbereich von Kapstadt gesehen haben, so dass Sie anschließend mit Gepäck im Auto die Rundfahrt unternehmen. Beenden Sie schließlich Ihr Programm für den ersten Tag am Kap und übernach-

ten Sie in einem bereits reservierten Hotel in Simon's Town.

Am zweiten Tag besuchen Sie dann am Morgen die Pinguine und fahren dann langsam den Rest der Strecke ab. Die Nacht könnten Sie vielleicht schon in Stellenbosch oder auf dem Weg zur Garden Route in Hermanus oder Swellendam verbringen.

In den kleinen Häfen werden auch heute noch die Fischerboote repariert

Eine ewige Diskussion: „Wierum"?

Seit jeher heiß diskutiert ist die Frage, „wierum" man nun um die Kaphalbinsel fahren sollte. Dazu gibt es zahlreiche Argumente, wobei alleine schon die Geschwindigkeit Ihrer Umrundung von Bedeutung ist. Denn am Nachmittag bzw. frühen Abend entscheidet sich, ob Sie z.B. noch in Kalk Bay Fisch essen oder lieber in Camps Bay einen Cocktail bei untergehender Sonne genießen möchten. Wir stellen Ihnen nun hier die meistgenannten Vor- und Nachteile beider Fahrtrichtungen vor:
❶ *Kapstadt - Hout Bay - Kap - Simon's Town - Muizenberg - Constantia Valley - Kapstadt (gegen den Uhrzeigersinn):*
a) **Vorteile:** Ein langsamer und typischerer „Ausstieg" aus dem Rummel von Kapstadt (die Orte werden nach Süden hin zunehmend ruhiger) – schönere Aussichten nach vorne entlang des Chapman's Peak Drive – weniger blendende Sonne von vorne am Vormittag – nach Besichtigung des Kaps zum Entspannen Fisch essen bzw. die weniger touristisierten Orte Simon's Town und Kalk Bay genießen – nachmittags evtl. Wale in der False Bay
b) **Nachteile:** Spätnachmittags bereits z.T. im Lichtschatten der Berge (wichtig beim Fotografieren der bunten Strandhütten) – stehen ein Weingut im Constantia Valley oder die Kirstenbosch Botanical Gardens auf Ihrer Liste, ist es am Ende des Tages meist zu spät für die Besichtigung – Sie fahren auf der meerabgewandten Straßenseite, was bedeutet, Sie müssen zu den Pakbuchten den Gegenverkehr kreuzen
❷ *Kapstadt - Constantia Valley - Muizenberg - Simon's Town - Kap - Hout Bay - Kapstadt:*
a) **Vorteile:** Schöne Nachmittagssonne auf der Atlantikseite (bestes Licht für einen Sundowner in Camps Bay) – Sie fahren auf der meerzugewandten Straßenseite
b) **Nachteile:** Die Gefahr, bereits zuviel Zeit in den Kirstenbosch Botanical Gardens bzw. im Constantia Valley zu verbringen, ist groß – wenn Sie nicht rechtzeitig starten, ist der Lichtvorteil auf der False-Bay-Seite dahin

Wir haben uns nun bei der Beschreibung für die erste Variante entschieden und diese auf wiederholten Touren um das Kap niemals bereut.

Die beschriebene Strecke

Als Richtlinie gilt: Die küstennächste Straße bis hin nach Muizenberg ist die richtige Wahl. Sie teilt sich aber in der Numerierung auf:

Von Kapstadts Innenstadt folgen Sie über **Camps Bay, Hout Bay, Noordhoek** bis nach **Sun Valley** der M6. Dort zweigen Sie dann ab auf die M65, die über **Kommetjie** bis hin zum Eingang des **Cape of Good Hope Nature Reserve** Ihr Wegbegleiter ist. Von dort bis hin zum Kap führt eine Parkstraße, von der noch einige Stichstraßen zu anderen Küstenpunkten im Naturreservat abgehen.

Zurück am Eingang nehmen Sie anschließend die M4, die im Grunde bis in die Innenstadt zurückführt. Mehrmaliges Abzweigen ist aber nötig. An der M4 liegen u.a. die **Pinguin-Kolonie, Simon's Town, Fish Hoek, Kalk Bay** und **Muizenberg**.

Nennenswerte Routenalternativen sind der **Boyes Drive**, der oberhalb von Kalk Bay und Muizenberg entlangführt, sowie die M42, M41 und später die M63. Die beiden ersten führen entlang der Weingüter im **Constantia Valley**.

Überblick: Was gibt es zu erleben?

Neben dem **Kap der Guten Hoffnung** sollten Sie in **Hout Bay** einmal an die Waterfront fahren und evtl. der **World of Birds** einen Besuch abstatten. Ein besonderes Highlight ist dann der atemberaubende **Chapman's Peak Drive**. Die Chapman's Peak Bay zwischen Noordhoek und Kommetjie mit ihrem weißen Sandstrand ist leider etwas umständlich zu erreichen, und ein Spaziergang hier lohnt eigentlich nur, wenn Sie zwei Tage Zeit haben. Zwischen Kommetjie und dem Eingang zum Cape of Good Hope Nature Reserve beeindrucken die Abgeschiedenheit, die Fynbos Vegetation und die kleinen, verschlafenen Orte, doch auf einen längeren Stopp sollten Sie hier verzichten. Im **Cape of Good Hope Nature Reserve** gilt der Besuch des Kaps selbst natürlich als Muss, wobei zudem die einzigartige Vegetation, die Spaziergänge zu den Wracks, Picknickmöglichkeiten am Strand und zwischen Juli und Oktober das Beobachten der Wale ebenfalls Beachtung verdienen.

Etwas Zeit für Hout Bay einplanen

Vor den Toren des Naturreservates bietet sich die Gelegenheit, eine **Straußenfarm** zu besuchen. Auf False-Bay-Seite stehen dann die **Pinguin-Kolonie**, die **maritimen Museen von Simon's Town**, die **Antikläden** in Kalk Bay sowie die **bunten Strandhütten** von St. James und Muizenberg ganz oben auf der Wunschliste.

Ob an einem Tag dann noch Zeit ist für eines der Weingüter im **Constantia Valley**, liegt an Ihrem Programm. Sollte es dafür aber nicht reichen, wäre zu überlegen, ob ein **Fisch-Dinner** in Simon's Town oder Kalk Bay nicht eine willkommene Alternative bieten kann.

Fisch-Dinner in Kalk Bay

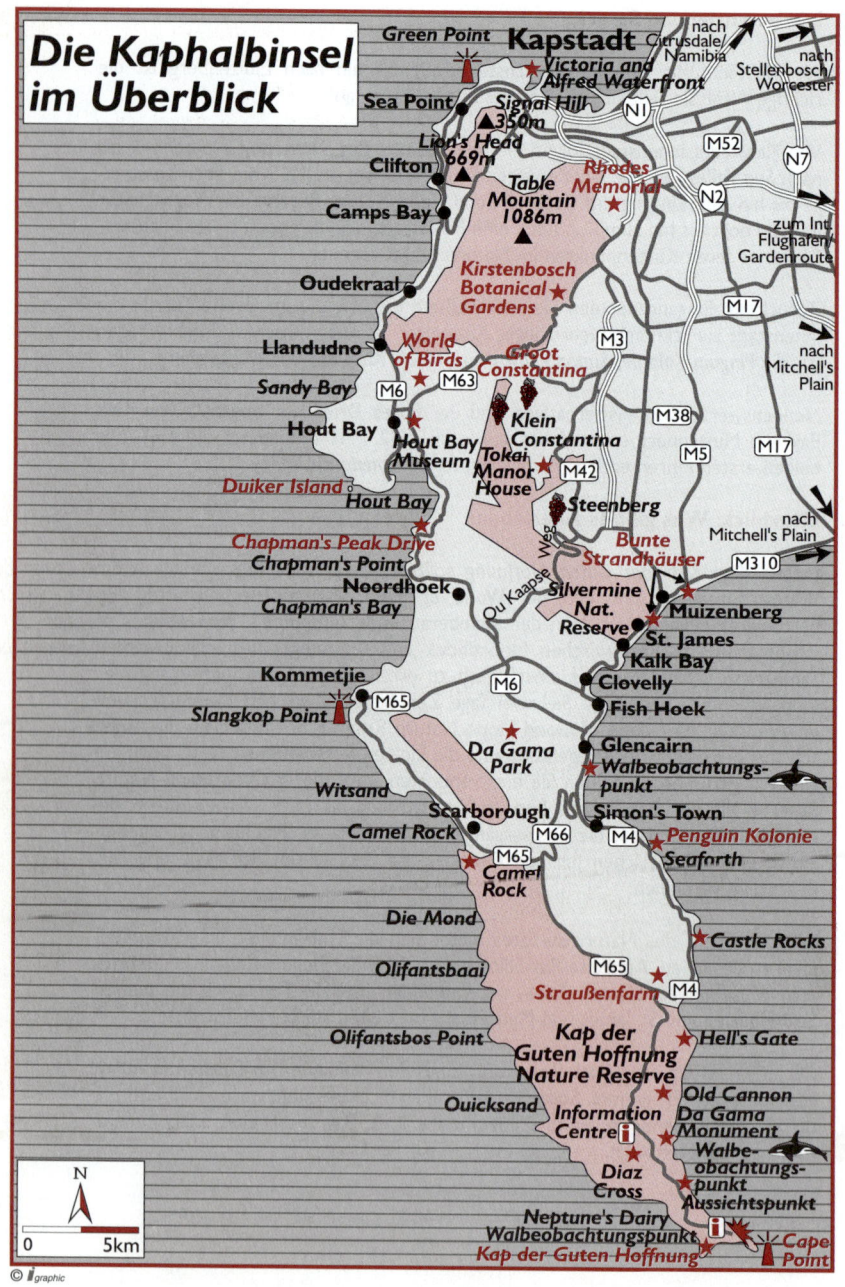

Die Kaphalbinsel im Überblick

Green Point
Kapstadt
nach Citrusdale/ Namibia
nach Stellenbosch/ Worcester

Sea Point
Victoria and Alfred Waterfront
Signal Hill ▲350m
N1

Lion's Head 669m ▲
M52
N7

Clifton
Table Mountain 1086m ▲
Rhodes Memorial
N2

Camps Bay
zum Int. Flughafen Gardenroute

Oudekraal
Kirstenbosch Botanical Gardens
M17

Llandudno
World of Birds
Groot Constantina
M3
nach Mitchell's Plain

Sandy Bay
M6
M63
Klein Constantina
M38

Hout Bay
Hout Bay Museum
Tokai Manor House
M42
M5
M17

Duiker Island
Hout Bay
Steenberg
nach Mitchell's Plain

Chapman's Peak Drive
Chapman's Point
Bunte Strandhäuser
M310

Noordhoek
Silvermine Nat. Reserve
Muizenberg

Chapman's Bay
Ou Kaapse Weg
St. James

Kommetjie
M6
Kalk Bay
Clovelly

Slangkop Point
M65
Fish Hoek

Witsand
Da Gama Park
Glencairn
Walbeobachtungs-punkt

Scarborough
M66
Simon's Town

Camel Rock
M4
Penguin Kolonie

M65
Camel Rock
Seaforth

Die Mond
Castle Rocks

Olifantsbaai
M65
Straußenfarm
M4

Olifantsbos Point
Kap der Guten Hoffnung Nature Reserve
Hell's Gate

Quicksand
Information Centre
Old Cannon Da Gama Monument

Diaz Cross
Walbe-obachtungs-punkt

Neptune's Dairy
Walbeobachtungspunkt
Kap der Guten Hoffnung
Aussichtspunkt
Cape Point

N
0   5km

© igraphic

Vorschläge für eine Zeiteinteilung
OPTIMALE ZEIT: 2 Tage

• *1 Tag:*
Frühmorgens starten und über die Kloof Nek Road direkt nach Camps Bay fahren. Ersten Stopp einlegen am Hafen von Hout Bay. Am Cape of Good Hope Nature Reserve kurz in das kleine Field Museum an der Hauptstraße schauen und dann zum Info-Center am Kap fahren. Mit der Zahnradbahn geht es dann hinauf zum Cape Point, und anschließend fahren Sie noch zum Cape of Good Hope. Weiter dann zu den Pinguinen an den Boulders. Für Simon's Town haben Sie danach ca. 1 Stunde, inkl. eines kleinen Snacks. Für den Nachmittag können Sie alternativ auswählen zwischen den Antikläden in Kalk Bay und einem Museum bzw. den Strandhäusern in Muizenberg, oder aber Sie fahren direkt zu einem Weingut im Constantia Valley.

• *2 Tage:*
1. Tag: Wichtig ist, dass Sie bereits eine Unterkunft in Simon's Town reserviert haben. Folgen Sie der M6 entlang der Küste und nehmen Sie sich evtl. Zeit für eine Bootstour von Hout Bay aus zu den Robben auf Duiker Island (vorher Abfahrtszeiten erfragen). Weitere Beschreibung s.o.
2. Tag: Fahren Sie zu den Pinguinen an den Boulders. Danach schauen Sie mal im Hafen von Kalk Bay nach den Fischern. Für die Antikläden in Kalk Bay haben Sie dann bis zur frühen Mittagspause auch noch Zeit.

Redaktions-Tipps Kap der Guten Hoffnung

Grundsätzlich
• **Fernglas** mitnehmen
• **Unterkünfte** auf der Halbinsel vorher reservieren
• **Früh** losfahren

Die schönsten Naturerlebnisse
• Bootstour zu den **Robben** auf Duiker Island (S. 419f)
• Fahrt entlang des **Chapman's Peak Drive** (S. 419)
• **Reiten** am Strand von Noordhoek (S. 420)
• Besuch der **Pinguine** an den Boulders (S. 430f)
• Die einzigartige **Fynbos-Vegetation** im Cape of Good Hope NR (S. 423ff)
• **Wale beobachten** vom Cape of Good Hope NR aus oder in den Buchten nördlich von Simon's Town (S. 432)

Kulturelle Höhepunkte
• Die **maritime Geschichte** des Kaps der Guten Hoffnung nachvollziehen im kleinen Museum im Cape of Good Hope NR und anhand der Wracks entlang dessen Küste.
• Die Geschichte der Marine und Navy erkunden im **SA Naval Museum** sowie **Simon's Town Museum** in Simon's Town (S. 431)
• Die **bunten Strandhütten** von St. James und Muizenberg (S. 435)
• Besuch eines **Weingutes** im Constantia Valley (S. 439ff)

Außergewöhnliche Höhepunkte
• Besuch der **Cape Point Ostrich Farm**, einer Straußenfarm in deutschem Besitz (S. 421f)
• Stöbern in den **Antikläden in Kalk Bay** (S. 434)

In Muizenberg sollten Sie den bunten Strandhäusern einen Besuch abstatten, um dann in Ruhe eines der Weingüter im Constantia Valley anzuschauen.

Routenbeschreibung und reisepraktische Hinweise

Routenbeschreibung

Folgen Sie einfach, wie bereits im Überblick beschrieben, der Küste. Tanken Sie aber Ih-
ren Wagen vorher noch voll, denn mit Abstechern werden Sie mindestens 170, eher 200 km fahren.

Entfernungen

• *Kapstadt (Innenstadt) - Hout Bay: 25 km*
• *Hout Bay - Kommetjie: 27 km*
• *Kommetjie - Eingang Cape of Good Hope Nature Reserve: 22 km*
• *Eingang Cape of Good Hope NR - Cape Point - Cape of Good Hope - Eingang: ca. 35 km*
• *Eingang Cape of Good Hope Nature Reserve - Simon's Town: 10 km*
• *Simon's Town - Muizenberg: 14 km*
• *Muizenberg - Constantia Valley (Groot Constantia): ca. 13 km*
• *Constantia Valley (Groot Constantia) - Kirstenbosch Nat. Bot. Gardens: 6 km*
• *Kirstenbosch Nat. Botanical Gardens - Kapstadt (Innenstadt): 18 km*
• *Gesamt: 170 km, die z.T. sehr langsam zu fahren sind (Geschwindigkeitsbegren-*
zungen, kurvenreiche Strecken).

Ein Fischsnack in Hout Bay ist Pflicht

Sehens- und Erlebenswertes bei der Rundfahrt um das Kap der Guten Hoffnung

Entlang der Westküste zum Cape of Good Hope Nature Reserve

Hinweis
Die Strecke bis Camps Bay ist auf den Seiten 405ff beschrieben

Zwischen Innenstadt und Hout Bay

Um an der Westküste entlang zum Cape of Good Hope Nature Reserve zu fahren, wählen Sie am besten von Kapstadt aus die Kloof Nek Road Richtung Hout Bay. Sobald Sie den Abzweig zum Signal Hill passiert haben, erhalten Sie schon den ersten Blick auf die Küste und die Gebirgskette dahinter. Folgen Sie der Straße, bis Sie in **Camps Bay** nach links in die M6 einbiegen, die Sie nach Süden führt.

Hinter Camps Bay kommen Sie an dem direkt am Meer gelegenen Dorf **Llandudno** vorbei, das mit viel Geschick seine Exklusivität bewahrt: Niemals wurde eine Durchgangsstraße gebaut, Geschäfte und Restaurants sucht man hier vergebens, und für Auswärtige lockt allerhöchstens der inoffizielle, aber geduldete FKK-Strand **Sandy Bay**. Um diesen zu erreichen, müssen Sie im Südteil des Ortes zum „Sunset Rocks Parking" fahren und dann noch 15–20 Minuten einen Weg entlanglaufen. *Exklusivität, FKK und keine Restaurants*

Kurz vor Hout Bay führt eine Straße nach rechts zum **Mount Rhodes** (unterhalb des „Little Lion's Head"), von wo Sie einen schönen Blick über Hout Bay und Chapman's Peak haben.

Hout Bay

Der kleine Fischerei- und Touristenort liegt malerisch an der gleichnamigen Bucht, die im Osten vom Chapman's Peak und im Westen vom Karbonkelkberg (653 m) und dem kleineren, aber auffälligeren **The Sentinel** (331 m) umgeben ist.

Schon früh wurde die bezaubernde und auch strategisch wichtige Lage des Ortes von den Europäern erkannt. Johan van Riebeeck bezeichnete die waldreiche Bucht *Houtbaaitjen* (= Holz-Bucht) und veranlasste 1662 den Bau einer kleinen Straße, und nur wenige Jahre später wurden hier die ersten Farmländereien Südafrikas zugelassen. *Strategische Bedeutung*

Die weitere Geschichte von Hout Bay war abwechslungsreich: 1781 bauten die Franzosen hier drei Forts, wurden dann aber von den Engländern verdrängt, die ihrerseits Fortanlagen errichteten, von denen heute noch die Überreste der **East Battery** am südlichen Ortsausgang (1 km entlang des Chapman's Peak Drive) zu

*Boden-
schätze
und
Hummer*

erkennen sind. 1873 entdeckte man Manganvorkommen in den östlichen Constantiabergen, die schließlich in den Jahren vor dem 1. Weltkrieg abgebaut wurden. Zu dieser Zeit aber hatten die Bewohner bereits das wahre Potential des Ortes erkannt, die Fischerei (Hummer, Hecht) und die Fischindustrie. Nahezu parallel zur Entwicklung im fernen Kalifornien, machten sich die Menschen auch hier daran, Fisch nicht nur zu fangen, sondern auch in Konserven zu verpacken und weithin zu verschicken. Über die Jahrzehnte entwickelte sich der kleine Hafen zu einem bedeutenden Standort der südafrikanischen Fischindustrie, und auch heute noch ist die Fischfabrik am südwestlichen Ende des Hafens deutlich sicht- und riechbar. Hier befinden sich zudem die Reste des Gegenstücks zum o.g. Fort, der **Western Battery**.

*Frisco lässt
grüßen*

In den 1970er Jahren wurde deutlich, dass der Fisch alleine nicht mehr alle ernähren könnte, und Pläne für den Ausbau des Touristiksektors wurden ausgearbeitet. 1984 erhielt Hout Bay die erste **Mariner's Wharf** des Landes, lange vor

Eröffnung der Victoria & Alfred Waterfront und ebenfalls ein „Ideenklau" aus Kalifornien („Fisherman's Wharf" in San Francisco). Restaurants, Souvenirshops, Fischgeschäfte u.ä. finden Sie in dem Komplex.

Mittlerweile ist Hout Bay ein beliebtes Wochenendziel und auch für die Touristen aus Übersee allemal einen kurzen Stopp wert, denn 2 kleine Museen, ein Vogelpark (s.u.) und die 1- bis 2-stündigen Boots-touren vom Hafen (nahe Mariner's

Klein, aber fein: Mariner's Wharf

Wharf) aus zur **Duiker Island** (s.u.) können begeistern. An den Hängen und entlang der M63 hinauf zum Constantia Kloof schießen immer neue Wohnhäuser aus dem Boden, denn Hout Bay ist auch für Investoren und „Dauerurlauber" interessant.

Weiteres Sehenswertes in und um Hout Bay

Für Vogelliebhaber gibt es in Hout Bay den größten Vogelpark Südafrikas, die ***World of Birds**, zu besuchen. Dazu biegen Sie am nördlichen Ortseingang an der Ampel links ab, nächste Straße wieder links und folgen dann immer geradeaus den Hinweisschildern. Auf dem 4 ha großen Gebiet, auf der Rückseite des Tafel-

*3.000
Vögel*

bergs, sind ca 3.000 Vögel und Kleintiere (300 verschiedene Arten) auf einem Wanderweg zu beobachten. *Geöffnet: täglich 9–17h.*

Fährt man weiter Richtung Hafen, kommt man an diversen Fischrestaurants und der o.g. **Mariner's Wharf** vorbei, bis man im Industriehafen an einem Fish & Chips Shop am Ende der Straße anlangt. Von hier aus hat man einen herrlichen Blick hinüber zum Chapman's Peak (546 bzw. 592 m). Kapstädter kaufen sich hier im Hafen sehr günstig frischen Fisch. Das kleine **SA Sea Fisherie Museum**

(Di–So) am Hafen widmet sich der Fischereiindustrie (einst und heute). Hier werden u.a. Videos gezeigt, und Sie können interaktiv dem Computer Fragen zu den Themen Fischfang und Fischverarbeitung stellen.

Einige Veranstalter bieten stündlich **Bootsfahrten** an, vom Besuch der Seehund-kolonie und der Vogelwelt auf der 1.500 qkm großen **Duiker Island** bis hin zur Champagner-Fahrt vor Camps Bay. Bis zu 5.000 Seehunde leben hier.

Seehund-kolonie

Das **Hout Bay Museum** *(Di–Sa)* in der Andrews Road im Ortskern zeigt eine Ausstellung zur Geschichte Hout Bays, von den Strandloipers bis hin zur moder-nen Fischindustrie.

Wanderfreunde können den schönen **Wanderweg**, nahe dem Meer, zwischen Hout Bay und Llandudno entlanglaufen oder aber auch nahe den o.g. englischen Forts starten und die ehemaligen Manganminen zu Fuß erkunden.

Am südlichen Ortsausgang passie-ren Sie noch die Reste des ehema-ligen englischen Forts (**East Fort** bzw. **Battery**) von 1796, das einst die Hafeneinfahrt schützen sollte, dieses aber niemals musste.

Noch ein Blick zurück auf die Hout Bay

Zwischen Hout Bay und dem Cape of Good Hope Nature Reserve

Weiter Richtung Süden folgen Sie bis Noordhoek den Hinweisschil-dern nach Fish Hoek via ***Chap-man's Peak Drive**. Diese 150 m über dem Meer und 450 m unter dem Gipfel liegende, 10 km lange Strecke gehört sicherlich zu den schönsten Küstenstraßen der Welt. Zahlreiche Haltebuchten bieten sich an für Foto- und Genießerstopps. Die sagenhaften Aussichten kann man kaum beschreiben.

Eine der schönsten Küsten-straßen der Welt

Bereits kurz hinter Hout Bay locken Picknickplätze nahe der Straße mit Ausblik-ken auf die Hout Bay und den dahinter liegenden, 331 m hohen **The Sentinel**, der im wahrsten Sinne des Wortes über die Bucht zu „wachen" scheint. In der Saison finden Sie auch Souvenirstände entlang der Straße, und auf etwa halber Strecke führt ein Wanderweg hinauf auf die Berge bzw. zurück nach Hout Bay.

Der Chapman's Peak Drive wurde zwischen 1915 und 1922 angelegt, wobei massive Sprengungen nötig waren, um die kühne Konstruktion am Steilabhang der 450–600 Millionen alten Gesteinsablagerungen zu verwirklichen. 1999 und 2000 mussten aber Abschnitte kurzzeitig gesperrt werden, da zahlreiche Stütz-Eisenträger vom Salzgehalt der Meeresluft so sehr angenagt waren, dass nicht mehr für die Sicherheit garantiert werden konnte. Bis 2004 sollen dann alle Abschnitte der Straße nachgebessert sein.

Salzfraß

Schließlich, nach der letzten scharfen Kurve, sehen Sie den ca. 6 km langen wei-ßen Sandstrand von **Noordhoek**, an der **Chapman's Bay**, vor sich. Er ist der **Tidal Lagoon** vorgelagert.

Auch wenn das Meer hier zum Baden einlädt, sollten Sie sich den Sprung in die Fluten aufgrund der Temperaturen und der starken Strömungen für die Ostseite der Halbinsel aufsparen. Nehmen Sie doch statt dessen die Chance wahr, mit dem Pferd am Strand entlang zu reiten, was diverse **Reiterhöfe** in der Umgebung von Noordhoek anbieten, oder diesen zu Fuß abzulaufen. Zu erreichen ist der Strand gleich über den ersten Abzweig nach rechts: Avondrust Street, dann Mountain Beach Road und schließlich Rateklip Beach Rds.

Ansonsten finden sie um Noordhoek herum viele kleine Cafés, Pubs und Restaurants, die Ihnen eine kleine Stärkung anbieten. Oberhalb des Ortes, am Oude Kaapse Weg (M64), liegt zudem das **Silvermine Nature Reserve**, dessen Fynbos-Vegetation, Wanderwege, Mountain Bike-Strecken und Picknickplätze viele Kapstädter für einen Wochenendausflug nutzen.

Straßenbauers Meisterstück: Blick vom Chapman's Peak Drive hinunter

In **Sunnydale** biegen Sie kurz rechts in die M64, um kurz darauf wieder rechts in die M65 Richtung Kommetjie abzuzweigen. Schon bald haben Sie wieder Blick auf den Ozean. Lassen Sie sich nicht durch das Hinweisschild „Ocean View" verwirren, hierbei handelt es sich um eine im Land liegende Siedlung.

Die **Imhoff Farm** *(M65, Kommetjie Rd, Kommetjie: gegenüber Ocean View, Tel.: (021) 783-4545)* bietet Ausritte an, u.a. auf Kamelen (!), sowie Tierprogramme (Llamas u.a.) aller Art für Kinder. Sie ist Teil von zwei Naturparks, u.a. dem **Nature Park and Wildlife Sanctuary** *(tägl. 9–17h)*, das der „World of Birds" (Hout Bay, s.o.) angeschlossen ist. Bemerkenswert ist hier vor allem die Brutstation des Afrikanischen Kranichs. Während die Erwachsenen sich also mit der Welt der Vögel beschäftigen, werden die Kinder hier auf ihre Weise unterhalten.

Kommetjie, 1815 mit einer Jagdlodge von Lord Charles Somerset ins Leben gerufen, ist heute ein Ferienort mit zahlreichen Wochenendhäusern. Deren Bewohner wahren den relativ ruhigen Charakter, indem sie ebenfalls nur begrenzt Restaurants u.ä. zulassen. Das ist wohl auch gut so. Auch von hier aus können Sie zur schönen **Strandlagune von Noordhoek** gelangen. Fahren Sie gleich am Ortseingang nach rechts in die Wireless St. und folgen Sie dieser bis zum Ende.

Paradies für Surfer

Der **Long Beach** ein Stück weiter im Ort gilt heute als der beste Surfstrand auf der Kaphalbinsel.

Am Ortsende von Kommetjie können Sie rechts in den Van Imhoff Way, dann gleich wieder links in die Lighthouse Road abbiegen. Leider ist der 1914–19 dort erbaute schneeweiße **Leuchtturm** nur von außen zu besichtigen. 60 km reicht sein Lichtstrahl. Der südlich anschließende, sichere **Tidal Pool** eignet sich gut zum Baden für Familien mit Kindern – soweit die Wassertemperatur einem zusagt ... Achten Sie auch darauf, ob Sie evtl. Kormorane – es gibt vier verschiede- ne Arten an diesem Küstenabschnitt – sehen. Sie kommen gerne hierher, da sie hier ausreichend Nahrung in Form von Insekten finden, die ihrerseits hervorra- gende Brutbedingungen in dem angeschwemmten Seetang haben. **Witsand (Is- land)** ist bekannt für seine Hummer-Fabrik, die über 100 Tonnen Hummer jähr- lich für den Export verarbeitet. Die Fabrik kann nach Anmeldung besichtigt wer- den *(Tel.: (021) 783-1757).* Die Hummer werden vorwiegend vor der Küste zwischen Kommetjie und Witsand gefangen bzw. gezüchtet.

Kormora-
ne und
eine
Hummer-
Fabrik

Weiter fahren Sie jetzt wieder entlang der kurvigen Küstenstraße, die etwas mehr bewachsen ist als der Chapman's Peak Drive und eine typische Küsten- Fynbos-Vegetation aufweist. Sie ist, wie der Chapman's Peak Drive und der Tafel- berg, Teil des **Cape Peninsula National Park**: Fynbos, wohin das Auge reicht.

Mysty Cliffs, ein kleines Nest mit extravaganten Ferienhäuschen, macht seinem Namen alle Ehren: Unentwegt zieht ein Gischtschleier den Hang des 308 m hohen Platbergs hinauf. Er erinnert daran, welchen Einfluss das Meer mit seinem Salzgehalt auf die Vegetation an Land hat.

Scarborough, das wohl letzte Relikt eines Dorfes aus bedächtigeren Zeiten am Kap, ist bekannt für den auffälligen **Camel Rock** und einen beliebten Picknick- platz südwestlich des Ortes nahe dem Wasser. Ab Scarborough führt die Straße wieder durchs Landes- innere, entlang Wiesen mit bunten Blumen, Bäumen und natürlich den Bergen.

Die letzten Kilometer bis zum Kap

Kurz vor dem Eingang zum Cape of Good Hope Nature Reserve be- findet sich auf der linken Seite die ***Cape Point Ostrich Farm** *(Mo–So 9h30–17h30).* Ein Besuch auf der 65 ha großen, im Novem- ber 1996 von Deutschen gegrün- deten Straußenfarm ist auf jeden Fall empfehlenswert. Allein schon die bunt blühenden Pflanzen sowie die Gebäude im kapholländischen Stil sind sehenswert. Anders als bei den touristisierten Straußenfarmen in Oudtshoorn handelt es sich hier um einen richtigen Farmbetrieb, der den Besuchern die Möglichkeit gibt, während der Brutzeit von September bis Mai Strauße in allen Altersstufen zu sehen. So werden Sie entlang der Brutkästen zu den zwei Tage alten flauschi- gen Straußenküken bis zu den schon einige Monate alten „Halbwüchsigen" ge- führt. Diese am schnellsten wachsenden Tiere – am ersten Tag wiegen sie 800– 1.000 g, nach 12 Monaten bereits 100 kg – werden bis zu 80 Jahre alt und können bis 80 km/h schnell rennen. Schon im Alter von 14 Monaten sind sie ausgewachsen und geschlechtsreif.

Schneller
Vogel

Leder hat
die größte
Bedeutung Straußenleder macht 80 % der Produkte dieser Farm aus. Staußenleder ist das zweitstärkste Leder nach dem der Elefanten und das teuerste nach dem Krokodilleder. Auf der Farm werden Produkte aus Straußenleder, wie z.b. Handtaschen und Gürtel, zu günstigeren Preisen als in Kapstadt angeboten. Nur ca. 20 % der Produktion macht das Straußenfleisch aus. Aus einem 150 kg schweren Tier gewinnt man ca. 20–30 kg Fleisch, überwiegend aus den Schenkeln. Die langen Flügelfedern werden eingefärbt und als Boas verkauft.

Nach einem sehr informativen Rundgang über die Farm können Sie bei Kaffee und anderen Kleinigkeiten Fragen stellen oder die oben erwähnten Produkte sowie entweder nach Buschmann-Kunst oder modern bemalte Straußeneier erwerben. Auf dem Gelände arbeitet ein Schnitzer, dessen Kunstwerke ebenfalls angeboten werden.

Hinweis
Lesen Sie über Strauße auch unter Oudtshoorn auf S. 504ff.

Cape of Good Hope Nature Reserve

Geöffnet: tägl. 7–17h, im Sommer bis 18h

Überblick

Information
*Das eigentliche Info-Center befindet sich am großen **Parkplatz am Cape Point** (13 km vom Gate). Selten besetzt und eher informativ im Sinne der Erläuterung der Natur ist das kleine **Veld (Field) Info-Center** (7,2 km vom Gate) an der Hauptstraße, ein Stück nördlich der Abzweigung zur Buffels Bay sowie dem Diaz Cross.*

Die ersten Menschen am Kap waren fischende Khoi, die hier wegen des rauen Klimas, aber nur bedingt permanente Siedlungen unterhielten. Seit Bartolomeu Diaz 1488 auf der Suche nach einem Seeweg nach Asien das Kap als erster *Zwischen*
Wahrheit
und
Legende Europäer entdeckt hat, spinnen sich Wahrheiten, Geschichten, Tragödien und Sagen um diesen geographisch sowie kartographisch auffälligen Punkt. Diaz geriet hier in einen Sturm und nannte das Kap sodann „Kap der Stürme". „Südlichster Punkt Afrikas" und „dort, wo sich die zwei Ozeane treffen" sind weitere und auch heute noch die gängigsten, wenn auch falschen Attribute, die dem Kap der Guten Hoffnung sowie dem benachbarte Cape Point anhaften. Beides trifft natürlich auf das 140 km südöstlich gelegene Cape Agulhas zu, doch das interessiert hier wenige, denn schon die ersten Seefahrer haben dieses Kap als den Wendepunkt bezeichnet. Sobald das felsige, oft im Nebel verhüllte und sturmanfällige Kap der Guten Hoffnung umrundet war, hatten sie es geschafft.

Diaz folgte 1497 bereits der nächste Entdecker, Vasco da Gama, der im Jahre 1488 auf dieser Reise auch Indien erreichte. Beiden Seefahrern wurde im heutigen Nature Reserve jeweils ein Monument gewidmet, Diaz in Form eines christlichen Kreuzes (Replik des von ihm errichteten Kreuzes) und da Gama in der eines Navigationsmals.

Die weltbekannte Legende um den „Flying Dutchman" („Fliegender Holländer") findet ebenfalls hier ihre Wurzeln. Denn der Kapitän dieses holländischen Schiffes, Hendrik van der Decken, schwor 1680 bei stürmischer See, „dass er das Kap umrunden würde und wenn er auf die Hilfe des Teufels zurückgreifen müsse". Doch auch dieser konnte (oder wollte) ihm nicht helfen, und der „Flying Dutchman" verschwand ohne Spuren, war von nun aber dazu bestimmt, immer wieder im Nebel aufzutauchen – fliegend und mit zerstörten Aufbauten und Segeln –, um andere Seefahrer zu warnen, vielleicht auch, um sie zu erschrecken. Seither behaupten Seefahrer immer wieder, das sagenumwobene Schiff gesichtet zu haben, unter ihnen auch der spätere englische König George V. Daran, dass die Warnung auch heute, in den Zeiten moderner Navigationstechniken, noch Bedeutung hat, erinnern zahlreiche Schiffswracks an den Ufern des Nature Reserve, das letzte stammt von 1972. Von einige Wracks sind immer noch Überreste zu sehen.

> *„This Cape is the most stately thing and the fairest Cape we saw in the whole circumfence of the earth"*
> Sir Francis Drake, 1580

1939 wurde das nahezu 8.000 ha große Areal am Kap zu einem Nature Reserve erklärt und untersteht mittlerweile der Nationalparkbehörde, die große Teile der Kaphalbinsel unter Naturschutz gestellt hat. Das Nature Reserve weist zwischen

8.000 ha unter Naturschutz

Schuster's Bay im Nordwesten und der Smitswinkel Bay an der False Bay über 40 km Uferlinie auf. Die Grenze im Landesinneren misst 13,5 km.

Neben dem Ziel, das Kap zu besuchen, bietet das Nature Reserve aber auch andere, interessante Dinge, so z.B.:
• eine einzigartige **Fynbos-Vegetation** mit Orchideen, Proteen und Erikaceen, die sich über die hügelige Landschaft verteilt. Über 1.300 Pflanzenarten (mehr als in ganz Großbritannien!) wurden bereits gezählt, von denen 15 nur hier im Reserve vorkommen.

Cape Point: Rechtzeitiges Erscheinen sichert einen Parkplatz

• Die **Tierwelt** hat zwar weniger Bedeutung (nährstoffarmer Bewuchs am Kap), doch beeindrucken die Elanantilopen, Bergzebras, Baboons, Dassies, Schildkröten, Echsen, Strauße, Buntebocke und andere Bockarten schon. Es gibt auch giftige Schlangen, so die Puffotter und die Kobra, wobei diese sich schnell verziehen, wenn sie fremde Geräusche wahrnehmen. Achten sollten Sie aber auf die Baboons, die nicht nur neugierig sind, sondern auch angriffslustig. Sie hocken oft an der Straße, schließen Sie also Ihre Fenster und vor allem: Füttern Sie sie nicht!

Achtung! Giftige Schlangen und Baboons

- Die **Vogelwelt** zählt 150 Spezies.
- **Strandabschnitte**, besonders an der False Bay, locken bestimmte Wasserratten an.

Nehmen Sie sich mindestens 3 Stunden Zeit für das Nature Reserve. Fahren Sie zuerst (und möglichst früh!) zum Cape Point und erkunden das Terrain dort. Anschließend sollten Sie zum Cape of Good Hope fahren und schließlich Zeit aufsparen für eine Wanderung, z.B. entlang des Shipwreck-Trails am Olifantsbos *Wracks* Point oder/und eine Bade- bzw. Picknickpause an der Buffels Bay. Vielleicht sehen *und Wale* Sie ja Wale in der False Bay, wenn diese sich hier auch weiter entfernt vom Land tummeln als z.B. nördlich von Simon's Town, in Hermanus bzw. im De Hoop Nature Reserve.

Sehens- und Erlebenswertes im Cape of Good Hope Nature Reserve

Aussichtspunkt hinter dem Eingang

800 m vom Gate. Der empfohlenen Route um die Halbinsel folgend, haben Sie von einem Aussichtspunkt gleich hinter dem Eingang des Nature Reserves einen ersten, atemberaubenden Ausblick auf die Smitswinkel Bay, eine kleine Bucht der **False Bay**. Sie heißt übrigens „Falsche Bucht", da früher versehentlich Schiffe hier hineingefahren sind in der Annahme, dass sie auf diesem Wege nach Kapstadt gelangen würden. Die Cape Flats, die ihnen den Weg dorthin versperrten, konnten die Seeleute aus der Entfernung nicht ausmachen. Ein kleiner, wenig belaufener und schlecht unterhaltener Wanderweg führt an den Judas Peak und von dort auch weiter entlang der Küste bis zum Cape Point. Der steile Weg (15 Min.) hinunter zur Klippe lohnt aber, denn von hier können Sie das kleine **Smitswinkel Bay Village** sehen, das erstaunlicherweise nicht ans Straßennetz angeschlossen ist.

Veld (Field) Museum & Info-Center

Auf gut halber Strecke (7,2 km vom Gate) steht am rechten (westlichen) Straßenrand eine kleine Kate, in der sich heute ein kleines, vornehmlich naturkundlich orientiertes, Museum befindet. Hier war einst auch das einzige Info-Center im Park beheimatet, doch das neue Center am Cape Point hat jetzt diese Stelle eingenommen, und nur gelegentlich treffen Sie im Veld Museum noch auf einen Ranger. Da-

Redaktions-Tipps Cape of Good Hope NR

- Halten Sie als erstes am Veld (Field) Info-Center und besorgen Sie sich dort die für Sie interessanten **Info-Broschüren**, die Ihnen die Erkundung erleichtern werden.
- **Früh zum Cape Point fahren**, da ab mittags die Reisebusse kommen
- Nehmen Sie **warme und wetterfeste Kleidung** mit, denn es stürmt oft am Kap, und Regen bzw. Nebel sind auch nicht selten.
- **Füttern Sie keine Tiere**, besonders keine Baboons. Sie haben sich an die Menschen gewöhnt und ihre natürliche Scheu verloren, können somit sehr aggressiv werden.
- Die **Seitenstraßen** sind weniger befahren, und auch die Wanderwege werden nur von einem kleinen Teil der Parkbesucher genutzt.

Cape of Good Hope Nature Reserve

nach Kapstadt

nach Simon's Town

Die Mond

Straußenfarm

Olifants Bay
Thomas T. Tucker (1942) und Nolloth (1965)

Eingang

Sirkels Trail

Sirkelsvlei

Smitswinkel Bay

Olifantsbos Point

Thomas T. Trucker Shipwreck Trail

Batsata Rock

False Bay

Venus Pool

Hoek van Bobbejaan

Booi se Skrem

Phyllisia (1968)

Black Rocks
Bordjiesrif
Da Gama Monument
Buffels Bay

Gifkommetjie

Diaz Cross

Tania (1972)

Atlantischer

Ozean

Muishond Bay

Platboom

Roolkrans

Restaurant, Shop, Zahnradbahn

N

0   3km

Cape of Good Hope

Shir Yib (1970)

Cape Point

© graphic

her ist es aber auch nicht so voll, und nahezu alle erhältlichen Broschüren, aufgeteilt nach Themengebieten (Wracksuche, Vegetation, Geschichte etc.), liegen hier aus.

Verwechseln Sie aber das Museum nicht mit dem 400 m nördlich davon gelegenen **Homestead**, einem alten Farmgebäude.

Cape Point

*Lunchpa-
ket dabei?*

13 km vom Gate. Am großen Parkplatz des Cape Point finden Sie sowohl einen Souvenirshop, ein Info-Center als auch ein Restaurant mit Außenterrasse. Hier müssen Sie allerdings den schönen Blick auf die False Bay mitbezahlen. Nehmen Sie sich also besser Ihr Lunchpaket mit und machen ein Picknick an einer der schönen Buchten. Neben dem Info-Center führt ein befestigter, steiler Weg (über 120 Treppenstufen) hinauf zum **Historical Lighthouse**. Sie können alternativ auch mit einer Zahnradbahn hinauf fahren. Wir empfehlen aber das Laufen: Es gibt so viele schöne Ausblicke und Fotomotive. Beachten Sie auch die Vielfalt der Pflanzen und Blüten auf Ihrem Weg und natürlich die zwischen den Steinen laufenden Geckos.

Das Historical Lighthouse wurde 1860 aus vorgefertigten Eisenteilen auf dem Cape Point Peak, 249 m über dem Meeresspiegel, errichtet. Jedoch erwies sich dieser Leuchtturm als unbrauchbar, da er oft in Wolken oder Nebel gehüllt war. Nachdem an dieser Stelle der portugiesische Liner „S.S. Lusitania" 1911 gesunken war, beschloss man, einen neuen Leuchtturm (**„Second Lighthouse"**) am süd-lichsten Zipfel dieser Landzunge, Diaz Point, nur 87 m über dem Meeresspiegel, zu bauen. Dieser wurde 1936 elektrifiziert, hat eine Reichweite von 63 km und ist da-mit der stärkste an Südafrikas Küste.

Das Kap der Guten Hoffnung

Das **Historical Lighthouse Cottage** wurde in den 1860er Jahren erbaut und diente zunächst als freie Unterkunft für Besucher. Die Mög-lichkeit, hier kostenlos zu übernach-ten, sollte Besucher anregen, die hier in der Einsamkeit lebenden Leuchtturmwärter und ihre Familien zu besu-chen. Ab 1977 diente das Gebäude als Labor für atmosphärische Untersuchungen und wurde 1994 Teil der World Meteorological Organisation´s Global Atmosphe-re Watch Network. Schautafeln liefern dazu Erklärungen. In dem ehemaligen Wohnhaus des Leuchtturmwärters befindet sich heute ein Souvenirshop.

*Neuer
Leucht-
turm*

Ein **Wanderweg** führt weiter zum neuen Leuchtturm („Second Lighthouse") am Diaz Point. Bei starkem Sturm oder schlechter Sicht sollten Sie aber auf diesen Ausflug verzichten. Die angegebenen 1,5 Stunden Wanderzeit sind allerdings sehr großzügig berechnet. Sicherlich kommt man auch mit der Hälfte aus. Bei richti-gem Wasserstand kann man auf der westlichen Seite die Reste eines Wracks entdecken.

Ein **weiterer Wanderweg** führt vom Cape Point Parkplatz hinunter zum **Diaz Beach** (auf Kormorane achten) und zum westlich gelegenen Cape of Good Hope. Ihn zu erlaufen, dauert zwischen 45 Minuten und 1 ¼ Stunden pro Strecke.

Weiter führt dieser Weg bis Hoek van Boobejaan und ist Teil des **Good Hope Coastal Walk**. Strecke Cape Point - Hoek van Boobejaan: 12 km.

Die zwei Strömungen

Wenn auch nicht gerade direkt vor dem Cape Point – „where the two Oceans meet" – treffen Benguela und Agulhas Strom hier irgendwo 200 km vor der Küste aufeinander. Beide Ströme lassen sich kurz wie folgt charakterisieren:

• **Benguela-Strom:** Vom Süd-Atlantik nordwärts fließend; Geschwindigkeit: 16–40 km pro Tag; Temperatur 14–15 °C; das Oberflächenwasser wird vom Küstenwind weggeblasen, und nährstoffreiches Tiefenwasser kommt hoch. Dieses sorgt dann für eine starke Planktonbildung, welches wiederum die Nährstoffkette in Gang bringt. Daher finden sich an der Westküste besonders viele Fischschwärme, Robbenkolonien und Seevögel.

• **Agulhas-Strom:** Entlang der Küste von Nordosten kommend. Wird mit dem Auftreffen auf den Benguela Strom nach Ost-Südost abgedrängt; Geschwindigkeit: 90–230 km pro Tag; das warme Wasser verdunstet schneller zu Wolken, so dass die Ostküste des Kaplandes mehr Regen erhält.

Rooikrans

11,5 km vom Gate. An diesem kleinen Abzweig beginnen **zwei Wanderwege**, die in beide Richtungen entlang der False-Bay-Küste führen. Hier könnte z.B. ein Teil Ihrer Gruppe zum Cape Point bzw. zur Buffels Bay laufen und dort von dem Fahrer wieder eingesammelt werden. Aber Achtung! Festes Schuhwerk ist wegen der relativ steilen Auf- und Abstiege und der felsigen Uferpartien sinnvoll. Der zweite Weg führt zu einer Klippe, von der es sich gut angeln lässt. Oberhalb des Parkplatzes befinden sich die Wohnhäuser der Parkangestellten, eine kleine Forschungsstation (die aber nicht besichtigt werden kann) sowie ein Unterrichtszentrum für Naturprogramme, die als **Goldfields** bezeichnet werden. Ehemals handelte es sich bei den Gebäuden um einen militärischen Stützpunkt.

Festes Schuhwerk erforderlich

Die Küste am Rooikrans ist übrigens beliebt fürs Beobachten von Walen.

Cape of Good Hope

10 km vom Gate abbiegen und dann noch 3,4 km bis zum **Maclear Beach**-Parkplatz. Das namengebende Kap galt lange als der geographische Wendepunkt. Doch die Tatsache, dass der Cape Point über einen Hügel verfügt, brachte es mit sich, dass dort der Leuchtturm und ein Forschungsgebäude eingerichtet wurden und dem Cape of Good Hope somit seine Bedeutung genommen haben. Trotzdem gehört der Besuch des Cape of Good Hope zum Pflichtprogramm. Ein Weg führt von hier zum Cape Point (1 Std. 30 Min.), in dieser Richtung aber vornehmlich bergauf. Nach nur einem kurzen Stück treffen Sie rechts auf einen Abzweig zu einem schönen Aussichtspunkt, von dem Sie den Cape Point gut sehen können.

Weithin sichtbarer Wendepunkt

Baboons: Nicht füttern und Fenster zu!

Der Wanderweg selbst führt über den **Maclear Peak** zum Diaz Beach und schließlich weiter zum Cape Point. In die andere Richtung führt der Weg über 10 km bis Hoek van Boobejaan und ist, wie oben erwähnt, Teil des **Good Hope Coastal Walk**.

Diaz Cross

8 km vom Gate abbiegen, dann gleich wieder nach rechts. Das Kreuz, ähnlich denen, die sich an anderen markanten Punkten entlang der Küsten zwischen Angola und Mozambik finden, wurde aber nicht von Diaz aufgestellt, sondern, wie das Da Gama Monument, 1965 von dem portugiesischen Botschafter gestiftet. Es ersetzte eine Marke für Seefahrer, die vorher dort stand. Auf einer Seite ist das Kreuz schwarz angemalt, so dass Seefahrer es von der False Bay aus gegen die weißen Wolken bzw. den blauen Himmel gut erkennen können. Einige Kilometer weiter auf der Stichstraße erreichen Sie **Platboom**, eine Küstenlandschaft aus Dünen, Felsen und Strand. Hier gibt es Picknickplätze, und auch hier führt der **Good Hope Coastal Walk** vorbei.

Buffels Bay

Geschützte Tidenpools

7,7 km vom Gate abbiegen. Diese Bay ist während der Sommermonate ein beliebtes Ausflugsziel der Kapstädter. Sie werden angelockt von einem schönen Strand, wärmerem Wasser als am Atlantik, einem vor Wellen schützenden Tidenpool sowie zahlreichen Grill- und Picknickplätzen. Schattenspendende Bäume gibt es hier auch. Der **Küstenwanderweg** entlang der False Bay führt natürlich hier vorbei.

Bordjiesrif/Kanonkop/Black Rocks

Schöne Buffels Bay

6,6 km vom Gate abbiegen. Nach einem kurzen Stück geht es nach rechts zum **Bordjiesrif**, und die Straße führt vorbei am **Vasco Da Gama Monument**, das ebenfalls 1965 vom portugiesischen Botschafter eingeweiht wurde und als Navigationspunkt für Seefahrer dient. Am Bordjiesrif-Resort können Sie ebenfalls picknicken, grillen und in einem Tidenpool baden, wobei die Plätze an der Buffels Bay schöner sind.

In nördliche Richtung führt die Stichstraße erst vorbei an dem Startpunkt des 2-stündigen Rundwanderweges zum **Kanonkop**. Früher warnte eine Kanone hier den Hafen von Simon's Town vor ankommenden Schiffen, heute besticht eher die Aussicht auf die False Bay. Die starken Küstenwinde, hervorgerufen durch die steilen Berghänge zwischen den **Black Rocks** und den (natürlichen) **Venus Pools**, werden gerne von Surfern genutzt. Zum Baden eignet sich die Region wegen der

Wellen, Felsen und vor allem immer wieder auftauchenden Baboons nicht. Letztere freuen sich nämlich über die Fische, die in die Pools gespült werden.

Gifkommetjie

5,7 km vom Gate abbiegen. Folgen Sie der Straße direkt bis Gifkommetjie und biegen Sie unterwegs nicht ab. Es gibt auch die Möglichkeit einer Rundfahrt (siehe Karte). Die Chance, unterwegs Tiere zu sehen, ein wunderschöner **Ausblick von zwei Plattformen aus auf den Küstenabschnitt**, zwei kurze Trails hinunter ans Ufer sowie der längere Rundwanderweg nach **Hoek van Bobbejaan** belohnen hier für den Abstecher. Am Hoek van Bobbejaan, einer spitzen Landzunge, können Sie heute noch die Überreste der 1968 hier gestrandeten „*Phyllisia*", einem 452-Tonnen-Dampfschiff, erkennen.

Abstecher zur Olifantsbos Bay

1,8 km vom Gate abbiegen, unterwegs an der T-Kreuzung nach links, bis Sie knapp 11 km nach dem Abzweig von der Hauptstraße Olifantsbos Bay erreichen. Diese wenig befahrene Strecke hat einiges zu bieten. Bereits auf der Fahrt fas

Beachten Sie auch die Küsten-Fynbos-Vegetation

zinieren die Fynbos-Vegetation sowie Tiere (auch Schlangen). Der Knüller aber ist der 90-minütige **Shipwreck Trail**, der zu den Überresten zweier Wracks führt:

Wenig befahren

• „*Thomas T. Tucker*": Amerikanischer Frachter, 7.176 t, gestrandet 1942. Das Schiff hatte Kriegsmaterial für die Region des Roten Meeres an Bord, und der Kapitän wollte eigentlich Kapstadt als Zwischenstation anlaufen. Als das Schiff strandete, meldete er zuerst Seenot von der 23 Seemeilen nördlich gelegenen Robben Island. Gründe für die falsche Ortung waren ein um 37° missweisender Kompass, starker Nebel und die Tatsache, dass der nächste Leuchtturm während des Unglücks ausgeschaltet war.

• „*Nolloth*": Holländischer Kümo, 347 t, aufgelaufen 1965 am Duikerklip. Es hatte Nahrung und alkoholische Getränke an Bord. Letztere verschwanden größtenteils, bevor der Zoll sie konfiszieren konnte.

Vom Cape of Good Hope Nature Reserve nach Muizenberg

Die Straße schlängelt sich vom Kap zuerst entlang steiler Berghänge. Hier besteht die große Chance, noch einmal Baboon-Familien am Straßenrand zu bewundern. Natürlich gilt auch hier: Fenster zu und nicht füttern!

Nächster interessanter Punkt ist **Miller's Point** mit dem wegen des frischen und guten Fisches geschätzten **Black Marlin Restaurant** (reservieren Sie bei wenig

Wind auf der Außenterrasse bzw. einen Platz drinnen mit Aussicht). Der kleine Strand und die Salzwasser-Pools zwischen Miller's Point und Seaforth erfreuen viele Ausflügler.

Oft angepriesen wird auch das Beobachten der Wale von hier. Wir haben solche aber nur einmal an dieser Stelle gesehen, und da waren sie weitab im Meer.

The Boulders

Rund-
gespült

Dieser Küstenstreifen südlich von Simon's Town erhielt seinen Namen aufgrund der großen, abgerundeten Granitfelsen, die der Verwitterung und dem Angriff des Meeres besser standgehalten haben als die sie ehemals überlagernden Sandsteinformationen des Tafelbergmassivs. Zwischen den Granitblöcken laden zwei schö-

ne Strände zum Baden ein, die aber im Sommer auch ziemlich überlaufen sind. Nahebei (südlich) befindet sich auch der beliebte Golfplatz von Simon's Town.

Dieses kleine Naturareal weist heute aber eine ganz andere Attraktion auf, für die mittlerweile Hunderttausende von Besuchern jedes Jahr an den kleinen Strand fahren und sich entlang der hölzernen Boardwalks drängen: Die **Pingu-in-Kolonie*. 1983 fand man unter

Nach dem Fracksäubern

den windgeschützten Büschen oberhalb des Strandes ein einsames Pinguin-Pärchen. Mittlerweile haben diese beiden sich vermehrt und andere Familien angezogen, so dass sich jetzt über 2.500 Afrikanische Pinguine (auch als „Jackass Pinguine" bezeichnet) an dem kleinen Strandabschnitt tummeln. Die Pinguine lieben den Platz, da die begrenzten Fangquoten in der False Bay sowie die Büsche ihnen einen angenehmen Lebensraum bieten. Doch die große Zahl der Pinguine beginnt Probleme zu bereiten. Das Guano führt zur Vernichtung sensiver Pflanzen, und

Laute
Frackträger

der Lärm der nachtaktiven Frackträger wird von den Anwohnern als ausgesprochen störend empfunden. Da der Afrikanische Pinguin aber auf der Liste der bedrohten Tiere steht (1900: 1,1 Mio. Tiere, heute: 150.000) und es neben Boulders Beach nur noch Brutstätten nahe Lambert's Bay und bei Betty's Bay gibt, bleibt den Naturschützern und Bewohnern keine Wahl, und eher wird über die Umsiedlung der Menschen nachgedacht. Das Betrach-

Immer wieder putzig anzuschauen

ten der possierlichen Tiere wird Ihnen gefallen. Nehmen Sie sich etwas Zeit und setzen Sie sich in Ruhe an die Kante der Holzwege. Suchen Sie sich ein paar Tiere aus, denen Sie dann bei ihren Aktivitäten zusehen.

Die Afrikanischen Pinguine wiegen ca. 2–4 kg und tragen den Spitznamen „Eulen des Meeres", da sie nachts im Wasser genau so gut sehen können wie tagsüber. Ihre Beine benutzen sie beim Schwimmen übrigens zum Steuern, während ihre kurzen „Flügel" bei der Fortbewegung im Wasser als Propeller eingesetzt werden.

„Eulen des Meeres"

Simon's Town

Die windgeschützte Lage veranlasste die Dutch East Indian Company 1687 dazu, an dieser Stelle einen Hafen einzurichten, den sie nach dem früheren Gouverneur Simon van der Stel benannte. Die „Siedlung" drumherum war die dritte europäische Stadt des Landes. Der Ankerplatz wurde besonders in den Wintermonaten genutzt, da dann die starken „Northeastern"-Winde den Schiffen im Hafen von Kapstadt arge Probleme bereiteten. 1795 landeten die Briten in *Simonstad* an und begannen von hier ihren Übernahmefeldzug. Simon's Town wurde zum Brückenkopf der britischen Armee, von wo aus u.a. die siegreiche Schlacht von Muizenberg organisiert wurde. 1801 verließen die Briten Südafrika nochmals, um dann aber 1806 gänzlich zurückzukehren. 1807, als gerade ein Schiff mit Skla-

Viktorianische Stadthäuser in Simon's Town

ven im Hafen lag, befahl die britische Regierung deren Freilassung, da die Sklaverei von den Briten verboten war. Die Menschen siedelten sich dann in Simon's Town an, deren Nachfahren schließlich 1968–73 mit der Begründung des (White) „Group Area Act" aus der Stadt verbannt wurden.

Von 1814 bis 1957 war Simon's Town ein bedeutender britischer **Marinestützpunkt**. Diese Epoche ist auch heute noch überall sichtbar: Viktorianische Stadthäuser entlang der „Historical Mile", der Hauptstraße in der Innenstadt, sowie Hafen- und Befestigungsanlagen überall. Auch heute noch hat die südafrikanische Marine einen großen Teil ihrer Einheiten hier postiert, repariert die Marinewerft Kriegsschiffe aus vielen Ländern und gehören Offiziere in herausgeputzten Uniformen zum Straßenbild.

Viktorianische Stadthäuser

Marineorientierte **Museen** verdienen allemal einen Stopp, die Atmosphäre des Städtchens hat sich nach dem Bau der **Quayside**, einer Miniaturausgabe der Waterfront in Kapstadt, aber verändert. Heute vermisst man das sonst speziell am Wochenende bunte Pubtreiben. Auch die Geschäfte und Hotels in den historischen, viktorianischen Häusern haben zu kämpfen. Es wäre schade, wenn die Stadtverwaltung diesen Trend nicht stoppte.

Simon's Town ist übrigens als südlichster Punkt am Kap an das Kapstädter Metronetz angeschlossen, so dass Sie auch die Möglichkeit haben, mit der **Metro** hierherzufahren. Besonders der Abschnitt zwischen Muizenberg und Simon's Town am Meer entlang ist schön.

Sehenswertes in Simon's Town

Information
Befindet sich an den erstgenannten beiden Museen.

• ***Simon's Town Museum**
Court Rd, geöffnet: Mo–Fr 9–16h, Sa 10–13h
Das stadthistorische Museum ist in der „Old Residency" (1772–77 erbaut) des damaligen Gouverneurs der Dutch East India Company untergebracht. Die Schwerpunkte liegen natürlich beim Thema Seefahrt (Werften, Marine, Schiffswracks, ein alter Pub, Schiffsbücher), doch auch an die Besiedlung durch jagende Khoi, die ersten Menschen in der Region, wird erinnert.

Dänische Dogge als Maskottchen **Just Nuisance**, einer dänischen Dogge, deren Bronzeskulptur am Jubilee Square nahe der Quayside zu sehen ist, wird ebenfalls in diesem Museum gedacht. Der Hund war Maskottchen britischer Marinesoldaten während des 2. Weltkrieges und wurde 1944 mit allen militärischen Ehren beigesetzt.

• **SA Naval Museum**
West Dockyard, Court Rd, geöffnet: tägl. 10–16h
Das kleine Museum im ehemaligen „Mast-Haus" der Werft (1817 erbaut) erinnert vor allem an die südafrikanische Teilnahme an den beiden Weltkriegen. Besonders interessant ist das Kontrollzentrum eines U-Bootes. Zahlreiche Exponate aus dem Fort Wynard Museum (nahe Kapstadts V&A Waterfront) sind hier ebenfalls ausgestellt.

• **Martello Tower**
Nahe St. George Street/Naval Museum, nur von außen zu besichtigen
Der 1796 eingeweihte, runde Turm ist heute das älteste noch erhaltene britische Gebäude in Südafrika. Er wurde einem Verteidigungsturm auf Korsika nachempfunden, an dem sich britische Truppen während der napoleonischen Kriege die Zähne ausgebissen hatten.

• **Quayside**
St. George Street, nahe Jubilee Square
Miniaturausgabe der Kapstädter Waterfront und heute touristisches Zentrum der Stadt. Ein kleiner Info-Stand, Restaurants mit Blick auf den Hafen und Souvenirshops locken viele Gäste an, wobei der maritime Charakter etwas fehlt.

• **Stempastorie**
2 Church Street, geöffnet: Mo–Sa 9h30–16h30
Reverend Dominee de Villiers komponierte in diesem Haus „Die Stern", eine der beiden südafrikanischen Nationalhymnen. Heute befindet sich ein kleines Museum

in dem Gebäude, in dem vor allem Flaggen, Embleme und Wappen aus aller Welt ausgestellt sind.

- **Warrior Toy Museum**

St. George St., geöffnet: tägl. 10–16h, Freitag geschl.
Ausgestellt ist hier eine Sammlung von Bleisoldaten, Spielzeugautos und -eisenbahnen sowie Puppen und kleinen Flugzeugen.

Bleisoldaten und Puppen

- **Topstones Ltd./Mineral World Scratch Patch** (Edelsteine)

Dido Valley Rd, nördl. der Stadt, geöffnet: Mo–Fr 8h45–16h45, Sa 9–17h.
Topstones Ltd. ist eine der größten Edelsteinfabriken der Welt. Sie können bei der Bearbeitung der Steine zuschauen und im angeschlossenen Geschäft Mineralien und Edelsteine erwerben. Mittlerweile betreibt die Firma auch ein Geschäft an Kapstadts V&A Waterfront („Scratch Patch").

 Wale!
Sobald Sie Simon's Town in Richtung Norden verlassen haben, gilt es zwischen Juli und November, auf das Wasser zu schauen. Die Chance, dass sich auf der nun folgenden Strecke bis Muizenberg Wale im nahen Wasser tummeln, ist sehr groß. Dumm nur, dass es im richtigen Augenblick so oft keine Parkmöglichkeiten gibt ...

Traditionelle Fischer in der Simon's Bay

Glencairn, die nächste Ansiedlung an der Strecke, beeindruckt durch einen kleinen Strand, einen Tidenpool und die Zufahrt zu der oben genannten Mineralien-Fabrik, mehr aber auch nicht.

Fish Hoek

Sieht man einmal ab von dem sicheren und windgeschützten **Sandstrand** (für Kinder, Surfer, bunte, aber weniger gepflegte Strandhütten) und den günstigen, wenn auch zumeist wenig attraktiven Unterkünften, ist Fish Hoek wohl keinen langen Stopp wert, soweit Sie sich nicht für eine der u.g. Sehenswürdigkeiten interessieren. Böse Zungen behaupten, dass das billige und lieblose Erscheinungsbild des Ortes darauf zurückzuführen ist, dass bereits seit 1810 und bis in die 1990er Jahre hinein Fish Hoek „trocken" war, d.h., hier durfte kein Alkohol ausgeschenkt werden. Grund war ein Gesetz von Lord Charles Somerset, der schlechte Erfahrungen mit Transporteuren gemacht hatte, die ihre Waren wegen zu starken Alkoholkonsums nicht rechtzeitig nach Simon's Town beförderten. Auf dieses Gesetz berief sich auch später die Gemeinde, um Trunkenbolde aus der Navy von Simon's Town fernzuhalten. Damit war der Fischerort für Geschäftsleute und Investoren ohne Zweifel absolut unattraktiv. Denn wer möchte schon speisen, ohne dabei den köstlichen Kapwein zu genießen? Und wer nicht speisen

Ohne Alkohol keine Investitionen

Günstige
Immobilien

kann, der mag hier auch nicht wohnen. Fish Hoek blieb somit für lange Zeit einzig ein Refugium für Rentner und Familien, die die günstigen Immobilienpreise ausnutzten. Zwar ist der Ausschank von Alkohol jetzt erlaubt, jedoch der äußere Eindruck in der Hauptstraße mag wenig begeistern: 60er-Jahre-Läden, langweilige Geschäfte und auffällig viele Werkstätten und Tankstellen bestimmen immer noch das Bild.

Dass uns der kleine **Fish & Chips-Laden** gegenüber der BP-Tankstelle in der Main Street am besten im Gedächtnis geblieben ist, mag wohl auch aussagekräftig genug sein. Wer also fette Chips und guten, fritierten Fisch mag, der sollte dort mal reinschauen.

Sehenswertes in und um Fish Hoek

- **Fish Hoek Valley Museum**
59 Central Drive, geöffnet: Di–Sa 9h30–12h30

Geschichte
des
Walfangs

Kleines Museum, das sich mit der Geschichte von Fish Hoek beschäftigt, hauptsächlich mit Hilfe von alten Fotografien. Leidlich interessant sind die Erläuterungen zur Geologie und Archäologie des Umlandes sowie die Ausstellung zum Thema Walfang.

Wanderwege

- *In den Bergen oberhalb von Fish Hoek gibt es einige schöne Wanderwege, die in einer Broschüre des Touristenamtes (Main Street) aufgeführt sind. Beliebt ist dabei vor allem das Wandern und Picknicken im **Silvermine Nature Reserve**. Auf dem Weg zum Nature Reserve sollten Sie evtl. abbiegen in die 21st Avenue, von der aus ein kurzer, aber steiler Weg die Düne hinaufführt zur **Peers Cage**, in der 1927 neun Grabstätten und ein Skelett aus der Steinzeit (vor ca. 12.000–15.000 Jahren) gefunden wurden.*
- *Erwähnung verdient ebenfalls der **Jager Walk** am Wasser entlang, der südlich von Fish Hoek beginnt. Felsenküste, Sandstrand und atemberaubende Ausblicke auf und über die False Bay werden geboten. Auch am Fish Hoek Strand gibt es bunte Strandhäuser, doch sie stehen oft in nicht so gutem Licht und sind wegen des Hintergrundes nicht so fotogen. Ob sie mal einen neuen Anstrich erhalten ...?*

Kalk Bay

Gestran-
dete
Orts-
gründer

Der kleine Ort, der sich auf einem schmalen Saum zwischen Meer und Berg entlangzieht, wurde schon im 17. Jahrhundert von einer Handvoll gestrandeter Seeleute gegründet. Bekannt wurde Kalk Bay durch seine Brennöfen, in denen aus Muschelkalk Baumaterial für die Dutch East India Company gebrannt wurde. Daher erhielt er natürlich auch seinen Namen. Später, zu Beginn des 19. Jahrhunderts, entwickelte sich Kalk Bay mehr und mehr zu einem Fischereihafen, der auch heute noch von großer Bedeutung ist.

Nicht entgehen lassen sollte man sich also einen ***Besuch im Hafen** von Kalk Bay. Wenn die bunten Fischerboote in den Hafen einlaufen (meist zur frühen Mittagszeit), kann man den Fischern beim Anpreisen ihres Fangs zuschauen. Da fliegen Fische ans Ufer, und Geldscheine tun selbiges in Gegenrichtung. Die Käufer lassen die Fische dann oft gleich an Land ausnehmen und präparieren. Hier gibt es natürlich auch einen Fish & Chips-Imbiss!

An der Main Street, in Höhe des Metro-Bahnhofs, reihen sich viele kleine *Antiquitätengeschäfte aneinander, in denen das Stöbern richtig Spaß macht. Von Porzellan und Silber, über Bücher und Möbel bis hin zu alten Rasenmähern findet man hier alles. Schade nur, dass das Gepäck im Flugzeug begrenzt ist. Wer sich aber sehr in ein Stück verguckt hat, dem wird bestimmt im Geschäft geholfen, Mittel und Wege zu finden, das Teil nach Europa zu transportieren. Zwischen den Läden gibt es ein Café und zwei bis drei schnuckelige Restaurants. Der Tipp liegt jedoch gegenüber, unter dem Bahngleisen durch: Das **„Bell Bass"-Pub-Restaurant** – direkt am Meer: Schmackhafte asiatische Fischgerichte, einfaches Bier vom Fass und eine Atmosphäre, gemischt aus Hafenkneipe und Künstler-Szene. Letztere wohnt, versteckt in kleinen Gassen, oberhalb der Main Street und versucht sich hier und dort mit ebenfalls versteckten, kleinen Galerien. Kalk Bay ist noch nicht „extra-hipp", aber auf dem besten Weg dahin ...

Kalk Bay: frischer Fisch direkt vom Kutter

*„Bohème"
am Kap*

Sowohl Kalk Bay als auch St. James sind begehrte Ziele von **Wellensurfern**, denen zuzuschauen alleine schon Spaß bereitet.

Alternativstrecke

Am südlichen Ortseingang, kurz hinter dem Hafen, zweigt der Boyes Drive zum Berg hin ab. Er verläuft oberhalb von Kalk Bay, St. James und Muizenberg um die Kalkbay Mountains und trifft schließlich nördlich von Muizenberg wieder auf die M4 (Main Rd). Für diese Strecke sprechen eine grandiose *Aussicht auf die False Bay und weniger Verkehr.

Aussicht vom Boyes Drive

St. James, das seinen Namen der gleichnamigen Seefahrerkirche verdankt, wirkt dagegen etwas beschaulicher. Hier wohnt man halt, inklusive Blick auf die False Bay natürlich. Bemerkenswert sind aber die **bunten Holzstrand-**

häuser nahe dem Bahnhof am Nordende des Ortes (gehört verwaltungstechnisch schon zu Muizenberg). Wir kennen sie ja von vielen Fotos, und immer heißt es dabei „die Muizenburg-Strandhäuser". Hier sind es zwar weniger als am Muizenberg Strand, dafür stehen sie zumeist in einem besseren Licht.

Fotomotiv

Muizenberg

Schlacht von Muizenberg

Die Geschichte der kleinen Stadt unterhalb des 507 m hohen Muizenberg Mountain geht zurück auf das Jahr 1670, als eine Viehstation am Zandvlei eingerichtet wurde. 1743 gründete der holländische Offizier Wynard Muijs einen Militärposten, der seither seinen Namen trug: Muyssenberg. 1795 besiegten die Engländer die Holländer in der Schlacht von Muizenberg und etablierten sich, nach kurzer Abwesenheit, letztendlich ab 1806 in der Region. Zum Ende des 19. Jahrhunderts hin entwickelte sich Muizenberg zu einem vornehmen Strandresort mit Hotels, die besonders reiche Diamantenbarone und die Oberschicht von Kapstadt als Wochenenddomizil nutzten. Einige von ihnen, so auch Cecil Rhodes, bauten sich zudem eigene Häuser im viktorianischen Stil nahe dem Wasser. Um 1900 konnte sich Muizenberg eines mondänen Rufes erfreuen, der auch die künstlerische Bohème anzog.

Muizenburg hat leider nicht mehr den Charme des ehemaligen Künstlerdorfes. Trotzdem findet man noch einige kleine Galerien, die Außenstelle der SA National Gallery im Natale Labia Museum und das Rhodes' Cottage (s.u.). Die Stadtverwaltung ist mittlerweile bemüht, das Image des Badeortes wieder zu heben, und versucht, Investoren anzulocken. Erste Spuren sind in Form von netten Restaurants im Bahnhofsbereich zu erkennen sowie anhand eines neu angelegten High-Tech-Parks, **Capricorn**, im Nordosten des Ortes.

Viele bunte Holzhäuser

Nicht vergessen zu erwähnen darf man natürlich den schönen, weißen **Sandstrand** mit den ***bunten Holz-Badehäuschen**, die gerne auch als „Edwardian Beach Houses" bezeichnet werden. In knalligen Farben angestrichen, schmücken sie so einige Kapstadt-Fotos. Nirgendwo sonst finden Sie so viele von diesen Häuschen wie hier. Sie werden vermietet – leider aber nur für eine ganze Saison – und dienen als Umkleidekabine und auch z.B. zur Aufbewahrung von Surfboards, die man an dieser (sicheren) Küste gut gebrauchen kann.

Sehenswertes in Muizenberg

- **Rhodes' Cottage**
246 Main Rd, geöffnet: Di–So 10–13h, 14–17h
Von Süden kommend, passieren Sie an der M4 zuerst das ehemalige Wohnhaus von Cecil Rhodes. Rhodes verbrachte seine letzten Jahre hier und genoss besonders die kühle Meeresluft. Er starb in dem Haus am 26. März 1902. Interessant ist, dass die Einrichtung ausgesprochen schlicht ist und eigentlich nicht hätte konkurrieren können mit Rhodes' Anwesen Groote Schuur. Ausgestellt sind alte Möbel sowie Relikte und zahlreiche Fotos aus dem Leben des bedeutendsten Imperialisten im Südlichen Afrika. Lesen Sie zu Cecil Rhodes auch im Infokasten auf S. 404.

- **Natale Labia Museum**
192 Main Rd, geöffnet: Di–So 10–17h, im August meist geschlossen.
Das Kunstmuseum ist der SA National Gallery unterstellt, und es werden hier vor allem Wanderausstellungen und eine Sammlung des bekannten Township Art-

Gründers Gerard Lekoto gezeigt (Infos: Tel.: (021) 788-4106). Sehenswert ist alleine schon das (opulente) Haus, 1930 erbaut im venezianischen Stil des 18. Jahrhunderts. Es diente zuerst dem italienischen Konsul als Residenz. Beliebt wegen der schmackhaften Snacks und Törtchen ist auch das Restaurant-Café, das aber nur tagsüber geöffnet ist.

Beachten Sie auch das historische Gebäude ein Stück weiter in Richtung Innenstadt. Es handelt sich hierbei um das **Old Posthuys**, das 1673 erbaut wurde und damit das älteste erhaltene Gebäude an der False Bay ist.

Die bunten Strandhäuser von Muizenberg

• South African Police Museum (S.A.D.P.)

186 Main Street, Öffnungszeiten variieren: Tel.: (021) 788-7035

In der ehemaligen Polizeistation und einem Nebengebäude wurde 1990 das erste Polizeimuseum des Landes eingerichtet. Viel zu sehen gibt es aber nicht, und unser Eindruck ging eher dahin, dass das Museum bald wieder schließen bzw. verlagert würde.

• Toy Museum & Collectors Shop

Ecke Royal/Dover Sts., geöffnet: Di–So 10–16h

Untergebracht in einer alten Strandvilla, besticht das kleine Museum mit seiner Sammlung historischer Spielzeuge. Alte Modelleisenbahnen, Puppen, Schaukelpferde u.v.m. werden nicht nur Kinderherzen höher schlagen lassen.

• Zandvlei Nature Reserve

Direkt nördlich von Muizenberg schließt sich dieses Naturareal an, das aber bereits ziemlich eingenommen wird durch die umliegende Freizeit-Bebauung. Trotzdem haben Sie hier die Möglichkeit, die Vogelwelt des Kaps zu erleben. Über 130 verschiedene Spezies wurden hier bereits gesichtet. Bei Drucklegung dieses Buches war der nördliche Zugang der beste, doch scheint sich noch einiges in puncto Bebauung zu tun, so dass Sie sich besser im Touristenamt oder unter (021) 789-2213 genau nach der besten Anfahrt erkundigen sollten.

130 Vogelarten

• Rondevlei Nature Reserve

Nordöstlich von Muizenberg, Zugang über die Perth Rd in Grassy Park, geöffnet: tägl. 8–17h

Dieser kleine und, wie der Name schon besagt, runde Lagunensee ist bekannt für die Artenvielfalt an Wasservögeln, die hier von verschiedenen Beobachtungsstellen zu bewundern sind. Und wer noch keine Hippos (Flusspferde) gesehen hat, hat hier ebenfalls Gelegenheit dazu. Ein kleines Museum informiert über die Tierwelt.

Hippos

Alternative Strecke von Muizenberg in die Innenstadt

Falls Sie zum Indischen Ozean fahren oder von dort kommen, werden Sie sicherlich zuerst einmal den Simon van der Stel Freeway (M3) benutzen. Die Sicht auf die südlichen Stadtteile und der Blick hangaufwärts zum Tafelbergmassiv haben sicherlich ihren Reiz. Wenn Sie nun diese Strecke aber ein zweites Mal fahren sollten, bieten sich Ihnen zwei Alternativen an: zum einen die M5 weiter im Osten, die im südlichen Abschnitt an einigen Townships entlangführt, aber ansonsten doch recht langweilig und bei hohem Verkehrsaufkommen des öfteren verstopft ist.

Interessant aber ist die Fahrt entlang der **Main Road**, die bereits in Muizenberg beginnt und sich bis zur City durch verschiedenste Stadtteile windet. Wenn Sie diese Route wählen, erhalten Sie einen guten Querschnitt von Kapstadt. Hier wohnt und arbeitet ein großer Teil der Kapstädter. Es scheint ihre Lebensader zu sein.

Im Süden, kurz nachdem Sie den Küstenort Muizenberg verlassen haben, führt die Straße erst einmal durch **Retreat** und **Heathfield**, zwei Vororte, in denen vorwiegend Mischlinge wohnen. Entsprechend lebhaft geht's hier zu, besonders in den Seitenstraßen. **Wynberg** dann ist die englische Hochburg, und der Kernbereich macht den Eindruck einer mittelenglischen Stadt. Enge Straßen, Geschäftsarkaden und der Hauch von englischer Aristokratie. Hier befinden sich u.a. auch die bekanntesten englischsprachigen Highschools des Landes. **Kenilworth** besteht aus Kleinindustrie und am Rande aus einer mittelständischen Wohngegend.

Claremont ist das Einkaufszentrum der südlichen Stadtteile. Modernste Shoppingarkaden prägen das Bild dieses Stadtteils. **Newlands, Rondebosch** und **Rosebank** sind stark beeinflusst durch die Studenten hier. Unzählige Kneipen, kleine Restaurants und eine Reihe von Boutiquen säumen die Straße.

Mit **Observatory**, dem Stadtteil des Groote Schuur Hospitals und einer weiteren Kneipenszene, und schließlich **Woodstock** erreicht man dann das klassische innerstädtische Industriegebiet von Kapstadt. Kleine Textilfabriken, Autowerkstätten ohne Ende und Handwerksläden sind hier die zentralen Einrichtungen, während in den Seitenstraßen kleine Wohnhäuser und alte, heruntergekommene Einkaufspassagen im englischen und kaphölländischen Stil zu finden sind. Woodstocks ehemalige Lagerhallen scheinen aber eine Renaissance in Form von einer sich hier ansiedelnden Künstlerszene zu erleben.

Weiter stadteinwärts wird die Main Road zur Sir Lowry Street, passiert das Good Hope Center, das Castle und endet schließlich an der Town Hall im Stadtzentrum. Es gibt an dieser Strecke sicherlich keine wesentlichen Touristenattraktionen, doch wer sich ein wenig näher mit der Stadt beschäftigen will, sollte sich einmal die Zeit nehmen, hier entlang zu fahren. Die Fahrzeit, verglichen mit der M3, ist vielleicht um 45 Minuten länger.

Von Muizenberg entlang der Weinanbaugebiete (Constantia Valley) südlich des Tafelberges zurück in die Innenstadt

Sehens- und Erlebenswertes in den Constantia Valley-Weinanbaugebieten südlich des Tafelberges

Von Muizenberg kommend, fahren Sie nicht auf die Autobahn (M3), sondern folgen ab der Main Road der M42, später der M41 und der M63. Die einzelnen hier beschriebenen Sehenswürdigkeiten sind dann jeweils ausgeschildert.

Die Weingüter im Constantia Valley
(von Süden nach Norden geordnet, s.a. S. 247)

1. Steenberg Wine Estate
Steenberg Rd (M42), Öffnungszeiten/Touren: nur nach Voranmeldung; Wein testen: Mo–Fr 9–16h, Sa 9–12h

Das älteste Weingut Südafrikas. Die Cape-Dutch-Gebäude gehen zurück bis auf das Jahr 1682. Die erste Besitzerin kam übrigens 1662 hierher. Sie stammte aus der Hansestadt Lübeck. Angeschlossen sind ein erstklassiges Restaurant und eine wunderschöne 18-Loch-Golfanlage (s.a. S. 252), die sich nur die Hotelgäste, eingetragene Gäste und 200 Clubmitglieder teilen. Führungen über das Weingut und kurze Wanderwege gibt es auch, müssen aber angemeldet werden. *(margin: Erste Besitzerin kam aus Lübeck)*

Da das Anwesen erst seit Anfang der 1990er-Jahre wieder als Weingut genutzt wird, lohnt ein Besuch z.Zt. im Grunde nur wegen der Gebäude und des erstklassigen Restaurants. Die Weinfelder produzieren zwar schon einen erstklassigen Wein, doch fehlt ein wenig die „Stimmung" eines historischen Weingutes, denn im Vordergrund stehen Hotel und Golfanlage.

Als nächstes passieren Sie an der M42 die Zufahrt zur **Tokai Estate**, dessen wunderschönes Herrenhaus von 1795 – ebenfalls von Thibault entworfen – aber leider nicht zu besichtigen ist. Wein wird hier auch nicht produziert. Das Anwesen wird zudem seit 1999 aufgeteilt und mit Eigentumswohnungen besetzt. Einzig wer für eine gute Geldanlage etwas tiefer in die Tasche greifen mag, ist hier richtig.

2. Constantia Uitsig
Spanschemat River Rd, Öffnungszeiten/Touren: Es werden keine Touren angeboten. Wein testen: Mo–Fr 9h30–17h, Sa 9–15h.

Dieses Weingut steht z.Zt. nur zum Weintesten, Übernachten und für das erstklassige Restaurant (mediterrane und Kapküche) offen.

3. Buitenverwachting
Klein Constantia Rd, Öffnungszeiten/Touren: Nur nach Voranmeldung. Wein testen: Mo–Fr 9–17h, Sa 9–13h.

„Jenseits aller Vorstellungen" – so verrät uns bereits der Afrikaans-Name – ist die Qualität der Weine dieses Gutes. Doch auch die majestätische Eichenallee, das vorzügliche Restaurant (unter den „Top Ten" Südafrikas) sowie das alte Herrenhaus mögen beeindrucken. Wer hier über Mittag zu Besuch ist, sollte sich unbe- *(margin: Erstklassiger Wein in vorzüglichem Restaurant)*

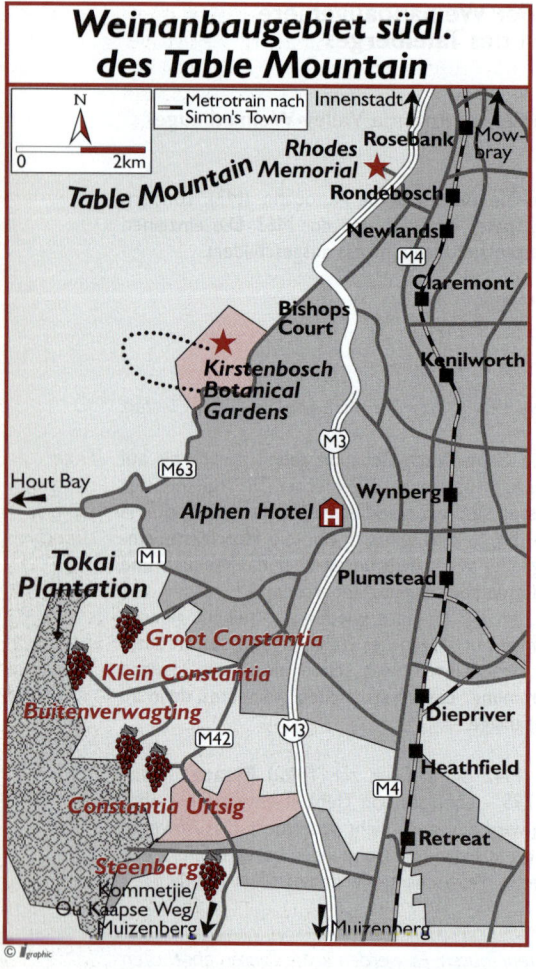

Weinanbaugebiet südl. des Table Mountain

— Metrotrain nach Innenstadt
Simon's Town

N

0   2km

Table Mountain

Rhodes Memorial ★

Rosebank

Mowbray

Rondebosch

Newlands

M4

Claremont

Bishops Court

Kirstenbosch Botanical Gardens ★

Kenilworth

M3

M63

Hout Bay

Alphen Hotel H

Wynberg

Tokai Plantation M1

Plumstead

Groot Constantia

Klein Constantia

Buitenverwagting

M42   M3

Diepriver

Heathfield

M4

Constantia Uitsig

Retreat

Steenberg

Kommetjie/ Ou Kaapse Weg/ Muizenberg

Muizenberg

© graphic

dingt für das legendäre „Pick-nick-Lunch" unter den schatti-gen Eichen (vorher!) anmelden *(Tel.: (021) 794-1012).*

Ein Blick hinter die Kulissen zeigt auch, dass Buitenver-wachting ein Vorreiter auf dem sozialen Sektor ist. Seine Arbei-ter erhalten Lohn und werden nicht, wie auf anderen Gütern noch üblich, teilweise noch in „Naturalien" ausgezahlt. Zudem werden die Unterkünfte regel-mäßig gepflegt und renoviert, einmal pro Woche ein Arzt ge-schickt sowie zwei Sozialarbei-ter gestellt. Neue Angestellte be-dürfen zudem der Zustimmung des Personals. Und wer sich schließlich noch Gedanken macht über die Qualität des Weines, dem sei an dieser Stel-le gesagt, dass alle Anbauflächen und Weine streng nach neuesten, ökologischen Richtlinien behan-delt werden.

Das Management setzt sich also für viele Dinge ein, die in Südaf-rika noch weit von der „Nor-malität" entfernt sind. Und das, obwohl Mitte der 1990er Jahre eine Riesenherde Paviane über 60 % der Ernte vernichtet hat und die Erträge aus dem Ver-kauf des großenteils auf Weiß-weln spezialisierten Gutes nicht soviel abwerfen, wie die der

überwiegend Rotwein produzierenden Konkurrenten. Die oft aber Maßstäbe set-zenden Spitzenweine scheinen sich mittlerweile einen so guten Ruf geschaffen zu haben, dass diese Sorge nur von geringer Bedeutung zu sein scheint.

Ökologisch angebaut

4. Klein Constantia

Klein Constantia Rd, Öffnungszeiten/Touren: Mo–Fr 9–17h, Sa 9–13h.

1716 hervorgegangen aus der Aufteilung von Constantia (s.u.), war die Anbauflä-che dieses Gutes aber kleiner als die der beiden anderen Anwesen und erhielt somit seinen Namen. Das Herrenhaus im Cape-Dutch-Stil wurde Ende des 18. Jahrhunderts erbaut, ist schön, aber weniger opulent als das des größeren Bruders. Auch Klein Constantia ist bekannt für seine Weißweine, besonders für die süßen, die in Südafrika gerne als Dessertweine gereicht werden. Als Knüller unter diesen Weinen kann wohl ohne Zweifel der *„Vin de Constance"* bezeichnet werden, der einem Wein aus dem 18. Jahrhundert nachempfunden wurde, den Napoleon und Friedrich der Große schon zu schätzen wussten. Ein Hauch von Muskat gibt diesem feinen Tropfen den besonderen Touch. Ebenfalls gut und etwas günstiger ist der *„Cabernet Sauvignon"*.

Leckere Dessertweine

5. *Groot Constantia (S-9)

Öffnungszeiten: Groot Constantia Museum: Mo–So 10–17h; stündlich finden „Weinkeller-Touren" mit einer Audio-Video-Darstellung und anschließender Weinprobe statt. Dabei wird Ihnen auch gleich die Möglichkeit gegeben, die Weine direkt zu bestellen.

Hinweis
Sehr schön ist der kleine, Sa+So stattfindende **Antique & Collectables Market**, *auf dem Sie neben Silber und Porzellan auch Münzen und Briefmarken finden. Sehr ausgesucht.*

Eines der schönsten Beispiele des kapholländischen Baustils stellt das Herrenhaus des Weingutes Groot Constantia dar. Inmitten einer anmutigen Landschaft gelegen, umgeben von Weingärten und schattigen Bäumen, kann man leicht nachempfinden, weshalb viele Europäer gerne im Kapland geblieben sind. Dieses viel gelobte Weingut wird natürlich heute von sämtlichen Veranstaltern in und um Kapstadt angelaufen. Wundern Sie sich also nicht über die enormen Touristenströme und die Vermarktung des Gutes.

Viel besucht: Groot Constantia

Geschichte: 1683 bekam der Gouverneur *Simon van der Stel* aufgrund seiner Verdienste um die Holländisch-Ostindische Handelskompanie ein Gut geschenkt. Hier sollte er ausprobieren, welche landwirtschaftlichen Produkte am besten im Kapklima gedeihen. Bis zum Jahre 1695 pflanzte er auf dem Gelände 8.400 Bäume an, neben verschiedenen Obstsorten auch Bananenstauden, Olivenbäume und unterschiedliche Reben. Dazu reichten ihm die ursprünglichen 800 ha aber nicht aus, so dass er das Farmgelände später durch den Zukauf einiger Nachbarfarmen erweiterte. Mit den Jahren wurde der Constantia-Wein weltberühmt, der selbst unter Adligen im weinverwöhnten Europa seine Anhängerschaft fand. Einer der größten Verehrer war übrigens Otto von Bismarck.

Perle des kapholländischen Baustils

Van der Stel baute sich ein gediegenes Wohnhaus, in das er 1699 nach seiner Pensionierung zog und wo er als 73jähriger im Jahre 1712 verstarb. Leider hatten seine Erben den stattlichen Nachlass bald aufgebraucht, und 1716 musste das Gut in drei Teile aufgeteilt werden (Groot Constantia, Klein Constantia und Buitenverwachting). Jener Teil, auf dem das Herrenhaus stand, wurde Groot Constantia genannt. Doch in der Folgezeit verkam das Gut weiter und wechselte seinen Besitzer.

Ober-
irdischer
Weinkeller

Erst ab 1778, als Hendrik Cloete, Enkel eines der bekanntesten ersten holländischen Siedler, Groot Constantia kaufte, ging es mit dem Anwesen wieder aufwärts. Er baute die Weinfelder aus und steigerte die Weinproduktion derart, dass er 1791 einen neuen Weinkeller bauen musste (der noch heute genutzt wird). Der Architekt Thibault und der Bildhauer Anreith vergrößerten und verschönerten das Wohnhaus. Der „Weinkeller" allerdings verdient nicht den Namen „Keller", da es sich um ein oberirdisches Nebengebäude handelte, dessen Giebel Anreith gestaltete.

Ursprünglich hatte van der Stel Eichen aus Europa importiert. Er hoffte, dass sie im Kapklima gut gedeihen würden und man deren Holz später für den Fässerbau verwenden könnte. Doch die Eichen wuchsen hier im milden Klima viel zu schnell, so dass ihr Holz zu weich und damit für Weinfässer ungeeignet war. Außerdem litten viele Bäume an Innenfäule.

1885 wurde die Farm samt Wohnhaus an die mittlerweile britische Kolonialverwaltung verkauft. Unter den neuen Herren wurde Groot Constantia wieder Versuchsfarm. Das schöne Wohnhaus diente als Unterbringung für die Landwirtschafts-Studenten, ebenso war die Farmverwaltung hier untergebracht. 1925 stellte ein Schicksalsjahr für das im kapholländischen Stil erbaute Herrenhaus dar: Am 19. Dezember brannte es aufgrund eines Funkenflugs durch den Küchenschornstein binnen weniger Minuten bis auf die Grundmauern nieder. Man plante, alles neu aufzubauen und das alte Gebäude in ein Museum umzuwandeln. In Alfred Aaron de Pass fand sich ein kapitalkräftiger und engagierter Mäzen, der das Haus aufbauen ließ und dafür sorgte, dass die Innenräume mit alten Möbeln bestückt wurden. Bis 1927 war der größte Teil der antiquarischen Möbel und der sonstigen Dinge angeschafft. Und de Pass kaufte ständig neue Antiquitäten hinzu.

Treuhand-
Gesell-
schaft

Seit 1993 ist das Anwesen Eigentum der *Groot Constantia Treuhand*-Gesellschaft. Auch heute noch wird auf Constantia Wein angebaut: Anbau, Pressung, Abfüllung und Vermarktung sind in einer Hand.

Zu besichtigen gibt es das mit Möbeln und Geräten zur Herstellung von Wein ausgestattete **Museum** und das historische Herrenhaus.

Zudem gibt es die **Groot Constantia Tavern** und das **Jonkershuis Restaurant**. Hier kann man zum Essen die Gebietsweine verkosten. Das Haus wird von einem Österreicher geleitet (geöffnet tägl. von 11h bis spät abends)

Nicht weit entfernt lädt das mit antikem Mobiliar eingerichtete **Cellars-Hohenort Country House ($$$$$)** zum Übernachten ein. Die Küche ist sehr empfehlenswert, die Lage (über dem Constantia Valley) ruhig. Lesen Sie dazu auf S. 212f.

*Kirstenbosch National Botanical Gardens (S-10) *600 ha*
Rhodes Drive (M63), Newlands, geöffnet täglich: 8–18h (Apr–Aug), 8–19h (Sep– *gepflegte*
März), das Conservatory aber nur von 9–17h. *Kap-*
Touren: *Es werden 45- bis 60-minütige erläuterte Touren mit kleinen Wagen ange-* *vegetation*
boten.
Konzerte: *Im Sommer finden sonntags, i.d.R. um 17h, Konzerte in den Gärten statt.*
Zumeist handelt es sich um klassische Konzerte, es werden aber auch mal Jazz und
Township-Musik geboten. Schauen Sie dafür in die Ankündigungen in den Tageszei-
tungen. Erkundigen Sie sich auch vorab nochmals nach der Anfangszeit.

Am Südost-Abhang des Tafelberg-Massivs liegt einer der berühmtesten botanischen Gärten der Welt. Inmitten der idyllischen Landschaft, von 100 bis über
1.000 m Höhenlage reichend und sich auf eine großzügige Fläche von annähernd
600 ha erstreckend, ermöglicht die Anlage einen eindrucksvollen Überblick über
die Vielfalt der südafrikanischen Flora. Die Ursprünge des botanischen Gartens
gehen auf eine Initiative **Cecil Rhodes'** zurück. 1895 kaufte er das unberührte *4.000*
Gebiet, wo ihn die ungestörte Welt der Blumen, Büsche und Bäume beeindruckte. *Pflanzen-*
Auf dieser Seite des Massivs regnet es besonders ergiebig, so dass neben den *arten*
günstigen Temperaturen vor allem genügend Wasser vorhanden ist. Er schenkte *Südafrikas*
dieses Areal, das als Kirstenbosch bekannt war, der südafrikanischen Nation.

Der Name geht auf **J. F. Kirsten** zurück, der ein leiten-
der Beamter der früheren holländischen Regierung am
Kap war. Im Jahre 1913 schuf man schließlich die *National
Botanical Gardens,* deren erster Direktor Professor Ha-
rald Pearson wurde. Hier bestand die gute Möglichkeit,
die großartige Flora des südlichen Afrika zu sammeln, zu
schützen und zu studieren. Über 4.000 der 18.000 im
südlichen Afrika beheimateten Pflanzen sind heute auf
der Anlage zu bewundern. Natürlich wird besonderer
Wert auf die Fynbos-Vegetation gelegt. Lohnend ist ein
Besuch vor allem im Frühling, wenn unzählige Blumen
blühen.

Aufgrund der unterschiedlichen Höhenlagen, über die sich
das Gelände erstreckt, gibt es eine Vielzahl spezifischer
Lebensräume für bestimmte Pflanzen. Besonders empfehlenswert ist ein Besuch der **Protea-Felder**, der Heidegärten, des Farnkrauttals, des Mathew's Steingartens
sowie des Comptom Herbariums, wo etwa 200.000 ver- *Protea*
schiedene subtropische Pflanzen gesammelt sind. Ein Herbarium ist besonders für
Botaniker hochinteressant, da neben der Fülle der vorgestellten (getrockneten
und zumeist auf Papierbögen befestigten) Pflanzen eine Vielzahl von zusätzlichen
Angaben informativ ist (z.B. Fundort, Sammeldatum, Pflanzengesellschaft, Volksna-
me, Verwendung etc.).

Über den Ursprung der Kapflora gibt es zwei Theorien, die gemeinsam das
heutige Erscheinungsbild der Vegetation am Kap erklären:

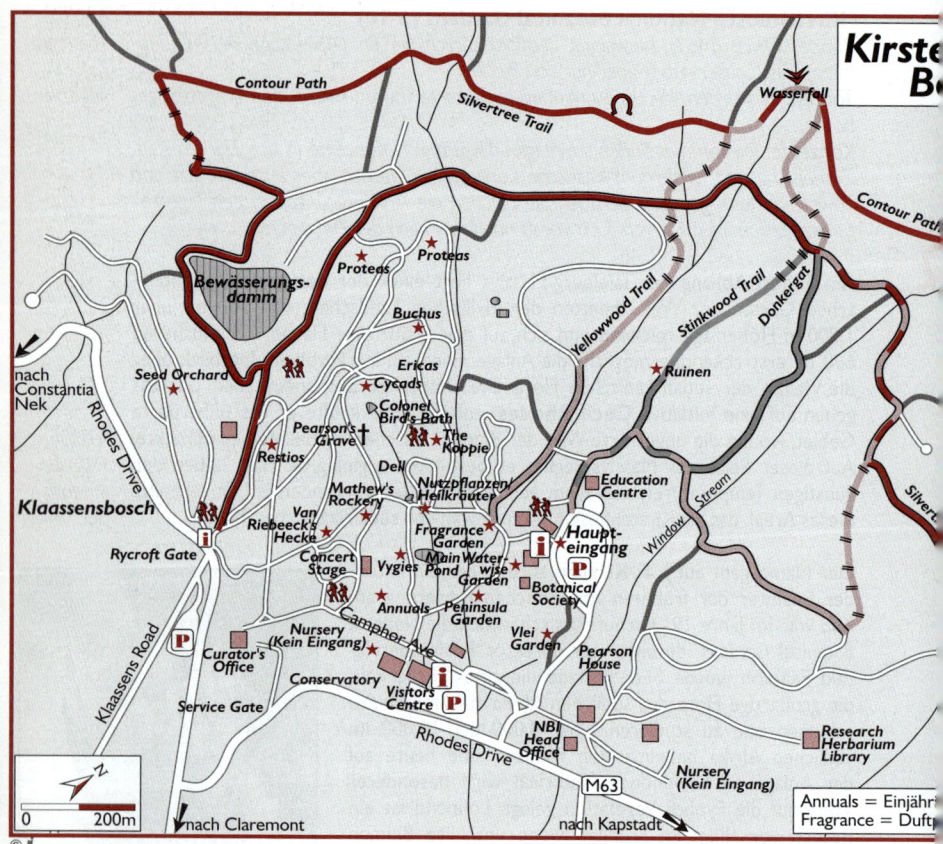

• Im Verlauf der **Kaltzeiten**, als sich Gletscher von Nordeuropa aus nach Süden schoben, mussten die damals vorherrschenden Vegetationsgürtel nach Süden ausweichen und fanden u.a. am Kap ideale Zufluchtsbedingungen.

Theorien über die Kapflora

• Die andere Theorie geht davon aus, dass die Kapflora schon **immer eigenständig** war und sich entwickelte, als sich Afrika – gemeinsam mit den späteren Landmassen Australien, Neuseeland, Indien, Südamerika und Antarktis – aus dem Urkontinent Gondwana herausbildete. So gibt es als Beweis dafür eindeutige Beziehungen zwischen bestimmten Protea-Arten am Kap und in Australien.

Die Kapflora weist – bedingt durch besondere klimatische Verhältnisse – unverwechselbare Charakteristika auf:

• Es ziehen beispielsweise auch in der trockenen, heißen Sommerzeit **Nebelschwaden** um den Tafelberg, die nicht nur Feuchtigkeit spenden, sondern auch extrem heiße Temperaturen verhindern.

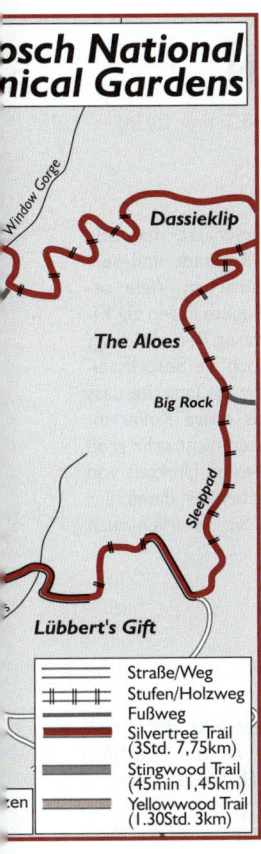

osch National
nical Gardens

Window Gorge

Dassieklip

The Aloes

Big Rock

Sleeppad

Lübbert's Gift

	Straße/Weg
	Stufen/Holzweg
	Fußweg
	Silvertree Trail (3Std. 7,75km)
	Stingwood Trail (45min 1,45km)
	Yellowwood Trail (1.30Std. 3km)

• So wächst hier – neben 1.400 anderen blühenden Pflanzenarten – die Blue Drip Disa, eine **nur in dieser Gegend und sonst nirgendwo auf der Welt lebende Orchidee**. Die Vegetation der Kaphalbinsel wird von Fachleuten als „*Fynbos*" bezeichnet. Darunter versteht man dichte, strauchartige Gewächse, die grobes oder feines, weiches oder hartes Blattwerk aufweisen. Sicherlich ist die Protea die berühmteste Vertreterin des Kap-Fynbos.

Die Kirstenbosch Botanical Gardens laden auch zum Faulenzen ein

 Besichtigung
*Die Kirstenbosch National Botanical Gardens sind so umfangreich, dass man dort **mindestens 3–4 Stunden** verbringen kann. Auch ein ganzer Tag wird mit Sicherheit nicht langweilig. Vergessen Sie nicht, Ihren Picknickkorb zu packen, unter den großen schattigen Bäumen kann man sehr gut rasten. Natürlich finden Sie auch ein Restaurant und Café sowie einen gut sortierten Souvenirshop. Hier gibt es wohl die größte Auswahl von Botanik-Büchern in allen Variationen, teilweise auch in Deutsch.*

Zeit
mitbringen

 Rückfahrt in die Innenstadt
• Entweder Sie folgen einfach der M63 und dann der M3 nach Norden,
• oder aber Sie fahren entlang der M63 nach Süden über den Constantia Nek bis nach Hout Bay, von wo aus Sie wieder entlang der Atlantikküste in nördlicher Richtung bis in die Innenstadt fahren.

11. VORSCHLÄGE FÜR TAGESAUSFLÜGE VON KAPSTADT AUS (ⓘ s. S. 194ff, Touren 243ff)

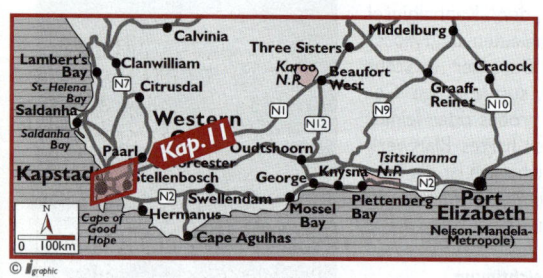

Überblick

Leicht unterschätzt man die Größe, die Kapstadt und sein Umland ausmachen. Viele sehenswerte Punkte liegen zig Kilometer entfernt. Berücksichtigt man dann noch die Besuchszeiten selbst bzw. die Tatsache, dass die Lust aufs ewige Koffereinund -auspacken nicht sehr groß

„Stütz-
punkt" in
Kapstadt?

ist, wird deutlich, dass Besuche von vielen interessanten Punkten im Umkreis von 100 km doch eher vom Hotel in Kapstadt aus lohnen. Daher haben wir Ihnen hier die interessantesten Ausflugsmöglichkeiten aufgezählt, denen Sie natürlich auch noch die Kapumrundung hinzufügen können.

Robben Island

Dauer des Ausfluges

½ Tag. Abfahrten: 5 mal täglich von den beiden Ablegern an der V & A Waterfront. Es gibt einen historischen Dampfer, der für die Überfahrt mind. 1 ¼ Stunden benötigt, und eine moderne Schnellfähre (ab Nelson Mandela Gateway), die die Strecke in der Hälfte der Zeit schafft. Vorherige Anmeldung: Tel.: (021) 413-4200. **Tipp:** Rechtzeitig buchen bzw. an der Fähre erscheinen, da nur max. 300 Personen pro Tag nach Robben Island zugelassen werden.

Geschichte

Die Geschichte der 575 ha großen Insel – uns allen bekannt als Nelson Mandelas „Gefängnis" – geht einige tausend Jahre zurück. Also lange vor der Kolonisation lebten hier bereits Menschen. Zumeist waren es San-Fischer, die hier temporär während der klimatisch angenehmen Jahreszeit verweilten und ihre Fangtouren von der Insel aus starteten.

Das
eigentliche
„Potential"

Die ersten Holländer erkannten dann sehr schnell das eigentliche „Potential", welches in dieser Insel steckte, nämlich das einer Sträflingsinsel: Zu weit vom Land entfernt (7 km bis Bloubergstrand), um von ihr fliehen zu können, und nahe genug für die Versorgung. Seit Mitte des 17. Jahrhundert wurden hier Gefangene gehalten, i.d.R. politische Aktivisten, Sklaven und später auch Moslems, die sich den Gesetzen der Kolonialherren widersetzt hatten. Erster Häftling soll 1658, während des Krieges zwischen Holländern und San, van Riebeecks „Strandloper"-Dolmetscher *Authumao* gewesen sein. Andere Quellen behaupten, dass es hier bereits 15 Jahre vorher „Sträflinge" gegeben haben soll.

Zum Scheitern verurteilt

Viele Häftlinge versuchten, trotz der Entfernung, von der Insel zu fliehen. Der überwiegende Teil scheiterte natürlich und ertrank (Authumao aber ist die Flucht geglückt). Auch die Briten nutzten Robben Island für die Deportation von „unwanted subjects". Sie schickten im 19. Jahrhundert nicht nur Unruhe stiftende Xhosa-Führer ins Insel-Exil, sondern auch Prostituierte, Taschendiebe, Leprakranke sowie chronisch und mental Kranke. Später, während des 2. Weltkrieges, folgten die Kriegsgefangenen und zum Schluss, ab 1961, eben die politischen Häftlinge der Apartheidszeit, zusammen mit Schwerverbrechern, um den äußeren Schein zu wahren. Der letzte Häftling verließ Ende 1996 die Insel, zusammen mit dem gesamten Gefängnispersonal.

Doch die Insel wurde **nicht ausschließlich als Gefängnis genutzt,** zwischenzeitlich und auch parallel dazu war sie Versorgungsstation für Seefahrer und Kolonaialisten sowie Walbeobachtungsstation, Krankenhaus und militärische Basis. Oft wurden diese Vorhaben aber nach wenigen Jahren wieder abgebrochen, da der dafür nötige Fährverkehr zu häufig auch den Gefangenen als Fluchtmöglichkeit diente.

Gefürchtet bei den Gefangenen: Arbeit im Steinbruch

Am 4. September 1996 beschloss die südafrikanische Regierung, die Insel als **National Monument und National Museum** zu erklären, und seit 1997 steht sie unter der Leitung des Ministeriums für Kunst, Kultur, Wissenschaft und Technik.

Das Robben Island Museum (das die Insel als Ganzes einschließt) versucht, ihre Grundlagen und Aktivitäten so zu leiten, dass *„ihr einzigartiges Symbol, ihre Kreativität und Innovationen einen Beitrag zur sozial-ökonomischen Entwicklung und Änderung der südafrikanischen Gesellschaft und Bereicherung der Menschheit wird"*. Man hofft, dass Robben Island auch zum Weltkulturerbe deklariert wird. Andere Pläne sprechen davon, hier ein Nobelhotel bzw. ein Ferienresort zu errichten. Sicher ist, dass die Tierwelt auf der Insel geschont werden soll. Elandantilopen, Böcke, Seemöwen und die namengebenden Robben haben sich wieder etabliert.

Bald Weltkulturerbe?

Ob die im 17. Jahrhundert von den Holländern hier ausgesetzten Kaninchen aber geschützt werden, ist noch fraglich. Denn die Legende behauptet, dass James Cook Mitte des 18. Jahrhunderts hier anlandete und anschließend ein paar der Hoppler nach Australien mitnahm, wo es dadurch später zur allbekannten Kaninchenplage kam. Hierzu gibt es aber auch andere Gerüchte.

Besuch auf Robben Island

Im Dezember 2001 wurde das **Nelson Mandela Gateway** neben dem Clocktower an der Victoria & Alfred Waterfront eingeweiht. Von hier fahren jetzt die Fähren zur ehemaligen Gefängnisinsel. Wechselnde Ausstellungen und Multimedia-Präsentationen im Nelson Mandela Gateway informieren bereits vor der Abfahrt über die Insel. Mittlerweile werden auch spezielle Touren zur Insel angeboten, so z.B. Überfahrt mit einem historischen Dampfer, BBQ auf der Insel u.ä. *Neueste Infos finden Sie im Internet unter www.robben-island.org.za.* Geplant sind auch **Übernachtungsmöglichkeiten** auf der Insel und selbst die Einrichtung eines **Universitätscampus** dort ist im Gespräch ...

Der Besuch auf Robben Island dauert ca. 2,5 Stunden. Zunächst werden die Besucher mit dem Bus über den südlichen Teil der Insel gefahren, vorbei an *Robert Sabukwe's* Haus, durch das Inseldorf und zum Kalksteinbruch, in dem die Gefangenen arbeiten mussten. Bei dieser Arbeit haben viele Gefangene durch den feinen Staub ihre Augen verletzt, so auch Mandela. Schon im 17. Jahrhundert wurde der Kalkstein abgebaut und damit das „Castle" und andere Gebäude im Kapland erbaut. Anschließend folgt der Besuch des Gefängnisses unter der Leitung eines ehemaligen Gefangenen. Man sitzt in einer Zelle, in der ehemals 80 Gefangene übernachteten, und hört fassungslos den Berichten des ehemaligen Gefangenen zu.

Apartheid auch im Gefängnis

So wurden in den 1960er Jahren Gefängniswärter auf Robben Island strafversetzt. Hier ließen sie dann ihre Frustration an den Gefangenen aus. Kriminelle und politisch Gefangene wurden getrennt behandelt. Man machte natürlich auch einen Unterschied zwischen Farbigen und Schwarzen. Die Farbigen hatten z.B. das Privileg, Unterwäsche zu tragen oder im Winter lange Hosen und Socken.

In der Zeit zwischen 1961 und 1971 durften Schwarze nur alle sechs Monate für 30 Minuten Besuch empfangen oder alle halbe Jahr einen Brief mit maximal 500 Wörtern senden bzw. empfangen. Um so erstaunlicher ist es, wie die Gefangenen über die Jahre bessere Haftbedingungen durchsetzten konnten (durch Hungerstreiks und andere Proteste), studierten und Informationen mit der Außenwelt austauschten. Was die Behörden nämlich nicht bedachten, war die Tatsache, dass die Isolation der Insel auch eine gewisse Solidarität zwischen Gefangenen und Gefängnispersonal schürte und einige Wärter sich sogar mit den Sträflingen anfreundeten und ... von ihnen unterrichtet wurden! Wenn internationale Presse kam, durften einige Gefangene Näharbeiten ausführen, statt Steine zu schlagen. Dann gab es sogar besseres Essen.

27 Jahre auf 5 qm

Natürlich fehlt zum Abschluss nicht der Besuch Nelson Mandelas Zelle. Wie konnte man 27 Jahre lang, 16 Stunden täglich, in einer 2 x 2,5 m großen Zelle leben? Bis zu den Hafterleichterungen in den 1970er schliefen die Gefangenen sogar auf einfachen Strohmatten auf dem kalten Steinfußboden. Die höchste Belegung des Gefängnisses verzeichnete man Ende der 1960er Jahre: 1.100 Gefangene. Bei der Schließung waren es dann „noch" 300. Heute leben ca. 230 Einwohner auf Robben Island, die fast alle für das Museum tätig sind.

Ein großes Manko ist der hohe Preis für den Besuch. So können sich die meisten Südafrikaner einen Besuch auf der für ihre Geschichte wichtigen Insel kaum leisten.

Bloubergstrand

Dauer des Ausfluges
2 Stunden

Von den Küstenorten Table View und Bloubergstrand hat man einen **ausgezeichneten Blick auf den Tafelberg**. Der Name Blouberg entstammt der Tatsache, dass der Tafelberg häufig in blauen Dunstfarben zu sehen ist. Hier sollten Sie sich einmal abends in eines der Restaurants setzen und die Aussicht auf den angestrahlten Berg genießen. Natürlich ist die Aussicht am Tage auch ein Erlebnis, besonders wenn die Wellen sich an den Felsen vor dem Strand brechen und

Viel fotografiert: Aussicht von Bloubergstrand

ein Farbenspiel aus „blauem" Tafelberg, grünem Wasser, weißer Gischt und braunem Fels nicht nur die Urlauber verzückt, sondern auch Liebespärchen und Filmteams anlockt.

Blauer Dunst

Die Townships

Dauer des Ausfluges
4-6 Stunden, Beginn meist zwischen 9h und 10h. Abholung am Hotel

Eine solche erläuterte Tour mit einem Kleinbus zu unternehmen, lohnt allemal. Unterwegs erzählt Ihnen Ihr Führer alles Wesentliche, steht Fragen zur Verfügung und versucht Ihnen, das Leben in diesen äußerlich wenig attraktiv erscheinenden Wohngegenden ein wenig näher zu bringen. Die Touren der verschiedenen Anbieter unterscheiden sich kaum in den Kernpunkten. Trotzdem macht es Sinn, sich vorher nach der Route und den „Anlaufstellen" zu erkundigen, da immer etwas anderes Besonderes auf dem Programm steht.

Organisierte Touren zu empfehlen

Kernpunkte einer Township-Tour

Zuerst geht es zum **Bo-Kaap**, dem historischen Kapmalayen-Viertel (s. S. 370), und dann zum **District Six Museum** (s. S. 376), in dem gezeigt wird, dass die

Zerstörung dieses Stadtteiles nicht nur wirtschaftlich negative Folgen hatte, sondern vor allem zu einem moralischen Einbruch bei den Vertriebenen geführt hat. Hauptziel der Fahrt sind schließlich die Stadtteile in den **Cape Flats**. Hier wohnt die überwiegende Mehrheit der „Coloureds" und Schwarzen, und der Begriff „Cape Flats" steht auch heute, wie eh und je für Armut, Arbeitslosigkeit, Hoffnungslosigkeit und Gewalt. Wer hier rauskommt, hat es geschafft, wer hier hängenbleibt, hat keine Zukunft, so das gängige Vorurteil. Trotz massiver staatlicher Unterstützung, selbst zu zweifelhaftesten Zeiten während der Apartheid, konnten die Cape Flats niemals den Slum-Charakter ablegen. Wohnungsbauprojekte für Tausende wurden und werden ad absurdum geführt durch den gleichzeitigen Zuzug von Zehntausenden aus den ländlichen Regionen. Ein Haus oder eine Blechhütte, gerade mal groß genug für 2 Personen, wird oft von 10 Personen aus dem weitläufigen Familienclan bewohnt. Nicht selten wird auf den wenigen Betten nach Zeitplan geschlafen. Die sanitären Einrichtungen reichen nur bedingt, können mittlerweile aber als verbessert angesehen werden, besonders wenn man sie mit denen gleicher Viertel in anderen Ländern vergleicht. Ausreichend sind sie aber nicht. Und der Müll? Natürlich gibt es zentrale Müllplätze, aber wer bringt schon gerne seinen Müll 3 km weit weg und das noch ohne Fahrzeug? Die geregelte Müllabfuhr funktioniert nur bedingt, da keine Zahlungsmoral für so etwas existiert. Doch mag man das bei den niedrigen Löhnen – falls überhaupt ein Einkommen vorhanden ist – kritisieren. Mit dem Strom hat sich die Stadtverwaltung da aber etwas anderes ausgedacht: Strom wird nur mit einer vorbezahlten Chipkarte, die an dem hauseigenen Zähler eingesteckt wird, abgegeben. Oft fehlt es dann zum Monatsende an Licht.

Müll-
probleme

Kapstadts Townships während der Apartheid

• 1950 wurde bestimmt, dass Schwarze in Südafrika **nur östlich des Great Fish River** (zwischen Port Elizabeth und East London) permanent siedeln dürfen.

• Es durften **nur Männer** in Kapstadts Townships wohnen.

• Eine **permanente Ansiedlung** in Kapstadts Townships war untersagt. Eine schlechte Versorgung und Infrastruktur der Townships sollten dieser „Regelung" Nachdruck verleihen.

• 1972 gab es in den Townships **auf 10 Männer nur 1 Frau**.

• **Schwarze Frauen** durften in Kapstadt keine Arbeit annehmen.

Die bekanntesten Townships der Cape Flats:

• **Athlone**, einst berüchtigt wegen seiner zahlreichen Anti-Apartheids-Unruhen, ist heute friedlich und gilt selbst bei den Weißen als das „Vorzeige-Township". Das mag natürlich auch daran liegen, dass hier eine alte Bausubstanz erhalten geblieben ist und sich mittlerweile kleinere Firmen in Athlone niederlassen. Hier wohnt vor allem die farbige Mittelschicht.

Vorzeige-
Township

• **Rylands** war lange kein eigener Stadtteil, aber das „Areal" direkt östlich von Athlone galt schon immer als Wohngegend der Süd-Asiaten, vor allem der Inder. Hier leben auch viele Moslems, und hinter vorgehaltener Hand ist Rylands heute die Brutstätte der PAGAD-Initiativen. Davon spürt man aber wenig. Rylands wirkt eher wie ein Basar mit ruhigen, z.T. relativ vornehmen Wohngegenden. Interessant ist auch, dass, anders als in Indien, sich hier die Moslems gut mit den Hindus verstehen.

• **Langa** ist das älteste schwarze Township. Im Vergleich zu den neueren ist es flächenmäßig recht klein, womit schon erklärt ist, warum sich während der Apartheidszeit so viele Slums weiter außerhalb entwickelt haben. In Langa befindet sich z.B. die Eziko-Cooking-School, die auf einigen Touren angefahren wird. Die erlernten Pap-Gerichte (Maisbrei) werden im angeschlossenen Restaurant serviert, wobei dafür während der Tour aber keine Zeit bleibt.

Maisbrei aus Kochschule

• **Guguleto**, ein Township der Xhosa (Transkei, Ciskei), ist wohl das „bunteste" und zugleich traditionellste Township von Kapstadt. Hier bemüht sich die Stadtverwaltung besonders um Veränderungen und die Finanzierung neuer Häuser. Ein schwieriges Unterfangen, da Guguleto über Jahrzehnte, vernachlässigt von der Apartheids-Regierung, vor sich hin vegetiert hat und nur durch afrikanische Traditionen und Lebensformen seine Eigenständigkeit bewahren konnte. Die vielen illegalen Shebeens, Straßenhändler und Kleinkriminellen auf die „neue Linie" zu bekommen, fällt den Stadtvätern verständlicherweise schwer. Und noch immer haben die Straßennamen Apartheidscharakter: Das „NY", nach denen sie durchnummeriert sind, steht nämlich für „Native Yard" (= Eingeborenenbezirk). **Nyanga**, im Grunde ein Stadtteil von Gugu-

Gehört zu einer Townshiptour: Besuch einer afrikanischen Kunsthandwerkstatt

leto, wurde eingerichtet, als die vorherigen Townships aus allen Nähten platzten.

„Native Yard"

• **Mitchell's Plain:** Das größte, ehemalige farbige Township. Hierhin wurden u.a. viele Menschen aus dem District Six hin zwangsumgesiedelt. Mitchell's Plain galt lange als „Vorzeige"-Township, da hier das Leben geregelter ablief. Das lag natürlich an vielen Dingen, wie z.B., dass in Mitchell's Plain ganze Familien siedeln konnten, denn die Farbigen waren von der Regelung ausgeschlossen, dass Nicht-Weiße nur östlich des Fish River siedeln durften. Trotzdem gingen mit den Zwangsumsiedlungen viele Strukturen kaputt, und heute ist die Kriminalitätsrate in Mitchell's Plain, besonders wegen der vielen Jugendgangs, recht hoch.

• **Crossroads**, ein im Vergleich winziges Gebiet zwischen M22, M9 und M36, steht auch heute noch für „Slum". Es entstand, als die Apartheids-Regierung beschlossen hatte, keine weiteren Zuwanderer mehr zuzulassen und entsprechend für keine Infrastrukturen sorgte. Den Neuankömmlingen, die in den 1980er Jahren in aufsehenerregenden Aktionen immer wieder auf LKWs geladen und in ihre Homelands zurückgebracht wurden, blieb in dieser Zeit nichts anderes übrig, als immer wieder zurückzukehren. Ein einzigartiger Teufelskreis entstand, denn bei jeder Rückkehr brachten sie noch mehr Freunde und Verwandte mit. Ihre Hütten, die so oft mit Bulldozern niedergewalzt wurden, bauten sie jedesmal wieder auf. Dies geschah natürlich nur sporadisch und mit wenig Mitteln, denn wussten sie, wann der nächste LKW kam? Die Stadtverwaltung tat nichts, um die Menschen zu halten bzw. anzulocken. So gab es hier über viele Jahre keinen Strom, kein fließendes Wasser und auch keine Müllabfuhr. Im Gegenzug schürte diese Politik natürlich immer wieder Unruhen. Die Polizei überwachte den „Schand-

Schicksalhaftes Crossroads

fleck" nur von Türmen aus bzw. drang bei Razzien in Armeestärke in Crossroads ein. Man stelle sich einmal vor, dass hier damals bis zu 600.000 Menschen gelebt haben! Mittlerweile bemüht man sich aber um geordnetere Verhältnisse, baut die Straßen aus, hat Minibus-Linien genehmigt und legt Wasser- sowie Stromleitungen. Die Straßen, bis Ende der 1990er noch ohne Namen, sollen ebenfalls bald benannt werden.

Wettlauf mit der Landflucht

- **Khayelitsha (Xhosa = „*Neue Heimat*"):** Dieses neueste Township liegt bereits 25 km von Kapstadts Innenstadt entfernt. Hier hat man sich bemüht, von Anfang an eine Struktur aufzubauen, die Geschäftszentren, Kirchen, Schulen, asphaltierte Straßen u.a. mit einschließt. Das ist zwar auch nicht in allen Bereichen gelungen, doch wirkt Khayelitsha um einiges „moderner". Trotzdem: Holz- und Blechhütten gibt es schon wieder zur Genüge, und täglich kommen neue hinzu. Die Landflucht ist auch hier nicht zu bremsen. Geplant wurde die Stadt zuerst für 40.000, dann für 150.000, schließlich für 500.000 Menschen. Doch heute geht man bereits von über 1 Mio. Einwohnern aus ... Das sind natürlich nur Schätzungen, denn wie will man die wirkliche Zahl erfassen? Die Hälfte der Einwohner lebt also wieder in Hütten aus Wellblech und Holzresten (Tendenz: zunehmend), und die Arbeitslosenrate liegt bei ca. 75 %! In Khayelitsha wird die Misere am deutlichsten. Obwohl die Verwaltung mit aller Kraft versucht, von Grund auf geordnete Verhältnisse zu schaffen, droht ihr wieder alles aus den Händen zu gleiten. Der Zuzug aus den noch benachteiligteren Regionen Südafrikas, auf der Suche

Noch zu oft: breite Asphaltstraßen, doch keine festen Häuser

nach Arbeit, nimmt stetig zu, und es bleibt abzuwarten, ob sich Südafrikas Townships in absehbarer Zeit wieder zu Unruheherden entwickeln werden, wenn auch jetzt vorwiegend aus wirtschaftlichen Gründen. Die wirtschaftlichen Prognosen, so gut sie vordergründig aussehen mögen, lassen keinen Zweifel daran, dass auch in diesem Lande die Job-Rationalisierung verstärkt durchgesetzt wird – und das besonders im Bereich der ungelernten Arbeiter. Wird nicht schnell mit mehr Druck auf die fachgerechte Ausbildung der Bewohner der Townships **in den Townships** gesetzt, sieht es nicht gut aus. Dass die Menschen hier nicht selbst die Perspektiven entdecken, den Zugang zu besseren Schulen schaffen bzw. überhaupt von Möglichkeiten hören, mag nach einer Township-Tour jedem klar sein. Die kleinen Strohfeuer, wie z.B. die Kunsthandwerks-Kooperativen, die kirchlichen Sozialdienste und Kochschulen für afrikanische Gerichte, sind da nur ein Tropfen auf den heißen Stein.

Mehr Ausbildungsmöglichkeiten gefordert

Tipp

Wichtig bei der Auswahl eines der vielen Touranbieter ist einzig Ihr spezielles Interesse. Neben den o.g. Punkten fährt jedes Unternehmen eigene

Schwerpunkte an. Die einen besuchen ein Shebeen, die anderen einen Kunsthandwerkermarkt und wieder andere eine Kochschule oder eine lokale Rundfunkstation in einem Container. Erkundigen Sie sich also vorher, bevor Sie auswählen.

Und noch ein paar Regeln
- Fotografieren Sie Personen nicht ungefragt.
- Nehmen Sie etwas Münzgeld mit, um z.B. an einem Stand Obst zu kaufen.
- Oft werden Institutionen, wie z.B. Schulen oder Kindergärten, besucht. Hier wird dann um eine kleine Spende gebeten. Geben Sie aber nicht zu viel Geld, denn das würde arrogant wirken.
- Fragen Sie den Führer nach einem Besuch in einem Sheebeen. Fährt er dort mit Ihnen hin, müssen Sie unbedingt einmal das lokale, selbstgebraute Bier probieren. Sie werden es mit Sicherheit als ausgesprochen „gewöhnungsbedürftig" beschreiben, aber es gehört zur Kultur.
- Tragen Sie bedeckte Kleidung.

Rhodes Memorial, Kirstenbosch Botanical Gardens und Groot Constantia

Dauer des Ausfluges
1 Tag

Hinweis
Lesen Sie über die hier erwähnten Sehenswürdigkeiten auf den Seiten 403 (Rhodes Memorial), 443ff (Kirstenbosch National Botanical Gardens) und 441f (Groot Constantia).

Kleine Rundtour

Auf einem schönen entspannenden Tagesausflug können Sie diese drei Sehenswürdigkeiten besuchen. Hierbei empfehlen wir Ihnen, zuerst zum Rhodes Memorial, dann nach Groot Constantia und zum Schluss zu den Kirstenbosch National Botanical Gardens zu fahren. Beachten Sie aber die Öffnungszeiten der botanischen Gärten und fahren Sie nicht zu spät los.

Öffnungszeiten beachten

Zum **Rhodes Memorial** führt Sie die M3. Von dort aus fahren Sie wieder zurück unter der M3 hindurch und biegen rechts in die Newlands Ave. ein. Folgen Sie dieser Straße, die bald Rhodes Drive heißt. Sie fahren eine kurvige Straße, gesäumt von wunderschönen hohen Bäumen, vorbei an den Kirstenbosch National Botanical Gardens, bis Sie scharf links in Richtung Constantia abbiegen. Die Straße führt Sie durch eines der wohlhabendsten Wohnviertel. Achten Sie auf das Hinweisschild zum **Groot Constantia**. Von dort aus fahren Sie am besten zurück zur M3 und folgen den Hinweisen zu den **Kirstenbosch National Botanical Gardens**, die i.d.R. bis zum Sonnenuntergang geöffnet sind, mindestens aber bis 17h.

Nach Hermanus, um Wale anzuschauen

Dauer des Ausfluges
1 Tag

Sonnen-untergang über der False Bay

Fahren Sie dazu über die N2 erst nach Somerset West und schauen Sie sich dort das Weingut Vergelegen (S. 482f) an. Dann geht's weiter nach Caledon, um von dort in Richtung Hermanus an die Küste zu gelangen. Dort heißt es, **Wale anschauen** (S. 594f), und mit der untergehenden Sonne fahren Sie dann entlang der Küste (R43/44) über Kleinmond, Pringle Bay und wieder die N2 zurück nach Kapstadt. Ein Schlenker über Muizenberg bzw. ein Meeresfrüchte-Dinner in Gordon's Bay (ⓘ S. 317f) mag auch noch drin sein.

Die Weinanbaugebiete von Stellenbosch und Franschhoek

Dauer des Ausfluges
1 Tag

Alterna-tiven möglich

Sie besuchen von Kapstadt aus die Weinanbaugebiete (siehe S. 457ff). Fahren Sie nach **Stellenbosch** und folgen Sie von dort der **4-Pässe-Tour** über **Franschhoek** und Somerset West. Sollten Sie früh starten und sich nicht den ganzen Tag in den Weinanbaugebieten aufhalten, können Sie auch den großen Schlenker über **Hermanus** (siehe S. 594f) zum Wale Anschauen machen. Alternativ können Sie auch die 4-Pässe-Tour vollständig zurück bis Stellenbosch fahren und abends dort speisen.

Weinbauern am Kap

West Coast National Park

Dauer des Ausfluges
1 Tag

In Richtung Norden können Sie zum **West Coast National Park** fahren und durchs Landesinnere dann zurück nach Kapstadt. Wer sich einen langen Tag zutraut, der kann der Küstenstrecke (S. 623ff) bis Lamberts Bay folgen, dort z.b. am Strand speisen und anschließend über die Schnellstraße im Landesinneren (N7) zurückfahren bis Kapstadt. Alternative: Sie besuchen zusätzlich den **West Coast Fossil Park** bei Hopefield (S. 626f).

Vergnügungspark „Ratanga Junction" und das Einkaufsmekka Century City

Dauer des Ausfluges
Mind. ½ Tag, bei Besuch von Park und Einkaufsmall 1 Tag.

Vergnügungspark „Ratanga Junction"

Eltern mit Kindern mögen erwägen, dem Vergnügungspark **Ratanga Junction** einen Besuch abzustatten. Er liegt an der N1 in Richtung Paarl neben dem modernen Einkaufszentrum „Century City" und ist über den Exit 10 zu erreichen.

Der 355 Millionen Rand teure Themenpark (Thema: historische Minensiedlung) wurde erst Ende 1998 eröffnet und versucht sich mit ähnlichen Parks in Florida zu messen. Die wesentlichen Attraktionen sind: *Florida als Vorbild*
• Eine *„abgestürzte" (echte) Verkehrsmaschine* – inkl. verstreuter Gepäckstücke – lässt einen schon gruseln, besonders wenn auch noch der Rauch aus dem Cockpit aktiviert wird. Ob sich diese „Attraktion" aber für Kinder eignet ...
• Die *„Cobra"*, eine superschnelle Achterbahn. Aus 35 m Höhe startet die Bahn ihre über 900 m lange Slalomtour und erreicht dabei eine Geschwindigkeit von 100 km/h.
• Weitere „Rides" sind u.a.: *„Monkey Falls"* (aus 19 m herunter in einem Holzstamm-Boot), *„Crocodile Gorge"* (500-m-Wildwasserfahrt), *„Diamond Devil Run"* (Minenbahn „ohne Bremse") und *„The Bar-One Buschwhacker"* (Achterbahn ohne Loopings).
• Zudem werden *Puppenshows, Varieté-Veranstaltungen, Theateraufführungen, Videovorführungen, Dampfzugfahrten* und *Stunt Shows* im Park geboten.
• In *26 Restaurants* können Sie speisen ... teuer und mittelmäßig.
• Angelegt ist der Themenpark um die künstliche Insel *Ratanga Island*, die über 4 Brücken an das „Festland" angebunden ist. Auf ihr findet das Abendprogramm für die Erwachsenen statt: Livemusik, Disco sowie Filme auf Südafrikas größter *Abends Disco und Livemusik*

Leinwand. Die Insel macht bereits von weitem durch riesige Laserstrahlen auf sich aufmerksam.

Der Werbespruch *„Wildest Place in Africa"* mag zwar in einigen Punkten stimmen, doch ob sich der Besuch in einem solchen Park bei einer Reise zum schönen Kapland für Sie lohnt, das möchten wir doch bezweifeln.

 Tipp
Wer nicht so gerne mit dem Auto zum Park fahren möchte, kann auch den Ratanga Bus *von der Innenstadt aus nehmen, der dort an allen touristisch wesentlichen Punkten zwischen Sea Point und Adderley Street hält. Der Bus verkehrt i.d.R. zwischen 9h und 22h.*

Century City

Das im Jahre 2000 eröffnete Einkaufszentrum **Century City** sucht seinesgleichen am Kap. Es ist Teil eines überdimensionalen Büro- und Erlebnisparks, der insg. 1,3 Mrd. Rand gekostet hat. Über mehrere Etagen verteilt und von aufwändigen Glaskuppeln und -reihen überdacht, finden sich in der Shoppingmall Geschäfte für jeden Geschmack. Die Kuppeln sind übrigens früheren, viktorianischen Gewächshäusern abgeschaut, so wie man sie heute noch in London, San Francisco und New York vorfindet.

Amerikanische Ausmaße

Restaurants und Food-Courts runden das Bild ab. So ist der Kunde versucht, hier den ganzen Tag zu verweilen und sein Portemonnaie zu leeren. Ob Sie dafür ans Kap gefahren sind, mag ebenfalls dahingestellt sein, aber wenn Sie sich wirklich eindecken möchten mit Kleidung, Outdoorartikeln, Wein und auch Souvenirs (diesbezüglich sind Sie an der Waterfront aber besser beraten), dann nehmen Sie sich getrost Zeit für dieses Einkaufsmekka, das einer amerikanischen Mega-Mall in nichts nachsteht. Da die meisten Geschäfte auch nach 18h noch geöffnet haben, können Sie Ihren Einkaufsbummel hier z.B. auch im Anschluss an einen Besuch des Weinlandes um Stellenbosch machen.

12. WEINANBAUGEBIETE DER KAPPROVINZ

Allgemeiner Überblick

Die beschriebenen Strecken

Dieses Kapitel haben wir für Sie in zwei Abschnitte aufgeteilt. Der erste, der der beliebten **Vier-Pässe-Fahrt** folgt, ist mit Sicherheit ein Muss für jeden Besucher des Kaplandes. Fahren Sie zuerst von Kapstadt aus auf der N1 bis zur Ausfahrt und folgen Sie von dort der R304 bis zur historischen, von Universität und Weinanbau geprägten Stadt **Stellenbosch**. Von dort geht es dann im Uhrzeigersinn entlang der R310 bis zum alten Weingut **Boschendal** und kurz danach zweigen Sie dann ab auf die R45 zum beschaulicheren, aber nicht minder interessanten **Franschhoek**, ehemals gegründet von französischen Hugenotten. Wer sich Zeit genommen hat,

Universität und Weinbau

wird hier evtl. übernachten wollen. Weiter geht es über den wunderschönen **Fransch-hoek Pass** mit seinen Aussichtspunkten hinunter auf das Franschhoek Tal und bis zur T-Kreuzung mit der R321. Fahren Sie hier nach rechts in Richtung Süden bis zum Obstanbaugebiet um Elgin und Grabouw. Hier trifft die Straße auf die N2, welche Sie dann über den **Sir Lowry's Pass** begleitet nach **Somerset West**. Hier be-

Das Kap-Weinland liegt schön am Fuße verschiedener Bergketten

sticht vor allem das historische Weingut **Vergelegen** oberhalb der Stadt. Um die Runde abzuschließen, können Sie nun über die viel befahrene R44 zurückfahren nach Stellenbosch. Alternativ bietet sich natürlich auch an, von Somerset West direkt auf der N2 nach Kapstadt zurückzufahren.

Die zweite Strecke, die wir empfehlen, liegt vornehmlich nördlich der N1. Erstes Ziel ist der ebenfalls bekannte Weinort **Paarl**, der direkt von der N1 aus ausgeschildert ist. Weit weniger attraktiv als Stellenbosch und Franschhoek, bietet er aber auch ein paar interessante Weingüter und das Sprachenmonument der Afrikaner auf dem Berg. **Wellington**, nördlich von Paarl gelegen, empfiehlt sich eigentlich kaum, so dass Sie die Zeit nutzen sollten, direkt hinaufzufahren auf den

Zeit für die Natur?

Bain's Kloof Pass (R303). Für die schmale und kurvenreiche Passstraße müssen Sie ein wenig Extrazeit einplanen, die aber die Landschaft mehr als lohnt. Über den Pass hinüber, vorbei an Badestellen (Fluss) und einem Nature Reserve (Wandern), gelangen Sie am Ende der Straße an die R43/46, die in südöstlicher Richtung (evtl. abzweigen auf die schönere Straße über Rawsonville) nach **Worcester** führt. Worcester selbst beeindruckt auch nur bedingt, doch wer noch keine **Brandy-Fabrik** gesehen hat, sollte sich diese hier anschauen. Vielleicht interessieren den einen oder anderen ja auch noch die **Karoo Botanical Gardens** vor den Toren der Stadt. Ansonsten haben wir den Abstecher hierher gewählt, damit Sie die schöne Strecke entlang der N1 zurück nach Kapstadt nicht versäumen. Sollte noch etwas Zeit übrig sein, dann sollten Sie noch vor dem **Huguenot Tunnel** abbiegen auf die alte **Du Toits Pass**-Straße.

Überblick: Was gibt es zu erleben?

Die Überschrift verrät natürlich schon, worauf es in diesem Kapitel ankommt: Den Besuch der **bekanntesten Weinanbaugebiete am Kap**, die sich vor der Kulisse der blau-violetten Berge erstrecken und deren idyllische Weingüter zu einem Besuch einladen. Speziell ausgelegte **„Weinrouten"**, zu denen es Broschüren in den Touristeninformationen zuhauf gibt, führen Sie detailliert zu den einzelnen Winzern und deren Weinkellern. Wir können Ihnen hier nur ein paar Eindrücke und Empfehlungen wiedergeben.

Genießen Sie den Kapwein bei einem guten Abendessen

Doch auch **Stellenbosch**, das historische Herz der Region, ist diesen Ausflug wert. Viele kapholländische Gebäude, eine Reihe von sehenswerten Museen sowie erstklassige Unterkünfte und Restaurants gibt es in und um Stellenbosch herum. Wer es etwas beschaulicher mag, sollte abends seine Zelte eher in **Franschhoek** aufschlagen. Die von französischen Hugenotten gegründete Ortschaft ist um einiges kleiner und verspricht ebenfalls gute Weinkellereien, ein Hugenotten-Museum, Herbergen und Gastronomiebetriebe.

Im Zuge der bereits o.g. **4-Pässe-Fahrt**, die das **Hottentots' Holland Nature Reserve** umschließt, erwarten Sie auf der Weiterfahrt nach Somerset West noch drei weitere Pässe, wobei der **Franschhoek Pass** mit seiner fantastischen Aussicht auf Franschhoek sowie der atemberaubende **Sir Lowry's Pass** als die Pass-Höhepunkte zu bezeichnen sind. Oberhalb **Somerset West** liegt dann noch das historische und nicht minder in-

Schöne Pass-strecken

teressante Weingut **Vergelegen**. Die Stadt selbst ist eher langweilig, sieht man einmal ab von ein bis zwei guten Unterkünften und dem historischen Restaurant *Die Ou Pastorie* ab.

Die zweite beschriebene Route sollte eher als Ergänzung zählen. Stellenbosch und Franschhoek sollten Sie allemal zum Pflichtprogramm zählen. *Paarl* hat nicht den Charme der o.g. Orte, bietet dafür aber auch einige gute Weinkellereien und besitzt mit dem *Grand Roche* eines der besten Hotels und Restaurants des Landes. Sollten Sie von hier noch *Tulbagh* mit seiner historischen Church Street und dem alten Drostdy besuchen wollen, lesen Sie bitte dazu auf S. 642.

Die hier beschriebene Route verspricht hinter Paarl dann Landschaft. Mehrere Wanderwege führen ab von der *Bain's Kloof-Passstraße*, und auch die Aussichten von der Straße selbst lohnen die mühsame Kurverei. Der kleine Umweg über Rawsonville ergibt sich wegen der schöneren Streckenführung. *Worcester* hat neben der Brandyfabrik auch noch andere Dinge zu bieten, so z.B. ein paar historische Gebäude, den sehr lehrreichen *Karoo National Botanical Gardens* und ebenso eine Reihe guter Weingüter entlang der *Hex* sowie *Breede River Wine Routen*. Diese können aber nicht mit den Traditionen aufweisen wie die auf der anderen Seite der Berge. Bei knapp bemessener Zeit empfiehlt sich daher eher die Rückfahrt nach Kapstadt entlang der N1 und über den bezaubernden *Du Toits Pass*, der bei guter Sicht Ausblicke über Paarl bis hin zum Tafelberg verspricht.

Redaktions-Tipps Weinanbaugebiete

Grundsätzlich
Nehmen Sie sich nicht zu viel vor. Der Besuch von zwei Weingütern genügt. Und sollten Sie nur einen Tag Zeit haben, beschränken Sie sich auf Stellenbosch und Franschhoek. Nächtigen Sie in einem historischen Hotel oder auf einem Weingut und spendieren Sie sich hier ein romantisches **Candle-Light-Dinner** zusammen mit einem guten Tropfen Kap-Wein.

Die schönsten Naturerlebnisse
- Die **4-Pässe-Fahrt** (S. 469ff) im Allgemeinen.
- Fahrt über den **Bain's Kloof Pass** (S. 643) einschließlich einer Wanderung in der Passregion.
- Fahrt über den **Du Toits Pass** (S. 459)

Kulturelle Höhepunkte
- **Stellenbosch** (S. 468) aufgrund seiner Bedeutung in der Geschichte Südafrikas. Hier lohnen besonders der Besuch des **Dorpmuseum** (S. 472) sowie ein Spaziergang entlang der **Dorp Street** (S. 471f)
- In **Franschhoek** (S. 481ff) empfiehlt sich der Besuch des **Hugenotten-Museums**
- Besichtigung mindestens eines der folgenden **historischen Weingüter**: Boschendal (S. 477), Clos Cabrière (S. 481), KWV (S. 487)

Außergewöhnliche Höhepunkte
- **Besuch eines Weingutes inkl. Dinner und Übernachtung**. Unser Tipp: Lancerac (S. 475f)
- Wandern am **Bain's Kloof Pass** (S. 642)

 Vorschläge für eine Zeiteinteilung
Sie sollten Rundtouren so planen, dass Sie die Öffnungszeiten der Sehenswürdigkeiten beachten, die Rundfahrt später unternehmen

OPTIMALE ZEIT: 1 Tag (nur Stellenbosch und Franschhoek), 2 Tage inkl. 4-Pässe-Fahrt und Besichtigung von 2 Weingütern

- *1–2 Tage: Brechen Sie früh auf, so dass Sie den Vormittag über Zeit haben, sich die Sehenswürdigkeiten von Stellenbosch anzuschauen. Alleine für das Dorpmuseum und die Dorpstraße geht diese Zeit drauf. Mittags fahren Sie zum Weingut*

Weinanbaugebiete Stellenbosch-Paarl-Franschhoek-Somerset West

Rot gekennzeichnete Weingüter sind besonders empfehlenswert

N

0   5km

nach Wellington/Tulbagh

nach Worcester/Beaufort West

Paarl

Nederburg

Huguenot Tunnel

Language Monument

KWV

44

Fairview ★ Laborie

⚲ Paarl Golf Course

1

45

nach Kapstadt

Simonsvlei

Wemmershoek Dam

Drakenstein

Koelenhof

Backsberg

Villiera

Lievland

Simonsig

Kanonkop

R304

Muratie

L'Avenir

Delheim

Bellingham

45

La Motte

Hartenberg

Morgenhof

Schoongezicht

Boschendal

R310

La Provence

nach Villiersdorp/4-Passe-Fahrt

Louisvale

Bertrams

Helshoogie Pass

Franschhoek

Clos Cabrière ★

Stellenbosch

Delaire

Huguenot Monument

Clos Malverne

Lanzerac

Mouton-Excelsior

♦Jordan♦

Vlottenburg

Oude Nektar

Kleinplaas Dam

Steelenbosch Golf Course

Assegaaibos Dam

Spier Cellars

Blaauwklippen

Jonkershoek State Forest/Nat. Reserve

44

Rust-En-Vrede

Eikendal

Hottentots Holland Nature Reserve

Avontuur

De Helderberg Co-op

Helderberg Nature Reserve

nach Kapstadt/Int. Airport

nach Villiersdorp/Franschhoek

Vergelegen

Somerset West

2

Eikenhof Dam

nach Pringle Bay/Kleinmond

Strand

Sir Lowry's Pass

nach Swellendam/Hermanus/Gardenroute

© graphic

Boschendal, wo Sie auch speisen können. Den Nachmittag verbringen Sie dann entweder auf einem Weingut (inkl. Weinprobe) oder aber mit dem Besuch des Hugenotten Museums. Nächtigen Sie evtl. in bzw. um Franschhoek, so dass Sie am Abreisetag noch etwas Zeit haben, um sich ein weiteres Weingut oder/ und Franschhoek anzuschauen.

Im Herbst färben sich die Blätter der Weinreben golden

• **2 Tage:** *Wie oben, nur fahren Sie am zweiten Tag entlang der Vier-Pässe-Fahrt und besuchen am frühen Nachmittag noch das Weingut Vergelegen bei Somerset West.*

• **3 Tage:** *Wie oben, wobei Sie am zweiten Tag noch durchfahren bis Paarl, wo Sie dann übernachten. Am dritten Tag schauen Sie sich die KWV-Weinkellerei und das Sprachen-Monument an und fahren dann zügig hinauf zum Bain's Kloof Pass. Wer gerne etwas wandern möchte, kann dieses tun oder alternativ dazu so weiterfahren, dass noch Zeit bleibt, um die Brandy-Fabrik in Worcester anzuschauen. Abends geht es dann zurück nach Kapstadt.*

Routenbeschreibungen und reisepraktische Hinweise

Routenbeschreibungen

Es gibt 2 Möglichkeiten, das Weinanbaugebiet zu bereisen:
❶ Entlang der klassischen 4-Pässe-Fahrt, beginnend und endend in Stellenbosch, die auch an Franschhoek vorbeiführt.
❷ Von Paarl über den Bain's Kloof Pass, Rawsonville nach Worcester. Von hier aus können Sie entweder über die N1 zurück nach Paarl, von dort aus die 4-Pässe-Fahrt anfügen oder Ihre Reise fortsetzen in Richtung Garden Route.

Eine Kombination aus beiden ist natürlich auch denkbar. Zur Straßenführung lesen Sie bitte am Anfang dieses Kapitels.

Bedenken Sie, dass zahlreiche, kurvenreiche Passstraßen und ein hohes Verkehrsaufkommen um Stellenbosch, Franschhoek und Paarl viel Zeit kosten.

INFO **Weinanbau im Kapland**

Schon **Jan van Riebeeck**, der erste Gouverneur am Kap, begann vor mehr als 300 Jahren mit dem Weinanbau. Er erkannte schnell, dass sich das Klima am südlichen Ende Afrikas hervorragend für Rebkulturenanbau eignete, so dass er die Herren der Holländisch-Ostindischen Handelsgesellschaft unermüdlich mahnte, ihm Rebstöcke aus Deutschland, Frankreich und Spanien zu schicken. Und bereits 1656 – nur sieben Jahre nach seiner Ankunft – erntete er den ersten Wein. Am 2. Februar 1659 schrieb van Riebeeck in sein Tagebuch:

„Heute, der Herr sei gepriesen, wurde zum erstenmal aus Kaptrauben Wein gepresst."

aus: Grütter/Zyl: Die Geschichte Südafrikas, a.a.O., S. 11

Außer günstigen klimatischen Voraussetzungen, auf die gleich eingegangen werden soll, sind auch bestimmte soziale Rahmenbedingungen für den Aufbau einer Weinwirtschaft erforderlich. Und diese waren unter van Riebeeck und seinen Nachfolgern – insbesondere unter **van der Stel** – gegeben. Er förderte den Weinanbau so stark, dass er 1680 im Tale von Constantia, direkt an der östlichen Seite des Tafelbergs und im klimatischen Einfluss des Ozeans gelegen, über 100.000 Rebstöcke anpflanzen ließ. Und bald wurden hier die weltberühmten Constantia-Dessertweine hergestellt, die schnell einen ausgezeichneten Ruf an den Höfen Europas erlangten. Selbst Napoleon soll im Monat mehr als zwei Dutzend Flaschen Constantia-Wein getrunken haben.

Einen weiteren Qualitätsschub erhielt der südafrikanische Weinanbau, als 1688 **Hugenotten-Familien aus Frankreich** Zuflucht in den Tälern des Kaplandes suchten. Sie brachten die Erfahrungen des Weinanbaus und differenzierte Kellereikenntnisse (die den ersten holländischen Siedlern fehlten) aus Bordeaux, Burgund und der Provence mit. Damit waren nun auch vom „Know-how" her optimale Möglichkeiten gegeben, Südafrika zu einem der besten Weinbaugebiete der Welt zu entwickeln. Immer mehr Kapweine erlangten Beruhmtheit, nicht zuletzt wegen der weltumspannenden Verflechtungen der Holländisch-Ostindischen Handelsgesellschaft, die Länder zwischen Europa und Batavia versorgte.

Selbst am Rande der Karoo wird noch Wein angebaut

Heute produzieren Südafrikas 4.900 Weinfarmer (viele im Nebenberuf) etwa 10 Millionen Hektoliter Wein, weit mehr als ihre Kollegen in Griechenland oder Österreich. Damit liegen sie an 7. Stelle in der Welt. Dieser Erfolg ist dem systematischen Ausbau der südafrikanischen Weinwirtschaft zu verdanken, die stark exportorientiert ist, da bei weitem nicht der gesamte produzierte Wein im Lande selbst getrunken werden kann. Für die Einheimischen hat dieser Drang zum Export aber auch eine bittere Seite: Die besonders guten Weine werden nur in limitierten Mengen auf dem heimischen Markt angeboten. Schon wenige Wochen nach der Markteinführung sind sie dann ausverkauft.

Weinerzeugung in ausgewählten Ländern (in Mio. t):

Italien: 5,9	Deutschland: 1,2	Ungarn: 0, 36
Frankreich: 5,6	Südafrika: 1,0	Österreich: 0,26
Spanien: 1,8	Portugal: 0,7	Schweiz: 0,12
Argentinien: 1,8	Rumänien: 0,55	
USA: 1,6	Australien: 0,5	

Werfen wir einen Blick auf die **klimatischen Rahmenbedingungen**: Die südafrikanischen Weinanbaugebiete haben etwa die gleiche Breitenlage wie die Weinanbaugebiete am Mittelmeer. Der kalte Benguela-Strom an der atlantischen Westküste mildert die sommerliche Hitze, und da der meiste Regen im Winter fällt, ist ein optimales Wachstumsklima gesichert. Da Reben sog. „Tiefwurzler" sind, können sie sich auch in trockenen Sommern mit der Feuchtigkeit versorgen, die in tieferen Bodenschichten anzutreffen ist. Gleichbleibende klimatische Bedingungen haben zur Folge, dass Jahrgänge ziemlich gleichmäßig ausfallen.

Natürlich gibt es regionale Unterschiede, bedingt durch Mikroklimate und Böden. Das führte dazu, dass man die Weingebiete Südafrikas in 16 markante Ursprungsgebiete unterteilte, wobei Lage, Boden und Klima als den Weincharakter beeinflussende Faktoren berücksichtigt wurden.

Die dargestellten Anbaugebiete lassen sich zu **drei großen Weinanbauregionen** zusammenfassen:

1 Küstenregion (coastal region)
Dazu gehören Stellenbosch, Constantia, Durbanville, Paarl und Swartland. Der kalte Nordwestwind sorgt im Winter für Regenfälle. Im Sommer dagegen herrschen Südostwinde vom Indischen Ozean vor, die die sommerliche Hitze mildern. In diesem Raum werden Südafrikas beste Rot- und Weißweine produziert: Cabernet Sauvignon, Shiraz, Pinotage und Cinsaut; Riesling, Clairette, Blanche und Chenin Blanc.

2 Boberg-Region
Das sind die von hohen Gebirgsketten geschützten Teile des Gebietes von Paarl und Tulbagh. Hier wachsen die besten Rieslinge und Gewürztraminer.

3 Breede-River-Valley
Hierzu gehören Teile von Paarl, Tulbagh, Worcester, Robertson, Swellendam sowie der Kleinen Karoo. Das Land hier erhält nur geringe Niederschläge, die Sommer sind heiß. Bekannt sind diese Anbaugebiete durch ihre sehr guten und trockenen

Weinanbaugebiete am Kap

N

0   100km

Weinanbaugebiete

A Olifantsrivier   F Constantia   K Robertson   ❶ Die Stellenbosch Weinstraße
B Piketberg   G Stellenbosch   L Swellendam   ❷ Die Paarl Weinstraße
C Swartland   H Paarl   M Kleine Karoo   ❸ Breede River Valley Route
D Tulbagh   I Worcester
E Durbanville   J Overberg

© graphic

Weißweine, ebenso werden in dieser Region ausgezeichnete Muskat- und andere Süßweine hergestellt.

Diese Ursprungsregionen werden ihrerseits weiter in Untergebiete eingeteilt, die durch gleiche Böden und Mikroklimate definiert sind.

Wenn Sie südafrikanischen Wein genießen wollen – und das sollten Sie keinesfalls versäumen! – sollten Sie etwas über das amtliche südafrikanische Weinsiegel wissen, das sich am Flaschenhals jeder Flasche befindet. 1972 führte die Regierung ein differenziertes System zur Klassifizierung und Kontrolle der südafrikanischen Weine ein, wobei man sich an den Bestimmungen der EG orientierte.

Die bekanntesten Rebsorten in Südafrika

Weißwein-Rebsorten:
Riesling: Er ergibt Weine von fruchtiger Eleganz.
Colombard: Diese Sorte ergibt voll-fruchtige und harmonische Weine. Wird auch zur Brandy-Produktion verwandt.
Chardonnay: Burgunder-Sorte, die sich vor allem in der Neuen Welt durchgesetzt hat. Gilt als trocken. Zumeist kommt das Holzaroma des Fasses stark zur Geltung. Viele Sorten werden leicht angereichert mit Fruchtgeschmack (Zitrone, Limone)
Chenin Blanc: Diese Rebsorte ist auch unter dem Namen „Steen" bekannt. Sie liefert restsüße Weißweine sowie auch Sherry und weißen Port. Der Fruchtcharakter ist eher süß (Aprikose-, Guave- bzw. Pfirsich-Aroma). Meistangebauter Wein in Südafrika (nahezu 30 % der Anbaufläche).
Muscadel: Halbtrocken bis trocken mit reichem Aroma (Rosine, Honigsüße)
Sauvignon Blanc: Die ursprünglich von der Loire stammende Rebe ist relativ neu in Südafrika. Die sehr unterschiedlichen Aromen (Feige, Stachelbeere, Spargel u.a.) machen ihn aber immer wieder zum Erlebnis und damit jedes Jahr wieder zu „In"-Weinen.
Ferner werden noch folgende weiße Rebsorten am Kap angebaut: **Bukettraube, Gewürztraminer, Riesling** und **Semillon.**

Rotwein-Rebsorten:
Pinotage: Diese Rebsorte wurde am Kap aus Pinot Noir- und Hermitage (Cinsaut) -Sorten gezüchtet und verbindet die Vorteile beider Ursprungssorten: Der fruchtige Charakter der Pinot-Traube ist mit der Lieblichkeit der Hermitage-Rebe kombiniert.
Cinsaut: Diese Hermitage-Sorte ergibt frische und ausgeglichene Weine, die nicht schwer sind, so dass sie sich als Tischweine gut eignen. Oft mit Kirsch- bzw. Erdbeeraromen angereichert.
Cabernet Sauvignon: Es ist die beste Rebsorte für die Edelweine des Kaps. Die Weine sind dunkelrot und besitzen einen fruchtigen Geschmack. Ihr Charakter wird gebildet durch Aromenanreicherungen von Gemüsesorten, Kräutern und auch Vanille. Das i-Tüpfelchen macht dann der besondere Reifungsprozeß in jeweils speziellen Fässern aus.
Shiraz: Diese Rebsorte ergibt einen körperreichen, dunkelroten Wein. Oft rauchig, bis leicht „bissiges" Aroma. Manche Sorten werden auch mit Kirscharomen angereichert.
Tinta Barocca: Zunächst baute man diese Rebsorte für die Herstellung von Port an. Neuerdings werden aus ihr schwere, tiefrote, fruchtige Rotweine gekeltert.
Ferner werden noch folgende rote Rebsorten am Kap angebaut:
Gamay, Merlot, Pinot Noir, Ruby Cabernet und **Zinfandel.**

Heute muss die Angabe der Herkunft, der Sorte, des Jahrgangs und der Lage erfolgen. Auch die Begriffe wie „Estate" und „Superior" wurden festgelegt. So ist die Bezeichnung „Estate" ca. 40 genehmigten und genau festgelegten Weinkellereien gestattet. Die Bezeichnung „Superior" garantiert, dass der Wein zu 100 % aus der angegebenen Rebsorte gekeltert wurde.

Probleme der südafrikanischen Weinproduzenten

Bekanntlich ist der Weinmarkt hart umkämpft, besonders, da sich auch die amerikanischen, australischen und neuerdings auch südamerikanischen Weine immer mehr mit guten Weinen etablieren und in den entsprechenden Ländern, wie auch in Südafrika, die Anbauflächen noch zunehmen.

Lange Zeit hatte Südafrika sogar ein ganz spezielles Problem, es wurde bis zu 25 % mehr produziert, als vermarktet werden konnte. Mit der Aufhebung der Sanktionen in den 1990er Jahren galt dieses dann nur noch für die Weißweine. Wie in vielen

warmen Regionen, wurden auch in Südafrika großenteils Weißweine angebaut, denn sie sind bekömmlicher und leichter.

Der Weltmarkt, besonders aber der europäische Markt, verlangt nach Rotweinen. Somit blieben die Südafrikaner immer noch auf großen Mengen ihrer Weißweine sitzen, während sie den Bedarf an Rotweinen in vollem Maße abdecken konnten. Das führte besonders in guten Jahren zu Preiskämpfen bei den Weißweinen, die schließlich so günstig vermarktet wurden, dass sie in Europa einen Imageverlust erlitten. Weintrinker klassifizierten den Weißwein aufgrund des Preises viel zu niedrig ein und verschmähten ihn sogar des öfteren.

Mittlerweile bemüht man sich in Südafrika aber um eine exportmarktorientierte Preisgestaltung, und immer mehr Weingüter pflanzen rote Reben an.

Wie oben bereits erwähnt, hat die neue Preisgestaltung aber den Nachteil, dass die Winzer sich immer mehr auf den lukrativeren Export konzentrieren und nur noch ungern bzw. Überhangmengen im eigenen Land verkaufen wollen. Gute, aber noch bezahlbare Tropfen finden sich daher immer seltener in den Regalen. Einige Weine und die besten Brandys landen beispielsweise nur auf dem Exportmarkt.

Besuch eines Weinguts

In der Regel sind die größeren Weingüter in der Zeit von 9–16h30 (außer Wochenenden) geöffnet, und Touren finden stündlich statt. Wir empfehlen Ihnen aber, sich zuvor telefonisch zu erkundigen und ggf. nach Touren in Ihrer bevorzugten Sprache zu fragen. Tel. und Öffnungszeiten s.S. 247ff (Öffnungszeiten) und S. 246 (Touren/Sightseeing).

Beispiele von Weingütern in der beschriebenen Region:

* **klassisch:** Boschendal (Zw. Stellenbosch und Franschhoek) und Vergelegen (Somerset West)
* **groß und modern:** KWV (Paarl)
* **avangardistisch:** Clos Cabrière (Franschhoek)

Buchtipps
* **Platter, John: **South African Wine Guide**, Cape Town. Hier werden die Weingüter vorgestellt und die Weine des entsprechend angegebenen Jahrganges. Sozusagen eine „Bibel" für den Kauf vor Ort.*
* *Mullins, Allan, u. Robins, Myrna: **South Africa: Pocket Guide to Food & Wine**, Cape Town. Hier werden vor allem landestypische (und andere) Gerichte vorgestellt (inkl. Rezepte), die zu den bestimmten südafrikanischen Weinsorten passen.*
* *Lloyd, Mark/Kempen, Jacques: **The South African Wine Cellar Book**, Cape Town. Oft vergriffen, ist dieses Buch aber immer noch ein Klassiker in puncto Vorstellung der einzelnen Weinkeller.*
* *Pamu, C.: **The Wine Estates of South Africa**, Cape Town. Etwas trockener dargestellt, als in o.g. Buch: Die Weinkeller Südafrikas. Achten Sie darauf, dass Sie eine aktuelle Auflage bekommen.*

Entfernungen
1. Strecke:
Kapstadt (Innenstadt) - Stellenbosch: 48 km
Stellenbosch - Franschhoek: 28 km
Franschhoek - Franschhoek Pass - Viljon's Pass - Somerset West: 86 km
Somerset West (Innenstadt) - Kapstadt (Innenstadt): 45 km
Gesamt: 207 km
Somerset West (Innenstadt) - Stellenbosch: 16 km
Generell: 4-Pässe-Fahrt Stellenbosch - Franschhoek - Somerset West - Stellenbosch: 130 - 140 km (mind. 3 Std. reine Fahrzeit)
Stellenbosch - Paarl: 32 km

2. Strecke:
Kapstadt (Innenstadt) - Paarl: 61 km
Paarl - Bain's Kloof Pass - Rawsonville - Worcester: 84 km
Worcester - Du Toits Pass - Kapstadt (Innenstadt): 125 km
Gesamt: 270 km

Sehens- und Erlebenswertes in den bekanntesten Weinanbaugebieten der Kapprovinz

Hinweis

Die Telefonnummern und Infos zu den Besichtigungsmöglichkeiten der einzelnen Weingüter entnehmen Sie bitte der Tabelle auf Seite 247ff.

Die klassische 4-Pässe-Fahrt (Stellenbosch, Franschhoek, Somerset West, Pässe)

Stellenbosch (ⓘ s. S. 320ff)

Stellenbosch liegt am Eerste River, 111 m über dem Meer, in einem sehr fruchtbaren Tal. Die zweitälteste Stadt Südafrikas beherbergt an die 40.000 Einwohner. Bekannt wurde Stellenbosch als Zentrum eines der besten südafrikanischen Weinanbaugebiete und als Sitz der renommierten Stellenbosch-Universität (1918 gegründet, knapp 13.000 Studenten).

Außerdem ist Stellenbosch berühmt für seinen Reichtum an historischer Bausubstanz. Von allen Siedlungen, die am Kap während der Zeit der Holländisch-Ostindischen Handelskompanie gegründet wurden, ist die Innenstadt von Stellenbosch am besten erhalten geblieben. So kann man in diesem idyllisch gelegenen Städtchen hervorragende Zeugnisse kapholländischer, aber auch georgianischer und viktorianischer Architektur sehen.

Geschichte: Auf einer Inspektionsreise ins Landesinnere kam der neuernannte Gouverneur **Simon van der Stel 1769** in das Gebiet des heutigen Stellenbosch. Er wurde von der Schönheit des Landes gefangengenommen, zumal in dieser Zeit viele Blumen blühten und der Fluss (Eerste River) aufgrund der winterlichen Regenfälle viel Wasser führte. Die Stelle, an der van der Stel campierte, nannte man in der Folgezeit Stellenbosch (was soviel bedeutet wie van der Stel's Busch). Schon 1680 ließen sich hier die ersten Siedler nieder und begannen zuerst nur Getreide anzubauen. Ihnen wurde so viel Grund zugesprochen, wie sie selbst bearbeiten konnten. Doch schon nach wenigen Jahren forcierte van der Stel, der ja auch das Weingut *Groot Constantia* gründete, auch hier den Weinanbau. Mit dem Eintreffen einiger im Weinanbau bewanderter Hugenotten im benachbarten Franschhoek kam dann auch das „Know-how" in die Region, und das machte sich in der Qualität der hiesigen Weine bald bemerkbar. Zuerst war die Nachfrage nach Wein aber nicht sehr groß, und die Hänge im Constantia Valley deckten den Bedarf ab. Daher wurde der Wein aus dem Gebiet von Stellenbosch in der Anfangszeit vornehmlich für die Produktion von Brandy verwendet.

Alles begann mit Brandy

Gemütlich wirkende Häuser wurden gebaut, deren Wände dick, wärmeabweisend und weiß gekalkt waren. Handwerker gestalteten Fenster und Türen aus Yellowwood und Stinkwood, also aus harten Hölzern, die Dächer waren strohgedeckt. Die angelegten Straßen wurden von Furchen begleitet, die Wasser an jedes Haus brachten. Ebenfalls pflanzte man schattenspendende Eichen an, die größtenteils noch heute stehen und mittlerweile zu einem „National Monument" erklärt worden sind. Sie verliehen der Stadt auch ihren Spitznamen: *Eikestad*, die Eichen-Stadt.

Doch Stellenbosch war von Anfang an nicht nur als ein landwirtschaftlicher Mittelpunkt gedacht. Bereits 1682 wurde der Ort Sitz einer örtlichen Behörde und 1685 sogar Gerichtsort für ein Gebiet von rund 25.000 qkm und damit für das gesamte Kaphinterland. Der Magistrat kontrollierte die Jäger, die Forschungsreisenden und die Pioniere, die weiter ins Landesinnere vorstießen. Das Stellenbosch der damaligen Zeit war Grenzstadt zum unbesiedelten Südafrika (mit Steuerstelle und „law and order"), und unmittelbar hinter den Stadtgrenzen begann afrikanische Wildnis. Simon van der Stel liebte seine Gründung so sehr, dass er jedes Jahr anläßlich seines Geburtstages hierher kam. Er war stets Schirmherr eines Jahrmarktes mit Schießwettbewerben, Spielen und einem Festmahl. *Hauptort des Kaphinterlandes*

Doch die Geschichte von Stellenbosch wurde im Verlauf der Jahre durch den Ausbruch von drei großen Feuern überschattet. Ein starker Brand zerstörte 1710 viele alte Häuser, die man jedoch wieder aufbaute.

Die **Universität von Stellenbosch** erlangte während der Apartheids-Zeit einen fragwürdigen Ruf. Zum einen galt sie schon damals als eine der besten Unis des Landes, doch sie war auch die Kaderschmiede der Apartheid. Viele spätere Politiker, wie z.B. H.F. Verwoerd, studierten hier, und Afrikaans war nahezu die einzige Unterrichtssprache. Obwohl die National Party, die Dutch Reformed Church und andere „Afrikaaner-Institutionen" hier noch immer ihre Kontakte haben, wandelt sich das Bild zunehmend, und die „Opposition" beginnt Fuß zu fassen. Für eines war die Universität schon lange bekannt, für den Einfluss auf das kulturelle Leben in Stellenbosch. Theater-, Ballett-, Opernaufführungen, Livemusikauftritte, Lesungen und eine rege Kneipenszene gehören in Stellenbosch einfach dazu. *Kaderschmiede der Apartheid*

Heute ist es für den Besucher des Städtchens reizvoll und unvergesslich, die herrlichen kapholländischen Häuser, gesäumt von alten Eichen und manchmal auch blau-violett blühenden Jacarandas, zu bewundern. Gerne lässt man sich von der Atmosphäre gefangennehmen. Leider aber ist die Stadt tagsüber mittlerweile ziemlich überlaufen. Kleine und große Touristenbusse aus Kapstadt quälen sich durch die Straßen, und die Besucher füllen die Sehenswürdigkeiten. Daher empfiehlt es sich, Stellenbosch am frühen Vormittag oder aber abends, wenn viele Touristen wieder nach Kapstadt zurückfahren, zu besichtigen. *Meiden Sie die Mittagszeit*

Rundgang durch Stellenbosch

Der hier beschriebene Rundgang führt entgegen dem Uhrzeigersinn.

• Die Braak

Der große Platz diente einst als Parade- und Exerzierplatz. Ebenso feierte man hier die großen Stadtfeste. Das einzige Gebäude, das auf dem Grün gebaut werden durfte, ist **St. Mary's on the Braak (2)**, eine 1852 fertiggestellte anglikanische Kirche. Am südlichen Ende des Platzes steht die Kirche der Rheinischen Mission, 1823 erbaut und 1840 durch einen Nordflügel erweitert. Heute wird Die Braak als Campus und z.T. als Parkplatzfläche genutzt. Um den Platz herum befindet sich eine Reihe kapholländischer, georgianischer und viktorianischer Gebäude.

Architekto-nische Vielfalt

• Burgher House (1)
Bloem Street, am Die Braak

Typisches Beispiel für das Haus eines wohlhabenden Bürgers. Es wurde 1797 von Antonie Fick, Enkel eines deutschen Einwanderers, erbaut. Mittlerweile befinden sich in dem nur zu Bürozeiten geöffneten Gebäude die Räume der Gesellschaft

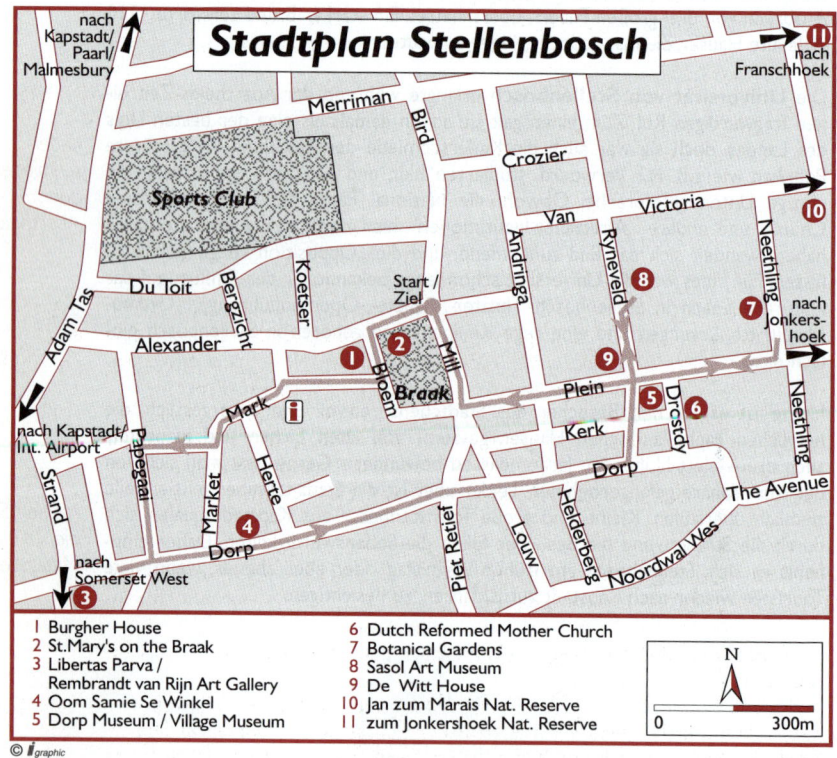

Stadtplan Stellenbosch

1 Burgher House
2 St.Mary's on the Braak
3 Libertas Parva / Rembrandt van Rijn Art Gallery
4 Oom Samie Se Winkel
5 Dorp Museum / Village Museum
6 Dutch Reformed Mother Church
7 Botanical Gardens
8 Sasol Art Museum
9 De Witt House
10 Jan zum Marais Nat. Reserve
11 zum Jonkershoek Nat. Reserve

© graphic

„Historical Homes of South Africa". Alte Möbel, historische Gemälde können aber besichtigt werden. Schräg gegenüber, an der Alexander Street, befinden sich die **Coachman's Cottages**, wo einst die Kutschenfahrer wohnten.

Auf der anderen Seite, an der Bloem Street *(Ecke Market Street)*, steht das **VOC Kruithuis**, das 1777 errichtete Waffenarsenal der Dutch East India Company. Heute beherbergt es ein kleines Militärmuseum *(Mo–Fr 9h30–16h30)*.

Das Burgher House

Ein Stück weiter entlang der Market Street passieren Sie die **Touristeninformation**, in der es ausgezeichnete Karten und Informationsbroschüren gibt. Besonders, wenn Sie vorhaben, sich mehrere Weingüter anzuschauen, sollten Sie sich hier Informationen zur „Stellenbosch-Paarl-Weinroute" besorgen.

Hervorragende Infos

Neben der Touristeninformation, an der Ecke Herte Street, werden kleine und große Kinder gerne einen Blick in das **Toy & Miniature Museum** *(geöffnet: tägl. 9h30–17h)* werfen.

Schauen Sie sich anschließend kurz die weiß gewaschenen **Cottages in der Herte Street** (Nr. 25–35) an, die 1834 für die befreiten Sklaven errichtet wurden.

• Libertas Parva/Rembrandt van Rijn Art Gallery (3)

Ecke Dorp Street/Aan-De-Wagenweg, geöffnet: Mo–Fr 9–12h45 u. 14–17h, Sa 10–13h u. 14–17h, So 14h30–17h30

Libertas Parva ist ein 1780 in typischer H-Form errichtetes, kaphölländisches Herrenhaus. Hier wohnten viele berühmte Leute, so z.B. Cecil Rhodes, und Premierminister Jan Smuts hat hier geheiratet. Heute beherbergt das Gebäude eine sehenswerte Gemäldegalerie, in der vor allem südafrikanische Meister ausgestellt sind, aber auch ein Panoramagemälde von Kapstadt aus dem Jahre 1808.

Historisches Panorama

Noch interessanter aber ist das *Stellenryk Wine Museum** in den Kellerräumen sowie im Hof. Alte Weinpressen, Flaschen, Gläser, Amphoren u.v.m. gibt es hier zu sehen. Angeschlossen ist zudem das **Old Meester Brandy Museum**, in dem der Geschichte des Brandy-Destillierens am Kap nachgegangen wird.

• Entlang der Dorp Street

Die Dorp Street weist eine der ältesten und besterhaltenen Häuserzeilen Südafrikas auf. Nahezu alle historischen Baustile des Kaps sind hier vertreten. Besonders sehenswert sind:

- **Vredelust,** *63 Dorp Street,* ist ein Haus mit einem neu-klassizistischen Giebel von 1814.

- *Oom Samie Se Winkel (4)**, *84 Dorp Street*: Der über 100 Jahre alte, viktorianische Laden gehört heute zu den meistbesuchten Punkten in Stellenbosch. Zwischen Ramsch und Kitsch haben Sie hier die Gelegenheit, auch alte

Verwinkelter „Winkel"

Ramsch ohne Ende: Oom Samie Se Winkel

Postkarten, Antiquitäten, Kleidungsstücke, ausgesuchte Weine, afrikanische Masken, historische Drucke u.v.m. zu finden. Das verwinkelte Geschäft lädt wirklich zum Stöbern ein. Wer sich aber nicht genügend Zeit nimmt, der wird nur an den typischen Souvenirs hängenbleiben und sich über den Besucherandrang ärgern.

- **La Gratitude, 95 Dorp Street**: Das Gebäude (georgianischer Stil) wurde 1798 von Reverend Meent Borcherds erbaut und diente bis 1835 als Pfarrhaus. Der Giebel mit dem „allsehenden Auge Gottes" ist ein gutes Beispiel früh-klassizistischer Baukunst. Das Haus wurde im Laufe der Zeit vergrößert und nach einem Feuer erneuert.

- **Voorgelegen, 116 Dorp Street**: Ursprünglich war dieses 1797 erbaute Haus (georgianischer Stil) mit einem Strohdach versehen. Später wurde es um ein Stockwerk erweitert, wobei der H-förmige Grundriss beibehalten wurde. Viel Authentisches ist heute noch zu sehen, so z.B. die batavianische Kachelung in der Vorhalle sowie die Balken und Decken aus Yellowwood. Hinter dem Haus befindet sich ein schön angelegter Garten, der an das Pfarramt der Rheinischen Mission und den Mühlenbach angrenzt.

- ***Dorp Museum/Village Museum (5)**
18–37 Reyneveld St., geöffnet: Mo–Sa 9h30–17h, So 14–17h

Archi-
tektur-
Epochen

Das 7.000 qm große Dorp Museum ist die wohl eindrucksvollste Attraktion in Stellenbosch. Ziel des Museums ist es, dem Besucher die einzelnen, historischen Baustile am Kap nahezubringen. So können Sie, von Haus zu Haus gehend, Gebäude aus der Zeit zwischen 1709 und 1929 besichtigen und sich dabei ein Bild vom Wandel der Zeiten machen sowie Möbel, Mode und Hauseinrichtungen betrachten. Für das Museum sollten Sie sich mind. 2 Stunden Zeit nehmen.

Die einzelnen Häuser im Dorp Museum:
1. Schreuder-Huis (um 1709)
Es ist das älteste Stadthaus Südafrikas. 1709 wurde ein deutscher Söldner, Sebastian Schröder, von der Holländisch-Ostindischen Handelsgesellschaft als Verwalter der alten Mühle eingesetzt. 1709 verließ er als „freier" Bürger die Handelsgesellschaft. Er erhielt als „Sebastian Schreuder" ein Stück Land geschenkt, auf dem er 1710 dieses Haus baute. Hausrat und Möbel entstammen der Periode von 1690–1720. Beachten Sie besonders die Küche und verfolgen Sie anschließend den Wandel beim Besuch der anderen Häuser.

2. Blettermann-Huis (um 1789)
Ein typisches Haus aus dem 18. Jh. mit sechs Giebeln und einem H-förmigen Grundriss. Ursprünglich wurde es von Hendrik Lodewyk Blettermann, dem letzten Friedensrichter der Holländisch-Ostindischen Kompanie, erbaut. Hausrat und Inneneinrichtung entsprechen einem wohlhabenden Haus aus der Periode 1750–1780.

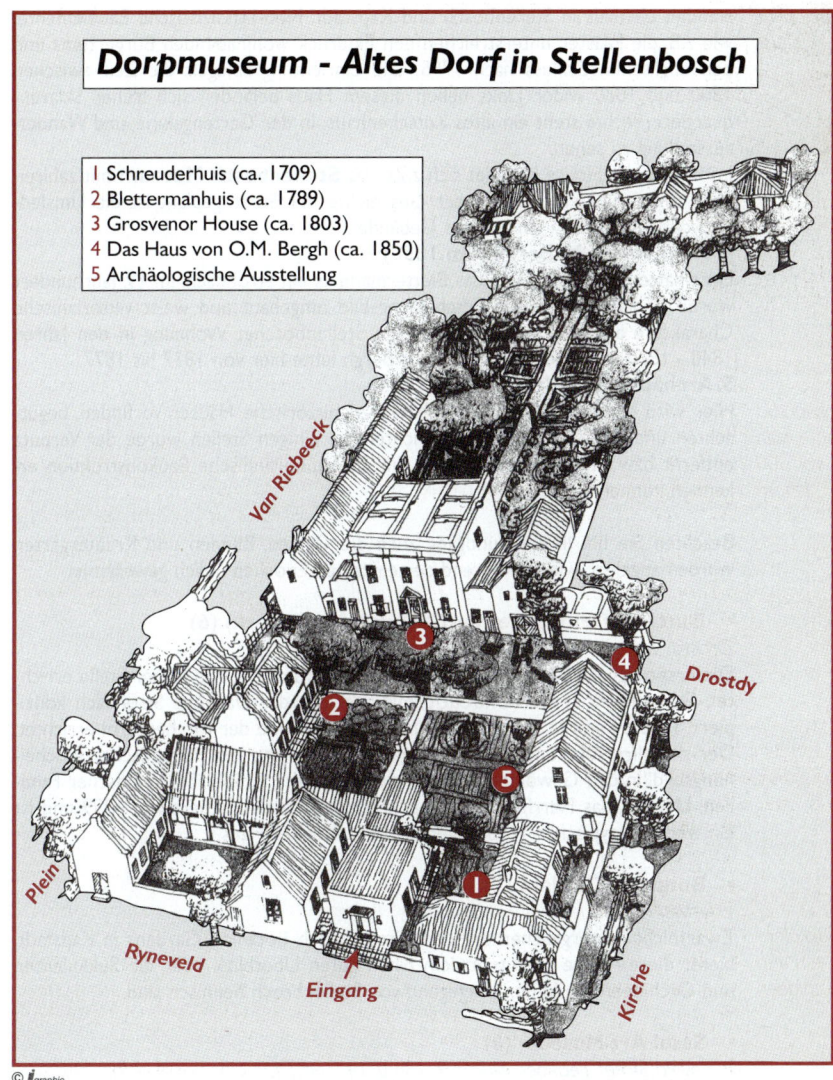

Dorpmuseum - Altes Dorf in Stellenbosch

1 Schreuderhuis (ca. 1709)
2 Blettermanhuis (ca. 1789)
3 Grosvenor House (ca. 1803)
4 Das Haus von O.M. Bergh (ca. 1850)
5 Archäologische Ausstellung

© igraphic

3. Grosvenor House (um 1803)

Ursprünglich hatte das 1782 errichtete Gebäude ein Strohdach. Später wurden ein zweites Stockwerk und ein Flachdach hinzugefügt, so dass es schließlich 1803 so ausgebaut war, wie Sie es heute sehen. Das Grosvenor House ist ein typisches Beispiel für ein Patrizier-Stadthaus am Kap, und zahlreiche Gebäude dieser Art

Englischer Einfluss standen ehemals in Stellenbosch und Kapstadt. Neo-klassizistische Bauelemente, wie z.B. die Pilaster, unterstreichen den Eindruck wohlhabenden Bürgertums und den englischen Einfluss nach 1795. Die Einrichtung spiegelt die Zeit zwischen 1800 und 1830 wider. Links neben diesem Haus befanden sich früher Sklavenquartiere, rechts steht ein altes Kutschenhaus. In der Gartengalerie sind Wanderausstellung zu sehen.

Im Grosvenor House befindet sich z.Zt. das **Stellenbosch Museum** mit zahlreichen Erinnerungsstücken aus der Geschichte der Stadt, geplant ist die Umsiedlung des Museums in ein anderes Gebäude.

4. Haus von O. M. Bergh (um 1850)
Einst hatte dieses Haus wie das Blettermanhuis ein Strohdach. Im 19. Jahrhundert wurde es zu dem jetzigen Erscheinungsbild umgebaut und weist viktorianische Charaktere auf. So muss man sich eine Stellenboscher Wohnung in den Jahren 1840 - 1870 vorstellen. Olof Martinus Bergh lebte hier von 1837 bis 1877.

5. Archäologische Ausstellung
Einblick: So baute man vor 300 Jahren Hier wird dargestellt, wie die Archäologen historische Häuser vorfinden, begutachten und schließlich wieder herrichten. An einigen Stellen wurde der Verputz entfernt bzw. offengelassen, so dass Sie die kapholländische Baukonstruktion erkennen können.

Beachten Sie bei Ihrem Rundgang auch die Gärten. Blumen und Kräutergärten wurden angelegt, wie es während der einzelnen Epochen üblich gewesen ist.

- **Dutch Reformed Mother Church (Moederkerk) (6)**
Drostdy Street
Die ursprüngliche Kirche wurde zwischen 1717 und 1722 an dieser Stelle errichtet. Der Grundriss wurde kreuzförmig angelegt, das Dach als Strohdach konzipiert. 1863/64 wurde das Gotteshaus erweitert sowie der Kirchenturm errichtet. Der damalige Architekt Carl O. Hager gab dem Bau ein neugotisches Erscheinungsbild. In den Gewölben befinden sich noch alte Gräber Stellenboscher Familien. **Utopia**, das Pfarrhaus an der Ecke Church Street, datiert von 1799 und ist ein weiteres, typisches, H-förmiges, kapholländisches Haus.

- **Botanical Gardens (7)**
Ecke Van Riebeeck/Neethling Sts.
Sukkulenten und Orchideen Zwar nicht zu vergleichen mit den Kirstenbosch Botanical Gardens in Kapstadt, bietet diese Anlage aber trotzdem einen guten Überblick über die Sukkulenten und Orchideen, die in der Umgegend von Stellenbosch heimisch sind.

- **Sasol Art Museum (8)**
Ryneveld Street, geöffnet: Mo–Fr 9–13h u. 14–16h, Sa 9–17h, So 14–17h
Die Kunstausstellung ist in einem 1907 im Neo-Renaissance-Stil erbauten Haus untergebracht, das ehemals als Mädcheninternat diente. Gesponsert wird sie von der Ölfirma Sasol und untersteht der Universitäts-Verwaltung. Gemälde, Keramiken, Graphiken, aber auch prähistorische Artefakte gibt es zu sehen. Achten Sie auch auf Ankündigungen von Wanderausstellungen.

Gehen Sie nun zurück, vorbei am **De Wit House (9)** in der Plein Street, einem im Anfang des 19. Jahrhundert erbauten, neoklassizistischen Haus. Eine Inschrift erinnert hier an die Hugenotten, die 1688 ins Land kamen.

- ## Stellenbosch Farmer's Winery Center/Oude Libertas Amphitheater
Adam Tas Rd, an der R310, Tickets für Konzerte über „Computicket", Infos im Touristenamt; Kellerführungen: Mo–Fr 10–14h30, Wein probieren: Mo–Fr 8h30–17h, Sa 10–13h

Das Stellenbosch Farmer's Winery Center (SFW, auch: Stellenbosch Wine Tasting Center) erlaubt das Probieren verschiedenster Weine der Region. 40 % der südafrikanischen Tafelweine werden von hier aus vermarktet. Ein Muss für jeden Weinliebhaber. Hier beginnen auch geführte Touren zu ausgesuchten Weingütern.

In den Sommermonaten werden im angeschlossenen Oude Libertas Amphitheater Open-Air-Konzerte gegeben. Die Bandbreite reicht von Jazz über Ballett bis hin zu klassischer Musik.

Ausflüge zu Naturreservaten nahe Stellenbosch

- ## Jan Marais und Jonkershoek Nature Reserves

Das **Jan Marais Nature Reserve (10)**, 1,5 km vom Zentrum entfernt an der Merriman Street, ist besser mit dem Auto zu erreichen. Die Wildblumen blühen vor allem von Mitte September bis Ende Oktober. Ein Permit für den Zutritt erhalten Sie in der Stadtverwaltung.

Permit nicht vergessen

Setzen Sie Ihre Fahrt von hier fort über die Martinson und dann Jonkershoek Street gen Südwesten. Sie passieren dabei das historische, 1830 gegründete **Weingut Lancerac** (neoklassizistisches Herrenhaus), das heute einen hervorragenden Ruf als Hotel und Restaurant besitzt. Für die Candlelight-Dinners müssen Sie sich aber unbedingt vorher anmelden. Der Spitzenwein des Hauses ist übrigens der *Cabernet-Sauvignon*, den Sie auch ohne Mahlzeit in der Cocktailbar in den ehemaligen Ställen kosten können. **Old Nectar**, einige Kilometer weiter auf der linken Seite, ist ein 1780 errichtetes Farmhaus und steht heute unter Denkmalschutz.

Ein kurzes Stück weiter endet die Straße schließlich am Fuße der 1.504 m hohen **Twin Peaks**. Hier befindet sich das **Jonkershoek State Forest (11)**, in dem das 204 ha große **Assegaaibosch Nature Reserve** *(Öffnungszeiten: 8–18h, Permits am Gate)* liegt. Ein 2 km langer Wanderweg führt durch die Berg-Fynbos-Vegetation. Im kleinen Wildblumengarten werden die einzelnen Pflanzen vorgestellt, und schattige Plätze laden zum Picknicken ein. Nahebei befindet sich zudem die **Jonkershoek Fish Hatchery**, wo vor allem Forellen gezogen werden.

Picknick im Wildblumengarten

Oberhalb dieses Areals erstreckt sich das große, nahezu unerschlossene, 42.000 ha große **Hottentots' Holland Nature Reserve** mit seinen Kloofs, Bergseen und z.T. seltenen Wildblumen. Dieses Nature Reserve eignet sich aber nur für echte Wandersleute, denn der 41 km lange **Boland Trail** erfordert nicht nur 3 Tage, sondern auch einiges an Kondition. Eigentlicher Eingang zum Hottentots-Holland Nature Reserve ist die Nuweberg Forest Station, die von Südwesten (R321) zu erreichen ist. Für das Betreten benötigen Sie ein Permit vom Cape Nature Conservation Booking Office (s. „Naturreservate", S. 163).

Permit nicht vergessen

• Protea Heights

Mitten im lieblichen Farmland des Devon Valley (westl. von Stellenbosch) liegt das 25 ha große **Protea Heights Nature Reserve**. Das Land wurde 1944 von Frank Batchelor gekauft, und 1976 schenkte er das Gebiet der South African Nature Foundation. Hier wachsen z.T. sehr alte Blumen, so z.B. die „painted ladies" (Gladiolus blandus) und eine große Zahl von Protea-Arten. Vom **Paapegaaiberg** aus haben Sie eine schöne Aussicht. Den Namen erhielt der Berg in frühen Zeiten, als Militär und Polizei hier Schießübungen abhielten. Ziel war ein hölzerner Papagei.

Aussicht

INFO ## Stellenbosch Wine Route

Die Drakensteinberge „wachen" über dem Weinland

Stellenbosch ist Zentrum eines der besten Weinanbaugebiete Südafrikas. Die Weinroute führt Sie zu den berühmten Weingütern der Umgebung. Hier, in den fruchtbaren Tälern des Berg-, Eerste- und Bree-Flusses, gedeihen Weinreben besonders gut. Die Winzereien, deren gepflegte Gebäude oft im kapholländischen Stil erbaut sind, liegen idyllisch zwischen den weiten Weinfeldern. Neben der Möglichkeit, die Weine zu verkosten, kann man oft auch im winzereieigenen Restaurant hervorragend essen. Nehmen Sie sich Zeit, genießen Sie die Weine und das gute Essen – den Ausflug zu den Weingütern, die entlang der Weinroute liegen, werden Sie nicht bereuen!

Besonders idyllisch liegen die Weingüter Blaauwklippen, Hartenberg Estate, Morgenhof, Overgaauw, Simonsig.

Tipp
Wie wäre es mit einem Lunch, verbunden mit einer kleinen Weinprobe? Möglich auf den Weingütern Blaauwklippen, De Heidelberg Coop, Delheim, Hartenberg Estate, Morgenhof, Oude Nektar, Spier, Welmoed Coop. Super: Boschendal, zwischen Franschhoek und Stellenbosch an der Pniel Road (R 310).

Vier empfehlenswerte Weingüter in und um Stellenbosch
Öffnungszeiten und Zeiten für die Touren entnehmen Sie bitte S. 246ff.
• ***Blaauwklippen**: 4 km südl. von Stellenbosch an der R44. 300 Jahre altes, schön am Fußes des Stellenboschberges gelegenes Weingut mit historischen kapholländischen Gebäuden. Ca. 110 ha Weinanbaufläche, Jahresproduktion: 36.000 Kisten. Es werden Kutschfahrten durch die Weinberge angeboten (Okt. - April), ein kleines Kutschenmuseum kann besichtigt werden, und ein kleiner Farmshop verkauft auch Dinge, die nicht mit dem Wein zu tun haben. Beliebt ist der Lunch, der auf der Veranda serviert wird. International herausragende Weine des Gutes: *Zinfandel* (der wohl beste am Kap), *Reserve (Cabernet Sauvignon), Shiraz* und *Special Late Harvest.*
• ***Boschendal:** An der R310, kurz vor der R45 (Richtung Franschhoek). Dieses über 300 Jahre alte Weingut wurde von Hugenotten gegründet und ist bis heute eines

Boschendal Manor House

der größten und edelsten Estates des Landes geblieben. Ca. 400 ha Weinanbaufläche, Jahresproduktion: 240.000 Kisten. Boschendal ist auch bekannt für seine Innovationen, so wurde hier 1978 der erste *Blanc de Noir* am Kap produziert. Es handelt sich dabei um einen Roséwein, der aus dunklen Trauben, aber mit Weißweinmethoden hergestellt wird. Lohnend ist die Besichtigung des schönen Herrenhauses, und wer mittags Appetit verspürt, kann sich im Restaurant leckere Kleinigkeiten bestellen. International herausragende Weine des Gutes: *Merlot, Pinot Noir, Chardonnay, Sauvignon Blanc, Gewürztraminer* und *Boschendal Brut.*
• **Morgenhof:** 5 km nördlich von Stellenbosch an der R44. Das Gut wurde 1680 von Hugenotten gegründet und 1993 von der französischen Firma *Huchon-Cointreaus* aus Cognac übernommen. Weniger die Gebäude im französischen Chateaux-Stil überzeugen als vielmehr die Führungen und Picknickgelegenheiten (Lunchboxes werden verkauft). Das Weingut liegt unterhalb des von Weinhängen bedeckten Simonsberg. 80 ha Weinanbaufläche, Jahresproduktion: 16.000 Kisten. Der Einfluss der Franzosen hat dazu geführt, dass die Weine von hier zu den „Juwelen am Kap" gezählt werden. International herausragende Weine des Gutes: *Sauvignon Blanc, Noble Late Harvest, Merlot* und *Chenin Blanc.*
• **Spier:** Lynedoch Rd (R310, südwestl. von Stellenbosch). Großes Weingut mit historischen kapholländischen Gebäuden, aber auch neueren Imitationen dieses Stils. Spier ist sehr touristisch aufgezogen, eignet sich dafür aber hervorragend für Familien mit Kindern, denn es gibt u.a. einen Cheetah-Park. Des weiteren werden im Amphitheater Konzerte und Aufführungen geboten, ein Farmshop verkauft Naturprodukte, aber auch Souvenirs, und auch der Rosengarten wird bestimmt einige Liebhaber finden. Weinanbaufläche: 179 ha. International herausragende Weine des Gutes: *Chardonnay* und *Cabernet Sauvignon.*

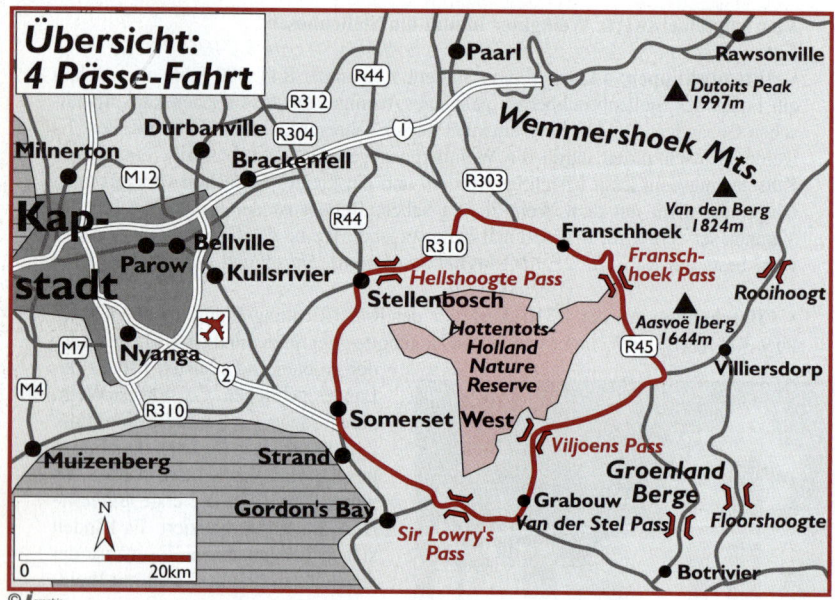

Übersicht: 4 Pässe-Fahrt

Die „4-Pässe-Fahrt" in Stichworten:

• Planen Sie mindestens **3,5 Stunden reine Fahrzeit** ein, nehmen Sie sich Picknick-Ausstattung mit, es gibt zahlreiche Stopps mit wunderschönen Aussichten.

• Mit der Besichtigung von ein bis zwei Weingütern und einem Aufenthalt in Franschhoek benötigen Sie **einen Tag** für die Rundfahrt.

1) Hellshoogte Pass: Dieser Pass nur wenige Kilometer östlich von Stellenbosch ist wenig spektakulär. Er verbindet Stellenbosch mit dem Drakenstein Valley. Höhe: 336 m ü.N. Hellshoogte bedeutet übrigens „Höllenhöhe" und bezog sich ehemals auf die steile Strecke, die die Ochsenkarren nur mühsam bewältigen konnten.

Keine „Hölle" mehr

2) Franschhoek Pass: Ehemals der „Olifants Pass", da Elefanten diesen Weg ausgetrampelt hatten. 1819 wurde der Weg über die 701 m hohen Passhöhe ausgebaut. Eine bezaubernde Aussicht auf das Weinanbaugebiet von Franschhoek verlangt einige Fotostopps. Oft sitzen Baboons am Rande der Straße. Seien Sie vorsichtig, auch wenn Sie noch so niedlich aussehen, sie können sehr aggressiv werden.

3) Viljoen Pass: Namensgeber war Sir Anthony Viljoen, einer der führenden Köpfe der Farmer der Gegend und politisch sehr engagiert. Der Pass ist 525 m hoch.

4) Sir Lowry's Pass: Wie bei vielen Passstrecken, wurde auch dieser Bergübergang ehemals von vielen Tieren als Pfad ausgetreten. Bereits 1838 baute man den Trampelweg zu einem Pass für die ersten Siedler aus. Benannt wurde er nach Sir Lowry Cole, dem ehemaligen Kap-Gouverneur, auf dessen Drängen der Pass gebaut wurde. Er verspricht eine wunderschöne Aussicht auf die False Bay und

Trampelpfad der Tiere

die Kap-Halbinsel. Aber Achtung! Einziger Haltepunkt ist auf der 402 m hohen Passhöhe (achten Sie auf das Hinweisschild).

Blick vom Franschhoek Pass

Drakenstein Valley

Dieses Tal sowie der Bergzug zwischen Franschhoek und Stellenbosch erhielten ihren Namen von Gouverneur Simon van der Stel (Drakenstein bedeutet soviel wie Drachenfelsen). Die Farmer begannen hier vor mehr als 200 Jahren, Weizen, Früchte und Wein anzubauen. Doch gerade mit dem Obst hatte man große Lagerungsprobleme, und vieles verdarb. 1886 gelang es erstmals, Trauben bis nach London zu transportieren.

Lagerungsprobleme

Während man zu jener Zeit in Kapstadt für ein Pfund Trauben einen Penny bekam, erhielt man für die gleiche Menge in London 15 Shillinge. Damit war die Fruchtexport-Industrie Südafrikas geboren. Und wer kennt selbst bei uns in Deutschland nicht das „Cape"-Markenzeichen, sei es von importierten Weintrauben, Äpfeln oder anderen Früchten her.

Wer sich nun noch gerne historische Herrenhäuser anschaut und wem Boschendal nicht genügt hat, dem sei noch das **Manor House auf dem Gut Bien Donné** (R45, nahe der Einmündung der R310 von Stellenbosch) ans Herz gelegt. Es gibt nicht nur interessante Führungen durch das kapholländische Herrenhaus, sondern auch welche durch den Kräuter- sowie Früchtegarten. Dabei wird erläutert, wie die Zutaten in der Kapküche verwendet werden.

Franschhoek (ⓘ s. S. 276f)

Franschhoek, 1688 gegründet von ca. 200 französischen Hugenotten (siehe Infokasten), ist mit seinen knapp 4.000 Einwohnern deutlich kleiner als Stellenbosch und Paarl. Der Name bedeutet übersetzt „Französisches Eck", womit die bestechende Lage am Ostende des Drakenstein Valley ein wenig umschrieben ist. Ursprünglich hieß die Region aufgrund der hier herumstreunenden Elefanten „Oliphants Hoek".

Einst streunten hier noch Elefanten

Franschhoek ist seit langem bekannt für seine erstklassigen Weine, die denen aus den größeren Orten in nichts nachstehen. Der Charakter eines kleinen Ortes ist dabei aber weitgehend erhalten geblieben, und es ist noch gar nicht so lange her, dass nur die wenigsten Weingüter Besuchstouren angeboten haben. Mit dem seit

Am Wochen-ende ist viel los der Abschaffung der Apartheid deutlich zugenommenen Tourismusgeschäftes am Kap hat sich natürlich auch Franschhoek mächtig ins Zeug gelegt. Boutiquen, Straßencafés, gemütliche Herbergen, eine erstklassige Gastronomie szene und vieles mehr locken seither immer mehr Besucher an. Besonders an den Wochenenden bedeutet das aber auch, dass viele Kapstädter den kleinen Ort nahezu überlaufen. Unter der Woche geht es aber sehr beschaulich zu, und u.E. ist Franschhoek der Übernachtungstipp der Weinbauregion.

 **Wie kamen die Hugenotten ausgerechnet in dieses Tal?**

Ab ca. 1685 entschloss sich die Holländisch-Ostindische Handelskompanie, Menschen zu motivieren, sich im Kapland niederzulassen. Man sprach deshalb die Hugenotten an, die durch die Aufhebung des Edikts von Nantes ihre Glaubensfreiheit verloren, sich aber weigerten, ihren protestantischen Glauben aufzugeben, und nun ihre Heimat verlassen mussten.

So kam eine kleine Gruppe im April 1688 an Bord der Oosterland an. Man gab ihnen Land in der Umgebung von Drakenstein, wo van der Stel bereits zwei Jahre zuvor Holländer auf 26 Siedlungsplätze verteilt hatte. Natürlich legten die Holländer großen Wert darauf, dass sich die Franzosen assimilierten. Sie durften ihre Sprache beibehalten, doch bereits nach einer Generation beherrschten nur noch die Älteren die Muttersprache.

Viele Namen von Weingütern in der Umgegend weisen heute noch auf die französische Herkunft der Siedler hin, so z.B. Bien Donné, La Cotte, La Motte und La Dauphine. Und wer einen Blick in südafrikanische Telefonbücher wirft, dem werden dort immer wieder im Lande längst typische Namen wie Du Toit, Fourie, Basson, De Villiers, Viljoen, Le Roux, Thibault, Malan, Joubert u.a. begegnen.

Neben den o.g. touristischen Annehmlichkeiten gibt es auch einiges zu erkunden zum Thema Besiedlung durch die Hugenotten. Am Ostende der Main Road/ Huguenot Street sticht das **Hugenotten-Denkmal** unweigerlich ins Auge. In seiner (burisch angehauchten) Gestaltung oft umstritten, erinnert es an die Vertreibung der Hugenotten aus der europäischen Heimat, ein Thema, das die gläubigen Buren gerne herausgestellt haben, da sie ihre Vorfahren in einer ähnlichen Situation wähnten. Das Monument wurde 1938 – zum 250. Jahrestag der Ankunft der Hugenotten – eingeweiht und besteht aus Granit, der aus der Region um *Loslösung von religiöser Unter-drückung* Paarl stammt. Die Zentralfigur stellt eine Frau dar, die in der rechten Hand eine Bibel hält. Die zerbrochene Kette symbolisiert die Loslösung von religiöser Unterdrückung. Die drei Bögen dahinter stellen die Dreifaltigkeit dar. Auf den Bögen ist die Sonne der Rechtschaffenheit zu sehen, darüber das Kreuz. Die Figur steht auf dem Erdball als Zeichen für das Überweltliche.

Und auch der Teich davor gehört zur Gesamtgestaltung: Er soll ein Symbol für die Ruhe sein, die man nach großer Unterdrückung hier in Südafrika gefunden hatte.

Gleich daneben befindet sich das ***Huguenot Memorial Museum** *(geöffnet: Mo–Fr 9–17h, Sa 9–13h u. 14–17h, So 14–17h)*. Es widmet sich der Geschichte der Hugenotten, überwiegend französische Calvinisten, von der Zeit der religiösen Verfolgung in Europa und ihrer Aufsplitterung, über die erste Phase am Kap, als sie den Siedlern aufzeigten, wie guter Wein produziert wird, bis hin in die heutige Zeit. Im angeschlossenen genealogischen Institut wird auf den Spuren der er-

Erinnert an die ersten Siedler: Hugenotten-Denkmal

sten Hugenotten geforscht, können Interessierte aber auch prüfen lassen, ob sie weitläufige Verwandte am Kap haben. Die Ausstellung alter, kapholländischer Möbel ist ebenfalls sehenswert, bietet aber wenig Neues zu anderen, gleichgearteten Ausstellungen.

Französisches Know How

INFO ## Franschhoek Wine Route

Wie um Paarl und Stellenbosch liegen auch um Franschhoek herum wunderschöne Weingüter, die oft zu einer Weinprobe locken. Entlang der Franschhoek Wine Route liegen die zu den „Vignerons De Franschhoek Valley" zusammengeschlossenen 21 Weingüter: Zu ihnen gehören u.a. Boschedal, L'Ormarins, Bellingham, Môreson, La Motte, La Provence, Haute Provence, Dieu Donné, Franschhoek Vineyards, Clos Cabrière, La Bri, La Couronne, Mouton-Excelsior. Eine Infobroschüre vom Touristenamt erläutert Besichtigungstouren- und programme.

Vier empfehlenswerte Weingüter in und um Franschhoek
Öffnungszeiten und Zeiten für die Touren entnehmen Sie bitte S. 246ff.
- ***Boschedal:** siehe unter Stellenbosch, S. 477
- ***Cabrière Estate:** R45 auf den Franschhoek Pass hinauf. Das Weingut steht

unter Leitung des bekannten Winzers Achim von Arnim, der für seine unkonventionelle Art, die guten Schaumweine nach Richtlinien der Champagner-Branche herzustellen, aber auch für seine guten Vermarktungsstrategien weithin bekannt ist. Herausragend sind auf diesem Gut nicht alleine die Führungen, sondern vor allem das exquisite Restaurant, von dem aus Sie direkt in den, in den Berg gehauenen, Weinkeller schauen können. Nur eine große Glasscheibe trennt Restaurant und Keller. 11 ha Weinanbaufläche, Jahresproduktion: 10.000 Kisten. International herausragende Weine des Gutes: fünf Sekte, vor allem *Pierre Jourdan Blanc des Blancs* und *Brut Sauvage*, und der *Pinot Noir*-Wein.
- ***La Motte:** An der R45 (nordwestl. Ortseingang). 1695 gegründetes Weingut, dessen Weinproben zu den besten am Orte zählen. Zahlreiche historische Gebäude

(nicht von innen zu besichtigen), wenn auch der Weintest-Raum neueren Datums ist. 95 ha Weinanbaufläche, Jahresproduktion: 15.000 Kisten.

International herausragende Weine des Gutes:

• **La Provence/Haute Provence**: R45/Main Rd (nordwestl. Ortseingang). Die zwei historischen Weingüter wurden schon vor langer Zeit zusammengelegt, wobei „La Provence" heute zu besichtigen ist. Das Manor House hier wurde 1756 errichtet, und inmitten der Weinberge bietet das „Jonkershuis" eine ausgefallene Übernachtungsmöglichkeit. In der Probierstube befindet sich eine kleine Kunstausstellung. 29 ha Weinanbaufläche, Jahresproduktion: 5.600 Kisten. International herausragende Weine des Gutes: *Cabernet Sauvignon* und *Larmes des Anges*.

Somerset West (ⓘ s. S. 317f)

Wenig Charme

Die Stadt, 1819 nach Lord Charles Somerset benannt, liegt unterhalb des Helderberges, der wiederum zu den Hottentots Holland Mountains zählt. Ihre Lage am Nadelöhr der N2 sowie dem südlichen Ende der False Bay hat der Stadt wirtschaftlichen Aufschwung beschert, ihr dafür aber auch jeglichen Charme genommen. Einkaufszentren, die N2 und viele Mittelklasse-Wohnhäuser und -Apartments bestimmen das Bild. Einzig das Restaurant „Die Ou Pastorie" sowie die

historische ***Vergelegen Wine Estate** 4 km nordöstl. von Somerset West (entlang Lourensford St. in Richtung Helderberg Nature Reserve, Öffnungszeiten und Zeiten für die Touren entnehmen Sie bitte S. 246ff) lohnen wirklich den Besuch. Vergelegen ist aber ein Juwel unter den Weingütern. Gegründet wurde das Gut von Adriaan van der Stel, der 1699 seinen Vater als Gouverneur abgelöst hatte. 1701 wurde das Herrenhaus eingeweiht. Dabei ging nicht alles mit rechten Dingen zu, denn van der Stel hatte sich

Wieder aufgebaut Vergelegen Manor House

das Land durch korrupte Machenschaften angeeignet, und die Gebäude wurden von Sklaven der Holländisch-Ostindien-Company gebaut. Als man später in Holland diesen und anderen fragwürdigen Machenschaften van der Stels auf die Schliche kam, wurde beschlossen, das großzügige Herrenhaus wieder abzureißen, um keine Nachahmer zu motivieren. Dieses Vorhaben wurde aber nur bedingt durchgeführt, und das jetzige Herrenhaus sieht dem ehemaligen sehr ähnlich, steht mit Sicherheit aber auf dessen Fundamenten. Beeindruckend sind auch die über 300 Jahre alten Kampferbäume, die zum Nationalmonument erklärt wurden. Weingut sowie Herrenhaus können besichtigt werden, in einem Nebengebäude wird die Geschichte der Estate erläutert, Rosen- sowie der Kräutergarten mögen die Botaniker interessieren und das „Lady Phillips Tea Garden" lädt zu einem leichten Lunch bzw. einer Nachmittagserfrischung ein. Natürlich können auch die

300 Jahre alte Kampferbäume

Weine probiert werden. Auf einer Anbaufläche von 100 ha wird Wein für eine jährliche Produktion von etwa 20.000 Kisten angebaut.

Besonders beliebt sind der *Chardonnay* sowie der *Sauvignon Blanc*. Rundum kann man sagen, dass ein Besuch von Vergelegen ein bis zwei aufschlussreiche und schöne Stunden verspricht. Viele Besucher kommen auch für einen Nachmittagsausflug aus Kapstadt hierher.

Von Paarl über den Bain's Kloof Pass nach Worcester und zurück nach Kapstadt

Paarl (ⓘ s. S. 301ff)

Hinweis

Für die Erkundung von Paarl benötigen Sie zumeist das Auto. Als Straßendorf erstreckt es sich über 14 km von Süden nach Norden, und abgesehen vom Touristenamt, dem Afrikaans Language Museum und der Oude Pastorie befinden sich alle wesentlichen Attraktionen außerhalb des Stadtkerns.

Wörtlich übersetzt bedeutet „Paarl" Perle – Perle deshalb, weil die Berge um die Stadt bei einem bestimmten Tageslicht eine perlenähnliche Farbe annehmen. Paarl ist eine der ältesten Siedlungen des Hinterlandes von Kapstadt (s.u.). Es liegt an den Ufern des Berg River, 132 m über dem Meer. Das Tal erhält rund 700 mm Niederschlag pro Jahr, davon 80 % im Winter. *Perlenähnliche Farbe der Berge*

Die Gegend ist aber nicht nur vom Klima verwöhnt, sondern auch dank der Böden sehr fruchtbar. Seit der Besiedlung werden deshalb verschiedene Obst- und Gemüsesorten angebaut, Grundlage der hier angesiedelten Konservenfabriken. Die Granitberge der Umgebung dienten als Steinlieferanten für Grabsteine. Paarl ist ebenfalls bekannt für die Herstellung von „Eau de Cologne". Heute zählt die Stadt ca. 70.000 Einwohner.

Der erste Europäer, der 1657 in dieses Tal gelangte, war der Wissenschaftler **Abraham Gabbema**, und bereits ein Jahr später erfolgte die erste Landvergabe an Siedler. Es waren französische Hugenotten, die hier eine neue Heimat fanden. Die Namen der frühesten Farmen belegen die Herkunft der Erstsiedler: Laborie, Picardie, La Concorde und Nancy. „Laborie" befindet sich heute im Besitz der KWV, der größten südafrikanischen und wohl auch weltweiten Winzergenossenschaft (s. weiter unten).

Die Stadtgeschichte begann mit dem Jahre 1720, als die erste Kirche gebaut wurde, man die mittlerweile sehr lange „Main Street" anlegte und die charakteristischen Eichen pflanzte. Viele der historisch bedeutsamen Gebäude wurden zwischen 1710 und 1760 erstellt, so z.B. die **Oude Pastorie (4)** in der 303 Main Street im Jahre 1714. Diese ehemalige Pfarrei wurde 1937 von der Stadt Paarl aufgekauft, restauriert und in ein Museum (auch **Paarl Museum** genannt) umgewandelt, in dem man alte Möbel, Silber-, Kupfer- und Messinggegenstände sowie *Es begann mit dem Wagenbau*

Ausgesprochen fruchtbar: das Tal des Berg River

Glas bewundern kann. *Das Museum ist geöffnet: Mo–Fr 9–13h u. 14–16h.*
Der erste bedeutende Industriezweig in Paarl war übrigens der Wagenbau.

Die an der Main Street gelegene **Strooidak-Kirche** (Thatchroof Church, Strohdach-Kirche) wurde am 28. April 1805 eingeweiht. Der berühmteste Architekt der damaligen Zeit, Thibault, soll sie geplant haben. Normalerweise ist die Kirche geschlossen, doch oft arbeitet irgendjemand im Gelände um die Kirche, den man um eine Öffnung bitten kann.

Rundum lässt sich aber sagen, dass Paarl weder die Geschichte noch das juvenile Flair von Stellenbosch und nicht die Beschaulichkeit von Franschhoek aufweist. Auch die z.T. sehr schönen Weingüter und historischen Bauten in und um Paarl können nicht über den Eindruck einer sehr bodenständigen und wirtschaftlich orientierten Gemeinde hinwegtäuschen. Daher empfehlen wir, dass Sie sich unter den genannten Punkten die für Sie interessanten Sehenswürdigkeiten anschauen und dann weiterfahren.

Paarl und die Afrikaans-Sprache

*Eine große Rolle spielte Paarl bei der Etablierung der Afrikaans-Sprache. Ein führender Verfechter bei diesen Bemühungen war der aus Holland stammende **Arnoldus Pannevis**, der am Gymnasium der Stadt klassische Sprachen unterrichtete. Ihm fiel in den*

Wiege des Afrikaans

*1870er Jahren auf, dass die eigentlich holländische (niederländische) Sprache von den meisten südafrikanischen Einwanderern holländischer Abstammung nicht mehr verstanden wurde. Durch die geographische Isolierung hatten die Menschen hier im südlichen Afrika die Beziehung zum Hoch-Niederländisch verloren, so dass allmählich eine Sprachwandlung eintrat, die immer stärker geworden war. Denn die holländischen Dialekte der Einwanderer wurden nicht nur durch sie selbst, sondern auch durch den Einfluss immigrierter Franzosen, Deutscher und schließlich auch der einheimischen Khoi-Khoi verändert. Nach der Überzeugung Pannevis' handelte es sich dabei nicht mehr um einen Dialekt, sondern nun bereits um eine **eigenständige Sprache**, das Afrikaans. Er diskutierte diese Beobachtung in Kollegenkreisen.*

*Am 14. August 1875 kam es zu einer historisch bedeutsamen Versammlung im Hause von **Gideon Malherbe**, einem Farmer, der mit der Tochter des Gymnasialdirektors verheiratet war. Man gründete bei dieser Gelegenheit das „Genootskap van Regte Afrikaners". Dieses Datum gilt auch als das der Gründung der Afrikaans Sprache.*

Innerhalb dieser Institution, die sich der Erforschung der Afrikaans-Sprache widmete, wurde die erste afrikaanse Zeitung, „Die Patriot", am 15. Januar 1876 gedruckt, und

Erst 1925 Amtssprache

zwar mit einer einfachen Druckpresse im Hause von Malherbe.
Damit war Afrikaans zur Schriftsprache erhoben. Wortschatz und Grammatik dieser Sprache wurden aufgelistet, aber erst 1925 wurde Afrikaans neben Englisch als Amts-

sprache in Südafrika akzeptiert. Heute erstreckt sich die Literatur in Afrikaans auf alle Gebiete der Kultur und Wissenschaft.

Das Haus von Malherbe in der Pastorie Street (Innenstadt) beherbergt heute das **Afrikaans Language Museum (3)**. Hier befinden sich Exponate zur (europäischen) Sprachgeschichte in Südafrika. Übrigens blieb Holländisch bis 1828 offizielle Amtssprache, wurde dann vom Englischen abgelöst, und erst 1925 erhielt Afrikaans den Status der zweiten Amtssprache. *Das Museum ist geöffnet: Mo–Fr 9–13h u. 14–17h.*

An die Entstehung der Afrikaans-Sprache erinnert auch das **Afrikaanse Taalmonument (Language Monument)** oberhalb der Stadt am südlichen Ausläufer des Paarl Rock. Der Entwurf dieses Monuments stammt vom Architekten *Jan van Wyk*. Sein Plan wurde insbesondere durch die Gedanken der Dichter C. J. Langenhoven und N. P. van Wyk Louw beeinflusst.

Langenhoven verglich die Entwicklung des Afrikaans mit einer schnell ansteigenden, hyperbolischen Kurve: „Stellt man sich dann die Verlängerung der Kurve

Stadtplan Paarl

1 Grande Roche Hotel	**3** Afrikaans Language Museum
2 Reetgedeckte Kirche (Thatchroof Church)	**4** Oude Pastorie (Paarl Museum)

© graphic

in den nächsten zehn Jahren vor, dann wird ohne weiteres klar, dass der letzte Pfahl der fortgesetzten Reihe schließlich hoch oben im Norden in den Himmel ragen wird."

aus: „Denkmal der afrikaanse Sprache", o.J.

Politisches Symbol

Und N. P. van Wyk Louw bemerkte:

„Afrikaans ist die Sprache, die Westeuropa und Afrika verbindet. Sie schöpft ihre Kraft aus zwei Quellen und schlägt eine Brücke zwischen dem großen, hellen Westen und dem magischen Afrika, dem Afrika, das bisweilen so unergründlich ist."

aus: „Denkmal der afrikaanse Sprache", o.J.

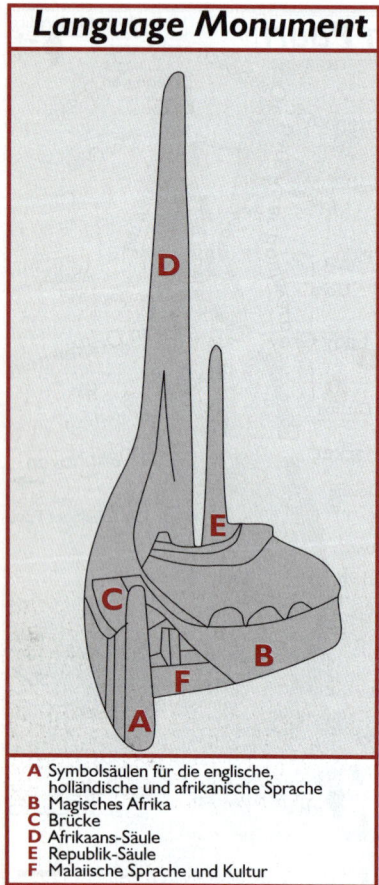

Language Monument

A Symbolsäulen für die englische, holländische und afrikanische Sprache
B Magisches Afrika
C Brücke
D Afrikaans-Säule
E Republik-Säule
F Malaiische Sprache und Kultur

© graphic

Das Denkmal wurde am 10. Oktober 1975 eingeweiht. Es besteht aus zermalmtem Granit der Umgebung, der zu Beton verarbeitet wurde. Die drei sich links am Eingang befindenden Säulen, die miteinander verbunden sind, symbolisieren den Anteil Afrikas, Englands und Hollands am Entstehen der afrikaansen Sprache. In einem Bogen schwingt sich dann eine Verbindung zur 57 m hohen, hohlen Säule hinüber, welche das Afrikaans symbolisiert. Das weder aus Europa noch aus Afrika stammende Malaiisch wird durch die kleine Mauer in der Mitte des Treppenaufganges dargestellt. Neben der Sprachensäule ragt aus dem Wasser die Republiksäule (26 m hoch) empor, ein mehr politisch gedachtes Symbol, das durch seine Öffnung die Aufgeschlossenheit nach Afrika hin darstellen soll. Diese Säule steht stellvertretend für zwei Staaten Europas (Großbritannien und die Niederlande), die am Entstehen der Republik Südafrika beteiligt waren. Die drei gerundeten Formen im Innenkreis repräsentieren Wunder, Geheimnis und Tradition Afrikas.

Natürlich hat die Errichtung eines solchen Monuments auch internationale Proteste hervorgerufen. Dies geschah wohl weniger, weil an der Geschichte der Sprache etwas falsch ist bzw. extrem falsch dargestellt wurde – sieht man einmal ab von der deutlichen Heraushebung des europäischen Anteils. Der Grund lag eher darin, dass man damals den weißen Südafrikanern das Feingefühl für diplomatische Handlungsweise abgesprochen hatte. Das Land geriet wegen der Apartheidspolitik immer weiter ins Abseits und unter-

Internationale Proteste

strich seine Standpunkte dann auch noch mit einem solchen Bauwerk.

Beim Besuch des Monuments sollten Sie auch noch ein wenig auf den Wanderwegen am Berg herumlaufen. Die **Rundsicht** auf Tafelberg, Paarl, False Bay und das Weinland sowie viele bunte Blumen (auch Proteen) belohnen dafür.

Das Taal-Monument ist geöffnet: tägl. 9–17h, im Sommer oft auch länger.

Futuristisch: das Language Monument

INFO Paarl-Wine Route

Auch Paarl hat seine Weinroute, welche z.T. historische Weingüter berührt, aber auch zu empfehlenswerten Restaurants am Wege führt. Informationen und eine Karte bekommen Sie in Paarl direkt bei „Paarl Wine Route" in der Main Street, Tel.: (021) 872-3605 bzw. direkt im Touristenamt (Main Street, Ecke Aurel Street).

Vier empfehlenswerte Weingüter in und um Paarl

Öffnungszeiten und Zeiten für die Touren entnehmen Sie bitte S. 246ff.

• **Fairview:** Suider-Paarl, 2 km abseits der Verbindungsstraße zw. R101 und R44 (nahe N1). Fairview ist eines der meistbesuchten Weingüter der Region. Das liegt aber weniger an dem guten Wein, sondern daran, dass es sich um ein typisches Familiengut handelt und dass hier auch Käse hergestellt wird, vornehmlich aus Ziegen- und Schafsmilch. Ein spiralenförmiger „Ziegenturm" am Gutseingang weist bereits darauf hin. Obwohl die Farmgröße mit 140 ha angegeben wird, gilt Fairview als kleines Weingut, denn ein großer Teil der Fläche wird anderweitig genutzt.

International herausragende Weine des Gutes: *Merlot Reserve, Shiraz (reserve), Gamay Noir, Dry Rose, Charles Gerard Reserve* und *Chardonnay.*

Der Paarl Rock thront über den Weinfeldern

• ***KWV:** Suider-Paarl (Main Rd sowie Kohler Street). Natürlich kommt man nicht umhin, die KWV-Kellereien zu besuchen. Hinter dieser Abkürzung verbirgt sich die *„Kooperatiewe Wijnbouwers Vereeniging"*, die größte südafrikanische Winzergenossenschaft, die bereits 1918 gegründet wurde. Die KWV produziert jährlich große Mengen an Wein und Spirituosen. Sie vermarktet ihren Wein außerhalb Südafrikas. In über 40 Länder exportiert man mittlerweile die Erzeugnisse.

Etwa 35 Millionen Liter Wein werden in den Kellereien gelagert, wobei die geräumigsten Holzfässer mehr als 200.000 Liter fassen! In den 1980er Jahren stammten 90 % des exportierten Weines von der KWV, heute „mischen" natürlich noch viele andere Genossenschaften im Exportgeschäft mit. Trotzdem gilt die KWV als größte Winzergenossenschaft der Welt. Sie können die KWV-Kellereien in der Kohler Street besuchen.

Und natürlich kann man bei der Führung auch die Weine verkosten. Im KWV-Anwesen **„Laborie"** (s.u.) am Fuße des Paarl Mountain kann man die Weine gemeinsam mit einem guten Essen genießen. International herausragende Weine (auch Portweine) der Genossenschaft: *Noble Late Harvest, Hanepoot Jerepigo, Red Muscadel (Jerepigo), Full Tawny Port, Limited Release Port* und *Vintage Port*

• ***Laborie:** Suider-Paarl (Taillefert St., nahe Main Rd). Gehört zur o.g. KWV. Das historische Manor House, der Rosengarten und die großen Eichen auf dem Anwesen machen dieses Weingut zu einem Klassiker. Hier werden die einzigen Weine der KWV hergestellt, die es auch in Südafrika zu kaufen gibt. Sehr ansprechend sind der

Probierraum und das angeschlossene Restaurant im Manor House. Reservierungen zum Essen werden empfohlen. 44 ha Weinanbaufläche, Jahresproduktion: 28.000 Kisten. International herausragende Weine des Gutes: *Chardonnay* und *Pinot de Laborie*.

Paarls Vorzeige-Weingut: Laborie

• **Nederburg:** 7 km nordöstl. von Paarl an der Straße nach Wellington. Nederburg ist ein weiteres, über die Landesgrenzen hinweg berühmtes Weingut. Es liegt idyllisch innerhalb von Weingärten, und das Nederburger Herrenhaus, in dem man an Weinproben teilnehmen kann, ist ein gepflegtes Beispiel kapholländischer Baukunst. Die Anfänge des Weingutes Nederburg reichen in das Jahr 1792 zurück. Philip Wolvaart, ein deutscher Einwanderer, erwarb Farmgelände, das sich insbesondere für den Weinanbau eignete. Er gab seinem Besitz den Namen „Nederburgh", nach dem Chef-Advokaten der Holländisch-Ostindischen Handelskompanie. Das Herrenhaus wurde 1800 errichtet. Viele Generationen blieben dem Weinbau treu, erweiterten die Flächen und experimentierten mit neuen Rebsorten. Schließlich erwarb Johann Georg Graue aus Bremen 1937 die Farm und baute das Haus Nederburg zu seinem heutigen Ruf aus. Er nutzte die Naturgegebenheiten optimal, widmete sich dem Anbau insbesondere von Cabernet Sauvignon- und Riesling-Trauben und verbesserte die Kellereitechniken. Graue war ein Mensch der Tat, und was er anpackte, gelang ihm. Seine Weine wurden auch auf internationalen Prämierungen gelobt. 1953 traf die Familie ein harter Schicksalsschlag: Sein Sohn und Nachfolger Arnold Graue kam im Alter von 29 Jahren bei einem Flugzeugunglück bei Kapstadt ums Leben. Zunächst wollte der Vater aufgeben, denn alles erinnerte ihn an seinen Sohn.

Schließlich ging 1955 Werner Thielscher, der Assistent von Graue war, auf eine Geschäftsreise nach Deutschland, und hier traf er auf Günter Brözel, den er zur Übernahme neuer Aufgaben in Südafrika überreden konnte. Brözel begann seine Arbeit 1956. Im gleichen Jahr verkaufte Graue 50 % seiner Aktien an Monis, einen Produzenten von Sherrys und Dessertweinen. Während Dr. Costa v. Monis die Firmenleitung übernahm, wurde Brözel technischer Direktor.

1959 verstarb Graue. In den Folgejahren verbesserte Brözel ständig die Angebotspalette, und Ende 1978 wurden auf Nederburg 23 Weine hergestellt, die die höchste Qualitätsstufe erreichten. Kein Wunder, dass das Weingut Nederburg heute alljährlich die Szene für eine große südafrikanische Weinauktion abgibt. Mittlerweile hat auch Brözel das Zepter abgegeben, und zwar an Newald Marais, der u.a. am Geisenheim Institute gelernt hat. 650 ha Weinanbaufläche, Jahresproduktion: 660.000 Kisten! International herausragende Weine des Gutes: *Nederburg Cabernet Sauvignon, Nederburg Paarl Riesling* und *Nederburg Kap-Sekt, Brut*

Interessantes im Umkreis von Paarl

• **Victor Verster Prison:** 9 km südlich der N1 an der R303/301 (Verlängerung der Van Riebeeck Street). Nicht auf Robben Island, sondern in diesem Gefängnis verbrachte Nelson Mandela seine letzten Hafttage. Als er es verließ, soll er vor dem Tor das berühmte „Amandla" ausgerufen haben. Das Gefängnis kann aber nicht besichtigt werden.
• In Klapmuts, westlich an der N1, befindet sich der größte Schmetterlingspark Südafrikas: **Butterfly World**, *geöffnet: tägl. 9–17h, Juni-Aug nur: 10–16h.*
• Das **Wiesenhof Game Reserve** (R44 südl. von Klapmuts) mag besonders Familien mit Kindern gefallen: Picknickgebiete, Swimmingpool, Roller-Skate-Rink, Bootsfahrten auf einem See und natürlich afrikanische Tiere (Geparde, Cheetahs, Strauße, Antilopen, Zebras). Am schönsten aber ist der 360°-Rundblick über das Weinland von der 600 m hohen Aussichtskuppe. *Geöffnet: Di–So 9h30–18h.* *360°-Rundblick*
• **Le Bonheur Crocodile Farm**, 7 km südlich nahe der R45 bei Simondium, führt halbstündlich Touren durch die Krokodilzucht-Anlagen durch. *Geöffnet: tägl.: 9–17h.*
• Am eindrucksvollsten mag aber eine Rundfahrt entlang des **Paarl Mountain Nature Reserve** sein. Fahren Sie dazu südlich der Stadt entlang des sog. *Jan Phillips Mountain Drive* (vorwiegend Schotterpiste), der im Norden wieder auf die Main Street trifft. Unterwegs passieren Sie den **Mill Water Wildflower Garden**, in dem es u.a. 15 Proteenarten zu bewundern gibt. Von der Straße beginnen zudem mehrere Wanderwege, die zwischen 2,4 und 10 km lang sind. Wanderer sollten an Sonnenschutz, Getränke und auch ein Schlangenkit denken. Das Gestein des 14 km langen und 6 km breiten Paarl Mountain ist übrigens 500 Millionen Jahre alt und wurde im Laufe der Jahrmillionen durch Erosion freigespült. Drei Erhebungen weist der Berg auf (von Osten beginnend): Paarl Rock, Bretagne Rock und der nur sehr mühsam zu erklimmende Gordon's Rock. Eine schöne Aussicht von der Straße und den Wanderwegen versteht sich von selbst. *500 Mio. Jahre altes Gestein*

Wellington (ⓘ s. S. 301ff), 8 km nördlich von Paarl, wurde ebenfalls recht früh besiedelt und galt als Umladeplatz für die Siedler, die hier ihre Güter auf robustere Planwagen umluden. Daher hieß die Gegend bis 1840 auch *Wagenmakersvallei.* Anschließend benannte man den Ort nach dem Duke of Wellington, dem Feldherrn, der Napoleon 1815 bei Waterloo schlug. Zu erleben gibt es hier aber heute nicht viel, sieht man einmal ab von dem an der lokalen Geschichte orientierten **Wellington Museum** in der Kerk Street (zw. Malan und Berg Sts.). *Tal der Wagenmacher*

Hinweis

*Zum **Bain's Kloof Pass** lesen Sie bitte auf S. 643. Doch bereits an dieser Stelle sei darauf hingewiesen, dass die Straße nicht für große Wohnmobile geeignet ist. An der Strecke würde sich übrigens ein Picknick anbieten. Nehmen Sie doch etwas dafür mit.*

Angelangt an der R43/46, sollten Sie bereits 3 km südlich darüber nachdenken, den Umweg über die **landschaftlich schönere Strecke nach Rawsonville** zu wählen. Dabei passieren Sie nochmals ein paar Weingüter und kurz vor der N2 auch noch heiße Mineralquellen.

Worcester (ⓘ s. S. 334f)

Geschichte und Überblick

Frucht-bares Breede-Tal

Auf dem Rückweg von seiner Erkundigungstour in Richtung des heutigen Beaufort-West kam der Abgesandte von Lord Charles Somerset, Johannes Fischer, durch das Breede-Tal. Der fruchtbare Boden und die schönen Landschaft veranlassten ihn, dem Kapgouverneur davon zu berichten, und der ließ somit 1820 die Ortschaft Worcester gründen. Benannt wurde sie nach Somersets Bruder. Bereits 1822, als die Drostdy (Landvogtei) von Tulbagh (s. S. 642) durch einen Sturm zerstört wurde, entschloss man sich, die neue **Drostdy** in Worcester zu etablieren. Das Gebäude steht noch heute am Ende der High Street.

Heute ist Worcester aber eher eine Industrie- und Handelsstadt, die als zentrale „Großstadt" für das Hex River sowie das Breede-Tal fungiert. Weinabfüllanlagen, Obstmärkte und die großen Brandy-Fabriken bestimmen das wirtschaftliche Leben. In vielen alten Häusern befinden sich jetzt Geschäfte. Obwohl es einige Museen und historische Häuser zu besichtigen gibt, raten wir Ihnen, sich höchstens die **KWV-Brandy-Cellars** anzusehen und vielleicht noch die **Botanical Gardens**. Ansonsten sollten Sie sich Ihre Zeit eher aufsparen für die umliegende Landschaft, interessantere Städtchen wie Franschhoek und Stellenbosch sowie die historischen Weingüter dort.

Museum der KWV Brandy-Cellar

Sehenswertes in Worcester

• *KWV-Brandy-Cellar (1)

Church Street, Führungen Mo–Sa 10h (meist in Afrikaans!) und 14h (meist in Englisch). Deutschsprachige Touren auf Anfrage.
Der südafrikanische Brandy galt schon seit jeher als ein hervorragender Tropfen, der es allemal mit dem aus Spanien aufnehmen konnte. Der erste Brandy wurde

bereits 1672 am Kap destilliert. Der Boykott während der Apartheidzeit hat uns diesen Genuss lange Zeit vorenthalten. Seit Anfang der 1990er Jahre aber wird der südafrikanische Brandy nun auch exportiert, was einen wahren Boom ausgelöst hat. Destillerien im gesamten Weinland und vor allem hier in Worcester haben ihre Produktion seither drastisch heraufgefahren, und Worcester rühmt sich sogar damit, die erste offizielle „Brandy Route" zwischen Stellenbosch und hier zusammengestellt zu haben (Infos und Broschüren in den Touristenämtern im Weinland). Die weitaus größte Brandy-Destillerie und nach eigenen Angaben die größte der Welt ist „KWV-Brandy-Cellar". In 120 „Kochern" wird der Brandy hier hergestellt.

Führung

Auf der ca. 90-minütigen Führung wird Ihnen die moderne Herstellung erklärt, aber auch die früherer Tage. Zudem wird erläutert, wie die großen, kupfernen Bottiche gefertigt werden. Ein Probeumtrunk beendet schließlich die Führung.

mit Probe-umtrunk

Stadtplan Worcester

1 KWV-Brandy-Cellar
2 Beck&Stofberg House und Informationsbüro
3 Hugo Naudé House
4 Kleinplasie Open Air Living Museum
5 zu den Karoo Nat. Botanical Gardens

0   500m

© *i graphic*

Church Square in Worcester

• **Beck & Stofberg House (2)**
Baring St./Church Square, nahe Touristen-amt, geöffnet: Mo–Fr 9h30–16h, Sa 9h30–13h
Das Beck House wurde 1841 erbaut, und heute können Sie hier sehen, wie ein typisches viktorianisches Landhaus zu dieser Zeit eingerichtet war. Im Stofberg House befindet sich ein kleines Museum, das sich der Geschichte von Worcester widmet.

• **Hugo Naudé House (3)**
Russel St., zw. Porter u. Adderley Sts., geöffnet: Mo–Fr 9–16h
Hier zeigt eine Kunstausstellung Werke berühmter Maler, die in Worcester gelebt haben. So z.B. Hugo Naudé, Jean Welz und Bill Davis.

• **Kleinplasie Open Air Living Museum (4)**
Robertson Rd (R60), geöffnet: Mo–Sa 9–16h30, So (keine Vorführungen) 10h30–16h30

Vorführung von Handwerks-künsten
In diesem Open-Air-Museum werden die Handwerkskünste der ersten Pioniere sowie der frühen Landwirtschaft vorgeführt. So gibt es z.B. einen Seifenhersteller, eine alte Farm, einen Schmied und eine Wassermühle. Außerdem wird gezeigt, wie z.B. früher Kerzen gedreht, Korn gemahlen, Kaffee geröstet und Brot gebacken wurden. Interessant auch die Vorführung, wie damals – halblegal – der berüchtigte Whitblits-Schnaps destilliert wurde (siehe auch S. 505).
Angeschlossen an den Komplex ist auch eine Reptilienfarm, auf der Sie 30 verschiedene Schlangen sowie Krokodile bewundern können. Es gibt ein Restaurant.

• **Karoo National Botanical Gardens (5)**
Nördlich der N1, geöffnet: täglich 8–17h
Hier werden auf 144 ha natürlichem und 10 ha präpariertem Grund alle Pflanzen der Karoo und anderer Halbwüstengegenden Afrikas geboten. Dazu findet sich an jeder Pflanze eine kurze Erläuterungstafel. Der Wanderweg im Park führt auf eine kleine Anhöhe, von wo aus man einen hervorragenden Blick auf Worcester und *Stein-Pflanzen* das Breede-Tal hat. Im Gewächshaus schließlich können Sie eine der besten Sammlungen von Stein-Pflanzen anschauen.

Sie haben nun drei Möglichkeiten, nach Kapstadt zurückzufahren:
a) Direkt durch den **Huguenot Tunnel** oder über den schöneren **Du Toits Pass**. Dieses ist die schnelle Variante.
b) Über die R43 und durch den Obstort **Villiersdorp** (kl. Regionalmuseum u. Wild Flower Garden) zur N2 und dann auf dieser weiter über den **Sir Lowry's Pass** (s. S. 478f) und **Somerset West** (s. S. 482f)
c) Über die R43 und durch den Obstort **Villiersdorp** (kl. Regionalmuseum u. Wild Flower Garden) und einige Kilometer dahinter abbiegen auf die R45, die über den **Franschhoek Pass** zurück ins „klassische" Weinanbaugebiet führt.

13. VON KAPSTADT ÜBER MONTAGU (KLEINE/LITTLE KAROO) UND OUDTSHOORN DURCHS LANDESINNERE NACH PORT ELIZABETH

Allgemeiner Überblick

Die beschriebene Strecke

Der erste Teil der Strecke (R318) führt aus der **Great Karoo** über zwei Pässe in die **Little Karoo**. Der kleine Ort **Montagu** besticht durch seine Ruhe und bietet somit die erste Möglichkeit für eine Übernachtung. Von hier folgt die Route der Längsrichtung der Little Karoo entlang der R62 über **Ladismith**, **Calitzdorp** und **Oudtshoorn**. Auch Oudtshoorn bietet sich für eine Übernachtung an. Anschließend können Sie sich entscheiden zwischen mehreren Alternativen: Sie fahren zur **Garden Route** nach **George**, nach Norden zum **Swartberg Pass** oder aber weiter gen Osten über Uniondale und durchs **Langkloof-Tal** in Richtung Humansdorp. Die beschriebene Strecke über die **Baviaanskloof-Berge** ist nur denjenigen zu empfehlen, die Zeit und Lust auf eine schmale, kaum befahrene Piste haben.

Grundsätzlich sei noch darauf hingewiesen, dass auch diese Region sich hervorragend dazu eignet, von der Hauptstraße abzufahren (sowohl nach Norden als auch nach Süden), um über atemberaubende Pässe bzw. durch enge Schluchten in die Great Karoo oder zum Indischen Ozean zu gelangen.

Atemberaubende Pässe und enge Schluchten

Überblick: Was gibt es zu erleben?

Von Worcester bis zum Hex River Pass passiert die N1 Weinfelder- und -hänge, an deren Rändern aber schon deutliche Anzeichen der kommenden Halbwüste zu erkennen sind. Auf wenigen Kilometern durchqueren Sie dann das Westende der Great Karoo, und ab dem Abzeig sowie nach Bewältigung zweier Pässe erreichen Sie schließlich die trockenen Gebiete der **Kleinen/Little Karoo**. Das durch Bewässerung fruchtbare **Keisie-Tal** wirkt dazwischen wie eine Oase und macht nochmals deutlich, wie wenig Niederschlag in der Karoo fällt, aber wie viel Potential in ihr steckt. Die Little Karoo, die sich über ca. 300 km von Montagu bis Uniondale

Wüste mit Potential

Grundsätzlich

- Bei Übernachtungen in den kleineren Orten bzw. an Wochenenden ist eine **vorherige Reservierung der Unterkünfte** anzuraten, da es zumeist nur wenig Alternativen gibt.
- Für eine mehrtägige Fahrt in die abgeschiedene **Baviaanskloof Wilderness Area** unbedingt vorher nach Zeltmöglichkeiten erkundigen und entsprechend auch Ausrüstung (Zelt, Schlafsäcke, Lebensmittel, Getränke etc.) mitnehmen.

Die schönsten Naturerlebnisse

- Die Berge um **Montagu** (S. 494ff; Fahrt in den **Seweweekspoort** (S. 502f); Der **Swart-berg Pass** (S. 513f); Die **Cango Caves** bei Oudtshoorn (S. 511ff); Die **Baviaanskloof Wilderness Area** (S. 517f);

Kulturelle Höhepunkte

- **Joubert House** in Montagu (S. 499f); **Portwein-Farm** in Calitzdorp (S. 503); **Straußenfarm** und **C.P. Nel Museum** in Oudtshoorn (S. 505ff)

Außergewöhnliche Höhepunkte

- Am Abend im Mineral Pool von **Avalon Springs** baden und dabei den Sternenhimmel bewundern (S. 500); Die **Mineralquellen** bei Warmwaterberg (S. 501); In einem ehemaligen Palast eines Straußenfarm-Barons übernachten: **Foster's Folly**; ein Abend mit den „Locals" an der Bar der **Die Moeen Reiseger Herberg** in Willowmore; Die **Bewältigung (!) der Passstrecken** auf dem Streckenabschnitt zwischen Willowmore und Port Elizabeth (Baviaanskloof-Tal und Wilderness Area) (S. 517f).

erstreckt, liegt eingebettet zwischen den Langebergen im Süden und den Swartbergen im Norden. Ihre durchschnittliche Breite beträgt 60 km, womit klar wird, warum sie die „kleine" Wüste ist. Im Gegensatz zur Great Karoo fällt hier aber gerade soviel mehr Niederschlag, dass die fruchtbaren Böden in den Talsohlen bewirtschaftet werden können, wenn auch nur mit zusätzlicher Bewässerung. Calitzdorp z.B. ist daher bekannt für seine Portweine und Oudtshoorn für die Straußenfarmen. Andere Regionen leben vor allem vom Obstanbau.

Das Mehr an Niederschlag wird jedem Reisenden an den Nachmittagen deutlich. Denn dann fällt nahezu regelmäßig die Wolkenfront wie ein unheimlicher Schleier von Süden über die Langeberge in die Little Karoo ein. Zumeist bringt sie keinen Regen, doch die Luft wird feuchter, und das eine oder andere Mal tröpfelt es dann doch. Trotzdem besticht auch die Little Karoo optisch vornehmlich durch ihre kargen, bergig-hügeligen Flächen, die nur selten von Bewässerungsflächen unterbrochen sind. Windräder und gelegentlich auftauchende, einsam wirkende Farmtore unterstreichen schließlich, dass die Menschen sich auch hier um ein Auskommen bemühen.

Montagu wurde bekannt durch seine Mineralquellen und ist heute ein Ort, der Touristen anlockt wegen der Wander- und Klettermöglichkeiten in den umliegenden Bergen der Karoo. Zudem besticht er durch seine ländliche Beschaulichkeit sowie einige historische Gebäude und ein gutes Angebot an Unterkünften.

Nahe *Barrydale* macht ein neuer, privater Wildpark auf sich aufmerksam. Für viel Geld können Sie hier, „kapnah", die Big Five bewundern. *Ladismith* als Obstanbaugebiet, *Calitzdorp* als „Hauptstadt des Portweines" sowie eine Reihe von Pässen und Kloofs bis Oudtshoorn bieten Abwechslung zur Genüge. Hervorgehoben seien an dieser Stelle der **Swartberg Pass** und die **Seweekspoort**.

Oudtshoorn ist ein touristisches Muss. Seit über 100 Jahren gilt diese kleine Stadt, die größte in der Little Karoo übrigens, als das Zentrum für die Straußenzucht. Wenn auch arg touristisiert, ist der Besuch einer der Straußenfarmen hier Pflicht. Östlich von Oudtshoorn

Abendstimmung in der Kleinen Karoo

wird es dann noch beschaulicher, besonders östlich von **Uniondale**. Auf dem letzten hier beschriebenen Abschnitt durchquert die R62 das schöne, aber unspektakuläre Obstanbaugebiet des **Langkloof-Tales**, dessen Hauptort **Joubertina** sich durch absoluten Provinzialismus hervortut.

Zentrum der Straußenzucht

Noch schöner als diese Strecke ist die Piste durch die **Baviaanskloof Wilderness Area**. Für uns bildete sie ein Highlight während der Recherche, denn kaum ein Mensch war im östlichen Abschnitt zu sehen, und die Landschaft beeindruckte durch ihre Vielfalt. Andererseits mögen wir nur Abenteuerlustigen diese ausgesprochen raue, kurvenreiche und schmale Piste empfehlen. Wer nicht wirklich schwindelfrei ist und sich stundenlange „Pistenqualen" nicht zutraut, der sollte hier nicht längsfahren.

Hinweis zu den beiden Streckenalternativen nach und von Port Elizabeth
Sollten Sie sich nun überlegen, welche Strecke Sie wählen sollten für die Fahrt nach Port Elizabeth bzw. Kapstadt, lesen Sie bitte den Kasten auf S. 521ff.

Vorschläge für eine Zeiteinteilung
OPTIMALE ZEIT: 3–4 Tage
• *Vorschlag 1 – nur entlang der Inlandsstrecke:*
- 3 Tage:
1. Tag: Fahren Sie am ersten Tag nach Montagu, wo Sie auch übernachten. Nachmittags können Sie dann z.B. noch eine Wanderung zu den Mineralquellen von Avalon unternehmen.
2. Tag: Ziel ist Oudtshoorn, das Sie möglichst so erreichen sollten, dass Sie am Nachmittag noch eine Straußenfarm besuchen können.
3. Tag: Morgens das C.P. Nel Museum in Oudtshoorn anschauen und dann in Ruhe durchfahren bis zum Beginn der Garden Route bei Humansdorp. Übernachten im Tsitsikamma NP, St. Francis Bay oder nahe Port Elizabeth.
- 5 Tage:
1. Tag: Fahren Sie am ersten Tag nach Montagu, wo Sie auch 2 Nächte bleiben. Auf dem Weg dorthin sollten Sie sich in Worcester noch die Brandy-Fabrik anschauen.
2. Tag: Genießen Sie die Beschaulichkeit von Montagu, unternehmen Sie Wanderungen in die umliegende Berge und schauen Sie sich das Joubert House an.

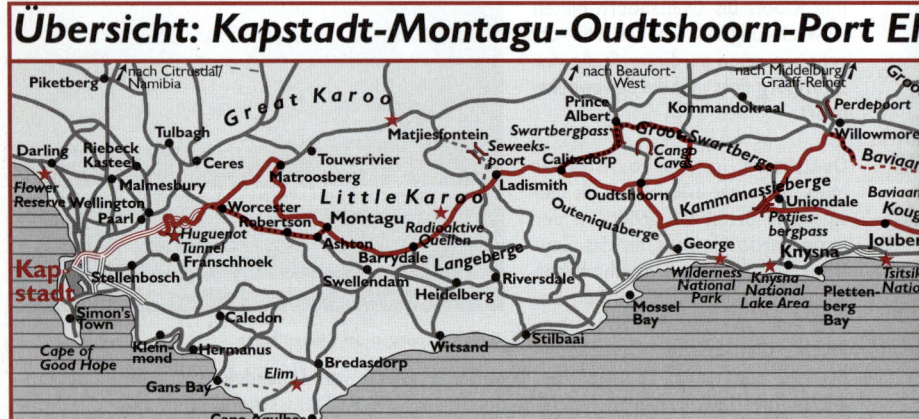

Übersicht: Kapstadt-Montagu-Oudtshoorn-Port E

© graphic

3. Tag: *Ziel ist Oudtshoorn, wo Sie 2 Nächte bleiben. Fahren Sie in Ruhe dorthin, unternehmen Sie auf dem Weg dorthin den Abstecher zu den Mineralquellen von Warmwaterberg, in den Seweweekspoort und/oder zu einer Portweinfarm bei Calitzdorp.*

4. Tag: *Unternehmen Sie eine Rundtour, die Sie zuerst zu den Cango Caves und anschließend über den Swartberg Pass, Prince Albert und zurück durch den Meiringspoort führt.*

5. Tag: *Schauen Sie sich eine Straußenfarm sowie das C.P. Nel Museum an und fahren Sie dann weiter gen Osten zum Beginn der Garden Route bei Humansdorp. Übernachten im Tsitsikamma NP, St. Francis Bay oder nahe Port Elizabeth.*

• Vorschlag 2 – eine Kombination aus der Inlands- sowie der Küstenstrecke:
- 4 Tage:

1. Tag: *Fahren Sie am ersten Tag nach Montagu, wo Sie auch übernachten. Nachmittags können Sie dann z.B. noch eine Wanderung zu den Mineralquellen von Avalon unternehmen.*

2. Tag: *Ziel ist Oudtshoorn, das Sie möglichst so erreichen sollten, dass Sie am Nachmittag noch eine Straußenfarm besuchen können.*

3. Tag: *Von Oudtshoorn fahren Sie über den historischen Montagu Pass nach George, wo Sie sich das Eisenbahnmuseum und das Stadtmuseum anschauen sollten. Weiter geht es dann nach Knysna, in dessen Umgebung Sie übernachten sollten.*

4. Tag: *Brechen Sie früh auf, so dass Sie Zeit haben für die landschaftlichen Höhepunkte zwischen Plettenberg Bay und Humansdorp. Vielleicht genügt die Zeit ja auch noch für eine (vorgebuchte!) Walbeobachtungstour von Plettenberg Bay aus. Evtl. übernachten in einer Hütte an der Stormsriver-Mündung. Alternativ fahren Sie durch bis St. Francis Bay oder nahe Port Elizabeth.*

- 6 Tage:

1. Tag: *Fahren Sie am ersten Tag nach Montagu, wo Sie auch übernachten. Nachmittags können Sie dann z.B. noch eine Wanderung zu den Mineralquellen von Avalon unternehmen.*

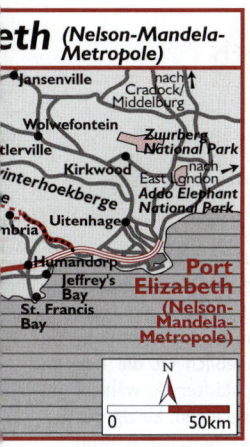

2. Tag: Ziel ist Oudtshoorn, das Sie möglichst so erreichen sollten, dass Sie am Nachmittag noch eine Straußenfarm besuchen können.

3. Tag: Von Oudtshoorn fahren Sie über den historischen Montagu Pass nach George, wo Sie sich das Eisenbahnmuseum und das Stadtmuseum anschauen sollten. Übernachten Sie in Victoria Bay oder Wilderness.

4. Tag: Besuchen Sie zuerst den Wilderness Nat. Park und fahren Sie dann über die Old Passes Road nach Knysna. Hier haben Sie dann noch Zeit zum Austernessen bzw. für den Besuch der Heads. Übernachtung in Knysna.

5. Tag: Fahren Sie nach Plettenberg Bay, unternehmen Sie hier eine (vorgebuchte!) Walbeobachtungstour und besuchen Sie anschließend Monkeyland. Alternativ können Sie den Tag damit verbringen, durch den Knysna Forest nördlich von Knysna (R339 u. R340) nach Plettenberg Bay zu fahren. Übernachtung in Plettenberg Bay oder The Crags.

6. Tag: Nehmen Sie sich Zeit für die Erkundung des Tsitsikamma Nat. Parks, besonders aber des Gebietes an der Stormsriver-Mündung. Evtl. übernachten Sie auch hier. Alternativ fahren Sie durch bis St. Francis Bay oder nahe Port Elizabeth.

Routenbeschreibung und reisepraktische Hinweise

Routenbeschreibung

Von Kapstadt aus nehmen Sie die N1 bis hinter den Hex River Pass und biegen dann nach Süden ab auf die R318 nach Montagu. Von dort bis Oudtshoorn führt Sie dann die R62 durch die Kleine Karoo, das „Kernstück" für dieses Kapitel. Von dort gibt es zwei Alternativen, entweder die südliche Strecke (N12/R62 und N9/R62) oder aber die nördlichere über De Rust (N12, R341 und R339) bis Uniondale. Von dort geht es wieder entlang der R62 über Avontuur und Joubertina nach Osten. Bei Kareedouw haben Sie dann die Gelegenheit, über die 11 km lange R402 nach Süden an die Garden Route zu gelangen.

 Entfernungen
Kapstadt - Abzweiger der R318: 160 km
Abzweig der R318 - Montagu: 82 km *(Montagu - Swellendam:* 57 km)
(Swellendam - Barrydale: 43 km)
Montagu - Barrydale: 66 km
Barrydale - Ladismith - Oudtshoorn: 180 km
Oudtshoorn - De Rust - Uniondale: 107 km
Uniondale - Kareedouw: 124 km
Kareedouw - Port Elizabeth: 140 km
Gesamt (ohne Umweg über Swellendam): 859 km

Sehens- und Erlebenswertes zwischen Kapstadt und Port Elizabeth (durchs Landesinnere)

Hinweis

Zum Weinanbaugebiet (Stellenbosch/Paarl) und zu Worcester lesen Sie bitte auf den S. 468f und 490f.

Schönere R318 Gleich vorweg: Die schnellere Alternative, um nach Montagu zu gelangen, führt natürlich von Worcester über Robertson und Ashton, entlang der gut ausgebauten R60. **Robertson/McGregor** (Wein, Rosen, Pferdezucht, ⓘ S. 314) und **Ashton** (Wein) bieten aber nichts Sehenswertes, und auch die Landschaft ist entlang der R318 schöner, zudem um einiges dünner besiedelt. Schließlich ist die neu ausgebaute R60 eine recht stark befahrene Straße, da viele Kapstädter sie wählen, um schnell zur Garden Route zu gelangen. Einzig der 5 km lange ***Kogmanskloof (Pass)** zwischen Ashton und Montagu lohnt die Strecke, wobei Sie diesen auch von Norden her anfahren können.

Bewässerung sorgt für Oasen

Und noch ein Hinweis für Käseliebhaber: In **Bonnievale**, etwas südlich der R60-Strecke Ashton - Swellendam, befindet sich die größte **Käsefabrik** der südlichen Hemisphäre, die unter der Woche jede volle Stunde besichtigt werden kann.

Die empfohlene Route folgt also zuerst noch der N1, die sich hinter dem Weinort **De Doorn** den **Hex River Pass** hinaufwindet, um danach in die offene, weite und trockene Great/Central Karoo zu gelangen. Von der Passstrecke aus haben Sie noch einmal Gelegenheit, zurückzublicken auf das saftig grüne Hex River-Tal. Kurze Zeit später biegt die R318 nach Süden ab und windet sich über zwei weitere Pässe, den **Rooihoogte** und den **Burgers Pass**. Beeindruckend ist der drastische Übergang zwischen trockener Halbwüste und fruchtbaren, bewässerten Tälern. An einem kleinen Aussichtspunkt schaut man hinunter auf das Keisie-Tal, das sich dort unten wie eine kleine Oase ausnimmt. Kurz vor Montagu sollten Sie noch den kurzen Abstecher in die schöne ***Kogmanskloof**, eine enge, dramatische Schlucht, unternehmen.

Keisie-Tal

Abstecher nach Swellendam: Sollten Sie von der hier beschriebenen Route für einen Umweg über Swellendam abbiegen wollen, empfiehlt sich dieses nach dem Besuch von Montagu. Dann fahren Sie das kleine Stück zurück zum Kogmanskloof, besuchen evtl. die o.g. Käsefabrik in Bonnievale und nehmen schließlich die R60. Hinter Swellendam fahren Sie dann über Suurbraak und über den **Tradouws Pass** bis Barrydale, wo Sie wieder auf diese Strecke gelangen.

Montagu (ⓘ s. S. 296f)

Der kleine Ort wurde 1851 gegründet und nach John Montagu, dem damaligen Sekretär der Kapkolonie benannt. Montagu galt als vorausschauender Politiker, der vor allem für die Durchsetzung der Entwicklung und verkehrstechnischen Anschließung des Hinterlandes und der Karoo sorgte. Auch der Ort Montagu hat davon profitiert, denn bis 1877 bildete die Passage durch die Kogmanskloof den einzigen Zugang zum Ort. Dabei musste der Fluss achtmal überquert werden, was natürlich einige Verluste mit sich brachte. 1877 konstruierte Thomas Bain einen Tunnel und anschließend die Passstrecke. Von da an war Montagu um einiges besser zu erreichen. 1899 errichteten die Engländer sogar noch ein kleines Fort auf dem Berg, von dem heute noch ein paar Reste zu sehen sind.

Anschluss des Hinter-landes

Berühmt wurde Montagu schließlich wegen seines vorzüglichen Muscadel-Weins sowie der 43 °C warmen Thermalquellen. Schon früh bezeichnete es sich daher als „Resort-Village". Das trockene Klima, ausgewählte Wanderwege, der „Old-World-Charme" aus britischer Zeit, die zahlreichen historischen Gebäude (24 National Monuments) – von denen heute einige zu Hotels und Gästehäusern umgebaut sind – und nicht zuletzt die Beschaulichkeit machen den kleinen Ort am westlichen Ende der Little Karoo zu einem beliebten Ausflugsziel. Besonders im Frühjahr, wenn die Halbwüste blüht, zieht es viele Kapstädter und auch Outdoor-Fanatiker hierher.

Montagu: Palmen in der Halbwüste

In Montagu lässt es sich gut entspannen, aber auch die Wanderwege lassen mit Sicherheit einige Naturliebhaber-Herzen höher schlagen. Extremsportler seien noch auf die anstrengenderen Wanderwege, die hervorragenden Möglichkeiten zum Berg steigen sowie die Mountain-Bike-Trails hingewiesen. Und die, die es lieber gemächlich angehen lassen, sollten sich im Touristenamt über die mittlerweile weithin bekannten Trecker-Touren auf den Langeberg Mountain informieren, die i.d.R. Montag und Samstag von der Protea Farm 29 km westlich des Ortes abgehen

Berg steigen und Mountain Biking

Sehens- und Erlebenswertes in und um Montagu

• *Joubert House

25 Long St., geöffnet: Mo–Fr 9h30–13h, 14h30–17h, Sa 10–12h
1853 erbaut, ist das Joubert House eines der ältesten Gebäude des Ortes. Angelegt war es einst als Farmhaus, und die mit Bienenwachs getränkten Pfirsichholzböden sind typisch für die Region. Die viktorianische Einrichtung aus dem 19. Jahrhundert wurde erhalten bzw. der Zeit nachempfunden. Im Herbal Garden, dem Kräutergarten, finden Sie u.a. auch die Heilkräuter, die im u.g. Montagu Museum erklärt werden. Daher es sinnvoll, das Montagu Museum zuerst zu besuchen.

• Montagu Museum
41 Long St., geöffnet: Mo–Fr 9–13h, 14h30–17h, Sa+So 10h30–12h30

Kleines, historisches Museum, das in einer alten Kirche untergebracht ist. Bekannt ist es vor allem für seine Ausstellung zum Thema Medizinkräuter und das dazugehörige Projekt. Wissenschaftler des Museums und der University of Cape Town haben dabei nachgewiesen, dass Heilkräuter bereits während der frühen Khoi-Khoi-Kulturen von Bedeutung waren und teilweise auch unsere heutige Medizin beeinflusst haben. Sie können hier auch Kräuter erstehen.

Medizin-kräuter

• *Spaziergang durch Kloof zu den Springs („Lovers Walk")
Startpunkt: Am nördlichen Ende der Barry Street

Bestimmt steht auf Ihrem Reiseprogramm auch das Durchfahren einer Kloof. Doch zumeist siegt die Faulheit, und man steigt höchstens zum Fotografieren aus. Hier in Montagu haben Sie aber die Gelegenheit, auf einer 45-minütigen, 2,5 km langen Wanderung (eine Strecke) eine Kloof selbst zu erleben. Der Weg ist mit festem Schuhwerk gut zu durchlaufen. Einzige Ausnahme: Nach Niederschlägen während der letzten Tage mag der Keisie River zuviel Wasser führen für die Wanderung. Erkundigen Sie sich besser vorher.

Einfache Kloof-Wande-rung

• Montagu Springs (Mineral Springs)
Geöffnet: täglich 8–23h (nachts baden möglich)

Die 43–45 °C heißen Quellen sind ein beliebtes Ausflugsziel, und zur Anlage gehören das Avalon Springs Hotel sowie eine Feriensiedlung. Tagesgäste können aber bis 23h die Mineralbäder, die Thermen sowie das Schwimmbad nutzen. Tagsüber sind zudem der Massageraum und das Fitnessstudio geöffnet. Besonders viel Spass macht es, sich bei Dunkelheit im Schwimmbad auf dem Rücken treiben zu lassen und in den klaren Sternenhimmel der Karoo zu schauen. Anschließend locken eine kleine Cocktailbar sowie ein Restaurant im obersten Stockwerk des Hotels.

Montagu Springs:
Auch abends ist das Bad geöffnet

Wanderwege um Montagu

Es gibt mehrere Wanderwege im Umkreis. Für jeden ist etwas dabei, egal wie lang oder beschwerlich es sein soll. Besonders beliebt sind der Cogman's Kloof Trail *(12 km, 5–6 Std., moderat) und der* Bloupunt Trail *(15 km, 6–8 Std., Anstieg bis auf 1.000 m). Nahe den Trailheads gibt es einfache Übernachtungshütten und Campinggelegenheiten.*

Hinweis
Zu Swellendam und dem Marloth Nature Reserve lesen Sie bitte auf den S. 584ff.

Fahren Sie nun durch die Kleine Karoo in Richtung Osten. Vor Barrydale zweigt nach Süden die R324 ab nach Heidelberg bzw. Swellendam. Sie führt über den nur

350 m hohen, aber bezaubernden **Tradouws Pass**, dessen dunkles Gestein und Einsamkeit einen ganz eigenen Charme besitzen.

Barrydale (ⓘ s. S. 265f)

Der kleine Ort, flankiert von den Langebergen und nördlich des Tradouws Pass gelegen, wurde 1882 von dem Händler John Joseph Barry gegründet. Auf den fruchtbaren Böden – bei Niederschlägen von nur 300 mm/Jahr – gedeihen Obst (Pfirsiche, Äpfel, Birnen) und auch Wein. Hier präsentieren sich die kleine **Barrydale Co-op Winery & Distillery** (auch Brandy-Produktion) und der kleine **Anna Roux Wildflower Garden**.

Immer beliebter wird der kleine Pub an der R62 (27 km östl. von Barrydale an der Strecke nach Ladismith. Mit dem auffälligen **Ronnies Sex Shop** vergrault der gleichnamige Besitzer der angeschlossenen Farm viele seiner Gäste, doch der Name ist irreführend. Ronnie ist ohne Zweifel ein Unikum, doch die Kneipe hat außer ein paar Pinupgirls an den Wänden wenig mit einem Sexshop zu tun. Denn Freunde malten einst zu der Aufschrift „Ronnie's Shop" (eigentlich als Farmshop gedacht) über Nacht das Wort „Sex" hinzu. Anfänglich gab's also Farmprodukte und halt auch Bier, mittlerweile fließt hier überwiegend der Gerstensaft, und Reisende sowie Nachbarn nehmen hier gerne eine Erfrischung ein. Viele Reisende haben sich seither an den Wänden verewigt. Es gibt auch ein paar Snacks zu essen. Und wer nun, inmitten der Kleinen Karoo, so ganz einsam eine Nacht verbringen möchte, der sollte sich in das 150 m entfernte, ehemalige Schäfer-Häuschen von Ronnie einmieten.

Wüsten-Pub und heiße Quellen

Kurz darauf geht es links zu den **radioaktiven Mineralquellen** bei Warmwaterberg (Baden möglich). Etwas trutschig geht's hier schon zu, aber das Warmwasserbassin ist 24 Stunden geöffnet. Hier können Sie campieren (tolle Aussicht auf die Kleine Karoo) oder ein Zimmer mieten, und eine Bar mit Restaurant gibt es auch.

Schon vor Ladismith fällt dann die gespaltene Bergspitze in den Swartbergen auf. Es handelt sich um den **Towerkop**, von dem die Legende behauptet, dass eine erboste Hexe ihren blitzenden Zorn zur Spaltung nutzte. Heute spricht man eher von der „Zahnlücke".

Ladismith/Ladysmith (ⓘ s. S. 292)

Der 1852 gegründete und nach Lady Juana Smith, der Frau des damaligen Gouverneurs der Kapprovinz, benannte Ort mag auf den ersten Blick wenig zu bieten haben. Doch der Schein trügt. In der Geschichtsschreibung machte Ladismith Furore durch eine monatelange Belagerung durch die Buren 1899/1900. Sie endete erst, als die Engländer, nach mehreren Versuchen, diese 118 Tage später brachen. Täglich starben in den letzten Wochen der Belagerung durchschnittlich 28 Menschen an Unterernährung bzw. Krankheit. Im kleinen **Ladysmith Siege Mu-**

Belagerung durch die Buren

seum *(Murchinson St., geöffnet: Mo–Fr 8–16h, Sa 10–12h)* können Sie mehr darüber erfahren. Vor der Town Hall nebenan stehen Kanonen, die bei der Belagerung eingesetzt wurden. Bekannt ist und gefürchtet war im Englisch-Burischen Krieg vor allem die 12,5-cm-*Long Tom-Gun*.

Das Gebiet um Ladismith, meist wird das „i" verwendet, um einer Verwechslung mit dem Ort in Natal vorzubeugen, erstarkte landwirtschaftlich bereits während

des „Ostrich-Feather-Booms" (siehe Oudtshoorn, S. 504ff) und ist heute das anerkannt größte Aprikosenanbaugebiet der südlichen Hemisphäre. Schafe, Milchkühe, Pflaumen, Nekatrinen und Pfirsiche tragen zudem zum Wohlstand bei, der um so bemerkenswerter ist, betrachtet man die offensichtlich karge Umgegend. Künstliche Bewässerung und gute Böden in den Talsohlen widerlegen diesen ersten Eindruck.

Heute ist der kleine Ort Ausgangspunkt für Wanderungen in die Swartberge, Rundtouren nach Zoar, Amalienstein, durch die atemberaubenden Seweweekspoort sowie das schöne Hoeko Valley. Selbst Künstler haben diese eigenständige Romantik für sich entdeckt und beginnen kleine Ateliers einzurichten.

Zoar und **Amalienstein** sind zwei alte Missionsstationen, in deren Geschichte auch die Berliner Missionsgesellschaft mitgemischt hat. Dies ging nicht immer reibungslos vonstatten, denn die „Konkurrenz"

Berliner Ursprungs: Missionsstation Amalienstein

in Form der Dutch Reformed Church sowie der Südafrikanischen Missionsgesellschaft wollte natürlich auch ein Wörtchen mitreden. Amalienstein wurde übrigens nach Amalie von Stein aus Berlin benannt, die der Missionsstation finanziell unter die Arme gegriffen hatte.

*Seweweekspoort

Kurz hinter Zoar zweigt eine Schotterpiste ab (keine großen Camper!), die nach wenigen Kilometern durch die atemberaubende Seweweekspoort, eine enge Schlucht aus roten Felswänden, führt. Sie durchquert die Swartberge und verbindet die Little mit der Great/Central Karoo. Sieben Wochen („Sewe Weeks") benötigten die Planwagen früher, um die Strecke zurückzulegen, so sagt eine der beiden Legenden. Die andere behauptet, ein Schmuggler sei vor den Behörden

Sieben Wochen ...

geflüchtet und hat den 7 Wochen längeren Weg, u.a. durch diese Schlucht gewählt und ist dabei erfolgreich nach Kapstadt durchgekommen.

„Verbogene Felsen"

Unterwegs laden heute Picknickplätze unter schattenspendenden Strohdächern ein, und die „verbogenen" Steinwände machen wieder deutlich, welche Kräfte die Natur besitzt. Geologisch betrachtet, sind die „verbogenen Felsen" zurückzuführen auf die Riffelungen auf dem ehemaligen, sandigen Meeresboden, die in der späteren Trockenperiode dann versteinert wurden. Die Durchfahrt dauert je Richtung etwa 30–40 Minuten, und am nördlichen Ende können Sie dann wieder umkehren. Alternativ besteht natürlich die Möglichkeit, der Piste weiter gen Westen zu folgen bis Laingsburg. Nördlich der Swartberge führt sie durch ein durch Bewässerungstechniken nutzbar gemachtes Obstanbaugebiet. Einige der kleinen

Piste durch den Seweweekspoort

Farmen bieten hier Fremdenzimmer an. Doch verlassen Sie sich nicht darauf, denn die Farmer sind oft unterwegs in ihre „Großstadt" Laingsburg. Sollte es aber klappen, können Sie hier die Einsamkeit der Karoo so richtig erleben. Zwischen Ladismith und Laingsburg (ca. 90 km) gibt es keine verläßliche Tankstelle und auch kein Restaurant. Der angeschriebene Campingplatz nördlich der Seweweekspoort scheint auch nur selten geöffnet zu sein. Erkundigen Sie sich besser vorher im Touristenamt in Ladismith und tanken Sie gegebenenfalls.

Einsame Fremdenzimmer

Stellt sich nun vielleicht noch die Frage, warum die Swartberge nicht „Rot"-Berge heißen. Das liegt daran, dass die ersten Siedler die Berge nur aus der Distanz gesehen haben, und von dort wirken sie schwarz und bedrohlich. Sonne, Geomorphologie und Pflanzen haben darüber hinaus die Außenseite der Bergkette dunkel „gefärbt".

Calitzdorp (ⓘ s. S. 269f)

Der Ort wurde errichtet auf der ehemaligen, 1821 offiziell anerkannten Farm Buffelsvlei. 1845 wurde das Gemeindehaus erbaut. 25 km entfernte Mineralquellen machten Calitzdorp bereits vor 100 Jahren zu einem begehrten Touristenort. Das kleine **Museum** in der Andrie Pretorious Street weiß heute mehr über vergangene Tage zu berichten. Vom **Hennie Cloete Nature Garden** haben Sie einen schönen Blick auf den Ort, der heute eher als **„Portwein-Metropole"** Südafrikas bezeichnet wird und auch bekannt ist für die Sukkulenten, die ihn umgeben. Den Portwein, der Ende der 1990er Jahre eine heiße Diskussion wegen des Namensschutzes mit der EG auslöste, können Sie in drei Weinkellereien probieren und erstehen.

Mineralquellen und Portwein

Im nahe gelegenen **Gamkasberg Nature Reserve** gibt es Wanderwege und nahebei die o.g. Mineralquelle.

Oudtshoorn (ⓘ s. S. 299ff)

Überblick und Geschichte

Wirt-
schafts-
zentrum

Mit ca. 45.000 Einwohnern ist Oudtshoorn die bei weitem größte Stadt in der Kleinen Karoo und liegt, von den umliegenden Bergen geschützt, in einem sanften Tal. Ursprünglich gab es an der Stelle der Stadt die Farm „Hartenbeesrivier". Als die Bevölkerung im Gebiet der Kleinen Karoo allmählich anwuchs, stellte der Farmbesitzer C. P. Rademeyer vier Hektar seines Grundes zur Verfügung und stiftete 1839 eine Kirche. Damit war der Grundstein für die spätere Stadt gelegt. Seinen Namen erhielt Oudtshoorn nach der Baronesse Gesina E. J. van Reede van Oudtshoorn, der Frau des Kommissars von George, einem gewissen E. Bergh. Er war oberster Verwaltungsbeamter für die gesamte Region um George, einschließlich der Kleinen Karoo.

Obwohl die Gegend von Oudtshoorn sehr trocken ist, hat man genügend Wasser, das der Olifants River und sein Nebenfluss Grobbelaars herbeiführen. So konnte man sich von Anbeginn mit landwirtschaftlichen Produkten versorgen, legte Gärten und Luzerne-Felder an, auf denen sich in den Boomjahren der Straußenfeder-Produktion über 100.000 Strauße tummelten. Die Zeit vor dem 1. Weltkrieg (1. Boom: um 1870, 2. Boom: vor dem 1. WK) war sicherlich die wirtschaftlich bedeutsamste Periode des Städtchens, und die reichen Straußen-Farmer – als „Feder-Barone" bezeichnet – sowie die zumeist jüdischen Feder-Händler bauten

Straußen-
Show-
farmen

sich „Straußenpaläste" und verschnörkelte Villen mit Jugendstileinrichtungen. Ein gutes Beispiel für die „Straußen-Paläste" stellt der „ostrich-palace" Pinehurst dar, 1911 für E. J. Edemeades errichtet. Mit dem wirtschaftlichen Niedergang nach dem 1. Weltkrieg ging es langsam bergab mit dem Federschmuck, wenn auch die „Golden Twenties" noch einmal für wenige Jahre die Straußenfeder-Industrie

aufflackern ließ. Erst seit den 1970er Jahren, als Oudtshoorn begann sich seiner eigenwilligen Geschichte wieder bewusst zu werden, keimt wieder Hoffnung auf. Der Tourismus boomt, und einige neue Straußenfarmen sowie die für die Touristentouren eingerichteten Showfarmen sorgen seither für frischen Wind. Es gab sogar Anfang der 1990er Jahre Hoffnung, dass die Federn erneut in Mode geraten. Die Tatsache aber, dass seither überall in der Welt – und vor allem eben in anderen Regionen Südafrikas – Straußenfarmen für die Fleisch- und Lederproduktion aus dem Boden schossen, haben für eine kolossale Überproduktion an Federn gesorgt, so dass der Federn-Sektor in Oudtshoorn nicht wieder in Gang kam.

Auf einer Fahrt in der Umgegend werden Ihnen aber die vielen Strauße auffallen. Sie werden heute nahezu ausschließlich für die Fleischproduktion gehalten.

In Oudtshoorn dreht sich alles
um den Strauß

Oudtshoorn – und besonders seine Innenstadt – macht auf den ersten Blick einen wenig attraktiven Eindruck.

Stripmalls, wie sie so typisch sind für südafrikanische Kleinstädte, verschandeln das Bild. Doch verbergen sich in Seitenstraßen und im Umland so einige architektonische Schätze, zumeist in Form von Sandstein-Häusern, aus den Boomjahren der Straußenfedern.

Kunstfestival

Seit einigen Jahren versucht sich Oudtshoorn auch als künstlerisch orientierte Stadt. Jedes Jahr Ende März/Anfang April boomt es dann auf diesem Sektor – der bewusst die Strauße außen vor lässt. Mit gewissem Erfolg, wie es scheint. Denn dann sind alle Zimmer bereits monatelang im Voraus ausgebucht.

Ausgebucht

INFO   Whitblits – ein Schnaps für alle Fälle

Abgelegene und puritanische Gebiete sind bekannt dafür, dass illegal Schnaps gebrannt wird. Das war und ist überall auf der Welt so und so auch in der Kleinen Karoo um Oudtshoorn.

Reichlich versorgt mit allerlei Früchten der Region, entwickelten die versteckten Destillerien einen herben Tropfen aus vornehmlich Aprikosen, Rosinen, Weintrauben und Trockenpflaumen. Die Mischung war stets eine andere, je nachdem, was die Ernte gerade brachte. Oft wurden auch andere Zutaten beigemengt.

Still geduldet von den Behörden, wurde dieses Teufelszeug gerne nach dem Besuch der Sonntagsmesse genossen, war aber auch ein hochgeschätzter Wegbegleiter auf den endlosen Etappen durch die Halbwüste. Zahlreiche Gerüchte berichten davon, dass der Whitlips so hochprozentig war, dass er bei Benzinknappheit oft als Ersatzkraftstoff herhalten musste.

Sehenswürdigkeiten in Oudtshoorn

• *C.P.Nel Museum

Baron von Rheede Street, Ecke Voortrecker St., geöffnet: Mo–Sa 9–13h, 14–17h, So nach Anmeldung.

Dieses durchaus lohnende Regionalmuseum zählt zu den besten Kleinstadtmuseen des Landes. Natürlich liegt auch hier der Schwerpunkt auf der Darstellung der Straußen-Epoche (1860–1930). Akribisch genau wurden alte Möbel, Kleider, Haushaltsgegenstände und Bücher gesammelt. Eine nachempfundene Apotheke aus der Zeit um 1900 macht zudem deutlich, wieviel Geld in Oudtshoorn gewesen ist.

Am eindrucksvollsten, und daher ist auch unbedingt ein Besuch hier vor dem einer Straußenfarm empfehlenswert, ist der große Raum, in dem sich alles um die Strauße und ihr Federkleid dreht. Da wird erläutert, dass schon die alten Ägypter die Federn als Schmuck benutzten, dass der Strauß ursprünglich aus der Region der westlichen Sahara stammt und dass die artverwandten Laufvögel der anderen

Kontinente (Rhea, Emu etc.) doch um einiges kleiner sind. Doch Strauße sind auch auch bei Sportarten und kriegerischen Wettkämpfen das Symbol für „Ausdauer und Geschwindigkeit". Rugbyteams, Wüstenregimenter und edle Herrenclubs, sie alle schmückten bzw. schmücken sich mit Straußenfederemblemen. Achten Sie auch auf den Schaukasten zum Thema Straußenaufzucht. Bereits 1869 begann man hier da-

Einst galt die Straußenfeder als schick

Die künstliche Aufzucht brachte den Durchbruch

mit und das brachte den entscheidenden Durchbruch: Das Problem bis dahin war die geringe Fortpflanzungsrate. Oft verloren die Strauße ihre Brut, viele Küken schlüpften nicht oder starben kurz nach der Geburt. Doch die künstliche Aufzucht der Brut änderte alles.

Ein Archiv sowie eine Bibliothek im Hause können unter der Woche genutzt werden. Ein Blick in die Geschichte des Straßenbaus bietet dabei z.B. Einblicke in den Bau des Swartberg Passes.

Angeschlossen an das Museum ist das **Le Roux Townhouse** *(146 High Street, gleiche Öffnungszeiten)*. Das 1909 erbaute Stadthaus gehörte einem Straußenbaron, der es während seiner Besuche in der Stadt nutzte und später seiner Tochter vermachte. Diese entwickelte Ende der 1930er Jahre, nachdem das Geld der Familie bedeutend knapper wurde, einen gewissen Geiz und veränderte nahezu gar nichts in dem Haus. Somit können Sie heute hier sehen, wie man damals lebte. Beachten Sie die Jugendstil-Glaspaneele und -Lampen. Auch die Linoleum-Böden sind aus dieser Zeit erhalten. Damals galten sie als fortschrittlich.

Einen Straßenblock entfernt vom Le Roux Townhouse lohnt noch ein kurzer Blick in die opulente **Dutch Reformed Church**, die aber nur *Di, Do u. Sa von 9h30–11h30* geöffnet ist.

Oudtshoorn-Stadtplan

N

0   200m
Kartenmaßstab im Randbereich stark verkleinert

Cango Ostrich/ Butterfly Farm

zu den Cango Caves und Cango Wildlife Ranch

R328

Noord

Van der Riet

Park

Jan van Riebeeck

Baron van Reede

High

Church

St. John

zum Golfplatz

Le Roux Townhouse

nach Calitzdorp/ Montagu

Voortrekker

CP Nel Museum

Vrede

nach De Rust Beaufort West

R328

Langenhoven

Safari Show Farm

Highgate Ostrich Show Farm

Simpson

Rademeyer

nach Mossel Bay

© graphic

- **Langenhoven House/Arbeitsgenot**

Jan van Riebeck St., zw. Church u. van der Riet St., geöffnet: Mo–Fr 9–12h30, 14–17h30, Sa 9–12h30

„Arbeitsgenot" ist das Haus des bekannten Afrikaans-sprachigen Dichters C. J. Langenhoven. Der Autor mag den meisten unbekannt sein, aber wer sich für die Wohnverhältnisse im „historischen" Oudtshoorn interessiert, kann hier etwas über die typische Mittelklasse-Einrichtung der damaligen Zeit lernen.

Zwei Straußenfarmen südwestlich von Oudtshoorn

Zwei Straußenfarmen an der R328 nach Mossel Bay (ca. 6 bzw. 9 km von Oudtshoorn) haben sich darauf spezialisiert, Besuchern alles über Straußenzüchtung zu zeigen und zu erklären:

- **Safari Show Farm:** *An der R328 in Richtung Mossel Bay, ca. 6 km von Oudthoorn entfernt. Geöffnet: täglich 7h30–17h. Touren alle 30 Minuten.* Interessant ist hier das sandsteinerne Haupthaus, das noch aus den Boomjahren der Straußenfedern stammt. Die Farm zählt heute über 2.500 Strauße. Tourlänge: 90 Minuten.

- ***Highgate:** R328 nach Mossel Bay und dann nach 8 km nach rechts abbiegen. Geöffnet: täglich 8–17h, Touren alle 15 Minuten.* Die wohl interessanteste Touristen-Straußenfarm, da auf der 90minütigen Tour wirklich alle Vorgänge gezeigt wer-

Straußenaufzucht auf „Highgate"

den, so z.B. wie Straußenfedern präpariert, Spezialaufträge ausgeführt, wie Straußeneier bemalt werden und was bei der Aufzucht zu beachten ist. 3.000 Strauße gehören zu dieser Farm. Angeschlossen ist zudem ein kleiner botanischer Garten, **„Tortoise Trail"**, in dem gezeigt wird, dass die Wüste lebt und vielseitig ist. Viele Pflanzen, die man mit ungeschultem Auge nicht wahrnehmen würde, werden hier in ihrem natürlichen Umfeld erläutert. Außerdem widmet sich der kleine Garten besonders den verschiedenen Landschildkröten, die sich ebenfalls gerne in diesem Habitat aufhalten. Straußenfarmtour: 90 Minuten, Tour durch den „Tortoise Trail": 30 Minuten. Deutschsprachige Führung möglich.

Es gibt auf „Highgate" ein Restaurant, für das Sie aber möglichst reservieren sollten: *Tel.: (044) 272-7115/6.*

Bei beiden Farmen enden die 1 ½stündigen Führungen mit einem **Straußenrennen**. Mutige Besucher können einen Straußenritt versuchen. Es mag ein wenig makaber aussehen, und ob Strauße nun dafür geeignet sind, dass man auf ihnen reitet, mag auch dahingestellt sein. Die Führer behaupten, es sei nicht schädlicher für die Laufvögel als für Pferde. Zoologen sind da aber anderer Meinung.

Straußenritt

INFO Strauße – die größten Laufvögel der Welt

Strauße in freier Natur

- **Allgemeines**

Der Strauß ist der größte heute lebende Vogel. Aufgrund seiner außergewöhnlichen, auffälligen Erscheinung ist er zugleich einer der bekanntesten. Große Männchen können bis zu 120 kg schwer und 2,60 m hoch werden, wobei der Hals fast die Hälfte der Körpergröße ausmacht. Das Gefieder des Männchens ist schwarz, ausgenommen die weißen Schmuckfedern an den Flügeln und am Schwanz (oft gelb-braun). Mit dieser Farbe können die Männchen nachts die Brut verhältnismäßig unauffällig beschützen, während die Weibchen dann auf Futtersuche sind. Wegen dieser Schmuckfedern ist der Bestand an Straußen zunächst stark vermindert worden; erst später wurden Straußenfarmen gegründet.

Strauße lebten ursprünglich in der Sahel-Zone

Das Gefieder des Weibchens ist braun, die Federn werden zur Spitze hin heller. Umgekehrt wie bei den Männchen, können so die Weibchen tagsüber die Brut bewachen. Der Kopf, der größte Teil des Halses und die Beine sind nackt, aber die Augenlider haben lange, schwarze Wimpern. Jeder Fuß hat zwei starke Zehen, die längere ist mit einer stärkeren Klaue versehen.

- **Verhalten**

Strauße sind außerordentlich wachsam. Ihr langer Hals gestattet ihnen, schon in großer Entfernung Feinde festzustellen. Deshalb ist es ziemlich schwierig, Strauße in der Wildnis zu beobachten. Sie leben in sehr trockenen Gebieten, stammen ursprünglich aus der Sahelzone und durchstreifen auf der Nahrungssuche das offene Land oftmals in starken Trupps. Während feuchter Perioden teilt sich die Gruppe in Familien, bestehend aus einem Paar mit Küken und Jungtieren. Ein Hahn oder eine Henne führt den Trupp und entscheidet, ob das Revier gewechselt wird. Wenn die Gruppe vertrautes Gebiet verlässt oder an eine Wasserstelle kommt, wo keine anderen Tiere trinken, treibt das Leittier die Jungtiere vor sich her, um einen eventuellen Angreifer aus der Deckung zu locken.

Etwas Erstaunliches: Strauße können zur Not auch schwimmen.

- **Fressgewohnheiten**

Strauße fressen nahezu alles. Vorgezogen werden Pflanzen, Früchte, Samen und Blätter. Sie fressen auch kleine Tiere, manchmal sogar Eidechsen und Schildkröten.

Sie stehen in dem Ruf, wirklich Allesfresser zu sein. Selbst Metallstücke werden geschluckt. Sie fressen auch beträchtliche Mengen an Sand und Steinen, um ihre Verdauung zu fördern. Durch die Aufnahme so harter Materialien zerkleinern sie die Nahrung im Magen. Man sagt, aus der Art der Sandkörner und Kiesel könne man bei einer Obduktion genau die vom Strauß zurückgelegte Strecke verfolgen.

• **Familienverhältnisse**

Noch bis vor kurzer Zeit rätselte man, ob Strauße polygam oder monogam veranlagt seien. Man weiß heute, dass Strauße monogam sein können, aber in der Regel polygam sind. Die gesellschaftliche Ordnung der Strauße ist recht anpassungsfähig, und es kann sein, dass ein Männchen, das ein Weibchen mit Küken begleitet, durchaus nicht der Vater der Küken zu sein braucht. Jede Henne legt 6 bis 8 etwa 15 cm lange und bis zu 1,5 kg schwere Eier (= 24 Hühnereier). Die Schale eines Eis ist so hart, dass sie 120 kg Gewicht standhalten kann. Die Hennen eines Harems legen alle in das gleiche Nest, das aus einer Bodenvertiefung von etwa 3 m Durchmesser besteht. Es kann drei Wochen dauern, bis alle Eier gelegt sind, dann treibt die Haupthenne die anderen weg, und das Nest wird von ihr und dem Hahn behütet. Das Brüten besteht mehr darin, das Nest zu beschatten, als es warm zu halten.

Interessant ist, dass die Männchen bei Nacht über den Eiern brüten, die Weibchen bei Tage (s.o.). Gegen Ende der sechswöchigen Brutzeit werden die am meisten entwickelten Eier am Rand des Nestes zusammengebracht. Die Küken können kurz nach dem Schlüpfen laufen und einen Monat später schon eine Geschwindigkeit von 50 km pro Stunde erreichen. Im Alter von vier bis fünf Jahren werden sie fortpflanzungsfähig. Strauße können bis zu 40 Jahre alt werden.

• **Flucht vor Feinden**

Erwachsene Strauße fürchten sich kaum vor Feinden. Sie sind sehr wachsam und können auf Strecken bis zu 3 km bis zu 70 km pro Stunde laufen. Eier und Küken können jedoch Schakalen und sonstigen Räubern zum Opfer fallen. Die Erwachsenen führen ihre Küken aus den Gefahrenzonen hinaus.

Straußenzucht um Oudtshoorn

Um 1865 herrschte in der Kleinen Karoo eine große und langandauernde Dürre. Sehr viel Vieh verendete, und die Siedler hatten Not zu überleben. Man beobachtete, dass die Strauße mit der Trockenzeit ganz gut fertig wurden, und wenigstens diese Tiere lieferten das dringend benötigte Fleisch, an dessen Geschmack man Gefallen fand. Außerdem waren die hübschen Federn der Tiere verkäuflich. Und so entwickelte sich allmählich der Gedanke, Strauße auf speziellen Farmen zu halten.

Im Zuge dieser „Domestizierung" baute man Luzerne als besonders nahrhaftes Futter an, doch zunächst einmal herrschte Skepsis. Die Feder-Händler gaben vor, dass die Qualität der domestizierten Tiere nicht so gut sei wie die der in freier Wildbahn lebenden Strauße, und so zahlten sie niedrigere Preise. Aber beharrlich hielt man an der Idee fest, und der Farmer von Malitz war der erste, der im großen Rahmen mit der Straußenzucht begann. In der Folgezeit entwickelte man Brutapparate, baute Luzerne an und installierte stabile Drahtzäune.

Der Modetrend nahm die angebotenen Federn bereitwillig auf. Das Land um Oudtshoorn stieg auf über 1.200 Rand pro Hektar, und man war bereit, für Zuchttiere bis zu 2.000 Rand auf den Tisch zu legen. Die Federn wurden nahezu mit Gold aufgewogen. Doch mit dem Ausbruch des 1. Weltkrieges brach der Straußenmarkt zusammen, und eine große wirtschaftliche Depression traf das Oudtshoorn-Gebiet. Die Zahl der Tiere musste drastisch reduziert werden. In der Folgezeit begann man verstärkt, alle möglichen Nebenprodukte aus Straußen herzustellen. So produziert man heute im großen Stil Fleisch (cholesterinarm) sowie Biltong (gewürztes, luftgetrocknetes Fleisch), verwertet die Eingeweide als Viehfutter und verarbeitet die Knochen zu Knochenmehl. Aus den Häuten wird Leder hergestellt, aus dem man Taschen und andere Lederwaren produziert.

Einige Zahlen spiegeln den Aufschwung der Straußenfeder-Produktion wider:

Jahr	Exp. Federn in kg	Wert in Mio Rand
1880	74.000	1,8
1904	210.000	2,0
1913	464 581	6,0

Heute gibt es in der Umgebung von Oudtshoorn gut 200 Farmer, die Strauße halten. Etwa 70 % der Federproduktion geht nach Europa, den Rest verarbeitet man in Südafrika zumeist für Staubwedel. Die Qualität der Federn hat sich stetig verbessert, denn Zuchtmethoden und Fütterung sind mittlerweile ausgefeilt. Man rupft Strauße, die in Herden von etwa 100 bis 150 Vögeln gehalten werden, ca. alle neun Monate. Dies ist jedoch für die Tiere nicht schmerzhaft, da die langen Federn geschnitten werden. Rund 1 kg Federn wird dabei gewonnen, und je nach Qualität erhält der Farmer hierfür etwa 10 bis 300 Rand.

Sehenswertes nördlich von Oudtshoorn (entlang der R328)

• Cango Wildlife Ranch and Cheetahland
R328, 3 km außerhalb von Oudtshoorn, geöffnet: täglich 8h-mind. 17h.
Auf dieser, wie ein Zoo angelegten Ranch können Sie die verschiedensten Wildtiere erleben, so z.B. Krokodile, Cheetahs und Schlangen, aber auch Kamele, *Kaninchen-* „Mini"-Hippos und Otter. Angeschlossen ist noch die **Angora Rabbit Show**
zucht **Farm**, auf der erläutert wird, wie man diese Kaninchen züchtet und wie ihr Fell verarbeitet wird. Im **Zindago's Restaurant** können Sie schließlich auch Krokodilfleisch probieren *(Tel.: (044) 279-2656). Auch abends geöffnet.*

• Cango Ostrich Farm
R328, geöffnet: täglich 8h30–17h.
Auch diese Farm bietet seit 1989 geführte Touren zum Thema Straußenzucht und -federproduktion. Sie unterscheidet sich wenig von den beiden erstgenannten, bietet ebenfalls ein Restaurant und Ritte auf Straußen.

- **Rus en Frede Waterfall**

Ein Stück weiter entlang der R328 zweigt eine Piste ab zu einem Parkplatz, von *Idyll fürs* wo aus es nur noch 300 m zu Fuß sind zu diesen schönen Wasserfällen. Hier lässt *Picknick* es sich gut picknicken.

- ***Cango Caves**

*R328, gut 30 km nördlich von Oudtshoorn, **geöffnet:** Dezember bis Februar, April: Führungen täglich zu jeder vollen Stunde zwischen 8h und 17h; Mai bis November, März: Führungen täglich zu jeder vollen Stunde zwischen 9h und 16h. „Scenic Adventure Touren": 9h30–15h30. Tourlänge: ca. 90 Minuten.*

Die Cango Caves gehören zu den größten und ausgedehntesten Tropfsteinhöhlen-Systemen der Welt. Es herrschen 18 °C in der Höhle (leichte Kleidung), und 416 Stufen sind zu bewältigen. Die „Scenic Adventure Tours" sind nur für körperlich Fitte zu empfehlen. Auch wer unter Klaustrophobie oder Übergewicht leidet, sollte diese Touren meiden. Es gibt ein Selbstbedienungsrestaurant.

INFO **Wunderwelt der Tropfsteinhöhlen**

Unter Tropfstein versteht man in der Geologie verschieden geformte Gebilde, die vorwiegend aus Kalziumkarbonat $CaCo_3$ bestehen. Sie entstehen dadurch, dass kalkreiches Wasser aus Gesteinsfugen herabtropft und verdunstet. An den Decken der Tropfsteinhöhlen bilden sich herabhängende Stalaktiten. Am Boden wachsen ihnen dann Stalagmiten entgegen. Manchmal verbinden sich Stalaktiten und Stalagmiten zu Stalagnaten als durchgehende Tropfstein-Säule.

Der Eingang zu den Cango Caves wurde schon in Urzeiten von Buschmännern als Behausung genutzt, die auch die Wände bemalten. Aber ohne tragbares Licht konnten die Bewohner der Vorzeit nicht weit in die Höhle eindringen. Nur Fledermäuse verirrten sich in der Tiefe, und ihre Skelette wurden vom durchsichtigen Kalzit versteinert.

Im Jahre 1780 stolperte zufällig ein Hirte in die Höhle, als er einem verwundeten Bock folgte, der hier verschwunden war. Der Mann erzählte die Entdeckung seinem Aufseher Barend Appel, der als Lehrer und Farmmanager beim Farmbesitzer van Zyl angestellt war. Appel informierte van Zyl über den Höh-

Stalaktiten und Stalagmiten wachsen zu Stalagnaten zusammen

leneingang. Diesen interessierte die Entdeckung, und er führte die erste Expedition tief in die Höhle. Man gelangte bis in die van *Zyl's Hall*, die eine imposante Größe von 98 m Länge, 49 m Breite und 15 m Höhe aufweist. Er entdeckte dabei ein besonders sehenswertes Tropfsteingebilde, die sogenannte *Cleopatra's Needle* (9 m hoch,

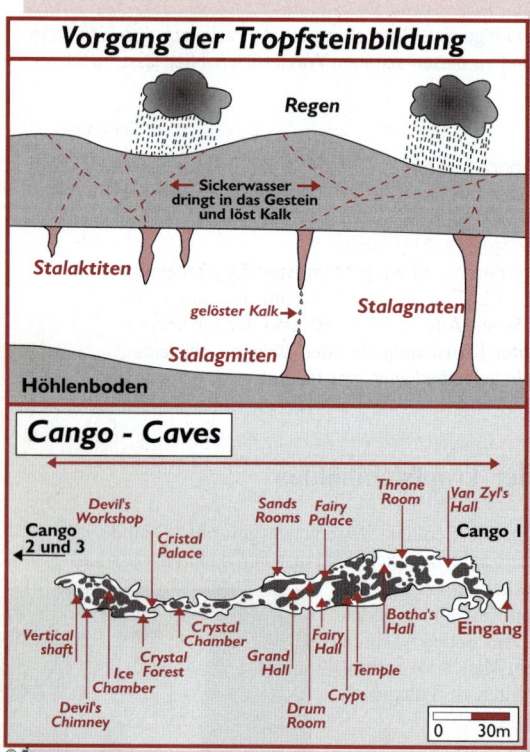

Vorgang der Tropfsteinbildung

Regen

← Sickerwasser →
dringt in das Gestein
und löst Kalk

Stalaktiten

gelöster Kalk →

Stalagnaten

Stalagmiten

Höhlenboden

Cango - Caves

Cango
2 und 3

Devil's
Workshop

Cristal
Palace

Sands
Rooms

Fairy
Palace

Throne
Room

Van Zyl's
Hall

Cango I

Vertical
shaft

Crystal
Chamber

Fairy
Hall

Botha's
Hall

Eingang

Ice
Chamber

Crystal
Forest

Grand
Hall

Temple

Devil's
Chimney

Drum
Room

Crypt

0   30m

© Digraphic

schätzungsweise 150.000 Jahre alt).

Man weiß nicht genau, wie weit van Zyl in die Höhle eingedrungen ist. Nach und nach gelangten Forscher weiter, bis sie nach 762 m vom Eingang glaubten, an das Ende des Höhlensystems gekommen zu sein. Doch andere Höhlenforscher gelangten bald zu der Überzeugung, dass es eine Fortsetzung der Höhlen geben müsse, da es hier frische Zugluft gab. Allerdings versperrten verzwickte Tropfsteinformationen und Felsen den Weg. Bis hierher bezeichnet man die Höhle als „Cango 1", und sie wurde so ausgestattet, dass Touristen die Schönheit dieser „Unterwelt" bequem bewundern können (z.T. raffiniert illuminiert, was nicht Jedermanns Geschmack ist). Die größte Höhle im Abschnitt Cango 1 ist 107 m lang und 17 m hoch, die höchste Tropfsteinformation ist eine 12,5 m hohe Säule in *Botha's Hall*.

Das Geheimnis um den weiteren Verlauf der Cango-Höhlen wurde erst in neuerer Zeit geklärt. 1956 begutachtete eine Expertenkommission die Höhlen und fand folgendes heraus: Wenn draußen der Atmosphärendruck fiel, strömte Luft aus der Höhle heraus; stieg dagegen der Luftdruck draußen, so floss frische Luft in die Höhlen. Diese Beobachtung führte zu der Vermutung, dass es eine Fortsetzung der Höhlen geben musste. Diese Spekulation faszinierte zwei der Berufsführer, James Craig-Smith und Luther Terblanche, derart, dass sie einen großen Teil ihrer Freizeit opferten, um das Geheimnis zu lüften. In der letzten Höhle – im „Devil's Workshop" – folgten sie einem Luft-

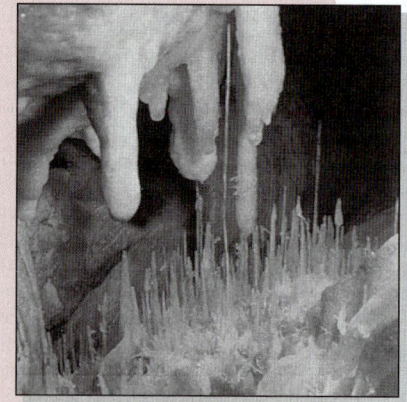

zug, der sie zu einem schmalen Spalt führte. Monatelang vergrößerten sie die kleine Öffnung und gelangten schließlich am 17. September 1972 in ein neues Wunderland, das sie „*Cango 2*" nannten und welches eine Gesamtlänge von 270 m aufweist.

Zur weiteren Erkundung wurden Spezialisten eingeladen. Sie fanden am Ende einen Wasserlauf, der Richtung Eingang zurücklief und sich etwa 20 m unterhalb der Höhlenebene befand. Zwei Männer folgten dem Strom, bis sie auf ein Hindernis stießen.

Im Jahre 1975 brachte man schließlich eine leistungsfähige Pumpe mit und senkte den Wasserspiegel so stark ab, bis man dem Wasserablauf folgen konnte und in die Fortsetzung des Höhlensystems, „*Cango 3*", gelangte. Der neu entdeckte Abschnitt erwies sich mit 1.600 m Länge als doppelt so lang wie Cango 1 und 2 zusammen. Die erste Halle in Cango 3 alleine weist eine Länge von 300 m auf! Und man vermutet, dass dies noch nicht das Ende der Höhle ist.

Cango 2 und 3 stehen für den Besucher nicht offen. Dies ist insofern zu begrüßen, als man heute weiß, dass große Besucherströme die Schönheit der Tropfsteinhöhlen stark beeinträchtigen. Zigarettenrauch und Abfälle, die eine spezifische Bakterienwelt ermöglichen, verändern das Farbenspiel der Formation.

• *Swartberg Pass und Gamkaskloof (Die Hel)

Hinweise
Die Passstrecke ist nicht asphaltiert, schmal und oft sehr steil. Wohnmobile und Camper sind nicht erlaubt, und auch wer nicht schwindelfrei ist, sollte die Strecke nicht fahren. Ebenso ist einer Befahrung bei Regen dringendst abzuraten, da dann normale PKW leicht ins Rutschen geraten.

Dieser so atemberaubende wie grandiose Pass wurde zwischen 1881 und 1886 unter Leitung von Thomas Bain erbaut. Bain, Sohn des ebenso berühmten Straßenbauers Andrew Geddes Bain (u.a. Bain's Kloof Pass (s. S. 643), zeichnete auch für andere, wagemutige Passstrecken, so z.B. die Old Cape Road zwischen Knysna und George (s. S. 519), den Prince Alfred Pass (s. S. 554) und den Robinson Pass (zwischen Oudtshoorn und Mossel Bay) verantwortlich. Für den Bau des Swartberg Pass wurden ihm 240 Sträflinge zugeteilt und eine Summe von 40.000 Rand. Als der 1.586 m hohe Pass schließlich 1887 eingeweiht wurde, hatte Bain nur 29.000 Rand verbraucht. Natürlich hatte man damals nicht die technischen Mittel zur Verfügung wie heute. Fast alles wurde per Hand gegraben und gehackt, gesprengt wurde mit Schießpulver bzw. mit einer ganz eigenwilligen Methode: Man erhitzte die Felsen mit Feuer und schüttete dann kaltes Wasser darüber. Möchten Sie mehr über den Bau und die ersten abenteuerlichen Fahrten über den Pass erfahren, sollten Sie unbedingt im C.P. Nel Museum in Oudtshoorn nach den historischen Büchern zu diesem Thema fragen.

Handarbeit

Der südliche Anstieg von Oudtshoorn ist nahezu durchweg vom Tal aus zu erkennen und schmiegt sich dicht am Abhang der Swartberge. Auf der Nordseite

Blick nach Süden vom Swartberg Pass

durchfahren Sie dann zuerst ein Hochplateau, um schließlich durch das rote Felsgestein, an mehreren Hängen entlang und am Ende durch eine enge Schlucht bis in die Große Karoo nahe **Prince Albert** (s. S. 613f) zu gelangen. Immer wieder verlocken spektakuläre Aussichten zu einem Fotostopp. Für die Bewältigung der 72 km langen Strekke Oudtshoorn - Prince Albert müssen Sie mit mindestens 2 Stunden Fahrzeit rechnen. Alternativ und etwas schneller können Sie

Pass und Schlucht dann östlich wieder zurückfahren nach Outshoorn durch den ebenfalls schönen **Meiringspoort**.

Abstecher

Nördlich der Swartberg-Passhöhe biegt eine knapp 50 km lange Schotterpiste ab zum *Gamkaskloof („Die Hel“ = die Hölle). Die erst 1962 erbaute Trasse ist aber nur bei gutem Wetter und umsichtiger Fahrweise mit einem normalen PKW zu bewältigen. Richtig schön wird es auf den letzten, sehr steilen Kilometern, wenn die Piste in ein grünes Tal abfällt. Seit 1840 wurde dieses Tal landwirtschaftlich genutzt, obwohl es bis 1962 keine Zufahrt gab. Alles musste mit Lasttieren hergebracht werden. Doch trotz der Piste hat der letzte Farmer hier 1991 aufgegeben, und nun verwaltet die Cape Nature Conservation das 1.570 ha große Areal. Ein Museum zur Erhaltung der historischen Farmgebäude ist geplant, und es gibt bereits rudimentäre Übernachtungs-Hütten und einen einfachen Campingplatz. Beides müssen Sie vorher buchen beim Cape Nature Conservation Bureau in Oudtshoorn (siehe S. 299). Zurück geht es dann nur wieder über dieselbe Piste.

Hinweis

Beide Strecken sind auch beliebt bei Mountainbikern. Zum Gamkaskloof führt sogar ein bekanntes Rennen: „To Hell and Back“.

Weitere Ausflugsmöglichkeiten von Oudtshoorn aus:

• Von Oudtshoorn aus haben Sie, wie von George aus, die Möglichkeit, Ausflüge über nahe **Pässe und durch grandiose Schluchten** zu unternehmen. Lesen Sie dazu im Kasten auf S. 574.
• Natürlich liegt es auch nahe, von hier aus zur **Garden Route** bei George abzuzweigen.

Die in diesem Kapitel beschriebene Strecke führt nun von Oudtshoorn nach **De Rust**, einem viktorianisch angehauchten Örtchen. Es ist vor allem bekannt wegen der geologischen Sandsteinformationen (rote Klippen) des nördlich gelegenen ***Meiringspoort**, der über 14 km langen, atemberaubenden Schluchtdurchfahrt

„A young man on a horse rode into the valley and changed it forever. His tenacity carved the Meiringspoort Pass through the forbidding Swartberg Mountains to place the village of De Rust on one of the most beautiful drives in Africa"

durch die Swartberg-Kette, und verbindet somit die Kleine und die Great/Central Karoo miteinander. Sie folgt dem Grootriver und überquert diesen insgesamt 26 mal.

Sollten Sie ein wenig Zeit übrig haben, fahren Sie zumindest halb durch und schauen Sie sich den Wasserfall (kurzer Wanderweg) an.

Nennenswerte Übernachtungsmöglichkeiten gibt es in De Rust nicht bis auf eine Farm einige Kilometer östlich (siehe S. 299f).

Alternativroute:
Von Willowmore entlang der R332 über Sandvlakte und durch die *Baviaanskloof Wilderness Area zur Küste bei Port Elizabeth

Willowmore (ⓘ s. S. 333)

Die kleine Stadt, einsam gelegen zwischen Uniondale, Graaff-Reinet sowie dem „Eingang" zum u.g. Baviaanskloof, bietet sich an für einen Übernachtungsstopp, denn die Strecke von hier bis nach Patensie ist mühsam

Über 26 Flussbrücken führt die Straße

und lang. Willowmore bietet ansonsten aber nichts und ist vorwiegend landwirtschaftliches Kleinzentrum (Wolle, Mohair, Saatgutzucht und Luzerne).

Hinweise und Tipps
Die Piste ist im östlichen Abschnitt meist einspurig, geht dort über 2 steile Pässe mit Abhängen. Östlich von Sandvlakte gibt es auch kein Benzin, und auch das letzte Geschäft befindet sich dort.
• *Tanken Sie also voll, nehmen Sie genug zu trinken mit und auch Proviant für ein Picknick.*
• *Bedenken Sie, dass Sie für die Strecke Willowmore - Port Elizabeth mindestens 6 Stunden reine Fahrzeit benötigen! Alleine von Willowmore nach Humansdorp sind es 220 km, ganz bis P.E. sind es gut 300 km, davon 175 km Piste.*
• *Wer nicht schwindelfrei ist bzw. sich nicht sicher mit seinem Fahrzeug fühlt, der sollte nicht weiter als bis Sandvlakte fahren und dort umkehren.*

• *Nach Regenfällen bzw. Regenankündigung ist es unmöglich, die Strecke zu fahren.*

• *Man kann die Strecke mit einem normalen Mietwagen fahren – wir und andere haben dieses auch getan, doch muss man damit rechnen, dass es hier und dort „am Unterboden kratzt". Zudem sind einige Flussläufe zu passieren. Diese sind aber alle, wenn auch nicht sichtbar unter Wasser, mit Beton befestigt.*

• *Die Zeltplätze unterwegs dürfen nur benutzt werden nach Beantragung eines Permit bei der* **Parkverwaltung in Cambria** *(Cambria Nature Conservation Station) im östlichen Parkabschnitt.*

• *In Sandvlakte, auf halbem Weg zwischen Willowmore und Patensie, gibt es das „größte" Geschäft entlang der Strecke. Hier können Sie etwas trinken und evtl. Benzin nachtanken. Nicht immer ist dieser Laden aber geöffnet (Mittagspause: 13–14h, am Wochenende zu!)*

• *Die Baviaanskloof Wilderness Area bietet sich hervorragend zum Wandern an. Doch sollte man festes Schuhzeug, genügend Proviant und Trinkwasser sowie eine Portion Wandererfahrung mitbringen, um sich hier zu bewegen. Zudem müssen Sie sich anmelden beim Parkamt in Cambria!*

Die Streckenführung

Zweigen Sie 3 km südlich von Willowmore von der N9 ab auf die Schotterpiste R332 in Richtung Baviaanskloof. Folgen Sie nun immer der Ausschilderung in Richtung Humansdorp und/oder Patensie. Die Straßennummer ist später nicht mehr angeschrieben. Wundern Sie sich auch nicht, dass die Piste hinter Sandvlakte bald einspurig wird – natürlich mit Ausweichmöglichkeiten hier und dort. Ab Sandvlakte wird es wirklich mühsam, und ein Tempo von 25 km/h werden Sie kaum noch überschreiten. Erst ab Patensie ist die Straße wieder asphaltiert.

Was gibt es zu sehen?

Die ersten 25 km sind wenig spektakulär und führen langsam auf die Nuwekloof zu, eine schöne Schlucht, durch die sich die Straße windet. In sie hat sich der Baviaanskloof-Fluss sein Bett geschnitten, um dann weiter östlich eine Tallandschaft zu schaffen, die im Norden von den Baviaanskloof- und im Süden von den Kouga-Bergen begrenzt ist. Hier gibt es einige wenige Farmen, die nicht nur von der extensiven Weidewirtschaft leben, sondern auch Gemüse und vereinzelt Obst anbauen.

Beeindruckend aber ist die Landschaft, denn immer wieder ändert sich die Geomorphologie. Verkantete, gekippte und „verbogene" Bergformationen, rötliche und gelbe Sandsteinriesen, trockene Halbwüstentäler sowie grüne Flussauen lösen sich immer wieder ab. Dass alles einst von einem großen Meer überdeckt war, ist schwer vorstellbar. Rechts und links tauchen an den Hängen in nahezu immer gleichen Abständen kleine Kloofs (Schluchten) auf, die man aber nicht erkunden kann, da sie i.d.R. zu eingezäuntem

Farmland gehören. Die Landschaft auf dieser Strecke ist also mehr als abwechslungsreich, teilweise mag man glauben (so sagt ein Südafrikaner), „die Schöpfer der Erde haben ordentlich im bunten Gemüseeintopf gerührt".

Weiter im Osten dann führt die ab hier schmale und oft steile Piste durch die absolut unbewohnte *Baviaanskloof Wilderness Area* (① s. S. 266), die ihren Namen mit Recht trägt. Nur wenige Reisende fahren hier durch und immer wieder tauchen Tiere (Dyker, Böcke, Paviane, Dassies etc.) auf. Die Aussichten von den Passhöhen sind phänomenal, und an einem Abschnitt fährt man durch eine mit saftigem Gras bestandene Hochebene („Bergplaas"). Hier ist die Chance am größten, größere Tiere zu sehen. Auf diesem östlichen, 100 km langen Streckenabschnitt mag man kaum glauben, sich doch noch so „nah" an einer großen Stadt zu befinden. Hier ist aber auch Ihre Geduld gefragt, denn die Piste erlaubt eine maximale Durchschnittsgeschwindigkeit von 25km/h. Die Zeit ist es aber wert!

Besonders der östliche Abschnitt durch die Baviannskloof W.A. ist sehr einsam

Erst nach mehreren Stunden erreicht man dann wieder bewohntes Gebiet, die Vorboten von Patensie im Gamtoos-Tal. Die Talböden hier sind ausgesprochen fruchtbar, und das warm-feuchte Küstenklima tut ein übriges, so dass Zitrusfrüchte und Gemüse bei den Farmern hier zu einigem Wohlstand geführt haben, deutlich zu erkennen an einigen Anwesen am Straßenrand. Patensie selbst ist aber ein phantasieloser kleiner Versorgungsort, in dem nur die bunten Blumen (im Frühjahr) überzeugen. Fahren Sie von hier am besten auf dem schnellstem Wege weiter nach P.E. oder zur Garden Route.

Uniondale (① s. S. 328) wurde im Anglo-Burischen Krieg berühmt, als es die einzige Stadt Südafrikas war, die von englischen Truppen beschützt wurde. Heute ist es ein landwirtschaftliches Zentrum (Schafe, Äpfel), das sich vorwiegend zum östlich gelegenen Langkloof-Tal hin orientiert. Nenneswert ist noch die vermeintlich größte Wassermühle der südlichen Hemisphäre, in der sich heute ein Restaurant und eine Kunstausstellung befinden.

Unter englischem Schutz

Der letzte Streckenabschnitt beginnt südlich des **Uniondale Poort** bei **Avontuur**, von wo aus Sie alternativ auch über den Prince Alfreds Pass direkt zur Garden Route bei Plettenberg Bay bzw. Knysna fahren können (siehe S. 553ff).

Apfelanbau   Zwischen Avontuur und Kareedouw erstreckt sich das Kerngebiet des ausgesprochen fruchtbaren und weiten **Langkloof-Tales**, das besonders für seine Apfelplantagen bekannt ist. Besonders beeindruckend ist die Landschaft natürlich während der Apfelblüte (Nov./Dez.). Das Tal war übrigens wegen seines guten Klimas eines der ersten Inlandgebiete Südafrikas, das landwirtschaftlich genutzt wurde. Dies lag neben den guten Böden vor allem am Klima. Es ist relativ warm, und die südliche Tsitsikamma-Bergkette schützt es vor kalten Winden und zu viel Regen. Das wird besonders nachmittags deutlich, wenn sich – meist vergebens – eine riesige Wolkenwand vom Meer her über die Berge wölbt, um im Langkloof-Tal dann abzuregnen. Es wirkt gespenstisch und erinnert an die „Tischdecke" des Tafelberges.

Nachmittags kommt die gespenstische Wolke vom Meer her

Während der Fahrt duchs Tal begleitet Sie mehr oder weniger parallel zur Straße eine Schmalspurbahn. Sie wird nahezu ausschließlich während der Apfelernte genutzt, was die vielen Hinweis- und Warnschilder also rechtfertigen.

In **Joubertina** (ⓘ s. S. 286f), dem Zentrum des Langkloof-Tales, sollten Sie sich dazu einmal die historische Dampflok am Bahnhof anschauen, die früher die Apfelzüge gezogen hat. Neben ein paar kleinen Snack-Restaurants und einem Hotel gibt es in Joubertina aber nichts weiter Nenneswertes. Einzig die **Little Kloofneck-Route**, eine schöne, aber anstrengende Schotterpiste, die von Joubertina aus in einem 57 km weiten Bogen durch die Berge nördlich des Städtchens führt und weiter östlich wieder zur R62 gelangt, beeindruckt durch die Landschaft.

Setzlinge von Napoleons Grab   Bei **Kareedouw**, einem kleinen Städtchen, das sich vornehmlich den Holzfällern bzw. der Holzverarbeitung verschreibt, führt die 11 km lange R402 schließlich zum östlichen Beginn der Garden Route. Erwähnt sei nur, dass eine Legende behauptet, ein paar Weiden auf dem Gelände des Assegaaibosch Hotels in Kareedouw stammen von Setzlingen, die einst von Napoleons Grab auf St. Helena entwendet worden sind.

14. ENTLANG DER KÜSTENSTRECKE VON PORT ELIZABETH ZURÜCK NACH KAPSTADT (INKL. GARDEN ROUTE)

Allgemeiner Überblick

Die beschriebene Strecke

Die Kernstrecke folgt ganz einfach der N2 zwischen der recht uninteressanten Industrie- und Hafenstadt **Port Elizabeth** und Kapstadt. Der Abschnitt zwischen dem östlichen **Tsitsikamma National Park** und **Mossel Bay** wird offiziell als die *„Garden Route"* (auch: *Garden Route*

Uninteressantes PE

geschrieben) beschrieben, eines der bekanntesten und beliebtesten Touristenziele. Manche Quellen – und wohl auch einige betroffene Touristenämter, dehnen den Begriff „Garden Route" heute aus bis **Swellendam** bzw. dem **Cape Agulhas**, dem südlichsten Punkt Afrikas. Über Definitionen lässt sich streiten, und wer im Osten bzw. Westen startet, fährt sowieso die gesamte Strecke zwischen den beiden Großstädten.

Damit wäre dieser Abschnitt eigentlich schon erläutert ... wären da nicht die vielen Gelegenheiten zu Abstechern von der N2. Und die machen heute einen großen Teil des Reizes der Garden Route aus! Vielen mag nämlich die Hauptstraße schon zu befahren sein, und die Unterkünfte, Ausblicke und Sehenswürdigkeiten leiden mittlerweile sehr unter dem großen Andrang von Reisenden. Bereits vor **Plettenberg Bay**, einem schön gelegenen, aber sehr stark besuchten Küstenort, zweigen Stichstraßen ab, z.B. in die Berge, entlang der alten N2 oder auch zum **Monkeyland**. Vor Knysna führt eine andere Piste nach Norden durch den **Knysna Forest**, einst Heimat der Knysna Elefanten. Auf der Strecke zwischen Plettenberg Bay und Riversdale bieten sich immer wieder Gelegenheiten, auf Stichstraßen an die Küste zu fahren. Eine Faustregel besagt: Je weiter der Weg/ Umweg zur Küste, um so einsamer ist diese. Und die Küste hat wechselhafte Formationen zu bieten. Nahezu überall sieht sie anders aus: mal sandig, mal klippig, mal steinig, mal als Mündung eines Flusses und eben oft auch mal bewohnt bzw. mit einem kleinen Fischereihafen versehen.

Wechselhafte Küstenlandschaft

Doch auch die Backroads des **Wilderness National Parks**, die ehemalige Straße zwischen Knysna und George, die sog. **Old Cape Road**, haben ihre Reize. Nicht zu vergessen sind die Abstecher zur Straußenstadt **Oudtshoorn**, zum **Rein's Nature Reserve**, dem **De Hoop Nature Reserve** und die entlang des letzten Etappenabschnittes zwischen dem Walbeobachtungsort **Hermanus** und **Somerset-West**. Und wer sich schließlich noch mit der kapholländischen Geschichte näher auseinandersetzen möchte, dem sei der Besuch des großen Museums in **Swellendam** ans Herz gelegt.

Wer dieses Kapitel ausführlicher liest, sich ausreichend Zeit lässt und auch mal treiben lassen kann, der wird diese Strecke zwischen Port Elizabeth und Kapstadt noch lange in Erinnerung behalten.

Überblick: Was gibt es zu erleben?

Bereits an dieser Stelle lässt sich weit ausholen. Doch es soll ja nur ein Überblick bleiben. Daher möchten wir zuerst auf zwei grundlegende Merkmale hinweisen:

Der Niederschlag fällt an der Küste

1. Zum einen ist da die abwechslungsreiche Küstenlandschaft mit den ewig langen **Sandstränden** und **Lagunen, Felsklippen** sowie dem so gegensätzlichen Hinterland. Dieses steigt von der Küste aus stark an, ist z.T. mit Küstenwäldern besetzt und wird immer wieder unterbrochen von den tiefen, aber schmalen **Schluchten**, die die ausgesprochen kurzen Flüsse in das Gestein gefressen haben. Und dann die Berge, die mit Höhen zwischen 1.400 und 1.700 m 80 % der Niederschlagsmenge der Küste (bis zu 2.500 mm/Jahr) von der nördlich angrenzenden **Kleinen Karoo** fernhalten.

Einer der ersten Höhepunkte: Storms River Mouth im Tsitsikamma Coastal Nat. Park

2. Nicht weniger interessant und Folge der o.g. geographischen Begebenheiten ist die Geschichte der Region. Zuerst lebten hier **Khoi-San**, die von der Fischerei, mehr noch von der Jagd und Viehhaltung lebten. Sie wurden von den Europäern ins Hinterland verdrängt, und erst langsam erkennt man, dass ihrer Geschichte auch eine größere Bedeutung zukommen sollte. Z.Zt. aber wird vor allem auf die Kolonisation gesetzt: In **Mossel Bay** erinnert ein großer Museumskomplex u.a. an **Bartolomeu Diaz**, der 1488 als erster Europäer südafrikanisches Land betreten hat. Im atemberaubenden **Tsitsikamma National Park** fasziniert nicht nur die raue Küste, sondern hier wird anhand der **Storms River-Schlucht** und anderer tiefer Schluchten auch deutlich, warum die ersten Siedler die Küste mieden und durch die trockene Karoo zogen. Diese Schluchten, die bis an die Berge reichten, konnten sie mit ihren Planwagen nicht durchqueren, und für den Bau von Brücken fehlten bis ins 20. Jahrhundert hinein das Know-how bzw. die finanziellen Mittel. Ältere Orte wie **Knysna** (mit seiner bezaubernden und Schutz bietenden Lagune) konnten somit über Jahrhunderte nur per Schiff oder auf umständlichste Weise über holprige Pisten erreicht werden. Und wenn es eine Chance gab, die Küste auf dem Lande zu erreichen, dann nur über die **gewagten Passstrecken**, die auf der anderen Bergseite durch die Karoo weiterführten. Bis heute haben diese Pässe ihren Reiz nicht verloren. Diese Geschichte der Besiedlung zu erkunden, ist ebenfalls maßgebend, um zu verstehen, warum die Garden Route so faszinierend ist.

Erreichbar nur per Schiff

Natürlich bieten sich weitere, kleine Highlights entlang der Strecke: Zu ihnen gehören z.B. der **Wilderness National Park**, ein Lagunenpark, ein lokal orientiertes sowie ein beeindruckendes Eisenbahnmuseum in **George**, der Abstecher zur Straußenstadt **Oudtshoorn** (s. S. 504ff) in der Kleinen Karoo, die Dünenlandschaft des **De Hoop Nature Reserve** sowie an folgenden Punkten die Möglichkeit, zwischen Juli und November **Wale zu beobachten**: Plettenberg Bay, Witsand, De Hoop Nature Reserve und Hermanus.

Bevorzugte Walbeobachtungspunkte

Spezielle Interessen schließen letztendlich noch folgendes ein: Eine mehrtägige Wanderung entlang des Küstenwanderweges im Tsitsikamma National Park, Vögel beobachten, Baden im Indischen Ozean, den Fuß auf Afrikas südlichsten Punkt setzen und, für diejenigen, denen unser Winter zu kalt ist: Immobilien anschauen in den Hochburgen der Ferienwohnungen und -häuser: Jeffrey's Bay, Plettenberg Bay, Sedgefield und im Umfeld von Gans Bay und Hermanus.

Vor die Wahl gestellt: die Inlandsstrecke oder die in diesem Kapitel beschriebene Route wählen?

Folgen Sie den Routenempfehlungen dieses Buches, fahren Sie inlands nach Port Elizabeth und zurück entlang der N2 nach Kapstadt. Doch nicht jeder hat Zeit, beide Routen zu fahren. Daher an dieser Stelle eine kurze Erläuterung für eine Alternative.

Die schönsten Abschnitte beider Routen sind:
• Die Garden Route zwischen Storms River und George,
• die Inlandstrecke „als Ganzes"
• das De Hoop Nature Reserve sowie
• der letzte Abschnitt zwischen

Pässe, die Inland und Küste verbinden: Montagu Pass im Vorder-, Outeniqua Pass im Hintergrund

Hermanus und Kapstadt.
Es gäbe also – in einfacher Richtung – die Möglichkeit, von Osten kommend, entlang der hier beschriebenen Küstenstrecke bis George zu fahren

Entfernungen und Zeiten zwischen Port Elizabeth und Kapstadt
(Nelson-Mandela-Metropole)

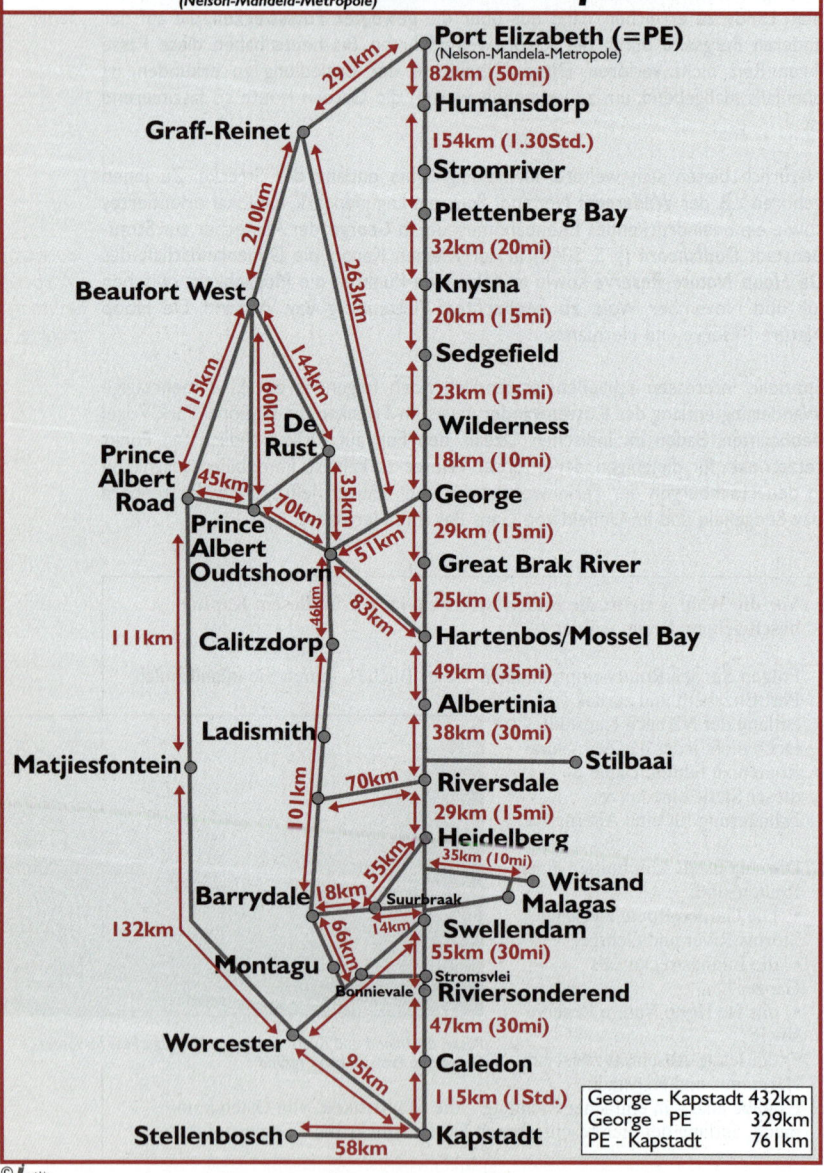

George - Kapstadt	432km
George - PE	329km
PE - Kapstadt	761km

© l graphic

Routenvorschlag für eine Kombination der Kap. 13 und Kap. 14

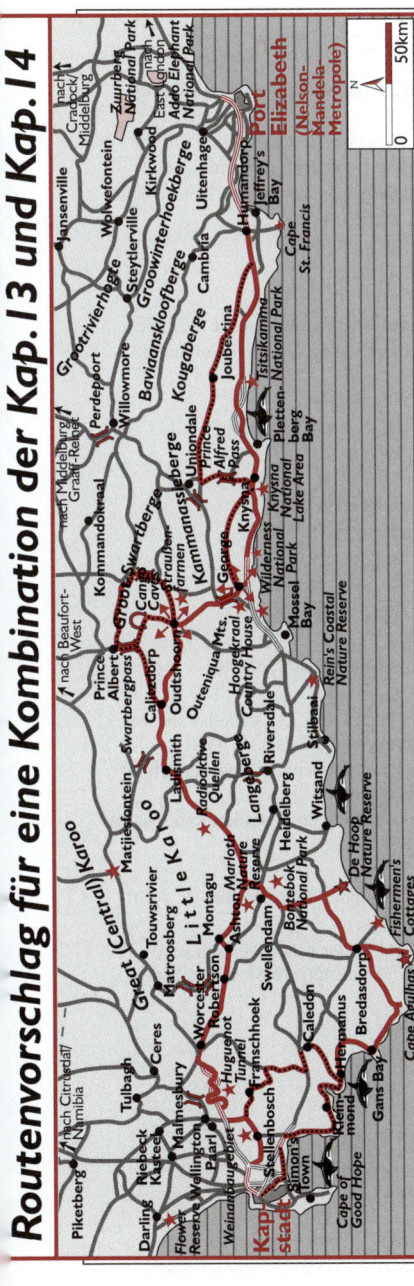

und dann inlands weiter bis Kapstadt. Sie lassen dabei (evtl.) Swellendam, das De Hoop Nature Reserve sowie Hermanus aus (oder machen eben hinter Montagu wieder einen Abstecher dorthin: s.u.).

Möchten Sie nun alles Schöne nur auf einer Fahrt in nur eine Richtung sehen, empfehlen wir folgende Route, die mindestens 7 volle Tage beansprucht:

Fahren Sie im Land bis Avontuur und von dort dann an die Küste bei Plettenberg Bay. Dort übernachten Sie und schauen sich am nächsten Tag den östlichen Teil der Garden Route (Tsitsikamma NP) an. Die folgende 2–3 Nächte übernachten Sie alternativ in Knysna und/oder George und/oder in Oudtshoorn, von wo aus Sie Ausflüge unternehmen. Anschließend fahren Sie im Land weiter bis nach Montagu und übernachten dort. Am nächsten Tag verbringen Sie den Vormittag mit der Besichtigung von Swellendam, aber so, dass Sie nachmittags noch rechtzeitig im De Hoop Nature Reserve eintreffen, um die Wale zu sehen. Übernachten Sie im Nature Reserve bzw. nahebei (Sie können De Hoop aber auch auslassen und gleich wie unten erläutert weiterfahren). Am nächsten Tag sollten Sie dann von hier früh aufbrechen in Richtung Kapstadt, damit Sie am Tagesende die False Bay bei untergehender Sonne erleben können. Unterwegs schauen Sie sich noch das Cape Agulhas und Hermanus an.

Möchten Sie noch einen weiteren Tag sinnvoll nutzen, bietet sich ab Somerset-West an, nach Norden abzuzweigen ins Weinanbaugebiet um Stellenbosch und Franschhoek.

Grundsätzlich:

- Vergessen Sie die Vorurteile über die Garden Route: Die **„Schätze" liegen an den wenig befahrenen Seitenstraßen.**
- Nehmen Sie sich **mehr als 3 Tage Zeit.**
- **Reservieren Sie in der Hochsaison** (Dezember–April) Ihre Unterkunft im Voraus.
- **Meiden Sie die großen Hotels,** die kleinen B&B-Unterkünfte bzw. historische Hotels haben weitaus mehr Charme.
- Die **Wale** zeigen sich nur zwischen Juni/Juli und November

Die schönsten Naturerlebnisse

- Die Elefanten im **Addo Elephants Nat. Park** (S. 534ff)
- Teuer, aber es gibt viele afrikanische Tiere zu sehen: **Shamwari Game Reserve** (S. 537ff)
- **Wale beobachten** in Plettenberg Bay, Witsand, im De Hoop Nature Reserve oder/und in Hermanus
- Die **Storms River-Mündung** im Tsitsikamma Nat. Park (S. 542ff)
- **Backroad-Touren,** wie z.B. hinauf zum Prince Alfred Pass (S. 553ff), entlang der Old Cape Road (S. 519) und den Montagu Pass hinauf (S. 572f)
- Die Binnenlagune des **Wilderness Nat. Park** (S. 563ff)
- Die Meeres-Fynbos-Vegetation im **Rein's Coastal Nature Reserve** (S. 581f)
- Wale, Dünen und Küstenvegetation im **De Hoop Nature Reserve** (S. 588ff)

Kulturelle Höhepunkte

- Zu **Port Elizabeth und Umgebung** (S. 527ff)
- **Monkeyland,** der wohl eindrucksvollste Affenpark (S. 549f)
- Das **Bartolomeu Diaz Museum** in Mossel Bay (S. 578f)
- Die historischen Gebäude und besonders das **Museum in Swellendam** (S. 584f)

Außergewöhnliche Höhepunkte

- Mit dem **„Blue Train"** von Port Elizabeth nach Kapstadt fahren. Der Zug verkehrt aber nur einmal im Monat und nur auf einem kleinen Abschnitt direkt an der Küste (S. 652ff).
- Noch schöner aber ist der **„Rovos Train",** der auch eine Fahrt mit dem **„Outeniqua Choo-Tjoe"** zwischen George und Knysna entlang der Küste beinhaltet. S. 572.
- Eine mehrtägige, lange im Voraus gebuchte (!) Wanderung entlang des **Tsitsikamma Coastal Trail** (S. 542f)
- **Austern schlürfen** in Knysna (S. 556)
- Einen Tag entspannen in einem B&B an der kleinen, bezaubernden **Victoria Bay** (S. 567)

Warnung

- Die **Strömungen im Indischen Ozean** können bereits dicht an der Küste tückisch sein! Erkundigen Sie sich vorher bei Einheimischen bzw. im Touristenamt, wo Sie sicher baden können.

Vorschläge für eine Zeiteinteilung
OPTIMALE ZEIT: 5–6 Tage
HINWEIS:
Für den Besuch des Addo Elephants NP sowie die Besichtigung einiger Sehenswürdigkeiten in Port Elizabeth müssen Sie einen Extratag einplanen.
- 3 Tage:
1. Tag: Brechen Sie früh auf in Port Elizabeth und fahren Sie durch bis zum Visitor Center des Tsitsikamma NP an der Storms River Bridge. Anschließend Fahrt hinunter zur Storms River Mündung (2 Std., hier Mittagessen).
Für die Strecke nach Plettenberg Bay nehmen Sie die alte Küstenstraße, auch die, die durch das Nature Valley führt. 1-stündiger Aufenthalt in Plettenberg Bay und dann weiterfahren bis Knysna. Hier die Lagune und The Heads anschauen und spätnachmittags Austern essen. Übernachten in Knysna.
Am zweiten Tag fahren Sie zuerst zum Wilderness Nat. Park, dann schauen Sie sich alternativ das Eisenbahn- bzw. das lokale Museum an. Weiter geht es über den Pass nach Oudtshoorn, wo Sie zuerst zu Mittag essen und dann das C.P. Nel Museum anschauen. Danach steht die Besichtigung einer Straußenfarm an. Fahren Sie am
späten Nachmittag dann noch weiter bis Mossel Bay, wo Sie übernachten.
3. Tag: Gleich morgens besuchen Sie das Diaz Museum, wobei Sie sich auf zwei Abteilungen beschränken sollten. Weiter geht es entlang der N2 bis nach Swellendam. Mittagessen und das Museum dürfen nicht mehr als 2 Stunden beanspruchen, denn sonst können Sie den Abstecher über Hermanus (Wale, kl. Mu-

Zwischen August und November tummeln sich die Wale vor der Küste

seum und später Küstenstrecke bis Somerset-West) gleich streichen. Sollte die Zeit knapp werden, können Sie alternativ in Hermanus nächtigen. Sind Sie im Zeitplan, ist Kapstadt Ihr Ziel.
- 5 Tage:
Wie oben, wobei Sie einen zusätzlichen Tag für eine weitere Übernachtung in Wilderness oder George einplanen. Von hier aus können Sie dann in Ruhe den Wilderness NP und/oder Oudtshoorn erkunden. Den zweiten Zusatztag nutzen Sie, indem Sie von Swellendam aus zum De Hoop Nature Reserve fahren und dort nächtigen. Am 5. Tag unternehmen Sie dann die Route De Hoop NR - Cape Agulhas - Elim - Hermanus - Somerset-West - Kapstadt.
- 6–7 Tage:
Wie oben, doch haben Sie nun Zeit, um z.B. in Plettenberg Bay eine zusätzliche Nacht einzuschieben, die Ihnen ermöglicht, das Monkeyland zu besichtigen und an einer Walbeobachtungstour teilzunehmen. Am folgenden Tag ist dann auch noch genügend Zeit, um zum Prince Alfred Pass hinaufzufahren. Alternativ können Sie die Mehrzeit auch dafür nutzen, die Old Cape Road zu fahren.

Routenbeschreibung und reisepraktische Hinweise

Routenbeschreibung

Die Hauptroute folgt ganz einfach der N2. Abzweige und Umwege bieten sich aber zur Genüge: diverse Passstrecken, nach Oudtshoorn, zum Rein's Nature Reserve, zum De Hoop Nature Reserve, zum Cape Agulhas, nach Hermanus, auf der in Kapitel 13 beschriebenen Strecke durch die Kleine Karoo und auch zum Weinanbaugebiet um Stellenbosch und Franschhoek. Zu diesen Möglichkeiten lesen Sie bitte im Einzelnen im Reisekapitel ab S. 575ff.

Übersicht:

Entfernungen
(direkte Strecken)
• *Port Elizabeth - Addo Elephants Park - Port Elizabeth (inkl. Rundfahrten im Park):* ca. 150–170 km
• *Port Elizabeth - Storms River Bridge:* 170 km
• *Storms River Bridge - Plettenberg Bay:* 67 km
• *Plettenberg Bay - Knysna:* 32 km
• *Knysna - George:* 61 km
• *George - Oudtshoorn (+ Fahrt zu einer Straußenfarm) - George:* 115 km
• *George - Mossel Bay:* 54 km
• *Mossel Bay - Swellendam:* 170 km
• *Swellendam - De Hoop Nature Reserve (inkl. Rundfahrt im Park):* 80 km
• *De Hoop Nature Reserve - Cape Agulhas:* ca. 60 km, je nach Abfahrtspunkt
• *Cape Agulhas - Elim - Hermanus:* ca. 117 km, variiert je nach Pistenwahl
• *Hermanus - Küstenstraße - Somerset-West - Kapstadt:* 133 km
• *Gesamt (ohne Addo Elephants NP):* 1.059 km. Rechnen Sie aber mit mindestens 300 km mehr wegen Umwegen, einer Fahrt zum Rein's NR o.ä.
Schnellste Strecke zwischen Port Elizabeth und Kapstadt ist die N2: 770 km

Sehens- und Erlebenswertes entlang der Küstenstrecke zwischen Port Elizabeth und Kapstadt

Port Elizabeth/Nelson Mandela-Metropole (ⓘ s. S. 306ff)

Überblick

Port Elizabeth liegt an der **Algoa Bay**, genauer betrachtet, an der Mündung des kleinen Baakens River und bildet fahrtechnisch gesehen den östlichen Abschluss der Garden Route. Es erstreckt sich über 16 km entlang der Algoa Bay, bietet

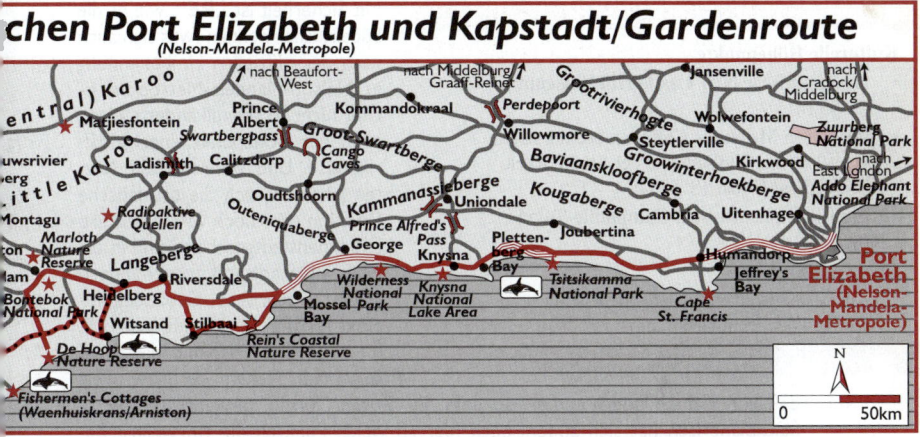

schöne und sichere Strände, sonst aber wenig für eine Stadt, die sich die fünft-größte des Landes nennen kann.

Sichere Strände

Im alten **Stadtkern** gibt es ein paar historische Bauten, doch sieht man ihm sofort an, dass er zu einer Zeit zwischen Hügeln und Meer angelegt wurde, als die Stadt noch wesentlich kleiner war und die jetzigen Ausmaße niemals in Erwägung gezogen wurden. Nahezu dörflich erscheinen die Gebäude aus der viktorianischen Zeit auf dem 60–90 m hohen Plateau „The Hills" oberhalb der Innenstadt, und das moderne Leben hat ohne Zweifel einen großen Bogen um diese Gegend – immer noch als „Central" bekannt – gemacht. Zu steil waren die Straßen für den Verkehr, zu hoch die Kriminalitätsrate und zu wenig zukunftsweisend die Politik der Stadtväter, als dass „Downtown PE" hätte boomen können.

Trotz der guten Bademöglichkeiten:
Der wirtschaftliche Background lässt sich in PE nicht verleugnen

Ganz im Gegenteil: Port Elizabeth hat sich, wie keine andere Stadt in Südafrika, in die Vororte hin orientiert. Suburbane Shoppingmalls, mittelständische Vorstadtsiedlungen, riesige Industrieareale in entfernten Randgemeinden (z.B. Uitenhage) oder inmitten der Hafenanlagen, Strukturen, wie zu 70er-Jahre-Umbruchszeiten in Amerika haben auch hier ihre Spuren hinterlassen.

Redaktions-Tipps Port Elizabeth

Kulturelle Höhepunkte

* Das historische N° **7 Castle Hill Museum** (S. 532);
* Im großen **Museums Complex** beeindrucken vor allem das Museum und der **Snake Park & Tropical House** (S. 533)
* Ein Blick hinunter vom **Campanile-Turm** (S. 532)

Übernachtung:

* Am besten wohnen Sie nahe dem Strand (Humewood, Summerstrand)

Mit Sicherheit ist **„PE"**, wie es die Südafrikaner nennen (was sich auch nach der offiziellen Umbenennung in Nelson-Mandela-Metropole sicher nicht so schnell ändern wird), nicht der Höhepunkt einer Südafrikareise. Und während der letzten Jahre hat sich die touristische Situation eher noch verschlechtert: Die Innenstadtgeschäfte sind in die Malls am Stadtrand ausgewandert. Große, historische Gebäudekomplexe in der Innenstadt, wie z.B. die ehemalige Post und das Presse-Viertel, stehen leer bzw. wer-

Betonkultur der 1960er und -70er Jahre

den von Firmen übernommen, so dass der Zugang fortan verwehrt sein wird. Stadtplanerisch hat sich zudem auch hier an vielen Punkten die langweilige Betonkultur der 1960er und -70er breitgemacht.

Auffälligstes „Bauwerk" ist ohne Zweifel die Stadtautobahn. Wie ein riesiger Schutzwall hoch gelegt, lässt sie in der Innenstadt vergessen, dass es sich um eine Hafenstadt handelt. Der Hafen liegt irgendwo dahinter. Schön sind auch nicht der „moderne" Market Square, die ehemalige Einkaufsstraße Main Road (heute nur noch Billigramsch), und selbst in jüngster Zeit hat sich die Stadt mit dem neuen Postamt am Nordende der Innenstadt wahrhaftig keinen Glanzpunkt gesetzt.

Bleibt für Port Elizabeth nur wenig Positives zu sagen: Nutzen Sie die kulturellen Angebote (Kunstgalerie, kl. Museen, kl. Theater), schauen Sie sich die historischen Gebäude oberhalb der Innenstadt an und baden Sie in den etwas ruhigeren Fluten des Indischen Ozeans an den Stränden von Humewood bzw. Summerstrand (südlich der Innenstadt). Tauchinteressierten sei schließlich noch gesagt, dass sich um PE viele Tauchschulen finden, da das Meer und die Lagunen hier

Volkswagen-Werk

relativ sicher dafür sind. Leider werden die interessanten Führungen durch große Fabrikanlagen, wie z.B. die von VW in Uitenhage, z.Zt. nicht mehr angeboten. Sie sollten aber immer mal wieder danach im Touristenbüro fragen. Es lohnt sich.

Geschichte und Wirtschaft

Als erster Europäer landete **Bartolomeu Diaz** 1488 in der Algoa Bay. Damals wurde die Bucht als Ankerplatz genutzt, um Proviant und vor allem Trinkwasser zu bunkern. In den folgenden Jahrhunderten kamen so zuerst die Portugiesen und später die anderen europäischen Seefahrernationen immer wieder in die Bay. Bei diesen Unternehmungen strandeten einige Schiffe und mussten verlassen werden. Heute noch kann man nach ihren Überresten tauchen. Die eigentliche Gründung von Port Elizabeth erfolgte erst 1799, als die Briten das Fort Frederick errichteten. Es handelt sich hierbei um das älteste Steingebäude in der östlichen Kapprovinz und das älteste britische Bauwerk in Afrika südlich der Sahara. Der Anlass für den Bau lag in der Angst der Briten begründet, dass das damals feindliche

Frankreich mit dem Gedanken gespielt hatte, die Rebellen im Gebiet von Graaff-Reinet zu unterstützen. Von dem Fort aus überwachte Hauptmann Francis Evatt in der Zeit von 1817 bis 1850 die Ankunft britischer Siedler. Besonders im Jahre 1820 hatte Evatt viel zu tun, denn auf 26 Segelschiffen trafen 5.000 Siedler ein.

Ihren **Namen verdankt die Stadt** dem damals amtierenden Kap-Gouverneur Sir Rufane Donkin, der 1820 die Siedlung nach seiner zwei Jahre zuvor in Indien verstorbenen Frau Elizabeth benannte. Im Donkin Reserve, einem Gedenkpark, steht eine Steinpyramide, die Donkin zu Ehren seiner Frau errichten ließ. Am Hafen erinnert der 1923 erbaute Gedenkturm „Campanile" an die ersten Siedler, die 1820 hier eintrafen.

*Industrie-
und
Hafenstadt*

Heute ist Port Elizabeth eine Industrie- und Hafenstadt, in deren Großraum fast 1 Mio. Menschen leben. Bedeutendste Industrie ist der **Fahrzeugbau** (Ford und GM sowie VW & Audi in Uitenhage). Über die Hälfte aller Industriebeschäftigten sind direkt oder indirekt in der Automobilindustrie oder den Zulieferfirmen tätig. Aber auch andere Industrien, wie Textil-, Möbel- und Konservenfabriken, haben sich hier niedergelassen. Von besonderer Bedeutung ist noch der Wollhandel. Die Wollbörse von Port Elizabeth ist die größte in Südafrika.

Der Hafen ist (nach Umschlag) der viertgrößte in Südafrika (nach Durban, Richards Bay und Saldanha Bay) und verfügt über einen modernen Containerterminal. Jährlich werden hier über 10 Millionen Tonnen umgeschlagen. Nachdem der Hafen von Sal-

Prester John Monument

danha Bay 1976 in Betrieb genommen wurde, musste Port Elizabeth auf die Verladung des Erzes aus Sishen verzichten und spezialisiert sich seither auf Container- und Stückgutfracht. Mehrmals wurde das Hafenbecken in den letzten Jahrzehnten vergrößert.

*Container-
terminal*

Port Elizabeth ist außerdem Bischofssitz und hat neben einer Universität auch noch ein Technikum.

Vorschlag für eine Zeiteinteilung

- 1 Tag: Nutzen Sie den Vormittag für die Erkundung der Sehenswürdigkeiten am „The Hill", so z.B. das N° 7 Castle Hill Museum, den Donkin Square und mittags dann noch den Blick hinunter vom Campanile. Den Nachmittag können Sie alternativ für den Museumskomplex (Aquarium, Tropenhaus etc.), ein paar nette Stunden am Meer (inkl. Spaziergang) oder aber für die Fahrt zu einem der beiden Naturparks (Shamwari bzw. Addo Elephants NP) nutzen. Letztere liegen jeweils ca. 1 ½ Fahrstunden von PE entfernt.

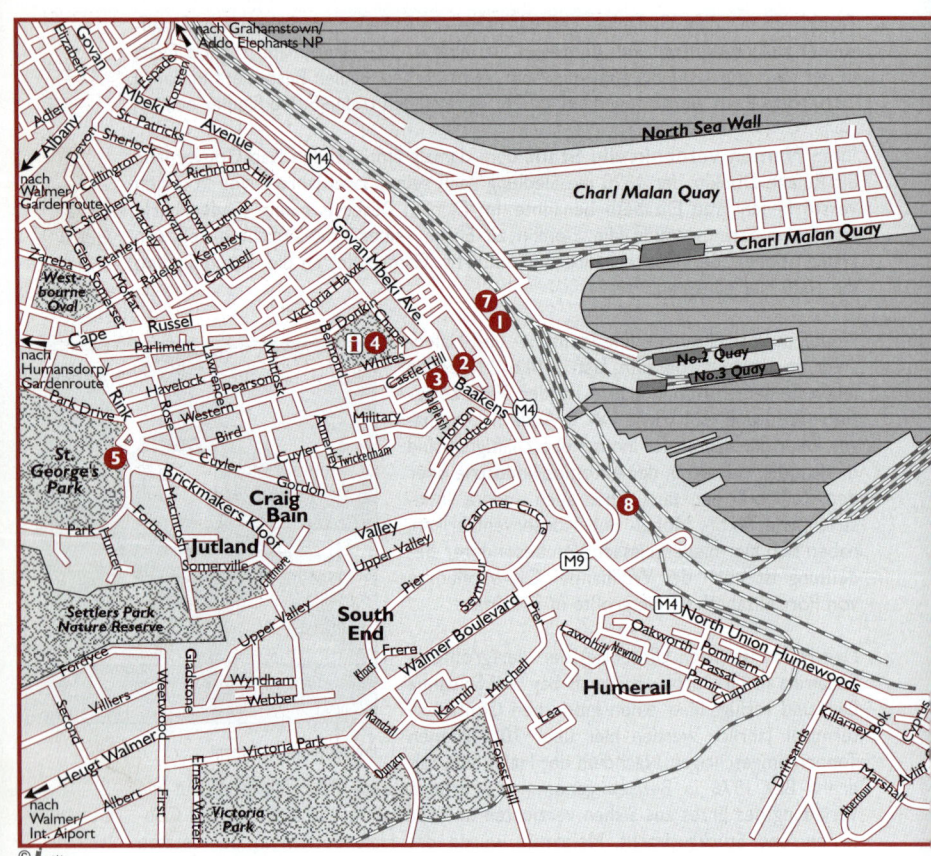

© graphic

Sehens- und Erlebenswertes in und um Port Elizabeth

Innenstadt

Am besten parken Sie Ihr Fahrzeug am Donkin Reserve nahe der **Touristeninformation**, die sich dort in dem alten Leuchtturmgebäude befindet. Von hier folgen Sie den Sehenswürdigkeiten in der Innenstadt in folgender Reihenfolge:

• Donkin Reserve (4)

Die Anlage des offenen, grasbewachsenen Platzes wurde von Sir Rufane Donkin initiiert und im Gedenken an seine verstorbene Frau Elizabeth, der Namensgeberin der Stadt, ließ er eine Pyramide errichten. Hauptsehenswürdigkeit des Platzes sind die **Donkin Street Houses** an der Nordseite, die von 1860–70 erbaut worden sind. Sie entstammen der ersten Glanzzeit der Stadt, als die britische

Stadtplan Port Elizabeth

(Nelson-Mandela-Metropole)

1 Campanile
2 Market Square
3 Castle Hill Hist. Museum
4 Donkin Reserve
5 King George IV Art Gallery
6 zum Oceanarium, Museum und Snake Park/ Tropical House
7 Bahnhof
8 Abfahrt des Apple Express

nach nerstrand/ Skoën-nakerskop

Roche

6

N

0   500m

Donkin Street Houses

Kolonialverwaltung begann, sich mehr für Port Elizabeth zu interessieren, und Kaufleute anfingen, größere Summen zu investieren. Heute beherbergen die Häuser vornehmlich Büros und sind nicht zu besichtigen. Der **Leuchtturm**, der heute die Touristeninformation beherbergt, wurde 1861 erbaut. Auffällig ist noch das etwas heruntergekommene **Edward's Hotel**, das ehemals als Wohnhaus fungierte und als erstes Gebäude der Stadt mit einer überdachten Ladenzeile aufwarten konnte. Dieses dient heute als Café und Lounge ... ein kleiner Tipp für den Snack nach dem Rundgang. Beachten Sie schließlich auch den Ausblick vom Donkin Reserve über Stadt und Hafen.

• Market Square (2)

Am Fuße des „The Hills" öffnet sich der Market Square. Hier wird deutlich, wann an der Architektur von Port Elizabeth gepfuscht wurde: in den 1960er und -70er Jahren. Neben den lieblosen modernen Bauten finden sich aber im Umkreis noch einige interessante Gebäude, so z.B. die alte **City Hall** mit ihrem Uhrenturm (1858–62), die 1903 erbaute **City Library**, deren viktorianisches Prunk-Interieur bemerkenswert ist, das 1996 geschlossene **Old Post Office** und ein Stück die Hauptstraße nach Süden die **Feather Market Hall (-Complex)**, seit über 100 Jahren die Konzert- und Veranstaltungshalle der Stadt.

Bemer-kenswerte Bibliothek

Bemerkenswert sind schließlich noch die Replik des **Diaz Cross** (in Erinnerung an Diaz, der 1488 die Algoa Bay entdeckte) und das **Monument to Prester John**, ein koptisches Kreuz, das dem damals verehrten Königspriester zu Ehren errichtet wurde.

Unter der alles erdrückenden Autobahntrasse geht es nun durch ins Eisenbahn- und Hafengebiet.

- **Campanile (1)**

Geöffnet: Di–Sa 9–12h30 u. 13h30–17h, So + Mo 14–17h

Von diesem Turm aus, der 1923 zum Andenken an die Siedler des beginnenden 19. Jahrhunderts errichtet wurde, haben Sie einen ausgezeichneten Rundumblick auf die Innenstadt und vor allem den Hafen. Direkt unterhalb des Turmes rangiert *23 laute* der „Apple Express". Dreimal am Tag läuten die 23 Glocken, und zu der Zeit *Glocken* sollte man sich nicht unbedingt im Glockenturm aufhalten. Das Glockenwerk ist übrigens das größte in Südafrika. Für den Aufstieg auf den 52 m hohen Turm gilt es, 204 Stufen zu bewältigen.

Zurück geht es wieder den Berg hinauf.

- ***N° 7 Castle Hill Historical Museum (3)**

7 Castle Hill, geöffnet: Di–Sa 10–13h u. 14–17h, So + Mo 14–17h

Das Wohnhaus wurde 1827–28 von dem irischen Pfarrer Francis McCleland an dieser Stelle erbaut und gilt damit als eines der ältesten noch erhaltenen Siedlerhäuser der Stadt. Für nur 3 Guineas erwarb er das Grundstück von der Stadt unter der Bedingung, hier innerhalb von 13 Monaten ein solides, ansehnliches Haus zu errichten. Als Baumaterial wählte er Sandstein und Gelbholz, was der Verwitterung gut standhalten sollte. 1962 kaufte die Stadt das Haus von dem damaligen Besitzer zurück, restaurierte es, und man bemühte sich, es so einzurichten, wie ein bürgerliches Haus in der Mitte des 19. Jahrhunderts ausgesehen haben mag.

Küche im Besonders beeindruckend ist die Küche im Keller, in der u.a. eine handbe-*Keller* triebene Waschmaschine bewundern kann. Im Hinterhof befindet sich ein Raum, in dem Spielzeug und Puppen aus jener Zeit ausgestellt sind.

- **Fort Frederick**

Belmont Terrace, geöffnet: tägl. von Sonnenaufgang bis -untergang

Das Steinfort wurde 1799 von den Briten errichtet, um die Mündung des Baakens River zu schützen, besonders weil man damals fürchtete, Frankreich würde Trup-*Immer* pen schicken, um die Rebellen in Graaff-Reinet zu unterstützen. Kampfhandlungen *friedlich* hat das Fort dann aber niemals erlebt. Namensgeber war Frederick, Duke of York. Heute können noch das Munitionslager und das Wachhaus besichtigt werden sowie natürlich die Anlage selbst.

Hinweis
Möchten Sie sich näher mit den historischen Bauten und der Geschichte von Port Elizabeth befassen, empfiehlt sich der Erwerb des Heftchens „Donkin Heritage Trail", das Sie in der

Beliebt: Ausflug mit dem „Apple Express" (s. S.192f)

Touristeninformation erhalten. In ihm sind 47 historische Gebäude entlang einer empfohlenen Wegstrecke aufgeführt.

Abseits der Innenstadt

• King George VI Art Gallery (5)

St. George's Park, Park Drive (Central), geöffnet: Mo–Fr 9–17h (Di vormittags geschlossen), Sa + So 14–17h

Ursprünglich wurde die Galerie einzig als Ausstellungsort für britische Kunst des 19. Jahrhunderts genutzt. Anfang der 1990er Jahre begann man dann damit, auch Künstlern aus der Östlichen Kapprovinz sowie jungen Nachwuchstalenten, unter ihnen eine Reihe Afrikaner, eine Chance zu geben. Neben Ölgemälden und Radierungen findet sich somit auch eine Reihe von Mixed-Media-Bildern, asiatischen Kunstwerken, Keramiken und manchmal sogar Video-Art. Natürlich gibt es auch Wanderausstellungen. Die Galerie bietet sich also an, um einmal ein anderes Bild von der Kunstwelt des Landes zu erhalten.

• *Port Elizabeth Museum Complex, Oceanarium, Snake Park & Tropical House (6)

Marine Drive, Humewood, geöffnet: tägl. 9–16h30, Delphinshow: 11h u. 15h

Der Komplex ist in drei Teile untergliedert:

Main Museum: Besonders die naturwissenschaftliche Abteilung beeindruckt. Sie beschäftigt sich vornehmlich mit der maritimen Tierwelt, es gibt aber auch ausgestopfte Landtiere zu sehen. Das Skelett eines ausgewachsenen Wales veranschaulicht einem die Größe dieser Säugetiere. In der wissenschaftlichen Abteilung wird erläutert, wie die Meeresströmungen verfolgt werden und welche Auswirkungen sie auf Klima und Umwelt haben. Die anthropologische Abteilung erklärt Lebensweisen der Xhosa, der Bevölkerungsgruppe, die vornehmlich nordöstlich von Port Elizabeth und in der ehemaligen Transkei lebt. Die Ausstellung historischer Fotos von PE zeigt, wie schön die Stadt einst gewesen sein muss. Leider ist nicht sicher, ob diese Abteilung bestehen bleibt. *(Rand: Wal-Skelett)*

Oceanarium: Hauptattraktion hier ist das Delphinarium, in dem Shows mit Delphinen und Seehunden vorgeführt werden. Mit dazu gehört das bedeutende *Delphine Research Center*, das sich entlang der gesamten Küste Südafrikas engagiert. Ein großes Aquarium und mehrere kleinere runden das Bild ab, und besonders Kinder werden sich an den vielen Fischen erfreuen, besonders den Haien.

Snake Park & Tropical House: Der Name verrät schon alles: Verschiedene Schlangen bis hin zum riesigen Python können hier bewundert werden, und im Tropenhaus sind bunte und verschlungene Tropenpflanzen zu sehen, zwischen denen exotische Vögel frei herumfliegen. *(Rand: Riesiger Python)*

• Jewish Pioneers' Memorial Museum

Raleigh Street, geöffnet: nur So 10–12h

Das kleine Museum ist in der Raleigh Synagoge untergebracht, die der jüdischen Gemeinde von 1912 bis 1954 als Mittelpunkt diente. Zu sehen sind vor allem Gegenstände aus dem täglichen Leben der Juden am Kap.

Außerhalb von Port Elizabeth

Hinweis

*Erkundigen Sie sich in der Touristeninformation danach, ob nicht wieder eine **Autofabrik**, z.B. VW, zu besichtigen ist. Und Eisenbahnfans sei die Fahrt mit dem „Apple Express" (s. S. 192f) ans Herz gelegt.*

Die Buchten um PE gelten bei Surfern als Paradies

- ***Ausflug zum Addo Elephants National Park** (ⓘ s. S. 262ff) **(inkl. ehem. Zuurberg Nat. Park)**

Anfahrt

Der Park liegt eine knappe Autostunde (70 km) nördlich der Innenstadt von Port Elizabeth. Nehmen Sie die N2 in nordöstlicher Richtung bis zur Abfahrt 761, von der aus der Nationalpark bereits gut ausgeschildert ist. Die R335 führt direkt an der Hauptzufahrt vorbei.

Geöffnet: tägl. 7–19h

Hinweis

Der nahe Zuurberg National Park wurde mittlerweile verwaltungstechnisch dem Addo Park angegliedert. Auf vielen Karten ist das so aber noch nicht eingezeichnet. Verwirrend sind daher manchmal, wenn auch nicht direkt an der Hauptstraße, die verschiedenen Zufahrten zum Addo Elephants Nat. Park, die eben auch zum ehemaligen Zuurberg Nat. Park führren. Möchten Sie also im ehem. Zuurberg Nat. Park nächtigen, folgen Sie den Schildern zum Zuurberg Hotel (heute Zuurberg Mountain Inn). Das Kabouga House ist aber nur mit einem Geländewagen zu erreichen und muss über den Addo Park gebucht werden.

- **Addo Elephants Park-Abschnitt**

Als die ersten Siedler in dieser Gegend seßhaft wurden, begannen sie, das Land hier zu roden. Doch sehr bald hatten sie Konkurrenten, die wie sie Besitzansprüche an das Land stellten: Elefanten! Die „grauen *Elefanten-* Eminenzen" verwüsteten oft die angelegten Felder, und *plage* man überlegte, wie man das Farmland gegen weitere

Nationalpark nördl. von Port Eliz. und Shamwari Game

Post Chalmers · ➡nach Middelb
Mt.Zebra ▲
Bergkwagga ▲
N.P · Crado

nach Graaff-Reinet ➡
R337
Swaershoek
Pearston

R63
Somerset East/-Oos · C.

R400 · R335 · Mi

nach Aberdeen ➡
R75
Kirkwood
Zuurberg National Park
Addo Elephant

R335 · Addo

Uitenhage

Despatch · Port Nelso Metro

nach Humansdorp/ ➡
Gardenroute
N2
Summe

© **I**graphic

Verwüstungen schützen konnte. Nach langen Diskussionen beauftragte die Kap-Regierung 1919 den Berufsjäger Jan Pretorius mit der Aufgabe, die Elefanten auszurotten. Bereits nach einem Jahr waren 120 Dickhäuter erlegt, doch mittlerweile empfand die Bevölkerung Mitleid mit den Tieren und protestierte gegen weitere Tötungen. Nur elf Elefanten überlebten das Massaker. Diese Tiere waren aufgrund der Verfolgung sehr gereizt und gefährlich. 1931 entschloss man sich daher, einen knapp 8.000 ha großen Lebensraum als Nationalpark für die Tiere bereitzustellen. Das gesamte Gebiet wurde mit elefantensicheren Zäunen umgeben. Die Citrus Corporation lieferte in der Folgezeit ganze Berge verdorbener Orangen an, die den Elefanten sehr gut schmeckten und die Tiere allmählich wieder friedlicher stimmten.

Orangen für den Frieden

Mittlerweile ist die Herde wieder auf 200–250 Elefanten angewachsen. Entlang einer Rundstraße, die auf kleine Beobachtungshügel und an Wasserlöcher führt,

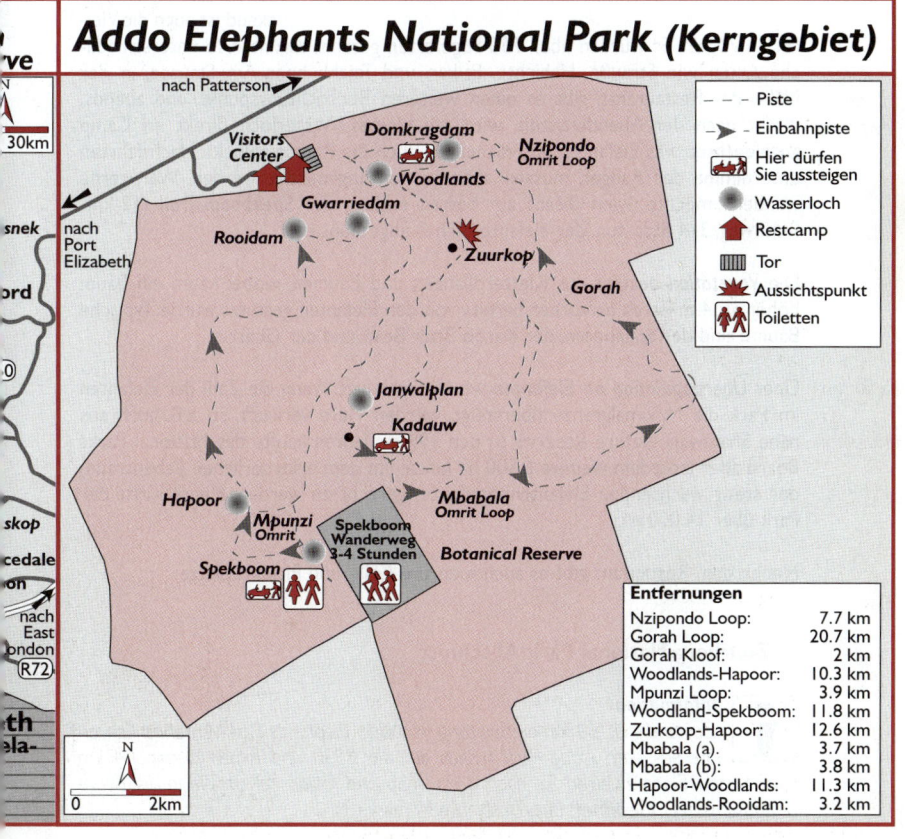

Addo Elephants National Park (Kerngebiet)

nach Patterson

Visitors Center

Domkragdam

Nzipondo Omrit Loop

Woodlands

Gwarriedam

nach Port Elizabeth

Rooidam

Zuurkop

Gorah

Janwalplan

Kadauw

Hapoor

Mbabala Omrit Loop

Mpunzi Omrit

Spekboom Wanderweg 3-4 Stunden

Botanical Reserve

Spekboom

Legende:
- – – Piste
- Einbahnpiste
- Hier dürfen Sie aussteigen
- Wasserloch
- Restcamp
- Tor
- Aussichtspunkt
- Toiletten

Entfernungen

Nzipondo Loop:	7.7 km
Gorah Loop:	20.7 km
Gorah Kloof:	2 km
Woodlands-Hapoor:	10.3 km
Mpunzi Loop:	3.9 km
Woodland-Spekboom:	11.8 km
Zurkoop-Hapoor:	12.6 km
Mbabala (a).	3.7 km
Mbabala (b):	3.8 km
Hapoor-Woodlands:	11.3 km
Woodlands-Rooidam:	3.2 km

N

30km

snek

ord

skop

cedale

nach East London

R72

th la-

N

0   2km

Addo zählt über 200 Dickhäuter

können Sie die Elefanten beobachten. Besorgen Sie sich unbedingt die Parkkarte bei der Information und fragen Sie, wo die Dickhäuter gerade zu finden sind.

Seit 1961 leben im Park auch ein paar **Schwarze Nashörner** (sehr selten zu sehen), **Büffel, Kudus, Eland-Antilopen** sowie andere Savannentiere. Besonders beeindruckend ist auch die Viel-

After-Dinner-Viewpoint

falt an Vögeln. Es wurden über *150 Vogelarten* gezählt, darunter so unterschiedliche Arten wie Strauße, Habichte, Falken und Teichhühner. Am Stausee, in der Nähe des Restaurants, gibt es einen weiteren Beobachtungspunkt, und abends, direkt nach der Abendbrotzeit, wird ein kleines Wasserloch direkt im Camp angeleuchtet, was Elefanten und manchmal auch die Rhinos anlockt. Nachtfahrten unternimmt der Ranger, müssen aber vorher angemeldet werden. Wer gerne wandern möchte, kann dieses am besten entlang des *Spekboom-Trail* (12-km-Rundweg, 3–4 Std.) tun, der elefantensicher abgezäunt ist.

Die *Vegetation* besteht aus Kletterpflanzen und Bäumen, wobei kaum ein Baum höher als 4 m ist, da er vorher bereits von den Elefanten gestutzt wurde. Typische Bäume sind der Spekboom, der Karoo Boer Bean und der Guarrie.

Elefanten zu verkaufen!

Einer *Überpopulation an Elefanten* wird vorgebeugt. Wenn die Zahl der Elefanten im Park die Maximalgrenze übersteigt, werden Tiere verkauft, so z.B. auch ans nahe Shamwari Nature Reserve. In den 1990er Jahren kaufte das National Parks Board aber trotzdem weitere 6.500 ha hinzu, um dem erforderlichen Lebensraum der stetig wachsenden Elefantenpopulation gerecht zu werden. Heute misst der Park über 14.000 ha.

Neben dem Restaurant gibt es auch mehrere Grill- und Picknickplätze.

- Zuurberg National Park-Abschnitt

ℹ️ **Information**
*Zuständig ist die Parkverwaltung im Addo Elephants Park. **Anfahrt:** Fahren Sie aus dem Addo-Park hinaus auf die R335 und folgen dieser 1,4 km nach Süden. Dann zweigen Sie nach Westen ab und folgen der Straße in die Berge (ausgeschildert). **Geöffnet:** tägl. 7h30–16h30 (variiert).*

Dieser Parkabschnitt befindet sich ca. 20 km vom Addo Park entfernt und ist eher ein Erholungsgebiet für die Städter als ein Tierpark. Wie der Name bereits verrät, handelt es sich um einen „Bergpark", wobei die Berge eher als hohe Hügel zu bezeichnen sind und deren Vegetation z.T. bestimmt ist durch Küsten-Nebelwälder. Trotzdem gibt es hier auch einige Savannentiere zu sehen. Zusätzlich wurden 1991 die gefährdeten Bergzebras hier ausgesetzt. Der Park eignet sich gut für Wanderungen. Es gibt einen 1-stündigen sowie einen 4-stündigen Trail. *Reiten und* Und Sie können auch Ausritte mit ausgeliehenen Pferden unternehmen. *wandern*

Der Zuurberg Park bietet somit kein spezielles Highlight, ist aber, besonders unter der Woche, wenig besucht und verspricht daher Erholung und Natur pur. Die Unterkünfte variieren zwischen einfachen Hütten und dem historischen Zuurberg Mountain Inn (s. S. 263), welches an einer früher stark frequentierten Passstraße liegt.

- ***Ausflug zum Shamwari Game Reserve** (ⓘ s. S. 315ff)

  Anfahrt
  Folgen Sie von Port Elizabeth der N2 in Richtung Grahamstown. Nach ca. 72 km führt eine Schotterpiste nach Norden zum Reservat (gut ausgeschildert). Sollten Sie keine speziellen Arrangements getroffen haben, fahren Sie zuerst zum Lee Manor House, wo sich die zentrale Rezeption befindet. Die Abfahrt von der o.g. Piste befindet sich erst hinter der zum Day Visitor Center und der zur Breeding Station.

Das Shamwari Game Reserve wurde erst 1992 gegründet und ist eine rein *Private* private Institution. Der Name stammt aus der Shona-Sprache, in der Shamwari *Institution* „Freund" bedeutet. Ziel des Reservates ist es, den Besuchern Afrikas Tierwelt auch in dieser Gegend Südafrikas vorzustellen und die Tiere, die hier einst auch heimisch waren, wieder in der Region zu etablieren. Dafür wurden mehrere Farmen aufgekauft, und weitere sollen folgen.

Das Areal umfasst z.Zt. 18.000 ha, soll aber in naher Zukunft auf gut 30.000 ha erweitert werden. In weiter Ferne liegt noch der Plan, dass der Addo Elephants Nat. Park und das Shamwari Game Reserve eine Einheit bilden werden, wenn auch unter jeweils eigener Verwaltung. Dabei soll der Addo Park bis an die Küste hinunterreichen und Shamwari sich weiter nach Nordosten ausdehnen. Ähnlichkeiten mit der Reservatspolitik in und um den Krüger National Park werden deutlich.

Geographie: Shamwari liegt in einem Gebiet der Buschsavanne mit vorwiegend *Busch-* trockener und dorniger Vegetation. Hohe Bäume sind eher selten und wurden *savanne* von Menschenhand gepflanzt. Durch den Südteil des Reservates fließt in Mäandern der Bushmans River, eine Art Galeriefluss, denn an seinen Ufern wachsen etwas höhere Sträucher und Bäume. Zahlreiche Flächen im Park sind offen und weisen keine Büsche und Sträucher auf. Hierbei handelt es sich um die ehemaligen Felder der Farmen, und sie werden heute gern genutzt von den Antilopen,

Teuer, aber gut: ein Besuch des Shamwari Game Reserve

Zebras sowie Nashörnern als Tummelplatz und Nahrungsquelle.

Die Größe des Reservates und die mit Vorsicht angelegten schmalen Pisten bringen es mit sich, dass die Gamedrives bis zu 4 Stunden dauern. Es lohnt sich aber. Zu bedenken gilt, dass die Landschaft hier – nahe am Meer, offene Flächen, Hügelland – starken Tagestemperaturschwankungen ausgesetzt ist. D.h., Sie sollten unbedingt warme und windfeste Kleidung mitbringen, aber auch Sonnenschutz (Hut, Creme etc.). Nachmittags, wenn die Pirschfahrt beginnt, sitzen Sie noch im T-Shirt und schwitzen und keine 2 Stunden später, eingepackt in Ihre warme Kleidung, sind Sie froh, dass der Ranger auch noch an Wolldecken gedacht hat!

Malariafrei

Es sei auch noch darauf hingewiesen, dass Shamwari absolut malariafrei ist und dass es auch die Möglichkeit gibt, das Reservat nur am Tag zu besuchen, ohne hier zu übernachten. Dafür müssten Sie vormittags anreisen, besuchen die kulturellen Vorführungen im afrikanischen **Kaya Lendaba Village** und nehmen anschließend an einer ca. 3-stündigen Pirschfahrt teil.

Tierwelt: Nahezu alle interessanten Tiere Afrikas gibt es zu sehen. Dazu gehören Nashörner (schwarze und weiße), Elefanten, Zebras, Giraffen, Wasserböcke, Flusspferde („Hippos"), Impalas, Gnus, Springböcke, Affen, Strauße und auch Löwen. Letztere müssen aus Sicherheitsgründen noch in einem 300 ha großen Gehege gehalten werden. Langfristig ist ge-

Löwen

plant, die Löwen im gesamten Areal laufen zu lassen. Natürlich gibt es auch eine reichhaltige Vogelwelt. Das Gezwitscher in den Sträuchern sowie die bunten Federkostüme sind kaum zu verfehlen.

Die Pirschfahrten dauern mindestens 3 Stunden (nachmittags/abends sowie morgens von 6–9h), denn das Gelände ist riesig. Die Ranger sind gut ausgebildet und können Ihnen nahezu jede Frage beantworten,

Giraffen gibt es auch in Shamwari

denn wussten Sie z.B., dass ein Straußenei so viel Inhalt hat wie 24 Hühnereier oder dass ein Löwe eher Angst hat vor einer Giraffe?

Naturschutz- bzw. Preispolitik: Shamwari möchte Zeichen setzen, und zwar auf dem privaten Sektor. Da die Nationalparks nicht alle Naturschutzansprüche alleine erfüllen können, wurde hier, wie bereits in einigen Reservaten um den Krüger National Park, mit privaten Mitteln begonnen, eine Naturschutzpolitik populär zu machen, die außerhalb Südafrikas (und z.T. der USA) ihresgleichen sucht. Nachdem die Basis für Shamwari geschaffen wurde, ist das heutige Ziel neben der Erhaltung der Natur natürlich auch der Profit. Doch dieser wird zu einem großen Anteil wieder in Verbesserungen gesteckt. Tiere werden z.B. aus überfüllten Parks hierhergebracht, damit sie wieder einen artgerechten und ausgewogenen Naturraum erhalten. Eine Aufzucht- und Pflegestation ("Breeding Station") päppelt kranke Tiere wieder auf bzw. züchtet junge heran, die dann entweder hier ausgesetzt oder aber, wenn der Platz in Shamwari nicht mehr ausreicht, an andere Parks verkauft werden. Um dieses alles ökologisch sinnvoll zu gewährleisten, um die Zäune instand zu halten, die Ranger vernünftig auszubilden usw., bedarf es aber ohne Zweifel eines hohen finanziellen Aufwandes, und den müssen vornehmlich Sie als Gast leisten mit extrem teuren Tages- bzw. Übernachtungspreisen. Mit unter 350 € pro Person und Tag brauchen Sie in der Saison (Oktober bis April) gar nicht zu rechnen. In der Nebensaison ist es um 60 % günstiger. Viel Geld, das sicherlich sinnvoll angelegt ist, aber auch die Reisekasse ziemlich schröpft.

Zeichen setzen

Trotzdem sind Ansatz sowie Ziel von Shamwari beachtenswert. Bedenken Sie einmal, eine riesige Fläche zwischen Indischem Ozean, einschließlich des Addo Elephants Nat. Parks bis hin auf eine Linie ca. 100 km nördlich der Meeresküste, die von Port Elizabeth im Westen bis nahezu Grahamstown im Osten reichen soll, stünde wieder den Tieren zur Verfügung. Hinzu käme, dass in absehbarer Zukunft fast alle Zäune wegfallen sollen. Sollte dies gelingen, sollten dabei Arbeitsplätze für die Einheimischen entstehen und sollten die Preise auch für Südafrikaner wieder erschwinglich werden, dann hat das Konzept funktioniert.

Luxus in der Einsamkeit: die „Shamwari Lodge"

Unterkünfte: Entsprechend den Preisen sind die Unterkünfte luxuriös und ausgesprochen individuell gestaltet. Historische Farmhäuser aus dem 19. Jahrhundert, einsam in der Landschaft, ein vornehmes Herrenhaus sowie die exquisite „Shamwari Lodge", eine ehemalige Safarilodge, lassen bestimmt keine Wünsche offen.

Kulturelle Darbietungen: Wie in vielen privaten Reservaten, hat man sich auch in Shamwari darum bemüht, den Besuchern aus Europa afrikanische Traditionen zu erklären bzw. vorzuführen. Hier wurde dazu ein „kulturelles Xhosa-Dorf" errichtet, **Kaya Lendaba.** I.d.R. beginnen die Vorführungen am späten Vormittag und dauern eine gute Stunde. Dabei werden afrikanische Zeremonien aufgeführt und erklärt, es wird erläutert, was die Afrikaner essen und wie sie es zubereiten, aber auch typische Hütten der Xhosas gibt es zu sehen, die einen Einblick in die

Xhosa-Dorf

Lebenswelt dieses Stammes gewährleisten sollen. Natürlich fehlen auch nicht die handwerklichen Vorführungen, deren Produkte anschließend zum Verkauf stehen. Führt man sich vor Augen, dass die Xhosas i.d.R. heute auch nicht mehr so leben und ihre Traditionen, wie die unsrigen, sich immer mehr verwaschen, dann kann man mit gutem Gewissen zu einem Besuch dieses Kulturdorfes raten. Der Kitsch und der Wunsch, einem Klischeebild gerecht zu werden, sind aber kaum zu übersehen, und wir haben hinterher gedacht, dass der Natureindruck von Shamwari ohne den Besuch hier besser erhalten worden wäre.

Noch ein paar Tipps zum Programm bzw. zur Aufenthaltsdauer

Bei dem Preis: Zeit kalkulieren

Um Shamwari ganz genießen zu können, sollten Sie 2 Nächte buchen. Dann haben Sie ausreichend Zeit für die Pirschfahrten, können aber zudem noch die Vorzüge der Anlagen genießen und sich entspannen. Sollten Sie aber nur eine Nacht bleiben, ist es sinnvoll, rechtzeitig genug anzukommen, um an der abendlichen Pirschfahrt, die um 16h beginnt, teilzunehmen. Vorher werden noch Kaffee und Kuchen gereicht. Morgens heißt es, früh aufstehen: Um 5h30 wird geweckt, und um 6h geht's nach einem schnellen Kaffee los zur nächsten Pirschfahrt. Ein reichhaltiges Frühstück gibt es nach der Rückkehr um 9h. Anschließend können Sie das o.e. Kulturdorf besichtigen oder bis zum Lunch entspannen bzw. abreisen.

Fazit: Shamwari ist keineswegs billig, und wenn Sie bereits die großen Tiere Afrikas gesehen haben, dann erübrigt sich der Besuch hier eigentlich auch. Inwieweit Sie die Preise bezahlen wollen bzw. können, um der Natur in Südafrika wieder „auf die Sprünge zu helfen", das können nur Sie alleine entscheiden. Geboten wird schon einiges für Ihr Geld, und die Exklusivität spricht auch für sich. Doch einen Punkt gilt es wirklich kritisch, aber auch offen zu überdenken: Die Preisgestaltung schließt die Südafrikaner selbst als Gäste nahezu komplett aus. Gerade einmal 2 % der Gäste hier stammen aus dem Südlichen Afrika und können sich den Aufenthalt leisten. Zudem bedeutet der Erhalt bzw. Wiedergewinn solch großer Naturareale auch die Vernichtung von (z.Zt. wenig rentablem) Farmland sowie von Siedlungsflächen für die Einheimischen. D.h., es wird etwas geschaffen, wovon die Südafrikaner möglicherweise erst in Jahrzehnten profitieren können, aber nicht mit Sicherheit werden. Diese Gesichtspunkte sind auch

Diskussion erwünscht

den Verantwortlichen und Rangern von Shamwari bekannt, und Anregungen bzw. Diskussionen zum Thema sind durchaus erwünscht.

Das private **Amakahla Game Reserve** südlich von Shamwari (zwischen Grahamstown und Port Elizabeth) bietet günstigere Übernachtungen und Rundfahrten. Zu sehen gibt es eine Vielfalt an Antilopen, Giraffen, Fischadlern, Kleingetier, Königsfischern, Zebras. In sehr naher Zukunft wird es Elefanten aus dem Addo Park geben, und die Big Five sollen angesiedelt werden.

Die Küstenstrecke zwischen Port Elizabeth und George

Die ersten Kilometer westlich von Port Elizabeth sind weniger interessant, und selbst wer von PE aus die schönere südliche Landstraße über **Sea View** nimmt, wird später feststellen, dass der Zeitaufwand dafür nicht gelohnt hat – verglichen mit dem, was da noch kommt.

Beeindruckend ist weiter westlich die N2-Überquerung des **Gamtoos River**, eines der vielen kleineren Flüsse, die sich in immer mehr oder weniger gleichen Abständen voneinander in den Indischen Ozean entleeren. Der Gamtoos ist bis hin zum Gourits River westlich von Mossel Bay aber der einzige Fluss, der sich im Unterlauf nicht durch harte Felsmassive nagen musste und sein Wasser weit aus dem Inland holt. Kurz hinter der Brücke (erste Abfahrt nach Jeffrey's Bay) führt eine Sackgasse an die lagunenhafte Mündung des Flusses („Gamtoos River Mouth"). *Wasser aus der Wüste*

Jeffrey's Bay/Humansdorp/St. Francis Bay (ⓘ s. S. 286)

Diese drei Orte und noch ein paar weitere kleinere bilden in gewissem Sinne eine Wirtschaftseinheit und sind im Grunde doch sehr verschieden.

• **Jeffrey's Bay** ist der bekannteste von ihnen, da sich hier die Surfer besonders gerne tummeln. Der Beiname „*Surfer's Paradise*" passt allemal. Südlich des Ortskernes treffen sich die Enthusiasten dieser Sportart und tragen oft Wettkämpfe aus. Auch die Muschelsammler zieht es oft nach Jeffrey's Bay. Ansonsten wirkt der Ort verschlafen und ist in erster Linie eine große Wochenendhaus-Siedlung. *„Surfer's Paradise"*

• Nicht viel anders sieht es südlich davon aus in **Aston Bay** (fahren Sie über die kleine Dammbrücke) und **Paradise Beach**. Ein Township inlands und die ersten Ferienanlagen mit amerikanischen Resort-Ausmaßen am Meer machen sich hier breit.

• **Port St. Francis**, eigentlich der ehemalige Fischereihafen, wird immer mehr bestimmt durch eine ehemals neue Marina, in deren Restaurant es sich gut und mit Ausblick speisen lässt. Mehr auch nicht.

• Wirklich gefallen hat uns dann noch **Cape St. Francis** ganz im Süden. Hier geht es beschaulicher zu, haben Ozean und Strand noch Vorrang vor noblen Ferienhausadressen und lädt das gleichnamige Resort sowohl Camper als auch B&B- sowie Cottage-Gäste ein. Wer mit Kindern reist, kann hier zu vernünftigen Preisen die wahre Pracht der Gegend genießen. *Für Familien mit Kindern*

• **Oyster Bay** weiter im Westen ist ebenfalls ein kleiner Ferienort mit schönem Strand, ohne aber eine nennenswerte Infrastruktur für Reisende zu bieten.

• **Humansdorp** schließlich ist das Versorgungszentrum der Region und zugleich Mittelpunkt eines Schafzuchtgebietes sowie Ausgangspunkt zur Garden Route, den o.g. Küstenorten und der noch wenig bekannten Baviaanskloof-Region im Norden (s. S. 517). Der Ort hat ansonsten nichts zu bieten und besticht einzig durch das triste Ambiente einer typischen südafrikanischen Kleinstadt.

Bis nach **Woodlands** tut sich entlang der N2 nicht viel, und das in diesem Ort angekündigte Informationszentrum für den Nationalpark entpuppt sich auch „nur"

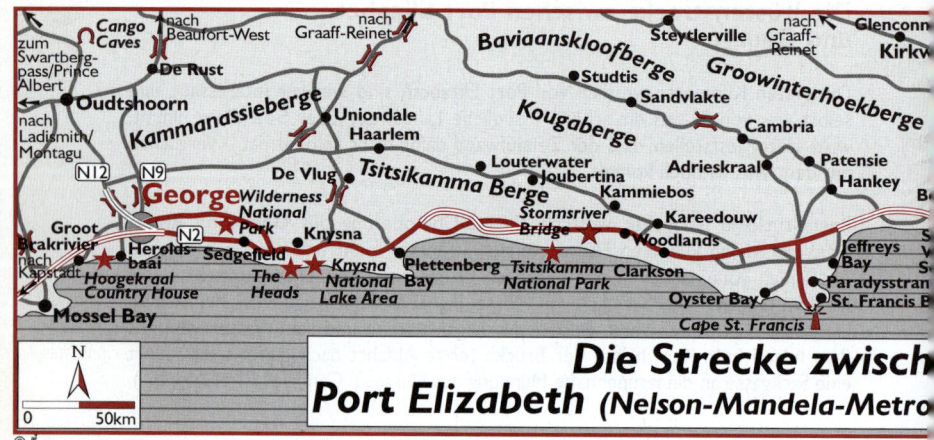

als Farmstall mit wenigen Souvenirs und ausgelegten Broschüren. Für einen „Kaffee-und-Kuchen-Stopp" kann man ihn aber durchaus empfehlen.

*Tsitsikamma Coastal National Park (ⓘ s. S. 325ff)

Überblick

Dichte Wälder

Der urige Name stammt aus der Khoi-Sprache und bedeutet klares oder sprudelndes Wasser. Beide Nationalpark-Gebiete umfassen einen schmalen, 113 km langen Abschnitt entlang der Küste. Das Gebiet ist gekennzeichnet durch dichte Wälder mit z.T. sehr altem Baumbestand, hohen Regenfall, viele Bäche und Flüssen, Schluchten sowie eine malerische Steilküste. Die Hauptattraktionen sind die Storms River Gorge (Ausblick von der Storms River Bridge), der Storms River Mouth, die Küstenwanderwege und der Strand am Nature's Valley. Die wahre Schönheit und grandiose Natur dieser Landschaft bleiben nur dem Wanderer vorbehalten. Zwei der schönsten Wanderwege Südafrikas finden wir hier: den Otter Trail und den Tsitsikamma Trail:

Zwei weltberühmte Wanderwege

Der Tsitsikamma und vor allem der Otter Trail gehören ohne Zweifel zu den schönsten Wanderrouten des Landes. Für beide Trails gilt aber eine rechtzeitige Anmeldung (Monate im Voraus! Ab 12 Monate im Voraus möglich), denn es wird nur eine begrenzte Zahl an Wanderern zugelassen. Buchen müssen Sie über die Nationalparkbehörden in Kapstadt oder Tshwane (ehem. Pretoria), und bei der Buchung empfiehlt es sich, gleich Alternativdaten anzugeben. Kosten: Um ZAR 300.

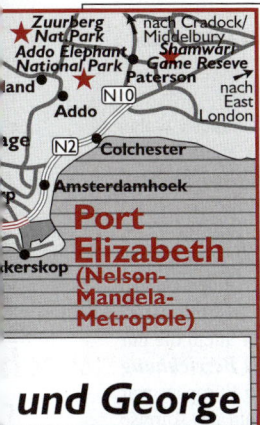

• *Otter Trail

Er beginnt am Storms River Mouth Restcamp des Tsitsikamma National Park, hat eine Länge von 48 km und endet im Nature's Valley. Der Trail dauert 5 Tage, und unterwegs stehen vier einfache Hütten für die Übernachtung zur Verfügung. Die Etappen sind zwischen 4,6 (ca. 3 Std.) und 13,8 km (ca. 8 Std.) lang. Es darf nur in westliche Richtung gewandert werden.

Der Trail ist aber nicht so einfach, wie es zuerst scheint. Flüsse müssen durchwatet und Felsen überwunden werden. Die Einsamkeit der faszinierenden Küstenlandschaft belohnt aber für alle Mühen. Zudem gibt es Gelegenheit zum Schnorcheln!

• Tsitsikamma Trail

Er beginnt am Groot River Campingplatz im Nature's Valley, hat eine Länge von 72 km und bietet 5 Hütten als Übernachtungsstätten. Er endet entweder am Tsitsikamma Total Village, am Storms River Village oder aber am Storms River Mouth Restcamp. Dieser Trail führt durch die Waldareale – vorwiegend unterhalb der Berge. Es darf nur in östliche Richtung gewandert werden. Gemeinsam mit dem Otter Trail bildet der Wanderweg eine kreisförmige Route.

Woran sollten Sie denken und was sollten Sie dabeihaben?

• Wichtig! Eine **gute Gesundheit** ist Voraussetzung.

• Die **trockensten Monate** sind Juni und Juli.

• **Kleidung:** Regenschutz, Windjacke, mind. eine Ersatzgarnitur normale Kleidung, festes Schuhwerk für die Wanderung, leichte Schuhe für die Camps, langärmelige Hemden als Sonnenschutz, warme Kleidung im Winter bzw. für die Abende, Sonnenhut

Storms River Gorge

• **Ausrüstung:** Wetterfester Rucksack, wasserdichte Säcke, um durch die Flüsse zu kommen, Schlafsack, 2 Wasserflaschen, Waschzeug, Handtuch, Campingkocher, -töpfe und -geschirr, Becher, Besteck, Streichhölzer, Taschenlampe, Kerzen

• **Kalorien- und vitaminreiche Nahrungsmittel:** Nudeln, Instantsuppe, Schokoriegel, getrocknete Früchte, dehydrierte Fertiggerichte, Obst, Tomaten, Kaffee/Tee, Milchpulver, Energie-Drinks

• **Sonstiges:** Badezeug, Sonnenbrille, Sonnencreme, kl. Erste-Hilfe-Set, evtl. Schnorchelutensilien (Maske, Flossen)

INFO ## Was bedeutet „Garden Route" eigentlich, und was ist so besonders an ihr?

Die Definitionen des Abschnittes der „Garden Route" gehen oft auseinander, wobei wir heute zumeist davon ausgehen, dass sie im Osten mit dem Tsitsikamma Coastal National Park beginnt und im Westen auf der Höhe Still Bay aufhört. Andere Quellen nennen Mossel Bay oder auch Swellendam als westliche Grenze.

Eine Illusion möchten wir Ihnen gleich nehmen: Die Bezeichnung „Garden Route" (auch „Gardenroute" geschrieben) verlockt zu der Annahme, dass man einen *Garten Eden* voller Blumen und Blütenteppichen vorfindet. Dem ist nicht so. Es gibt natürlich bunte Pflanzen, doch zumeist sind es dunkelgrüne Wälder und vor allem die nur zur Blütezeit farbige Fynbos-Vegetation, die die Flora bestimmen. ***Die Bezeichnung „Garden Route" ist eindeutig historisch zu verstehen***: Für die ersten Europäer war dieses Gebiet im Vergleich zum Binnenland und das, was die Segler auf der Anreise entlang der Küste nördlich von Kapstadt gesehen haben, so herrlich fruchtbar und deftig in den Farben, dass sie es tatsächlich als „Garten" empfanden.

Aufgrund der mediterranen Temperaturen, der tropischen Niederschlagsmengen und der Fruchtbarkeit der Böden schien hier alles zu gedeihen. Haben Sie nun aber keine Angst, dass Sie in ein „Regengebiet" fahren: Die Schauer sind zwar heftig und kommen oft, sind aber auch von kurzer Dauer. Oft fallen sie auch nachts.

Ein *geomorphologisches Problem* stellte sich den ersten Siedlern auf dem Abschnitt zwischen Gourits und Storms River in den Weg: Die Schluchten, die die Flüsse in die Sedimente der sog. *Küstenterrasse* gefressen haben, waren zu tief, um sie mit

Flusslagune an der Garden Route

den Ochsenkarren zu durchqueren, und die Berge dahinter zu hoch, um über sie hinwegzukommen. Lange Zeit war vor allem das Gebiet um Knysna sinnvoll nur auf dem Seeweg zu erreichen. Und warum sind die Schluchten bis zu 230 m tief, wo doch die Flüsse so klein erscheinen? Der Grund liegt in den *Hebungen und Senkungen des Meeresspiegels während der letzten 150 Millionen Jahre*. Es gab Zeiten, da reichte das Meer bis an die heutigen Berge heran, und andere, da lag die Küste bis zu 60 km weit draußen im heutigen Ozean. Und genau zu den Zeiten, als der Meeresspiegel aufgrund von Eiszeiten weit entfernt lag, führten die Flüsse mehr Schmelzwasser und hatten vor allem eine steilere und damit schnellere Abflussrichtung. Damit reichte ihre Kraft aus, um die Schluchten in die Sedimentgesteine zu fressen.

Flüsse, wie Sie sie heute sehen, könnten dieses kaum verrichten. Ausnahmen bilden nur die, die noch auf den Sedimenten fließen und am Meer als Wasserfall über die Klippen stürzen. Auch die werden in vielleicht 100 Millionen Jahren eine Schlucht geschaffen haben.

Dass die Böden des Gebirgsvorlandes so gut sind, kann man sich anhand o.g. Tatsachen gut vorstellen: Kalkhaltige Meeresablagerungen, feuchtwarmes Klima und nährstoffreiche Sedimente aus angeschwemmtem Bodenmaterial aus den Bergen bieten z.T. erstklassige Bedingungen.

Die *Flüsse führen wenig Wasser*, da das Wasser nur aus den Bergen kommt. Ausnahmen bilden hier nur Gourits und Gamtoos River, die ein Einzugsgebiet bis weit ins Inland aufweisen.

Was hat die Garden Route touristisch zu bieten? Noch vor den u.g. Aktivitäten steht die Natur natürlich im Vordergrund. Die küstennahe Region zeichnet sich durch *malerische Buchten, einsame Strände, hohe Kliffe, Felswände* und z.T. durch *urweltliche Wälder* aus. Aussichtspunkte, Nationalparks, Scenic Routes, Wanderwege u.v.m. gilt es hier zu erleben und erkunden.

Warum finden sich so viele Kiefern- und Eukalyptusgewächse an der Garden Route? Einer der ersten Forscher und später auch verantwortlich für die Landwirtschaft und zugleich den Erhalt der Natur entlang der Garden Route war der Franzose *Francois de Vaillant*. Um die bereits abgeholzten Areale wieder aufzuforsten bzw. grundsätzlich kahle Regionen zu begrünen, entschied er sich für die großflächige Anpflanzung von widerstandsfähigen (Kiefern) bzw. schnellwachsenden (Eukalyptus) Bäumen. Heute weiß man, dass die Kiefern für die Bodenversauerung sowie zahlreiche Waldbrände und der Eukalyptus für den hohen Verbrauch an Grundwasser verantwortlich zu machen sind. Die Kiefer gilt als „Feind" der Fynbos-Vegetation.

Wann lebten die ersten Menschen an der Küste? Belegbar ist, dass bereits vor über 100.00 Jahren (Mittlere Steinzeit) Menschen hier lebten.

Die beliebtesten Aktivitäten an der Garden Route: Wandern, Angeln, Kanu fahren, Bungee Jumping, Baden, Reiten, Surfen, Abseiling, Mountainbiking, Wale beobachten, Pflanzen bestimmen. Besorgen Sie sich an der Informationsstelle oder in einem Geschäft die kleinen Info-Broschüren (ca. ZAR 2), die zu den unterschiedlichen Interessenspunkten (Wandern, Vegetation, Wale beobachten etc.) Erläuterungen und z.T. Karten bieten.

Niederschlagsmengen/Jahr: Tsitsikamma Coastal NP (küstennah): 1.200–1.500 mm, Knysna: 750 mm, De Hoop Nat. Reserve: 380 mmm

Sehenswertes im und um den Tsitsikamma Coastal National Park (von Osten nach Westen)

Auf den ersten Kilometern führt die N2 von Osten durch relativ unspektakuläre Waldregionen und passiert dabei die beliebte Tsitsikamma Lodge. Kurz darauf erreichen Sie dann die

• **Paul Sauer Bridge** (heute: **Storms River Bridge)** und **Tsitsikamma Total Village**. Erstere ist 192 m lang, wurde 1956 als erste Brücke ihrer Art erbaut und führt in 139 m über die schmale Schlucht des Storms River. Eine Aussichts-plattform bzw. ein Spaziergang über die Brücke verdeutlichen, welche Meisterleistung die Ingenieure damals vollbracht haben. Das Total Village, benannt nach dem Erdölkonzern direkt hinter der Brücke, weist neben der Tankstelle Snack-Restaurants, Souvenirshops, Outdoor-Anbieter sowie ein kleines Informations-Center für den Nationalpark auf.

Meisterleistung der Ingenieure

• Gut 3 km weiter führt rechter Hand eine Piste sowie ein (lohnenderer) 15-minütiger Waldwanderweg zum **Big Tree**, einem 37 m hohen Yellowwood-Baum (Umfang: 8,5 m; Alter: 800 Jahre).

• Das **Storms River Village**, das 1 km südlich der N2 liegt, bietet einige Unterkünfte sowie kleine Geschäfte. Früher hatte es Bedeutung, als die ehemalige Hauptstraße hier durchführte und sich 4 km südöstlich vom Dorf über den (Old) Storms River Pass und die „Old Bridge" quälte. Heute werden hier Touren von Holzfällern organisiert. Die Piste endet auf der Ostseite des Storms River Mouth. Wanderwege und eine Mountainbike-Strecke erfreuen hier die Outdoor-Enthu-siasten.

Ausgangspunkt für Unternehmungen

• Das „leicht erreichbare Highlight" des Tsitsikamma Coastal National Park ist mit Sicherheit das ***Mündungsgebiet des Storms River** **(„Storms River Mouth")**, zu dem eine 10 km lange Stichstraße 9 km westlich der Storms River (Paul Sauer) Bridge hinunterführt. Bereits die letzten 4 km Kilometer vor Erreichen des Parkplatzes sind atemberaubend. Zu-erst fällt die Straße steil ab zum Meer, und dann bieten sich zwei schöne Haltebuchten an für den direkten Aus-blick aufs Meer. Am Ende der Straße befinden sich die Parkbehörde, ein Restaurant, ein Geschäft, ein Camping-platz und die beliebten Cottages, die zum Übernachten einladen. Am Tage ist dieses „Herzstück des Parks" leider stark besucht, was um so mehr für eine Übernachtung spricht.

Das Meeresrauschen, die sich an den Felsen brechenden Wellen und ein kleiner Strand laden trotzdem zu einer Pause ein.

Dann aber sollten Sie sich aufmachen zu einer kurzen Wanderung (25 Min. je Richtung) zur **Suspension Bridge**, einer Hängebrücke über der Mündung des Storms River. Der Weg dorthin führt durch einen Feuchtwald, wie er für die Küste hier typisch ist. Der Weg ist befestigt, trotz-

Steiler Pfad

dem an manchen Stellen steil und etwas mühselig. Wer nicht so gut zu Fuß ist, sollte nicht unbedingt auf die schaukelnde Brücke gehen. Auf der anderen Seite des Flusses führt dann noch ein sehr steiler Pfad hinauf zu einem einmaligen Aussichtspunkt. Hierfür aber sollten Sie fit sein und auch etwas zu trinken mitnehmen. Der Aufstieg dauert etwa 20 Minuten, hinunter ist es dann keineswegs einfacher!

Bootstour unter der Suspension Bridge durch in die Storms River-Schlucht

Nahe der Suspension Bridge legen kleine Boote ab zu einer kurzen Fahrt in die Storms River-Schlucht. Die Fahrt ist schön und vermittelt einen guten Eindruck über die Schluchten entlang der Garden Route, ist dafür aber auch nicht gerade preiswert.

• Zurück auf der N2, werden Sie schnell wieder in die Realität zurückgeholt: Gleich hinter der nächsten Flussüberquerung macht ein riesiges Sägewerk darauf aufmerksam, welche Gefahren auf die Natur lauern. *Sägewerk*
• Bleiben Sie auf der in einem Teilstück kostenpflichtigen N2, gelangen Sie ca. 9 km westlich des Abzweigs der R102 zur ***Bloukrans River Bridge**. Sie ist mit 216 m die höchste Brücke entlang der Garden Route und wird deswegen als

Bungee-
Jumping

Eldorado und Adrenalin-Schocker der Bungee Jumper angesehen. Eine entsprechende Infrastruktur ist deswegen östlich der Brücke eingerichtet: Souvenirläden, Inforaum über den Bau der Brücke, Backpacker-Lodge, Aussichtsplattform, Campingplatz etc. Leider hat ein Feuer 1998/99 das gesamte Areal niedergebrannt, aber der Eindruck der Höhe wird durch die kahlen Flächen drumherum um so

Atemberaubend: Brecher vor dem Storms River Camp

deutlicher. Übrigens: Für einen Sprung müssen Sie sich nicht unbedingt anmelden, so groß ist der Andrang dann auch wieder nicht. Und über 60-jährige dürfen sogar kostenlos springen.

• Landschaftlich schöner als die N2 ist die **alte Strecke, die *R102**, die zum einen nahe des Bloukrans River und dann wieder, nach Durchqueren des Nature's Valley, 25 km vor Plettenberg Bay wieder auf die N2 trifft. Im Osten führt sie noch durch langweilige Aufforstungsgebiete der Holzkonzerne, um dann aber steil abzufallen am **Bloukrans Pass** (nicht geeignet für große Wohnmobile) und sich durch nahezu unberührte Schluchtenvegetation zu schlängeln.

216 m hoch: die Bloukrans Bridge

Etwas westlich davon beeindruckt ein Ausblick auf die o.g., 216 m hohe **Bloukrans River Bridge** (vielleicht springt ja gerade jemand). Ein auf älteren Karten ausgewiesener Scenic Drive zur Küste, der **Marine Drive**, kurz vor der Kreuzung mit der N2, ist bis mindestens 2004 nicht zu empfehlen, denn der o.g. Waldbrand hat dort alles niedergemacht, und die Pisten werden z.Zt. nur von Forstfahrzeugen genutzt. Sobald die Strecke wieder frei ist, führt der Marine Drive hoch auf die Klippen über dem Meer und bietet spektakuläre Ausblicke.

• Weiter auf der R102, kreuzen Sie die N2 (die bis zur zweiten Einmündung der R102 nichts zu bieten hat), und nach wenigen Kilometern wird an zwei Aussichtspunkten (ein größerer, ein sehr kleiner – mehr gibt es nicht!) deutlich, warum dieses die weitaus schönere Strecke ist: Der Ausblick aufs **Nature's Valley** mit der Lagune und dem satten Grün im Tal des Groot River ist atemberaubend. Unten angelangt, können Sie nun in den eigentlichen Nationalpark (**Nature's Valley-/De Vasselot**-Abschnitt) fahren, wo einfache Hütten, ein Campingplatz, kurze Wanderwege und ein bezaubernder Strand einladen. Naturfreunde werden sich hier bestimmt wohlfühlen.

Bezau-
bernder
Strand

• Der **Ort Nature's Valley** ist weniger interessant, sollten Sie nicht in einem der kleinen B&Bs hier nächtigen wollen. Zumeist handelt es sich dabei nur um größere Ferienhäuser mit Anliegerwohnung. Lohnend sind aber der Spaziergang zum Strand und die Möglichkeit, sich hier ein Kanu zu mieten, um den Groot River auf 7 km Länge abzufahren. Eine einfache Hütte weiter oberhalb des Flusses bietet Outdoor-Liebhabern zudem eine Übernachtungsstätte. Dafür müssen Sie aber entsprechend ausgerüstet sein.

*Monkeyland

15 km östlich von Plettenberg Bay (Zufahrt zur „Forest Hall", dann noch 2 km), geöffnet: täglich 8–18h

Dieses einzigartige, naturbelassene Areal voller Affen dürfen Sie sich nicht entgehenlassen. Auf mehreren Hektarn leben hier die verschiedensten Affenarten Afrikas und einige von anderen Kontinenten friedlich zusammen. Auf einer 45-minütigen Tour werden Sie durch den Park geführt, und dabei werden die Lebensweisen der Tiere eindrucksvoll geschildert. Wie unterschiedlich die einzelnen Arten in Verhalten und in ihren Ernährungsgewohnheiten sind, ist beeindruckend. Der Clou ist dann die „Baum-Hängebrücke", die über ein Tal durch die Baumwipfel führt. Hier erleben Sie dann auch, wie die Affen sich hoch oben verhalten.

Die Welt der Affen

In „Monkeyland" gibt es Affen aus aller Welt zu bewundern ... hautnah

In Monkeyland gibt es ein kleines Restaurant mit einfachen Snacks und Getränken. „Monkeys" sind übrigens Affen mit Schwanz (zum Steuern beim Fliegen durch die Baumwipfel), während „Apes" keinen Schwanz aufweisen (z.B. Schimpansen). In naher Zukunft ist geplant, nebenan einen ähnlichen Park für Vögel einzurichten. Dabei wird mit einer weitmaschigen, riesigen Metallkuppel und wärmenden Dämpfen eine Tropenwelt geschaffen, die die buntesten Vögel

Vogelpark in Planung

> ### INFO Wie entstanden an der Garden Route die schönen Strandbuchten?
>
> Beachten Sie an solchen Stränden (z.B. Plettenberg Bay, Goukamma, Sedgefield) die an der Seite vorgelagerten Landzungen („Nasen"). An ihnen fließt die Strömung vorbei und erfährt dabei einen „Platzmangel", der Energie freisetzt und damit Strudel- sowie Wellentätigkeiten aktiviert. In diesem wird Sand aufgewirbelt und mit der – nun in die Bucht ablenkten – Strömung mitgesogen. In der Bucht selbst lässt die Energie der Strömung wieder nach. Der Sand sinkt ab und bildet die Grundlage für die Strände. Da die gröberen Sandpartikel bereits vorher absinken und nur die feinen Partikel wirklich das Ufer erreichen, finden wir heute Strandabschnitte vor, deren feiner, weißer Sand uns so beeindruckt.

beherbergen kann. Ein einzigartiges Unterfangen und technisch nicht einfach zu bewerkstelligen, denn die kalten Winde an dieser Küste müssen dabei so beherrscht werden, dass die Vögel nicht leiden.

Kurz vor Plettenberg Bay ist eine Stichstraße zum **Dune Park** ausgeschildert, an deren Ende sich das kleine „Keurbooms Café" befindet. Hier und von einem Aussichtspunkt entlang der 4 km langen Straße lassen sich gut **Wale beobachten**.

Plettenberg Bay (ⓘ s. S. 303ff)

Überblick und Geschichte

Beliebtes „Plett"　„Plett", wie es die Südafrikaner kurz nennen, ist einer der beliebtesten Badeorte entlang der Garden Route. Der Ort wurde 1778 nach Gouverneur Joachim van Plettenberg benannt, der hier ein See-Zeichen errichtete, um damit den Anspruch der Holländisch-Ostindischen Handelskompanie auf diese Bucht zu dokumentie-

Beacon Island: das Wahrzeichen von „Plett"

ren. Dieses Zeichen wurde von der Historical Monuments Commission 1964 ins South African Cultural Museum in Kapstadt gebracht. Die Holländer unternahmen Anstrengungen, die Bucht als Hafen für das Verschiffen von Holz aus dem Hinterland zu benutzen, woran heute nur noch die Ruinen des im Jahre 1788 erbauten Lagerschuppens erinnern. Beinahe in jedem Prospekt über Südafrika ist das Beacon Island Hotel abgebildet (heute nur noch Apartment-Wohnungen). Hier

Ehemalige Walfangstation　befand sich früher eine von norwegischen Siedlern erbaute Walfangstation. Als 1920 die Norweger diese Stelle verließen, begann Plettenbergs Entwicklung zum Ferlenort.

Der erste Eindruck lässt bereits eine geteilte Meinung aufkommen. Für die einen wirkt der Ort zu touristisch und herausgeputzt, für die anderen erfüllen sich hier ungeahnte Urlaubs- und Investitionsmöglichkeiten. Gleich vorweg: Historische Attraktionen finden Sie hier kaum, und die Restaurantszene kann aufgrund der sich zumeist selbst versorgenden Bewohner und Urlauber auch nur als mittelmäßig betrachtet werden. Dafür aber locken historische Hotels, die Natur sowie der schöne Strand im weiteren Umkreis der kleinen Stadt.

Die Infrastruktur, um dieses alles zu erkunden, ist gut ausgebaut: Wanderwege, Touranbieter, Walbeobachtungsfahrten, Beach-Shops, geleckte Apartments, nichts, was es auf diesem Gebiet nicht gibt in Plettenberg Bay. Und ein Jachthafen, leider in der noch natürlichen Flussmündung, ist ebenfalls geplant. Mit dem Ausbau des regionalen Flughafens, der tägliche Flüge nach Johannesburg und bald auch Kapstadt bedient, haben sich mittlerweile genügend Investoren gefunden. Viele davon gehören zum Geldadel von Johannesburg, die die Wochenenden hier in ihrer Villa an der Küste verbringen. Doch auch für diejenigen, die nicht so tief in die Tasche greifen können, bieten sich Apartments, Time-Sharing-Projekte u.ä. an. Und das haben auch schon zahlreiche Europäer ausgenutzt. Sollten Sie also Interesse an einer Anlage haben, bietet sich Plett (Flughafen!) neben Wilderness und Sedgefield hervorragend an. Das Touristenamt ist auf Anfragen bezüglich Investitionen vorbereitet und empfiehlt Ihnen Projekte bzw. seriöse Immobilienmakler.

Zum Wochenende an die Küste

Für diejenigen, die nur einen oder zwei Tage hier verbringen, gibt es aber auch viel zu erleben. Besonders hervorzuheben sind
• natürlich der kilometerlange **Strand**, der u.a. auch mit schönen Muscheln aufwarten kann,
• eine 2- bzw. 4-stündige Wanderung im **Robberg Islands Nature Reserve** südlich der Stadt, die u.a. zu einer Robben-Kolonie sowie der **Nelson Cave** führt. Letztere wurde bereits vor über 100.000 Jahren von Menschen bewohnt, und man

Oft kommen die Wale bis ans Boot

nimmt an, dass bei der Landung der ersten Entdecker Khoi in ihr wohnten,
• **Ausflüge ins Hinterland** schließen Touren zum Tsitsikamma NP, zu weiteren Wanderwegen, in die Knysna-Berge und an kaum besiedelte Küstenabschnitte in Richtung Westen ein,
• der Ausblick vom **Signal Hill** oberhalb des Ortes bietet eine unvergessliche Panorama-Aussicht auf Plettenberg Bay und die Küste, und
• besonders hervorzuheben sind die an der Küste einzigartigen ca. 90-minütigen ***Walbeobachtungstouren** (Juli–November), bei denen Sie nicht nur bis zu 4 Walarten zu sehen bekommen, sondern auch Delphine und die Robben-Kolonie auf Robberg Island.

Mit dem Boot zu den Walen

Nach Westen hin verlassen Sie Plettenberg Bay entweder über die N2 oder aber über den kleinen, südlichen Umweg, der am Flughafen vorbeiführt und größtenteils aus einer Schotterpiste besteht. Dabei haben Sie die Möglichkeit, über eine Seitenpiste nach **Kranshoek** zu gelangen, wo Sie von den Klippen aus über den Indischen Ozean schauen können und ein Picknickplatz eingerichtet ist.

Entlang der N2 bis Knysna erwarten Sie noch fünf „kleine" Attraktionen:
• der **Elephant Park** *(Touren tägl. 8h30–16h30)*, wo drei Elefanten, Harry, Sally und Duma, besonders die Kinder erfreuen werden,
• der wunderschöne **Stinkhout Draal Scenic Way** (auch: **Pheasant Hoek** genannt), der kurz hinter der Harkerville-Abfahrt nach Norden abzweigt, bezaubernde Ausblicke verspricht und dann 4 km weiter westlich wieder auf die N2 trifft,

Wale und Delphine: Wussten Sie, dass
- der Southern Right Whale **so heißt**, weil er genau „richtig" war zum Fangen? Denn nach seiner Tötung blieb er an der Wasseroberfläche, und so konnten man ihn gut an Land ziehen,
- 4 % der Kälber der Southern Right-Wale **weiß geboren** werden,
- die Kälber des Southern Right Wales in den 3–5 Monaten an der Küste Südafrikas täglich **200 Liter Milch** von den Müttern erhalten, um Kräfte aufzubauen für die Reise zur Antarktis,
- die Zahl der **Southern Right-Wale vor der Küste Südafrikas** auf über 2.000 geschätzt wird, mit einer jährlichen Zunahme von ca. 7 %,

- das bei den Walen oft beobachtete Auftauchen und **Schlagen mit der Schwanzflosse** als Kommunikation, Ausdruck der Freude und auch zum Verscheuchen von Parasiten dienen,
- die **Schwimmgeschwindigkeit** eines Wales bei 5–8 km/h liegt,
- ein Southern Right-Wal frühestens nach 3, im Schnitt nach 5–6 Jahren wieder **gebären** kann,
- Wale und Delphine **über und unter Wasser sehen können**,
- bezahnte Delphine und Wale hauptsächlich Fische und Tintenfische fressen,
- Delphine und Wale **ihre Nahrung vornehmlich mit Hilfe eines Echo-Systems finden**. Dabei senden sie hohe Frequenzen aus und erkennen ihre Nahrung durch die Reflexion des ausgesandten Tones. Auf diese Weise können die Tiere auch bis zu 10 km weit kommunizieren,
- die **Lebenserwartung** eines Southern Right-Wals bei 90–100 Jahren liegt,
- der **Walfang** erst 1986 offiziell verboten wurde,
- sich **37 Wal- und Delphinarten** vor der Küste Südafrikas aufhalten,
- ein Delphin bis zu **35 km/h schnell** schwimmen kann?

Lesen Sie zu Walen auch auf S. 90ff

Waldlehr-
pfad
- der **Garden of Eden**, ein Waldlehrpfad (Bäume sind ausgeschildert und erläutert), für den Sie mind. 1 Stunde einrechnen sollten. Hier gibt es auch einen Picknickplatz,
- die **Brackenhill Falls**, eine Reihe von kleineren Kaskaden sowie
- den **Knoetzie (auch „Noetzie" geschrieben) Beach & River**. Eine Stichstraße dorthin geht kurz vor Knysna, gegenüber der Einfahrt zur R339, ab. Sie führt zu einem Parkplatz oberhalb der Steilküste, von wo aus ein steiler Abstieg zum Strand möglich ist. Unten angekommen, haben Sie einen wunderschönen Ausblick auf die **„Castles"**, Klippen, die mittelalterlichen Burgen ähnlich sehen. Hier fließt auch der Knoetzie River in den Ozean.

*Knysna Forest, Knysna-Elefanten und Prince Alfred's Pass

Entlang des „Elephant Walk" – R339 von Knysna nach Avontuur

Hinweis
Bis auf den ersten Abschnitt ist alles Schotterpiste, und für die einfache Strecke bis Avontuur (ca. 80 km) benötigen Sie 2 Stunden reine Fahrzeit.

Patricia Storrar schrieb über die folgende Streck in ihrem Buch „A Colossus of Roads": *„The Prince Alfred Pass Road offers such breathtaking variety, from the forest sections where ferns fringe the roadway and the tall trees meet overhead to soaring arches, to the towering, richly-hued rocks higher up the pass."*

8 km östlich von Knysna, mitten im Township, zweigt die R339 nach Norden ab. Die Straße führt durch den Knysna Forest und über die Outeniqua Mountains. Sie folgt dabei dem sog. **Elephant Walk**, der Strecke, die die Elefanten vor 200 Jahren genommen haben auf der Flucht vor den immer weiter vordringenden Menschen. Denn eigentlich leben Elefanten nicht in solchen Wäldern. Ihre offenen Wildgebiete (Savanne, Busch) wurden aber seit 1800 immer mehr von den Farmern okkupiert, bzw. Jäger waren den Dickhäutern dort immer mehr auf den Fersen. Zu dieser Zeit lebten bereits 300–500 Elefanten in den Waldgebieten nördlich von Knysna. Natürlich fielen auch sie in nur 100 Jahren größtenteils der Jagdleidenschaft zum Opfer, und 1979 zählte man gerade noch drei Exemplare im Knysna Forest. Als von diesen dann auch noch zwei starben, entschloss man sich, 3 Elefanten aus dem Krüger Park hier anzusiedeln, von denen aber nur 2 überlebt haben. Sie wandern nun wieder durch den Knysna Forest, vornehmlich im Gebiet östlich der Diepwalle Forest Station. Sie sind aber sehr scheu, und daher bekommt man sie nur sehr selten zu sehen. Der Überfluss an Wasser und Nahrung lässt die Elefanten übrigens sehr groß werden. Das feuchte Klima aber macht ihnen auch zu schaffen. Nicht selten leiden die Tiere an rheumatischen Erkrankungen, und die Jungtiere versinken im z.T. morastigen Boden, erkälten sich im Winter bzw. laufen Gefahr, von umstürzenden Bäumen erschlagen zu werden. Daher hat sich die Naturschutzbehörde dazu entschlossen, keine weiteren Elefanten hier auszusetzen und abzuwarten, ob die restlichen Tiere überleben und sich vermehren können.

Drei weitere Elefanten können heute im nahen **Elephant Park** an der N2 zwischen Plettenberg Bay und Knysna besucht werden.

Beeindruckend ist heute natürlich besonders die Landschaft, die vornehmlich geprägt ist von Wäldern, die im nördlichen Abschnitt forstwirtschaftlich genutzt werden. Unvergesslich bleiben insbesondere die Aussichten. Zudem gibt es einige nette Picknickplätze (Tische, Bänke, Grill), von

Gigantisch: der „Big Tree"

denen uns der schattige **Dal-Van-Varings Picnic Spot** (kurz nördl. von Diepwalle) sowie der in einem Flusstal gelegene **Diep Rivier Picnic Spot** 7 km nördlich von De Vlug am besten gefallen haben.

Erster interessanter Stopp von Knysna aus ist noch vor Diepwalle der **Big Tree („King Edwards Tree")**, ein 650 Jahre alter Yellowwood-Baum, der 39 m hoch ist und einen Umfang von 7 m aufweist. Hier gibt es auch einen kurzen Pfad in den Wald.

Bei Diepwalle können Sie nun durch den Wald entlang des schmalen Kom-se-Pad zurückfahren nach Knysna, den **Elephant Walk-Wanderpfad** erlaufen (18,2 km lang, 6 ½ Std.) oder aber bleiben Sie auf der R339, die nach wenigen ansteigenden Kilometern den o.g. Picknickplatz sowie den atemberaubenden **Aussichtspunkt Spitskop** passiert. Zu letzterem führt nochmals eine steile, etwa 1,5 km lange Piste. Der Umstand lohnt aber, denn hier oben liegt Ihnen nahezu alles zu Füßen: die Knysna Lagoon, der Indische Ozean sowie die umliegende Berg- und Tallandschaft. Mit 933 m ist diese Bergspitze die höchste im Umkreis.

Nun haben Sie die Möglichkeiten, umzukehren nach Knysna, 4 km nördlich in Kruisvallei abzubiegen auf die ebenfalls schöne R340, die nach Plettenberg Bay führt oder aber von Kruisvallei weiterzufahren in Richtung Avontuur. Dadurch, dass in diesem Gebiet viele Bäume abgeholzt wurden bzw. die Neuanpflanzungen noch sehr niedrig sind, eröffnen sich Ihnen immer wieder atemberaubende Panoramen. Unbemerkt, da nicht ange-schrieben, überqueren Sie dann den von Thomas Bain 1862–1866 erbauten **Prince Alfred's Pass**. Über ihn wurde Knysna früher vom Land her versorgt, zu einer Zeit, als die Durchquerungen der Schluchten entlang der Garden Route zu mühselig waren. Benannt ist der Pass nach dem englischen Prinzen, der 1867 herkam, um Elefanten zu jagen.

In De Vlug gibt es eine kleine Forellenfarm, und das Lang-kloof-Tal bei Avontuur zeigt sich von einer ganz anderen Seite. Hier ist es warm, um einiges regenärmer, und der Anbau von Äpfeln bestimmt das Bild. Lesen Sie hierzu auch auf S. 518.

Ausblick von der Spitskop auf den Prince Alfred's Pass

Zurück zur Garden Route führen, abgesehen von Ihrer Anfahrtsstrecke, zwei Straßen. Die östliche führt durchs Langkoof-Tal und dann von Kareedouw über die R402 nach Woodlands, die westliche über den **Outeniqua Pass** bzw. ***Montagu Pass** nach George.

Knysna (ⓘ s. S. 289ff)

Überblick und Geschichte

Der Name dieses Ortes, der etwa 23.000 Einwohner zählt, stammt aus der Khoi-Sprache. Seine Bedeutung ist letztlich nicht ganz geklärt, doch scheint Knysna so viel zu heißen wie „Ort des Holzes".

„Ort des Holzes"

An der Einfahrt in die Knysna-Lagune stehen zwei hohe Sandsteinkliffe, als ***The Heads** bekannt. Als Gründer des heutigen Städtchens (zuerst noch zwei Städte: Mellville und Newhaven) gilt **George Rex** (1765–1839), der 1797 als hoher englischer Offizier nach Südafrika kam. 1804 kaufte er die Farm Melkhout Kraal, und bald sollte er weitere Farmen dazu kaufen. Als Rex 1839 starb, besaß er praktisch das ganze Land um Knysna, mehr als 10.000 ha. Doch seine Aktivitäten beschränkten sich nicht alleine auf die Landwirtschaft. Er war vielmehr davon überzeugt, dass Schiffe die enge und felsenreiche Passage bei den Heads passieren könnten. So veranlasste er, die Tiefe auszuloten, und richtete eine kleine Lotsenstation ein. 1817 lief schließlich die „Podargus" sicher in die Lagune ein – und damit begann Knysnas Aufschwung als Seehafen. Die Holzindustrie entwickelte sich nun stark, da endlich Transportmöglichkeiten bestanden.

Knysna: wunderschön gelegen an der Lagune und unterhalb der Küstenbergkette

1826 beschloss Rex, ein eigenes Schiff – die „Knysna" – zu bauen. Auf ihrer Jungfernfahrt im Jahre 1831 segelte die „Knysna" bis nach Kapstadt, später wurden sogar Fahrten bis nach St. Helena und Mauritius unternommen. Einen weiteren Wachstumsimpuls erhielt der Ort, als 1869 die norwegische Familie Thesen eintraf, die eine Reederei gründete, später Möbel herstellte und Schiffe bauen ließ. Eigentlich war das Ziel der Thesens Asien gewesen, doch haben ihnen die Möglichkeiten Knysnas so sehr zugesagt, dass sie einfach hier ihr Schiff verlassen hatten.

Ein kleiner „Goldrush" nördlich von Knysna sorgte 1876 für nur kurze Aufregung. Der Ort Millwood wurde so schnell aus dem Boden gestampft, wie er dann auch wieder verlassen wurde. Siehe dazu S. 568f. Als 1928 endlich die Eisenbahnlinie die Stadt an die Außenwelt anschloss, verlor der Hafen schlagartig an Bedeutung,

Eisenbahn verdrängt Schifffahrt

da es nun schnellere Transportmöglichkeiten gab. Noch heute ist Knysna bekannt für seine Möbel aus Stink- und Yellowwood. Sehr schöne Möbel, die aus dem Holz der Helling, auf der die „Knysna" vom Stapel lief, gefertigt wurden, sind heute in den Büroräumen der Stadtverwaltung zu sehen.

Im **Millwood House** *(Queen Street, neben dem Rathaus, geöffnet Mo–Fr 9h30–16h30, Sa 9h30–12h30)* befindet sich ein Heimatmuseum. Das Haus wurde aus Gelbholz errichtet und diente als Wohnhaus bei den Goldfeldern von Millwood (s.u.), bevor man es auseinandernahm und hier in Knysna wieder aufstellte.

Für eines ist Knysna aber auch noch bekannt: seine ***Austern**! Auf Thesen Island befindet sich eine kleine Austernzuchtstation und -verpackungsanlage, die **Knysna Oyster Company**, an die auch eine kleine Taverne mit Lagunengarten angeschlossen ist. Hervorragend geeignet für einen Austernsnack zum Lunch!

Touristenboom

Heute ist Knysna eine florierende Stadt, die zwar immer noch vom Fischfang, der Holzindustrie und anderen Kleinindustrien zehrt, sich aber zunehmend dem touristischen Sektor verschreibt. Um den belebten Innenstadtkern herum entwickeln sich immer mehr Ferienhaussiedlungen und Residenzen wohlhabender Südafrikaner und Europäer, und die Zahl der Hotels, Gästehäuser und B&Bs ist mittlerweile unüberschaubar geworden.

Neueste Errungenschaft ist eine Apartmentresidenz direkt am Hafen nahe der Innenstadt, wo die Brücke hinüberführt nach Thesen Island. Etwas hochtrabend wird sie als **Knysna Waterfront** bezeichnet, doch bis dahin dauert es wohl noch ein paar Jahre. Dafür aber locken **Bootstouren**, die vom Hafen und von Thesen Island aus die Lagune befahren. Besonders zu empfehlen ist die Bootsfahrt zum privaten **Featherhead Nature Reserve** (vorher reservieren) auf dem Western Head. Sie geht ab der John Benn Jetty.

Sollten Sie Knysna als Basis für Erkundungen entlang der Garden Route wählen, raten wir Ihnen zu einer Unterkunft außerhalb des Stadtzentrums, z.B. nahe The Heads oder im Westen des Ortskerns.

Die schattige Main Street (N2) und ihre Nebenstraßen warten mit zahlreichen viktorianischen und modernen Bauten auf, in denen sich viele Geschäfte und Restaurants befinden.

Festivals

Erwähnenswert sind noch zwei Festivals, das **Timber Festival** der Holzfäller um Ostern und das sehr beliebte **Oyster Festival** Anfang Juli, bei dem sich alles um die begehrte Auster dreht.

Sehenswertes in und um Knysna (von Osten nach Westen aufgeführt)

Noch bevor Sie von Osten kommend die Stadt erreichen, weist ein Straßenschild zum Friedhof, wo die letzte Ruhestätte von George Rex (**George Rex Grave**) als Attraktion angekündigt ist. Gerüchte besagen übrigens, dass Rex ein unehelicher Sohn von Englands König George III. und einer Quäker-Frau gewesen ist.

- ***The Heads**

Kurz darauf zweigt eine Straße zu The Heads ab, die zuerst nahe der **Mitchell's Brewerie** *(Besichtigung Mo–Fr)*, dann an dem Abzweig zur **Leisure Island** (Ferienhäuser, kleiner Strand) und kurz vor dem Ziel an der Stichstraße zum schönen **Coney Glen Beach** vorbeiführt.

Am Parkplatz am Ende der Straße befinden sich zwei Restaurants, ein paar Souvenirgeschäfte, ein Tauchausrüster sowie das kleine **NSRI Aquarium** *(geöffnet tägl. 9–18h)* der Küstenschutzbehörde, in dem Sie sich über die Flora und Fauna der Knysna-Lagune informieren können.

Flora und Fauna der Lagune

Die Knysna-Lagune bot schon den Schiffen der ersten Kaufleute Schutz. Vorne unten „The Heads"

Ein kleiner, etwas beschwerlicher Fußweg entlang der Felsen führt nahezu zur Spitze des östlichen „Head". Von hier aus bieten sich schöne Fotomöglichkeiten (Lagune, Felsen, Leuchtfeuer und Berge im Hintergrund). Wer einen gültigen Tauchschein besitzt, sollte hier die Gelegenheit beim Schopfe packen – es lohnt! Selbst das Schnorcheln erfreut sich immer höherer Beliebtheit.

Tauchen und schnorcheln

- **Innenstadt**

Das oben erwähnte **Millwood House Museum** darf wohl als Hauptattraktion in der Stadt angesehen werden. Ihm ist neuerdings das **Parkes Cottage** *(Ecke Queens/Pitt Sts., geöffnet Mo–Fr 9h30–16h30, Sa 9h30–12h30)* als Erweiterung angeschlossen. Weiterhin verdient für Interessierte das **Angling Museum** *(im Old Goal, Ecke Queen/Spring Sts., geöffnet Mo–Fr 9h30–16h30 Sa 9h30–13h)* Erwähnung, das sich vornehmlich mit dem Angeln und naturwissenschaftlichen Dingen zum Thema Fisch beschäftigt. Nicht zu übersehen ist schließlich noch die 1855 errichtete **St. George's Church** an der Main Street, deren Innenarchitektur auf Yellowwood-Holz beruht. Beachtenswert ist übrigens die alte und kleinere Kirche, nicht die neuere.

Outeniqua Choo-Tjoe Train

Das 10 ha große **Pledge Nature Reserve**, 10 Gehminuten nördlich der Innenstadt sei noch denjenigen ans Herz gelegt, die sich in Kürze über die Fynbos-Flora der Region informieren möchten. Viele der über 100 Pflanzen- und Baumarten sind hier markiert, und an die 100 Vogelarten sollen hier schon gesichtet worden sein.

Westlich der Innenstadt passiert die N2 den Damm des ***Outeniqua Choo-Tjoe-Train**, der regelmäßig zwischen George und Knysna pendelt. Eine Fahrt mit diesem historischen Zug dürfen Sie eigentlich nicht verpassen und kann kurzfristig in den Touristenämtern oder Bahnhöfen (Knysna, Sedgefield, Wilderness u. George) entlang der Strecke

---

INFO ## Kurzinfo: Flora des Knysna Forest

Das südliche Afrika ist überwiegend durch weite, offene Savannenlandschaften charakterisiert. Nur ein Prozent der gesamten Staatsfläche Südafrikas ist mit Wald bedeckt, und die ausgedehntesten Wälder befinden sich in der Küstenregion zwischen George und Humansdorp. Hier haben sie vor allem genügend Niederschlag, mindestens 750 mm pro Jahr, doch meistens mehr – oft bis zu 1.300 mm!

In diesem Waldgürtel, in dem versehentlich, aber mit guter Absicht, nach einem großen Waldbrand im 19. Jahrhundert von einem französischen Naturschützer Pinien und Eukalyptus angepflanzt wurden, sind von Natur aus **Stink- und Yellowwood-Bäume** heimisch. Er erstreckt sich auf einer Länge von 177 km und einer durchschnittlichen Breite von ca. 16 km auf der Küstenterrasse zwischen dem Meer und den Outeniqua und Tsitsikamma Mountain Ranges. In der Tiefe dieser Wälder finden wir uralte Bäume (bis zu 800 Jahre), Farne, Kletterpflanzen und Wildblumen.

Viele Vogelarten, Antilopen, ja sogar vereinzelt Elefanten (siehe Kasten auf S. 553ff) sind hier noch heimisch. Seit dem Zeitpunkt, als die ersten Europäer in diese Gegend kamen und das wertvolle Holz entdeckten, kam es zum Raubbau. Vor allem Hartholzbäume, oft über 600 Jahre alt, wurden rücksichtslos gefällt. Das Holz benutzte man zunächst zum Bau von Schiffen, später wurden daraus Bahnschwellen hergestellt. Im Jahre 1939 gelang es endlich, die Abholzung unter staatliche Kontrolle zu bringen. Seither regeneriert sich der Wald wieder, und besonders nördlich von Knysna findet man wieder große Areale der ursprünglichen Bäume.

gebucht werden. Für den Rücktransport kann bei Bedarf auch gesorgt werden. Die gut 3 Stunden dauernde Fahrt ist die wohl schönste Eisenbahnstrecke Südafrikas. Landschaftserlebnisse sind: Über die Knysna-Lagune, vorbei am Belvidere Estate, durch nahezu einsame Täler und schließlich entlang der Lagunen- und Seenkette der Wilderness Area. Vor George geht es dann noch einmal hoch über die Victoria Bay. Ein viel fotografiertes Bild zeigt den Zug übrigens auf der Brücke über den Kaaimans River westlich von Wilderness.

Der *Kom-se-Pad Scenic Drive**, der nördlich von Knysna (über Old Cape Road 3 km westl. der Innenstadt) durch die wunderschöne Waldlandschaft von Gouna und Diepwalle Forest führt, besticht durch alte Yellowwood-, Stinkwood- und Ironwood-Bäume. 125 Baumarten, zahlreiche Farne, das von den Bäumen hängende Moos („Old Man's Beard") und 35 Waldvogelarten gibt es zu erleben. Der schöne **Grootdraai-** und andere Picknickplätze sowie der beliebte **Terblans Wanderweg** (Teil des Outeniqua Hiking Trail) runden das Bild noch ab.

125 Baumarten

Und wer eine Rundtour unternehmen möchte, folgt der Piste bis zur Diepwalle Forest Station, von wo aus die R339 wieder nach Knysna führt. Die gesamte

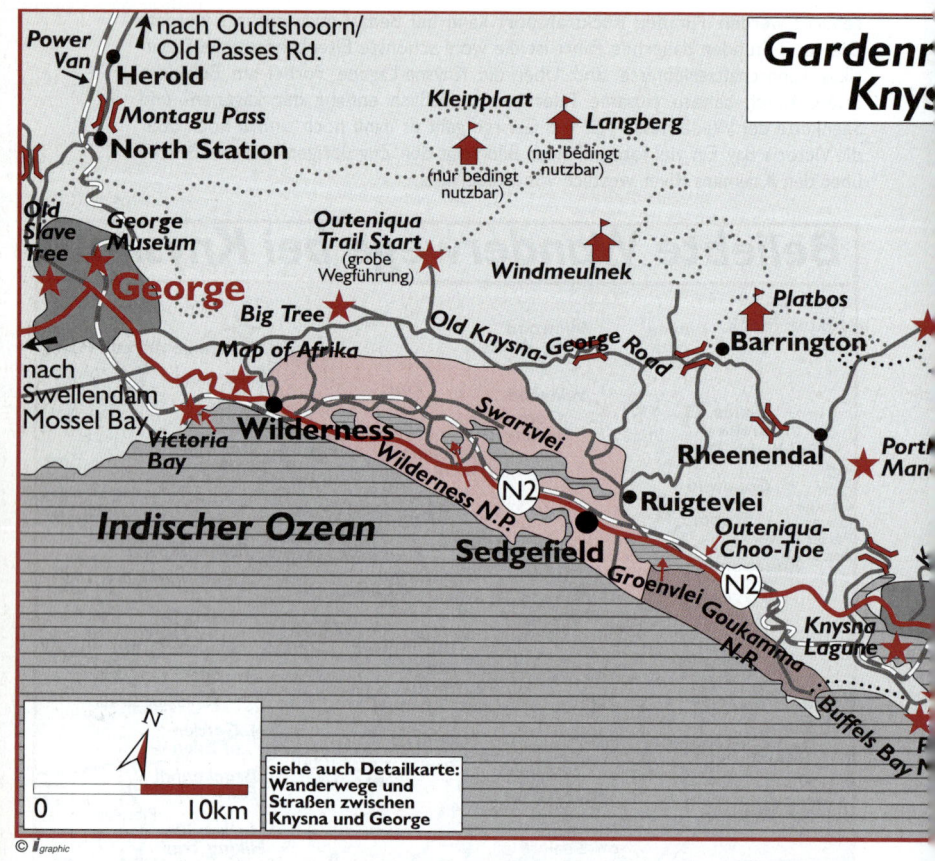

Region nördlich von Knysna ist übrigens bekannt für ihre Wanderwege. Genaue Karten und Infos dazu erhalten Sie im Touristenamt in Knysna.

Histori-
sches
Anwesen
als
Ferien-
domizil

Direkt hinter der N2-Brücke über den nordwestlichen Zipfel der Knysna-Lagune zweigt eine Stichstraße ab, die vorbeiführt an der historischen **Belvidere Estate**, deren älteste Gebäude die Kirche (1855), das Herrenhaus (1849) und das Bell Cottage (ca. 1835) sind. Heute befindet sich hier ein schönes Hotel mit einem guten Restaurant. Leider ist die gesamte Anlage mittlerweile zugebaut worden mit Feriendomizilen und Häusern für den gehobenen Standard.

Ein Stück weiter entlang der Stichstraße gelangen Sie zu einem **Aussichtspunkt**, von dem aus Sie besonders bei Nachmittagssonne einen schönen Blick auf die Lagune und Knysna haben. Endpunkt ist schließlich in **Brenton-on-Sea**, einem schönen Ferienhausort, dessen gleichnamiges Hotel und Restaurant zu einer Pause bzw. Übernachtung einladen. Denn von hier aus haben Sie einen wunderschö-

Ideal für einen Spaziergang bei Sonnenuntergang: Buffels Bay (zw. Brenton-on-Sea und Buffels Bay)

nen Blick auf die naturbelassene Buffalo Bay, an deren *Buffalo Bay* Strand es sich natürlich auch gut wandern lässt. Im Ort gibt es übrigens auch einen kleinen Laden, in dem Ferienwohnungen und -häuser vermietet werden. Unter der Woche bzw. in der Nebensaison können Sie vielleicht ein Schnäppchen machen.

Von Brenton-on-Sea ist es auch nicht weit zum 70 ha großen, privaten **Featherbed Nature Reserve**, wobei keine Straße dorthin führt und Sie die Fähre von Knysna (John Benn Jetty) aus nehmen müssen (vorher reservieren). Im Park gibt es einen 2,3 km langen Wanderweg, und Sie werden mit einem Geländewagen herumgefahren. Klippen, Höhlen, Milkwood-Bäume, Seevögel, Duiker u.v.m. werden die Naturfreunde faszinieren. Auf Wunsch wird auch ein Lunch gereicht.

Zwei Routenalternativen im Überblick

Sie haben nun zwei Alternativen, wie Sie von hier nach George fahren können.

a) Die eine führt weiter **entlang der N2** und bietet Lagunenlandschaften, Strände und mit Sedgefield und Wilderness zwei Orte, die alle touristischen Infrastrukturen aufweisen. Zudem ist diese Strecke natürlich die weitaus schnellere (reine Fahrzeit Knysna - George: ca. 45 Minuten für 60 km)

*b) Die zweite Route führt **entlang der Outeniqua Mountains** und der **Old Passes Road**. Sie war die ehemalige Hauptstrecke zwischen Knysna und George, ist aber in einigen Abschnitten nicht asphaltiert. Obwohl nur 12 km länger als die o.g. Strecke, beträgt die reine Fahrzeit mindestens 1 ½ Stunden. Rechnen Sie dann noch den lohnenden Abstecher zur Ghosttown Milkwood, einen hinunter zum Meer ein, können Sie aus dieser Strecke nahezu eine Tagestour machen – allemal dann, wenn Sie auch noch eine Wanderung mit einfügen. Als Kontrast zu den Ebenen bzw. der Küste raten wir aber zu dieser Strecke. Evtl. können Sie ja am westlichen Ende wieder ein Stück zurückfahren nach Wilderness zum Übernachten.

Nicht alles asphaltiert

a) Von Knysna nach George entlang der N2

Die Strecke führt bis hinter Wilderness parallel zur Küste, zumeist direkt hinter dem ersten Dünenkamm. Nur der erste Abschnitt hinter Knysna und die Strecke von Wilderness bis George bzw. Glentana (N2) verlässt die Küste. Der atemberaubendste Abschnitt ist ohne Zweifel der um Wilderness, denn hier ist die Straße dem Meer am nächsten, auch der kurze Abstecher zum Wilderness National Park lohnt. Doch auch hier gilt es, die N2 so oft als möglich zu verlassen, denn die wahren landschaftlichen Schätze verbergen sich sowohl jenseits der Küstendünen als auch entlang der sog. **Lake Road** (auch: **Die Vlei Road**), die zwischen dem Baywater Village (2,5 km westl. von Sedgefield) und Wilderness nördlich der „Vleis" verläuft.

Jenseits der Dünen

Streckenbeschreibung bis George

*5 km westlich der Knysna Lagune zweigt im Goukamma River-Tal eine Stichstraße ab nach **Buffels Bay**, einem kleinen, verschlafenen Ferienort. Nennenswerte Übernachtungsstätten gibt es hier nicht, dafür aber Beschaulichkeit. So können Sie z.B. von hier entlang dem Strand bis nach Brenton-on-Sea laufen. Das **Goukamma Nature Reserve**, das u.a. von der Straße nach Buffels Bay aus zu erreichen ist, beeindruckt durch die Sandklippen, die vielen Seevögel (u.a. Sekretäre, Fischadler) und auch einige Landtiere, wie z.B. Affen und Buschböcke.*

Wilderness National Lakes Area (ⓘ s. S. 331ff)

Noch vor Sedgefield macht eine neue Landschaftsform auf sich aufmerksam: *„The Lakes"*. Der jetzt folgende, knapp 20 km lange Küstenabschnitt bis zum Pass westlich des Ortes Wilderness wurde maßgeblich beeinflusst durch zwei uralte Dünenketten, eine direkt am Meer, die andere – größere – am Berghang hinter den Seen. Zwischen diese Dünen floss das von den Bergen kommende Wasser (Touws River, Serpentine und andere kleine Flüsse) und bildete eine kleine Seenkette, deren Seen wiederum durch kleine Dünen voneinander getrennt sind.

Seenkette

Wie Perlen an einer Kette reihen sich von Osten her Island Lake, Langevlei, Rondevlei und Swartvlei aneinander. Letzterer bietet dann über die Swartvlei Lagune den Abfluss ins Meer. Der kleine Ruigtevlei und der Groenvlei gehören nur bedingt dazu. „Vlei" bedeutet dabei in Afrikaans soviel wie Sumpf. Der Salzgehalt der Seen nimmt von Westen bis zum Swartvlei hin zu.

Siehe auch unten unter Wilderness National Park (S. 564f).

Hinweis

Natürlich haben sich auch die Knysna Lagune, das Keurbooms Estuary und andere Küstenabschnitte auf ähnliche Weise gebildet wie „The Lakes", doch unterscheiden sich diese einfach „äußerlich" von den anderen. Daher haben wir sie an dieser Stelle geographisch ausgegliedert.

Groenvlei

Süßwassersee

Der „grüne Sumpf" ist der einzige wirkliche Süßwassersee der Region. Er liegt etwas höher als die anderen Seen und kann somit nicht mehr beeinflusst werden von Ebbe und Flut. Alles Wasser fließt hinein von den ihn umliegenden Bergen und Dünen. Schauen Sie z.B. im Frühling ganz flach über das Wasser, werden Sie den grünen Grasschleier auf dem Wasser erkennen, der sanft übergeht in das Ufergras und weiter in den Dünenbewuchs. Das schöne „Lake Pleasant Hotel" am Westende des Sees bietet z.B. eine geruhsame Unterkunft an diesem kleinen Paradies.

Sedgefield (ⓘ s. S. 331ff)

Der kleine Ort hat sich über Jahrzehnte geschickt dagegen gewehrt, vom Tourismus überrollt zu werden. Schmucklose Geschäfte für den täglichen Bedarf, nur sehr wenige Hotels und die Tatsache, dass Sedgefield eigentlich mit 2 km noch zu weit vom Strand entfernt lag, ließen die Reisenden i.d.R. einfach vorbeifahren. Doch in nur wenigen Jahren hat sich das Bild deutlich gewandelt. Immer weiter wächst Sedgefield nun zum Wasser hin, und die Region um die N2 herum ver- *Sedgefield* kommt immer mehr zur „Service Area". An den strandnahen Dünen aber wird *holt auf* gebaut ohne Ende. Immer mehr Straßen ziehen sich durch die Naturlandschaft, und immer mehr Ferienhäuser schießen hier aus dem Boden. Auch hier haben sich Johannesburger und viele Europäer eingekauft. Es scheint so, als wenn das letzte noch freie Strandstück entlang der Garden Route nun seine Zielgruppe gefunden hat. Natürlich stimmt es ein wenig traurig, aber auch Sedgefield verlangt ein Stück vom (Tourismus-) Kuchen. Hohe Häuser und wirkliche Schandflecken

Blick auf den Wilderness Nat. Park und die Küstendüne

werden auch vermieden, so dass man sagen muss, wenn es schon sein soll, dann eben so. Wer sich also immer noch mit dem Gedanken trägt, an der Garden Route zu investieren, der sollte entlang der Kingfisher Road in Strandnähe fahren *Investi-* und sich hier umschauen. Schöner als Plettenberg Bay ist es allemal, und der *tions-* nächste Flughafen, der von George, liegt auch nur knappe 40 km entfernt. *chance*

Die Straße überquert als nächstes den **Swartvlei**, den größten Salzwassersee Südafrikas und letzten See in der oben bereits erwähnten Seenkette. Eine Stichstraße führt gleich hinter der Brücke zum **Swartvlei Beach**. Neben dem Sandstrand faszinieren hier der Blick bzw. ein Spaziergang zu den **Kliffs am Gerickes Point** im Westen.

Ostabschnitt des Wilderness National Park

Als nächstes folgt an der N2 ein Abzweig nach rechts, der zur **Lake Road** (bzw. **Vlei Sand Rd** genannt) gelangt. Nach gut 3 km passieren Sie die Einfahrt zum östlichen Abschnitt des Wilderness National Park. Dieser Parkabschnitt ist einzig

Beliebt bei Vogel- kundlern
der Natur verschrieben und daher besonders beliebt bei Vogelkundlern, die sich die Brackwasservögel anschauen möchten. Hierzu empfiehlt sich das Erlaufen des Dünen-Wanderweges, des **Cape Dune Molerat Trail** (bis zu 6 km lang/2–3 Std.). Unterkünfte und andere Freizeitaktivitäten werden in diesem Parkabschnitt nicht angeboten.

Rechter Hand der N2 (und auch der o.g. Piste) liegt nun das **Rondevlei**, ein kleiner See, der zurecht seinen Namen trägt, so rund ist er. **Wilderness Dune Beach** und die **Flat Rocks** (Abfahrt zum Holiday Inn) ein Stück weiter geben eine weitere Gelegenheit für einen kurzen Spaziergang bzw. einen Ausblick auf das Meer. So stehen z.B. an der Klippe hinter dem Holiday Inn Hotel ein paar Bänke.

---

*Wilderness National Park

 Information
Ebb & Flow Visitor Center, an der N2 ausgeschildert, zwischen Wilderness und dem Wilderness Dune Beach (noch östlich der Touws River Bridge). **Parkoffice geöffnet**: Tägl. 8–17h (Mittagspause um 13h), im Dezember und Januar bis 20h. Hier gibt es auch Permits für bestimmte Wanderungen bzw. die Nutzung der Gewässer (Kanu fahren etc.). Die Unterkünfte in den moderneren Selbstversorgerhütten des Parks sind zu empfehlen.

Die oben beschriebene Landschaft zwischen dem Goukamma Nature Reserve im Osten und dem Touw River im Westen ist heute großteils zum 2.600 ha großen Wilderness National Park zusammengefasst worden. Im Einzelnen umfasst das Gebiet den Mündungsbereich des Touw River, einen 18 km langen Strandabschnitt, die Wilderness sowie die Swartvlei Lagoon, den Serpentine River als auch die Seen (Island) Eilandvlei, Langvlei, Rondevlei, Ruigtevlei und Swartvlei. Die Parkgrenzen sind nur sehr vage auszumachen, und selbst die Karten unterscheiden sich da manchmal sehr. Lassen Sie sich davon nicht irritieren, denn für die Erkundung der Lakes-Area tut das nicht viel zur Sache.

Das Nebeneinander von Salz-, Brack- und Süßwasser sorgt für eine vielfältige Flora und Fauna. Deshalb zählt diese Gegend zu den artenreichsten Wasservogel-Gebieten Südafrikas (u.a. Flamingos, Löffler). Die Uferzonen der Seen sind mit den unterschiedlichsten Schilfgewächsen zugewachsen, je nach Salzgehalt des Wassers.

Interessant ist auch, dass die einzelnen Seen nicht nur von den Bergflüssen (Touws, seinem Nebenfluss Serpentine und vier weiteren) mit Wasser gespeist werden, sondern in hohem Maße auch von dem Flutwasser, das vor allem über die Touws River-Lagune und den Serpentine eindringt. Ferner speisen aufsteigendes Grundwasser und höchstwahrscheinlich auch durch die Küstendünen einsickerndes Seewasser die Gewässer des Hinterlandes. Die Seen zwischen Island Lake und Swartvlei sind übrigens nicht mehr durch den Serpentine miteinander verbunden, sondern durch einen natürlichen Kanallauf.

Aktivitäten im Park

Wanderwege: Es gibt eine Reihe von 1- bis 5-stündigen Wanderwegen im Park, die entlang des geschwungenen Serpentine-Flusses, durch die Dünen und um die einzelnen Seen herum führen. Wer nur einen dieser Wege laufen möchte, hat entlang dem 10 km langen Rundweg *Pied Kingfisher Trail* die Chance, alle typischen Gegebenheiten des Parks zu erleben (Strand, Dünen, Flüsse, Vögel, Vegetation). Der Weg beginnt und endet am Ebb & Flow Visitor Center. Im Visitor Center gibt es zudem Karten über weitere Wanderwege.

Kanu fahren: Da die Flüsse wenig Strömung aufweisen und die Seen zu klein sind für große Wellen, gehören besonders Kanutouren zu den beliebtesten Freizeitaktivitäten. Ein Highlight bietet die *dreitägige **Kanutour** zwischen Wilderness und Sedgefield, die über das Parkoffice reserviert werden kann. Übernachtet wird dabei in einfachen Basiscamps. Die Parkverwaltung stellt aber nur den Führer, die Betten (ohne Bettzeug) und die Hütten. Sie müssen Ihre Nahrung, einen Schlafsack, wetterfeste Kleidung, einen Campingkocher und Getränke mitbringen. Diese Tour muss unbedingt vorher reserviert werden. Boote für jegliche Tourlänge können am Visitor Center oder aber in Wilderness über einen Kanuverleih ausgeliehen werden.

Segeln auf den Seen gehört ebenfalls zu den Angeboten, ist u.E. aber nicht so einzigartig, wie es von offizieller Seite dargestellt wird.

Ferner empfiehlt sich die Umgebung der Wilderness Lakes Area mit **Para- bzw. Hanggliding** (an den Kliffs am Holiday Inn und an der „Map of Africa"), **Mountain Biking** (in die Outeniqua Berge), **Fischen** (Süß- und Salzwasser) und **Ausritte** (Binnenseen, Strand). Anbieter bzw. Verleihstationen gibt es in Wilderness.

Wilderness (ⓘ s. S. 331ff)

Der kleine Ort hat sich zurecht zu einem Feriendomizil mit Resorthotels, Backpacker-Unterkünften und zahlreichen Campingplätzen gemausert. Das Umland mit der o.g. Wilderness Lakes Area und den Tagesausflugsmöglichkeiten von Plettenberg Bay im Osten bis hin nach Mossel Bay im Westen machen den Ort an der Mündung

Blick vom Dolphin Point auf den Strand bei Wilderness

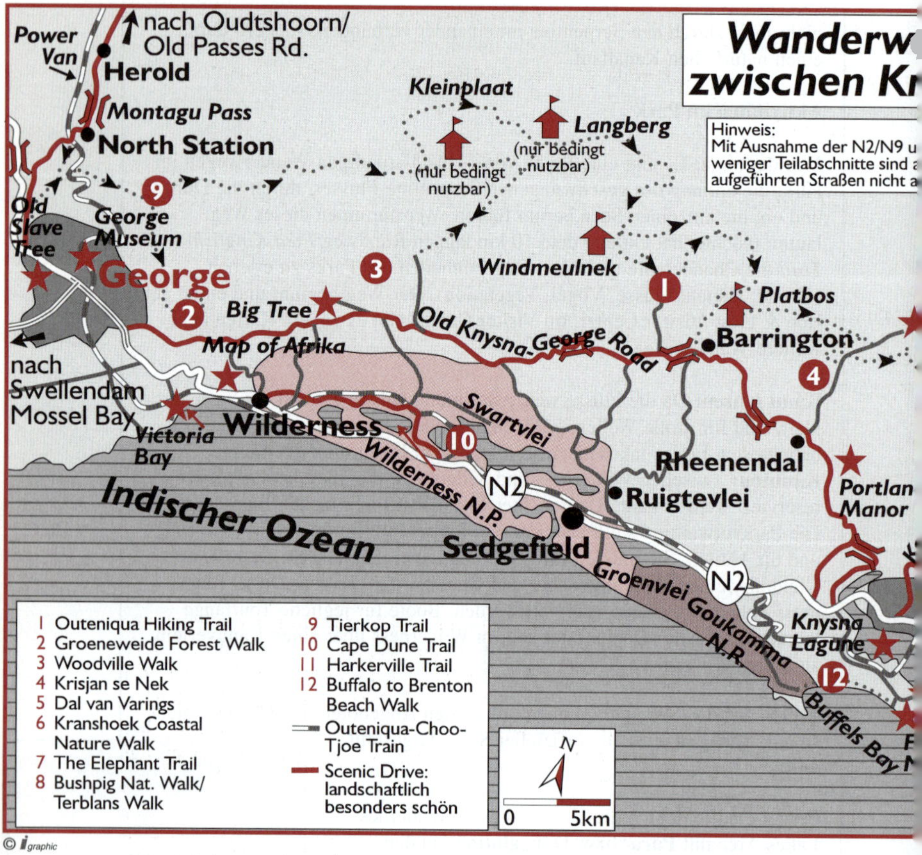

Wanderw...
zwischen Kr...

Hinweis:
Mit Ausnahme der N2/N9 u...
weniger Teilabschnitte sind a...
aufgeführten Straßen nicht a...

nach Oudtshoorn/
Old Passes Rd.

Power Van
Herold

Montagu Pass
North Station

9 George Museum

George

Old Slave Tree

2 Big Tree

Map of Afrika

nach Swellendam
Mossel Bay

Victoria Bay

Wilderness

Kleinplaat

Langberg
(nur bedingt nutzbar)

(nur bedingt nutzbar)

Windmeulnek

3

Old Knysna-George Road

1

Platbos

Barrington

4

10 Swartvlei

Wilderness N.P

N2

Indischer Ozean

Sedgefield

Rheenendal

Ruigtevlei

Portlan Manor

N2

Groenvlei Goukamma N.R.

Knysna Lagune

12

Buffels Bay

1 Outeniqua Hiking Trail	9 Tierkop Trail
2 Groeneweide Forest Walk	10 Cape Dune Trail
3 Woodville Walk	11 Harkerville Trail
4 Krisjan se Nek	12 Buffalo to Brenton
5 Dal van Varings	Beach Walk
6 Kranshoek Coastal	Outeniqua-Choo-
Nature Walk	Tjoe Train
7 The Elephant Trail	Scenic Drive:
8 Bushpig Nat. Walk/	landschaftlich
Terblans Walk	besonders schön

N

0   5km

© *i graphic*

des Touws River besonders attraktiv. Zu sehen gibt es in Wilderness selbst aber nichts, doch der Weg zur Touristeninformation ist ein Muss. Hier können Sie sich über die vielfältigen Möglichkeiten erkundigen, die die Umgegend zu bieten hat. Neben dem Nationalpark, den Stränden, den Sportangeboten sowie den Sehenswürdigkeiten in George möchten wir auch noch auf einen bezaubernden Aussichtspunkt oberhalb von Wilderness hinweisen, der sog. **Map of Africa**. Fahren Sie dazu die schmale Straße aus dem Ort hinauf und folgen Sie den Schildern nach links. Der Blick nach Norden in das schluchtartige und sehr gewundene Tal des Kaaimans River sowie der Rund-

Der Outeniqua Choo-Tjoe Train über dem Kaaimans River

umblick im Allgemeinen wirkte auf die ersten Siedler wie der Blick auf eine Karte, die alles zeigte, was man sich vor ein paar hundert Jahren unter Afrika vorgestellt hat.

Die N2 steigt nun westlich von Wilderness an und erreicht an einer scharfen Kurve den *Dolphin Viewpoint. *Aussichtspunkt* Ausblicke zurück über die Küsten- und Lagunenlandschaft und nach Westen hin in das Mündungsgebiet des Kaaimans River verdienen den kurzen Stopp. Beachten Sie an der Flussmündung auch die viel fotografierte **Eisenbahnbrücke des Outeniqua Choo-Tjoe-Train**. Vielleicht sollten Sie sich in Wilderness nach dem aktuellen Fahrplan erkundigen und können somit ebenfalls ein schönes Bild knipsen. Sollten Sie übrigens von George aus anreisen, müssen Sie kein waghalsiges Manöver über die viel befahrene Bergstraße zum Parkplatz unternehem, sondern brauchen nur den kleinen Parkplatz auf Ihrer Fahrtseite ein Stück weiter zu benutzen, von dem aus ein Weg unter der Straße hindurch zum Aussichtspunkt führt.

*Victoria Bay (ⓘ s. S. 329f)

Von der N2 zweigt eine kleine, 3 km lange Stichstraße ab hinunter zu dieser kleinen Bucht, die noch vor wenigen Jahren als absoluter Geheimtipp galt. Während der Ferienmonate ist dies zwar nicht mehr der Fall, aber der Sandstrand, ein sicherer Tidenpool, die günstigen Surfbedingungen und vor allem ein paar süße, schnuckelige Bed & Breakfast-Unterkünfte direkt am Meer verdienen den Abstecher.

Besonders schön ist der Aufenthalt, wenn abends die Tagesgäste verschwunden sind und Sie am Wasser spazieren gehen können. Später zurück in Ihrem Bed & Breakfast werden Sie das Gefühl haben wie die Fischer früher, das Meer ganz für sich alleine zu haben.

b) Von Knysna nach George entlang der Outeniqua Mountains und der Old Passes Road (Old Knysna-George Road)

Diese Straße ist die ehemalige Hauptverbindung zwischen Knysna und George. *Ehemalige* Sie folgt nicht der Meeresküste, sondern führt oberhalb der Küstenebene, schlän- *Hauptstraße* gelt sich dabei an Berghängen, durch Flusstäler, durch Wälder und fruchtbare Agrarflächen. Letzteren und der Tatsache, dass die Ingenieure vor über 100 Jahren noch nicht in der Lage waren, eine trockene Furt durch die Lagunenebene zu bauen, verdankt diese schöne Straße ihre Existenz. Unterwegs stelle man sich einmal vor, wie die ersten Autos sich die kurvigen Passstrecken entlanggequält haben und wie unerreichbar damals für die meisten die heute so stark frequentierte Lagunen- und Küstenebene gewesen ist.

Hier oben blühte das Leben, hier liefen Kühe und Schafe, wurden Äcker bestellt, und Orte wie z.B. Rheenedal und Karatara waren wichtige Stationen auf der langen Reise. Nun aber scheint hier auf der Hochebene die Zeit stehengeblieben zu sein, selten trifft man einmal ein Fahrzeug, und Geschäfte und Tankstellen gibt es kaum. Die Straßenverwaltung unterhält nur noch die Schotterpisten-Abschnitte, deckt die alten Asphaltschichten aber nicht mehr neu zu. Langsam wird aus einer ehemaligen Lebensader eine immer mehr zuwachsende Backroad, vergessen, wenn es nicht noch einige wenige Farmer und ein paar „verirrte" Reisende hier gäbe.

Gegensatz   Nutzen Sie die Chance, hier noch einmal den Gegensatz zu erleben, den Meer, fruchtbare Hochebene und Berge der Garden Route verleihen. Strände und Küste haben Sie sicherlich schon zur Genüge gesehen. Besonders faszinierend sind die Passstrecken und die Strecken, die in Flusstäler hinunterführen, denn hier herrschen noch Wald und Natur vor.

Halten Sie an diesen Stellen auch einmal an, denn das Geräusch der Vögel und nach dem Regen auch der Frösche und Kröten ist einmalig.

Hinweis

Viele Abschnitte, besonders an den o.g. Passstrecken, sind nicht asphaltiert. Bei Regen werden diese Abschnitte rutschig. Fahren Sie entsprechend vorsichtig. Der Abschnitt zwischen Rheenedal und Woodville ist wenig befahren. Das verleitet zu leichtsinnigem Kurvenschneiden. Tun Sie das nicht, es fahren hier schon Autos und manchmal auch ein großer Bierlaster.

Streckenbeschreibung bis George

*Fahren Sie entweder direkt hinter der Lagunenbrücke westlich von Knysna entlang der Piste über den **Phantom Pass**, der bekannt ist für die artenreiche Vogelwelt, die hier lebt, oder aber 2 km weiter westlich von der N2 über die Asphaltstraße in Richtung Rheenedal. Nach einigen Kilometern ansteigender Strecke treffen beide Straßen wieder aufeinander. Kurze Zeit später passieren Sie die Zufahrt zur **Portland Manor Estate**, einem sehr zu empfehlenden, historischen Hotel.*

Rheenedal ist ein verschlafenes „Kuhdorf", wenn auch die größte Ansiedlung bis George. Hier können Sie nochmal tanken.

*Goldrush in Millwood

Ein 10 km-Abstecher führt von Rheenedal zum **Millwood Mining Trail** nach links zum **Jubilee Creek Picnic Site**. Hier brach nach 1876 ein kleiner Goldrausch aus, der Hunderte von Glücksrittern anzog. Binnen kurzem waren in Millwood 75 Häuser errichtet, einschließlich 6 Hotels, einer Bank, einem Postoffice und einer Tanz- und Musikhalle. Nur 400 Menschen wohnten in festen Häusern, während nahezu 700 Goldsucher sich mit Zelten begnügten. Das Gold war aber schnell abgebaut, und so schnell, wie alle kamen, verschwanden sie wieder und ließen großteils sogar die Maschinen zurück. Nur zwei Gebäude stehen

6 Hotels und eine Musikhalle

heute noch in Millwood, von dem eines, der ehemalige Store, jetzt ein kleines *Ghosttown*
Museum beherbergt. Der Millwood Mining Trail führt über 5,5 km durch die
ehemaligen Straßen und zu Minenschäften, während der Trail vom Jubilee Picnic
Site den Fluss hinaufführt, wo ebenfalls nach Gold gesucht wurde. Auch er endet
im ehemaligen Millwood. Viel ist heute nicht mehr zu sehen, doch wer nur einen
Hauch von Pioniergeist in seinen Adern
verspürt, sollte sich den halben Tag Zeit
nehmen, um den alten Glücksrittern auf
die Schliche zu kommen. Für Kinder unter 10 Jahren ist der Ausflug aber nicht
geeignet.

Zwischen Rheenedal und George gibt
es nun eigentlich nichts Besonderes hervorzuheben. Nahe der Flusstäler beginnt
jedes Mal der ursprüngliche Wald, zurück auf den Ebenen herrscht unendli-
che Weidefläche vor, hinter der sich ma-
jestätisch die Outeniqua-Berge bis auf

Einsame Schotterstrecke entlang der Old Passes Road

1.578 m erheben. An einigen Stellen führen Straßen zurück in die Lagunenebene,
und falls Sie davon eine wählen möchten, empfehlen wir entweder die über
Hoekville oder die über Wilderness Heights. Erstere beschert einen schönen
Ausblick über Wilderness, die zweite führt an der Abfahrt zur **Map of Africa** (s.
S. 566) vorbei.

Zwischen Hoogekraal Pass (geographisch nicht verwechseln mit dem u.g. Country House!) und Woodville beginnt rechter Hand der schöne, aber beschwerliche   *6 Tage*
Outeniqua Trail (mind. I Woche!). 6 km westlich vom Trailbeginn zweigt dann   *wandern*
noch eine Stichstrecke ab zu einem weiteren **Big Tree**, einem der höchsten
Yellowwood-Bäume der Gegend.

Fazit: Am **Phantom Pass**, um den **Hoogekraal Pass** und weiter westlich die
Forest Road (Abbiegen von der Hauptstraße!) sind u.E. die eindrucksvollsten
Abschnitte, da hier der Wald fürwahr Oberhand behalten hat. Südlich von der
Ortseinfahrt von George erreicht die Old Passes Road dann die N9/N12.

Besser kann der Ausdruck „Garden Route" nicht beschrieben werden:
*„We built habitations of wood ... and sowed various seeds to enjoy the fruit
thereof, such as pumkins, melons, onions and coriander ... the soil is
excellent, and free from stones, though there are various hills. These, as
also the valleys, abound with verdure and plants with sweet smelling
flowers. The trees are numerous and large, In all parts it is watered by
voluminous rivers and abundant and fine springs ... There is an infinite
number of wild animals of extraordinary size, such as deer, wolves, seals,
buffaloes, wild boars, monkeys and also tigers and elephants. "*
Tagebucheintrag eines 1630 bei Plettenberg Bay
gestrandeten Seemannes

George (ⓘ s. S. 279ff)

Größte
Stadt
zwischen
PE und
Kapstadt

Die Stadt liegt malerisch am Fuße der Outeniqua Mountains, die Höhen bis zu 1.370 m (George Peak) erreichen. George ist der Hauptort entlang der Garden Route, liegt 226 m über dem Meer und zählt über 50.000 Einwohner. Im Jahre 1811 wurde hier die zweite Landvogtei nach der britischen Kap-Besetzung gebaut. Den entstehenden Ort benannte man nach König George III.

George ist bekannt für seine breiten, eichengesäumten Straßen. Der legendäre **Sklavenbaum (1)**, eine große Eiche vor dem Touristenbüro in der York Street, ist so alt wie die Stadt selbst. Hier sollen Sklaven früher angekettet worden sein, wenn sie versteigert wurden. In die Baumrinde sind Teile der Eisenketten eingewachsen. 1842 erbaute man die **Dutch Reformed Church (3)** *(Ecke Courtenay/Meade Sts.)*, deren schöne Kanzel aus Stinkwood sowie die Pfeiler und die Kuppel aus Yellowwood an die nahegelegenen Wälder erinnern. Da man am Beginn der Siedlerzeit unwahrscheinlich viel abholzte, schob die Regierung weiterem Raubbau einen Riegel vor, indem sie 1936 jedes weitere Baumfällen für die nächsten 200 Jahre verbot.

George behauptet auch von sich, die „Golfstadt" Südafrikas zu sein. Zwei weltberühmte Plätze gibt es westlich der Stadt, und die ersten Abschlagversuche wurde bereits 1885 auf einer Farm getätigt. George verweist zudem auf ein paar neu eingerichtete Galerien sowie ein paar Yellowwood-Möbelgeschäfte, zu denen Sie am besten mit Hilfe des Stadtplanes aus dem Touristenamtes finden werden. Ansonsten wirkt George eher geschäftig, und die Innenstadt füllt sich um die Mittagszeit mit Käufern aus dem gesamten Umland. George ist halt die Metropole zwischen Port Elizabeth und Kapstadt. Stripmalls, Banken, kleine Industrieunternehmen bestimmen eher den Stadt-Charakter als der touristische Sektor. Das Umland dagegen bietet sich hervorragend an für schöne Übernachtungsplätze (z.B. Wilderness, Blanco, Victoria Bay), als Ausgangsstation für Wanderungen im Gebirge sowie für Rundfahrten über die vielen Pässe und Schluchten (s. Kasten S. 574). Außerdem wartet George mit einem relativ großen Flughafen auf, der mehrmals täglich von Kapstadt, Johannesburg und auch Port Elizabeth bedient wird. Am Flughafen gibt sind zudem alle großen Mietwagenfirmen vertreten. Wer also nicht genügend Zeit für die gesamte Garden Route mitbringt, kann auch hier seine Reise beginnen bzw. beenden.

Sehenswertes in und um George

Umgebung von George

• ***George Museum (2)**
Courtenay Street (am Ende der York Street), Parkplatz hinter dem Gebäude, geöffnet: Mo–Fr 9–16h30, Sa 9–12h30
Das Museum ist in der „Old Drostdy (1813), dem ehemaligen Verwaltungsgebäude des Bezirkes untergebracht. Die Ausstellung beschäftigt sich mit verschiedenen The-

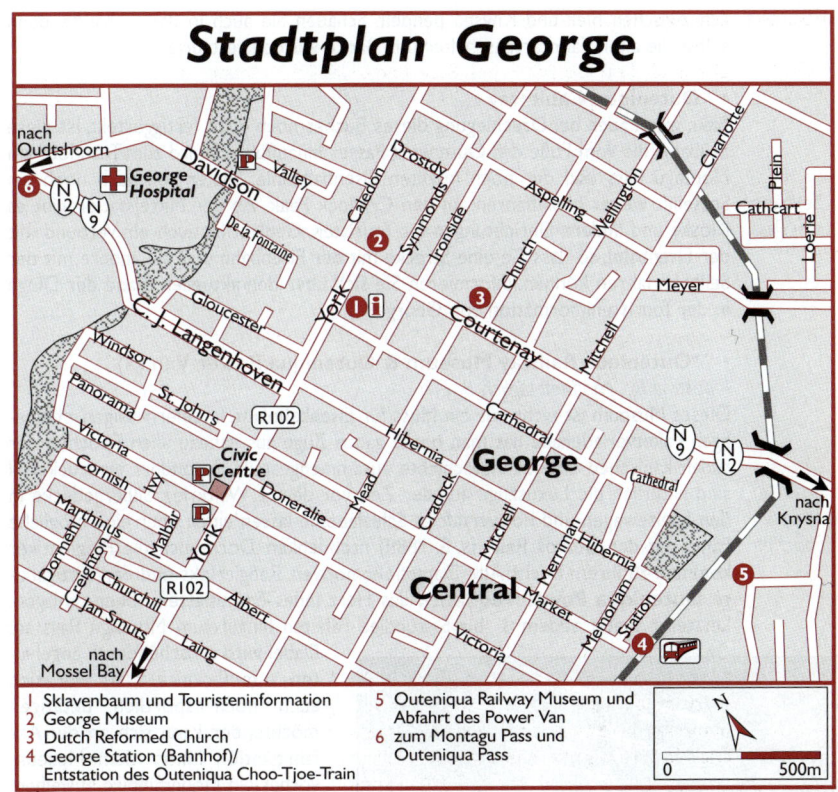

Stadtplan George

1 Sklavenbaum und Touristeninformation
2 George Museum
3 Dutch Reformed Church
4 George Station (Bahnhof)/
  Entstation des Outeniqua Choo-Tjoe-Train
5 Outeniqua Railway Museum und
  Abfahrt des Power Van
6 zum Montagu Pass und
  Outeniqua Pass

© graphic

men von lokalem sowie auch überregionalem Interesse. Dass George eine zentrale Rolle in dieser Region innehatte und hat, macht die umfangreiche Ausstellung der Druckpressen und historischen Schreibmaschinen deutlich. George ist die „Medien-Metropole" zwischen Port Elizabeth und Kapstadt. Auch die verschiedenen Grammophone verdienen eine genauere Betrachtung. Im Obergeschoss befassen sich alleine zwei Räume mit der Geschichte der Missionsstationen in der Kapprovinz, und das ist durchaus interessant. Denn immer wieder werden Sie auf Ihrer Reise auf Relikte dieser Missionen stoßen. Besonders hervorzuheben ist noch die Abteilung zur Holzwirtschaft im Gartentrakt. Hier werden alte Geräte erläutert, und die Geschichte des Holzeinschlags wird ebenfalls dargestellt. Halten Sie auch einmal die Nase in das Haus aus Yellowwood. Es riecht darin bezaubernd nach Wald. Die restlichen Räume sind gespickt mit historischen Fotos und Haushaltsgegenständen aus vergangenen Epochen.

Medien-Metropole

• George Station (4)

Der alte Bahnhof in der Memoriam Street wurde schön restauriert und ist heute Endstation des historischen ***Outeniqua Choo-Tjoe-Train***, der zweimal täglich zwischen hier und Knysna pendelt. Schauen Sie auch in das Gebäude, denn selbst die alten Fahrkartenschalter und Bänke wurden restauriert.

• Outeniqua Cableway

Seilbahn zum Pass

Neu, wenn auch bei Drucklegung dieses Buches noch nicht fertiggestellt, ist diese Seilbahn, die vom Fuße des Outeniqua Passes hinaufführen wird zum Tierkloof am Montagu Pass und der noch intakten Eisenbahnlinie. Später soll auch noch ein Sessellift weiter hinauffahren auf den Cradock Peak. An der Mittelstation gibt es Kioske und andere Einrichtungen für Touristen. Geplant ist auch ein Verbund mit der Eisenbahn, so dass Sie eine Strecke mit der Eisenbahn und die andere mit der Seilbahn fahren können. Informieren Sie sich über den aktuellen Stand der Dinge in der Touristeninformation von George.

• *Outeniqua Railway Museum & Outeniqua Power Van (5)

Industrial Rd, geöffnet: täglich 8–17h

Züge aus nahezu allen Epochen

Dieses Museum ist nicht nur ein Muss für Eisenbahnfans. In einer riesigen, ehemaligen Paketverladehalle hat man heute ganze Züge aus nahezu allen Epochen der südafrikanischen Eisenbahngeschichte zusammengestellt. Besonders eindrucksvoll sind natürlich die Luxuszüge aus der Zeit vor dem 2. Weltkrieg: Silbergedecke in den Speisewagen und holzvertäfelte Schlafabteile lassen einen über eine mögliche Fahrt mit der „Rovos Rail" (s. S. 188ff) nachdenken. Doch auch die Pragmatiker kommen zu ihrem Recht: Alte Dampflokomotiven, Rangierloks und der einzigartige **Outeniqua Power Van** lassen das Herz jedes Enthusiasten höher schlagen. Letzterer bietet zudem 3- bis 5-stündige Fahrten hinauf zum Montagu Pass an.

Dabei wird zwischendurch angehalten zum Picknick. Und wer sich auch noch sportlich betätigen möchte, der kann sich an der Abfahrtstation hinter dem Museum vorher ein Mountainbike ausleihen, dieses im Power Van mitnehmen und vom Pass wieder hinunterrollen. Die Fahrt sollten Sie aber vorher reservieren, da der Power Van nur bedingt nach Fahrplan fährt. Siehe dazu S. 193. Und was ist ein Power Van? Es handelt sich dabei um eine starke, kleine Zugmaschine, die

Nicht nur Eisenbahnen gibt es zu sehen im Railway Museum

Rauf mit der Bahn, runter mit dem Bike

den Zügen beim Hinauffahren des steilen Passes „behilflich" war und auch für Reparaturarbeiten genutzt wurde. Heute finden bis zu 10 Personen in ihr Platz, und sie ist rundum verglast.

• *Montagu Pass und Outeniqua Pass

Dauer einer Rundfahrt: ca. 2 Stunden
Fahren Sie von George ein Stück in Richtung Oudtshoorn und zweigen Sie dann ab auf die ausgeschilderte Piste, die über den Montagu Pass führt.

Der **Montagu Pass** wurde bereits 1844–47 von Henry Fancourt White erbaut und schlängelt sich auf gut 13 km über einen Kamm der Outeniqua Mountains

(Outeniqua stammt aus der Khoi-Sprache und heißt: „Menschen, die Säcke mit Honig tragen"). Mit seiner Fertigstellung wurde endlich die Barriere zwischen dem zentralen sowie dem östlichen und westlichen Kapland überwunden. 9 km der Gesamtstrecke mussten mit Hilfe von Schießpulver freigesprengt werden. Bis ins Jahr 1951 diente die Straße als Hauptverbindung zwischen George und der Karoo.

Auch heute noch ist die nicht asphaltierte Trassenführung ein Erlebnis. Oft ist sie sehr schmal, weshalb Wohnmobile und Camper nicht zugelassen sind. Für nicht ganz Schwindelfreie sei aber hinzugefügt, dass entlang aller Abhänge eine Steinmauer gesetzt ist. Unterwegs passiert man die Reste einer ehemaligen Schmiede, *Keine Camper und WoMos*

unterquert die Viadukte der Eisenbahntrasse und hat auf der Passhöhe von ca. 800 m die Möglichkeit, einem Wanderweg bis zum Outeniqua Pass zu folgen. Erstaunt werden Sie auch über die großen Hopfenfelder nördlich des Passes sein, die hier ein gutes Klima vorfinden.

Die Eisenbahnstrecke, 1913 mit immensem finanziellen Aufwand fertiggestellt, können Sie heute übrigens bei einer Fahrt mit dem „Power Van" (s. S. 193) erleben.

Am Ende der Strecke trifft die Straße bei Herold auf die N9, der Sie in Richtung Westen wieder nach George folgen bzw. von dieser bald abzweigen können nach Oudtshoorn.

 Hinweis
Zu Oudtshoorn lesen Sie bitte auf S. 504ff.

Einsam schlängelt sich der Montagu Pass den Berg hinauf

Hinunter nach George geht es schließlich über den 1951 eingeweihten, ebenfalls etwa 800 m hohen **Outeniqua Pass**. 1943 wurde mit dem Bau begonnen, bei dem über 500 italienische Kriegsgefangene mitgewirkt haben. Die Aussichten auf die Küstenebene von George sind von hier eindrucksvoller als vom Montagu Pass. Mehrere Aussichtspunkte, die aber nur auf einer Fahrt talwärts anzufahren sind, geben Gelegenheiten für einen Fotostopp. *Italienische Kriegsgefangene*

Einer dieser Aussichtspunkte ist nach den „4 Passes" benannt, die man von hier aus sehen bzw. erahnen kann: Outeniqua Pass, Montagu Pass, den Pass der Eisenbahnlinie sowie den **Cradock's Pass**. Letzterer war der 1815 fertiggestellte Vorgänger des Montagu Pass. Er ging direkt auf der gegenüber liegenden Bergzunge oberhalb der Montagu-Trasse hinauf, war somit nur knapp 10 km lang, dafür aber viel zu steil. Ochsenwagen benötigten bis zu 18 Stunden, bis sie oben angekommen waren. Heute können Sie auf einer Wanderung noch Überreste des Cradock's Pass erkennen. *Zu steil*

Über Pässe und durch Schluchten: Ausflugsmöglichkeiten von George und der Wilderness Area

• Von George den historischen ***Montagu Pass** (S. 572f) hinauf, dann nach ***Oudtshoorn** (Straußen- farmen, Cango Caves, S. 504ff) und zurück über den neuen **Outeniqua Pass** (S. 572f). Dauer: 1 Tag
• Von George den historischen ***Montagu Pass** (S. 572f) hinauf, dann nach ***Oudtshoorn** (Straußen- farmen, Cango Caves, S. 504ff) und zurück über den **Robinson Pass** (R328, S. 576). Dauer: 1 Tag (früh losfahren)
• Von George den historischen ***Montagu Pass** (S. 572f) hinauf, dann nach **Oudtshoorn** (Straußenfarmen, Cango Caves, S. 504ff) und über den legendären ***Swartberg Pass** (S. 513f) nach **Prince Albert** (S. 613f). Dort übernach- ten und am nächsten Tag durch den ***Meiringspoort** (S. 514f) nach De Rust und von dort zurück über Oudtshoorn und den neuen **Outeniqua Pass** (S. 572f) nach George. Dauer: 2 Tage.

Der Swartberg Pass hat auf nördlicher Seite auch Schluchtdurchfahrten zu bieten

• Von George den historischen ***Montagu Pass** (S. 572f) hinauf, dann nach ***Oudtshoorn** (Straußenfarmen, Cango Caves, S. 504ff) und über den legendä- ren ***Swartberg Pass** (S. 513f) nach **Prince Albert** (S. 613f). Dort übernachten und am nächsten Tag früh los über die N1, Laingsburg, Vleiland und durch den ***Seweweekspoort** (S. 502f) nach **Calitzdorp** (Portwein-Metropole Südafrikas, S. 503). Hier evtl. übernachten oder weiter über den **Robinson Pass** (R328, S. 576) oder den neuen **Outeniqua Pass** (S. 572f) zurück nach George. Dauer: 2–3 Tage.
• Von George entlang der ***Old Passes Road** (auch: Seven Passes Rd/Old Cape Rd, S. 567ff) nach Knysna und dort dann den ***Prince Alfred's Pass** (S. 553f) hinauf nach Avontuur. Zurück dann über ***Oudtshoorn** (Strau- ßenfarmen, Cango Caves, S. 504ff) und entweder den hist. ***Montagu Pass** oder den neueren **Outeniqua Pass** (S. 572f) zurück nach George. Dauer: 1 langer Tag, besser 2 Tage: Übernachten in Oudtshoorn und von dort nach Besichtigung der Sehenswürdigkeiten am zweiten Tag nachmittags zurück nach George.

Ausflüge von George

alle rot beschrifteten Orte / Namen sind besonders sehenswerte Punkte bez. Orte, die Sie gut von George / Wilderness erreichen können

0   50km

Die Strecke zwischen George und Kapstadt

Südlich von George liegt ein weiterer schöner Strand, **Herolds Bay** (ⓘ s. S. 285f), wo es neben Badevergnügen auch noch einen attraktiven Aussichtspunkt zu erleben gibt (Blick auf Strand und Meer). Eine Abfahrt weiter an der N2 geht es ab nach Glentana. Auch an dieser Stelle möchten wir noch einmal auf das ***Hoogekraal Country House** (S. 279f), eine historische Farm mit erstklassigen Unterkünften, 18. Jahrhundert-Ambiente und vorzüglichem Dinner, hinweisen. Sie als Basis zu wählen für Ausflüge von George aus, ist mehr als lohnend. Sie müssen aber vorher reservieren, es ist keine Sehenswürdigkeit, die Sie einfach so besuchen können.

Übernachtung auf historischer Farm

Great und **Little Brakriver** sind zwei weitere Flussmündungen, die heute als Strandzugänge genutzt werden. Auch hier finden Sie schöne, weiße Sandstrände

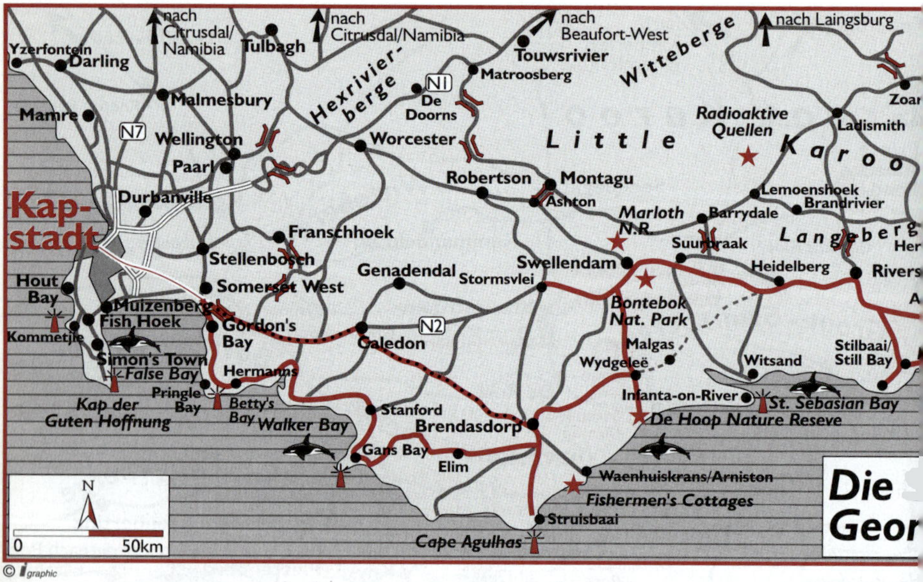

The map shows the coastal region from Port Elizabeth to Cape Town with various place names including Kapstadt, Stellenbosch, Swellendam, Cape Agulhas, and Oudtshoorn region. Place names on map: nach Citrusdal/Namibia, Tulbagh, nach Citrusdal/Namibia, nach Beaufort-West, Touwsrivier, Matroosberg, nach Laingsburg, Yzerfontein, Darling, Malmesbury, Hexrivier-berge, De Doorns, Wittberge, Zoar, Mamre, N7, Wellington, Worcester, Radioaktive Quellen, Ladismith, Little, Karoo, Paarl, Durbanville, Robertson, Montagu, Ashton, Lemoenshoek, Brandrivier, Kap-stadt, Franschhoek, Marloth N.R., Barrydale, Langeberg, Her, Suurbraak, Stellenbosch, Genadendal, Stormsvlei, Swellendam, Heidelberg, Rivers, Hout Bay, Somerset West, A, Muizenberg, Fish Hoek, Gordon's Bay, Caledon, Bontebok Nat. Park, Kommetjie, N2, Malgas, Stilbaai/Still Bay, Simon's Town, Hermanus, Wydgeleë, Witsand, False Bay, Pringle Bay, Betty's Bay, Kap der Guten Hoffnung, Walker Bay, Stanford, Brendasdorp, Infanta-on-River, St. Sebasian Bay, De Hoop Nature Reseve, Gans Bay, Elim, Waenhuiskrans/Arniston, Fishermen's Cottages, Struisbaai, Cape Agulhas, Die Geor

vor, doch sind diese – nach hiesigen Maßstäben – oft überlaufen von den Erholungssuchenden aus Mossel Bay.

Abstecher zum Robinson Pass

Kurz vor Mossel Bay, an der N2-Abfahrt Little Brakriver, führt die R328 hinauf über den 1867–69 erbauten und 860 m hohen **Robinson Pass** nach Oudtshoorn. Thomas Bain, legendärer Konstrukteur von über 20 Passstraßen im Kapland (z.B. Prince Alfred's Pass, Swartberg Pass, Old Passes Rd), zeichnete auch für diesen verantwortlich. Die Trassenführung wirkt großzügig im Vergleich zu den anderen Pässen über die Outeniqua Mountains. Das geologische Terrain bot ein-fach bessere Voraussetzungen. Besonders wenn zwischen Mai und Juli die Proteen blühen, lohnt sich eine Fahrt hier besonders. Riesige Flächen von Fynbos-Vegeta-

Fynbos-Vegetation

tion erfreuen dabei das Auge. Auf der Nordseite, etwa 10 km vor Oudtshoorn, passiert die R328 auch gleich zwei der Straußenfarmen, Highgate und Safari Show Farm.

Der Robinson Pass löste übrigens den ersten Pass über die Outeniqua Moun-tains, den bereits 1689 erstmals erwähnten **Attaqua's Kloof Pass** etwas weiter westlich als Traverse ab. Dieser folgte noch einem ehemaligen Trampelpfad der Elefanten.

Hinweis
*Zu **Oudtshoorn** lesen Sie bitte auf S. 504ff*

Mossel Bay (ⓘ s. S. 297f)

Überblick und Geschichte

Der erste Europäer, der in die weite Bucht eingefahren ist, dürfte **Bartolomeu Diaz** gewesen sein, als er am 3.2.1488 hier ankerte, nachdem er das Kap der Guten Hoffnung umsegelt hatte, ohne es – aufgrund zu großer Entfernung und heftiger Stürme – zu Gesicht bekommen zu haben. Mossel Bay ist damit die Stelle, an der die erste Landung durch Europäer an der Ostküste Südafrikas gelungen war. Doch Diaz behielt die Bucht in nicht allzu guter Erinnerung. Als er Anstalten machte, Kontakt mit den hier lebenden Khoi aufzunehmen, wurde er mit einem Steinhagel empfangen, so dass er sich entschloss, nachdem er Frischwasser gebunkert hatte, weiterzusegeln. Der Streit mit den Einheimischen entwickelte sich übrigens wegen der Nutzung der Trinkwasserquelle duch die Portugiesen. Hierbei umgingen sie – wohl unwissend – Stammesrituale der Khoi. Diaz nannte die Bucht „Aguada de Sao Bras", was so viel bedeutet wie „Wasserstelle des St. Braize", denn die Seeleute fanden das Wasser am Tage des Heiligen Braize. Wie gerne hätten die Portugiesen Vieh bei den hier lebenden Hirten eingetauscht, hätten nach langer Seefahrt nur allzu gerne die Fleischvorräte aufgefüllt.

Erste Landung der Europäer

Erst **Vasco da Gama**, der am 20.11.1497 hier ankam, konnte friedliche Beziehungen zu den Khoi-Hirten knüpfen und die Nahrungsvorräte auffrischen. Ausschlaggebend für das Gelingen war ein Tauschgeschäft: da Gama tauschte nämlich seine rote Mütze sowie ein paar Armreifen gegen einen Ochsen. Nach diesem Barter-Geschäft wurde getanzt und musiziert. Fortan sollte Mossel Bay für viele portugiesische Schiffe ein Anlaufpunkt sein: Man konnte hier nicht nur Fleisch erstehen, sondern auch die Frischwasservorräte auffüllen. Und 1500 wurde hier von dem Kapitän **Pedro d'Ataide** sogar eine „Nachrichtenbörse" eröffnet: Er hängte in den Zweigen (oder unter einen Stein) des alten Milkwood-Baums neben der Quelle Seeschuhe auf, in denen er einen Brief hinterließ für später eintreffende Seefahrer. Daraus entwickelte sich eine Tradition, und seither gilt der Baum als das erste „Postamt" Südafrikas. Er steht heute auf dem Gelände des Bartolomeu Dias Museum Complex.

Die Caravelle von Diaz war wirklich eine „Nussschale"

Tauschgeschäft

Anfang des 17. Jahrhunderts erreichten die Holländer das Kap und vertrieben allmählich die Portugiesen. Der Ort verdankt schließlich auch dem holländischen Seefahrer **van Caerden** seinen Namen. Er empfand, dass es in dieser Bucht so viele Muscheln gäbe, dass der Name „Mossel Bay" gerechtfertigt sei. In der Folgezeit sammelten Seefahrer hier gerne Muscheln und Austern, und auch heute noch werden Schalentiere aus der Bay in ganz Südafrika verkauft. 1729 kamen die ersten Siedler in die Region, und 1734 nahmen die Holländer schließlich offiziell Besitz von der Region. Ein Steinzeichen und das Monogramm der Holländisch-Ostindischen Handelskompanie wurden von dem damaligen Kap-Gouverneur **Jan de la Fontaine** errichtet. 1787 kamen nun auch mehr Dauersiedler und bauten einen Kornspeicher. Schon im Juli des Folgejahres wurde der erste Weizen aus der Umgebung verschifft. Von diesen Tagen an wurde Mossel Bay Hafenstadt für das südliche Kapland und die Kleine Karoo.

Walfang-station

Um 1827 wurde schließlich eine Walfangstation inklusive Verarbeitungsbetrieb eingerichtet, die dem bis dahin noch kleinen Ort zu einem echten wirtschaftlichen Aufschwung verhalf. In den Boomjahren der Straußenfeder-Produktion in der zweiten Hälfte des 19. Jahrhunderts wurden hier pro Jahr bis zu 800.000 kg Federn auf Schiffe verladen. Als das Geschäft mit den Federn nachließ, wurde Mossel Bay Umschlagplatz für Ocker, Wolle und Obst.

Offshore-Gas

Bis in die zweite Hälfte des 20. Jahrhunderts hinein blieb Mossel Bay aber ein recht verschlafenes Hafennest mit ein paar wenigen Ferienresorts. Dann aber wurden 50 km vor der Küste Gasfelder entdeckt, und *Mossgas*, der Betreiber, errichtete im Hinterland eine große Raffinerie, die u.a. aus Gas Benzin produziert. Vor allem während des Teilembargos in der Apartheidszeit erlebte die Stadt einen erneuten Boom, und die Unterwasserpipeline zu den Offshore-Feldern war die erste in Südafrika. Leider hat diese Entwicklung auch auf das Stadtbild abgefärbt. Neben einigen wenigen historischen Gebäuden überwiegt der Ausblick auf die nahen Industrieanlagen und den Hafen, und die Geschäftigkeit im Stadtzentrum weist eher pragmatische Züge auf denn touristische. Mossel Bay hat heute 35.000 Einwohner.

Als Highlight kann daher nur der ***Bartholomeu Diaz Museum Complex** angesehen werden. Die angekündigten **Walbeobachtungsmöglichkeiten** können nicht mithalten mit Plettenberg Bay, Hermanus bzw. dem De Hoop Nature Reserve. Zu erwähnen seien noch der relativ schöne **Santos Beach** unterhalb der Stadt sowie die Bootstouren zur **Seal Island**, die vom Jachthafen aus zu

Übernach-ten in einer Khoi-Hütte

einer **Seehund- und Pinguinkolonie** abgehen. Aber auch hier sind andere Punkte im Reisegebiet schöner. Das relativ neue **Khoi Village** am Point *(tägl. geöffnet)* verspricht schließlich noch einen – arg touristisierten – Einblick in das Leben der Khoi. Hervorzuheben seien dabei das traditionelle Khoi-Essen und die Möglichkeit, in Khoi-Hütten zu nächtigen.

Unser Tipp lautet aber: Schauen Sie sich in Ruhe das Museum an und fahren Sie dann weiter, z.B. zum Rein's Nature Reserve oder vielleicht sogar noch nach Swellendam.

**Bartholomeu Diaz Museum Complex*

1 Market Street, nahe dem Nordostende der Church Street, oberhalb des Hafens
Wie der Name bereits erahnen lässt, handelt es sich hierbei um mehrere Museen und Sehenswürdigkeiten an einem Ort:

• **Old Post Office Tree und Spring**: Der Baum wurde bereits oben beschrieben, und hinter ihm befindet sich wohl die Quelle, die die ersten Seefahrer genutzt haben. Ein einem Seemannsstiefel nachempfundenes, kleines Monument dient auch heute noch als Briefkasten.

Er wächst und wächst: der Post Office Tree (links unten der „Briefkasten")

• ***The Maritime Museum:** *Geöffnet: Mo–Fr 9–16h45, Sa+So 10–16h.* In dem ehemaligen Sägewerk wird die Geschichte der Entdeckung Südafrikas durch die portugiesischen Seefahrer genau erläutert. Absoluter Höhepunkt ist der Nachbau von **Diaz' Caravelle**. Diese Replik wurde 1987/88 zur 500-Jahr-Feier von Diaz' Ankunft von Portugal nach Mossel Bay gesegelt. Gegen eine Zusatzgebühr können Sie das Schiff besichtigen. Man stelle sich einmal vor, dass das Schiff nur 23,5 m lang, 6,6 m breit und dabei nur 130 t schwer gewesen ist. Auch auf die Seefahrtsgeschichte nach den Portugiesen wird in diesem Museum eingegangen, und eine kleine Abteilung zeigt auch moderne Tauch- und Forschungsgeräte. *Mit dem Nachbau von Portugal nach Mossel Bay*

• ***Shell Museum** (*im Shirley Building*): *Geöffnet: Mo–Fr 9–16h45, Sa+So 10–16h.* Das Gebäude wurde 1902 als zusätzlicher Getreidespeicher gebaut, und ein Abschnitt darin wurde auch als Sägemühle genutzt. Später hatte der Ire Joe Shirley seine Metallwerkstatt hier. Heute beeindruckt eine Ausstellung zum Thema Muscheln den Besucher. Nicht nur, dass Sie hier Muscheln anschauen können, sondern es wird auch erläutert, welche Bedeutung die Muscheln für die Menschheit hatten und haben. Das Skelett eines ehemals 476 kg schweren Hais sowie ein Aquarium runden das Bild noch ab.

• **Granary:** *Mo–Fr 8h15–13h u. 14–17h.* 1787 erbaut, ist dieses der originalgetreue Nachbau des ersten Speichers für Getreide und Wolle in Mossel Bay (s.o.). Heute befindet sich hier das Informationszentrum des Museums, und eine Ausstellung widmet sich der Geschichte und Geographie des Umlandes. U.a. können Sie hier auch alte Karten bewundern.

• **Munro's Hoek:** Die etwas abseits gelegenen alten Reetdach-Häuser dienten nach 1831 einem gewissen Mr. Munroe als Verarbeitungsstätte für Seehundfelle und auch als Taverne, eine der ersten am Orte. Um das Gebäude hat man ein kleines Naturreservat eingerichtet, in dem jetzt die Pflanzen zu sehen sind, die einst schon Diaz' zu Gesicht bekam. Die Gebäude sind nicht zu besichtigen.

• **Culture Museum:** *Geöffnet: Mo–Fr 9–16h45, Sa+So 10–16h.* Das „Heimatkundemuseum" befindet sich ebenfalls an der Market Street, aber auf der anderen Seite der Church Street. Ein Besuch hier kann aber nur als Lückenbüßer betrachtet werden, denn die Ausstellungen sind ziemlich wild zusammengewür- *Heimatkunde* felt: Feuerwehr-Utensilien, alte Möbel, Bilder aus dem Anglo-Burischen Krieg, Khoi-Handwerkzeuge und -Kleider, geborgene Teile der 1890 gesunkenen „Rosebud", frühe Seenot-Rettungsgeräte usw.

Östlich von Mossel Bay beginnt das sog. Winterregengebiet des Kaplandes. Die Niederschlagsmengen sind hier deutlich niedriger und liegen an der Küste bei ca. 400 mm/Jahr, steigen landeinwärts und besonders an den Bergen aber auf ca. 600 mm/Jahr an. Damit ist dieses Gebiet gut geeignet für die Landwirtschaft (Weizen-

*Korn-
kammer* anbau, Wildblumenzucht, Schafe, Milchkühe und Straußenzucht). Riesige Felder und Weiden umgeben die N2 und bilden mit ihren hellen Farbtönen immer wieder einen schönen Kontrast zu der dunkleren Langeberg-Kette, deren Silhouette dem Ganzen noch die Krone aufsetzt. Die Landschaft ändert sich hier also schlagartig, wird selten so gerühmt wie die Garden Route, hat aber u.E. durchaus ihren Reiz.

Weiter westlich wird dann auch Wein angebaut, und die Region Grabouw/Eglin/Villiersdorp zeichnet für mehr als die Hälfte der Obsternte am Kap verantwortlich.

Sie haben nun wieder die Wahl zwischen zwei Routen:

a) Entlang der N2 bis Riversdal: Hierbei passieren Sie die **Gourits Bridge**, wo ein 64-Meter-Bungee-Jump für „thrill" sorgt, und dann den verschlafenen Ort **Albertinia** (ⓘ s. S. 264), der bekannt ist wegen seines gleichnamigen Hotels (*Main Rd*, mit guter und reichhaltiger südafrikanischer Küche), einiger Antiquitä-

Der Gourits ist der größte Fluss entlang der Garden Route

tengeschäfte, der Tatsache, dass sich hier die einzige Fabrik befindet, die Saft und Gelee aus Aloen herstellt sowie des 2001 eingeweihten Tierparks östlich des Ortes an der N2, wo u.a. die Big Five zu sehen sind. Der Tierpark erinnert aber eher an die kleinen Wildparks in Europa.
Schöner aber ist die Strecke
*b) Entlang der Küste über Gouritsmond, dem Rein's Coastal Nature Reserve und Still Bay nach Riversdal: Diese Strecke führt küsten-

nah durch eine offene Landschaft mit niedriger Meeres-Fynbos-Vegetation. Im Hintergund sieht man aber immer wieder die Berge als eindrucksvollen Kontrast. Der Abschnitt zwischen Rein's Coastal Nature Reserve und Still Bay ist nicht asphaltiert.

▬▬▬ Gouritsmond (ⓘ s. S. 282)

*Beschau-
lichkeit* Es gibt nicht viele Gründe, den Abstecher zu diesem kleinen Ort an der Mündung des Gourits River zu unternehmen, doch einer könnte einige von Ihnen doch dazu bewegen: die Beschaulichkeit. Kaum Touristen, nur kleine Ferienhäuser, eine

schöne Flussmündung (der Gourits River ist immerhin der größte Fluss in Ihrem Reisegebiet) und gute Angelmöglichkeiten. Das einzige Hotel im Ort ist einfach, es gibt einen Supermarkt, einen Pub und ein kleines Restaurant. Das war's. Doch wenn Sie einmal die Küste für sich haben möchten, dann sollten Sie hier an einem Wochentag hinfahren. Wir haben begeisterte Reisende getroffen, die im Supermarkt nach einem freien Ferienhaus gefragt haben und damit Glück hatten. Das muss nicht klappen, könnte aber den Umstand wert sein. Luxus suchen Sie in Gouritsmond jedoch vergebens.

Vielleicht ein Ferienhaus frei?

Rein's Coastal Nature Reserve (ⓘ s. S. 312f)

Anfahrt

Von Mossel Bay: Zweigen Sie ca. 10 km westl. der Stadt (hinter Mossgas rechter Hand) nach Süden ab in Richtung Gouritsmond und von dort an der Asphaltstraße folgen, die in Richtung Gouritsmond den Gourits überquert. Wenn es dann links nach Gouritsmond geht, fahren Sie einfach 8 km weiter geradeaus, und das Reserve liegt linker Hand. Von Kapstadt aus können Sie entweder hinter Riversdal nach Still Bay abzweigen und dann von dort der Piste Richtung Osten folgen oder aber weiter östlich auf der N2 nach Gouritsmond abzweigen (R325) und nach 18 km wieder nach rechts abbiegen. Sie erreichen das Nature Reserve nach 8 km. Die zweite Alternative ist durchgehend asphaltiert.

„Fynbos Power instead of Atomic Power" heißt der Slogan dieses einzigartigen Naturreservates. Damit wird auf den geschichtlichen Hintergrund hingewiesen. In den Häusern des Resort residierten bis Anfang der 1990er Jahre Atomforscher, denn die Regierung plante hier einst ein zweites Atomkraftwerk.

„Fynbos Power instead of Atomic Power"

Nach Einstellung der Forschung wurden Gebäude, Grund und Boden vergeben an den Bieter, der den ökologisch sinnvollsten Planungsentwurf vorlegen konnte. Ein Österreicher erhielt den Zuschlag, und seither können Sie nun hier die **Küsten- sowie Fynbosvegetation** genießen, sich in der großzügigen Anlage (Swimmingpool, Gym etc.) erholen bzw. in schönen Zimmern und noch schöneren, reetgedeckten, ehemaligen Fischerhäusern nächtigen. Letztere gehörten natürlich nicht zum Forschungsprojekt, befanden sich aber auf dem Gelände.

Die Küste hier weist bisher nicht gesehene Eigenarten auf: Geröll und Felsbrocken aus hartem Quarzit bilden die Uferzone, in der früher die **Khoi-Khoi sog. Fishing Pools** angelegt haben. Die Pools wurden von den Khoi ausgehoben, indem sie die Steine aus einem Areal herausnahmen. Während der Flut schwammen die Fische in diese Pools,

Ehemaliger Fishing Pool der Khoi

aus denen sie die Khoi dann bei Ebbe herauslockten in einen künstlichen „Seiten-kanal". Hier warteten dann ihre Frauen und sammelten sie ein. Heute stehen die Pools unter Denkmalschutz. Gefischt haben die Khoi übrigens nur im Winter, denn dann waren ihnen die Nächte in der Karoo zu kalt. Im Sommer zog es sie wieder in die Wüste.

„Small Five"

Tiere gibt es in dem Reservat auch: Bontebok, Zebras, Seevögel (Kormorane) und die „Small Five" (Schildkröte, Dung-Käfer und Totokie-Käfer, Süßwasser-Krab-ben, Lizards). Auf letztere werden Sie bereits auf den Straßenschildern bei der Anfahrt hingewiesen. 2 Ranger und gelegentlich auch Studenten der Naturwissen-schaften erläutern Ihnen auf einer Rundfahrt alles weitere. Und wer sich darüber wundert, warum die Kirche noch unterhalten wird, dem sei gesagt, dass hier geheiratet werden kann. Die Lodge übernimmt die Organisation. Tagesgäste sind natürlich auch willkommen, sollten sich aber zum Essen anmelden.

Vom Rein's Coastal Nature Reserve führt nun eine 47 km lange Schotterstraße bis nach Still Bay. Beeindruckend sind auch hier wieder die Fynbos-Büsche und die Proteen, wenn sie im August/September blühen.

Still Bay/Stilbaai (ⓘ s. S. 323)

„The Bay of Sleeping Beauty"

Der kleine Fischerei- und Urlaubsort beiderseits einer Flussmündung trägt den Beinamen „The Bay of Sleeping Beauty", denn von hier aus kann man den gleich-namigen Berg oberhalb von Riversdale sehr schön sehen. Die Bucht sowie die Flussmündung haben ihren eigenen Charme, und die nahen Naturareale bieten weitere Gelegenheit zur Erkundung der Küstenvegetation. **Pallinggat**, ein altes Farmhaus mit angeschlossenem Schulraum, beherbergt heute das Touristenbüro. Der **Soete Arbeid Craft Shop** im nahen Fischerörtchen Melkhoutfontein er-möglicht den Erwerb von Produkten afrikanischen Kleinkunsthandwerks. In der „Boma" hier wird zudem erzählt und traditionelle Küche gereicht.

Historische Fishing Pools

Und auch bei Still Bay gibt es historische **Fishing Pools** der Khoi-Khoi. Auch hier sind sie als National Monument deklariert.

Jognesfontein ist ein naher Küstenort, der ebenfalls besucht wird und noch etwas ruhiger erscheint als Still Bay. Ganz abgeschottet hat sich mittlerweile aber **Puntjie**, lange Zeit berühmt als besterhaltenes, historisches Fischerdorf an die-ser Küste. Den Bewohnern kamen zu viele Besucher, so dass heute eine Schranke das Dorf abriegelt.

Zurück auf der N1:

Riversdale (ⓘ s. S. 313)

Der burisch angehauchte Ort mit gut 10.000 Einwohnern dient als Zentrum der Landwirtschaft zwischen Mossel Bay und Swellendam. Entsprechend zweckmäßig geht es hier zu, und die Zahl der Kirchen ist ausgesprochen hoch. Auch die historischen Bauten entlang der Long Street können nicht mithalten mit denen in Swellendam und anderen Orten. *Zweck-mäßig und viele Kirchen*

Bleibt nur zu sagen, dass Golffreunde sich hier an **einem der schönsten Golf-plätze des Landes** erfreuen können, und wer sich besonders intensiv mit der kapholländischen Kultur auseinandersetzen möchte, kann sich noch das restaurierte, **historische Farmhaus Zeekoeigat** (1795) ansehen. Die Öffnungszeiten variieren aber und müssen beim Touristenamt nachgefragt werden.

Garcias Pass

In Riversdale zweigt die R323 ab nach Norden und steigt wenige Kilometer an hinauf zum großzügig angelegten Garcias Pass, ebenfalls ein Werk des legendären Straßenbauers Thomas Bain. Bereits auf halber Anhöhe ändert sich die Szenerie schlagartig, und eine – auf den ersten Blick an die Hochländer von Schottland erinnernde – grüne Landschaft öffnet sich vor einem. Kurze Zeit später gelangt man dann in die Little Karoo, und es wird um einiges wärmer, aber auch karger. Die Flachländer und Küstenbewohner bezeichnen die Strecke daher auch als „Fluchtweg bei schlechtem Wetter".

Folgen Sie der Strecke weiter nordwärts, öffnet sich Ihnen die Perspektive für verschiedene **Alternativstrecken**. Die können alleine durch die Little Karoo (Montagu oder Oudtshoorn) gehen, aber auch bis zur N1 in der Great (Central) Karoo führen. Sollte letztere Ihr Ziel sein, sollten Sie ernsthaft über den zusätzlichen Schlenker durch die **Seweweekspoort** (keine großen Camper! Siehe S. 502f) nachdenken (zusätzlich ca. 1 Stunde). Dann hieße es aber, in Riversdale oder Ladismith vollzutanken, denn die Strecke Riversdale - Seweweekspoort - Laingsburg misst 195 km, und weitere Tankstellen gibt es hier nicht. *Basis für die Erkundung der Lange-berge*

Heidelberg (ⓘ s. S. 284) beeindruckt eigentlich nur durch seinen Namen, denn der wurde wirklich der deutschen Stadt abgeguckt. Die Wirtschaft basiert auf Schafzucht und Weizenanbau. Bliebe höchstens noch zu erwähnen, dass es sich als Basis anbietet für Wanderungen in den nördlich gelegenen Langebergen.

Witsand (ⓘ s. S. 333f)

Zusammen mit Port Beaufort liegt dieser Ort an der Mündung des Breede River, der ja mit seinen Nebenflüssen weit aus dem Inland (Worcester, Ceres) herauskommt. Bedeutend war einst der Fischfang und die Tatsache, dass der Breede River ja von Malgas an schiffbar war und Waren hier um-

Auch vor Witsand tummeln sich Wale

geschlagen wurden. Beides trägt heute nicht mehr nennenswert zum Wirtschaftsleben bei, dafür aber in zunehmendem Maße der Tourismus. Kleine B&Bs, ein Caravanpark und eine Reihe von Privatunterkünften sorgen für die Gäste. Die wiederum genießen nicht nur die schönen Strände, sondern erfreuen sich auch daran, dass sich von Juni bis November in der vorgelagerten St. Sebastian Bay *Wale in großer Zahl tummeln. Die Wale genießen, so die Bewohner von Witsand, das wärmere Wasser an der Flussmündung und die Ruhe. Hier kalben sie übrigens gern.

Hier kalben die Wale

Swellendam (ⓘ s. S. 324f)

Swellendam (heute 6.000 Einwohner) ist neben Tulbagh die drittälteste Stadt Südafrikas, nach Kapstadt und Stellenbosch. Sie liegt malerisch am Fuße der Langeberg-Range und hat noch viele schöne kapholländische Häuser. Der Distrikt wurde 1745 ins Leben gerufen und Swellendam dann 1747 gegründet. Man benannte es nach dem *Gouverneur Hendrik Swellengrebel* und seiner Frau *Helena ten Damme*.

Im Jahre 1795 war Swellendam für einige Monate sogar eine der Hauptstädte der Welt. Die damaligen Siedler ärgerten sich so sehr über die Misswirtschaft der Holländisch-Ostindischen Handelsgesellschaft, dass sie den Landvogt *A.A. Faure* am 18. Juni absetzten, eine eigene Republik ausriefen und *Hermanus Steyn* zu ihrem Präsidenten erkoren. Doch der „Staat" bestand nur drei Monate, bis durch die britische Okkupation eine neue Regentschaft eintrat. Ein wirtschaftlicher Boom trat Mitte des 19. Jahrhunderts ein, als das „Empire" von *Barry & Nephews* für regen Handel zwischen Swellendam und Kapstadt sorgte. Die Kaufleute führten sogar ihre eigenen Banknoten ein und verschifften die Produkte (vor allem Wolle) aus der Overberg-Region über den Breede River nach Port Beaufort und von dort weiter auf regelmäßig verkehrenden Handelsschiffen nach Kapstadt. Obwohl 1865 große Teile der Stadt einem Feuer zum Opfer fielen, sind bis heute zahlreiche georgianische, viktorianische und vor allem kapholländische Gebäude erhalten geblieben. Wirtschaftlich steht auch heute noch die Wollverarbeitung und der Weizenanbau im Vordergrund.

Wirtschaftsboom

Die **Touristeninformation** im Zentrum *(36 Voortrek St.)* befindet sich übrigens im 1838 erbauten **Oefeningshuis**, das ehemals als Kirche und später Schule für freie Sklaven diente. Auffällig ist die riesige **Dutch Reformed Church** östlich des Zentrums. Sie wurde 1910 erbaut und beeindruckt durch die gotischen Fenster sowie Stilelemente aus der Renaissance und dem Barock. Hauptattraktion aber ist ohne Zweifel das Drostdy Museum, der Museumskomplex am östlichen Ortsausgang. Fragen Sie an der Museumskasse unbedingt nach dem kostenlosen deutschen „Mini-Führer".

Schule für freie Sklaven

• *Drostdy Museum
18 Swellengrebel Street, geöffnet: Mo–Fr 9–16h45, Sa + So 10–15h45
Das Museum besteht aus mehreren Gebäuden. Beginnen Sie im alten Drostdy und folgen Sie dann dem vorgeschlagenen Rundweg:

- ***Die Drostdy:** Das schneeweiße Gebäude wurde 1747 für den ersten Landvogt als Wohnhaus, Magistratsresidenz und Gerichtssitz gebaut. Es wurde im Laufe der Jahrhunderte mehrfach umgebaut und vergrößert. 1846 verkaufte die koloniale Regierung das Drostdy, die bis 1939 in Privatbesitz war. Dann kaufte es die Regierung zurück, restaurierte sie und richtete das Museum ein. Heute können Sie Möbel aus allen Epochen bewundern, die einzelnen Räume anschauen und die

Hauptattraktion von Swellendam: das Drostdy

Geschichte der Stadt anhand von historischen Fotos, Karten, Gemälden und anderen Gegenständen nachvollziehen. Besonders eindrucksvoll ist die Küche mit ihren Nebenräumen, in denen u.a. alte Küchengeräte zu sehen sind. Am kleinen Hang oberhalb des Drostdy steht die **Lecture Hall**, ehemals der Pferde- und Kutschenstall, in der heute Vorträge gehalten werden.

Historische Karten, Fotos und Gemälde

- **Herb Garden (Küchengarten):** Hier wurden über die Jahrhunderte Gemüse, Gewürze und andere Küchenpflanzen angebaut.

- **Mayville:** Das Wohnhaus, 1853–55 erbaut, ist ein typisches Beispiel für den architektonischen Übergang vom kapholländischen Stil zum georgianisch-viktorianischen. Es hat ein Stroh-Walmdach, aber keine Giebel. Die doppelten Glastüren und großen Schiebefenster sind viktorianisch, ebenso wie der größte Teil der Einrichtung. Bei einem geführten Rundgang wird Ihnen erläutert, wie sich das Haushaltswesen im 19. Jahrhundert verändert hat. Nita Steyn, die letzte Bewohnerin, schenkte Mayville 1974 dem Museum, machte aber zur Auflage, dass ein **Rosengarten** mit alten Rosen nahe dem Haus gepflanzt wird.

- **The Old Goal (das alte Gefängnis):** Kurz nach dem Bau des Drostdy errichtet und 1828 durch den kleinen Anbau (Wohnung für den Gefängniswärter) erweitert, befindet sich heute in den Räumen eine Ausstellung über die Khoi, die vor den Siedlern um Swellendam lebten, sowie ein Souvenirshop. Die Zellen können im Hinterhof besichtigt werden. Für die Rechtsprechung waren der Landvogt und die ihm untergeordneten „Heemraden" zuständig. Größere Fälle wurden aber nach Kapstadt verwiesen.

- ***Ambagswerf (Gewerbegarten):** Hinter dem alten Gefängnis wurden z.T. alte Gebäude restauriert, z.T. neue im alten Stil erbaut. In ihnen und auf der freien Fläche werden nun alte Handwerkskünste vorgeführt und erläutert. Es gibt u.a. eine Schmiede, die Werkstatt eines Wagenmachers, eine Dreschtenne, eine alte Wassermühle, einen Backofen, eine Gerberei, eine Kupferschmiede und eine Küferwerkstatt.

Alte Handwerkskünste

- **Zanddrift:** Das Gebäude wurde dem Museum 1975 von einem Farmer in Bonnievale geschenkt. Man brach es dort ab und baute es hier wieder auf.

Interessant ist die Geschichte des Hauses. Es wurde 1769 erbaut und bis 1880 dann immer wieder erweitert. Heute befindet sich in ihm ein Restaurant.

Sehenswürdigkeiten in der Umgebung von Swellendam

• **Suurbraak**: 25 km entfernt. Der historische Ort am Fuße des Tradouw Passes wurde 1812 von Missionaren der *London Missionary Society* gegründet, wird heute z.T. vom Museumskomplex in Swellendam verwaltet und bietet einen schönen Zwischenstopp auf einer Fahrt in die Kleine Karoo.

• **Tradouws Pass:** Auch dieser Pass, der die Region Overberg mit der Kleinen Karoo verbindet, bietet bezaubernde Ausblicke und interessante Gesteinsformationen.

• **Marloth Nature Reserve**: Das Naturreservat in den Langebergen nördlich von Swellendam ist selbst über 14.000 ha groß, und weitere 16.000 ha kaum genutzten Privatgeländes werden von hier verwaltet. Ausschlaggebend für seine Einrichtung war der Erhalt der im November blühenden Berg-Fynbos-Vegetation *Intakte* (Proteen, 25 Erika-Arten) sowie der noch intakten Wälder (Yellowwood, Wilde *Wälder* Oliven, Cherrywood, Birnen u.a.). Es gibt auch zahlreiche Tiere zu sehen, so z.B. Duiker, Böcke, Baboons, Dassies, Stachelschweine und seltener auch Bergleoparden. Kurze Wanderungen (1–4 Stunden) sind möglich und auch mehrtägige entlang des Swellendam Hiking Trail. Übernachtet wird hier in einfachen Hütten, zu denen Sie auch Kochutensilien (Kocher, Geschirr, Besteck) mitnehmen müssen. Für diesen Trail müssen Sie sich anmelden beim Parkranger. Das Informationsgebäude befindet sich am Parkeingang. Hier erhalten Sie auch Info-Broschüren und Karten.

Bontebok National Park (ⓘ s. S. 268f)
Die Zufahrt zum Nationalpark befindet sich östlich von Swellendam an der N2. Geöffnet: 1. Oktober–30. April: 8h–19h, 1. Mai–30. September: 9h–18h

Der Nationalpark schützt vor allem den Bontebok (Buntbock). Buntböcke sind in der südlichsten Kapprovinz zu Hause, und zwar im Strand-Veld-Gebiet westlich und östlich des Kap Agulhas, südlich der Caledon-Berge und in der kleinen Karoo. Bis auf 17 Exemplare war diese Tierart ausgerottet, und 1931 entschloss man sich, einen Park für sie einzurichten. Der erste Ansatz auf einem Gelände *Fehlschlag* nahe Bredasdorp schlug aber mangels nährstoffreichen Grases fehl, und somit wurde 1960 der heutige Park gegründet.

Die Zahl der Bunt[b]öcke ist dank der Schutzmaßnahmen wieder auf über 200 angestiegen, so dass man einen Teil an andere Naturreservate geben konnte. Buntböcke lieben offenes Grasland, ohne oder nur mit wenigen Bäumen und

Büschen bestanden. Sie äsen morgens und nachmittags, und bei heißem Wetter liegen sie im Schatten. Ihre Feinde in freier Wildbahn waren Löwen, Leoparden, Geparde und Hyänen. Da diese Tiere mittlerweile in freier Wildbahn ausgerottet sind, stellt nur noch der Schabrackenschakal einen Feind für junggeborene Kälber dar. Die Buntebҩcke wiegen etwa 90 kg, sind 1 m hoch und haben Hörner, die bis zu 43 cm lang werden können.

Die Landschaft des 18 qkm großen Gebiets wurde in dem Zustand belassen, wie ihn die ersten Siedler angetroffen haben dürften. Außer Buntböcken kann man auch Kap-Grys-Böcke, Graue Rehe, Mountain-Zebras, Hartebeeste und Spring-böcke sehen. Besonders im Frühling erfreut den Besucher ein farbenprächtiger Blumenteppich.

Es gibt eine Straße durch das Gelände, von der aus Sie die Tiere beobachten können, sowie zwei kurze Wanderwege (1,5 und 2 km lang), die am Restcamp beginnen. Und wem nach Baden ist, der kann an der Badestelle am Campingplatz in den Breede River springen.

Routenalternative

Fahren Sie nicht zur Küste, sondern direkt auf der N2 nach Kapstadt,
*   *sollten Sie evtl. über einen Abstecher entlang der R406 nach* **Greyton**
und ***Genadendal** *nachdenken. Ersteres ist ein kleiner, idyllischer Wochenendort für die Kapstädter, während der zweite eine alte und immer noch genutzte Missionssta-tion eines deutschen Ordens aufweist, die bereits 1737 gegründet wurde. Das* **Bekehrung**
Genadendal Mission Museum *(Mo–Do 9–13h u. 14–17h, Fr 9–15h30, Sa 9–12h)* **der Khoi-**
erstreckt sich über drei historische Gebäude und erläutert die Geschichte der **Khoi**
Missionsstation, die sich vornehmlich um die „Bekehrung" der Khoi-Khoi dreht. Alte Musikinstrumente, allen voran die älteste Orgel Südafrikas, sind ebenfalls zu sehen. Beide Orte gelten auch als schöne Basisstationen für Wanderungen in die Rivier-sonderendberge.
• **Caledon** *an der N2 ist ein vornehmlich landwirtschaftlich orientierter Ort. Der Flecken verdankt seine Entstehung den heißen Quellen, die hier mit einer Tempera-tur von 50 °C aus dem Boden sprudeln. Pro Tag werden von ihnen 900.000 Liter eisen- und mineralienhaltiges Wasser gefördert, dem man Heilwirkungen nachsagt. 1709 baute hier der erste Siedler, Ferdinand Appel, ein kleines Haus für kranke Gäste. Das war der Beginn des kleinen Städtchens, das man nach dem Gouverneur Earl of Caledon benannte. Sehenswert ist der* **Botanische Garten**, *der 1927 ge-gründet wurde und sich auf einer Fläche von 10 ha erstreckt. Alljährlich findet hier im September eine Blumenschau statt. Die Umgebung von Caledon wird vor allem zum Weizenanbau und zur Schafzucht genutzt.*
• *Weiter westlich auf der N2 passieren Sie dann das größte Obstanbaugebiet am* **Obstan-**
Kap bei **Elgin**, *wo Sie noch schnell Ihre Vitaminvorräte an einem Farmstall auffri-* **baugebiet**
schen sollten, um dann über den atemberaubenden **Sir Lowry's Pass** *in die Cape Flats hinunterzufahren. Die Aussicht von der Passhöhe auf die Flats, die False Bay und das Tafelbergmassiv im Hintergrund ist einmalig und einen kurzen Stopp wert.*

Weiter auf der empfohlenen Strecke

„Foot of Africa"

Swellendam zählt bereits zur Region **Overberg** („Über den Bergen"), die sich vornehmlich westlich und südlich der Stadt ausbreitet und auch den Beinamen „Foot of Africa" trägt. Denn schaut man einmal auf die Karte, kann man einen Fuß wahrnehmen, dessen Zehen die Kaps im Südwesten darstellen. Und da es sich hierbei nun um den südlichsten Zipfel des Kontinents handelt, ist der eigenwillige Begriff wohl akzeptabel. Overberg ist vor allem geprägt durch weite Getreidefelder und Weiden. Im Norden werden auch Obst und Wein angebaut.

Auf den endlosen Feldern werden Sie vereinzelt den vom Aussterben bedrohten *Blauen Kranich* (Blue Crane) zu sehen bekommen, von dem es noch knapp 10.000–12.000 gibt und von denen hier alleine 7.000 leben. Ansonsten besticht Overberg vornehmlich durch seine Küstenorte und natürlich das Nadelkap, das **Cape Agulhas**, die südlichste Spitze Afrikas.

Malgas (auch: Malagas) (ⓘ s. S. 295)

Die Fähre von Malgas

Bis zu diesem kleinen Ort ist der Breede River auf gut 50 km schiffbar, bis er dann bei Witsand in den Ozean fließt. Früher wurden in dem kleinen Hafen Wolle und Getreide verladen, um dann in Port Beaufort auf größere Lastenschiffe umgeladen zu werden. Die Zeiten sind natürlich vorbei, aber eine alte Tradition hat sich erhalten: Die **handgezogene**

Binnen-hafen

Fähre, die einzige ihrer Art im Lande. 2 Männer ziehen den „Ponton" über den Fluss.

*De Hoop Nature Reserve (ⓘ s. S. 275f)

Zufahrt

Die Abfahrt zum Nature Reserve geht von der Piste zwischen Malgas und Bredasdorp, nahe Wydgelee, ab. Von Swellendam kommend, zweigen Sie 13 km westlich auf der N2 nach links ab auf eine Schotterstraße in Richtung Wydgelee. Später ist das Reserve dann ausgeschildert. Geöffnet: Tägl. 7–18h, das gilt aber nur für die Tore. Die Rezeption für die Unterkünfte hat eigene Zeiten (beim Reservieren anfragen).

Hinweis

Es gibt keine Nahrungsmittel im Park, und der „Shop" im Visitor Center ist nur minimalst ausgestattet. Also unbedingt Nahrungsmittel und vor allem Getränke mitbringen.

„Jewel of the Western Cape" steht auf vielen Broschüren, und damit haben diese nicht so ganz unrecht. Nur die etwas umständliche Anfahrt über die Piste und die (zeitliche) Entfernung zu Kapstadt haben wohl bis heute dazu geführt, dass nur wenige Reisende hierher finden. Damit wäre schon der erste Pluspunkt des Naturreservates genannt. Die z.T. historischen Cottages als romantische Unterkünfte (kein Restaurant im Park!) und das relativ neue Bushcamp direkt vor den Toren sind weitere.

Kaum besuchtes Juwel

Die Natur steht im Vordergrund. Bereits der erste Eindruck lässt die Herzen höher schlagen: Kurz hinter dem Main Gate erreicht die Straße die fast 200 m hohe Kante der 5 Millionen Jahre alten Inland-Sandsteinklippe, und von oben haben Sie einen **Blick über die davor liegende Küstenebene,** das „Vlei", mit dem Flusslauf des Salt River, 5 km entfernt am Horizont ein weißes, nur z.T. bewachsene Dünenmeer und dahinter dann das tiefblaue Meer. Dieser Ausblick fasziniert um so mehr, als man ihn so nicht erwartet hätte.

Unten im Tal angekommen, heißt es dann: Achtung, Schildkröten auf der Straße! Und nicht zu vergessen die anderen Reptilien, von denen es an die 50 Arten im Park geben soll, davon die Hälfte Schlan-

Bewachsene Düne im De Hoop Nat. Reserve

gen. 259 Vogelarten, 82 % aller im Western Cape vorkommenden, kann man hier zu sehen bekommen – oft während der Brutzeit – und etwa 86 Säugetiere, darunter 9 Antilopenarten, Cape Mountain-Zebras, Baboons, Strauße und von Juni bis November die ***Wale und Delphine**. 8 Walarten (zumeist der Southern Right Whale) und 5 Delphinarten sind es, um genau zu sein. Doch viel beeindruckkender ist deren Zahl. Nirgendwo sonst haben wir auf zahlreichen Reisen entlang der Küste Südafrikas so viele Wale zu sehen bekommen. An dem Novembertag, an dem wir hier am Strand waren, hieß es von der Parkverwaltung, dass aus dem Flugzeug um die 200 Wale auf dem Abschnitt zwischen Cape Infanta und Arniston gezählt wurden. Wo man nur hinsah, waren Wale. Die Ranger begründeten das mit erhöhten Meerestemperaturen, nährstoffreichem Wasser und der Ruhe vor dem Reserve, da kein großer Hafen in der Nähe ist und die Schiffsroute weiter von der Küste entfernt liegt.

200 Wale auf einmal

Wie dem auch sei, eine Fahrt bis zum Parkplatz am Straßenende gehört zum Pflichtprogramm. Von dort laufen Sie den Dünenkamm hinunter zum Meer und können sich dann eine von mehreren Buchten aussuchen (der dritte Strand östlich des Parkplatzes ist der schönste), um auf einem ausgewaschenen Stein sitzend auf das Wasser und die Tidenpoole zu schauen oder aber auch in die Fluten zu springen. Es sei nur davor gewarnt, dass die Sonne sehr stark scheint, nicht nur im heißen „Vlei"-Kessel, sondern eben auch am Wasser. Sonnenschutz also nicht vergessen!

Es wird heiß!

Die **Pflanzenwelt** mag das ungeschulte Auge nicht so sehr zu begeistern. Salzresistente Pflanzen in heißen und trockenen Regionen (Niederschlag: 380 mm/Jahr) sehen halt nicht so bunt aus und wirken eher buschig-rau. Obwohl der Schein trügt, nur die Blüten sind um einiges kleiner. Der Dünen-Fynbos (Proteen, Erika-Arten) mag dann noch am interessantesten erscheinen, denn er ist für die Fortbewegung der Dünen verantwortlich, besser gesagt, für deren Verhinderung.

An der Küste vom De Hoop Nat. Reserve lässt es sich gut spazieren gehen

Auch die **menschliche Geschichte** des Areals ist interessant: Bereits früh – wohl schon im späten Steinzeitalter – siedelten sich hier Jäger an, die später auch mit dem Sammeln anfingen. Die ersten Khoi wohnten in Höhlen, die sich heute zumeist unter Wasser befinden, doch vor 10.000 Jahren war der

Höhlen unter Wasser Wasserstand niedriger. Die z.T. sogar natürlichen Tidenpools am Wasser weisen auch auf frühen Fischfang hin. Buschmann-Relikte finden sich auch an der Inlandklippe.

Erkundungen:

• **Mit dem Auto** lässt sich das Naturreservat natürlich am einfachsten erkunden. Fahren Sie zuerst zum Informationsbüro am De Hoop Vlei und nehmen Sie sich dort Zeit, die naturkundlichen und auch antropologischen Erläuterungen zu studieren und sich beim Ranger näher zu informieren. Ohne diese würden Sie viele Dinge im Park nicht wahrnehmen. „Pflichtziel" ist der **Parkplatz am Koppie Alleen**: Wale beobachten, Strände, Tidenpoole etc. (s.o.). Nach Südwesten führt die Straße auf wenigen Kilometern bis nach **De Mond**. Doch die Flussmündung des Salt River ist schon lange versandet, da die Dünen langsam westwärts wandern und den Ausfluss abgeschnitten haben. Über einen unterirdischen Abfluss entwässert der Fluss trotzdem. Zu sehen gibt es hier z.Zt. aber nichts, denn ein Teil der „Mündung" ist sowieso gesperrt (Militärgebiet).

• Wer sich entsprechend ausgerüstet hat (Getränke, Nahrung, Sonnenschutz etc.), der kann natürlich auch einige der kurzen Wanderwege oder aber auch der **Mountain Bike-Strecken** abfahren. Ein Fahrradverleih ist geplant, erkundigen Sie sich evtl. schon vorher telefonisch. Für alle Unternehmungen gilt aber: Früh starten, denn ab 10h fängt die Sonne an zu brennen.

• Der Parkabschnitt am 612 m hohen **Potberg** ist weniger besucht, denn er liegt abgeschnitten im Nordosten und kann nur durch Verlassen des Westabschnitts und eine Anfahrt über die Piste Wydgelee-Malgas erreicht werden. Der Inselberg aus Sandsteinen und Quarziten verspricht eine schöne Aussicht, auch auf das Inlandgebiet. Hier befindet sich die Forschungsstation des Parks, und diese beschäftigt sich vor allem mit dem vorm Aussterben bedrohten *Cape (Griffon) Vulture* (Kap-Geier, auch Gänse-Geier). Dank der Parkinitiative leben wieder

Kap-Geier 80 Kap-Geier in der Gegend (1971: ca. 45) und brüten nahezu 25 Paare. Und da

diese Geier nur ein Ei pro Jahr legen können, kann deren Fortpflanzung als nicht sehr „effizient" bezeichnet werden. Um die Kleinen auch noch abzuhärten, fressen erst die erwachsenen Tiere, und nur was übrig bleibt, bekommen die Jungen.
• Seit 2001 gibt es in diesem schönen Naturpark die Möglichkeit, den sog. **„Whale Trail"** zu erlaufen. Dauer: 5 Tage. Reservierung erforderlich! Übernachtet wird in einfachen Steinhütten. Die Tagesetappen sind zwischen 8 und 13 km lang und erfordern mittlere Kondition. Gestartet wird auf dem Potberg. 3 ½ Tage des Trails führen dann entlang der Küste. Endpunkt ist Koppie Alleen. Sie werden dort abgeholt und wieder zum Startpunkt gebracht. Wer seine Verpflegung nicht selbst tragen möchte, der kann auf einen Bringservice zu den einzelnen Hütten zurückgreifen. Eine durchaus empfehlenswerte Angelegenheit bei einer fünftägigen Wanderung! Die Lebensmittel müssen aber vorher von Ihnen eingekauft werden. Am beliebtesten für den Trail ist natürlich die Zeit zwischen Ende Juli und Anfang November. Dann können Sie die Wale beobachten und ist es noch nicht ganz so heiß. Da die zugelassene Zahl an Wanderern pro Tag begrenzt ist, müssen Sie für diese Hauptzeit bis zu einem Jahr im Voraus reservieren!

Bredasdorp (ⓘ s. S. 269)

Der Ort bildet mit seinen gut 20.000 im weiteren Umfeld lebenden Einwohnern das wirtschaftliche Zentrum der Südspitze Afrikas, auch *Suidpunt* genannt. 1838 gegründet von einem der ersten Merino-Schafzüchter Südafrikas, Michiel van Breda, hat es bereits nach wenigen Wochen für „Schlagzeilen" gesorgt. Denn ausgerechnet um den Standort der zu bauenden Dorfkirche stritten van Breda und eine andere Persönlichkeit des Ortes, Pieter Volteney van der Byl. Resultat war, dass noch im selben Jahr ein zweiter Ort (mit zweiter Kirche) wenige Kilometer entfernt gegründet wurde: Napier.

Standortstreit

Viel zu erleben gibt es in Bredasdorp heute nicht: Getreidesilos, Agrarhandel und die Verwaltung des Districts Overberg bestimmen das Geschehen. Auf touristischer Seite tut sich der Ort sehr schwer. Die Unterkünfte bieten nichts Besonderes, und einladende Geschäfte sucht man vergebens.

Einzig das kleine **Bredasdorp Shipwreck Museum** *(im Pastorat, Independent St., geöffnet: Mo–Do 9–16h30, Fr 9–15h30, Sa 9–12h45 u. So 11–12h30)* mag einen kurzen Besuch wert sein. Hier sind vor allem Strandgut und Überreste vor der Küste aufgelaufener Schiffe und andere Dinge zum Thema Schiffswrack zu bewundern. Angeschlossen ist das **Bottle Museum** (im alten Gefängnis in der Hoop St.) mit der größten Flaschensammlung Südafrikas.

Strandgut

*Waenhuiskrans/Arniston (ⓘ s. S. 264)

Arniston, heute eher Waenhuiskrans genannt, ist ein beliebtes Ziel wegen des hübschen, über 200 Jahre alten Fischerdorfes (*Kassiesbaai*) mit seinen z.T. restaurierten Fischerhütten sowie einem schönen, sicheren und sandigen Strand. Der Name „Arniston" stammt von einem britischen Truppenschiff, das 1815 in der

Restaurierte Fischerhütten

Nähe gestrandet ist, wobei 372 Menschen ums Leben kamen. Der Ort ist zum Baden eine bessere, ruhigere Alternative als Hermanus.

Auch bei Waenhuiskrans gibt es historische **Fishing Pools** (Ponds) der Khoi-Khoi. Ihr Alter schätzt man auf bis zu 5.000 Jahre, eine u.E. sehr gewagte Zahl. Und noch heute werden diese genutzt von den einheimischen Fischern. Um zu den Pools zu gelangen, nehmen Sie die Straße (dann Piste) im Westen nach Waenhuiskrans und laufen anschließend das letzte Stück, da die Piste ab dann nicht mehr für normale Fahrzeuge zu passieren ist. Die Pools befinden sich an

Riesige Höhle der **Waenhuiskrans Cave**, einer riesigen Höhle, die so groß ist, dass es heißt, ein Ochsenkarren könne hier problemlos wenden. Die Pools sind aber nur bei Ebbe zu sehen.

De Mond Nature Reserve

Wer sich für die Vogelwelt der Küste interessiert, sollte noch vor Struis Bay nach Osten auf die Piste abzweigen zu diesem kleinen Naturreservat. Es liegt an der Mündungslagune des Heuningnes River und bekannt wegen seltener Seeschwalben-Arten, die hierher kommen. Es gibt aber keine Unterkünfte im Park.

Struisbaai/Struis Bay (ⓘ s. S. 270)

Der kleine Ort, 1859 gegründet, lebt auch heute noch großenteils vom Fischfang, was an der kleinen Fischereiflotte im Hafen gut zu erkennen ist. Trotzdem aber verdrängt der „Kap-Tourismus" diesen Sektor natürlich zunehmend, und die kleinen Ferienhäuser bestimmen immer mehr das äußerliche Erscheinungsbild. Achten Sie am nördlichen Ortseingang auf die historischen, reetgedeckten **Fischer-**

häuser (Hotagterklip Cottages), von denen Sie einige über das Touristenamt mieten können. Beeindruckend ist auch der 14 km lange, weiße Sandstrand, der sich um die Bucht säumt, in der sich zeitweise auch Wale aufhalten. Alles in allem ist Struisbaai zwar keine Sehenswürdigkeit, doch mit seinem Strand und der touristischen Infrastruktur eher als Übernachtungsort am Kap zu empfehlen, als das 6 km entfernte Agulhas.

*Cape Agulhas (ⓘ s. S. 270)

Die südlichste Region Afrikas wird übrigens im Volksmund auch gerne als „Foot of Africa" bezeichnet. Geographisch betrachtet, ist dieses Kap aber nicht nur das südlichste, sondern es gilt auch als offizielle Trennungslinie zwischen Indischem und Atlantischem Ozean. Andere Wissenschaftler nennen aber auch andere Linien. Die große Landebene des Overberg-Districts fällt an dieser

Im Leuchtturm am südlichsten Punkt Afrikas gibt es ein nettes Museum

Stelle allmählich ins Meer ab und wird als „Agulhas Bank"

bezeichnet. Das Meer ist hier 250 km seewärts ziemlich flach (bis max. 110 m), und erst danach fällt es steil in die Tiefe ab. Das Gewässer dieser Region gilt als einer der besten kommerziell nutzbaren Fischfanggründe der Welt.

Zu sehen gibt es nicht viel. Direkt hinter dem Leuchtturm befindet sich der „**Southernmost Point**" und der Punkt, „**where the Oceans meet**", doch mehr als eine Gedenkplatte gibt es dann auch wieder nicht zu bewundern. Von der kleinen Anhöhe neben dem Leuchtturm können Sie weiter aufs Meer schauen und bei klarer Sicht evtl. die Überreste des Wracks des 4 km westlich aufgelaufenen Schiffes „*Meisho Maru 38*" erkennen.

> **Der Name „Cape Agulhas"**
> Dazu finden sich in der Literatur zwei Erklärungen:
> 1. Portugiesische Seefahrer hätten dieses Kap als „*Kap der Nadeln*" (das ist die Bedeutung von Agulhas) bezeichnet, denn hier hätte ihr Kompass ohne jede Abweichung genau nach Norden gezeigt.
> 2. Mit den Nadeln waren die **scharfen Riffe** gemeint

Den Besuch des 1848 eingeweihten **Leuchtturmes** (geöffnet: Mo 13–17h, Di–Sa 9h30–16h45 u. So 11–15h) sollten Sie sich dann aber nicht entgehen lassen. Er war der zweite Leuchtturm Südafrikas (andere Quellen sagen der vierte) und beherbergt heute ein Leuchtturmmuseum. Erläutert werden die Funktion eines Leuchtturms, die Struktur der starken, als „Vergrößerungsglas" genutzten Glasscheiben und die Bedeutung anderer Leuchttürme. Überall hängen Postkarten aus von Leuchttürmen aus aller Welt, und viele Gäste schicken immer neue aus ihren Herkunftsländern. Zum Abschluss haben Sie dann noch Gelegenheit, über die Leitern auf den Turm hinaufzuklettern.

Fahren Sie nun einige Kilometer auf der R319 zurück in Richtung Bredasdorp und zweigen Sie dann ab in Richtung Elim und Gansbaai (bis zur Küste Schotterpiste). Achten Sie bis Pearly Beach auf die Wegweiser an der Straße.

Elim

Elim, auf der Karte kaum wahrnehmbar, ist eine kleine Ortschaft, die 1824 von deutschen Ordensbrüdern des Mährischen Missionsordens (aus Mähren nach Sachsen ausgewanderte Missionare) unter der Leitung von Hans Peter Walbeck gegründet wurde. Walbeck begann seine Missionsarbeit mit drei Familien aus Genadendal und legte zuerst das Motto fest: „Penibel, sauber, produktiv sein". Die Ordensgemeinschaft hat den folgenden Bewohnern verschiedene Handwerksarten beigebracht und eine für den kleinen Ort überdimensional große Kirche beschert. Die kleinen, reetgedeckten Häuser säumen die parallelen Dorfstraßen in einer jeweils langen, nahezu ununterbrochenen Reihe. Das Antlitz des Ortes gilt als so pittoresk, dass das ganze Dorf heute unter Denkmalschutz steht. Schauen Sie sich auch die **Water Mill** an, die 1833 gebaut wurde, das größte Holzwasser-Rad des Landes besitzt und noch immer genutzt wird. Übrigens gehören alle Bewohner von Elim auch heute noch dem deutschen Orden an, und ihre Häuser sind Besitz der Kirche.

Deutsche Ordensbrüder

Besitz der Kirche

Bei **Pearly Beach**, einem kleinen Resort, gelangt die Piste an die Küste. Vorgelagert ist **Dyer Island**, benannt nach einem schwarzen Amerikaner, der auf ihr zu Beginn des 19. Jahrhunderts ein Einsiedlerleben führte und Guano abbaute. Heute bevölkern vor allem Pinguine das Eiland. Zu einem fragwürdigen Tourismus-Engagement hat die Wasserstraße, im Volksmund bekannt als „Shark Alley", zwischen Insel und Festland geführt. Hierher fahren die Boote aus Gans Bay, um Touristen in Käfigen ins Meer herabzulassen, wo es viele weiße Haie gibt. Das wäre ja noch nicht so schlimm. Damit sich die Raubfische auch sicher zeigen, werden sie von den Bootseignern gefüttert und oft auch provoziert. Das hat mittlerweile zu Fehlverhalten der Tiere geführt.

„Shark Alley"

Danger Point, die Landspitze ein Stück weiter westlich, hat sich am 26. Februar 1852 einen Platz in der Geschichte gesichert. Damals lief hier das britische Schiff „Birkenhead" auf Grund und begann zu sinken. Der Käpitan gab darauf den bis dato üblichen Befehl: „Rette sich, wer kann" („Every man for himself"). Doch die Soldaten an Bord taten dieses nicht, sondern reihten sich nach Rang an Deck auf und ließen die Frauen und Kinder zuerst von Bord. Sie wussten, dass es zu wenige Boote gab, und verhinderten somit eine Panik an Deck und das Kentern vieler Rettungsboote. 442 Menschen ertranken trotzdem noch, ohne aber das Wissen, dass sie durch ihr Verhalten die neue Regel „Frauen und Kinder zuerst" ins Leben gerufen haben.

Gansbaai/Gans Bay (ⓘ s. S. 278)

Zwischen all den Resort- und Touristenorten entlang dieser Küste hat sich Gans Bay noch ganz den Charakter eines (arbeitenden) Fischereiortes erhalten. Ein Duft von Fish & Chips hängt in der Luft, und die große Fischfabrik sowie die Trawler im Hafen tun ein übriges, um dieses Image zu bewahren. Bestimmt können Sie Ihren kleinen Appetit kaum besser und preiswerter stillen als mit einem Fischbrötchen bzw. einer fetten Portion Fish & Chips aus Gans Bay. Für einen längeren Aufenthalt ist aber eine verschnupfte Nase erforderlich ...

Hermanus (ⓘ s. S. 284f)

Der vor allem bei Kapstädtern beliebte Badeort nahe der schönen Sandstrände der Walker Bay ist ein rechter Ferienort mit vielen Hotels, Pensionen, Ferienwohnungen, Restaurants und Souvenirshops. In den Hochsommermonaten, vor allem in der Weihnachtszeit, herrscht hier Hochbetrieb. Die Fischerei hat heute nahezu keine wirtschaftliche Bedeutung mehr. Für den Übersee-Besucher lohnt ein Aufenthalt hier vor allem von August bis Oktober zur ***Walbeobachtung**. Die Wale kommen dann gerne bis in die Bucht hinein und können von den verschiedensten Aussichtspunkten auf den Klippen in der Stadt bewundert werden. Manchmal trauen sie sich bis auf 50 m an das Ufer heran.

Arg touristisiert

Eigens „für die Wale" wird im September/Oktober ein **Whale Festival** arrangiert. Und wer nicht sicher ist, ob nun Wale in der Bucht sind, der sollte auf den

Whale Crier achten. Gekleidet in eine auffällige Tracht, die eine Mischung aus Tirolerhut, Fischerhemd und Uniformhose zu sein scheint, sowie bestückt mit einem verbogenen Horn, meldet er die Wale und trägt vor seiner Brust ein *Welt-bekannt*

Schild, auf dem die Standorte der Meeressäuger erläutert sind. Glauben Sie aber nicht, dass das Waleausrufen alte Tradition ist. Ein findiger Geschäftsmann hat das touristische Potential des bis dahin verschlafenen Hermanus erst 1991 erkannt und durch den viel fotografierten Whale Crier in aller Welt publik gemacht.

Der „Whale Crier" von Hermanus informiert, wo die Wale sich befinden

Weitere Sehenswürdigkeiten in Hermanus
• Der **Klippen-Wanderweg (,,Cliff Walk")** führt auf 11 km entlang der Klippen, die die Wal-

Der schönste Platz in Hermanus: an den Klippen auf Walschau

ker Bay umgeben. Er beginnt im Westen am New Harbour und führt bis zum Grotto Beach im Osten. Klippen, ausgewaschene Höhlen und natürlich verschiedene Aussichtspunkte belohnen für das Auf und Ab.
• Und da sich in Hermanus auch einst das Walfangzentrum dieses Küstenabschnittes befand, hat man im alten Tidenhafen heute das **Old Harbour Museum** *(unterhalb des Market Square, geöffnet: Mo–Sa 9–13h, 14–17h, So 12–16h)* eingerichtet. In ihm sind zahlreiche Relikte aus der Zeit der Walfänger und auch anderer Fischer zu sehen. Eine einmalige Audioanlage im Museum ist übrigens mit einer Boje in der Bucht verbunden, so dass Sie die Geräusche der Wale mitverfolgen können. Der kleine Hafen selbst mit den während der Ebbe auf dem Trockenen liegenden Fischerbooten bietet zudem ein schönes Fotomotiv. Angeschlossen an das Museum ist das nahe **Old Schoolhouse** am Market Square, wo historische Fotos zeigen, wie der Ort einmal ausgesehen hat.
• Wie in alten Zeiten die Walfänger, können Sie heute in ähnlichen Ruderbooten mitfahren in die Bucht. Infos zu den sog. **Old Habor Cruises** erhalten Sie im Museum bzw. in der Touristeninformation.

Hinweis
Lesen Sie zu Walen auch im Kasten auf S. 552 und im Geographie-Kapitel auf S. 90ff.

Kleinmond (ⓘ s. S. 289)

Für Natur- freunde Weniger der Ort als seine Umgegend machen Kleinmond interessant, besonders für Freunde der Natur. Denn es heißt, in einem Radius von weniger als 10 km kann man nahezu alle Habitate der Kapregion bewundern: Buchten, Felsklippen, Strände, Lagunen, Dünen, Wasserfälle, Brackwasser-Seen, Berge und Höhlen. Wer sich näher mit der Vegetation beschäftigen möchte, dem sei der **Harold Porter Botanical Garden** etwas westlich bei Betty's Bay (direkt an der R44) ans Herz gelegt, wo die Fynbos-Vegetation gut erläutert wird und Wasserfälle sowie an die 80 Vogelarten dem Ganzen noch die Krone aufsetzen. Hier gibt es auch eine Teestube mit Snacks.

Am **Stoney Point**, ebenfalls bei Betty's Bay (Mooi Hawens) gibt es zudem noch Pinguine zu sehen, die einzigen nahe Kapstadt, neben denen bei Simon's Town.

Westlich von Betty's Bay erstreckt sich landeinwärts das **Kogelberg Nature Reserve**, in und durch das verschiedene Wanderwege führen. Dass dieses Gebiet nicht besiedelt wurde, verdankt es der Tatsache, dass es hier kaum Grundwasser gibt. Wanderrouten erhalten Sie im Touristenbüro von Kleinmond.

Cape Hangklip, die Felsnase abseits der Straße, hat früher von Osten kommende Seefahrer oftmals irritiert und sie glauben lassen, es handele sich bereits um das Kap der Guten Hoffnung. Auf diese Weise fehlgeleitet, liefen sie in die nun folgende Bucht ein, in der Annahme, so in den Kapstädter Hafen zu gelangen. Das Kap selbst lag dann im Nebel, und die Cape Flats wirkten auf sie wie die flache Küste nördlich von Bloubergstrand. Immer wieder in die falsche Bucht einlaufend, nannten sie sie schließlich „*False Bay*".

Fotostopps Ein kurzes Stück weiter nimmt die Straße noch einen kleinen Pass, und plötzlich breitet sich vor Ihnen ein einzigartiges ***Panorama** über die False Bay und die Kaphalbinsel aus. Alle 500 m locken Parkbuchten entlang der Straße zu einem Fotostopp ein. Vielleicht sollten Sie aber schon am ersten Ort (Rooielsbaai) an dem Pub-Restaurant einen Stopp einlegen und von dort die Aussicht auf sich wirken lassen. Bedenken Sie aber, so nahe es scheinen mag, dass Sie von hier aus noch 1 ½ Stunden Fahrzeit bis in Kapstadts Innenstadt benötigen.

Zu **Somerset West** lesen Sie bitte auf S. 604f.

15. VON PORT ELIZABETH ÜBER CRADOCK, GRAAFF-REINET UND BEAUFORT WEST (GREAT KAROO) ZURÜCK NACH KAPSTADT

Allgemeiner Überblick

Die beschriebene Strecke

Zugegeben führt die Strecke in diesem Kapitel nicht dort entlang, wo die meisten Prospekte darüber berichten. Historische Städte wie **Graaff-Reinet** und **Beaufort West**, die bezaubernden, wenn auch nicht einzigartigen Landschaften des (ehem.) Zuurberg National Parks, die Elefanten des **Addo Elephants National Parks**, die Weiten der **Halbwüste Great (Central) Karoo**, die pittoreske Beschaulichkeit von Orten wie **Prince Albert** und **Matjiesfontein**, sie alle stehen zumeist im Schatten der Garden Route, von Touristenzentren wie Oudtshoorn bzw. der Anziehungskraft von Kapstadt. Doch unterschätzen Sie nicht die verborgenen Reize der Punkte in diesem Kapitel, besonders nicht nach dem Besuch der „Pflicht-Highlights".

Pittoresk

Die Strecke: Bereits kurz hinter Port Elizabeth wird die Landschaft trockener (Savanne), und eine semi-extensive Weidewirtschaft und bewässerter Landbau bestimmen in Richtung Karoo immer mehr das Bild. Erster Stopp sollte im Addo Elephants National Park sein. Somerset-East, die letzte große Ansiedlung vor der Halbwüste lebt vom Tabak. Anschließend übernehmen Zeugenberge und ewige Weiten die Szenerie, die Weidewirtschaft ist rein extensiv, und Bäume gibt es nur noch an den Flussläufen. Die Faszination der (Halb-) Wüste kann nicht oft genug herausgehoben werden. Graaff-Reinet taucht, wie später auch Beaufort West, wie eine Oase auf in diesem „Meer der Trockenheit". Grüne Bäume, z.T. sogar parkähnliche Anlagen, lockten schon vor über 200 Jahren die ersten Siedler in diese Kleinstädte. Historische Relikte, besonders in Graaff-Reinet, sind heute allemal den Weg hierher wert. So idyllisch Graaff-Reinet mit seinen weißen kapholländischen Gebäuden aus dem ausgehenden 18. Jahrhundert sein mag, so bedauerlich ist es, dass Beaufort West heute unter dem massiven Verkehr entlang der N1 zu leiden hat.

Zeugenberge

Ob Sie der (noch weitere) Umweg nun auch zu den Bergzebras im **Mountain Zebra National Park** oder zu der verschlafenen, „schnuckeligen" Ortschaft Prince

Einsamkeit Albert führen muss, mag dahingestellt sein, uns haben dabei aber vor allem die Wege dorthin gefallen, denn auf der Nebenstrecke nach Prince Albert z.B. wird einem erst wirklich klar, wie einsam das Leben in der Great Karoo sein kann.

Matjiesfontein, eine der letzten Stationen in der Karoo, bevor es wieder in die Kapregion geht, ist mittlerweile mehr als eine Pflichtpause wert. So klein es ist, so sehenswert sind das alte Hotel, die Bahnstation und der Londoner Doppeldecker-Bus, der immer wieder den Staub der Ortspisten aufwirbelt bei der Sightseeingtour.

Überblick: Was gibt es zu erleben?

Drostdy, Durst und dauernd Sonne! Mit diesen Worten lässt sich dieses Reisegebiet (u.a.) charakterisieren. Zum Glück haben uns moderne Errungenschaften die negativen Effekte mehr oder weniger abgenommen, so dass uns Geschichte und

Natur heute voll und ganz einnehmen können, ohne die Qualen, die die ersten Siedler im 18. Jahrhundert erleiden mussten, als sie auf ihren Trecks durch die Karoo zogen.

Ohne Zweifel wartet mit dem *Addo Elephants National Park* bereits das erste Highlight kurz hinter Port Elizabeth auf Sie. Reiseplanerisch sollten Sie berücksichtigen, dass Sie die Dickhäuter am besten frühmorgens oder bei untergehender Son-

Nur wenige kleine Orte unterbrechen die Einsamkeit in der Karoo

ne an den entsprechenden Wasserstellen zu sehen bekommen. Einfach „mal so" mittags für eine Stunde in den Park zu fahren, lohnt also keinesfalls! Überlegen Sie z.B., ob Sie nicht die letzte Nacht an der Garden Route oder die in Port Elizabeth auf eine Unterkunft hier

Alternative Übernachtung im Park verlegen möchten. Der angeschlossene **Zuurberg National Park** bietet zudem ein schönes Hotel, aber auch eine bezaubernde Bergvegetation, die aber einzig „zum Schauen" bzw. zum Erwandern geeignet ist.

Weiter nördlich gilt auch für den **Mountain Zebra National Park** Ähnliches. Der Park liegt schön, und die Unterkünfte sind bezaubernd, besonders die im historischen Farmhaus. Nur sollten Sie sich im Klaren darüber sein, ob Sie die Strecke wirklich fahren möchten für die Landschaft und die (etwas kleineren) Bergzebras. Naturliebhaber werden dies mit Recht bejahen, doch wer schon viele Tiere gesehen hat und diesen Bedarf nahezu abgedeckt hat, der sollte nicht noch diesen Schlenker machen und die Zeit besser aufsparen für die Erkundung von **Graaff-Reinet**, einem Juwel inmitten der Karoo.

Der weniger bedeutenden N9 zwischen George und Colesberg hat die kleine Stadt es zu verdanken, dass sie zwar bekannt, aber noch nicht vollkommen von Touristenströmen niedergetrampelt wurde. Rechtzeitig konnten sich die Stadt-

Das Wort „Karoo"
„Kurú" bedeutet in der Khoi-Sprache: trocken, harsch und widerstrebend (Barren). Für die Halbwüste haben die Khoi es verwendet als *„Land des Durstes"*.

oberen hier also noch dem Erhalt der kapholländischen Bauwerke und Traditionen widmen, um heute nun eine Stadt vorzeigen zu können, die u.E. historisch betrachtet mindestens genauso interessant ist, wie Stel-

Historische Bauwerke und Tradition

lenbosch. Und dann gibt es nahebei auch noch das geologische Wunderwerk **Valley of Desolation**. Graaff-Reinet sollte also in die engste Wahl fallen für eine Übernachtung entlang der Route.

Das kann man leider nicht von **Beaufort West** behaupten. Auch dieser Ort hat Geschichte zu bieten, wartet mit einigen historischen Gebäuden auf, ist Geburtsstätte des weltbekannten Herzchirurgen Christiaan Barnard und verfügt mit dem 10 km entfernten **Karoo National Park** auch über einen landschaftlichen Höhe-

punkt ... doch liegt es auch an der N1 und dazu auch noch inmitten der Great Karoo. Lange LKW-Schlangen quälen sich durch die Hauptstraße, an der zudem zahlreiche Tankstellen, Fastfood-Läden, Bankfilialen die heutige Bedeutung ohne Abschweife markieren. Historische Hotels und Restaurants an der Hauptstraße mussten deswegen mittlerweile aufgeben bzw. verkommen zu zweitklassigen Etablissements. Andererseits hat der Ort auch ein interessantes Museum, schöne Guesthouses in den Neben-

Ein lohnender Übernachtungsstopp: die Chalets im „Karoo National Park"

straßen und eben auch noch historische Architektur zu bieten. Doch der Übernachtungstipp gilt auch hier dem (Karoo) National Park.

Ein alternativer Umweg durch die Great Karoo kann aber auch von Graaff-Reinet über Willowmore, eine gut 90 km lange Piste (R407) nach Klaarstrom und dann bis **Prince Albert** führen. Das Nest verdankt seine Existenz einem überaus kurzen Goldrush, dem daraus entstandenen Hotel, einigen Pionieren des Obstanbaus und der Tatsache, dass es nördlich des Swartberg-Passes liegt. Als Einzelpunkte alle unbedeutend, doch zusammengenommen ausreichend, um diesen kleinen Ort zu rechtfertigen.

Goldrausch

Der schnellste Weg zurück nach Kapstadt führt von hier natürlich entlang der N1. Doch wer mindestens einen halben Tag „opfern" kann, der sollte von Prince Albert aus den folgenden Schlenker machen: Swartberg Pass - Oudtshoorn - Calitzdorp - Seweweekspoort - Laingsburg. Großenteils handelt es sich hierbei um Pisten, und die Fahrt über den Swartberg Pass alleine erfordert weit über eine Stunde. Doch der Schlenker lohnt und verspricht atemberaubende Ausblicke und einen weiteren Einblick in die Einsamkeit der Karoo!

Allgemein

- **Reservieren** Sie nicht nur die Unterkünfte, sondern vor allem auch den Tisch fürs Abendessen in den Nationalparks vor.
- Haben Sie immer **etwas zu trinken dabei und tanken Sie** rechtzeitig. Oft sind die Abschnitte zwischen den Raststätten in der Karoo groß, besonders auf den Nebenstrecken.

Die schönsten Naturerlebnisse

- **Addo Elephants Nat. Park** und die Bergwelt im **Zuurberg National Park** (S. 534ff)
- **Great Karoo** mit ihrer Weite (ab S. 606)
- Ausblick von der Straße in das **Valley of Desolation** bei Graaff-Reinet (S. 610f)
- **Karoo National Park** bei Beaufort West (S. 612f)

Kulturelle Höhepunkte

- Die historischen Gebäude und Museen in **Graaff-Reinet**
- Unkonventionell, verschlafen, aber mit Charme: **Prince Albert** (S. 614f)
- Der ehemalige Erholungsort **Matjiesfontein** (S. 615ff)

Außergewöhnliche Höhepunkte

- **Flug über die Karoo** von Graaff-Reinet aus (S. 608)
- Die **Great Karoo bei Sonnenaufgang** erleben
- Eine Fahrt über den **Swartberg Pass** (S. 513)

Und auch an dieser Stelle sei noch einmal auf den letzten Höhepunkt entlang dieser Kapitelstrecke hingewiesen: *Matjiesfontein*, ehemals das Ausflugsziel der Kapstädter Oberschicht und heute noch in seinem Urzustand erhalten. Eine gerade mal zweistellige Einwohnerzahl, der alte Bahnhof (inkl. Museum) und ein mehr als lohnendes, altbritisch angehauchtes Hotel sollte Ihnen der Stopp hier wert sein.

Bis Kapstadt sind es dann noch gut 3 Stunden – her 4, der Aussichten wegen.

 Vorschlag für eine Zeiteinteilung
Optimale Zeit: 3–4 Tage
- 2–3 Tage: 1. Tag: Am ersten Abend übernachten Sie im Addo Elephants National Park und schauen sich vorher noch einen Teil des Zuurberg Nat. Parks an. Abends nutzen Sie die Zeit für die Rundfahrt durch den Addo Elephants Nat. Park. Am zweiten Tag stehen Sie relativ früh auf, nutzen noch einmal die Chance, Elefanten zu sehen, brechen dann aber so auf, dass Sie noch am selben Tag genügend Zeit haben für die Sehenswürdigkeiten in Graaff-Reinet, auch für die Fahrt zum Valley of Desolation, die Sie evtl. nach Schließung der Museen unternehmen können. Am dritten Tag fahren Sie auf direktem Weg in Richtung Kapstadt. Für das Museum in Beaufort West, einen kurzen Abstecher in den Karoo National Park und vor allem Matjiesfontein sollte dabei genug Zeit sein. Trotzdem wird es ein langer Tag. Übernachten Sie ggf. in Matjiesfontein.
- 3–4 Tage: Wie oben, doch haben Sie einen zusätzlichen Tag, der Ihnen entweder erlaubt, zum Mountain Zebra National Park zu fahren oder aber den Schlenker über Prince Albert, Swartberg Pass und Seweweekspoort zu unternehmen.
- 4–5 Tage: Wie oben, nur dass hierbei sowohl der Mountain Zebra National Park als auch der Schlenker über Prince Albert, den Swartberg Pass und durch die Seweweekspoort drin sind.

Routenbeschreibung und reisepraktische Hinweise

Routenbeschreibung

Nördlich von Port Elizabeth zweigt die R335 von der N2 ab zum Addo Elephants National Park. Von diesem ist die Strecke nach Paterson (R342) gut ausgeschildert. Von Paterson bis zum Flecken Long Hope nehmen Sie die N10. Von hier führt eine kurze Stichstraße zur R63, die Ihr Wegbegleiter (über Somerset-East) bis nach Graaff-Reinet ist.

Umweg: Der Schlenker zum Mountain Zebra National Park führt weiter entlang der N10 bis Cradock und von dort über die R61 und eine Stichstraße zum Park. Weiter geht es vom Park entlang der R61 bis in die Sneeuberge, wo die R61 auf die N9 trifft, die in südlicher Richtung nach Graaff-Reinet führt.

Von Graaff-Reinet bis Beaufort West nehmen Sie zuerst die N9 nach Süden und dann die R61 nach Westen. Von Beaufort West nach Kapstadt folgen Sie einfach der N1.

Umweg: Nach Prince Albert empfehlen sich zwei Routenalternativen: Am schnellsten ist die, die von der N1 entlang der R353 und zurück zur N1 entlang der R328 führt. Eindrucksvoller, wenn auch Beaufort West auslassend, ist der Weg entlang der N9, vorbei

Windräder sind oft die einzigen Anzeichen landwirtschaftlicher Nutzung in der Karoo

an Willowmore und der asphaltierten R341 bis De Rust folgend, von dort auf der N12 durch die Meiringspoort und schließlich auf der R407 bis Prince Albert fahrend. Die Alternative Willowmore - Klaarstrom (R407) ist noch nicht asphaltiert (soll aber bald stattfinden). Zur Strecke über den Swartberg Pass und durch die Seweweekspoort lesen Sie im Kapitel 13.

Entfernungen
- *Port Elizabeth - Addo Elephants Nat. Park:* 73 km
- *Addo Elephants Nat. Park - Somerset East:* 148 km
- *Somerset East - Graaff-Reinet:* 116 km
- *Graaff-Reinet - Beaufort West:* 192 km
- *Beaufort West - Prince Albert:* 123 km
- *Prince Albert - Matjiesfontein:* 156 km
- *Matjiesfontein - Kapstadt:* 235 km
Gesamt: 1.043 km
- *Alternative 1: Addo Elephants Nat. Park - Mountain Zebra Nat. Park - Graaff-Reinet:* 402 km (also 138 km länger als o.g. Hauptroute).
- *Alternative 2: Graaff-Reinet - N9/R341-R407 - Prince Albert - N1:* 415 km (also 55 km länger als o.g. Hauptroute).

Sehens- und Erlebenswertes zwischen Port Elizabeth, Graaff-Reinet, Beaufort West und Kapstadt

Von Port Eliza
(Nelson-Mandela-

[Map showing: Klaver, nach Namaqualand/Namibia, Clanwilliam, Cedarberge, Tank Nati, Citrusdal, Swartruggens, Piketberg, Tulbagh, Darling, Riebeeck Kasteel, Ceres, Malmesbury, Flower Reserve, Wellington, Wo, Paarl, R, Huguenot Tunnel, Franschho, Kapstadt, Stellenbosch, Cal, Simon's Town, Cape of Good Hope, Klein mond, Herma, Gans Bay, Cape]

© **i**graphic

Hinweis
Zum Abstecher zum Addo Elephants National Park sowie den Zuurberg National Park lesen Sie bitte auf S. 534ff.

Die N10 bietet keine atemberaubenden Ausblicke, ist aber trotzdem landschaftlich recht sehenswert. Je weiter Sie nach Norden fahren, desto trockener wird es, und die kleinen Orte scheinen nur noch mehr recht als schlecht zu überleben. In **Middleton** wurden noch ein paar historische Häuser erhalten, die heute in Privatbesitz sind und als Museum sowie Unterkunft genutzt werden. Fahren Sie am besten auf schnellstem Wege nach Graaff-Reinet.

Middleton in Privatbesitz

Umweg über Cradock und den Mountain Zebra National Park

Cradock (ⓘ s. S. 274)

Cradock wurde 1813 als militärischer Stützpunkt gegründet. Gouverneur Sir John Cradock war maßgeblich an seiner Anlage beteiligt. Begünstigt wurde die heutige geographische Lage durch die Tatsache, dass der Great Fishriver das Tal mit genügend Wasser versorgte, so dass nicht nur die Truppen versorgt, sondern auch zusätzliche Gemüsefelder angelegt werden konnten, um Gemüse bis an die Küste hin verkaufen zu können. 1837 wurde dem Ort das Stadtrecht verliehen.

Zur Zeit der Apartheid geriet die kleine Stadt oftmals in die Schlagzeilen, da sich hier eine Basis des ANC befand. 1985 erreichte der Anti-Apartheidskampf in Cradock seinen Höhepunkt, als 4 führende ANC-Mitglieder in der Nähe auf brutalste Weise umgebracht wurden (*„Slaying of the Cradock Four"*). Im Zuge der Wahrheitsfindung in den 90er Jahren wurde bewiesen, dass ein Terrorkommando der Regierung damals dafür verantwortlich gewesen ist.

Heute hat Cradock etwa 40.000 Einwohner und ist agrarwirtschaftliches Zentrum der Region. Touristisch hat es, außer einem kleinen **Museum** mit Haushaltsgegenständen und Möbeln (*Öffnungszeiten: Di–Fr 9–13h u. 14–16h, Sa 9–12h*) im ehemaligen Wohnhaus der Schriftstellerin Olive Schreiner (*Öffnungszeiten: Mo–Fr 8h45–12h45 u. 14–16h30*), nicht viel zu bieten. Vor

über Graaff-Reinet und Beaufort-West nach Kapstadt

Augen halten sollte man sich aber beim Besuch des Museums, dass Olive Schreiner aus einer Farmerfamilie des ausgehenden 19. Jahrhunderts stammte und in ihren Novellen für eine gemischtrassige Gesellschaft plädierte.

Die **Dutch Reformed Mother Church** im Zentrum der Stadt ist der Londoner St. Martin's in the Field Church nachempfunden. Ansonsten gibt es hier nichts zu sehen, und Sie sollten für den Ort nicht zu viel Zeit investieren.

Mountain Zebra National Park (ⓘ s. S. 299)
Geöffnet: Mai–Sept.: tägl. 7h30–18h, Okt.–April tägl. 7–19h

Der Nationalpark wurde bereits 1937 eröffnet, als man erkannte, dass die Bergzebras vom Aussterben bedroht waren. Zuerst gab es nur 6 Tiere, die auf einem Gebiet von 1.712 ha lebten. 1954 lebten von ihnen aber nur noch zwei Exemplare. Doch dank einem benachbarten Farmer wurden weitere 11 Tiere der Herde zugeführt. Im Laufe der nächsten zehn Jahre kaufte das National Parks Board anliegende Farmen auf, so dass der Park heute 6.536 ha umfasst. Hier leben jetzt 200–230 Bergzebras, und jedes Jahr können bis zu 20 Tiere an andere Parks abgegeben werden. Neben den Zebras lebt hier noch eine

Reihe anderer Savannentiere, wie z.B. Elands, Springböcke, Kudus und Duiker. In dem Park gibt es zwei Rundfahrten. Die eine führt über eine Hochebene, wo sich die meisten Tiere aufhalten und von der man einen ausgezeichneten Rundblick über die umliegende Landschaft hat. Die andere Strecke führt durch die Berg- und Talwelt der Karoo.

Wanderer kommen in dem Park auch auf ihre Kosten. Es gibt kurze, markierte Wege sowie einen 3-tägigen Wanderweg (mit Übernachtungshütten), für den Sie sich aber beim National Park Board anmelden müssen. Bedenken Sie, dass es während der Sommermonate sehr heiß werden kann im Park. Nehmen Sie also Trinkwasser mit. Reiter können sich auch Pferde ausleihen.

Das Bergzebra ist kleiner als seine Artgenossen in der Savanne

Das Bergzebra gilt als eines der seltensten Wirbeltiere, und sein natürlicher Lebensraum beschränkt sich auf die hochgelegenen Kapregionen südlich des Oranjeflusses. Heute zählt man etwa 800 Exemplare, von denen über ein Viertel in diesem Park leben. Es unterscheidet sich von seinen Artgenossen der ostafrikanischen Savannen dadurch, dass es kleiner ist, eine rot-braune Nase hat und einen weißen Bauch. Außerdem hat es keine Schattenstreifen.

Somerset East (ⓘ s. S. 317)

Das Gebiet der heutigen Stadt war Ende des 18. Jahrhunderts Teil einer Farm, auf der u.a. auch Louis Trichardt gewirtschaftet hatte, der erkannte, dass sich das Gebiet gut für den Tabakanbau eignete. Nachdem Trichardt weiter nach Norden gezogen war, gründete der damalige Kapgouverneur, Lord Charles Somerset, 1815 in dem Gebiet eine Versuchsfarm für Tabak, die die Truppen im Norden und Osten der Provinz mit dem Genussmittel versorgen sollte.

*Versuchs-
farm für
Tabak*

1825 schließlich wurde auf dem Gelände dieser Farm die Ansiedlung Somerset gegründet, welche 30 Jahre später in Somerset East umbenannt wurde, um sich von Somerset West im Südwesten von Kapstadt zu unterscheiden. Der Ort diente hauptsächlich als kleines Handelszentrum für Agrarprodukte und eben für den Tabakanbau. Die Hänge am Bosberg wurden 1827 den Wesley-Missionaren überlassen, die hier zuerst eine kleine Kapelle errichteten, aus der dann später das Pfarrhaus hervorging, welches heute das Museum der Stadt beherbergt:

Somerset East-Museum

Geöffnet: Mo–Fr 8–13h u. 14–17h, Sa + So geschlossen

In diesem ältesten Gebäude der Stadt befindet sich eine Reihe von Möbelstücken und anderer Gegenstände aus Haushalten des Ortes. Am interessantesten aber sind das Gebäude selbst, die 700 Rosenbüsche sowie der kleine Gewürzgarten, welcher schon im letzten Jahrhundert angelegt worden ist. Im Museum kann man aus den Gartenprodukten hergestellte Marmeladenmischungen kaufen (z.B. Rosenmarmelade und Apfel-Pfefferminzgelee).

700 Rosen- büsche

Berühmtestes Kind der Stadt war der Maler *Walter Battiss*, der später viel gereist ist und lange Zeit in Amerika gelebt hat. Er bewohnte mit seiner Familie ein Haus in der Poulet Street *(Ecke Beaufort St.)*, das vormals eine Offiziersmesse gewesen ist. Battiss war, wie so viele Künstler, ein etwas introvertierter Zeitgenosse, und in seinen Phantasien lebte er in einem selbstgegründeten Staat. Diesen nannte er „Fook Island". Die Idee von dieser kleinen selbstgeschaffenen Oase verewigte er nicht nur auf seinen Bildern, sondern er fing auch an, Fook Island-Briefmarken und schließlich auch Fook Island-Geld zu entwerfen. Mit diesem Geld bezahlte er dann auch so einige Rechnungen im Ausland, ohne dass dieses immer auffiel. Nach seinem Tode vermachte er seiner Stadt 18 seiner Werke, und die Stadt eröffnete daraufhin die **Walter Battiss Art Gallery** in dem o.g. Haus *(geöffnet: Mo–Fr 10–13h u. 14–17h)*. Neben seinen Bildern kann man hier auch Gemälde anderer Künstler der Kapprovinz bewundern, und es gibt zusätzlich auch verschiedenste Wanderausstellungen.

Heute ist Somerset-East ein Zentrum der Mohairwollproduktion, und in etwas feuchteren Lagen werden auch Zitrusfrüchte angebaut. Im Gegensatz zu Graaff-Reinet hat sich hier auch etwas Kleinindustrie niedergelassen. Drei Kilometer entfernt befindet sich das **Bosberg Nature Reserve**, in dem es einige Tiere zu sehen gibt, u.a. auch Bergzebras. In erster Linie lädt der Park aber zu Wanderungen ein.

Mohair- wolle

Ansonsten gibt es in Somerset East nicht allzuviel zu sehen, und wenn Sie sich für kulturhistorische Dinge interessieren, sollten Sie lieber etwas mehr Zeit für Graaff-Reinet aufsparen.

Graaff-Reinet (ⓘ s. S. 282ff)

Graaff-Reinet, das auch „Perle der Karoo" genannt wird, ist eine kleine Stadt mit heute 34.000 Einwohnern. Bereits 1786 gegründet, ist sie die viertälteste Stadt der Kapprovinz. Sie wurde in der Flussschleife des Sunday-River angelegt, da man sich damals davon einen natürlichen Schutzwall versprach. In den ersten Jahrzehnten seiner Existenz war Graaff-Reinet eher ein Dorf, das den Farmern als Versorgungszentrum diente und als Schutz während der zahlreichen Angriffe der Xhosa.

„Perle der Karoo"

Bereits 1794 gründete die Kapregierung hier einen Verwaltungssitz, den Drostdy. Die Ansiedlung erhielt ihren Namen von dem Kapgouverneur Cornelis Jacob van

INFO Info zur Great Karoo

Obwohl die Great Karoo, heute oft auch Central Karoo genannt, sehr eintönig erscheinen mag, hat sie trotzdem ihren Reiz. Weite Flächen, kaum Bäume, riesige Farmen und bizarre Felsformationen und Tafelberge geben dieser Landschaft eine ganz persönliche Note.

Europäer, die dichtbesiedelte Gegenden gewohnt sind, werden sich in dieser „Unendlichkeit" wohlfühlen, denn sie vermittelt ein Gefühl der Freiheit. Dieses erkannten schon früh einige Siedler, die wenig Drang verspürten, den Trek nach Norden fortzusetzen, und sich hier bereits vor 200 Jahren niederließen. Die Wasserknappheit machte ihnen zwar zu schaffen, doch halfen die Windradpumpen, dieses Manko auszugleichen. Für den Anbau von Gemüse und Früchten wurden in Talsohlen sogar kleine Bewässerungskanäle angelegt. Haupteinnahmequelle stellt bis heute aber die

extensive Weidewirtschaft dar. Zumeist handelt es sich um Schaf- und Ziegenhaltung, denn diese Tiere sind am widerstandsfähigsten, was Wüstennahrung und knappes Wasser angehen. Daher ist das „Karoo-Lamm" auch heute noch das typischste Gericht in der Halbwüste.

Seit Ende der 1980er Jahre haben die Farmen aber arge wirtschaftliche Probleme. Die

Tafelberge (Zeugenberge) gibt es auch in der Karoo

Fleischpreise sind zu niedrig und Wolle und Felle nicht mehr so gefragt. Viele mussten aufgeben und an die Nachbarn verkaufen.

Erstaunlich ist die Vegetation in der Karoo: Im Frühling blühen viele Pflanzen, und selbst während der anderen Jahreszeiten leuchtet hier und da eine Pflanze auf. Blicken Sie schräg über die Flächen, erhalten Sie den Eindruck, dass die Wüste dicht bewachsen ist. Laufen Sie dann aber über die Fläche, werden Sie feststellen, dass die Pflanzen weit auseinander stehen und dass die meisten von ihnen nicht blühen, sondern aus dornigen Sträuchern bestehen.

Interessante Stichworte:
- **Namensherleitung:** „Karoo" heißt bei den Khoi *„Land des Durstes"*
- **Fläche:** ca. 100.000 qkm (Angaben variieren zw. 78.000 und 112.000 qkm)
- **Durchschnittlicher Niederschlag:** 260 mm/Jahr
- **Durchschnittliche Höhe über Null der Ebenen:** 900 m
- **Höchster Berg:** Sneeuberg (2.504 m)
- **Typische Pflanzen:** Sukkulenten und Dornbüsche

- **Entdeckte Pflanzenarten:** 7.000
- **Durchschnittliche Sommertemperatur:** 33 °C
- **Durchschnittliche Wintertemperatur:** 18 °C (es kann nachts auch Frost geben)
- **Hauptregenzeit:** März u. April
- Die **Trockengebiete Namaqualand, Kalahari und Karoo** bedecken nahezu 50 % der Fläche Südafrikas
- **Beste Tageszeit, die Karoo zu bereisen:** Früh morgens, wenn die Sonne aufgeht

de Graaff und seiner Frau Cornelia Reynet. In der Verwaltung wurden aber nur wenige Angestellte eingesetzt, die in Zeiten der Unruhen somit kaum militärische Hilfe versprachen. Unzufrieden mit diesem Zustand und der ihrer Meinung nach zu freundlichen Behandlung der Khoi und San, vertrieben die Bürger daraufhin 1796 den von den Engländern eingesetzten „Landdrost" aus der Stadt und erklärten Graaff-Reinet zum eigenständigen Staat *(„Erste Burenrepublik")*. Dieser Zustand hielt aber nicht lange an, und Truppen wurden entsandt, um die Regierungsgewalt wieder zu übernehmen. Doch blieb Graaff-Reinet für die Kolonialherren in Kapstadt bis zu Beginn des 19. Jahrhunderts ein unruhiges Pflaster, und die Bürger lehnten sich immer wieder auf. Viele von ihnen waren so unzufrieden, dass sie ihre Farmen verließen und sich dem Großen Trek von Pretorius und Maritz anschlossen, um ins heutige Transvaal zu ziehen.

Eigenständiger Staat

Trotz dieser Zwischenfälle entwickelte sich Graaff-Reinet im 19. Jahrhundert zu einem bedeutenden Handelsposten, wurde in den 1820er Jahren mit einem wirkungsvollen Bewässerungssystem umgeben, diente als Versorgungsbasis für die Trekburen auf dem Weg nach Norden und entwickelte sich in der Mitte des 19. Jahrhunderts zum größten Angoraziegen-Zentrum des Landes. Mitte des 19. Jahrhunderts kamen viele englische und deutsche Siedler hierher, und die Stadt war zeitweise sogar das zweitwichtigste landwirtschaftliche Handelszentrum der Kapprovinz.

Bedeutender Handelsposten

Heute ist Graaff-Reinet einer der historischen Glanzpunkte des Landes, und es rühmt sich damit, dass es 200 Gebäude hat, die unter Denkmalschutz stehen. Unter ihnen befinden sich Bauten aus allen Zeitepochen, zumeist erbaut im kapholländischen Stil. Keine Stadt des Landes erreicht diese Zahl nur annähernd. Und keine andere Stadt ist, wie Graaff-Reinet, von einem Nationalreservat umgeben.

Hauptwirtschaftszweig dieser Region ist, bedingt durch die geringen Niederschläge, auch heute noch die Angoraziegen- und Merinoschafzucht. Doch mit den Absatzschwie-

Einst Vogtei, heute Hotel: das „Drostdy" in Graaff-Reinet

*Angora-
ziegen und
Merino-
schafe*
rigkeiten für Wolle haben mittlerweile viele Farmer als zweites Standbein die Straußenzucht gewählt, und die Städter konzentrieren sich mehr und mehr auf den Tourismus. Da es aber keine nennenswerte Industrie in dieser Region gibt, haben viele Einwohner der Stadt wirtschaftliche Probleme, und die Arbeitslosenrate ist entsprechend angestiegen. Viele von ihnen sind abgewandert nach Port Elizabeth.

Sehenswertes in Graaff-Reinet

Die Innenstadt bietet unzählige schöne und interessante Gebäude, die alle im Umkreis von etwa 500 m um das Drostdy Hotel liegen, so dass man sie in Ruhe zu Fuß an einem Tag besichtigen kann und sich zwischendurch in den Tee-Gärten erholen oder im Drostdy-Restaurant bzw. auf dessen Terrasse erfrischen kann.

Rundgang Beginnen Sie Ihren Rundgang am besten im **Touristenamt**, das sich im Old Library Museum in der Church Street *(zw. Patronage u. Somerset/Khartoum Sts.)* befindet, und besorgen Sie sich dort einen Stadtplan.

Hinweis
Patronage Street wird auch Pastorie Street genannt.

• Das Drostdy

Das Hauptgebäude, in dem sich heute die Eingangshalle des Hotels befindet, wurde bereits kurz nach der Gründung der Stadt errichtet und diente den Engländern als Verwaltungssitz. Doch nach den Streitigkeiten zwischen Bewohnern der Stadt und den Beamten wurde das Gebäude umfunktioniert zu einem Hotel. Im Laufe der Jahre wurde das Hotel immer weiter vergrößert und erst in diesem Jahrhundert wieder in seinen ursprünglichen Zustand versetzt. Die Innenräume wurden zum größten Teil wieder so hergerichtet, wie sie Mitte des 19. Jahrhunderts ausgesehen haben mögen.

Hinter dem Hauptgebäude befindet sich der **Stretch's Court**, eine kleine Kopfsteinpflasterstraße mit sieben Häuschen, die früher als Sklavenunterkünfte dienten. Mitte des 19. Jahrhunderts kaufte Kapitän Stretch diese Häuser, teilte das Gebiet in Parzellen

> **Rundflüge über Graaff-Reinet und die Karoo**
> Ein Rundflug über die Karoo ist sicherlich ein Höhepunkt. Als Tipp dazu: Fliegen Sie über die Stadt, das Valley of Desolation und bitten Sie den Piloten, wenn das Wetter gut genug ist, einmal sehr hoch zu fliegen, damit Sie einen Eindruck über die Beschaffenheit und die Weitläufigkeit der Karoo erhalten. Der Flugplatz von Graaff-Reinet liegt etwa 8 km nordwestlich an der N9 nach Middelburg.
> Auskünfte über Charterflüge erteilt das Touristenamt. Und für ganz Mutige gibt es noch die Gelegenheit, mit einem Ultralightflieger mitzufliegen. Das Fluggefühl in so einem „motorisierten Drachen" ist einmalig, aber sicherlich nicht Jedermanns/-fraus Sache.

auf und verkaufte sie wieder an (freie) Mischlinge und Schwarze. 1966 schließlich gingen sie in den Besitz der „Vereinigung historischer Gebäude Südafrikas" über, die sie völlig restaurierte und dem Hotel übergaben. Heute befinden sich in ihnen luxuriöse Zimmerapartments.

Vier historische Gebäude in Graaff-Reinet unterliegen der städtischen Museumsverwaltung und sind mit vergünstigten Kombi-Eintrittskarten zu besichtigen:

• *1) Old Library Museum

Church St., zw. Somerset/Khartoum u. Patronage Sts., geöffnet: Mo–Fr: 9–12h30 und 14–17h, Sa 9–12h. Im Gebäude befindet sich auch die Touristeninformation von Graaff-Reinet.

Im Museum gibt es u.a. zwei sehr interessante Abteilungen:

• Zum einen kann man Bilder des Fotografen William Roe bewundern, der in der zweiten Hälfte des letzten Jahrhunderts das Land bereist hat. Besonders eindrucksvoll sind vor allem die Fotos vom alten Graaff-Reinet und von den ersten Diamantenschürfungen am Big Hole in Kimberley.

• Zum anderen gibt es eine geologisch-paläontologische Abteilung, die Funde von über 200 Mio. Jahre alten Sauriern ausstellt. Diese Tiere lebten im Gebiet der Karoo, als es sich noch um eine sumpfige Ebene handelte. Dazu muss man sich vor Augen halten, dass zu dieser Zeit der afrikanische Kontinent noch Teil des Gondwanalandes war, dem riesigen Kontinent, bestehend aus der Antarktis, Südamerika, Australien und dem heutigen Afrika, mit den „Anhängseln" Europa und Asien. Damals war die Karoo noch ein zentraler Teil des Kontinents. Die Oberfläche war das, was heute die Bergspitzen sind, und die heutigen Steine wurden aus den Sand- und Tonablagerungen geschaffen, die die Flüsse in das Karoobecken eingeschwemmt hatten. Millionen Jahre später hob sich der Kontinent; die Flüsse begannen sich nun in die Sandsteinschichten einzugraben, und langsam entstand das heutige Landschaftsbild. Die Tierkadaver wurden häufig von den Flüssen mitgerissen und in die Ebenen gespült, wo sie in den später ausgetrockneten Lehmpfannen „konserviert" wurden.

Saurier in der Karoo

Heute finden Farmer immer wieder neue Überreste, und viele von den prähistorischen Tieren wurden nach den Farmersfamilien benannt, die sie gefunden hatten. Erstaunlicherweise sind sogar Teile der Zähne erhalten. Bei den meisten Tieren handelt es sich um Übergangsformen vom Wassertier zum Landtier. Bekanntestes Exemplar ist der Pareiasaurus, ein Reptil, das bis zu einer Tonne wiegen konnte, bei einer Länge von nur 3 Metern. In späteren Erdzeitaltern ist es aus diesem Gebiet ausgewandert, und man hat Überreste von ihm bis nach Sibirien gefunden.

Bei einer Tonne Gewicht nur 3 m lang

Es besteht die Möglichkeit, mit einem im Museum ausgestellten Permit Fundstellen von Sauriern auf umliegenden Farmen zu besichtigen.

• 2) Old Residency

Ecke Patronage/Murray Sts., geöffnet: Mo–Fr: 9–12h30 und 14–17h, Sa 9–12h

Interessant ist die typische H-förmige Gliederung des Hauses, die typisch gewesen ist für ein Stadthaus des 19. Jahrhunderts. Die Ausstellung befasst sich mit dem englischen *Midland Regiment* und einer großen Sammlung an Sportwaffen. Dazu muss man wissen, dass im Umland von Graaff-Reinet das Vogel- und heute Tontaubenschießen eine große Bedeutung hatte bzw. hat.

• *3) Reinet House

Murray St., am Ende des Patronage Street, geöffnet: Mo–Fr: 9–12h30 und 14–17h, Sa 9–12h

Ursprünglich diente das 1812 erbaute Gebäude als Pfarrhaus. Später war es Lehrerinnenseminar, und heute dient es als Museum. Man findet hier eine sorgfältig ausgewählte Sammlung von Möbeln, Küchengeräten, Kinderspielzeug und anderen Dingen, die sich in den Haushalten des 19. Jahrhunderts befunden haben. Im Hinterhof kann man eine Wassermühle besichtigen, die auch vorgeführt wird, und in einer Scheune befinden sich alte landwirtschaftliche Geräte, vom Pferdewagen bis zur Heugabel.

Größte Weinrebe der Welt

Eine besondere Attraktion ist die größte Weinrebe der Welt, die sich im Garten befindet. Ihr Umfang maß 1983 3,1m, doch befiel sie eine Pilzkrankheit, so dass sie beschnitten werden musste und heute aus mehreren Teilen besteht.

Und wer sich für ein Souvenir interessiert, der sollte eine Flasche des im Hause destillierten „Whithond" erstehen. Sein scharfer Geschmack ist aber gewöhnungsbedürftig!

• 4) Urquardt House

Somerset/Khartoum Sts, nahe dem Market Square, geöffnet: Mo–Fr: 9–12h30 und 14–17h, Sa 9–12h

Verwandte in der Karoo?

Im ehemaligen *Clegg's Midland Hotel* hat die Museumsverwaltung heute das Familienarchiv sowie die Stammbäume der Anwohner untergebracht. Sollten Sie also einen frühen Verwandten von sich in der Karoo vermuten, lohnt sich ein Stöbern in den historischen Unterlagen. Die Ausstellung viktorianischer Möbel und die alte Küche sind nur bedingt sehenswert.

Weitere interessante Gebäude der Stadt sind die **Graaff-Reinet Pharmacy**, eine historische Apotheke in der Caldon Street, das **Hester Art Rupert Museum**, das sich in der ehemaligen Dutch Reformed Mission Church *(Church St., zw. Somerset/Khartoum u. Patronage Sts.)* befindet, und die die ganze Stadt überragende, 1886 eingeweihte **Dutch Reformed Church** am Nordende der Church Street, die der Salisbury Kathedrale in England nachempfunden wurde. Doch am besten machen Sie sich selbst ein Bild von dieser kleinen Stadt, die dem Besucher fast wie ein Puppenhaus erscheinen mag, so herausgeputzt sind die unzähligen kleinen Häuschen.

Der Salisbury-Kathedrale nachempfunden: die Dutch Reformed Church

▬ *Valley of Desolation

Fahren Sie etwa 5 km entlang der Straße nach Murraysburg, und biegen Sie dann nach links ein auf die Piste. Die Wegweiser führen Sie automatisch zum

Aussichtspunkt (bis auf einen Kilometer alles asphaltiert).

Schon die Anfahrtsstrecke ist den Ausflug wert. Zuerst steigt die Straße entlang eines kleinen Tales steil an, und nach etwa 6 km haben Sie einen ausgezeichneten Ausblick auf das fast 500 m tiefer gelegene Graaff-Reinet und die Camdeboo-Ebene. Schräg gegenüber befindet sich die Spandau Koppe, die ihren Namen von einem deutschen Reiteroffizier erhielt, den sie an die Spandauburg in seiner Heimat er-

Wie aus der Vogelperspektive liegt Graaff-Reinet vor einem (Aussichtspunkt oberhalb des Valley of Desolation)

innerte. Nach weiteren 3 km erreichen Sie den Parkplatz, von dem aus Sie nach fünf Minuten zu Fuß zu den **Aussichtsplattformen** gelangen.

Steiler Anstieg

Das Tal wurde im Laufe von Millionen von Jahren durch Verwitterungserosion geschaffen. Dabei „zerplatzen" die Steine durch den schnellen Wechsel von warmer und kalter Luft sowie Nässe und Trockenheit, was beides Schrumpfungs- und Ausdehnungsprozesse hervorruft, denen die Steine nicht standhalten konnten bzw. können. Hierbei sind verschiedenste Felsformationen entstanden, und Steinsäulen von über hundert Meter Höhe ragen senkrecht auf. Wenn Sie etwas Muße haben, können Sie hier einem Wanderweg folgen, der Sie nach etwa 30 Minuten wieder zurück zum Parkplatz führt.

Das Tal selbst können Sie besser von Graaff-Reinet aus erkundigen.

Karoo Nature Reserve

Es wurde 1975 angelegt und hat eine Fläche von etwa 15.000 ha (die noch erweitert wird), womit es die Stadt fast ganz umschließt. Kernstück des Gebietes ist der **Van Ryneveld's Pass-Stausee**, an dem man unzählige Vogelarten beobachten kann. In dem Reserve selbst sind mittlerweile mehrere Savannentiere eingebürgert worden, einschließlich des Duiker und verschiedener Springbockarten. Neuerdings leben auch Bergzebras hier. In dem Park gibt es mehrere Wanderwege. Auskünfte hierzu erteilt: Department of Nature Conservation, Bourke Street, Graaff-Reinet. Wer mit einem Boot auf dem Stausee rudern will, kann sich an den Graaff-Reinet Boat Club wenden (über die Touristeninformation).

Unzählige Vogelarten

Hinweis

Zur Routenalternative über De Rust, durch den Meiringspoort und nach Prince Albert lesen Sie bitte im Kapitel 13.

Die Strecke nach Beaufort West beeindruckt erneut durch die Weite der Karoo, hat aber keine nennenswerten Sehenswürdigkeiten zu bieten.

Beaufort West (ⓘ s. S. 266f)

„Oasis in the Karoo"

Die Stadt wurde 1818 auf dem Gelände der Farm Hooijvlakte gegründet. Initiator war der damalige Kapgouverneur Lord Charles Somerset. Die Dutch-East-India-Company unterstützte das Projekt. Schon kurz nach der Gründung war ein Bewässerungsprojekt ins Leben gerufen worden, und die Stadt ergrünte zunehmend. Diese Grünanlagen brachten ihr die Beinamen "Oasis in the Karoo" und "Heart of the Karoo" ein. Auch die ersten Voortrekker wussten dieses zu schätzen und verweilten hier häufig monatelang, bevor sie weiterzogen auf ihrem großen Trek.

Kirche in Beaufort West

Doch auch dem Reisenden von heute bietet der Ort den erforderlichen Kontrast zu der eintönigen Halbwüstenlandschaft. Beaufort West ist auch bekannt für seine Birnenbäume, die die großen Straßen säumen. Im September/Oktober beginnen sie zu blühen, und man vergisst schnell, dass man sich in einem Gebiet befindet, wo kaum 250 mm Niederschlag im Jahr fallen.

Wenn Sie also genügend Zeit auf Ihrem Weg nach Matjiesfontein bzw. nach Prince Albert haben, machen Sie einmal einen Spaziergang durch den Ort. Es gibt einige alte Häuser und Kirchen zu sehen sowie ein nettes **Museum** *(87 Donkin St., geöffnet: Mo–Fr 9–12h45 u. 13h45–16h45)*, in dem neben historischen Gegenständen auch eine Ausstellung zu Ehren von Professor *Christiaan Barnard*, dem bekannten Herzchirurgen (siehe Groote Schuur Hospital, S. 399ff), zu sehen ist. Er wurde in Beaufort West geboren, als Sohn eines Reverends.

Trotz einiger kleiner Sehenswürdigkeiten sowie schnuckeliger Bed & Breakfast-Unterkünfte lohnt es sich nicht besonders, in der Stadt zu nächtigen. Als einzigem großen Ort entlang Südafrikas Verkehrsader, der N1, sind die Innenstadt und noch mehr die Außenbezirke bestimmt vom Durchgangsverkehr. Die riesigen Trucks qualmen die Straßen voll, und die Infrastruktur ist deutlich geprägt von ihnen (Tankstellen, Haltebuchten, Fastfood-Restaurants etc.). Möchten Sie in der Nähe übernachten, empfehlen wir daher die Unterkünfte im Karoo National Park nur wenige Kilometer außerhalb der Stadt (aber rechtzeitig reservieren!).

*Karoo National Park (ⓘ s. S. 288)
Geöffnet: Tägl. 5–22h, Rezeption: 7h30–20h

Fauna und Flora der Karoo

Der Karoo National Park wurde erst 1979 eingerichtet und seitdem immer weiter vergrößert. Z.Zt. bedeckt er eine Fläche von gut 50.000 ha. Ziel war es, die typische Flora und Fauna der Karoo-Halbwüste zu erhalten und der Allgemeinheit zugänglich zu machen. Daher erstreckt sich der Park nicht nur über

Ebenen, sondern auch hinauf auf die Nuweveld Mountains. Die Höhen über Null variieren zwischen 820 und 1.911 m. Das bedeutet für Sie, dass die Sommer in den Ebenen extrem heiß und die Winter, besonders abends in den Hochlagen, sehr kalt sind.

Strauße kreuzen oft Ihren Weg im Karoo National Park

Lehrpfade, wie der *Fossil Trail* (400 m, 250 Mio. geolog. Geschichte), der *Bossie Trail* (800 m, 65 versch. Pflanzen) sowie der 11 km lange *Fonteintjieskloof Trail* (4–5 Std., Schlucht, Plateau, Aussicht) und der 3 Tage dauernde *Springbok Hiking Trail* (27 km, Basishütte, Hochplateau), führen durch den Park, ebenso wie eine Allradstrecke (vorher reservieren). Am Damm bietet sich zudem ein Platz zum Vögelbeobachten an, und wer gute Augen hat, der sollte sich zudem an der Rezeption über die Nachtfahrt informieren.

Nacht-fahrten

Die **Vegetation** besteht vornehmlich aus Zwergsträuchern, Gräsern und Zwiebelgewächsen. Letztere haben die Eigenschaft, während ungünstiger Jahreszeiten unterirdisch auszuharren. Typischer Vertreter dieser Halbwüste ist der „Karoo-Busch", der eher einer Kräuterpflanze ähnlich sieht als einem Busch. Sie sehen ihn auch entlang der Landstraßen, denn er bedeckt die größten Flächen der Karoo. Die **Tierwelt** besteht aus Steppentieren, wobei das Bergzebra, das Black Rhino (Nashorn, sehr selten zu sehen) und die Raubvögel (u.a. Bussard, Adler) wohl die interessantesten Spezies darstellen. Andere Tiere sind z.B. die Eland-Antilope, das Kudu, Gemsböcke und das Hartebeest. Und wer noch keinen Strauß in freier Wildbahn gesehen hat, kann dieses hier ebenfalls nachholen. Insgesamt zählt man 64 Säugetierarten im Park.

Weiterhin sind besonders die **fossilen Funde** sehenswert, die entlang dem gleichnamigen Trail erläutert werden. Man hat bereits Knochen in der Karoo gefunden, die von reptilienartigen Säugetieren stammen, die vor über 240 Mio. Jahren hier lebten. Damals war die Karoo ein Feuchtgebiet.

Fossilien von vor 240. Mio. Jahren

Im Park gibt es schöne Selbstversorger-Chalets, einen Campingplatz, eine Berghütte sowie ein Restaurant. Alles sollten Sie aber unbedingt vorher buchen.

Von Beaufort West an dient die N1 als Ihr Wegbegleiter bis Kapstadt, sollten Sie nicht den kleinen Umweg über Prince Albert wählen:

*Ein „Umweg" über Prince Albert

Fahren Sie hinter Leeu-Gamka von der N1 ab auf die R353. Allein diese Strecke und später die zurück zur N1 (R328/407) lohnen den Umweg. Anders als auf der viel befahrenen N1 erleben Sie hier die Great Karoo, wie sie wirklich ist: einsam!

Konkav-konvexe Giebel sind typisch in Prince Albert

Die Straße gehört nahezu Ihnen alleine. **Prince Albert** (ⓘ s. S. 312) ist ein verschlafenes Nest, so wie man sich das inmitten der Karoo eben vorstellt. Alles geht hier gemächlich seinen Weg. Dabei werden die Mohair-Schafe, Oliven, Aprikosen, Feigen und andere Produkte aus der Umgebung im ganzen Land geschätzt. Und auch die Bausubstanz, schön herausgeputzte kapholländische und viktorianische Gebäude, kann sich sehen lassen. Sie stammt großenteils aus den zwei Goldgräber-Jahren (1890–91). Doch erst in der letzten Dekade wurden sich die „Einsiedler" hier wieder ihrer Schätze bewusst. Mittlerweile stehen 19 Häuser unter Denkmalschutz, und zahlreiche kleine Bed & Breakfast-Häuser sowie ein lokales Museum haben ihre Türen geöffnet. Am besten aber lernt man etwas über den Ort, wenn man sich in das frisch renovierte (und sehr empfehlenswerte) „Swartberg Hotel" begibt. Hier hängen alte Fotos aus, und die bis zu 70 Jahre alten Gästebücher in der Lounge machen ebenfalls deutlich, welche Bedeutung dem Ort einst durch den Swartberg Pass zugekommen ist. Das Hotel kann zudem mit einem netten Restaurant (auch Snacks), einem Souvenirshop und einer historischen Bar aufwarten. Und wer sich nun noch fragt, wie alle diese landwirtschaftlichen Produkte hier gedeihen können, der sollte mal in die Seitenstraßen und am südlichen Ortsausgang an der Hauptstraße auf die kleinen Bewässerungskanäle achten.

Sternenhimmel   Manch einer ist auch für ein bis zwei Nächte in Prince Albert hängengeblieben, hat nachts den klaren Sternenhimmel bewundert und sich tagsüber auf Erkundungstour zum nahen ***Swartberg Pass** (s. S. 513f) bzw. zum 60 km entfernten ***Meiringspoort** begeben. Für einen Besuch von Oudtshoorn von Prince Albert aus gibt es auch einige Gründe, vor allem den, dass hier nicht so ein touristischer Rummel herrscht.

Prince Albert ist wohl der beste Ausgangspunkt für Ausflüge und Wanderungen in die Swartberge. Wanderkarten und Permits sind in der Touristeninformation erhältlich.

Weiter auf der N1

Laingsburg (ⓘ s. S. 292)

Der kleine, 1881 gegründete Ort hat sich zum Zentrum der umliegenden Farmwirtschaft (Früchte, Luzerne, Schafe) entwickelt und ist beliebter Stopp für die Trucker auf dem Weg durch die Karoo. In die Schlagzeilen geriet Laingsburg aber nur einmal, und zwar 1981, als der zumeist trockene Buffels River übergelaufen war und nahezu die Hälfte des Ortes überschwemmt hatte. Ein Drittel der Gebäude wurde durch diese Flutkatastrophe vollkommen zerstört.

*Über-
schwem-
mung*

Streckenalternative

*Von Laingsburg aus führt eine Straße nach Süden bis nach Riversdale. Sollten Sie diese wählen, empfehlen wir unbedingt den zusätzlichen Schlenker durch die **Seweweekspoort** (keine großen Camper!), eine grandiose Schlucht aus rotem Gestein. Der Umweg bedeutet eine Extrastunde an Fahrzeit.*

*Matjiesfontein (ⓘ s. S. 295f)

Eigentlich hieß die kleine Siedlung zu Beginn *Matjesgoed*, benannt nach einer Binse, aus der ehemals schöne Matten hergestellt wurden. Dieses Handwerk verschwand aber um 1850 aus der Gegend, und man besann sich eines schöneren Namens: *Matjiesfontein*, die „Quelle der jungen Mädchen". Der Ort wurde später zu einer kleinen Bahnstation umfunktioniert, an der die Dampflokomotiven ihren Kühlwasservorrat auffüllten.

*„Quelle
der jungen
Mädchen"*

Der Schotte James Douglas Logan, ein Pionier, der sich sein erstes Geld in Südafrika als Gepäckträger in Kapstadt verdiente, kaufte dann 1884 das Land um die Bahnstation. Aus ein paar Bretterverhauen machte er in kurzer Zeit eine „Oase im Nichts". Logan eröffnete Getränkestände, belieferte die nach Norden fahrenden Züge mit Proviant und etablierte an dieser Stelle zudem noch einen Kurort für die High Society. Besonders Lungenkranke genossen das trockene Klima. Ein nobles Hotel rundete das Bild schließlich ab, und die Prominenz vom Kap entdeckte ihr Wochenend-Refugium. Auch von weither kam die High Society: Betuchte Persönlichkeiten, wie z.B. der Sultan von Zansibar, mieteten gleich den ganzen Ort und luden sich nur auserwählte Gäste ein. VIPs, wie Cecil Rhodes, Edgar Wallace, die Schriftstellerin Olive Schreiner und Lord Randolph Churchill (Vater von Sir Winston), verweilten ebenfalls in Matjiesfontein.

*Mit dem Londoner Doppeldecker-Bus auf
Sightseeingtour durch Matjiesfontein*

Für reiche Kapstädter galt es bis zur Jahrhundertwende als schick, mit dem Zug hierher zu kommen, um Champagnerfeste zu feiern. Das führte auch dazu, dass viele Neuerungen in Südafrika hier zum erstenmal ausprobiert wurden, so z.B. das fließende heiße Wasser. Logan wurde reich, und auch auf dem politischen Parkett gewann er an Einfluss.

Während des Anglo-Burischen Krieges diente der Ort als englisches Truppenlager, und das Hotel wurde zum Lazarett umgebaut. Danach geriet Matjies-

Straßen-
laternen
aus
London

fontein etwas in Vergessenheit, und erst 1968 wurde es schließlich restauriert. Heute bietet der Ort eine willkommene Gelegenheit, einen kurzen Imbiss einzunehmen und etwas zwischen den viktorianischen Gebäuden herumzuwandern. Die alten Straßenleuchten wurden übrigens einst von Logan eigens aus London importiert.

Und wer sich überlegt, im „Lord Milner Hotel" die letzte Nacht vor Kapstadt zu verbringen, dem sei dieses wärmstens empfohlen. Die alten (natürlich restaurierten) Gästezimmer mit ihren schweren Holzfußböden haben ihren Reiz: Wackelige Knöpfe an den Wänden, um den Musiksender auszuwählen, antike Möbel, z.T. Kamine und in den Honeymoon-Suiten doppelte Badewannen. Und abends bietet sich dann noch die Gelegenheit, unter dem Sternenzelt der Südhalbkugel das abendliche Festmahl sacken zu lassen.

Wenn der „Blue Train" in Matjiesfontein für eine Stunde hält, dann ist hier was los

Ansonsten gibt es eine nette Kaffee-Stube, eine historische (und noch funktionierende) Tankstelle, einen Souvenirshop und im Bahnhof gegenüber ein kleines ***Museum** *(geöffnet bis 17h)*, in dem es ein Sammelsurium von Relikten aus vergangenen Zeiten zu bewundern gibt, so z.B. eine ausgesprochen große Sammlung historischer Fotoapparate, eine alte Apotheke, Badezimmer-Utensilien aus der „Ära ohne fließendes Wasser", eine Dorfschule, verschnörkelte Küchengeräte und und und. Der Besuch lohnt! Gehen Sie auch in den Keller (durch die Küche durch). Die Abteilung zur Geschichte des südafrikanischen Transportwesen befindet sich einen Eingang weiter.

Den Keller
nicht
vergessen

Wer nun schließlich eine Rundfahrt durch den Ort mit 1 ½ Straßen unternehmen möchte, sollte an der Hotelrezeption einmal nach dem roten **Londoner Doppeldeckerbus** fragen.

Gedämpftes Licht für Sternengucker

Von der N1 zweigt sowohl von Laingsburg als auch von Matjiesfontein eine einfache Straße ab nach **Sutherland** (① s. S. 323) in der Northern Province. Der einsame Ort, 1857 gegründet, weist eine Besonderheit auf: Hier steht das zweitgrößte Teleskop der Welt und das größte der südlichen Hemisphäre. Angeschlossen ist ein wissenschaftliches Institut, in dem Sternenforscher aus aller Welt tätig sind. Diese Ehre hat der kleine Ort zwei Tatsachen zu verdanken: Zum einen liegt er so einsam in der Karoo, dass kein Streulicht das Beobachten der Sterne stört, und zum anderen herrscht hier nahezu wolkenloser Himmel, was dem Ort nachts aber so kalte Temperaturen beschert, dass er als der kälteste Ort Südafrikas gilt. Man bedenke, dass es nachts in der Wüste sogar frieren kann.

Die Ehre der internationalen Sternenkunde müssen die Sutherländer aber mit einer unangenehmen Regel bezahlen: Nachts darf nur gedämpftes Licht eingeschaltet werden (bzw. muss mit Vorhängen verdunkelt werden), und bis vor kurzem gab es keine richtigen Straßenlampen. Das hat sich aber mittlerweile ein wenig gebessert, denn eine südafrikanische Firma hat eine Straßenlaterne entwickelt, die „kaltes" Licht ausstrahlt, welches kaum in die Atmosphäre scheint.

Die Besichtigung der Sternwarte ist an einigen Tagen möglich.

Der nächste größere Ort an der N1 ist **Touws River (Touwsrivier)**. Der Ort ist absolut uninteressant, aber der Name deutet das Verlassen der Great Karoo an. Er ist abgeleitet aus der Khoi-Sprache, in der „Touws" das Tor heißt. Einst galt er für die Siedler, Diamantensucher und Reisenden als *„Tor zur großen Halbwüste"*. *„Tor zur großen Halbwüste"*

Über **Worcester**, den **Du Toits Pass** bzw. den **Huguenot Tunnel** und durch das **Weinanbaugebiet um Stellenbosch und Paarl** geht es nun nach Kapstadt.

Wer die längere und mühsamere, aber ebenfalls sehenswerte Strecke über den nördlich gelegenen *Bain's Kloof Pass* nach Paarl wählen möchte, der biege bei Worcester nach Norden ab und lese bitte dazu auf S. 643f.

16. AUSFLUG IN DAS GEBIET NÖRDLICH VON KAPSTADT

Allgemeiner Überblick

Die beschriebene Strecke (ohne Namaqualand)

Die Strecke führt zunächst nördlich aus Kapstadt heraus, bis *Lambert's Bay* mehr oder weniger entlang der Küste des Atlantischen Ozeans. Von dort aus geht es östlich, Richtung *Clanwilliam* und weiter Richtung Süden durch die *Cedarberg*

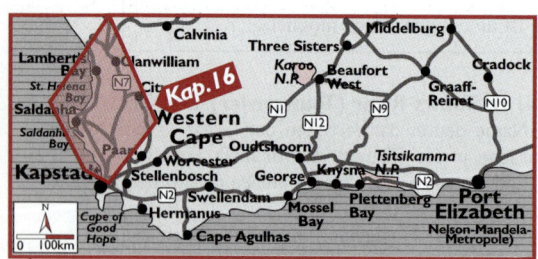

Wilderness Area. Anschließend steht ein Besuch der Buschmannsiedlung *Kagga Kamma* an. Auf dem letzten Abschnitt zurück nach Kapstadt schließlich führt die Route durch das reiche Obstanbaugebiet um *Ceres* und in den typisch kapholländischen Ort *Tulbagh.* Von dort geht es über den *Bain's Kloof Pass* zurück nach Kapstadt.

Überblick: Was gibt es zu erleben?

Sträflings-insel

10 km hinter Kapstadt sieht man nur wenige Kilometer vor der Küste **Robben Island**, die ehemals berüchtigte Sträflingsinsel, auf der auch Nelson Mandela inhaftiert war. Von den Küstenorten Table View und **Bloubergstrand** hat man einen ausgezeichneten Blick auf den Tafelberg.

Wer im September auf dieser Route unterwegs ist, sollte einen Abstecher nach **Darling** machen, wo zu dieser Zeit das Blumenfestival stattfindet. Die ganze Stadt und vor allem die Blumenreservate stehen dann in vollster Blütenpracht. Die eigentliche Blütezeit beginnt aber bereits im August und endet in Oktober.

Die Saldanha Bay ist durch zwei Extreme gekennzeichnet, zum einen den **West Coast National Park**, zum anderen den in den 1970er Jahren angelegten Erzhafen. Wer Interesse am Wirtschaftsleben eines Rohstofflandes hat, sollte sich den Hafen einmal kurz ansehen, um eine Idee zu bekommen, mit welchem Aufwand alleine die

Klassisches Fotomotiv: vom Bloubergstrand auf Kapstadt und den Tafelberg

Rohstoffe transportiert werden, die wir in den Industrieländern teilweise so gedankenlos verbrauchen. Nur um das Erz von den Minen heranzubringen, wurde eine 850 km lange Eisenbahnstrecke durch wüstenähnliches Gebiet hierhin gebaut. Nordwestlich davon führt die Strecke vorbei an dem Verwaltungsort Vredenburg und auf einem Schlenker nach **Paternoster**, einem idyllischen Fischerörtchen. Weiter nördlich verläuft dann die Straße immer parallel entlang der Erzbahn bis nach Lambert's Bay. Vielleicht haben Sie ja Glück und sehen einen dieser ewig langen Erzzüge.

Erzbahn

Die Strecke zwischen Yzerfontein und Lambert's Bay wird auch als **„Seafood Route"** bezeichnet, da es hier unzählige Muschel- und Crayfischaufzuchtstationen gibt, deren Produkte in den nahegelegenen Restaurants auf verschiedene Weise zubereitet werden. In der Zeit von Juli bis November kann es auch passieren, dass Sie **Wale** an der Küste sichten. Sie halten sich gerne in der kühlen Meeresströmung auf, da diese in der Regel nährstoffreich ist.

Muscheln und Crayfische

Nördlich geht dieser Teil des Kaplandes über ins **Namaqualand**, zu dem es aber keine direkte Grenze gibt, da es sich nicht um einen Regierungsbezirk handelt.

Weiter im Hinterland, aber in der Umgebung von **Clanwilliam** und Citrusdal, ist es nicht mehr ganz so trocken. Es wird bewässert, so dass neben Tabak und Weizen auch Wein und Zitrusfrüchte angebaut werden. Berühmt ist auch der **Rooibos Tree**, dessen Blätter einen aromatischen und Vitamin-C-reichen Tee liefern. Auch hier erblühen im Frühjahr viele Felder zu einem Meer von Blumen.

Die **Cedarberg Wilderness Area** ist eine der atemberaubendsten Wildnisgegenden im Western Cape. Das hohe Sandsteingebirge östlich des Olifants River und die langen trockenen Täler formen eine einsame, abgelegene raue Landschaft und bieten ideale Möglichkeiten für Wanderer, Kletterer und Naturfreunde. Über das ganze Gebiet verteilt fin-

Wunderschön, einsam, aber heiß: die Cedarberg Wilderness Area

det man neben Felsmalereien eine große Vielfalt an Bergfauna, von Pavianen und kleinen Antilopen bis hin zu Luchs und Leopard. Nicht zu vergessen ist die einzigartige Flora, wie die knochige und hartnäckige Clanwilliam-Zeder, die diesem Gebiet den Namen gab, sowie die Schneeprotea, die in Höhen um 2.000 m wächst.

Kagga Kamma bietet die Möglichkeit, in der zerklüfteten Landschaft unter Führung von erfahrenen Rangern eine Buschmannsiedlung zu besuchen, Felsmalereien anzusehen und bei einer Abendfahrt die heimischen Tiere in der Dämmerung zu beobachten.

Grundsätzlich:

- Am Wochenende und **zur Hummersaison Hotels an der Westküste**, bes. aber in Paternoster, vorher **reservieren**
- **Kagga Kamma** vorher reservieren
- **Fernglas** nicht vergessen
- **Vogelbestimmungsbücher** kaufen in Buchhandlungen und größeren Informationszentren
- Das Beobachten der Vögel im West Coast NP ist am besten **am frühen Morgen** (bedeutet: Übernachtung in Langebaan)
- Immer rechtzeitig tanken sowie Wasser, Öl und Reservereifen **kontrollieren**
- Möglichst **nicht mehr in der Dämmerung fahren**: Tiere auf der Straße!

Die schönsten Naturerlebnisse:

- **Frühlingsblumenmeer** in und um Darling (Aug.-Okt.) (S. 624f)
- **Vogelbeobachtungen** im West Coast National Park (S. 625ff)
- Atemberaubende Landschaft in der **Cedarberg Wilderness Area** (S. 634ff)
- **Tierbeobachtung** in Kagga Kamma (S. 636ff)
- Fahrt über den **Bain's Kloof Pass** und auch Wanderungen dort unternehmen (S. 643)

Kulturelle Höhepunkte:

- Was gibt's Neues im **Fossil Park**? (S. 626f)
- Clanwilliam, Heimat des gesunden **Rooibos-Tee** (S. 632ff)
- Lernen über die Lebensweise der **Buschmänner** in Kagga Kamma (S. 637f)
- Spaziergang durch die kapholländische Church Street von **Tulbagh** (S. 642f)

Außergewöhnliche Höhepunkte:

- **Blick auf Kapstadt und den Tafelberg** von Bloubergstrand aus (S. 623)
- Seafood-Mahl in einem **Open-Air-Restaurant** an der Westküste (S. 630f)
- **Hummer essen** in Paternoster (S. 628f)

Der Ort **Ceres**, der den Namen der römischen Fruchtbarkeitsgöttin trägt, und sein Umland gehört zu den schönsten und reichsten Obstanbaugebieten Südafrikas. Fast überall im Land findet man Fruchtsäfte mit dem Namen der Stadt auf dem Etikett.

Ein Erdbeben im Jahre 1969 veranlasste Historiker und Architekten, den kleinen Ort **Tulbagh** in seiner ganzen Schönheit zu restaurieren. Alleine in der Church Street findet man 32 makellose kapholländische Häuser, die alle unter Denkmalschutz stehen.

 Vorschläge für eine Zeiteinteilung

OPTIMALE ZEIT: 4 Tage (ohne Kagga Kamma)

- 2 Tage:

1. Tag: Von Kapstadt direkt zum Blumenmeer nach Darling (nur im Frühling (Aug.-Okt.)). Danach Vogelbeobachtung im West Coast NP und schließlich zum Hummeressen und Übernachten in Paternoster.

2. Tag: Die Küste entlang nach Lambert's Bay, dann östlich nach Clanwilliam und über Citrusdal die N7 in Richtung Süden zurück. Abschließend: Zum Sonnenuntergang nach Bloubergstrand

- 5 Tage:

1. Tag: Bloubergstrand, Darling (nur im Frühling (Aug.–Okt.)) und erste Übernachtung in Langebaan.

2. Tag: Früh aufstehen und die Vögel im West Coast NP beobachten. Dann zum Fossil Park bei Hopefield. Anschließend die Küste entlang (Paternoster, St. Helena Bay, Elands Bay). Übernachten in Lambert's Bay und den Tag abschließen mit einem Seafood-Mahl in einem Open-Air-Restaurant vor Lambert's Bay.

Übersicht: Das Gebiet nördlich von Kapstadt

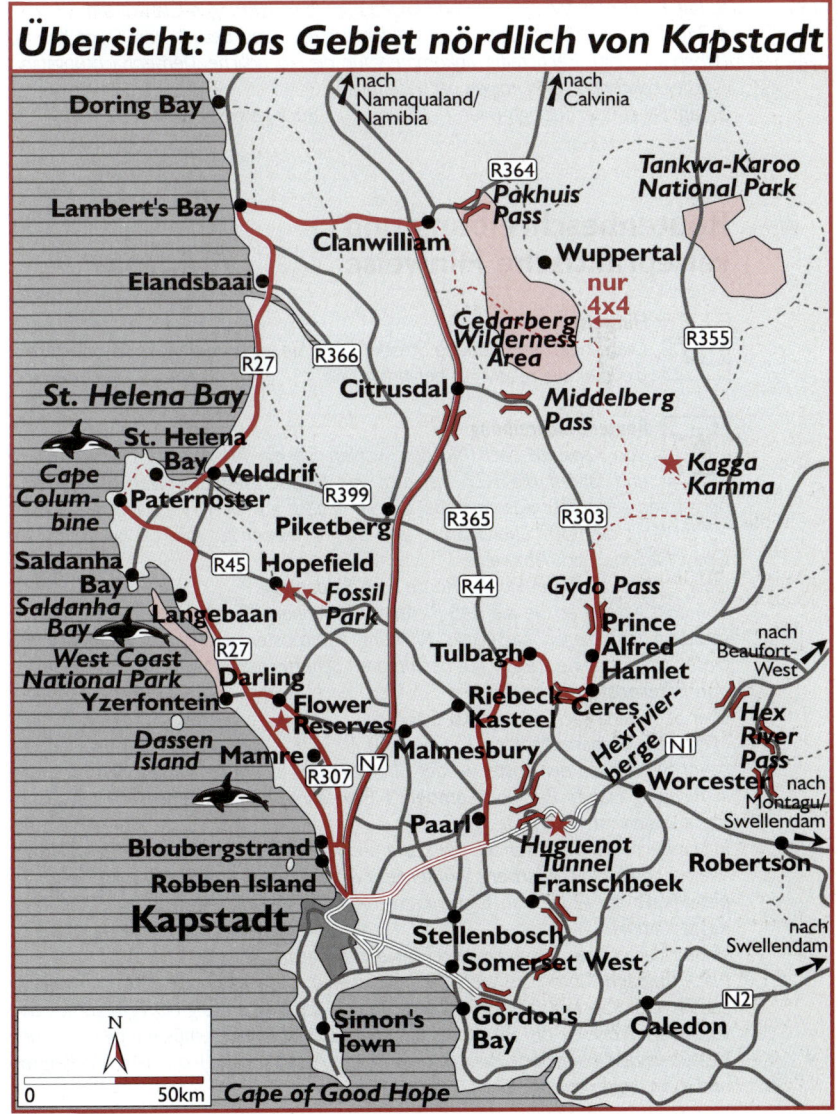

Doring Bay

nach Namaqualand/ Namibia

nach Calvinia

Lambert's Bay

R364

Pakhuis Pass

Tankwa-Karoo National Park

Clanwilliam

Wuppertal

nur 4x4

Elandsbaai

R27

R366

Cedarberg Wilderness Area

R355

St. Helena Bay

Citrusdal

Middelberg Pass

St. Helena Bay

Velddrif

Kagga Kamma

Cape Colum-bine

Paternoster

R399

Piketberg

R365

R303

Saldanha Bay

R45

Hopefield

Gydo Pass

Saldanha Bay

Langebaan

Fossil Park

R44

Prince Alfred Hamlet

nach Beaufort-West

West Coast National Park

R27

Darling

Tulbagh

Ceres

Hex River Pass

Yzerfontein

Flower Reserves

Riebeeck-Kasteel

Hexrivier-berge

N1

Dassen Island

Mamre

Malmesbury

Worcester

nach Montagu/ Swellendam

R307

N7

Blouwbergstrand

Paarl

Huguenot Tunnel

Franschhoek

Robertson

Robben Island

Kapstadt

Stellenbosch

Somerset West

nach Swellendam

N2

Simon's Town

Gordon's Bay

Caledon

N

0   50km

Cape of Good Hope

© igraphic

3. Tag: *Fahrt nach Wuppertal und Umgebung; Übernachtung in Clanwilliam*
4. Tag: *Fahrt durch die Cedarberg Wilderness Area und Besuch von Kagga Kamma (Übernachtung). Rechtzeitig ankommen für die abendliche Tierbeobachtungsfahrt (vorher telefonisch erkundigen nach Zeitplan).*
5. Tag: *Fahrt über Tulbagh (hier 2–3 Stunden) zurück nach Kapstadt*

Routenbeschreibung und reisepraktische Hinweise

Hinweise

Diese hier beschriebene Strecke führt Sie auch über viele Schotterpisten, die aber alle relativ gut befahrbar sind.

Routenbeschreibung

Von Kapstadt nach Norden wählen Sie die N1-Abfahrt Paarden Eiland und fahren die R27 bis kurz vor Bloubergstrand. Folgen Sie in Bloubergstrand selbst der Küstenstraße, bis Sie wieder auf die R27 gelangen. Nach ca. 12 km führt die R307 über Mamre und Darling wieder zur R27 bis hin zum West Coast National Park-Abzweiger.
Über Langebaan folgen Sie der Route nach **Saldanha***.*
Von dort aus fahren Sie die R45 Richtung Vredenburg. Hier folgen Sie den Hinweisschildern und biegen nach links Richtung Paternoster ab. Am Ortsausgang wird diese Straße zu einer relativ gut befahrbaren Schotterpiste.
Von **Paternoster** *folgen Sie den Schildern nach Stompneus (Schotterpiste), weiter über St. Helena nach Velddrif (ⓘ S. 329).*
Hier oder im benachbarten Laaiplek (ⓘ S. 329) sollten Sie noch einmal tanken, bevor Sie entlang der Küste, wieder über eine relativ gut befahrbare Schotterpiste, in Richtung Eland's Bay und **Lambert's Bay** *fahren. Tipp: Nehmen Sie von Elands Bay aus die kostenpflichtige Straße.*
In Lambert's Bay verlassen Sie die Küste und fahren die R364 bis nach Clanwilliam. Weiter durch die **Cedarberg Wilderness Area** *führt eine gut befahrbare Schotterpiste. Nach ca. 120 km ab Clanwilliam treffen Sie auf die Abzweigung (links) nach Kagga Kamma.*
Weiter nach Ceres folgen Sie den Hinweisschildern.
Nach **Tulbagh** *führen Sie die R303 und wenig später dann die R46. Von Tulbagh zurück nach Kapstadt fahren Sie am besten, da schöner, entlang der R46 zurück und vorbei an Wolseley, bis Sie rechts auf die R301 abzweigen müssen, die über den bezaubernden Bainskloof Pass (sehr schmale Asphaltstraße!) bis nach* **Wellington** *und dann weiter zur N1 führt.*

Entfernungen

- **Kapstadt - Bloubergstrand:** *25 km*
- **Bloubergstrand - Darling - West Coast National Park-Eingang:** *100 km*
- **Rundfahrt im West Coast NP bis Langebaan:** *ca. 50 km*
- **Langebaan - Saldanha:** *22 km*

- *Saldanha - Vredenburg:* 12 km
(alternativ: Langebaan - Lange-
baanweg/Hopefield (Fossil-Park) -
Vredenburg: 35 km)
- *Vredenburg - Paternoster - St.
Helena:* 36 km
- *St. Helena - Lambert's Bay:*
125 km
- *Lambert's Bay - Clanwilliam:*
62 km
- *Clanwilliam - Kagga Kamma:*
155 km
- *Kagga Kamma - Tulbagh:* 115 km
- *Tulbagh - Kapstadt (direkt):*
135 km

Nicht alle Routen in diesem Reisegebiet sind asphaltiert

- *Tulbagh - Bain's Kloof Pass (R301) - Kapstadt:* 136 km (aber sehr langsam)
Gesamt (ohne Fossil-Park-Alternative): 837 km
Streckenentfernungen im Namaqualand: siehe S. 645

Sehens- und Erlebenswertes
nördlich von Kapstadt

Entlang der Atlantikküste zwischen Kapstadt und St. Helena Bay

*Bloubergstrand (ⓘ s. S. 268)

Von Bloubergstrand aus können Sie Kapstadt und den Tafelberg von einer der am
häufigsten fotografierten Seiten betrachten – das aufschäumende blau-grüne Meer
im Vordergrund.

Mamre

Mamre, ursprünglich Groene Kloof genannt, ist eine Anfang des 18. Jahrhunderts
von deutschen Missionaren gegründete Stadt inmitten einer hügeligen Landschaft,   *Deutsche
mit weißen, reetgedeckten Häusern und einer Kirche. Hier lehrten die weißen   Missionare*
Geistlichen die verarmten Khoi neben christlichem Glauben auch verschiedene
handwerkliche Fähigkeiten, wie Mauern, Schmieden oder Nähen. So erhielten die
Khoi neben einem Einkommen auch ihre Selbstachtung zurück.

Darling (ⓘ s. S. 274f)

Darling wurde 1853 gegründet und nach dem Leutnant-Gouverneur der Kapprovinz benannt. In der Umgebung fand die südlichste Schlacht des Anglo-Burischen
Krieges statt (siehe S. 31f, Geschichte), und noch heute erinnert ein Monument

West Coast Flowers

Während der Monate August und September verwandelt sich die gesamte West Coast-Region in ein **Meer von wilden Blumen**. Besonders schöne Gebiete findet man in der kleinen Stadt Darling, im West Coast National Park und an der Küste um Cape Columbine und Lambert's Bay. Im Landesinneren ist Clanwilliam das Zentrum der Blütenpracht.

Die Informationszentren in Darling, Saldanha und Clanwilliam bieten geführte Touren an. Hier erhalten Sie auch Hinweise, wo welche Blumen gerade blühen.

Die Blüten sind i.d.R. zwischen 10h und 16h geöffnet. Da sich die Blumen in Richtung der Sonne drehen, ist es empfehlenswert, morgens Richtung Westen und nachmittags Richtung Osten zu fahren.

Die meisten Besucher sind von der Vielfalt der Blumen so begeistert, dass man sie eindeutig an ihren erdigen Knien erkennen kann. Aber denken Sie daran, keine Blumen zu pflücken. Wem das Fotografieren nicht liegt, kann in den Informationszentren und Buchläden Pflanzenbildbände erwerben**.**

an die burischen Helden, die sich bis hierhin durchgeschlagen haben. In Darling wurden auch die ersten Merino-Schafe ausgesetzt, dank einem nautischen Irrtum. Damit begann die Schafzucht im nördlichen Kapland. Heute werden auch Rinder in der Umgebung gehalten und trotz der Meeresnähe Wein angebaut.

Am interessantesten ist aber das ***Darling Flora Reserve**, das sich auf den Farmen südlich des Ortes befindet. Ein weiteres Flower Reserve liegt an der Straße nach Yzerfontein. Während im Sommer hier Kühe grasen, erblühen die Weiden im Frühling zu einem bunten Teppich. Leider kann man nur zu bestimmten Zeiten die Farmen im Frühling (Aug.-Okt.) besuchen. Erkundigen Sie sich beim Tourist Office (Town Clerk, Church Street). Dort erhalten sie auch aktuelle Karten über die Standorte der schönsten Blumen.

Während der dritten Woche im September findet in Darling die ***„Wild Flower Show"** statt. Die ganze Stadt ist dann ein einziges Blütenmeer.

Das **Butter-Museum** *(Pastorie Street, Mo–Fr 7h30–12h30)* zeigt eine große Auswahl an Utensilien, die für die Butterherstellung benötigt werden.

Außerhalb der Blütezeit bietet der Ort nicht viel, so dass Sie auch einfach auf diesen Umweg verzichten und direkt entlang der Küste zum West Coast National Park fahren können.

Yzerfontein (ⓘ s. S. 335)

Verschlafener Fischerort

In Yzerfontein kann man während der Snoek-Saison im Hafen beobachten, wie Großhändler, Restaurant- und Ladenbesitzer aus Kapstadt direkt von den immer voll beladen einlaufenden Fischerbooten frischen Fisch („bakkie" genannt) einkaufen. Ansonsten ist Yzerfontein eher ein verschlafener Fischerort.

*West Coast National Park

(ⓘ s. S. 330f)
Geöffnet: Tägl. 8–19h

Der West Coast National Park ist einer der größten Naturreservate an der südafrikanischen Küste. Er

Wenn auch nicht so häufig wie östlich von Kapstadt, können aber auch hier Wale auftauchen

West Coast National Park

Marcus Island
Eisenerzkai
Elandspunt
Jutten Island
Saldanha Bay
South Head
Jutten Bay
Militärisches Sperrgebiet
Salamander Bay
Plankiesbaai
Schaapen Island
zur Saldanha Bay
Stoney Head
Uitkyk
Kreefte baai
Postberg Nature Reserve
Langebaan
zur R27
Vondeling Island
Kraalbaai
Eingang
Preekstoel
nach Velddrif
Langebaan Lagune
Strandveld Educational Trail
R27
Churchhaven
Atlantischer Ozean
Strandveld Educational Trail
Sixteen Mile Beach
Strandveld Educational Trail
R27
Eingang
nach Kapstadt
Vogel-beobachtung
N
0   3km
© ▌graphic

umschließt ca. 30.000 ha und reicht von Yzerfontein bis nach Langebaan und umfasst die Langebaan Lagune mit ihrem klaren blauen Wasser. 35 % der Salzmarschen und fast 40 % der noch unberührten Strandfelder Südafrikas befinden sich hier im Park. Dieses reiche Angebot an Feuchtgebieten und anderer Lebensräume, wie z.B. Felshöhlen, bieten bis zu **250 verschiedenen Vogelarten** Lebensraum. So kommen hier auch jeden Frühling diverse Zugvögel aus dem subarktischen Raum Europas und Nordwest-Asiens an.

Unberührte Strandfelder

Zu finden ist neben Austernfischern, Kormoranen, Flamingos, Pinguinen und verschiedensten Möwenarten auch die ca. 70.000 Vögel umfassende Cape Gannet-Kolonie. Strauße gibt es übrigens auch.

Die **Vegetation des Parks** wird durch Sandfelder mit diversen Büschen dominiert. Besonders zwischen August und Oktober ist ein Meer von Wildblumen zu sehen.

Fragen Sie den Ranger am Eingang des Parks, wo die besten Plätze sind, um Tiere zu beobachten.

Rau, aber herzlich: die Strandküste im West Coast National Park

Sehr gute Informationen über Flora und Fauna erhalten Sie im **Geelbek Informations- und Bildungszentrum**. Es befindet sich in einem hübschen kapholländischen Gebäude *(geöffnet Mo–So 10–15h45)* am südlichen Ende der Lagune, 10 km vom Langebaan-Eingang des NP. Von hier aus werden geführte Wanderungen angeboten (vorher telef. erkundigen).

In bzw. an dem Gebäude befinden sich auch ein Tea Room, einfache Hüttenunterkünfte und im Garten ein Picknickplatz. Ein weiterer **Picknickplatz** am nördlichen Ende des Parks (direkt am Atlantik), „Tzaar Bank", mit kleinem Kiosk *(unregelmäßige Öffnungszeiten)* und Toiletten lädt zur Pause ein. Von hier aus können sie am 16 Mile Beach entlang wandern. Baden sollte man aufgrund der Temperaturen und der Felsen lieber auf der Lagunen-Seite dieser Landzunge, in der Kraalbaai.

Hier erinnert die Landschaft an Griechenland. Griechen waren es auch, die den Fischfang in diesem Abschnitt der Küste ins Leben gerufen haben und deren Namen, wie z.B. beim (modernen) Club Mykonos in Langebaan, immer noch erhalten sind.

Fahren Sie nach Erkundung des Parks in Richtung Langebaan wieder aus diesem heraus.

Langebaan (ⓘ s. S. 294)

Langebaan ist ein kleiner Ferienort am nördlichen Ende des West Coast National Parks. Für die Vogelfreunde, die schon in den frühen Morgenstunden auf Beobachtungstour gehen wollen, bietet der Ort ausreichend Übernachtungsmöglichkeiten an. Im Informationszentrum erhalten Sie alle Information über **Wassersportaktivitäten in der Langebaan Lagoon**, wie z.B. Angeln, Wasserski, Segeln und Tauchen.

Outdoor-Restaurant

Am Ortsausgang von Langebaan biegen Sie links ab, in Richtung Club Mykonos (den Sie, neben dem Outdoor-Restaurant „Strandloper", passieren) und folgen Sie der Straße sowie den Ausschilderungen, bis Sie nach Saldanha kommen.

Abstecher nach Langebaanweg zum *(West Coast) Fossil Park

Ca. 5 km östlich von Langebaanweg direkt an der Straße nach Velddrift/Vredenburg. Die Besuchszeiten (vor allem die der Führungen) sollten aber unbedingt vorher erfragt werden über Tel.: (022) 766-1606.
Der 14 ha große (West Coast) Fossil Park wurde zwar erst 1998/99 eröffnet, doch hat man an dieser Stelle bereits vor über 50 Jahren beim Abbau der

Phosphatvorkommen die ersten Fossilien gefunden. Aber erst als die Minen 1995 geschlossen wurden, dachte man über eine öffentlich zugängliche Ausgrabungsstätte nach. Ziel ist es, sowohl die Fossilienforschung voranzutreiben, aber eben auch den touristischen Aspekt zu fördern sowie eine Ausbildungsstätte für Studenten einzurichten. Die großen Stahl- und Minenfirmen, die hier einst tätig waren bzw. in der Umgebung auch noch sind, helfen dem Park mit finanziellen Mitteln. Auf täglich zwei geführten Touren (es wird das Labor besichtigt, und anschließend geht es völlig unkompliziert zur Ausgrabungsstätte) wird den Besuchern nun erläutert, wie die geologischen Verhältnisse in der Region vor mehr als 5 Millionen Jahren ausgesehen haben. Ein feuchtes Klima hat zu der Zeit vielen größeren Tieren hier das Leben ermöglicht. Die Ausgrabungen werden heute unter Leitung des South African Museum in Kapstadt mit Nachdruck weitergeführt und der Park somit stetig weiter ausgebaut. Es gibt auch ein kleines Café.

Saldanha (ⓘ s. S. 314f)

Saldanha wurde Anfang der 1970er Jahre als **Massenguthafen** für den Export von Erzen ausgebaut. 120 km nördlich von Kapstadt, in einem an sich strukturschwachen Gebiet gelegen, bot sich die natürliche und sturmsichere Bucht geradezu an. Zum einen wurden Arbeitsplätze geschaffen, zum anderen konnten endlich die qualitativ guten Erze aus der Gegend um Sishen (nordwestlich von Kimberley) effizient verschifft werden, da die Verschiffung von Port Elizabeth zu umständlich geworden war. Der Konzern ISCOR, eine der größten Firmen im südafrikanischen Bergbau sowie in der Eisen- und Stahlproduktion, übernahm die Bauleitung. 1973 wurde mit den ersten Konstruktionen begonnen. Mit einer Fläche von 7.434 ha ist dieser natürliche Hafen der flächengrößte in ganz Afrika.

Sturmsicherer Erzhafen

Riesige Erzfrachter in Saldanha Bay

Um das Erz aus Sishen hierher zu transportieren, wurde eine 860 km lange Eisenbahnstrecke gebaut. Diese musste vor allem rentabel zu bewirtschaften sein. Daher wurde auf geringe Steigungen geachtet und ein sehr haltbares Material (Chrom-Mangan) für die Schienen verwendet, damit zum einen lange Züge verkehren konnten und zum anderen die Wartungskosten überschaubar blieben. Die Züge sind im Schnitt 2,2 km lang und werden von drei großen E-Loks gezogen. Auf diese Weise kann ein Zug 16.000–20.000 t Erz transportieren.

Der Staat hielt sich, vertreten durch die SAR&H (South African Railway and Harbour) und eine Planungskommission, beim Ausbau zurück und hoffte auf die Initiative der Wirtschaft, die mit Fabriken und einer Großwerft weitere Arbeitsplätze schaffen wollte. Doch als 1976 der Hafen und die Eisenbahnstrecke fertig

Initiative der Wirtschaft?

waren, befand sich die Wirtschaft inmitten einer Rezession, und zudem wurden damals die Handelsbeziehungen mit Südafrika aufgrund der Apartheid weiter eingeschränkt. Das industrielle Wachstum in der Region Vredenburg-Saldanha blieb daher bescheiden, die großen Industriepläne wurden verschoben, und nur die Fischindustrie war und ist bis heute neben dem Erzhafen von Bedeutung. 1977 übergab die ISCOR die Hafenleitung an die SAR&H. Der Erzhafen wird seitdem gut genutzt, und eine Erzreserve in Sishen von ca. 3,5 Mrd. Tonnen gibt dem Hafen eine gute Zukunftsperspektive. Jährlich werden 15 Mio. t Erz von den Zügen über 7 km lange Förderbänder auf die Schiffe verladen – mit einer Kapazität von 8.000 t pro Stunde! Der Hafen ist tief genug, um Frachter mit einer Größe von 250.000 t aufzunehmen.

3,5 Mrd. Tonnen Erz

Neben dem Erz wird auch Kupfer aus dem Namaqualand umgeschlagen und, wenn auch nur in bescheidenem Umfang, Stückgut. Hierbei handelt es sich zum größten Teil um Obst aus der Region Citrusdal.

Einen guten Blick auf den Hafen und vielleicht auf einen gerade einlaufenden riesigen Frachter erhalten Sie, wenn Sie zu der, durch einen breiten Damm mit dem Festland verbundenen, **Insel Marcus Island** fahren. Folgen Sie dazu der Main Road in Richtung Atlantik. Direkt vor dem Militärtor biegen Sie links ab, folgen dieser Straße, rechts an der Fischfabrik vorbei, halten sich weiter rechts, bis Sie beim Hinweis „Breakwater" nochmals nach rechts abzweigen. Fahren Sie den Damm bis zum Ende. Wenn Sie Glück haben, können Sie gegen Abend die an Land kommenden **Pinguine** auf Marcus Island beobachten. Erkundigen Sie sich am besten vorab beim Informationszentrum, ob die Tore zur Insel geöffnet sind.

Pinguine

Im Restaurant-Pub „Meresteijn" können Sie sich mit Blick auf den Hafen erfrischen oder im Restaurant im Untergeschoss den für diese Gegend typischen Crayfisch probieren. Frische Meeresfrüchte können Sie mit etwas Glück auch im kleinen Fischereihafen erstehen.

Vredenburg

Vredenburg ist das Shoppingzentrum der West Coast und damit in keiner Weise sehenswert.

*Paternoster (ⓘ s. S. 303)

1790 wurde dieser Teil der Küste von dem Kapitän eines Schiffes der Holländisch-Ostasiatischen Kompanie entdeckt. Die genaue Herkunft des Namens Paternoster bleibt ein wenig schleierhaft, denn unterschiedliche Gerüchte kursieren darüber. Wahrscheinlich ist, dass es etwas mit dem ersten Pastor hier zu tun hat, „unserem Vater".

Gerüchte

Heute ist Paternoster ein idyllisches Örtchen mit kleinen weiß verputzten Häusern, mit **schönen Stränden** und ca. 1.300 Einwohnern, davon 1.150 Khoi, die schon seit Generationen Fischfang an der Westküste betreiben. Hauptbeschäftigung stellt hier das Fangen und Verarbeiten von Lobstern dar. Die *Lobstersaison* geht von Mitte November bis Ende April. Womit sich die Einwohner den Rest des Jahres beschäftigen, kann man sich in dem Pub des „Paternoster Hotels" erzählen lassen. Hier können Sie einen ruhigen, entspannenden Abend verbringen und anschließend z.B. noch einmal zu dem 3 km außerhalb liegenden **Leuchtturm Cape Columbine** hinausfahren. Dieser ist

Der Fischerort Paternoster: Idylle pur

einer der wichtigsten Navigationspunkte für Schiffe, die sich aus Europa oder Amerika der südafrikanischen Küste nähern.

Von St. Helena Bay über Lambert's Bay nach Clanwilliam

St. Helena Bay (ⓘ s. S. 315)

St. Helena Bay erhielt seinen Namen vom portugiesischen Navigator **Vasco da Gama**. Er entdeckte die Bucht am 7. November 1497 auf seinem Weg von Europa nach Asien. In der Nähe der Mündung des Great Berg River, frischten die Portugiesen ihre Vorräte auf und erholten sich eine Woche lang an den schönen Stränden. Hier war es dann auch, wo sich die erste Rauferei zwischen einem Seemann und einer Gruppe von Khoi-Khoi entwickelte. Ein kleines **Ehrenmal** bei St. Helena erinnert an da Gamas Landeplatz.

Vasco da Gamas Landeplatz

Die St. Helena Bay ist eines der weltbesten Fischgebiete. Der kalte Benguela-Strom sorgt für nährstoffreiches Wasser, welches er regelrecht in diese Bucht hineindrückt. Die 12 Fisch verarbeitenden Fabriken entlang der Küste sind nicht zu überriechen.

Elands Bay/Elandsbaai (ⓘ s. S. 276)

Dieser kleine verschlafene Ort ist besonders bei Fischern und Muschelsammlern bekannt. Ansonsten ist dieser Küstenabschnitt aufgrund der günstigen Winde bei Surfern beliebt und gilt als relativ sicher. Die Lage des Ortes an einer felsigen Landzunge sowie der Einmündung eines Flusses sprechen genauso für einen Übernachtungsstopp wie die Gelegenheit, hier günstig frische Meeresfrüchte im Restaurant zu essen. Übrigens: In einer kleinen Fabrik können Sie frischen **Crayfish** zu erstehen. In Eland's Bay können Sie wählen zwischen einer direkt parallel zur Eisenbahnline führenden Privatstraße (kleine Gebühr) oder einer längeren, die einen Schlenker durchs Landesinnere macht und Sie ebenfalls nach Lambert's Bay

Muscheln

führt. Bei erster Strecke passieren Sie übrigens rechter Hand ein **weißes Dünenmeer**. Kurz vor Lambert's Bay liegt dann auch ein Open-Air-Strandrestaurant.

Lambert's Bay/Lambertsbaai
(ⓘ s. S. 293)

Dünenmeer bei Elands Bay

Der Ort wurde 1913 gegründet und nach Sir Robert Lambert benannt, dem Commander der Marinestation in Kapstadt (1820–21). Zuerst war der Ort nur ein verträumtes Fischerdorf, doch schon bald begannen sowohl die **Fischindustrie** als auch der Tourismus, Einzug zu nehmen. Auch hier lassen die kalten und nährstoffreichen Meeresströmungen ausgezeichnete Fangbedingungen zu, und besonders der Crayfisch aus diesen Gewässern ist im ganzen Land bekannt. Viele Kapstädter kommen extra am Wochenende hierher, um diese Delikatesse frisch gefangen zu genießen. Und auch in dieser Gegend sind die Blumen im Frühjahr, wenn das ganze Umland blüht, ein besonderer Anziehungspunkt.

Nicht versäumen sollte man einen Spaziergang zur **Bird's Island**. Von einer Plattform aus können Sie Kormorane, Pinguine und zahlreiche Möwen beobachten. Die Plattform befindet sich gleich hinter dem Hafengelände.

In Lambert's Bay bietet sich auch die Möglichkeit, einmal mit einem Crayfish-Boot hinauszufahren oder eine Crayfish-Fabrik zu besuchen. Nähere Hinweise erhalten sie im Touristenbüro des Ortes.

Das „Bosduifklip Open-Air-Restaurant", 4 km außerhalb an der Straße nach Clanwilliam, liegt unter einem Felsvorsprung. Hier

*Open-Air-Restaurants

Ein Höhepunkt in vielen Orten an der West Coast ist das Speisen eines reichhaltigen und **mehrere Stunden dauernden Seafood-Mahls** in einem Open-Air-Restaurant. Sie sind direkt am Strand gelegen, aus einfachen Holzhütten aufgebaut, mit Büschen als Raumteilern. Dort werden zahlreiche Delikatessen aus dem nur wenige Meter entfernten Meer auf dem Grill oder im Topf zubereitet. **Man sitzt auf Felsen oder im Sand, isst mit dem Fingern, und zum Händewaschen springt man kurz ins Wasser.** Für einen Pauschalpreis gibt es reichlich zu essen, und man sollte immer noch ein wenig Platz aufsparen, denn der Hummer wird meist erst zum Schluss serviert. Alkoholische Getränke in der Kühlbox sollte sich jeder selber mitbringen, denn dafür haben diese Restaurants keine Lizenz.

Schon Ende der 1980er Jahre wurden die ersten Open-Air-Restaurants eröffnet. Aus dieser Zeit stammt noch das „Muisbosskern", kurz vor Lambert's Bay. Der „Strandloper" bei Langebaan muss jedes Frühjahr wieder neu aufgebaut werden, da die winterlichen Sturmfluten das komplette „Mobiliar" wegspülen.

Da die Restaurants natürlich nur bei gutem Wetter bzw. in der klimatisch schönen und fangreichen Saison geöffnet sind, sollten Sie sich zuvor telefonisch erkundigen und reservieren.

werden sowohl Meeres- als auch Binnenlandgerichte serviert, jedoch wird nur bei einer gewissen Zahl von Gästen geöffnet bzw. bei Vorausbuchung. Rufen Sie also vorher an und seien Sie nicht zu enttäuscht, wenn Sie nur hungrig auf den Felsen herumklettern können.

Vorher anrufen!

Hinweis
Hier können Sie nun einen Abstecher ins **Namaqualand** *einfügen.*

*Clanwilliam (ⓘ s. S. 272ff)

Clanwilliam gehört zu den ältesten Städten Südafrikas, und bereits 1732 gab es eine Reihe von Farmen entlang des Olifants River. 1820, nachdem die Kapverwaltung hier einen Magistratssitz eingerichtet hatte, versuchte sie, irische Siedlerfamilien anzusiedeln. Der Versuch schlug aber fehl, und nur sechs Familien blieben in der Gegend. 1901 brannte die Stadt fast gänzlich nieder, und nur ein kleiner Teil in der Parker Street überstand das Feuer.

Ansiedlung gescheitert

Clanwilliam liegt in einem warmen, gut bewässerten Tal mit fruchtbaren Böden. Hier wächst u.a. der **Rooibos** (roter Busch), der den Rooibos-Tee liefert, welcher von hier aus in alle Welt exportiert wird. Im Supermarkt erhalten Sie eine große Auswahl an Rooibos-Tee. Sie können auch die **Rooibos-Teefabrik** besichtigen, müssen sich aber zuvor anmelden.

Jedes Jahr, Ende August, findet eine **Wild Flower Show** in dem Gebäude der Old Dutch Reformed Church statt. Die Ausstellung von über 350 verschiedenen Blumen wird von Laien und Fachleuten sehr geschätzt. Wildblumen blühen normalerweise am besten zwischen Juli und September, aber die Saison im **Ramskop Nature Reserve**, in der Nähe von Clanwilliam, wo alle Blumen dieses Bezirks zu sehen sind, dauert länger.

Die große Blumenvielfalt ist zurückzuführen auf die Topographie, bestehend aus fruchtbaren Tälern, hohen Bergen, Halbwüste sowie den Sanddünen nahe der Küste. Blumenfreunde sollten daran denken, dass die beste Zeit zum Blumenbetrachten zwischen 11h und 16h ist. Bei bedecktem Wetter, Sturm und Kälte öffnen sich die Blüten gar nicht erst. Ansonsten drehen sie ihre Blüten natürlich zur Sonne, wenn Sie also gegen die Sonne reisen, halten Sie an und schauen zurück.

Der **Clanwilliam-Stausee**, der das Wasser des Olifants River aufnimmt, ist ein beliebtes Erholungsgebiet (Schwimmen, Bootfahrten und Angeln).

In einem der Tea Rooms in der Main Street in Clanwilliam kann man sich bei einem Rooibos-Tea ausruhen.

Tea Rooms

Hinweis
Weder auf der Strecke nach Wuppertal noch auf der durch die Cedarberg Wilderness Area bis nach Prince Alfred Hamlet gibt es eine Tankstelle bzw. eine ernst zu nehmende „Proviantstation"!

INFO **Rooibos-Tee**

Nur wenige Dinge in Südafrika erregen, wie der Rooibos-Tee, Bewunderung und Spott zugleich und unter Besuchern leichtes Misstrauen. Auf vielen Farmen immer noch von Hand gesät und geerntet, zählt Rooibos zu den Fynbos-Pflanzen, die nur in den Bergregionen um Clanwilliam und Nieuwoudtville wachsen. Dieser **tanninfreie**

und Vitamin-C-reichhaltige Tee, dessen Blätter aufgebrüht werden, ist ein traditionelles südafrikanisches Getränk. Seinen Wert erkannt haben übrigens die asiatischen Sklaven vor zwei Jahrhunderten. Erst seit Anfang der 1980er Jahre hat er sein Health-Shop-Image abgelegt und gilt seitdem als leichtes, erfrischendes und gesundes Getränk.

Rooibos-Plantage bei Clanwilliam

Zu Hause und in Tea Rooms in ganz Südafrika wird Rooibos Tea neben herkömmlichem Tee und Kaffee angeboten. Man trinkt ihn mit Milch und Zucker oder einfach mit einer Scheibe Zitrone und einem Teelöffel Honig.

Ein durchaus lohnender Abstecher von Clanwilliam führt über den Pakhuis-Pass zum *Bidouw Valley* (Wildblumenblüte!) sowie zur ***Rheinischen Missionsstation von Wuppertal*** (auch Wupper<u>th</u>al; 1830 gegründet).

Das erste Wuppertal

Der kleine Ort Wuppertal wurde bereits 99 Jahre vor der deutschen Stadt mit gleichem Namen gegründet. Zwei Missionare benannten sie nach dem Fluss Wupper, aus dessen Gegend sie stammten. Als die Missionare 1829 in die Cedarberge kamen, fanden sie bereits eine christliche Gemeinde der Khoi-San vor. Nachdem die Sklaverei abgeschafft wurde, kamen in den 1830er viele Familien nach Wuppertal, um hier ein Handwerk zu erlernen.

Das erste Wuppertal

Heute noch leben ca. 4.000 farbige Familien, Nachkommen der befreiten Sklaven (von Buschmännern und von Seeleuten) in und um Wuppertal.

Auch hier wird in der Umgebung Rooibos-Tee angebaut, und in der von Deutschen gegründeten Schuhfabrik werden noch immer die berühmten *„Feldschuhe" (Veldskoens)* in Handarbeit hergestellt. *Schuhfabrik*

Um weiter in Richtung Ceres zu fahren, müssen Sie leider wieder auf der gleichen Strecke nach Clanwilliam zurück, da die direkte Verbindung zwischen Wuppertal und der Hauptpiste (R303) nur mit einem Geländewagen passierbar ist.

Alternativ können Sie von Clanwilliam auch über Citrusdal fahren:

Citrusdal (ⓘ s. S. 272)

Als die erste Expedition das Gebiet des heutigen Citrusdal erreichte, erblickten ihre Teilnehmer im Tal eine Herde aus 200–300 Elefanten, die am Ufer des Flusses graste. Daraufhin erhielt der Fluss den Namen Olifants River. Aber erst 1916 wurde der Ort gegründet. Von Mai bis Juni duftet es in und um Citrusdal nach frisch gepflückten Orangen. Citrusdal ist heute der zentrale Ort im Olifants-Tal, von dem aus die *Citrus-Früchte* aus der Umgebung versendet werden. Weit über 2 Mio. Kisten Obst mit nahezu 90.000 t Gewicht verlassen jährlich den Ort. Das Gebiet ist das drittgrößte Obstanbaugebiet des Landes, und von hier aus kommen die, bei uns als Cape-Orangen bekannten, Früchte. Der überwiegende Teil des Obstes wird exportiert. *Citrus-Duft*

Auf der **Hex River Farm** nördlich der Stadt steht der älteste Orangenbaum des Landes, er soll etwa 250 Jahre alt sein und trägt heute noch Früchte. Ansonsten bietet der Ort nicht viel, eignet sich aber als Ausgangspunkt für Exkursionen in die Cedarberge.

Auf direktem Weg von hier nach Kapstadt sind es noch 180 km. Nachdem Sie dabei den Piekenierskloof-Pass überwunden haben, gelangen Sie ins **Swartland**, der Kornkammer des Kaps. Weizenfelder erstrecken sich, so weit das Auge reicht. 30 km vor Kapstadt haben Sie dann einen schönen Blick über die Stadt, der mindestens genauso eindrucksvoll ist wie der von Bloubergstrand aus. Leider werden die Fotografen die Stromkabel etwas stören. Sie können alternativ vor Kapstadt ja auch noch abbiegen nach Bloubergstrand.

Wir aber empfehlen die Route durch die Cedarberge:

Von Clanwilliam durch die Cedarberg Wilderness Area und über Kagga Kamma sowie Tulbagh zurück nach Kapstadt

Vom Ortskern von Clanwilliam aus folgen Sie der Main Street, und an deren südlichen Ende geht es dann rechts am Informationszentrum vorbei. Die Straße

Infocenter
Algeria

wird kurz darauf zur Schotterpiste. Ca. 8 km vom Ortskern von Clanwilliam aus fahren Sie links Richtung Cedarberg, nach insgesamt 20 km erreichen Sie **Algeria**, das Informationszentrum der Cedarberg Wilderness Area (hier erhalten Sie genaue Karten der Area).

*Cedarberg Wilderness Area (ⓘ s. S. 271)

Die Cedarberg Wilderness Area liegt etwa 200 km nördlich von Kapstadt. Das weitläufige Gebiet reicht vom Middelberg-Pass bei Citrusdal bis zur nördlichen Begrenzung, dem Pakhuis Pass bei Clanwilliam, und umschließt 71.000 ha rauen Gebirges. 1973 wurden die Cedarberge als Wilderness Area proklamiert und haben damit den höchsten Status des Naturschutzes erhalten.

Die Cedarberge sind bekannt für ihre atemberaubende Landschaft, die Felsformationen sowie die seltene **Clanwilliam-Zeder**. Diese ist mit den Zypressen verwandt, nicht, wie vielleicht anzunehmen, mit der Libanonzeder. Sie wächst in 1.000–1.400 m Höhe auf felsigem Boden. Für Wanderer ist dieses Gebiet ein attraktives Ziel.

Clanwilliam-Zedern in der Cedarberg Wilderness Area

Die Cedarberg-Bergkette gehört bereits zu den geologischen Formationen der Tafelberg-Gruppe und besteht hauptsächlich aus Sandstein. Auffällige Sandsteinformationen, wie z.B. der ***Wolfberg Arch** (bogenförmiger Fels) und das 20 m hohe ***Maltese Cross**, machen eine Wanderung dorthin lohnend (vorher aber bei der Forststation Algeria anmelden). Die meisten Niederschläge fallen im Südwesten, so dass dort die Vegetation üppiger ist und in Richtung Citrusdal eben die o.g. Zitrusfruchtplantagen angesiedelt wurden, wenn auch nur mit Hilfe von zusätzlichen Bewässerungsmaßnahmen.

San (Buschmänner) und Khoi bewohnten die Cedarberge schon in frühester Zeit. Europäische Siedler begannen hier zu Beginn des 18. Jahrhunderts, Viehzucht zu betreiben, und 1876 wurde ein Förster zur Überwachung der Cedarberge eingesetzt. Ein französischer Abgeordneter für die Cedarberge gab der Forststation Algeria ihren Namen aufgrund der Ähnlichkeit mit dem Atlasgebirge in Algerien. Von 1903 bis 1973 erfolgte die Ausbeutung der Natur der Cedarberge. Unzählige Bäume, Rooibos-Pflanzen und besonders Baumrinden (meist Buche) wurden abgeerntet. Farmer nutzten die Berge als Versorgungsmöglichkeit in Zeiten der Trockenheit. Eine große Anzahl an Zedern wurde gefällt. Z.B. wurden 7.200 junge Bäume als Telefonmasten zwischen Piketberg und Calvinia verwendet. Die Cedarberg-Zedern sind nun vom Aussterben bedroht. Erst 1973 endete die Ernte dieser Zedern.

Vom
Aussterben
bedroht

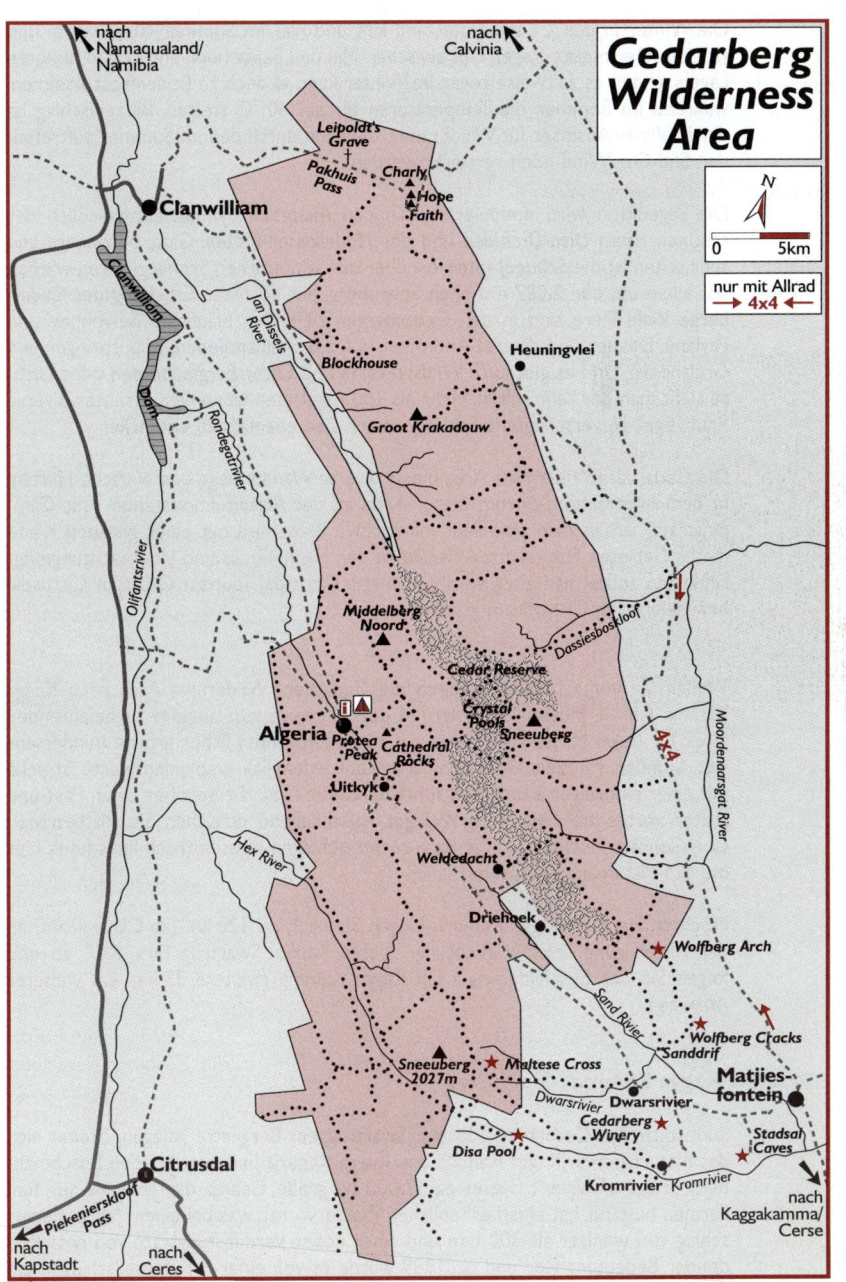

Cedarberg Wilderness Area

nach Namaqualand/Namibia

nach Calvinia

N

0 5km

nur mit Allrad
→ 4x4 ←

Leipoldt's Grave

Pakhuis Pass

Charly
Hope
Faith

Clanwilliam

Clanwilliam Dam

Jan Dissels River

Rondegatrivier

Olifantsrivier

Blockhouse

Heuningvlei

Groot Krakadouw

Middelberg Noord

Cedar Reserve

Dassiesboskloof

Crystal Pools

Sneeuberg

4x4

Moordenaarsgat River

Algeria

Protea Peak

Cathedral Rocks

Uitkyk

Hex River

Weldedacht

Driehoek

Wolfberg Arch

Sand River

Wolfberg Cracks
Sanddrif

Sneeuberg 2027m

Maltese Cross

Dwarsrivier

Dwarsrivier
Cedarberg Winery

Matjiesfontein

Stadsaal Caves

Citrusdal

Disa Pool

Kromrivier Kromrivier

nach Kaggakamma/Cerse

Piekenierskloof Pass

nach Kapstadt

nach Ceres

© igraphic

Die Winter in den Cedarbergen sind kalt und naß, im Sommer ist es warm und trocken. Der meiste Regen fällt zwischen Mai und September, und in den höheren Lagen schneit es zeitweise sogar. Im Winter kann es auch zu Bodenfrost kommen, während im Sommer die Temperaturen bis auf 40 °C steigen. Blitzeinschlag ist der häufigste Auslöser für Waldbrände, die dann durch den im Sommer auftretenden Süd-Ost-Wind noch verstärkt werden.

Seltene Protea

Die Vegetation wird dominiert durch den **Mountain Fynbos**, einschließlich der schönen roten **Disa-Orchidee** und der **Nadelkissen-Protea**. Ganz besonders und sehr selten ist die **Schneeprotea**, die über den winterlichen Schneegrenzen wächst, vor allem um den 2.027 m hohen Sneeuberg, der höchsten Erhebung der Cedarberge. Viele Tiere sind in den Cedarbergen zu finden. Häufigste Bewohner sind Paviane, Dassies und diverse Antilopen, wie z.B. Steinantilopen, Klippspringer und Greisböcke. Und es gibt auch Wildschweine und Otter. **Bergleoparden** oder **Luchse** sieht man nur sehr selten. Mehr als 100 Vogelarten leben hier, darunter diverse Raubvögel. 16 verschiedene Schlangenarten sind ebenfalls zu entdecken.

Die Cedarberg Wilderness Area bietet diverse Wanderwege und einfache Hütten. In dem Informationzentrum dieser Area, an der Algeria Forststation (mit Campingplatz), erhält man eine sehr informative Broschüre mit einer genauen Karte dieses Gebietes. Für genaue Angaben zu den Hiking-Trails und Übernachtungmöglichkeiten sollte man aber vorab auch das Citrusdal Tourism Office in Citrusdal bzw. selbiges in Clanwilliam kontaktieren.

Wollen Sie von Clanwilliam durch die Cedarberg Wilderness Area nach Kagga Kamma fahren, müssen Sie aufgrund der zeitweise nur langsam zu befahrenden (aber für einen Mittelklassewagen gut zu bewältigende) Schotterpiste mindestens vier Stunden Fahrzeit einplanen. Diese auf jeden Fall empfehlenswerte Strecke mit einer einmaligen Landschaft führt durch die Cedarberge, über einen Pass und später vorbei am **Cedarberg Weingut**. Anschließend erreichen Sie Matjiesrivier, eine Gehöftansiedlung, wo Sie nach rechts abbiegen müssen (nach links führt hier die 4x4-Piste nach Wuppertal).

Mochten Sie nach Kagga Kamma, biegen Sie nach ca. 120 km (ab Clanwilliam) an der Abzweigung links in Richtung „Ceres Karoo, Swartrug Drv. Rd." ab und folgen Sie der Beschilderung nach Kagga Kamma (weitere 35 km, ein weiterer Abzweig).

▬ ***Kagga Kamma** (ⓘ s. S. 287)

„Place of Water"

Südöstlich der Cedarberge, in der Swartruggens-Bergkette gelegen, breitet sich das Naturreservat Kagga Kamma aus. Kagga Kamma bedeutet bei den Buschmännern „Place of Water". Dieses ca 17.000 ha große Gebiet, das ehemals aus fünf Farmen bestand, hat einen erheblichen Wasservorrat, was bei einem Jahresniederschlag von weniger als 300 mm und einer hohen Verdunstungsrate von entscheidender Bedeutung war und ist. 1989 wurde es von einer Privatgesellschaft in ein

INFO Buschmänner

Buschmänner, jetzt „**San**" genannt, repräsentieren eine kleine Population, die einmal große Teil des südlichen Afrikas bewohnten. Die ersten weißen Siedler fanden diese Jäger am südwestlichen Kap. Später, im 17. Jahrhundert, wurden sie allgemein **Bosjesmans** genannt. Aufgrund ihrer relativ hellen Haut und der Augenfalten hatte man zuerst angenommen, sie seien ursprünglich aus Asien eingewandert. Aber Studien über Felszeichnungen, alte Knochen und die biologischen Strukturen der heutigen Buschmänner lassen darauf schließen, dass sie tatsächlich aus Ost- und Süd-Afrika stammen und schon vor über 20.000 Jahren hier lebten.

Die Buschmänner teilen diverse genetische Charaktere mit den schwarzen Einwohnern des südlichen Afrikas, aber ihre engsten Verwandten sind die Khoi (früher als „Hottentotten" bezeichnet), mit denen sie einige Eigenschaften, wie z.B. die Hautfarbe, gemeinsam haben. Außerdem sprechen Sie die Klick-Sprache, eine Sprache mit vielen Klick-Lauten. Man glaubt heute, Buschmänner und Khoi haben dieselben Vorfahren, aber die Khoi wurden vor 2.000 Jahren zu Hirten, später auch zu Fischern. Mit der Zeit sind erhebliche Unterschiede in der Kultur der jagenden Buschmänner und der Khoi entstanden.

Obwohl alle Buschmänner Jäger waren, haben sie nicht alle die gleiche Kultur. Und obwohl sie alle die **Sprache mit den charakteristischen Klick-Lauten** sprechen, kann es vorkommen, dass sich zwei Buschmänner nicht verständigen können.

Da dieses Volk an abgeschiedenen Orten lebt, war nur sehr wenig über ihre Lebensweise bekannt. In der ersten Hälfte des 20. Jahrhunderts waren die Buschmänner nahezu vom Aussterben bedroht, denn ihre Lebensweise passte nicht in das Konzept der immer weiter vordringenden und landfordernden weißen Siedler. Es gab sogar Zeiten im 18. und 19. Jahrhundert, da durften sie gejagt und getötet werden wie

Nicht Jedermanns/-fraus Sache:
Buschmann-Vorführung in Kagga Kamma

Tiere – ganz legal. Doch aufkeimendes Interesse an ihrer Kultur hat letztendlich – sozusagen in letzter Minute – dazu geführt, dass ihr Volk und ihre Lebensweise als eigenständiger Kulturkreis anerkannt wurde, als letzter aller Volksgruppen in Afrika. Heute leben knapp 50.000 Buschmänner hauptsächlich in der Kalahari. Die meisten leben in Botswana (ca. 25.000), Namibia (ca. 15.000) und Angola (ca. 4.000), aber kleine Gruppen findet man auch in Sambia, Zimbabwe und Südafrika.

Als **Jäger und Sammler** repräsentieren die Buschmänner eines der wenigen Beispiele, wie Menschen die längste Zeit gelebt haben: jagend und sammelnd, aber nur für den Eigenbedarf und ohne richtige Vorratswirtschaft. Zu bedenken ist hier aber auch, dass die Mehrzahl der Buschmänner ehemals in den feuchteren und küstennaheren und damit fruchtbareren Regionen zu Hause waren. Erst mit dem Vordringen der weißen Siedler wurden sie immer weiter zurückgedrängt in die Halbwüsten und Wüsten.

Da die Buschmänner nicht mehr in isolierten Landstrichen leben können und nur noch wenige (< 5 %) immer noch traditionell jagen, teilen sie das traurige Schicksal aller Jäger und Sammler, nämlich, ihre traditionelle Kultur zu verlieren.

Erst 1931 wurde ein kleiner Teil der Kalahari zum Nationalpark erklärt, dem Kalahari Gemsbock National Park. Hier durften die Buschmänner leben und auch jagen für den Eigenbedarf. Im Grunde eine gute Idee. Doch die zu jagenden Tiere hielten sich nicht an die Grenzen des Nationalparks und liefen oft auf das angrenzende Farm- und Weideland. Die Buschmänner folgten ihnen und entdeckten so einen viel einfacheren Weg, Tiere zu fangen, nämlich auch die der Farmer. Aufgrund der daraus resultierenden Beschwerden der weißen Farmer mussten die Buschmänner das Gebiet verlassen. Man teilte sie in drei Gruppen ein. Einige sollten für Farmer als Spurensucher arbeiten, andere erhielten dieselbe Aufgabe beim Militär. Die meisten Buschmänner aber mussten von nun an in festen Siedlungen im südlichen Teil der Kalahari leben. Folgen dieses Eingreifens in ihre Lebensweise waren, wie schon bei den Aborigines in Australien, Prostitution, Alkohol- und Drogenprobleme sowie der Verlust ihrer Traditionen und Kultur und damit ihrer Identität.

Einige Farmer stellten den Buschmännern später Land zur Verfügung, damit sie wieder ihrer traditionellen Lebensweise nachgehen können.

In Kagga Kamma hat man den Buschmännern ermöglicht, viele ihrer Traditionen zu bewahren, aber auch schulisch ausgebildet und medizinisch versorgt zu werden.

Reservat umgewandelt, und über 4.000 eingezäunte Hektar des Gebietes stellen heute ein *Game Reserve* dar. Hier leben unter anderem Antilopen, Steinbok, Kudu, Eland, Springbok, Gemsbok und Bergzebras, seltener auch Luchse sowie Kap-Füchse. Und mit ganz viel Glück taucht auch mal ein Leopard auf. Vögel, darunter auch Greifvögel, gibt es wie in den Cedarbergen in großer Anzahl.

Besonders bemerkenswert in diesem Gebiet sind einige schon sehr alte *Buschmann-Zeichnungen*.

Das Leben der Busch- männer

Etwas abseits von dem luxuriösen Camp gelegen, wurde eine kleine *Buschmann-siedlung* eingerichtet. Gegründet wurde diese 1989 mit dem Zweck, den traditionellen Lebensstil dieses alten und nahezu ausgerotteten Volkes zu erhalten und auch, um den Touristen das Leben der Buschmänner zu erläutern. Man hat damals eine Gruppe von 27 Buschmännern (heute sind es ca. 40) hierher eingeladen. Sie führten bis dahin ein eher ziviles, aber kaum befriedigendes Leben am Rande des Kalahari Gemsbock Nat. Parks. Alkoholismus und Kriminalität breiteten sich dort aus. Daher nahm diese Gruppe von Buschmännern die Einladung des Kagga Kamma-Reservates gerne an, sich wieder an dem Ort anzusiedeln, wo bis vor 250 Jahren auch schon Buschmänner lebten.

Ziel dieses Projektes ist es, dass den Buschmännern freigestellt ist, wie lange sie hier bleiben möchten, und ob sie wieder zurückgehen in die Kalahari. Als Ausgleich für ihre den Touristen zur Schau gestellten Lebensweise erhalten die Buschmann-

Buschmannzeichnungen in Kagga Kamma

Kinder eine schulische Ausbildung und medizinische Betreuung. Die Buschmänner gehen ihren traditionellen Handarbeiten nach und fertigen Souvenirs an, die sie an Touristen verkaufen. Mit dem erhaltenen Geld können sie sich neue Lebensmittel kaufen. *Langfristiges Ziel* ist es aber auch, die Buschmänner zu lehren, in „Harmonie mit ihren alten Traditionen und der modernen Welt der Europäer" klarzukommen. Ein gewagtes Spiel, doch hat selbst die UN das Projekt als positiv eingestuft und bereits zweimal den hiesigen Clanchef eingeladen, um seine Erfahrungen in Genf vorzutragen. *Einladung von der UNO*

Ob man diesem als menschlichem Zoo oder als anschaulicher Demonstration der Tradition der Buschmänner gegenübersteht, muss jeder selber entscheiden. Doch trotz aller Kritik, Vorurteile und vorgesetzter Klischeebilder sollte man anerkennen, dass es eine freiwillige Aktion ist, es den Buschmännern hier besser geht als in den Camps der Halbwüsten-Kleinstädte und dass sie die Chance erhalten, sich hier so weit zu bilden und mit den „Bedürfnissen" der Touristen auseinanderzusetzen, dass sie einmal selbst ein Reservat ähnlicher Art aufziehen können. Erste Gespräche darüber laufen bereits.

Das Empfinden, in einem „menschlichen Zoo" herumzulaufen, kann aber wohl niemand mit gutem Gewissen ablegen, wenn man sich in Scharen um die kleinen Strohverschläge aufstellt, die Kamera zückt und jede Bewegung der handwerkelnden Buschmänner für zu Hause festhält. Doch haben wir auch das Gefühl gehabt, dass die Buschmänner uns fotografierende Reisende sicherlich auch mit einer gewissen Belustigung betrachten. Jeder mag hinterher anders über den etwa einstündigen Besuch im Buschmanndorf denken, doch sind die Erklärungen zur Lebensweise und Handwerkskunst allemal interessant. Zudem sollte man sich auch vor Augen halten, dass die Buschmänner sich nach Ihrem Besuch wieder zurückziehen in ihre eigentliche Siedlung und dort dann wieder in europäische Hosen steigen, Bücher lesen und ihre Kinder in die angeschlossene kleine Schule schicken. *„Menschlicher Zoo"?*

Kagga Kamma kann man als Tages- oder auch als Übernachtunggast besuchen. Angeboten werden Übernachtungen in luxuriösen Chalets (rund mit Strohdach), in gemütlichen, aber nicht weniger luxuriösen Felshütten und in Selbstversorger-

Übernach-
ten in
Felshütten
Häusern. Entsprechend sind die Übernachtungspreise hoch ($$$$–$$$$$), wobei aber drei Mahlzeiten und alle Rundfahrten eingeschlossen sind. Angeboten werden verschiedenste Exkursionen im offe-

Felsunterkünfte in Kagga Kamma

INFO **Buschmann-Zeichnungen**

Tausende von Felszeichnungen und Gravuren im südlichen Afrika geben Hinweise und Einblicke in die private Welt der Jäger und Sammler und die Entwicklung der Buschmänner. Diese kleinen Kunstwerke, die nahezu unscheinbar an Felswänden, in Ecken und Höhlen, in Flussläufen und Bergformationen im gesamten südlichen Afrika zu finden sind, beschreiben den wechselnden Lebensstil der Menschen vom späten Steinzeitalter, vor mehr als 20.000 Jahren, bis in die heutige Zeit hinein. Die detaillierten Porträts ihres Zusammenlebens haben eine unschätzbare Aufzeichnung ihrer Kultur hinterlassen, welche durch die Siedlung der Weißen und der Bantu-sprechenden Menschen zerstört wurde.

Die schönsten und farbenfrohesten Sammlungen von Buschmann-Zeichnungen in Südafrika findet man in den Drakensbergen (in und um Lesotho). In der nordöstlichen Kapprovinz häufen sich nahe dem Oranje River eher Felsritzungen. Erwähnung sollten an dieser Stelle schließlich auch noch die Zeichnungen finden, die um den Olifants River westlich der Cedarberge entdeckt wurden. Sie sind aber jüngeren Datums. Vergleichen Sie auch mit der Karte auf S. 20.

Gezeichnet wurde nur von den Medizinmännern, die sich durch Rauchen von Marihuana („Dhagga"), durch Konzentration und durch manchmal 2–3 Tage dauernden Tanz in Trance versetzt hatten. Während unterschiedlicher Stadien der Trance wurden zunächst nur Punkte, dann Linien und später ganze Figuren gezeichnet (bzw. geritzt). Als Farbe diente eine Mischung aus Tierblut, Pflanzen, Tierfetten, die dann zermahlen und mit Wasser verflüssigt wurde. Als Pinsel dienten Vogelfedern, Knochen, Zweige oder Tierhaare. Das **Alter der Zeichnungen** lässt sich aufgrund der Struktur des Sandsteins oft nur sehr schwer bestimmen, und über die Bedeutung der Figuren gibt es nur Vermutungen. So glaubt man z.B., die Darstellung der langen dünnen Menschen mit Antilopenhufen stellt den Wunsch der Buschmänner nach Größe (sie sind durchschnittlich nur 160 cm groß) und die Verschmelzung von Mensch und Tier dar. Die meisten Figuren tragen Waffen, und deren Köpfe sind blasser gezeichnet. Das könnte ein Zeichen für Heiligtum sein.

Die in schwarz gezeichneten Figuren (aus Holzkohle und Tierfett) sollen darstellen, wie die Buschmänner den weißen Mann sahen: oft mit in die Hüften gestemmten Armen.

nen Allradfahrzeug, angefangen mit einem frühen Game Drive (Tierbeobachtungs-fahrt) über einen Besuch in der o.g. Buschmannsiedlung und der Felsmalereien bis hin zu einer abendlichen Fahrt zu einem Canyon. Zuvor erhalten Sie sehr informative Vorträge über die Buschmänner und deren Felszeichnungen. Weiterhin gibt es einige Wanderwege.

In Anbetracht der doch vergleichbar hohen Übernachtungskosten *empfehlen wir*, nur eine Nacht zu buchen, vor 14h anzureisen, dann an zwei Nachmittags-exkursionen und an zwei weiteren Exkursionen am darauf folgenden Vormittag teilzunehmen.

Bedenken Sie bei Ihrer Planung den zeitintensiven Anfahrtsweg über die Schotter-pisten (4 Stunden von Clanwilliam, knapp 3 von Kapstadt) und vergessen Sie nicht, warme und wetterfeste Kleidung (in der Halbwüste wird es nachts kalt!), ein Fernglas und eine Taschenlampe mitzubringen. Weiterhin sollten Sie kleine Geldscheine für Souvenirs der Buschmänner einstecken. Sie kennen kein Wech-selgeld, und Handeln ist ihnen auch fremd. Selbstverständlich ist es ratsam, den Aufenthalt so früh wie möglich zu buchen. *Wechsel-geld*

Prince Alfred Hamlet (ⓘ s. S. 312)

Dieser kleine Ort, unterhalb des zu überquerenden *Gydo Pass* und 10 km nörd-lich von Ceres gelegen, wurde 1861 gegründet und nach dem zweiten Sohn von Queen Victoria benannt, die Südafrika ein Jahr zuvor besuchte. In der Umgebung wird hauptsächlich Obst angebaut und verpackt. In den letzten Jahren konnte man einen erheblich Zuwachs an industrieller und geschäftlicher Entwicklung wahrnehmen. Sehenswertes gibt es hier aber nicht. *Obst, sonst nichts*

Ceres (ⓘ s. S. 271)

Benannt nach der römischen Fruchtbarkeitsgöttin, wurde die Stadt Ceres 1849 gegründet. Nach der Entdeckung der Diamanten 1869 wurde die Straße durch Ceres zur Hauptroute in Richtung Kimberley. Der Du Toits Pass (er-öffnet: 1949) bzw. der Huguenot Tunnel (eröffnet: 1988) existierten damals noch nicht, und die Hex River Mountains mussten umfahren werden. Das Umland von Ceres ist eines der **größten Gemüse- und Obstanbau-Gebiete** in Südafrika. Fri-sches Obst wird sowohl lokal als auch international verkauft, genau-so daraus erzeugte Waren wie Säf-te und Trockenobst. Auch hier ge-erntete Kartoffeln und Zwiebeln ge-

Ceres: Hier dreht sich alles um das Obst

langen in den Export. Neuerdings werden sogar Ceres-Weine hergestellt. Jeder von Ihnen hat sicherlich schon den überall in Südafrika erhältlichen Ceres-Saft probiert. Besichtigungen der **Ceres Fruit Juices-Fabrik** sind über das Informationszentrum zu buchen, werden aber nur selten angeboten.

Auf dem Weg nach Tulbagh bietet sich entweder ein Stopp in dem kleinen „*Tollhouse Tea Garden*" (kurz hinter Ceres) oder einer im gemütlichen Teegarten „*The Grain & Grape*" (an der R46, ca. 13 km vor Tulbagh) an. Der schöne **Michell's Pass**, gleich hinter Ceres, stellt sich übrigens eher als Schlucht dar, denn die Passhöhe selbst befindet sich in Ceres.

Eher eine Schlucht

*Tulbagh (ⓘ s. S. 327f)

Tulbagh ist eines der umfassendsten Beispiele eines südafrikanischen Dorfes aus dem 18. und 19. Jahrhundert. Die meisten Gebäude mussten allerdings nach einem schweren Erdbeben (Richterskala: 6,5) in den Jahre 1969 und 1970 wiederaufgebaut bzw. restauriert werden. Alleine in der ***Church Street** stehen 32 wun-

derschöne Häuser im kapholländischen Stil. Diese Straße ist auch die einzige Südafrikas, deren Häuser alle unter Denkmalschutz stehen. Hier finden Sie alleine vier kleine Museen, u.a. die 1743 erbauten **Oude Kerk**. Im Informationszentrum, ebenfalls in der Church Street, erhalten Sie umfangreiche Auskünfte über alle Sehenswürdigkeiten in Tulbagh und hier können Sie **schnuckelige Bed & Breakfast-Unterkünfte in historischen Häusern** oder auf einem Weingut in der Umgebung buchen.

Ein unbedingtes Muss ist der Besuch von ***De Oude Drostdy Museum**, etwas außerhalb des Ortes (folgen Sie nur den Hinweisschildern). Dieses 1806 erbaute Gebäude diente zunächst als Sitz des Landrates vom Bezirk Tulbagh, bevor dieser 1822 nach Worcester umzog. Seit 1934 ist dieses Haus im Privatbesitz. Es wurde 1969 nach dem Erdbeben wieder aufgebaut und 1974 zum National Monument erklärt. Am letzten Oktober-Wochenende findet in diesem kapholländischen Gebäude ein Blumen-Festival statt, dessen Pracht Sie sich nicht entgehen lassen soll-

In der Church Street von Tulbagh stehen noch 32 historische Häuser

ten. Ansonsten ist ein Besuch auch so lohnend, vergessen Sie auch nicht, einen Blick in den Weinkeller zu werfen. *Geöffnet: Mo–Sa 10–12h50 u. 14–16h50, So 14h30–16h50.*

Schräg gegenüber dem Drostdy Museum befinden sich die beiden Winzereien **Drostdy Wine Cellar** und **Tulbagh Wine Cellar**, die beide zu besichtigen sind.

Als Alternative zur eher langweiligen, direkten Rückfahrt nach Kapstadt entlang der R44 können Sie auch die wunderschöne Route über den ***Bain's Kloof Pass** wählen. Sie ist kaum länger, aber die Fahrt dauert ca. 1 Stunde mehr.

Hinweis
Zu den Orten im Weinanbaugebiet (Paarl, Stellenbosch, Worcester etc.) sowie dem Huguenot Tunnel/Dutoits Pass lesen Sie bitte auf S. 457ff.

*Bain's Kloof Pass (ⓘ s. S. 265)

Hinweise
Der Pass ist nicht geeignet für Wohnmobile. Es bieten sich an der Pass-strecke mehrere Gelegenheiten für ein Picknick.

Nicht für Wohn-mobile

Bain's Kloof ist einer der eindrucksvollsten Bergpässe in Südafrika, und auf hal-bem Wege zur Passhöhe (von Nordosten kommend) befindet sich der hervorra-gende Campingplatz *„Tweede Tol"* (Zugang unbedingt vorher über ein nahes Touristenamt oder eine Naturschutzbehörde buchen, z.B. Stellenbosch!), von dem aus auch Wanderwege abgehen. Der Einfahrt zum Campingplatz gegenüber stürzt sich der Wit River ins Tal, in dessen natürlichem Staubecken es sich gut baden lässt. *Der Campingplatz ist von Mai bis August geschlossen!*

Andrew Geddes Bain, ein legendärer Straßenbaumeister in Südafrika, erbaute diese Passstraße zwischen 1848 und 1852. 350 Männer waren dafür tätig, die mit Gewehrpulver die Felsen sprengen mussten. Die Straßenführung ist auch heute noch unverändert, wenn auch mittlerweile geteert. Sie steht jetzt unter Denkmal-schutz und liegt inmitten des *Limietberg Nature Reserve*, das bekannt ist für seine Wanderwege, viele Bergvögel, die o.g. Staubecken und Aussichtspunkte.

Auf der Passhöhe, „Eerste Tol", stehen noch einzelne Häuser, die ehemals zur Zollstation bzw. den Händlern dort gehörten. Viele von ihnen scheinen verlassen, andere werden nur noch als Wochenendhäuser genutzt. Das Hotel hier ist nur unregelmäßig geöffnet.

Bald Geister-stadt?

Zu den Orten des Weinanbaugebietes (Stellenbosch, Paarl etc.) lesen Sie bitte im Kapitel 12.

Ein Abstecher ins Namaqualand

Überblick

Sollten Sie noch 1–2 Urlaubstage „übrig" haben, wäre das Namaqualand, beson-ders während der Frühlingsmonate, ein lohnendes Ziel. Im Rahmen dieses Buches können wir aber nur in Kürze auf dieses Reisegebiet eingehen.

Auf den ersten Blick wirkt das aride Namaqualand öde und menschenfeindlich. Wie an der Küste Namibias fallen auch hier nur wenig Niederschläge, die teilwei-se sogar unter 50 mm/Jahr liegen. Bis zur Mitte des letzten Jahrhunderts lebten hier nur Buschmänner und Khoi-Khoi (s. Kasten). Selbst die Trekburen (Ende des 18. Jh.) blieben nicht. Erst die Kupfererzfunde bei Springbok lockten die ersten

Namaqualand: Namensherleitung und geographische Gliederung

Der Name kommt von *den Namaquas (Plural von Namas). Sie stammen von den Khoi-Khoi (die „Kleinen Namas") ab, die hier als erste fest siedelten und die Weidetierhaltung einführten.*

Das gesamte Gebiet des Namaqualands teilt sich in vier große Einzelgebiete auf, *die alle einer anderen geologischen Formation angehören:*
1. So erstreckt sich im Nordwesten zwischen der Grenze zu Namibia, Port Nolloth und der N7 das **Richtersveld**, eine Halbwüste.
2. Entlang der N7 von Springbok bis Bitterfontein mit Bergen bis zu 1.700 m und Niederschlägen von ca. 300 mm befindet sich die **Namaqualand Klippkoppe**.
3. **Knersvlakte** nennt man das Areal, das sich von Bitterfontein bis Vanrhynsdorp südlich der Klippkoppe anschließt und eher eine trostlose Halbwüste ist.
4. Das **Sandveld** schließlich erstreckt sich als 20–30 km breiten Streifen an der Küste entlang. Im Landesinneren ist der Sand dunkelrot, an der Küste weiß. Diese Färbungen resultieren aus unterschiedlichen Niederschlagsmengen, der rote Sand erhält mehr Niederschlag und oxidiert.

Wahrzeichen des Nordens: der Köcherbaum

(Offiziell genannte) geographische Lage des Namaqualandes: Zwischen Oranje River im Norden, Garies im Süden, Atlantik im Westen und der Linie Pofadder-Loriefontein im Osten.

sesshaften Weißen hierher. Mittlerweile wurden an der Küste auch Diamanten gefunden, und Farmer haben sich auf Schafzucht konzentriert.

Seinen eigentlichen Reiz zeigt das Land aber vor allem im Süd-Frühling (ab Mitte August bis Mitte Oktober), wenn der Regen fällt. Dann erblühen auch hier einige Felder zu einem ***Meer von Blumen**. Eine „Explosion der Farben" setzt ein, und wie ein Teppich ist der sonst so trostlose Boden dann bedeckt. Besonders verbreitet sind die **Namaqua Daisies**, auch **Kapmargerite** genannt. Gelb, ocker- oder orangefarben blühen diese „Gänseblümchen" auf. Weiterhin gibt es noch die folgenden Gattungen: **Cotula (Laugenblume), Arctotis (Bärenohr)** und **Ursinia**. Diese Pflanzen überdauern die langen Trockenperioden im Boden, und der Nebel vom Atlantik, *Kaltwüste* wo der kalte Benguela-Meeresstrom für kühle Temperaturen sorgt, ist Garantie für die nötige Mindestfeuchte. Man kann diese Halbwüste also zu den Kaltwüsten zählen, zumindest die küstennahen Abschnitte.

Das Namaqualand hat aber auch einige andere interessante Seiten. Dazu gehören u.a.:
- die *Langustenfischerei* am Atlantik,
- das *Diamantentauchen* bei Port Nolloth, bei dem vom Meeresboden Schlamm abgesaugt wird, der dann an Land auf Diamanten abgesucht wird und
- der **Richtersveld National Park*, der an der Grenze zu Namibia liegt (230–300 Fahr-km von Springbok!) und durch die aride Bergwüstenlandschaft, seine Abgeschiedenheit sowie die vielseitige Sukkulentenwelt besticht.

Der o.g. Nebel, der sich besonders in den Morgenstunden ausbreitet, wird erst über Tag von der Sonnenwärme absorbiert. Zum Landesinneren nimmt die Niederschlagsmenge zu und erreicht an den Berghängen zwischen Springbok und Bitterfontein teilweise mehr als 250 mm/Jahr. Trotzdem reicht auch dieses

Immer daran denken:
Im Norden ist das Tankstellennetz dünn

nicht für eine ganzjährige üppige Pflanzenwelt, und die Vegetation besteht hier *Morgen-* hauptsächlich aus wasserspeichernden Sukkulenten, wie z.B. den urig-knorrigen *nebel* Köcherbäumen (*Kokerbaum = Aloe dichotoma*).

In so einer trockenen Welt können viele Pflanzen nur gedeihen, indem ihre Samen die ungünstigen Perioden im Erdboden überdauern und dann zu wachsen beginnen, wenn genügend Niederschlag fällt, ob als Nebel oder als Regen. Wissenschaftliche Theorien gehen schließlich davon aus, dass eine chemische Substanz in diesem Niederschlag, nicht zu viel Wind und besondere Bodenbeschaffenheiten letztendlich erst für die „Initialzündung" bei der Keimung der Samen verantwortlich sind. Da diese Faktoren zusammengenommen nur selten gemeinsam auftreten, gibt es halt nur an wenigen Stellen die Blütenmeere, und jedes Jahr findet man sie an anderen Stellen.

Routenbeschreibung und reisepraktische Hinweise

Routenbeschreibung
Unternehmen Sie, wenn Sie ausreichend Zeit haben, eine Zick-Zack-Route um die N7. So kommen Sie in den Genuss der Atlantikküste und können auch die nördlichen Randgebiete der Karoo erleben. Eine feste Route wollen wir nicht empfehlen, geben Ihnen nur den Rat, sich im Frühling in den

Benzin und Trink-wasser

einzelnen Ortschaften individuell nach den aktuellen Blumenstandorten zu erkundigen. Denken Sie aber immer daran, dass Sie genügend Trinkwasser mit sich führen, rechtzeitig tanken und Kühlwasser, Öl und Reservereifen kontrollieren.

Sollte Ihre Zeit begrenzt sein, halten Sie sich einfach an die N7 und schauen Sie sich die Pflanzenwelt im Goegap Nature Reserve nahe Springbok an.

Den Richtersveld Nat. Park erreichen Sie über die R382 von Steinkopf aus. Zuerst führt die Straße nach Port Nolloth, dann geht es parallel zur Küste nach Alexander Bay und schließlich südlich des Oranje River zum Park. Die Alternativstrecke von Vioolsdrif zum Park ist bei weitem uninteressanter. Erkundigen Sie sich aber sicherheitshalber in Steinbok nochmal, ob die Diamantenfirmen nicht gerade die Straße haben sperren lassen wegen Schürf- oder Bauarbeiten. Das passiert nicht oft, aber ...

Entfernungen

Kapstadt - Clanwilliam: 233 km	Springbok - Port Nolloth: 147 km
Clanwilliam - Vanrhynsdorp: 75 km	Port Nolloth - Richtersveld Nat.
Vanrhynsdorp - Springbok: 258 km	Park: 150 km

Hinweis

Der Richtersveld NP kann auch von der N7 über Vioolsdrif erreicht werden. Jeweils die letzten Abschnitte und die Pisten im Park sind aber nur mit **Allradfahrzeugen** zu bewältigen!

Sehens- und Erlebenswertes im Namaqualand

Vanrhynsdorp und Umgebung (ⓘ S. 328f)

Der Ort wurde irgendwann in der Mitte des 18. Jahrhunderts von den ersten Trekburen gegründet. Er diente als kleine Versorgungszentrale. Damals hieß er noch Troe-Troe, was sich von dem Kriegsruf Toro-Toro der Khoi-Khoi ableitete und so viel hieß wie „Attacke-Attacke". Später wurde er nach dem Friedensrichter dieser Region benannt.

Sukkulenten für zu Hause

Der Ort eignet sich gut für die Erkundung des südlichen Teils des Namaqua-

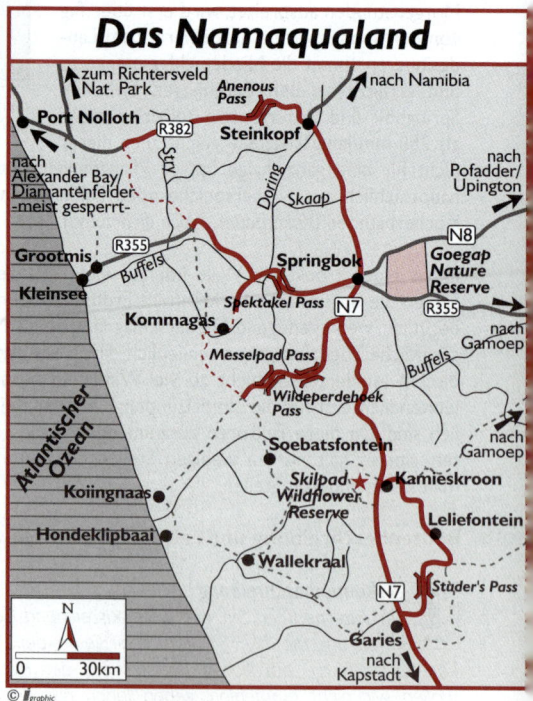

lands. Lohnend ist sicherlich ein Besuch der **Kokkerboom Nursery** (auch „Kern Succulent Nursery" genannt) am Ende der Vortrekkerstreet. Sie gilt als die größte Sukkulentengärtnerei in Südafrika. Hier können Sie sich eventuell auch eine Pflanze für zu Hause mitnehmen. Die Besitzer haben Erfahrungen damit und verpacken Ihnen die Pflanze so, dass sie auch den Rückflug übersteht.

Wenn Sie etwas Muße haben und eine ein wenig raue Piste nicht scheuen, sollten Sie von hier aus eine **kleine Rundtour nach Osten** unternehmen. Die Piste führt südlich aus dem Ort und passiert einen Wasserfall, schöne Felsformationen und am Ende, kurz bevor Sie wieder Vanrhynsdorp erreichen, den Tumaqua-Marmorsteinbruch. Lassen sie sich am besten eine Karte im Tourist Office geben.

Eine weitere Alternative ist ein Ausflug nach Niewoudtville, wo es

- **Unterkünfte vorher buchen**, da es nicht viele gibt und diese schnell ausgebucht sind
- **Bester „Blütemonat"**: September
- **Gute Regionen, um die Wildblumen im Frühling zu bewundern:**
  - Das **„Skilpad Wildflower Reserve"** bei Kamieskroon (S. 648)
  - bei Springbok das Goegap Nature Reserve (S. 648f)
- Immer etwas **Proviant** dabei haben
- **Richtersveld National Park** (S. 649ff):
  - Sie müssen sich für einen Besuch des Parks vorher bei einer Nationalpark-Behörde **anmelden** (z.B. in Kapstadt)
  - Für den Besuch benötigen Sie ein **Allradfahrzeug. Tipp:** Buchen Sie bereits in Kapstadt eine organisierte Tour. Sie können – nach Absprache – dann auch in Springbok zusteigen bzw. einen anderen Plan absprechen.
  - Es kann **sehr heiß** werden im Park, im Sommer sogar über 50 °C! Bringen Sie also genug Trinkwasser, Sonnenschutzcreme und Kopfbedeckungen mit.
  - Ein **voller Tank (+ Reservekanister)**, ein intakter **Reservereifen** u.a. elementare Dinge fürs Auto verstehen sich von selbst.

neben einem schönen Flower Reserve auch die 100 m hohen **Niewoudtville-Wasserfälle** gibt. Von der Anhöhe des Vanrhyns-Passes haben Sie einen Ausblick auf die Ebene bis hin zum Atlantik.

Bitterfontein (ⓘ s. S. 267f), Garies und Kamieskroon

Dieses sind verschlafene Örtchen, denen Sie während der blumenlosen Zeit nur wenig Beachtung schenken sollten. Alle drei verfügen über

Wasserfall bei Vanrhynsdorp

„Tor zum Namaqua-land kleine Hotels bzw. Guest Houses. Zur Hauptblütezeit aber fungiert vor allem **Garies** (ⓘ s. S. 278) als „Tor zum Namaqualand". Besonders in der Stadthalle gibt es dann zahlreiche „Flower-Festivals" und andere blumenorientierte Veranstaltungen. Etwas nördlich von Garies führt eine Piste östlich der N7 durch die Kamiesberge, die auch als die ***Garden Route of Namaqualand** bezeichnet wird. An den feuchteren Berghängen ist die Chance auf ein buntes Blütenmeer im Frühling besonders groß. Als den schönsten Teil bezeichnet man das Areal östlich von Kamieskroon. Sie können bei Kamieskroon wieder auf die N7 bzw. auf der Piste weiterfahren bis Sprinbok (entweder direkt oder über Gamoep).

Westlich von **Kamieskroon** (ⓘ s. S. 288) lockt zur Blütezeit das nahe **Skilpad Wildflower Reserve**, ein gut 1.000 ha großes Gebiet an der ersten Bergkette, die das Inland vom Atlantik trennt. Hier fällt besonders viel Niederschlag und sorgt für eine bunte Blütenpracht. Das Reserve ist nur während der Blütemonate geöffnet!

Springbok und Umgebung (ⓘ s. S. 319f)

Springbok ist umgeben von hohen Granitfelsen. Einst tranken hier große Springbokherden an einer Quelle, doch wurden sie durch die Ausbeutung der Kupferminen Mitte des 19. Jahrhunderts vertrieben. Das erste Kupfer wurde hier bereits 1685 von **Gouverneur Simon van der Stel** entdeckt und abgebaut. Eigentlich suchte er damals das sagenumwogene Goldreich Monomatapa. Der Abbau des Kupfers im großen Stile lohnte sich aber eben erst 170 Jahre später, denn es fehlte vorher an Infrastruktur und vor allem Trinkwasser. Die 1852 eröffnete „Blue Mine" war das erste bedeutende Bergbauprojekt in Südafrika. Das Kupfer wird noch heute abgebaut, obwohl der Abtransport immer noch mühsam ist. Um die

Alte Dampflok im Minen-Museum von Nababeep

Trink-wasser-problem Transportkosten niedrig zu halten, wird das Kupfer bereits vor Ort vom Gestein durch Schmelzen extrahiert und dann erst per Lkw nach Bitterfontein und von dort aus per Bahn nach Kapstadt gebracht. Van der Stel's erste Mine kann hier angeschaut werden, ca. 3 km südlich von Carolusberg (Goegap NR). Die **Aussichtsplattform auf die „Blue Mine"** liegt am Hügel westlich von Springbok.

Heute ist Springbok ein zentraler Ort und gilt als die „Hauptstadt des Namaqualands". Die tätigen Kupferminen befinden sich mittlerweile außerhalb des Stadtgebietes in den nahen Ortschaften Nababeep und Okiep. Bergbau-Interessierte sollten sich das kleine ***Minen-Museum in Nababeep** ansehen, wo ehemalige Fördergeräte, historische Fotografien, eine alte Dampflok u.a. ausgestellt sind. Ein kleines Museum in Springbok spiegelt die Stadtgeschicht wider.

*Goegap Nature Reserve (ⓘ s. S. 282) (früher: *Hester Malan Nature Reserve*)

Dieses Nature Reserve liegt ca. 15 km östlich von Springbok, an der Straße in Richtung Flughafen. Dieses mittlerweile auf fast 16.000 ha erweiterte Gebiet ist ein Muss für jeden Pflanzenfreund. Im *Wild Flower Garden* sind alle im Namaqualand vorkommenden Sukkulenten zu bewundern, und während der Blumenblütezeit wird hier ein *Flower Information Office* eingerichtet, wo man Informationen über den Standort der Blumen im Namaqualand erhält. Im Park kann man auf Wanderwegen die Vegetation bewundern oder einfach eine abgesteckte Strecke mit dem Auto abfahren.

Blumen im Namaqualand

Schön sind auch die Ausblicke von den einzelnen Erhebungen, deren höchste der 1.345 m hohe *Carolusberg* ist.

Mittlerweile zählt man im Goegap NR 590 Pflanzenspezies, und während der Blütezeit werden 3-stündige Blumen-Touren durch das Areal angeboten. Die *Tierwelt* bietet verschiedene Antilopenarten (Oryx), Klippspringer, Duiker, ein paar Hartmann Mountain Zebras, Strauße sowie 93 Vogelarten, darunter auch Greifvögel, 26 Reptilien- und 3 Amphibienarten.

Übrigens gibt es einige harte Pisten im Goegap NR. Doch auch die können bewältigt werden: Im Info-Zentrum können Sie Geländewagen und auch Mountain Bikes ausleihen, und wer im Reserve nächtigen möchte, kann in einer der (wenigen) Hütten unterkommen.

Port Nolloth, Alexander Bay und Richtersveld National Park
(ⓘ s. S. 311f)

> **Hinweis**
> *Die Strecke ab Alexander Bay kann nur mit geländegängigen Fahrzeugen gefahren werden, und Sie sollten sich auch aktuell erkundigen, ab die Minenfirmen nicht gerade Streckenabschnitte gesperrt haben.*

Port Nolloth wurde 1855 gegründet und nach dem Kommandanten, der ein Jahr zuvor die Küste erkundet hat, benannt. Es wurde als Hafen für die Kupferexporte aus Springbok angelegt. Nach dem Ersten Weltkrieg, als die Kupferpreise drastisch absackten, erlosch seine Bedeutung. Doch der Zufall wollte es, dass man hier nur 8 Jahre später Diamanten fand, und der Ort erwachte aus seinem kurzen Schlaf. In nur einem Monat, bevor die Minengesellschaften alle Schürfrechte erhielten, fanden eilige Glücksritter bereits 12.549 Karat Diamanten.

Diamanten an und vor der Küste

Heute werden die Diamanten zum großen Teil aus dem Wasser geholt. Während de Beers alle Schürfrechte direkt am Strand und im flacheren Wasser hat, gehen private Diamantentaucher weiter ins Wasser hinaus und pumpen den Meeresschlamm ab, um hinterher an Land die Diamanten herauszufiltern. Bei den kühlen Luft- und Wassertemperaturen ist das ganz bestimmt kein angenehmer Job. Mit den Absatzschwierigkeiten von de Beers und dem allmählichen Verlust seines

Weltmarktmonopols gibt es aber Schwierigkeiten für die Diamantentaucher. Ihnen werden als erste die Schürfgenehmigungen abgenommen.

Wer nach Port Nolloth kommt, sollte sich darauf einstellen, dass es hier weder Sehenswürdigkeiten gibt, noch der Strand und das Klima besonders reizvoll sind. Es ist vielmehr die Pionieratmosphäre, die hier herrscht und einen Besuch lohnend macht, und die Landschaft auf dem Weg hierher.

Grazia de Beer fand wohl die richtigen Worte, als sie schrieb:

Risky lifestyle

"Port Nolloth continues to exist ... although always on the brink of extinction. This is the only part of the world where gem quality diamonds are dredged from the sea bed by hardy divers. Its a tough job and certainly takes a certain type of person to pit his strength against the elements and dive deep into the icy Atlantic waters in every type of weather. Sometimes many diamonds are found and sometimes few or none at all. Boats have come and gone and fortunes have been made and lost. It's a risky lifestyle, echoed by the unpredictability of the ocean here and not meant for anyone less than the stout of heart. So don't expect the ordinary here in cowboy country, for dogs are dogs, and men are men! Where does that leave the more delicate forms of life? When the desert's seeming barreness is suddenly transformed by a carpet of spring flowers, and colour and life is back to remind us of what could be – then we can take nature's good example and find reward in the creation of something out of nothing ..."*

Viel ist nicht los in Port Nolloth

Alexander Bay ist ein weiterer Diamantenort und wirkt äußerlich noch verschlafener als Port Nolloth. Einmal pro Woche kann die Diamantenmine besichtigt werden (Tourlänge: gut 3 Std.). Ein kleines **Minenmuseum** erzählt die Geschichte des hiesigen Diamantenfiebers. Wer noch keine Seehunde gesehen hat,

Seehunde

sollte der großen Kolonie Beachtung schenken. Bis zu 8.000 Seehunde tummeln sich bei Alexander Bay.

Die **Piste zum Richtersveld National Park** führt nach **Sendelingsdrif**, einer ehemaligen Minensiedlung und dem heutigen Parkhauptquartier. Dabei passieren Sie den Köcherbaumwald **Cornellskop**, unterhalb dessen sich ein über 40 m tiefes,

Bedeutung für die Namas

natürliches Wasserloch („Sinkhole") befindet, das für die Namas große Bedeutung hat: Eine Schlange bewacht hier einen großen Diamantenschatz, und ihr Gott *Heitsi Eibib* nennt das Loch seine Heimat.

Der 1.625 qkm große ***Richtersveld National Park**, eine typische **Bergwüstenlandschaft**, nördlich begrenzt durch den **Oranje River**, wurde erst 1991 der Öffentlichkeit zugänglich gemacht. Zuerst benötigte man umständliche Permits und konnte teilweise sogar nur per Flugzeug hier anreisen. Das ändert sich nur sehr langsam. Da sich der Park also noch im Umbruch befindet, ist es unbedingt ratsam, dass Sie sich vor Ihrer Anreise über den aktuellen Stand der Dinge erkundigen. Anmelden für einen Besuch müssen Sie sich aber allemal (am besten schon von Deutschland aus), denn die Besucherzahl ist streng limitiert! Die Unterkünfte bestehen nur aus einfachen Campsites.

Frühzeitig anmelden

Das Gebiet des heutigen Nationalparks hatte große Bedeutung für einen Teil der **Namas**. Zuerst siedelten sie sich aufgrund der zunehmenden Aridität hier, südlich des Oranje River, an, und später zogen sie weiter ins jetzige Namaqualand. Daher gehört das Parkgelände auch jetzt den Namas. Es gab aber auch eine Zeit, wo Prospektoren in die Region eindrangen, um Kupfer und Diamanten abzubauen. Der Name stammt übrigens von einem Pater der Rheinischen Missionsstation, Rev. W. Richter.

Die **Vegetation** im Park ist bestimmt durch das aride Klima. Köcherbäume sowie unzählige, z. T. sehr seltene Sukkulenten wachsen hier. Es wird behauptet, dass es keinen Platz auf der Welt gäbe, wo die Vielfalt an Sukkulenten so groß ist. Besonders beliebt ist die Suche nach den Steinpflanzen.

Die **Tierwelt** musste sich diesen schwierigen Naturbedingungen anpassen. Es gibt an die 200 Vogelarten. Oft kommen Küstenvögel auf „Stippvisite" hierher. Zudem werden verschiedene Böcke, Hartmann Mountain Zebras und Baboons gesichtet, wobei deren Zahl wegen des Nahrungs- und Wassermangels sehr begrenzt ist. Reptilien und 26 Schlangenarten sowie einige Süßwasserfische runden das Bild der Fauna schließlich ab.

26 Schlangenarten

Um den Park zu erkunden, können Sie verschiedene Allradpisten nutzen, an denen es einige wenige Campingplätze (sehr einfach) gibt. Zudem ist damit begonnen worden, Wanderwege einzurichten.

Grundsätzlich lässt sich also sagen: Wer Einsamkeit, Trockenheit und Natur liebt, ist hier absolut richtig. Das Erreichen sowie die Erkundung des Parks erfordern aber einigen Aufwand, Entbehrungen und eine gründliche und rechtzeitige Planung – Reservierung inbegriffen!

Ein grenzübergreifender Nationalpark, wie bereits um den Krüger NP und dem ehem. Kalahari Gemsbok NP entstanden, ist nun auch im Ai-Ais (Fish-River Canyon)-Richtersveld-Gebiet in Planung. Der neue Park wird zu 69 % in Namibia und zu 31 % in Südafrika liegen und den Fish River Canyon sowie die heißen Quellen von Ai Ais mit einschließen. Auf über 6.200 km² soll ein Ökosystem geschützt werden, in dem 56 Säugetierarten und 194 Vogelarten leben.

Zu guter Letzt: eine Fahrt mit dem legendären „Blue Train" (ⓘ s. S. 187ff) von Kapstadt nach Pretoria/Tshwane

Quer durch Südafrika auf dem Plüschsessel: Überblick

Wer hat nicht schon von ihm gehört, dem legendären „Blue Train"? Er ist einer der letzten Luxuszüge dieser Welt, wenn nicht **der** Luxuszug überhaupt. Kaum eine Südafrika-Broschüre, die ihn nicht erwähnt. Überall prangt seine tiefblaue Farbe auf Plakaten, in Magazinen und Reiseberichten. Lange Zeit galt *Standard* der Zug als einziger Standard für exklusivstes Ei- *für* senbahnreisen. Dieser Zug war es, der 1923 als *exklu-* „United Limited" (Jo'burg – Kapstadt) bzw. „Uni- *sivstes* ted Express" (Kapstadt – Jo'burg) die Ideen von *Eisenbahn-* einem einzigartigen, alle Annehmlichkeiten bieten- *reisen* den und Exklusivität voraussetzenden Eisenbahnvergnügen vereinte. Alle Waggons boten damals schon mehr als „First Class". Seine saphirblaue Farbe brachte es dann mit sich, dass der Zug im Volksmund nur noch „Blue Train" genannt wurde.

In den 1970er bzw. -80er Jahren verdiente er allerdings nicht mehr in allen Belangen den Anspruch, der „beste und luxuriöseste Zug der Welt" zu sein. Doch *Restauriert* eine grundlegende Restaurierung der Waggons lässt den „New Blue Train" in neuem Licht erscheinen und rechtfertigt die ehemaligen Lobeshymnen wieder. Die Federung wurde grundlegend verbessert, die Abteile erhielten eine neue Möblierung, moderne Kommunikationseinrichtungen wurden installiert (jedes Ab- *Bei Anruf* teil hat eine schnurlose Telefonverbindung mit dem Butler), eine Kamera auf der *Butler* Lok zeigt über Monitore in jeden Raum, was sich da draußen tut. Die Gastronomie serviert alle Leckereien des Landes, und die erlesene Weinkarte wurde bereits mehrfach prämiert. Im „Blue Train" versucht Südafrika, sich von seiner wirklich angenehmsten Seite zu zeigen, frei nach dem Motto: „Im Plüschsessel durch Südafrika". Natürlich muss man dieses Vergnügen sehr teuer bezahlen.

Eines der Highlights auf der Fahrt mit dem „Blue Train"
ist die Strecke durch die Weinanbaugebiete

Die 24 Stunden Zugfahrt kosten so viel wie 2 Rückflugtickets nach Süd-afrika. Eine Fahrt mit diesem Zug, für Viele vielleicht ein lang gehegter Wunsch-traum, schröpft die Reisekasse also ganz schön. Aber – einmal im Leben ....

Starke Mit der „Rovos Rail" ist Ende der 1980er Jahre für den „Blue Train" ein starker *Konkur-* Konkurrent entstanden, und die Gemüter streiten sich, welcher Zug denn nun *renz* der bessere sei. Die Frage ist schwer zu beantworten. Der „Blue Train" hat

Tradition, ist aber moderner und exakter organisiert. Hier funktioniert eben alles, und der Service schnurrt bis ins i-Tüpfelchen. Das Ambiente ist formeller – „more sophisticated". Die „Rovos Rail" dagegen bietet mehr Platz in den Waggons und zudem ein historischeres Ambiente, denn Loks, Waggons und Hotels an der Strecke stammen aus „the good old days". Dafür muss man bei diesem Zug aber auch einige technische Abstriche machen. Die Entscheidung zwischen beiden Zügen fällt nicht leicht, ein einzigartiges Erlebnis bieten beide.

Streckentelegramm: Kapstadt - Pretoria

Route: Der „Blue Train" fährt zuerst durchs (nördliche) Weinanbaugebiet bei Paarl und Tulbagh, um dann durch das obere Breede River-Tal sowie hinter den Elandskloof- und Slanghoek-Bergen nach Worcester zu gelangen. Parallel zur N1 geht es dann hinein in die Karoo mit Stopp (und kurzem Rundgang/Ausflug bei nordwärts fahrenden Zügen) in Matjiesfontein. Orte wie Beaufort West, Hutchinson und De Aar werden i.d.R. bei Dunkelheit passiert. Gleiches gilt für Kimberley. Für die südwärts fahrenden Züge dagegen ist ein Aufenthalt mit

Redaktions-Tipps Blue Train

- **Reservieren Sie diese Zugfahrt rechtzeitig.** Oft ist der Zug schon ein Jahr im voraus ausgebucht.
- **Beachten Sie den aktuellen Fahrplan:** Wählen Sie Ihre Fahrtrichtung so, dass Sie auf der **Strecke Kapstadt - Pretoria** den Abschnitt zwischen Kapstadt und Matjiesfontein bei Tageslicht erleben. I.d.R. ist die Süd-Nordstrecke zeitlich günstiger und somit schöner, da die Karoo bei Tageslicht eindrucksvoller ist als auf der Nord-Südstrecke das Gebiet um Kimberley.
- Die Fensterjalousien werden mit der Fernbedienung für den Fernseher bedient
- Halten Sie etwas Kleingeld für das Trinkgeld bei der Kofferabgabe vor der Reise parat
- Fotografieren:
  - bei Außenaufnahmen Autofokus ausstellen, da dieser durch die getönten Scheiben irritiert wird
  - wegen des leicht schwankenden Zuges die Belichtungszeit von mind. 1/250 Sec. einhalten, also: 200-, besser 400 ASA-Filme mitnehmen.
- Die Weinliste des Zuges wurde mehrmals prämiert: Nutzen Sie die Gelegenheit zum Testen!
- Buchen Sie ein Abteil mit Badewanne. Der Seegang in der Wanne belohnt Sie dafür.
- Die teureren Suiten bieten nicht viel mehr: Die Abteile sind etwas geräumiger, haben einen Videorekorder und einen CD-Spieler, und alle haben eine Badewanne.

Besichtigung der Sehenswürdigkeiten von Kimberley vorgesehen. Die Strecke führt nun über Warrenton, Klerksdorp, Potchefstroom in das Ballungsgebiet von Johannesburg. Die Millionenstadt wird aber nur umfahren.

Ein paar praktische Tipps

- **Entfernung**: *Kapstadt - Pretoria:* 1.600 km
- **Fahrtdauer**: *Kapstadt - Pretoria:* ca. 26 Stunden (inkl. Zwischenstopps)
- **Kleidung**: Ihre Kleidung muss den Gegebenheiten angemessen sein, d.h. mittags gepflegt (casual), abends elegant (smart). Herren dürfen zum Dinner nur mit Krawatte und Jackett erscheinen. T-Shirts, Sportschuhe, Jeans haben außerhalb

des Abteils nichts verloren, auch der Safari-Outlook würde Stirnrunzeln hervorrufen. In Ihrem Abteil dagegen fragt Sie niemand nach der Kleidung. Bequemlichkeit hat hier Vorrang.

• **Trinkgeld**: Außer bei der Abgabe der Koffer am Bahnhof wird während der gesamten Fahrt kein Trinkgeld erwartet. Dafür aber am Ende der Reise. Dann drücken Sie aber nicht jedem einzelnen Angestellten etwas in die Hand, sondern werfen eine angemessene Summe in die Sammelbox. Dieses Geld wird nach einem Punktesystem gerecht an das Personal verteilt.

• **Was sollten Sie möglichst noch dabeihaben?** Fernglas, zusätzliche Filme (200 oder 400 ASA), Batterien für die Kamera (Sie machen im Zug bestimmt mehr Blitzlichtaufnahmen, als Sie denken ...), Straßenatlas (der Zug passiert so viele kleine Bahnhöfe, Bergmassive und Landschaften, dass Sie gern mal nachschlagen, wo Sie gerade sind).

Atlas mitnehmen

Streckentagebuch: ein Erlebnisbericht

Hinweis
Zu den einzelnen Orten entlang der Strecke lesen Sie bitte im Reiseteil.

Freitag, 9h45:

Heute erfüllen wir uns einen langgehegten Traum: eine Fahrt mit dem „Blue Train". Doch die Anfahrt zum Kapstädter Bahnhof ist nicht gerade die richtige Einstimmung für ein solches Erlebnis. Wir quälen uns durch den vormittäglichen Verkehrsrummel, ein Albtraum. Erst die letzten Meter vor dem Seiteneingang am Bahnhof, der eigens für den „Blue Train" reserviert ist, beruhigen uns wieder. Taxis, Minibusse, Straßenhändler, Parkplatzsuchende und hektische Geschäftswelt bleiben zurück, freundliche, livrierte Pagen nehmen unser Gepäck in Empfang, eine nette junge Dame führt uns in die „Blue Train-Lounge". Hier drinnen vergisst man schlagartig die Tristesse des Kapstädter Bahnhofs: ausladende Plüschsessel, Blumen, silberne Tabletts mit unwiderstehlichen Pastetchen, Kaffeeduft in der Luft, eisgekühlter Sekt – und geradeaus der erste Blick durch die Tür auf das Saphirblau des Zuges. Doch zuerst heißt es am Schalter einchecken. Kurz danach führt man uns Reisende auf den Bahnsteig. Auch hier wieder alles grau in Grau, wenig Licht, Betonboden, so ein bisschen Paketverladungsatmosphäre. Nichts deutet darauf hin, dass man sich gerade anschickt, eine sündhaft teure Luxusreise durch Südafrika anzutreten.

Eine Kamera auf der Lok übermittelt in jeden Raum, was vor dem Zug so alles passiert

Livrierte Pagen

Dann aber: unser Abteil. Wir betreten eine ganz andere Welt. Holz, wohin man schaut, saphirblaue Plüschsessel, das Bad mit kupfernen Armaturen und sogar

einer Badewanne (das haben längst nicht alle Abteile). In der nächsten Viertel- *Knöpfe-*
stunde wird nur ausprobiert, auf Knöpfe gedrückt, alles untersucht. Dann kommt *drücken*
Nozipho, unsere ausgesprochen charmante Butlerin. Sie klärt uns darüber auf,
dass die Fensterjalousien mit der Fernbedienung für den Fernseher zu öffnen und
zu schließen sind. Fernzusehen hatten wir eigentlich auf dieser Reise nicht vor,
aber wieder eine Überraschung: Auf Kanal 1
zeigt der Bildschirm, wie es jeweils vor der
Lok aussieht, also immer wieder spannende
Momente vor der nächsten Kurve, in der man
dann den ganzen Zug im Blick hat.

Freitag, 11h:
Pünktlich und ohne viel Aufhebens setzt sich
der Zug langsam in Bewegung. Woodstock
und andere Industriebezirke ziehen am Fenster vorüber. Der für Eisenbahnfahrten so typische Hinterhofausblick gehört auch in Südafrika dazu. Weit hinten rechts erkennen wir
noch die Spitze des Tafelberges. Wie gemächlich der „Blue Train" seine Reise beginnt, erkennen wir an den uns überholenden Vorort-
zügen, aus denen die Kids winken und ihre
Faxen machen. Was sie wohl davon halten,
uns in diesem Luxuszug zu sehen? Ein wenig
später zweigen die Gleise in die Townships
ab, und unser Zug nähert sich langsam den
Hex River Moutains. Die letzten Vororte der
„Mother City" ziehen vorüber.

Auch alle Getränke sind im Preis inbegriffen

Freitag, 11h30:
Nazipho weist uns geduldig in alles ein, sie
versichert, rund um die Uhr für uns da zu
sein. Da kommt auch schon der nächste Besucher: Der Train-Manager, verantwortlich für die 29 Personen starke Service-Mannschaft des Zuges, macht seine
Aufwartung und kündigte den dritten Gast an, den Oberkellner, der uns mit den
kulinarischen Gepflogenheiten bekannt macht.
Auf die Frage, ob „Early-" (12h bzw. 19h) oder „Late-Seating" (14h bzw. 21h),
entscheiden wir uns für die späteren Mahlzeiten – für den Lunch sicher eine gute
Wahl, rächt sich diese dann jedoch beim kalorienreichen Dinner, das uns bis
Mitternacht noch schwer im Magen liegt.

Freitag, 11h45–14h:
Da der Huguenot Tunnel nur für Autos ausgelegt wurde, muss die Eisenbahn noch
immer nördlich um die Hex River Mountains herumfahren. Eigentlich schön.
Bestückt mit einer leckeren Flasche Wein, können wir so die Ausblicke auf Weinberge, Obstplantagen und Berge in Ruhe genießen, platte Nasen und verknipste *Platte*
Filme inklusive. Kurz vor Worcester passieren wir den entgegenkommenden „Ka- *Nasen*
roo Express". Wir haben Vorfahrt. Bei langsamem Tempo ergeben sich Winkgele-

genheiten und kurze Einblicke in das, was unseren Zug so besonders macht. In Worcester macht der Zug kurz halt. Der vorangegangene Güterzug hatte ein wichtiges Päckchen vergessen. Ganz unbürokratisch wird dieses verladen.

Freitag, 14h:

Der Wein macht sich bemerkbar, und das Frühstück liegt auch schon eine Weile zurück. Mit einem Wort: Wir haben Hunger. Also schreiten wir zum Lunch. Das *Tafelsilber* blitzt im Sonnenlicht. Die Karte präsentiert Krabbencocktail, Suppe, Karoo-Lamm, Käse und Kuchen. Den Käse lehnen wir dankend ab: Was nicht geht, geht eben nicht, selbst nicht mit einer neuen, erstklassigen Flasche Wein, die man Maudia, unserem umsorgenden und gut informierten Kellner, wohl kaum hätte abschlagen können. Der anschließende Kaffee in der Club Lounge tut gut, sonst hätten Kalorien und der Wein uns schon beim Durchfahren des Hex River Valley in die Waagerechte befördert. Noch während des Kaffeetrinkens wird es dunkel – nanu? Erst ein Tunnel, dann noch einer und schließlich der längste: 20 Minuten braucht der Zug, um die fast 14 km Dunkelheit zu passieren. Die Lok-kamera warnt uns dann aber rechtzeitig vor dem ersten Lichtschein am Ende des Tunnels. Vor so viel Sonne muss man die Augen fest zukneifen.

(Marginalie) Tafelsilber

Freitag, 14h45:

Matjiesfontein ist noch eine knappe Stunde entfernt, die Little Karoo haben wir bereits nach dem Tunnel begrüßt – ein kleines Nickerchen kann zu dieser Zeit und in dieser Gemütslage also nicht schaden!

Freitag, 16h35:

Beinahe hätten wir verschlafen. Alle Passagiere sind schon aus dem Zug gestiegen und haben den pittoresken Ort Matjiesfontein erobert, der einzig von der Eisen-bahn und einem Hotel lebt. Es wird eine Ortsrundfahrt mit einem alten Londo-

(Marginalie) Londoner Doppel-deckerbus

ner Doppeldeckerbus angeboten, wir wollen uns lieber ein bisschen die Beine vertreten. Auch den an-beraumten Sherry-Umtrunk im „Lord Milner" verkneifen wir uns. Genug ist genug (s.o.). Dafür neh-men wir uns die Zeit, den „Blue Train" von außen zu betrachten. Wir laufen vor zur Lok, halten ein Schwätzchen mit dem Lokführer und haben dann immer noch fast 30 Minuten Zeit für das historische Museum im Bahnhofsgebäude. Wir kennen es zwar schon, interessie-

Fine Dining mit wechselnder Kulisse

ren uns nun aber besonders für die Eisenbahnabteilung. Einige historische Bilder zeigen den ersten „Blue Train".

(Marginalie) Historische Bilder

Freitag, 17h15:

Wieder fast unmerklich verlässt der Zug den Bahnhof. Kein Pfeifen, kein Tuten, nichts. Woher wissen die wohl, ob alle wieder an Bord sind? Doch die ewig weite

Landschaft der Central Karoo lässt unsere Gedanken schnell abschweifen. Auch die Kamera wird seltener zur Hand genommen. Jetzt beginnen wir, die Atmosphäre so richtig zu genießen. Verträumt schauen wir aus dem Fenster, lesen zwischendurch ein paar Zeilen über die Region und nippen hin und wieder an dem Rest Wein aus Flasche 1. Gelegentlich taucht ein Bahnhofsschild inmitten der Halbwüste auf. *Einsame Bahnhöfe*

Die Gebäude stehen zumeist verlassen. Früher mussten hier die Dampfloks anhalten, um ihre Wasservorräte aufzufüllen. Das ist natürlich Vergangenheit, und heute genügt die eine Farm im Hinterland nicht mehr, um einen Bahnhof zu rechtfertigen. Kleine Geisterstädte also mit vier Häusern, ansonsten: Weite, Landschaft, Gestrüpp und selten mal ein Bock. Dass es noch so viel Platz gibt auf dieser Welt!

Eine Stunde Pause in Matjiesfontein

Freitag, 19h:
Der Zuglautsprecher bittet zum „Early Seating". Wie gut, dass wir noch nicht dran sind. Wie gut auch, dass wir den „High Tea" mit Canapés um 17h30 in der Lounge ausgelassen haben. Hunger verspüren wir nach dem Lunch nämlich noch keineswegs. Allmählich geht die Sonne unter. Die Berge verschwimmen zu Silhouetten, die Sonne legt ihr gelbes Wüstenkleid an und ist dann ganz schnell hinter dem Zug verschwunden. Schade eigentlich, denn nun spiegeln nur noch wir uns in den großen Fensterscheiben. *„High Tea"*

Freitag, 20h:
Allmählich gilt es zu klären, wer die Badewanne genießen darf und wer zum Aperitif-Umtrunk in die Lounge geht. Ich gewinne, denn endlich einmal zieht das Argument, dass man als Mann bei bestimmten Gelegenheiten mehr Aufwand betreiben muss, um abends gut gekleidet zu sein. Nach wochenlanger Recherchenreise müssen Jackett und Krawatte erst einmal wieder in Form gebracht werden. *Jackett und Schlips*

Freitag, 21h:
Der Zug gleitet langsam durch den Bahnhof von Beaufort West. Wir erinnern uns, dass in diesem Karoo-Städtchen der Herzchirurg Christiaan Barnard das Licht der Welt erblickte. Mehr als die Bahnstation können wir aber nicht erkennen. Pünktlich erscheinen wir zum Dinner. Maudia erwartet uns schon mit der Weinkarte. Aber jetzt habe ich einfach Durst, Durst auf ein spritziges Windhoek Light. Kurz darauf steht es vor mir – nicht in der Dose, sondern frisch gezapft mit Blume. So etwas habe ich schon seit Wochen nicht mehr gesehen. An keinem anderen Tisch trinkt jemand Bier. Mir schmeckt es trotzdem. Draußen erahnen wir die einsamen Lammhirten in der Karoo, die sich ihren Pap und einen heißen Tee für die Nacht breiten. Kleine Lagerfeuerlichter scheinen gelegentlich durch die Scheibe, in der sich ansonsten der Innenraum des Dining-Car spiegelt. Das *Erlesene Weinkarte*

6 Gänge Dinner übertrifft den Lunch noch bei weitem: Wir können unter 6 Gängen
zum wählen und entscheiden uns für geräucherten, gerollten Marlin mit Nelkencreme-
Dinner sauce, die delikate Tomatencremesuppe, das Meeresfrüchte-Ragout sowie das
Straußenfilet, medium-rare, mit Soufflé, gedünstetem Gemüse und einem exotischen Riesenpilz. Auf den Nachtisch wollen wir eigentlich verzichten. Doch als
Maudia beginnt, Geschichtchen zu erzählen und dabei geschickt die Dessertfolge
einspielt, können wir dem Schokocremekuchen mit Erdbeersahne nicht widerstehen. Vorsätze für eine Outdoor-Tour mit Campingküche bei der nächsten Reise
beruhigen schließlich unser Gewissen und der 40 Jahre alte Cognac sowie die
„Smoke" in der Lounge unseren Magen.

Freitag, 22h45:
„Cognac" ist, wie auch „Champagne", in Südafrika nicht das, was wir aus Frankreich kennen. Darüber gab es bereits einen langen Streit mit der EG. Der „Brandy" ist jedoch unwiderstehlich gut und erfüllt mehr als seinen Zweck (bei „Champagne" sieht das etwas anders aus, aber das gehört nicht hierhin). 40 Jahre ist der

Brandy gereift, und selbst die Crew
vom „Blue Train" hat viel Überre-
dungskunst gebraucht, um der Distillery diesen edlen Tropfen abzu-
ringen. Bei unserem letzten Drink
plaudert der Barkeeper so richtig
aus dem Nähkästchen. So erfahren
wir, dass der lange Tunnel vor Matjiesfontein doch so einige technische Probleme aufgeworfen hat. Ein-
gleisig war er geplant und auch begonnen worden. Doch erst weit
hinter der Mitte haben beide Bohr-

Sonnenuntergang über der Karoo teams bemerkt, dass sie aneinan-

der vorbeigebuddelt haben. So gibt es nun in der Mitte einen zweiten Tunnelab-
schnitt, in dem ein entgegenkommender Zug warten kann.

Freitag, 23h30:
Zurück im Apartment, ist schon alles für die Nachtruhe vorbereitet. Denn wir
haben uns strikt an Noziphos Empfehlung gehalten und das richtige Schild an die
Tür gehängt: „Please, make-up compartment". Nur bei der neuen Flasche Wein,
die auf uns wartet, hat es wohl ein Missverständnis gegeben. Sie bleibt zu und die
Jalousien auch. Nun gilt es nur noch, ehemaligen Beschwerden auf den Grund zu
gehen, wonach der Zug zu sehr schaukeln und die Nachtruhe gefährden würde.
Betthupferl Als „Schlaftablette" genügt das süße Betthupferl auf dem Kopfkissen und dann ...

Sonnabend, 7h30–9h30:
Keine Spur von schlafloser Nacht! Sanft hat uns der „Blue Train" bereits bis weit
hinter Kimberley befördert. Nur die etwas zu trockene Luft der Klimaanlage hat
uns jetzt geweckt. Einen Schluck aus der bereitstehenden Seltersflasche und
wieder umgedreht. Als wir das zweite Mal wach werden, heißt es, sich zu entscheiden: Jetzt aufstehen, oder das Frühstück verpassen, das nur bis 9h serviert

wird. Aber wir sind von unserem „Late-Seating" noch so satt, dass wir uns noch einmal für ein „Viertelstündchen" umdrehen und das (bestimmt sehr leckere) Frühstück ausfallen lassen.

Sonnabend, 10h:

Aber wir haben nicht mit Nozipho gerechnet, die prompt nach unserem Erscheinen ein Ersatzfrühstück für uns herbeizaubert. Dass wir nicht bei Tisch erschienen sind, ist natürlich jedem Mitglied des Personals bekannt, und so erhalten wir dann doch noch unseren Kaffee, frisch gepressten Orangensaft und ein paar Schnittchen nach Wunsch, schön mit Salatblättern garniert auf einem Silbertablett. Das ist eben Service à la „Blue Train".

*Ersatz-
frühstück*

Sonnabend, 10h15–12h:

Draußen streicht der wirtschaftliche Muskel Südafrikas vorbei: Gauteng, auf Gold gebaut, durch Industrien verdreckt, durch unruhige Riesentownships und hohe Kriminalität in Verruf geraten. Und doch ist es mit seinen über 7 Millionen Einwohnern die Stütze der Nation. Sie machen 17,3 % der Gesamtbevölkerung des Landes aus, die aber nur auf 1,6 % der Fläche Südafrikas leben. Hier wird das Geld verdient (38 % des BIP), hier wird geschuftet, geschwitzt, gelitten. Ziel vieler Mittelständler ist es, in dieser Metropolis das Geld zu verdienen, das man dann im Alter an der Küste bzw. am Kap ausgeben kann. Wer zur Unterschicht gehört, oft arbeitslos ist, der wird niemals entfliehen können. Und die wirklich Reichen: Sie fliegen an den Wochenenden in ihre Villen an der Garden Route bzw. in Natal.

*Stütze der
Nation*

Der Zug macht einen großen Bogen um Johannesburg, passiert dabei Bahnhöfe kleiner Industrieorte mit Namen wie Alloy (= Aluminium) und Union (steht für ein ehemaliges Industriekonglomerat), lässt Schrott- und Kohlezüge auf den Seitengleisen warten. Schön anzusehen ist dies alles nicht, aber interessant. Außerdem bereitet es uns alle wieder darauf vor, dass der Alltag naht.

Sonnabend: 12h30–13h:

Midrand, das aufstrebende Wirtschaftsareal zwischen Jo'burg und Pretoria, zeigt sich etwas geordneter. Moderne Firmensitze, zumeist Dienstleister und internationale Konzerne, lassen hoffen für die Zukunft des Landes. Dann erreichen wir Pretoria, Südafrikas Hauptstadt und Verwaltungssitz. Auf einem

---

Ein paar Zahlen und technische Details zum „Blue Train" (Kapstadt - Pretoria/Tshwane)
- **Zuglänge:** 396 m
- **Passagiere:** 76-84
- **Anzahl der Anhänger:** 18, davon 11 Schlafwagen (2 Luxury, 9 Deluxe), 2 Service-Waggons, ein Energie-Waggon und in der Mitte des Zuges ein Küchenwaggon, ein Restaurant-Waggon sowie zwei Aufenthaltswaggons mit Bar
- **Lokomotiven:** 2. Diesel zwischen De Aar und Kimberley, ansonsten E-Loks.
- **Geschwindigkeit:** Knapp 90 km/h im Durchschnitt, 100 km/h als Höchstgeschwindigkeit
- **Wasservorat:** 31.000 l
- **Strom:** 220 Volt
- **Aircondition** im ganzen Zug (individuell einstellbar in den Schlafwagen)
- **Personal:** 29 Personen sorgen für Ihr Wohl, darunter 9 Butler (= Zugbegleiter), 2 Room-Manager, 10 Kellner, 1 Restaurant-Manager, 1 Zug-Chef, 6 Küchenangestellte. Hinzu kommen zwei Techniker und der Lokomotivführer.

Berg südlich der Stadt prangt, weithin sichtbar, das klobige Voortrekker Monument. Schließlich rollt der „Blue Train" in den Bahnhof ein. Nozipho hat schon lange damit begonnen, überall aufzuräumen. Sie freut sich auf das Wochenende mit ihrer Familie. Montag geht es für sie wieder Richtung Kapstadt. Wir kramen unsere Sachen zusammen und halten ein paar Scheine bereit für die „Tip-Box". Wer hat uns bedient, wer hat uns geholfen, wieviel gibt man – immer wieder eine schwierige Frage für uns Europäer. Wir entscheiden uns für eine dreistellige Summe. Immerhin waren da mehrere Mahlzeiten, der Butlerdienst, der Barkeeper und die vielen anderen, für uns unsichtbaren Helfer hinter den Kulissen. Sie leben von den „Tips", und bei einem solchen Fahrpreis sollte man nicht an der falschen Stelle sparen. Wir sind uns noch nicht ganz darüber im Klaren, dass die wunderschöne Reise ein Ende hat, da gilt es, nochmal zu organisieren: die Kofferträger, der richtige Ausgang und andere Kleinigkeiten. Doch so schlimm ist es gar nicht. Der Mietwagen steht bereit, die Koffer sind schnell verstaut. Nebenan verlassen andere Reisende mit einem Bus der Eisenbahngesellschaft den Bahnhof in Richtung Hotel bzw. Airport. Alles läuft wie am Schnürchen.

Unsichtba-re Helfer

Gut organisiert

Schließlich sitzen wir im Taxi, lassen die Reise noch einmal Revue passieren und erkennen verwundert, dass es sogar in unserem Beruf noch Dinge gibt, die uns immer wieder neue Highlights bescheren.

Und für diejenigen, die über eine Fahrt mit dem „Blue Train" entlang der Garden Route nachdenken, noch ganz kurz:

Streckentelegramm: Kapstadt - Port Elizabeth

Route: Auch hier folgt der Zug zuerst der Route durchs (nördliche) Weinanbaugebiet bei Paarl und Tulbagh, um schließlich hinter den Elandskloof- sowie Slanghoek-Bergen Worcester zu erreichen. Von hier geht es dann in Richtung Südosten durchs Breede River Tal und parallel zu den Langbergen nach Swellendam. Von hier bis George folgt die Eisenbahntrasse mehr oder weniger der N2. Nach einer Pause (inkl. Ausflug) in George geht es dann ins Landesinnere. Nächster Stopp ist Oudtshoorn (inkl. Ausflug). Von hier fährt der „Blue Train" hinter den Küstengebirgen weiter gen Osten. Willowmore, Klipplaat und Uitenhage liegen an dieser letzten Etappe. **Streckenlänge:** 1.067 km, 2 Nächte (Abfahrt nachmittags in Kapstadt an Tag 1 und Ankunft in PE vormittags an Tag 3).

• Bedenken Sie bei Ihrer Routenplanung, dass der „Blue Train" **zwischen Kapstadt und Port Elizabeth nur 1–2mal pro Monat** verkehrt.
• *Eine schöne Idee wäre es doch, zuerst die Strecke Kapstadt - Port Elizabeth mit dem Zug zu fahren, um sich hinterher mit dem Auto die Gebiete anzusehen, die Sie bei der Zugfahrt nicht erleben konnten.*

Glossar

Immer wieder trifft man in Südafrika, wie in jedem Land, auf ganz bestimmte Worte und Begriffe, die man so nicht gleich in einem Lexikon findet bzw. die einem Fragen bereiten. Hier haben wir einmal einige typische davon vorgestellt und übersetzt:

Abseiling	Sich an Felswänden abseilen bzw. in Seile fallen lassen (bei jungen Leuten beliebte „Adrenalin"-Sportart)
ANC	African National Congress. Stärkste politische Partei Südafrikas (Mandela, Mbeki u.a.)
ASB/A.S.B.	Afrikaans-Abkürzung für „Assebelief" (= Bitte)
Bakkie	Pick-Up (PKW bzw. Klein-LKW mit Ladefläche)
Big Five	die 5 großen Tiere Afrikas: Elefant, Rhinozeros, Löwe, Büffel und Leopard
Biltong	Luftgedörrtes, gewürztes Fleisch. Zumeist Wild, aber auch Rind. Wird in kleinen Mengen verkauft als Snack
Bobotie	Kapmalayisches Topfgericht: Hackfleisch wird mit geschlagenem Ei übergossen und das Ganze dann gebacken.
Boerewors	Kleine, gut gewürzte und sehr fette Wurst, die bes. von den Buren gern zum Frühstück gegessen wird („Burenwurst")
Boma	Hoher Weidezaun mit Holzpfählen. Früher vornehmlich für Rinderweiden benutzt, heute oft in Safari-Lodgen und Tierreservaten aufgebaut, in denen dann das abendliche Lagerfeuer brennt bzw. die Potjie-Töpfe erwärmt werden.
Bottle Store	Geschäft, in dem alkoholische Getränke verkauft werden.
Braai	Afrikaans für Grillen (Barbecue)
Buck Canyoning	Extrem-Wanderungen (auch Klettern) in schmalen Schluchten
Cell	Abkürzung für Cellularphone (Handy, Mobilphone). Eine „Cellnumber" beginnt immer mit der Vorwahl 082, 083 etc.
Cod	Dorsch, Kabeljau
Crayfish	Lobster, Hummer
Drostdy	Ehemaliger, lokaler Verwaltungssitz der Cape-Dutch-Kolonien. In etwa gleichzusetzen mit Landratsamt/Landvogtei.
Farm Stall	Stand oder kleines Geschäft am Straßenrand, an dem Farmprodukte verkauft werden.
Fynbos	Allgemeinbegriff für die natürliche, einheimische Vegetation der Winterregengebiete in der westlichen Kapregion. Hervorgegangen aus „Feiner Busch".
High Tea	Aus der brit. Kolonialzeit erhaltener Begriff für den „Fünf-Uhr-Tee" (mit Küchlein und Plätzchen)
Hoofweg	Hauptstraße, Afrikaans für „Main Rd"
IFP	Inkatha Freedom Party. Politische Partei. Zumeist von Zulus in Natal gewählt.
Jukskei	Hufeisenwerfen. Ein Spiel, das gerne in ländlichen Regionen gespielt wird.
Kloof	Klamm, Schlucht
Kloofing	Wandern und Klettern durch Flussläufe und Schluchten

Koppie/Kopje	Flacher, abgerundeter Hügel (oft nur Anhöhe)
Lapa	Afrikanisches Versammlungshaus. Heute nutzen den Begriff besonders Safari Lodges, die hier das Restaurant und die Bar unterbringen. Dabei handelt es sich um ein Gebäude, das separat von den Unterkünften steht.
lekker	oft verwendetes, positives Adjektiv: nett, lecker, schön, gut, toll etc.
Liquor Store	Geschäft, in dem man alle Arten von Alkohol erhält. In normalen Lebensmittelläden gibt es nur Wein zu kaufen
Mealie Meal/ Mielie Pap	Maisbrei. Beliebtes Gericht der Schwarzen. Grundlage und Kohlehydratlieferant des Essens wie bei uns Kartoffeln/-brei.
Muti	Traditionelle Medizinen, manchmal auch Voodoo-Fetische.
Ostrich	Strauß (großer Vogel)
PAC	Pan African Congress. Politische Partei. Gewichtig im Anti-Apartheidskampf. Heute relativ unbedeutend.
Robot	Verkehrsampel
Rooibos	„Roter Busch". Wird verwandt für den gleichnamigen, Vitamin-C-haltigen Tee.

*Fish n' Chips is' **lekker** am Kap*

SANDF	South African National Defence Force. Südafrikas Militäreinheiten.
Shebeen	Illegale „Kneipe" in den südafrikanischen Townships. Ursprünglich entstanden aus Protest gegen die von der weißen Regierung eingeführte, zusätzliche Alkoholsteuer (um die Townships aufzubauen). Meist geführt von der sog. Shebeen-Queen, die das einheimische, viel preiswertere Hirse- und Weizenbier selbst braut.
Snoek	Seehecht
Stad	Stadt auf Afrikaans. Findet sich oft auf Verkehrsschildern, um Richtung Innenstadt zu weisen.
Tickie Box	Öffentlicher Fernsprecher auf privaten Grundstücken (in Hotels, Lodgen etc.)
Tidal (Tide) Pool	Natürliche Becken unmittelbar an der Küste, die bei Ebbe das Wasser halten und dann zum Baden einladen
T-junction	T-Kreuzung
VAT	Mehrwertsteuer (Value added tax)
Veld	Offenes Grasland
Vlei	Offene, weite Fläche. Kann Steppe, aber auch Feuchtgebiet sein.
Voortrekker	Holländischstämmige Farmer und franz. Hugenotten, die im 19. Jahrhundert von der Kapkolonie aus nach Norden gezogen sind.
Vlei	Kleiner See, Tümpel oder auch Sumpf.

Literatur

Sämtliche deutsch- und englischsprachige Literatur über Südafrika ist auf dem Postweg zu beziehen über: *Buchhandlung Ulrich Naumann*: 17 Burg Street, 8001 Cape Town, Republik Südafrika, Tel.: (021) 423-7832, Fax (021) 948-3136.

Hinweis
Englischsprachige Bücher sind in Südafrika um einiges billiger als in Mitteleuropa. Zudem sind viele in Südafrika aufgelegte Bücher in Europa nicht erhältlich.

- **Reisebücher/Magazine**
Deutschsprachig
- *Iwanowski, Michael; Reisehandbuch Südafrika.* Iwanowski Verlag, Dormagen. Der wohl umfangreichste und detaillierteste Reiseführer auf dem deutschsprachigen Markt. Hintergrundinfos und gute Tipps.
- *Loßkarn, Elke und Dieter; „Kapstadt und die Kapprovinz".* DuMont Verlag, Köln. Auf 220 Seiten werden die wichtigsten Aspekte von Kapstadt angesprochen. Manches kommt zu kurz, für einen Kurzurlaub aber durchaus in Ordnung.
- *„Preiswert durch Südafrika";* Verlag interconnections. Gute Tipps für das preisgünstige Reisen durch Südafrika. Auf junge Leute abgestimmt. Eine Art deutscher „Lonely Planet".
- *Rex, Peter; „Landschaften Südafrikas: Das Kapland".* Sunflower Books, London. Praktische Hinweise und 5 beschriebene naturkundliche Autorouten im Kapland. Zudem gute Tipps zum Thema Picknickplätze.
- *„Süd-Afrika".* Latka Verlag, Bonn. Magazin, das 2–3mal im Jahr erscheint. Topaktuell, mit guten Zusatzinfos und dem einen oder anderen Geheimtipp. Deckt das gesamte südliche Afrika ab, wobei die Kapprovinzen in jeder Auflage einen angemessenen Platz einnehmen.
- Weitere Spezial-Magazine zum Thema Südafrika sind bei allen großen Verlagen erschienen: **ADAC, Merian, Geo** usw.
Englischsprachig
- *AA Guide: Hotels – Lodges – Houses.* Jährlich aktuell erscheinendes Nachschlagewerk. Hier finden Sie immer eine passende Unterkunft.
- *Africa Info; „Guide to Restaurants"* sowie *„Guide to Caravan Parks".* Info Africa Publishing. Gute Adressen zu den entsprechenden Themen. Viele Restaurants bzw. Caravan Parks werden mit Text beschrieben.
- *Brossey, Shirley; „A Walking Guide for Table Mountain".* Eigenverlag, SA. Guter und günstiger Führer für Wanderungen auf und um den Tafelberg. Einfache, nützliche Karten.
- *Hopley, Judith; „On Foot in the Garden Route".* Eigenverlag, SA. Handlicher Wanderführer für die Regionen um die Garden Route.
- *Joyce, Peter; „Cape Town".* New Holland Publishers, London. Kleiner Führer mit guten Fotos und Karten. Übersichtlich gestaltet. Ohne Garden Route.
- *Lundy, Mike; „Best Walks in the Cape Peninsula".* Struik Public., SA. Auswahl der schönsten Wanderwege auf der Kaphalbinsel.
- *Murray, Jon; „Cape Town".* Lonely Planet Publications. Kleiner Führer mit zahlreichen, guten Tipps. Viele Adressen. Zielt ab auf Backpacker. Ohne Garden Route.

- *Olivier, Willie u. Sandra; „Exploring the Natural Wonders of South Africa".* In ausführlicher Weise, gut bebildert und mit übersichtlichen Karten versehen, werden hier 45, z.T. kaum bekannte, „Natur"-Routen in Südafrika vorgestellt. Dabei wird auch auf Fahrradfahrer, Wanderer, Reiter und 4x4-Fahrer eingegangen. Ein wunderschönes Buch, um sich vom Trubel der Großstädte und Touristenrouten loszueisen.
- *Shales, Melissa; „South Africa".* AA Publishing. Gut bebildeter Südafrika-Führer. Einige gute Tipps, schöne Bilder und zahlreiche Hintergrundinfos. In manchen Punkten etwas unübersichtlich und leider ein sehr brüchiger Einband.
- *„Southern African Travel Guide";* Info Africa Publishing. In Verbindung mit den Touristenämtern erstellt und basierend auf Werbeeinnahmen. Gute Adressenlisten und regionale Kurzinfos. Gut, um nochmals das Wesentlichste nachzuprüfen.
- *„The Rough Guide – South Africa"; versch. Autoren.* Rough Guides Ltd. – Penguin Group, London. Ausführlicher Südafrika-Führer ohne viel Schnickschnack. Keine Bilder, einfache Karten. Gut für Backpacker.
- *Moster, Esta u. Crewe-Brown, Mike; „A traveller's companion to Namaqualand".* CBM Publishing, Jo'burg/Cape Town. Seit Jahren auf dem südafrikanischen Markt das übersichtlichste (Reise-) Buch über das Namaqualand. Hoffentlich werden aber die Adressen bald aktualisiert.

• **Karten**
- *„Streetplan Cape Town", „Tourist Map Western Cape"; „Tourist Map Garden Route":* Map Studio – Struik Publishing Group, Cape Town. Sehr detaillierte und übersichtliche Karten, bei denen auch viele touristische Belange zur Geltung kommen. Besonders für die Garden Route ideale Begleiter.

• **Sachbücher (Natur/Politik/Wein/Golf)**
Deutschsprachig
- *Ambrosi, Hans; „Kapregion – Wein- und Spezialitätenführer".* Wissenswertes über Wein, Weingüter, Essen und Unterkünfte in der Kapregion. Auch typische Rezepte werden vorgestellt.
- *Behrens, Michael u. von Rimsch, Robert (Hrsg.); „Südafrika nach der Apartheid".* Baden-Baden.
- *Els, Ernie u. Player, Gary; „Südafrika – Die 50 schönsten Golfplätze".* Jeder Platz wird auf 4 Seiten beschrieben und bewertet. Die Autoren sind renommierte Golfjournalisten.
- *Grünewald, Hildemarie; „Die Geschichte der Deutschen in Südafrika".* Ulrich Naumann-Verlag, Kapstadt. Der Name verrät schon alles. Hier wird erzählt, welche Bedeutung die deutschen Einwanderer in der Geschichte und Wirtschaft Südafrikas gehabt haben und haben.
- *Meredith, Martin; „Nelson Mandela – Ein Leben für Frieden und Freiheit".* Ausführliche Biographie Mandelas (500 S.).
- *Nicol, Mike; „Plötzlich ein freies Gefühl".* Rowohlt Verlag. Südafrikas schieriger Weg in die Demokratie. Aufschlussreiche Berichte, die auch hinter die Kulissen schauen lassen.
- *Sampson, Anthony; „Nelson Mandela – Die Biographie".* Deutsche Verlags-Anstalt, Stuttgart. 1999 erschienene Biographie Mandelas und z.Zt. die wohl beste in Deutsch. 768 Seiten!

- **Sycholt, August; „Reiseführer Natur: Südliches Afrika".** BLV. Ausführliche Beschreibung der Tier- und Pflanzenwelt in über 50 Naturreservaten.
- **„Tierparadies Südafrika".** Verlag Das Beste. Nicht nur Beschreibung von 330 Säugetieren und 900 Vogelarten, sondern auch von ihrem Zusammenleben. Gute Bilder. Das Buch ist gegliedert in zehn Naturregionen. Nationalparks und Naturschutzgebiete werden ebenfalls angesprochen.

Englischsprachig

- **Boonzaier, Emilie/Malherbe, Candy/Smith, Andy u. Berens, Penny; „The Cape Herders, A History of the Khoi-Khoi of Southern Africa.** David Philip Publication. Nicht nur die Geschichte der Khoi-Khoi wird vorgestellt, sondern auch Mythen, ihre traditionelle Lebensweise und ihr Verhältnis zu den Europäern. Etwas kürzer beschrieben wird die Geschichte der Khoi-Khoi in **Candy Malherbes „men of Men"** (Shuter and Shooter Public., SA)
- **Chittenden, Hugh; „Top Birding Spots of Southern Africa".** Southern Publication, SA. Zwar nicht das ausführlichste Buch zur Vogelbestimmung, aber für den Anfang reicht es. Nützlich sind dagegen die Hinweise auf gute Beobachtungspunkte im südlichen Afrika. Wer nun eine ausführliche Beschreibung der südafrikanischen Vogelwelt wünscht, der muss sich mit dem Gewicht des ausführlichen **„Birds of Southern Africa"** von **Gordon Lindsay u. Maclean Roberts** (New Holland Public., GB) rumschleppen, der inoffziellen Enzyklopädie zu diesem Thema.
- **Hutton, Barbara; „Robben Island – Symbol of Resistance".** Mayibuye Books (SA) u. Sached Books (GB). Illustrierte Geschichte von Robben Island. Von der Vorgeschichte bis heute.
- **Lewis-Williams, J.D.; „Discovering Southern African Rock Art".** David Philip Public., SA. Übersichtliches Buch über die Felsmalereien der Buschmänner. Illustrationen, Bilder, Zeichnungen.
- **Mullins, Allan u. Robins, Myrna: „Pocket Guide to Food & Wine".** Kleines Nachschlagewerk, das kaum Fragen offen lässt bezüglich spezieller Gerichte. Der gesamte Spielraum südafrikanischer Küchen (kapmalayisch, indisch, afrikanisch etc.) wird angerissen, und zu den wichtigsten Gerichten wird auch noch eine Weinempfehlung gegeben.
- **McMahon, L. u. Fraser, M.; „A Fynbos Year".** David Philip Public., SA. Hervorragender Führer über diese kaptypische Vegetationsform.
- **Oakes, Dougie (Hrsg.); „Illustrated History of South Africa".** Reader's Digest, SA. Ein zwar recht großes Buch, aber wer sich intensiv mit der Geschichte Südafrikas beschäftigen möchte, hat hiermit das beste Werk zur Hand. Eine Alternative dazu bietet höchstens noch **Leonard Thompsons „A History of South Africa"** (Yale Univ. Press), das weniger illustriert ist, sich dafür aber flüssiger liest.
- **Plomer, William; „Cecil Rhodes".** David Philips Publications, SA. Obwohl schon vor Jahrzehnten geschrieben, ist Plomers Buch das immer noch objektivste. Rhodes wird nicht als Held dargestellt, sondern seine Leistungen werden kritisch betrachtet.
- **Stuart, Chris u. Tilde; „Field Guide to the Mammal of Southern Africa".** New Holland Public., GB. Mit Sicherheit eines der besten Bücher, um die Säugetiere Südafrikas zu erkennen und Hintergrundwissen zu erlangen. Gute Illustrationen. Ein Muss für Tierfreunde.

- **Schöngeistige Literatur/Romane/Biografien**
- *Brink, André; „A Chain of Voices".* Minerva, UK. Englischsprachig. Ein Roman, der im 18. Jahrhundert in der Kapprovinz spielt. Geschildert wird das Verhältnis einer Farmerfamilie zur Sklaverei.
- *Davis, John Gordon; „Roots of Outrage".* Harper Verlag. Englischsprachig. Der Weg Südafrikas bis zum Ende der Apartheid, beschrieben aus der Sicht einer burischen Historikerin, einer ANC-Kämpferin und eines Journalisten.
- *Gordimer, Nadine; „Freitags Fußspur"* sowie *„Nicht zur Veröffentlichung".* Fischer Verlag. Kurzgeschichten und Erzählungen der südafrikanischen Nobelpreisträgerin. Leseratten dürfen es wirklich nicht versäumen, mindestens ein Buch dieser Autorin gelesen zu haben. Sie beschreibt das Leben der Südafrikaner wie kein anderer. Weitere empfehlenswerte Bücher Gordimers: *„Die Geschichte meines Sohnes", „Eine Stadt der Toten, eine Stadt der Lebenden", „Fremdling unter Fremden", „Ein Spiel der Natur"* und *„Der Besitzer".* Übrigens spielen nicht alle Geschichten Gordimers in Südafrika. Einen Eindruck über den Kontinent und seine Menschen vermitteln aber alle Bücher. Relativ neu ist *„Die Umarmung eines Soldaten",* dem letzten von 5 Kurzgeschichtenbänden. 12 Geschichten widmen sich zumeist Beziehungen, die oft an ihre Grenzen geraten, mal aus inneren, oft auch aus rassischen Beweggründen. Gordimer klagt dabei nicht die Menschen an – die sind schwach, das weiß sie –, sondern vermittelt einfach durch ihre intensive Schilderungsweise einen Effekt, der die Menschen zum Nachdenken bewegt.
- *La Guma, Alex; „A Walk in the Night".* Heinemann, GB. Englischsprachig. Kurzgeschichten, die im ethnisch vielseitigen „District Six" in Kapstadt spielten. Der District wurde ja bekanntermaßen von der Apartheids-Regierung niedergerissen.
- *Mandela, Winnie; „Ein Stück meiner Seele ging mit ihm".* 1984 geschrieben. Rowohlt Verlag, Hamburg. Winnie Mandela erzählt von ihrer Zeit mit Nelson Mandela, von ihren Verhaftungen und veröffentlicht auch Briefe, die Nelson ihr geschickt hat. In diesem Buch wird ein wesentliches Stück südafrikanischer Geschichte wachgerufen.
- *Mhlophe, Gcina; „Love Child".* Peter Hammer Verlag. Märchen, Gedichte und Vorträge der bekannten Künstlerin sind in diesem Buch zusammengefasst. Mhlophe erzählt von Erlebnissen und Erfahrungen während und nach der Apartheid.
- *Schreiner, Oliver; „Story of an African Farm".* Penguin Books, GB. Englischsprachig. Ende des 19. Jahrhunderts geschrieben. Erzählt wird die Geschichte zweier weißer Frauen, die auf einer einsamen Farm in der Karoo gelebt haben und deren Leben sich durch das Auftauchen eines irischen Reisenden dramatisch ändern soll.
- *Trump, Martin u. Marquard, Jean (Hrsg.); „A Century of South African Short Stories".* Ad Donker Public., SA. Englischsprachig. Eine gelungene Sammlung von südafrikanischen Kurzgeschichten aus dem 20. Jahrhundert. U.a. auch Nadine Gordimer.
- *Tutu, Desmond; „Gott segne Afrika".* Rowohlt Verlag, Hamburg. Ausgesuchte Predigten und Texte des Friedensnobelpreisträgers aus der Zeit der Apartheid.

Stichwortverzeichnis

Legende

═══	beschrieb. Route/Autobahn	**i**	Information
───	beschrieb. Route/Asphaltstraße	**P**	Parkplatz
▬▬▬	Alternativstrecke	✈	Flughafen
- - -	beschrieb. Route/Piste	🚂	Bahnhof
········	Fußweg/Wanderweg	🚌	Busbahnhof
═══	Autobahn	⛴	Bootstouren
───	Asphaltstraße	🚠	Seilbahn
- - -	Piste	✚	Krankenhaus
▬▬▬	Fußgängerzone		wichtige Gebäude
▬━▬━	Eisenbahn	**M**	Museum
◠◡	Flüsse	🎭	Theater
🏖	Strand	**H**	Hotel
🐋	Gute Walbeobachtungspunkte	⛺	Hütte
🗼	Leuchtturm	⚠	Campingplatz
🏞	Nationalparks	🚲	Fahrradweg
▦	Park	⊼	Picknick-Platz
🍇	Weingut	👫	Wandergebiet
●	Ortschaften	∩	Höhle
★	Sehenswürdigkeiten	)(	Pass/Schlucht
▲	Berge	🚢	Schiffswrack
☀	Aussichtspunkt	⊼	Beobachtungsplatz
⛳	Golfplatz	▥	Tor

© *i graphic*

Traumroute durch die schönsten Landschaften Südafrikas

24-tägige Selbstfahrertour ab Johannesburg bis Kapstadt

Vielseitiger geht's nicht: Genießen Sie „auf eigene Faust" die atemberaubenden Landschaften Südafrikas und erleben Sie die Tierwelt inmitten der
großen Nationalparks und Tierreservate. Entlang der Gardenroute sehen
Sie eindrucksvolle Küstenabschnitte und sind zum Schluss Gast in Kapstadt, zweifelsohne eine der schönsten Städte der Welt.

Bitte beachten Sie, dass die Mehrzahl der südafrikanischen Gästehäuser das **Rauchen** im Haus und in den Schlafräumen **nicht gestattet**. Außerdem finden Sie in
den meisten Gästehäusern Haustiere, wie Hunde und Katzen.

**1. Tag: Frankfurt -
Johannesburg**
Linienflug mit South African
Airways von Deutschland
nach Johannesburg (der
innerdeutsche Anschlussflug
ab/bis Frankfurt oder wahlweise der innerdeutsche
Zugzubringer ab/bis Frankfurt
ist auf Wunsch im Preis
kostenlos eingeschlossen)

**2. und 3. Tag: bei
Johannesburg**
Nach Ankunft am Flughafen
Johannesburg Übernahme
Ihres Mietwagens
der Firma
Safe!Cars® opera-
ted by Budget,
Gruppe A (Toyota
Corolla 1,3 o.ä.).
Außerhalb der
Stadt können Sie
auf dem wunder-
schönen Farmgelän-
de afrikanische Luft schnup-
pern und wohnen in gediege-
nen Rondavels. Zebras,
Strauße und Giraffen laufen

frei herum. Am Sonntag finden
hier wirklich sehenswerte
Stammestänze statt, die man
nicht versäumen sollte.

Ausflugsmöglichkeiten nach
Johannesburg, Pretoria oder
mit „Jimmy's Face to Face
Tours" nach Soweto.
*Heia Safari Ranch zwischen
Johannesburg und Pretoria, 2 Ü,
1 DZ/F*

**4. und 5. Tag: Blyde River
Canyon**
*Böhm's Zeederberg/bei Hazy-
view, 2 Ü, 1 DZ/F*
Schön gelegenes Landhotel in
den Bergen des östlichen

Mpumalanga, hervorragend
geeignet für Ausflüge in die
Drakensberge, zum Blyde
River Canyon oder nach
Pilgrim's Rest.

**6. und 7. Tag: Nähe Kruger
National Park**
beim Kruger National Park,
Timbavati-Wildschutzgebiet.
*Motswari Game Lodge, 2 Ü,
1 DZ/VP inklusive Pirschfahrten
im offenen Geländewagen*
Hier am Rande des Kruger
Parks liegt die afrikanische

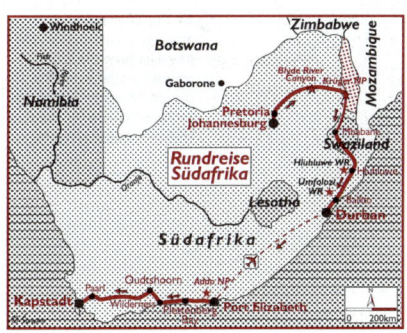

*Rundreise
Südafrika*

Wildlodge, so recht geeignet für eine Safari à la carte. Zwei Tage stehen Ihnen zur Verfügung, um die wildreiche

Umgebung mit erfahrenen Wildhütern zu durchstreifen.

8. und 9. Tag: Kruger Nationalpark
Camp Skukuza im Kruger Nationalpark, 2 Ü, 1 Bungalow
Von Ihrem Camp aus unternehmen Sie nun innerhalb des Kruger Parks Safaris auf eigene Faust.

10. Tag: Swaziland
Ezulwini Sun, 1 Ü, 1 DZ/F
Hier in Swaziland erleben Sie hautnah afrikanisches Leben und afrikanische Kultur. Das alte Königreich liegt in einer reizvollen Gebirgslandschaft mit vielen Flüssen und Wasserfällen.

11. und 12. Tag: Hluhluwe
Hilltop Camp im Hluhluwe-Umfolozi Park, 2 Ü, 1 Chalet
Das landschaftlich sehr schön gelegene Camp ist der ideale Ausgangspunkt zur Erkundung des Hluhluwe Tierreservates.

13. und 14. Tag: Ballito
Ballito, The Boat House, 2 Ü, 1 DZ/F

Ballito ist ein kleiner Ort am Indischen Ozean. Das Gästehaus liegt direkt am Strand – wie geschaffen für einen zwischengeschalteten Badeaufenthalt.

15., 16. und 17. Tag: Plettenberg Bay
Abgabe Ihres Mietwagens am Flughafen Durban, Flug nach Port Elizabeth und hier wieder Übernahme eines Mietwagens der Gruppe A wie o.a.
Country Crescent bei Plettenberg Bay, 3 Ü, 1 DZ/F
Auf einem 4 ha großen Gebiet am Piesang-Fluss gelegen. Möglichkeit zum Reiten und Golf spielen. Idealer Ausgangspunkt zum Nature's Valley und zur Plettenberg Bay.

18. Tag: Oudtshoorn
Oudtshoorn, Rosenhof Country Lodge, 1 Ü, 1 DZ/F

Der Besuch einer Straußenfarm sowie der Cango Caves (riesige Tropfsteinhöhlen) bieten sich an.

19. Tag: Paarl
Paarl, Roggeland Country House, 1 Ü, 1 DZ/HP
Inmitten der herrlichen Weinbaulandschaft um Paarl wohnen Sie in einen alten

kapholländischen Gut. Paarl und Stellenbosch lassen sich von hier aus gut erkunden.

20., 21. und 22. Tag: Kapstadt
Kapstadt, Ambiente Guesthouse, 3 Ü, 1 DZ
Sie wohnen ruhig im Villenviertel von Camps Bay am Fuße der 12 Apostel. Von hier haben Sie eine wunderbare Aussicht auf die Bucht und die Berge, die Entfernung zum Strand beträgt mit dem Auto 5 Minuten, zur Innenstadt 10 Minuten. Eine ideale Basis, um Kapstadt

sowie das Kap der Guten Hoffnung und die Umgebung zu erkunden.

23. Tag: Kapstadt - Frankfurt
Heute heißt es Abschied nehmen von "einer Welt in einem Land". Abgabe Ihres Mietwagens am Flughafen Kapstadt und Rückflug mit South African Airways nach Frankfurt.

24. Tag: Deutschland
Morgens Ankunft in Frankfurt (der innerdeutsche Anschlussflug oder wahlweise der innerdeutsche Zugzubringer ist auf Wunsch im Preis kostenlos eingeschlossen).

Eingeschlossene Leistungen:

NORMALVERSION:

wie o.a.:
Im Preis enthalten sind:
Linienflug mit South African Airways in der Economy Class (20 kg Freigepäck), Flughafengebühren, Anschlussflüge bzw. Zugzubringer wie o.a.; innerafrikanischer Flug, Safe!Cars® operated by Budget Mietwagen der Gruppe A (Toyota Corolla 1,3 o.ä. inkl. aller km, Steuern, Personen- und Diebstahlversicherung sowie Vollkaskoversicherung mit 3.000 ZAR Selbstbeteiligung im Schadensfall), Übernachtungen und Verpflegungsleistungen wie beschrieben, Reiserücktrittskosten- und Insolvenzversicherung

Nicht eingeschlossene Leistungen:

Einwegmieten zwischen Johannesburg und Durban (z.Zt. 250 ZAR) sowie Port Elizabeth und Kapstadt (z.Zt. 400 ZAR, jeweils vor Ort zu zahlen), Benzin-Deposit (z.Zt. 400 ZAR), Gebühren für weitere Fahrer (100 ZAR p.P.), Vertragsgebühr für den Mietwagen (pro Anmietung 20 ZAR), Verwaltungsgebühr (z.Zt. 150 ZAR) für Zusatzleistungen vor Ort bzw. bei Unfällen/Ordnungswidrigkeiten, Wochenendzuschlag von 30 € pro Person pro Strecke bei Abflug Freitag oder Samstag, fakultative Ausflüge, Park-Eintrittsgebühren, Benzinkosten, Trinkgelder, Ausgaben persönlicher Art

BUDGETVERSION:

In einer "Sparversion" ermäßigt sich der Preis dieser Reise. Die Route ist fast dieselbe, allerdings haben wir preiswerte und saubere **Mittelklasse-Hotels** ausgewählt und auf die privaten Gamelodges verzichtet. Ansonsten Leistungen wie o.a.

Zugrundegelegte Hotels Budgetversion:
Pretoria-Hatfield, Holiday Inn Garden Court, 1 DZ/F, 2 Ü
Blyde River Canyon, Aventura Blydepoort Resort, 1 DZ/F, 2 Ü
Kruger Nationalpark, Camp Skukuza, 1 Chalet, 4 Ü
Swaziland Lugogo Sun, 1 DZ/F, 1 Ü
Hluhluwe Hilltop Camp, 1 Chalet, 2 Ü
Durban Holiday Inn Garden Court North Beach, 1 DZ/F, 2 Ü
Tsitsikamma National Park, Storms River, 1 Holzhütte/F, 1 Ü
Wilderness, Wilderness Manor, 1 DZ/F, 2 Ü
Adley House Oudtshoorn, 1 DZ/F, 1 Ü
Stellenbosch, Devon Valley Hotel, 1 DZ/F, 1 Ü
Kapstadt, Brenwin & Cha'mel House, 1 DZ/F, 3 Ü

LUXUSVERSION:

In der Luxusversion bieten wir Ihnen beste Unterkünfte und Lodges sowie einen Wagen der Gruppe B (VW Polo 1,6 o.ä. mit Klimaanlage und Servolenkung) an. Ansonsten Leistungen wie o.a.

Zugrundegelegte Hotels und Lodges Luxusversion:
Johannesburg, Westcliff Hotel, 1 DZ/F, 1 Ü
bei Sabie, Blue Mountain Lodge, 1 DZ/HP, 3 Ü

beim Kruger National Park, Kirkman's Kamp, 1 DZ/VP, 2 Ü, Pirschfahrten
beim Kruger Nationalpark, Malelane Sun Intercontinental, 1 DZ/F, 2 Ü
Swaziland, Royal Swazi Hotel, 1 DZ/F, 1 Ü
Mazinene, Phinda Resource Reserve, Forest Lodge, 1 DZ/VP, 2 Ü, Pirschfahrten

Ballito, Zimbali Lodge and Country Club, 1 DZ/F, 2 Ü

nördlich Port Elizabeth, Lobengula Lodge, 2 DZ/VP, 2 Ü, Pirschfahrten
Plettenberg Bay, Hunter's Country House, 1 Garden Suite/F, 2 Ü

Paarl, Grande Roche Hotel, 1 DZ/F, 1 Ü (01.06.03 - 31.08.2002 geschlossen,

dann Lanzerac Hotel, 1 DZ, Frühstück)
Kapstadt, The Table Bay Hotel at the Waterfront, 1 DZ/F, 3 Ü

TOURANGEBOTE

Wichtige Hinweise:
- Eine **Malaria-Prophylaxe** wird dringend empfohlen. Informieren Sie sich rechtzeitig über Infektions- und Impfschutz sowie andere Prophylaxemaßnahmen, gegebenenfalls sollten Sie ärztlichen Rat einholen.
- Für Inhaber deutscher Reisepässe ist z.Zt. kein **Visum** für Südafrika/Swaziland erforderlich. Ihr **Pass** muss noch 6 Monate über das Reiseende hinaus gültig sein).
- Bitte beachten Sie die Visa- und Gesundheitsvorschriften sowie die Klimainformationen.

- Sie erhalten von unserer Agentur einen **detaillierten, individuellen deutschsprachigen Reiseplan** mit Routenbeschreibungen, Restauranttips, Anfahrtshinweisen zur Übernachtung etc.
- Das Mindestalter des Fahrzeugmieters beträgt 23 Jahre.
- Selbstverständlich kann o.a. Tour auch nach Ihren **individuellen Wünschen** abgeändert werden!

Reisetermine: nach Wunsch

*Wichtiger Hinweis: Bei Übernachtungen im Grand Roche am 24.12.02 und am 31.12.02 **muss** der Zuschlag für das Weihnachtsessen von 80 EUR p.P. (bzw. für das Silvesteressen von 165 € p.P.) zusätzlich bezahlt werden, auch wenn man an dem Essen nicht teilnehmen möchte!

Preise jeweils in EURO p.P. im DZ		
(bei Antritt und Beendigung innerhalb der angegebenen Saisonzeit; bei Überschneidungen der Saisonzeiten Preisänderungen möglich)		
Normalversion		
	mit 4 Ü Kruger N.P. und ohne private Game Lodge	mit 2 Ü Kruger N.P. und 2 Ü private Game Lodge
01.11.02 - 15.01.03	2 499 EURO	2 999 EURO
16.01.03 - 03.04.03	2 263 EURO	2 781 EURO
04.04.03 - 27.04.03	2 413 EURO	2 932 EURO
28.04.03 - 10.07.03	1 995 EURO	2 515 EURO
11.07.03 - 31.08.03	2 199 EURO	2 718 EURO
01.09.03 - 30.10.03	2 486 EURO	2 999 EURO
Budgetversion		
01.11.02 - 31.01.03		2 140 EURO
01.02.03 - 03.04.03		2 028 EURO
04.04.03 - 27.04.03		2 178 EURO
28.04.03 - 10.07.03		1 787 EURO
11.07.03 - 31.08.03		1 962 EURO
01.09.03 - 30.10.03		2 225 EURO
Luxusversion		
01.11.02 - 27.04.03		5 577 EURO*
28.04.03 - 10.07.03		5 055 EURO
11.07.03 - 31.08.03		5 230 EURO
01.09.03 - 30.09.03		5 649 EURO
01.10.03 - 30.09.03		5 828 EURO

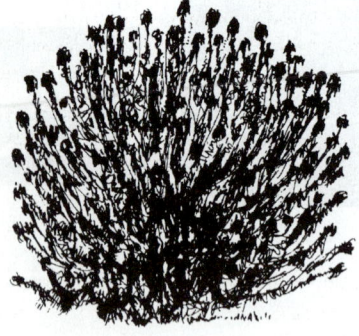

Altes Landhaus

Contry Lodge

✭✭✭✭✭

P.O.Box 1491 · Oudtshoorn 6620 · Südafrika

Telefon: 00 27/44/2 72 61 12 · Fax 00 27/44/2 79 26 52

E-Mail: altes.landhaus@pixie.co.za · Internet: www.alteslandhaus.co.za

Die mehrfach ausgezeichnete Country Lodge „Altes Landhaus" liegt im friedlichen **Schoemanshoek-Tal**, an den Ausläufern der Swartberge nur 13 km von Oudtshoorn entfernt. Die Familie Meyer freut sich auf Ihren Besuch in ihrem alten kapholländischen Landhaus, das liebevoll restauriert und mit vielen Antiquitäten ausgestattet ist. Genießen Sie Ihren Aufenthalt in einem der acht komfortablen und stilvoll eingerichteten Gästezimmer mit eigenem Bad und separater Dusche. Die Zimmer haben Klimaanlage, Telefon, TV und eine eigene Terrasse.

Lassen Sie sich mit einem reichhaltigen Frühstücksbuffet in **idyllischer Atmospähre** verwöhnen und freuen Sie sich am Abend auf die exquisite südafrikanische Küche à la carte mit erlesenen Weinen aus der Kapregion.

RUHE und ERHOLUNG werden in der Country Lodge „Altes Landhaus" groß geschrieben. Entspannen Sie sich am großen solarbeheizten **Salzwasserpool** und beobachten Sie die **artenreiche Vogelwelt** in den malerischen Gärten. In der kälteren Jahreszeit können Sie die wunderbare **Landhausatmosphäre**, aber auch in der gemütlichen Lounge am Kaminfeuer genießen.

Sie werden gar nicht mehr weg wollen ...

Die Country Lodge „Altes Landhaus" ist ideal, um von hier aus die Sehenswürdigkeiten Oudtshoorns und der Umgebung zu entdecken, wie die Cango Caves, eine Fahrt über den Swartberg Pass nach Meiringspoort sowie der Besuch einer Straußenfarm. Die nahegelegenen Berge laden zum Wandern ein und die Städtchen Prince Albert und de Rust zum Bummeln. Über die atemberaubenden Pässe Outeniqua und Montagu sind es nur 50 km bis zu den weißen Stränden des Indischen Ozeans.

Roggeland Country House

Weinanbaugebiet Paarl, Western Cape

Entdecken Sie eine einzigartige Oase der Gastfreundschaft auf einem historischen kapholländischen Gutshof mit einem spektakulären Blick auf die blauvioletten Drakensberge.

Das Dinner ist ein kulinarischer Höhepunkt, bestehend aus vier Gängen und begleitet von den besten Weinen der Gegend.

Roggeland Country House
Einmal entdeckt ... nie mehr vergessen!

Roggeland Road, Dal Josaphat Valley, Northern Paarl

PO Box 7210, Northern Paarl 7623, Südafrika
Telefon: 00 27/21/8 68 25 01 · Fax: 00 27/21/8 68 21 13
e-mail: rog@iafrica.com
Internet: www.exploreafrica.com/roggeland

VIEL MEHR KOMFORT FÜR WENIG MEHR GELD

World Traveller Plus. Erholung von Anfang an in der Premier Economy.

Entspannt fliegen, ausgeruht ankommen: Individuell verstellbarer, ergonomischer Sitz

Alles, was Sie brauchen, immer griffbereit: Viel Platz fürs Handgepäck – bis zu 12 kg

Freiraum, den Sie zu schätzen wissen: Separate Kabine mit viel Bewegungsfreiheit

Für Langeweile keine Zeit: Ihr persönliches Unterhaltungsprogramm auf 12 Kanälen

WORLD TRAVELLER PLUS
BRITISH AIRWAYS